D1725941

Handbuch der Rechtspraxis

Band 9

Handbuch der Rechtspraxis

Band 9

Strafvollstreckung

Bearbeitet von

Reinhard Röttle   und   **Alois Wagner**

Vorsitzender Richter   Regierungsoberrat a. D.
am Landgericht München II   zuletzt Referent im Sächsischen
                                                     Staatsministerium der Justiz in Dresden

8., neu bearbeitete Auflage
des von Dr. Ludwig Leiß und Friedrich Weingartner
begründeten, von der 3.–5. Auflage
von Dr. Paul Wetterich und Helmut Hamann
und von der 6.–7. Auflage von Franz Isak und Alois Wagner
fortgeführten Werkes

VERLAG C. H. BECK MÜNCHEN 2009

Es haben bearbeitet:

Reinhard Röttle:	1. Buch Teil 12
	2. Buch
Alois Wagner:	1. Buch Teile 1–11, 13

Verlag C. H. Beck im Internet:
beck.de

ISBN 978 3 406 58087 1

© 2009 Verlag C. H. Beck oHG
Wilhelmstraße 9, 80801 München
Satz und Druck: Druckerei C. H. Beck, Nördlingen
(Adresse wie Verlag)

Gedruckt auf säurefreiem, alterungsbeständigem Papier
(hergestellt aus chlorfrei gebleichtem Zellstoff)

Vorwort

In den vergangenen Jahren seit der letzten Auflage (7.) hat der Gesetzgeber mehrfach die strafrechtlichen, strafprozessualen und insbesondere auch die vollstreckungsrechtlichen Vorschriften geändert, ergänzt oder neu erlassen. Der Bereich der Strafvollstreckung insgesamt ist im Umbruch begriffen. Obwohl sich der Gesetzgeber bis heute nicht entscheiden konnte, ein Strafvollstreckungsgesetz zu erlassen, wurde doch die Strafvollstreckungsordnung erneut novelliert und Neufassungen sind in der Diskussion.

Die Stellung des Rechtspflegers in der Strafvollstreckung wurde entsprechend seiner umfassenden Ausbildung und seinen grundlegenden und fundierten Kenntnissen in diesem Bereich – wie schon lange gefordert – durch den Wegfall der Begrenzungsverordnung gefestigt. So ist der Rechtspfleger im Bereich der Strafvollstreckung allein und umfassend zuständig, der Bereich der Geldstrafenvollstreckung wurde weitgehend auf die Beamten des mittleren Justizdienstes übertragen.

Im Bereich der Jugendstrafvollstreckung und des Jugendvollzugs wurde auf Grund der Entscheidungen der Förderalismuskommission die alleinige Zuständigkeit der Länder installiert. Ein Jugendvollzugsgesetz war bis dato nicht vorhanden, es wurde auf Grund der VVJug der Jugendvollzug durchgeführt. Jetzt haben die Bundesländer neue – wenn auch weitgehend einheitliche – Jugendvollzugsgesetze erlassen.

Die nachträgliche Anordnung der Sicherungsverwahrung hat die nationale verfassungsrechtliche Prüfung bestanden. Individualbeschwerden vor dem Europäischen Gerichtshof für Menschenrechte könnten jedoch im Erfolgsfall zu Änderungsbedarf führen. Die Rechtsprechung des Bundesgerichtshofes hat viele Einzelprobleme entschieden. Insgesamt bleibt die Maßregel auf ganz wenige Fälle begrenzt.

Auch die Justizbeitreibungsordnung erfuhr Änderungen. Von entscheidender Bedeutung für das Tätigkeitsfeld des Vollstreckungsrechtspflegers wird das Gesetz zur Übertragung von Rechtspflegeraufgaben auf den Urkundsbeamten der Geschäftsstelle vom 16. 6. 2002 werden. Dadurch wird nämlich die Ermächtigung erteilt, die Vollstreckung von Geldstrafen und Geldbußen aus dem Zuständigkeitsbereich der Rechtspfleger auszugliedern. Bisher haben aber nicht alle Bundesländer davon Gebrauch gemacht. Aus fiskalischen Gründen ist dies jedoch geboten, zumal die Vollstreckungszuständigkeit mit der Anordnung der Vollstreckung der Ersatzfreiheitsstrafe wieder auf den Rechtspfleger übergeht.

Im internationalen Rechtshilfeverkehr verdrängt im Bereich der Europäischen Union das Institut des Rahmenbeschlusses immer mehr das traditionelle Übereinkommen. Die damit verbundenen Änderungen des Gesetzes über die Internationale Rechtshilfe in Strafsachen werden die Beherrschung der Materie im Alltagsgeschäft mittelfristig nicht vereinfachen. Der Vollstreckungshilfeverkehr weitet sich permanent aus.

Die erneute Überarbeitung will diesen neuen Entwicklungen Rechnung tragen. Struktur, Gliederung und Ausgestaltung des bisher bewährten Handbuches wurden beibehalten und die gesetzlichen Änderungen und insbesondere auch die aktuelle Rechtsprechung entsprechend eingearbeitet.

Die Verfasser versuchten dabei, ihre Berufserfahrung als Staatsanwalt, Mitarbeiter und Referatsleiter im Bayerischen Staatsministerium der Justiz, sowie als Rechtspfleger, Dozent an der Fachhochschule und Autor eines Kurzlehrbuches für Strafvollstreckungsrecht sowie als stellvertretender Leiter einer Vollzugsanstalt gemeinschaftlich in das Werk einzubringen. Dabei wurde allerdings entsprechend der beruflichen Erfahrung das erste Buch weitgehend von Alois Wagner, der 12. Teil des ersten Buches und das zweite Buch von Reinhard Röttle bearbeitet.

Die Überarbeitung wurde im Dezember 2008 abgeschlossen. Gesetzgebung, Rechtsprechung und Schrifttum sind bis zu diesem Zeitpunkt berücksichtigt.

Der Dank der Verfasser gilt allen, die ihnen durch Anregungen und Überlassung von Material bei der Neugestaltung dieses Handbuches behilflich waren.

Die Verfasser

Inhaltsverzeichnis

Erstes Buch. Strafvollstreckung

Erster Teil. Allgemeine Grundsätze der Strafvollstreckung

Sechster Teil. Vollstreckung von Nebenstrafen und Nebenfolgen

Achter Teil. Vollstreckung von Ordnungs- und Zwangsgeldern sowie gerichtlich erkannter Ordnungs- und Zwangshaft in Straf- und Bußgeldsachen

I. Grundlagen der Vollstreckung

II. Durchführung der Vollstreckung

Neunter Teil. Vollstreckung gegen Jugendliche und Heranwachsende

I. Grundlagen der Vollstreckung

Zweites Buch. Gerichtliche Entscheidungen in der Strafvollstreckung und im Strafvollzug, vorbehaltene und nachträgliche Anordnung der Sicherungsverwahrung

Erster Teil. Strafvollstreckungskammer. Zuständigkeit und Aufgaben im Strafvollstreckungsverfahren

Fünfter Teil. Die Entscheidung über der Vorbehalt und die nachträgliche
Anordnung der Unterbringung in der Sicherungsverwahrung

I. Allgemeines

II. Die vorbehaltene Unterbringung in der Sicherungsverwahrung, §§ 66 a StGB, 106
Abs 3 S 2 u. 3 JGG

Abkürzungen

Beschl	Beschluss
bestr	bestritten
betr.	betreffend
BGB	Bürgerliches Gesetzbuch
BGBl	Bundesgesetzblatt
BGH	Bundesgerichtshof
BGHSt	Entscheidungen des Bundesgerichtshofes in Strafsachen
BJagdG	Bundesjagdgesetz
BJM	Bundesjustizministerium
BKA	Bundeskriminalamt
Bl	Blatt
blgd	beiliegend
BMJ	Bundesminister der Justiz
BMVtdg	Bundesministerium für Verteidigung
BNotO	Bundesnotarordnung
BNr	Buchnummer
BRAGO	Bundesgebührenordnung für Rechtsanwälte
BRAO	Bundesrechtsanwaltsordnung
BSG	Bundessozialgericht
BSHG	Bundessozialhilfegesetz
BT	Bundestag
BT-Dr	Bundestagsdrucksache
Buchst	Buchstabe
BVerfG	Bundesverfassungsgericht
BVerfGE	Entscheidungen des Bundesverfassungsgerichts
BVerwG	Bundesverwaltungsgericht
BW	Baden-Württemberg
BWG	Bundeswahlgesetz
BwVollzO	Bundeswehrvollzugsordnung
bzgl.	bezüglich
BZR	Bundeszentralregister
BZRG	Bundeszentralregistergesetz
BZRVwV	allgemeine Verwaltungsvorschriften zur Durchführung des Bundeszentralregistergesetzes
bzw	beziehungsweise
d	des
DAG	Deutsches Auslieferungsgesetz
DBestBez	Durchführungsbestimmungen Bezüge
DFB	Deutsches Fahndungsbuch
d. h.	das heißt
d. i.	das ist
Die J	Die Justiz
DJ	Deutsche Justiz
DJZ	Deutsche Juristen-Zeitung
DM	Deutsche Mark
DRiG	Deutsches Richtergesetz
DRiZ	Deutsche Richterzeitung
DS	Dienstsiegel
DSt	Datenstation
DSVollz	Dienst- und Sicherheitsvorschriften für den Strafvollzug
EBAO	Einforderungs- und Beitreibungsanordnung
EDV	Elektronische Datenverarbeitung
EG	Einführungsgesetz
EGGVG	Einführungsgesetz zum Gerichtsverfassungsgesetz

EGStGB	Einführungsgesetz zum Strafgesetzbuch
EGWStG	Einführungsgesetz zum Wehrstrafgesetz
Einl	Einleitung
einschl.	einschließlich
Entschl	Entschließung
entspr.	entsprechend
erg.	ergänzend
erl	erlitten
Erl	Erlass
ersw	ersatzweise
etc.	und so weiter
EuAlÜbk	Europäisches Auslieferungsübereinkommen
EuRHÜbk	Europäisches Übereinkommen über die Rechtshilfe in Strafsachen
ev	eventuell
EWMA	Einwohnermeldeamt
F	Formular
FA	Führungsaufsicht
FAG	Gesetz über den kommunalen Finanzausgleich
FEV	Verordnung über die Zulassung von Personen zum Straßenverkehr
ff	und folgende
FGG	Gesetz über die Angelegenheiten der freiwilligen Gerichtsbarkeit
fr	früher
Fußn	Fußnote
G	Gesetz
GBA	Generalbundesanwalt
GBl	Gesetzblatt
GBO	Grundbuchordnung
gem.	gemäß
GemErl	Gemeinsamer Erlass
gesetzl	gesetzlich
GewO	Gewerbeordnung
GG	Grundgesetz
gg	gegen
ggf.	gegebenenfalls
GH	Gerichtshilfe
GKG	Gerichtskostengesetz
GMBl	Gemeinsames Ministerialblatt
GnadO	Gnadenordnung
GS	Gesetzessammlung
GStA	Generalstaatsanwalt
GTV	Gefangenentransportvorschrift
GVBl	Gesetz- und Verordnungsblatt
GVG	Gerichtsverfassungsgesetz
GVGA	Geschäftsanweisung für Gerichtsvollzieher
GVKostG	Gesetz über Kosten der Gerichtsvollzieher
GVKostGr	Gerichtsvollzieherkostengrundsätze
GWB	Gesetz gegen Wettbewerbsbeschränkungen
GZR	Gewerbezentralregister
1. GZRVwV	erste allgemeine Verwaltungsvorschrift zur Durchführung des Titels XI der Gewerbeordnung
hinsichtl	hinsichtlich
hM	herrschende Meinung
HRR	Höchstrichterliche Rechtsprechung

iaS	in anderer Sache
idF	in der Fassung
INPOL	Informationssystem der Polizei
IRG	Gesetz über die internationale Rechtshilfe in Strafsachen
iSd	im Sinne des/der
iVm	in Verbindung mit
JAVollzO	Jugendarrestvollzugsordnung
JArbSchG	Jugendarbeitsschutzgesetz
JBeitrO	Justizbeitreibungsordnung
JBl	Justizblatt
JGG	Jugendgerichtsgesetz
JGGÄndG	Jugendgerichtsänderungsgesetz
JI	Justizinspektor
JKassO	Justizkassenordnung
JM	Justizministerium
JMBl	Justizministerialblatt
JM BW	Justizministerium Baden-Württemberg
JOI	Justizoberinspektor
JP	Juristische Person
JR	Juristische Rundschau
JRi	Jugendrichter
Justiz	Die Justiz, Amtsblatt des Justizministeriums Baden-Württemberg
JVA	Justizvollzugsanstalt
JVBl	Justizverwaltungsblatt
JVDO	Dienstordnung für die Vollziehungsbeamten der Justiz
JVKostO	Verordnung über Kosten im Bereich der Justizverwaltung
JW	Juristische Wochenschrift
JWG	Gesetz für Jugendwohlfahrt
JZ	Juristenzeitung
Kap	Kapitel
KBA	Kraftfahrt-Bundesamt
KHSt	Kriminalhauptstelle
KG	Kammergericht
KJHG	Kinder- und Jugendhilfegesetz
KK	Karlsruher Kommentar
KonsG	Gesetz über die Konsularbeamten
KostVfg	Kostenverfügung
KO	Konkursordnung
Komm	Kommentar
KR	Kostenrechnung
krit	kritisch
lfd Nr.	laufende Nummer
LG	Landgericht
Liefg	Lieferung
LKA	Landeskriminalamt
LM	Nachschlagewerk des Bundesgerichtshofs, herausgegeben von Lindenmaier-Möhring
lt	laut
LV	Landesverfügung
LVA	Landesversicherungsanstalt
LVG	Landesverwaltungsgesetz
LVO	Landesverordnung

maW	mit anderen Worten
MBl	Ministerialblatt
mdB	mit der Bitte
MDR	Monatsschrift für Deutsches Recht
mE	meines Erachtens
Min	Ministerium
mind.	mindestens
MittVw	Mitteilungen für die Verwaltung
Mistra	Anordnung über Mitteilungen in Strafsachen
MRVG	Maßregelvollzugsgesetz
nachst	nachstehend
Nachw	Nachweis
NdsRpfl	Niedersächsische Rechtspflege
nF	neue Fassung
NJW	Neue Juristische Wochenschrift
Nr.	Nummer
NStE	Neue Entscheidungssammlung für Strafrecht
NStZ	Neue Zeitschrift für Strafrecht
NW	Nordrhein-Westfalen
ObLG	Oberstes Landesgericht
og	obengenannt
OLG	Oberlandesgericht
OLGSt	Entscheidungen der Oberlandesgerichte in Straf-, Ordnungswidrigkeiten- und Ehrengerichtssachen
OrgStA	Organisationsstatut der Staatsanwaltschaft
OStA	Oberstaatsanwalt
OWiG	Gesetz über Ordnungswidrigkeiten
PAD	Personenauskunftsdatei
PaßG	Passgesetz
PD	Polizeidirektion
PflVG	Pflichtversicherungsgesetz
PLK	Psychiatrisches Landeskrankenhaus
PP	Polizeipräsidium
Prot	Protokoll
psych	psychiatrisch
RA	Rechtsanwalt
RdErl	Runderlass
Rdn	Randnummer
Rdschr	Rundschreiben
RdVfG	Rundverfügung
RG	Reichsgericht
RGBl	Reichsgesetzblatt
RGSt	Entscheidungen des Reichsgerichts in Strafsachen
RLJGG	Richtlinien zum Jugendgerichtsgesetz
RiStBV	Richtlinien für das Strafverfahren und das Bußgeldverfahren
RiVASt	Richtlinien für den Verkehr mit dem Ausland in strafrechtlichen Angelegenheiten
RMBl	Reichsministerialblatt
Rpfleger	Der Deutsche Rechtspfleger
RpflG	Rechtspflegergesetz
Rspr	Rechtsprechung
RVG	Rechtsanwaltsvergütungsgesetz
RVO	Reichsversicherungsordnung

Literaturverzeichnis

Arloth, StVollzG, Kommentar, 2. Auflage (2008)
Arnold/Meyer-Stolte, Rechtspflegergesetz, Kommentar, 6. Aufl. (2002)

Bassenge/Herbst/Roth, FGG/RpflG, Kommentar, 10. Aufl. (2004)
Brunner, Jugendgerichtsgesetz, Kommentar, 12. Aufl.

Calliess/Müller-Dietz, Strafvollzugsgesetz, 9. Aufl. (2002)
Calliess/Müller-Dietz, Strafvollzugsgesetz, Kommentar, 11. Aufl. (2008)

Dallmayer/Eickmann, Rechtspflegergesetz, Kommentar, 2. Aufl. (1996)
Dürig, Gesetze des Landes Baden-Württemberg, Textsammlung, (2002)

Eisenberg, Jugendgerichtsgesetz, Kommentar, 13. Aufl. (2008)
Erbs/Kohlhaas, Strafrechtliche Nebengesetze, Kommentar, (2002)

Fischer, StGB, Kommentar, 55. Aufl. (2008)

Göbel, Strafprozess, Handbuch, 6. Aufl. (2005)
Göhler/König/Seitz, Ordnungswidrigkeitengesetz, Kommentar, 14. Aufl. (2006)
Götz (jetzt Tolzmann), Bundeszentralregistergesetz, Kommentar, 4. Aufl. (2003)
Grützner/Pötz, Internationaler Rechtshilfeverkehr in Strafsachen, Sammelwerk

Heidelberger Kommentar zur StPO, 4. Aufl.
Hentschel/König/Dauer, Straßenverkehrsrecht, Kommentar, 40. Aufl. (2009)
Himmelreich/Janker/Hillmann, Fahrverbot – Führerscheinentzug

Kaiser/Kerner/Schöch, Strafvollzug, 2. Aufl. (1999)
Kaiser/Schöch, Kriminologie, Jugendstrafrecht, Strafvollzug, 6. Aufl. (2006)
Karlsruher Kommentar, Strafprozessordnung, 6. Aufl. (2008)
Kerkmann, Strafvollstreckung, Jahresbericht (2006)
KMR, Strafprozessordnung, Kommentar, Loseblattausgabe, 7. Aufl. (1991)
Körner, Betäubungsmittelgesetz, Kommentar, 6. Aufl. (2007)

Lackner/Kühl, Strafgesetzbuch, Kommentar, 26. Aufl. (2007)
Landmann/Rohmer, Gewerbeordnung, Kommentar, (2008)
Leipziger Kommentar, Strafgesetzbuch, 12. Aufl. (2006)
Löwe/Rosenberg, Strafprozeßordnung, Kommentar, 25. Aufl. (2001)

Maunz/Dürig, Grundgesetz, Kommentar, (2001)
Meyer, Strafrechtsentschädigung und Auslagenerstattung, Kommentar, 7. Aufl. (2008)
Meyer-Goßner, StPO, Kommentar, 51. Aufl. (2008)
Münchener Kommentar, Strafgesetzbuch, Bd. 5 Nebenstrafrecht, 1. Aufl. (2007)

Palandt, Bürgerliches Gesetzbuch, Kommentar, 68. Aufl. (2008)
Pfeiffer, Strafprozessordnung, 5. Aufl. (2003)
Piller/Hermann, Justizverwaltungsvorschriften, Textsammlung, 4. Aufl. (2002)
Pohlmann/Jabel/Wolf, Strafvollstreckungsordnung, Kommentar, 8. Aufl. (2001)

Rebmann/Roth/Herrmann, Gesetz über Ordnungswidrigkeiten, Kommentar, 3. Aufl. (2005)
Rebmann/Uhlig, Bundeszentralregistergesetz, Kommentar, 1. Aufl. (1985)

Renner, Ausländerrecht, Kommentar, 8. Aufl. (2005)

Rudolphi/Frisch/Rogall/Schlüchter/Wolter, Systematischer Kommentar zur StPO und zum GVG

Sartorius I, Verfassungs- und Verwaltungsgesetze der Bundesrepublik Deutschland, Textsammlung

Schätzler/Kunz, Gesetz über die Entschädigung für Strafverfolgungsmaßnahmen, Kommentar, 3. Aufl. (2003)

Schätzler, Handbuch des Gnadenrechts, 2. Aufl. (1992)

Schmidt/Baldus, Kostenerstattung in Straf- und Bußgeldsachen, 4. Aufl. (1993)

Schöch, Strafvollzug, 5. Aufl. (2001)

Schönfelder, Deutsche Gesetze, Textsammlung

Schönke/Schröder, Strafgesetzbuch, Kommentar, 27. Aufl. (2006)

Schomburg/Lagodny/Gleß/Hackner, Internationale Rechtshilfe in Strafsachen, 4. Aufl. (2006)

Schwind/Böhm, Strafvollzugsgesetz, Kommentar, 4. Aufl. (2005)

Stöber, Forderungspfändung, Erläuterungsbuch, 14. Aufl. (2005)

Uhlig, Justizregister, Vorschriftensammlung

Wagner, Strafvollstreckung (2009)

Widmaier, Münchener Anwaltshandbuch Strafverteidigung (2006)

Zöller, Zivilprozeßordnung, Kommentar, 26. Aufl. (2006)

– Zeitschriften und Literatur zu Einzelfragen siehe die jeweiligen Abschnitte –

Erstes Buch. Strafvollstreckung

Erster Teil. Allgemeine Grundsätze der Strafvollstreckung

I. Vorbemerkungen

A. Begriff der Strafvollstreckung

Unter dem Sammelbegriff **Strafvollstreckung** sind im 1. Abschnitt des 7. Buches der **1** Strafprozessordnung eine Anzahl von Aufgaben zusammengefasst, die nach Rechtskraft des Urteils in Durchführung des Straferkenntnisses anfallen und die auf Verwirklichung des Rechtsfolgenauspruchs gerichtet sind. Die Verschiedenartigkeit der Aufgaben zeigt, dass der Begriff **Straf**vollstreckung nur teilweise zutrifft, im übrigen aber zu eng gewählt ist.

So behandeln die §§ 453, 453a, 453b StPO nicht die Strafvollstreckung, sondern enthalten Bestimmungen, welche die Resozialisierung des Verurteilten fördern sollen. Umfasst sind ferner Regelungen über nachträgliche Änderungen in §§ 454–454b, 459a StPO, sowie befristete (§§ 455, 455a, 456, 456c StPO) oder endgültige Aufhebung (§§ 456a, 459d, 459f StPO) der Entscheidung. § 459g StPO regelt die Durchführung von Sicherungsmaßnahmen (z.B. Unbrauchbarmachung), nicht die Vollstreckung einer Strafe. § 463 StPO schließlich bezieht sich auf die Vollstreckung von Maßregeln der Besserung und Sicherung. Die Strafvollstreckung im engeren Sinne ist nur **erforderlich,** wenn die Wirksamkeit der verhängten Rechtsfolge sich nicht schon unmittelbar aus der Rechtskraft der Entscheidung ergibt; in diesen Fällen (§§ 44 Abs 3, 45 iVm 45a Abs 1, 69 Abs 3 Satz 1, 70 Abs 4 Satz 1, 73e Abs 1, 74c Abs 1 StGB) regeln die §§ 449ff StPO nur die zusätzlichen Maßnahmen zur Verwirklichung oder Abänderung.

Zutreffender wäre es daher, statt von Strafvollstreckung von **Vollstreckung der Entscheidungen der Strafgerichte** zu sprechen.

B. Strafvollstreckung – Strafvollzug

1. Aufgabenstellung und Abgrenzung

Die Begriffe **Strafvollstreckung** und **Strafvollzug** sind nicht deckungsgleich, sondern **2** verschiedenen Bereichen des Kriminalrechts zugeordnet. Vollstreckung und Vollzug arbeiten zwar gemeinsam an der Verwirklichung des Urteilsinhalts, jedoch auf getrennten Ebenen, wie sich am Beispiel der Freiheitsstrafe zeigen lässt, die nicht nur zu **vollstrecken,** sondern überdies noch zu **vollziehen** sind.

Die Strafvollstreckung umschließt dabei den Bereich von der Rechtskraft des Urteils bis zum Strafantritt (mit anschließenden Überwachungsaufgaben in Teilbereichen), der Strafvollzug den Abschnitt von der Aufnahme des Verurteilten bis zur Entlassung aus der Strafanstalt.

Vollzug bedeutet somit die **praktische Durchführung** der Kriminalsanktion, **Vollstreckung** die **Herbeiführung** und teilweise **Überwachung** der Durchführung, soweit die

Überwachung und Überprüfung nicht den Strafgerichten, sondern den Vollstreckungsbehörden, der Strafvollstreckungskammer oder dem Jugendrichter als Vollstreckungsleiter übertragen ist.

2. Strafvollzugsbegriff

3 Der **Strafvollzugsbegriff** umfasst nicht den Vollzug der Strafe generell, wie aus dem Wortsinn geschlossen werden könnte. Die Geldstrafe beispielsweise kann zwar vollstreckt, aber wegen der engen Verbindung von Einleitung und Durchführung der Beitreibung (vgl. die Forderungspfändung) nicht noch gesondert vollzogen werden. Daher versteht man unter **Strafvollzug** allgemein nur die Vollziehung der **freiheitsentziehenden** Kriminalsanktionen.[1]
Darunter fallen:

a) die Freiheitsstrafe (§§ 38 f StGB, § 1 StVollzG),
b) die freiheitsentziehenden Maßregeln der Besserung und Sicherung (§§ 63 ff StGB, § 1 StVollzG der Länder),
c) der Strafarrest (§ 9 WStG)
d) die Jugendstrafe (§§ 17 f, 91 JGG).

C. Strafvollstreckungs- und Strafvollzugsrecht

1. Begriffsklärung

4 Das **Strafvollstreckungsrecht** regelt alle Maßnahmen, die zur **Einleitung** und **Überwachung** des Vollzugs des rechtskräftigen Urteils erforderlich sind.
Das **Strafvollzugsrecht** enthält alle Rechtsnormen, welche die **Art und Weise der Durchführung** der freiheitsentziehenden Kriminalsanktionen zum Inhalt haben. Der Gesetzgeber hat aber leider auch hier keine saubere Trennung vorgenommen. So sind auch in den Strafvollzugsgesetzen der Länder Regelungen für die Strafzeitberechnung enthalten auf welche die Vollstreckungsbehörden keinen Einfluss haben. Dies gilt insbesondere für Zeitpunkte, zu welchem die gefangene Person aus der Justizvollzugsanstalt zu entlassen ist.
Vollstreckungs- wie Vollzugsrecht werden überwiegend dem **formellen Kriminalrecht** zugerechnet; teilweise wird das Vollzugsrecht auch als eine selbständige, vom materiellen wie vom formellen Recht zu unterscheidende Materie angesehen.

2. Strafvollstreckungsvorschriften

5 Grundlegende Bestimmungen für die **Strafvollstreckung** enthält der 1. Abschnitt des 7. Buches der **Strafprozessordnung** (§§ 449–463 d StPO). In Ergänzung der lückenhaften Vollstreckungsvorschriften der StPO vereinbarten die Justizverwaltungen des Bundes und der Länder die **Strafvollstreckungsordnung** (StVollstrO) vom 15. 2. 1956 (gültig idF v 1. 4. 2001) und die **Einforderungs- und Beitreibungsanordnung** (EBAO) vom 20. 11. 1974 (gültig idF v 1. 4. 2001). Neben der EBAO findet bei der Beitreibung von Geldbeträgen auch noch die **Justizbeitreibungsordnung** (JBeitrO) vom 11. 3. 1937, zuletzt geändert durch Gesetz vom 17. 12. 2006, Anwendung. Die Strafvollstreckungsordnung wurde zwar mit Wirkung vom 1. 4. 2001 neu gefasst. Die Novellierung war jedoch weitgehend nur redaktionell. Der Gesetzgeber konnte sich bisher leider nicht dazu durchringen, ein Strafvollstreckungsgesetz zu schaffen, obwohl dies seit vielen Jahren gefordert wird.

---

[1] *Kaiser/Kerner/Schöch*, Strafvollzug, S 9.

StVollstrO, EBAO und JBeitrO sind lediglich Verwaltungsvorschriften, so dass die Gerichte bei der Gesetzesauslegung nicht an sie gebunden sind.[2] Die Vorschriften haben nur innerdienstliche Bindungswirkung. Das seit langer Zeit geforderte **Strafvollstreckungsgesetz** dürfte, nachdem die Strafvollstreckungsordnung Anfang des Jahres 2001 novelliert wurde, in absehbarer Zeit nicht realisiert werden.

3. Strafvollzugsbestimmungen

Grundlage für den **Strafvollzug** war bis 1977 die durch Verwaltungsabkommen der   6
Länder geschaffene **Dienst- und Vollzugsordnung** (DVollzO) vom 1. 12. 1961. Für den Vollzug der **Untersuchungshaft** wurde von den Landesjustizverwaltungen am 12. 2. 1953 eine bundeseinheitliche **Untersuchungshaftvollzugsordnung** (UVollzO) in Kraft gesetzt, jetzt gültig in der Fassung vom 15. 12. 1976. Eine gesetzliche Regelung des Vollzugs der U-Haft steht immer noch aus. Ein Entwurf ist in Bearbeitung.

Als Verwaltungsanordnung war die DVollzO (wie die StVollstrO) weder mit Gesetzes- noch mit Rechtsverordnungskraft ausgestattet, wenn ihr auch **Rechtssatzeigenschaft** nicht abgesprochen wurde.[3]

Vorwiegend rechtspolitische und verfassungsrechtliche Gesichtspunkte führten zur   7
Ablösung der DVollzO durch eine bundeseinheitliche gesetzliche Regelung mit dem **Strafvollzugsgesetz** (StVollzG) vom 16. 3. 1976 (BGBl I S 581), das am 1. 1. 1977 in seinen wesentlichen Teilen in Kraft getreten ist in der Fassung vom 5. 10. 2002. Das Gesetz enthält als Schwerpunkt eine Regelung der Rechte und Pflichten der Gefangenen, sowie der Ausstattung, Organisation und Eingriffsbefugnisse der Vollzugsbehörden.

Über den Vollzug der Unterbringung in einem Psychiatrischen Krankenhaus und in einer Entziehungsanstalt stellt das Strafvollzugsgesetz nur allgemeine Grundsätze auf und verweist im übrigen auf Landes- und Bundesrecht (§§ 136–138 StVollzG). Das Gesetz verzichtet ferner auf eine Regelung des Vollzugs der Jugendstrafe (die Gesetzgebung zum Jugendvollzug ist auch zwischenzeitlich auf die Bundesländer übergegangen. Die Bundesländer haben inzwischen auch eigene Jugendstrafvollzugsgesetze geschaffen.) und der Untersuchungshaft (Ausnahme: §§ 176, 177, 122 StVollzG). Im Gegensatz zu früheren Entwürfen fehlen auch Vorschriften über die Strafvollstreckung oder werden nur ausnahmsweise angeführt, soweit ein untrennbarer Zusammenhang mit dem Vollzug der Strafe gegeben ist (z.B. §§ 13 Abs 5, 43 Abs 6 StVollzG).[4]

Zur Ergänzung des Strafvollzugsgesetzes wurden von den Landesjustizverwaltungen **Verwaltungsvorschriften zum Strafvollzugsgesetz** (VVStVollzG)[5] und **Dienst- und Sicherheitsvorschriften für den Strafvollzug** (DSVollz) vereinbart und – wie das StVollzG – mit Wirkung vom 1. 1. 1977 in Kraft gesetzt. Zum gleichen Zeitpunkt wurde die DVollzO vom 1. 12. 1961 nebst späteren Änderungen aufgehoben.

Über den Vollzug gegen **Jugendliche** und unter Jugendstrafrecht abgeurteilte **Heran-**   8
wachsende bestehen, seit die Gesetzgebung hierüber auf die Bundesländer übergegangen ist, ausreichende gesetzliche Regelungen in den Jugendstrafvollzugsgesetzen der Länder. Weitere Regelungen sind im JGG enthalten, so in den §§ 90–93a, 110, 115 JGG. Daneben gelten **Rechtsverordnungen,** so für den Vollzug von Jugendarrest die **Jugendarrestvollzugsordnung** (JAVollzO) idF der Bekanntmachung vom 30. 11. 1976 (BGBl I S 3270), geändert durch Gesetz vom 26. 6. 1990 (BGBl I S 1163), so-

---

[2] BVerfG, Rpfleger 1971, 61.
[3] *Müller-Dietz*, Strafvollzugsgesetzgebung und Strafvollzugsreform, S 30.
[4] Nähere Ausführungen zum StVollzG s *Calliess/Müller-Dietz*, Kommentar, Einl.
[5] Letzte Änderung zum 1. 1. 1994: AV d JM BW v 25. 11. 1993 (4430–IV/162).

wie die **Bundeswehrvollzugsordnung** (BwVollzO) vom 29. 11. 1972 (BGBl I S 2205) mit der Änderung durch Gesetz vom 16. 3. 1976 (BGBl I S 581).

II. Geltungsbereich des Strafvollstreckungsrechts

A. Sachlicher Geltungsbereich

1. Strafgerichtliche Entscheidungen

9 Die Vorschriften über die Strafvollstreckung gelten nur für die Vollstreckung **strafgerichtlicher Entscheidungen** (§ 1 Abs 1 StVollstrO). Das Strafvollstreckungsrecht ist daher weder auf in Disziplinarverfahren ausgesprochene Ordnungs- und Erzwingungshaftstrafen noch auf Haftstrafen nach der ZPO anwendbar. Insbesondere finden die Bestimmungen der Strafvollstreckung keine Anwendung auf die Vollstreckung von Entscheidungen der Verwaltungsbehörden.
Als **strafgerichtliche Entscheidungen** nach § 1 Abs 1 StVollstrO kommen in erster Linie in Betracht:

a) Strafgerichtliche Urteile (§§ 260 ff, §§ 417 ff StPO),
b) Strafbefehle (§§ 409, 410 StPO),
c) Urteile im Sicherungsverfahren (§§ 413 ff StPO),
d) Beschlüsse im Einziehungsverfahren (§§ 441, 442 StPO),
e) Beschlüsse über nachträglich gebildete Gesamtstrafen (§ 460 StPO),
f) Beschlüsse über die Verurteilung zu der vorbehaltenen Strafe (§ 59 b Abs 1 StGB),
g) Beschlüsse über Teilvollstreckung einer Einheitsstrafe (§ 56 JGG),
h) Beschlüsse über die Bildung einer Einheitsstrafe (§ 66 JGG),

Widerrufsbeschlüsse über Strafaussetzungen zur Bewährung sind dagegen keine Entscheidungen im Sinne von § 1 Abs 1 StVollstrO. Sie dienen lediglich dazu, die Vollstreckungsvoraussetzungen für andere Entscheidungen zu schaffen, ein in diesen Entscheidungen enthaltenes Vollstreckungshindernis nämlich die Strafaussetzung zur Bewährung zu beseitigen.[6]

2. Bußgeldsachen, Jugendsachen, Ordnungs- (Zwangs-)haft

10 Bei der Vollstreckung gerichtlicher Entscheidungen nach dem **Gesetz über Ordnungswidrigkeiten** (§§ 91 ff OWiG) sowie für die Vollstreckung gerichtlich erkannter **Ordnungs- und Zwangshaft in Straf- und Bußgeldsachen** (§§ 51, 70, 95 StPO, § 46 Abs 1 OWiG, § 178 GVG) finden die Bestimmungen über die Strafvollstreckung nach Maßgabe der §§ 87, 88 StVollstrO nur **bedingt** Anwendung (§ 1 Abs 2 StVollstrO).[7] Veranlaßt der Vorsitzende des Gerichts nach § 179 GVG, § 36 Abs 2 Satz 2 StPO die Vollstreckung unmittelbar, ist ihm die Anwendung der StVollstrO überdies freigestellt.
Für die Vollstreckung von Entscheidungen gegen **Jugendliche und Heranwachsende** gelten in erster Linie die Bestimmungen des JGG, der RLJGG, der BwVollzO und des OWiG. Die StVollstrO ist nur **subsidiär** anwendbar (§ 1 Abs 3 StVollstrO) und greift nur dann, wenn diese anderen Bestimmungen keine Regelungen treffen.
Ist gegen **Heranwachsende** nach **allgemeinem Strafrecht** entschieden worden, findet die StVollstrO jedoch in vollem Umfange Anwendung.[8]

---

[6] *Pohlmann/Jabel/Wolf,* Rdn 1 zu § 1 StVollstrO.
[7] Nähere Einzelheiten Rdn 461, 503 f, 520, 530 f.
[8] Einzelheiten s Rdn 16, 534.

B. Örtlicher Geltungsbereich

1. Inländischer Anwendungsbereich

Eine ausdrückliche Bestimmung über ihre **örtliche** Geltung enthält die StVollstrO 11
nicht.

Aus dem Gesamtzusammenhang, dem Bedeutungsbereich einzelner Vorschriften (z. B.
§§ 9, 24, 26 StVollstrO) und der Ländervereinbarung zur Vereinfachung und zur Beschleunigung der Strafvollstreckung v 8. 6. 1999 (Anh. 2 zur StVollstrO) geht jedoch
hervor, dass der Geltungsbereich **bundesweit** sein soll. Die einschlägigen Vollstreckungsvorschriften gelten auch in den **neuen** Bundesländern (Einigungsvertrag Art 8,
Anl. I Kap III Sachgebiet A und C – BGBl II 1990, 885 ff).[9]

2. Internationale Strafvollstreckung

Vollstreckungshilfe wurde früher, von wenigen Ausnahmen abgesehen, nicht geleistet 12
(Nr. 88 RiVASt a. F.). Auch das Europäische Übereinkommen über die Rechtshilfe in
Strafsachen (EuRHÜbk) vom 20. 4. 1959 schloss in Art 1 Abs 2 seine Anwendbarkeit
auf die Vollstreckung verurteilender Erkenntnisse ausdrücklich aus.

Erst mit dem **Gesetz über die Internationale Rechtshilfe in Strafsachen (IRG)** vom 13
23. 12. 1982 wurde die gegenseitige Rechtshilfe durch Vollstreckung (§§ 48 ff, § 71
IRG) auf eine neue Grundlage gestellt. Die Vollstreckung kann auf den Heimat- oder
Aufenthaltsstaat des Verurteilten übertragen werden, so dass die Sanktion im gewohnten sozialen Umfeld des Betroffenen vollzogen wird. Ein ausländisches Straferkenntnis wird – nach Durchführung eines Exequaturverfahrens – wie ein deutsches
Erkenntnis nach Maßgabe der einschlägigen deutschen Vollstreckungsvorschriften
vollstreckt. Die Vollstreckungshilfe lief nur zögernd an. Sie beruhte auf § 48 Nr. 2 a. F.
IRG und war beschränkt auf die Rechtshilfe mit Österreich, Dänemark, Schweden
und der Türkei.

Eine wesentliche Erweiterung der internationalen Vollstreckungshilfe brachte das 14
durch Gesetz vom 26. 9. 1991 in Kraft gesetzte **Übereinkommen über die Überstellung verurteilter Personen** vom 21. 3. 1983 (BGBl II 1991, 1006).
Durchführungsbestimmungen enthält das Überstellungsausführungsgesetz (ÜAG)
vom 26. 9. 1991 (BGBl I 1991, 1954), in dem der Erlass einer richterlichen Festhalteanordnung geregelt ist. Damit wurde eine völkerrechtliche Grundlage für die §§ 48,
49 IRG geschaffen, die es ermöglicht, Verurteilte zur Vollstreckung einer freiheitsentziehenden Strafe oder Maßregel in den Heimatstaat (Vollstreckungsstaat), dessen
Staatsangehörige sie sind, mit ihrer Zustimmung zu überstellen.

Nach Kap 5, Art 67–69 des Schengener Durchführungsübereinkommens vom 19. 6.
1990 (BGBl II 1993, 1013) bedarf es einer solchen Zustimmung nicht, wenn sich der
Verurteilte durch Flucht in sein eigenes Land der Vollstreckung entzogen hat.

Eine Erweiterung der Vollstreckungsmöglichkeit ausländischer Verurteilungen mit
Erstreckung auch auf Geldstrafen beabsichtigt das mit Gesetz vom 7. 7. 1997
(BGBl II 1997, 1350) beschlossene **Übereinkommen** zwischen den Mitgliedstaaten
der Europ. Gemeinschaften **über die Vollstreckung ausländischer strafrechtlicher
Verurteilungen** vom 13. 11. 1991. Dieses Übereinkommen ist am 15. 7. 1997 in
Kraftgetreten. Dies ist noch nicht geschehen. Das Übereinkommen ermöglicht insbesondere die Vollstreckung gegen Verurteilte, die sich in ihrem Heimatstaat aufhalten.
Damit hat die internationale Strafvollstreckung zweifellos an Bedeutung gewonnen,

---

[9] Zur Vollstreckung von Entscheidungen eines Strafgerichts der ehemaligen DDR s *Meyer-Goßner*, Rdn 11 vor § 449 StPO.

wenngleich die zeitraubenden formalen Abläufe in vielen Fällen durch eine Entscheidung nach § 456a StPO überholt werden.

Das **Schengener Durchführungsübereinkommen** vom 19. 6. 1990 (BGBl II 1993, 1013) enthält in Art 67–69 ebenfalls Regelungen über die Übertragung der Vollstreckung auf einen anderen Staat. Die internationale Strafvollstreckung wird dadurch noch mehr an Bedeutung gewinnen.[10]

III. Vollstreckungsbehörden und ihre Zuständigkeit

A. Sachliche Zuständigkeit

1. Zuständigkeitsregelung

15 Um die Tätigkeit der Gerichte auf Rechtsprechungsaufgaben zu beschränken, wurde die **Strafvollstreckung** generell der **Staatsanwaltschaft** übertragen (§ 451 Abs 1 StPO). Strafvollstreckung ist kein Teil der Rechtsprechung, sondern gehört zu den – weisungsunterworfenen – **Justizverwaltungsaufgaben.** Es war daher nahe liegend, die Strafvollstreckung einem weisungsgebundenen Organ wie der Staatsanwaltschaft (vgl. §§ 146, 147 GVG) zuzuordnen.

Welche Staatsanwaltschaft **sachlich** zuständig ist, regelt § 4 StVollstrO. Hiernach ist Vollstreckungsbehörde:

a) grundsätzlich die **Staatsanwaltschaft beim Landgericht,** soweit nichts anderes bestimmt ist,

b) die **Staatsanwaltschaft beim Oberlandesgericht,** wenn das OLG im ersten Rechtszug entschieden hat und nicht ein Fall des Buchstaben c) vorliegt,

c) der **Generalbundesanwalt beim Bundesgerichtshof** in Sachen, in denen im ersten Rechtszug in Ausübung von Gerichtsbarkeit des Bundes entschieden worden ist (Art 96 Abs 5 GG, §§ 120, 142a GVG).

Die Vollstreckungsaufgaben sind im Wesentlichen der **Staatsanwaltschaft** zugewiesen worden. Ihr obliegt die Vollstreckung aller Entscheidungen nach § 1 Abs 1 StVollstrO. Sie ist ferner zuständig zur Vollstreckung in Bußgeldsachen, soweit eine gerichtliche Bußgeldentscheidung vorliegt oder das Gericht auf Antrag einer Verwaltungsbehörde Erzwingungshaft angeordnet hat wegen einer Geldbuße, die von einer Bußgeldbehörde rechtskräftig verhängt wurde (§§ 91, 97 OWiG, §§ 4, 87 Abs 1 StVollstrO, § 451 Abs 1 StPO) sowie bei Ordnungs- und Zwangshaft (Ordnungs- und Zwangsgeld) in Straf- und Bußgeldsachen (§ 36 Abs 2 Satz 1 StPO), soweit der Vorsitzende des Gerichts die Vollstreckung nicht unmittelbar veranlasst (§ 179 GVG). Im Falle einer Vollstreckungsabgabe nach §§ 85 Abs 6, 89a Abs 3 JGG hat sie in Jugendsachen die Vollstreckung einer Jugendstrafe bzw (gem. § 85 Abs 6 JGG) einer freiheitsentziehenden Maßregel durchzuführen, wobei hier insbesondere zu beachten sind, dass die materiellen Bestimmungen des JGG über die Aussetzungsmöglichkeit zur Bewährung weiter Anwendung finden.

16 Nicht sämtliche Vollstreckungsgeschäfte sind jedoch bei der Staatsanwaltschaft konzentriert. Es gibt daneben auch eine **gerichtliche** Zuständigkeit für Vollstreckungsanordnungen. So obliegt dem Vorsitzenden die Vollstreckung von Ordnungsmitteln gem. § 179 GVG und dem Jugendrichter die Vollstreckung gegen Jugendliche und unter Jugendrecht verurteilte Heranwachsende.

Die Vollstreckung von Entscheidungen gegen **Jugendliche** und **Heranwachsende,** die nach **Jugendstrafrecht** abgeurteilt sind, hat das JGG – im Zeichen der Erziehungs-

---

[10] Einzelheiten zur internationalen Vollstreckungshilfe s Rdn 740 ff, 756 ff, 758 ff.

strafe – dem **Jugendrichter** zugewiesen (§§ 82–85, 110 JGG). Seine Zuständigkeit als Vollstreckungsleiter besteht auch bei Aburteilung Jugendlicher durch ein **Erwachsenengericht** (§ 103 JGG).[11] Soweit Jugendstrafrecht zur Anwendung kam, obliegt ihm auch die Vollstreckung gegen **Soldaten** (§ 1 Abs 3 StVollstrO). Sind **Heranwachsende** jedoch nach dem **allgemeinen Strafrecht** verurteilt worden, führt die **Staatsanwaltschaft** die Vollstreckung durch (vgl. Abschn. I Nr. 3 RLJGG zu §§ 82–85).

Für die Vollstreckung **gerichtlicher Bußgeldentscheidungen** gilt eine etwas abweichende Regelung: in Verfahren gegen Erwachsene ist Vollstreckungsbehörde die **Staatsanwaltschaft,** in Verfahren gegen Jugendliche und – ausnahmslos – auch gegen **Heranwachsende** ist Vollstreckungsleiter der **Jugendrichter** (§§ 91, 97 OWiG).

Im Rahmen der Vollstreckung nimmt der Jugendrichter, mit Ausnahme der Fälle des § 83 Abs 1 JGG, **weisungsgebundene Justizverwaltungsaufgaben** wahr, wie Abschn. II Nr. 5 RLJGG zu §§ 82–85 deutlich macht.

Von der Möglichkeit, die Strafvollstreckung auf **Amtsanwälte** zu übertragen (s § 451 Abs 2 StPO), hat bisher nur Bayern Gebrauch gemacht.[12] Eine Entlastung des Amtsanwalts durch den Rechtspfleger nach § 31 RpflG kommt dabei nicht in Betracht (vgl. amtl. Begründung zu § 31 RpflG).[13]

17

Die Übertragung, die wegen § 145 Abs 2 GVG nur in beschränktem Umfange möglich ist, hat jedoch auch in Bayern keine praktische Bedeutung erlangt.

2. Zusammenfassende Übersicht

Vollstreckungsbehörde	Zuständigkeitsbereich	Gesetzliche Grundlage
Staatsanwaltschaft	Urteile und gleichstehende Entscheidungen in Strafsachen	§ 451 Abs 1 StPO §§ 1 Abs 1, 4 StVollstrO
	Bußgeldsachen	§§ 91, 97 OWiG § 451 Abs 1 StPO §§ 1 Abs 1, 4, 87 StVollstrO
	Ordnungs- und Zwangshaft in Straf- und Bußgeldsachen einschließlich Jugendstrafverfahren (Ausnahme: § 179 GVG, vgl. § 180 GVG)	§ 36 Abs 1 Satz 1 StPO, § 46 Abs 1 OWiG, § 2 JGG
	Jugendstrafe und freiheitsentziehende Maßregeln in Jugendsachen bei Vollstreckungsabgabe	§§ 85 Abs 6, 89 a Abs 3 JGG
Vorsitzender des Gerichts	Ordnungsmittel	§ 179 (§ 180 GVG) § 88 Abs 2 StVollstrO
Jugendrichter	Entscheidungen gegen Jugendliche und Heranwachsende bei Anwendung von Jugendstrafrecht, einschließlich der Entscheidungen in Bußgeldsachen Ausnahme: §§ 85 Abs 6, 89 a Abs 3 JGG	§§ 82–85, 110 JGG, §§ 91, 97 OWiG

18

---

[11] OLG München, MDR 1957, 437.
[12] BayJMBl 1968, 103 (Bek v 15. 10. 1968).
[13] *Pohlmann/Jabel/Wolf,* Rdn 11 zu § 10 StVollstrO.

3. Notzuständigkeit

19   Eine Erweiterung der sachlichen Zuständigkeit für **dringende Vollstreckungsanordnungen** bringt § 6 StVollstrO. Danach kann, wenn die sachlich zuständige Vollstreckungsbehörde nicht alsbald erreichbar ist, anstelle der Staatsanwaltschaft beim Landgericht die (General-)Staatsanwaltschaft beim Oberlandesgericht tätig werden.
Die in § 6 StVollstrO enthaltene Aufzählung ist nicht vollständig. Eine weitere Notzuständigkeit ergibt sich aus § 143 Abs 2, 4 GVG. So kann die **Staatsanwaltschaft beim Oberlandesgericht** innerhalb ihres Bezirks dringende Vollstreckungsanordnungen anstelle des Generalbundesanwalts treffen, die **Staatsanwaltschaft beim Landgericht** (in ihrem Bezirk) für den Generalbundesanwalt und für die Staatsanwaltschaft beim Oberlandesgericht tätig werden.[14]
Eine Notzuständigkeit des Generalbundesanwalts für die Staatsanwaltschaft beim Landgericht bzw Oberlandesgericht ist dagegen zu verneinen, weil er nicht „innerhalb seines Bezirks" (§ 143 Abs 2 GVG) handeln könnte. Auch der Jugendrichter kann nicht für die Staatsanwaltschaft tätig werden.[15]
Da die Strafvollstreckung kein Teil der Rechtsprechung ist, sondern dem Bereich der Justizverwaltungsaufgaben zugeordnet ist, wird eine Überschreitung der sachlichen Zuständigkeit nicht von vornherein die Unwirksamkeit der vollzogenen Vollstreckungshandlung bedeuten. Die getroffene Maßnahme wird ihre Wirksamkeit behalten, bis sie von der sachlich zuständigen Vollstreckungsbehörde aufgehoben wird. Bei **Gefahr im Verzug gilt für dringende** Maßnahmen § 7 Abs 3 StVollstrO. Bei **Kompetenzkonflikten** entscheidet die **höhere Vollstreckungsbehörde**; das ist in der Regel der Generalstaatsanwalt (§ 147 Nr. 3 GVG, § 21 StVollstrO).

B. Örtliche Zuständigkeit

1. Regelzuständigkeit

20   Die **örtliche** Zuständigkeit der Vollstreckungsbehörde bestimmt sich ausschließlich nach dem **Gericht** des **ersten Rechtszuges** (§ 143 Abs 1 GVG, § 7 Abs 1 StVollstrO).[16]
Im Falle einer **Zurückverweisung** durch das Revisionsgericht nach § 354 Abs 2, § 354a oder § 355 StPO an ein **anderes** Gericht, bestimmt sich die Zuständigkeit der Vollstreckungsbehörde nach diesem Gericht.
Ist im **Wiederaufnahmeverfahren** eine Entscheidung nach § 373 StPO ergangen, so richtet sich die Vollstreckungszuständigkeit in den Fällen des § 140a Abs 1, 3 Satz 2 GVG nach dem Gericht, das diese Entscheidung getroffen hat (§ 7 Abs 2 StVollstrO).[17]

2. Zuständigkeit bei Gesamtstrafen

21   Bei der Vollstreckung von **Gesamtstrafen** ist zweierlei zu unterscheiden:

a) liegt eine ursprüngliche Gesamtstrafe (§§ 53, 54 StGB) oder eine nach § 55 StGB (durch Urteil) gebildete Gesamtstrafe vor, bestimmt sich die örtliche Zuständigkeit der Vollstreckungsbehörde nach § 7 StVollstrO (Gericht des ersten Rechtszuges); es gilt die gleiche Regelung wie oben in Rdn 20.

---

[14] *Wendisch* in Löwe/Rosenberg, Rdn 10 zu § 451 StPO.
[15] *Pohlmann/Jabel/Wolf*, Rdn 3 zu § 6 StVollstrO.
[16] Gilt entsprechend in Bußgeldsachen (s § 87 iVm § 7 StVollstrO).
[17] Zur Vollstreckung von Wiederaufnahmeentscheidungen s *Hamann*, Rpfleger 1981, 138.

b) im Falle der **nachträglichen** Gesamtstrafe durch **Beschlussverfahren** (§§ 460, 462, 462 a Abs 3 StPO) richtet sich die örtliche Zuständigkeit nach dem **Gericht,** das die **Gesamtstrafe** durch Beschluss gebildet hat (§ 8 Abs 1 StVollstrO).

> z. B.:
> Urteil des AG Chemnitz – 5 Monate Freiheitsstrafe
> Urteil des AG Stuttgart – 10 Monate Freiheitsstrafe
> Gesamtstrafe (§ 460 StPO) durch AG Stuttgart mit 1 Jahr Freiheitsstrafe.
> Ergebnis:
> örtlich zuständig gem. § 8 Abs 1 StVollstrO: StA Stuttgart.

Dies gilt auch dann, wenn die Staatsanwaltschaft Chemnitz mit der Vollstreckung der durch das Amtsgericht Chemnitz verhängten Freiheitsstrafe bereits begonnen hat oder diese Vollstreckung möglicherweise bereits beendet ist. Die Vollstreckung aus dem Gesamtstrafenbeschluss nach § 460 StPO des Amtsgerichts Stuttgart erfolgt ausschließlich durch die Staatsanwaltschaft Stuttgart.

§ 8 Abs 1 StVollstrO ist auch maßgebend, wenn bei einer nachträglichen Gesamtstrafenentscheidung nicht alle Einzelstrafen auf **eine** Gesamtstrafe zurückgeführt werden, vielmehr **mehrere** Gesamtstrafen zu bilden sind. Die örtliche Zuständigkeit bestimmt sich hier allein nach dem Gericht, das die Gesamtstrafen festgesetzt hat, so dass für sämtliche **Gesamtstrafen,** die in dem Gesamtstrafenbeschluss nach § 460 StPO aufgeführt sind, nur **eine** Vollstreckungsbehörde zuständig ist.[18]

Anders liegt der Fall, wenn von mehreren Einzelstrafen nur ein Teil auf eine Gesamtstrafe zurückgeführt werden kann, eine **Einzelstrafe** jedoch als **selbständige** Strafe bestehen bleibt. Die örtliche Zuständigkeit für die Vollstreckung der Gesamtstrafe ergibt sich wiederum aus § 8 Abs 1 StVollstrO, für die Einzelstrafe jedoch aus § 7 Abs 1 StVollstrO, so dass u. U. **zwei** Vollstreckungsbehörden zuständig sein können.[19]

> z. B.:
> Urteil des AG Zwickau vom 19. 1. 2009 mit Einzelstrafen von 9 und 12 Monaten Freiheitsstrafe, hieraus wurde bereits im Urteil eine Gesamtfreiheitsstrafe von 16 Monaten gebildet nach §§ 54, 55 StGB;
> Urteil des AG Ellwangen vom 2. 3. 2009 mit Einzelstrafen von 6 Monaten (Tatzeit: Februar 2009) sowie 7 und 10 Monaten Freiheitsstrafe (Tatzeiten November und Dezember 2008). Hieraus wurde bereits im Urteil eine Gesamtstrafe von 17 Monaten gebildet.
> Gesamtstrafenbeschluss (§ 460 StPO) durch AG Zwickau mit 2 Jahren Gesamtfreiheitsstrafe. (Einbezogen wurden die Freiheitsstrafen von 9 und 12 Monaten (AG Zwickau) und von 7 und 10 Monaten (AG Ellwangen) Die Einzelstrafe von 6 Monaten (Tatzeit Februar 2009) bleibt als selbständige Strafe bestehen.
> Ergebnis:
> Vollstreckungsbehörde für die Gesamtstrafe von 2 Jahren ist die Staatsanwaltschaft Zwickau (§ 8 Abs 1 StVollstrO), für die Einzelstrafe von 6 Monaten verbleibt es bei der Zuständigkeit der Staatsanwaltschaft Ellwangen (§ 7 Abs 1 StVollstrO).

Beim Zusammentreffen von Freiheits- und Geldstrafe, hat auch der Beschlussrichter nach § 460 StPO die Möglichkeit, von der Bildung einer Gesamtstrafe gem. § 53 Abs 2 Satz 2 StGB abzusehen und beide Strafen **nebeneinander** bestehen zu lassen.[20] Eine Einbeziehung zu einer Gesamtstrafe erfolgt in diesem Falle nicht, so dass § 8 Abs 1 StVollstrO keine Anwendung finden kann. Beide Strafen (Verurteilungen) bleiben gesondert und behalten ihre Selbständigkeit. Nur bei einer **tatsächlichen**

---

[18] Vgl. BayObLG, NJW 1955, 1488.
[19] *Meyer-Goßner,* Rdn 6; KK-*Fischer,* Rdn 11 jeweils zu § 451 StPO.
[20] *Wendisch* in Löwe/Rosenberg, Rdn 7 zu § 460 StPO.

Einbeziehung und Gesamtstrafenbildung verliert die ursprüngliche Verurteilung ihre selbständige Bedeutung.[21] Geld- und Freiheitsstrafe sind daher beim Absehen vollstreckungs- und registerrechtlich **getrennt** zu behandeln.[22] Die Vollstreckungszuständigkeit richtet sich dabei jeweils nach § 7 StVollstrO.

Wird eine **Nebenstrafe, Nebenfolge** oder **Maßnahme** in einer Gesamtstrafenentscheidung **aufrechterhalten** (§ 55 Abs 2 StGB), so obliegt die Vollstreckung der Staatsanwaltschaft, die für die Gesamtstrafe (Hauptstrafe) zuständig ist. Die Zuständigkeit für den Ansatz der **Gerichtskosten** wird durch die nachträgliche Gesamtstrafenbildung nicht berührt. Es besteht die ursprüngliche Zuständigkeit nach § 4 Abs 2 Satz 1 GKG weiter. Für die Gebührenerhebung gilt § 41 GKG.

Die **sachliche** Zuständigkeit bei der Vollstreckung von Gesamtstrafen ergibt sich aus § 4 StVollstrO.

3. Notzuständigkeit

22 Ist Gefahr in Verzug kann **dringende Vollstreckungsanordnungen** auch eine **örtlich unzuständige** Vollstreckungsbehörde treffen (§ 7 Abs 3 StVollstrO).

Die Tätigkeit der eingreifenden Vollstreckungsbehörde ist zwar nur innerhalb ihres Bezirks möglich (vgl. § 143 Abs 2 GVG), aber nicht durch Ländergrenzen beschränkt. So kann jede Staatsanwaltschaft auch Notmaßnahmen für die Staatsanwaltschaft eines anderen Bundeslandes treffen, ohne von einem vorherigen Amtshilfeersuchen (§ 9 StVollstrO) abhängig zu sein. § 7 Abs 3 StVollstrO geht insoweit § 9 StVollstrO vor.[23]

4. Kompetenzkonflikt

23 Können sich zwei Vollstreckungsbehörden über ihre **örtliche** oder **sachliche Zuständigkeit** nicht einig werden, entscheidet der übergeordnete Generalstaatsanwalt (vgl. § 21 StVollstrO).

Gehören die Vollstreckungsbehörden verschiedenen OLG-Bezirken an, ist eine Einigung der beteiligten Generalstaatsanwälte anzustreben, ggf. die Entscheidung des übergeordneten Justizministeriums herbeizuführen (§ 147 GVG).

Sind Vollstreckungsbehörden verschiedener Bundesländer betroffen und ist eine Klärung auf unterer Ebene nicht möglich, müssen die betr. Landesjustizverwaltungen eine Einigung zu erreichen suchen.[24]

Eine Entscheidungsbefugnis des **Generalbundesanwalts** im Kompetenzkonflikt besteht **nicht**, weil § 143 Abs 3 GVG nur bei der **Strafverfolgung** Anwendung findet.

Die Herbeiführung einer **gerichtlichen Entscheidung** im Zuständigkeitsstreit von Vollstreckungsbehörden ist nicht möglich. Soweit gerichtliche Entscheidungen in der Strafvollstreckung vorgesehen sind, enthält das 7. Buch der StPO (neben den einschlägigen Bestimmungen des JGG und OWiG) eine abschließende Aufzählung. § 14 StPO ist schon wegen der unterschiedlichen Ausgangslage (unabhängige Gerichte – weisungsgebundene Vollstreckungsbehörden) nicht anwendbar.[25]

---

[21] OLG Karlsruhe, NStZ 1985, 123; Vfg d GStA in Karlsruhe v 20. 5. 1986 (4300–108). So auch BGH, Beschl v 16. 11. 1984–2 StR 702/84.

[22] KG, JR 1986, 119; RdErl d BMJ v 3. 11. 1989 (II B 3–4240/4–7 (Pkt 83) – 250 868/89).

[23] KK-*Fischer*, Rdn 12; *Bringewat*, Rdn 14 jeweils zu § 451 StPO.

[24] Ebenso *Pohlmann/Jabel/Wolf*, Rdn 2 zu § 7 StVollstrO; *Wendisch* in Löwe/Rosenberg, Rdn 10 zu § 451 StPO.

[25] *Meyer-Goßner*, Rdn 10 zu § 451 StPO.

IV. Zuständigkeit des Rechtspflegers

A. Kompetenzbereich

1. Umfang der Übertragung

Die der **Vollstreckungsbehörde** in **Straf-** und **Bußgeldsachen** obliegenden Geschäfte   24
sind grundsätzlich dem **Rechtspfleger** übertragen (§ 31 Abs 2 Satz 1 RpflG).[26] Die
dabei in Betracht kommenden Geschäfte sind zusammengefasst in der StVollstrO, der
EBAO, der JBeitrO, dem 1. Abschnitt des 7. Buches der StPO und dem 2. Teil,
9. Abschnitt des OWiG.
Die Zuständigkeit des Rechtspflegers bezieht sich nur auf Aufgaben der **Vollstre-**
ckungsbehörde; die in der Strafvollstreckung vorgesehenen **gerichtlichen Entschei-**
dungen werden durch § 31 Abs 2 RpflG nicht berührt.[27]
§ 31 Abs 2 RpflG findet ebenfalls keine Anwendung, soweit es sich um Aufgaben der
Strafverfolgungsbehörde handelt. Dies trifft zu bei den Anträgen der Staatsanwaltschaft in den Fällen der §§ 450a Abs 3, 453, 454, 461 Abs 2, 462, 463 StPO (s
§ 462a StPO). Wie aus § 451 Abs 3 StPO hervorgeht, nimmt die Staatsanwaltschaft
dabei keine Geschäfte der Strafvollstreckung, sondern „staatsanwaltschaftliche Aufgaben" der Strafverfolgungsbehörde wahr. Von dieser Rechtslage geht auch § 36
Abs 2 StVollstrO aus, indem eine Vorlage der $^{1}/_{2}$-, $^{2}/_{3}$-Äußerung der Vollzugsanstalt
„an die Strafverfolgungsbehörde" vorgeschrieben wird. Generell lässt sich sagen:
soweit im Abschnitt „Strafvollstreckung" der StPO der Terminus Staatsanwaltschaft
gebraucht wird, ist stets die **Strafverfolgungsbehörde** gemeint.[28] Deren Aufgaben
können nur von einem Staatsanwalt (Amtsanwalt) ausgeübt werden (§ 142 GVG);
eine Zuständigkeit des Rechtspflegers scheidet insoweit aus (s § 31 Abs 2 Satz 1
RpflG).
Ergebnis: Die Voraussetzungen für eine Zuständigkeit des Rechtspflegers sind bei
Tätigkeiten des Gerichts oder der Strafverfolgungsbehörde nicht gegeben.[29]

2. Grenzen der Übertragung

Nach § 32 RpflG sind auf die dem Rechtspfleger durch § 31 RpflG übertragenen   25
Vollstreckungsgeschäfte die §§ 5 bis 11 RpflG **nicht anwendbar.** §§ 5–11 RpflG sind
auf richterliche Geschäfte ausgerichtet und daher für die Strafvollstreckung, als
Justizverwaltungsangelegenheit, ungeeignet.
Die §§ 4 und 12 aus den allgemeinen Vorschriften des RpflG finden dagegen uneingeschränkt Anwendung. Danach trifft der Rechtspfleger alle Maßnahmen, die zur Erledigung der ihm übertragenen Geschäfte erforderlich sind. Im Schriftverkehr hat er
seiner Unterschrift das Wort „Rechtspfleger" beizufügen.
Der Strafvollstreckungsrechtspfleger ist **weisungsgebunden.** Der Staatsanwalt, an
dessen Stelle er tätig wird, kann ihm Weisungen erteilen (§ 31 Abs 6 Satz 3 RpflG).

---

[26] Wegen der Zuständigkeit des Rechtspflegers bei der Vollstreckung von Ordnungs- und
Zwangsmitteln, bei der Jugendstrafvollstreckung sowie in den Fällen der §§ 111d ff, 111o StPO
s Rdn 516, 523, 553 ff, 261, 303.
[27] Zum Rechtspfleger in der Strafvollstreckung s *Jabel*, Rpfleger 1983, 140 und *Reiß*, Rpfleger
1983, 243.
[28] *Katholnigg*, Zur Zuständigkeit der Staatsanwaltschaft in der Strafvollstreckung, NStZ 1982,
195.
[29] Ebenso RdVfg d GStA in Karlsruhe v 17. 7. 1975 (4260–13/I); *Jabel*, Rpfleger 1983, 141;
Meyer-Goßner, Rdn 2 zu § 451 StPO.

Eine Weisungsbefugnis hat daneben auch der Behördenleiter (Vertreter) und dessen Vorgesetzter (§§ 144–147 GVG). Das Weisungsrecht ist zwar allgemein und umfassend, nicht zulässig wäre es jedoch, nach dem RpflG übertragene Geschäfte dem Rechtspfleger generell vorzuenthalten.[30]

Die generelle Zuständigkeit des Rechtspflegers in Strafvollstreckungssachen wurde eingeschränkt in § 31 Abs 2a, Abs 2b RpflG. Wegen ihrer rechtlichen Schwierigkeit, ihrer Bedeutung für den Betroffenen oder zur Sicherung einer einheitlichen Rechtsanwendung wurden einzelne Geschäfte von der **Übertragung ausgenommen** in § 31 Abs. 2a RpflG. Dies sind folgende Fälle:

– Der Rechtspfleger will von einer ihm bekannten Stellungnahme des Staatsanwalts abweichen;
– Zwischen dem dem Rechtspfleger übertragenen Geschäft und einem vom Staatsanwalt wahrzunehmenden Geschäft besteht ein so enger Zusammenhang, dass eine getrennte Sachbearbeitung nicht sachdienlich ist,
– Es ist ein Ordnungs- oder Zwangsmittel von dem Staatsanwalt verhängt und dieser hat sich die Vorlage ganz oder teilweise vorbehalten.

Darüber hinaus kann der Rechtspfleger die ihm übertragenen Sachen dem Staatsanwalt vorlegen, wenn
– sich bei der Bearbeitung Bedenken gegen die Zulässigkeit der Vollstreckung ergeben oder
– ein Urteil vollstreckt werden soll, das von einem Mitangeklagten mit der Revision angefochten ist.

Die vorgelegten Sachen bearbeitet der Staatsanwalt, solange er es für erforderlich hält. Er kann die Sachen dem Rechtspfleger zurückgeben. An eine dabei mitgeteilte Rechtsauffassung oder erteilte Weisungen ist der Rechtspfleger gebunden.

> Die Verordnung über die Begrenzung der Geschäfte des Rechtspflegers bei der Vollstreckung in Straf- und Bußgeldsachen ist entfallen.

B. Abgrenzung Rechtspfleger – Staatsanwalt

1. Übertragene und nicht übertragene Geschäfte (§ 1 der VO)

26   Inwieweit der Rechtspfleger zuständig ist, und welche Geschäfte der Vollstreckungsbehörde nach § 1 der VO von der Übertragung ausgenommen sind, ergibt sich aus nachfolgender **Übersicht**:

Gegenstand	dem Rechtspfleger übertragen nach § 31 RpflG	durch den Wegfall der Begrenzungsverordnung nicht mehr ausgenommen
EBAO	Alle Aufgaben ohne Einschränkung	
StVollstrO	nahezu alle Geschäfte	§ 17a): Absehen von der Vollstreckung b): Nachholungsanordnung (§ 456a StPO) § 20 iVm § 79b StGB; § 25 iVm § 114 JGG; § 39 Abs 5 Satz 3: Antrag; § 42: Antrag; § 44 Abs 2, 3: Reihenfolge der Vollstreckung

---

[30] So auch *Pohlmann/Jabel/Wolf*, Rdn 15 zu § 10 StVollstrO.

Gegenstand	dem Rechtspfleger übertragen nach § 31 RpflG	durch den Wegfall der Begrenzungsverordnung nicht mehr ausgenommen
EBAO	Alle Aufgaben ohne Einschränkung	
		§ 44 b: Reihenfolge der Vollstreckung; §§ 45, 46 (ggf. iVm §§ 87, 88) Unterbrechung bei Vollzugsuntauglichkeit (§ 455 Abs 4 StPO); § 54 Abs 2: Reihenfolge der Vollstreckung; § 55 Abs 2, 3: Aussetzung des Berufsverbots (§ 456 c Abs 2–4 StPO). (Die Zeichnungspflicht des Dienstvorstandes bei Berichten an vorgesetzte Dienststellen bleibt unberührt).
StPO	folgende Geschäfte der Strafvollstreckungsbehörde: §§ 450, 450 a: Anrechnung; § 454 b: Unterbrechungsregelung; § 455 a: Strafausstand wegen Vollzugsorganisation; § 456: Aufschub (Ausnahme: Freiheitsstrafen und freiheitsentziehende Maßregeln; § 457: Haftbefehl, Fahndung; §§ 459, 459 h, 459 c: Vollstreckung der Geldstrafe; § 459 a: Zahlungserleichterungen; § 459 e: Anordnung der Vollstreckung der Ersatzfreiheitsstrafe; § 459 g: Vollstreckung der Nebenfolgen; § 459 i Abs 1: Vollstreckung der Vermögensstrafe; § 463 b: Beschlagnahme von Führerscheinen, Antrag auf Abgabe der eidesstattlichen Versicherung; § 463 c Abs 1, 2: öffentliche Bekanntmachung.	Alle sonstigen Anträge und Entscheidungen (Die Zuständigkeit des Staatsanwalts bei Aufgaben der Strafverfolgungsbehörde bleiben unberührt).
OWiG	Alle Entscheidungen, Anträge und Stellungnahmen der Vollstreckungsbehörde, soweit es sich um ein gerichtliches Bußgeldverfahren handelt nach §§ 91 ff OWiG	Ausnahmen: siehe oben §§ 87, 88 StVollstrO
§§ 35, 36 BtMG	Die vorbereitenden Tätigkeiten zur Entscheidung über die Zurückstellung der Vollstreckung; § 35 Abs 7: Haft- und Unterbringungsbefehl; § 36 Abs 1, 3: Berechnung der Anrechnungszeiten;	alle sonstigen Entscheidungen, Anträge und Stellungnahmen, insbesondere die Verfügungen über die Zurückstellung der Vollstreckung.

Gegenstand	dem Rechtspfleger übertragen nach § 31 RpflG	durch den Wegfall der Begrenzungsverordnung nicht mehr ausgenommen
EBAO	Alle Aufgaben ohne Einschränkung	
EGWStG	Art. 5 Abs 2: Vollstreckungsersuchen an die Bundeswehr.	Art. 6: Unterbrechung im Krankheitsfall (entsprechend § 455 Abs 4 StPO)
EGStGB	Art. 293: freie und gemeinnützige Arbeit zur Abwendung der Vollstreckung der Ersatzfreiheitsstrafe, insbesondere die Bewilligung der gemeinnützigen Arbeit, die Anrechnung und die Feststellung über die Erledigung der Vollstreckung.	

Ausgenommen von der Übertragung ist und bleibt die Entscheidung über die Anwendbarkeit eines Straffreiheitsgesetzes.

Ein vom Rechtspfleger wahrgenommenes Geschäft, das ihm nicht übertragen ist oder das ihm nicht übertragen werden kann, ist als **unwirksam** anzusehen und – ggf. über das Weisungsrecht des Vorgesetzten – aufzuheben. Wird dagegen der Staatsanwalt in einem dem Rechtspfleger übertragenen Geschäft tätig, ist es wirksam (vgl. § 8 RpflG).[31]

2. Vorlagepflicht (§ 2 der VO)

27　Der Rechtspfleger hat die ihm bei der Vollstreckung in Straf- oder Bußgeldsachen übertragenen Sachen dem **Staatsanwalt vorzulegen.** Insoweit wird auf RdNr. 25 verwiesen.

Vorschriften über das bei der **Vorlage** einzuhaltende Verfahren gibt es nicht. Insbesondere gibt es keinen Begründungszwang. Eine kurze Begründung ist jedoch nach dem Sinn der Vorlagepflicht anzuraten. Begründung und Vorlage kann in folgender Form erfolgen:

> Vermerk:
> Das Urteil des Landgerichts Bautzen vom 23. 4. 2009 ist hinsichtlich des Verurteilten A rechtskräftig, der Mitangeklagte B hat jedoch Revision eingelegt.
>
> Vfg
> Vorlage Herrn Staatsanwalt gem. § 31 Abs 2 b Nr. 2 RpflG.
> ......, den ....
>   Rechtspfleger

Die Einhaltung der Vorlagepflicht oder auch des Vorlagerechts seitens des Rechtspflegers kann über das Weisungsrecht (§ 31 Abs 6 Satz 4 RpflG) sichergestellt werden.[32]

Der Staatsanwalt kann in geeigneten Fällen die vorgelegte Sache selbst bearbeiten. Er kann sie dem Rechtspfleger zurückgeben, der an eine dabei mitgeteilte **Rechtsauffassung** oder **Weisung gebunden** ist.

Die Nichtbeachtung der Vorlagepflicht berührt nicht die **Wirksamkeit** des Geschäfts (entsprechende Anwendung von § 8 Abs 3 RpflG), kann jedoch zu **Amtshaftungsansprüchen** nach § 839 BGB führen.

---

[31] *Wendisch* in Löwe/Rosenberg, Rdn 34; *Bringewat*, Rdn 38 jeweils zu § 451 StPO.
[32] *Bassenge/Herbst/Roth,* Anm 4 zu § 31 RpflG.

C. Verhältnis Rechtspfleger – Urkundsbeamter der Geschäftsstelle

Die Doppelstellung Rechtspfleger/Urkundsbeamter der Geschäftsstelle bei den Beam-   28
ten des gehobenen Dienstes führte häufig zu Schwierigkeiten und war besonders für
den Außenstehenden unübersichtlich. Eine Klärung wurde dadurch erreicht, dass
UdG-Tätigkeiten schwierigerer Art in Rechtspflegergeschäfte umgewandelt und/oder
dem **Rechtspfleger** übertragen wurden (s §§ 21, 24 RpflG), in § 26 RpflG überdies
eine Trennungslinie zwischen den beiden Funktionen gezogen wurde.
UdG ist jetzt primär der Beamte des **mittleren** Dienstes, wenngleich der Rechtspfleger
weiterhin verpflichtet ist, Geschäfte des UdG wahrzunehmen (§ 27 RpflG).
Was UdG-Geschäfte sind, und welche Aufgaben dem Beamten des gehobenen Dienstes vorbehalten sind, regeln in Ergänzung des § 153 GVG die **Geschäftsstellenanordnungen** der Länder.
Einen Überblick über den Geschäftsbereich des Rechtspflegers bzw Urkundsbeamten   29
in Strafsachen bei **Gerichten** und **Staatsanwaltschaften** soll nachfolgende **Gesamt-
übersicht** vermitteln:

Geschäfte des Rechtspflegers	Geschäfte des Urkundsbeamten der Geschäfts-stelle, dem Rechtspfleger übertragen:
Gehobener Dienst	Mittlerer Dienst[33]
Vollstreckungen (§§ 31 Abs 2–5, 33 a RpflG)	Durchführung der Beschlagnahme und Voll-ziehung des Arrestes usw. (§§ 22, 31 Abs 1 RpflG)
Aufnahme von Erklärungen nach § 24 RpflG	Festsetzungsverfahren nach § 21 RpflG
Beratungshilfe nach § 24 a RpflG iVm § 2 Abs 2 Satz 2, 3 BerHG	
Aufnahme von Anträgen, Erklärungen usw. (soweit nicht § 24 RpflG); Festsetzung und Anweisung der Gebühren des im Wege der Prozesskostenhilfe beigeordneten Rechtsanwalts (§ 128 BRAGO), des gericht-lich bestellten Verteidigers (§ 98 BRAGO), des beigeordneten Rechtsanwalts (§§ 102, 105 Abs 3 BRAGO) und des nach dem IRG be-stellten Rechtsanwalts (§ 107 BRAGO).	Kostenberechnung; Entschädigung der Zeugen, Sachverständigen und ehrenamtlichen Richtern; Mitteilungen an des Bundeszentralregister, zum Gewerbezentralregister und zum Ver-kehrszentralregister; – nicht dem Rechtspfleger übertragen
Erstellung von Zählkarten; Erteilung von Vollstreckbarkeitsbescheinigun-gen; Bewirkung von öffentlichen Zustellungen und Ladungen;	Protokollführung; Register- und Aktenführung. – nicht dem Rechtspfleger übertragen

D. Ausschließung und Ablehnung des Rechtspflegers

Nach § 10 RpflG sind für die Ausschließung und Ablehnung des Rechtspflegers die   30
für den Richter geltenden Vorschriften (§§ 22 ff StPO) entsprechend anzuwenden. Diese Bestimmung aus dem allgemeinen Teil des RpflG gilt jedoch nur, soweit

---

[33] In den einzelnen Bundesländern unterschiedlich geregelt.

der Rechtspfleger „richterliche Aufgaben" wahrnimmt.[34] Auf die Tätigkeit des Rechtspflegers in der **Strafvollstreckung** findet § 10 RpflG keine Anwendung (s § 32 RpflG).

Nachdem das RpflG für den Bereich der Strafvollstreckung keine Lösung bietet, bleibt die Frage, ob die §§ 22–31 StPO, die die Ausschließung und Ablehnung der Gerichtspersonen regeln, nicht unmittelbar oder analog herangezogen werden können. Die herrschende Rechtsansicht hat dies verneint: der 3. Abschnitt der StPO ist auf **Beamte der Staatsanwaltschaft** nicht anwendbar.[35]

31   Teilweise liegen aus Bundesländern landesrechtliche Regelungen vor, in denen die Frage der **Ausschließung** von **Beamten der Staatsanwaltschaft** geklärt wird:

Niedersachsen in § 7 AGGVG,

Baden-Württemberg in § 11 AGGVG,[36]

Diese Vorschriften gelten auch für den **Rechtspfleger** („wer das Amt der Staatsanwaltschaft ausübt", vgl. § 451 Abs 1 StPO iVm § 31 Abs 2 Satz 1 RpflG) und sehen eine **Ausschließung** in folgenden Fällen vor: Wenn der Rechtspfleger in der Sache, die zur Vollstreckung ansteht,

a) Verletzter oder Partei ist,

b) Ehegatte oder Vormund des Verurteilten, des Verletzten oder einer Partei ist oder gewesen ist;

c) mit dem Verurteilten, dem Verletzten oder einer Partei in gerader Linie verwandt, verschwägert oder durch Annahme an Kindes Statt verbunden, in der Seitenlinie bis zum dritten Grade verwandt oder bis zum zweiten Grade verschwägert ist, auch wenn die Ehe, durch die die Schwägerschaft begründet ist, nicht mehr besteht.

Auf die Möglichkeit, einen Staatsanwalt (Rechtspfleger) wegen **Besorgnis der Befangenheit** ablehnen zu können (wie in § 24 StPO), wurde (in den AGGVG) wegen der unterschiedlichen Funktionen von Gericht und Staatsanwaltschaft verzichtet. Liegen Tatsachen vor, die eine Besorgnis der Befangenheit rechtfertigen könnten, hat der Beamte der Staatsanwaltschaft von sich aus auf weitere Amtshandlungen bis zur Entscheidung des Dienstvorgesetzten zu verzichten.

32   Das Fehlen von besonderen landesrechtlichen Vorschriften in den meisten anderen Bundesländern bedeutet nicht, dass der Beamte der Staatsanwaltschaft dort einer Ausschließung nicht unterliegt. Schon aus der Verpflichtung zu objektivem, unparteiischem Handeln ist der Staatsanwalt (Rechtspfleger) gehalten, Amtshandlungen in den ihn selbst berührenden Fällen zu unterlassen.[37] Nach der Rechtssprechung des BGH gilt aber der Grundsatz: Ein Staatsanwalt (Rechtspfleger), bei dem ein Grund vorliegt, der bei einem Richter zur Ausschließung führt, kann ersetzt werden nach § 145 Abs 1 GVG.[38] Wegen der besonderen Organisation der Staatsanwaltschaft, die jederzeit die Ersetzung eines Beamten durch einen anderen gestattet, wird eine förmliche gesetzliche Regelung über die Ausschließung häufig auch für entbehrlich gehalten.[39] Über eine Ersetzung des Beamten entscheidet der Dienstvorgesetzte (§ 145 Abs 1 GVG). Der Beschuldigte (Verurteilte) hat **keinen Rechtsanspruch** auf Ablösung eines Beamten bei Besorgnis der Befangenheit.[40]

---

[34] In Strafsachen die Geschäfte nach §§ 21, 22, 24 RpflG.

[35] BVerfGE 25, 345 = NJW 1969, 1106; BayObLG, JMBl 1954, 169; BGH, NJW 1984, 1907.

[36] NdsGVBl 1963, 225; GBlBW 1975, 868 (zuletzt geändert durch Art 2 des Gesetzes v 19. 11. 1991, GBl S 681).

[37] *Meyer-Goßner*, Rdn 3 vor § 22 StPO.

[38] *Pfeiffer*, Rdn 3 zu § 22 StPO.

[39] *Schmidt*, Rdn 3 vor § 22 StPO.

[40] OLG Karlsruhe, MDR 1974, 423; *Meyer-Goßner*, Rdn 4, 5 vor § 22 StPO.

Wird der Rechtspfleger trotz Bestehens eines Ausschließungsgrundes tätig, so ist die Amtshandlung zwar nicht nichtig, aber über § 31 Abs 6 RpflG anfechtbar und vernichtbar.[41]

V. Rechtsbehelfe und Rechtsmittel in der Strafvollstreckung

A. Instanzenzug

1. Anfechtungsregelung

Die Anfechtungsmöglichkeiten von Entscheidungen und Maßnahmen der Vollstreckungsbehörde gehen in zwei Richtungen: zum einen ist lediglich der **Verwaltungsweg** (§ 31 Abs 6 RpflG – § 21 StVollstrO) eröffnet mit einer gerichtlichen Überprüfung am Ende des Verfahrens (§§ 23 ff EGGVG); zum anderen sind Anordnungen der Vollstreckungsbehörde unmittelbar der **gerichtlichen Entscheidung** (§§ 458, 459 h StPO, § 103 OWiG) unterworfen.
Im Einzelnen stellt sich der **Instanzenzug** wie folgt dar:
Als Rechtsbehelf gegen Maßnahmen des Rechtspflegers ist der Rechtsbehelf gegeben, der nach den allgemeinen verfahrensrechtlichen Vorschriften zulässig ist", § 31 Abs 6 Satz 1 RpflG. Damit scheidet aus, wie bisher erforderlich, dass über die Einwendungen der **Staatsanwalt**, an dessen Stelle der Rechtspfleger tätig geworden ist zu entscheiden hat und dass erst gegen den Entscheid des Staatsanwalts, den dieser als Vollstreckungsbehörde zu treffen hatte, als weiterer Rechtsbehelf die **Anrufung des Gerichts** (§§ 458, 459 h StPO, § 103 OWiG) möglich war. Die Änderung in § 31 RpflG hat also bewirkt, dass die Entscheidung des Rechtspflegers so angesehen wird, als hätte von Anfang an der Staatsanwalt entschieden. Soweit eine gerichtliche Entscheidung nicht vorgesehen ist, kann **Vollstreckungsbeschwerde** (§ 21 StVollstrO) an den **Generalstaatsanwalt** eingelegt werden.
Gegen die Entscheidung des Gerichts (§ 462 Abs 1 StPO) ist **sofortige Beschwerde** (§ 462 Abs 3 StPO) zulässig.[42] Der Beschwerdebescheid des Generalstaatsanwalts kann, als Verwaltungsakt einer Justizbehörde, im **Rechtsweg** nach §§ 23 ff EGGVG angefochten werden.

33

---

[41] Zur Wahrnehmung von Rechtspflegeraufgaben in den neuen Bundesländern nach Maßgabe des Einigungsvertrags s *Rellermeyer*, Rpfleger 1993, 45 ff.
[42] In Bußgeldsachen ist die Entscheidung des Gerichts im Grundsatz nicht anfechtbar (s § 104 Abs 3 Satz 2 OWiG).

2. Verfahrensablauf (Übersicht)

34   Der Ablauf des Verfahrens und die verschiedenen zur Entscheidung berufenen Instanzen lassen sich an folgenden **Beispielen** verdeutlichen:

Fahndungsmaßnahmen nach § 34   Ablehnung von Zahlungserleichte-
StVollstrO durch   rungen (§ 459 a StPO) durch

Rechtspfleger	Rechtspfleger (1. Instanz: Amtsgericht)

↓ Einwendungen nach
    § 31 Abs 6 Satz 2 RpflG
	↓ Einwendungen nach
	    § 31 Abs 6 RpflG

Staatsanwalt mit Weisungsrecht	Staatsanwalt (entfällt)

↓ Vollstreckungsbeschwerde
    § 21 StVollstrO
	↓ Einwendungen
	    § 459 h StPO

Generalstaatsanwalt	Amtsgericht (§§ 462 Abs 1, 462 a Abs 2 StPO)

↓ Antrag auf gerichtliche
    Entscheidung
    §§ 23 ff EGGVG
	↓ sofortige Beschwerde
	    § 462 Abs 3 StPO

Oberlandesgericht	Landgericht[43]

Wo der Rechtsweg endet, ist auch davon abhängig, welches Gericht des ersten Rechtszuges für die Entscheidung nach §§ 458, 459 h StPO zuständig war.

35   Da dem Rechtspfleger nach Wegfall der Begrenzungsverordnung sämtliche Geschäfte der Strafvollstreckung übertragen sind, ist der bisher dargestellte Rechtsweg entfallen.

B. Einzelne Rechtsbehelfe

1. Verwaltungsweg

36   **Einwendungen** nach § 31 Abs 6 Satz 2 RpflG gegen Maßnahmen des Rechtspflegers sind nicht fristgebunden soweit nach den allgemeinen Verfahrensvorschriften gegen die Entscheidung nicht die sofortige Beschwerde gegeben ist und können daher nur durch den Fortgang der Vollstreckung gegenstandslos und damit unzulässig werden.[44] Besondere Formvorschriften sind die gleichen wie bei der Einlegung einer unbefristeten Beschwerde oder auch der befristeten Beschwerde. Fehlt danach etwa die handschriftliche Unterzeichnung, lässt sich aber aus dem sonstigen Inhalt des Schrift-

---

[43] In Bußgeldsachen lautet die entsprechende Paragraphenfolge: § 93 OWiG – § 31 Abs 6 RpflG – § 103 Abs 1 Nr. 2 OWiG – § 104 Abs 1 Nr. 2 OWiG; Entscheidung des Gerichts nicht anfechtbar: § 104 Abs 3 Satz 2 OWiG. Einzelheiten zu Rechtsbehelfen (Rechtsmitteln) bei der Vollstreckung gerichtlicher Bußgeldentscheidungen s Rdn 462 ff.

[44] *Kölsch*, NJW 1976, 408 f.

stückes Identität und Absicht des Beschwerdeführers hinreichend zuverlässig entnehmen, ist der Rechtsbehelf wirksam angebracht. Eine etwaige falsche Bezeichnung des Rechtsbehelfs ist unschädlich (entspr. § 300 StPO). Rechtsbehelf wie auch Rechtsmittel (Beschwerde) können auch wirksam per Telegramm, Telebrief, Fernschreiben oder Telefax eingelegt werden.

Hilft der Rechtspfleger den Einwendungen nicht ab, muss der **Staatsanwalt,** falls er nicht stattgeben will, eine **förmliche Entscheidung** treffen oder dem Rechtspfleger Weisungen erteilen. Nach § 32 RpflG sind auf die dem Rechtspfleger nach § 31 RpflG übertragenen Geschäfte die §§ 5 bis 11 RpflG nicht anzuwenden. Der Bescheid des Staatsanwalts ist entspr. § 34 StPO zu **begründen.** Eine **Rechtsbehelfsbelehrung** ist nach § 35a StPO zwar nicht vorgeschrieben, aus prozessualer Fürsorgepflicht jedoch zu empfehlen.

Die **Entscheidung** kann lauten:

> Bescheid:
> Die Einwendungen des Verurteilten gegen die Fahndungsmaßnahmen des Rechtspflegers nach § 34 Abs 4 StVollstrO (Ausschreibung zur Festnahme) werden zurückgewiesen.
> Gründe:
>
> ......
> Gegen diese Entscheidung ist die unbefristete Beschwerde (§ 21 StVollstrO) an den Herrn Generalstaatsanwalt in .... zulässig.
> ......, den ....
>   Staatsanwalt

Die **Vollstreckungsbeschwerde** gem. § 21 StVollstrO (weder form- noch fristgebunden) hat zur Voraussetzung, dass eine gerichtliche Zuständigkeit zur Nachprüfung der Maßnahme der Vollstreckungsbehörde **nicht** besteht. Der **Beschwerdebescheid** des Generalstaatsanwalts ist zu begründen (wegen §§ 23 ff EGGVG), soll mit einer Rechtsbehelfsbelehrung versehen sein (wegen § 26 Abs 2 EGGVG) und ist zuzustellen (wegen § 26 Abs 1 EGGVG). 37

Das **Verfahren nach §§ 23 ff EGGVG** hat die Aufgabe, den **Rechtsweg** zum Oberlandesgericht zur Überprüfung der **Rechtmäßigkeit** von **Verwaltungsmaßnahmen der Justizbehörden** zu eröffnen.[45] Soweit eine gerichtliche Entscheidung bereits nach anderen Vorschriften (so nach §§ 458, 459h StPO, § 103 OWiG) möglich ist, ist der Rechtsweg nach §§ 23 ff EGGVG **ausgeschlossen.** Dem Antrag auf gerichtliche Entscheidung hat ein **Vorschaltverfahren** nach § 24 Abs 2 EGGVG vorauszugehen. Als Vorschaltverfahren für den Bereich der Strafvollstreckung wird heute allgemein das **Beschwerdeverfahren nach § 21 StVollstrO** angesehen.[46] Das Oberlandesgericht prüft bei seiner Entscheidung im wesentlichen, ob ein **rechtsfehlerhafter Ermessensgebrauch** der Vollstreckungsbehörde vorliegt. Ggf. wird die Maßnahme der Vollstreckungsbehörde und der im Vorschaltverfahren ergangene Beschwerdebescheid des Generalstaatsanwalts aufgehoben (§ 28 EGGVG). Die Entscheidung des Oberlandesgerichts ist endgültig (§ 29 EGGVG). 38

2. Anrufung des Gerichts

Gem. §§ 458, 459h StPO, § 103 OWiG besteht die Möglichkeit, in den dort genannten Fällen durch „**Einwendungen**" die Entscheidung des Gerichts herbeizuführen (ggf. nach vorausgegangenem Verfahren nach § 31 Abs 6 Satz 2 RpflG). 39

---

[45] OLG Karlsruhe, NJW 1976, 1417 ff.
[46] *Wendisch* in Löwe/Rosenberg, Rdn 22 vor § 449 StPO mit zahlreichen Nachweisen; OLG Hamburg, Rpfleger 1981, 243; OLG Celle, MDR 1967, 63.

Einwendungsberechtigt ist der **Verurteilte** und von ihm ermächtigte Personen (Verteidiger/Angehörige) oder der sonst von der Anordnung/Maßnahme der Vollstreckungsbehörde unmittelbar **Betroffene** (z. B. Verfalls- oder Einziehungsbeteiligter).[47] Die Einwendungen sind tunlichst bei der **Vollstreckungsbehörde** anzubringen, die abhelfen kann, andernfalls die Entscheidung des Gerichts herbeizuführen hat. Die Vollstreckungsbehörde selbst kann sich nur bei Zweifeln über die Auslegung eines Strafurteils oder über die Berechnung der erkannten Strafe unmittelbar an das Gericht wenden, nicht aber bei (eigenen) Zweifeln über die Zulässigkeit der Vollstreckung. Nach § 458 Abs 1 StPO ist dieser Rechtsweg zwar eröffnet, wenn Einwendungen gegen die Zulässigkeit der Strafvollstreckung erhoben werden. Hat die Vollstreckungsbehörde diese Zweifel, hat sie eine Entscheidung zu treffen, ob die Vollstreckung eingeleitet und durchgeführt wird. Entscheidet sie sich für die Vollstreckbarkeit, können Zweifel an der Berechnung der erkannten Strafe entstehen. Auch die Staatsanwaltschaft als **Strafverfolgungsbehörde** ist zu Einwendungen nicht berechtigt. Sie wird erst im Rahmen des § 462 Abs 2 Satz 1 StPO an dem gerichtlichen Verfahren beteiligt.

Die Entscheidung trifft das Gericht des **ersten Rechtszuges** (§ 462 a Abs 2 Satz 1 StPO), in den Fällen des § 462 a Abs 1 StPO die **Strafvollstreckungskammer**. Der Beschluss des Gerichts (Begründung und Rechtsmittelbelehrung: §§ 34, 35 a StPO!) kann mit **sofortiger Beschwerde** (§ 462 Abs 3 StPO) angefochten werden. In Bußgeldsachen dagegen ist die Entscheidung des Gerichts im Grundsatz nicht anfechtbar (§ 104 Abs 3 Satz 2 OWiG).[48]

---

[47] *Meyer-Goßner,* Rdn 3 zu § 459 h StPO.
[48] Ausnahme s § 104 Abs 3 Nr. 3 OWiG.

C. Zusammenfassende Übersicht

Nach welchen Bestimmungen einzelne Geschäfte der Vollstreckungsbehörde nach- **40**
prüfbar sind, zeigt folgende **Übersicht:**

Nebenstehende Anordnungen, Entscheidungen, Maßnahmen der Vollstreckungsbehörde nach	Sind nachprüfbar nach § 21 StVollstrO (§§ 23 ff EGGVG)	Sind gerichtlich nachprüfbar nach a) § 458 StPO b) § 459 h StPO c) § 103 Abs 1 Nr. 1 d) oder Nr. 2 OWiG
StPO	§ 456 a Abs 1 StPO (Absehen von der Vollstreckung: bei ablehnender Entscheidung) § 457 StPO (Haftbefehl, Vorführungsbefehl, Fahndung) *Hinweis:* Die Entscheidungen nach § 455 a StPO sind mangels Beschwer des Verurteilten nicht anfechtbar.	a) § 454 b Abs 1, 2 StPO (Reihenfolge, Unterbrechung der Vollstreckung) § 455 StPO (Aufschub, Unterbrechung) § 456 StPO (vorübergehender Aufschub) § 456 a Abs 2 StPO (Nachholung der Vollstreckung) § 456 c Abs 2 StPO (Aussetzung des Berufsverbots); überprüfbar ferner: Auslegung des Urteils, Berechnung der Strafe, Zulässigkeit der Vollstreckung b) § 459 a StPO (Zahlungserleichterungen) § 459 b StPO (Verrechnung von Teilbeträgen); analoge Anwendung § 459 c StPO (Beitreibung der Geldstrafe) § 459 e StPO (Vollstreckung der Ersatzfreiheitsstrafe) § 459 g StPO (Vollstreckung von Nebenfolgen) § 459 i StPO (Vollstreckung der Vermögensstrafe)
OWiG		c) § 93 OWiG (Zahlungserleichterungen) § 94 OWiG (Verrechnung); analoge Anwendung § 99 Abs 2 OWiG (Verfall eines Geldbetrags) § 102 Abs 1 OWiG (Aussetzung der Vollstreckung); überprüfbar ferner: Zulässigkeit der Vollstreckung (§ 103 Abs 1 Nr. 1 OWiG).

Nebenstehende Anordnungen, Entscheidungen, Maßnahmen der Vollstreckungsbehörde nach	Sind nachprüfbar nach § 21 StVollstrO (§§ 23 ff EGGVG)	Sind gerichtlich nachprüfbar nach a) § 458 StPO b) § 459 h StPO c) § 103 Abs 1 Nr. 1 d) oder Nr. 2 OWiG
StVollstrO	Nahezu alle Geschäfte nach der StVollstrO u. a.: §§ 6, 7 Abs 3 StVollstrO (Notzuständigkeit) §§ 23, 24, 26 StVollstrO (Vollzugszuständigkeit) §§ 27, 34 StVollstrO (Ladung, Fahndung) §§ 43, 44, 44 b, 54 StVollstrO (Reihenfolge der Vollstreckung) Nicht nachprüfbar gem. § 21 StVollstrO sind die Vollstreckungsgeschäfte nach: § 9 StVollstrO (Vollstreckungshilfe) §§ 63–86 StVollstrO (Verwertung, Unbrauchbarmachung, Vernichtung)	Gerichtlich nachprüfbar: Tätigkeiten nach der StVollstrO, soweit ein enger Zusammenhang mit einem in den oberen Spalten genannten StPO- bzw OWiG-Geschäft gegeben ist.

D. Dienstaufsichtsbeschwerde

41 Der Betroffene hat nicht nur die Möglichkeit von Rechtsbehelfen Gebrauch zu machen, er kann auch zusätzlich (oder wahlweise) gegen Anordnungen der Vollstreckungsbehörde **Dienstaufsichtsbeschwerde** einlegen.

Soweit die **Staatsanwaltschaft** Vollstreckungsbehörde ist, bestehen zwei Alternativen:

Gegen Maßnahmen des Rechtspflegers sind möglich:	Einwendungen nach § 31 Abs 6 Satz 2 RpflG und/oder Dienstaufsichtsbeschwerde nach § 147 Nr. 3 GVG zum Behördenleiter
Gegen Entscheidungen des Oberstaatsanwalts sind zulässig:	Vollstreckungsbeschwerde bzw Einwendungen an das Gericht und/oder Dienstaufsichtsbeschwerde nach § 147 Nr. 3 GVG (bis zum Justizministerium).

42 Der **Jugendrichter** ist bei seiner Tätigkeit als **Vollstreckungsbehörde weisungsgebunden**, soweit er keine jugendrichterlichen Entscheidungen trifft (s Abschn. II Nr. 5 RLJGG zu §§ 82–85 JGG). Aus der Weisungsgebundenheit leitet sich ab, dass auch gegen seine Anordnungen als Vollstreckungsbehörde **Dienstaufsichtsbeschwerde** möglich ist. Der Jugendrichter untersteht in der Strafvollstreckung einer **zweifachen Aufsicht:** durch

a) den Generalstaatsanwalt (vgl. § 21 StVollstrO),
b) den Präsidenten des Landgerichts (im Rahmen seiner allgemeinen Dienstaufsicht).

Die Befugnis des **Generalstaatsanwalts** beschränkt sich auf **sachliche** Weisungen, die allgemeiner Art sein oder den konkreten Einzelfall betreffen können. Der **Präsident des Landgerichts** hat die Befugnis, die ordnungsgemäße Erledigung des Dienstgeschäfts zu überwachen (vgl. § 26 Abs 2 DRiG), und das Recht zu **disziplinären** Maßnahmen. In richterliche Entscheidungen darf er jedoch nicht eingreifen.

Dienstaufsichtsbeschwerde und Rechtsbehelf hemmen die Vollstreckung nicht (§ 21   **43** Abs 2 StVollstrO, § 458 Abs 3 Satz 1 StPO). Das Gericht kann jedoch einen Aufschub oder eine Unterbrechung der Vollstreckung anordnen nach § 458 Abs 3 Satz 1 2. Halbsatz. In der Strafvollstreckungsordnung ist eine ähnliche Formulierung nicht enthalten. Dass auch hier eine solche Anordnung getroffen werden kann, ergibt sich aus § 27 Abs 2 EGGVG.

Der Dienstaufsichtsbeschwerde (wie dem Rechtsbehelf) kann abgeholfen werden. Maßnahmen der Vollstreckungsbehörde können überdies auch von Amts wegen aufgehoben oder geändert werden.

VI. Pflichtverteidiger im Strafvollstreckungsverfahren

A. Frühere Auffassung

Die Rechtswirkung der **Bestellung** eines **Pflichtverteidigers** (§§ 140, 141 StPO) endet   **44** nach hM mit dem **rechtskräftigen Abschluss** des Verfahrens. Eine Beiordnung für das Hauptverfahren erstreckt sich daher nicht auf ein nachfolgendes Vollstreckungsverfahren.[49] § 140 StPO bezieht sich überdies, nach Wortlaut und Systematik, allein auf das Ermittlungs- und Hauptverfahren, weshalb die Zulässigkeit einer Beiordnung in Strafvollstreckungsangelegenheiten früher weitgehend verneint wurde.[50]

B. Neuere Rechtsprechung

Nach neuerer Auffassung wird eine Pflichtverteidigerbestellung für das Strafvollstre-   **45** ckungsverfahren fast durchweg bejaht.[51] Ausschlaggebend hierfür waren u. a. verfassungsrechtliche Gesichtspunkte (Gleichheitsgrundsatz und Sozialstaatsprinzip), wie sie *Maetzel* anhand der Rechtsprechung des BVerfG dargelegt hat.[52]

Rechtsgrundlage für eine Beiordnung im Vollstreckungsverfahren ist eine **analoge** Anwendung von § 140 Abs 2 StPO. Dabei handelt es sich nicht um die Fortsetzung einer früheren Beiordnung, sondern um eine **beschränkte Neubestellung** unter den engen Voraussetzungen des § 140 Abs 2 StPO.[53] Demnach muss die betr. Entscheidung für den Verurteilten von erheblicher Bedeutung sein, die Sach- oder Rechtslage schwierig oder der Betroffene zur eigenen Verteidigung nicht in hinreichendem Maße in der Lage sein. So hat das KG in seiner Entscheidung vom 15. 11. 2001 (5 Ws 1413/01) die Bestellung eines Pflichtverteidigers für das Vollstreckungsverfahren für notwendig erklärt, wenn über die Fortdauer der Unterbringung des Verurteilten in einer Entziehungsanstalt zu entscheiden ist, die Rechts- und Sachlage

---

[49] OLG Hamm, NJW 1971, 1418; OLG Celle, NStZ 1985, 519; OLG Hamburg, StV 1981, 349.
[50] OLG Hamm, JMBlNW 1963, 109.
[51] OLG Düsseldorf, Strafverteidiger 1985, 377; OLG Hamm, NStZ 1983, 189; OLG Karlsruhe, NJW 1972, 220; OLG Koblenz, MDR 1976, 336; *Meyer-Goßner,* Rdn 33 zu § 140 StPO mit Nachw.
[52] NJW 1971, 874; vgl. auch BVerfGE 70, 297, 323.
[53] *Dahs/Feigen,* NStZ 1984, 66.

schwierig oder wenn sonst ersichtlich ist, dass sich der Betroffene nicht selbst vertei-
digen kann.[54] Das Kriterium der „Schwere der Tat" bleibt dagegen hier außer Be-
tracht.[55]
Die Bestellung eines Pflichtverteidigers (von Amts wegen oder auf Antrag) kann sich
besonders bei Entscheidungen nach §§ 56 f, 57, 57 a StGB und §§ 67 ff StGB anbieten.
Bei den doch sehr bedeutsamen Aussetzungsentscheidungen nach § 57 a StGB und im
Prüfungsverfahren nach §§ 67 d, 67 e StGB – jedenfalls, wenn beim Untergebrachten
Geisteskrankheit vorliegt – wird die Beiordnung eines Verteidigers die Regel sein.[56]
Ist eine Entscheidung zu treffen, ob eine Aussetzung des Strafrestes einer zu vollstreckenden Gesamtfreiheitsstrafe von 10 Jahren in Betracht kommt, ist dem Verurteilten
für das Aussetzungsverfahren in entsprechender Anwendung des § 140 StPO ein Verteidiger beizuordnen.[57] Für die Entscheidung der Frage, ob einem Verurteilten im
Strafvollstreckungsverfahren wegen der „Schwere der Tat" ein Pflichtverteidiger beizuordnen ist, hat die Dauer der nach einem Bewährungswiderruf gegebenenfalls noch
zu vollstreckende (Rest-)Freiheitsstrafe jedoch außer Betracht zu bleiben.[58] Es kommt
allein auf die Schwierigkeit der Rechts- und Sachlage an.[59]
Im Verfahren nach §§ 23 ff EGGVG ist § 140 Abs 2 StPO nicht anwendbar. Hier ist
über § 29 Abs 3 EGGVG iVm § 121 ZPO die Beiordnung eines Anwalts möglich, so
dass eine analoge Anwendung des § 140 Abs 2 StPO ausscheidet.

VII. Rechtskraft als Vollstreckungsvoraussetzung

A. Rechtskraft und Vollstreckbarkeit

46 Die Vollstreckung ist erst zulässig, wenn die gerichtliche Entscheidung **rechtskräftig**
geworden ist (§ 449 StPO, § 89 OWiG, § 13 Abs 1 StVollstrO).
§ 449 StPO spricht zwar nur von „Strafurteilen", meint aber – wie § 13 Abs 1
StVollStrO – alle Entscheidungen im Sinne von § 1 Abs 1 StVollstrO.[60]
Rechtskraft und Vollstreckbarkeit sind nicht deckungsgleich. Trotz Rechtskraft kann
sich die Vollstreckung verbieten, wenn **Vollstreckungshindernisse** (Z. B. Strafaussetzung zur Bewährung, Immunität, Verjährung) bestehen. Die Rechtskraft ist daher nur
eine von mehreren Vollstreckungsvoraussetzungen.
Der Begriff der „vorläufigen Vollstreckbarkeit", wie er in der ZPO verwendet wird,
ist der StPO fremd. Vollstreckbarkeit im Sinne der StPO setzt die **formelle** und **absolute, d. h. materielle** Rechtskraft der Entscheidung voraus.

B. Einzelfragen zur Rechtskraft

1. Formelle Rechtskraft

47 Die **formelle** Rechtskraft ist gegeben, wenn eine Entscheidung mit Rechtsmitteln
nicht mehr angefochten werden kann. Zu welchem Zeitpunkt die Rechtskraft dabei
eintritt, ist von unterschiedlichen Faktoren abhängig:

---

[54] S. auch Entscheidung des BVerfG vom 8. 10. 1985, BvR 1150/80.
[55] OLG Stuttgart, Beschl v 6. 11. 1991 – 2 Ws 119/91.
[56] BVerfGE 70, 297; 86, 288; Beschl v 11. 5. 1993 (2 BvR 2174/92); OLG Stuttgart, StV 1993, 378.
[57] OLG Karlsruhe, Beschluss vom 21. 6. 1993 (1 Ws 115/93).
[58] OLG Hamm, Beschluss vom 17. 4. 2001, 2 Ws 85/01.
[59] OLG Dresden, Beschluss vom 24. 11. 1993 (2 Ws 528/93).
[60] Vgl. Ausführungen und Aufstellung Rdn 9.

a) Nicht mehr anfechtbare Entscheidungen werden mit ihrem **Erlass** rechtskräftig. Das ist bei **Urteilen** der Zeitpunkt der **Verkündung**. Dazu gehören auch die eine Revision verwerfenden Urteile der Revisionsgerichte und deren Entscheidungen nach § 354 Abs 1 StPO.

b) Führt ein **Beschluss** nach **rechtzeitiger** Einlegung eines Rechtsmittels **unmittelbar** die Rechtskraft herbei, so gilt die Rechtskraft als mit Ablauf des Tages der Beschlussfassung eingetreten (§ 34 a StPO). Auf die Bekanntmachung oder Zustellung dieser Beschlüsse an die Beteiligten kommt es nicht an. In Betracht kommen hier insbesondere die Verwerfungsbeschlüsse der Revisionsgerichte nach § 349 Abs 1, 2 StPO bzw der Berufungsgerichte nach §§ 313 Abs 2 Satz 2, 322 a StPO sowie die die Entscheidung der Vorinstanz bestätigenden Beschlüsse nach §§ 322 Abs 2, 346 Abs 2 StPO. Die in § 34 a StPO gewählte Formulierung („mit Ablauf des Tages") darf nicht im Wortsinne verstanden werden. Der „Ablauf" fällt vielmehr zusammen mit dem Beginn des auf die Beschlussfassung folgenden Tages. Er ist der **erste** Tag der Rechtskraft; an diesem Tag gilt der Beschluss als „erlassen". Sämtliche durch die Rechtskraft bedingten Wirkungen (Z. B. Strafbeginn) treten demgemäß im Falle des § 34 a StPO mit dem **Beginn** des auf die Beschlussfassung **folgenden Tages** ein.[61] Dies ist bei der Rechtskraftbescheinigung (§ 13 Abs 2 StVollstrO) und Strafzeitberechnung zu beachten.

c) Eine Entscheidung, die innerhalb der Rechtsmittelfrist nicht angefochten wird, wird rechtskräftig mit dem ungenutzten **Ablauf** der Frist.

d) Bei **verspäteter** Rechtsmitteleinlegung tritt die Rechtskraft – wie im Falle c) – mit **Ablauf** der Rechtsmittelfrist ein (vgl. §§ 316 Abs 1, 343 Abs 1 StPO). Der Verwerfungsbeschluss (§§ 319 Abs 1, 346 Abs 1 StPO) hat dabei nur deklaratorische Wirkung, § 34 a StPO ist insoweit nicht anzuwenden.

e) Bei **Rechtsmittelverzicht** oder **Rechtsmittelrücknahme** wird die Entscheidung mit dem **Eingang** der Erklärung bei Gericht bzw zum Zeitpunkt der **Aufnahme** zu Protokoll (auch § 299 StPO) rechtskräftig.[62] Verzichten alle Anfechtungsberechtigte, tritt die materielle Rechtskraft ein, sobald die **letzte** Verzichtserklärung bei Gericht eingegangen ist. War die Rechtsmittelfrist bereits abgelaufen, wird danach Rechtsmittel eingelegt ist ein **anschließend** eingegangener Rechtsmittelverzicht bedeutungslos (s Fall c).

f) Streitig ist, wann im Falle des § 346 StPO (nach **rechtzeitiger aber nicht in gehöriger Form erklärter** Anfechtung) das Urteil rechtskräftig wird: mit dem Verwerfungsbeschluss der Vorinstanz oder erst mit der Entscheidung des Revisionsgerichts?

Die hM geht davon aus, dass die Urteilsrechtskraft erst mit Erlass des Beschlusses des Revisionsgerichts bzw nach ungenutztem Fristablauf (§ 346 Abs 2 Satz 1 StPO) eintritt.[63] Dem wird beigepflichtet.

---

[61] *Hamann*, Rpfleger 1979, 370 (126); *Meyer-Goßner*, Rdn 7; KMR, Rdn 20 jeweils zu § 34 a StPO; aA *Pohlmann*, Rpfleger 1979, 371.

[62] Für den Verzicht oder die Rücknahme ist die gleiche Form wie für die Rechtsmitteleinlegung erforderlich (s. BGH, Rpfleger 1983, 411); demgemäss die Schriftform oder die Erklärung zu Protokoll der Geschäftsstelle. Eine Fertigstellung des Protokolls iSd. § 273 Abs 4 StPO ist für die Wirksamkeit nicht erforderlich. Ein wirksam erklärter Rechtsmittelverzicht ist (wie die Rechtsmittelrücknahme) unwiderruflich (BGH, NStZ 1986, 277). Die Rechtsmittelrücknahme wird wirksam, sobald sie beim zuständigen Gericht eingegangen ist. Zuständig ist zunächst das erstinstanzliche Gericht, ab Aktenzugang jedoch das Rechtsmittelgericht (OLG Hamburg, MDR 1983, 154).

[63] *Wendisch* in Löwe/Rosenberg, Rdn 16 zu § 449 StPO; *Meyer-Goßner*, Rdn 5 zu § 346 StPO; KMR, Rdn 12, 13 zu § 34 a StPO.

2. Absolute, materielle Rechtskraft

48 Voraussetzung der Vollstreckung ist, dass die Entscheidung nicht nur gegenüber dem Angeklagten oder der Staatsanwaltschaft, sondern gegenüber **allen Rechtsmittelbe-rechtigten** rechtskräftig geworden ist. Ein Rechtsmittelverzicht oder -rücknahme des Angeklagten bewirkt – für sich allein – nicht die Vollstreckbarkeit, vielmehr muss die Entscheidung für alle Beteiligten unanfechtbar geworden sein: das Urteil muss **absolut materiell** rechtskräftig sein.

Als **Rechtsmittelberechtigte** (neben dem Angeklagten und dessen Verteidiger) kommen in Betracht: die Staatsanwaltschaft (§ 296 StPO), der gesetzliche Vertreter (§ 298 StPO), der Erziehungsberechtigte (§ 67 Abs 3 JGG), der Privatkläger (§ 390 StPO), der Nebenkläger (§ 401 StPO) und der Nebenbeteiligte (§§ 433, 440, 442, 444 StPO).

3. Teilrechtskraft

49 Teilrechtskraft kann vorliegen:

a) bei einer **Vielzahl** von Angeklagten (vertikale Teilrechtskraft),
b) hinsichtlich eines **Teils** der Urteilsformel (horizontale Teilrechtskraft).

Zu a):

50 Bei gleichzeitiger Verurteilung **mehrerer** Angeklagter tritt die Vollstreckbarkeit gegen den Einzelnen dann ein, wenn **ihm gegenüber** die (absolute) Rechtskraft vorliegt. Ein etwaiges Rechtsmittel eines Mitangeklagten hindert die Vollstreckung gegen die übrigen Verurteilten nicht. Eine Hemmung der Rechtskraft tritt nur gegenüber dem Beschwerdeführer ein (§§ 316 Abs 1, 343 Abs 1 StPO).

Hat ein Mitangeklagter Berufung eingelegt, ergeben sich keine Besonderheiten. Wird das Rechtsmittel der **Revision** gewählt, können wegen § 357 StPO Probleme entstehen. Aber auch in diesem Falle kann die Vollstreckung gegen die anderen Verurteilten grundsätzlich durchgeführt werden (§ 19 StVollstrO). Vor Einleitung der Vollstreckung kann jedoch der Rechtspfleger die Entscheidung des Staatsanwalts herbeiführen, ob gegen den rechtskräftig Verurteilten vollstreckt werden soll, sofern der Rechtspfleger nicht selbst entscheidet. Eine **Vorlagepflicht** ist jedoch nicht gegeben. Ggf. kann ein Aufschub (Unterbrechung) der Vollstreckung nach § 19 Satz 2 StVollstrO in Betracht kommen.

Zu b):

51 Enthält das Urteil im Strafausspruch **trennbare** Teile (z. B. Hauptstrafe – Nebenstrafe; Freiheitsstrafe – selbständige Geldstrafe) und liegt nur eine Teilanfechtung vor, kann hinsichtlich des **nicht angefochtenen Teils** die Vollstreckung durchgeführt werden.

Umstritten ist, ob nach Bildung einer **Gesamtstrafe** (§ 53 StGB) bei Teilanfechtung die nicht angefochtenen **Einzelstrafen** vollstreckt werden können.[64]

Es darf nicht übersehen werden, dass eine Teilvollstreckung wegen der nachfolgenden Entscheidung des Rechtsmittelgerichts in verschiedener Hinsicht problematisch sein kann:

– wegen Beeinträchtigung der Gesamtstrafenbildung;
– weil die schließlich festgesetzte Gesamtstrafe geringer sein kann als die bereits vollstreckten Einzelstrafen;

---

[64] Bejahend: *Wendisch* in Löwe/Rosenberg, Rdn 27 zu § 449 StPO mit Nachweisen; *Pohlmann/ Jabel/Wolf*, Rdn 7 zu § 19 StVollstrO; *Meyer-Goßner*, Rdn 11; *Bringewat*, Rdn 25 ff jeweils zu § 449 StPO. Verneinend: *Schmidt*, Rdn 7 ff zu § 449 StPO im Anschluss an RGSt 74, 387; *Fischer* Rdn 5 zu § 54 StGB.

– wegen der in der Rechtsmittelinstanz möglichen Strafaussetzung (auch § 56 Abs 2 StGB), Strafvorbehalt (bei Geldstrafen), Nichteinbeziehung der Geldstrafe(n) nach § 53 Abs 2 Satz 2 StGB oder Aufhebung des Urteils in seiner Gesamtheit;
– wegen der Regelung in § 67 StGB mit nachteiligen Folgen für den Verurteilten (s § 67 Abs 4 StGB) bei Teilvollstreckung der Freiheitsstrafe.

Dennoch ist der hM zuzustimmen, dass die Bedenken gegen die Vollstreckung rechtskräftiger Einzelstrafen ausräumbar sind. Dies gilt hinsichtlich der (gefährdeten) Gesamtstrafenbildung ebenso[65] wie bzgl. der Aufhebung des Urteils in der Rechtsmittelinstanz.[66]

Für die Teilvollstreckung sprechen u. a.:
– die Forderung des § 2 StVollstrO nach einer nachdrücklichen und beschleunigten Vollstreckung im Interesse einer wirksamen Strafrechtspflege;
– der Gesichtspunkt, dass die Einzelstrafen rechtliche Selbständigkeit haben;
– die Regelung des § 56 JGG, die eine Teilvollstreckung ausdrücklich zulässt;
– schließlich auch der Umstand, dass die StVollstrO die Vollstreckung von Einzelstrafen nicht verbietet.

Trotzdem sollte die Teilvollstreckung nur angeordnet werden, wenn hierfür ein echtes Bedürfnis begründbar und ein Nachteil für den Verurteilten nicht zu erwarten ist.

Bei **nachträglicher** Gesamtstrafenbildung (§ 55 StGB oder § 460 StPO) sind die **52** rechtskräftig festgesetzten Einzel-(oder Gesamt-)strafen vollstreckbar bis zur **Rechtskraft** der **Gesamtstrafenentscheidung**.[67] Um praktikable Lösungen zu ermöglichen, kann im Falle des § 460 StPO auch eine noch nicht rechtskräftige Gesamtstrafe der **Strafzeitberechnung** vorläufig zugrunde gelegt werden, wenn die Entscheidung dem Antrag der Staatsanwaltschaft entspricht oder diese von einer sofortigen Beschwerde absieht, oder das Strafende vor der Rechtskraft des Beschlusses eintritt (§ 41 Abs 2 StVollstrO).

C. Urkundliche Grundlage der Vollstreckung

Die Strafvollstreckung darf nur durchgeführt werden, wenn die erforderliche **urkund-** **53** **liche Grundlage** vorliegt. Das ist nach § 451 Abs 1 StPO eine mit der Bescheinigung der Vollstreckbarkeit versehene, **beglaubigte Abschrift** der **Urteilsformel**.

Mit dieser Regelung soll jedoch nicht jede andere urkundliche Grundlage ausgeschlossen werden. § 451 Abs 1 StPO nennt nur **eine** der möglichen Vollstreckungsgrundlagen.[68] Ebenfalls geeignet sind nach § 13 Abs 2 StVollstrO die **Urschrift** (erkennender Teil oder vollständige Entscheidung) oder eine **beglaubigte Abschrift** (Ablichtung) der **vollständigen** Entscheidung.

Urkundliche Grundlagen der Vollstreckung sind neben dem Urteil namentlich der Strafbefehl, die urteilsvertretenden Beschlüsse sowie die gerichtliche Bußgeldentscheidung; hinzu kommen die in § 14 Abs 1 StVollstrO aufgeführten nachträglichen gerichtlichen Entscheidungen (Widerrufsbeschlüsse u. a.), die – in Verbindung mit dem Urteil – **weitere** urkundliche Vollstreckungsgrundlage sind.

---

[65] Vgl. zu dieser Frage OLG Bremen, NJW 1955, 1243 und OLG Düsseldorf, Rpfleger 1965, 48.

[66] Bei der Vollstreckung gegen einzelne Mitverurteilte kann sich das Problem im Hinblick auf § 357 StPO ebenfalls stellen. Die Vollstreckung kann dennoch durchgeführt werden (§ 19 StVollstrO).

[67] OLG Frankfurt, NJW 1956, 1932; BGH, NJW 1956, 110.

[68] *Wendisch* in Löwe/Rosenberg, Rdn 43 ff; KMR, Rdn 11 jeweils zu § 451 StPO; OLG Hamm, Rpfleger 1957, 213.

Zu beachten ist, dass die Entscheidungen nach § 14 Abs 1 StVollstrO ebenfalls mit einer **Rechtskraftbescheinigung** zu versehen sind (§§ 14 Abs 2, 13 Abs 2 Satz 1 StVollstrO).

Ob der **Gesamtstrafenbeschluss** (§ 460 StPO) einer Bescheinigung der Rechtskraft bedarf ist zwischenzeitlich nicht mehr strittig. Die StVollstrO lässt diese Frage offen, jedoch ist gegen den Gesamtstrafenbeschluss nach § 460 StPO die **sofortige Beschwerde** zulässig. Schon daraus ergibt sich die Rechtskraftfähigkeit des Gesamtstrafenbeschlusses. Da mit der Rechtskraft der Gesamtstrafenentscheidung auch die Einzelstrafen ihre selbständige Bedeutung verlieren, der Gesamtstrafenbeschluss dann einem Urteil gleichkommt, wird man eine **Rechtskraftbescheinigung** für **erforderlich** halten müssen.[69]

D. Rechtskraftbescheinigung durch den Urkundsbeamten

1. Art der Bescheinigung

54   Auf der urkundlichen Grundlage ist durch den UdG die **Rechtskraft** und der **Zeitpunkt ihres Eintritts** zu bescheinigen.

§ 451 Abs 1 StPO spricht zwar von der Bescheinigung der Vollstreckbarkeit, was, genau genommen, eine Prüfung der Vollstreckungsvoraussetzungen verlangen würde. Das Vorliegen von **Vollstreckungshindernissen** hat der UdG jedoch **nicht** nachzuprüfen.[70] Demgemäß ist die Vollstreckbarkeitsbescheinigung auch nur in Gestalt einer **Bescheinigung** der **Rechtskraft** zu erteilen, wie es auch in § 13 Abs 2 Satz 1 StVollstrO (in Auslegung von § 451 Abs 1 StPO) vorgeschrieben wird.

55   Die Rechtskraftbescheinigung ist grundsätzlich auf dem **verurteilenden** Erkenntnis anzubringen; das wird im allgemeinen der Strafbefehl oder das Urteil erster Instanz sein. Das erstinstanzliche Urteil ist auch maßgebend, wenn ein Rechtsmittel durch Berufungs- oder Revisionsurteil verworfen wird.

Enthält das Berufungsurteil hingegen eine **Änderung** im **Strafausspruch**, ist die Bescheinigung in der Regel auf dem **zweitinstanzlichen** Urteil anzubringen, bei einer **Sachentscheidung** durch das Revisionsgericht nach § 354 Abs 1 StPO auf dem **Revisionsurteil**. Die Rechtskraft kann bereits bescheinigt werden, bevor die schriftlichen Urteilsgründe vorliegen. In **Haftsachen** hat der UdG die urkundliche Grundlage (Urteilsformel) **binnen drei Tagen nach Eintritt der Rechtskraft** an die Vollstreckungsbehörde übersenden (§ 13 Abs 2 Satz 2, 3 StVollstrO). Zu beachten sind auch landesrechtliche Vorschriften und Erlasse des jeweiligen Justizministeriums, wonach grundsätzlich jede strafgerichtliche Entscheidung binnen drei Tagen nach Eintritt der Rechtskraft den Vollstreckungsbehörden mitzuteilen sind.

2. Zuständiger Urkundsbeamter

56   Die Rechtskraft bescheinigt in der Regel der UdG beim Gericht des **ersten Rechtszuges**, bei den Entscheidungen nach § 14 Abs 1 StVollstrO ggf. der UdG bei der **Strafvollstreckungskammer**, sofern für die Entscheidungen die Strafvollstreckungskammern zuständig sind.

---

[69] Ebenso KK-*Fischer,* Rdn 20; *Meyer-Goßner,* Rdn 13; *Bringewat,* Rdn 34 jeweils zu § 451 StPO.

[70] LG Hildesheim, Rpfleger 1960, 215.

Wird gegen ein Berufungsurteil keine Revision eingelegt, erteilt der UdG beim **Berufungsgericht** die Rechtskraftbescheinigung. Dieser bleibt auch zuständig, wenn eine Revision zurückgenommen oder nach § 346 Abs 1 StPO verworfen wird.
Wird die Revision durchgeführt, übersendet der UdG beim **Revisionsgericht** der Vollstreckungsbehörde eine beglaubigte Abschrift des erkennenden Teils des Revisionsurteils oder des Beschlusses, um eine beschleunigte Strafvollstreckung zu ermöglichen (§ 13 Abs 3, 4 StVollstrO).
Die Rechtskraftbescheinigung obliegt nach den Geschäftsstellenanordnungen der Länder im allgemeinen dem Beamten des mittleren Dienstes.
Der UdG wird bei der Rechtskraftbescheinigung als Organ des Gerichts tätig. Daher kann der Verurteilte bei **Erteilung** der Bescheinigung und die Vollstreckungsbehörde bei deren **Versagung** jeweils das Gericht anrufen.[71]

3. Überprüfung der Rechtskraftbescheinigung

Die Vollstreckungsbehörde hat die Rechtskraftbescheinigung des Urkundsbeamten der 57
Geschäftsstelle des Gerichts auf Vollständigkeit und formelle Mängel zu überprüfen.
Kontrovers wird die Frage diskutiert, ob auch deren sachliche Richtigkeit vor Einleitung der Vollstreckung überprüft werden muss. Eine solche generelle Verpflichtung ist zu verneinen, zumal der Rechtspfleger der Vollstreckungsbehörde nicht selten bei Einleitung ohne Hauptakten ist und deshalb z. B. nicht prüfen kann, ob eine Rechtsmittelfrist durch eine ordnungsgemäße Zustellung in Lauf gesetzt wurde oder ob der Gegner der Zurücknahme des Rechtsmittels zugestimmt hat (§ 303 StPO).[72]
Bestehen aber **Zweifel an der Rechtskraft**, dann darf die Vollstreckung **nicht** eingeleitet werden, ihre sachliche Richtigkeit ist zu prüfen.
Dies hat zweifelsohne auch Bedeutung für die Strafzeitberechnung (§ 36 Abs 1 StVollstrO), denn der Zeitpunkt der Rechtskraft ist bei einem sich in dieser Sache in U-Haft befindlichen Verurteilten gleichzeitig Strafbeginn (§ 38 Ziffer 3 StVollstrO) oder der Beginn wichtiger Fristen (z. B. Vollstreckungsverjährung, Fahrerlaubnissperre, Fahrverbot, Amtsverlust, Führungsaufsicht). Ändert der UdG die Rechtskraft nicht ab oder bestehen weiter Zweifel an der Richtigkeit der Bescheinigung, kann die Vollstreckungsbehörde über § 458 StPO eine Entscheidung des Gerichts herbeiführen (Zweifel an der Berechnung der erkannten Strafe).

4. Formulierungsvorschläge

Beglaubigungsvermerk und **Rechtskraftbescheinigung** kann im Regelfall lauten: 58

> Vorstehende Abschrift des Urteils wird als richtig beglaubigt. Das Urteil ist rechtskräftig seit ......
>
> .... , den ....
>
> DS   als Urkundsbeamter der Geschäftsstelle

Bei den Entscheidungen nach § 14 Abs 1 StVollstrO lautet die Bescheinigung:

> Der Beschluss ist rechtskräftig seit ......

Kann die Vollstreckung nur auf Grund **mehrerer** Urteile betrieben werden, kann bescheinigt werden (hier auf dem Urteil I. Instanz):

> Das Urteil ist rechtskräftig nach Maßgabe des seit dem ...... rechtskräftigen Urteils des LG ...... vom ......

---

[71] *Wendisch* in Löwe/Rosenberg, Rdn 38; *Meyer-Goßner*, Rdn 17 jeweils zu § 451 StPO.
[72] *Fischer* in KK, Rdn 18 zu § 451 StPO.

Bei **Teilrechtskraft** empfiehlt sich folgende Bescheinigung:

> Das Urteil ist hinsichtlich der wegen ...... (Delikt) erkannten Freiheitsstrafe von ...... (Strafe) seit dem ...... rechtskräftig.

Bei beschränktem **Einspruch** (Rechtsfolgen) gegen den Strafbefehl:

> Das Urteil ist in Verbindung mit dem im Schuldspruch rechtskräftigen Strafbefehl des AG .... vom ...... rechtskräftig seit ......

Bei **mehreren** rechtskräftigen **Einzelstrafen:**

> Das Urteil ist seit ...... rechtskräftig, soweit wegen ...... (Delikt) und wegen ...... (Delikt) auf Einzelstrafen von ...... (Strafe) und von ...... (Strafe) Freiheitsstrafe erkannt worden ist.

Bei mehreren Angeklagten (Teilrechtskraft):

> Das Urteil ist hinsichtlich des ...... (Name) rechtskräftig seit ......

VIII. Allgemeine Pflichten der Vollstreckungsbehörde

A. Vollstreckungspflicht und Beschleunigungsgebot

59   Eine **Vollstreckungspflicht** ist in den einschlägigen Bestimmungen der StPO (§§ 449, 451 StPO)[73] nicht speziell festgehalten, ergibt sich jedoch als bindende Verpflichtung bereits aus dem **Legalitätsprinzip** (vgl. auch §§ 258, 258 a StGB).

Der Grundsatz der Vollstreckungspflicht hat indirekt Aufnahme gefunden in den einleitenden Vorschriften der StVollstrO,[74] namentlich in § 2 Abs 1 StVollstrO, wonach die richterliche Entscheidung mit **Nachdruck** und **Beschleunigung** zu vollstrecken ist. Das Beschleunigungsgebot gilt in besonderem Maße für die Jugendstrafvollstreckung (Abschn. II Nr. 1 RLJGG zu §§ 82–85).

Im Interesse einer wirksamen Strafrechtspflege enthält § 2 Abs 2 StVollstrO die Anweisung an die Vollstreckungsbehörde, dass durch Gnadengesuche oder sonstige Eingaben und Gesuche die Vollstreckung grundsätzlich nicht verzögert werden darf. Dies gilt auch für die Vollstreckungsbeschwerde (s § 21 Abs 2 StVollstrO). Das in der StVollstrO ausgesprochene Prinzip, dass Gesuche die Vollstreckung nicht hemmen, findet sich auch in den **Gnadenbestimmungen der Länder** und ist **Grundsatzregel** für die **StPO:**

vgl. § 47 Abs 1 StPO, § 307 Abs 1 StPO, § 319 Abs 2 Satz 2 StPO, § 346 Abs 2 Satz 2 StPO, § 360 Abs 1 StPO, § 458 Abs 3 Satz 1 StPO.

Für die Vollstreckungsbehörde ergibt sich daraus die Verpflichtung, auch bei Eingang von Gesuchen die Vollstreckung, ggf. mit einem Vorführungsbefehl oder anderen geeigneten Vollstreckungsmitteln, fortzusetzen. Nur wenn erhebliche Gnadengründe vorliegen und dem Verurteilten schwere, nicht zumutbare Nachteile entstehen würden, kann die vorläufige Einstellung der Vollstreckung in Frage kommen. Die Einstellung bei Gnadengesuchen ist dabei in der Regel Sache der **Gnadenbehörde;**[3] in den einschlägigen Fällen der StPO kann das **Gericht oder die Vollstreckungsbehörde** (soweit zuständig) einen Aufschub oder eine Unterbrechung der Vollstreckung anordnen:

Vgl. § 47 Abs 2 StPO, § 307 Abs 2 StPO, § 360 Abs 2 StPO, § 458 Abs 3 StPO.

---

[73] Wie auch in § 89 OWiG, §§ 82 ff JGG.
[74] §§ 2, 3 StVollstrO.

Ist nach vorläufiger Einstellung der Vollstreckung zum Zeitpunkt der abschließenden Gnadenentscheidung die Ladungsfrist (§ 27 Abs 2 StVollstrO) bereits abgelaufen, empfiehlt es sich, in dem ablehnenden Gnadenbescheid gleichzeitig eine Aufforderung zum sofortigen Strafantritt auszusprechen. Kam eine Einstellung nicht in Betracht, ist bei Nichtgestellung die Vollstreckung mit einem Vorführungsbefehl oder anderen geeigneten Vollstreckungsmitteln fortzusetzen.

B. Prüfung der Vollstreckungsvoraussetzungen

Der Durchführung der Vollstreckung hat die Prüfung vorherzugehen, ob die **Voraussetzungen** der Vollstreckung gegeben sind (§ 3 Abs 1 Satz 1 StVollstrO). So bestimmt § 449 StPO als wesentliche formelle Voraussetzung für die Vollstreckung eine **rechtskräftige** Entscheidung. Danach hat die Vollstreckungsbehörde u. a. zu überprüfen, inwieweit eine vollstreckungsfähige Entscheidung im Sinne von § 1 StVollstrO vorliegt und ob die erforderliche urkundliche Grundlage die **Rechtskraftbescheinigung** enthält. **60**

Hinzu kommt ferner die Frage nach der (absoluten) **Rechtskraft** der Entscheidung und die Prüfung, ob **Vollstreckungshindernisse** (Strafaussetzung zur Bewährung, Verjährung, Spezialität, Immunität usw.) bestehen.[75] Streitig ist, ob die Vollstreckungsbehörde auch zu prüfen hat, ob und wann die materielle Rechtskraft eingetreten ist, oder ob sich die Prüfung auf die Tatsache des vom Urkundsbeamten der Geschäftsstelle des Gerichts beurkundeten Rechtskraftvermerks auf der Strafentscheidung beschränkt. Nach § 451 Abs 1 StPO ist die Vollstreckbarkeitsbescheinigung, die i. d. R. zugleich Rechtskraftbescheinigung ist, die urkundliche Grundlage der Vollstreckung. Eine Nachprüfung der Richtigkeit der Rechtskraftbescheinigung durch die Vollstreckungsbehörde findet im Grundsatz nicht statt.[76] Dem kann so nicht uneingeschränkt zugestimmt werden. Voraussetzung für die Vollstreckung ist die materielle Rechtskraft und nicht nur die Bescheinigung der Rechtskraft durch den Urkundsbeamten des Gerichts.[77] Hat deshalb die Vollstreckungsbehörde **Zweifel am Eintritt der Rechtskraft**, darf sie die Vollstreckung trotz Vorliegen der Rechtskraftbescheinigung nicht einleiten. Gleiches muss auch gelten, wenn die Vollstreckungsbehörde Zweifel an dem bescheinigten Zeitpunkt des Eintritts der Rechtskraft hat. Da an den Zeitpunkt des Eintritts der Rechtskraft noch weitere Folgen als die Vollstreckbarkeit geknüpft sind (Beginn der Strafhaft, Wirksamwerden eines Fahrverbots oder einer Sperrfrist für die Erteilung einer Fahrerlaubnis, der Amtsverlust nach § 45 StGB und andere mehr), hat die Vollstreckungsbehörde die Tatsache zu überprüfen, wann die Rechtskraft eingetreten ist, da sie für die Berechnung dieser Fristen allein zuständig und vor allem aber verantwortlich ist.[78] Auch die Zuständigkeitsprüfung fällt unter die Aufgaben des § 3 Abs 1 StVollstrO. Die besondere Prüfungspflicht besteht für den gesamten Verlauf der Vollstreckung, weil die Vollstreckungsvoraussetzungen auch noch nachträglich wegfallen können, z.B. durch einen Gnadenerweis, durch nachträgliche Gesamtstrafenbildung, bei der Wiedereinsetzung in den vorigen Stand oder im Wiederaufnahmeverfahren. Die Voraussetzungen zur Vollstreckung, insbesondere aber die Rechtskraft ist stets bis zum **Abschluss der Vollstreckung** zu beachten.

---

[75] Einzelheiten über Vollstreckungshindernisse vgl, Rdn 658 ff.
[76] Vgl. *Meyer-Goßner* – StPO – 41. Aufl. Rdn 18 zu § 451 mit weiteren Nachweisen. Nach *Pohlmann/Jabel/Wolf*, Rdn 40 zu § 13 StVollstrO hat die Vollstreckungsbehörde nur zu prüfen, ob die Rechtskraftbescheinigung vollständig ist oder formelle Fehler hat.
[77] § 449 StPO.
[78] § 36 StVollstrO.

IX. Geschäftliche Behandlung der Strafvollstreckungssachen

A. Vollstreckungsheft

61 Ein **Vollstreckungsheft** ist anzulegen bei Strafsachen **größeren Umfangs,** oder wenn die Hauptakten **anderweitig** (von Anfang an oder im Laufe der Vollstreckung) **benötigt** werden. Bei Strafsachen mit mehreren Verurteilten ist dabei für **jeden** ein **besonderes** Vollstreckungsheft erforderlich (§ 15 Abs 2 StVollstrO).

Die Vorschriften der §§ 15, 16 StVollstrO über das Vollstreckungsheft gelten auch bei der Vollstreckung von Jugendstrafen und Jugendarrest (s Abschn. II Nr. 6 Satz 1 RLJGG zu §§ 82–85 JGG) und für die Vollstreckung von Entscheidungen nach dem Gesetz über Ordnungswidrigkeiten (vgl. § 87 Abs 1 StVollstrO). Sie finden dagegen keine Anwendung bei der Vollstreckung gerichtlich erkannter Ordnungs- und Zwangshaft; hier werden die Vorgänge in den Sachakten geführt (vgl. § 88 Abs 1 StVollstrO), soweit diese Akten nicht anderweitig benötigt werden.

In der Praxis besteht vielfach die Übung, bei Entscheidungen des Schöffengerichts oder der Strafkammer generell Vollstreckungshefte anzulegen, hingegen bei Verfahren des Strafrichters von der Anlegung eines Vollstreckungsheftes abzusehen und die Vollstreckungsvorgänge den Hauptakten anzuschließen. Bei Strafsachen mit mehreren Verurteilten empfiehlt es sich, von vornherein mit besonderen Vollstreckungsheften zu arbeiten. Im übrigen entscheidet der Behördenleiter.

62 Zum **Vollstreckungsheft** sind zu nehmen:

a) eine mit der Bescheinigung der Rechtskraft versehene beglaubigte Abschrift der Entscheidung und, soweit darin gem. § 267 Abs 4 StPO auf den Anklagesatz, die Anklage gem. § 212 a Abs 2 Satz 2 StPO, den Strafbefehl oder den Strafbefehlsantrag verwiesen wird, auch eine beglaubigte Abschrift dieser Schriftstücke oder Entscheidungen sowie, wenn nachträglich eine Gesamtstrafe gebildet worden ist, auch eine beglaubigte Abschrift der einbezogenen Entscheidungen;

b) eine mit Bescheinigung der Rechtskraft versehene beglaubigte Abschrift der Beschlüsse,

aa) durch die die Vollstreckung eines Strafrestes oder einer Unterbringung zur Bewährung ausgesetzt worden ist,

bb) die in § 14 Abs 1 StVollstrO genannt sind;

c) eine beglaubigte Abschrift der Entscheidungen, durch die in den Fällen der Buchstaben a und b über ein Rechtsmittel entschieden worden ist, und eine beglaubigte Abschrift sonstiger die Strafvollstreckung betreffende Beschlüsse;

d) die für die Berechnung der Strafzeit maßgebenden Angaben;

e) sämtliche die Strafvollstreckung betreffenden Verfügungen, Gesuche, Eingaben und andere Eingänge.

Kostenrechnungen, Zahlungsanzeigen und Nachrichten der Gerichtskasse oder sonst zuständigen Kasse über die Löschung des Kostensolls sind (mit landesrechtlichen Abweichungen) unter dem Aktendeckel vor dem ersten Blatt des Vollstreckungsheftes einzuheften bzw in einer dort einzuheftenden Aktentasche lose zu verwahren (vgl. § 3 Abs 3 Satz 1 KostVfg).

Das Vollstreckungsheft soll aus sich heraus verständlich und in sich abgeschlossen sein. Deshalb sind **alle** relevanten Entscheidungen und Vorgänge dem Vollstreckungsheft anzuschließen. Die gerichtlichen Entscheidungen selbst, die im Laufe der Vollstreckung erforderlich werden (z.B. Aussetzung, Widerruf, Erlass) sind grundsätzlich in den **Hauptakten** zu treffen, nicht im Vollstreckungsheft (auch nicht im Bewäh-

rungsheft). Zum Vollstreckungsheft sind lediglich **beglaubigte Abschriften** der Beschlüsse zu nehmen.[79]
Nach Abschluss der Vollstreckung ist das Vollstreckungsheft (ebenso wie das Bewährungs- und das Gnadenheft) in den Hauptakten zu verwahren.[80]

B. Registerführung

1. Allgemeines

Die Registerführung ist in den einzelnen Bundesländern nicht in allen Bereichen ver-   63
einheitlicht. Bundesweit wurde zwischenzeitlich mit der Zählkartenerhebung[81] das
zentrale Js-Register eingeführt unter Überwachung der Akten beim Gericht mittels
Bewegungskartei. Ganz überwiegend besteht eine zentrale Registrierung mit Führung
einer Aktenkontrolle. In den nachfolgenden Abschnitten sollen die beiden Modelle
kurz vorgestellt werden.

2. Zentral geführtes Js-Register (ohne Bewegungskartei)

In **Straf-** und **Bußgeldsachen** (Ausnahme: Privatklage- und einzelne OWi-Sachen)   64
obliegt die **Akten-** und **Registerführung** grundsätzlich der **Staatsanwaltschaft.** Die
Ermittlungsvorgänge (s § 47 AktO) sind in das zentrale Js-Register (Muster 32), Er-
mittlungsverfahren gegen Unbekannt in das UJs-Register (Muster 33) einzutragen. In
Jugendsachen ist der Geschäftsnummer der Zusatz „jug" hinzuzufügen. Zu den bei-
den Registern ist ein alphabetisches Namenverzeichnis zu führen. Das seitherige
Register für Hauptverfahren, das Register für Berufungen (Ns) und auch das VRs-
Register sind weggefallen.
Die Verfahren werden bei **Gericht** unter den **Js-Aktenzeichen** der Staatsanwaltschaft   65
weitergeführt mit einem **ergänzenden Unterscheidungsmerkmal** (Ks, KLs, Ns, Ls, Ds,
Cs, OWi) unter Voransetzung der Nummer der zuständigen Abteilung. Das Aktenzei-
chen kann z. B. lauten: 5 Ds 20 Js 13/92 oder 3 KLs 41 Js 10/92.
Das bisherige Strafprozessregister des Amtsgerichts ist weggefallen. Der Verbleib der
Akten wird anhand der **Aktenkontrolle** (Muster 52) und einem zugehörigen Na-
mensverzeichnis überwacht; die laufende Nummer der Aktenkontrolle ist auf dem
Aktendeckel zu vermerken. Für Privatklage- und bestimmte Bußgeldsachen (s § 18
AktO) wird beim Amtsgericht das **Bs/OWi-Register** (Muster 34) und über einzelne
richterliche Anordnungen das **Gs-Register** (Muster 35) geführt.
Da die Staatsanwaltschaft die registerführende Behörde ist und bleibt, hat das Ge-
richt ihr zum Register mitzuteilen,
– in welcher Abteilung des Gerichts das Verfahren anhängig ist,
– Abgabe und Verbindungen,
– Abtrennungen und Übernahmen unter Herbeiführung einer Eintragung im zentralen Js-Register.
Die **Vollstreckungen** durch den als Vollstreckungsleiter zuständigen **Jugendrichter**   66
sind beim Amtsgericht in das VRJs-Register (Muster 56) einzutragen, sofern die
Hauptakten **nicht** bei dem Gericht geführt werden, dem der Vollstreckungsleiter angehört. In das Register sind dann alle Vollstreckungen in Straf- und Bußgeldsachen

---

[79] Mit abweichenden Regelungen in einzelnen Bundesländern.
[80] Geregelt in den jeweiligen Aktenordnungen der Länder.
[81] Die bundeseinheitliche Einführung einer Zählkartenerhebung in Ermittlungsverfahren bei den
Staatsanwaltschaften geht zurück auf einen Beschluss der 42. Konferenz der Justizminister und
-senatoren am 29./30. 10. 1973 in Saarbrücken.

aufzunehmen. Der Staatsanwaltschaft ist das VRJs-Aktenzeichen bzw, soweit kein VRJs-Register zu führen ist, die Rechtskraft der Sache zum Vermerk im Js-Register mitzuteilen.

67 Die Einleitung der Vollstreckung durch die Staatsanwaltschaft ist im zentralen Js-Register dadurch zu vermerken, dass der bisherigen Geschäftsnummer der Zusatz „VRs" – gegebenenfalls mit der Bezeichnung des zuständigen Vollstreckungsdezernates bzw der zuständigen Vollstreckungsgeschäftsstelle vorangestellt oder angehängt wird. Die Geschäftsnummer für das gerichtliche Verfahren lautet demnach im Vollstreckungsverfahren z. B.

– 8 Ls 21 Js 130/95–71 VRs –, wobei auch die gerichtliche Kennung „8 Ls" entfallen kann.

Hat die Vollstreckungssache keine Js-Nummer (z. B. Privatklageverfahren, Vollstreckung der Erzwingungshaft für die Verwaltungsbehörde), so ist sie in das **Js-Register** einzutragen. Die Js-Nummer gilt dann wieder für die weitere Vollstreckung.

Nach Abschluss der Vollstreckung ist deren Erledigung im zentralen Js-Register zu vermerken.

Soweit über die Vollstreckungen in Straf- und Bußgeldsachen mit der Zuständigkeit der Staatsanwaltschaft das **VRs-Register** noch geführt wird, bleibt das betreffende VRs-Aktenzeichen für die gesamte Vollstreckungsdauer verbindlich. In den Fällen des **Widerrufs** einer Strafaussetzung oder der **nachträglichen Gesamtstrafenbildung** (§ 460 StPO) dürfen die Vollstreckungen nicht neu eingetragen werden. Bei **Einstellung** oder **Freispruch** erfolgt zur Erledigung der Nebengeschäfte der Vollstreckung gleichfalls keine Eintragung in das VRs-Register; allenfalls eine Eintragung im AR-Register ist möglich.

3. Zentrale Registerführung und Bewegungskartei

68 Alle staatsanwaltschaftlichen Verfahren – ausgenommen die Verfahren gegen Unbekannt – sind in ein **zentrales Js-Register** einzutragen; zu dem Register ist eine alphabetische **Namenskartei** zu führen. Mit der Eintragung hat die registerführende Stelle für die **Bewegungskartei** der Staatsanwaltschaft und des Gerichts je eine **Karteikarte** (Format DIN A 5) anzulegen. Auf den Karteikarten sind der Verbleib der Akten und die sonstigen Aktenbewegungen festzuhalten; bei Bedarf können auch Fristen und Termine vorgemerkt werden. Bei **Abgabe der Akten** an das Gericht wird die für die Bewegungskartei des Gerichts bestimmte **zweite Karteikarte beigefügt;** auf der Karteikarte der Bewegungskartei der Staatsanwaltschaft, die bei deren Geschäftsstelle bis zur Weglegung der Akten bleibt, ist die Abgabe zu vermerken. Die den Akten angeschlossene zweite Karteikarte verbleibt in der Geschäftsstelle des Gerichts bis zum **Abschluss des Verfahrens** und geht dann mit den Akten an die Staatsanwaltschaft (Durchführung der Strafvollstreckung) zurück. Die **mit den Akten zurückgegebene Karteikarte** wird von der **Vollstreckungsstelle der Staatsanwaltschaft weitergeführt.** Nach Abschluss der Vollstreckung und Austrag aus dem Js-Register werden beide Karteikarten mit den Akten weggelegt.

69 Alle Straf- und Bußgeldverfahren, deren Akten über die Staatsanwaltschaft zum Gericht gelangen, werden dort unter dem **Js-Aktenzeichen** der Staatsanwaltschaft **weitergeführt.** Zum Zeichen der Anhängigkeit beim Gericht werden dem Js-Aktenzeichen ein KLs, Ls, Ds, OWi usw. vorangesetzt, ggf. auch noch die arabische Ziffer der Abteilung der Geschäftsstelle, so dass das **Aktenzeichen** für das **gerichtliche Verfahren** z. B. lautet:

10 Ls/25 Js 100/93.

Das Hauptregister, das Ns-Register, das Strafprozessregister des Amtsgerichts und die Aktenkontrolle werden nicht mehr geführt.

Die Führung des **Vollstreckungsregisters (VRs) entfällt.** Der Verbleib der Akten bzw   70 des Vollstreckungsheftes ist anhand der Karteikarte der bisherigen gerichtlichen Bewegungskartei zu überwachen. Für das **Strafvollstreckungsverfahren** ist das **Aktenzeichen** des **zentralen Js-Registers mit vorangesetzten Kennbuchstaben für das gerichtliche Verfahren** weiterzuführen. An die Stelle der Buchstaben „Js" mit vorangesetzter Bezeichnung der staatsanwaltschaftlichen Geschäftsstelle treten die Buchstaben „VRs"; ggf. ist die Bezeichnung der **Strafvollstreckungsgeschäftsstelle** voranzusetzen.

Das oben als Beispiel genannte Aktenzeichen für das gerichtliche Verfahren würde demnach für das **Strafvollstreckungsverfahren** lauten:

10 Ls/5 VRs 100/93.

Zweiter Teil. Vollstreckung von Freiheitsstrafen

I. Einleitung der Vollstreckung

A. Vollstreckungsverfügung

71 Nach Prüfung der Vollstreckungsvoraussetzungen (§ 3 Abs 1 StVollstrO)[1] wird die Vollstreckung der Freiheitsstrafe mit folgender **Verfügung** eingeleitet. Es wird empfohlen, diese Verfügung als Blatt I in das Vollstreckungsheft zu nehmen und jeweils entsprechend dem Vollstreckungsverlauf zu ergänzen. (Verurteilter auf freiem Fuß):

Staatsanwaltschaft ...., den ....

Aktenzeichen ....

Strafsache gegen ....

geboren am .... Staatsangehörigkeit: ....

Strafentscheidung vom[2] .... AG/LG ....

rechtskräftig seit:[3] ...., Datum der letzten Tat:[4] ....

Strafe: ....

❏ Entziehung der Fahrerlaubnis/Sperrfrist für die Wiedererteilung bis: ....[5]

❏ Fahrverbot von .... Monaten; Fahrverbotsfrist von .... bis: ....[6]

❏ weitere Nebenstrafen und Nebenfolgen s. Rückseite.

❏ U-Haft vom .... bis .... = ... Tage

Tatbezeichnung: ....

Angewendete Vorschriften: ....[7]

Verfügung

1. ❏ Vollstreckungsheft anlegen
2. ❏ Zählkarte fertigen
3. ❏ Mitteilung zum Bundeszentralregister
4. ❏ Mitteilung an das Kraftfahrtbundesamt in Flensburg,
5. ❏ Formblatt-Mitteilung an die Polizeidienststelle nach § 11 Mistra
6. ❏ Übersendung einer Urteilsabschrift an Verurteilten und Verteidiger
7. ❏ Mitteilungen nach Mistra   Nr. .... an ....

   Nr. .... an ....

   Nr. .... an ....

Strafzeiten:

Strafbeginn: .... WV ....

Strafende: .... WV ....

---

[1] Vgl. Rdn 60.

[2] Einzutragen und dem Bundeszentralregister mitzuteilen nach § 5 Abs 1 Ziffer 4 BZRG ist das Datum des ersten Urteils. Bei Strafbefehlen das Datum des Erlasses des Strafbefehls wenn dieser Rechtskraft erlangt hat. Wurde gegen den Strafbefehl Einspruch eingelegt, ist das Datum des ersten Urteils einzutragen, es sei denn der Einspruch wurde verworfen.

[3] Die Rechtskraft ist die Vollstreckungsvoraussetzung nach § 449 StPO.

[4] Ist nach § 5 Abs 1 Ziffer 3 BZRG dem Bundeszentralregister mitzuteilen und zur Prüfung, ob die Voraussetzungen für eine nachträgliche Gesamtstrafe vorliegen, notwendig.

[5] Die Berechnung der Sperrfrist ist Aufgabe des Rechtspflegers, es trägt für die richtige Berechnung die Verantwortung.

[6] Die Frist für das Ende des Fahrverbots ist einzutragen, sobald die Frist errechnet werden kann. Änderungen werden jeweils nachgetragen, sobald sich solche ergeben.

[7] Diese Angaben hat des Urteil zu enthalten, § 260 Abs 4, 5 StPO.

Halbstrafe: .... WV ....
²/₃-Strafe: .... WV ....
Führungsaufsicht: .... WV ....
Sonst. Termin: .... WV ....

(Rückseite:
8. ❑ Ladung zum Strafantritt auf in die JVA:[8]
    ❑ mit Zustellungsurkunde
    ❑ mit Merkblatt „Kurzstrafen"
    ❑ mit Merkblatt für die Einweisungskommission
9. ❑ Aufnahmeersuchen an die Justizvollzugsanstalt
    ❑ mit Urteilsabschrift
    ❑ mit Vorstrafenverzeichnis, q neues Vorstrafenverzeichnis anfordern,
    ❑ mit Beschluss vom .... Bl. ...... der Akten
    ❑ mit Gutachten vom .... Bl. ...... der Akten
10. ❑ Einweisungsheft anlegen.[9]
11. ❑ Rückgabe folgender Beiakten:
12. ❑ An den Kostenbeamten zur Abrechnung
13. ❑ Ohne Kostenansatz nach § 10 KostVfg. Grund:
14. ❑ Übersendung des Merkblattes an Verurteilten: ❑ Fahrverb., ❑ Entziehung der Fahrerl.
15. ❑ Weitere Nebenstrafen und Nebenfolgen:[10]
    ❑ Gewerbezusammenhang
    ❑ 2024 Verlust der Amtsfähigkeit und der Wählbarkeit
    ❑ 2102 Verbot der Beschäftigung, Beaufsichtigung, Anweisung und Ausbildung
        Jugendlicher
    ❑ 2090 Einziehung
    ❑ 2100 Maßnahme nach: ....
    ❑ 2178 Bewährungshelfer bestellt
    ❑ 1111 Ausnahmeregelung bei Sperre für Fahrerlaubnis
    ❑ 2079 Ausnahmeregelung beim Fahrverbot
    ❑ 1015 Unterbringung in einem psychiatrischen Krankenhaus
    ❑ 1026 Unterbringung in einer Entziehungsanstalt
    ❑ 1034 Sicherungsverwahrung
    ❑ 1100 Führungsaufsicht bis: .... (bei FA, die kraft Gesetzes eintritt)
    ❑ 1101 Führungsaufsicht bis: .... (bei Anordnung der FA im Urteil)
    ❑ 2123 Einbezogen: ....

....
Rechtspfleger

Anmerkungen:

Die Einleitung der Vollstreckung ist im zentralen Js-Register zu vermerken – vgl. § 51 **72**
Abs 12 AktO. Vorstehende Verfügung basiert auf folgenden Vorschriften:

Ziffer 1: §§ 15, 16 StVollstrO;
Ziffer 2: Verwaltungsvorschriften der Länder über die Einführung einer Strafverfol-
      gungsstatistik;

---

[8] Die Ladung hat zu erfolgen in die zuständige Justizvollzugsanstalt. Die Landesjustizverwaltungen haben hierzu jeweils die Vollstreckungspläne herausgegeben.
[9] Richtet sich jeweils nach den Vollstreckungsplänen der Länder und den von den Landesjustizverwaltungen hierzu herausgegebenen Erlassen.
[10] Diese ergeben sich nicht immer aus dem Urteil, sondern können auch kraft Gesetzes eintreten,
wie z. B. Führungsaufsicht, Amtsverlust nach § 45 StGB oder das Beschäftigungsverbot nach
§ 25 JArbSchG. Angegeben sind jeweils die Kennzahlen, mit denen diese Nebenfolgen dem BZR
mitzuteilen sind.

Ziffer 3: §§ 3 ff BZRG iVm der 1. BZRVwV;

Ziffer 4: §§ 49, 59 FeV iVm den Allgemeinen Verwaltungsvorschriften über die Mitteilung zum Kraftfahrtbundesamt in Flensburg;

Ziffer 5: Nr. 11 Abs 1 Mistra (Mitteilungen über den Ausgang des Verfahrens an die Polizeibehörde mittels eines Vordrucks. Für Mitteilungen nach Nr. 11 Abs 2 Mistra kann die Durchschrift der Mitteilung zum Bundeszentralregister verwendet werden; (unterbleibt jedoch bei fahrlässig begangenen Verkehrsdelikten);

Ziffer 6: Nr. 140 RiStBV; wer diese Abschriften zu übersenden hat, ist nicht geregelt. Abs 2 bestimmt nur bei den Mitteilungspflichten nach § 406 d StPO in erster Linie das Gericht bzw. die aktenführende Stelle zwar nicht ausdrücklich, die diese Bestimmung aber im gerichtlichen Verfahren geregelt ist, ist die Zuständigkeit des Gerichts abzuleiten. Es ist daher grundsätzlich Nr. 4 Mistra anzuwenden, in der geregelt ist, welche Behörde in welchem Stadium des Verfahrens zuständig ist;

Ziffer 7: siehe Mistra.

B. Strafaussetzung zur Bewährung

1. Eingangsverfügung

73 Ist die Freiheitsstrafe oder eine daneben verhängte Maßregel der Besserung und Sicherung zur **Bewährung** ausgesetzt worden (§§ 56, 67 b StGB), kann folgende **Verfügung** ergehen:[11]

> Staatsanwaltschaft ...., den ....
> Aktenzeichen ....
> Strafsache gegen
> geboren am   , ... Staatsangehörigkeit:
> Strafentscheidung vom:[12] .... AG/LG ....
> rechtskräftig seit:[13] ...., Datum der letzten Tat:[14] ....
> Strafe: ....
> Maßregel nach § .... StGB, zur Bewährung ausgesetzt
> Bewährungszeit: .... , bis zum: .... [15]
> ❏ Entziehung der Fahrerlaubnis/Sperrfrist für die Wiedererteilung bis: .... [16]
> ❏ Fahrverbot von .... Monaten; Fahrverbotsfrist von .... bis: .... [17]
> ❏ weitere Nebenstrafen und Nebenfolgen s. Rückseite.

---

[11] Die Einleitung der Vollstreckung ist im zentralen Js-Register zu vermerken, § 51 Abs 1, 2 AktO.

[12] Einzutragen und mitzuteilen ist dem Bundeszentralregister in Feld 17 der Mitteilung nach § 5 Abs 1 Ziffer 4 BZRG das Datum des ersten Urteils. Bei Strafbefehlen des Datum des Erlasses des Strafbefehls wenn dieser Rechtskraft erlangt hat. Wurde gegen den Strafbefehl Einspruch eingelegt, ist das Datum des ersten Urteils einzutragen, es sei denn der Einspruch wurde verworfen.

[13] Die Rechtskraft ist die Vollstreckungsvoraussetzung nach § 449 StPO.

[14] Ist nach § 5 Abs 1 Ziffer 3 BZRG dem Bundeszentralregister mitzuteilen und zur Prüfung, ob die Voraussetzungen für eine nachträgliche Gesamtstrafe vorliegen, notwendig.

[15] Die Bewährungszeit beginnt mit dem Tag der Rechtskraft, § 56 a Abs 2 StGB.

[16] Die Berechnung der Sperrfrist ist Aufgabe des Rechtspflegers, es trägt für die richtige Berechnung die Verantwortung.

[17] Die Frist für das Ende des Fahrverbots ist einzutragen, sobald die Frist errechnet werden kann. Änderungen werden jeweils nachgetragen, sobald sich solche ergeben.

❑ U-Haft vom .... bis .... = ... Tage
Tatbezeichnung: ....
Angewendete Vorschriften: ....[18]

Verfügung

1. ❑ Vollstreckungsheft anlegen
2. ❑ Zählkarte fertigen
3. ❑ Mitteilung zum Bundeszentralregister
4. ❑ Mitteilung an das Kraftfahrtbundesamt in Flensburg,
5. ❑ Formblatt-Mitteilung an die Polizeidienststelle nach § 11 Mistra
6. ❑ Übersendung einer Urteilsabschrift an Verurteilten und Verteidiger
7. ❑ Mitteilungen nach Mistra Nr. ...... an ....
                                   Nr. ...... an ....
                                   Nr. ...... an ....
8. Rückgabe folgender Beiakten: ....
9. ❑ An den Kostenbeamten zur Abrechnung
10. ❑ Ohne Kostenansatz nach § 10 KostVfg. Grund: ....
11. ❑ Übersendung des Merkblattes an Verurteilten: ❑ Fahrverb., ❑ Entziehung der Fahrerl.
12. ❑ Urschriftlich mit Akten an das
        Amtsgericht/Landgericht ....
        zur Übernahme der Bewährungsüberwachung.[19]
Fortsetzung Rückseite:
13. ❑ Weitere Nebenstrafen und Nebenfolgen:[20]
        ❑ Gewerbezusammenhang
        ❑ 2024 Verlust der Amtsfähigkeit und der Wählbarkeit
        ❑ 2102 Verbot der Beschäftigung, Beaufsichtigung, Anweisung und Ausbildung
                Jugendlicher
        ❑ 2090 Einziehung
        ❑ 2100 Maßnahme nach: ....
        ❑ 2178 Bewährungshelfer bestellt
        ❑ 1111 Ausnahmeregelung bei Sperre für Fahrerlaubnis
        ❑ 2079 Ausnahmeregelung beim Fahrverbot
        ❑ 1015 Unterbringung in einem psychiatrischen Krankenhaus
        ❑ 1026 Unterbringung in einer Entziehungsanstalt
        ❑ 1513 Unterbringung in einer Entziehungsanstalt zur Bewährung ausgesetzt
        ❑ 1100 Führungsaufsicht bis: .... (bei FA, die kraft Gesetzes eintritt)
        ❑ 1101 Führungsaufsicht bis: .... (bei Anordnung der FA im Urteil)
        ❑ 2123 Einbezogen: ....

                                  ....
                                  Rechtspfleger

2. Bewährungsüberwachung und Straferlass

Die **Überwachung** der Lebensführung des Verurteilten während der Bewährungszeit,   **74**
namentlich der Erfüllung von Auflagen und Weisungen sowie von Anerbieten und
Zusagen (§§ 56 b, 56 c StGB), obliegt dem **Gericht** (§ 453 b StPO) und zwar dem Gericht, das nach § 453 StPO die nachträglichen Entscheidungen zu treffen hat. Die
Bewährungsüberwachung wird in der Regel anhand eines **Bewährungsheftes** durchgeführt, in das alle den Bewährungsfall betreffenden Vorgänge und Abschriften der

---

[18] Diese Angaben hat des Urteil zu enthalten, § 260 Abs 4, 5 StPO.
[19] Die Zuständigkeit des Gerichts ergibt sich aus § 453 b StPO.
[20] Diese ergeben sich nicht immer aus dem Urteil, sondern können auch kraft Gesetzes eintreten,
wie z. B. Führungsaufsicht, Amtsverlust nach § 45 StGB oder das Beschäftigungsverbot nach
§ 25 JArbSchG. Angegeben sind jeweils die Kennzahlen, mit denen diese Nebenfolgen dem BZR
mitzuteilen sind.

gerichtlichen Entscheidungen eingeheftet werden, und das nach Beendigung der Bewährungszeit bei den Strafakten aufbewahrt wird. Beschlüsse über den Straferlass oder den Widerruf selbst sind in den **Hauptakten** zu treffen, was in der Praxis allerdings sehr uneinheitlich gehandhabt wird.

Der Verurteilte wird über die Bedeutung der Strafaussetzung, über Auflagen und Weisungen usw. **mündlich** belehrt (§§ 268 a Abs 3, 453 a StPO); zusätzlich wird ihm (und seinem Verteidiger) durch das Gericht eine Abschrift des Urteils und des Bewährungsbeschlusses übersandt (Nr. 140 RiStBV). Die Bestimmung von Zahlungsfristen und Teilzahlungen im Rahmen der Auflagen trifft das **Gericht,** nicht die Vollstreckungsbehörde.[21] Soweit Zahlungserinnerungen oder Mahnungen erforderlich werden, haben sie formlos zu erfolgen. Eine Einforderung der Geldauflage (§ 56 b Abs 2 Nr. 2 StGB) – dies gilt auch für alle sonstigen Geldauflagen im Strafverfahren – mittels Zahlungsaufforderung (§ 5 Abs 1 EBAO) oder ihre Beitreibung ist **unzulässig** (§ 18 Abs 1 EBAO).

Das Gericht unterstellt den Verurteilten für die Dauer oder einen Teil der Bewährungszeit der Aufsicht und Leitung eines **Bewährungshelfers,** wenn dies angezeigt ist, um ihn von Straftaten abzuhalten (§ 56 d StGB). Die Bestellung des Bewährungshelfers obliegt dem **Gericht;** seine Benachrichtigung über den Eintritt der Bewährungsaufsicht erfolgt durch die Geschäftsstelle des Gerichts. Das Gericht kann dem Bewährungshelfer für seine Tätigkeit Anweisungen erteilen und zwar auch dann, wenn er organisatorisch nicht in die Justiz eingegliedert ist.[22] Verfahrensrechtlich ist in § 453 Abs 1 Satz 4 StPO sichergestellt, dass der Bewährungshelfer unterrichtet wird, wenn eine Entscheidung in der Bewährungssache (Widerruf, Straferlass, Verlängerung der Bewährungszeit u.ähnliches) in Betracht kommt.

Die **Staatsanwaltschaft** wird während der Dauer der Bewährungszeit nur tätig, soweit **Stellungnahmen** nach § 453 StPO abzugeben sind, dann aber in ihrer Eigenschaft als **Strafverfolgungsbehörde** und nicht als Vollstreckungsbehörde.

Die Zuständigkeit der **Vollstreckungsbehörde** beginnt erst wieder nach dem rechtskräftigen Widerruf der Strafaussetzung[23] oder – abgesehen von sonstigen Registermitteilungen[24] – nach dem **Straferlass.** Dann ergeht folgende **Abschlussverfügung:**

75   Staatsanwaltschaft
         VRs ..../...
         ......, den ......

                        Verfügung

         1. Nachricht vom Straferlass[25] nach Vordruck BZR 1 an Bundeszentralregister.[26]
         2. Austrag Js-Register.
         3. Kostenvermerk.
         4. Weglegen.[27]

                               ....
                               Rechtspfleger

---

[21] *Fischer,* Rdn 10 zu § 56 b StGB mit Nachweisen.

[22] *Fischer,* Rdn 4 zu § 56 d StGB.

[23] Zur Vollstreckung nach einem Widerruf vgl. Rdn 196 ff.

[24] Änderungen in der Bewährungsdauer, nachträgliche Bestellung eines Bewährungshelfers oder deren Aufhebung (s § 12 BZRG).

[25] § 12 Abs 1 Nr. 3 BZRG.

[26] Von den nachträglichen Mitteilungen an das Bundeszentralregister (§§ 12 ff BZRG) erhält die Polizeibehörde keine Mehrfertigung.

[27] Der Ablauf der Frist des § 56 g Abs 2 Satz 2 StGB braucht nicht abgewartet werden. Von etwaigen Verurteilungen, die zu einem Widerruf des Straferlasses führen könnten, gibt das Bundeszentralregister gem. § 22 BZRG Nachricht.

II. Zuständigkeit der Justizvollzugsanstalten

A. Vollstreckungsplan

Nach § 152 Abs 1 StVollzG sind die Landesjustizverwaltungen verpflichtet, die Zu- **76** ständigkeit der Justizvollzugsanstalten in einem **Vollstreckungsplan** zu regeln. Aus dem Vollstreckungsplan ergeben sich für jeden Gerichtsbezirk die Vollzugsanstalten, die für die Vollstreckung von Freiheitsstrafen, freiheitsentziehenden Maßregeln u. a. **sachlich** und **örtlich** zuständig sind (§ 22 Abs 1 StVollstrO).[28] Für den Vollzug der Unterbringung können aufgrund der Maßregelvollzugsgesetze der Länder Sonderbestimmungen bestehen.

Nach Einweisung des Verurteilten in die nach dem Vollstreckungsplan örtlich und sachlich zuständige Justizvollzugsanstalt und nach Durchführung des Aufnahmeverfahrens (§ 5 StVollzG) und der Behandlungsuntersuchung (§ 6 StVollzG) wird ein **Vollzugsplan** (§ 7 StVollzG) erstellt. Im Vollzugsplan wird u. a. festgelegt, ob der Verurteilte im offenen, geschlossenen oder gelockerten Vollzug (§§ 10, 11 StVollzG) untergebracht werden soll. Welche Anstalten und Abteilungen Einrichtungen des **offenen Vollzugs** sind, wird im Vollstreckungsplan der Landesjustizverwaltungen ausgewiesen (VVStVollzG zu § 152).

Der Vollstreckungsplan legt ferner fest, welche Verurteilten in eine **Einweisungsanstalt** oder -abteilung einzuweisen sind (§ 152 Abs 2 StVollzG). In diese Anstalten sind solche Verurteilten zu laden, bei denen eine **Auswahluntersuchung** durchgeführt werden muss. Im Anschluss an die Begutachtung kann die Vollzugsbehörde über die für den weiteren Vollzug zuständige Anstalt nach „individuellen Gesichtspunkten der Behandlung und Eingliederung" entscheiden. Nicht jedes Bundesland hat sich entschieden, eine Einweisungskommission einzurichten. Die von den Landesjustizverwaltungen hierzu ergangenen Erlasse sind jeweils zu beachten.

Die Einweisung eines Verurteilten nach **individuellen** Kriterien ist jedoch die Aus- **77** nahme. Im Grundsatz bestimmt sich die Zuständigkeit der Justizvollzugsanstalten nach **allgemeinen Merkmalen** (§ 152 Abs 3 StVollzG). Diese Regelung war aus verfassungsrechtlichen Gründen geboten, weil mit der Zuständigkeit der Vollzugsanstalt zugleich die der Strafvollstreckungskammer festgelegt wird (§ 110 StVollzG).

Als allgemeine Merkmale im Sinne von § 152 Abs 3 StVollzG kommen u. a. in Betracht: Lebensalter, Vollzugsdauer, Erstvollzug/Regelvollzug, Vorsatz-/Fahrlässigkeitstäter, Straßenverkehrstäter.

Als **Fahrlässigkeitstäter** gelten Verurteilte, die ausschließlich wegen einer oder mehrerer fahrlässig begangener strafbarer Handlungen verurteilt worden sind und nicht wegen vorsätzlich begangener strafbarer Handlungen mit Freiheits- oder Ersatzfreiheitsstrafen von mehr als sechs Monaten vorbestraft sind.

In Anstalten des **Erstvollzuges** sind solche zu Freiheitsstrafe verurteilte Personen einzuweisen, die bisher insgesamt nicht mehr als drei Monate Strafe verbüßt haben und bei denen auch eine mit Freiheitsentzug verbundene Maßregel der Besserung und Sicherung nicht angeordnet war oder ist.

Straßenverkehrstäter sind Verurteilte, die ausschließlich wegen im Zusammenhang mit dem Straßenverkehr begangener Straftaten verurteilt worden sind (ohne Vorstrafen bestimmter Art oder bestimmter Höhe aufzuweisen).

Für den Gefangenen besteht während des Strafvollzugs grundsätzlich **Arbeitspflicht** **78** (§ 41 StVollzG). Verrichtet er die ihm zugewiesene Arbeit (sonstige Beschäftigung

---

[28] Wegen des regelmäßigen Austausches der Vollstreckungspläne durch die Landesjustizverwaltungen vgl. IV. Abschnitt der Ländervereinbarung v 8. 6. 1999 (Anh 2 zur StVollstrO).

oder eine Hilfstätigkeit), erhält er ein **Arbeitsentgelt** (§ 43 StVollzG). Arbeit im Strafvollzug, die dem Gefangenen als Pflichtarbeit zugewiesen wird, ist nur dann ein wirksames Resozialisierungsmittel, wenn die geleistete Arbeit angemessene Anerkennung findet. Diese Anerkennung muss nicht notwendigerweise finanzieller Art sein. Sie muss aber geeignet sein, dem Gefangenen den Wert regelmäßiger Arbeit für ein künftiges eigenverantwortliches und straffreies Leben in Gestalt eines für ihn greifbaren Vorteils vor Augen zu führen.[29] Von Verfassungs wegen ist die Höhe des Arbeitsentgelts erst dann zu beanstanden, wenn es zusammen mit den anderen Vorteilen, die für die Gefangenenarbeit gewährt werden, offensichtlich nicht geeignet ist, den Gefangenen im gebotenen Maße davon zu überzeugen, dass Erwerbstätigkeit zur Herstellung einer Lebensgrundlage sinnvoll ist. Der Gesetzgeber hat deshalb mit Wirkung vom 1. 1. 2001 die Gefangenenentlohnung in § 43 StVollzG reformiert.

Der Gefangene hat ferner gegen die Landesjustizverwaltung Anspruch auf **Gesundheitsfürsorge** (§§ 56 ff, 158 StVollzG), ist jedoch derzeit nicht in die Kranken- und Rentenversicherung, wohl aber in die **Arbeitslosenversicherung** (§ 194 StVollzG), einbezogen. Während des Vollzugs von U-Haft, einer Freiheitsstrafe oder freiheitsentziehenden Maßregel **ruht** gem. § 216 Abs 1 Nr. 1 RVO der Anspruch auf **Krankenhilfe** gegenüber der Krankenkasse. Dies gilt auch für den sog Freigänger.[30]

Haftkosten dürfen vom Verurteilten nur unter den Voraussetzungen des § 10 Abs 1 JVKostO und § 50 StVollzG (VV zu § 50) erhoben werden. Die Kosten bestimmen sich nach der Höhe des Haftkostenbeitrags (§ 50 Abs 2 StVollzG), die jährlich im Bundesanzeiger bekanntgemacht wird.[31]

B. Sachliche Vollzugszuständigkeit

79 Die sachliche Zuständigkeit der Justizvollzugsanstalten ist entsprechend § 22 Abs 1 StVollstrO nach folgenden Kriterien festzulegen:
- Geschlechtertrennung, geregelt in § 140 Abs 2 StVollzG;
- Jugendstrafen, geregelt in § 92 JGG,
- Jugendarrest, geregelt in § 1 JAVollzO,
- Sicherungsverwahrung, geregelt in § 140 Abs 1 StVollzG,
- Untersuchungshaft, geregelt in Nr. 11–13 UvollzO.

Sie kann zudem nach folgenden Kriterien festgelegt werden:
- Alter der verurteilten Person,
- Dauer der zu verbüßenden Freiheitsstrafe,
- Unterscheidung zwischen Vorsatz- und Fahrlassigkeitstätern,
- Erst- oder Regelvollzug,
- Straßenverkehrstäter.[32]

Soweit sich die sachliche Zuständigkeit einer Justizvollzugsanstalt nach dem **Alter** richtet, ist der **Tag** der bevorstehenden **Aufnahme** in die zuständige Vollzugsanstalt maßgebend (§ 23 Abs 2 StVollstrO).

Wird die Zuständigkeit von der **Vollzugsdauer** abhängig gemacht, kommt es auf die Zeit an, die der Verurteilte vom Tage der bevorstehenden **Aufnahme** in die zuständige Vollzugsanstalt an im Strafvollzug zuzubringen hat. Es ist demgemäß von der verbleibenden Vollzugsdauer (unter Berücksichtigung der U-Haft, bisherigen Freiheits-

---

[29] BVerfG, Beschl vom 1. 7. 1998, BvL 17/94.
[30] BSG, NStZ 1987, 381.
[31] Zur gerichtlichen Anfechtbarkeit von Vollzugsmaßnahmen s. Rdn 1011 ff und *Eschke,* aaO Seite 120 ff.
[32] Weitere Ausführung hierzu siehe *Wagner,* Rpfleger 2005,182.

entziehung) auszugehen. Ist eine **nachträgliche Gesamtstrafe** zu vollstrecken, nachdem die Vollstreckung einer in sie einbezogenen Strafe bereits begonnen hat oder beendet ist, so ist der **Strafrest** maßgebend, der bei Beginn des Vollzuges der Gesamtstrafe verbleibt. Soweit Strafuntergrenzen nach dem Vollstreckungsplan dann eine Verlegung erforderlich machen würden, kann diese entfallen (§ 23 Abs 1 Satz 2 StVollstrO).

Stehen **mehrere Freiheitsstrafen** gleichzeitig zur Vollstreckung an, bestimmt sich die sachliche Zuständigkeit nach der **Gesamtvollzugsdauer.** Tritt **nachträglich** eine selbständige **Anschlussstrafe** hinzu, so ist allein ihre Vollzugsdauer maßgebend; der Anstaltsleiter darf jedoch den Verurteilten in diejenige Vollzugsanstalt verlegen, deren sachliche Zuständigkeit dem Rest der **Gesamtvollzugsdauer** entspricht.

Die Vollzugsbehörde kann die Aufnahme nicht ablehnen, wenn die Vollzugsdauer oder das Alter, vom Tage der Aufnahme an, um nicht mehr als **zwei Wochen** vom Vollstreckungsplan abweicht (§ 23 Abs 3 StVollstrO).[33]

Soweit Entscheidungen, die im ersten Rechtszug in Ausübung von **Gerichtsbarkeit** **80** **des Bundes** ergangen sind, zur Vollstreckung anstehen, bestimmt der Vollstreckungsplan lediglich die **sachliche** Vollzugszuständigkeit (§ 22 Abs 2 StVollstrO). Die **örtlich** zuständige Vollzugsanstalt legt der Generalbundesanwalt nach § 24 Abs 5 StVollstrO fest.

C. Örtliche Vollzugszuständigkeit

Nach § 24 Abs 1 Satz 1 StVollstrO können mehrere Justizvollzugsanstalt örtlich zu- **81** ständig sein. Die örtliche Zuständigkeit der Vollzugsanstalt wird nach folgenden Gesichtspunkten bestimmt:

a) Ist der Verurteilte auf **freiem Fuß**, richtet sich die Zuständigkeit nach dem **Wohnort, Aufenthaltsort** oder bei behördlicher Verwahrung nach dem Ort, an dem sich die verurteilte Person sich **zuletzt aufgehalten** hat (**Verwahrungsort**), oder **Standort** (bei Soldaten) des Verurteilten. Alle Zuständigkeitskriterien sind **gleichrangig**, so dass die Vollstreckungsbehörde unter ihnen die Wahl hat. Im Regelfall wird die Vollstreckungsbehörde vom Wohnort ausgehen, da ein Vollzug in der Nähe der Heimat der Resozialisierung im allgemeinen förderlicher sein wird.

Unter **Aufenthaltsort** versteht man den Ort, an dem der Verurteilte tatsächlich anwesend ist, sei es auch nur kurzfristig. **Wohnort** ist der Ort, an dem der Verurteilte den Schwerpunkt seiner Lebensbeziehungen hat und an dem er freiwillig unter Umständen verweilt, die darauf schließen lassen, dass das Verweilen von einer gewissen Dauer und Regelmäßigkeit ist. (Heimat, familiäre Bindungen). Der Begriff „Wohnort", wie er in § 24 Abs 1 Satz 3 StVollstrO definiert wird, ist jedoch nicht identisch mit dem „Wohnsitz" iSd BGB. Nach § 7 BGB ist für die Begründung eines Wohnsitzes neben dem Willen, sich am gewählten Ort ständig niederzulassen, auch Geschäftsfähigkeit erforderlich. Diese ist für die Wahl eines „Wohnortes" in Sinne der StVollstrO ohne Belang. Wohnort in diesem Sinne kann daher auch der Ort sein, an dem die verurteilte Person **nicht behördlich** gemeldet ist, sonst würde man den Begriff Wohnort nach der StVollstrO dem Wohnsitz des BGB gleichsetzen. Die vielfach geübte Praxis, die örtliche Vollzugszuständigkeit deshalb zu verneinen, weil die verurteilte Person dort polizeilich nicht gemeldet ist, widerspricht daher der Regelung in § 24 Abs 1 StVollstrO.

---

[33] Wegen der Zuständigkeit im Jugendstrafvollzug, Bundeswehrvollzug und bei freiheitsentziehenden Maßregeln vgl. Rdn 560 f, 221, 330.

Der Begriff **Aufenthaltsort** wird in § 24 Abs 1 Satz 4 StVollstrO neu definiert. Danach ist Aufenthaltsort der Ort, an dem die nicht in behördlicher Verwahrung befindliche verurteilte Person – auch nur für kurze Zeit – tatsächlich anwesend ist. Diese Formulierung hat zu erheblichen Verwirrungen gesorgt, da vielfach der Aufenthaltsort mit dem Festnahmeort gleichgesetzt wird. Dies ist vor allem von Bedeutung für verurteilte Personen, für die nach § 24 Abs 1 StVollstrO keine örtliche Zuständigkeit gegeben ist, wie an nachstehendem Beispiel verdeutlicht werden soll.[34]

> **Beispiel:**
> Ein polnischer Staatsbürger, der in Polen seinen Wohnsitz hat, begeht anlässlich eines Besuchs im Freistaat Bayern eine Straftat. Seinen Arbeitsplatz hat er in der Tschechischen Republik. Als er Wochen nach der Tat freitags nach Arbeitsende über die Grenze von Tschechien wieder in die Bundesrepublik einreist um das Wochenende zu Hause in Polen bei seiner Familie zu verbringen, wird er am Grenzübergang auf Grund des Untersuchungshaftbefehls des bayerischen Gerichts festgenommen und in eine sächsische Justizvollzugsanstalt eingeliefert, von dort aus wird er mit dem nächsten Gefangenentransport in die für das bayerische Gericht zuständige Justizvollzugsanstalt verschubt. Er wird zu einer Freiheitsstrafe von 2 Jahren verurteilt. Der hier vertretenen Auffassung, örtlich zuständig sei eine sächsische Justizvollzugsanstalt, weil die verurteilte Person ihren letzten Aufenthaltsort in Sachsen hatte (Grenzübergang Reitzenhain) kann nicht gefolgt werden. Die verurteilte Person wollte sich gerade nicht dort aufhalten, sondern auf dem kürzesten Weg zu seiner Familie nach Polen fahren.

b) Ist der Verurteilte **behördlich verwahrt,**[35] richtet sich die Zuständigkeit bei einer Vollzugsdauer bis zu **sechs Monaten** – in Abweichung von a) – **allein** und **ausschließlich** nach dem **Verwahrungsort.**

c) Bei behördlich Verwahrten mit Strafen von **mehr** als sechs Monaten Vollzugsdauer bestimmt sich die Zuständigkeit – wie im Falle a) – nach **Wohnort** oder **Aufenthaltsort** (vor der Inhaftierung). Der Verwahrungsort spielt keine Rolle.

82   Wird im Falle a) oder c) eine Strafe mit einer Vollzugsdauer von **mehr** als **sechs Monaten** in einer für den **Aufenthaltsort** zuständigen Anstalt vollzogen, so kann der Verurteilte binnen zwei Wochen nach Vollzugsbeginn die **Verlegung** in die für den **Wohnort** zuständige Anstalt beantragen (§ 24 Abs 2 StVollstrO). Der Vollzugsbeginn bestimmt sich dabei nach § 38 StVollstrO.[36] Ein verspäteter Antrag ist als Abweichungsgesuch iSd § 26 StVollstrO anzusehen. Die Vollzugsbehörde hat den Verurteilten anlässlich der Aufnahmeverhandlung über sein Antragsrecht zu belehren, Nr. 16 VGO. Unterbleibt diese Belehrung oder wird diese zu einem späteren Zeitpunkt erteilt, beginnt die Antragsfrist nach § 24 Abs 2 StVollstrO nicht zu laufen oder läuft erst ab entsprechender Belehrung. Gleiches gilt, wenn sich die verurteilte Person in dieser Sache in Untersuchungshaft befindet. Der Gefangene ist von der Vollzugsbehörde über sein Antragsrecht zu belehren, in eine für seinen Wohnort zuständige Vollzugsanstalt verlegt zu werden, § 24 Abs 2 Satz 2StVollstrO.
Die antragsgemäße Verlegung wird von der **Vollzugsbehörde** angeordnet. Die Vollstreckungsbehörde wird nicht eingeschaltet; sie wird lediglich von der Verlegung in Kenntnis gesetzt (§ 35 Abs 1 StVollstrO).

---

[34] Weitere Ausführung siehe *Wagner,* Rpfleger 2005, 182.

[35] Behördliche Verwahrung liegt dann vor, wenn der Verurteilte auf behördliche Anordnung in einer Anstalt verwahrt wird, z. B. U-Haft, Strafhaft, Unterbringung, Heimerziehung. Die Festnahme durch die Polizei im Ermittlungsverfahren oder zur Strafverbüßung (§§ 127, 457 StPO) begründet dagegen keine behördliche Verwahrung, vgl. *Pohlmann/Jabel/Wolf* Rdn 26 zu § 24 StVollstrO.

[36] OLG Hamburg, NStZ 1987, 96 (s auch Vollstreckungsplan für BW Teil 2, I. Abschn, Nr. 1.42; aF).

Für die Einweisung in die örtlich und sachlich zuständige Justizvollzugsanstalt ist zunächst einmal grundsätzlich **nur die Vollstreckungsbehörde** und nicht die Vollzugs- behörde zuständig,[37] vergl. §§ 28, 29 StVollstrO. Für Verlegungen nach dem Straf- vollzugsgesetz nach ordnungsgemäßer und richtiger Einweisung ist jedoch allein die Vollzugsbehörde zuständig.

Die bisherige in § 24 Abs 2 StVollstrO bestehende abweichende Zuständigkeitsbe- stimmung wonach **ausschließlich** der **Wohnort** maßgebend ist, wenn ein Vollzug in der Nähe der Heimat die **Resozialisierung** wesentlich erleichtern wird, ist entfallen, da § 8 StVollzG hier für eine ausreichende Regelung sorgt. Die Entscheidung zur Ver- legung des Gefangenen in eine andere Vollzugsanstalt, wenn die Behandlung des Ge- fangenen oder seine Eingliederung nach der Entlassung hierdurch gefördert wird, ist danach in der Zuständigkeit der Vollzugsbehörde. **83**

Die Zuständigkeitskriterien des § 24 StVollstrO können bewirken, dass der Vollzug in einer JVA durchgeführt werden muss, die nicht demselben Bundesland angehört wie die Vollstreckungsbehörde. Nach Maßgabe der **Ländervereinbarung** über die Vereinfachung und Beschleunigung der Strafvollstreckung vom 8. 6. 1999 (Anh. 2 zur StVollstrO) kann prinzipiell **unmittelbar** vollstreckt und der Verurteilte durch ein Aufnahmeersuchen in die JVA des anderen Bundeslandes eingewiesen werden. Dies gilt aber nur dann, wenn der Verurteilte sich bereits im Gebiet des anderen Landes befindet, sei es auf **freiem Fuß**, sei es in **U-Haft** oder **Strafhaft** iaS. In allen anderen Fällen (z. B. Ladung des in Baden-Württemberg sich aufhaltenden Verurteilten in die für den Wohnort zuständige JVA eines anderen Landes) findet die Ländervereinba- rung keine Anwendung. Es ist vielmehr nach **§ 9 StVollstrO** zu verfahren und die Vollstreckungshilfe der gem. §§ 162, 163 GVG zuständigen Staatsanwaltschaft des anderen Landes in Anspruch zu nehmen. Die Ländervereinbarung vom 8. 6. 1999 gilt also immer dann, wenn in die nach § 24 Abs 1 StVollstrO zuständige Justizvollzugs- anstalt geladen werden soll. **84**

Für einen Verurteilten, der sich im **Ausland** aufhält und für den keine sonstige örtli- che Vollzugszuständigkeit nach § 24 Abs 1 StVollstrO besteht, richtet sich die örtliche Zuständigkeit der Vollzugsanstalt gem. § 24 Abs 3 StVollstrO nach dem Sitz des Ge- richts des **ersten Rechtszuges.** Bei einer Vollzugsdauer bis zu sechs Monaten kann die verurteilte Person auch in die nächstgelegene sachlich zuständige Vollzugsanstalt ein- gewiesen werden. **85**

Ist der Vollzug aus irgendeinem Grund (Strafaussetzung zur Bewährung, Entwei- chung) **unterbrochen** worden, so wird er grundsätzlich in der Vollzugsanstalt, in der die verurteilte Person sich vor der Unterbrechung befunden hat, fortgesetzt (§ 24 Abs 4 StVollstrO). In dieser Anstalt werden auch weitere Strafen vollzogen, wenn der Rest der Gesamtvollzugsdauer die sachliche Zuständigkeit dieser Anstalt nicht übersteigt. Befindet sich die verurteilte Person jedoch zum Vollzug einer weiteren Strafe bereits in einer anderen sachlich und örtlich zuständigen oder nach § 26 StVollstrO bestimmten Justizvollzugsanstalt in **Strafhaft**, so werden der Strafrest und weitere Strafen in dieser Anstalt vollzogen, wenn sie auch für den Rest der Gesamt- vollzugsdauer dafür sachlich zuständig ist. **86**

Von diesem Grundsatz gibt es jedoch bei Anstalten des **Erstvollzugs** oder des **offenen Vollzugs** eine wichtige Ausnahme: Durch **Flucht** (Entweichen) oder **Widerruf** der Strafaussetzung ist der Verurteilte in der Regel für die gelockerte Vollzugsform nicht mehr geeignet. Deshalb ist er in solchen Fällen nach der Unterbrechung in die zu- ständige Anstalt des geschlossenen Vollzugs oder des Regelvollzugs einzuweisen, wo eine Abklärung und Entscheidung über die weitere Vollzugsform stattfinden kann.

---

[37] Vgl. auch Rdn 107.

Bei Unterbrechungen im Gnadenwege, nach § 455 Abs 4 oder § 455 a StPO und soweit die Anstalten des offenen Vollzugs oder des Erstvollzugs über **geschlossene Abteilungen** verfügen, ist dagegen **kein** Wechsel der Vollzugsanstalt erforderlich (§ 24 Abs 4 Satz 5 StVollstrO).

D. Abweichen vom Vollstreckungsplan

87   Unter dem in § 26 StVollstrO verwendeten Begriff „Abweichen vom Vollstreckungsplan" versteht man die Durchführung des Strafvollzugs in einer örtlich und/oder sachlich **unzuständigen** Anstalt. Dies kann bei **Einleitung** des Vollzugs geschehen, wenn der Verurteilte schon mit der **Ladung** in die unzuständige Anstalt **eingewiesen** wird, (dann trifft die Entscheidung die Vollstreckungsbehörde mit Zustimmung der obersten Vollzugsbehörde) oder aber erst im **Laufe** des Vollzugs eintreten durch **Verlegung** in eine nicht zuständige Vollzugsanstalt (dann ist die Vollstreckungsbehörde damit nicht mehr befasst).

Ein Abweichen vom Vollstreckungsplan ist nur aus **wichtigen Gründen** (z. B. mit Rücksicht auf besondere persönliche oder familiäre Gegebenheiten) und nur mit Zustimmung der **höheren Vollzugsbehörde** zulässig; ggf. ist eine Einigung der obersten Behörden der beteiligten Landesjustizverwaltungen herbeizuführen (§ 26 Abs 2 StVollstrO). Wer „höhere Vollzugsbehörde" ist, ergibt sich aus den Vollstreckungsplänen der Länder; im allgemeinen wird es die **Landesjustizverwaltung** sein (vgl. §§ 151, 153 StVollzG). Wird eine Maßregel der Besserung und Sicherung nach §§ 63, 64 StGB oder § 7 JGG vollstreckt, und soll die verurteilte Person in Abweichung vom Vollstreckungsplan in eine Einrichtung eines anderen Landes eingewiesen werden, so ist auf dem Dienstwege der obersten Justizbehörde zu berichten, damit diese die Entscheidung der zuständigen Behörden des anderen Landes herbeiführen kann, (§ 26 Abs 3 Satz 2 StVollstrO).

88   Das Verfahren nach § 26 StVollstrO wird in der Regel durch einen Antrag des Verurteilten in Gang gesetzt. Beantragt der Verurteilte, bereits von Anfang an in eine unzuständige Vollzugsanstalt eingewiesen zu werden, trifft die Entscheidung die **Vollstreckungsbehörde** (Rechtspfleger). Will sie dem Antrag stattgeben, hat sie zuvor durch einen Bericht unter Vorlage der Akten die Zustimmung der höheren Vollzugsbehörde einzuholen. Die Unterzeichnung des Berichts an die vorgesetzte Behörde obliegt dem Dienstvorstand (vgl. OrgStA). Für einen ablehnenden Bescheid bedarf es keiner Einschaltung der höheren Vollzugsbehörde.

89   Wird der Antrag auf Abweichen vom Vollstreckungsplan erst **nach** Strafantritt gestellt, ist die Vollstreckungsbehörde an dem weiteren Verfahren nicht beteiligt. Über eine etwaige **Verlegung** des Gefangenen entscheiden dann die beteiligten Vollzugsanstalten (Anstaltsleiter), ggf. die Landesjustizverwaltung oder die zentrale Stelle (§ 153 StVollzG). Wichtige Gründe für eine Verlegung in Abweichung vom Vollstreckungsplan sind in §§ 8 Abs 1, 65, 85, 152 Abs 2 StVollzG genannt. Unter **Verlegung** wird ausschließlich die auf **Dauer** vorgesehene Unterbringung des Gefangenen in einer anderen Anstalt verstanden. Davon zu unterscheiden ist die **Überstellung**, d. i. die **befristete** Überführung in eine andere Anstalt (z. B. zur Wahrnehmung eines Gerichtstermins, zu einer evtl. Besuchsdurchführung oder zur Behandlung in einem Justizvollzugskrankenhaus), ohne dass die Zuständigkeit der bisherigen Vollzugsanstalt berührt wird (vgl. VVStVollzG zu § 8).

E. Zusammenwirken Vollstreckungsbehörde – Vollzugsbehörde

Vollstreckungs- und Vollzugsbehörde arbeiten gemeinsam an der Verwirklichung des **90**
Straferkenntnisses; ihre Tätigkeit liegt jedoch auf unterschiedlichen Ebenen mit jeweils **eigener Verantwortlichkeit** (§ 3 Abs 2 StVollstrO).
Die Aufgaben der **Vollstreckungsbehörde** sind in §§ 3 Abs 1, 36 Abs 1 StVollstrO
in Form allgemeiner Richtlinien festgehalten. Hierzu gehört zunächst die Prüfung der **Vollstreckungsvoraussetzungen** wie Rechtskraft, urkundliche Grundlage,
Rechtskraftbescheinigung, Ausschluss von Vollstreckungshindernissen u. a. Sodann
obliegt ihr die **„Durchführung der Entscheidung"** (§ 3 Abs 1 Satz 2 StVollstrO). Bei
den freiheitsentziehenden Kriminalsanktionen bedeutet dies speziell die **Herbeiführung des Vollzugs** und – nach Vollzugsbeginn – die **Überwachung**, ob Art und Weise der Freiheitsentziehung und deren Dauer der zu vollstreckenden Entscheidung
entsprechen (§ 36 Abs 1 StVollstrO). Die Vollstreckungsbehörde ist an **erster Stelle**
für die richtige **Berechnung** der **Strafzeit** verantwortlich. Sie hat dafür zu sorgen,
dass die beiden Stücke des Aufnahmeersuchens ständig übereinstimmen (vgl. auch
§ 22 VGO). Bei abweichenden Berechnungen ist die der Vollstreckungsbehörde
maßgebend.[38] Bei Berechnungszweifeln empfiehlt es sich jedoch, statt einer Weisung
an die Vollzugsbehörde, nach § 458 Abs 1 StPO zu verfahren und die Entscheidung
des Gerichts herbeizuführen. Die Vollstreckungsbehörde hat im Rahmen der Überwachungsaufgaben ferner darauf zu achten, dass die erforderliche Stellungnahme
von der Vollzugsanstalt rechtzeitig abgegeben wird und die Akten fristgerecht dem
Gericht zur Entscheidung zugeleitet werden (§§ 36 Abs 2, 44 Abs 1, 53 Abs 3, 4,
54 a Abs 2 StVollstrO).
Aus §§ 36 Abs 1, 3 Abs 2 StVollstrO ergeben sich indirekt die allgemeinen Aufgaben
der **Vollzugsbehörde**. Ihre in eigener Verantwortung wahrzunehmende und der
Überwachung der Vollstreckungsbehörde entzogene Tätigkeit besteht darin, die Regeln des StVollzG und die sonstigen zur Durchführung der Freiheitsentziehung erlassenen **Vollzugsvorschriften** zur Anwendung zu bringen. Die Vollzugsbehörde ist kein
Hilfsorgan der Vollstreckungsbehörde. Mit Blick auf das Vollzugsziel (§ 2 StVollzG)
obliegen ihr Aufgaben von eigenem Gewicht und besonderer Bedeutung.[39] Dies ergibt
sich auch ausdrücklich aus § 3 Abs 2 StVollstrO, wonach sich die Verantwortlichkeit
der Vollstreckungsbehörde nicht auf den besonderen Pflichtenkreis der Vollzugsbehörde erstreckt.
Zur Koordinierung der Zusammenarbeit sind in § 35 StVollstrO besondere **Mittei- 91
lungen** der Vollzugsbehörde an die Vollstreckungsbehörde vorgesehen.
Die wichtigsten **Mitteilungen** sind:

a) die Nichtgestellungsanzeige (§ 35 Abs 1 Ziffer 1 StVollstrO),
b) die Aufnahmemitteilung, Vollstreckungsübersicht (§ 35 Abs 1 Ziffer 3 und 8
StVollstrO),
c) die Verlegungsanzeige (§ 35 Abs 1 Ziffer 5 und 9 StVollstrO),
d) die Entlassungsmitteilung (§ 35 Abs 1 Ziffer 10 StVollstrO).

Unter die Mitteilungspflicht der Vollzugsbehörde fällt ferner:

e) die Benachrichtigung der Vollstreckungsbehörde über die endgültige Aufnahme des
Verurteilten durch Rücksendung der Zweitschrift des Aufnahmeersuchens mit Strafzeitberechnung,

---

[38] § 36 Abs 1 Satz 2 StVollstrO.
[39] *Wendisch* in Löwe/Rosenberg, Rdn 11, 15 vor § 449 StPO.

f) die Mitteilung der Strafzeitberechnung an den Haftrichter, wenn eine Freiheitsstrafe in Unterbrechung einer in anderer Sache verhängten U-Haft vollstreckt wird.

Durch die obigen Mitteilungen der Vollzugsbehörde wird die Vollstreckungsbehörde zu folgenden Maßnahmen (Prüfungen) in die Lage versetzt:

Mitteilung a): Einleitung von Zwangsmaßnahmen nach § 33 StVollstrO,

Mitteilung b): Beendigung der Fahndung, Überprüfung der Reihenfolge der Vollstreckung (§ 43 StVollstrO) sowie etwaiger Unterbrechungen (§ 454 b StPO) und der Möglichkeit nachträglicher Gesamtstrafenbildung,

Mitteilung c): Feststellung des neuen Haftortes sowie der zuständigen JVA,

Mitteilung d): Überprüfung des Entlassungstermins, Abschlussverfügung,

Mitteilung e): Nachprüfung der Strafzeitberechnung mit der besonderen Verantwortlichkeit nach § 36 Abs 1 StVollstrO,

Mitteilung f): Berechnung der U-Haft unter Berücksichtigung der Unterbrechung.

Im Interesse einer nachdrücklichen Vollstreckung haben die Mitteilungen unverzüglich zu erfolgen; sie sind für die Vollzugsbehörde **zwingend** vorgeschrieben.

92　Umseitig ein Muster der von der Vollzugsbehörde verwendeten **Aufnahmemitteilung**. Auf der nächsten Seite die Aufnahmeverhandlung in der Justizvollzugsanstalt.

Aufnahmeverhandlung

Der/Die Gefangene erklärt:

Ich bin darauf hingewiesen worden, daß die Aufnahme in die Justizvollzugsanstalt in einer öffentlichen Urkunde festgestellt wird und daß ich mich einer strafrechtlichen Verfolgung aussetze, wenn ich zur Täuschung im Rechtsverkehr unrichtige Angaben über meine Person mache. Die Eintragungen zu meiner Person auf der Vorderseite beruhen auf meinen Angaben. Diese Angaben sind richtig.

Meine Angehörigen sind – nicht – hilfsbedürftig. Sofortmaßnahmen für hilfsbedürftige Angehörige oder zur Sicherstellung der Habe sind – nicht – erforderlich.

Ich fühle mich – nicht – krank, – und zwar leide ich an _____

Ich beziehe eine/keine gesetzliche Rente. Rententräger: _____

Monatsbetrag der Rente: _____ DM.

Ich beantrage, die Rente für die Dauer des Vollzuges an _____ zu überweisen.

Ich beziehe eine/keine Unterhaltshilfe. Für mich wird ein/kein Zuschlag zur Unterhaltshilfe geleistet.

Zuständiges Ausgleichsamt: _____ Monatsbetrag der Leistung: _____ DM

Ich gehöre der gesetzlichen Rentenversicherung, Krankenversicherung oder der Arbeitslosenversicherung – nicht – an.

Über die Auswirkung der Inhaftierung auf die Sozialversicherung und die Arbeitslosenversicherung bin ich unterrichtet worden.

Außerdem bin ich darauf hingewiesen worden, unter welchen Voraussetzungen ich zu den Haftkosten herangezogen werden kann. – Das einstweilen festgesetzte Strafende – sowie der Zeitpunkt, zu dem die Vollstreckung eines Strafrestes unter den Voraussetzungen von § 57 Abs. 1/ und § 57 Abs. 2 Nr. 1 StGB zur Bewährung ausgesetzt werden kann, – ist/sind mir bekanntgegeben worden. Mir ist eröffnet worden, daß über die endgültige Strafzeitberechnung die Vollstreckungsbehörde entscheidet und daß ich besonders verständigt werde, wenn die Entscheidung von der einstweiligen Berechnung abweichen sollte.

Ich bin darüber belehrt worden, daß ich nach der Entlassung aus dem Vollzug die Vernichtung etwa gewonnener erkennungsdienstlicher Unterlagen verlangen kann, sobald die Vollstreckung der richterlichen Entscheidung, die dem Vollzug zugrunde gelegen hat, abgeschlossen ist.

v. g. u.   geschlossen

_____   _____

(Tag)   (Unterschrift, Amtsbezeichnung)

Aufnahmeverfügung

1. Der/Die Gefangene wird aufgenommen. – Strafende: _____
2. Sofortige Mitteilung an die zust. Anstaltsbediensteten wegen etwaiger Sofortmaßnahmen für hilfsbedürftige Angehörige und zur Sicherstellung der Habe.
3. Mitteilung von der Aufnahme an
   a) Einweisungsbehörde – durch Rücksendung des anl. ergänzten Zweitstücks des Aufnahmeersuchens –
      – nach Vordruck VG 10 – mit folgendem Zusatz:
      – Aufnahmeersuchen dringend erbeten! –
      – Für den Vollzug der Freiheitsentziehung unzuständig! Es wird gebeten, über den/die Verurteilte(n) anderweitig zu verfügen! –
      – Für den Vollzug der Freiheitsentziehung unzuständig! Verlegung in die zuständige Justizvollzugs-

      anstalt _____ ist veranlaßt!
   b) Landeskriminalamt nach Vordruck VG 10 – und VG 11 –
   c) Stadt/Kreis-Jugendamt in _____ nach Vordruck VG 12
   d) Stadt/Kreis-Sozialamt in _____ nach Vordruck VG 5
      Zusatz: _____
   e) Rententräger – Ausgleichsamt in _____ nach Vordruck VG 6
      Zusatz: _____
   f) Ausländerbehörde in _____ nach Vordruck VG 10
4. Je einen Wahrnehmungsbogen erhalten _____
5. Folgende Personalakten sind beizuziehen _____
6. Der Eintritt ist in das Gefangenenbuch und das Zugangsbuch einzutragen.
7. Im Abgangskalender sind folgende Termine zu vermerken:
   a) 6 Wochen vor der Entlassung, d. i. am _____ b) Tag der Entlassung, d. i. am _____
8. Im Terminkalender ist folgende Frist zu notieren: _____
9. Akten in Umlauf setzen.
10. Z. d. A.

Der Anstaltsleiter
i. A.

_____   _____

(Tag)   (Unterschrift, Amtsbezeichnung)

Justizvollzugsanstalt

Buchnummer

Familienname (auch Geburtsname)

A

	Zugangsbuch Spalten 4 bis 28			
I	II	III	IV	V

Vornamen (Rufname unterstreichen)

Geburtstag – Geburtsort – Kreis

Bekenntnis*) – Staatsangehörigkeit – Fam.-Stand und Kinderzahl

Erlernter Beruf – Ausgeübte Tätigkeit

Wohnung

Zuletzt polizeilich gemeldet

Name und Wohnung der nächsten Angehörigen (Eltern, Ehegatten usw.)

Letzte Entlassung (Anstalt – Tag – Art und Höhe der Strafe oder Maßregel – Sicherungsverwahrung –)

Verteidiger

Gestellt am

Tatgenossen

Zugeführt am – von

Festgenommen am

Zahl der Vor-strafen bzw. früheren Maß-regeln**)	Freiheitsstrafe		Jugendstrafe	Strafarrest	Geldstrafe	Jugendarrest
	Sicherungsverwahrung	Unterbringung in einem psychiatrischen Krankenhaus		Unterbringung in einer Entziehungsanstalt		Fürsorgeerziehung

I. Einweisungsbehörde – Art und Tag der Entscheidung – Geschäftsnummer   Vermerke

Tat (Tatverdacht) – Art der Freiheitsentziehung – Strafmaß – Anzurechnende Untersuchungshaft

Strafzeit : Beginn   Ablauf der Hälfte   Ablauf von zwei Drittel   Ende

II. Einweisungsbehörde – Art und Tag der Entscheidung – Geschäftsnummer

Tat (Tatverdacht) – Art der Freiheitsentziehung – Strafmaß – Anzurechnende Untersuchungshaft

Strafzeit : Beginn   Ablauf der Hälfte   Ablauf von zwei Drittel   Ende

III. Einweisungsbehörde – Art und Tag der Entscheidung – Geschäftsnummer

Tat (Tatverdacht) – Art der Freiheitsentziehung – Strafmaß – Anzurechnende Untersuchungshaft

Strafzeit : Beginn   Ablauf der Hälfte   Ablauf von zwei Drittel   Ende

IV. Einweisungsbehörde – Art und Tag der Entscheidung – Geschäftsnummer

Tat (Tatverdacht) – Art der Freiheitsentziehung – Strafmaß – Anzurechnende Untersuchungshaft

Strafzeit : Beginn   Ablauf der Hälfte   Ablauf von zwei Drittel   Ende

V. Einweisungsbehörde – Art und Tag der Entscheidung – Geschäftsnummer

Tat (Tatverdacht) – Art der Freiheitsentziehung – Strafmaß – Anzurechnende Untersuchungshaft

Strafzeit : Beginn   Ablauf der Hälfte   Ablauf von zwei Drittel   Ende   Zeitpunkt des Austritts

Vermerke:

*) Beantwortung freigestellt
**) Nach Eingang der Auskunft aus dem Bundeszentralregister überprüfen
VG 3: Personalblatt (A) – Nr. 16 VGO
     AVW 09/92

III. Ladung zum Strafantritt

A. Anwendungsbereich

Der auf freiem Fuß befindliche Verurteilte wird innerhalb des Bundesgebietes im **93** Grundsatz **unmittelbar** (ohne die Amtshilfe einer anderen Vollstreckungsbehörde in Anspruch zu nehmen – §§ 162, 163 GVG –) in die **zuständige** Justizvollzugsanstalt zum Strafantritt geladen (§ 27 Abs 1 Satz 1 StVollstrO).[40] Die sachliche und örtliche Zuständigkeit ergibt sich jeweils aus den Vollstreckungsplänen der Bundesländer.[41] Die den Strafvollzugsbehörden eines anderen Bundeslandes durch den Vollzug entstehenden Kosten werden nicht erstattet.

Man unterscheidet zwei Arten der Ladung:

a) die Ladung mit Fristsetzung
b) die Ladung zum sofortigen Strafantritt.

B. Ladung mit Fristsetzung

In der Ladung ist dem Verurteilten grundsätzlich eine **Frist** zu setzen, binnen der er **94** sich in der angegebenen Vollzugsanstalt einzufinden hat; die Frist soll in der Regel mindestens **eine Woche** betragen (§ 27 Abs 2 Satz 2 StVollstrO). Der Rechtspfleger kann die Gestellungsfrist abkürzen (nach pflichtgemäßem Ermessen) und auch verlängern (vgl. Formulierung: „in der Regel"). Die Verlängerung darf jedoch nicht die Ausmaße eines Strafaufschubs annehmen. Ein Strafaufschub kann nur nach den besonderen Vorschriften des § 456 StPO gewährt werden. Die Frist wird in der Regel so bemessen, dass der verurteilten Person mindestens eine Woche zum Ordnen ihrer Angelegenheiten bleibt. In der Praxis wird meist eine längere Ladungsfrist eingeräumt, insbesondere bei verurteilten Personen, die in einem Arbeitsverhältnis stehen, da zum Ordnen der Angelegenheiten eine Frist von einer Woche in der Regel nicht ausreichen wird.

Der Verurteilte kann durch **einfachen Brief** zum Strafantritt geladen werden. Diese Form der Ladung bietet sich besonders bei einem Personenkreis an, von dem anzunehmen ist, dass er der Ladung ohne Zwangsmittel Folge leisten wird, wie z.B. Fahrlässigkeitstäter, Erstbestrafte und Soldaten. Verspricht eine formlose Ladung keinen Erfolg, oder ist sie bereits vergeblich gewesen, oder soll der Ladung besonderer Nachdruck gegeben werden, so ist die Aufforderung zum Strafantritt **förmlich zuzustellen** (§ 27 Abs 3 StVollstrO).

Für das **Zustellungsverfahren** gelten u.a. die Bestimmungen der §§ 180 bis 186, 191 **95** ZPO (§ 37 StPO); d.h. auch durch **Niederlegung** bei der Post (Ersatzzustellung nach § 182 ZPO) kann die Ladung **wirksam** zugestellt werden. Eine „Übergabe" (vgl. § 170 ZPO), was eine Zustellung nach § 182 ZPO ausschließen würde, ist nicht erforderlich. Liegen Gründe zur Annahme vor, dass die verurteilte Person keine Kenntnis von der Niederlegung bei der Post erlangt hat, können im Hinblick auf einen nachfolgenden Vorführungs- oder Haftbefehl, Nachforschungen über den Verbleib der Ladung erforderlich werden.[42]

---

[40] Abschnitt II der Ländervereinbarung v 8. 6. 1999 (Anh 2 zur StVollstrO). Zu den Ausnahmefällen s Rdn 84.
[41] Hinsichtlich der Zuständigkeit wird auf die Rdnr 79 ff verwiesen.
[42] Siehe hierzu Rdn 113.

Grundsätzlich ist eine Zustellung nach § 182 ZPO jedoch zulässig und auch ausreichend. Vorausgesetzt wird dabei allerdings, dass der Zustellungsadressat in der betreffenden Wohnung auch tatsächlich noch wohnt. Hatte er zum Zeitpunkt der Zustellung die Wohnung bereits aufgegeben (selbst ohne Abmeldung beim Einwohnermeldeamt), ist die Ersatzzustellung durch Niederlegung bei der Post unwirksam.[43] Der erforderliche Zugang der Ladung ist nicht erfolgt.

Ist ein Verurteilter inhaftiert, kann nur in die JVA (nach §§ 211, 212 ZPO: Beamter der JVA als Gerichtswachtmeister) wirksam zugestellt werden. Ersatzzustellungen in die Wohnung (§§ 181, 182 ZPO) wären unzulässig.[44] Stellt sich beim Zustellungsverfahren heraus, dass der Verurteilte bereits iaS in Haft ist, bedarf es keiner Ladung zum Strafantritt. Vielmehr wird die Vollstreckung nur mittels Aufnahmeersuchens (§ 29 StVollstrO) im Wege der Anschlussvollstreckung oder in Unterbrechung der U-Haft durchgeführt.

96   Zu beachten ist, dass ein **Vorführungs-** oder **Haftbefehl** nur nach **förmlicher Zustellung** der Ladung vollzogen werden darf; wenn eine formelle Zustellung der Ladung nach § 27 Abs 3 Satz 2 StVollstrO vorgeschrieben ist. Eine formlose Ladung reicht in diesen Fällen nicht aus (vgl. § 33 Abs 3 Ziffer 1 StVollstrO). Kann der Zugang der Ladung allerdings anderweitig nachgewiesen werden (z.B. durch ein Antwortschreiben des Verurteilten), wäre ein Vorführungs- oder Haftbefehl (§ 457 Abs 2 Satz 1 StPO) – trotz fehlender förmlicher Zustellung – nicht unzulässig. § 457 Abs. 1 StPO verlangt für den Erlass eines Vorführungs- oder Haftbefehls nicht den Nachweis des Zugangs der Ladung. In der Neufassung des § 33 Abs 1 StVollstrO wurde die bisherige Formulierung *der förmlichen Zustellung der Ladung* nicht mehr aufgenommen. Damit kann grundsätzlich auch ohne förmliche Zustellung der Ladung ein Vorführungs- oder Haftbefehl erlassen werden. Eine förmliche Zustellung ist daher nur im Falle der Beschleunigung der Strafvollstreckung iSd §§ 27 Abs 3 Satz 2, 33 Abs 3 StVollstrO erforderlich.

C. Ladung zum sofortigen Strafantritt

97   Ist die **sofortige** Vollstreckung geboten, so kann der Verurteilte ohne Einhaltung einer Frist zum **sofortigen Strafantritt** geladen werden. Die Aufforderung zum Strafantritt ist dabei **förmlich zuzustellen** (§ 27 Abs 3 Satz 2 StVollstrO). Der Verurteilte hat sich spätestens am Tage nach deren Zustellung zu stellen (§ 33 Abs 1 Ziffer 2 StVollstrO).[45]

Die Ladung zum sofortigen Strafantritt kann aber dem Verurteilten, insbesondere wenn er an der Amtsstelle anwesend ist, auch **mündlich** eröffnet werden (§ 27 Abs 3 Satz 3 StVollstrO). Die mündliche Ladung ist auch **außerhalb** der Amtsstelle möglich (vgl. „insbesondere"). Die mündliche Eröffnung wird aber generell die Ausnahme sein. Sie bietet sich an für Fälle, in denen bei förmlicher Ladung Gefahr für Leib oder Leben des Verurteilten (Suizid) oder Dritter (etwa Familienangehöriger) zu besorgen ist. Über § 33 Abs 2 Ziffer 2 StVollstrO ist dann ein sofortiger Haft- (Vorführungs-)befehl möglich (auch dann, wenn Fluchtverdacht nicht besteht).

Bei der Ladung zum (sofortigen) Strafantritt im Falle des Widerrufs der (Rest-) Strafenaussetzung kann von Bedeutung sein, dass die in § 453 Abs 2 StPO vorgeschriebene mündliche Anhörung unterblieben ist, denn sie ist noch im Wege des außeror-

---

[43] OLG Köln, Rpfleger 1980, 487.
[44] OLG Düsseldorf, StV 1987, 378; *Meyer-Goßner*, Rdn 24 zu § 37 StPO.
[45] Zum Zustellungsverfahren s Rdn 95.

dentlichen Rechtsbehelfs der Gegenvorstellung möglich, die zu einem Nachverfahren analog § 33 a StPO führen kann.[46] Allerdings kann von der Anhörung abgesehen werden, wenn der Verurteilte eindeutig auf sie verzichtet hat.[47]

Nachstehend das Muster einer **Ladung zum Strafantritt** einschl. eines Merkblatts: **98**

---

[46] **OLG Karlsruhe** StV 2003, 343.
[47] *Thomas Wolf,* RPfleger 2004, 408.

**Staatsanwaltschaft
Ort**

Abteilung 3

Strafvollstreckungsabteilung

Generalstaatsanwaltschaft Dresden, Lothringer Str.1, 01069 Dresden

Frau
Susann Schramm
Reichenhainer Str. 231
09111 Chemnitz

Dresden, 07.04.2009/z2
Telefon: 0351/ 446 1000
Telefax: 0351446 123
Bearb.: Herr Dr. Müller
Aktenzeichen: R001 VRs 100 Js 24125/03
(Bitte bei Antwort angeben)

Ladung zum Strafantritt

entscheidendes Gericht	gerichtliches Aktenzeichen	Entscheidungsdatum	Rechtskraftdatum
Amtsgericht Aue	2 Cs 100 Js 24125/03	13.05.2004	25.05.2004

Tatvorwurf: **Betrug**

Sehr geehrte Frau Schramm,

Sie haben nach der oben genannten Entscheidung folgende Strafen zu verbüßen:

Sie werden aufgefordert, diese **bis spätestens 04.05.2009** in der **Justizvollzugsanstalt Bautzen, Name3, Breitscheidstraße 4, 02625 Bautzen** anzutreten.

Sollten Sie sich nicht rechtzeitig zum Haftantritt einfinden, muss gegen Sie ein Vorführungsbefehl erlassen werden.

Durch ein Gesuch auf Anordnung des Unterbleibens der Vollstreckung, ein Gnadengesuch oder sonstige Anträge werden Sie von der Verpflichtung zum pünktlichen Erscheinen nicht befreit.

Müller
Oberstaatsanwalt

Telefon
0351 446 0
Hausadresse
Lothringer Str.1
01069 Dresden

Telefax
0351446 123

E-Mail
verwaltung-gsta@gensta.jus-
tiz.sachsen.de

Gekennzeichnete Parkplätze
Behindertenparkplatz
Keine Parkplätze vorhanden.
Parkplatz
Keine Parkplätze vorhanden.
Sprechzeiten

Verkehrsverbindungen

Hinweise zum Strafantritt
- bitte aufmerksam durchlesen -

Die Aufnahme findet nur an Werktagen (außer sonnabends) statt, und zwar in der Zeit von 08.00 Uhr bis 15.00 Uhr, an Werktagen, die einem Feiertag vorangehen, in der Zeit von 08.00 Uhr bis 12.00 Uhr.

Sie dürfen nicht unter Einwirkung von Alkohol oder Betäubungsmitteln stehen.

Diese Ladung und ein gültiger Personalausweis oder Reisepass sind bei Haftantritt vorzulegen. Es empfiehlt sich, Versicherungsnachweise zur Sozialversicherung und Unterlagen vergleichbarer Art aus den letzten drei Jahren mitzubringen.

Wenn Sie nicht über ausreichende Geldmittel verfügen, um die Reise zu der zuständigen Justizvollzugsanstalt zu bezahlen, können nen Sie sich auch bei der nächstgelegenen Justizvollzugsanstalt melden. Diese Anstalt wird sodann veranlassen, dass Sie in die zuständige Justizvollzugsanstalt verlegt werden.
In die Justizvollzugsanstalt dürfen nur solche Sachen eingebracht werden, die nachfolgend aufgelistet sind.

Mitbringen dürfen Sie:

Bargeld (höchstens 130,- EUR); Brillen, orthopädische oder sonstige Hilfsmittel (Prothesen, Stützstock u.ä.), notwendige ärztlich verordnete Arzneimittel in Originalverpackung für max. 5 Tage (mit Kopie des Rezepts); Fotos (maximal 5 Stück, keine Polaroid); Armband- oder Taschenuhr (bis zu einem Wert von 160,- EUR, ohne Empfangs-, Sende-, Speicher- oder Aufzeichnungsmöglichkeit); Ehe- oder Verlobungsring; maximal drei weitere Schmuckstücke mit einem Gesamtwert von bis zu 160,- EUR; Zahnbürste (keine elektrische); Kamm; Rasierpinsel; Einweg- (ohne Klingen) oder Elektrorasierer (ohne Schwingkopf); Schreibmaterial (in geringem Umfang, maximal 5 Briefmarken im Gesamtwert von bis zu 6,- EUR, 10 Blatt Schreibpapier, 5 nicht gefütterte Umschläge); 15 Mal Unterwäsche (15 Unterhosen, 15 Unterhemden, 15 Paar Socken); 2 Schlafanzüge; 4 T-Shirts; 2 Jogginganzüge; 1 Paar Straßenschuhe; 1 Paar Sport- oder Freizeitschuhe; 1 Paar Badesandalen.

Andere als die oben genannten Gegenstände werden Ihnen nicht zur Benutzung überlassen oder unterliegen bestimmten Anforderungen, über die Sie sich in der Anstalt informieren können. Im Einzelfall können ihnen aus Sicherheitsgründen einzelne Gegenstände nicht zur Benutzung überlassen werden, obwohl Sie in dieser Liste verzeichnet sind.

Weitere Gegenstände zum persönlichen Gebrauch, sowie Genussmittel können Sie in der Justizvollzugsanstalt käuflich erwerben. In der Regel ist gewährleistet, dass Sie sich beim Zugang in der Justizvollzugsanstalt an einem Automaten mit Tabakwaren versorgen können. Wenn Sie daran Interesse haben, sollten Sie einen Teil des zugelassenen Bargeldes in Münzen mitbringen. Im Übrigen dürfen Sie Geld nicht im Haftbereich bei sich führen, vielmehr wird es von der Verwaltung für Sie verwahrt.

Es empfiehlt sich, dass Sie Unterlagen über Ihren derzeitigen Gesundheitszustand (z.B. Arztberichte, Röntgenunterlagen, Gesundheitsausweise bzw. Gesundheitspässe), Versicherungsunterlagen zur Sozialversicherung und ähnliche Unterlagen und Dokumente mitbringen.

Persönliche Angelegenheiten:

Bereits beim Antritt einer Freiheitsstrafe sollten Sie Ihre persönlichen Angelegenheiten geordnet haben, um die nachteiligen Folgen der Inhaftierung möglichst gering zu halten. Sie müssen insbesondere damit rechnen, dass Sie während der Inhaftierung außer für den persönlichen Bedarf in der Anstalt keine nennenswerten finanziellen Mittel erhalten. Dies gilt auch, wenn Ihnen eine Arbeit zugewiesen wird. Lesen Sie die nachfolgende Liste deshalb aufmerksam durch, prüfen Sie, welche Punkte für Sie zutreffen und veranlassen Sie das Erforderliche. Einige Punkte werden auf Sie nicht zutreffen, und es gibt natürlich auch andere Möglichkeiten, für die nachfolgend aufgeführten Punkte Lösungen zu finden.

Abmeldungen: Es kann sinnvoll sein, für die Dauer der Inhaftierung Strom, Gas, Wasser, das Telefon, den Kabelanschluss und Ähnliches abzumelden, wenn Ihre Angehörigen diese Leistungen nicht benötigen. Rundfunk- und Fernsehgeräte sollten bei der GEZ abgemeldet werden. Formulare hierfür erhalten Sie bei jeder Bank oder Post. Wenn Sie Zeitungen oder Zeitschriften beziehen, so kündigen Sie oder beantragen Sie das Ruhen des Abonnements.

Arbeit: Wenn Sie in einem Arbeitsverhältnis stehen, sollten Sie sofort Ihren Arbeitgeber von der bevorstehenden Inhaftierung informieren. Wenn Sie arbeitslos sind, informieren Sie das Arbeitsamt.

Auto: Wenn Ihr PKW während Ihrer Inhaftierung nicht von Angehörigen benötigt wird, sollten sie eine Stilllegung erwägen.

Bank/Finanzen: Es kann zweckmäßig sein, einem Ihrer Familienangehörigen eine Kontovollmacht zu erteilen. Formulare hierfür erhalten Sie bei Ihrer Hausbank. Überprüfen Sie, ob Sie offene Rechnungen, Ratenzahlungsverpflichtungen oder andere Schulden zu begleichen haben und setzen Sie sich mit Ihren Gläubigern in Verbindung. Erklären Sie deutlich Ihre Zahlungsbereitschaft nach der Haftentlassung und bitten Sie bis dahin um Stundung. Sie werden bei Ihrer Bank beraten, bzw. können Sie sich an eine Schuldnerberatungsstelle in Ihrer Nähe wenden.

Krankenkassen/Versicherungen: Bitte informieren Sie Ihre Krankenkasse bzw. Versicherung von der bevorstehenden Inhaftierung. Mit dieser sollte eine Anwartschaftsversicherung vereinbart werden, deren geringerer Beitrag bei Bedürftigkeit vom Sozialamt übernommen wird. Bei Ihren sonstigen Versicherungen (zum Beispiel Haftpflicht, Hausrat, Lebensversicherung und Ähnliche) sollten Sie, soweit möglich, das beitragsfreie Ruhen der Verträge vereinbaren. Setzen Sie sich hierzu mit Ihrer Versicherungsgesellschaft in Verbindung.

Post: Stellen Sie sicher, dass eine Person Ihres Vertrauens Ihre Post entgegen nimmt oder stellen Sie vor Strafantritt einen Postnachsendeantrag. Eine entsprechende Postkarte ist beim Postamt erhältlich.

Sorge für hilfsbedürftige Menschen: Werden behinderte Personen, kranke oder pflegebedürftige Familienmitglieder von Ihnen betreut, so stellen Sie bitte deren Betreuung durch Andere sicher oder wenden Sie sich mit der Bitte um Unterstützung an den sozialen Dienst Ihrer Krankenkasse, an eine Sozialstation oder das Sozialamt.

Sorge für Tiere/Garten/Garage: Stellen Sie rechtzeitig die Versorgung von Haustieren sicher. Ebenso sollten Sie die Pflege eines eventuell vorhandenen Gartens sicherstellen bzw. dessen Kündigung erwägen. Prüfen Sie zudem die Kündigung oder Weiterbezahlung der Miete einer Garage.

Sozialamt: Bitte informieren Sie Ihren/Ihre Bearbeiter/in im zuständigen Sozialamt über ihre bevorstehende Inhaftierung, wenn Sie Leistungen von dort beziehen. Auch wenn Sie bislang keine Sozialhilfe erhalten, kann das Sozialamt unter Umständen Ihre Mietzahlungen, die finanzielle Unterstützung für Ihre Familie sowie die Fahrtkosten Ihrer Angehörigen in die Anstalt für einen Besuch im Monat durch die sich ändernde Situation übernehmen.

Unterhaltsverpflichtungen: Die Inhaftierung lässt bestehende Unterhaltspflichten grundsätzlich unberührt. Tatsächlich können Sie sich um Ihre Familienangehörigen während der Inhaftierung aber kaum kümmern. Bemühen Sie sich deshalb rechtzeitig um Hilfe für Ihre Angehörigen beim Sozialamt Ihrer Stadt oder Gemeindeverwaltung. Wenn Sie zur Zahlung von Unterhalt für Kinder verpflichtet sind, benachrichtigen Sie das Jugendamt über Ihre Inhaftierung.

Wohnung: Wenn Sie zu einer längeren Freiheitsstrafe geladen werden, Ihre Wohnung allein bewohnen und den Erhalt der Wohnung nicht durch Sparrücklagen sichern können, sollten Sie Ihre Wohnung sofort kündigen. Prüfen Sie in diesem Fall die Sicherstellung Ihrer Möbel und Ihres Hausrates. Wenn Sie Ihre Wohnung erhalten wollen, klären Sie bitte die Mietzahlung. Sie können sich an die zuständige Wohngeldstelle und das Sozialamt wenden. Wenn Sie oder Ihre Angehörigen Wohngeld beziehen, sollten Sie jedenfalls die Wohngeldstelle über die veränderte Einkommenssituation Ihrer Familie informieren. Sichern Sie Ihre Wohnung durch sicheres Verschließen bzw. durch Übergabe des Schlüssels an eine Person Ihres Vertrauens.

D. Ladung bei Auslandswohnsitz

Wohnt der Verurteilte im **Ausland**, ist hinsichtlich einer Ladung zum Strafantritt fol- **99**
gendes zu beachten:
Eine förmliche Zustellung der Ladung mit Zustellungsurkunde scheidet jedoch nicht
mehr grundsätzlich aus. **Postzustellungsaufträge** an Empfänger im Ausland sind nach
der Postordnung für den internationalen Postdienst **unzulässig**; eine solche Zustellung widerspräche auch den Bestimmungen des § 199 ZPO (§ 37 StPO). Durch das
Rechtspflegerentlastungsgesetz sind die Zustellungen im Ausland insofern vereinfacht
worden, als Zustellungen per Einschreiben mit Rückschein zulässig sind, sofern aufgrund völkerrechtlicher Vereinbarungen Schriftstücke deutscher Behörden, insbesondere Schriftstücke von Justizbehörden unmittelbar durch die Post versandt werden
dürfen.[48] Bei deutschen Staatsangehörigen als Zustellungsempfängern ist die Auslandsvertretung einzuschalten (Nr. 175 RiVASt). Der die Zustellung bewirkende Kon-
sul soll, soweit darin kein Verstoß gegen den jeweiligen ausländischen **ordre public**
liegt, die StPO beachten. Als Nachweis genügt das schriftliche Zeugnis des Konsuls
über die Übergabe. Es kann aber auch im Wege eines Rechtshilfeersuchens an den
fremden Staat zugestellt werden (Nr. 147 RiVASt).
Die Übermittlung des Ladungsformulars an den Adressaten im Ausland, gleichgültig,
ob Deutscher oder Ausländer, durch **einfachen Brief** ist – soweit keine völkerrechtlichen Übereinkünfte bestehen oder der Aufenthaltsstaat die unmittelbare Übersendung
einseitig zugelassen hat – nach Nr. 121 RiVASt **unstatthaft**. Auch der Vorschlag von
Oppe[49] den Verurteilten statt durch Ladungsvordruck in einem besonderen Anschreiben aufzufordern, sich innerhalb einer bestimmten Frist zur Strafverbüßung zu stellen,
dürfte an Nr. 121 Abs 4c RiVASt, wonach der Empfänger nicht zu einem Tun aufgefordert werden darf, scheitern. Im übrigen würde bei formloser Übersendung auch der
erforderliche Zugangsnachweis fehlen.
Ist der Adressat **Deutscher**, kann nach Nr. 129 Abs 3 RiVASt, § 16 KonsG ggf. die **100**
Zustellung der Ladung über die **deutsche Auslandsvertretung** erfolgen. Diese besondere Zustellungsart kommt jedoch nur eingeschränkt in Betracht (s dazu Nr. 130
Abs 1 RiVASt).
Aufgrund der Neuregelung des § 37 Abs 2 StPO besteht nunmehr die Möglichkeit, Schriftstücke per **Einschreiben mit** (internationalem) **Rückschein** zuzustellen –
sowohl bei Deutschen als auch bei Ausländern als Adressaten. Jedoch ist dieser Weg
nur gangbar, soweit **völkerrechtliche Vereinbarungen** dies zulassen (s Länderteil der
RiVASt). Einschlägig ist hier das **Schengener Durchführungsübereinkommen** v 19. 6.
1990, das nach Art 52 die unmittelbare Übersendung von Urkunden innerhalb
der Vertragsstaaten für zulässig erklärt. Dies gilt auch für förmliche Zustellungen per Einschreiben mit Rückschein. Inwieweit diese Regelung auch für Urkunden
aus dem Vollstreckungsbereich Anwendung findet, ist der von den Vertragsstaaten
nach Art 52 Abs 1 SchengenDurchfÜbk zu erstellten (Urkunden-)Liste zu entnehmen.
Unabhängig davon kann (bei Deutschen als auch Ausländern) die zuständige **ausländische Behörde** um Zustellung der Ladung im **Wege der Rechtshilfe** gem. Art 7
EuRhÜbk bzw. Art 49 SchengenDurchfÜbk ersucht werden. Nach Art 3 des Zusatzprotokolls zum EuRhÜbk v 17. 3. 1978 (BGBl II 1990, 125; 1991, 909) wie auch
nach Art 49 SchengenDurchfÜbk sind Zustellungsersuchen auch in Vollstreckungs-

---

[48] Vgl. RdNr 22 zu § 37 StPO Heidelberger Kommentar.
[49] MDR 1969, 540 f.

angelegenheiten statthaft.[50] Kommt der Verurteilte der Ladung zum Strafantritt (deren Zugang durch ein Empfangsbekenntnis des Verurteilten oder Erklärung des ersuchten Staates nachgewiesen wird) dann nicht nach, kann wegen Nichtgestellung gem. § 457 Abs 2 StPO Haftbefehl erlassen und der Verurteilte zur Festnahme ausgeschrieben werden.

101 Als sonstige Maßnahme kann für die Vollstreckungsbehörde (bei Vorliegen der Voraussetzungen) ein Ersuchen um Passbeschränkung bei Deutschen (Nr. 88 Abs 2 RiVASt) oder die Anregung eines Ersuchens um Einlieferung (Nr. 85 ff RiVASt), um Vollstreckungshilfe (Nr. 105 ff RiVASt) oder um Strafverfolgung (Nr. 145 RiVASt) in Betracht kommen.

Eine sofortige Ausschreibung zur Festnahme (unter Verzicht auf eine vorherige Ladung) wird zumeist an fehlenden Haftgründen scheitern.

IV. Verschubung des Verurteilten

A. Überführungsersuchen

102 Ist der Verurteilte in **behördlicher Verwahrung,** so veranlasst die Vollstreckungsbehörde durch ein Verschubungsersuchen seine **Überführung** in die zuständige Vollzugsanstalt (§ 28 Abs 1 StVollstrO). Statt eines besonderen Überführungsersuchens kann auch das Aufnahmeersuchen **über** die U-Haftanstalt der zuständigen JVA zugeleitet werden. Es erfüllt dann die Funktion eines Verschubungsersuchens.

Ist der Verurteilte in anderer Sache in Untersuchungshaft, so ist die Strafe möglichst in **Unterbrechung der U-Haft** zu vollstrecken. Die Unterbrechung bedarf der Zustimmung durch den zuständigen Haftrichter (Nr. 92 UVollzO). Mit Rücksicht auf das laufende Ermittlungsverfahren kann in solchen Fällen die Strafe in **Abweichung vom Vollstreckungsplan** in der U-Haftanstalt verbüßt werden, wenn hierdurch die schwebende Untersuchung erleichtert oder beschleunigt wird. (§ 28 Abs 1 Satz 2 StVollstrO). Zur Vollstreckung eines Strafarrestes nach dem WStG darf die Untersuchungshaft nicht unterbrochen werden. In Fällen, in denen um Vollstreckung durch Behörden der Bundeswehr ersucht werden kann nach § 22 Abs 3 StVollstrO, darf die Untersuchungshaft nur unterbrochen werden, wenn die Vollstreckung in einer Justizvollzugsanstalt erfolgt.

103 Zum Formular für ein **Überführungsersuchen** (Transportersuchen) s nachstehenden Abdruck.

---

[50] Zum Inhalt des Zustellungsersuchens s Nrn 115, 116 (Muster Nrn 31 bis 31 j) RiVASt.

Amtsgericht Aalen

Den 24.07.2003

Geschäfts-Nr. 3 Ds 24 Js 1234/03

Tel.: 07361 69510

Justizvollzugsanstalt Chemnitz
Teilanstalt Kaßberg
Hohe Str. 21

09112 Chemnitz

Transportersuchen

Name, Vorname, Geburtstag des Gefangenen

....

in Haft für (Behörde, Geschäftsnummer)

....

Vollzugsanstalt, in die der Gefangene überführt werden soll

....

Grund des Transports (z.B. Termin am)

....

Transportsart: Sammeltransport / Einzeltransport +)

Mitteilung der Kosten erforderlich: Ja / Nein +)

Besondere Bemerkungen (z.B. erforderliche Sicherungsmaßnahmen):

....

....

Im Auftrag

....

+) Nichtzutreffendes streichen

(Behörde)

Buchnummer/Geschäftsnummer

Transportschein

I. Angaben zur Person
Familienname (auch Geburtsname)

Vornamen

Geschlecht:
Geburtstag - Geburtsort - Kreis

Staatsangehörigkeit (nur bei Ausländern)

Tat/Tatverdacht

Art der Freiheitsentziehung

Voraussichtliches Strafende

Größe in cm   Haare   Augen   Zähne   Bart

Besondere Kennzeichen   Bekleidung

II. Gepäck
Akten-/Reisetaschen   Koffer   Pakete   Päckchen

III. Transportersuchen
Auftragsstelle - Geschäftsnummer   Grund des Transportes (z.B. Ausantwortung)   Termin am

Empfangsstelle   Mitteilung der Transportkosten an Auftragsstelle (Ja/Nein)

Angaben
1 Personalakte/Personalnachricht

(Dienstsiegel)

(Ort und Tag)

(Unterschrift, Amtsbezeichnung)

(Raum für Fesselungsvermerke, besondere Hinweise, Durchsuchungen)

a) Fesselung angeordnet d. Vfg. d. Gerichts/Anstaltsleitung

vom _____ (Az.: _____)

b) Sonstige besondere Hinweise _____

(Unterschrift, Datum, Amtsbezeichnung)

c) Es wird bestätigt, daß die/der Gefangene unmittelbar vor dem Abtransport sorgfältig auf den Besitz verbotener Gegenstände durchsucht wurde.

	Dienststelle	Datum	Unterschrift	Amtsbezeichnung
1.				
2.				
3.				
4.				
5.				
6.				

Transportweg

Tag	von	nach	Umlauf	Vermerke

SVVollz. 51 (GTV 2) Transportschein - Nr. 8 GTV - EDV-Leitstelle Chemnitz

Angaben über Verpflegung

von Behörde	Verpflegt bis einschließlich			Vermerke
	morgens Datum	mittags Datum	abends Datum	

Angaben über den Gesundheitszustand

Frei von Ungeziefer. Steht nicht in ärztlicher Behandlung.*)

Auf ärztliche Anordnung sind der/dem Gefangenen für die Dauer des Transportes folgende Arzneimittel mitgegeben worden:

Angaben über Sonderkost:

(Unterschrift, Amtsbezeichnung der Sanitätsbeamtin/des Sanitätsbeamten)

Vermerke der Ärztin/des Arztes *)

Sonstige Vermerke

*) Nr. 8 GTV

(3) Bestehen Bedenken gegen die Transportfähigkeit des Gefangenen, so darf der Transport nur durchgeführt werden, wenn der zuständige Arzt die Transportfähigkeit festgestellt hat. Dies gilt besonders bei Epileptikern, bei Gefangenen, die in ärztlicher Behandlung stehen, und bei schwangeren Frauen und stillenden Müttern. Die Transportfähigkeit ist in diesem Falle auf dem Transportschein zu vermerken.

(4) Müssen dem Transportleiter - Transportbegleiter - für den Gefangenen Arzneimittel mitgegeben werden oder erscheinen besondere Behandlungshinweise für den Transport und für die Empfangsstelle angezeigt, so hat der Arzt dies in einer besonderen Anlage zum Transportschein zu vermerken.

Termin am

(Datum, Uhrzeit)   (Saal)

|_____| Uhr |_____| als ☐ Beschuldigter ☐ Angeklagter ☐ Zeuge

Justizvollzugsanstalt Chemnitz

Teilanstalt Kaßberg

Buchnummer

Familienname (auch Geburtsname)

Achtung! ☐ Besondere Hinweise   ☐ keine besonderen Hinweise
☐ bes. Fluchtgefahr   ☐ Selbstmordgefahr
☐ gewalttätig   ☐ süchtig
☐ Fesselung angeordnet gem. Vfg. vom: _____
☐ Tatgenossen,
die zu trennen sind: _____
☐ Auffälligkeiten im Vollzug: _____

Vornamen

Geschlecht:
Geburtstag - Geburtsort - Kreis

Vorgenannte(r) sitzt ein aufgrund des ☐ Haftbefehls ☐ Urteils   des ☐ Amtsgerichts ☐ Landgerichts
(Ort, vom ..., Aktenzeichen)

☐ Überhaft ist vorgemerkt für
(Behörde, Aktenzeichen)

An

☐ Amtsgericht ☐ Landgericht ☐ Staatsanwaltschaft
(Ort)

zum Ersuchen vom
(Datum, Aktenzeichen)

Auf Anordnung

(Datum)   (Unterschrift, Amtsbezeichnung)

Urschriftlich zurückgesandt

(Datum, Uhrzeit, Saal)

☐ Fortsetzungstermin am |_____

(Ort, vom ..., Aktenzeichen)

☐ Haftbefehl des ☐ Amtsgerichts ☐ Landgerichts |_____| ist

☐ aufrechterhalten ☐ aufgehoben ☐ außer Vollzug gesetzt.

☐ Vorgenannte(r) ist verurteilt worden wegen
|_____

(Ort)

☐ unter Einbeziehung des Urteils des ☐ Amtsgerichts ☐ Landgerichts |_____
(vom ...)   (Aktenzeichen)

zu einer

☐ Freiheitsstrafe   ☐ Jugendstrafe   ☐ freiheitsentziehenden Maßregel
der Besserung und Sicherung   von

|_____| Jahren |_____| Monaten |_____| Tagen.

☐ Geldstrafe von

|_____| Tagessätzen zu je |_____| DM

Die Strafe wurde

☐ zur Bewährung   ☐ nicht zur Bewährung ausgesetzt.

Die Untersuchungshaft ist

☐ in voller Höhe   ☐ nicht   ☐ in Höhe von |_____| angerechnet worden.

Das Urteil ist ☐ rechtskräftig   ☐ nicht rechtskräftig.

☐ Vorführung erfolgte als   ☐ Zeuge   ☐ Angeklagte(r)   nicht in der Sache, in der der (die)

Vorgeführte einsitzt, sondern in der   (Behörde, Ort, Aktenzeichen)

☐ Sache ☐ Überhaftsache |_____

VG32: Mitteilung zu einem Termin - Nr. 42 VGO - EDV-Leitstelle Chemnitz

(Unterschrift, Richter am Amts-/Landgericht, Ober-/Erster Staatsanwalt)

B. Gefangenentransportvorschrift (GTV)

Die Überführung der Gefangenen erfolgt nach den **Gefangenentransportvorschriften** 104
der Länder.
Die GTV gilt für Strafgefangene, Untergebrachte, Untersuchungsgefangene, einstweilig Untergebrachte, zur Strafvollstreckung von der Polizei festgenommene Personen, Zivilhaftgefangene sowie auszuliefernde, durchzuliefernde oder abzuschiebende Ausländer.
Die Gefangenen sind grundsätzlich im **Sammeltransport** zu befördern. Im **Einzeltransport** sind zu verschuben:

a) Jugendliche und heranwachsende Untersuchungsgefangene sowie Gefangene im Jugendstrafvollzug, die im Sammeltransport von erwachsenen Gefangenen nicht getrennt gehalten werden können,
b) Gefangene, bei denen die Auftragsstelle aus zwingenden Gründen (besondere Gefährlichkeit oder Dringlichkeit) diese Transportart angeordnet hat,
c) Gefangene, die geisteskrank sind oder an einer übertragbaren Krankheit leiden oder die sonst erheblich erkrankt sind (Attest des Arztes),
d) weibliche Gefangene vom 6. Monat der Schwangerschaft an,
e) Zivilhaftgefangene.

Voraussetzung für die Einleitung des Transports ist ein **Transportersuchen** der zuständigen Stelle (z.B. Vollstreckungsbehörde). Mit dem Gefangenentransportwagen werden die Vollzugsanstalten der Justizverwaltung, deren Außenstellen sowie die Psychiatrischen Landeskrankenhäuser in den im Umlaufplan aufgeführten Orten angefahren (Kursbuch). **Transportbehörden** sind für Einzel- und Sammeltransporte die Justizvollzugsanstalten bzw. (während Unterbringungen nach § 126a StPO, §§ 63, 64 StGB) die Psychiatrischen Landeskrankenhäuser, an die ein entsprechendes Verschubungsersuchen zu richten ist. Im **polizeilichen** Bereich sind Transportbehörden die Landespolizeidirektionen, die Polizeipräsidien, die Polizeidirektionen und die Polizeikommissariate. Die Polizeibehörde führt nur noch in besonderen Einzelfällen Gefangenentransporte für die Justizverwaltung durch. Bei vorläufigen Festnahmen oder Festnahmen aufgrund eines Haft- oder Vorführungsbefehls ist die Polizei berechtigt, den Festgenommenen in die **nächstgelegene** JVA zu bringen. Den Weitertransport übernimmt dann die JVA. Die Polizei ist ferner Transportbehörde bei abzuschiebenden, durchzuliefernden oder zu überstellenden Ausländern.

C. Transportkosten

Transportkosten sind nur zu berechnen, wenn 105

a) die Auftragsstelle des Transportes im Einzelfall darum ersucht (die Kosten sind der Auftragsstelle mitzuteilen),
b) ein Einzeltransport in ein anderes Bundesland für eine Auftragsstelle dieses Landes durchzuführen ist (die Kosten sind von der Auftragsstelle einzufordern),
c) ein Einzeltransport im persönlichen Interesse des Gefangenen, der sich zuvor zur Zahlung der Kosten verpflichtet hat, durchgeführt wird (die Kosten sind von dem Gefangenen einzuziehen),
d) Fahrten in Rechtssachen erfolgt sind.

Im Übrigen trägt jede Transportbehörde ihre Kosten endgültig selbst.
Sind Transportkosten zu berechnen, gilt folgendes:

Für die Beförderung von Gefangenen im **Gefangenentransportwagen** ist bei Fahrten in **Rechtssachen** ein Pauschalsatz für den laufenden Kilometer anzusetzen. Damit sind auch die Reisekosten des Kraftfahrers abgegolten. Für die Berechnung ist die Entfernung auf dem kürzesten Schienenwege maßgebend.

Zu den Transportkosten des **Einzeltransports** gehören die Kosten für die Beförderung des Gefangenen, Reisekostenvergütungen für Transportbegleiter und sonstige notwendige bare Auslagen.

Die **Berechnung** der Transportkosten obliegt beim Sammeltransport der Empfangsstelle, beim Einzeltransport der Transportbehörde, die den Gefangenen der Empfangsstelle zugeführt hat.

106 Die **Kosten der Beförderung** von Strafgefangenen oder Untergebrachten einschließlich der Kosten, die aus Anlass der Einlieferung in die Vollzugsanstalt entstehen, gehören zu den **Vollstreckungskosten** im Sinne des § 10 JVKostO. Sie können daher von dem Gefangenen oder Untergebrachten nicht erhoben werden; d.h. Auftragsstelle oder Transportbehörde können ihre Kosten nicht auf den Verurteilten abwälzen.

Für die Benutzung des Gefangenentransportwagens zu Fahrten in **Rechtssachen** (z.B. Gefangener als Zeuge in anderer Sache) sind die Fahrtkosten[51] zu berechnen und zu den Sachakten zur **Rückerhebung** vom **Kostenpflichtigen** (Verurteilter in anderer Sache) anzuzeigen.

V. Einweisung des Verurteilten

A. Aufnahmeersuchen

107 Die Vollstreckungsbehörde weist den Verurteilten durch ein **Aufnahmeersuchen** in die zuständige Justizvollzugsanstalt ein. Durch die in § 29 Abs 1 Satz 1 StVollstrO gewählte Formulierung „zuständige Vollzugsanstalt" wird klargestellt, dass die Vollstreckungsbehörde die sachlich und örtlich zuständige JVA zu bestimmen hat und diese Aufgabe **nicht der Vollzugsbehörde** überlassen darf.

Ist der Verurteilte auf **freiem Fuß,** so ist er mit dem Ladungsvordruck zum Strafantritt aufzufordern, gleichzeitig ist das Aufnahmeersuchen der zuständigen JVA zuzuleiten. Ist der Verurteilte **inhaftiert,** geht das Überführungsersuchen an die derzeitige Haftanstalt, zugleich ist das Aufnahmeersuchen an die für den Strafvollzug zuständige JVA zu senden. Möglich ist auch, das Aufnahmeersuchen **über** die derzeitige Haftanstalt an die zuständige JVA zu leiten; das Verschubungsersuchen wird dadurch ersetzt. Befindet sich der Verurteilte in **anderer Sache** in **U-Haft,** ist möglichst in Unterbrechung der Untersuchungshaft zu vollstrecken. Eine Verschubung wird dann zumeist entbehrlich (§ 28 Abs 1 StVollstrO).

Das Aufnahmeersuchen ist stets in **zwei Stücken** zu übersenden. Wegen seines Inhalts wird auf § 30 StVollstrO verwiesen. Das Aufnahmeersuchen muss – wegen der Strafzeitberechnung – insbesondere enthalten:

a) Art und Dauer der zu vollstreckenden Strafe,
b) Zeitpunkt des Strafbeginns,
c) die Zeitdauer der anzurechnenden U-Haft oder sonstigen Freiheitsentziehung,
d) die etwa schon (früher) verbüßte Strafzeit. Dies ist insbesondere wichtig zur Berechnung der Strafzeit im Falle des § 41 StVollstrO.

---

[51] Vgl. Kostenverzeichnis Nr. 9008 der Anlage 1 zu § 11 GKG.

Aufgrund dieser Angaben hat die **Vollzugsbehörde** dann gem. Nr. 22 Abs 1 VGO zu berechnen:

a) das Strafende,

b) den $^2/_3$- und (bei Erstverbüßern mit Freiheitsstrafen von mehr als 9 Monaten bis zu 2 Jahren) zusätzlich noch den $^1/_2$-Termin,

c) bei lebenslangen Freiheitsstrafen den Zeitpunkt nach § 57a Abs 1 StGB.

Nach der Aufnahme des Verurteilten sendet die Vollzugsanstalt das mit der Strafzeitberechnung versehene **Zweitstück** des Aufnahmeersuchens an die Vollstreckungsbehörde zurück (§ 35 Abs 1 Ziffer 4 StVollstrO). Einer Bestätigung der von der Vollzugsbehörde vorgenommenen Strafzeitberechnung bedarf es nicht. Diesbezüglich sind jedoch die landesrechtlichen Vorschriften zu beachten. Bei der Berechnung der Strafzeit durch die Vollzugsbehörden handelt es sich, da für die Berechnung grundsätzlich die Vollstreckungsbehörden zuständig sind, jeweils nur um **vorläufige Berechnungen.** Dies gilt insbesondere für die Berechnungen der Halbstrafen- und zwei Drittel-Termine. Die Vollzugsbehörden sind zumeist nicht in der Lage, rechtlich richtig zu bestimmen, ob bei einer verurteilten Person die Halbstrafe in Betracht kommt. Gleiches gilt auch zur Bestimmung der zwei-Drittel-Termine bei einer Reststrafenvollstreckung, wenn der frühere Vollzug aus welchen Gründen auch immer in einer anderen Vollzugsanstalt stattgefunden hat. Ist die Strafzeitberechnung unrichtig, hat die Vollstreckungsbehörde aus ihrer besonderen Verantwortlichkeit nach § 36 Abs 1 StVollstrO für die **Berichtigung** zu sorgen. In Zweifelsfällen kann bzw. eine gerichtliche Entscheidung über die Strafzeitberechnung herbeigeführt werden (§ 458 Abs 1 StPO). An eine von der Vollstreckungsbehörde mitgeteilten Strafzeitberechnung, die von der Berechnung der Vollzugsanstalt abweicht, ist die Vollzugsanstalt gebunden. Ist die von der JVA vorgenommene Strafzeitberechnung zutreffend, trifft die Vollstreckungsbehörde folgende **Verfügung:**

Verfügung

1. Strafzeitberechnung ist richtig.
2. $^2/_3$ ($^1/_2$) am: ......
3. Wv ...... (Stellungnahme JVA einholen).[52]

....
Rechtspfleger

Werden gleichzeitig **mehrere** Verurteilte eingewiesen, so ist für **jede** verurteilte Person ein **besonderes** Aufnahmeersuchen zu stellen (§ 29 Abs 2 StVollstrO). Dies gilt auch dann, wenn in einer Strafentscheidung mehrere Personen gleichzeitig verurteilt werden. Die Einweisung durch ein Aufnahmeersuchen erfolgt innerhalb des Bundesgebietes im Prinzip **unmittelbar** (ohne die Amtshilfe einer anderen Vollstreckungsbehörde in Anspruch zu nehmen: Abschn. I der Ländervereinbarung v 8. 6. 1999; Anh. 2 StVollstrO); zu den Ausnahmen s Rdn 84, 712). Die den Vollzugsbehörden der anderen Bundesländer entstandenen Kosten werden nicht erstattet. Zum **Muster eines Aufnahmeersuchens,** s die nachfolgenden Seiten. **108**

---

[52] Wiedervorlagetermin sollte frühzeitig sein, um dem Gericht noch ausreichend Zeit zur mündlichen Anhörung der verurteilten Person und Vorbereitung der Entscheidung zu lassen (vgl. § 36 Abs 2 StVollstrO). Der in § 454a Abs 1 StPO genannte Termin ist bei kürzeren Strafen wenig praktikabel. Zu § 454a Abs 1 StPO s. auch OLG Düsseldorf, Strafverteidiger 1987, 446 und *Hamann,* Rechtspfleger 1986, 357.

Staatsanwaltschaft Ellwangen

73479 Ellwangen, Marktplatz 6, Postfach 13 52
Telefon: 07961-81 - 371, (Fax: 07961/81-375)

Geschäftsnummer: 9876280100000 - VRs Js

Ellwangen, 29.Jul.2003 daeffner

Justizvollzugsanstalt
Schloß 1

72108 Rottenburg

Aufnahmeersuchen

I.
Zum Strafvollzug ist aufzunehmen:

Hans Mustermann

> **geb. 10.10.1960 in Musterheim**
> **led. Maurer**
> **wohnhaft. Musterhausen, Badstr. 12**

II.
Der Verurteilte hat nach dem Urteil des AG Bad Mergentheim vom
22.05.2003 (Az.: 3 Ds Js /03, Tatvorwurf:Betrug) zu verbüßen:

Freiheitstrafe von 2 Monaten

III.
Der Verurteilte wurde aufgefordert, sich dort zu stellen bis

10.10.2003.

IV.
Strafzeitberechnung:
1.) Vor der Annahme oder Wiederannahme zum Strafvollzug liegender Zeitpunkt, von dem an die Strafe oder Reststrafe zu rechnen ist:

2.) Von der seit dem Zeitpunkt unter 1.) verstrichenen Zeit sind in die Strafhaft nicht einzurechnen:

3.) Anzurechnende Untersuchunghaft:

Abschrift

**Staatsanwaltschaft
Ort**

Abteilung 3

Strafvollstreckungsabteilung

<u>Generalstaatsanwaltschaft Dresden, Lothringer Str.1, 01069 Dresden</u>

Dresden, 07.04.2009/z2

Telefon: 0351/ 446 1000

Justizvollzugsanstalt

Telefax: 0351446 123

Bautzen

Bearb.: Herr Dr. Müller

Name3

Aktenzeichen: R001 VRs 103 Js   495/07

Breitscheidstraße 4

(Bitte bei Antwort angeben)

02625 Bautzen

Aufnahmeersuchen

I.   **Zum Vollzug der Freiheitsstrafe ist aufzunehmen:**

Frau

Ilona **Meier**   Geburtsname: **Müller**

Goethestraße 15   geb. am **02.02.1954** in Zwickau

08107 Kirchberg   Staatsangehörigkeit:deutsch

entscheidendes Gericht	gerichtliches Aktenzeichen	Entscheidungsdatum	Rechtskraftdatum
Amtsgericht Zwickau	3 Ds 103 Js 495/07	28.02.2007	28.02.2007

Tatvorwurf: **Betrug**

Nach der oben genannten Entscheidung hat die Verurteilte folgende Strafe zu verbüßen:

6 Monate Freiheitsstrafe

Die Verurteilte wurde aufgefordert, sich dort **bis spätestens 11.05.2009** zu stellen.

II.   **Strafzeitberechnung:**

Strafbeginn: _____TB   Strafende: _____TE

Telefon	Telefax	Gekennzeichnete Parkplätze	Verkehrsverbindungen
0351 446 0	0351446 123	Behindertenparkplatz	
Hausadresse		Keine Parkplätze vorhanden.	
Lothringer Str.1	E-Mail	Parkplatz	
01069 Dresden	verwaltung-gsta@gensta.jus-	Keine Parkplätze vorhanden.	
	tiz.sachsen.de	Sprechzeiten	

Ablauf 1/2: _____TB   Ablauf 2/3: _____TE

III.   **Besondere Bemerkungen:**

Erstvollzug
Es besteht besondere Fluchtgefahr
Gründe:

Bewährungshelfer: Max Müller

Kostenmitteilung:

Die Justizvollzugsanstalt teilt der Staatsanwaltschaft, soweit diese nicht auf Mitteilung verzichtet hat, die Umstände mit, die den Ansatz der Vollstreckungskosten rechtfertigen. Dabei nimmt sie auch zu der Frage Stellung, ob und aus welchen Gründen es aus ihrer Sicht tunlich erscheint, im Interesse der Wiedereingliederung des Gefangenen von dessen Inanspruchnahme ganz oder teilweise abzusehen. Über die Umstände, die eine eingetretene Zahlungspflicht ändern oder ganz entfallen lassen, unterrichtet die Justizvollzugsanstalt die Staatsanwaltschaft ebenfalls.

Anlagen:
   1.   Abdruck des Aufnahmeersuchens
   2.   Vollständige Abschrift(en) der rechtskräftigen Entscheidung(en)
   3.   Auskunft aus dem Zentralregister

B. Anlagen zum Aufnahmeersuchen

Dem Aufnahmeersuchen sind folgende Unterlagen beizufügen (§ 31 StVollstrO):   **109**

a) eine vollständige Abschrift der in § 16 Abs 1 StVollstrO genannten Entscheidungen. Ist das Urteil noch nicht abgesetzt, genügt vorläufig auch der erkennende Teil der Entscheidung (§ 13 Abs 2 StVollstrO), jeweils mit dem Rechtskraftvermerk versehen.

b) ein BZR-Auszug, der möglichst nicht älter als 6 Monate ist. Er ist ggf. neu zu erheben und nachzureichen.

c) Abschriften von Gutachten über den körperlichen oder geistigen Zustand des Verurteilten aus dem Erkenntnis- oder Vollstreckungsverfahren, soweit diese für den Vollzug von Bedeutung sein können.

Für eine **Begutachtung** des Verurteilten in einer **Einweisungsanstalt** (vgl. § 152   **110**
Abs 2 StVollzG) werden die in § 31 StVollstrO genannten Vollzugspapiere im allgemeinen nicht ausreichen. Daher besteht z.B. in Baden-Württemberg[53] die Anordnung, bei Einweisung des Verurteilten in die zentrale Einweisungsanstalt dieser JVA ein besonderes **Einweisungsheft** zuzuleiten, das folgende Schriftstücke enthalten soll:

a) vollständige Abschriften sämtlicher zu vollstreckender Entscheidungen mit Rechtskraftvermerk, bei nachträglicher Gesamtstrafenbildung auch Abschriften der einbezogenen Entscheidungen;

b) Abschriften sonstiger die Strafvollstreckung betreffender Beschlüsse;

c) ggf. Gutachten über den körperlichen oder geistigen Zustand des Verurteilten;

d) ggf. Berichte des Bewährungshelfers, des Gerichtshelfers und/oder der Jugendgerichtshilfe;

e) ein Auszug neueren Datums aus dem Bundeszentralregister.

C. Vollstreckungseinleitungen (Zusammenfassende Übersicht)

Bei der Einweisung des Verurteilten in die zuständige JVA sind folgende Abläufe möglich: **111**

a) Ist der Verurteilte auf **freiem Fuß,** so ergeht:
– Ladung an den Verurteilten. Dabei ist insbesondere § 2 StVollstrO zu beachten, wonach im Interesse einer wirksamen Strafrechtspflege die richterliche Entscheidung mit **Nachdruck und Beschleunigung zu vollstrecken ist.** Durch Gnadengesuche und durch andere Gesuche und Eingaben darf die Vollstreckung grundsätzlich nicht verzögert werden.
– Aufnahmeersuchen an die zuständige JVA.
– Strafbeginn: Strafantritt (Festnahme).

b) Ist der Verurteilte in **U-Haft** in **vorliegender** Sache, so ergeht:
– Überführungsersuchen an die U-Haftanstalt,
– Aufnahmeersuchen an die zuständige Strafanstalt.[54] Zu beachten ist hier insbesondere § 13 Abs 3 Satz 2 StVollstrO. Danach hat die die Rechtskraft bescheinigende Stelle die urkundliche Grundlage der Vollstreckung binnen **drei Tagen nach Eintritt**

---

[53] AV d JM v 30. 1. 1989 (4402–VI/80), Die Justiz S 78.
[54] Oder: Aufnahmeersuchen über die U-Haftanstalt an die zuständige Strafanstalt, wodurch das Überführungsersuchen ersetzt wird (RdErl d JM BW v 13. 5. 1983 – 4300–IV/381).

der Rechtskraft der Vollstreckungsbehörde zu übersenden. Ausgehend von § 2 Abs 1 StVollstrO ist die Vollstreckungsbehörde gehalten, die entsprechenden Unterlagen umgehend der Vollzugsanstalt zuzuleiten. Da mit der Rechtskraft der Strafentscheidung Strafhaft eintritt (vgl. § 38 Ziffer 3 StVollstrO) ist der Gefangene wie ein Strafgefangener zu behandeln, d. h. er unterliegt dem Behandlungsvollzug nach §§ 2 ff StVollzG, die richterliche Postkontrolle entfällt, die Zuständigkeit zur Verhängung von Disziplinarmaßnahmen geht auf den Anstaltsleiter über, er ist zur Arbeit verpflichtet und die Entlohnung für geleistete Arbeit ist eine höhere wie beim Untersuchungsgefangenen, § 43 StVollzG. Hinzu kommen noch weitere Behandlungsgrundsätze. Dass rechtskräftig verurteilte Personen über Wochen hinweg weiterhin wie Untersuchungsgefangene behandelt werden, weil die Vollstreckungsunterlagen verspätet der Vollzugsbehörde zugeleitet werden, ist nicht hinnehmbar.

– Strafbeginn: Rechtskraft.

oder (wenn die U-Haftanstalt auch für den anschließenden Strafvollzug zuständig ist):

– Aufnahmeersuchen an die U-Haftanstalt.
– Strafbeginn: Rechtskraft.

c) Ist der Verurteilte in **U-Haft** in **anderer** Sache, so ergeht (nach Einholung der Zustimmung zur Unterbrechung der U-Haft):[55]

– Überführungsersuchen an die U-Haftanstalt,
– Aufnahmeersuchen an die zuständige Strafanstalt.
– Strafbeginn: Zeitpunkt des Eingangs des Überführungsersuchens. Liegt die Zustimmungserklärung des Haftrichters nach Nr. 92 UVollzO noch nicht vor, ist Strafbeginn der Tag des Eingangs dieser Zustimmungserklärung in der Justizvollzugsanstalt, sofern zu diesem Zeitpunkt das Aufnahmeersuchen vorliegt.

oder (bei Abweichen vom Vollstreckungsplan: § 28 Abs 1 Satz 2 StVollstrO):

– Aufnahmeersuchen an die U-Haftanstalt.
– Strafbeginn: Zeitpunkt des Eingangs des Aufnahmeersuchens bzw. der (nachgereichten) richterlichen Zustimmungserklärung.

d) Ist der Verurteilte in **Strafhaft** in **anderer** Sache, so ergeht:

– Aufnahmeersuchen an die Strafanstalt.
– Strafbeginn: Anschlussvollstreckung.

oder (wenn die bisherige Strafanstalt für die Anschlussstrafe nicht mehr zuständig ist):

– Überführungsersuchen an die bisherige Strafanstalt.
– Aufnahmeersuchen an die zuständige JVA.
– Strafbeginn: Anschlussvollstreckung.

Bei der Vollstreckung **mehrerer** Freiheitsstrafen ist nach § 43 StVollstrO und § 454 b StPO zu verfahren.[56] Soll eine Freiheitsstrafe in einer **Jugendstrafanstalt** vollzogen werden, sind die Richtlinien zu § 114 JGG zu beachten. Die Entscheidungen nach § 114 JGG obliegen dem **Vollstreckungsrechtspfleger** nach dem Wegfall der Begrenzungsverordnung.

---

[55] Die richterliche Zustimmung zur Unterbrechung der U-Haft (Nr. 92 UVollzO) kann von dem Untersuchungsgefangenen mangels Beschwer nicht angefochten werden (OLG Düsseldorf, NStZ 1984, 236). Lehnt der Haftrichter aber eine Unterbrechung ab, kann der Gefangene dagegen Beschwerde und weitere Beschwerde (§ 310 StPO) einlegen (HansOLG Hamburg NStZ 1992, 206).
[56] Wegen der Reihenfolge der Vollstreckung vergl. Rdn 174 ff.

VI. Vorführungs- und Haftbefehl

A. Begriffsbestimmung

Die **Vollstreckungsbehörde** (Rechtspfleger) ist befugt, unter den Voraussetzungen des **112** § 457 Abs 2 StPO (§ 33 StVollstrO) zur Durchsetzung der im Straferkenntnis rechtskräftig verhängten Freiheitsentziehung einen **Vorführungs-** oder **Haftbefehl** zu erlassen. Die Vorschriften der §§ 112 ff StPO sind auf den Haftbefehl der Vollstreckungsbehörde nicht anwendbar: weder kann der Vollstreckungshaftbefehl mit dem richterlichen Haftbefehl (§ 114 StPO) gleichgesetzt werden, noch ist die Ergreifung zur Strafvollstreckung eine „Verhaftung" mit den Rechtsfolgen des § 310 Abs 1 StPO.[57]

Statt eines Haftbefehls kann die Vollstreckungsbehörde auch einen **Vorführungsbefehl** erlassen. Dies kommt dann in Frage, wenn der Verurteilte an dem Ort (oder näheren Umgebung) wohnt, an dem sich die Vollzugsanstalt befindet, und anzunehmen ist, dass er von den mit der Vorführung beauftragten Beamten in der Wohnung angetroffen wird.[58] Sind Ermittlungen oder Fahndungen zu erwarten, ist ein **Haftbefehl** das geeignetere Mittel. Im **Inhalt** stimmen Vorführungs- und Haftbefehl überein (s § 33 Abs 4 StVollstrO).[59]

B. Voraussetzungen und Inhalt

Die für den Erlass eines Vorführungs- oder Haftbefehls maßgeblichen **Haftgründe** **113** lassen sich dem § 457 Abs 2 StPO entnehmen. Danach ist die Vollstreckungsbehörde zu Zwangsmaßnahmen berechtigt bei:
– Nichtgestellung des Verurteilten trotz ordnungsgemäßer Ladung,
– Fluchtverdacht (naturgemäß erst recht, wenn die Flucht bereits vollzogen ist oder der Verurteilte sich verborgen hält),
ferner bei:
– Entweichen (Sich-Entziehen) eines Strafgefangenen. Danach hat die Vollstreckungsbehörde die gleichen Befugnisse wie die Strafverfolgungsbehörde, soweit die Maßnahmen bestimmt und geeignet sind, die verurteilte Person festzunehmen. Bei der Prüfung der Verhältnismäßigkeit ist auf die Dauer der noch zu vollstreckenden Freiheitsstrafe besonders Bedacht zu nehmen.

Die Haftgründe des § 457 Abs 2 StPO sind abschließend. Auslegungs- und Ausführungsbestimmungen hierzu ergeben sich aus **§ 33 StVollstrO**. Im Einzelnen enthält die Verwaltungsvorschrift des § 33 StVollstrO folgende Regelungen:

a) **Nichtstellung des Verurteilten:** Ein Vorführungs- oder Haftbefehl ergeht, wenn der **114** Verurteilte sich trotz der an **ihn ergangene Ladung** ohne ausreichende Entschuldigung nicht **fristgemäß** oder nicht **rechtzeitig**[60] zum Strafantritt gestellt hat (§ 33 Abs 1 StVollstrO). Die Zwangsmaßnahme ist jedoch nur zulässig nach vorheriger Ladung. Nur im Falle des § 33 Abs 3 StVollstrO (zur Beschleunigung der Strafvollstreckung)

---

[57] *Heidelberger Kommentar* Rdn 3 zu § 457 StPO, *BGH* NJW 1971, 343.
[58] *Wendisch* in Löwe/Rosenberg, Rdn 9; *Meyer-Goßner,* Rdn 9; *Bringewat* Rdn 11 jeweils zu § 457 StPO.
[59] Zum Sicherungshaftbefehl vgl. Rdn 201 ff.
[60] Spätestens am Tage nach der Zustellung der sofortigen Strafantrittsladung; vgl. auch § 27 Abs 2 StVollstrO.

nach § 457 Abs 2 StPO muss die Ladung an den Verurteilten „ergangen" sein, ihn also erreicht haben.

Die **Nichtstellung des Verurteilten** wird von der Vollzugsbehörde gem. § 35 Abs 1 Ziffer 1 StVollstrO der Strafvollstreckungsbehörde angezeigt. Die Nichtstellungsanzeige ist, im Interesse einer nachdrücklichen Vollstreckung, unverzüglich zu erteilen. Gegebenenfalls kann und hat die Vollstreckungsbehörde in Einzelfällen telefonisch bei der Vollstreckungsbehörde anfragen, ob sich der Verurteilte zum Strafantritt gestellt hat.

115 b) **Fluchtverdacht (Flucht):** Nach § 33 Abs 2 Ziffer 1 StVollstrO kann ein Vorführungs- oder Haftbefehl erlassen werden, wenn der **Verdacht begründet** ist, der Verurteilte werde sich der Vollstreckung zu **entziehen** suchen. Die Ladung zum Strafantritt wird in diesem Falle **nicht** vorausgesetzt; d. h. bei Fluchtverdacht oder Flucht kann ein Vorführungs- oder Haftbefehl auch ergehen nach Ladung durch **einfachen Brief** wie auch **ohne** vorherige Ladung. Es müssen aber nachvollvollziehbare Gründe vorliegen, welche die Annahme von Fluchtgefahr oder Flucht rechtfertigen. Die Zwangsmaßnahme ist also nur dann zulässig, wenn der Fluchtverdacht „begründet" ist; d. h., wenn bestimmte **Tatsachen** (z. B. Veräußerung der Wohnungseinrichtung, Antrag auf Ausstellung eines Reisepasses, Geschäftsauflösung) eine Fluchtabsicht erkennbar werden lassen. **Dringender** Fluchtverdacht muss **nicht** gegeben sein.[61]

Da bereits bei Fluchtverdacht ein Haftbefehl erlassen werden kann, ist diese Maßnahme umso mehr zulässig bei bereits **vollzogener Flucht** oder wenn der Verurteilte sich **verborgen** hält.[62] Der Verurteilte muss sich abgesetzt haben oder untergetaucht sein, um sich der Vollstreckung zu entziehen.

Ein Vorführungs- oder Haftbefehl kann auch erlassen werden, wenn sich der Verurteilte nach **mündlicher Eröffnung** der Ladung (§ 27 Abs 3 Satz 3 StVollstrO) nicht zum **sofortigen Strafantritt** bereit zeigt (§ 33 Abs 2 Ziffer 2 StVollstrO). Weigert sich in einem solchen Falle der Verurteilte, der Aufforderung zum sofortigen Strafantritt nachzukommen, und ergeht daraufhin sofort ein Haftbefehl, so ist der zuständige Beamte der Vollstreckungsbehörde (Rechtspfleger) berechtigt, den Verurteilten im Dienstgebäude **selbst festzunehmen** bzw durch den Gerichtswachtmeister festnehmen zu lassen. Einer Hilfsperson (Polizei) braucht er sich dabei nicht zu bedienen.[63] Außerhalb der Amtsstelle wird die Polizeibehörde eingeschaltet.[64]

116 c) **bedingter Haftbefehl:** Zur Beschleunigung der Strafvollstreckung kann ein Vorführungs- oder Haftbefehl bereits bei der **Ladung** für den Fall der **Nichtgestellung** ergehen (§ 33 Abs 3 StVollstrO). Der Vorführungsbefehl (Haftbefehl) ist der Polizeibehörde – unter gleichzeitiger Ladung des Verurteilten – zu übersenden. Die **Vollziehung** ist jedoch erst statthaft, wenn der Zugang der Ladung **nachgewiesen** ist und die Vollstreckungsbehörde durch (telefonische) Rückfrage bei der Vollzugsanstalt die **Nichtgestellung** festgestellt hat. Die Polizeibehörde ist dann (telefonisch) um Vollziehung des vorab übersandten Vorführungsbefehls (Haftbefehls) zu ersuchen. Die Polizeidienststelle darf nicht mit der Überprüfung des Strafantritts beauftragt werden: nicht durch Rückfrage bei der Vollzugsanstalt und schon gar nicht durch Nachschau in der Wohnung des Verurteilten.

Der bedingte Vorführungsbefehl (Haftbefehl) darf auch vollzogen werden, wenn die Ladung **nicht ausführbar** und der **Verdacht begründet** ist, der Verurteilte werde sich der Vollstreckung zu **entziehen** suchen (§ 33 Abs 3 Ziffer 2 StVollstrO).

---

[61] OLG Bremen, NJW 1955, 1891.
[62] Ebenso *Meyer-Goßner,* Rdn 5 zu § 457 StPO.
[63] *Pohlmann/Jabel/Wolf,* Rdn 16 zu § 33 StVollstrO.
[64] Zur mündlichen Eröffnung der Strafantrittsladung s auch Rdn 97.

d) **Entweichen während des Strafvollzugs:** Mit der Regelung in § 457 Abs 2 Satz 2 **117** StPO (§ 33 Abs 2 Ziffer 3 StVollstrO) wird klargestellt, dass die Vollstreckungsbehörde einen Vorführungs- oder Haftbefehl erlassen kann, wenn ein **Strafgefangener** entweicht oder sich sonst dem Vollzug entzieht (z. b. durch Fernbleiben nach Urlaub aus der Haft oder Nichtrückkehr vom Freigang). Die **Vollzugsbehörde** hat ein **eigenes** Festnahmerecht (§ 87 StVollzG). Ein entwichener Gefangener ist durch Bedienstete der Vollzugsbehörde unverzüglich und nachdrücklich zu verfolgen, notfalls unter zu Hilfenahme der Polizei. Ihr Wiederergreifungsrecht ist allerdings zeitlich eng begrenzt. Führt die unmittelbare Verfolgung oder die von der JVA veranlasste Fahndung nicht alsbald zum Erfolg, sind alle weiteren Fahndungsmaßnahmen Sache der **Vollstreckungsbehörde** (VV zu § 87 StVollzG). Die Vollstreckungsbehörde kann daher zunächst einige Tage zuwarten, muss dann aber selbst mittels Haftbefehls (Fahndung) tätig werden.

Die Polizei selbst kann einen entwichenen Gefangenen nur auf Veranlassung der Vollzugsbehörde (Ermächtigung in § 87 StVollzG) oder aufgrund eines Vollstreckungshaftbefehls (Vorführungsbefehls) festnehmen.[65]

Nicht möglich wäre es, den Verurteilten auf Grund eines während des Strafverfahrens **118** erlassenen, aber nicht vollzogenen **richterlichen** Haftbefehls zwecks Strafvollstreckung zu ergreifen, da dieser Haftbefehl mit dem rechtskräftigen Abschluss des Verfahrens prozessual und sachlich überholt und damit erledigt ist.[66]

Zum Formular eines **Vorführungsbefehls** aus Baden-Württemberg siehe die nachfolgende Seite. Wegen des notwendigen **Inhalts** des Vorführungs- oder Haftbefehls wird auf § 33 Abs 4 StVollstrO verwiesen. **Gesetzliche** Vorschriften über den Inhalt des Vorführungsbefehls (Haftbefehls) bestehen nicht; insbesondere ist § 114 StPO nicht anwendbar.

---

[65] *Calliess/Müller-Dietz,* Rdn 2 zu § 87 StVollzG.
[66] OLG Hamburg, NJW 1976, 2030; OLG Karlsruhe, Justiz 1973, 255; *Bringewat,* Rdn 12 zu § 457 StPO.

Staatsanwaltschaft
Ort

Abteilung 3

Strafvollstreckungsabteilung

Dresden, 07.04.2009/z2
Telefon: 0351/ 446 1000
Polizeidirektion   Telefax: 0351446 123
Zwickau   Bearb.: Herr Dr. Müller
Testweg 5   Aktenzeichen: R001 VRs 103 Js   495/07
12345 Zwickau   (Bitte bei Antwort angeben)

Vorführungsbefehl § 457 StPO

Verurteilte:
Frau
Ilona **Meier**   Geburtsname: **Müller**
Goethestraße 15   geb. am **02.02.1954** in Zwickau
08107 Kirchberg   Staatsangehörigkeit:deutsch

entscheidendes Gericht	gerichtliches Aktenzeichen	Entscheidungsdatum	Rechtskraftdatum
Amtsgericht Zwickau	3 Ds 103 Js 495/07	28.02.2007	28.02.2007

Tatvorwurf: Betrug

Nach der oben genannten Entscheidung hat die Verurteilte folgende Strafe zu verbüßen:

6 Monate Freiheitsstrafe

Die Verurteilte ist unbekannten Aufenthalts.

Sie ist zu verhaften und in die nächstgelegene Justizvollzugsanstalt einzuliefern. Der
Vollzug ist hierher mitzuteilen.

Telefon	Telefax	Gekennzeichnete Parkplätze	Verkehrsverbindungen
0351 446 0	0351446 123	Behindertenparkplatz	
Hausadresse	E-Mail	Keine Parkplätze vorhanden.	
Lothringer Str.1	verwaltung-gsta@gensta.jus-	Parkplatz	
01069 Dresden	tiz.sachsen.de	Keine Parkplätze vorhanden.	
		Sprechzeiten	

Seite 2

Behauptet die Verurteilte, dass die Strafe bereits verbüßt sei, oder wendet ein, dass die Vollstreckung aus anderen Gründen unzulässig sei, oder stellt Aufschubs- oder Gnadengesuche, wird gebeten, diese der **Staatsanwaltschaft Test Schulung** unverzüglich, möglichst fernmündlich oder fernschriftlich, mitzuteilen.

Der **Vorführbefehl** ist der Verurteilten bekannt zu machen.

Müller
Oberstaatsanwalt

C. Vollziehung und Bekanntgabe

120 Um die **Vollziehung** von Vorführungs- und Haftbefehlen können die (für den Wohn-
bzw. Aufenthaltort des Verurteilten zuständigen) **Polizeidienststellen** ersucht werden
(§ 457 Abs 1 StPO, § 33 Abs 5 StVollstrO).[67] Nach Art I der Ländervereinbarung
vom 8. 6. 1999[68] kann dabei auch die Polizeibehörde eines **anderen** Bundeslandes
unmittelbar mit der Ausführung beauftragt werden; die den Polizeidienststellen durch
die Vollziehung entstandenen Kosten werden nicht erstattet.
Streitig ist, ob die Polizeibehörden beim Vollzug des Haft- oder Vorführungsbefehls
ohne besondere **Durchsuchungsanordnung** die Wohnung des Verurteilten oder dritter Personen durchsuchen dürfen. Die §§ 102 ff StPO werden zwar allgemein auch
bei Durchsuchungsmaßnahmen im Rahmen der Strafvollstreckung für anwendbar
gehalten. Ein nach § 105 Abs 1 StPO demgemäß erforderlicher Durchsuchungsbe-
fehl gilt aber nach herrschender Auffassung bereits durch das **rechtskräftige,** auf
Freiheitsstrafe lautende Urteil als **stillschweigend erteilt:** die gerichtliche Anordnung
der Freiheitsentziehung im rechtskräftigen Strafurteil umfasst **alle Maßnahmen,** die
zur **Durchführung** des Urteils notwendig werden. Eine besondere Durchsuchungsanordnung ist daher **nicht** erforderlich.[69]
Die Polizeidienststelle ist berechtigt, den Festgenommenen in der Regel der **nächstgelegenen** Vollzugsanstalt zuzuführen.[70] Die Überführung des Verurteilten in die für den
Strafvollzug zuständige JVA erfolgt dann im Auftrag der Vollstreckungsbehörde
durch die Vollzugsbehörde, ohne dass die Vollstreckungsbehörde insoweit tätig werden muss.

121 Der Vorführungs- oder Haftbefehl ist dem Verurteilten, wenn möglich bei der Ergreifung, **bekannt zugeben** (§ 33 Abs 6 StVollstrO). Dies geschieht durch Verlesung, am
zweckmäßigsten aber durch **Aushändigung** einer **Abschrift** (vgl. § 114a Abs 2 StPO).
Es empfiehlt sich deshalb (und ist in einigen Bundesländern auch vorgeschrieben),
den Vorführungs- oder Haftbefehl den Polizeidienststellen stets in **zweifacher** Fertigung zuzuleiten.
Einer förmlichen Eröffnung des Haftbefehls oder Vorführung vor den Richter bedarf
es nicht. Auch ist eine Vorführung des Festgenommenen an den Richter nicht vorgesehen und nicht erforderlich. Der festgenommene Verurteilte wird von der Polizei
unmittelbar entweder der zuständigen Justizvollzugsanstalt oder der nächstgelegenen
Justizvollzugsanstalt zugeführt. Wir der Verurteilte der nächstgelegenen aber nicht
zuständigen Justizvollzugsanstalt zugeführt, **muss** diese ihn aufnehmen und gegebenenfalls die Verschubung in die zuständige Justizvollzugsanstalt veranlassen.

122 Über **Einwendungen** gegen den Erlass eines Vorführungs- oder Haftbefehls ist nach
§ 31 Abs 6 RpflG, § 21 StVollstrO, §§ 23 ff EGGVG zu entscheiden. Ist der Haftbefehl (Vorführungsbefehl) bereits vollzogen, ist er erledigt und im Prinzip unanfechtbar. Möglich wäre aber wohl ein Feststellungsantrag nach § 28 Abs 1 Satz 4 EGG-
VG.[71]

---

[67] Die Vollstreckungsbehörde kann sich auch der Hilfsbeamten der Staatsanwaltschaft bedienen
(RGSt 21, 426).
[68] S Anh 2 zur StVollstrO.
[69] *Wendisch* in Löwe/Rosenberg, Rdn 15; *Meyer-Goßner,* Rdn 11 zu § 457 StPO; OLG Düsseldorf, NJW 1981, 2133.
[70] Bei Frauen in die nächstgelegene JVA mit einer Zuständigkeit zum Vollzug an Frauen.
[71] OLG Hamm, NStZ 1982, 524; OLG Düsseldorf, Rpfleger 1986, 64 und StV 1989, 542;
Meyer-Goßner, Rdn 16 zu § 457 StPO.

VII. Fahndungsmaßnahmen

A. Aufenthaltsermittlung

Ist der Verurteilte unbekannten Aufenthalts, so ist zunächst zu versuchen, durch eine **123** **Wohnungsanfrage** beim **Einwohnermeldeamt** des letzten Wohnortes (Aufenthaltsortes) oder auch über das Postamt (Nachsendeauftrag!) die Anschrift zu ermitteln, sofern nicht Anhaltspunkte dafür vorliegen, der Verteilte befinde sich auf der Flucht. Bei **Ausländern** bietet sich eine Anfrage beim **Bundesverwaltungsamt Köln – Ausländerzentralregister** – oder bei der örtlichen Ausländerbehörde an. Daneben kann auch die **Polizeibehörde** des letzten Wohn- oder Aufenthaltsortes um eine **Aufenthaltsermittlung** ersucht werden. Die Befugnis der Vollstreckungsbehörde zu Auskunftsersuchen an öffentliche Behörden[72] oder Aufträge an Polizeidienststellen ergibt sich aus § 457 Abs 1 (§ 161) StPO. Die Vorschrift gilt für das gesamte Vollstreckungsverfahren.

Bleiben die Anfragen oder Ermittlungen ergebnislos, so kann eine **Ausschreibung** zur **Aufenthaltsermittlung** (mit einer Laufzeit von 3 Jahren) und die Niederlegung eines **Suchvermerks** (§ 27 BZRG) im Bundeszentralregisters in Betracht kommen. Sind allerdings die Voraussetzungen für den Erlass eines Haftbefehls (§ 457 Abs 2 StPO) gegeben, so ist eine Ausschreibung zur Aufenthaltsermittlung unzulässig. Es muss vielmehr Haftbefehl ergehen und der Verurteilte zur **Festnahme** ausgeschrieben werden (§ 34 Abs 2 StVollstrO). Ausschreibungen zur Aufenthaltsermittlung werden demnach auf Sonderfälle, insbesondere auf die Vollstreckung kurzer Strafreste und Ersatzfreiheitsstrafen beschränkt bleiben.[73] Durch die Regelung des § 34 Abs 2 StVollstrO soll eine Reduzierung der oft wenig effektiven, aber mit hohem Verwaltungsaufwand verbundenen Ausschreibungen zur Aufenthaltsermittlung erreicht werden.

Soll der Aufenthalt des Verurteilten im **Ausland** ermittelt werden, so kann ein **Auskunftsersuchen** an die **ausländische Behörde** nach Nr. 118 Abs 2 RiVASt in Frage kommen. Die Anfrage, ob sich der Verurteilte in dem betr. ausländischen Staat aufhält, ist mit einer Mehrfertigung über das Landeskriminalamt dem Bundeskriminalamt zu übersenden.

B. Ergreifungsfahndung

Liegen Haftgründe des § 457 Abs 2 StPO vor, hat die Vollstreckungsbehörde die glei- **124** chen Befugnisse wie die Strafverfolgungsbehörde, soweit die angewandten Mittel bestimmt und geeignet sind, die **Festnahme** des Verurteilten herbeizuführen (§ 457 Abs 3 StPO). Dies gilt insbesondere dann, wenn ein Strafgefangener/Untergebrachter entwichen ist oder der Verurteilte flüchtig ist oder sich verborgen hält. Alle Maßnahmen, die im **Erkenntnisverfahren** zur **Ergreifung** des Beschuldigten zulässig sind, sind grundsätzlich auch im **Vollstreckungsverfahren** statthaft.[74]

---

[72] Zur Einschränkung der Auskunftserteilung aufgrund Post-, Bank-, Steuer- und Sozialgeheimnisses s im einzelnen *Heidelberger Kommentar*, Rdn 3–8 zu § 161 StPO.

[73] Nach § 34 Abs 4 Satz 4 StVollstrO ist auch bei diesen Strafen eine Ausschreibung zur Festnahme nicht unzulässig.

[74] Vgl. BT-Dr 12/989 S 44/45.

125   In Betracht kommen hier einmal die **herkömmlichen Fahndungshilfsmittel,** wie sie in Nr. 40 RiStBV aufgeführt sind, also:

a) Mitteilung an das Bundeszentralregister (Steckbriefnachricht/Suchvermerk),
b) Inanspruchnahme des EDV-Fahndungssystems der Polizei (INPOL),
c) Eintrag in das deutsche Fahndungsbuch,
d) Eintrag in das Bundeskriminalblatt und die Landeskriminalblätter.

Bei der Inanspruchnahme von **Publikationsorganen** zur Fahndung sind die hierzu erlassenen besonderen Richtlinien zu beachten.[75]

Nach § 457 Abs 3 (§ 131) StPO wäre auch bei einem Verurteilten, der flüchtig ist oder sich verborgen hält, der Erlass eines **Steckbriefs** (§ 34 StVollstrO) möglich. Dieses Fahndungsmittel findet in der Praxis der Vollstreckungsbehörden allerdings wenig Verwendung, sollte aber in den genannten Fällen verstärkt gezielt eingesetzt werden.

126   Neben den herkömmlichen Fahndungsmöglichkeiten sind auch die durch das **OrgKG**[76] neu eingeführten Fahndungsmittel statthaft. In Frage könnten zur Ermittlung des Aufenthaltsortes (Festnahme) kommen:

a) Datenabgleich (§ 98 c StPO),
b) Überwachung der Telekommunikation (§ 100 a StPO),
c) Observationsmaßnahmen (§ 100 c StPO),
d) nächtliche Hausdurchsuchung (§ 104 StPO),
e) Kontrollstellen an öffentlich zugänglichen Orten (§ 111 StPO).

Die Maßnahmen bedürfen jedoch der **richterlichen Anordnung.** Im Vollstreckungsverfahren ist hierzu das **Gericht** des **ersten Rechtszuges** zuständig (§ 457 Abs 3 Satz 3 StPO). In der Praxis haben diese Fahndungsmöglichkeiten bisher wenig Resonanz gefunden und werden auch in den meisten Fällen nicht angemessen und verhältnismäßig sein.

127   Da einzelne Fahndungsmittel tiefgreifend und einschneidend sind, ist der Grundsatz der **Verhältnismäßigkeit der Mittel** im besonderen Maße zu beachten. Für jeden Einzelfall ist eine spezielle Abwägung erforderlich. Bei der Prüfung ist insbesondere auf die **Höhe** der noch zu vollstreckenden Strafe Bedacht zu nehmen (§ 457 Abs 3 Satz 2 StPO).[77] Aber auch die Art von Delikt und die Höhe der Strafe (Freiheitsstrafe/höhere Ersatzfreiheitsstrafe), die Dauer der Fahndung und die Art der bisher (erfolglos) angewandten Fahndungsmittel sowie die Gefährlichkeit des Verurteilten (etwa bei entwichenem Strafgefangenen) können von Bedeutung sein. Weniger einschneidende Maßnahmen, die gleichfalls Erfolg versprechen, haben den Vorzug.

C. Ausschreibung zur Festnahme

128   Liegt ein Haftbefehl, ein Unterbringungsbefehl oder ein Steckbrief vor, so veranlasst die Vollstreckungsbehörde (zuständig ist nach § 31 RpflG der Rechtspfleger) zur Fahndung des Verurteilten im Inland dessen **Ausschreibung** zur **Festnahme.** Bei Ersatzfreiheitsstrafen und Strafresten bis zu zwei Wochen soll in der Regel von einer Ausschreibung abgesehen werden, es sei denn, dass andere Fahndungsmaßnahmen erfolglos geblieben sind und eine weitere Fahndung im öffentlichen Interesse geboten erscheint (§ 34 Abs 2 StVollstrO). Die in Abs 2 genannten Fahndungsmaßnahmen

---

[75] Siehe Anlage F zu RiStBV.
[76] Zum OrgKG s *Körner,* NJW 1993, 234ff; *Hilger,* NStZ 1992, 457ff und 523ff. Zu den zulässigen Fahndungsmitteln s auch *Bringewat,* Rdn 23 zu § 457 StPO.
[77] Vgl. BT-Dr 12/989 S 59.

sind in Nr. 40 RiStBV aufgeführt (z. B. Auskünfte von Behörden oder anderen Stellen, Auskünfte vom Bundes-, Verkehrs-, Gewerbe- und Ausländerzentralregister, aus dem INPOL-System oder dem Schengener Informationssystem.

Das Personenfahndungssystem der Polizei arbeitet auf der Grundlage **elektronischer Datenverarbeitung.** Mit Hilfe der Datenstationen, die über ein Leitungsnetz an das EDV-Fahndungssystem des Bundeskriminalamtes angeschlossen sind, ist es möglich, Anfragen, Ausschreibungen und Löschungen **unmittelbar** zu tätigen.

Welche Polizeidienststelle die Eingabe in das EDV-Fahndungssystem (INPOL) bewirkt, ist in den Bundesländern unterschiedlich geregelt; zumeist sind es die Landeskriminalämter. In den meisten Bundesländern können die Polizeidirektionen (Polizeipräsidien), bei denen neben dem LKA ebenfalls Datenstationen eingerichtet wurden, unmittelbar mit der Eingabe der Ausschreibung in das Fahndungssystem beauftragt werden (s auch Nr. 41 RiStBV).

Die Justizbehörden leiten die **Ausschreibungsanträge** der für die Dateneingabe zuständigen Polizeidienststelle (LKA oder PD) zu. Sie verwenden hierzu das **Original** des Vordrucks KP 21/EDV. Dem Ausschreibungsantrag ist eine Ausfertigung (beglaubigte Abschrift) des Haftbefehls beizufügen. Die Haftunterlagen werden bei der für die Eingabe in das EDV-Fahndungssystem zuständigen Polizeibehörde aufbewahrt. Eine **Ausfertigung** des Ausschreibungsantrags (1. Mehrfertigung des Formulars) wird der Polizeidienststelle des letzten Wohnortes zur **örtlichen Fahndung** übersandt. Die 2. **Mehrfertigung** des Formulars KP 21/EDV ist für die **Akten** der Justizbehörde bestimmt.

Fristverlängerungen und **Löschungen** (letztere mit KP 24/EDV) erfolgen nach dem gleichen System.

Die Laufzeit für Ausschreibungen zur Festnahme wie auch zur Aufenthaltsermittlung beträgt **drei Jahre** vom Tage der Eingabe in das Fahndungssystem an gerechnet. Nach Ablauf der 3-Jahres-Frist werden die Ausschreibungen gelöscht, falls nicht bis spätestens vier Wochen vor Ablauf eine Verlängerung mit KP 21/EDV beantragt wird.

Nachfolgend das Formular eines **Ausschreibungsantrags** aus Baden-Württemberg.   129

Staatsanwaltschaft Ellwangen

Marktplatz 6, 73477 Ellwangen   Tel. 81371 Fax. 07961/81-338
                                                        Ellwangen, 30.Jul.2003

57 VRs Js

Bei Rückfragen und Schriftverkehr bitte obiges Aktenzeichen unbedingt angeben

Polizeidirektion - DASTA -
Postfach

73431 Aalen

Zum Antrag auf AUSSCHREIBUNG einer Personenfahndung im INPOL

der StA Ellwangen für

PGB	Geburtsname und Namensbestandteile Mustermann
PFN	Familiename-Ehename und Namensbestandteile Mustermann
PVN	Vorname Hans
PGD	Geburtsdatum 01.09.1949

Beigefügt ist: Haftbefehl

Sonstige Mitteilung:

nachrichtlich an
Polizeirevier Musterhausen

——·—————————————— (Däffner, JA); 30.07.2003

D. Steckbriefnachricht

Mit dem Erlass eines Haftbefehls, Unterbringungsbefehls, Steckbriefs kann die Voll- **130**
streckungsbehörde gem. § 27 BZRG eine **Steckbriefnachricht** im Bundeszentralregister niederlegen (vgl. Nr. 41 Abs 1 Satz 1 RiStBV). Damit wird der Zweck verfolgt, das
Zentralregister (ggf. nach § 62 BZRG auch das Erziehungsregister) in die Fahndung
mit einzubeziehen. Da das Register nicht nur Sammelstelle für Eintragungen über
strafgerichtliche Verurteilungen etc., sondern zugleich auch Anlaufstelle für Anfragen,
Auskunftsersuchen u.a. ist, kann die Registerbehörde u.U. durch Hinweise (§ 28
BZRG) die Ermittlung des Gesuchten ermöglichen.

Liegen die Voraussetzungen eines Haftbefehls nicht vor, kann ein **Suchvermerk im
Bundeszentralregister** niedergelegt werden. Suchvermerk und Steckbriefnachricht
haben die gleiche Wirkung (vgl. §§ 27 ff BZRG).

Geht innerhalb von **drei Jahren** keine Mitteilung über die Erledigung ein, so wird die
Steckbriefnachricht bzw. der Suchvermerk aus dem Register entfernt (§ 29 Abs 2
BZRG). Die Entfernung wird der suchenden Behörde nicht mitgeteilt. Will die Vollstreckungsbehörde eine weitere Niederlegung erreichen, so muss dem Register eine
neue Nachricht rechtzeitig vor Ablauf der 3-Jahresfrist übersandt werden.

Zur Abfassung einer **Steckbriefnachricht** s Muster auf der nachfolgenden Seite.   **131**

Staatsanwaltschaft Ellwangen

Marktplatz 6, 73447 Ellwangen   Tel.: 07961 81369 Fax 81-338
                                                          Ellwangen, 02. Jul. 2003

56 VRs 13 Js 1975/03

AUSDRUCK DER MITTEILUNG AN DAS BUNDESZENTRALREGISTER
Nur für die Akten bestimmt

01 Belegart..: E
02 Geburtsdatum ....: 14.03.1979
07 Geburtsname ....: Mustermann
09 Vorname ....: Max
10 Geburtsort ....: Adorf
11 Staatsangehörigkeit ....: Deutsch
12 Andere Staatsangehörigkeiten ....: Türkei
14 Letzte bekannte Anschrift ....: Königstr. 13, 01097 Dresden
17 Datum der ersten Entscheidung ....: 02.07.2003
18 Aktenzeichen ....: 56 VRs 13 Js 1975/03
19 Kennzeichen der erkennenden Stelle......: B2100S
20 erkennende Stelle in Langschrift ....: StA Ellwangen (Jagst)

4170: Niedergelegt auch im Erziehungsregister
4114: Steckbrieflich gesucht wegen: Strafvollstreckung

Bitte haben Sie Verständnis dafür, dass diese Mitteilung aus Rationalisierungsgründen
nicht unterschrieben ist.
Däffner, JA

E. Einleitung der Fahndung (Vfg)

Unter Erlass eines Haftbefehls kann die Vollstreckungsbehörde durch folgende Ver- **132** fügung die Fahndung einleiten:

Staatsanwaltschaft .... , den ....
VRs ..../....

Verfügung
1.   Vollstreckungshaftbefehl
Gegen den am ...... in ......
geborenen, zuletzt in ......
wohnhaft gewesenen

N. N.

ist durch rechtskräftiges Straferkenntnis des ......gerichts ...... vom ...... – AZ: ......
– wegen ...... eine Freiheitsstrafe von ...... verhängt worden.
Der Verurteilte ist flüchtig. Gem. § 457 StPO wird daher Haftbefehl erlassen. Der Genannte ist bei Ermittlung festzunehmen und in die nächste Vollzugsanstalt einzuliefern.
Der Vollzug ist unverzüglich zu melden.
2. Antrag auf Ausschreibung zur Festnahme (KP 21/EDV) an:
   a) PD ....../LKA ...... – DSt –
   b) 1. Mehrfertigung des Ausschreibungsantrags an ...... zur örtlichen Fahndung
   c) 2. Mehrfertigung zum Vollstreckungsheft.
3. Ausfertigung des Haftbefehls Ziff 2 a) beifügen.
4. Steckbriefnachricht an Bundeszentralregister.
5. Wv 4 Wochen

                                    ....

Rechtspfleger

F. Fahndung im Ausland

Werden Fahndungsmaßnahmen gegen einen Verurteilten im **Ausland** erforderlich, so **133** kann (neben einer Ausschreibung zur Festnahme im Inland) die **internationale** Fahndung durch **Interpol**, im **Schengener Informationssystem** (SIS) und durch Mitfahndungsersuchen an andere Staaten veranlasst werden. Dies ist aber nur zulässig, wenn zugleich die nationale Fahndung betrieben wird und beabsichtigt ist, bei Ermittlung des Gesuchten ein **Auslieferungsersuchen** (vgl. Art 59 ff SchengenDurchfÜbk, Art 2 EuAlÜbk) anzuregen. Die internationale Fahndung richtet sich nach den hierfür erlassenen (bundeseinheitlichen) **Richtlinien** (Nr. 85 RiVASt), die zum 1. 11. 1993 in Kraft getreten sind.[78] Die Fahndung im **SIS** und zugleich in angrenzenden **europäischen Nachbarstaaten** wird mittels des Vordrucks KP 21/24 unter Beifügung ergänzender Begleitpapiere sowie einer Mehrfertigung des vollstreckbaren Straferkenntnisses über die örtlich zuständige **Datenstation** veranlasst. Die Fahndung durch **Interpol** wird mit Vordruck IKPO Nr. 1 (doppelt) über das LKA an das **BKA** unter Beifügung einer Mehrfertigung des vollstreckbaren Straferkenntnisses in die Wege geleitet. Ausschreibungen zur **Aufenthaltsermittlung** werden im Bereich des SIS durch den Vordruck KP 21/24 (Datenstation) und für Interpol durch den Vordruck IKPO Nr. 2 bewirkt.

---

[78] Siehe RdErl. Des JM BW vom 27. 9. 1993 mit dem Text der Richtlinien. Zur internationalen Fahndung siehe auch Rdn 731.

Soweit zwischenstaatliche Vereinbarungen dies gestatten, kann zur Ermittlung des Aufenthalts auch ein **Suchvermerk** im Register des anderen Landes niedergelegt werden oder eine **Ausschreibung** in dessen Fahndungsblättern erfolgen (s Länderteil der RiVASt).[79]

Ist der Aufenthaltsort im Ausland bekannt, und besitzt der Verurteilte die deutsche Staatsangehörigkeit, so kann die deutsche Auslandsvertretung um **passbeschränkende Maßnahmen** (§§ 7, 8, 19 Passgesetz) ersucht werden (Nr. 88 Abs 2 RiVASt).

Im Regelfall ist jedoch die Anregung eines **Einlieferungsersuchens**[80] (Nr. 85 ff RiVASt), eines **Strafverfolgungsersuchens** (Nr. 145 RiVASt) oder ggf. eines **Vollstreckungshilfeersuchens** (Nr. 105 ff RiVASt) das wirksamere Mittel.

Führen die verschiedenen Maßnahmen aus rechtlichen oder tatsächlichen Gründen nicht zum Erfolg, bleibt nur die **Ausschreibung zur Festnahme**, um eine Ergreifung des Verurteilten bei Betreten des Bundesgebietes zu ermöglichen.

G. Beendigung der Fahndung (Vfg)

134 Ist der Verurteilte in den kriminalpolizeilichen Fahndungshilfsmitteln ausgeschrieben, und fällt der Fahndungsgrund weg, so veranlasst die Vollstreckungsbehörde unverzüglich die **Löschung** (§ 34 Abs 3 StVollstrO). Anträge auf Löschung eines Fahndungsersuchens sind mit KP 24/EDV der Datenstation zuzuleiten, die den Ausschreibungsantrag bearbeitet hatte; eine Mehrfertigung des Löschungsantrages geht an die Polizeidienststelle, die für die örtliche Fahndung zuständig war.

Nach § 29 BZRG ist der Registerbehörde zugleich die **Erledigung** der Steckbriefnachricht (Suchvermerk) mitzuteilen.

135 Erledigt sich die Fahndung durch die Ergreifung des Verurteilten, so kann folgende **Verfügung** der Vollstreckungsbehörde ergehen:

Staatsanwaltschaft .... , den ....
VRs ..../....

Verfügung

1. Löschung der Ausschreibung mit KP 24/EDV beantragen.
2. Erledigung der Steckbriefnachricht dem Bundeszentralregister mitteilen.
3. Überführungsersuchen an JVA ......
4. Aufnahmeersuchen an JVA ......
   zu vollstrecken: ......
   Strafbeginn: ......(Festnahme)
   anzurechnen: ...... Tage U-Haft, erl v ......bis ......
5. Urteil mit Gründen, BZR-Auszug der Ziff 4 anschließen.
6. Wv ......

....

Rechtspfleger

---

[79] Zum Rechtshilfeverkehr zwischen den Mitgliedsländern des Europarates vgl. das Europäische Auslieferungsübereinkommen vom 13. 12. 1957 (BGBl II 1964, 1371 ff), das Europäische Übereinkommen über die Rechtshilfe in Strafsachen vom 20. 4. 1959 (BGBl II 1964, 1386 ff), die Bekanntmachung über das Inkrafttreten der beiden Übereinkommen vom 8. 11. 1976 (BGBl II 1976, 1778 ff und 1799 ff), die Zusatzverträge mit einzelnen Ländern (Fundstelle: BGBl II 1976, 1797 und 1816) sowie das Zusatzprotokoll zum Europäischen Übereinkommen über die Rechtshilfe in Strafsachen vom 17. 3. 1978 (BGBl II 1990, 125; 1991, 909); s auch Rdn 718 ff.

[80] Einzelheiten vgl. Rdn 730 ff, 739, 742 ff, 756 f.

VIII. Strafzeitberechnung

A. Allgemeine Regeln

1. Getrennte Berechnung

Die Strafzeit[81] ist für jede **selbständige** Strafe **getrennt** zu berechnen, gleichgültig, ob **136** die mehreren. Strafen in **verschiedenen** Verfahren oder in **derselben** Sache erkannt worden sind (§ 37 Abs 1 StVollstrO). Letzteres kann eintreten bei einer nachträglichen Gesamtstrafenbildung nach § 55 StGB oder § 460 StPO, wenn z. B. eine Einzelstrafe nicht in die Gesamtstrafe einbezogen werden konnte, wenn in einer Strafentscheidung mehrere Gesamtstrafen gebildet wurden, weil die Voraussetzungen zur Bildung einer einzigen Gesamtstrafe insoweit nicht vorlagen, oder auch wenn eine Freiheitsstrafe und die Vollstreckung einer Ersatzfreiheitsstrafe (weil die Geldstrafe nicht beigetrieben werden kann) aus demselben Straferkenntnis (§ 53 Abs 2 Satz 2 StGB) zur Vollstreckung anstehen. Eine getrennte Strafzeitberechnung ist erforderlich, um jede Strafe auch getrennt vollstrecken zu können, wie § 454 b Abs 1 StPO, § 43 Abs 1 StVollstrO dies bestimmen. Als Freiheitsstrafe kommt nur eine solche nach § 39 StGB in Betracht. Über die sich daraus ergebende Höchstgrenze von 15 Jahre (zeitige Freiheitsstrafe, auch Gesamtfreiheitsstrafe) darf eine zeitige Freiheitsstrafe nicht vollstreckt werden, selbst wenn, aus welchen Gründen auch immer, das Gericht eine höhere zeitige Freiheitsstrafe oder zeitige Gesamtfreiheitsstrafe verhängen sollte.[82] Die Vollstreckungsbehörde (Rechtspfleger) muss in diesen Fällen die fehlerhafte Strafzumessung erkennen und bei ihr müssen gegebenenfalls „Zweifel über die Berechnung der erkannten Strafe" entstehen, wodurch eine Entscheidung des Gerichts herbeizuführen ist nach § 458 Abs 1 StPO.

Wie die Strafen zu berechnen sind, wird in § 37 Abs 1, 4 und 5 StVollstrO als Grundsätze formuliert, während § 37 Abs 2 und 3 StVollstrO Sonderregelungen enthält. Abs 4 bestimmt die natürliche Berechnungsweise. Dies bedeutet, dass die Woche immer mit sieben Tagen, die Monate und Jahre jeweils nach der Kalenderzeit zu berechnen sind. Probleme ergeben sich bei der Bestimmung, dass der Tag mit 24 Stunden zu berechnen ist an den Tagen, an denen die Zeitumstellung auf die Sommerzeit oder Winterzeit erfolgt. Ist die Strafe nach Stunden zu vollstrecken (§ 37 Abs 2 Satz 1 StVollstrO) ist zu beachten, dass in diesem Falle der Tag der Umstellung auf die Sommerzeit nur 23 Stunden und der Tag der Umstellung auf die Winterzeit 25 Stunden hat. Zu vollstrecken sind aber 24 Stunden.[83]

Zu beachten ist seit der Novellierung der Strafvollstreckungsordnung ferner, dass durch Unterbrechungshandlungen sich die Strafzeit insgesamt nicht verlängern darf. Das Gleiche gilt auch bei Anrechnungen auf die Strafzeit. So bestimmt § 37 Abs 1 Satz 2 StVollstrO ausdrücklich, dass bei jeder Strafzeitberechnung darauf zu achten ist, dass diese nicht zu einer Verlängerung der nach § 39 StGB ausgesprochenen Strafe führt. Diese Bestimmung führt dazu, dass bei nahezu allen Strafzeitberechnungen **Vergleichsberechnungen** anzustellen sind. Bei den einzelnen nachstehend dargestellten Berechnungen wird hierauf näher eingegangen werden.

---

[81] Zur Strafzeitberechnung bei nachträglichen Gesamtstrafen, Ersatzfreiheitsstrafen, Erzwingungshaft, Ordnungshaft, Maßregeln, bei Strafvollzug durch die Bundeswehr und bei Jugendlichen vgl. auch Rdn 212 ff, 271 ff, 315 ff, 504, 531, 341 ff, 221, 587, 594, 608.
[82] BVerfG, NStZ 1994, 542.
[83] Siehe Rdn 137.

In welcher **Reihenfolge** mehrere Freiheitsstrafen oder Ersatzfreiheitsstrafen zu vollstrecken sind, bestimmt § 43 StVollstrO. Danach sind Freiheitsstrafen und Ersatzfreiheitsstrafen, aus denen keine Gesamtstrafe gebildet werden kann grundsätzlich unmittelbar nacheinander zu vollstrecken. Die Reihenfolge der Vollstreckung ist in § 43 Abs 2 StVollstrO zwingend festgelegt. Vorab werden Freiheitsstrafe von nicht mehr als 2 Monaten vollstreckt, in deren Anschluss widerrufene Strafe und dann ganze Freiheitsstrafen, wobei kürzere vor längeren zu vollstrecken sind. Bei gleich langen Freiheitsstrafen erfolgt die Reihenfolge der Vollstreckung nach dem Zeitpunkt des Eintritts der Rechtskraft. Ersatzfreiheitsstrafen werden **nach** Freiheitsstrafen vollstreckt, bei mehreren Ersatzfreiheitsstrafe gilt § 43 Abs 2 Nr 1 StVollstrO entsprechend.[84]

> **Beispiel:**
> Aus einem Urteil, in dem nach § 55 StGB ein früheres rechtskräftiges Urteil einbezogen wurde und in dem zwei Strafen verhängt wurden, stehen deshalb zur Vollstreckung an eine Gesamtfreiheitsstrafe von 1 Jahr und eine weitere Freiheitsstrafe von 6 Monaten. Der Verurteilte wird nach Eintritt der Rechtskraft der Strafentscheidung von der Vollstreckungsbehörde zum Strafantritt geladen auf 18. 3. 2009 in die zuständige Justizvollzugsanstalt. Er tritt an diesem Tage gegen 17.00 Uhr seine Strafe an.
> Nach dem Grundsatz der getrennten Berechnung und der Reihenfolge, kürzere vor der längeren, ergibt sich folgende Berechnung:
>
> | | | | |
> |---|---|---|---|
> | Strafbeginn (Einzelstrafe) | 18. 3. 2009 | TB | = 0.00 Uhr |
> | nach §§ 37 Abs 2 Satz 2, 38 Ziffer 1 StVollstrO | 6 Mon | | |
> | Strafende der Einzelstrafe | 18. 9. 2009 | TB | |
> | Strafbeginn der Gesamtfreiheitsstrafe | 18. 9. 2009 | TB | |
> | | 1 Jahr | | |
> | Strafende | 18. 9. 2010 | TB | |
> | entspricht | 17. 9. 2010 | TE | = 24.00 Uhr |
>
> Die Unterbrechung gem. § 454 b Abs 2 StPO bleibt hier außer Betracht.[85]

Von der in § 43 Abs 2 StVollstrO festgelegten Reihenfolge machen § 43 Abs 3 und Abs 4 Ausnahmen.
– hat die Vollstreckung einer Strafe bereits begonnen, bevor die weitere Strafe hinzutritt, wird diese Strafe weiter vollstreckt, entweder bis zu deren Ende oder bis zu einem Unterbrechungszeitpunkt nach § 454 b StPO;
– die Vollstreckungsbehörde kann aus **wichtigem Grunde** eine abweichende Reihenfolge der Vollstreckung bestimmen.
Es besteht aber kein (verfassungs-)rechtliches Verbot, von der Regel des § 43 Abs. 2 StVollstrO abzuweichen, § 454 b StPO lässt dies ohne weiteres zu. Deshalb ist stets zu prüfen, ob möglicherweise **wichtige Gründe** vorliegen, die ein Abweichen von der Reihenfolge der Vollstreckung nach § 43 Abs 2 StVollstrO rechtfertigen. Ein wichtiger Grund kann sein, wenn
– aufgrund einer Gesamtbetrachtung eine realistische Möglichkeit besteht, dass die Kriminalprognose (schon) früher günstig sein wird, als wenn die Regel beachtet würde,
– durch eine Abweichung von der Regel die Möglichkeit einer raschen Therapie nach § 35 BtMG eröffnet wird.[86]

---

[84] Weitere Ausführungen hierzu s. Rdn 174 ff.
[85] § 454 b Abs 2 StPO gilt auch bei mehreren Freiheitsstrafen aus **einer** Gesamtstrafenentscheidung. Zur Ermittlung des $2/3$- bzw. $1/2$-Termins darf keine Zusammenrechnung erfolgen, OLG Karlsruhe, Justiz 1980, 479, OLG Düsseldorf, MDR 1981, 246, OLG Bremen, NJW 1975, 2031, OLG Stuttgart, OLGSt Nr. 3 zu § 67 StGB.
[86] *Thomas Wolf*, RPfleger 2004, 408 ff.

2. Berechnung nach Tagen oder Stunden

Hat der Verurteilte **nicht mehr als eine Woche (7 Tage nach § 37 Abs 4 StVollstrO)**   137
im Strafvollzug zuzubringen (Hauptanwendungsfall: Ersatzfreiheitsstrafe, Erzwingungshaft),[87] so wird die Strafe dem **Tage und der Stunde** nach berechnet; die für
die Berechnung maßgebenden Umstände (z. B. Strafantritt), die im Laufe einer Stunde eintreten, gelten als zu **Beginn** der Stunde eingetreten (§ 37 Abs 2 Satz 1
StVollstrO).

> **Beispiel:**
> Zu vollstrecken sind 6 Tage Ersatzfreiheitsstrafe.
> Strafantritt: 18. 3. 2009, 15.50 Uhr.
> Da die Strafe nicht mehr als eine Wochen (oder sieben Tage) beträgt, gilt der Grundsatz
> der Berechnung dem Tage und der Stunde nach. Strafantritt (dies ist der maßgebende
> Umstand) ist vorzuverlegen auf den Beginn der Stunde.
>
> | Strafbeginn daher | 18. 3. 2009, 15.00 Uhr |
> |---|---|
> | Strafe | + 6 Tage |
> | Strafende | 24. 3. 2009, 15.00 Uhr |
>
> Dies bedeutet, dass der Verurteilte **nach 14.00 Uhr** aus der Strafhaft entlassen werden
> kann nach § 37 Abs 2 Satz 3 StVollstrO, da ein Ereignis, das zu Beginn einer Stunde ein
> getreten ist (hier die Entlassung) als zu Ende der Stunde als eingetreten gilt, wenn es für
> die verurteilte Person günstiger ist. Hinsichtlich des Strafantritts gilt, dass das Ereignis
> (Strafantritt) als zu Beginn der Stunde als eingetreten gilt, wenn es für die verurteilte Per
> son günstiger ist.
> Hätte die verurteilte Person ihre Strafe am 23. 3. 2009 gegen 15.50 Uhr angetreten, ist
> zu beachten, dass am 29. 3. 2009 auf die Sommerzeit umgestellt wurde, der 29. 3. 2009
> also nur 23 Stunden hatte. Dies ergäbe dann folgende Strafzeitberechnung:
>
> | Strafbeginn | 23. 3. 2009, 15.00 Uhr |
> |---|---|
> | Strafe | + 6 Tage |
> | Strafende | 29. 3. 2009, 16.00 Uhr, |
>
> so dass der Verurteilte nach 15.00 Uhr aus der Haft entlassen werden kann nach § 37
> Abs 2 Satz 3 StVollstrO. Es wäre wünschenswert gewesen, dass bei der Novellierung der
> Strafvollstreckungsordnung das für Monate und Jahre angewendete System der Berech
> nung nach der Kalenderzeit auch hierauf übertragen worden wäre.

Bei einer Vollzugsdauer von **mehr** als einer Woche/7 Tage) wird die Strafe **nur** nach   138
vollen **Tagen** berechnet. Die im Laufe eines Tages eintretenden Umstände (Strafantritt) gelten als zu **Beginn** des Tages eingetreten (§ 37 Abs 2 Satz 2 StVollstrO).

> **1. Beispiel:**
> Zu vollstrecken sind 10 Tage Ersatzfreiheitsstrafe.
> Strafantritt: 18. 3. 2009, 18.30 Uhr
> Hier gilt der Grundsatz, dass diese Strafe nur nach vollen Tagen zu berechnen ist. Der
> Strafantritt als maßgebender Zeitpunkt, der in den Lauf eines Tages fällt, ist auf den Be
> ginn des Tages vorzuverlegen.
>
> | Strafbeginn: | 18. 3. 2009 TB |
> |---|---|
> | Strafe | + 10 Tage |
> | Strafende: | 28. 3. 2009 TB |
> | entspricht | 27. 3. 2009 TE = 24.00 Uhr |
>
> Der Verurteilte kann daher am 27. 3. 2009 nach 0.00 Uhr aus der Haft entlassen werden
> nach § 37 Abs 2 Satz 3 StVollstrO. Ergänzend führt § 16 Abs 1 StVollzG hierzu aus, dass
> der Verurteilte am letzten Tage seiner Haft möglichst frühzeitig, jedenfalls noch am Vor
> mittag entlassen werden soll.

---

[87] Mindestmaß bei Ersatzfreiheitsstrafen (§ 43 StGB): ein Tag; bei Freiheitsstrafen (§ 38 StGB):
ein Monat; bei Strafarrest (§ 9 WStG): zwei Wochen; bei Ersatzfreiheitsstrafe an Stelle der Vermögensstrafe (§ 43 a Abs 3 StGB): ein Monat.

Hätte der Verurteilte seine Strafe am 25. 3. 2009 angetreten (am 29. 3. 2009 wurde die Zeit auf die Sommerzeit umgestellt), müsste nicht beachtet werden, dass der 29. 3. 2009 nur 23 Stunden hatte. Strafende wäre in diesem Falle der 4. 4. 2009 TB = 0.00 Uhr, was dem 3. 4. 2009 TE = 24.00 Uhr entspricht. Nach § 16 Abs 1 StVollzG wäre die verurteilte Person am 3. 4. 2009 im Laufe des Vormittags zu entlassen.

2. Beispiel:

Aus verschiedenen Urteilen stehen 7 Tage und 10 Tage Ersatzfreiheitsstrafe zur Vollstreckung an. Zunächst gilt der Grundsatz, dass jede Strafe getrennt für sich zu berechnen ist nach § 37 Abs 1 StVollstrO, dann ist die Reihenfolge der Vollstreckung dieser beiden Strafen nach § 43 Abs 2 Nr 2 StVollstrO zu bestimmen. Danach ist die kürzere vor der längeren zu vollziehen, es sei denn, die Vollstreckung der Ersatzfreiheitsstrafe von 10 Tagen hat bereits begonnen, bevor die Vollstreckung der Ersatzfreiheitsstrafe von 7 Tagen eingeleitet wird – § 43 Abs 3 StVollstrO. Die Vollstreckung der Ersatzfreiheitsstrafe von 7 Tagen hat nach Tagen und Stunden zu erfolgen, die Vollstreckung der Ersatzfreiheitsstrafe von 10 Tagen nur nach vollen Tagen. Der Verurteilte tritt seine Strafe am 18. 3. 2009, 18,30 Uhr an.

Strafbeginn:	18. 3. 2009	18.00 Uhr
Strafe	+ 7 Tage	
Strafende:	25. 3. 2009,	18.00 Uhr
Strafbeginn:	25. 3. 2009	TB = 00.00 Uhr
	+ 10 Tage	
Strafende	4. 4. 2009	TB = 00.00 Uhr
entspricht	3. 4. 2009	TE = 24.00 Uhr

139 § 37 Abs 2 Satz 3 StVollstrO bringt hinsichtlich der für die Berechnung der Strafzeit maßgebenden **Umstände** eine Besonderheit: die im Laufe einer Stunde oder eines Tages (s. o.) eingetretenen Umstände gelten als am **Ende** der Stunde oder des Tages eingetreten, wenn dies für die verurteilte Person **günstiger** ist. Als „Umstände" im Sinne von § 37 Abs 2 StVollstrO kommen alle Ereignisse in Betracht, die für die Strafzeitberechnung maßgebend sind: z. B. Strafantritt, Festnahme, Entlassung; aber auch jede Unterbrechung des Vollzugs (Z. B. durch Strafunterbrechung oder Flucht). Ob bei der Strafzeitberechnung dann vom Beginn oder Ende des Tages (Stunde) auszugehen ist, hängt ausschließlich davon ab, was für den Verurteilten günstiger ist.

Beispiel:
Der Verurteilte verbüßt eine Freiheitsstrafe von 1 Jahr.
Ihm ist vom 29. 3. 2009, 8.00 Uhr, bis 30. 3. 2009, 20.00 Uhr, gnadenweise Strafunterbrechung gewährt worden.
Für die Strafzeitberechnung beginnt die Strafunterbrechung am 29. 3. 2009, 24.00 Uhr (Tagesende, weil dies für den Verurteilten günstiger ist).
Erneuter Strafbeginn ist der 30. 3. 2009, 0.00 Uhr (Tagesbeginn als der günstigere Zeitpunkt);
d. h. für die Strafzeitberechnung ist keine Unterbrechung eingetreten, obwohl die verurteilte Person 1 1/2 Tage in Freiheit war.

140 Ist der Lauf der Strafzeit aus irgendeinem Grunde **unterbrochen** worden, so ist für den Berechnungsmodus nach Tagen oder auch der Stunde nach nicht der Strafrest, sondern die Zeit maßgebend, die der Verurteilte **insgesamt** im Strafvollzug zuzubringen hat (§ 37 Abs 2 Satz 5 StVollstrO).

Beispiel:
Zu vollstrecken sind 6 Monate Freiheitsstrafe unter Anrechnung von 20 Tagen Untersuchungshaft. Der Verurteilte hat seine Strafe am 18. 3. 2009, 16.30 Uhr angetreten. Am 22. 8. 2009 um 17.00 Uhr entweicht der Verurteilte aus der Strafanstalt und wird am 10. 9. 2009, 19.00 Uhr wieder ergriffen und in die Justizvollzugsanstalt verbracht. Dies ergibt nachstehende Strafzeitberechnung:

Strafbeginn:	18. 3. 2009 TB
	+ 6 Mon
abzüglich Untersuchungshaft	18. 9. 2009 TB
	− 20 Tage
Strafende	29. 8. 2009 TB
entspricht	28. 8. 2009 TE

Entweichen am 22. 8. 2009, 17.00 Uhr, entspricht
nach § 37 Abs 2 Satz 3 StVollstrO   22. 8. 2009   TE
Strafrest demnach noch 6 **Tage.**

Erneute Festnahme am 10. 9. 2009, 19.00 Uhr	10. 9. 2009 TB
	+ 6 Tage
Strafende	16. 9. 2009 TB
entspricht	15. 9. 2009 TE

Entlassung des Verurteilten erfolgt nach § 16 StVollzG am 15. 9. 2009 im Laufe des Vormittags. Auf eine evtl. Vergleichsberechnung nach § 37 Abs 1 Satz 2 StVollstrO wurde hier nicht eingegangen. Nicht berücksichtigt wurde auch, dass die verurteilte Person sich sogenannte Freistellungstage nach § 43 Abs 6 StVollzG erarbeitet hat.

Diese Bestimmung und diese Berechnung ist auch anzustellen, wenn ein Strafrest von bis zu 7 Tagen, der nach den Bestimmungen des § 57 StGB oder im Gnadenwege zur Bewährung ausgesetzt worden war und die Bewährung später widerrufen wird. Wenn die ursprünglich zu vollstreckende Strafe mehr als 7 Tage betrug, wird nur nach vollen Tagen gerechnet. Anders ist der Sachverhalt, wenn gegen die verurteilte Person eine Geldstrafe von 20 Tagessätzen zu je 30,– € verhängt wurde. Auf diese Geldstrafe hat die verurteilte Person 450,– € bezahlt. Da die Restgeldstrafe nicht beigetrieben werden kann, wird hinsichtlich der restlichen 150,– € die Ersatzfreiheitsstrafe von 5 Tagen vollstreckt. In diesem Fall beträgt die zu vollstreckende Strafe weniger als 7 Tage, die Berechnung der Strafzeit erfolgt nach Stunden nach § 37 Abs 2 Satz 1 StVollstrO.

3. Berechnung nach der Kalenderzeit

Der **Tag** ist zu **24 Stunden,** die **Woche** zu **sieben Tagen,** der **Monat** und das **Jahr** sind   **141** nach der **Kalenderzeit** zu berechnen.[88] Demgemäß ist bei der Berechnung nach Monaten oder Jahren bis zu dem Tage zu rechnen, der durch seine **Zahl** dem **Anfangstage** entspricht (§ 37 Abs 4 StVollstrO).

1. Beispiel:
Zu vollstrecken sind 1 Monat Freiheitsstrafe. Strafantritt erfolgt am 18. 3. 2009, 17.00 Uhr.

Strafbeginn:	18. 3. 2009 TB
	+ 1 Monat
Strafende	18. 4. 2009 TB
entspricht	17. 4. 2009 TE

2. Beispiel:
Zur Vollstreckung steht an eine Freiheitsstrafe von 1 Jahr. Strafantritt erfolgt am 10. 3. 2009, 19.30 Uhr

Strafbeginn:	10. 3. 2007 TB
	+ 1 Jahr
Strafende (ist zu berechnen bis zum	
entsprechenden Tage im Jahr 2010), also	10. 3. 2008 TB
entspricht	9. 3. 2008 TE

---

[88] Sollte entgegen der Regelung des § 39 StGB im Straferkenntnis auf den Bruchteil eines Monats erkannt worden sein, wäre ein halber Monat mit 2 Wochen anzusetzen. Eine Bemessung nach Tagen ist nach § 39 StGB ausgeschlossen (*Pohlmann/Jabel/Wolf*, Rdn 37 zu § 37 StVollstrO).

Für die Strafzeitberechnung, insbesondere für eine evtl. Restberechnung nach § 40 StVollstrO nach Aussetzung der Reststrafe in den Fällen des § 57 StGB oder im Gnadenwege ist zu beachten, dass das Jahr 2008 ein Schaltjahr war, der Februar also 29 Tage hatte. Der Verurteilte hat deshalb insgesamt 366 Tage in Strafhaft zubringen müssen. Hätte die Strafvollstreckung am 10. 1. 2009 begonnen, dann wäre Strafende der 9. 1. 2010, 24.00 Uhr gewesen, die gesamte Vollzugsdauer also nur 365 Tage.

142 Fehlt jedoch der betreffende Tag in dem maßgebenden Monat, so tritt an seine Stelle dessen letzter Tag; d. h. es ist in diesen Fällen bis zu dem letzten Tag des maßgebenden Monats zu rechnen.

1. Beispiel:
Zu vollstrecken sind 2 Monate Freiheitsstrafe. Strafantritt erfolgte am 31. 1. 2009, 17.00 Uhr.

Strafbeginn:	31. 1. 2009 TB
+	2 Monate
Strafende	31. 3. 2009 TB
entspricht	30. 3. 2009 TE

2. Beispiel:
Zu vollstrecken sind 2 Monate Freiheitsstrafe. Strafantritt erfolgte am 31. 12. 2008, 17.00 Uhr

Strafbeginn:	31. 12. 2008 TB
+	2 Monate
Strafende	31. 2. 2009 TB (fehlt)
an seine Stelle tritt der letzte Tag des Monats	28. 2. 2009 TB
entspricht	27. 2. 2009 TE

3. Beispiel:
Zu vollstrecken sind 2 Monate Freiheitsstrafe. Strafantritt erfolgte am 28. 2. 2009. 00 Uhr.

Strafbeginn:	28. 2. 2009 TB
+	2 Monate
Strafende	28. 4. 2009 TB
entspricht	27. 4. 2009 TE

4. Beispiel:
Zu vollstrecken sind 2 Monate Freiheitsstrafe. Strafantritt erfolgte am 31. 12. 2007, 17.00 Uhr.

Strafbeginn:	31. 12. 2007 TB
+	2 Monate
	31. 2. 2008 TB (fehlt)
Strafende daher (2008 ist ein Schaltjahr)	29. 2. 2008 TB
entspricht	28. 2. 2008 TE

4. Mehrere Zeiteinheiten

143 Treffen mehrere Zeiteinheiten einer Strafe zusammen (Jahre, Monate, Wochen, Tage), so geht bei Vorwärtsrechnung, also bei Rechnung in die Zukunft, die größere Zeiteinheit der kleineren, bei Rückwärtsrechnung, also bei Berechnung vom Strafende aus in die Vergangenheit, die kleinere Zeiteinheit der größeren vor (§ 37 Abs 5 StVollstrO). Dieser Grundsatz gilt nur **innerhalb einer Strafe**. Bei der Berechnung mehrerer Strafen in die Zukunft gilt die Regelung des § 43 Abs 2 StVollstrO, wonach grundsätzlich die kürzere Strafe von der längeren zu vollstrecken ist.

Beispiel:
Zu vollstrecken sind 1 Jahr und 6 Monate Freiheitsstrafe nach dem rechtskräftigen Widerrufsbeschluss, in dem die Strafaussetzung zur Bewährung widerrufen worden war. Im Widerrufsbeschluss war bestimmt, dass durch die Bezahlung der Geldbuße aus dem Bewährungsbeschluss 3 Monate und 2 Wochen der Strafe als verbüßt gelten. Diese Zeit ist daher auf die Strafe anzurechnen. Strafantritt erfolgt am 17. 10. 2008, 19.00 Uhr.

Strafbeginn:		17. 10. 2008 TB
Strafe (bei Vorwärtsrechnen größere Zeiteinheit vor kleineren)	+	1 Jahr
		17. 10. 2009 TB
	+	6 Monate
		17. 4. 2010 TB
abzüglich 2 Wochen (bei Rückwärtsrechnen kleinere Zeiteinheit vor der größeren) 2 Wochen = 14 Tage (§ 37 Abs 4 StVollstrO)		14 Tage
		3. 4. 2010 TB
	−	3 Monate
Strafende daher		3. 1. 2010 TB
entspricht		2. 1. 2010 TE

Die Umstellung von Tagesbeginn = TB (0.00 Uhr) auf Tagesende = TE (24.00 Uhr) erfolgt stets erst nach Abzug der Untersuchungshaft oder anderer anrechenbarer Zeiten am Ende der Berechnung.[89]

5. Berechnung des Zweidrittel- und Halbstrafenzeitpunktes

§ 57 StGB schreibt materiellrechtlich vor, wann das Gericht (Strafvollstreckungs- **144** kammer nach § 462a StPO) zu prüfen hat, ob die Vollstreckung einer Reststrafe nach Verbüßung von zwei Dritteln oder der Hälfte der Strafe zur Bewährung ausgesetzt werden kann. Werden mehrere Strafen unmittelbar nacheinander vollstreckt, prüft die Strafvollstreckungskammer erst nach Verbüßung von zwei Dritteln oder der Hälfte aller Strafen, ob die Reststrafen zur Bewährung ausgesetzt werden können. § 454b Abs 2 StPO bestimmt daher, dass die Vollstreckungsbehörden die Vollstreckung einer Strafe zu unterbrechen haben zur Verbüßung der im Anschluss notierten Freiheitsstrafe, wenn von der jeweiligen Strafe zwei Drittel oder die Hälfte verbüßt sind. In beiden Fällen ist die Rede von einem zwei-Drittel- bzw. einem Halbstrafentermin. Wie dieser Termin zu errechnen ist, ist weder gesetzlich vorgeschrieben, noch in der StVollstrO geregelt. Gerichte, insbesondere das BVerfG hat in seiner Entscheidung vom 2. 8. 1988[90] klar zum Ausdruck gebracht, dass die Vollstreckungsbehörden diese Termine strikt zu beachten haben und dass ein den Vollstreckungsbehörden unterlaufenes Verschulden dem Verurteilten nicht zum Nachteil gereichen darf. Somit bleibt nur die Anwendung der vier möglichen Berechnungsarten, wobei dann von dem für den Verurteilten günstigsten Ergebnis auszugehen ist. Die Festlegung auf nur eine Berechungsweise, die im Einzelfall den Verurteilten benachteiligen könnte, würde eine gesetzliche Regelung voraussetzen, wofür derzeit kein zwingender gesetzgeberischer Handlungsbedarf besteht.
Die vier Berechnungsarten sind:
– abstrakt vorwärts
– abstrakt rückwärts

---

[89] Der Begriff „Zeiteinheit" in § 37 Abs 5 StVollstrO ist **abstrakt** zu sehen. Verglichen mit 6 Wochen ist 1 Monat dennoch die größere Zeitzeit. 6 Wochen sind stets 42 Tage nach § 37 Abs 4 StVollstrO während 1 Monat von den Tagen her variabel ist und zwischen 28 Tagen und 31 Tagen schwankt.
[90] NStZ 1988, 474.

– konkret vorwärts
– konkret rückwärts.

145 Bei der **abstrakten** $^2/_3$-($^1/_2$)Berechnung ist Ausgangspunkt die **erkannte** Strafe; von ihr ist der zu verbüßende Bruchteil zu errechnen. Bei Bestimmung des $^2/_3$-Termins wird demgemäß die erkannte Strafe durch 3 geteilt und entweder $^2/_3$ ab Strafbeginn hinzugerechnet (Vorwärtsrechnung) oder $^1/_3$ vom Strafende rückwärts abgerechnet (Rückwärtsrechnung). Ergeben sich **Bruchteile** eines Monats, so ist der Monat mit 30 Tagen anzusetzen. Kommt es zu Bruchteilen von **Tagen** (Z. B. bei einer Verurteilung zu 9 Monaten 2 Wochen Freiheitsstrafe) ist bei der **Vorwärtsrechnung abzurunden,** bei der **Rückwärtsrechnung** dagegen **aufzurunden,** weil dies jeweils für den Verurteilten günstiger ist.

Bei der **konkreten** Berechnungsweise ist die zu verbüßende Strafe (ohne Berücksichtigung der U-Haft) nach **Tagen** (Strafbeginn bis Strafende) zu berechnen. Die errechnete Anzahl der Tage wird durch 3 ($^2/_3$-Berechnung) geteilt und $^1/_3$ vom Strafende abgerechnet oder $^2/_3$ dem Strafbeginn hinzugezählt. Ergeben sich **Bruchteile** von Tagen, ist bei der Vorwärtsrechnung abzurunden, bei der Rückwärtsrechnung aufzurunden.

Entsprechendes gilt für die Berechnung des **Halbstrafenzeitpunktes.**

146 Bei der Berechnung des Halbstrafen- und Zweidrittelzeitpunktes einschließlich der jeweiligen Mindestverbüßungszeiten ist die Anrechnungsregelung des § 57 Abs 4 StGB zu beachten. Für die Strafzeitberechnung relevant sind danach nicht nur die reinen Verbüßungszeiten, sondern alles, was durch **Anrechnung** zur Erledigung der Freiheitsstrafe geführt hat. Die Anrechnung kann auf dem **Gesetz** basieren (§ 51 StGB: U-Haft; § 67 Abs 4 StGB: Unterbringung; § 36 Abs 1, 3 BtMG: Therapiezeiten) oder auf eine **gerichtliche Entscheidung** zurückgehen. Hier ist Hauptanwendungsfall die Anrechnung von Leistungen, die der Verurteilte zur Erfüllung von Auflagen oder Anerbieten erbracht hat (**Geldleistungen**).[91] Neben den Geldleistungen sind auch (bezahlte) **Geldstrafen,** die nachträglich in eine Gesamtfreiheitsstrafe einbezogen wurden, bei der ½-($^2/_3$-)Berechnung zu berücksichtigen. Dies gilt für den **gnadenweisen Straferlass**[92] ebenso wie für die gnadenweise Anrechnung von **U-Haft.**

147 **Beispiel** (zu $^2/_3$-Termin):

Zu vollstrecken sind 1 Jahr und 1 Monat Gesamtfreiheitsstrafe unter Anrechnung von 7 Tagen Untersuchungshaft und nach dem rechtskräftigen Widerrufsbeschlusses des Gerichts weiterer 10 Tage, die für erbrachte Geldleistungen aus dem Bewährungsbeschluss als verbüßt gelten.

Strafantritt erfolgt am 19. 2. 2009. Zu berechnen ist der für den Verurteilten günstigste $^2/_3$-Termin.

---

[91] Die Anrechnung beruht auf §§ 56 f Abs 3 Satz 2, 57 Abs 3 Satz 1, 58 Abs 2 Satz 2, 59 b Abs 1 StGB. Bei Wegfall der Strafaussetzung durch nachträgliche Gesamtstrafenbildung ist die Anrechnung obligatorisch (BGHSt 33, 326; *Fischer,* Rdn 4 zu § 58 StGB. Nach der Entscheidung des BGH vom 23. 1. 2003 – NStZ-RR 2002, 137 – ist jedoch eine Anrechnung abzulehnen, wenn der Verurteilte diese mit Hilfe von Vermögensdelikten erbracht hat. Vgl. hierzu auch KG Berlin, Beschluss vom 2. 12. 1999, 1 Ss 281/99 und BGH in NStZ-RR 1999, 263). In den übrigen Fällen entscheidet das Gericht nach seinem pflichtgemäßen Ermessen. Zur Form der Anrechnung und dem Abrechnungsmaßstab s OLG Celle, StV 1992, 526 mit Nachw; str. Vgl. hierzu auch OLG Dresden, OLG-NL 1996, 46. Die Vollstreckungsbehörde ist an die gerichtliche Entscheidung gebunden. Da es sich um eine „Anrechnung" handelt, erfolgt bei Leistungen die (Rückwärts-)Abrechnung vom Strafende.

[92] Ebenso *Horn* SK, Rdn 4; aM *Fischer,* Rdn 4 jeweils zu § 57 StGB.

Strafbeginn:		19. 2. 2009 TB
	+	1 Jahr
		19. 2. 2010 TB
	+	1 Monate
		19. 3. 2010 TB
abzüglich	−	17 Tage
Strafende		2. 3. 2010 TB
entspricht		1. 3. 2010 TE

Abstrakte Berechnungsarten:
Bei der abstrakten Berechnungsart wird der Monat abstrakt mit 30 Tagen berechnet, so dass $1/3$ eines Monats 10 Tage, $1/2$ eines Monats 15 Tage und $2/3$ eines Monats 20 Tage sind.
Die Strafe beträgt 1 Jahr 1 Monat.　　　$1/3 = 4\ 1/3$ Monate $= 4$ Monate 10 Tage
　　　　　　　　　　　　　　　　　　　$2/3 = 8\ 2/3$ Monate $= 8$ Monate 20 Tage

abstrakt vorwärts:

Strafbeginn:		19. 2. 2009 TB
	+	8 Monate
		19. 10. 2009 TB
	+	20 Tage
		8. 11. 2009 TB
	−	17 Tage
$2/3$-Termin		22. 10. 2009 TB
entspricht		**21. 10. 2009 TE**

abstrakt rückwärts:
Strafende　　　　　　　　　　　　　　　　　　　　　　　　2. 3. 2010 TB
(Untersuchungshaft und andere anrechenbare Leistungen sind bei Strafende bereits berücksichtigt)
1/3 der Strafe von 1 Jahr und 1 Monat (abstrakt) sind 4 Monate und 10 Tage

	−	10 Tage
		21. 2. 2010 TB
	+	4 Monate
$2/3$-Termin		21. 10. 2009 TB
entspricht		**20. 10. 2009 TE**

Auch bei diesen Strafzeitberechnungen sind evtl. Schaltjahre jeweils zu berücksichtigen.

konkrete Berechnungsarten:
Strafzeit ohne anrechenbare Zeiten: 19. 2. 2009 (TB) bis 18. 3. 2010 (TE). Dies sind insgesamt 393 Tage. (Zu beachten ist, dass 2010 **kein** Schaltjahr ist und der Februar 2010 nur 28 Tage hat).
$1/3$ von 393 Tagen sind 131 Tage
$2/3$ von 394 Tagen sind 262 Tage
Würden sich nach der Berechnung Bruchteilen von Tagen ergeben, wäre bei Vorwärtsrechnen abzurunden, bei Rückwärtsrechnen aufzurunden, da die Strafzeit nur nach vollen Tagen zu berechnen ist nach § 37 Abs 2 Satz 2 StVollstrO

konkret vorwärts:

Strafbeginn		19. 2. 2009 (TB)
	+	262 Tage
(hier wäre also bei Bruchteilen von Tagen zu Gunsten des Verurteilten abzurunden)		8. 11. 2009 (TB)
abzüglich U-Haft und andere anrechenbare Zeiten	−	17 Tage
$2/3$-Termin		22. 10. 2009 TB
entspricht		**21. 10. 2009 TE**

konkret rückwärts:

Strafende		2. 3. 2010 (TB)
	−	131 Tage

(hier wäre also bei Bruchteilen von Tagen zu Gunsten des Verurteilten aufzurunden,
die U-Haft und die sonstigen anrechenbaren Zeiten
sind beim Strafende bereits berücksichtigt)

²/₃-Termin	22. 10. 2009 (TB)
entspricht	**21. 10. 2009 (TE)**

Bei der Berechnungsart abstrakt rückwärts haben wir in diesem Beispiel für den Verurteilten den günstigsten ²/₃-Termin. Dieser ist maßgebend und ist sowohl für die Unterbrechungshandlungen der Strafvollstreckungsbehörde nach § 454 b Abs 2 StPO als auch für
die Strafvollstreckungskammer zur Entscheidung nach § 57 StGB maßgebend.

148   **Beispiel wie oben Randnummer 147, zu berechnen ist jedoch der Halbstrafentermin.**
abstrakte Berechnungsart: ½ von 1 Jahr 1 Monat sind 6 ½ Monate = 6 Monate und
15 Tage
konkrete Berechnungsart: ½ von 393 Tagen sind 196 1/2 Tage. (daraus ergibt sich, dass
bei der konkreten Berechnungsart vorwärts auf 196 Tage abzurunden ist, bei der konkreten Berechnungsart rückwärts auf 197 Tage aufzurunden ist).

abstrakt vorwärts:

Strafbeginn		19. 2. 2009 (TB)
	+	6 Monate
		19. 8. 2009 (TB)
	+	15 Tage
		3. 9. 2009 (TB)
abzüglich anrechenbare Zeiten	−	17 Tage
Halbstrafentermin		17. 8. 2009 (TB)
entspricht		**16. 8. 2009 (TE)**

abstrakt rückwärts:

Strafende, die anrechenbaren Zeiten wie Untersuchungshaft und teilweise Bezahlung der Geldbuße sind bereits berücksichtigt		2. 3. 2010 (TB)
	−	15 Tage
		15. 2. 2010 (TB)
	−	6 Monate
Halbstrafentermin		15. 8. 2009 (TB)
entspricht		**14. 8. 2009 (TE)**

konkret vorwärts:

Strafbeginn		19. 2. 2009 (TB)
	+	196 Tage
		3. 9. 2009 (TB)
	−	17 Tage
abzüglich anrechenbare Zeiten Halbstrafentermin		17. 8. 2009 (TB)
entspricht		**16. 8. 2009 (TE)**
In diesem Falle kann auch gerechnet werden:		
Strafbeginn		19. 2. 2009 (TB)
plus 197 minus 17 Tage =	+	180 Tage
Halbstrafentermin		18. 8. 2009 (TB)
entspricht		**17. 8. 2009 (TE)**

konkret rückwärts:

Strafende, die anrechenbaren Zeiten wie Untersuchungshaft und teilweise Bezahlung der Geldbuße sind bereits berücksichtig	2. 3. 2010 (TB)
	− 197 Tage
Halbstrafentermin	17. 8. 2009 (TB)
entspricht	**16. 8. 2009 (TE)**

Halbstrafentermin ist also der 15. 8. 2009. In obigem Beispiel ist die Berechnungsart abstrakt rückwärts anzuwenden

Zu beachten sind die **Mindestverbüßungszeiten** des § 57 StGB. So muss die verurteil- **149** te Person bis zum frühestens ²/₃-Termin mindestens 2 Monate für diese Strafe in Strafhaft gewesen sein und bis zum frühestens Halbstrafentermin mindestens 6 Monate, jeweils unter Berücksichtigung der anrechenbaren Zeit. In den Fällen, in denen eine Freiheitsstrafe von 3 Monaten zu vollstrecken ist, beträgt die Mindestverbüßungszeit immer die abstrakte Berechnungsart vorwärts, also Strafbeginn zuzüglich 2 Monate und in den Fällen, in denen eine Freiheitsstrafe von 9 Monaten zu vollstrecken ist, ist die Mindestverbüßungszeit zum Halbstrafentermin ebenfalls immer die abstrakte Berechnungsart vorwärts, also Strafbeginn zuzüglich 6 Monate. Von den so errechneten Strafenden sind dann noch die anrechenbaren Zeiten abzuziehen.

So beträgt der zwei-Drittel-Termin bei einer Freiheitsstrafe von 2 Monaten und 1 Woche vom Strafbeginn an zuzüglich 2 Monate und der Halbstrafentermin bei einer Freiheitsstrafe von 7 Monaten vom Strafbeginn an zuzüglich 6 Monate.

6. Berechnung bei lebenslanger Freiheitsstrafe

Bei Vollstreckung einer lebenslangen Freiheitsstrafe bedarf es einer Strafzeitberech- **150** nung nur in Teilbereichen. Das Strafende ist **unbestimmt**. Ein Abrechnen der erlittenen U-Haft (vom Strafende) ist demgemäß nicht möglich, eine Anrechnung in § 51 Abs 1 StGB ist nach dem Wortlaut des Gesetzes auch nur bei **zeitiger** Freiheitsstrafe vorgesehen, (so wird die erlittene Untersuchungshaft oder eine andere Freiheitsentziehung auf die **zeitige Freiheitsstrafe und auf Geldstrafe** angerechnet.

Im Hinblick auf die **Mindestverbüßungsdauer** (§ 57a Abs 1 Satz 1 Nr. 1, Abs 2 StGB) wird dagegen stets eine Berechnung erforderlich. Auszugehen ist vom Strafbeginn, der sich im Regelfall nach § 38 StVollstrO bestimmt. Wegen möglicher Gesamtstrafenbildung (§ 55 StGB) kann sich der Beginn auch nach § 41 Abs 1 Satz 1 StVollstrO richten (§ 51 Abs 2 StGB). Hinzuzurechnen sind 15 Jahre abzüglich der nach § 51 Abs 1 StGB, § 39 Abs 4 StVollstrO rückwärts abzurechnenden U-Haft oder sonstigen Freiheitsentziehung. Eine Vergleichsberechnung nach § 37 Abs 1 Satz 2 StVollstrO ist gegebenenfalls anzustellen. Angerechnete Geldleistungen,[93] einbezogene (entrichtete) Geldstrafen und dergleichen bleiben außer Betracht, da § 57a Abs 2 StGB allein auf „Freiheitsentziehung" abstellt, die der Verurteilte aus Anlass der Tat erlitten hat. Diese Regelung erscheint unbillig. Wird eine Geldstrafe in eine lebenslange Freiheitsstrafe einbezogen, die der Verurteilte teilweise bezahlt, teilweise aber durch Verbüßung der Ersatzfreiheitsstrafe erledigt ist, wird nur der Teil dieser Geldstrafe, die durch Verbüßung der Ersatzfreiheitsstrafe erledigt wurde auf die 15-Jahres-Frist nach § 57a Abs 1 StGB angerechnet, nicht jedoch auch der Teil der Strafe, der durch Bezahlung erledigt wurde. Eine etwaige Unterbrechung des Strafvollzugs ist nach § 40 Abs 1 StVollstrO zu berücksichtigen, d.h. der Rest bis zur 15-Jahres-Frist ist in Tagen zu berechnen.

---

[93] Theoretisch möglich nach § 58 Abs 2 Satz 2 StGB.

Die einstweilige Berechnung des Zeitpunkts der Mindestverbüßung nach § 57a Abs 1 StGB aufgrund der Angaben im Aufnahmeersuchen obliegt der Vollzugsbehörde (§ 22 Abs 1 VGO). Die Berechnung durch die Vollzugsgeschäftsstellen der Justizvollzugsanstalten sind jedoch nur **vorläufige** Berechnungen. Die Vollstreckungsbehörde überprüft deren Richtigkeit (§ 36 Abs 1 StVollstrO), sie ist für die richtige Berechnung der Strafzeit verantwortlich. Ihr obliegt es daher, die ihr von der Vollzugsanstalt übersandte Berechnung **sorgfältig** nachzuprüfen.

> **Beispiel:**
> Zu vollstrecken ist eine lebenslange Freiheitsstrafe. U-Haft ab 3. 2. 2008. Rechtskraft des Urteils am 17. 7. 2008.
>
> | | | |
> |---|---:|---|
> | Strafbeginn: | 17. 7. 2008 | (TB) |
> | (§ 38 Ziffer 3 StVollstrO) | + 15 Jahre | |
> | | 17. 7. 2023 | (TB) |
> | abzgl. | – 164 Tage | |
> | (3. 2. 2003–16. 7. 2003) | | |
> | Mindestverbüßungszeitpunkt | 3. 2. 2023 | (TB) |
> | entspricht | 2. 2. 2023 | (TE) |
>
> **Vergleichsberechnung nach § 37 Abs 1 StVollstrO:**
>
> | | | |
> |---|---:|---|
> | Strafbeginn: | 3. 2. 2008 | (TB) |
> | | + 15 Jahre | |
> | | 3. 2. 2023 | (TB) |
> | entspricht | 2. 2. 2023 | (TE) |

151 Im Vorfeld der Entscheidung des Bundesverfassungsgerichts vom 3. 6. 1992[94] hatte sich das Gericht erneut mit der Problematik der lebenslangen Freiheitsstrafe zu befassen. Das Gericht bestätigt dabei seine Rechtsprechung zur generellen Verfassungsmäßigkeit dieses Regelungskomplexes, allerdings um den Preis erheblicher Modifikationen im strafprozessualen Bereich.

Ausgangspunkt ist ein vom BVerfG wohl zu Recht moniertes verfassungsmäßiges Defizit. Die bestehende Regelung im § 57a StGB in Verbindung mit §§ 454, 462a StPO, wonach das Vollstreckungsgericht (Strafvollstreckungskammer) über die Aussetzung der lebenslangen Freiheitsstrafe nach einer erneuten Prüfung des Kriteriums der „besonderen Schwere der Schuld" zu befinden habe, sind mit Art. 2 Abs 1 und 2 GG und den rechtsstaatlichen Grundsätzen nicht vereinbar. Nach dieser Entscheidung des BVerfG hat das Strafvollstreckungsgericht im Falle eines **ablehnenden** Aussetzungsbeschlusses nach § 57a StGB auch zu entscheiden, bis **wann** die Vollstreckung unter dem Gesichtspunkt der besonderen Schwere der Schuld fortzusetzen ist. Es wird dabei die nach Maßgabe der besonderen Schwere der Schuld gebotene Höchstverbüßungsdauer festgelegt. Eine Entlassung ist dann jedoch auch noch von der Kriminalprognose abhängig (§ 57a Abs 1 Satz 1 Nr. 3 StGB). Eine ungünstige Sozialprognose könnte demgemäß die Aussetzung weiter verzögern und die Haftdauer verlängern. Andererseits ist auch eine Abkürzung der festgelegten Verbüßungsdauer denkbar, wenn infolge **neuer** Umstände, die weitere Vollstreckung (auf Grund der Schuldschwere) nicht mehr „geboten" erscheint.[95] So hat das BVerfG in seiner Entscheidung vom 22. 5. 1995[96] erneut festgestellt: „Ob im Einzelfall die weitere Vollstreckung einer lebenslangen Freiheitsstrafe nach § 57a StGB zur Bewährung auszusetzen ist, ist zunächst eine Frage der den Fachgerichten zukommenden Auslegung und Anwendung des sogenannten einfachen Rechts. Das BVerfG hat allerdings dann

---

[94] NJW 1992, 464ff.
[95] *Stree,* NStZ 1992, 464ff.
[96] NStZ 1996, 53ff.

einzugreifen, wenn bei der § 57 a Abs 1 Satz 1 Nr. 2 StGB erforderlichen Prüfung, ob die besondere Schuldschwere die weitere Vollstreckung der Strafe gebietet, die verfassungsrechtliche Bedeutung und Tragweite des aus der Menschenwürde folgenden grundsätzlichen Freiheitsanspruchs verkannt wird."[97] In seiner Entscheidung vom 22. 3. 1998[98] hat das BVerfG dies näher präzisiert. Danach setzt der Schutz der Menschenwürde auch bei dem zu lebenslanger Freiheitsstrafe Verurteilten dem effektiven Entzug der persönlichen Freiheit Grenzen und verpflichtet die Gemeinschaft, für die Vorbereitung auf die Entlassung Sorge zu tragen, so dass er nach langem Freiheitsentzug wenigstens ansatzweise Orientierung für ein normales Leben suchen und finden kann. Jedoch ist bei einer besonderen Schwere der Schuld des Verurteilten auch das Sicherheitsinteresse der Allgemeinheit hoch zu veranschlagen, wobei in diesen Fällen die vom Verurteilten ausgehende Gefahr hinreichend zu konkretisieren ist.

Mit der Neufassung des § 57 a StGB hat der Gesetzgeber dem verfassungsrechtlichen Gebot entsprochen, in einem gesetzlich geregelten Verfahren dem rechtskräftig zu lebenslanger Freiheitsstrafe Verurteilten eine konkrete Chance zu erhalten, seine Freiheit zu einem späteren Zeitpunkt wieder zu erlangen. Die verfassungsrechtliche Begrenzung der Beurteilung der Schuldschwere wird jedoch überschritten, soweit das Vollstreckungsgericht eine schuldsteigernde besondere Brutalität der Tat aus den von ihm zergliederten Tatumständen ableitet, das dies nicht mehr im Einklang mit der Bewertung des Tatablaufs durch das Tatgericht steht, das die Tat in Zusammenfassung der räumlichen und zeitlichen Geschehens auf niedere Beweggründe zurückgeführt hat.[99]

Bei den sog „Altfällen" ist die Strafvollstreckungskammer bei der Gewichtung der Schuld an die im Urteil festgestellten Tatsachen gebunden (BVerfGE 86, 288). Da jedoch sind im Hinblick auf die „besondere Schwere der Schuld" in den Strafurteilen noch keine Feststellungen enthalten sind, ist die Übertragung an die Strafvollstreckungsgerichte gem. §§ 454 Abs 1, 462 a StPO unvermeidlich.

Bei den „Neufällen" muss die Feststellung der besonderen Schuldschwere (§§ 57 a Abs 1 Satz 1 Nr. 2, 57 b StGB) bereits in der **Urteilsformel** erfolgen; eine Aufnahme in die Urteilsgründe genügt nicht.[100]

Die Strafvollstreckungskammer ist gehalten, **rechtzeitig** vor Ablauf der Mindestverbüßungsdauer der 15 Jahre, erforderlichenfalls auch vor Ablauf der in § 454 Abs 1 Satz 4 Nr. 2 b StPO genannten Zeitspanne der 13 Jahre, über eine Aussetzung zu befinden. Den Vollzugsbehörden (Justizvollzugsanstalten) soll ausreichend Zeit für die Entlassungsvorbereitung bleiben.[101]

Das BVerfG vertritt seit jeher die Auffassung, dass ein menschenwürdiger Vollzug der lebenslangen Freiheitsstrafe nur dann sichergestellt ist, wenn der Verurteilte eine konkrete und grundsätzlich auch realisierbare Chance hat, zu einem späteren Zeit-

---

[97] Das OLG Frankfurt hat dagegen in seiner Entscheidung vom 1. 11. 1995 (NStZ 1996, 56) festgehalten, dass in der ersten ablehnenden Entscheidung wegen der Schuldschwere weitere Vollzugsdauer festgelegt wurde, diese für das weitere Vollstreckungsverfahren grundsätzlich bindend ist.

[98] NStZ 1998, 373–376.

[99] BVerfG, NStZ 1999, 101–102.

[100] BGH, NJW 1993, 1084.

[101] Ist (bei fehlender besonderer Schuldschwere) mit einer Entlassung zur Mindestverbüßungszeit zu rechnen, kann die gerichtliche Entscheidung noch vor Ablauf von 13 Jahren (etwa nach 12 Jahren) erfolgen. Wenn besondere Schuldschwere die Verlängerung der Mindestverbüßungsdauer zu gebieten scheint, ist ein Entscheid vor Ablauf von mind. 13 Jahren nicht erforderlich (OLG Karlsruhe, Beschluss vom 23. 9. 1993 – 1 Ws 61/93) Zu den Auswirkungen der Entscheidung des BVerfG auf den Strafvollzug s. *Rothaus*, NStZ 1993, 218 ff.

punkt die Freiheit wieder gewinnen zu können. Demgemäß findet die Androhung der lebenslangen Freiheitsstrafe ihre verfassungsrechtliche notwendige Ergänzung in einem sinnvollen Behandlungsvollzug.[102] Zu diesem sinnvollen Behandlungsvollzug gehört auch eine möglichst frühzeitige und umfassende Vorbereitung auf ein Leben in Freiheit nach dem Strafvollzug.

Für die Vollstreckungsbehörde kann sich aus der geänderten Rechtslage die Notwendigkeit einer weiteren Strafzeitberechnung ergeben. Die Entscheidung des Vollstreckungsgerichts über die Verlängerungsdauer ist umzusetzen und der voraussichtliche Aussetzungszeitpunkt (§ 57a StGB) neu zu berechnen, sofern dieser nicht datumsmäßig von der StVK bestimmt worden ist. Eine erforderliche Berechnung erfolgt nach denselben Grundsätzen wie bei der Mindestverbüßungsdauer (s Rdn 150).

Die **Aktenvorlage** an die Strafvollstreckungskammer zur Entscheidung nach § 57a Abs 1 StGB (§ 454 StPO) kann künftig (von Anträgen des Verurteilten abgesehen) zweimal erforderlich werden. Zunächst (frühzeitig) zur Mindestverbüßung und, bei negativer Entscheidung, nochmals zum neu bestimmten Aussetzungszeitpunkt. Das Gericht kann jedoch Fristen von höchstens zwei Jahren festsetzen, vor deren Ablauf ein Antrag des Verurteilten, den Strafrest zur Bewährung auszusetzen, unzulässig ist, § 57a Abs 4 StGB. Die Verfahren sind **rechtzeitig**, und von **Amts wegen**, von der Vollstreckungsbehörde durch die Einholung der Stellungnahme der JVA in Gang zu setzen (§ 36 Abs 2 StVollstrO). Wird die Vollstreckung einer lebenslangen Freiheitsstrafe zur Bewährung ausgesetzt, beträgt die Bewährungszeit immer 5 Jahre § 57a Abs 3 StGB.

152   Kommt es nach einer Aussetzung der lebenslangen Freiheitsstrafe zum **Widerruf**, so ist die Dauer der dann zu vollstreckenden Widerrufsstrafe erneut **lebenslang**. Nicht ausgeschlossen ist eine spätere neuerliche Aussetzung nach § 57a StGB, wobei die Mindestverbüßungszeit von 15 Jahren nicht nochmals erreicht zu werden braucht. Demgemäß ist im Falle des Widerrufs auch keine Strafzeitberechnung mehr erforderlich.[103]

B. Strafbeginn

1. Verurteilter auf freiem Fuß

153   **Strafbeginn** bei einem Verurteilten, der sich selbst stellt, ist der Zeitpunkt, in dem er in einer Anstalt in **amtliche Verwahrung** genommen wird (§ 38 Ziffer 1 StVollstrO). Die Entscheidung über die Aufnahme des Gefangenen trifft der Leiter der Vollzugsgeschäftsstelle der JVA in einer Aufnahmeverhandlung, Nr. 17 VGO. In der Aufnahmeverhandlung sind die Voraussetzungen für die Aufnahme des Gefangenen zu prüfen, Nr. 16 Abs 1 VGO. Erfolgt die Aufnahmeverhandlung zu einem späteren Zeitpunkt (die verurteilte Person stellt sich gegen 20.00 Uhr in der JVA), wirkt die Aufnahmeverhandlung auf den Zeitpunkt der Aufnahme zurück.

Voraussetzung ist nicht, dass der Strafantritt in der zuständigen JVA erfolgt; die Aufnahme in einer sonstigen Anstalt, die zur Verwahrung rechtskräftig verurteilter Straftäter befugt ist, zählt ebenfalls als Strafbeginn.

Voraussetzung für die Aufnahme einer Person in die Justizvollzugsanstalt ist grundsätzlich das Aufnahmeersuchen der Vollstreckungsbehörde, das zu dem Zeitpunkt, an dem sich die verurteilte Person stellt, in der JVA vorliegen muss. Ohne Aufnahmeersuchen ist aufzunehmen, wer sich unter Vorzeigen einer auf die JVA lautenden La-

---

[102] NStZ 1996, 614.
[103] Zum Zusammentreffen der lebenslangen Freiheitsstrafe mit anderen Strafen s Rdn 174, 176.

dung selbst stellt, Nr. 9 Abs 2 Buchst. a VGO. Ohne Aufnahmeersuchen **kann aufgenommen werden,** wer sich und Vorzeigen einer auf eine andere JVA lautenden Ladung selbst stellt oder wer sich selbst stellt, ohne eine Ladung vorweisen zu können, wenn durch **sofortige fernmündliche Rückfrage** bei der zuständigen Vollstreckungsbehörde festgestellt werden kann, dass der Selbststeller dem Vollzuge zuzuführen ist, Nr. 9 Abs 3 VGO.

Beispiel:
Der Verurteilte ist in die Justizvollzugsanstalt Dresden zur Verbüßung einer Freiheitsstrafe von 4 Monaten geladen. Er stellt sich am 19. 6. 2009 gegen 22.00 Uhr in der Justizvollzugsanstalt Zwickau und wird am 23. 6. 2009 in die JVA Dresden verschubt.

Strafbeginn:	19. 6. 2009 (TB)
	+ 4 Monate
Strafende	19. 10. 2009 (TB)
entspricht	18. 10. 2009 (TE)

Werden Zwangs- oder Fahndungsmaßnahmen erforderlich, ist als Beginn der Strafzeit **154** die aufgrund eines Vorführungs-, Haftbefehls (§ 457 StPO) oder eines Sicherungshaftbefehls (§ 453 c StPO) erfolgte **Festnahme** des Verurteilten durch eine zum Vollzug des Haft- oder Vorführungsbefehl berechtigte Person anzusetzen (§ 38 Ziffer 2 StVollstrO). Zu beachten ist, dass der Zeitpunkt der Festnahme maßgebend ist, nicht die spätere Einlieferung in die Vollzugsanstalt. Deshalb spielt es hier auch keine Rolle, in welche JVA die verurteilte Person eingeliefert wird.

Beispiel:
Die verurteilte Person ist von der Vollstreckungsbehörde zum Strafantritt auf 22. 4. 2009 in die für ihn nach § 24 StVollstrO örtlich zuständige JVA Chemnitz geladen worden. Nachdem sich der Verurteilte zum Strafantritt nicht gestellt hat, erlässt die Vollstreckungsbehörde einen Sicherungshaftbefehl, da sich die verurteilte Person schon seit längerer Zeit nicht mehr an seinem Wohnort in Chemnitz aufgehalten hat. Die Festnahme erfolgt am 18. 8. 2009 in Hamburg. Er wird noch am gleichen Tag in die JVA Hamburg eingeliefert. (Zur Aufnahme ist die JVA Hamburg verpflichtet nach Nr. 9 Abs 2 Buchst. b VGO). Er wird von dort aus in die JVA Chemnitz verschubt, wo er am 2. 9. 2009 eintritt. Der Strafbeginn ist **18. 8. 2009 TB.**

Ist die verurteilte Person im **Ausland** festgenommen worden und wird sie anschließend abgeschoben oder zur Strafvollstreckung ausgeliefert, ist Strafbeginn der Zeitpunkt der **Übernahme** durch deutsche Beamte (§ 38 Ziffer 2 StVollstrO).[104] Die Übernahme durch deutsche Beamte kann im Ausland erfolgen, am Grenzübergang oder im Flughafengebäude in der Bundesrepublik. Dieser Zeitpunkt der Übernahme ist jeweils maßgebend.

2. Verurteilter in Haft

Ist die verurteilte Person im Zeitpunkt des Eintritts der **Rechtskraft** in **Untersu- 155 chungshaft** in **vorliegender Sache** (also der Sache, die Gegenstand der Verurteilung war), ist Strafbeginn dieser Zeitpunkt (§ 38 Ziffer 3 StVollstrO), also der Zeitpunkt der Eintritt der Rechtskraft und zwar unmittelbar.[105] Da die Rechtskraft bei Rechtsmittelverzicht oder Rücknahme eines Rechtsmittels nicht durch Zeitablauf und damit auch nicht mit dem Beginn eines Tages eintritt, die entsprechende Handlung oder der Eingang der Rechtsmittelrücknahme bei Gericht in den Lauf eines Tages fällt, wird in diesen Fällen die Rechtskraft fiktiv auf 0.00 Uhr (Tagbeginn) zurückdatiert.[106] Der

---

[104] Ebenso *Kerkmann,* Strafvollstreckung, S 49.
[105] BGH, NStZ 1993, 31.
[106] Zum Eintritt der Rechtskraft s. Rdn 47.

Verurteilte ist daher, wenn er sich in dieser Sache in Untersuchungshaft befand mit Tagbeginn des Eintritts der Rechtskraft auch in Strafhaft. Dieser Tag (Eintritt der Rechtskraft) ist daher nicht mehr als Untersuchungshaft zu berechnen. Eine Ausnahme gilt nur dann, wenn das Gericht die Freiheitsstrafe zur Bewährung aussetzt, den Untersuchungshaftbefehl aufhebt und die verurteilte Person sofort entlässt.

Beispiel:
Die verurteilte Person befindet sich seit 9. 3 2009 in Untersuchungshaft. Sie wird durch Urteil vom 29. 4. 2009 rechtskräftig durch Rechtsmittelverzicht durch den Vertreter der Staatsanwaltschaft und der verurteilten Person seit 29. 4. 2009 zu der Freiheitsstrafe von 1 Jahr verurteilt.
– die Vollstreckung der Strafe wird nicht zur Bewährung ausgesetzt. Strafbeginn ist daher der 29. 4. 2009 TB. Untersuchungshaft, das ist die Zeit vom 9. 3. 2009 bis 28. 4. 2009 das sind 51 Tage ist auf die die Strafe anzurechnen.
– Die Vollstreckung der Strafe wird zur Bewährung ausgesetzt. Die verurteilte Person wird nach der Hauptverhandlung und Rechtsmittelverzicht gegen 15.00 Uhr entlassen, der Haftbefehl wird aufgehoben. Wird die Strafaussetzung später widerrufen, ist auf die zu vollstreckende Freiheitsstrafe Untersuchungshaft, das ist die Zeit vom 9. 3. 2009 bis 29. 4. 2009, das sind 52 Tage anzurechnen.

Die verurteilte Person, die sich in dieser Sache in Untersuchungshaft befand ist deshalb nach Eintritt der Rechtskraft der Verurteilung zu einer Freiheitsstrafe ohne Bewährung auch in der Vollzugsanstalt sofort wie ein Strafgefangener zu behandeln. Die richterliche Postkontrolle entfällt und geht auf den Anstaltsleiter über, der Gefangene ist zur Arbeit verpflichtet, die Disziplinargewalt obliegt ab Eintritt der Rechtskraft dem Anstaltsleiter u. a. Da die Vollzugsanstalt jedoch häufig erst viel später vom Eintritt der Rechtskraft Kenntnis erlangt, führt dies in der Praxis zu erheblichen Problemen. Deshalb schreibt § 13 Abs 3 StVollstrO zwingend vor, dass die die Rechtskraft bescheinigende Stelle die urkundliche Grundlage der Vollstreckung (ausreichend ist ein mit dem Rechtskraftvermerk versehene beglaubigte Abschrift des erkennenden Teils – Urteilstenor –) binnen 3 Tagen nach Eintritt der Rechtskraft der Vollstreckungsbehörde zu übersenden ist. Sinn und Zweck dieser Vorschrift ist nicht nur, dass die Vollstreckungsbehörde von der rechtskräftigen Entscheidung Kenntnis erlangt, sondern auch die von der Vollstreckungsbehörde zu veranlassende entsprechende Unterrichtung der Vollzugsbehörde.
Strittig ist, wie in nachstehendem Fall zu berechnen ist:

Beispiel:
Der Gefangene befindet sich in Untersuchungshaft für das Amtsgericht Chemnitz.
Als Überhaft ist Strafhaft von einem Jahr Freiheitsstrafe für die Staatsanwaltschaft Ellwangen notiert. Am 7. 8. 2008 findet vor dem Amtsgericht Chemnitz die Hauptverhandlung statt in der Sache, in der sich der Gefangene in Untersuchungshaft befindet. Er wird dort zu der Freiheitsstrafe von 9 Monaten verurteilt, die Vollstreckung dieser Strafe wird zur Bewährung ausgesetzt, der Haftbefehl wird aufgehoben. Durch Rechtsmittelverzicht wird das Urteil gegen 16.00 Uhr rechtskräftig.
Die Strafzeit für die Freiheitsstrafe von 1 Jahr für die Staatsanwaltschaft Ellwangen beginnt nach § 37 Abs 2 StVollstrO am 7. 8. 2008 (TB)
Bis 7. 8. 2008 16.00 Uhr wurde aber tatsächlich Untersuchungshaft für das Amtsgericht Chemnitz vollzogen und erst ab diesem Zeitpunkt wurde er aus der Untersuchungshaft entlassen.
Da jede Strafe getrennt für sich zu berechnen ist (§ 37 Abs 1 StVollstrO) zählt in diesem Fall der 7. 8. 2008 als Strafhaft für die Freiheitsstrafe der Staatsanwaltschaft Ellwangen, jedoch nicht auch als Untersuchungshaft für die in Chemnitz verhängte Strafe. Dies ergibt sich nach der Neufassung der StVollstrO eindeutig aus § 39 Abs 2 Satz 2 StVollstrO. Danach wird dieser Tag nur dann auf die Strafe Chemnitz angerechnet, wenn er nicht

bereits unverkürzt als Strafhaft zählt. Da dieser Tag aber unverkürzt als Strafhaft für die Staatsanwaltschaft Ellwangen zählt, bleibt er für die Berechnung der Untersuchungshaft für Chemnitz unberücksichtigt.

Damit ist mit der Neufassung der StVollstrO dieser Streit zwischenzeitlich bereinigt. § 39 Abs 2 StVollstrO bezieht sich in seinem Wortlaut zwar nur auf Untersuchungshaft und Strafhaft hinsichtlich desselben Gegenstandes, bringt aber unmissverständlich zum Ausdruck, dass an einem Tag nicht Untersuchungshaft und Strafhaft gleichzeitig vollstreckt werden kann, so dass in obigem Beispiel diese Bestimmung entsprechend anzuwenden ist.

Für die Strafzeitberechnung ist dabei die Fiktion des § 34 a StPO zu beachten. Führt demnach nach rechtzeitiger Einlegung eines Rechtsmittels ein Beschluss unmittelbar die Rechtskraft der angefochtenen Entscheidung herbei, so gilt die Rechtskraft als mit Ablauf des Tages der Beschlussfassung (nicht der Zustellung oder Bekanntmachung dieser Beschlüsse) eingetreten. Solche Beschlüsse sind zunächst alle Beschwerdeentscheidungen, mit denen das Rechtsmittel gegen einen urteilsgleichen Beschluss entschieden wird. Ferner die Verwerfung der Revision als unzulässig nach § 349 Abs 1 StPO, die Bescheidung der Revision als offensichtlich unbegründet nach § 349 Abs 2 StPO, die Nichtannahme der Berufung nach § 322 a Satz 1 StPO und der Beschluss, der die nach § 322 Abs 2 eingelegte Beschwerde gegen die Verwerfung der Berufung verwirft.

Die in § 34 a StPO gewählte Formulierung darf jedoch grundsätzlich nicht im Wortsinne verstanden werden. Der „Ablauf" fällt vielmehr zusammen mit dem Beginn des auf die Beschlussfassung folgenden Tages. Er ist der **erste** Tag der Rechtskraft. Sämtliche durch die Rechtskraft bedingten Wirkungen (z. B. Strafbeginn) treten demgemäß im Falle des § 34 a StPO mit dem Beginn des auf die Beschlussfassung folgenden Tages ein. Auf diesen Tag ist auch die Rechtskraft zu bescheinigen.[107]

Beispiel:
Aus dem Urteil des Landgerichts Zwickau sind 2 Jahre Freiheitsstrafe zu vollstrecken. Die Revision des Angeklagten ist durch Beschluss des BGH vom 20. 8. 2008 als offensichtlich unbegründet verworfen worden. Der Beschluss wurde am 30. 8. 2008 der verurteilten Person und seinem Verteidiger sowie der Staatsanwaltschaft zugesandt. Der Verurteilte befand sich in dieser Sache seit 25. 1. 2008 ununterbrochen in Untersuchungshaft.

Strafbeginn:	21. 8. 2008 (TB)
(§ 38 Ziffer 3 StVollstrO)	+ 2 Jahre
	21. 8. 2010 (TB)
U-Haft vom 25. 1. 2008–20. 8. 2008	− 209 Tage
Strafende	24. 1. 2010 (TB)
entspricht	23. 1. 2010 (TE)

Vergleichsberechnung nach § 37 Abs 1 StVollstrO:

Strafbeginn:	25. 1. 2008 TB
	+ 2 Jahre
Strafende	25. 1. 2010 TB
entspricht	24. 1. 2010 TE

Mit dem Zeitpunkt des Eintritts der Rechtskraft und nicht erst mit der förmlichen Einleitung der Strafvollstreckung, geht die Untersuchungshaft von selbst in Strafhaft

---

[107] *Pohlmann/Jabel/Wolf* hat die bisher vertretene Meinung aufgegeben, s. Rdn 12 f zu § 38 StVollstrO: Inwieweit diese Frage noch von Bedeutung ist für Strafen, die am 29. 2. vor 1979 begonnen haben, halte ich für einen unnötigen Streit.

über. Der Haftbefehl, der die Untersuchungshaft anordnete, wird gegenstandslos, er braucht nicht ausdrücklich aufgehoben werden, eine Haftbeschwerde wäre unzulässig.

Eine ergänzende Bestimmung trifft § 38 Ziffer 3 2. Halbsatz StVollstrO. Ist das Rechtsmittel verspätet eingelegt worden, d. h. die Rechtskraft bereits eingetreten, oder wurde das Rechtsmittel als **unzulässig** verworfen, tritt auch hier die Rechtskraft mit Ablauf der Rechtsmittelfrist ein. So ist auch hier Strafbeginn der Eintritt der Rechtskraft, also der auf den Zeitpunkt des Ablaufs der Rechtsmittelfrist folgenden Tagesbeginn.

Ist das Urteil rechtskräftig und damit auch die Strafe, deren Vollstreckung im Urteil zur Bewährung ausgesetzt worden war und war die verurteilte Person aus der Untersuchungshaft entlassen worden, kann § 38 Ziffer 3 StVollstrO nicht mehr zur Anwendung kommen. Beabsichtigt das Gericht die Strafaussetzung zur Bewährung zu widerrufen, weil die verurteilte Person entweder während der Bewährungszeit erneut straffällig geworden ist oder Bewährungsauflagen nicht nachkommt, kann die verurteilte Person aber vor dem Widerruf nicht anhören, weil dieser etwa unbekannten Aufenthalts ist, erlässt das Gericht nach § 453 c StPO einen Sicherungshaftbefehl Wird die verurteilte Person auf Grund des Sicherungshaftbefehls festgenommen, wird sie im Falle des Vollzugs zwar wie ein U-Haft-Gefangener behandelt. Die Gründe hierfür sind, dass im Falle des § 453 c StPO die verurteilte Person noch nicht zu den Gründen gehört werden konnte, die den Widerruf einer Strafaussetzung zur Bewährung rechtfertigen könnten, ein rechtskräftiger Widerruf der Strafaussetzung zur Bewährung ist also noch nicht erfolgt. Abs 2 des § 453 c StPO schreibt vor, dass die erlittene Sicherungshaft zwingend auf die Strafe anzurechnen ist. Dies erfolgt jedoch nicht nach den Regeln des § 39 StVollstrO. Die Anrechnung erfolgt vielmehr in der Weise, dass der Beginn der Strafzeit auf den Tag festzusetzen ist, an dem die verurteilte Person in Sicherungshaft genommen wurde, § 38 Ziffer 2 StVollstrO.

Erfolgt nach dem Vollzug der Sicherungshaft kein rechtskräftiger Widerruf, wird der Verurteilte vielmehr wieder in Freiheit entlassen, fehlen Regelungen, wie dann die Anrechnung nach § 453 c Abs 2 StPO im Falle eines späteren rechtskräftigen Widerrufs zu erfolgen hat. Die Anrechnung nach § 51 StGB setzt im Grundsatz voraus, dass nach dieser Bestimmung grundsätzlich nur Zeiten vor der Rechtskraft zu berücksichtigen sind. Würde man § 453 c Abs 2 StPO unmittelbar anwenden, hätte dies zur Folge, dass mit der Strafvollstreckung begonnen wurde mit der Aufnahme des Verurteilten in die Sicherungshaft. Mit der Entlassung aus der Sicherungshaft müsste dann die Restberechnung nach § 40 StVollstrO vorgenommen werden. Dies ist unbefriedigend. Da das BVerfG schon sehr früh auch die Anrechnung der nach Eintritt der Rechtskraft erlittenen Auslieferungshaft für rechtens erklärt hat,[108] erscheint es dem Sinn und Zweck des § 453 c StPO sinnvoll, § 51 StGB und damit auch § 39 StVollstrO sinngemäß anzuwenden und in diesen Fällen die erlittene Sicherungshaft wie Untersuchungshaft in Tagen berechnet vom errechneten Strafende abzuziehen. Jedoch ist auch in diesem Falle eine Vergleichsberechnung anzustellen. Nach der Vergleichsberechnung ist von einem Strafbeginn mit der Festnahme zum Vollzug der Sicherungshaft auszugehen. Mit der Entlassung der verurteilten Person aus der Sicherungshaft mangels eines rechtskräftigen Widerrufs der Strafaussetzung ist dann nach § 40 StVollstrO zu verfahren.

156 Befindet sich der Verurteilte zum Zeitpunkt des Eintritts der Rechtskraft in Strafhaft in anderer Sache, ist als Strafbeginn für die vorliegende neue Sache der Beginn der Anschlussvollstreckung anzusetzen. Nach § 454 b Abs 1 StPO, § 43 Abs 1 StVollstrO

---

[108] Rechtspfleger 1971, 61.

werden mehrere Freiheitsstrafen und Ersatzfreiheitsstrafen, aus denen keine Gesamtstrafe gebildet werden kann, grundsätzlich unmittelbar nacheinander vollstreckt. Dies bedeutet, dass die erste Strafe bis 24.00 Uhr (Tagende = TE) vollstreckt wird und unmittelbar im Anschluss ab 0.00 Uhr (Tagbeginn = TB) des darauf folgenden Tages die nächste Strafe. § 16 Abs 1 StVollzG, wonach Verurteilte am letzten Tag der Strafe möglichst noch im Laufe des Vormittags entlassen werden sollen, gilt insoweit nicht.

Beispiel:
Der Verurteilte befindet sich für das Amtsgericht Freiberg seit 30. 7. 2008 in Untersuchungshaft. Er wird von diesem Gericht zu einer Freiheitsstrafe von 6 Monaten verurteilt. Die Rechtskraft tritt ein am 11. 9. 2008. Am 15. 9. 2008 geht ein Aufnahmeersuchen der Staatsanwaltschaft Zwickau zur Vollstreckung einer Freiheitsstrafe von 3 Monaten ein.[109]

Strafbeginn:		11. 9. 2008 (TB)
	+	6 Monate
		11. 3. 2009 (TB)
abzüglich U-Haft (§ 51 Abs 1 StGB, § 39 StVollstrO)	–	43 Tage
Strafende		28. 1. 2009 (TB)
entspricht		27. 1. 2004 (TE)

Vergleichsberechnung nach § 37 Abs 1 StVollstrO:

Strafbeginn:		30. 7. 2008 (TB)
	+	6 Monate
Strafende		30. 1. 2009 (TB)
entspricht		29. 1. 2009 (TE)
Strafbeginn hinsichtlich der Strafe aus Zwickau		28. 1. 2009 (TB)
	+	3 Monate
Strafende		28. 4. 2009 (TB)
entspricht		27. 4. 2009 (TE)

Bezüglich dieser Strafe greift dann § 16 Abs 1 StVollzG, wonach der Gefangene spätestens am 27. 4. 2009 möglichst noch am Vormittag aus der JVA zu entlassen ist.
Wird die Strafe des Amtsgerichts Freiberg (zuständig ist die Staatsanwaltschaft Chemnitz) nach § 454 b Abs. 2 StPO zum $^2/_3$-Zeitpunkt unterbrochen zur Vollstreckung der Strafe für Zwickau, ergibt sich folgende Berechnung

Strafbeginn:		11. 9. 2008 (TB)
Strafe	+	6 Monate
		11. 3. 2009 (TB)
Untersuchungshaft	–	43 Tage
Strafende		28. 1. 2009 (TB)
$^2/_3$-Termin (abstrakt rückwärts = minus 2 Monate)		28. 11. 2008

Der Strafrest ist nach § 40 StVollstrO in Tagen zu berechnen.

Dies sind 61 Tage. Strafbeginn für die Strafe Zwickau		28. 11. 2008 (TB)
Strafe	+	3 Monate
Strafende		28. 2. 2009 (TB)
$^2/_3$-Termin (Mindestverbüßungszeit 2 Monate)		28. 1. 2009 (TB)
Reststrafe nach § 40 StVollstrO = 31 Tage. Wird eine bedingte Strafaussetzung abgelehnt, wird die Zwickauer Strafe bis zum Ende vollstreckt bis		28. 2. 2009 (TB)
im Anschluss die Reststrafe von Chemnitz	+	61 Tage
Strafende		29. 4. 2009 (TB)
entspricht		28. 4. 2009 (TE)

---

[109] Wegen der Reihenfolge der Vollstreckung nach § 43 StVollstrO s. Rdn 186 f.

Entlasstermin ist nach Vornahme der Unterbrechungshandlungen 27. 4. 2009 (TE) nach § 37 Abs 1 Satz 2 StVollstrO. § 16 StVollzG ist darüber hinaus zu beachten.

157 Wird die Strafe in **Unterbrechung** einer in **anderer** Sache verhängten **Untersuchungshaft** verbüßt, so ist Zeitpunkt des Strafbeginns der Zeitpunkt des Eingangs des Überführungsersuchens, wenn eine Verschubung in eine andere Vollzugsanstalt notwendig wird oder der Zeitpunkt des Eingangs des Aufnahmeersuchens in der Untersuchungshaftanstalt – vgl. § 38 Ziffer 4 StVollstrO. Zur Unterbrechung der U-Haft ist die Zustimmung des zuständigen Haftrichters einzuholen nach Nr. 92 UVollzO. Geht diese Zustimmung des Haftrichters erst nach dem Aufnahme- oder Überführungsersuchen bei der Vollzugsanstalt ein, so ist der spätere, also dieser Zeitpunkt des Eingangs der Zustimmung der Zeitpunkt des Strafbeginns. Dies ergibt sich aus dem Begriff „Zustimmung". Der Haftrichter kann in seiner Zustimmung auch den Zeitpunkt festlegen, ab welchem die Untersuchungshaft zur Vollstreckung der Freiheitsstrafe unterbrochen werden soll.[110]

> **Beispiel:**
> Zu vollstrecken ist von der Staatsanwaltschaft Stuttgart eine Freiheitsstrafe von 6 Monaten. Der Verurteilte befindet sich derzeit für das Amtsgericht Leipzig in Untersuchungshaft. Die Staatsanwaltschaft Stuttgart übersendet das Aufnahmeersuchen an die U-Haft-Anstalt, wo sie am 21. 7. 2009 eingeht. Dem Aufnahmeersuchen ist
> a) die Zustimmungserklärung des Haftrichters in Leipzig nach Nr. 92 UVollzO vom 10. 7. 2009 beigefügt,
> b) die Zustimmungserklärung nicht beigefügt, sie geht am 29. 7. 2009 in der U-Haft-Anstalt ein,
> c) die Zustimmungserklärung beigefügt; der Haftrichter hat verfügt, dass die U-Haft ab 1. 8. 2009 unterbrochen werden soll.
> a) Strafbeginn: 21. 7. 2009 TB
> b) Strafbeginn: 29. 7. 2009 TB
> c) Strafbeginn: 1. 8. 2009 TB

Zu beachten ist, dass die Strafzeiten von der **Vollzugsanstalt** sowohl der Vollstreckungsbehörde, als auch dem Haftrichter mitzuteilen sind. Es empfiehlt sich darüber hinaus, dass die Vollstreckungsbehörde, also in obigem Beispielsfall die Staatsanwaltschaft Stuttgart die Haftzeiten dem Haftrichter beim Amtsgericht Leipzig gesondert mitteilt. Eine entsprechende Bestimmung hierfür besteht jedoch nicht. Für die Richtigkeit der Strafzeitberechnungen sind jedoch ganz allgemein die Vollstreckungsbehörden und nicht die Vollzugsbehörden zuständig, § 36 Abs 1 StVollstrO.

C. Anrechnung von Untersuchungshaft und anderer Freiheitsentziehung

1. Grundregeln

158 **Untersuchungshaft** oder eine **andere Freiheitsentziehung** (§ 39 Abs 3 StVollstrO), die der Verurteilte aus Anlass einer Tat, die Gegenstand des Verfahrens ist oder gewesen ist, erlitten hat, ist **kraft Gesetzes** (§ 51 Abs 1 Satz 1 StGB) auf eine **zeitige Freiheitsstrafe** und auf eine Geldstrafe anzurechnen. Ist neben einer Freiheitsstrafe zugleich auch auf eine Geldstrafe erkannt worden, was nach § 41 StGB möglich ist, so erfolgt die Anrechnung **zunächst** auf die Freiheitsstrafe, soweit sich aus der Entscheidung

---

[110] Die richterliche Zustimmung zur Unterbrechung der U-Haft kann vom Untersuchungsgefangenen mangels Beschwer nicht angefochten werden (OLG Düsseldorf, NStZ 1984, 236) Lehnt der Haftrichter aber eine Unterbrechung ab, kann der Gefangene dagegen Beschwerde und weitere Beschwerde nach § 310 StPO einlegen (OLG Hamburg, NStZ 1992, 206).

nicht etwas anderes ergibt. Reicht die Freiheitsstrafe nicht aus, dann erfolgt die Anrechnung in zweiter Linie auf die Geldstrafe, also auf die Anzahl der Tagessätze. Wird im Falle des § 53 Abs 2 Satz 2 StGB bei der Gesamtstrafenbildung auf Freiheitsstrafe und Geldstrafe gesondert erkannt, ist eine erlittene Untersuchungshaft auf die Strafe anzurechnen, die der verurteilten Person für die Tat verhängt wurde, für die er sich in Untersuchungshaft befand.

Beispiel:
Das Gericht erlässt einen Haftbefehl nach § 230 StPO (Tatvorwurf Betrug), weil die angeklagte Person dem Termin in der Hauptverhandlung unentschuldigt ferngeblieben ist. Er wird in dieser Sache am 15. 5. 2009 festgenommen und in die U-Haft-Anstalt eingeliefert. Bereits zuvor hat die Staatsanwaltschaft wegen eines weiteren Delikts (Tatvorwurf gefährliche Körperverletzung) eine weitere Anklage erhoben. Ein Haftbefehl in dieser Sache wurde nicht erlassen. Das Gericht verbindet beide Verfahren und bestimmt neuen Hauptverhandlungstermin auf 19. 6. 2009, in dem beide Anklagepunkte abgeurteilt werden. Unter Anwendung des § 53 Abs 2 StGB verhängt das Gericht folgende Strafen, die sofort durch Rechtsmittelverzicht rechtskräftig werden:
a) Betrug: Geldstrafe von 30 Tagessätzen zu je 30,– €
b) gefährliche Körperverletzung: Freiheitsstrafe von 1 Jahr.
Die erlittene Untersuchungshaft von 37 Tagen ist zunächst voll auf die Anzahl der Tagessätze der Geldstrafe anzurechnen, da die verurteilte Person in dieser Sache in Untersuchungshaft saß. Die darüber hinausgehende Untersuchungshaft von 7 Tagen ist auf die verhängte Freiheitsstrafe anzurechnen, da beide Taten Gegenstand des Verfahrens gewesen sind, § 51 Abs 1 StGB.

Die Untersuchungshaft eines noch nicht oder noch nicht rechtskräftig verurteilten Beschuldigten lässt sich mit der Unschuldsvermutung des Art. 6 II MRK nicht ohne weiteres vereinbaren. Sie ist Freiheitsberaubung gegenüber einem Unschuldigen. Sie darf deshalb nur in streng begrenzten Ausnahmefällen angeordnet werden und zwar grundsätzlich nur dann, wenn überwiegende Interessen des Gemeinwohls, zu denen auch die Bedürfnisse einer wirksamen Verbrechensbekämpfung gehören, dies gebieten. Die Untersuchungshaft dient dem Zweck der Durchführung eines geordneten Strafverfahrens und der Sicherstellung einer späteren Strafvollstreckung und verhilft damit den Anspruch der staatlichen Gemeinschaft auf vollständige Aufklärung einer Tat und deren Verurteilung durchzusetzen.[111] Die Voraussetzungen für die Anordnung von Untersuchungshaft sind in §§ 112, 112 a, 113, 230, 329 StPO geregelt. Mit der Rechtskraft des Urteils geht die Untersuchungshaft automatisch in Strafhaft über nach § 38 Ziffer 3 StVollstrO. Damit werden Haftbeschwerden, die vor der Rechtskraft eingelegt werden gegenstandslos, da sie prozessual überholt sind, Haftbeschwerden, die nach der Rechtskraft eingehen sind unzulässig.[112]
Untersuchungshaft und andere Freiheitsentziehung kann auf Freiheitsstrafe nur im Verhältnis 1 : 1 angerechnet werden. Dies bedeutet zugleich, dass es unzulässig ist, eine Freiheitsstrafe durch eine längere wie auch durch eine kürzere Untersuchungshaft als verbüßt zu erklären.[113] Dies ergibt für die Praxis jedoch Konsequenzen. Übersteigt die erlittene U-Haft die Strafe und ist im Urteilstenor festgestellt, dass die Strafe durch die erlittene U-Haft als verbüßt gilt, wird dadurch ein evtl. Anspruch des

---

[111] BVerfGE **19**, 342, 349; BVerfGE **20**, 45, 49.
[112] OLG Karlsruhe, Justiz 1973, 255; OLG Düsseldorf, StV 1988, 110.
[113] BGH, NStZ 1983, 524. Die Feststellung, ob die erkannte Strafe durch die erlittene Untersuchungshaft verbüßt ist, obliegt überdies der Strafvollstreckungsbehörde und nicht dem Gericht, da es sich hierbei um eine Frage der Strafzeitberechnung handelt. Ein in der Urteilsformel enthaltener Ausspruch über die Anrechnung der U-Haft ist in den Fällen des § 51 Abs 1 Satz 1 StGB ohne rechtliche Wirkung und hat nur deklaratorischen Charakter (BGH aaO).

Verurteilten nach dem StrEG nicht ausgeschlossen, es sei denn im Urteil ist ferner festgestellt, dass dem Verurteilten eine Entschädigung für eine evtl., zu Unrecht erlittene U-Haft nicht gewährt wird. Übersteigt dagegen die verhängte Strafe die erlittene U-Haft und steht in der rechtskräftig gewordenen Urteilsformel, dass die Strafe durch die erlittene Untersuchungshaft als verbüßt gilt, so würde dies an sich die Vollstreckungsbehörden an der Vollstreckung der „Reststrafe" nicht hindern. Dem stehen jedoch verfassungsrechtliche Bedenken entgegen (Art. 104 Abs 2 GG). Ferner kann das Grundrecht aus Art. 2 Abs 1 GG verletzt sein, wenn das aus dem Rechtsstaatsprinzip (Art. 20 Abs 3 GG) bestehende Gebot des Vertrauensschutzes nicht hinreichend beachtet wird. Dieses Gebot beinhaltet auch die Prüfung, ob das Vertrauen des Bürgers auf den Fortbestand des ihm – sei es auch zu Unrecht – eingeräumten Rechtsposition enttäuscht werden darf. Aus den genannten Gründen darf eine evtl. Reststrafe in diesen Fällen nicht mehr vollstreckt werden.

Bei Anrechnung auf die Geldstrafe entspricht ein Tag Freiheitsentziehung einem Tagessatz nach § 51 Abs 4 Satz 1 StGB.

1. Beispiel:

Gegen den Verurteilten A ist eine Geldstrafe von 30 Tagessätzen zu je 20,– € rechtskräftig verhängt worden. Anzurechnen sind 20 Tage Untersuchungshaft.

Zu vollstrecken sind daher noch restliche 10 Tagessätze zu je 20,– € = 200,– €. 20 Tagessätze zu je 20,– € gelten als verbüßt, bzw. 400,– € gelten als getilgt.

2. Beispiel:

Verurteilung zu einer Freiheitsstrafe von 2 Monaten und zugleich zu einer Geldstrafe von 30 Tagessätzen zu je 20,– € nach § 41 StGB. Das Urteil wird rechtskräftig am 11. 3. 2009, nachdem der Verurteilte und der Vertreter der Staatsanwaltschaft in der Hauptverhandlung auf die Einlegung eines Rechtsmittels verzichtet haben. Der Verurteilte befand sich in dieser Sache seit dem 2. 1. 2009 in Untersuchungshaft. Anzurechnen sind daher 68 Tage Untersuchungshaft (die Zeit vom 2. 1. 2009 bis 10. 3. 2009).

Zwei Berechnungsarten sind denkbar:

a) Der Monat wird abstrakt mit 30 Tagen angesetzt. Damit hätte der Verurteilte insgesamt 60 Tage Freiheitsstrafe zu verbüßen gehabt. Da er sich aber bereits 68 Tage in U-Haft befand, sind die weiteren 8 Tage auf die verhängte Geldstrafe von 30 Tagessätzen anzurechnen, so dass noch eine Geldstrafe von 22 Tagessätzen zu je 20,– € = 440,– € zu vollstrecken ist.

Gegen diese Berechnungsmethode spricht, dass sie zu pauschal ist und im Übrigen den Grundsatz des § 37 Abs 4 StVollstrO widerspricht, wonach die Berechnung nach der Kalenderzeit zu erfolgen hat. Einer Anregung des Berliner Senats zum Zwecke der Strafzeitberechnung einen Monat Freiheitsstrafe durchweg mit 30 Tagen und ein Jahr Freiheitsstrafe mit 360 Tagen gleichzusetzen, ist der Bundesminister der Justiz entgegengetreten, da dadurch verschiedene Berechnungsmodelle durch das Gesetz festgeschrieben werden würden und zudem auch die gesamten Berechnungsarten bei den Maßregeln der Besserung und Sicherung und den Jugendstrafen geändert werden müssten.

b) Man geht von einem fiktiven Strafbeginn aus, nämlich dem Tag, an dem der Verurteilte in Untersuchungshaft genommen wurde, also

Strafbeginn	2. 1. 2009 (TB)
Strafe	+ 2 Monate
Die Anrechnung erfolgt zunächst auf die Freiheitsstrafe nach § 39 Abs 1 Satz 1 StVollstrO	2. 3. 2009 (TB)
Geldstrafe =	+ 30 Tage
Strafende	1. 4. 2009 (TB)
entspricht	31. 3. 2009 (TE)
tatsächlicher Entlasszeitpunkt	11. 3. 2009 (TE)
zu vollstrecken sind noch restliche	20 Tage

dies entspricht einer restlichen Geldstrafe von 20 Tagessätzen zu je 20,– €, so dass der Verurteilte noch eine Geldstrafe von restlichen 400,– € zu bezahlen hat. Diese Berechnungsart ist nach der Novellierung der StVollstrO, wonach ohnehin eine Vergleichsberechnung anzustellen wäre auch begründet.

Diese Berechnungsart ist zudem genauer, weil sie sich an den konkreten Strafdaten orientiert und die Grundregeln der Strafzeitberechnung beachtet.

Die Form der Anrechnung ist in § 39 Abs 4 StVollstrO vorgeschrieben. Danach sind die erlittene U-Haft oder andere anrechenbare Zeiten in Tagen berechnet vom fiktiv errechneten Strafende in vollen Tagen rückwärts abzuziehen.

Nach der Neufassung der StVollstrO darf die so vorgenommene Strafzeitberechnung nicht zu einer Verlängerung der nach § 39 StGB verhängten Strafe führen. Grundsätzlich wurde an der bisherigen Regelung, wonach die anrechenbaren Zeiten in Tagen berechnet rückwärts vom errechneten Strafende abzuziehen sind festgehalten. Ergibt jedoch eine Vergleichsberechnung einen früheren Entlasstermin bzw. ein früheres Strafende, so gilt dieses frühere Strafende als tatsächliches Strafende. Es ist also in jedem Fall eine Vergleichsberechnung anzustellen und zwar dergestalt, dass ab Beginn der Untersuchungshaft so gerechnet wird, wie wenn sich die verurteilte Person in Strafhaft befunden hätte, der Strafbeginn wird also in dieser Vergleichsberechnung auf den Beginn der Untersuchungshaft festgesetzt. Nach wie vor bestimmt § 51 Abs 1 Satz 1 StGB und § 39 Abs 4 StVollstrO, dass die bereits erlittene Untersuchungshaft auf die Strafe anzurechnen ist und zwar genau die Zeit in Tagen berechnet, die der jetzt Verurteilte sich in Untersuchungshaft oder anderer anrechenbarer Haft befunden hat. Gelangt man jedoch mit einer Vergleichsberechnung zu einem früheren Strafende, so gilt dieses.

Den Ausführungen in Pohlmann/Jabel/Wolf[114] auf Grund der Entscheidung des BVerfG vom 16. 5. 1994[115] habe die Anwendung des § 39 Abs 4 StVollstrO erheblich an Bedeutung verloren kann auch nach dieser Neuregelung nicht gefolgt werden, da zunächst die Berechnungsmethode nach § 39 Abs 4 StVollstrO anzuwenden ist. Im Anschluss daran ist auszugehen von der rechtskräftig verhängten Strafe nach § 39 StGB, die zu vollstrecken ist. Klar gestellt hat das BVerfG, dass § 37 Abs 4 StVollstrO eine bloße Umsetzung der gesetzlichen Vorgaben aus § 39 StGB darstellt, so dass die Vollstreckung nach der Kalenderzeit verfassungskonform ist.

Beispiele:

a) Der Beschuldigte wird zu einer Freiheitsstrafe von 6 Monaten verurteilt. Das Urteil wird durch Ablauf der Rechtsmittelfrist rechtskräftig am 11. 3. 2009. Seit 10. 12. 2008 befand sich der Verurteilte in dieser Sache in Untersuchungshaft.

Strafbeginn nach § 38 Ziffer 3 StVollstrO		11. 3. 2009 (TB)
Strafe	+	6 Monate
		11. 9. 2009 (TB)
abzüglich U-Haft nach § 51 I 1 StGB, § 39 IV StVollstrO (10. 12. 2008–10. 3. 2009)	–	91 Tage
Strafende		12. 6. 2009 (TB)
entspricht		11. 6. 2009 (TE)

Nach der Novellierung der StVollstrO ist nachstehende Vergleichsberechnunganzustellen:

Strafbeginn		10. 12. 2008 (TB)
Strafe	+	6 Monate
Strafende		10. 6. 2009 (TB)
entspricht		9. 6. 2009 (TE)

Die verurteilte Person ist am 9. 6. 2009 zu entlassen. Dies ist auch das Strafende.

---

[114] *Pohlmann/Jabel/Wolf* Anm 86 zu § 89 StVollstrO.
[115] NStZ 1994, 452.

b) Der Beschuldigte wird zu einer Freiheitsstrafe von 6 Monaten verurteilt. Das Urteil wird durch Ablauf der Rechtsmittelfrist rechtskräftig am 9. 10. 2008. Seit 8. 7. 2008 befand sich der Verurteilte in dieser Sache in Untersuchungshaft.

Strafbeginn nach § 38 Ziffer 4 StVollstrO		9. 10. 2008 (TB)
Strafe	+	6 Monate
		9. 4. 2009 (TB)
abzüglich U-Haft (8. 7. 2008–8. 10. 2008	–	93 Tage
Strafende		7. 1. 2009 (TB)
entspricht		6. 1. 2009 (TE)
Vergleichsberechnung nach §§ 39 Abs 4 Satz 2, 37 Abs 1 StVollstrO:		
Strafbeginn		8. 7. 2008 (TB)
Strafe	+	6 Monate
Strafende		8. 1. 2009 (TB)
entspricht		7. 1. 2009 (TE)
Es gilt Strafende:		6. 1. 2009 TE

159 Die Anrechnung der Untersuchungshaft erfolgt **kraft Gesetzes**, so dass es eines besonderen Ausspruchs des Gerichts im Straferkenntnis nicht bedarf. Soll die Anrechnung jedoch ganz oder zum Teil unterbleiben, ist dies im erkennenden Teil des Urteils, also in der Urteilsformel **ausdrücklich anzuordnen** – § 51 Abs 1 Satz 2 StGB. Jedoch ist in diesem Falle § 450 StPO zu beachten. Trotz des Ausspruchs im Straferkenntnis, dass die erlittene Untersuchungshaft nicht auf die Strafe anzurechnen ist, ist dennoch die Untersuchungshaft anzurechnen, die der Verurteilte erlitten hat bevor das Urteil rechtskräftig geworden ist. Dieser Umstand ergibt sich in folgenden Fällen:
– der Verurteilte hat auf die Einlegung eines Rechtsmittels ausdrücklich verzichtet, nicht jedoch die Staatsanwaltschaft, so dass das Urteil insgesamt noch keine Rechtskraft erlangt hat;
– die Rechtsmittelfrist des Verurteilten gegen das Urteil ist abgelaufen ohne dass er ein Rechtsmittel eingelegt hat. Jedoch hat die Staatsanwaltschaft Rechtsmittel eingelegt, so dass das Urteil insgesamt noch keine Rechtskraft erlangt hat;
– der Verurteilte hat ein von ihm eingelegtes Rechtsmittel zurückgenommen, nicht jedoch die Staatsanwaltschaft, so dass das Urteil insgesamt noch keine Rechtskraft erlangt hat.
Das Urteil darf also aus anderen Gründen nicht rechtskräftig geworden sein, etwa weil die Staatsanwaltschaft Rechtsmittel eingelegt hat. Strafbeginn ist auch in einem solchen Falle immer die **absolute** Rechtskraft nach § 38 Ziffer 3 StVollstrO. Der ab Eintritt der relativen Rechtskraft für den Verurteilten bis zur absoluten Rechtskraft liegende Zeitraum wird gem. § 39 Abs 2, Abs 4 StVollstrO vom errechneten fiktiven Ende der Strafzeit nach Tagen rückwärts abgezogen. Der Tag, an dem für den Verurteilten die Rechtsmittelfrist abgelaufen ist, an der er den Rechtsmittelverzicht abgegeben hat oder die Rechtsmittelrücknahme bei Gericht eingegangen ist, wird als U-Haft bereits mitgezählt. Zu beachten ist, dass auch in diesen Fällen eine Vergleichsberechnung nach § 39 Abs 4 StVollstrO anzustellen ist. Hat jedoch der Strafverteidiger das Strafverfahren durch wiederholt gestellte und ersichtlich aussichtslose Anträge böswillig verschleppt, kann die teilweise Nichtanrechnung der erlittenen Untersuchungshaft nur angeordnet werden, wenn dem Angeklagten das Verhalten seines Verteidigers ausnahmsweise zuzurechnen ist.[116]
Wird durch eine nachträgliche Gesamtstrafenbildung die Strafe, für die der Verurteilte Untersuchungshaft verbüßt hat, in eine neue Gesamtstrafe einbezogen, so ist die erlittene Untersuchungshaft auf die neue Gesamtstrafe anzurechnen. Befand er sich für

---

[116] BGH, NStZ 2002, 138.

mehrere Taten in Untersuchungshaft, die in **einem Haftbefehl** aufgeführt waren und wird der Täter später wegen dieser Taten zu mehreren Strafen verurteilt, wobei nicht aus allen Strafen eine Gesamtstrafe gebildet werden kann, weil ein früheres rechtskräftiges Urteil nach § 55 StGB einbezogen wurde, so hat das Gericht zu bestimmen, auf welche Strafe oder in welchem Verhältnis die U-Haft angerechnet werden soll. Eine derartige Entscheidung wirkt **konstitutiv** und muss daher in der Urteilsformel ausgesprochen werden.[117] Die Anrechnung und/oder die Verteilung der U-Haft muss dabei so erfolgen, dass bei den Strafen die frühestmögliche Aussetzungsreife nach § 57 StGB (Halb- oder Zwei-Drittel-Termin) eintritt.[118] Wird in demselben Verfahren sowohl Freiheitsstrafe als auch Geldstrafe verhängt unter Anwendung des § 41 StGB, ist die erlittene Untersuchungshaft zunächst auf die Freiheitsstrafe anzurechnen. In Zweifelsfällen ist ein gerichtlicher Entscheid über die Anrechnung und Verteilung der U-Haft notwendig.[119] Die Vollstreckungsbehörde ist hierbei an die jeweilige Entscheidung des Gerichts gebunden (§ 39 Abs 1 Satz 2 StVollstrO). In seiner Entscheidung vom 2. 11. 2000[120] hat der BGH seine bisherige Rechtsprechung aufgegeben, wonach der Tatrichter über die Verteilung der Untersuchungshaft zwingend zu entscheiden hatte. Eine gerichtliche Entscheidung über die Berechnung der erkannten Strafen ist dem Verfahren nach § 458 StPO vorbehalten. Dies gilt insbesondere auch für die Anrechnung der Untersuchungshaft in Fällen der Verurteilung zu mehreren (Gesamt-) Freiheitsstrafen. Zuvor ist jedoch zu prüfen, ob die erlittene Untersuchungshaft einer bestimmten (Gesamt-) Strafe zuzuordnen ist.

2. Anrechenbare Haftzeiten

Nach § 39 Abs 1 und 3 StVollstrO sind auf eine zeitige Freiheitsstrafe oder Geldstrafe **160** anzurechnen:

Anrechenbare Zeiten

- **Untersuchungshaft**
  - andere Freiheitsentziehung
  - vorläufige Festnahme durch eine Amtsperson;
  - Auslieferungshaft und vorläufige Auslieferungshaft aus Anlass der Tat;
  - Unterbringung nach §§ 81, 126 a StPO und nach § 71 Abs 2 JGG
  - Disziplinararrest nach der Wehrdisziplinarordnung

Die Aufzählung in § 39 Abs 1 und Abs 3 StVollstrO bezieht sich ausnahmslos auf Zeiten, die vor der Rechtskraft liegen.

- **Untersuchungshaft nach § 51 Abs 1 StGB**   **161**

Darunter versteht man Haft, die der Verurteilte aus Anlass der Tat, die Gegenstand des Verfahrens ist oder gewesen ist, auf Grund **richterlicher Anordnung** erlitten hat (§§ 112 ff StPO) Vorausgesetzt wird, dass die Untersuchungshaft tatsächlich vollzogen wurde. Ob die U-Haft zurecht angeordnet wurde und im einzelnen die Voraussetzungen für die Anordnung der U-Haft vorgelegen haben, spielt keine Rolle. Nicht angerechnet wird jedoch die Zeit, die der Verurteilte in Unterbrechung der U-Haft für eine andere Sache (Freiheitsstrafe, Ersatzfreiheitsstrafe, Strafarrest nach dem Wehr-

---

[117] BGH, MDR 1978, 154.
[118] OLG Frankfurt, StV 1989, 491.
[119] BGH, Urteil vom 18. 6. 1991 – 5 StR 584/90. Unterblieb die Entscheidung, gilt für die Vollstreckungsbehörde die Anrechnungsregel des § 39 Abs 1 Satz 1 StVollstrO (Anrechnung zunächst auf die Freiheitsstrafe, dann auf die Geldstrafe). Hat die Vollstreckungsbehörde jedoch Zweifel, kann sie die Entscheidung des Gerichts nach § 458 StPO herbeiführen.
[120] BGHR zu StGB § 51.

strafgesetz, Jugendstrafe usw.) verbüßt hat oder in der der Vollzug des Haftbefehls nach § 116 StPO ausgesetzt war.[121] Im Übrigen gilt der Grundsatz der Verfahrenseinheit. Gegenstand des Verfahrens sind alle Taten, über die in der Hauptverhandlung zu befinden ist, die also entweder in der Anklageschrift enthalten sind oder später durch eine Nachtragsanklage in das Verfahren eingebracht werden. Abgestellt wird auf die historische Tat, wie die nun später bezeichnet wird (als Mord oder Totschlag, als Diebstahl oder Hehlerei, als Trunkenheit im Verkehr oder Straßenverkehrsgefährdung), spielt keine Rolle. Nicht verlangt wird für die Anrechenbarkeit, dass gerade wegen der Tat, die zum Erlass des Haftbefehls führte auf Strafe erkannt worden ist. Die Tat oder der Tatkomplex muss nur zu irgendeinem Zeitpunkt Gegenstand eines gemeinsamen Verfahrens gewesen sein.[122] Gegenstand des Verfahrens sind auch gewesen, Taten, die vor Abschluss des Verfahrens aus ihm ausgeschieden sind. Der Grund des Ausscheidens ist unbeachtlich.[123] Ist ein Verfahren nach § 154 Abs 2 StPO vorläufig eingestellt worden und hat der Angeklagte wegen der Tat, deren Verfolgung nach § 154 Abs 2 StPO vorläufig eingestellt wurde, U-Haft verbüßt, so wird diese U-Haft auf die Strafe nach § 51 Abs 1 StGB, § 39 Abs 1 StVollstrO angerechnet, die der Verurteilte bekommen hat wegen der Tat, wegen derer die Einstellung nach § 154 Abs 2 StPO erfolgt ist.[124] Auch in diesem Falle spielt es keine Rolle, ob die Einstellung in der Hauptverhandlung oder außerhalb der Hauptverhandlung erfolgte. Über die Anrechnung der sog. **verfahrensfremden Untersuchungshaft** haben sich in den letzten Jahren die Gericht mehrfach befasst und den Begriff der **funktionalen Verfahrenseinheit**[125] gebildet. Eine funktionale Einheit besteht regelmäßig auch bei Überhaftnotierungen.[126] Der Anrechnung steht auch nicht entgegen, dass der Verurteilte für die verfahrensfremde Untersuchungshaft eine Entschädigung nach dem Gesetz über die Entschädigung für Strafverfolgungsmaßnahmen erhalten hat[127] Die Regelung des Gesetzes über die Entschädigung für Verfolgungsmaßnahmen bietet auch keinen stichhaltigen Grund gegen die Anwendung des § 51 Abs 1 StGB, so dass es nicht darauf ankommt, dass ein Beschuldigter vor der Verfahrenseinstellung auf die Entschädigung für die erlittene Untersuchungshaft verzichtet hat.[128]

Beispiel:
Der Täter wird anlässlich einer Schlägerei in Hamburg in Untersuchungshaft genommen. Während er sich in Hamburg in U-Haft befand, wird er in Stuttgart als Täter eines Totschlags ermittelt, angeklagt und zu einer Freiheitsstrafe von 15 Jahren verurteilt. Die Staatsanwaltschaft Hamburg stellt deshalb das dortige Verfahren nach § 154 Abs 2 StPO ein.
Die in Hamburg erlittene Untersuchungshaft ist auf die zeitige Freiheitsstrafe von Stuttgart nach § 51 Abs 1 StGB, § 39 Abs 1 StVollstrO anzurechnen, obwohl die Tat in Hamburg nie Gegenstand des Verfahrens in Stuttgart war oder gewesen war.

§ 154 Abs 2 StPO ist ein Instrument der Verfahrensökonomie, das sich im Prinzip für den Beschuldigten vorteilhaft auswirken soll, indem ihm die vollständige Durchführung eines weiteren Strafverfahrens erspart wird. Wenn eine nach §§ 2, 3 StPO mögliche, aber vom Beschuldigten nicht erzwingbare Verbindung nicht erfolgt ist, wirkt

---

[121] BGHSt 22, 203.
[122] BGH, NJW 1978, 1636; OLG Schleswig, NJW 1978, 115.
[123] BGH, GA 1966, 210.
[124] OLG Frankfurt, MDR 1981, 69.
[125] OLG Hamm, Beschluss vom 12. 7. 2001, 2 Ws 155/01.
[126] OLG Düsseldorf, OLGSt Nr. 15 zu § 51 StGB.
[127] OLG Düsseldorf aaO, BVerfG, NStZ 2000, 277.
[128] BVerfG, NStZ 1999, 24, 25.

sich die Einstellung im Ergebnis nachteilig aus, wenn dadurch die Anrechnung einer erlittenen Untersuchungshaft unterbleibt.[129]

Die Anrechnung einer in einem anderen Verfahren erlittene Untersuchungshaft ist sonst unzulässig. Auch der Umstand, dass Verfahren hätten verbunden werden können, führt nicht zur wechselseitigen Anrechnung.[130] Dies wäre auch in der Praxis mangels Kenntnis aller einschlägigen Verfahren kaum durchführbar. Auf einen Hinweis der Verurteilten dürfte man sich nicht verlassen, da die Anrechnung kraft Gesetzes erfolgen müsste. Dagegen stellt das BVerfG in seiner Entscheidung vom 28. 9. 1998 fest, dass es nicht einsehbar ist, inwiefern eine Anrechnung verfahrensfremder Untersuchungshaft aus Praktibilitätsgründen scheitern sollte, wenn der Verurteilte selbst darauf hinweist und um deren Anrechnung bittet.[131] Danach ist es geboten, das Vorliegen der Anrechnungsvoraussetzungen auch dann anzunehmen, wenn das die vorläufige Freiheitsentziehung betreffende Verfahren zwar stets formal von dem anderen zur Verurteilung führenden Verfahren getrennt geführt wurde, die vorläufige Freiheitsentziehung in dem einen Verfahren sich aber auf den Gang oder den Abschluss des anderen Verfahrens konkret ausgewirkt hat.[132]

Zu anrechnenden **anderen Freiheitsentziehungen** gehören vor allem: 162

– die Haft, die der Verurteilte auf Grund vorläufiger Festnahme durch eine Amtsperson (§ 127 Abs 2 StPO) erlitten hat. Da § 39 Abs 3 Ziffer 1 StVollstrO ausdrücklich auf die Festnahme durch eine **Amtsperson** verweist, ist die Anrechnung der vorläufigen Festnahme nach § 127 Abs 1 durch Jedermann ausgeschlossen.[133] Diese Vorschrift dient dazu, die Strafverfolgung eines Täters zu sichern. Sie begründet jedoch keine Eingriffsbefugnisse zu präventiv-polizeilichen Zwecken.[134] Der von *Pohlmann/Jabel/Wolf* vertretenen Auffassung kann daher nicht gefolgt werden. Maßgebender Zeitpunkt ist hierbei die Festnahme durch eine Amtsperson und nicht die etwa spätere Einlieferung in die Vollzugsanstalt. Anzurechnen ist aber auch die vorläufige Festnahme durch eine Amtsperson, wenn das Gericht später keinen Haftbefehl erlässt und keine U-Haft anordnet. Es muss sich aber tatsächlich um eine **Festnahme** handeln. Nicht darunter fallen daher die Zeiten der polizeilichen Vernehmung oder erkennungsdienstlichen Behandlung, oder Durchführung einer Blutentnahme zur Feststellung des Blutalkoholgehaltes, der Mitnahme zur Entnahme einer Urinprobe zur Überprüfung, ob evtl. Betäubungsmittelkonsum vorliegt. Dies gilt auch dann, wenn der später Verurteilte nicht freiwillig mitkommt.

– die **Auslieferungshaft** und die vorläufige Auslieferungshaft (Nr. 86 RiVASt), die der Verurteilte aus Anlass einer Tat erlitten hat, die Gegenstand des Verfahrens gewesen ist. Darunter fällt auch eine vorläufige Festnahme durch eine Amtsperson im Ausland nach Nr. 86 Abs 2 RiVASt. Die Auslieferungshaft nach § 39 Abs 3 Ziffer 2 StVollstrO ist Haft, die der Verurteilte im Ausland **vor der Aburteilung** im Geltungsbereich der StPO erlitten hat. Befand sich der Verurteilte für eine andere Tat in Auslieferungshaft und wird dieses Verfahren später nach § 154 Abs 1 StPO eingestellt, haben die Gerichte über die Frage einer bedingten Reststrafeaussetzung nach § 57 StGB unter fiktiver Anrechnung der erlittenen Auslieferungshaft zu entscheiden.[135] Für Zeiten nach der Rechtskraft gilt § 39 a StVollstrO.

---

[129] OLG Düsseldorf, NStZ 1996, 76.
[130] OLG Celle, MDR 1985, 247; OLG Oldenburg, MDR 1984, 772; OLG Hamburg, NStZ 1993, 204, Ausnahme s. Rdn 212, aA OLG Köln, StraFo 1998, 138.
[131] BVerfG, NStZ 1999, 24.
[132] KG, Beschluss vom 7. 12. 1988, Rpfleger 1999, 350.
[133] Anderer Ansicht *Pohlmann/Jabel/Wolf*, Anm 56 zu § 39 StVollstrO.
[134] BayObLG, MDR 1986, 956.
[135] BVerfG, NStZ 1994, 608.

– die **Unterbringung nach §§ 81, 126 a StPO,** ferner die Unterbringung in einem Heim oder einer Anstalt nach §§ 71 Abs 2, 72 Abs 4, 73 JGG. Die Anrechnung erfolgt nur auf eine in diesem Verfahren verhängte Strafe, nicht aber auch auf eine evtl. in diesem Verfahren verhängte freiheitsentziehende Maßregel der Besserung und Sicherung (Unterbringung in der Entziehungsanstalt, Unterbringung im Psych. Krankenhaus oder Unterbringung in der Sicherungsverwahrung).

– der **Disziplinararrest** nach der Wehrdisziplinarordnung (§ 15 WDO), soweit er wegen der Tat oder gleichzeitig auch wegen einer anderen Pflichtverletzung verhängt und auch **vollstreckt** worden ist. Ob Disziplinararrest zu berücksichtigen ist, ergibt sich aus den Strafakten. Der Disziplinarvorgesetzte ist nach einem Erlass des Bundesministers der Verteidigung (Zdv 14/3 Nr. b 115) verpflichtet, die Vollstreckung eines wegen derselben Tat verhängten Disziplinararrestes der Staatsanwaltschaft mit oder auch nach der Abgabe des Delikts mitzuteilen. Die Mitteilung hat spätestens in der Hauptverhandlung zu erfolgen, zu der der Disziplinarvorgesetzte in der Regel als Zeuge geladen ist. Nicht angerechnet wird eine dem Soldaten auferlegte Ausgangsbeschränkung nach § 14 WDO.[136] Die Anrechnung erfolgt auch auf eine verhängte Jugendstrafe und ist auch bei Verurteilung zu einer Geldstrafe geboten. Die Bundeswehr berechnet die Dauer des Disziplinararrestes stets nach vollen Tagen. Die Vollstreckungsbehörden haben deshalb die Berechnungsart nach § 5 BwVollzO anzuwenden.

– des weiteren ist auf die Strafe anzurechnen eine Haft, die auf Grund eines Haftbefehls nach § 230 Abs 2 StPO vollstreckt wurde, nicht dagegen die lediglich Vorführung zur Hauptverhandlung, da dies nur ein Mittel des unmittelbaren Zwangs ist. Dies gilt auch dann, wenn der Angeklagte am Tage vor der Vorführung in Polizeigewahrsam genommen wird, um beispielsweise vorzubeugen, dass der Angeklagte im Übermaß Alkohol zu sich nimmt und dann in alkoholisiertem Zustand zur Hauptverhandlung erscheint. **Keine Anrechnung** erfolgt hinsichtlich der Ausnüchterung in Polizeigewahrsam, wegen der mit der Blutentnahme, Urinkontrolle, erkennungsdienstlichen Behandlung oder Identitätsfeststellung verbundenen Freiheitsbeschränkung, sowie wegen einer nach Rechtskraft des Urteils erlittenen Abschiebehaft.[137]

3. Berechnung der Untersuchungshaft

163 Die Anrechnung der Untersuchungshaft oder einer anderen Freiheitsentziehung erstreckt sich – vorbehaltlich einer abweichenden gerichtlichen Entscheidung – bis **einschließlich** des Tages, an dem das Straferkenntnis **rechtskräftig** geworden ist (§ 39 Abs 2 StVollstrO). Voraussetzung ist, dass die verurteilte Person sich bei Eintritt der Rechtskraft in U-Haft in dieser Sache befindet. Der Tag, an dem die Rechtskraft eingetreten ist, wird allerdings nur angerechnet, wenn dieser nicht bereits **unverkürzt** nach §§ 38 Ziffer 3, 37 Abs 2 Satz 2 StVollstrO als erster Tag der **Strafhaft** zählt. Damit soll eine doppelte Anrechnung vermieden werden. Die Anrechnung als Strafhaft hat dabei Vorrang.

> **1. Beispiel:**
> A wird am 1. 2. 2009 durch die Polizei festgenommen und am 2. 2. 2009 dem Haftrichter vorgeführt, der einen Haftbefehl erlässt und den Vollzug der U-Haft anordnet. Durch Urteil vom 6. 5. 2009, das in Anwesenheit des Verurteilten und des Vertreters der Staatsanwaltschaft verkündet wird, wird eine Freiheitsstrafe von 6 Monaten verhängt. Das Urteils wird durch allseitigen Rechtsmittelverzicht sofort rechtskräftig.

---

[136] OLG Zweibrücken, NJW 1975, 509.
[137] OLG Frankfurt, NJW 1980, 537.

Strafbeginn		6. 5. 2009 (TB)
Strafe	+	6 Monate
		6. 11. 2009 (TB)
abzüglich U-Haft (1. 2.–5. 5. 2009)	–	94 Tage
Strafende		4. 8. 2009 (TB)
entspricht		3. 8. 2009 (TE)

Vergleichsberechnung nach §§ 39 Abs 4, 37 Abs 1 StVollstrO:

Strafbeginn		1. 2. 2009 (TB)
Strafe	+	6 Monate
Strafende		1. 8. 2009 (TB)
entspricht		31. 7. 2009 (TE)

Die Untersuchungshaft wird nur bis einschließlich 5. 5. 2009 gezählt, da der 6. 5. 2009 bereits unverkürzt nach § 38 Ziffer 3 StVollstrO als Strafhaft gerechnet wird.

Wird der Verurteilte, nach Strafaussetzung zur Bewährung, im Anschluss an die Ur- **164** teilsverkündung und allseitigem Rechtsmittelverzicht aus der Untersuchungshaft entlassen, kann zweifelhaft sein, wie der Tag der Hauptverhandlung gerechnet wird, da die Rechtskraft ja fiktiv auf 0.00 Uhr des Tages der Hauptverhandlung zurückverlegt wird. Es stellt sich deshalb die Frage, ob der Tag der Hauptverhandlung als letzter Tag der U-Haft oder als erster Tag der Strafhaft gerechnet wird, was dann zur Folge hätte, dass die Reststrafe nach § 40 StVollstrO in Tagen zu berechnen wäre. Die erstere Alternative verdient den Vorzug; § 38 Ziffer 3 StVollstrO gilt nicht, weil der Rechtsmittelverzicht erst am Ende der Hauptverhandlung erfolgt und der Haftbefehl zu diesem Zeitpunkt bereits aufgehoben war nach § 268 b StPO. Selbst wenn dies nicht der Fall gewesen wäre, setzt § 38 Ziffer 3 StVollstrO nach dem Sinn dieser Vorschrift eine Fortdauer des Freiheitsentzuges voraus. Im Ergebnis wird also in diesen Fällen der 6. 5. 2009 als Untersuchungshaft gerechnet, so dass im Falle eines Widerrufs der Strafaussetzung und Vollstreckung der Freiheitsstrafe von 6 Monaten insgesamt 95 Tage Untersuchungshaft anrechnen sind.

Fraglich ist auch, wie zu verfahren ist, wenn der Verurteilte Untersuchungshaft nur **165** nach **Tagesbruchteilen** erlitten hat.

1. Beispiel:
Die U-Haft war in der Zeit vom 25. 1. 2009, 12.00 Uhr, bis 1. 2. 2009, 12.00 Uhr zur Vollstreckung einer Ersatzfreiheitsstrafe von 7 Tagen unterbrochen. Die Strafzeit für die Ersatzfreiheitsstrafe ist nach § 37 Abs 2 StVollstrO nach Stunden zu berechnen. Wie ist der 25. 1. und 1. 2. 2009 bei der U-Haft zu berücksichtigen?

2. Beispiel:
Der Verurteilte war an 3 verschiedenen Tagen jeweils für 2 bis 3 Stunden in polizeilichem Gewahrsam, einer sonstigen Freiheitsentziehung, die nach § 39 Abs 3 StVollstrO auf die Strafe anzurechnen ist.
Wie sind diese Tagesbruchteile bei der U-Haft anzurechnen?

Nach OLG München[138] dürfen Tagesteile bei der Strafzeitberechnung nicht zusammengefasst werden, vielmehr sei jeder angebrochene Tag von U-Haft auf die erkannte Strafe anzurechnen, weil bei der Strafzeitberechnung stets von dem für den Verurteilten günstigstem Standpunkt auszugehen sei.

Dies würde in obigen Beispielen bedeuten:
im Beispielsfalle 1 wäre der 25. 1. und der 1. 2. voll als Untersuchungshaft zu rechnen und im Beispielsfalle 2 müssten insgesamt 3 Tage U-Haft angerechnet werden.

Pohlmann/Jabel/Wolf[139] ist anderer Auffassung. Er hält § 37 Abs 2 Satz 2 StVollstrO,

---

[138] Rpfleger 1981, 317.
[139] *Pohlmann/Jabel/Wolf,* Randnummer 86 zu § 39 StVollstrO.

der für eine volle Anrechnung sprechen würde bei der Berechnung der Untersuchungshaft für nicht anwendbar. Maßgebende Vorschrift für die U-Haft sei allein § 39 Abs 4 StVollstrO. Diese Bestimmung verbietet es aber weder nach Wortlaut noch nach dem Sinn, Bruchteile von Tagen zu einem vollen Tag zusammenzuziehen. Ein Zusammenfassen ist sogar geboten, wenn dieTagesteile genau genug bezeichnet und bestimmt werden können. Die andere Berechnungsweise würde dazu führen, dass Tagesteile doppelt angerechnet würden, als Strafhaft und als Untersuchungshaft wie nach dem Beispielsfalle 1 ausgeführt.

Die Berechnungsart, wie sie *Pohlmann/Jabel/Wolf* vorschlägt, erscheint überzeugender. Sie basiert auf § 39 StVollstrO, bezieht den tatsächlichen Geschensablauf präziser ein und vermeidet insbesondere Doppelanrechnungen. Für die Praxis kann ein Zusammenfassen von Tagesteilen aber nur dann in Betracht kommen, wenn sich die Bruchteile eindeutig feststellen lassen.[140] Die Neufassung der StVollstrO hat diesem Problem zumindest teilweise Rechnung getragen, indem es in § 39 Abs 4 Satz 3 nunmehr klar zum Ausdruck bringt, dass bei an zwei aufeinanderfolgenden Tagen ununterbrochen vollzogener Freiheitsentziehung nur ein Tag anzurechnen ist, wenn sich den Vollstreckungsunterlagen nachvollziehbar entnehmen lässt, dass zusammen nicht mehr als 24 Stunden verbüßt worden sind.

Nach *LG Bremen* und *OLG München*[141] dürfen die Tagesteile bei der Strafzeitberechnung nicht zusammengefasst werden; vielmehr sei jeder angebrochene Tag von U-Haft voll auf die erkannte Strafe anzurechnen, weil bei der Strafzeitberechnung stets von dem für den Verurteilten günstigsten Standpunkt auszugehen sei.

Pohlmann[142] ist anderer Auffassung. Er hält § 37 Abs 2 Satz 2 StVollstrO, der für eine volle Anrechnung sprechen würde, bei der Berechnung der U-Haft nicht für anwendbar. Maßgebende Vorschrift für die U-Haft sei allein § 39 Abs 4 StVollstrO. Diese Bestimmung verbiete es aber weder nach Wortlaut noch nach Sinn, Bruchteile von Tagen zu einem vollen Tag zusammenzuziehen. Ein Zusammenfassen sei sogar geboten, wenn die Tagesteile genau genug bestimmt werden könnten. Die andere Berechnungsweise würde dazu führen, dass Tagesteile doppelt angerechnet würden – als Strafhaft und als U-Haft (vgl. obiges 1. Beispiel).[143] Dass in § 39 Abs 4 StVollstrO nur der Fall geregelt, dass Bruchteile von Tagen an zwei aufeinanderfolgenden Tagen ununterbrochen vollzogen wurden zu einem vollen Tag zu addieren sind, sofern diese 24 Stunden nicht übersteigen ändert nichts an der vorstehend vertretenen Auffassung. Diese Formulierung darf nicht dazu führen, dass ein Zusammenzählen in anderen Fällen ausgeschlossen sein soll. Mit der Neufassung des § 39 Abs 4 StVollstrO sollte nur diese bisher ebenfalls ungeklärte Frage gelöst werden und deutet darauf hin, dass eine Doppelanrechnung möglichst vermieden werden sollte.

Die Berechnung wie sie *Pohlmann* vorschlägt, erscheint daher überzeugend. Sie basiert auf § 39 StVollstrO, bezieht den tatsächlichen Geschehensablauf stärker ein und vermeidet insbesondere Doppelanrechnungen. Für die Praxis kann ein Zusammenfassen von Tagesteilen aber nur dann in Betracht kommen, wenn sich die Bruchteile anhand der Strafakten zeitlich eindeutig feststellen lassen.[144]

---

[140] Für ein Zusammenziehen der Tagesbruchteile plädieren ebenfalls LG Bayreuth, Rpfleger 1981, 243; OLG Stuttgart, NStZ 1984, 381.

[141] Rpfleger 1973, 256 bzw 1981, 317.

[142] *Pohlmann/Jabel/Wolf*, Rdn 87 zu § 39 StVollstrO.

[143] Ebenso *Unruh*, Rpfleger 1965, 40.

[144] Für ein Zusammenziehen der Tagesbruchteile plädieren ebenfalls: LG Bayreuth, Rechtspfleger 1981, 243; OLG Stuttgart, NStZ 1984, 381; *Stree* in Schönke/Schröder, Rdn 7 zu § 51 StGB. Vgl. auch Neufassung § 39 StVollstrO.

Untersuchungshaft sowie eine andere anzurechnende Freiheitsentziehung werden **166** vom errechneten **Ende** der Strafzeit nach **vollen Tagen rückwärts** abgerechnet (§ 39 Abs 4 StVollstrO). Anschließend ist eine Vergleichsberechnung anzustellen, wie wenn von Anfang an die Strafhaft vollstreckt worden wäre. Der in § 39 Abs 4 Satz 1 StVollstrO bestimmte Anrechnungsmodus darf insgesamt nicht zu einer Verlängerung der nach § 39 StGB verhängten Strafe führen.

1. Beispiel:

Verurteilung am 13. 11. 2008 zu der Freiheitsstrafe von 1 Jahr und 2 Monaten. Der Verurteilte nimmt sein (rechtzeitig) eingelegtes Rechtsmittel mit Schreiben vom 10. 12. 2008 wieder zurück. Dieses Schreiben geht ein bei Gericht am 13. 12. 2008. Das Urteil wird rechtskräftig am 13. 12. 2008. Seit 4. 8. 2008, 19.00 Uhr befindet sich der Verurteilte ununterbrochen in dieser Sache in Untersuchungshaft.

Strafbeginn		13. 12. 2008 (TB)
	+	1 Jahr
		13. 12. 2009 (TB)
	+	2 Monate
		13. 2. 2010 (TB)
abzüglich U-Haft (4. 8.–12. 11. 2008)	–	131 Tage
Strafende		5. 10. 2009 (TB)
entspricht		4. 10. 2009 (TE)

Die U-Haft vom 4. 8. 2008 ist voll anzurechnen, da nach § 39 Abs 4 StVollstrO die Anrechnung nur nach vollen Tagen erfolgen kann. Ein Zusammenfassen von Tagesbruchteilen scheidet hier aus, weil die U-Haft am letzten Tag (12. 12. 2008) bis 24.00 Uhr angedauert hat. Die Rückwärtsrechnung erfolgt nach der Kalenderzeit. Demnach wäre auch beim Schaltjahr der 29. 2. mitzuzählen.[145]

Vergleichsberechnung nach §§ 39 Abs 4 Satz 3, 37 Abs 1 StVollstrO:

Strafbeginn		4. 8. 2008 (TB)
Strafe	+	1 Jahr
		4. 8. 2009 (TB)
	+	2 Monate
		4. 10. 2009 (TB)
Strafende		4. 10. 2009 (TB)
entspricht		3. 10. 2009 (TE)

Es ist die Strafzeitberechnung nach der Vergleichsberechnung maßgebend.

Die Anrechnung der U-Haft unterbleibt, wenn das Gericht im Urteil angeordnet hat, dass die U-Haft nicht auf die Strafe anzurechnen ist (§ 51 Abs 1 Satz 2 StGB). In diesem Falle wird jedoch auch die Zeit der U-Haft angerechnet, die der Verurteilte verbüßt hat, seit er auf Rechtsmittel verzichtet hat oder seit seine Rechtsmittelfrist abgelaufen ist oder seit er ein von ihm eingelegtes Rechtsmittel wieder zurückgenommen hat bis zum Eintritt der absoluten Rechtskraft (§ 450 StPO)

2. Beispiel:

wie oben (U-Haft ab 4. 8. 2008, Urteil vom 13. 11. 2008, das in Anwesenheit des Verurteilten und des Vertreters der Staatskasse verkündet wird. Freiheitsstrafe 1 Jahr und 2 Monate). Nach dem Urteilstenor ist die erlittene U-Haft nicht auf die Strafe anzurechnen. Gegen dieses Urteil legt die Staatsanwaltschaft rechtzeitig Rechtsmittel ein und nimmt dieses Rechtsmittel mit Schreiben vom 10. 12. 2008, bei Gericht eingegangen am 13. 12. 2008 wieder zurück.

a) der Verurteilte verzichtet in der Hauptverhandlung auf ein Rechtsmittel:
auf die Strafe ist die U-Haft vom 13. 11. 2008 bis 12. 12. 2008 = 30 Tage anzurechnen;

---

[145] OLG Karlsruhe, Rpfleger 1982, 156; OLG Düsseldorf, Rpfleger 1979, 318.

b) der Verurteilte gibt keine Erklärung ab und lässt die Rechtsmittelfrist verstreichen:
Gegen das Urteil ist binnen einer Woche das Rechtsmittel einzulegen nach §§ 314, 341 StPO, dies bedeutet, dass die Rechtsmittelfrist beim Verurteilten abläuft am 20. 11. 2008, 24.00 Uhr;
auf die Strafe ist die U-Haft vom 21. 11. 2008 bis 12. 12. 2008 = 22 Tage anzurechnen;

c) auch der Verurteilte legt fristgerecht ein Rechtsmittel ein, nimmt dieses aber mit Schreiben vom 30. 11. 2008, bei Gericht eingegangen am 1. 12. 2008 wieder zurück:
auf die Strafe ist die U-Haft vom 1. 12. 2008 bis 12. 12. 2008 = 12 Tage anzurechnen.

In jedem diesen Fall ist gleichfalls eine Vergleichsberechnung anzustellen mit unterschiedlichen Zeiten des Strafbeginns.

a) Strafbeginn	13. 11. 2008 (TB)
b) Strafbeginn	21. 11. 2008 (TB)
c) Strafbeginn	1. 12. 2008 (TB)

Problematischer ist die Frage, wie zu verfahren ist, wenn die Untersuchungshaft unterbrochen wurde, entweder weil der Haftbefehl aufgehoben und später wieder in Kraft gesetzt wurde, weil die Untersuchungshaft zur Vollstreckung einer Strafe unterbrochen wurde, weil der Gefangene aus der U-Haftanstalt entwichen ist oder aus anderen Gründen. Gleiches gilt auch, wenn der Untersuchungshaftbefehl aufgehoben und später nicht wieder in Kraft gesetzt wurde. Es ist auch hier jeweils die für die verurteilte Person günstigste Berechnungsart anzustellen. Wie jedoch zu berechnen ist, lässt sich unmittelbar aus der StVollstrO insbesondere aus § 39 StVollstrO nicht herleiten. Eine Vergleichsberechnung lässt sich aber unter analoger Anwendung der Regeln aus § 40 StVollstO erstellen.

1. Beispiel:
Der Beschuldigte wird am 10. 2. 2009 festgenommen und zum Vollzug der Untersuchungshaft in die JVA eingeliefert. Vom 14. 4. 2009 (TB) bis 13. 5. 2009 (TE) war die U-Haft unterbrochen zur Vollstreckung einer Ersatzfreiheitsstrafe von 30 Tagen. Ab 14. 5. 2009 wird wieder U-Haft vollzogen. Durch Urteil vom 5. 6. 2009, das durch Rechtsmittelverzicht sofort rechtskräftig wird, wird eine Freiheitsstrafe von 9 Monaten verhängt.

Strafbeginn		5. 6. 2009 (TB)
Strafe	+	9 Monate
		5. 3. 2010 (TB)
minus U-Haft (10. 2.–13. 4. 2009)	64 Tage	
minus U-Haft (14. 5.–4. 6. 2009)	22 Tage −	86 Tage
Strafende		10. 12. 2009 (TB)
entspricht		9. 12. 2009 (TB)
Vergleichsberechnung:		
Strafbeginn		10. 2. 2009 (TB)
Strafe	+	9 Monate
		10. 11. 2009 (TB)
unterbrochen am		14. 4. 2009 (TB)
Rest nach § 40 StVollstrO	210 Tage	
Wiederbeginn		14. 5. 2009 (TB)
	+	210 Tage
		10. 12. 2009 (TB)
entspricht		9. 12. 2009 (TE)

2. Beispiel:
Untersuchungshaft ab 11. 2. 3009. Der Haftbefehl wird am 10. 3. 2009 außer Vollzug gesetzt, der Gefangene noch am gleichen Tag entlassen. Am 5. 5. 2009 wird der Haftbefehl wieder in Vollzug gesetzt, die Festnahme erfolgt am 21. 5. 2009. Ab 4. 7. 2009 (TB) wird die Untersuchungshaft unterbrochen zur Vollstreckung einer Freiheitsstrafe von

2 Monaten. Durch Urteil vom 23. 9. 2009, rechtskräftig seit 23. 9. 2009 wird eine Freiheitsstrafe von 12 Monaten verhängt.

Strafbeginn			23. 9. 2009 (TB)
		+	1 Jahr
			23. 9. 2010 (TB)
minus U-Haft (11. 2.–10. 3. 2009)	28 Tage		
minus U-Haft (21. 5.–3. 7. 2009)	44 Tage		
minus U-Haft (4. 9.–22. 9. 2009)	19 Tage	–	91 Tage
Strafende			24. 6. 2010 (TB)
entspricht			23. 6. 2010 (TE)
Vergleichsberechnung:			
Strafbeginn			11. 2. 2009 (TB)
Strafe		+	1 Jahr
			11. 2. 2010 (TB)
unterbrochen am			11. 3. 2009 (TB)
Rest nach § 40 StVollstrO	337 Tage		
Wiederbeginn			21. 5. 2009 (TB)
		–	337 Tage
			21. 4. 2010 (TB)
unterbrochen am			4. 7. 2009 (TB)
Rest nach § 40 StVollstrO	292 Tage		
Wiederbeginn			4. 9. 2009 (TB)
		–	292 Tage
			23. 6. 2010 (TB)
entspricht			22. 6. 2010 (TE)

Maßgebend ist die Strafzeitberechnung nach der Vergleichsberechnung, also Strafende 22. 6. 2010 (TE)

D. Anrechnung ausländischer Strafe bzw. Freiheitsentziehung

1. Erneute Verurteilung im Inland

Nach § 51 Abs 3 StGB ist auf eine **inländische** Strafe eine wegen **derselben** Tat bereits   **167** im **Ausland vollstreckte** Strafe (Freiheitsstrafe/Geldstrafe) anzurechnen. Die Verurteilung im Ausland steht einer Strafverfolgung im Inland nicht entgegen, unabhängig davon, ob der Tatort im Inland oder im Ausland lag (§§ 3 ff StGB). Die Anrechnung der ausländischen Strafe (Freiheitsentziehung) kommt jedoch nur dann in Betracht, wenn die ausländische Verurteilung wegen **derselben** Tat (iS des § 264 StPO) erfolgt ist, und auch nur, soweit die Strafe im Ausland bereits **vollstreckt** ist.
Die Anrechnung erfolgt auch bei einer Teilvollstreckung (Freiheitsstrafe/Geldstrafe) sowie wegen der vom ausländischen Gericht auf die Strafe angerechneten U-Haft oder Polizeihaft. Die Anrechenbarkeit entfällt jedoch, wenn die ausländische Strafe zur Bewährung ausgesetzt, erlassen oder verjährt ist.[146]
Die Anrechnung der ausländischen Strafe (Freiheitsentziehung) bedarf eines **ausdrücklichen Ausspruchs** im Straferkenntnis der bundesdeutschen Entscheidung, wobei nach § 51 Abs 4 Satz 2 StGB der **Maßstab** der Anrechnung bestimmt werden muss. Bei seiner Ermessensentscheidung hat der Tatrichter das im Ausland erlittene Strafübel zu schätzen und in ein dem deutschen Strafensystem zu entnehmendes Äquivalent umzusetzen.[147]

---

[146] *Stree* in Schönke/Schröder, Rdn 31 zu § 51 StGB.
[147] BGH, StV 1986, 292; NJW 1982, 1236; MDR 1979, 1036; zur Anrechnung einer Geldstrafe auf die im Inland verhängte Freiheitsstrafe s BGHSt 30, 283.

Ist die Entscheidung über die Anrechnung (Maßstab) im Urteil unterblieben, kann sie gem. § 458 Abs 1 StPO im **Beschlussverfahren** nachgeholt werden (vgl. § 39 Abs 5 Satz 2 StVollstrO). Die Vollstreckungsbehörde führt eine Entscheidung des Gerichts über den Maßstab der Anrechnung herbei.

Die **Strafzeitberechnung** erfolgt im Falle erneuter Verurteilung nach den Grundsätzen des § 41 Abs 1 Satz 2 StVollstrO. Als Beginn der Strafzeit ist der Vollstreckungsbeginn im Ausland anzusetzen. Anzurechnende U-Haft (Ausland/Inland) ist rückwärts abzurechnen bzw. es ist daneben eine entsprechende Vergleichsberechnung anzustellen. Dies gilt entsprechend bei Anrechnung einer im Ausland bezahlten Geldstrafe auf Freiheitsstrafe. Unterbrechungen des Vollzugs vor der erneuten Verurteilung im Inland sind nach Maßgabe von § 40 Abs 1 StVollstrO zu berücksichtigen.

Eine erneute Strafverfolgung (Verurteilung) im Inland ist für die Vertragsparteien des **SchengenDurchfÜbk** nicht mehr uneingeschränkt möglich (Art 54 ff). Ist die verhängte Sanktion im Ausland bereits vollstreckt worden oder wird sie gerade vollstreckt, schließt dies im Grundsatz (Ausnahmen: Art 55) die erneute Strafverfolgung im Inland aus (Art 54).

2. Einlieferung zur Strafverfolgung

168 Hat der Verurteilte in einem von einer deutschen Behörde zum Zwecke der Strafverfolgung betriebenen Auslieferungsverfahren **Auslieferungshaft** erlitten, ist diese auf die erkannte Strafe anzurechnen (§ 51 Abs 3 Satz 2 StGB). Zugleich ist durch das Gericht der **Maßstab** der Anrechnung zu bestimmen (§ 51 Abs 4 Satz 2 StGB).[148]

Bei der **Strafzeitberechnung** sind dabei zwei Abschnitte zu berücksichtigen:

a) die **Auslieferungshaft**, d.h. die Freiheitsentziehung, die der Verurteilte im Ausland wegen der im Bundesgebiet verfolgten Tat aus Anlass des Einlieferungsverfahrens erlitten hat (§ 39 Abs 3 Ziffer 2 StVollstrO);

b) die **Untersuchungshaft**, d.h. die anschließende Haft ab der Übernahme des Verurteilten durch die deutsche Behörde bis zur Rechtskraft des Straferkenntnisses (§ 39 Abs 1 und 2 StVollstrO).

Die **Gesamtdauer** der Freiheitsentziehung zu a) und b) ist nach **Tagen** zu berechnen und vom Ende der Strafzeit rückwärts abzurechnen (§ 39 Abs 4 StVollstrO). Bei der Auslieferungshaft ist dabei der vom Gericht festgesetzte Anrechnungsmaßstab zu beachten. Die gerichtliche Entscheidung über den Anrechnungsmaßstab ist ggf. nachzuholen (§ 458 Abs 1 StPO). Setzt das Gericht einen anderen Anrechnungsmaßstab als 1 : 1 fest wird eine Vergleichsberechnung nicht durchführbar sein. In diesen Fällen ist weiter nach § 39 Abs 4 Satz 1 StVollstrO zu verfahren, d.h. die anrechenbare Zeit ist nach Tagen berechnet, gegebenenfalls unter Berücksichtigung des Anrechnungsmaßstabes vom errechneten Strafende abzuziehen. Verbleibt es bei einem Anrechnungsmaßstab 1 : 1 kann eine Vergleichsberechnung angestellt werden.

3. Einlieferung zur Strafvollstreckung

169 Eine **nach** Rechtskraft des Urteils im **Ausland** erlittene Freiheitsentziehung, die der Verurteilte in einem **Auslieferungsverfahren**[149] zum Zwecke der **Strafvollstreckung** erlitten hat, ist (kraft Gesetzes) auf die zu vollstreckende Freiheitsstrafe anzurechnen (§ 450 a Abs 1 StPO; § 39 a Abs 1 StVollstrO). Dies gilt auch dann, wenn der Verurteilte zugleich zum Zwecke der Strafverfolgung ausgeliefert worden ist.

---

[148] BGH, NStZ 1984, 214.
[149] Der Begriff ist weit auszulegen.

Die Anrechnung auf die zur Vollstreckung anstehende Strafe hat dabei **Vorrang**. Nur der nicht verbrauchte Teil kann in der anderen Auslieferungssache (Strafverfolgung), wenn später das Urteil ergeht, Berücksichtigung finden. Dadurch soll eine Doppelanrechnung ausgeschlossen werden.[150]

Wird zur Vollstreckung **mehrerer** Strafen ausgeliefert, erfolgt die Anrechnung der ausländischen Freiheitsentziehung zuerst auf die **höchste** (erkannte) Strafe. Der noch offene Strafrest ist unbeachtlich (§ 450a Abs 2 StPO).[151] Bei Strafen gleicher Höhe erfolgt die Anrechnung auf die Strafe, die nach der Einlieferung der verurteilten Person zuerst vollstreckt wird.

Erscheint eine Anrechnung ganz oder teilweise **nicht gerechtfertigt**,[152] bietet sich eine gerichtliche Entscheidung nach § 450a Abs 3 (§§ 462 Abs 1, 462a) StPO an. Diese gerichtliche Entscheidung ist für eine Nichtanrechnung obligatorisch. Eine gerichtliche Entscheidung (§ 458 Abs 1 StPO) ist auch dann herbeizuführen, wenn **Zweifel** über den **Umrechnungsmaßstab** bestehen. Die Berücksichtigung der ausländischen Freiheitsentziehung, wobei hinsichtlich der Umrechnung § 51 Abs 4 Satz 2 StGB analog anzuwenden ist, bleibt jedoch grundsätzlich Sache der **Vollstreckungsbehörde** im Rahmen der ihr übertragenen Strafzeitberechnung.[153]

Strafbeginn ist bei der Einlieferung zur Strafvollstreckung die **Übernahme** durch **170** deutsche Beamte (§ 38 Ziffer 2 StVollstrO). Die **Auslieferungshaft** und die während des Ermittlungsverfahrens etwa erlittene **Untersuchungshaft** sind nach Tagen zu berechnen und entsprechend § 39 Abs 4 StVollstrO vom Ende der Strafzeit rückwärts abzurechnen. Soweit möglich ist auch hier eine Vergleichsberechnung anzustellen. Dies ist im Grunde nur dann möglich, wenn der Umrechnungsmaßstab 1 : 1 nicht verändert wurde.

Beispiel:

A wird durch Urteil vom 10. 10. 2008, rechtskräftig seit 18. 10. 2008 zu der Freiheitsstrafe von 2 Jahren und 6 Monaten verurteilt. Er befand sich in dieser Sache in Untersuchungshaft in der Zeit vom 6. 5. bis 5. 6. 2008. Der Haftbefehl wurde mit Wirkung vom 5. 6. 2008 aufgehoben. Nach der Verurteilung flüchtet A ins Ausland. Die Festnahme im Ausland erfolgt am 13. 2. 2010. die Übergabe an der Grenze an deutsche Beamte erfolgt am 20. 5. 2010, 13.00 Uhr.

Strafbeginn		20. 5. 2010 (TB)
	+	2 Jahre
		20. 5. 2012 (TB)
	+	6 Monate
		20. 11. 2012 (TB)
anzurechnen sind nach § 51 I 1 StGB, § 39 StVollstrO		
die U-Haft (6. 5.–5. 6. 2009)	31 Tage	
und die Auslieferungshaft (13. 2. – 19. 5. 2010)	96 Tage	− 127 Tage
Strafende		15. 7. 2012 (TB)
entspricht		14. 7. 2012 (TE)

---

[150] BGH, NStZ 1985, 497; *Bringewat*, Rdn 7 zu § 450a StPO.

[151] Ebenso *Wendisch* in Löwe/Rosenberg, Rdn 10; KK-*Fischer*, Rdn 9; *Bringewat*, Rdn 8 jeweils zu § 450a StPO.

[152] Etwa nach den Gesichtspunkten in BGHSt 23, 307. Vgl. auch OLG Karlsruhe, Justiz 1983, 467. (Flucht allein reicht nicht aus; zusätzliche gravierende Momente müssen noch gegeben sein, z.B. Ausbruch/Wegschaffen der Beute). Dazu ausführlich mit weiteren Beispielen *Bringewat*, Rdn 14 zu § 450a StPO.

[153] OLG Stuttgart, Justiz 1986, 365; OLG Düsseldorf, StV 1991, 478; KK-*Fischer*, Rdn 8; *Meyer-Goßner*, Rdn 3, *Bringewat*, Rdn 11, 12 jeweils zu § 450a StPO; aM OLG Frankfurt, StV 1988, 20.

Vergleichsberechnung:

Strafbeginn		6. 5. 2008 (TB)
Strafe	+	2 Jahre
	+	6 Monate
		6. 11. 2010 (TB)
unterbrochen am		6. 6. 2008 (TB)
Rest nach § 40 StVollstrO	883 Tage	
Wiederbeginn		13. 2. 2010 (TB)
	+	883 Tage
		16. 7. 2012 (TB)
entspricht		15. 7. 2012 (TE)

Maßgebend ist die Berechnung mit Strafende 14. 7. 2012 TE. Eine Vergleichsberechnung ist deshalb möglich, weil der Anrechnungsmaßstab 1 : 1 betrug. Hätte das Gericht hinsichtlich der Auslieferungshaft einen anderen Anrechnungsmaßstab bestimmt, wäre eine Vergleichsberechnung nicht anzustellen gewesen.

Der Tag der Überstellung an deutsche Beamte zählt entsprechend §§ 39 Abs 2 Satz 2, 37 Abs 2 Satz 2 2. Halbsatz StVollstrO als Strafhaft und nicht als Auslieferungshaft, selbst dann, wenn das Gericht einen anderen An- bzw. Umrechnungsmaßstab als 1 : 1 bestimmt.

Der An- oder Umrechnungsmaßstab für im Ausland erlittene Freiheitsentziehung ist im Urteil anzugeben. Dies in erster Linie immer dann, wenn der Verurteilte im Geltungsbereich dieses Gesetzes erneut verurteilt wird. Hier muss das Gericht bei der erneuten Verurteilung im Urteil aussprechen, dass die wegen derselben Tat im Ausland verbüßte Haft anzurechnen ist und es muss gleichzeitig den Anrechnungs- bzw. den Umrechnungsmaßstab bestimmen.[154] Hat das Gericht die Entscheidung über den Maßstab vergessen, kann das Urteil nicht mehr berichtig oder ergänzt werden.[155] Sind dagegen Zeiten anzurechnen (Auslieferungshaft zur Strafvollstreckung oder Strafverfolgung) hat die Vollstreckungsbehörde eine Entscheidung des Gerichts über den Anrechnungs- bzw. Umrechnungsmaßstab herbeizuführen (§ 450a StPO, § 51 Abs 4 Satz 2 StGB, § 39 Abs 5 Satz 2 StVollstrO). Der Begriff **Auslieferungshaft** zur Strafvollstreckung ist weit auszulegen. Darunter fällt jede Freiheitsentziehung zu dem Zweck, den Verurteilten der deutschen Strafvollstreckung zuzuführen. Ob der Verurteilte im Ausland wieder freigelassen wird und sich dann freiwillig in die Bundesrepublik begibt, spielt keine Rolle. Nicht angerechnet wird jedoch eine Auslandshaft zum Zwecke der Abschiebung, die sog. **Abschiebehaft**.

Bei der Auslieferung zum Zwecke der Vollstreckung mehrerer Strafen ist die im Ausland erlittene Freiheitsentziehung auf die höchste Strafe (nicht Strafrest), bei Strafen gleicher Höhe auf die Strafe anzurechnen, die zuerst vollstreckbar geworden ist. Der Ausspruch, dass Auslieferungshaft bzw. U-Haft anzurechnen sei, kann nicht bewirken, dass aufgrund dieser Entscheidung eine längere Strafhaft als verbüßt gilt, als sie nach vorangegangener Anrechnung in einem anderen Verfahren noch zur Verfügung stand.[156]

Die Anrechnung ist nach § 39a Abs 1 StVollstrO Sache der Strafvollstreckungsbehörden, weil es um die Berechnung von Strafzeiten geht. Deshalb hätte an sich die Vollstreckungsbehörde auch den Umrechnungsmaßstab zu bestimmen, jedoch geht das materielle Recht des § 51 Abs 4 Satz 2 StGB dem prozessualen Recht des § 450a StPO vor, so dass auch in diesen Fällen das **Gericht** den An- bzw. Umrechnungsmaßstab zu bestimmen hat.

---

[154] Vergleiche Rdn 167.
[155] Vergleiche *Pohlmann/Jabel/Wolf*, Anm 93 zu § 39 StVollstrO.
[156] OLG Braunschweig, NStZ 1996, 280.

E. Berechnung des Strafrestes

Ist der Strafvollzug unterbrochen worden, so wird der **Strafrest** nach **Tagen** und bei **171**
einer Vollzugsdauer von **insgesamt** nicht mehr als einer Woche auch nach **Stunden**
berechnet, § 40 StVollstrO.
Als Zeitpunkt, von dem an der Strafvollzug fortgesetzt wird, gilt bei einem Verurteilten, der aus dem Strafvollzug entwichen ist, der Zeitpunkt, in dem er zwecks weiterer
Strafvollzugs polizeilich **festgenommen** worden ist oder sich in (irgend) einer Anstalt
zur weiteren Strafverbüßung **gestellt** hat (§ 40 StVollstrO) es gelten hier die gleichen
Bestimmungen wie beim Strafbeginn nach § 38 StVollstrO.
Zu beachten ist, dass im Falle einer Unterbrechung nicht deren Dauer, sondern stets
der **Strafrest** zu berechnen ist, d. h. die noch verbleibende Strafe vom Zeitpunkt der
Unterbrechung an bis zum ursprünglichen Strafende. Für die Anwendung des § 40
Abs 1 StVollstrO ist es ohne Bedeutung, aus welchem Grund die Unterbrechung
erfolgt ist: sei es wegen gnadenweiser Strafunterbrechung, Unterbrechung wegen
Vollzugsuntauglichkeit, Aussetzung des Strafrestes oder Flucht. Auch § 40 Abs 2
StVollstrO (Wiederbeginn des Vollzugs) gilt generell und ist nicht nur auf die Fälle
des Entweichens beschränkt.[157]
Durch einen **Urlaub** aus der Haft wird die Strafvollstreckung **nicht** unterbrochen (§ 13
Abs 5 StVollzG). Die Strafzeit läuft demgemäß weiter. Dies gilt nicht nur für den Regel-
urlaub, sondern auch für die Urlaubsgewährung in den sonstigen Fällen (§§ 35, 36,
124, 130, 134 StVollzG).[158] Eine **Unterbrechung** tritt jedoch dann ein, wenn der Gefangene den Urlaubszeitraum **eigenmächtig überschreitet**. Der bei der Urlaubsbewilli-
gung bestimmte Rückkehrtermin ist dann der Unterbrechungszeitpunkt.[159] Der verbleibende Strafrest ist nach Tagen zu berechnen (§ 40 Abs 1 StVollstrO).

1. Beispiel:
Zu vollstrecken sind 6 Monate Freiheitsstrafe unter Anrechnung von 31 Tagen Untersuchungshaft. Strafantritt erfolgt am 10. 3. 2009, 11.00 Uhr. Dem Verurteilten wird
vom 20. 7. 2009, 8.00 Uhr bis 27. 7. 2009, 18.00 Uhr gnadenweise Strafunterbrechung
gewährt. Der Verurteilte stellt sich fristgemäß zum weiteren Strafvollzug.

Strafbeginn		10. 3. 2009 (TB)
	+	6 Monate
		10. 9. 2009 (TB)
	–	31 Tage
Strafende		10. 8. 2009 (TB)
entspricht		9. 8. 2009 (TE)

Die Strafe wird unterbrochen mit Wirkung vom 20. 7. 2009, 24.00 Uhr (TE). Der 20. 7.
2009 zählt ganz als Strafhaft nach § 37 Abs 2 StVollstrO, so dass sich ein Strafrest ergibt, der nach § 40 StVollstrO in Tagen zu berechnen ist. Die Reststrafe beträgt also die
Zeit vom 21. 7. 2009 bis 9. 8. 2009 je einschließlich, das sind 20 Tage.

erneuter Strafbeginn		27. 7. 2009 (TB)
	+	20 Tage
Strafende		16. 8. 2009 (TB)
entspricht		15. 8. 2009 (TE)

---

[157] Ebenso *Pohlmann/Jabel/Wolf*, Rdn 2, 16 zu § 40 StVollstrO; *Kerkmann*, Strafvollstreckung,
S 69.
[158] Zur Berechnung der Urlaubszeit s *Pohlmann*, Rpfleger 1978, 349; OLG Koblenz, NStZ
1987, 93 mit Anm *Müller-Dietz;* BGH, Rpfleger 1988, 117; *Calliess/Müller-Dietz*, Rdn 22 zu
§ 13 StVollzG; s ferner VV zu § 13 und Nr. 8 VV Jug. Die Berechnung des Urlaubs ist Sache der
Vollzugsbehörde.
[159] Tagesende im Hinblick auf die Regelung des § 37 Abs 2 Satz 3 StVollstrO.

2. Beispiel:

Zu vollstrecken sind 7 Tage Ersatzfreiheitsstrafe. Strafantritt erfolgt am 1. 4. 2009, 14.00 Uhr. Am 3. 4., 15.30 Uhr wird der Verurteilte zur Strafunterbrechung entlassen. Er stellt sich zur Fortsetzung des Vollzugs am 10. 4. 2009, 19.30 Uhr.

Strafbeginn	1. 4. 2009, 14.00 Uhr
nach §§ 37 Abs 2, 38 Buchst. a	
StVollstrO	+ 7 Tage
Strafende	8. 4. 2009, 14.00 Uhr

Unterbrechung am 3. 4. 2009, 16.00 Uhr (§ 37 Abs 2 StVollstrO)
Strafrest vom 3. 4. 2009, 16.00 Uhr bis 8. 4. 2009, 14.00 Uhr
= 4 Tage, 22 Stunden (§ 40 Abs 1 StVollstrO)

erneuter Strafbeginn	10. 4. 2009, 19.00 Uhr
größere Zeiteinheit vor der kleineren,	
§ 37 V StVollstrO	+ 4 Tage
	14. 4. 2009, 19.00 Uhr
	+ 22 Stunden
Strafende	15. 4. 2009, 17.00 Uhr

172 Nach § 16 StVollzG (§ 11 VVJug) hat der **Leiter der Vollzugsanstalt** die Befugnis, den Strafgefangenen unter den dort genannten Voraussetzungen **vorzeitig** aus der Strafhaft zu entlassen. Die vorzeitige Freilassung des Verurteilten ist eine aus dem Resozialisierungsgedanken abgeleitete **Vollzugsmaßnahme.** Sie bewirkt, dass die Zeit dieser vorzeitigen Entlassung nach § 16 StVollzG als verbüßte Strafzeit zählt. § 16 StVollzG gilt auch dann, wenn die Reststrafe nach § 57 StGB oder im Gnadenwege zur Bewährung ausgesetzt worden war.[160] Danach gilt:

a) Fällt das Strafende auf einen Sonnabend oder Sonntag, einen gesetzlichen Feiertag, den ersten Werktag noch Ostern oder Pfingsten oder in die Zeit vom 22. 12. bis zum 2. 1. so kann der Gefangene an dem diesem Tag oder Zeitraum vorhergehenden Werktag entlassen werden, wenn dies nach der Länge der Strafzeit vertretbar ist und fürsorgerische Gründe nicht entgegenstehen, § 16 Abs 2 StVollzG. Soweit es auf die Länge der Strafzeit ankommt, ist die Vorverlegung der Entlassung vertretbar, wenn sich der Gefangene zum Zeitpunkt der beabsichtigten Entlassung wenigstens einen Monat ununterbrochen im Vollzug befunden hat, VV Abs 2 zu § 16 StVollzG. Für welche Sache sich der Gefangene ununterbrochen mindestens einen Monat im Vollzug befunden ist, ist unerheblich.

b) Darüber hinaus kann der Entlasszeitpunkt bis zu zwei Tagen vorverlegt werden, wenn **dringende Gründe** dafür vorliegen, dass der Gefangene zu seiner Eingliederung hierauf angewiesen ist, § 16 Abs 3 StVollzG. Die Entscheidungen trifft der Anstaltsleiter, eine Zustimmung der Vollstreckungsbehörde ist nicht erforderlich.

c) Ferner kann sich die verurteilte Person sogenannte Freistellungstage erwerben nach § 43 Abs 6 StVollzG. Arbeitet er im Strafvollzug ununterbrochen zwei Monate, erhält er dafür die im Strafvollzugsgesetz vorgesehene Entlohnung. Ferner wird der Entlasszeitpunkt für je zwei Monate ununterbrochener Arbeit der Entlasszeitpunkt jeweils um einen Tag vorverlegt, sofern der Gefangene dies beantragt. Verzichtet der Gefangene auf die sogenannten Freistellungstage, ist seine Vergütung für die Arbeit während des Vollzugs entsprechend anzuheben. Der Gefangene kann daher in einem Kalenderjahr auf seinen Antrag maximal 6 Freistellungstage erwerben.

---

[160] BGH, NStZ 1982, 396.

1. Beispiel:
Strafende ist der 14. 4. 2009, TE,
Der Verurteilte kann, da der 14. 4. der erste Werktag nach Ostern ist nach § 16 Abs 2 StVollzG bereits am 9. 4. 2003 und zwar nach Abs 1 im Laufe des Vormittags entlassen werden. Die Strafe ist vollständig vollstreckt.

2. Beispiel:
Der Verurteilte hat am 14. 4. 2009, TE, zwei Drittel seiner Strafe verbüßt. Die Strafvollstreckungskammer setzt die Vollstreckung des restlichen Drittels der Strafe zur Bewährung aus.
Der Verurteilte kann, da der 14. 4. 2009 der erste Werktag nach Ostern ist nach § 16 Abs 2 StVollzG bereits am 9. 4. 2009 und zwar nach Abs 1 im Laufe des Vormittags entlassen werden. Die Reststrafe errechnet sich nach § 40 StVollstrO ab 15. 4. 2009 (TB).

3. Beispiel:
Der Verurteilte verbüßt vom 23. 10. 2008 (TB) bis 22. 12. 2008 (TE) eine Freiheitsstrafe von zwei Monaten. Ab 23. 12. 2008 (TB) ist notiert die Vollstreckung einer Ersatzfreiheitsstrafe von 10 Tagen bis 1. 1. 2009 (TE). Der Verurteilte kann am 19. 12. 2009 im Laufe des Vormittags entlassen werden, da der 21. 12. 2008 ein Sonntag ist und deshalb der Entlasszeitpunkt auf den letzten Werktag vorverlegt wird. Mit der Entlassung sind alle Strafen verbüßt, auch die Ersatzfreiheitsstrafe, deren Vollstreckung noch gar nicht begonnen hat.

§ 16 StVollzG gilt nicht, wenn dem Verurteilten im Gnadenwege **Strafunterbrechung** ab einem bestimmten Zeitraum gewährt worden ist. Der Anstaltsleiter ist dann nicht befugt, den Verurteilten zu einem früheren Zeitpunkt zu entlassen, es sei denn, er gewährt diesem nach § 13 StVollzG zusätzlich Urlaub aus der Haft. Der zusätzlich gewährte Urlaub zählt ebenso als verbüßte Strafe. Als verbüßte Strafzeit gelten ebenfalls die erarbeiteten Freistellungstage nach § 43 Abs 6 StVollzG.

F. Gerichtliche Entscheidung über die Strafberechnung

Die Vollstreckungsbehörde ist an erster Stelle für die richtige Berechnung der Strafzeit   **173**
verantwortlich (§ 36 Abs 1 StVollstrO). Bestehen über die Strafberechnung **Zweifel,** so ist die Vollstreckungsbehörde gehalten, eine Entscheidung des Gerichts nach § 458 Abs 1 (§§ 462 Abs 1, 462 a) StPO herbeizuführen (§ 42 StVollstrO). Zuständig ist das Gericht des ersten Rechtszugs nach § 462 a Abs 2 StPO.
Zweifel über die **Strafberechnung** können beispielsweise entstehen, wenn unklar ist, wie Untersuchungshaft, andere Freiheitsentziehung, Auslieferungshaft oder eine ausländische Strafe (§ 51 Abs 3 StGB) zu berücksichtigen sind. Eine Entscheidung des Gerichts kann auch geboten sein, wenn zwischen Vollstreckungs- und Vollzugsbehörde Uneinigkeit über die Strafberechnung besteht, oder wenn der Verurteilte Einwendungen gegen die Strafberechnung vorbringt. Bei seiner Entscheidung darf sich das Gericht nicht darauf beschränken, nur die Richtlinien aufzustellen, nach denen die Strafzeitberechnung durchzuführen ist, sondern es muss selbst die Strafzeitberechnung vornehmen.[161]
Eine gerichtliche Entscheidung nach § 458 Abs 1 StPO, § 42 StVollstrO ist ebenfalls herbeizuführen, wenn die Vollstreckungsbehörde Zweifel an der Rechtskraft oder am Zeitpunkt der Rechtskraft hat und der Urkundsbeamte der Geschäftsstelle des Gerichts an den von ihm angebrachten Rechtskraftvermerk festhält. Die Vollstreckungsbehörde selbst kann dem Urkundsbeamten des Gerichts selbst keine Anweisungen über den Zeitpunkt des Eintritts der Rechtskraft erteilen. Gegebenenfalls

---

[161] *Pfeiffer,* Rdn 3 zu § 458 StPO.

kann die Vollstreckungsbehörde Dienstaufsichtsbeschwerde gegen den Urkundsbeamter den Geschäftsstelle erheben mit dem Ziel der Berichtigung der Rechtskraftbescheinigung.

Eine gerichtliche Entscheidung (§ 458 Abs 1 StPO) ist ferner herbeizuführen, wenn Zweifel über die **Auslegung** eines Strafurteils bestehen, oder wenn Einwendungen gegen die **Zulässigkeit** der Strafvollstreckung erhoben werden. **Auslegungszweifel** können jeden Teil des Strafausspruchs betreffen, somit Hauptstrafe, Maßnahme, Nebenstrafe und Nebenfolge. § 458 Abs 1 StPO kommt auch dann zur Anwendung, wenn Widersprüche zwischen Urteilstenor und Urteilsgründen bestehen.

Die Einwendungen gegen die **Zulässigkeit** der Strafvollstreckung müssen die Vollstreckung als solche, als Ganzes betreffen. Die generelle Durchführbarkeit muss in Frage gestellt sein.[162] Für die Prüfung der Zulässigkeit der weiteren Vollstreckung einer Entscheidung eines Strafgerichts der ehemaligen DDR gelten die Vorschriften § 458 Abs 1 und Abs 2 StPO nicht.[163] Zu den Vollstreckungshindernissen gehören vor allem die fehlende oder falsche Rechtskraft, eine evtl. eingetretene Vollstreckungsverjährung, die Begnadigung oder Amnestie, Strafaussetzung zur Bewährung, Immunität oder sonstige Vollstreckungshindernisse. Gegen die **Art und Weise der Vollstreckung** können **keine Einwendungen nach § 458 Abs 1 StPO** erhoben werden. Dagegen ist nur der Rechtsweg nach §§ 23 ff EGGVG gegeben.

Die Einwendungen nach § 458 Abs 2 StPO sind abschließend aufgezählt. Danach ist der Rechtsweg nach § 458 Abs 2 StPO eröffnet:

– hinsichtlich der Unmittelbarkeit der Vollstreckung mehrerer Strafen nacheinander,[164] sowie der Berechnung der Unterbrechungstermine, § 454 b Abs 1 und 2 StPO; Auch für diese Entscheidung ist das Gericht des ersten Rechtszugs zuständig;[165]
– beim Strafaufschub nach § 455 StPO;
– beim vorübergehenden Strafaufschub nach § 456 StPO;
– beim Aufschub der Vollstreckung des Berufsverbots nach § 456 c Abs 2 StPO;
– wenn die Vollstreckungsbehörde anordnet, dass an einem Ausgelieferten oder Ausgewiesenen die Vollstreckung einer Strafe oder einer Maßregel der Besserung und Sicherung nachgeholt werden soll und Einwendungen gegen diese Anordnung erhoben werden, vgl. § 456 a StPO.

Der Rechtsweg nach §§ 23 ff EGGVG ist demnach ausgeschlossen, wenn und soweit § 458 StPO die gerichtliche Entscheidung zulässt. Gegen die gerichtliche Entscheidung nach § 458 Abs 1 und Abs 2 StPO steht der Staatsanwaltschaft als Strafverfolgungsbehörde (nicht der Strafvollstreckungsbehörde) und dem Betroffenen die sofortige Beschwerde nach § 462 Abs 3 StPO zu.

Weshalb § 42 StVollstrO nur auf § 458 Abs 1 2. Alt. StPO (Zweifel über die Strafberechnung) verweist ist nicht nachvollziehbar. Die Vollstreckungsbehörde hat auch in den Fällen, in denen über die Auslegung eines Strafurteils Zweifel entstehen die Möglichkeit, eine gerichtliche Entscheidung nach § 458 Abs 1 StPO herbeizuführen. Lediglich wenn Zweifel gegen die Zulässigkeit der Vollstreckung bestehen (§ 458 Abs 1), hat die Vollstreckungsbehörde nicht die Möglichkeit, eine gerichtliche Entscheidung herbeizuführen.[166] Auch die Staatsanwaltschaft als Strafverfolgungsbehör-

---

[162] OLG Düsseldorf, NJW 1977, 117, OLG Schleswig, GA 84, 96.
[163] Bezirksgericht Gera, DtZ 91, 312.
[164] Hinsichtlich der Reihenfolge s. Rdn 174. Diese richtet sich nach § 43 StVollstrO, der Rechtsbehelf nach §§ 23 ff EGGVG.
[165] OLG Celle, Beschluss vom 11. 9. 2001, 2 Ws 225/01.
[166] OLG Düsseldorf, NStZ-RR 1997, 220.

de kann hier nicht tätig werden.[167] Durchaus zulässig wäre es jedoch, den Verurteilten auf sein Einwendungsrecht ausdrücklich hinzuweisen, um auf dieser Schiene eine gerichtliche Abklärung zu erreichen.

Diese Regelung in § 458 Abs 1 StPO iVm § 42 StVollstrO ist zu halbherzig und wenig befriedigend. Sinnvoller wäre es, der Vollstreckungsbehörde auch die Möglichkeit zu geben, eine gerichtliche Entscheidung in den Fällen herbeizuführen, in denen über die **Zulässigkeit der Strafvollstreckung** Zweifel entstehen.[168]

IX. Reihenfolge/Unterbrechung der Vollstreckung

A. Vollstreckungsreihenfolge

Freiheitsstrafen und Ersatzfreiheitsstrafen sind unmittelbar nacheinander zu vollstrecken, § 454 b Abs 1 StPO, § 43 Abs 1 StVollstrO. Der Grundsatz der unmittelbaren Anschlussvollstreckung, der seitens der Vollstreckungsbehörde strikt zu beachten und sicherzustellen ist, gilt **generell** auch für die sonstigen Freiheitsentziehungen (wie z.B. freiheitsentziehenden Maßregeln der Besserung und Sicherung). In diesen Fällen wird eine Strafe von mehr als 7 Tagen (§ 37 Abs 2 StVollstrO) immer bis 24.00 Uhr (Tagende = TE) vollstreckt, die zweite Strafe schließt sich unmittelbar um 0.00 Uhr (Tagbeginn = TB) an. Im Gegensatz zu § 454 b Abs 1 StPO beinhaltet § 43 Abs 1 StVollstrO den Zusatz „aus denen keine Gesamtstrafe gebildet werden kann". Danach hat die Vollstreckungsbehörde bei mehreren Strafen zunächst **stets zu prüfen**, ob die Bildung einer Gesamtstrafe in Betracht kommt. Diese Prüfungspflicht ist nochmals ausdrücklich als Anweisung an die Vollstreckungsbehörde in § 48 Abs 2 StVollstrO aufgeführt. **174**

Im Interesse eines einheitlichen Vollstreckungsablaufs wurde in § 43 Abs 2 StVollstrO folgende **Reihenfolge** festgelegt:[169] Da an ein Strafende auch Rechtsfolgen geknüpft sind wie der Amtsverlust nach § 45 StGB oder Führungsaufsicht nach § 68 f StGB ist die festgelegte Reihenfolge stets einzuhalten. Abgewichen darf nach § 43 Abs 4 StVollstrO nur aus wichtigem Grunde. Gegen die von der Vollstreckungsbehörde festgelegte Reihenfolge der Vollstreckung ist der Rechtsweg nach §§ 23 ff EGGVG eröffnet.[170]

- Freiheitsstrafen bis zu 2 Monaten
- widerrufene Strafreste
- kürzere Freiheitsstrafe vor der längeren
- lebenslange Freiheitsstrafe
- Ersatzfreiheitsstrafen.

Die Kurzstrafen bis zu 2 Monaten sind vorweg zu vollstrecken, weil sie nach § 57 StGB auch nicht zum Teil nach Teilverbüßung aussetzungsfähig sind, da die Mindestverbüßungszeit nach § 57 Abs 1 StGB 2 Monate beträgt. Aus diesem Grunde scheidet auch eine Strafunterbrechung dieser Kurzstrafen nach § 454 b Abs 2 StPO aus. Dies bedeutet allerdings nicht, dass nicht auch im Gnadenwege eine Teilaussetzung erfolgen könnte.

Bei **Strafresten** gebietet der Widerruf einer bedingten Strafaussetzung zur Bewährung nach § 57 StGB oder im Gnadenwege die sofortige (Vorweg)-Vollstreckung.

---

[167] *Pohlmann/Jabel/Wolf*, Anm 6 zu § 42 StVollstrO m. w. Nachweisen.
[168] So auch OLG Hamm, NStZ-RR 2002, 21.
[169] Diese Reihenfolge gilt auch, wenn in einer Strafentscheidung mehrere Strafen enthalten sind.
[170] OLG Karlsruhe, Justiz 2002, 602.

Entgegen des Wortlauts des § 454b Abs 2 Satz 2 StPO kann und muss die Vollstreckung eines widerrufenen Strafrestes unterbrochen werden, unter den Voraussetzungen des § 57 StGB.[171] Die Widerrufsfälle des § 57a StGB (bei lebenslanger Freiheitsstrafe) fallen nicht hierunter, weil nach dem Widerruf der Aussetzung die Dauer der dann zu vollstreckenden Strafe erneut lebenslang ist.[172] Die Ersatzfreiheitsstrafen werden grundsätzlich zuletzt vollstreckt, um dem Verurteilten weitere Zeit zur Zahlung der Geldstrafe zu geben und den – an sich unerwünschten – Vollzug der Ersatzfreiheitsstrafe abzuwenden. Aus dieser festgelegten Reihenfolge des § 43 Abs 2 StVollstrO, die zum einen auf der Überlegung basiert, dass zunächst alle die Strafen vollstreckt werden sollen, für die eine spätere Aussetzungsmöglichkeit nach § 57 StGB nicht besteht, kann nicht hergeleitet werden, dass hinsichtlich der Ersatzfreiheitsstrafen die Möglichkeit gegeben sein soll, diese nach Verbüßung von $2/3$ zur Bewährung auszusetzen.[173] Auch soll damit ein Entlastungseffekt für die Vollzugsanstalten erreicht werden. Der Strafgefangene ist nach § 41 StVollzG grundsätzlich zur Arbeit verpflichtet. Davon ausgenommen Strafgefangene, die über 65 Jahre alt sind und werdende und stillende Mütter, soweit gesetzliche Beschäftigungsverbote erwerbsfähiger Mütter bestehen. Von dem Arbeitsentgelt erhält der Gefangene einen Teil als Hausgeld, das er für Einkauf oder ähnliches verwenden kann, ein anderer Teil wird als Überbrückungsgeld angelegt, das dem Gefangenen mit der Entlassung ausgehändigt wird. Mit dem Hausgeld wird der Gefangene in die Lage versetzt, eine Geldstrafe in kleinen Raten zu bezahlen und so die Vollstreckung der Ersatzfreiheitsstrafe abzuwenden.

Beim Zusammentreffen mehrerer Freiheitsstrafen (wobei Freiheitsstrafen, deren Vollstreckung im Urteil nach § 56 StGB zur Bewährung ausgesetzt war und deren Strafaussetzung später rechtskräftig widerrufen wurde auch hierunter fallen und nicht unter **widerrufene Strafreste**, selbst dann nicht wenn ein Großteil dieser widerrufenen Strafe durch Anrechnung einer verbüßten Untersuchungshaft oder anderer Freiheitsentziehung weitgehend erledigt ist) werden kürzere vor der längeren und gleich lange Freiheitsstrafen in der Reihenfolge vollstreckt, in der die Rechtskraft eingetreten ist. Dies gilt auch bei mehreren Ersatzfreiheitsstrafen unter sich. Mehrere lebenslange Freiheitsstrafen werden in der Reihenfolge des Eintritts der Rechtskraft vollstreckt.

Eine **gesetzliche Bestimmung** über die Reihenfolge der Vollstreckung mehrerer Freiheitsstrafen fehlt. Dies ist verfassungsgemäß nicht unbedenklich, da an die Erledigung der Vollstreckung Rechtsfolgen geknüpft sind, wie z.B. Eintritt der Führungsaufsicht nach § 68f StGB oder aber die Fristberechnung des Amtsverlustes nach § 45f StGB. Ferner darf diese Reihenfolge und die sich daraus ergebenden Unterbrechungshandlungen nach § 454b Abs 2 StPO nicht dazu führen, dass dadurch die Gesamtdauer der Freiheitsentziehung länger wird, als wenn die Strafen ohne Unterbrechung nacheinander vollzogen worden wären. Dies hat inzwischen auch in § 37 Abs 1 StVollstrO ihren Niederschlag gefunden. Die Höchstdauer der zu vollstreckenden Freiheitsstrafen ist über § 39 StGB gesetzlich festgelegt und kann nicht verlängert werden.[174]

175 Die Reihenfolge des § 43 Abs 2 StVollstrO gilt an sich für den gesamten Vollstreckungsablauf, doch lässt § 43 Abs 3 StVollstrO eine wichtige Abweichung zu. Danach wird die Vollstreckung einer **zeitigen Freiheitsstrafe** oder einer Ersatzfreiheitsstrafe soweit sie bereits begonnen hat, unbeschadet des § 454b StPO grundsätzlich fortgesetzt. Begonnen hat die Vollstreckung, wenn der Vollzug dieser Strafe begonnen

---

[171] *Wagner*, Rpfleger 1991, 447; siehe auch Rdn 192.
[172] *Pohlmann/Jabel/Wolf*, Anm. 23 zu § 43 StVollstrO.
[173] *Wagner*, Rpfleger 1997, 421.
[174] BVerfG, NStZ 1994, 452.

hat, entweder dass sich der Verurteilte in dieser Sache zum Strafantritt gestellt hat oder auf Grund eines bestimmten Vorführungsbefehls (Vollstreckungshaftbefehls) in dieser Sache festgenommen wurde oder dass die Vollstreckung nach § 38 Ziffer 3 StVollstrO mit Eintritt der Rechtskraft begonnen hat. Eine Unterbrechung zur Herstellung der Reihenfolge des § 43 Abs 2 StVollstrO erfolgt in diesen Fällen grundsätzlich nicht. Für die Anschlussstrafen, die erst künftig zur Vollstreckung anstehen, ist wieder § 43 Abs 2 StVollstrO maßgebend. Die Regelung des § 43 Abs 3 StVollstrO findet keine Anwendung auf die lebenslange Freiheitsstrafe. Hier ist im Interesse einer tatnahen Vollstreckung die lebenslange Freiheitsstrafe zugunsten der zeitigen Freiheitsstrafe zu unterbrechen.

Die Vollstreckungsreihenfolge beim Zusammentreffen von Freiheitsstrafe und **Jugendstrafe** bestimmt sich nach § 89 a Abs 1 JGG, der durch das 1. JGG-ÄndG geschaffen wurde. Danach ist die Jugendstrafe in der Regel zuerst zu vollstrecken.[175] Eine Abweichung von dieser Regel könnte in Betracht kommen, wenn die Freiheitsstrafe im Vergleich zur Jugendstrafe sehr kurz ist (z.B. Freiheitsstrafe von 2 Monaten, Jugendstrafe von 2 Jahren), weil der im langen Jugendvollzug angestrebte Resozialisierungseffekt von einer anschließenden Verbüßung im Erwachsenenvollzug gefährdet werden könnte.[176] Demgemäß besteht im Grundsatz die Reihenfolge: **Jugendstrafe – Freiheitsstrafe**. Dies gilt immer dann (Ausnahme kurze Freiheitsstrafe, lange Jugendstrafe), wenn diese Strafen gleichzeitig zur Vollstreckung anstehen oder die Freiheitsstrafe als Anschlussstrafe notiert wird. Ist dagegen die Jugendstrafe die Anschlussstrafe, erscheint es nach der ratio legis sinnvoll und zulässig, die Freiheitsstrafe im Regelfall bis zu dem in § 454 b Abs 2 bestimmten Unterbrechungstermin ($2/3$-Termin oder Halbstrafentermin) weiter zu vollstrecken und dann erst die Jugendstrafe zu vollziehen, in Anlehnung an § 43 Abs 3 StVollstrO.[177]

176

Eine Besonderheit besteht beim Zusammentreffen von Jugendstrafe mit **lebenslanger Freiheitsstrafe**. Dann wird lediglich die lebenslange Freiheitsstrafe vollstreckt, sofern die letzte Verurteilung (das ist die Verurteilung zu lebenslanger Freiheitsstrafe) eine vor der früheren Verurteilung (das ist die Verurteilung zu einer Jugendstrafe) begangene Straftat zum Gegenstand hat (§ 89 a Abs 2 JGG), das heißt, wenn diese Strafen, wäre die Jugendstrafe auch eine Freiheitsstrafe oder Geldstrafe, nach § 55 StGB bzw. § 460 StPO gesamtstrafenfähig wären. Liegt dagegen die Straftat (für die der Verurteilte die lebenslange Freiheitsstrafe bekommen hat) nach der früheren Verurteilung (zu Jugendstrafe), gilt für die Reihenfolge der Vollstreckung die Bestimmung des § 89 a Abs 1 JGG, also zuerst die Jugendstrafe, dann die lebenslange Freiheitsstrafe.

Beim **Hinzutreten** von **Anschlussstrafen** (nach bereits begonnener Vollstreckung) ergibt sich demnach folgender Ablauf:[178]

177

In Vollstreckung:	Anschlussstrafen:
a) lebenslange Freiheitsstrafe:	Unterbrechung für Kurzstrafen, Strafreste, zeitige Freiheitsstrafen (§ 43 Abs 2 Ziffer 1), nicht aber für Ersatzfreiheitsstrafen (§ 43 Abs 2 Ziffer 2 StVollstrO);
b) Kurzstrafe/Strafrest:	keine Unterbrechung für Anschlussstrafen (§ 43 Abs 2 Ziffer 2 StVollstrO);

---

[175] *Hamann*, Rpfleger 1991, 408.
[176] *Pohlmann/Jabel/Wolf* Anm. 21 zu § 43 StVollstrO.
[177] *Bauer*, Rechtspfleger 1992, 146.
[178] § 454 b Abs 2 StPO bzw § 89 a Abs 1 Satz 2–4 JGG bleibt unberührt; s dazu Rdn 179 ff, 184 ff.

c) zeitige Freiheitsstrafe:	keine Unterbrechung für Kurzstrafen, Strafreste oder kürzere zeitige Freiheitsstrafen (§ 43 Abs 3); lebenslange Freiheitsstrafen und Ersatzfreiheitsstrafen werden sowieso danach vollstreckt (§ 43 Abs 2);
d) Ersatzfreiheitsstrafe:	keine Unterbrechung für Anschlussstrafen (§ 43 Abs 3);
e) Jugendstrafe:	keine Unterbrechung für Anschlussstrafen (§ 89a Abs 1 JGG); lebenslange Freiheits strafe führt ggf. zur Beendigung der Vollstreckung der Jugendstrafe (§ 89a Abs 2 JGG).

178   Beispiel:
Der Verurteilte befindet sich zur Vollstreckung einer Ersatzfreiheitsstrafe von 90 Tagen in Strafhaft. Anschließend geht bei der JVA ein Aufnahmeersuchen ein zur Vollstreckung einer Freiheitsstrafe von 2 Jahren.
– Reihenfolge: 90 Tage Ersatzfreiheitsstrafe, 2 Jahre Freiaheitsstrafe.
Vor Erledigung der Ersatzfreiheitsstrafe geht bei der JVA ein weiteres Aufnahmeersuchen ein zur Vollstreckung eines nach § 57 StGB ausgesetzten Strafrestes von noch 120 Tagen.
– Reihenfolge: 90 Tage Ersatzfreiheitsstrafe, 120 Tage widerrufene Freiheitsstrafe, Freiheitsstrafe von 2 Jahren.
Ebenfalls vor Beendigung der Vollstreckung der Ersatzfreiheitsstrafe geht bei der JVA ein weiteres Aufnahmeersuchen ein zur Vollstreckung einer Freiheitsstrafe von 2 Monaten.
– Reihenfolge: 90 Tage Ersatzfreiheitsstrafe, 2 Monate Freiheitsstrafe, 120 Tage widerrufene Freiheitsstrafe, Freiheitsstrafe von 2 Jahren.

In den vorgenannten Fällen ist jeweils immer eine neue Strafzeitberechnung anzustellen. Würden die Aufnahmeersuchen zur Vollstreckung der widerrufenen Freiheitsstrafe von restlichen 120 Tagen und zur Vollstreckung der Freiheitsstrafe von 2 Monaten erst nach Erledigung der Vollstreckung der Ersatzfreiheitsstrafe eingehen, hätte also die Vollstreckung der Freiheitsstrafe von 2 Jahren bereits begonnen, ergäbe sich folgende Reihenfolge:

– 90 Tage Ersatzfreiheitsstrafe, Freiheitsstrafe von 2 Jahren, Freiheitsstrafe von 2 Monaten, widerrufener Strafrest von 120 Tagen.

Die Vollstreckungsbehörde kann aus wichtigem Grund von der Reihenfolge des § 43 Abs 2 StVollstrO abweichen, etwa um durch eine geänderte Reihenfolge die Zurückstellung der Vollstreckung nach §§ 35 ff BtMG oder auch eine umfassendere Aussetzung nach § 57 StGB zu ermöglichen, aber auch um Ungereimtheiten im Vollstreckungsablauf zu beseitigen oder einem spezifischen Interesse des Verurteilten Rechnung zu tragen, § 43 Abs 4 StVollstrO. Die Entscheidung trifft der Rechtspfleger.

Ausgehend von obiger Vollstreckungsreihenfolge 90 Tage Ersatzfreiheitsstrafe, 2 Jahre Freiheitsstrafe, 2 Monate Freiheitsstrafe, 120 Tage widerrufener Strafrest beantragt der Verurteilte, die Vollstreckung der Freiheitsstrafe von 2 Jahren nach § 35 BtMG zurückzustellen. Die Voraussetzungen zur Zurückstellung liegen vor, sie kann aber deshalb nicht erfolgen, weil im Anschluss an die zurückstellungsfähige Freiheitsstrafe weitere Strafen notiert sind. Dies wäre ein wichtiger Grund, von der festgelegten Reihenfolge der Vollstreckung abzuweichen, die Vollstreckung der Freiheitsstrafe von 2 Jahren zu unterbrechen zur Vollstreckung der Freiheitsstrafe von 2 Monaten und der widerrufenen Freiheitsstrafe von restlichen 120 Tagen. Dann könnte die weitere Vollstreckung der Freiheitsstrafe von 2 Monaten nach §§ 35 ff BtMG zurückgestellt werden.

Auch gegen diese Bestimmung gibt es verfassungsgemäße Bedenken, da an die Erledigung der Vollstreckung Rechtsfolgen geknüpft sein können, wie Eintritt der Führungsaufsicht nach § 68 f StGB, die Fristberechnung beim Amtsverlust nach §§ 45 f StGB. Die Vollstreckungsbehörden haben daher die Vorschriften über die Reihenfolge der Vollstreckung sorgfältig zu beachten und dürfen nur bei Vorliegen eines **wichtigen Grundes** von der Reihenfolge des § 43 Abs 2, 3 StVollstrO abweichen, wobei ein wichtiger Grund auch das Kosteninteresse des Verurteilten sein kann.[179]

Gegen die Entscheidung des Rechtspflegers kann der Verurteilte Einwendungen erheben nach § 31 Abs 6 RpflG und Vollstreckungsbeschwerde nach § 21 StVollstrO einlegen. Können sich mehrere beteiligte Vollstreckungsbehörden über die Reihenfolge nicht einigen, ist nach § 43 Abs 7 StVollstrO zu verfahren und die Entscheidung des Generalstaatsanwalts herbeizuführen.

B. Unterbrechungsmodell (§ 454 b StPO)

1. Voraussetzungen und Verfahren

Mit der Neuschaffung des § 454 b StPO durch das 23. StrÄndG wurde das Unterbrechungsmodell erstmals gesetzliche verankert. Die Verwaltungsvorschrift des § 43 Abs 3 StVollStrO a. F. wurde dadurch nicht abgelöst.

Werden mehrere, nicht gesamtstrafenfähige Strafen unmittelbar nacheinander vollstreckt, so entscheidet nicht jeweils zum frühest möglichen Strafaussetzungstermin nach § 57 StGB das Gericht, ob die Reststrafe zur Bewährung auszusetzen ist, sondern die Vollstreckungsbehörden (zuständig ist der Rechtspfleger nach § 31 Abs 2 RpflG) unterbrechen die Strafe zur Vollstreckung der in der richtigen Reihenfolge des § 43 Abs 2 StVollstrO im Anschluss notierten Strafe. Die Unterbrechung hat **rechtzeitig** zu erfolgen entweder zum Halbstrafentermin, wenn die Voraussetzungen des § 57 Abs 2 StGB vorliegen, ansonsten zum zwei-Drittel-Termin, wenn der Verurteilte mindestens 2 Monate verbüßt hat. Das BVerfG[180] hat in seiner Entscheidung vom 2. 5. 1988 wörtlich ausgeführt: „In verfassungsrechtlicher Sicht gebietet es die grundrechtliche Verbürgung der Freiheit der Person, dass die Vollstreckungsbehörden die ihr gemäß § 454 b Abs 2 StPO von Amts wegen auferlegte Verpflichtung zur Unterbrechung **strikt** beachten". Nach hM ist eine rückwirkende Unterbrechung nicht möglich.[181] Das BVerfG hat zumindest eine fiktive rückwirkende Unterbrechung gefordert, was bedeutet, dass bei verspäteter Unterbrechung durch die Vollstreckungsbehörde zumindest zur Ermittlung des gemeinsamen Halb- bzw. zwei-Drittel-Termin eine fiktive Strafzeitberechnung derart vorzunehmen ist, wie wenn rechtzeitig unterbrochen worden wäre. In Übereinstimmung mit dem OLG Frankfurt sollte eine rückwirkende Unterbrechung (nicht Strafaussetzung zur Bewährung nach § 57 StGB) deshalb möglich und zulässig sein.[182]

Es ist jeweils die für den Verurteilten günstigste Unterbrechungsmöglichkeit zu wählen nach den Berechnungsarten abstrakt vorwärts und rückwärts und konkret vorwärts und rückwärts. Der Verurteilte kann der Unterbrechung grundsätzlich nicht widersprechen, sie erfolgt auch ohne vorherige Anhörung des Verurteilten. Er kann jedoch gegen die Entscheidung der Vollstreckungsbehörde im Rahmen des § 454 b Abs 1, 2 StPO Einwendungen erheben nach § 31 Abs 6 RpflG, § 458 Abs 2 StPO, wonach zunächst der Staatsanwalt und dann das Gericht (ggf. im Beschwerdeverfahren nach § 462 Abs 3 StPO) entscheidet. Zuständig ist das Gericht des ersten Rechtszugs nach §§ 458 Abs 2, 462 a Abs 2 StPO.

179

[179] *Pohlmann/Jabel/Wolf,* Anm 28 zu § 43 StVollstrO.
[180] NStZ 1988, 474 f.
[181] AA OLG Frankfurt, NStZ 1990, 254.
[182] Zur Problematik, *Wagner,* Rpfleger 1997, 421.

Unterbrechungstermine:
- Halbstrafentermin:
  - der Verurteilte hat mindestens 6 Monate verbüßt;
  - die Strafe (auch Gesamtstrafe) beträgt nicht mehr als 2 Jahre;
  - der Verurteilte befindet sich erstmals im Strafvollzug;
- zwei-Drittel-Termin:
  - der Verurteilte hat mindestens 2 Monate verbüßt;
- bei lebenslanger Freiheitsstrafe
  - der Verurteilte hat 15 Jahre verbüßt

§ 57 StGB und damit § 454 b Abs 2 StPO gilt nicht bei der Vollstreckung der Ersatz-freiheitsstrafen.[183] Zuletzt hat das OLG Zweibrücken unter Aufgabe seiner bisheri-gen Rechtsprechung sich für eine Nichtanwendung des § 57 StGB bei der Vollstre-ckung der Ersatzfreiheitsstrafen entschieden.[184] Dieser dort vertretenen Auffassung ist zu folgen.

Befindet sich der Verurteilte erstmals in Strafhaft, ist er also „**Erstverbüßer**", so sind alle Strafen jeweils zum Halbstrafentermin zu unterbrechen, wenn je mindestens 6 Monate dieser Strafen verbüßt sind und diese Strafen, auch Gesamtfreiheitsstrafen 2 Jahre nicht übersteigen.[185]

Eine unabdingbare Verpflichtung zur Unterbrechung zur Halbstrafe besteht nur in den Fällen des § 57 Abs 2 Nr. 1, also wenn die dort genannten Voraussetzungen vor-liegen (die Strafe auch Gesamtfreiheitsstrafe 2 Jahre nicht übersteigt und der Verur-teilte Erstverbüßer ist, sich also erstmals in Strafhaft befindet). Dies ergibt sich ein-deutig aus § 454 b Abs 2 StPO. Die Unterbrechung zum Halbstrafentermin ist jedoch nicht ausgeschlossen, wenn besondere Umstände iSd § 57 Abs 2 Nr. 2 StGB bejaht werden können (der Verurteilte muss hier nicht Erstverbüßer sein und die Strafe kann auch höher sein als 2 Jahre Freiheitsstrafe).[186] In der Regel wird der Verurteilte die Unterbrechung beantragen, was jedoch eine Unterbrechung von amtswegen nicht ausschließt. Eine solche Strafe könnte ebenfalls zum Halbstrafentermin unterbrochen werden. Grundlage hierfür wäre § 43 Abs 4 StVollstrO („wichtiger Grund"), dessen ermessensfehlerfreie Anwendung der Verurteilte im Verfahren nach § 21 StVollstrO, §§ 23 ff EGGVG nachprüfen lassen kann.[187]

Hat die Strafvollstreckungskammer nach einer Halb- bzw. zwei-Drittel-Strafen-Vor-lage bereits negativ entschieden, also eine bedingte Reststrafenaussetzung abgelehnt und kommt jetzt eine nachträgliche aussetzungsfähige Anschlussstrafe hinzu, ist sofort zu unterbrechen für diese Anschlussstrafe um eine spätere gleichzeitige Ent-scheidung bzgl. des noch nicht vollstreckten Restes aller Strafen zu ermöglichen.[188]

Da in der Regel nicht mit Eintritt der Rechtskraft der neu hinzukommenden Strafe auch die Vollstreckung eingeleitet wird und eingeleitet werden kann, hat sich der Gesetzgeber durch das 2. Justizmodernisierungsgesetz vom 22. 12. 2006 für das

---

[183] Bejahend OLG Koblenz, NStZ 1995, 254, OLG Bamberg, NStENr. 43 zu § 57 StGB, ableh-nend *Wagner*, Rpfleger 1997, 421 mit Begründung.

[184] OLG Zweibrücken, ZfStrVo 2002, 186.

[185] Zur Erstverbüßerregelung siehe Rdn 180.

[186] „Besondere Umstände in diesem Sinne sind solche, die im Vergleich mit gewöhnlichen, durchschnittlichen, allgemeinen oder einfachen Milderungsgründen besonders Gewicht haben und deshalb trotz des erheblichen Unrechts- und Schuldgehalts der Tat die Aussetzung der Strafe als nicht unangebracht und den vom Strafrecht geschützten Interessen nicht zuwiderlaufend erscheinen lassen" (BGH, NStZ 1987, 21).

[187] OLG Hamm, NStZ 1993, 302; OLG Zweibrücken, NStZ 1989, 592, das § 454 b Abs 2 StPO analog anwendet.

[188] Vgl. amtliche Begründung BT-Dr. 10/2720 S 15.

sogenannte Rückwirkungsmodell entschieden. Danach ist außer in Fällen des Fehlerhaften Unterlassens der Unterbrechung eine rückwirkende Unterbrechung der
zunächst zu vollstreckenden Freiheitsstrafe auch dann geboten, wenn erst zu einem
späteren Zeitpunkt eine vollstreckbare Anschlussstrafe hinzutritt.[189] In Fällen des
fehlerhaften Unterlassens einer rechtzeitigen Unterbrechung der Strafe für eine Anschlussstrafe ist zumindest zur Berechnung des nunmehr frühesten gemeinsamen
Halb- oder zwei-Drittel-Termins eine fiktive Strafzeitberechnung vorzunehmen. Sofern man sich der Auffassung des OLG Frankfurt anschließt und eine rückwirkende
Strafunterbrechung zulässt, könnte auch rückwirkend unterbrochen werden. Nachdem sich der Gesetzgeber in § 454 b Abs 2 Satz 3 StPO für die dort genannten Fälle
(bei späterem Hinzukommen einer Anschlussstrafe) für das Rückwirkungsmodell
entschieden hat, sind auch Fälle des Fehlerhaften Unterlassens der Unterbrechung
entsprechend zu lösen.[190] Damit wird auch der Rechtsprechung des BVerfG[191]
Rechnung getragen, das für die Fälle des fehlerhaften Unterlassens der rechtzeitigen
Unterbrechung zumindest eine fiktive Strafzeitberechnung verlangt hat in der Weise,
dass der Verurteilte so behandelt wird, wie wenn rechtzeitig unterbrochen worden
wäre.

Beispiel:
Der Verurteilte befindet sich in Strafhaft. Er verbüßt eine Freiheitsstrafe von 2 Jahren. Er
ist nicht mehr Erstverbüßer im Sinne des § 57 Abs 2 StGB. Die Strafvollstreckungskammer hat eine bedingte Strafaussetzung zur Bewährung rechtskräftig abgelehnt. Der 2/3-
Strafentermin war der 8. 7. 2009. Am 21. 7. 2009, rechtskräftig am 21. 7. 2009 wird der
Gefangene erneut zu der Freiheitsstrafe von 1 Jahr verurteilt. Diese Strafe gelangt am
10. 8.2009 zur Vollstreckung. Nach der Neufassung des § 454 b Abs 2 Satz 2 StPO hat
die Strafvollstreckungsbehörde die Freiheitsstrafe von 2 Jahren zu unterbrechen mit
Wirkung vom 21. 7. 2009.

Die **Halbstrafenunterbrechung** ist nicht ganz unproblematisch, zumal der Rechtspfleger hier noch vor dem Richter die Voraussetzungen des § 57 Abs 2 Nr. 1 StGB prüfen
muss. Zur Erstverbüßerregelung gibt es unterschiedliche, obergerichtliche Entscheidungen[192] und zum Teil auch praktische Schwierigkeiten, weil sich ein Erstvollzug
anhand der Akten nicht immer eindeutig feststellen lässt. Für den Rechtspfleger empfiehlt es sich, nach dem Meistbegünstigungsprinzip *(Maatz)* den nach Maßgabe der
obergerichtlichen Rechtsprechung günstigsten und frühestmöglichen Unterbrechungszeitpunkt zu wählen.[193] Probleme bereitet die Frage, wer Erstverbüßer ist.
Einhellig ist die Meinung und Rechtsprechung hinsichtlich der Vorverbüßung einer
Ersatzfreiheitsstrafe. Wer bereits eine Ersatzfreiheitsstrafe verbüßt hat gilt nach wie
vor als Erstverbüßer. Wer dagegen bereits eine Jugendstrafe verbüßt hat, ist nicht
mehr Erstverbüßer im Sinne des § 57 Abs 2 StGB.[194]
Fraglich ist, ob die Vollstreckungsbehörde auch einen widerrufenen Strafrest, der
nach § 57 Abs 2 Nr. 1 StGB oder vor dem 2/3-Termin im Gnadenwege zur Bewährung
ausgesetzt war, nach § 454 b Abs 2 Satz 2 StPO zu unterbrechen hat. Der Wortlaut
des § 464 b Abs 2 Satz 2 StPO spricht dagegen. Nach dem materiellen Recht des § 57
StGB hat der Verurteilte jedoch einen gesetzlichen Anspruch darauf, dass das Gericht
(Strafvollstreckungskammer) zum 2/3-Zeitpunkt prüft, ob die Reststrafe zur Bewäh-

---

[189] Karlsruher Kommentar, 6. Aufl, Anm 22 a zu § 454 b StPO.
[190] Karlsruher Kommentar, 6. Aufl, Anm 8 zu § 545 b StPO.
[191] NStZ 1988, 474.
[192] Siehe auch *Wagner*, „Strafvollstreckung", Rdn 376 ff.
[193] Siehe Rdn 180.
[194] Wegen der näheren Einzelheiten s. Wagner, Strafvollstreckung, Rdn 376 ff.

rung ausgesetzt werden kann. Die Vollstreckungsbehörden haben daher auch solche Strafreste zu unterbrechen. § 454 b Abs 2 Satz 2 StPO will lediglich klarstellen, dass letzte Drittel, die nach Strafaussetzung widerrufen worden sind, nicht erneut nach Verbüßung von zwei-Dritteln der Reststrafe von amtswegen zu unterbrechen sind.[195] Gleiches gilt auch, wenn eine Freiheitsstrafe von nicht mehr als 2 Jahren vor Verbü-ßung der Hälfte der Strafe im Gnadenwege zur Bewährung ausgesetzt war und der Verurteilte Erstverbüßer ist. Auch in diesen Fällen hat die Vollstreckungsbehörde, wenn der Verurteilte nach wie vor Erstverbüßer ist, diese Strafe zum Halbstrafentermin zu unterbrechen.

2. Erstverbüßerregelung

180 § 57 Abs 2 Nr. 1 StGB bringt in engen Grenzen eine Ausdehnung der Halbstrafenentlassung.[196] Die erweiterte Halbstrafenregelung, die eine Mindestverbüßungszeit von 6 Monaten vorsieht, gilt nur für Freiheitsstrafe i. S. des § 38 StGB, nicht für Jugendstrafe, Ersatzfreiheitsstrafe und Strafarrest.

Zielgruppe der Regelung sind diejenigen Verurteilten, die **erstmals** eine Freiheitsstrafe verbüßen, wobei auf den **tatsächlichen Erstvollzug** und nicht auf die Verurteilung abgehoben wird.[197] Erstverbüßer ist nicht, wer bereits früher ganz oder teilweise eine Freiheitsstrafe verbüßt hat. Der Vollzug einer Jugendstrafe dagegen schließt die Anwendung der Erstverbüßerregelung aus. Wer bereits eine Freiheitsstrafe verbüßt hat, ist nicht mehr Erstverbüßer i. S. des § 57 Abs 2 StGB, es sei denn, hinsichtlich der Vorverurteilung besteht ein Verwertungsverbot nach § 51 BZRG. Unschädlich dagegen ist die frühere Verbüßung von Strafarrest, Ersatzfreiheitsstrafe, von im Ausland vollzogenen Freiheitsstrafen oder auch Untersuchungshaft (andere Freiheitsentziehung), selbst dann, wenn durch die Anrechnung der Untersuchungshaft die verhängte Strafe voll verbüßt ist.[198]

Eine Erstverbüßung liegt – nach Sinn und Zweck der Regelung – auch dann vor, wenn im Wege der Anschlussvollstreckung **mehrere** Strafen **unmittelbar nacheinander** vollstreckt werden. Die Erstverbüßung umfasst dabei alle Freiheitstrafen, die 2 Jahre nicht übersteigen. Bedingung ist, dass sich der Verurteilte tatsächlich **erstmals** im Strafvollzug befindet.[199] Wird die Anschlussvollstreckung versäumt, ist der Verurteilte hinsichtlich der weiteren Strafe kein Erstverbüßer mehr. Dies ist nicht befriedigend. Versäumt die Vollstreckungsbehörde die Einleitung der Vollstreckung, obwohl die Vollstreckbarkeit zum Zeitpunkt der bedingten Entlassung des Verurteilten nach § 57 StGB vorliegt, darf in Anlehnung an die Entscheidung des BVerfG vom 2. 5. 1988[200] ein den Vollstreckungsbehörden unterlaufenes Verschulden einem Verurteilten bei Anwendung des 57 StGB nicht zum Nachteil gereichen. In diesen Fällen wäre auch hier der Verurteilte, obwohl er sich nicht erstmals in Strafhaft befindet, wir ein Erstverbüßer zu behandeln.

---

[195] *Wagner,* Rpfleger 1991, 447.
[196] Zum Motiv s BT-Dr 10/2720 S 11.
[197] Zur Erstverbüßer-Regelung s die eingehenden Darstellungen von *Maatz,* MDR 1985, 797 ff, StV 1987, 71 und NStZ 1988, 114 ff.
[198] Dies folgt aus der Fiktion des § 57 Abs 4 StGB, wonach die Freiheitsstrafe durch die Anrechnung der U-Haft nur als verbüßt „gilt"; OLG Stuttgart, Justiz 1989, 484.
[199] HM; vgl. OLG Zweibrücken, NStZ 1986, 572; OLG Oldenburg, StV 1987, 70; LG Heilbronn, StV 1986, 346; OLG Karlsruhe, Justiz 1988, 436; OLG Celle, StV 1988, 27; OLG Stuttgart, NStZ 1988, 128; OLG Düsseldorf, StV 1990, 271; aM OLG Hamm, NStZ 1987, 367.
[200] NStZ 1988, 474.

Beispiel:

Der Verurteilte befindet sich zur Verbüßung einer Freiheitsstrafe vom 18 Monaten in Strafhaft. Er ist Erstverbüßer. Die Strafvollstreckungskammer setzt die Reststrafe zum Halbstrafentermin zur Bewährung aus. Zum Zeitpunkt der Halbstrafenentscheidung liegt der Vollstreckungsbehörde bereits ein weiteres rechtskräftiges Urteil gegen den Gefangenen vor. In diesem Urteil wurde er zu einer Freiheitsstrafe von 2 Jahren verurteilt. Beide Strafen sind nicht gesamtstrafenfähig. Die Vollstreckungsbehörde leitet erst zu einem späteren Zeitpunkt nach der Entlassung die Vollstreckung der neuen Strafe ein. Hinsichtlich der neuen Strafe ist der Verurteilte nicht mehr Erstverbüßer iS des § 57 Abs 2 StGB. Hätte die Vollstreckungsbehörde die Vollstreckung der neuen Strafe ordnungsgemäß eingeleitet, wäre diese als Anschlussstrafe notiert worden und der Verurteilte wäre auch hinsichtlich dieser Strafe Erstverbüßer.

Bei einer **Gesamtstrafenvollstreckung** bleibt der Verurteilte auch dann noch Erstverbüßer, wenn die einbezogene Einzelstrafe bereits ganz oder teilweise vollstreckt ist und der verbleibende Rest der Gesamtstrafe erst später vollzogen wird. Dies ergibt sich aus dem Grundgedanken des § 460 StPO sowie den Grundsätzen des § 41 Abs 1 StVollstrO.

Durch Urlaub, Strafunterbrechung, Zurückstellung der Vollstreckung und dergleichen, wohl auch bei Flucht, verliert der Verurteilte nicht seine Privilegierung als Erstverbüßer, da insoweit noch keine **Zäsur** durch einen **Abschluss** der Vollstreckung (Verbüßung, bedingte Entlassung) eingetreten ist. Auch hinsichtlich der Anschlussstrafen würde er den Status des Erstverbüßers behalten. Bei einer Halbstrafenaussetzung und deren späterem Widerruf ist der Verurteilte bei Vollstreckung des Strafrestes dagegen kein Erstverbüßer mehr.[201] Auch für etwaige Anschlussstrafen ist dann die Privilegierung entfallen, denn ein tatsächlicher Erstvollzug liegt für diese nicht mehr vor. Die Erstverbüßerregelung hat als Obergrenze Verurteilungen bis **höchstens 2 Jahre**. Mehrere Strafen, die in **einer** gerichtlichen (Gesamtstrafen-)Entscheidung verhängt worden sind, dürfen dabei **nicht addiert** werden. Sie sind **getrennt** zu behandeln; wie sie in der Frage der Strafaussetzung ja auch gesondert gewertet werden. Auch in den Fällen der Anschlussvollstreckung von Freiheitsstrafen aus **verschiedenen** Verfahren kommt es für die Frage der Strafobergrenze **allein** auf die **einzelne** Strafe an. Eine Zusammenrechnung vollstreckungsrechtlich selbständiger Strafen scheidet aus, wie sie auch sonst nicht stattfindet (vgl. §§ 56 StGB, 35 BtMG, 24 Abs 2 GVG).[202]

Die Halbstrafenentscheidung des § 57 Abs 2 Nr. 1 StGB ergeht **von Amts wegen**, wie sich aus der Entstehungsgeschichte der Vorschrift und aus § 454 b Abs 2, 3 StPO ableiten lässt (so auch §§ 30 Abs 1 Ziffer 1, 36 Abs 2 Satz 1 StVollstrO). Aus der „Kann"-Bestimmung des § 57 Abs 2 StGB ergibt sich, dass auch generalpräventive

---

[201] Hierfür spricht auch, dass widerrufene Strafreste von dem Unterbrechungsmodell (§ 454 b Abs 2, 3 StPO) ausgenommen sind. Der Gesetzgeber geht davon aus, dass die Chancen einer erfolgreichen Resozialisierung mit zunehmender Zahl der Verbüßungen abnimmt (BT-Dr 10/2720 S 11). Die Einwirkungsmöglichkeiten und gesetzgeberischen Hilfen sind daher ersichtlich auf den erstmaligen Vollzug abgestellt.

[202] BGH, NJW 1987, 1211 (BGH, NStZ 1985, 126); OLG Oldenburg, MDR 1987, 603; OLG Stuttgart, Justiz 1994, 154 und NStZ 1988, 128; LG Heilbronn, StV 1986, 346; OLG Zweibrücken, StV 1989, 423; OLG Düsseldorf StV 1990, 271; *Bringewat*, Rdn 13 zu § 454 b StPO; aM OLG Karlsruhe, NStZ 1989, 323 (im Gegensatz zu der sonstigen Rechtsprechung des OLG Karlsruhe in den vergleichbaren Fällen des „Karlsruher Modells" (Justiz 1980, 479) und zu § 35 BtMG (NStZ 1982, 484). Eine gewisse Widersprüchlichkeit in der Argumentation ist nicht zu übersehen. Die „unverhältnismäßige Besserstellung" des Verurteilten (Justiz 1988, 436) im Vergleich mehrerer selbständiger Strafen mit einer 2 Jahre übersteigenden Gesamtfreiheitsstrafe trifft doch auch in den Fällen des § 35 BtMG zu.

Momente berücksichtigt werden und zu einer negativen Entscheidung führen kön-nen.[203]

3. Verhältnis Erstverbüßermodell zur $^2/_3$-Entscheidung

181 Beiden Regelungen ist gemeinsam, dass die Entscheidung jeweils von Amts wegen ergeht (vgl. § 36 Abs 2 Satz 1 StVollstrO), der Verurteilte einwilligen muss und eine bedingte Strafaussetzung unter Berücksichtigung des Sicherheitsinteresses der Allgemeinheit verantwortet werden kann. Das $^2/_3$-Verfahren ist indessen für den Verurteilten günstiger, weil hier weder auf den Erstverbüßer abgestellt wird, noch eine Strafobergrenze vorgesehen ist, aber eine Mindestverbüßungszeit von 2 Monaten. Zum **zeitlichen** Verhältnis von $^2/_3$ und $^1/_2$ ist festzustellen:
– bei Strafen bis 9 Monate einschließlich ist der $^2/_3$-Termin günstiger, da der Halb-strafenzeitpunkt auf Grund der Mindestverbüßungszeit von 6 Monaten nach dem $^2/_3$ Termin liegen kann;
– bei Strafen von mehr als 9 Monaten bis einschließlich 12 Monaten ist die Mindest-verbüßungszeit der 6 Monate für die Halbstrafe maßgebend;
– bei Strafen von mehr als 12 Monaten ist der $^1/_2$-Termin günstiger als der 2/3-Termin, jedoch ist die Erstverbüßerregelung zu beachten.
Demnach kommt der § 57 Abs 2 Nr. 1 StGB überhaupt nur zur Anwendung bei Erstverbüßern mit guter Sozialprognose, d. h. eine Strafaussetzung unter Berücksichtigung des Sicherheitsinteresses der Allgemeinheit verantwortet werden kann und einer Strafe von mehr als 9 Monaten bis höchstens 2 Jahren. Da die Entscheidungen nach § 57 Abs 2 Nr. 1 bzw. § 57 Abs 1 StGB jeweils von Amts wegen erfolgen, sind im Regelfall bei negativer $^1/_2$-Entscheidung die Akten zum $^2/_3$-Termin erneut der StVK vorzulegen.[204] Im Übrigen ist stets die für den Verurteilten günstigste Aussetzungs-möglichkeit zu wählen. Die Ablehnung der Strafaussetzung zum Halbstrafentermin schließt die Aussetzung zum $^2/_3$-Termin nicht aus.[205]

4. Anwendungsbereich des § 454b Abs 2, 3 StPO

182 Das Unterbrechungsmodell des § 454 b Abs 2, 3 StPO ist anwendbar auf **zeitige** und **lebenslange** Freiheitsstrafen, gilt jedoch nicht für Ersatzfreiheitsstrafen.[206] Auch wi-derrufene Strafreste fallen nach dem Wortlaut des § 454 b Abs 2 StPO nicht darunter. Dies ist nicht ganz systemkonform, da beispielsweise die Aussetzung zur Halbstrafe oder im Gnadenwege eine spätere zwei-Drittel-Aussetzung im Falle eines Widerrufs keineswegs entbehrlich macht. Deshalb sind unter diesen Voraussetzungen auch wi-derrufene Strafrest entgegen des Wortlauts des § 454 b Abs 2 Satz 2 StPO zu unter-brechen.[207]
Die Widerrufsstrafen iSd § 56 StGB sind dagegen uneingeschränkt in die Regelung einbezogen. Ausgenommen sind schließlich auch die nicht aussetzungsfähigen Kurz-strafen (Strafen bis zu 2 Monaten) sowie die Fälle des Zusammentreffens mit Unter-

---

[203] Die Entscheidung nach § 57 Abs 2 Nr. 2 StGB („besondere Umstände") ergeht auf **Antrag** des Verurteilten. Die Staatsanwaltschaft kann jedoch auch von sich aus durch Antragstellung initia-tiv werden, wenn sie die Voraussetzungen des § 57 Abs 2 Nr. 2 für gegeben hält.
[204] Sofern nicht die StVK bei großer zeitlicher Nähe der Termine eine Art „ganzheitliche" Ent-scheidung trifft.
[205] Andere Ansicht OLG Braunschweig, NdsRpfl 2002, 62.
[206] Dies folgt aus der Formulierung des Abs 2, wonach lediglich Freiheitsstrafen zu unterbre-chen sind. So auch OLG Stuttgart, Justiz 1986, 469, *Wagner*, Rpfleger 1991, 447, 1997, 421; aA OLG Koblenz, NStZ 1987, 120; OLG Zweibrücken, MDR 1987, 782.
[207] Siehe auch Rdn 179.

bringungen (§§ 63, 64 StGB) und zugleich erkannter Freiheitsstrafe bei Vorwegvollzug der Maßregel. § 454 b Abs 2 StPO sieht vor, dass die aussetzungsfähigen Freiheitsstrafen unmittelbar nacheinander vollstreckt werden, woran es durch den Vorwegvollzug der Maßregel hier fehlt. Bei Vorwegvollzug der Freiheitsstrafe ist die Unterbrechungsregelung dagegen anwendbar.

Stellt ein Verurteilter einen Halbstrafenantrag nach § 57 Abs 2 Nr. 2 StGB („besondere Umstände"),[208] ist im Grundsatz eine **Einzelentscheidung** zu treffen. § 454 b Abs 2 StPO ist hier nicht anwendbar.[209] Können allerdings „besondere Umstände" bejaht werden, wäre eine Unterbrechung zur Halbstrafe gem. § 43 Abs 4 StVollstrO mit späterer (gemeinsamer) Aussetzungsentscheidung nicht ausgeschlossen.[210]

Sobald die Entscheidungsvoraussetzungen (§ 454 b Abs 2, 3 StPO) hinsichtlich aller zur Vollstreckung anstehenden Strafen erfüllt sind, trifft das Gericht im Wege der Gesamtschau eine **gleichzeitige** Aussetzungsentscheidung (§§ 57, 57 a StGB) für jede der in Betracht kommenden Reststrafen. Eine vorgezogene Einzelentscheidung wäre unzulässig.[211] Wegen der Schuldschwereklausel in § 57 a StGB kann es zu divergierenden Aussetzungsbeschlüssen kommen: positiv bei der zeitigen (bei guter Sozialprognose), negativ bei der lebenslangen Freiheitsstrafe.

C. Zusammentreffen mit Jugendstrafe

Der Vollstreckungsleiter kann nach Maßgabe von § 85 Abs 6 bzw. 89 a Abs 3 JGG **183** die Vollstreckung der Jugendstrafe bindend an die Staatsanwaltschaft abgeben, wenn im Falle des § 85 Abs 6 JGG der Verurteilte das 24. Lebensjahr vollendet hat. Kommt neben der Jugendstrafe noch Freiheitsstrafe hinzu nach § 89 a Abs 1 JGG kann der Jugendrichter die Vollstreckung dann bindend an die Staatsanwaltschaft abgeben, wenn der Verurteilte das 21. Lebensjahr vollendet hat. Die Abgabe liegt im Ermessen des Jugendrichters. Er kann die Vollstreckung auch selbst durchführen. Entsprechend unterschiedlich sind beim Zusammentreffen von Freiheitsstrafe und Jugendstrafe die jeweiligen Verfahrensabläufe einschließlich der Aussetzungsentscheidung und der weiteren Zuständigkeit. Gibt also der Jugendrichter die Vollstreckung nicht an die Staatsanwaltschaft ab, bleibt er für die Unterbrechungshandlungen und eine spätere Aussetzungsentscheidung zuständig. Bei der Abgabe an die Staatsanwaltschaft ist für die Unterbrechungshandlung der Rechtspfleger bei der Vollstreckungsbehörde und für die Aussetzungsentscheidung die Strafvollstreckungskammer zuständig.[212]

---

[208] Besondere Umstände in diesem Sinne sind solche, die im Vergleich mit gewöhnlichen, durchschnittlichen, allgemeinen oder einfachen Milderungsgründen besonderes Gewicht haben und deshalb trotz des erheblichen Unrechts- und Schuldgehalts der Tat die Aussetzung der Strafe als nicht unangebracht und den vom Strafrecht geschützten Interessen nicht zuwiderlaufend erscheinen lassen." (BGH, NStZ 1987, 21).

[209] OLG Oldenburg, MDR 1987, 75; OLG Karlsruhe, Justiz 1979, 439; OLG Düsseldorf, NStZ 1991, 103.

[210] OLG Hamm, NStZ 1993, 302.

[211] OLG Düsseldorf, NStZ 1983, 286; OLG Hamm, MDR 1985, 248.

[212] Siehe auch OLG Düsseldorf, NStZ 1995, 520. Zu unterscheiden hiervon ist die Herausnahme des Verurteilten aus dem Jugendstrafvollzug in den Erwachsenenvollzug nach § 92 Abs 2 JGG. Hier bleibt es bei der Zuständigkeit des bisherigen Vollstreckungsleiters, der jedoch die Möglichkeit hat zur Abgabe an den Jugendrichter am Ort der Vollzugsanstalt nach § 85 Abs 5 JGG (BGH, NStZ 1996, 567; *Böhm*, NStZ 1996, 481).

184 Unterbleibt die Vollstreckungsabgabe (oder liegen deren Voraussetzungen nicht vor), gilt für die Reihenfolge der Vollstreckung § 89 a Abs 1 JGG. Die Jugendstrafe wird im Regelfall **zuerst** vollstreckt. Der Vollstreckungsleiter **unterbricht** die Vollstreckung nach Maßgabe der Aussetzungsvorschriften in § 88 Abs 1, 2 JGG (Vor Verbüßung von sechs Monaten darf die Aussetzung der Vollstreckung des Restes nur aus besonders wichtigen Gründen angeordnet werden. Sie ist bei einer Jugendstrafe von mehr als einem Jahr nur zulässig, wenn der Verurteilte mindestens ein Drittel der Strafe verbüßt hat), Bei einem widerrufenen Strafrest kann ebenfalls zur Hälfte (nach mindestens 6 Monaten) unterbrochen werden (§ 89 a Abs 1 Satz 2–4 JGG). Ab dem Unterbrechungszeitpunkt wird dann im Wege der **unmittelbaren Anschlussvollstreckung** die Freiheitsstrafe vollstreckt, bis auch hier die Aussetzungsentscheidung (§§ 57, 57 a StGB) ansteht.

Tritt Jugendstrafe erst nachträglich als **Anschlussstrafe** hinzu, kann die Vollstreckung der Freiheitsstrafe im Grundsatz bis zu dem in § 454 b Abs 2 StPO bestimmten Unterbrechungszeitpunkt fortgeführt werden. Eine sofortige Unterbrechung zugunsten der Jugendstrafe (vgl. Gesetzeswortlaut) würde für den Verurteilten in der Regel nichts Entscheidendes bewirken, es sei denn es liegen besondere Gründe vor. Dies gilt jedenfalls für die Fälle der Ausnahme vom Jugendvollzug (§ 92 Abs 2 JGG). Soll der Verurteilte jedoch dem Jugendstrafvollzug zugeführt werden, ist die sofortige Unterbrechung sinnvoll und folgerichtig.[213]

Über die **Reststrafenaussetzung** entscheiden verschiedene Spruchkörper: bei Freiheitsstrafen die Strafvollstreckungskammer, bei Jugendstrafen stets der Jugendrichter, selbst bei Ausnahme aus dem Jugendstrafvollzug, nicht jedoch bei der Abgabe der Vollstreckung an die Staatsanwaltschaft.[214] Die jeweiligen Entscheidungen sollten koordiniert werden. Der Hinweis in § 89 a Abs 1 JGG auf § 454 b Abs 3 StPO macht deutlich, dass „in einem gewissen zeitlichen Zusammenhang" entschieden werden soll.[215]

Bei Zusammentreffen von Jugendstrafe mit **lebenslanger Freiheitsstrafe** ist eine Besonderheit zu beachten. Betrifft die **letzte** Verurteilung eine Straftat, die **vor** der früheren Verurteilung begangen wurde (Prinzip des § 55 StGB), wird lediglich die lebenslange Freiheitsstrafe vollstreckt.[216] Bei deren Aussetzung nach § 57 a StGB erklärt die Strafvollstreckungskammer dann die Vollstreckung der Jugendstrafe für erledigt (§ 89 a Abs 2 JGG).

185 Bei einer **Abgabe** gelten für die Vollstreckung der Jugendstrafe die Vollstreckungsvorschriften der StPO und des GVG (§§ 85 Abs 6, 89 a Abs 3 JGG). Die Durchführung der Vollstreckung obliegt der Staatsanwaltschaft (§ 451 StPO; § 143 Abs 1 GVG). Funktionell zuständig ist der Rechtspfleger nach § 31 Abs 2 RpflG. Die fällige gemeinsame Aussetzungsentscheidung für die restliche Jugendstrafe und die restliche Freiheitsstrafe trifft die Strafvollstreckungskammer (§ 78 a GVG, § 462 a Abs 1 StPO).[217] Hinsichtlich der Freiheitsstrafe ist nach § 57 StGB zu entscheiden, für die Jugendstrafe gilt weiterhin § 88 JGG (auf Grund des Verschlechterungsverbots).[218] Für (frühzeitige) Unterbrechungen der Jugendstrafe bleibt die im Vergleich zu § 454 b Abs 2 StPO wesentlich günstigere Regelung des § 89 a Abs 1 Satz 2 JGG maßgebend. Es bleibt bei dem Grundsatz des Verschlechterungsverbotes. Die Unter-

---

[213] *Bauer,* Rpfleger 1992, 146 f.

[214] BGH, Rpfleger 1979, 258.

[215] BT-Dr 11/5829 S 37.

[216] Einzelheiten s *Hamann,* Rpfleger 1991, 408.

[217] OLG Düsseldorf, NStZ 1992, 606.

[218] *Kühn,* NStZ 1992, 527.

brechungen obliegen wie bei § 454 b StPO dem Rechtspfleger nach § 31 Abs 2 RplfG. Wegen des Zeitpunkts der Unterbrechung ist der nach § 89 a Abs 1 JGG frühestmögliche Termin zu wählen. Gegebenenfalls ist eine Abstimmung mit der Strafvollstreckungskammer vorzunehmen.

D. Hinzutreten einer Freiheitsstrafe

Wird eine aussetzungsfähige Freiheitsstrafe vollstreckt und kommt eine weitere Frei- **186**
heitsstrafe als **Anschlussstrafe** hinzu, so ist die laufende Vollstreckung **rechtzeitig**
gem. § 454 b Abs 2 StPO zu unterbrechen, um eine spätere gemeinsame Aussetzungsentscheidung zu ermöglichen. Eine Unterbrechung hat auch dann (zwingend) zu erfolgen, wenn die Anschlussstrafe erst nach dem in § 454 b Abs 2 StPO bestimmten
Zeitpunkt hinzutritt. Dies lässt sich aus der gegenüber dem § 43 Abs 3 StVollstrO
a. F. geänderten Formulierung des § 454 b Abs 2 StPO folgern.[219] Eine bereits voran-
gegangene negative Aussetzungsentscheidung hinsichtlich der ersten Strafe ist zeitlich
und sachlich überholt.

Die beteiligten Vollstreckungsbehörden haben dafür Sorge zu tragen, dass die Unter- **187**
brechung zu dem in § 454 b Abs 2 StPO vorgesehenen Termin bzw. bei späterem
Hinzutreten der Anschlussstrafe zum Zeitpunkt des Eintritts derer Vollstreckbarkeit
bewirkt wird (ggf. fernmündlich voraus; erforderlich ist eine sofortige Vollstreckungseinleitung der neuen Strafe, die möglich ist, sobald der Vollstreckungsbehörde
ein rechtskräftiger Urteilstenor vorliegt. Das Gericht muss das Urteil noch nicht abgesetzt haben). Dem Verurteilten dürfen keine Nachteile entstehen. Es muss die frühest
mögliche gemeinsame Aussetzungsreife herbeigeführt werden (entweder durch die
rückwirkende Unterbrechung oder durch die fiktive Strafzeitberechnung, die so zu
bewirken ist, wie wenn rechtzeitig unterbrochen worden wäre). Bei der rückwirken-
den Unterbrechung (rückwirkende Strafaussetzung zur Bewährung ist nicht möglich)
ist jedoch darauf zu achten, dass eine Unterbrechung erst mit Eintritt der Rechtskraft
der Anschlussstrafe möglich ist und dass dadurch evtl. früheren Entscheidungen einer
Vollstreckungsbehörde nachträglich nicht die Zuständigkeit oder Legitimation entzogen wird. Ist die Anschlussvollstreckung jedoch ganz verpasst worden, ist nachträglicher Ausgleich nicht mehr möglich *(Maatz).*[220]

Wird eine rückwirkende Unterbrechung abgelehnt, bleibt die Lösung, wie sie *Maatz,* **188**
anhand der Entscheidung des *BVerfG* vom 2. 5. 1988, dargelegt hat.[221] Danach wird
die Korrektur dadurch erreicht, dass „die **zeitlichen** Voraussetzungen der Aussetzungsreife der Anschlussstrafe um die Dauer der **Verspätung** der Vollstreckungsunterbrechung **gemindert** werden" *(Maatz).* Der Verurteilte ist daher bei der $(^{1}/_{2}\text{-})^{2}/_{3}$-
Berechnung der Anschlussstrafe so zu stellen, als ob bei der ersten Strafe rechtzeitig
unterbrochen worden wäre.[222] Der **tatsächliche** Vollstreckungsablauf, der Vollstre-
ckungsstand der Strafen, bleibt unberührt, wovon auch bei der Berechnung der ausgesetzten Strafreste (§ 40 Abs 1 StVollstrO) auszugehen ist. Nachteile entstehen dem
Verurteilten dadurch nicht. Durch das 2. Justizmodernisierungsgesetz vom 11. 12.

---

[219] Vgl. amtl Begründung BT-Dr 10/2720 S 15. OLG Düsseldorf, StV 1990, 121; *Wagner,*
Rpfleger 1991, 447.

[220] Eine andere Ansicht wird vertreten in RdNr 180 im Hinblick auf die Entscheidung des
BVerfG vom 2. 5. 1988.

[221] NStZ 1990, 214 ff.

[222] OLG Karlsruhe, Beschl v 28. 1. 1992 (1 Ws 259/91); OLG Düsseldorf, StV 1993, 88;
OLG Stuttgart, StV 1991, 431; *Bringewat,* Rdn 11; *Meyer-Goßner,* Rdn 2 jeweils zu § 454 b
StPO.

2006 ist nach hiesiger Ansicht aber auch bei fehlerhaftem Unterlassen der Unterbrechung eine rückwirkende Unterbrechung zulässig und geboten.
Die Unterbrechungsverfügung könnte wie folgt aussehen:

> Staatsanwaltschaft Ellwangen
> Aktenzeichen: ....
> Strafsache gegen ....
> **Unterbrechungsverfügung vom** ....
> Die Vollstreckung der Freiheitsstrafe von ... Jahren und ... Monaten aus dem Urteil des Landgerichts Ellwangen vom ......, (Aktenzeichen: ....) wird gem. § 454 b Abs 2 StPO
> **unterbrochen**
> mit Wirkung vom .... zur Vollstreckung der Freiheitsstrafe von ... Jahren und .... Monaten aus dem Urteil des Landgerichts Dresden vom .... (Aktenzeichen: ....) – Staatsanwaltschaft Dresden (Aktenzeichen ....)
> ....
>
> gez.: Rechtspfleger
> 1. Abdruck an:
>   a) Verurteilten
>   b) Justizvollzugsanstalt
>   c) Staatsanwaltschaft Dresden mit der Bitte, den dortigen frühesten Aussetzungs- oder Unterbrechungstermin hierher mitzuteilen.
> 2. Wiedervorlage

Die Unterbrechungshandlungen dürfen auf keinen Fall der Vollzugsbehörde überlassen werden. Zuständig für die Unterbrechungen ist ausschließlich die Vollstreckungsbehörde. Selbst dann, wenn die Vollzugsbehörde in ihrer „vorläufigen Strafzeitberechnung" bereits im Aufnahmebogen die Strafzeitberechnung so vorgenommen hat, wie wenn unterbrochen worden wäre, entbindet dies die Vollstreckungsbehörde nicht von einer formellen Unterbrechungsverfügung. Die Entscheidung, ob der Verurteilte Erstverbüßer ist oder ab welchem Zeitpunkt bei einer Anschlussvollstreckung zu unterbrechen ist, kann der Vollzugsbehörde nicht überlassen werden. Die Verantwortung trägt allein die Vollstreckungsbehörde. Wird auf Grund einer von der Vollzugsbehörde vorgenommenen vorläufigen Strafzeitberechnung, in der die Unterbrechungen zu den Halb- bzw. $^2/_3$-Terminen vorgenommen sind tatsächlich so vollstreckt, ohne dass eine Unterbrechungsverfügung der Vollstreckungsbehörde vorliegt, ist das Vorliegen einer wirksamen Unterbrechung zu verneinen. Es liegt ein fehlerhaftes Unterlassen der Unterbrechungshandlung vor. Das Rückwirkungsmodell im 2. Justizmodernisierungsgesetzes darf die Vollstreckungsbehörden aber keinesfalls dazu verleiten, mit den rechtzeitigen Unterbrechungshandlungen sorglos umzugehen.

Beispiel: (bei rückwirkender Unterbrechung)
Der Verurteilte ist Erstverbüßer. Er verbüßt seit 15. 4. 2008 (TB) eine Freiheitsstrafe von 1 Jahr und 6 Monaten. Strafende wäre der 14. 10. 2009, (TE) Die Hälfte der Strafe hatte der Verurteilte verbüßt am 14. 1. 2009 TE (Berechnungsart abstrakt rückwärts). Zwei-Drittel-Termin ist der 14. 4. 2009 TE (Berechnungsart abstrakt rückwärts). Durch Entscheidung vom 22. 12. 2008 hat die Strafvollstreckungskammer eine bedingte Aussetzung zum Halbstrafentermin rechtskräftig abgelehnt. Durch sofort rechtskräftig werdendes Urteil vom 11. 2. 2009 wurde gegen den Verurteilten eine weitere Freiheitsstrafe von 2 Jahren verhängt. Die Vollstreckung dieser Strafe wurde am 31. 3. 2009 eingeleitet. Eine Unterbrechung der 1. Strafe zum Halbstrafentermin ist nicht möglich, da zu diesem Zeitpunkt die 2. Strafe noch nicht existent war und die Strafvollstreckungskammer eine bedingte Aussetzung zum Halbstrafentermin rechtskräftig abgelehnt hat. Eine Unterbrechung wäre aber möglich gewesen mit Wirkung vom 11. 2. 2009, der Zeitpunkt, an dem das 2. Urteil, rechtskräftig geworden ist.

Dies ergibt nach Unterbrechung zum 11. 2. 2009 (TB) folgende Strafzeitberechnung:

Strafbeginn	11. 2. 2009 (TB)
	+ 2 Jahre
Strafende	11. 2. 2011 (TB)
Halbstrafentermin: (abstrakte Rückwärtsrechnung)	11. 2. 2010 (TB)
zwei-Drittel-Termin (abstrakte Rückwärtsrechnung)	11. 6. 2010 (TB)
Strafbeginn	11. 2. 2011 (TB)
Reststrafe aus 1 Jahr und 6 Monate	
(vom 11. 2. 2009 TB bis 14. 10. 2009 TE)	+ 246 Tage
Strafende	15. 10. 2011 TB
entspricht	14. 10. 2011 TE

Bis der Verurteilte von der Freiheitsstrafe von 1 Jahr und 6 Monaten zwei Drittel verbüßt hat, fehlen ihm noch 63 Tage, nämlich die Zeit vom 11. 2. 2009 TB bis 14. 4. 2009 TE.

Lehnt jetzt die Strafvollstreckungskammer zum neuen Halbstrafentermin, das ist der 11. 2. 2010 TB bzw. 10. 2. 2010 TE die bedingte Strafaussetzung ab, ist die Freiheitsstrafe von 2 Jahren nach § 43 Abs 3 StVollstrO bis zum $^2/_3$-Termin, das ist der 11. 6. 2010 TB bzw. 10. 6. 2010 TE weiter zu vollstrecken und dann nach § 454 b Abs 2 StPO zu unterbrechen für die Reststrafe von 1 Jahr und 6 Monaten, bis auch von dieser Strafe $^2/_3$ verbüßt sind.

Strafbeginn	11. 6. 2010 (TB)
Reststrafe aus 1 Jahr und 6 Monaten bis zu $^2/_3$	+ 63 Tage
gemeinsamer, frühester $^2/_3$-Termin	13. 8. 2010 (TB)
entspricht	12. 8. 2010 (TE)

Die Reststrafen sind nach § 40 StVollstrO jeweils in Tagen zu berechnen.

Die Reststrafe aus 1 Jahr und 6 Monaten	= 183 Tage
die Reststrafe aus 2 Jahren	= 245 Tage

Lehnt die Strafvollstreckungskammer auch die Aussetzung der letzten Drittel ab, wird die Reststrafe von 183 Tagen aus 1 Jahr und 6 Monaten zu Ende vollstreckt, da sich der Verurteilte derzeit für diese Strafe in Haft befindet nach § 43 Abs 3 StVollstrO	+ 183 Tage
	12. 2. 2011 TB
dann die Reststrafe aus 2 Jahren	+ 245 Tage
Strafende	15. 10. 2011 TB
entspricht	14. 10. 2011 TE

Zu beachten ist die Entscheidung des BVerfG vom 28. 2. 1994,[223] und die Neufassung des § 37 Abs 1 Saqtz 2 StVollstrO wonach die Länge der Vollstreckung nach oben hin begrenzt ist durch die Länge der Strafzeit, die bei ununterbrochener Vollstreckung mehrerer Strafen nacheinander gem. § 39 StGB erreicht werden würde.

Die Vollstreckungsbehörde unterbricht mit der Einleitung der Vollstreckung am 31. 3. 2009 mit Wirkung vom 11. 2. 2009 TB rückwirkend. Damit ergibt sich folgende Strafzeitberechnung:

Strafbeginn		11. 2. 2009 TB
		+ 2 Jahre
Strafende		11. 2. 2011 TB
der Halbstrafenzeitpunkt wäre		11. 2. 2010 TB
– Rest bis Ende	365 Tage	
der $^2/_3$-Zeitpunkt wäre		11. 8. 2010 TB
– Rest bis Ende	245 Tage	

---

[223] NStZ 1994, 452.

Es verbleibt also beim frühesten Halbstrafentermin, den wir oben bereits errechnet haben

11. 2. 2010 TB

Setzt die Strafvollstreckungskammer zu diesem Termin die Vollstreckung aus, sind die Reststrafen nach § 40 StVollstrO in Tagen zu berechnen und zwar hinsichtlich beider Freiheitsstrafen. Dies sind im einzelnen
Freiheitsstrafe von 1 Jahr, 6 Monate:

bis zum ²/₃-Termin	= 11. 2. 2009 TB bis 14. 4. 2004 TE	= 63 Tage
bis Strafende	= 11. 2. 2009 TB bis 14. 10. 2009 TE	= 246 Tage

Freiheitsstrafe von 2 Jahren:

bis zum ²/₃-Termin	= 11. 2. 2010 TB bis 10. 6. 2010 TE	= 120 Tage
bis Strafende	= 11. 2. 2010 TB bis 10. 2. 2011 TE	= 365 Tage

Lehnt die Strafvollstreckungskammer eine Aussetzung zum Halbstrafenzeitpunkt ab, sind beide Strafen bis zum gemeinsamen ²/₃-Zeitpunkt zu Ende zu vollstrecken.

Das Strafende ist fiktiv auch zu berechnen, wie wenn Unterbrechungshandlungen nicht vorgenommen worden wären im Hinblick auf § 37 Abs 1 Satz 2 StVollstrO. Diese Berechnung sehr wie folgt aus:

Strafbeginn:	15. 4. 2008 TB
Freiheitsstrafe von 1 Jahr und 6 Monaten bis	15. 10. 2009 TB
Freiheitsstrafe von 2 Jahren bis	15. 10. 2011 TB
Entspricht	14. 10. 2011 TE

Grundsätzlich ist eine rückwirkende Unterbrechung der Vollstreckung daher zuzulassen, auch dann, wenn das Unterlassen auf ein Verschulden der Vollstreckungsbehörde beruht. Da die verurteilte Person insgesamt nicht schlechter gestellt werden darf, wäre die Alternative jeweils nur eine fiktive Berechnung.[224]

E. Hinzutreten eines widerrufenen Strafrestes

189 Läuft bereits die Vollstreckung einer Freiheitsstrafe und kommt nachträglich noch ein **widerrufener Strafrest** als Anschlussstrafe hinzu, ergibt sich für den Vollstreckungsablauf ein gewisses Dilemma: einerseits gebietet der Widerruf einer bedingten Entlassung aus dem Strafvollzug die sofortige (**Vorweg-)Vollstreckung** des Strafrestes, was auch durch die Regelung des § 454b Abs 2 Satz 2 StPO, § 43 Abs 2a Satz 2 StVollstrO deutlich wird, andererseits schließt der Widerruf eine **nochmalige** Aussetzung des Strafrestes nicht aus,[225] was allerdings durch den *BGH* mit Blick auf das Bewährungsversagen des Verurteilten relativiert wurde.[226]

190 Um dem Verurteilten die Aussetzungschance nicht zu nehmen, hält das *LG Hamburg* die Vorwegvollstreckung eines solchen Strafrestes generell für unzulässig.[227] Das Gericht hat sich dabei jedoch zu Unrecht auf die Entscheidung des *BVerfG* (NStZ 1988, 474) über die Herbeiführung der frühestmöglichen gemeinsamen Aussetzungsreife berufen, die auf vorliegenden Sachverhalt nicht anwendbar ist.[228] Die vom *LG Hamburg* geforderte Vollstreckungsreihenfolge kann schließlich zur Folge haben, dass ein **zuletzt** zu vollstreckender Strafrest mehrfach ausgesetzt (und widerrufen) wird und sich ältere Strafreste auf diese Weise ansammeln. In gleicher Weise

---

[224] *Wagner*, Rechtspfleger, 1991, 447.
[225] OLG Bremen, MDR 1958, 263; OLG München, MDR 1959, 324; OLG Stuttgart, MDR 1983, 150; OLG Frankfurt, StV 1985, 25.
[226] NStZ 1991, 205.
[227] NStZ 1992, 253.
[228] So zutreffend OLG Hamburg, StV 1993, 256.

hat auch das OLG Frankfurt entschieden. Danach hat die Vollstreckungsbehörde jeweils die für den Verurteilten günstigste Variante zu wählen.[229] Soweit von der Vollstreckungsbehörde ein widerrufener Strafrest zuletzt vollstreckt wird, ist er grundsätzlich in eine **gemeinsame Aussetzungsentscheidung** (§ 57 StGB) mit der vorangehenden Freiheitsstrafe einzubringen.

Vorzuziehen ist demgegenüber die Lösung wie sie *Funck* vorschlägt, mit der **Vorweg-** 191 **vollstreckung** des Strafrestes.[230] Dies entspricht der gesetzlichen Regelung (§ 454 b Abs 2 Satz 2 StPO) bzw. der Verwaltungsanordnung des § 43 Abs 2 a Satz 2 StVollstrO und vermeidet das „Herumschleppen" *(Funck)* von Strafresten. Dem Widerruf folgt die gebotene rasche und zeitnahe Vollstreckung. Dies verhindert auch die sonst mögliche Ungleichbehandlung der Widerrufsfälle, je nachdem ob der Strafrest schon **vor** der neuen Verurteilung vollstreckbar und vorwegvollstreckt wird oder erst später hinzutritt. Im ersteren Falle würde der Strafrest – ohne Aussetzung – voll vollstreckt, bei der Anschlussvollstreckung wäre eine Aussetzung zumindest nicht ausgeschlossen.

Wegen der (hier unglücklichen) Regelung des § 43 Abs 3 StVollstrO muss die Unterbrechung dabei nach § 43 Abs 4 StVollstrO („wichtiger Grund") erfolgen. Ist die Chance einer nochmaligen Bewährungsaussetzung nicht ungünstig, kann die Vollstreckungsbehörde auch eine andere Reihenfolge wählen, um den Strafrest in eine gemeinsame Aussetzungsentscheidung einzubringen. Bedenklich, aber wohl noch zulässig, wäre es – wie teilweise in der Praxis verfahren –, den Strafrest ab dem $^2/_3$-Termin der (vorangehenden) Freiheitsstrafe zu vollstrecken.

F. Berechnung des gemeinsamen Aussetzungstermins

Zur Strafzeitberechnung im Falle der **unmittelbaren** Anschlussvollstreckung mehrerer 192 Strafen wurden von der Rechtsprechung aus der Regelung des § 37 Abs 4 Satz 1 StVollstrO (§ 39 StGB) abgeleitete Grundsätze aufgestellt. Das BVerfG hat hierzu in seiner Entscheidung vom 16. 5. 1994[231] nunmehr eine klare Regelung getroffen. Der Gesetzgeber Dem der Entscheidung des BVerfG in § 37 Abs 1 Satz 2 StVollstrO Rechnung getragen. Danach ist die Länge der Vollstreckung nach oben hin begrenzt durch die Länge der Strafzeit, die bei ununterbrochener Vollstreckung mehrerer Strafen nacheinander gem. § 39 StGB, § 37 Abs 4 StVollstrO erreicht werden würde. Mit der Einführung des § 454 b StPO durch das 23. StRÄndG wollte der Gesetzgeber keine Verlängerung der Strafzeit bewirken oder auch nur ermöglichen, sondern lediglich sicherstellen, dass über die Aussetzung mehrerer Freiheitsstrafen zur Bewährung nach §§ 57, 57 a StGB zu einem gemeinsamen Zeitpunkt und einheitlich entschieden werden kann. Danach ist bei Ablehnung einer Reststrafenaussetzung neben der Strafzeitberechnung mit Unterbrechungshandlungen auch eine fiktive Strafzeitberechnung **ohne Unterbrechungshandlungen** vorzunehmen. Strafende ist der für den Verurteilten günstigere Zeitpunkt.

Der **gemeinsame** Aussetzungszeitpunkt iSd § 454 b Abs 2, Abs 3 StPO berechnet sich wie folgt (hier: gemeinsamer $^2/_3$-Termin):

> **Beispiel:**
> Zu vollstrecken sind 4 Monate Freiheitsstrafe. Strafbeginn ist am 24. 9. 2009. Im Anschluss stehen 1 Jahr 2 Monate Gesamtfreiheitsstrafe unter Anrechnung von 2 Tagen U-Haft zur Vollstreckung an.

---

[229] NStZ-RR 2000, 282.
[230] NStZ 1992, 511. In der Grundtendenz ebenso OLG Hamburg, StV 1993, 256; OLG Düsseldorf, StV 1993, 257.
[231] BVerfG, NStZ 1994, 452.

I. Strafbeginn:	24. 9. 2009 (TB)
	+ 4 Monate
Strafende:	23. 1. 2010 (TE)
$^2/_3$:	14. 12. 2009 (TB)

(nach 4 Methoden).

Anschlussstrafe:

Strafbeginn:	24. 1. 2010 (TB)
	+ 1 Jahr
	+ 2 Monate
	24. 3. 2011 (TB)
abzgl. U-Haft	− 2 Tage
Strafende:	22. 3. 2011 (TB)
entspricht	21. 3. 2011 (TE)

II. Unterbrechung durch den Rechtspfleger gem. § 454 b Abs 2 StPO mit Ablauf des 13. 12. 2009.

Strafbeginn:	14. 12. 2009 (TB)
(Anschlussstrafe):	+ 1 Jahr
	+ 2 Monate
	14. 2. 2011 (TB)
abzgl. U-Haft	− 2 Tage
Strafende:	12. 2. 2011 (TB)
Entspricht	11. 2. 2011 (TE)
$^2/_3$:	21. 9. 2010 (TE)

(nach 4 Methoden).

III. Gemeinsamer $^2/_3$-Termin für beide Strafen ist demgemäß am 21. 9. 2010, 24.00 Uhr. Der Strafrest für die erste Strafe beträgt 40 Tage (14. 12. 2009–23. 1. 2010). Bei einer negativen Aussetzungsentscheidung steht dieser Strafrest im Anschluss an die zweite Strafe (ab 12. 2. 2011) noch zur Vollstreckung an. Endgültiges Strafende wäre dann:

Strafbeginn StVollstrO	12. 2. 2011, 0.00 Uhr
	+ 40 Tage
Strafende:	23. 3. 2011 (TE)

IV. Bei unmittelbarer Anschlussvollstreckung (I) wäre Strafende am 21. 3. 2011, bei Unterbrechung (II, III) wäre Strafende am 23. 3. 2011.

Anmerkung:

Zutreffendes Strafende im obigen Beispiel ist demnach am 21. 3. 2011.

X. Abschluss der Vollstreckung

A. Entlassungsmitteilung

193 Nach Beendigung des Strafvollzugs (hier: durch Strafverbüßung)[232] wird die Vollstreckungsbehörde von der Vollzugsanstalt über die Entlassung des Verurteilten durch eine **Entlassungsmitteilung** verständigt (§ 35 Abs 1 Ziffer 10 StVollstrO). Der in der Mitteilung vermerkte Entlassungszeitpunkt ist auf seine Richtigkeit zu überprüfen. Für die rechtzeitige Entlassung nach Ablauf der Strafzeit ist die Vollzugsbehörde verantwortlich (§ 16 StVollzG, § 50 VGO).

---

[232] Wegen des Eintritts von Führungsaufsicht in den Fällen des § 68 f StGB und den damit verbundenen Aufgaben der Vollstreckungsbehörde gem § 54 a StVollstrO vgl. Rdn 372 ff.

Wurde der Verurteilte nach § 16 StVollzG vor dem errechneten Strafende entlassen, ist keine Reststrafenberechnung vorzunehmen. Die Strafvollstreckung ist jedoch mit der Entlassung aus dem Strafvollzug erledigt. Dies gilt auch dann, wenn der Entlasszeitpunkt auf Grund der erarbeiteten Freistellungstage nach § 43 Abs 6 StVollzG vorverlegt wird.

Dies bedeutet, dass eine evtl. eingetretene Führungsaufsicht nach § 68 f StGB mit der Entlassung zu laufen beginnt, dass die Fahrverbotsfrist des § 44 StGB mit dem darauf-folgenden Tag weiter läuft, sofern die übrigen Voraussetzungen des § 44 Abs 4 StGB vorliegen. Ebenso ist als Vollstreckungsende dem Bundeszentralregister nach § 15 BZRG nicht das errechnete Strafende mitzuteilen, sondern der Tag der Entlassung aus dem Strafvollzug in dieser Sache. Nach § 43 Abs 6 StVollzG wird der Entlassungszeit-punkt weiter vorverlegt, wenn der Gefangene während der Strafhaft seiner Arbeits-pflicht nachgekommen ist. Hat der Gefangene mindestens 2 Monate ununterbrochen gearbeitet, wird der Entlasszeitpunkt um einen Tag vorverlegt. Im Grundsatz bedeutet dies, dass der Gefangene in einem Jahr maximal 6 Tage einarbeiten kann. Vorausset-zung ist, dass diese Arbeitsleistung nicht schuldhaft unterbrochen wird. Die durch diese Arbeitsleistung „erarbeitete" Verkürzung der Haftzeit geht der Regelung des § 16 StVollzG vor, das bedeutet, dass der Entlassungszeitpunkt um die „erarbeiteten Tage" vorverlegt wird. Auch hierauf hat die Vollstreckungsbehörde keinen Einfluss. Die Ent-scheidung wird vom Anstaltsleiter getroffen. Ist der Gefangene der Meinung, mehr „Freistellungstage" erarbeitet zu haben hat er die Möglichkeit, eine gerichtliche Ent-scheidung nach § 109 StVollzG herbeizuführen. An diesem Verfahren ist die Vollstre-ckungsbehörde nicht beteiligt. Die Vorverlegung des Entlassungszeitpunkts gilt sowohl für das Strafende als auch für einen $2/3$- oder Halbstrafentermin. Die nach § 43 Abs 6 StVollzG „erarbeiteten Tage" gelten als verbüßte Strafzeit.[233]

Beispiel:
Strafende ist notiert auf 6. 1. TE. Der Verurteilte hat 6 Freistellungstage nach § 43 Abs 9 StVollzG erarbeitet, die auf den Entlasszeitpunkt des Gefangenen angerechnet werden. Strafende ist daher der 31. 12. TE. Nach § 16 Abs 2 StVollzG kann der Gefangene des-halb an dem dem 22. 12. vorausgehenden Werktag entlassen werden, wenn dies nach der Länge der Strafzeit vertretbar ist und fürsorgerische Gründe nicht entgegenstehen. Die Entscheidung tritt der Anstaltsleiter.

Siehe nächste Seite das Formular einer Entlassungsmitteilung: **194**

B. Abschlussverfügung

Nach Eingang der Entlassungsmitteilung trifft die Vollstreckungsbehörde eine ab- **195** schließende Verfügung: Dem Zentralregister ist gem. § 15 BZRG der Tag mitzuteilen, an dem die Strafe verbüßt war. Die frühere Mitteilungspflicht an die Polizei (über die Verbüßung) nach Nr. 12 Mistra ist entfallen. Außerdem hat die Vollstreckungsbehör-de als Kostenbehörde (§ 4 Abs 2 Satz 1 GKG) – soweit noch nicht geschehen – über den Kostenansatz zu beschließen.

Die Abschlussverfügung kann lauten:

Staatsanwaltschaft Zwickau
Aktenzeichen ....

Verfügung vom
1. Strafvollstreckung erledigt am ....

---

[233] KG Berlin, NStZ 2004, 228.

2. Nach § 68 f StGB ist Führungsaufsicht eingetreten
   vorläufiges Ende der Führungsaufsicht: ....
3. Nachricht an Bundeszentralregister (BZR)
4. Kosten
   a) vom Kostenansatz wird abgesehen; Grund
      ....
   b) An Kostenbeamten zur Abrechnung[234]
   c) keine weiteren Kosten
5. Austrag im Register
6. Weglegen

                              ....
                              Rechtspfleger

---

[234] Je nach Sachlage könnte auch verfügt werden: *Kosten zum Soll* oder aber: *Keine weiteren Kosten,* oder: *Vom Kostenansatz wird wegen Vermögenslosigkeit des Verurteilten Abstand genommen.*

Sorgfältig aufbewahren !
Jede Vorsprache bei Fürsorgestellen und Arbeitsämtern ohne diesen Schein ist zwecklos

---

Justizvollzugsanstalt Chemnitz

Teilanstalt Kaßberg

Buchnummer

Einweisungsbehörde - Geschäftsnummer

Familienname (auch Geburtsname)

Vornamen

Beruf

Haftdauer von / bis   Entlassungsgrund (z.B. Strafende, Aufhebung des Haftbefehls) Personalausweis vorhanden ?

Auflagen und Bedingungen (ggf. Name und Anschrift des Bewährungshelfers)

Teilnahme an berufsfördernden Maßnahmen während der Haft (Art und Dauer)

Tag

27.05.2003

Entlassungsschein

Geschlecht:
Geburtstag - Geburtsort - Kreis

Wohnort / letzter Aufenthaltsort

1. Entlassen nach (Ort, Straße):

2. Unterkunft nach seiner Angabe bei:

3. Arbeit angebahnt bei:

4. Eigene Kleidung a) Umfang:

      b) Zustand:

5. Bei der Entlassung sind folgende Bekleidungsstücke gegeben worden:

6. Gutschein für   wurde ausgehändigt.

7. Bei der Entlassung erhalten:

 a) **Vorhandenes Guthaben**   **EUR**
  davon Überbrückungsgeld, bzw. als solches zu behandeln **EUR**
  (besonderer Pfändungsschutz: vgl. § 51 Abs. 4 u. 5 StVollzG)

 b) **Beihilfe zu den Reisekosten**   **EUR**
  (besonderer Pfändungsschutz: vgl. § 75 Abs. 3 Satz 1 StVollzG)

 c) **Überbrückungshilfe**   **EUR**
  (besonderer Pfändungsschutz: vgl. § 75 Abs. 3 Satz 2 StVollzG)

 Summe   **EUR**

 Abzüge für Fahrkarte / Kleidung   **EUR**

 Summe   **EUR**

 Davon überwiesen an   **EUR**

 In bar wurden ausgezahlt   **EUR**

Nachträgliche Fürsorgemaßnahmen und Zuwendungen bitte auf der Rückseite vermerken	(Siegel)

Der Anstaltsleiter
i.A.

(Unterschrift, Amtsbezeichnung)

VG44: Entlassungsschein - Nr. 54 VGO - EDV-Leitstelle Chemnitz

XI. Besondere Vollstreckungsverfahren

A. Vollstreckung nach einem Widerruf

1. Vollstreckungsvoraussetzungen

196 Wird die **Aussetzung** einer **Strafe**, eines **Strafarrestes**, eines **Strafrestes** oder einer Unterbringung (§§ 56f Abs 1, 57 Abs 3, § 14a WStG, 57a Abs 3, 67g Abs 1 bis 3 StGB) oder ein **Straferlass** (§ 56g Abs 2 StGB) widerrufen, ist eine Vollstreckung erst zulässig, wenn der Widerrufsbeschluss **Rechtskraft** erlangt hat.

Den Eintritt der Rechtskraft hat die Vollstreckungsbehörde gem. § 3 Abs 1 Satz 1 StVollstrO nachzuprüfen. Dabei ist folgendes zu beachten: Widerrufsbeschlüsse sind mit sofortiger Beschwerde anfechtbar (§§ 453 Abs 2 Satz 3, 454 Abs 3, 463 Abs 5 StPO); demgemäß sind die Entscheidungen durch Zustellung bekanntzumachen (§ 35 Abs 2 StPO); überdies ist eine Rechtsmittelbelehrung vorgeschrieben (§ 35a StPO). Die Zustellung ist vom Vorsitzenden anzuordnen (§ 36 Abs 1 StPO). Bei Gefangenen als Zustellungsadressaten kann nur in der JVA (nach §§ 211, 212 ZPO: Beamter der JVA als Gerichtswachtmeister) wirksam zugestellt werden. Wegen § 306 Abs 1 StPO braucht beim Beschwerdegericht kein Notfristzeugnis erhoben zu werden.

Steht die Rechtskraft fest, so ist der Widerrufsbeschluss vom UdG beim Gericht des ersten Rechtszuges – ggf. vom UdG bei der Strafvollstreckungskammer – mit der **Rechtskraftbescheinigung** zu versehen. Widerrufsbeschlüsse sind neben dem Urteil **weitere urkundliche Grundlage** der Vollstreckung (s §§ 14 Abs 1b und 2, 13 Abs 2 und 3 Satz 1 StVollstrO).[235]

Die Vollstreckung bei den in § 14 Abs 1b StVollstrO genannten Widerrufsentscheidungen erfolgt – abgesehen von den Besonderheiten bei Maßregeln – nach denselben Gesichtspunkten. Es genügt daher, sich nachfolgend auf die Vollstreckung nach einem Widerruf der Strafaussetzung (§ 56f Abs 1 StGB) zu beschränken.[236]

197 Ist der Verurteilte auf **freiem Fuß**, kann die Vollstreckung mit folgender **Verfügung** eingeleitet werden:

> Staatsanwaltschaft Freiburg
> Aktenzeichen: ....
>
> **Verfügung vom** ....
>
> 1. Die Strafaussetzung zur Bewährung hinsichtlich der Freiheitsstrafe von ....
>   aus dem rechtskräftigen Urteil des .... vom ...., AZ.: ....
>   wurde durch Beschluss vom ...., rechtskräftig seit ....
>
> **widerrufen.**
>
> 2. Vermerk im JS/VRs – Register
> 3. Widerrufsnachricht zum Bundeszentralregister
> 4. Ladung zum Strafantritt auf .... in die JVA ....
>   an Verurteilten zustellen.
> 5. Aufnahmeersuchen an die Justizvollzugsanstalt mit
>   ❏ Urteil mit Gründen
>   ❏ Widerrufsbeschluss

---

[235] Ein rechtskräftiger Widerruf kann unter Wiederaufnahmegründen sachlich überprüft (nach § 458 Abs 1 StPO) und ggf. aufgehoben werden: OLG Düsseldorf, StV 1993, 87; OLG Karlsruhe, Justiz 1978, 474; OLG Oldenburg, NJW 1962, 1169.

[236] Zur Vollstreckung nach einem Widerruf der Aussetzung der lebenslangen Freiheitsstrafe s auch Rdn 152.

❏ neuem Vorstrafenverzeichnis
❏ Gutachten, Bl....... der Akten
6. Zu vollstrecken sind
❏ Freiheitsstrafe von   , ❏ U-Haft vom .... bis .... =............ Tage
❏ Restfreiheitsstrafe von .... Tagen, ❏ Rest bis ²/₃-Termin .... Tage
7. Wiedervorlage

....
Rechtspfleger

Anmerkungen:

Die Widerrufsnachricht zum Bundeszentralregister ergibt sich aus § 12 Abs 1 Nr. 5 BZRG. Wegen der Anlagen zum Aufnahmeersuchen vgl. § 31 StVollstrO. Der Ablauf der Vollstreckung bietet keine Besonderheiten; insoweit kann daher auf Rdn 107 ff verwiesen werden.

2. Öffentliche Zustellung

Ist der Verurteilte **unbekannten Aufenthalts,** so dass der Widerrufsbeschluss nicht zu-   **198** stellbar ist, kann dessen Rechtskraft durch **öffentliche Zustellung** gem. § 40 Abs 2 StPO herbeigeführt werden.[237] Der Verurteilte hat dabei einen Anspruch auf Anhörung vor Erlass der Widerrufsentscheidung (§ 453 Abs 1 Satz 2 StPO) durch die Nichtanzeige seines Wohnsitzwechsels (vgl. § 268a Abs 3 StPO) verwirkt.
Die öffentliche Zustellung, die das Gericht anzuordnen hat, ist nach der eng auszulegenden Bestimmung des § 40 StPO jedoch nur dann zulässig, wenn zuvor alle zu Gebote stehenden zumutbaren Möglichkeiten ausgeschöpft wurden, um den Aufenthalt des Zustellungsempfängers zu ermitteln. Die Anordnung der öffentlichen Zustellung eines Beschlusses über einen Bewährungswiderruf ist zulässig, wenn die Zustellung im Zeitpunkt ihrer Anordnung nicht in der vorgeschriebenen Weise im Inland bewirkt werden konnte, weil der Aufenthaltsort des Verurteilten unbekannt war. Der Anordnung steht insbesondere nicht entgegen, dass sich das Gericht der Person des Verurteilten durch den Erlass eines Vollstreckungshaftbefehls nach § 453c Abs 1 StPO hätte versichern können.[238] So darf, beispielsweise, die öffentliche Zustellung an einen Ausländer regelmäßig erst erfolgen, wenn auch eine Anfrage beim Bundesverwaltungsamt Köln – Ausländerzentralregister – ergebnislos war.
Wird die öffentliche Zustellung angeordnet, ist der **entscheidende Teil** des Widerrufsbeschlusses für die Dauer von **zwei Wochen**[239] an der **Gerichtstafel** anzuheften. Nach Ablauf dieser Frist gilt die Zustellung als erfolgt; nach einer weiteren Woche (Rechtsmittelfrist!) ist der Beschluss rechtskräftig. Wird während des zweiwöchigen Aushangs der Widerrufsentscheidung die Anschrift des Verurteilten bekannt, ist die öffentliche Zustellung nicht mehr zulässig; vielmehr muss der Beschluss dann in der üblichen Weise (§§ 180ff ZPO) zugestellt werden.[240]
Hat der Beschluss durch öffentliche Zustellung **Rechtskraft** erlangt, bleibt dem Verur-   **199** teilten die Möglichkeit, gegen die Versäumung der Beschwerdefrist **Wiedereinsetzung in den vorigen Stand** zu beantragen und **sofortige Beschwerde** einzulegen (§§ 44, 45, 453 Abs 2 Satz 3 StPO).[241] Da der Verurteilte seine Unkenntnis von dem Widerrufsbe-

---

[237] Die öffentliche Zustellung scheidet jedoch aus, wenn ein Sicherungshaftbefehl erlassen werden kann; str (s Rdn 203).
[238] KG Berlin, Beschluss vom 24. 6. 1998, 3 Ws 306/98.
[239] Eine 4-wöchige Aushängefrist gilt nach der ZPO-Vorschrift in § 185 ZPO.
[240] OLG Stuttgart, MDR 1973, 950.
[241] Zur Rechtsprechung des BVerfG zur Wiedereinsetzung vgl. *Goerlich*, NJW 1976, 1526 ff.

schluss und dem Lauf der Rechtsmittelfrist jedoch selbst verschuldet hat, weil er entgegen den Belehrungen des Gerichts (§ 268 a Abs 3 StPO) seinen Aufenthaltswechsel nicht angezeigt hat, wird für die beantragte Wiedereinsetzung im allgemeinen kein Raum, und sein Rechtsmittel demgemäß unzulässig sein. Auch der Verfassungsgrundsatz des **rechtlichen Gehörs** (Art 103 Abs 1 GG) darf nicht dazu führen, dem Verurteilten trotz Nichtvorliegens der Voraussetzungen des § 44 StPO Wiedereinsetzung zu bewilligen. Die Gewährung rechtlichen Gehörs hat vielmehr in einem **Nachverfahren** gem. § 33 a StPO zu erfolgen, wobei der Verurteilte **Gegenvorstellungen** bei dem Gericht anbringen kann, das den Widerrufsbeschluss erlassen hat.[242] Die Überprüfungsentscheidung des Gerichts, die auf die Gegenvorstellungen hin ergangen ist, ist nicht anfechtbar.[243]

200 Wird der Verurteilte nach Rechtskraft des öffentlich zugestellten Widerrufsbeschlusses aufgrund der Fahndungsmaßnahmen der Vollstreckungsbehörde festgenommen, ist § 29 Abs 3 StVollstrO zu beachten. Danach sind dem Aufnahmeersuchen zur Aushändigung an den Verurteilten eine Ausfertigung (beglaubigte Abschrift oder Ablichtung) der **Widerrufsentscheidung** sowie eine **Belehrung** über die möglichen Rechtsbehelfe (Rechtsmittel) beizufügen. Die **Vollzugsbehörde** hat die **Aushändigung** der Schriftstücke – von Bedeutung wegen der Wiedereinsetzungsfrist in § 45 Abs 1 StPO[244] – unter Angabe des Zeitpunkts (Datum) zu **bescheinigen** (§ 35 Abs 1 Ziffer 4 StVollstrO).

Nach der Festnahme des Verurteilten nach vorangegangener öffentlicher Zustellung des Widerrufsbeschlusses kann die Vollstreckungsbehörde unter Löschung der Ausschreibung (§ 34 Abs 5 StVollstrO) folgendes **verfügen**:

Staatsanwaltschaft   .... , den ....
          VRs ..../....

                              Verfügung

1. Löschung der Ausschreibung mit KP 24/EDV beantragen.
2. Erledigung der Steckbriefnachricht an BZR mitteilen.
3. Aufnahmeersuchen an JVA ......
      zu vollstrecken: ......
      Strafbeginn: ......(Festnahme)
      anzurechnen: ...... Tage, erl v ...... bis ......
4. Auf dem Aufnahmeersuchen ist folgender Zusatz anzubringen:
      Es wird gebeten, dem Verurteilten die beiliegende Ausfertigung des Widerrufsbeschlusses vom ... und die beiliegende Belehrung gem. § 29 Abs 3 b StVollstrO auszuhändigen und die Bescheinigung über die Aushändigung der beiden Schriftstücke mit der Zweitschrift des Aufnahmeersuchens hierher zu übersenden (§ 35 Abs 1 d StVollstrO).
5. Dem Aufnahmeersuchen ist beizufügen:
      a) Urteil mit Gründen, Ausfertigung des Widerrufsbeschlusses und BZR-Auszug,
      b) Ausfertigung des Widerrufsbeschlusses und Belehrung gem. § 29 Abs 3 b StVollstrO zur Aushändigung an den Verurteilten.
6. Wv ...

                              ....
                                       Rechtspfleger

---

[242] BGH, NJW 1975, 2211; OLG Karlsruhe, Justiz 1974, 269; OLG Stuttgart, Justiz 1975, 276; OLG Celle, JR 1974, 112.
[243] OLG Karlsruhe, Justiz 1974, 269; OLG Stuttgart, Justiz 1971, 327; OLG Düsseldorf, MDR 1985, 956 und Rpfleger 1992, 493.
[244] Vgl. OLG Celle, NJW 1973, 2307.

Die nach § 29 Abs 3 Nr 2 StVollstrO vorgesehene **Belehrung** kann wie folgt lauten:

Belehrung gem. § 29 Abs 3 Nr 2 StVollstrO

Sie haben die Möglichkeit, hinsichtlich der Widerrufsentscheidung des ...gerichts ......
vom ...... die nachträgliche Anhörung gem. § 33 a StPO zu beantragen,
oder
gegen die Versäumung der Beschwerdefrist binnen einer Woche die Wiedereinsetzung in
den vorigen Stand zu beantragen (§§ 44, 45 StPO). Dabei ist glaubhaft zu machen – bei
Antragstellung oder im Verfahren über den Antrag –, dass Sie ohne Verschulden von dem
Widerruf und dem Lauf der Rechtsmittelfrist keine Kenntnis erlangt haben. Daneben ist innerhalb der einwöchigen Antragsfrist sofortige Beschwerde einzulegen (§ 453 Abs 2 Satz 3
StPO).
Die Anträge sind schriftlich beim ...gericht ...... oder zu Protokoll der Geschäftsstelle des
Amtsgerichts ...... (§ 299 StPO) anzubringen.

3. Sicherungshaftbefehl

Die öffentliche Zustellung (§ 40 Abs 2 StPO) hat für das Widerrufsverfahren an Be- **201**
deutung verloren, seitdem das Gericht vor Rechtskraft des Widerrufsbeschlusses
Maßnahmen nach § 453 c StPO ergreifen, insbesondere einen **Sicherungshaftbefehl**
erlassen kann.
§ 453 c StPO ist nur anwendbar, wenn hinreichende Gründe für die Annahme vorhanden sind, dass die Aussetzung einer Strafe, eines Strafrestes, einer Unterbringung
oder der Straferlass widerrufen wird. Besteht die erforderliche Wahrscheinlichkeit für
einen Widerruf, kann das Gericht, um sich der Person des Verurteilten zu versichern,
vorläufige Maßnahmen treffen (z. B. Ausschreibung zur Aufenthaltsermittlung, Suchvermerk) notfalls, unter den Voraussetzungen des § 112 Abs 2 Nr. 1 oder 2 StPO
(Flucht oder Fluchtgefahr) oder wegen Wiederholungsgefahr (in sehr engen Grenzen),
einen **Haftbefehl** erlassen.[245] Dem Erlass eines Sicherungshaftbefehls nach § 453 c
StPO steht nicht entgegen, dass der Verurteilte noch nicht wegen einer in der Bewährungszeit begangenen Straftat rechtskräftig verurteilt wurde. Für einen Widerruf der
Strafaussetzung genügt es, dass die neue Straftat für das Widerrufsgericht in einer
jeden vernünftigen Zweifel ausschließenden Weise feststeht.[246] Liegt vom Verurteilten
ein Geständnis vor für Taten, die zum Erlass des Sicherungshaftbefehls geführt hat
und widerruf der Verurteilte dieses Geständnis, führt dies in der Regel auch zur Aufhebung des Sicherungshaftbefehls, es sei denn die Tat steht in einer jeden vernünftigen Zweifel ausschließenden Weise fest.[247] Vor Erlass eines Sicherungshaftbefehls
nach § 453 c StPO sind grundsätzlich vorläufige Maßnahmen zu treffen, um sich der
Person des Verurteilten zu versichern.[248] Zuständig ist das Gericht, das über den Widerruf zu entscheiden hat, demgemäß das Gericht des ersten Rechtszuges oder die
Strafvollstreckungskammer nach § 462 a Abs 1 StPO in den Fällen, in denen die
Strafvollstreckungskammer die Strafe nach § 57 StGB zur Bewährung ausgesetzt hat.
§ 453 c StPO findet auch im **Jugendstrafverfahren** Anwendung (§ 2 JGG). Aus § 58
Abs 2 JGG ergibt sich, dass nicht die Staatsanwaltschaft, sondern der **Jugendrichter**,
der über den Erlass vorläufiger Maßnahmen zu entscheiden hat, auch deren Vollstreckung leitet.
Für die **Vollstreckung** des Sicherungshaftbefehls gilt § 36 Abs 2 StPO. Da die Sicherungsmaßnahme stets vor der Rechtskraft der Widerrufsentscheidung erfolgt (vgl.

---

[245] Zu den Voraussetzungen eines Sicherungshaftbefehls s OLG Zweibrücken, OLGSt Nr. 1 zu
§ 453 c StPO.
[246] KG Berlin, Beschluss vom 2. 10. 2001, 5 Ws 647/01.
[247] AG Bremen, NStZ-RR 2008, 318.
[248] OLG Celle, NStZ 2004, 627.

Formulierung in § 453 c StPO „bis zur Rechtskraft"), ist der Rechtspfleger nicht zuständig. Seine Zuständigkeit für Vollstreckungsmaßnahmen beginnt erst mit der **Rechtskraft** des Widerrufsbeschlusses (vgl. §§ 449, 451 StPO, § 31 Abs 2 RpflG).[249] Nach der Festnahme des Verurteilten ist unverzüglich das Widerrufsverfahren (Anhörung, Entscheidung) in Gang zu setzen. Hinsichtlich des Haftbefehls und der möglichen Rechtsmittel (Rechtsbehelfe) gilt § 453 c Abs 2 Satz 2 StPO. Zu beachten ist, dass **weitere Beschwerde** gegen den Sicherungshaftbefehl **nicht** zulässig ist.[250]

Mit der Rechtskraft des Widerrufsbeschlusses endet die Kompetenz des Gerichts nach § 453 c StPO und beginnt die Zuständigkeit der Vollstreckungsbehörde nach § 451 StPO.

202   Die aufgrund eines Sicherungshaftbefehls erlittene Haft ist (zwingend) auf die zu vollstreckende Freiheitsstrafe **anzurechnen** (§ 453 c Abs 2 Satz 1 StPO). Dies geschieht in der Weise, dass der Zeitpunkt der Festnahme als **Strafbeginn** angesetzt wird (§ 38 Ziffer 2 StVollstrO).[251] Wird der Sicherungshaftbefehl aber aufgehoben, können die erlittenen Hafttage nicht wie U-Haft behandelt und bei einem späteren Widerruf vom errechneten Strafende **rückwärts** abgerechnet werden.[252] Eine Haftentschädigung bei später nicht erlassenem Widerrufsbeschluss gibt es nicht, da die Sicherungshaft keine Untersuchungshaft ist und auch sonst keine entschädigungsfähige Strafverfolgungsmaßnahme nach § 2 StrEG darstellt.[253]

203   Zur Frage, ob gegen einen untergetauchten Verurteilten **stets** ein Sicherungshaftbefehl erlassen werden muss und ob die öffentliche Zustellung des Widerrufsbeschlusses in solchen Fällen ausgeschlossen ist, hat das *OLG Hamburg* ausgeführt:[254]

> „Die Möglichkeit, einen Sicherungshaftbefehl zu erlassen, ist in der Strafprozessordnung gerade deshalb eingeführt worden, um vor Erlass der Widerrufsentscheidung das gebotene rechtliche Gehör durchführen zu können (§§ 463 Abs 5, 462 Abs 2 StPO), und um den Betroffenen eine echte Möglichkeit zu geben, von der Widerrufsentscheidung Kenntnis zu nehmen und gegen sie rechtzeitig ein Rechtsmittel einlegen zu können. Dieser Rechtsschutz fehlte bisher und wurde über die nachträgliche Anhörung des Betroffenen gem. § 33 a StPO oder die Wiedereinsetzung in den vorigen Stand gegen die Versäumung der Beschwerdefrist nur unvollkommen erreicht. Aus diesen Gründen ist immer dann, wenn der Betroffene im Widerrufsverfahren nicht erreichbar ist, zunächst ein Sicherungshaftbefehl zu erlassen. Danach wird die öffentliche Zustellung kaum noch in Betracht kommen."

In der Rechtsprechung und Schrifttum bestehen zu diesem Fragenkomplex unterschiedliche Auffassungen.[255] Mit Blick auf das Grundrecht des **rechtlichen Gehörs** (Art 103 Abs 1 GG) erscheint der **Sicherungshaftbefehl** als das geeignetere und wohl

---

[249] Karlsruher Kommentar, 6. Aufl RdNr 7 f zu § 453 c StPO.

[250] OLG Bamberg, NJW 1975, 1526; OLG Düsseldorf, NStZ 1990, 251; OLG Karlsruhe, Justiz 1974, 101; OLG Stuttgart, MDR 1975, 951; aM *Wendisch* in Löwe/Rosenberg, Rdn 16 zu § 453 c StPO; OLG Braunschweig, StV 1993, 596.

[251] Heidelberger Kommentar, Rdn 8 zu § 453 c StPO.

[252] Siehe Rdn 203.

[253] KG, JR 1981, 87; OLG Düsseldorf, MDR 1982, 958. Heidelberger Kommentar, Rdn 8 zu § 453 c StPO.

[254] NJW 1976, 1327.

[255] Für einen Sicherungshaftbefehl unter Ausschluss der öffentlichen Zustellung des Widerrufs plädieren: OLG Celle, StV 1987, 30; OLG Frankfurt, StV 1983, 113; OLG Schleswig-Holstein, OLGSt Nr. 1 zu § 40 StPO; LG München II, NJW 1975, 2307; OLG Koblenz, OLGSt S 5 zu § 453 c StPO; aM OLG Bremen, MDR 1976, 865; KG, JR 1976, 424; OLG Hamburg (1. Senat), NStZ 1988, 292.

auch – da leichter aufhebbar und weniger endgültig (so die Praxis) – als das mildere Mittel. Die **vorherige** Anhörung garantiert überdies eher eine abgewogene und sachgerechte Widerrufsentscheidung. Soweit ein Sicherungshaftbefehl möglich ist, wird demnach die öffentliche Zustellung des Widerrufs nicht in Betracht kommen. Steht der Ablauf der Bewährungszeit bevor, kann es allerdings angezeigt sein, eine abschließende Entscheidung über den Widerruf zu treffen und dessen Rechtskraft durch öffentliche Zustellung herbeizuführen, statt über die Bewährungszeit hinaus mit einem Sicherungshaftbefehl zu operieren. Streitig ist, wie der Gefangene während des Vollzugs der Sicherungshaft zu behandeln ist. Die hM geht davon aus, dass der wie ein Untersuchungsgefangener zu behandeln ist. Dies widerspricht den Grundsätzen der Untersuchungshaft. Der Verurteilte/Gefangene ist bereits rechtskräftig verurteilt. Bei der Sicherungshaft nach § 453 c StPO geht es ausschließlich um die Frage des Widerrufs der Strafaussetzung, also ob das Vollstreckungshindernis „Bewährung" widerrufen wird oder nicht. Wird die Strafaussetzung rechtskräftig widerrufen, wird ab Beginn der Sicherungshaft die Strafhaft gerechnet. Wird die Strafaussetzung nicht widerrufen, ist eine Restberechnung anzustellen, wie wenn sich die verurteilte Person ab Beginn der Sicherungshaft in Strafhaft befunden hätte mit einer entsprechenden Restberechnung nach § 40 StVollStrO.

Nachfolgend das (zweiseitige) Formular eines **Sicherungshaftbefehls.**   204

Amtsgericht Chemnitz   09125 Chemnitz, den 2.08.2003

<u>Geschäfts-Nr. 7 Ds 31 Js 3468/02</u>   Saydaer Str. 21
                                                     Tel.: 0371 453 – 3120

Sicherungshaftbefehl

Gegen den Verurteilten

**Max Mustermann, geboren am 31.05.1979, zuletzt wohnhaft gewesen
in 08412 Werdau, Zwickauer Str. 19**

wird die Sicherungshaft nach § 453c StPO angeordnet.

Durch rechtskräftiges Urteil des Amtsgerichts Chemnitz vom 13.02.2002 (7 Ds 31 Js
3468/02) wurde er wegen Diebstahl im schweren Fall zu der Freiheitsstrafe von 1 Jahr
und 6 Monaten verurteilt. Die Vollstreckung der Strafe wurde zur Bewährung ausgesetzt. Die Bewährungszeit wurde durch Beschluss des Amtsgerichts Chemnitz vom
13.02.2002 auf 3 Jahre festgesetzt. Die Bewährungszeit begann am 13.02.2002 und
würde am 13.02.2005 enden.

Der Widerruf der Strafaussetzung kommt in Betracht, weil der Verurteilte

- ❑   seiner Bewährungsauflage
  - ❑   Zahlung einer Geldbuße in Höhe von EUR ....
      an .... nicht nachkam,
  - ❑   zur Ableistung von ...... Stunden gemeinnütziger Arbeit
      bei .... nicht nachkam,
  - ❑   sich unter Aufsicht und Leitung seines Bewährungshelfers zu
      unterstellen nicht nachkam und zu erwarten ist, dass der Verteilte
      neue Straftaten begehen wird,
- ❑   Der Verurteilte unbekannten Aufenthalts ist und damit seiner Verpflch-
    tung, jeden Wechsel seines Wohn- oder Aufenthaltsortes dem Gericht
    anzuzeigen nicht nachkam und die Gefahr besteht, dass der Verurteilte
    neue Straftaten begehen wird.
- ❑   Der Verurteilte innerhalb der Bewährungszeit erneut straffällig wurde.
    Durch Urteil des ....-gerichts vom ...., Az.: ....
    wurde er wegen .... zu der Freiheitsstrafe von ....
    verurteilt.
- ❑

Es besteht der Haftgrund

- ❑   der Fluchtgefahr
- ❑   der Wiederholungsgefahr
- ❑   der Verdunklungsgefahr

Andere Maßnahmen reichen nicht aus, um sich der Person des Verurteilten zu sichern. Der Verurteilte ist unverzüglich nach seiner Ergreifung dem zuständigen Richter vorzuführen. Ist dies nicht spätestens am Tage nach der Ergreifung möglich, so ist er unverzüglich, spätestens am Tage nach der Ergreifung, dem Richter des nächsten Amtsgerichts vorzuführen (§ 453c Abs. 2 Satz 2, § 115 Abs. 1, § 115a Abs. 1 StPO).

Der Verurteilte ist spätestens nach Ablauf von 1 Jahr und 6 Monaten zu entlassen. Die Frist beginnt mit dem Tag der Festnahme.

....
Richter am Amtsgericht

Rechtsbehelfsbelehrung
Sie können gegen den Sicherungshaftbefehl **Beschwerde** bei dem Gericht, das den Haftbefehl erlassen hat, in dringenden Fällen auch bei dem nächsthöheren Gericht einlegen. Die Beschwerde ist zu Protokoll dieses Gerichts oder schriftlich in deutscher Sprache zu erklären. Sofern Sie sich nicht auf freiem Fuß befinden, können Sie diese Erklärungen auch zu Protokoll der Geschäftsstelle des Amtsgerichts geben, in dessen Bezirk die Justizvollzugsanstalt liegt, in der Sie auf behördliche Anordnung verwahrt sind.
Das Gericht kann über Ihre Beschwerde ohne mündliche Verhandlung entscheiden.

B. Vollstreckung von nachträglich gebildeten Gesamtstrafen

1. Bildung der Gesamtstrafe (Abriss)

205 Eine **nachträgliche Gesamtstrafenbildung** kann erfolgen:[256]

a) durch Urteil nach § 55 StGB
b) im Beschlussverfahren nach § 460 StPO.

Zu a):

206 Voraussetzung für die Bildung einer **nachträglichen Gesamtstrafe** ist, dass die später abgeurteilte Tat zeitlich **vor** der früheren Verurteilung begangen war und damit mit ihr zusammen hätte abgeurteilt werden können, zumindest theoretisch. Vorausgesetzt wird nicht, dass der später Verurteilte zum Zeitpunkt der ersten Verurteilung als Täter der Tat, die Gegenstand der zweiten Verurteilung ist, bereits ermittelt ist, ja nicht einmal, ob die Tat bereits bekannt geworden ist. Tatzeit ist der Zeitpunkt, an dem der Täter die Handlung durchführt, bei fortgesetzten Taten, die der BGH zwar erheblich eingeschränkt hat,[257] gilt die letzte Tathandlung als Tatzeit. Wann der Erfolg eintritt ist unbeachtlich. Als Zeitpunkt der früheren Verurteilung nach § 55 Abs 1 Satz 2 StGB gilt das Urteil des früheren Verfahrens, in dem die zugrundeliegenden Feststellungen, und seien es auch nur die zur Straffrage, letztmals geprüft werden konnten. Das gilt auch, wenn die Prüfung nur einen Teil der Straffrage betrifft.[258] Das frühere Urteil muss zudem zum Zeitpunkt der zweiten Verurteilung rechtskräftig sein und die früher erkannte Strafe darf zum Zeitpunkt der späteren Verurteilung, (maßgebend ist das letzte tatrichterliche Urteil)[259] noch nicht vollständig vollstreckt, auch nicht verjährt oder erlassen sein. Liegen zwei Vorverurteilungen vor, die untereinander gesamtstrafefähig wären, wobei die Gesamtstrafenbildung aus welchen Gründen auch immer unterblieben ist, und kommt jetzt eine neue, 3. Verurteilung hinzu, die ebenfalls mit den beiden Vorverurteilungen gesamtstrafefähig ist, ist aus allen Strafen eine Gesamtstrafe zu bilden, auch dann wenn die Strafe der ersten Verurteilung nach der zweiten aber vor der dritten Verurteilung vollständig vollstreckt wurde.[260] Der Grund hier ist, hätte das Gericht der zweiten Verurteilung richtigerweise das erste Urteil einbezogen, das zum Zeitpunkt der zweiten Verurteilung noch nicht vollstreckt, verjährt oder erlassen war, wäre zum Zeitpunkt der dritten Verurteilung auch die in der zweiten Verurteilung zu bildende Gesamtstrafe noch nicht vollständig vollstreckt. Eine nachträgliche Gesamtstrafenbildung nach § 55 StGB darf grundsätzlich nicht dem Beschlussverfahren nach § 460 StPO überlassen werden.[261] § 55 StGB schreibt ausdrücklich vor, dass das Gericht der zweiten Verurteilung eine Gesamtstrafe zu bilden hat, wenn die Voraussetzung vorliegen.

Bei Bildung der Gesamtstrafe ist nach den Grundsätzen der §§ 53, 54 StGB zu verfahren. Ist eine der Einzelstrafen eine **lebenslange** Freiheitsstrafe, so wird als **Gesamtstrafe** auf lebenslange Freiheitsstrafe erkannt. Bei mehreren **zeitigen Freiheitsstrafen** ist nach Maßgabe der § 54 Abs 1, 2, § 39 StGB eine **Gesamtfreiheitsstrafe** zu bilden. Ist die frühere Strafe bereits eine Gesamtstrafe, so ist diese **aufzulösen** und auf die ihr

---

[256] Einzelheiten zur nachträglichen Gesamtstrafenbildung s Rdn 1061 ff.
[257] BGH, Entscheidung vom 3. 5. 1994, NStZ 1994, 383.
[258] BGH, NStZ 1996, 185, zuletzt LG Freiburg, NStZ-RR 2008, 236.
[259] BGHSt 15, 71.
[260] BGH, NStZ 1996, 329.
[261] BGH, Beschluss vom 29. 8. 1995 – 4 StR 360/95, s.a. OLG des Landes Sachsen-Anhalt, Beschluss vom 15. 3. 2001, 2 Ss 25/01.

zugrunde liegenden Einzelstrafen zurückzugreifen, da nur Einzelstrafen in eine Gesamtstrafe einbezogen werden können. Einzubeziehen sind auch solche Strafen, für die Strafaussetzung zur Bewährung (Aussetzung des Strafrestes) gewährt worden war. Die frühere Strafaussetzung wird mit der Gesamtstrafenbildung gegenstandslos; ein Widerruf ist nicht erforderlich.[262] Ob die neue Gesamtstrafe zur Bewährung ausgesetzt werden kann, bestimmt sich nach § 58 StGB. Soweit **Strafarrest nach dem WStG** in eine Gesamtstrafe einzubeziehen ist, gilt § 13 Abs 3 WStG.

Hat jemand mehrere **Geldstrafen** verwirkt, wird auf eine **Gesamtgeldstrafe** erkannt. Trifft **zeitige Freiheitsstrafe** mit **Geldstrafe** zusammen, so wird eine **Gesamtfreiheitsstrafe** festgesetzt; jedoch kann das Gericht die **Geldstrafe** auch **gesondert** bestehen lassen (§§ 53 Abs 2 Satz 2, 55 StGB). **Nebenstrafen, Nebenfolgen** und **Maßnahmen** (§ 11 Abs 1 Nr. 8 StGB) sind im neuen Urteil (§ 55 StGB) **einheitlich** festzusetzen. Dabei dürfen die jeweiligen Höchstgrenzen nicht überschritten werden. Gleichartige oder ähnliche, schon im früheren Urteil ausgesprochene Folgen, die bereits ganz oder teilweise durch Fristablauf erledigt sind, müssen deshalb bei der einheitlichen Neufestsetzung angerechnet oder – bei Artverschiedenheit – sonst berücksichtigt werden. Die früheren Folgen (einschließlich der Vermögensstrafe – siehe aber Entscheidung des BVerfG vom 20. 3. 2002 –. Nach dieser Entscheidung ist die Vermögensstrafe mit dem Grundgesetz nicht vereinbar und daher nichtig) sind im Übrigen **aufrechtzuerhalten,** soweit sie nicht durch die neue Entscheidung oder aus anderen Gründen gegenstandslos geworden sind (§ 55 Abs 2 StGB).

Zu b):

Für das **Beschlussverfahren** nach § 460 StPO gelten die Grundsätze des § 55 (§§ 53, 54) StGB entsprechend. Die Gesamtstrafenbildung setzt voraus, dass die betroffenen Urteile rechtskräftig sind; außerdem dürfen noch nicht **alle Strafen** aus den verschiedenen Strafentscheidungen zum Zeitpunkt der Entscheidung nach § 460 StPO vollstreckt sein. Die Gesamtstrafenentscheidung trifft das Gericht des **ersten Rechtszugs** (§ 462 a Abs 3 StPO).

Anders als bei § 55 StGB darf der Gesamtstrafenrichter nach § 460 StPO den Verurteilten nicht durch zusätzliche Nebenstrafen, Nebenfolgen und Maßnahmen belasten; er hat nur die bisher in den einzelnen Urteilen verhängten Folgen zu koordinieren.[263]

Bei der Bildung der nachträglichen Gesamtgeldstrafe ist, wenn die Einzelgeldstrafen unterschiedlichen Höhen des Tagessatzes haben, eine einheitliche Tagessatzhöhe festzulegen. Dabei ist darauf zu achten, dass die Gesamtgeldstrafe nicht nur hinsichtlich der Anzahl der Tagessätze höher ist die Einzelgeldstrafe mit dem höchsten Tagessatz und geringer als die Summe der Anzahl der Tagessätze, sondern auch im Endbetrag höher ist als die Geldstrafe mit dem höchsten Endbetrag und geringer als die Summe aller Endbeträge.

Beispiel:

Rechtskräftige Verurteilung des A durch das Amtsgericht Plauen am 8. 4. 2009 wegen einer am 31. 12. 2008 begangenen Tat zu der Geldstrafe von 30 Tagessätzen zu 50,– € = 1500,– €; Am 12. 6. 2009 wird A vom Amtsgericht Hof erneut verurteilt, wegen einer Tat, die er am 7. 4. 2009 begangen hat zu der Geldstrafe von 45 Tagessätzen zu je 20,– € = 900,– €. Die Vorschriften über die Bildung einer Gesamtstrafe nach § 55 StGB sind außer Betracht geblieben. Voraussetzung, dass nachträglich eine Gesamtstrafe gebildet werden kann ist, dass die Geldstrafe aus dem Urteil vom 8. 4. 2009 am 12. 6. 2009 noch vollständig vollstreckt ist.

207

---

[262] *Stree* in Schönke/Schröder, Rdn 45, 46 zu § 55 StGB.
[263] *Stree* in Schönke/Schröder, Rdn 75 zu § 55 StGB.

Die höhere Strafe hat das Amtsgericht Hof verhängt, da A dort zu der Geldstrafe von 45 Tagessätzen verurteilt wurde und § 40 StGB bestimmt, dass die Geldstrafe in Tagessätzen verhängt wird. Dieses Gericht wäre nach § 462 a Abs 3 StPO deshalb auch zur nachträglichen Gesamtstrafenbildung nach § 460 StPO zuständig. Die nachträglich zu bildende Gesamtgeldstrafe muss daher höher sein als 45 Tagessätze und geringer als 75 Tagessätze. Die Geldstrafe muss im Endbetrag höher sein als 1500,– € und geringer als 2400,– €. Hier bietet sich an eine Gesamtgeldstrafe von 60 Tagessätzen zu je 30,– € zu bilden.

Beispielsmuster zur Prüfung, ob die Voraussetzungen zur nachträglichen Gesamtstrafenbildung vorliegen:

Nr.	Urteils-Datum	Gericht	Rechtskraft	Tatzeit	Strafe	Sonstiges
1.	10. 1. 2006	AG Dresden	18. 1. 2006	4. 7. 2005	FS 6 M	Bewährung
2. a	20. 10. 2008	AG Chemnitz	28. 10. 2008	13. 1. 2008	FS 9 M	
2. b	20. 10. 2008	AG Chemnitz	28. 10. 2008	9. 1. 2006	FS 8 M	FS-Sperre
2. c	20. 10. 2008	AG Chemnitz	28. 10. 2008	12. 1. 2006	FS 10 M	
=					GFS 18 M	
3.	15. 1. 2009	AG Zwickau	15. 1. 2009	18. 10. 2007	FS 3 J	

Die verurteilte Person verbüßt derzeit die Gesamtfreiheitsstrafe von 18 Monaten aus dem Urteil des Amtsgerichts Chemnitz, im Anschluss daran ist die Vollstreckung der Freiheitsstrafe von 3 Jahren aus dem Urteil des AG Zwickau notiert. Die Strafaussetzung zur Bewährung aus dem Urteil des Amtsgerichts Dresden ist noch nicht widerrufen, die Strafe auch noch nicht erlassen.

Die erste Zäsur hat das Urteil des Amtsgerichts Dresden vom 10. 1. 2006. Vor diesem Tag wurde begangen die Tat vom 9. 1. 2006 (2 b) aus dem Urteil des Amtsgerichts Chemnitz. Zum Zeitpunkt der zweiten Verurteilung am 20. 10. 2008 war die Strafe aus dem Urteil des Amtsgerichts Dresden noch nicht vollstreckt, verjährt oder erlassen. Die Strafen hinsichtlich der Taten 1 und 2 b sind daher gesamtstrafenfähig und auf eine neue Gesamtfreiheitsstrafe zurückzuführen. Zu beachten ist ferner, gegen dass die verurteilte Person hinsichtlich der Tat von 9. 1. 2006 ferner eine Maßregel der Besserung und Sicherung verhängt wurde (Entziehung der Fahrerlaubnis und Verhängung einer Sperrfrist für die Wiedererteilung einer neuen Fahrerlaubnis).

Nächste Zäsur hat das Urteil des Amtsgerichts Chemnitz vom 20. 10. 2008. Vor diesem Tag wurde begangen die Tat, die Gegenstand der Verurteilung durch das Amtsgericht Zwickau vom 15. 1. 2009 war. Zum Zeitpunkt der Verurteilung durch das Amtsgericht Zwickau vom 15. 1. 2009 war die Strafe aus dem Urteil des Amtsgerichts Chemnitz noch nicht vollständig vollstreckt, verjährt oder erlassen. Dies bedeutet, dass auch die Strafen hinsichtlich der Taten vom 13. 1. 2008, 12. 1. 2006 und 18. 10. 2007 gesamtstrafenfähig sind.

Zuständig zur nachträglichen Gesamtstrafenbildung ist nach § 462 a Abs 3 StPO das Amtsgericht Zwickau, da dieses Gericht die höchste Strafe verhängt hat. Das Amtsgericht Zwickau hat die Gesamtfreiheitsstrafe aus dem Urteil des Amtsgerichts Chemnitz aufzuheben und aus den Einzelstrafen hinsichtlich der Taten 1 und 2 b eine neue Gesamtfreiheitsstrafe unter Beachtung der Bestimmungen des § 54 StGB zu bilden. Die Maßregel der Besserung und Sicherung (Entziehung der Fahrerlaubnis und Verhängung einer Sperrfrist) ist aufrecht zu erhalten. Ein Widerruf der Strafaussetzung zur Bewährung hinsichtlich der Freiheitsstrafe von 6 Monaten aus dem Urteil des Amtsgerichts Dresden ist zuvor nicht erforderlich. Das Gericht entscheidet ferner selbständig in seiner Gesamtstrafenentscheidung, ob die Vollstreckung dieser neuen Gesamtstrafe zur Bewährung ausgesetzt wird. Ferner hat das Amtsgericht Zwickau aus den Strafen hinsichtlich der Taten 2 a, 2 c und 3 unter Beachtung der Vorschriften des § 54 StGB eine Gesamtfreiheitsstrafe zu bilden. Eine Strafaussetzung zur Bewährung hinsichtlich dieser neu zu bildenden Gesamtstrafe wird an den Vorschriften des § 56 StGB scheitern.

Keine Gesamtstrafenbildung ist möglich bei Zusammentreffen von: 208

a) Jugendstrafe und einer Strafe des allgemeinen Strafrechts.[264] Dies gilt auch dann, wenn nach § 92 Abs 2 JGG die Jugendstrafe nach den Vorschriften des Strafvollzugs für Erwachsene vollzogen wird. Nach §§ 105 Abs 2, 31 Abs 2 JGG kann allerdings in Fällen, in denen ein Heranwachsender nach allgemeinem Strafrecht abgeurteilt worden war, und eine neue Verurteilung wegen einer Heranwachsendentat zur Anwendung von Jugendstrafrecht führt, eine Einheitsjugendstrafe gebildet werden. Die Einbeziehung einer Jugendstrafe in eine Freiheitsstrafe ist dagegen unzulässig;[265]
b) Geldstrafe und Geldbuße nach dem OWiG;[266]
c) deutschen mit ausländischen Straferkenntnissen.

2. Durchführung der Vollstreckung der nachträglichen Gesamtstrafe (Vfg)

Ist eine **nachträgliche Gesamtstrafenbildung** erfolgt, ist bei der Einleitung der Voll-   209
streckung zu unterscheiden, ob es sich um eine Gesamtstrafenbildung nach § 55 StGB oder um eine solche nach § 460 StPO handelt. Im Falle der nachträglichen Gesamtstrafenbildung nach § 55 StGB kann im Grunde die gleiche Einleitungsverfügung verwendet werden wie bei Rdn 71 mit folgenden Zusätzen:

> a) Einbezogen: Strafentscheidung des Amts/Landgerichts ....
> vom ...., Aktenzeichen: ....
> b) U-Haft in der einbezogenen Sache vom .... bis .... =..................... Tage
> c) Strafbeginn in der einbezogenen Sache: ....
> d) Insgesamt zu vollstreckender Strafrest: .... Tage
> e) An Staatsanwaltschaft .... zu AZ: .... mit folgendem Anschreiben:
> In der Anlage gebe ich die Akten .... unter Beifügung einer beglaubigten, mit Rechtskraftvermerk versehenen Abschrift der Gesamtstrafenentscheidung des Amts/Land-Gericht .... zurück. Die nachträglich gebildete Gesamtstrafe wird unter obigem Aktenzeichen von hier vollstreckt. Hinsichtlich der Gerichtskosten bleibt es bei der dortigen Zuständigkeit.
> Um Überprüfung und Bestätigung nachstehender Angaben wird gebeten:
> ❏ Die Untersuchungshaft in der dortigen Sache war vom .... bis .... , insgesamt .... Tage;
> ❏ Strafbeginn in der dortigen Sache war der .... ,
> ❏ Strafentlassung in der dortigen Sache war ....
>
> ....
> Rechtspfleger

Anmerkungen:

Die örtliche **Zuständigkeit** der Vollstreckungsbehörde bestimmt sich (bei der nachträg-   210
lichen Gesamtstrafenbildung nach § 460 StPO) nach dem Gericht, das die nachträgliche Gesamtstrafe gebildet hat (§ 8 Abs 1 StVollstrO).[267] Für die sachliche Zuständigkeit ist § 4 StVollstrO maßgebend.

---

[264] BGH NStZ-RR 2008, 388.
[265] BGHSt 14, 287; BGH, StV 1987, 307; OLG Schleswig, NStZ 1987, 225.
[266] LG Verden, NJW 1975, 127; vgl auch § 16 OWiG.
[267] Einzelheiten vgl Rdn 21.

Gesamtstrafenbeschlüsse bedürfen der **Rechtskraftbescheinigung**, vgl. Rdn 53.

Die Erstellung einer **Zählkarte** ist in den Fällen des § 460 StPO **nicht** vorgesehen.

Die **Mitteilung** an das **Zentralregister** ergibt sich aus § 6 BZRG iVm Nr. 3.5. ff AfJ.

Zur **Strafzeitberechnung** s Rdn 212 ff.

Die **Unterrichtung** der beteiligten **Vollstreckungsbehörden** erfolgt gem. § 8 Abs 2 StVollstrO. Sie darf nicht versäumt werden, da sonst die Gefahr einer Doppelvollstreckung besteht. Soweit die Vollstreckung in den anderen Verfahren durch die nachträgliche Gesamtstrafenbildung erledigt ist, können die Akten weggelegt werden. Einer Mitteilung an das Zentralregister über die Erledigung der Vollstreckung bedarf es nicht: sie ergibt sich aus der Gesamtstrafennachricht, die von der nach § 8 Abs 1 StVollstrO zuständigen Vollstreckungsbehörde zu fertigen ist.

Zusätzliche **Gebühren** entstehen in den Fällen des § 460 StPO nicht. Bei einer Gesamtstrafenbildung nach § 55 Abs 1 StGB bemisst sich die Gebühr für das neue Verfahren nach dem Betrag, um den die Gesamtstrafe die früher erkannte Strafe übersteigt (§ 41 GKG). Für den Gerichtskostenansatz bleibt es bei der ursprünglichen Zuständigkeit nach § 4 Abs 2 Satz 1 GKG; kein Übergang.

Der weitere Verlauf der Gesamtstrafenvollstreckung (($1/2$-)$2/3$-Prüfung) und die Abschlussverfügung nach Strafverbüßung bringen gegenüber dem sonstigen Verfahren keine Besonderheiten. Insoweit wird daher auf Rdn 144 ff verwiesen.

Nachfolgend das **Muster** einer **Mitteilung** an das **Zentralregister** im Falle einer nachträglichen Gesamtstrafenbildung nach § 460 StPO:

```
┌─────────────────────────────────────────────────────────────────────────┐
│ BZR-E2      Mitteilung nachträgliche Gesamtstrafe   │ 29.Jul.2003 11:31:06│
├─────────────────────────────────────────────────────┴───────────────────┤
│ Belegart.....: ( E )    Geburtsdatum.: ( 01.10.1951 )   Schlüsselzahl.: ( 2 )│
│ Geburtsname..: ( Mustermann                )                              │
│ Familienname.: (                           )                             │
│ Vorname......: ( Renate                     )                             │
│ Geburtsort...: ( Musterheim                                         )     │
│ Deutschkennz.: ( X )         Andere Staatsangehörigkeiten: (        )     │
│ Anschrift....: ( 88437 Maselheim-Laupertshausen, Rosenweg 5        )      │
│ Abweich.Pers.: (  )      Geb.Name Mutter: ( Muster                 )      │
│                                                                           │
│ Entsch.datum.: ( 22.05.2003 )                                            │
│ Behördenkenn.: ( B2101   )( AG Aalen                               )     │
│ Aktenz.: ( 3 Ds  31 Js 5203/03-57 VRs        ) Rechts.dat.: ( 09.07.2003 )│
│                                                                           │
│ Strafart......: (  )            Freiheitsentz.: (           )            │
│ Str.Vorbehalt.: (  )   Anz.Tagessatz.: ( 20  )   Höhe EURO ( 20   )      │
│ Sperr.Fahrerl.: (        )                  Schuldspruch.: (  )          │
│ Bewährungszeit: (        )                  Gewerbezusa..: (  )          │
│ Fahrverbot....: (        ) ← F19 ?                                       │
│ Ablaufdatum FV: (        )                                              │
│ └ ↑↑/ZURÜCK  —      —       —        — RET/FELD   — ↓↓/VERLASS ┘          │
└───────────────────────────────────────────────────────────────────────────┘
```

(29.07.2003 / 11:31:11 Uhr)

```
┌───────────────────────────────────────────────────────────────────────────┐
│ TKZ-HAUPT Hauptmenu zur Bearbeitung der Textkennzahlen│ 29.Jul.2003 11:32:09│
├───────────────────────────────────────────────────────┴───────────────────┤
│ ──────────────────────────────→2130←──────────────────────────            │
│ Nach § 460 StPO gebildete Gesamtstrafe                                    │
│ ──────────────────────────────→2123←──────────────────────────            │
│ Einbezogen:                                                               │
│ 10.10.2000                                                               │
│ 23 Js 2727/01-57 VRs                                                     │
│ B2101                                                                    │
│ AG Aalen                                                                 │
│ 10.11.2001                                                               │
│ 31 Js 1010/02-57 VRs                                                     │
│ B2104                                                                    │
│ AG Ellwangen (Jagst)                                                    │
│                                                                          │
│                                                                          │
│ └ ↑↑/ZURÜCK  — F8/SUCHE  — F10/TKZ-ÄN  F19/TKZMNU — F20/LÖSCH  — ↓↓/VERLASS ┘│
└───────────────────────────────────────────────────────────────────────────┘
```

(29.07.2003 / 11:32:15 Uhr)

211 Die nachträgliche Gesamtstrafenbildung nach § 460 StPO ist jeweils von Amts wegen zu beachten. Die StVollstrO weist in seinen Bestimmungen in §§ 43 Abs 1 und § 48 Abs 2 ausdrücklich darauf hin. Danach hat die Vollstreckungsbehörde (Rechtspfleger) in Fällen, in denen mehrere Strafen zu vollstrecken sind, stets zu prüfen, ob diese Strafen auf eine Gesamtstrafe zurückzuführen sind. Da die Gesamtstrafenbildung jedoch zum Erkenntnisverfahren gehört, ist für die Antragstellung an das Gericht stets der Staatsanwalt zuständig. In der Praxis wird jedoch in aller Regel der Rechtspfleger mit den vorbereitenden Tätigkeiten beauftragt sein und auch den Gesamtstrafenantrag vorbereiten. Er hat demgemäß die vorstehend in den Randnummern 205 ff dargestellten Voraussetzungen zu prüfen und ferner die Grundsätze des § 54 StGB zu beachten.

- Zunächst muss die Tat, die Gegenstand der späteren Verurteilung ist, zeitlich vor der früheren Verurteilung begangen worden sein. Als frühere Verurteilung gilt das Urteil, in dem die zugrundeliegenden tatsächlichen Feststellungen letztmals geprüft werden konnten. Auf den Zeitpunkt des Eintritts der Rechtskraft kommt es nicht an.[268]
- Zäsurwirkung hat jeweils das früheste Urteil oder Strafbefehl.[269] In die Prüfung sind alle Taten mit einzubeziehen, die zeitlich vor diesem früheren Urteil begangen worden sind (es gilt die letzte tatrichterliche Entscheidung).[270]
- Wird eine nachträgliche Gesamtstrafe nach § 460 StPO gebildet, darf die Strafe aus der früheren Verurteilung (Urteil mit Zäsurwirkung) zum Zeitpunkt der zweiten Verurteilung noch nicht vollständig vollstreckt, verjährt oder erlassen worden sein. Eine nach der späteren Verurteilung eingetretene Vollstreckungserledigung hindert dagegen die Bildung der nachträglichen Gesamtstrafe nach § 460 StPO nicht. Jedoch dürfen zum Zeitpunkt der nachträglichen Gesamtstrafenbildung nach § 460 StPO noch nicht alle Strafen erledigt sein.
- Einbezogen werden können nur Einzelstrafen. Ist in den früheren Urteilen bereits auf eine Gesamtstrafe erkannt, ist diese aufzulösen.
- Die Gesamtstrafe muss größer sein als die höchste Einzelstrafe (Einsatzstrafe), sie darf aber die Summe der Gesamtstrafe nicht erreichen.
- Ist eine Gesamtgeldstrafe zu bilden aus Einzelstrafen mit unterschiedlichen Tagessatzhöhen, so ist ein einheitlicher Tagessatz zu bestimmen. Dabei ist jedoch zu beachten, dass die Gesamtstrafe sowohl die Zahl der Tagessätze als auch das Produkt aus Zahl und Höhe der Tagessätze der Einsatzstrafe übersteigen muss, sie darf aber andererseits nicht die Gesamtsumme erreichen, welche sich aus der Addition der Produkte aus Zahl und Höhe der Tagessätze aller Einzelstrafen ergibt. In den Fällen, in denen das Produkt der aus der Tagessatzzahl der Gesamtstrafe und einer die Bemessungsregel des § 40 Abs 2 Satz 1 StGB voll beachteten Tagessatzhöhe die Summe der Einzelstrafenendbeträge erreicht oder gar übersteigt, muss die Tagessatzhöhe gekürzt werden und zwar in der Weise, dass der Endbetrag der neuen Gesamtstrafe bis dicht an die Summe der Einzelstrafenendbeträge herankommt.[271]
- Umstritten ist nach wie vor, ob durch die nachträgliche Gesamtstrafenbildung nach § 460 StPO insgesamt eine Verschlechterung des Verurteilten eintreten darf. Das Kammergericht Berlin hat sich in seinen Entscheidungen vom 8. 2. 1999, 5 Ws 20/99 und 7. 2. 2001, 5 Ws 45/01 gegen eine Verschlechterung ausgesprochen. Dem kann jedoch nicht gefolgt werden. Das Verschlechterungsverbot der §§ 331,

---

[268] KG Berlin, Beschluss vom 19. 11. 2001, Ss 161/01.
[269] BGH, wistra 1997, 264, BGH, NStZ-RR 2007, 369.
[270] BGH, wistra 1998, 344.
[271] OLG Frankfurt, NStZ-RR 1997, 264.

358 StPO kann hier schlechterdings nicht angewendet werden. Es gelten die Regeln des materiellen Strafrechts in § 54 StGB. Die nach § 460 StPO neu zu bildenden Gesamtstrafen oder Gesamtstrafe und daneben Einzelstrafe können daher in der Summe die Summe der in den früheren Strafentscheidungen gebildeten Gesamtstrafen oder Gesamtstrafe und daneben Einzelstrafe übersteigen.[272]

– Nebenstrafen, Nebenfolgen, Maßregeln der Besserung und Sicherung sind in der neuen Gesamtstrafenentscheidung nach § 460 StPO aufrecht zu erhalten.

Lehnt das erkennende Gericht in seinem Urteil eine Gesamtstrafenbildung nach § 55 StGB (fehlerhaft) ausdrücklich und rechtskräftig ab, obwohl die Voraussetzungen zur Gesamtstrafenbildung vorgelegen haben, kann nachträglich eine Gesamtstrafe nach § 460 StPO nicht mehr gebildet werden. Die ausdrückliche Prüfung des Gerichts über Voraussetzungen zur Gesamtstrafenbildung muss sich dabei aus der gerichtlichen Entscheidung, gegebenenfalls in Verbindung mit dem Protokoll der Hauptverhandlung ergeben.[273]

Beispiel:
Die erste Verurteilung findet statt am 10. 2. 2009 wegen einer am 31. 10. 2008 begangenen Straftat. (Geldstrafe von 30 Tagessätzen zu je 20,– €). Die zweite Verurteilung erfolgt am 12. 5. 2009 wegen einer am 31. 12. 2008 begangenen Tat. (Geldstrafe von 50 Tagessätzen zu je 20,– €)
a) Die erste Geldstrafe von 600,– € wird am 30. 4. 2009 bezahlt. Das Gericht der 2. Verurteilung kann eine Gesamtstrafe nicht mehr bilden, da am 12. 5. 2009 die Geldstrafe bezahlt ist.[274]
b) die erste Geldstrafe von 600,– € wird am 30. 5. 2009 bezahlt. Da das Gericht der 2. Verurteilung eine Gesamtgeldstrafe nach § 55 StGB nicht gebildet hat, liegen die Voraussetzungen zur nachträglichen Gesamtstrafenbildung nach § 460 StPO vor.
c) Der Verurteilte bezahlt die erste Geldstrafe am 30. 4. 2009 und die zweite Geldstrafe am 30. 5. 2009 ohne dass eine Gesamtstrafe nach § 55 StGB gebildet worden ist. Nachdem vor der nachträglichen Gesamtstrafenbildung nach § 460 StPO beide Geldstrafen bezahlt bzw. erledigt sind, kann eine Gesamtstrafe nicht mehr gebildet werden.

3. Grundsätze der Vollstreckung und Strafzeitberechnung

Ist eine nach § 55 StGB oder § 460 StPO gebildete Gesamtstrafe zu vollstrecken, ist **212** die **Anrechnungsvorschrift** des § 51 Abs 2 StGB zu beachten. Bei der nachträglichen Gesamtstrafenbildung wird eine rechtskräftig verhängte Strafe in einem späteren Verfahren durch eine andere Strafe ersetzt. Demgemäß wird auf die neue Strafe die frühere Strafe angerechnet, soweit sie vollstreckt oder durch Anrechnung erledigt ist. Für die Strafzeitberechnung (siehe § 41 Abs 1 Satz 1 StVollstrO) ist danach die einbezogene Strafe in zweifacher Hinsicht zu berücksichtigen:

a) soweit sie „**vollstreckt**" ist, das heißt durch Verbüßung, Bezahlung oder auch durch Ableisten freier Arbeit nach Art 239 EGStGB erledigt ist,
b) soweit sie durch „**Anrechnung**" erledigt ist. Ob etwas „anzurechnen" ist, lässt sich unmittelbar aus dem Gesetzeswortlaut entnehmen. In Frage kommen hier:

– die Untersuchungshaft nach § 51 Abs 1 StGB und zwar in der neuen Sache und in allen einbezogenen Sachen;

---

[272] LG Halle, NStZ 1996, 456, LG Lüneburg, NStZ-RR 2009, 25.
[273] BGH, NStZ-RR, 2006, 102.
[274] Ein Härteausgleich ist jedoch dann zu gewähren, wenn der Angeklagte die Vorverurteilung zu einer Geldstrafe durch Vollstreckung einer Ersatzfreiheitsstrafe verbüßt hat, wenn er also die Geldstrafe nicht bezahlt, sondern bis 30. 4. 2009 die Ersatzfreiheitsstrafe verbüßt hätte. BGH, NStZ-RR, 2009, 43.

- andere Freiheitsentziehung nach § 39 Abs 3 StVollstrO und zwar ebenfalls in der neuen Sache und in allen einbezogenen Sachen;
- ausländische Strafe oder Freiheitsentziehung nach § 51 Abs 3 StGB in der neuen Sache und allen einbezogenen Sachen;
- Geldleistungen nach § 56f Abs 3 Satz 2 StGB, soweit das Gericht beim Bewährungswiderruf oder bei der nachträglichen Gesamtstrafenbildung bestimmt hat, dass durch die Bezahlung der Geldbuße oder eines bestimmten Betrages der Geldbuße ein bestimmter Teil der Strafe als verbüßt gilt;
- Vorwegvollzug der Maßregel der Besserung und Sicherung nach § 67 Abs 4 StGB, soweit die Strafe durch den Maßregelvollzug als verbüßt gilt;
- Zurückstellung der Vollstreckung nach §§ 35 ff BtMG, soweit durch die Therapie die Strafe als verbüßt gilt nach § 36 Abs 1, 3 BtMG;
- gnadenweise Anrechnung (z.B. U-Haft in anderer Sache oder Anderes).[275]

Die Anrechnung nach § 51 Abs 2 StGB ist nicht Aufgabe des erkennenden Richters, sondern Sache der **Vollstreckungsbehörde** im Rahmen der Strafzeitberechnung.[276] Etwaige **Anrechnungs- oder Auslegungszweifel** sind auf dem Wege der §§ 458, 462, 462a StPO durch Herbeiführung einer Entscheidung des hiernach zuständigen Gerichts abzuklären.

Die Anrechnung nach § 51 Abs 2 StGB ist zwingend und endgültig. Hat die Vollstreckung einer in eine neue Gesamtstrafe einbezogenen Einzelstrafe bereits begonnen, auch wenn diese Vollstreckung nicht mehr besteht, also bereits beendet oder unterbrochen worden ist, erfolgt die Anrechnung in der Weise, dass Vollstreckungsbeginn der neuen Gesamtstrafe der Vollstreckungsbeginn der einbezogenen Einzelstrafe ist, § 41 Abs 1 StVollstrO. Ist also die Vollstreckung der einbezogenen Einzelstrafe bereits vollständig erledigt oder wurde die Reststrafe zu irgend einem Zeitpunkt zur Bewährung ausgesetzt entweder im Rahmen des § 57 StGB oder im Gnadenwege, ist so zu berechnen, wie wenn von Anfang an die Gesamtstrafe vollstreckt worden wäre. Mit Beendigung der Vollstreckung der Einzelstrafe oder mit Aussetzung der Einzelstrafe zur Bewährung gilt dann die Gesamtstrafe als unterbrochen. Die Reststrafe bis zu dem sich dann neu ergebenden Halb- oder zwei-Drittel-Termin oder bis zum Strafende ist dann nach § 40 StVollstrO in Tagen zu berechnen. Diese **restlichen Tage** stehen dann nur noch zur Vollstreckung an.

Die Rückzahlung einer einbezogenen und (teilweise) bezahlten Geldstrafe kommt nicht in Betracht, wie auch die Rückzahlung einer ganz oder teilweise bezahlten Geldbuße auf Grund eines Bewährungsbeschlusses hinsichtlich einer einbezogenen Einzelstrafe nicht in Betracht kommt, auch dann nicht, wenn die Vollstreckung der neuen Gesamtstrafe nicht zur Bewährung ausgesetzt wird und das Gericht nicht bestimmt hat, dass durch die Bezahlung der Geldbuße oder eines Teils der Geldbuße ein bestimmter Teil der neuen Gesamtfreiheitsstrafe als verbüßt gilt. Auch eine evtl. Haftentschädigung für eine anzurechnende und „nicht verbrauchte" Untersuchungshaft entfällt.

213   a) **bei Geldstrafen:**

Ist rechtskräftig auf eine **Gesamtgeldstrafe** erkannt worden, ohne dass auf die (einbezogenen) Einzelstrafen Teilleistungen erbracht worden sind, bietet die Vollstreckung keinerlei Besonderheiten. Dasselbe gilt für den (allerdings sehr seltenen) Fall, dass Einzelgeldstrafen und nachträgliche Gesamtgeldstrafe in der Tagessatzhöhe nicht differieren. Auch hier ist die Berechnung unproblematisch. Etwaige Teilleistungen auf die Einzelstrafen werden im Verhältnis 1 : 1 auf die zu vollstreckende Gesamtgeldstrafe angerechnet.

---

[275] Ebenso *Stree* in Schönke/Schröder, Rdn 26 zu § 51 StGB, *Hamann*, Rpfleger 1986, 355.
[276] BGHSt 21, 186.

Beispiel:
Geldstrafen von
a) 15 Tagessätzen zu je 30,– € = 450,– €
b) 20 Tagessätzen zu je 30,– € = 600,– €
werden gem. § 460 StPO auf eine Gesamtgeldstrafe von
27 Tagessätzen zu je 30,– € = 810,– €
zurückgeführt. Von der Geldstrafe a) ist bereits ein Teilbetrag von 350,– € bezahlt.
Ergebnis: Es dürfen nur noch 460,– € eingefordert werden. Aus dem ausstehenden Betrag von 460,– € ergeben sich 15 Tagessätze, damit 15 Tage Ersatzfreiheitsstrafe (§ 43 Satz 2 StGB). Für die restlichen 10,– € bleibt der Verurteilte vermögensrechtlich haftbar (§ 50 Abs 2 StVollstrO).

Vorstehendes Beispiel zeigt jedoch einen Ausnahmefall. Zumeist haben sich die persönlichen und wirtschaftlichen Verhältnisse des Täters nach den einzelnen Verurteilungen geändert, so dass die Einzelgeldstrafen nach Maßgabe von § 40 Abs 2 StGB **unterschiedliche** Tagessatzhöhen aufweisen. Bei der nachträglichen Gesamtstrafenbildung ist auch in diesen Fällen kein gespaltener, sondern ein **einheitlicher** Tagessatz festzusetzen.[277] Hat sich die Vermögenssituation des Verurteilten seit der früheren Verurteilung **verschlechtert,** darf dabei der Geldstrafenendbetrag der Gesamtstrafe die höchste Einzelgeldstrafe nur geringfügig übersteigen; bei **Verbesserung** der Verhältnisse muss der Gesamtstrafenendbetrag bis dicht an die Summe der Einzelstrafenendbeträge herankommen.[278] Im Verfahren nach § 460 StPO ist auf die Vermögensverhältnisse zum Zeitpunkt der **letzten** (tatrichterlichen) Verurteilung abzustellen.[279] Die unterbliebene Gesamtstrafenbildung nach § 55 StGB wird nur nachgeholt, demgemäß ist der dortige Zeitpunkt maßgebend.

Soweit der Verurteilte Teilleistungen auf die Einzelstrafen erbracht hat, sind sie gem. § 51 Abs 2 StGB auf die Gesamtstrafe anzurechnen. In aller Regel wird der Verurteilte bei seiner Zahlung auf die Geldstrafen die Bestimmung treffen, auf welche Geldstrafe die Zahlung erfolgt und sei es auch nur durch Angabe des entsprechenden Aktenzeichens. Über die Art der Anrechnung sind vom BGH (BGHSt 28, 365 f) Grundsätze für die Vollstreckung aufgestellt worden. Danach ist bei der Anrechnung von der Tagessatzhöhe der früheren Strafe auszugehen. Die Zahlungen auf die Einzelstrafen haben auch für die Gesamtstrafe **straftilgende** Wirkung nach dem zum Zeitpunkt ihrer Entrichtung geltenden Anrechnungsmaßstab.[280]

Beispiel (Verbesserung der Vermögensverhältnisse):

Strafe A: 10 Tagessätze zu je 15,– € = 150,– €
Strafe B: 20 Tagessätze zu je 45,– € = 900,– €;
auf die Strafe A sind gezahlt 135,– € .
Gesamtstrafe: 25 Tagessätze zu je 41,– € = 1025,– €
Ergebnis: Durch die frühere Zahlung sind 9 Tagessätze (135 : 15) erledigt.
Noch offen: 25 Tagessätze der Gesamtstrafe
abzgl. 9 Tagessätze (straftilgende Wirkung)
= 16 Tagessätze zu je 41,– € = 656,– €.
Gesamtzahlung des Verurteilten: 135,– € + 656,– € = 791,– €.

---

[277] BGHSt 28, 360, 362 ff.
[278] Zur nachträglichen Bildung einer Gesamtstrafe aus Geldstrafen mit unterschiedlicher Tagessatzhöhe s BGHSt 27, 359; 28, 360; *Bringewat,* aaO, Rdn 288 ff; *Vogt,* NJW 1981, 899, OLG Frankfurt, NStZ-RR 1997, 264.
[279] *Bringewat,* Rdn 44 zu § 460 StPO.
[280] Zur Berechnung nach BGHSt 28, 365. Mit der Anrechnungsproblematik haben sich sowohl *Zeitler* in Rpfleger 2005,70ff, als auch *Siggelkow* in Rpfleger 2005,644 eingehend auseinandergesetzt. Weitere Ausführung hierzu in RdNr 214.

Der BGH hebt darauf ab, dass die früheren Zahlungen den Täter nach seiner damaligen wirtschaftlichen Lage hart getroffen hätten und daher auf die Gesamtstrafe im Verhältnis der früheren Strafbedrückung angerechnet werden müssten.

Soweit bzgl. der Einzelstrafen erlittene **U-Haft** (andere Freiheitsentziehung) zur Anrechnung kam, ist diese im Verhältnis 1 : 1 bei der Gesamtgeldstrafe zu berücksichtigen (§ 51 Abs 4 Satz 1 StGB).

Da die früheren Zahlungen des Verurteilten im **gesamten Umfange** straftilgende Wirkung für die Gesamtstrafe haben, kann es durch „Überschussbeträge" auch zu **Bruchteilen** eines Tagessatzes kommen.

Beispiel:

Strafe A: 　　15 Tagessätze zu je 20,– € = 300,– €;
Strafe B: 　　20 Tagessätze zu je 30,– € = 600,– €;
auf die Strafe B sind gezahlt 250,– € = 8 Tagessätze (+ 10,– €).
Gesamtstrafe: 27 Tagessätze zu je 33,– € = 891,– €.
Ergebnis: 　　Durch die frühere Zahlung sind 8 Tagessätze + $\frac{1}{3}$ ($^{10}/_{30}$) Tagessatz erledigt.
Noch offen: 　27 Tagessätze der Gesamtstrafe
　　　　　　　abzgl. 8 $\frac{1}{3}$ Tagessätze (straftilgende Wirkung)
　　　　　　　= 18 $\frac{2}{3}$ Tagessätze zu je 33,– € = 594,– € + 22,– € = 616,– €.
Gesamtzahlung des Verurteilten: 250,– € + 616,– € = 866,– €.
Vollstreckbare Ersatzfreiheitsstrafe bei Uneinbringlichkeit des Restbetrags von 616,– € = 18 Tage; für 22,– € ($^2/_3$ Tagessatz) bleibt vermögensrechtliche Haftung (§ 50 Abs 2 StVollstrO).

214 Problematischer und unbefriedigender sind die Ergebnisse der BGH-Methode bei **Verschlechterung** der Vermögensverhältnisse, wenn der Verurteilte auf die **ältere** Einzelgeldstrafe Teilleistungen erbracht hat. Der Verurteilte hat hier **stets** (und nicht nur in Einzelfällen) mehr zu bezahlen als der Gesamtstrafenendbetrag lautet und erscheint gegenüber einem Zahlungsunwilligen benachteiligt. Die Gleichbehandlung in gleichgelagerten Fällen ist in Frage gestellt und das Geldstrafensystem als solches tangiert, weil bei der Anrechnung (§ 51 Abs 2 StGB) lediglich auf die Tagessatzanzahl abgestellt wird.

Der Gesamtstrafenendbetrag bleibt bei der BGH-Methode außer Betracht, obwohl nach hM (s dazu *Vogt* aaO) der Geldstrafenausspruch in seiner **Gesamtheit** die Geldstrafe ist. Um den BGH zu zitieren: „Die Tagessatzzahl ist ebenso wie die Tagessatzhöhe ein Rechnungsfaktor, der für sich allein nicht Grundlage der Vollstreckung sein kann. Das Produkt aus beidem ist das Strafübel, das den Täter trifft" (BGHSt 28, 363). Und ferner: „Die Geldsumme – und nicht nur der eine Faktor Tagessatz-Zahl – stellt bei natürlicher, an dem vom Verurteilten empfundener Strafübel orientierter Betrachtungsweise die Geldstrafe dar" (BGHSt 27, 359).

Die nachfolgenden Beispiele sollen die Problematik (bei **Verschlechterung** der Vermögensverhältnisse) verdeutlichen:

1. Beispiel:
I. Strafe A: 　　40 Tagessätze zu je 50,– € = 2000,– € ; bezahlt 1750,– €
　　　　　　　= 35 Tagessätze.
　　Strafe B: 　50 Tagessätze zu je 20,– € = 1000,– €.
　　Gesamtstrafe: 70 Tagessätze zu je 30,– € = 2100,– €.
　　Gesamtzahlung des Verurteilten:
　　　　　　　1750,– € + 1050,– € (35 × 30) = 2800,– €.
II. w. o.
　　Gesamtstrafe: 70 Tagessätze zu je 35,– = 2450,– €.
　　Gesamtzahlung des Verurteilten:
　　　　　　　1750,– € + 1225,– € (35 × 35) = 2975,– €.

III. w. o.

Gesamtstrafe: 65 Tagessätze zu je 40,– € = 2600,– €.
Gesamtzahlung des Verurteilten:
        1750,– € + 1200,– € (30 × 40) = 2950,– €.

Anmerkung: Schon rein arithmetisch ist bei Verschlechterung der Vermögensverhältnisse und Zahlung auf die ältere Einzelstrafe wegen der Art der Gesamtstrafenbildung ein anderes Ergebnis gar nicht möglich.

Selbst wenn man, wie *Bringewat* (aaO, Fußn 292), die früheren Zahlungen bei der **Strafzumessung** berücksichtigt, wirkt sich dies lediglich bei der Vollstreckung der Ersatzfreiheitsstrafe, nicht aber bei der Zahlung der Geldstrafe aus:

2. Beispiel:
I. Strafe A (w. o.):   40 Tagessätze zu je 50,– € = 2000,– ; bezahlt 1750,– €
        = 35 Tagessätze.
Strafe B (w. o.):   50 Tagessätze zu je 20,– € = 1000,– €.
Gesamtstrafe: 60 Tagessätze zu je 35,– € = 2100,– €.
Gesamtzahlung des Verurteilten:
        1750,– € + 875,– € (25 × 35) = 2625,– €.
II. w. o.
Gesamtstrafe: 58 Tagessätze zu je 35,– € = 2030,– €.
Gesamtzahlung des Verurteilten:
        1750,– € + 805,– € (23 × 35) = 2555,– €.

Die BGH-Methode kann auch dazu führen, dass der Verurteilte **mehr** zu zahlen hat, als die **Summe** der Einzelstrafen beträgt.

3. Beispiel:
Strafe A: 15 Tagessätze zu je 40,– € = 600,– €; ratenweise gezahlt
        560,– €.
Strafe B: 18 Tagessätze zu je 6,– € = 108,– €.
Gesamtstrafe: 22 Tagessätze zu je 28,– € = 616,– €.
Ergebnis: Durch die frühere Zahlung sind 14 Tagessätze erledigt.
Noch offen: 8 Tagessätze zu je 28,– € = 224,– €.
Gesamtzahlung des Verurteilten:
        560,– € + 224,– € = 784,– € (mehr als die Summe der Einzelstrafen).

Anmerkung:
Durch „Variieren" ist kein anderes Resultat zu erzielen. Hätte die Gesamtstrafe z. B. 29 Tagessätze zu je 21,– € = 609,– € betragen, wären Zahlungen von 560,– € + 315,– € (15 × 21) = 875,– € erforderlich gewesen (mehr als die Summe der Einzelstrafen). Solche Ergebnisse sind nicht zu vermeiden, weil Zahlungen oft noch während des Beschlussverfahrens (§ 460 StPO) erfolgen.

Zur aufgezeigten Problematik wird (u. a. im Schrifttum) vorgetragen, die BGH-Methode berücksichtige am besten den unterschiedlichen Wert der früheren Zahlungen und komme daher einem gerechten Ergebnis am nächsten. Selbst dann, wenn sie im Einzelfall zu ungereimt erscheinenden Ergebnissen führen, sind sie aber dennoch sachgerecht.[281] Daraus zu folgen, dass das Gericht, das die Gesamtstrafe zu bilden hat, nach Möglichkeit berücksichtigen muss, welche Leistungen der Verurteilte bereits vor seiner Gesamtstrafenentscheidung erbracht hat ist nicht sachgerecht. Dies ist und kann nicht Aufgabe des Gerichts sein, es ist Sache der Vollstreckungsbehörde die Anrechnungen vorzunehmen.[282] Anrechnungsmaßstab ist die Tagessatzhöhe der frü-

---

[281] *Pohlmann/Jabel/Wolf*, Anm 10 zu § 48 StVollstrO.
[282] So auch *Zeitler* in Rpfleger, 2005, 70.

heren Strafe, so dass eine rein betragsmäßige Addition der Teilleistungen vom Ansatz her verfehlt ist. Die Nennbetragsanrechnung, obwohl sie am einfachsten zu handhaben ist, scheidet daher aus. Auch der Gesichtspunkt der Zahlungswilligkeit oder Besserstellung könne in diesem Zusammenhang keine Rolle spielen *(Bringewat).*[283]
Die Befürworter der BGH-Methode bei der Vermögensverschlechterung des Verurteilten gehen überwiegend davon aus, es handle sich um Einzelfälle. Die BGH-Methode führt hier, wie obige Berechnungsbeispiele zeigen, stets zu einer „Überzahlung" durch den Verurteilten. Der BGH hat allerdings die Fälle der Verschlechterung der Vermögensverhältnisse des Verurteilten nie geprüft und geht in Band 27 (3. Strafsenat) noch wie selbstverständlich von der reinen Nettobetragsanrechnung aus. § 51 Abs 2 StGB selbst lässt die Art der Anrechnung offen.
Gegen die BGH-Methode spricht hier insbesondere:

a) die Gesamtstrafenbildung ist kein Selbstzweck. Sie muss voll auch in der Vollstreckung durchschlagen. Es kann daher nicht angehen, dass ein Verurteilter u. U. mehr zu bezahlen hat, als die Summe der Einzelstrafen beträgt;
b) eine Gleichbehandlung ist nicht gewährleistet. Gleiche Tatbeteiligung, gleiche Vermögensverhältnisse und gleiche Strafe unterstellt, muss der Zahlungswillige dennoch erheblich mehr bezahlen als sein säumiger Tatgenosse;
c) im Zusammenhang mit der Gesamtstrafenbildung gibt es das Prinzip des Härteausgleichs, wenn z. B. prompte Bezahlung einer Geldstrafe die Gesamtstrafenbildung nicht mehr möglich macht. Der Zahlungswillige soll keine Nachteile erleiden. Für den Zahlungswilligen in der Vollstreckung ist dieses Prinzip geradezu ins Gegenteil verkehrt;
d) geht man mit BGHSt 27, 359 davon aus, dass sowohl Tagessatz-Zahl als auch die Geldsumme die Geldstrafe ausmachen, ist eine Vollstreckung über den Geldstrafenendbetrag der Gesamtstrafe hinaus (s obige Beispiele) unzulässig. Nur die rechtskräftig erkannte Strafe ist vollstreckbar (§ 449 StPO).

Beide Methoden sind im Ergebnis unbefriedigend, da teilweise unterschiedliche Anrechnungsmethoden angewendet werden müssen. Darüber hinaus kann der Verurteilte vor der Rechtskraft des Gesamtstrafenerkenntnisses in m. E. nicht zulässiger Weise Einfluss nehmen. Vor der Gesamtstrafenbildung ist der Verurteilte zu hören nach § 462 Abs 2 Satz 1 StPO. Haben sich seine Vermögensverhältnisse nach der ersten Verurteilung erheblich verbessert oder verschlechtert, bezahlt er nach der Anhörung sofort die Geldstrafe mit der geringeren Tagessatzhöhe und kann daher Einfluss auf den sich ergebenden Restbetrag nach der Gesamtstrafenbildung nehmen. Noch problematischer ist der Sachverhalt, wenn hinsichtlich der Geldstrafe mit der geringen Tagessatzhöhe bereits die Ersatzfreiheitsstrafe vollstreckt wird und der Verurteilte nach der Anhörung diese Geldstrafe bezahlt.
Das BVerfG hat in seiner Rechtsprechung insgesamt die Tendenz erkennen lassen, durch nachträgliche (Vollstreckungs-)Handlungen dürfe dem Verurteilten ein Nachteil nicht erwachsen. (Die Entscheidungen beziehen sich allerdings durchweg auf die **Vollstreckung** von Freiheitsstrafen oder freiheitsentziehenden Maßregeln der Besserung und Sicherung, da das BVerfG das Grundrecht der Freiheit sehr hoch einstuft). Die nachträgliche Gesamtstrafenbildung gehört jedoch nicht zum Vollstreckungs- sondern zum Erkenntnisverfahren.
Trotz aller Unzulänglichkeiten ist aber der BGH-Methode der Vorzug zu geben. Der Verurteilte bezahlt (vor der Gesamtstrafenbildung) auf rechtskräftig verhängte Geld-

---

[283] Zur Problematik der Anrechnung getilgter Geldstrafen siehe auch *Siggelkow,* Rpfleger 1994, 285.

strafen. Er weiß, dass er mit der Bezahlung eines bestimmten Betrags eine Geldstrafe und damit eine bestimmte Anzahl von Tagessätzen tilgt, (die Geldstrafe wird in Tagessätzen verhängt). Durch die nachträgliche Gesamtstrafenbildung werden die früheren Einzelstrafen nicht von Anfang an gegenstandslos, sondern entfallen erst mit der Rechtskraft der Gesamtstrafe.

Bei jeder anderen Anrechnungsmethode ergeben sich Probleme dann, wenn der Verurteilte teilweise die Ersatzfreiaheitsstrafe verbüßt hat, ihm anschließend Ratenzahlung bewilligt wurde, er teilweise Raten bezahlt hat und anschließend kommt die Gesamtstrafe. Die verbüßte Ersatzfreiheitsstrafe ist 1 : 1 auf die Gesamtstrafe anzurechnen, weshalb aber die Teilzahlungen nicht im gleichen Maßstab angerechnet werden ist nicht gerechtfertigt.

Dieser Auffassung ist trotz der Möglichkeit des Verurteilten nach seiner Anhörung vor der Gesamtstrafenbildung, auf die Reststrafe Einfluss zu nehmen, der Vorrang zu geben. Der Verurteilte wurde zu einer **Geldstrafe** verurteilt, die in Tagessätzen zu verhängen ist § 40 StGB. Im übrigen ist es m.E. unzulässig, in einem Fall die Anrechnung entsprechend dem Anrechnungsmaßstab vor der Gesamtstrafenbildung zu verwenden (durch teilweise Verbüßung der Ersatzfreiheitsstrafe) und im anderen Fall eine Nennbetragsanrechnung vorzunehmen. Hat der Verurteilte einen Teil der Geldstrafe durch Verbüßung der Ersatzfreiheitsstrafe oder durch Ableisten gemeinnütziger Arbeit erledigt, kann insoweit nur die Anrechnung auf die Tagessätze erfolgen. Alle Zahlungen aber, die der Verurteilte nach Rechtskraft der Gesamtstrafe bezahlt, können nur noch mit der Tagessatzhöhe der Gesamtgeldstrafe angerechnet werden.

Wird eine Geldstrafe in eine **Gesamtfreiheitsstrafe** einbezogen, so kann sie **nach** **215** **Rechtskraft** der Gesamtstrafenentscheidung nicht mehr wirksam bezahlt werden. Etwaige dennoch einbezahlte Beträge sind gem. § 13 Abs 1 EBAO zurückzuzahlen oder gegebenenfalls auf die Verfahrenskosten zu verrechnen.

Ist eine bereits **ganz** (§ 460 StPO!) oder **teilweise** beglichene **Geldstrafe** in eine **Gesamtfreiheitsstrafe** einbezogen worden, so ist die Zahlung bei der Strafzeitberechnung (gem. § 51 Abs 2 StGB) zu berücksichtigen, wobei ein Tagessatz einem Tag Freiheitsentziehung entspricht (§ 51 Abs 4 Satz 1 StGB).

> **Beispiel:**
> Eine Freiheitsstrafe von 3 Monaten und eine Geldstrafe von 30 Tagessätzen zu je 20,– € (bezahlt bereits 250,– €) werden auf eine Gesamtfreiheitsstrafe von 3 Monaten 2 Wochen zurückgeführt.
> Anzurechnen auf Grund der Zahlung sind 13 Tage (an sich: 12½ Tage). Hierbei ist zu Gunsten des Verurteilten auf einen vollen Tag aufzurunden. Eine Anrechnung von 12 Tagen und Rückzahlung von 10,– € wäre nicht möglich, da die damalige Zahlung wirksam erfolgt ist und kein Fall des § 13 Abs 1 EBAO vorliegt. Auch eine Nachforderung von 10,– € wäre nicht zulässig, da die Geldstrafe mit der Rechtskraft des Gesamtstrafenbeschlusses weggefallen ist.
> Die 13 Tage sind vom errechneten Ende der Strafzeit abzurechnen.

Soweit bereits in der einbezogenen Sache **Ersatzfreiheitsstrafe** vollstreckt wurde, ist ihr Strafbeginn gem. § 41 Abs 1 Satz 1 StVollstrO auch Beginn für die Gesamtfreiheitsstrafe.

> **Beispiel:**
> Der Verurteilte verbüßt in der Zeit vom 10. 3. 2009 ,TB bis 8. 5. 2009 TE die Ersatzfreiheitsstrafe von 60 Tagen. Er wird am 17. 4. 2009 zu der Freiheitsstrafe von 3 Monaten verurteilt. Eine Gesamtstrafe wird nicht gebildet, obwohl die Voraussetzungen vorlagen. Durch Beschluss vom 4. 6. 2 009, rechtskräftig seit 16. 6. 2009 wird die Gesamtdtrafenbildung nach § 460 StPO nachgeholt und eine Gesamtfreiheitsstrafe von 4 Monaten gebildet. Zu vollstrecken sind noch:

Strafbeginn	10. 3. 2009 TB
Freiheitsstrafe	4 Monate
Strafende	9. 7. 2009 TE
Entlassung aus der Haft	8. 5. 2009 TE
Strafrest nach § 40 StVollstrO (9. 5. TB – 9. 7. TE)	**62 Tage**

216 b) **bei Freiheitsstrafen:**

Ist eine nachträglich gebildete Gesamtfreiheitsstrafe zu vollstrecken, nachdem der Vollzug einer in sie einbezogenen Sache bereits begonnen hat oder beendet ist, so ist die Strafzeit so zu berechnen, als ob von **vornherein** die Gesamtfreiheitsstrafe zu vollstrecken gewesen wäre (§ 41 Abs 1 Satz 1 StVollstrO).

Der Beginn der Vollstreckung der einbezogenen Strafe ist dabei **als Beginn der Vollstreckung der Gesamtstrafe** anzusetzen.

> **Beispiel:**
> Der Verurteilte befindet sich seit 2. 2. 2009 in Strafhaft für die Freiheitsstrafe von 1 Jahr aus dem Urteil des Amtsgerichts Freiburg. In der Zeit vom 2. 1. 2009 bis 1. 2. 2009 befand er sich in Untersuchungshaft für das Amtsgericht Ellwangen. Diese Untersuchungshaft wurde mit Wirkung vom 2. 2. 2009 unterbrochen zur Vollstreckung der Freiheitsstrafe für das Amtsgericht Freiburg. Durch Urteil des Landgerichts Ellwangen vom 8. 4. 2009, das durch Rechtsmittelverzicht sofort rechtskräftig wird, wird er unter Einbeziehung der Verurteilung durch das Amtsgericht Freiburg zu der Gesamtfreiheitsstrafe von 2 Jahren verurteilt.
>
> | | | |
> |---|---|---|
> | Strafbeginn hinsichtlich der Gesamtfreiheitsstrafe | | 2. 2. 2009 TB |
> | | + | 2 Jahre |
> | | | 2. 2. 2011 TB |
> | abzüglich U-Haft für AG Ellwangen vom 2. 1. 2009 bis 1. 2. 2009 | – | 31 Tage |
> | Strafende | | 2. 1. 2011 TB |
> | entspricht | | 1. 1. 2011 TE |
> | Vergleichsberechnung: | | |
> | Strafbeginn | | 2. 1. 2009 TB |
> | | + | 2 Jahre |
> | Strafende | | 2. 1. 2011 TB |
> | entspricht | | 1. 1. 2011 TE |

Ist der Vollzug einer oder mehrerer in die neue Gesamtfreiheitsstrafe einbezogenen Strafen bereits beendet, bevor die Vollstreckung der neuen Gesamtfreiheitsstrafe eingeleitet werden kann, und der Verurteilte entlassen worden (oder schloss sich U-Haft oder Strafhaft in anderer Sache an), so ist nach § 40 Abs 1 StVollstrO zu verfahren wie bei einer Strafunterbrechung, der noch verbleibende Rest der Gesamtstrafe ist nach Tagen zu berechnen. Dies gilt nicht nur für den Rest bis zum Strafende, sondern auch bis zu einem evtl. Halbstrafen- oder zwei-Drittel-Termin. Der Strafbeginn für den Strafrest bestimmt sich dann wieder nach § 38 StVollstrO. Dies gilt auch, wenn die in die Gesamtstrafe einbezogenen Einzelstrafen nicht unmittelbar nacheinander vollzogen wurden. Auch hier ist gem. § 41 Abs 1 Satz 1 StVollstrO von derjenigen Einzelstrafe auszugehen, die **zuerst vollstreckt** wurde. Unterbrechungen im Vollzugsverlauf sind im Wege des § 40 Abs 1 StVollstrO zu berücksichtigen, also die Reste sind jeweils genau in Tagen zu berechnen.

> **Beispiel:**
> Der Verurteilte hat in der Zeit vom TB 7. 3. 2009 bis 16. 6. 2009 TE verbüßt eine Freiheitsstrafe von 3 Monaten unter Anrechnung der in dieser Sache erlittenen Untersu-

chungshaft von 10 Tagen aus dem rechtskräftigen Urteil des Amtsgerichts Zwickau vom 22. 1. 2009. Vom TB 13. 10. 2009 bis 12. 2. 2010 TE wurden vollstreckt ⅔ der Freiheitsstrafe von 6 Monaten aus dem Urteil des Amtsgericht Chemnitz vom 2. 6. 2009, (Tatzeit 31. 12. 2008) das durch Rücknahme des Rechtsmittels am 3. 9. 2009 rechtskräftig wird. Durch Urteil des Landgerichts Dresden vom 6. 5. 2010, (Tatzeit 10. 1. 2008) rechtskräftig seit 14. 5. 2010 wird gegen den Verurteilten unter Einbeziehung der Verurteilungen durch das Amtsgericht Zwickau und durch das Amtsgericht Chemnitz eine Gesamtfreiheitsstrafe von 2 Jahren und 6 Monaten verhängt. In dieser Sache befand sich der Verurteilte in Untersuchungshaft seit 10. 3. 2010 bis zum Eintritt der Rechtskraft. (Obwohl zum Zeitpunkt der Verurteilung durch das Landgericht Dresden die Strafe aus dem Urteil des Amtsgerichts Zwickau vollstreckt ist, kann diese Strafe noch in das Urteil des Landgerichts Dresden einbezogen werden, da diese Strafe bereits in das Urteil des Amtsgerichts Chemnitz hätte einbezogen werden können und die Strafe aus dem Urteil des Amtsgerichts Chemnitz ist noch nicht vollständig vollstreckt. Voraussetzung ist, dass die übrigen Voraussetzungen zur nachträglichen Gesamtstrafenbildung nach § 55 StGB vorliegen, insbesondere die Rechtskraft der früheren Urteile und die Tatzeiten müssen jeweils vor den früheren Verurteilungen liegen.)
Für die Vollstreckung der Gesamtfreiheitsstrafe ergibt sich demnach folgende Strafzeitberechnung:

Strafbeginn			7. 3. 2009 TB
		+	2 Jahre
			7. 3. 2011 TB
		+	6 Monate
			7. 9. 2011 TB
abzüglich U-Haft in einbezogener Sache	10 Tage		
in der neuen Sache Dresden vom 10. 3. 2010 TB bis 13. 5. 2010 TE	65 Tage	−	75 Tage
Strafende			24. 6. 2011 TB
entspricht			23. 6. 2011 TE
zwei-Drittel-Termin wäre (abstrakt rückwärtss)			23. 8. 2010 TE
Der Halbstrafentermin braucht nicht errechnet zu werden, da der Verurteilte nicht mehr Erstverbüßer ist und die Strafe zudem 2 Jahre übersteigt, § 57 Abs 2 StGB.			
Die Entlassung aus der Strafhaft erfolgte am			16. 6. 2009 TE
Strafrest bis Ende nach § 40 StVollstrO			737 Tage
Strafrest bis ⅔-Termin nach § 40 StVollstrO			433 Tage
erneuter Strafbeginn in einbezogener Sache			13. 10. 2009 TB
		+	737 Tage
Strafende			20. 10. 2011 TB
entspricht			19. 10. 2011 TE
⅔-Termin wäre gewesen			
Strafbeginn			13. 10. 2009 TB
		+	433 Tage
			20. 12. 2010 TB
entspricht			19. 12. 2010 TE
erneute Entlassung erfolget am			12. 2. 2010 TE
Strafrest bis Ende nach § 40 StVollstrO			614 Tage
Strafrest bis ⅔-Termin nach § 40 StVollstrO			310 Tage
erneuter Strafbeginn nach § 38 Buchst. c StVollstrO			14. 5. 2010 TB
		+	614 Tage

Strafende	18. 1. 2012 TB
entspricht	17. 1. 2012 TE
neuer $^2/_3$-Termin wäre	
Strafbeginn	14. 5. 2010 TB
	+ 310 Tage
$^2/_3$-Termin	20. 3. 2011 TB
entspricht	19. 3. 2011 TE

Wird über die Gesamtstrafe nach § 460 StPO **nach der Einleitung** der Vollstreckung der Einzelstrafen entschieden, wird schon **vor der Rechtskraft** der Gesamtstrafenent-scheidung für die Strafzeitberechnung die „neue, noch zu bildende oder noch nicht rechtskräftige Gesamtstrafe" zugrunde gelegt, wenn sie dem Antrag der Staatsan-waltschaft entspricht oder diese von einer sofortigen Beschwerde absieht. Dies gilt auch dann, wenn das Strafende vor der Rechtskraft des Gesamtstrafenbeschlusses eintritt nach § 41 Abs 2 StVollstrO. Dies muss auch gelten, wenn die Staatsanwalt-schaft als Strafverfolgungsbehörde den Gesamtstrafenantrag gestellt hat und das Ge-richt über diesen Antrag noch nicht entschieden hat.[284] Sinn und Zweck der Vor-schrift des § 41 Abs 2 StVollstrO ist, dass der Verurteilte nicht länger inhaftiert bleiben soll, als die beantragte Gesamtstrafe beträgt. Die Staatsanwaltschaft sollte in den Fällen, in denen mit der Vollstreckung der Einzelstrafen bereits begonnen wurde, in ihrem Gesamtstrafenantrag auch die vorläufige Strafzeitberechnung dem Gericht mitteilen, die sich ergibt, wenn das Gericht die beantragte Gesamtstrafe bildet, damit das Gericht beurteilen kann, ob es **mit besonderer Eile** die Gesamtstrafe bilden muss. Geht das Gericht mit der Gesamtstrafe über den Antrag der Staatsanwaltschaft hin-aus, ist der sich dann evtl. ergebende Strafrest, der wiederum nach § 40 StVollstrO in Tagen zu berechnen ist, nach zu vollstrecken.

Beispiel:
Gegen den Verurteilten wurden in verschiedenen Urteilen 2 Freiheitsstrafen von je 2 Mo-naten verhängt. Er befindet sich seit 15. 4. 2009 TB in Strafhaft. Beide Freiheitsstrafen sind notiert. Strafende nach Verbüßung beider Strafen wird der 14. 8. 2009 TE sein. Am 10. 6. 2009 beantragt die Staatsanwaltschaft, aus beiden Freiheitsstrafen eine Gesamt-freiheitsstrafe von 3 Monaten zu bilden. Die Voraussetzungen zur Gesamtstrafenbildung liegen vor. Bildet das Gericht – wie beantragt – die Gesamtfreiheitsstrafe von 3 Monaten, wäre Strafende der 14. 7. 2009 TE. Hat das Gericht bis zu diesem Zeitpunkt die Ge-samtstrafe noch nicht rechtskräftig gebildet, müsste die Vollstreckungsbehörde zum 14. 7. 2009 die Entlassung des Verurteilten veranlassen. Bildet jetzt das Gericht eine Ge-samtfreiheitsstrafe von 3 Monaten und 2 Wochen, wären die restlichen 14 Tage (Straf-rest ist in Tagen zu berechnen) noch zu vollstrecken, es sei denn das Gericht (hier nicht die Strafvollstreckungskammer) setzt diese Reststrafe nach § 57 StGB zur Bewährung aus. Wird eine Gesamtfreiheitsstrafe von weniger als 3 Monaten gebildet, stünden dem Verurteilten möglicherweise Ansprüche nach dem Strafrechtsentschädigungsgesetz zu. Ein Verschulden der Vollstreckungsbehörde, mehr vollstreckt zu haben als letztendlich verhängt wurde, liegt in diesem Fall nicht vor.

217 **c) bei Untersuchungshaft/Geldleistungen:**
Untersuchungshaft, die der Verurteilte in den einzelnen Verfahren erlitten hat, ist – abgesehen von den Ausnahmefällen des § 51 Abs 1 Satz 2 StGB – kraft Gesetzes auf die Gesamtstrafe anzurechnen, und zwar in **voller Höhe.** Dies wird damit begründet, dass es durch die nachträgliche Gesamtstrafenbildung zur Herstellung einer **Verfah-renseinheit** iSd § 51 StGB gekommen ist, so dass die erlittene U-Haft aus den einzel-

---

[284] Andere Ansicht *Pohlmann/Jabel/Wolf,* Anm. 19 zu § 41 StVollstrO. Er will dem dadurch begegnen, dass von Anfang an auf die Vollstreckung der 2. Strafe abgesehen wird.

nen Verfahren in vollem Umfang berücksichtigt werden muss.[285] Die gesamte U-Haft wird vom errechneten Strafende der Gesamtstrafe nach vollen Tagen rückwärts abgerechnet (§ 39 Abs 4 StVollstrO). Jedoch ist auch hier § 37 Abs 1 Satz 2 StVollstrO zu beachten, wonach bei jeder Strafzeitberechnung darauf zu achten ist, dass sie nicht zu einer Verlängerung der nach § 39 StGB ausgesprochenen Strafe führt. Dies bedeutet, dass auch hinsichtlich des Beispiels in RdNr 216 noch eine entsprechende Vergleichsberechnung anzustellen ist. Strafbeginn für die Gesamtfreiheitsstrafe von 2 Jahren und 6 Monaten wäre dann der Tag des Beginns der Untersuchungshaft von 10 Tagen für das Amtsgericht Zwickau. Nach jeder Entlassung wäre dann eine Reststrafenberechnung nach § 40 StVollstrO vorzunehmen.

Sind in der Gesamtstrafenentscheidung nach § 55 StGB (bei der nachträglichen Gesamtstrafenbildung nach § 460 StPO steht immer fest, welche Untersuchungshaft auf welche Einzelstrafe anzurechnen ist) **mehrere** Freiheitsstrafen verhängt worden, hat das Gericht zu bestimmen, auf welche Strafe (oder in welchem Verhältnis) die U-Haft angerechnet werden soll, sofern sich aus den entsprechenden Haftbefehlen und dem Urteil nicht zweifelsfrei ergibt, welche U-Haft für welche Tat und damit für welche Strafe vollzogen wurde. Eine vom Gericht getroffene Entscheidung wirkt konstituiv und muss daher in der Urteilsformel ihren Ausdruck finden.[286]

Sind in dem einbezogenen Verfahren **Geldleistungen** (§ 56 f Abs 3 Satz 2 StGB) angerechnet worden, ist dies gem. § 51 Abs 2 StGB bei der Strafzeitberechnung nach Maßgabe der gerichtlichen Entscheidung zu berücksichtigen. Dies geschieht durch (Rückwärts-)Abrechnung vom errechneten Strafende der Gesamtstrafe. Eine Anrechnung (Berücksichtigung) der Leistungen erfolgt ferner bei der Bestimmung des 2/3-(1/2-)Termins der Gesamtstrafe (vgl. § 57 Abs 4 StGB).

d) bei Nebenstrafen, Nebenfolgen und Maßnahmen: 218

Soweit **freiheitsentziehende Maßregeln** zu vollstrecken sind, findet hinsichtlich der Anrechnung § 41 Abs 1 Satz 1 (§ 53 Abs 2 Ziffer 2) StVollstrO sinngemäß Anwendung.

Wird eine Maßregel aus dem früheren Urteil **aufrechterhalten** (§ 55 Abs 2 StGB), ändert sich an den Verwahrdaten nichts.

Tritt zu einer bereits angeordneten Maßregel die gleiche Maßregel im späteren Verfahren hinzu, so dass in der Gesamtstrafenentscheidung nach § 55 StGB eine **einheitliche Neufestsetzung** zu erfolgen hat, so ist bei der Vollstreckung die bisherige Unterbringungsdauer zu **berücksichtigen**. Beginn für die im Urteil nach § 55 StGB angeordnete Maßregel ist gem. § 41 Abs 1 Satz 1 StVollstrO der Verwahrbeginn aus der früheren Sache. Kommt beispielsweise bei Bildung einer Gesamtstrafe die einheitliche Anordnung einer **Unterbringung in einer Entziehungsanstalt** in Betracht, so ist die frühere Anordnung der gleichen Maßregel nicht erledigt (vgl. § 67 f StGB), sondern geht in der neuen Entscheidung auf. Die Zeit des bereits erfolgten Teilvollzugs ist dabei einzurechnen.

Entsprechendes gilt auch bei Gesamtstrafenentscheidungen nach § 460 StPO.

Soweit der Gesamtstrafenrichter in den sonstigen Fällen Folgen **aufrechterhält** (§ 55 Abs 2 StGB), was **ausdrücklich** zu bestimmen ist, ändert sich an den bereits laufenden Fristen nichts. Soweit Folgen in der Gesamtstrafenentscheidung **einheitlich** festgesetzt werden, müssen gesetzliche **Höchstmaße** beachtet und bereits bestehende gleichartige Folgen angerechnet und im Vollstreckungsablauf berücksichtigt werden.[287]

---

[285] BGHSt 23, 297; OLG Stuttgart, MDR 1982, 515; *Stree* in Schönke/Schröder, Rdn 15; *Fischer*, Rdn 5 jeweils zu § 51 StGB.

[286] BGHSt 24, 29; BGH, MDR 1976, 154.

[287] Einzelheiten zu § 55 Abs 2 StGB s *Stree* in Schönke/Schröder, Rdn 53 ff zu § 55 StGB. Zu den Auswirkungen bei Fahrverbot und Fahrerlaubnisentzug s Rdn 409, 388.

C. Vollstreckung gegen Soldaten und Soldatinnen der Bundeswehr

1. Einschlägige Sondervorschriften

219 Die Vollstreckung gegen **Soldaten und Soldatinnen der Bundeswehr** richtet sich grundsätzlich nach den Bestimmungen der StVollstrO. Mit Rücksicht auf die Besonderheiten des Wehrdienstverhältnisses und im Interesse eines geregelten Vollstreckungsablaufs wurde die StVollstrO um einige **besondere Vorschriften** erweitert. **Spezielle** Bestimmungen für die Vollstreckung gegen Soldaten finden sich in:
§ 1 Abs 3 (BwVollzO),
§ 22 Abs 3 StVollstrO (Vollstreckungsplan),
§ 24 StVollstrO (örtliche Vollzugszuständigkeit),
§ 27 Abs 4 StVollstrO (Ladung zum Strafantritt),
§ 28 Abs 1 StVollstrO (Unterbrechung der U-Haft),
§ 30 Abs 1 Ziffer 10 StVollstrO (Aufnahmeersuchen),
§ 33 Abs 5 StVollstrO (Vorführungs- und Haftbefehl),
§ 37 Abs 3 StVollstrO (Strafzeitberechnung),
§ 39 Abs 3 Ziffer 4 StVollstrO (Anrechnung von Disziplinararrest),
§ 40 StVollstrO (Berechnung des Strafrestes),
§§ 45 Abs 3, 46 Abs 2–4 StVollstrO (Unterbrechung wegen Vollzugsuntauglichkeit),
§ 47 StVollstrO (Mitteilungen der Vollstreckungsbehörde),
§ 56 Abs 1 StVollstrO (Entziehung der Fahrerlaubnis),
§ 59 a Abs 2, 5 StVollstrO (Fahrverbot),
§§ 87, 88 StVollstrO (Mitteilungspflichten bei OWi, Ordnungs-/Zwangshaft).
Weitere einschlägige Regelungen enthalten die **Art 5–7 EGWStG**. Die genannten Sondervorschriften der StVollstrO und des EGWStG gelten nur bei der Vollstreckung gegen **Soldaten und Soldatinnen**. Soldat ist – nach der Begriffsbestimmung des § 1 Abs 1 SoldG – wer auf Grund der Wehrpflicht oder freiwilliger Verpflichtung in einem **Wehrdienstverhältnis** steht. Das Wehrdienstverhältnis beginnt mit dem Zeitpunkt, der für den Diensteintritt des Soldaten festgesetzt ist; es endet mit dem Ablauf des Tages, an dem der Soldat aus der Bundeswehr ausscheidet (§ 2 SoldG). Die Wehrüberwachung (§ 24 WehrpflG) wie auch der zivile Ersatzdienst außerhalb der Bundeswehr (§ 25 Satz 1 WehrpflG) begründen dagegen kein Wehrdienstverhältnis.

2. Vollzug durch Behörden der Bundeswehr

220 **Strafarrest** (§§ 9, 11, 12 WStG) wird an Soldaten der Bundeswehr **ausschließlich** durch **deren Behörden** vollzogen (Art 5 Abs 1 EGWStG). Die Zuständigkeit der Vollzugsbehörden der Bundeswehr besteht, solange der Verurteilte Soldat ist (vgl. Formulierung in Art 5 EGWStG: „an Soldaten“).[288]
Steht nach dem **Ausscheiden** des Verurteilten aus der Bundeswehr Strafarrest zur Vollstreckung an (Z. B. nach einem Widerruf der Strafaussetzung), so ist der Verurteilte in eine **Justizvollzugsanstalt** zu laden, wo der Strafvollzug nach den Grundsätzen der §§ 167 ff StVollzG durchgeführt wird.
Auf Ersuchen der Vollstreckungsbehörde wird auch **Freiheitsstrafe** von **nicht mehr** als **sechs Monaten** sowie **Jugendarrest** an Soldaten und Soldatinnen der Bundeswehr von deren Behörden vollzogen (Art 5 Abs 2 EGWStG, § 22 Abs 3 StVollstrO). Dies gilt auch, wenn **Ersatzfreiheitsstrafe** (s § 43 StGB) zu vollstrecken ist (§§ 50 Abs 1, 22

---

[288] Demgemäß grundsätzlich Verlegung des Verurteilten in den Vollzug der Justizverwaltung bei Beendigung des Wehrdienstverhältnisses; ebenso *Pohlmann/Jabel/Wolf*, Rdn 26 zu § 1 StVollstrO.

Abs 3 StVollstrO). Die Anwendbarkeit des Art 5 Abs 2 EGWStG richtet sich dabei hinsichtlich Freiheits- und Ersatzfreiheitsstrafe nach der Höhe der **erkannten** Strafe, nicht nach der tatsächlichen Vollzugsdauer.[289] Freiheitsstrafe (Ersatzfreiheitsstrafe) und Jugendarrest werden von der Bundeswehr wie **Strafarrest** vollzogen (Art 5 Abs 2 EGWStG).

Ob ein **Vollstreckungsersuchen** gestellt wird, entscheidet die Vollstreckungsbehörde nach pflichtgemäßem Ermessen. Die Entscheidung obliegt dem **Rechtspfleger** (§ 31 Abs 2 Satz 1 RpflG).

Von einem Vollstreckungsersuchen ist gem. § 22 Abs 3 Satz 2 StVollstrO regelmäßig abzusehen, wenn

a) der Soldat wegen seiner Persönlichkeit oder wegen der seiner Verurteilung zugrunde liegenden Straftat für den Vollzug bei der Bundeswehr ungeeignet ist,
b) die Bildung einer höheren als einer sechsmonatigen Gesamtstrafe zu erwarten ist,
c) der Soldat vor dem voraussichtlichen Strafende aus dem Dienst bei der Bundeswehr ausscheidet,
d) gegen den Soldaten in anderer Sache Untersuchungshaft, Sicherungshaft nach § 453 c StPO oder eine einstweilige Unterbringung nach § 126 a StPO angeordnet worden ist.

Ein bereits eingeleiteter Bundeswehrvollzug ist im Falle d) zu unterbrechen und in einer JVA fortzusetzen (§ 22 Abs 3 Satz 3 StVollstrO). Eine Unterbrechung der U-Haft zum anschließenden Vollzug bei der Bundeswehr (Strafarrest, Freiheitsstrafe) ist unzulässig (§ 28 Abs 1 Satz 3, 4 StVollstrO). Eine Unterbrechung darf nur erfolgen, wenn die Vollstreckung in einer Justizvollzugsanstalt erfolgt.

Vollstreckungsersuchen sind nach ihrer rechtlichen Natur Ersuchen um **Amtshilfe**. Dem Ersuchen der Vollstreckungsbehörde, soweit es unter Beachtung von § 22 Abs 3 Satz 2 StVollstrO gestellt wird, hat die Bundeswehr grundsätzlich zu **entsprechen** (vgl. Formulierung in Art 5 Abs 2 EGWStG: „wird vollzogen" im Gegensatz zur früheren Fassung: „können vollzogen werden"). Besondere **Formvorschriften** für das Vollstreckungsersuchen bestehen **nicht**. Es dürfte genügen, durch einen entsprechenden Zusatz im Aufnahmeersuchen die Bundeswehr um Durchführung des Vollzugs zu ersuchen, wenn man nicht bereits im Aufnahmeersuchen selbst und dessen Zusendung an die Bundeswehr ein – stillschweigendes und ausreichendes – Vollstreckungsersuchen im Sinne von Art 5 Abs 2 EGWStG sehen will. Abgesehen von den Ausnahmefällen, sollte die Vollstreckungsbehörde regelmäßig von Art 5 Abs 2 EGWStG Gebrauch machen.

Ein Vollzug durch Behörden der Bundeswehr ist **ausgeschlossen**, wenn Jugendstrafe, Ordnungs- und Zwangshaft (s § 88 StVollstrO) sowie Erzwingungshaft (s § 87 Abs 2 Ziffer 3 StVollstrO) zur Vollstreckung anstehen. Art 5 EGWStG sieht insoweit wegen der Art der Freiheitsentziehung (vgl. §§ 171 ff StVollzG) bzw. der besonderen Vollzugsform (Jugendstrafe) auch kein Vollstreckungsersuchen vor.[290]

Vorschriften für den **Vollzug** durch Behörden der Bundeswehr enthält – Ermächti-   **221** gung in Art 7 EGWStG – die **Bundeswehrvollzugsordnung** vom 29. 11. 1972 (BGBl I S 2205) idF vom 16. 3. 1976 (BGBl I S 581). Daneben gelten auch die Bestimmungen der StVollstrO. Soweit die BWVollzO abweichende Regelungen enthält, haben diese Vorrang.

Von besonderer Bedeutung für die Vollstreckungsbehörde sind § 5 (Strafberechnung), § 17 (Vollzugserleichterungen) und § 18 BwVollzO (Vollzugsuntauglichkeit).

---

[289] Vgl. Formulierung in § 22 Abs 3 Ziffer 2 StVollstrO: die „Bildung".
[290] Im Ergebnis ebenso *Pohlmann/Jabel/Wolf*, Rdn 26 zu § 1 StVollstrO. (Ein Vollstreckungsersuchen wg Jugendstrafe im Falle des § 92 Abs 2 JGG wird allerdings für zulässig erachtet).

Nach § 5 BwVollzO (§§ 37 Abs 3, 40 Abs 1 Satz 2 StVollstrO) wird die Strafe (wie auch der Strafrest) nur nach **Tagen** (nicht auch der Stunde nach) berechnet; dies gilt auch dann, wenn der Verurteilte nicht mehr als eine Woche im Strafvollzug zuzubringen hat. Der Monat wird nach der Kalenderzeit berechnet.

> **Beispiel:**
> Zu vollstrecken sind 5 Tage Ersatzfreiheitsstrafe.
> Strafantritt am 25. 3. 2003, 9.30 Uhr.
> Vollzug durch Justizverwaltung

Strafbeginn	25. 3. 2009, 09.00 Uhr
+	5 Tage
Strafende:	30. 3. 2009, 09.00 Uhr
Vollzug durch die Bundeswehr	
Strafbeginn	25. 3. 2009, 00.00 Uhr (TB)
+	5 Tage
Strafende:	30. 3. 2009, 00.00 Uhr (TB)
entspricht	29. 3. 2009, 24.00 Uhr (TE)

Nach § 17 BwVollzO kann der Vollzugsleiter dem Soldaten wegen dringender persönlicher Gründe Urlaub bis zu sieben Tagen erteilen. Durch den Urlaub wird die Vollstreckung **nicht** unterbrochen. Nach einem ununterbrochenen Vollzug von mehr als einem Monat sind noch weitere Vollzugslockerungen möglich.

Wird der Soldat wegen **Krankheit** in ein Bundeswehrkrankenhaus oder in eine andere Krankenanstalt verbracht oder ist er nach Feststellung des Truppenarztes sonst nicht mehr vollzugstauglich, hat der Vollzugsleiter die Entscheidung der Vollstreckungsbehörde bzw. des Vollstreckungsleiters (bei Jugendarrest) herbeizuführen, ob die Vollstreckung unterbrochen wird. Bis zur Entscheidung über die Unterbrechung der Vollstreckung kann von den Vollzugsvorschriften abgewichen werden (§ 18 BwVollzO). Die Unterbrechung seines der Vollstreckungsbehörde richtet sich nach Art 6 EGWStG (§§ 45 Abs 3, 46 Abs 2–4 StVollstrO). Zuständig ist der Staatsanwalt (analog der Regelung zu § 455 Abs 4 StPO). Im Vergleich zu § 455 Abs 4 StPO ist Art 6 EGWStG rigoroser. Viel Spielraum für Ermessensentscheidungen besteht nicht. Die Unterbrechung ist eher Regelfall.

In welcher Vollzugseinrichtung der Vollzug durchzuführen ist, ergibt sich aus dem **Vollstreckungsplan der Bundeswehr,** der den Vollstreckungsbehörden jeweils über die Landesjustizverwaltungen zugeleitet wird. Soweit erforderlich, gibt auch der Befehlshaber im Wehrbereich durch seinen Rechtsberater die zuständige Vollzugseinrichtung an (§ 22 Abs 3 Satz 1 StVollstrO).

Vollzugsbehörden der Bundeswehr sind im Allgemeinen die **Standortältesten,** Vollzugsleiter die **Kasernenkommandanten.** Höhere Vollzugsbehörden sind die Befehlshaber im Wehrbereich.

Die gerichtliche Kontrolle von Vollzugsmaßnahmen der Behörden der Bundeswehr obliegt nach § 23 Abs 1 Satz 2 EGGVG dem zuständigen Oberlandesgericht. §§ 109 ff StVollzG, mit der Zuständigkeit der Strafvollstreckungskammer finden beim Vollzug in Anstalten der Bundeswehr keine Anwendung.[291]

3. Durchführung der Vollstreckung (Verfügung)

222　Wie zu verfahren ist, wenn ein Soldat oder Soldatin in eine Vollzugseinrichtung der Bundeswehr nach Art 5 EGWStG zu laden ist, soll nachfolgendes **Beispiel** zeigen:

---

[291] *Calliess/Müller-Dietz,* Rdn 2 zu § 109 StVollzG.

Zu vollstrecken sind 5 Monate Freiheitsstrafe. Im Urteil ist außerdem die Fahrerlaubnis entzogen und der Zivil- sowie der Bundeswehrführerschein eingezogen worden.

In diesem Falle kann folgende **Verfügung** ergehen:

Staatsanwaltschaft
VRs ..../....

.... , den ....

Verfügung

1. Vollstreckungsvermerk Js-Register.
2. Zählkarte.
3. Strafnachricht an Bundeszentralregister
   – Fahrerlaubnis-Sperre bis ...... –.
4. Mitteilung an das KBA Flensburg.
5. Formblatt-Mitteilung an Polizeidienststelle (Nr. 11 Abs 1 Mistra).
6. Übersendung einer Urteilsabschrift und Merkblatt über Entziehung der Fahrerlaubnis an Verurteilten.
7. Mitteilung der rechtskräftigen Entscheidung nach Nr. 20 Mistra an Befehlshaber im Wehrbereich ... unter Angabe des Dienstgrades, des Truppenteils sowie des Standorts des Soldaten (in drei Stücken).
8. Zivil- und Bundeswehrführerschein mit Einziehungsvermerk versehen, durch Einschneiden unbrauchbar machen und:
   a) Zivilführerschein mit Urteilsabschrift nach Nr. 46 Abs 1 Mistra an LRA ...... übersenden. Heimatanschrift des Verurteilten und Zeitraum der Sperre (vom ... bis ...) angeben;
   b) Bundeswehrführerschein mit Urteilsabschrift nach Nr. 46 Abs 6 Mistra an die Zentrale Militärkraftfahrtstelle in Winkelsfelder Straße 36/38, 4000 Düsseldorf 3, übersenden. Einheit sowie Standort des Verurteilten und Zeitraum der Sperre (vom ... bis ...) angeben.
9. Ladung zum Strafantritt bis sp ......
10. Abschrift der Ladung dem Kompaniechef zur Kenntnisnahme übersenden.
11. Aufnahmeersuchen, als Vollstreckungsersuchen gem. Art 5 Abs 2 EGWStG, an Standortältesten ......
    zu vollstrecken: 5 Monate Freiheitsstrafe
    Strafbeginn: Strafantritt
    anzurechnen: ... Tage, erl v ... bis ...
12. Urteil mit Gründen und BZR-Auszug Ziff 11 beifügen.
13. Wv...

....
Rechtspfleger

Anmerkungen:

Die **Strafnachricht** an das Bundeszentralregister beruht auf §§ 4, 5, 8 BZRG: neben **223** der Strafe und Maßregel ist zusätzlich noch der Tag des Ablaufs der Sperre im Register einzutragen. Die **Mitteilung** an das **KBA** erfolgt auf Grund von §§ 49, 59 FeV. Wie bei **Entziehung** der **Fahrerlaubnis** und Einziehung des Führerscheins zu verfahren ist, ergibt sich aus § 56 StVollstrO. Der Zivilführerschein ist an die für den **Wohnort** des Verurteilten zuständige Verwaltungsbehörde zu übersenden (§ 68 Abs 1 und 2 StVZO). Ein Soldat, der nur auf Grund der Wehrpflicht Wehrdienst leistet, behält seinen Wohnsitz am **bisherigen Wohnort** (vgl. § 9 Abs 2 BGB). Demgemäß ist der Führerschein an die zuständige Verwaltungsbehörde des Heimatwohnortes zu übersenden. Hinsichtlich des Bundeswehrführerscheins gilt § 56 Abs 1 Satz 3–5 StVollstrO.[292]

---

[292] Ist ein Fahrverbot ausgesprochen worden, ist bei Bundeswehrführerscheinen § 59a Abs 2 Satz 3, Abs 5 Satz 2 StVollstrO zu beachten, dass dieser nach Ablauf der Verbotsfrist nicht an den Verurteilten, sondern an den Disziplinarvorgesetzten zu übersenden ist.

Bei der **Ladung** zum **Strafantritt** ist § 27 Abs 4 StVollstrO zu beachten. Demnach ist eine Abschrift der Ladung dem **nächsten Disziplinarvorgesetzten** zu übersenden. Nächster Disziplinarvorgesetzter ist der unterste Vorgesetzte mit Disziplinargewalt, dem der Soldat unmittelbar unterstellt ist; dies ist in der Regel der **Kompaniechef** (§§ 17, 18 WDO). Die Ladung von Soldaten zum Strafantritt kann – wegen des besonderen Personenkreises – durch einfachen Brief erfolgen. Soweit eine **Zustellung** erforderlich wird, erfolgt sie nach den allgemeinen Vorschriften. Ist ein Soldat in der Truppenunterkunft nicht sogleich erreichbar, so ist regelmäßig eine **Ersatzzustellung** nach § 181 Abs 2 ZPO an den **Kompaniefeldwebel** oder dessen Stellvertreter möglich.

Das **Aufnahmeersuchen** ist grundsätzlich an die für den jeweiligen Standort des Soldaten zuständige Vollzugsbehörde (= Standortältester) zu richten. Sofern **Zwangs-** oder **Fahndungsmaßnahmen** notwendig werden sollten, können damit auch die **Feldjägereinheiten** beauftragt werden (§§ 33 Abs 5, 40 Abs 2 Satz 2 StVollstrO).

Hat der Verurteilte (Soldat) die Strafe **angetreten,** teilt die Vollstreckungsbehörde, sobald die Strafzeitberechnung vorliegt, dem nächsten Disziplinarvorgesetzten (Kompaniechef) das **Strafende** und etwaige Änderungen mit. Wird die Strafe in einer **JVA** vollzogen, bestehen weitere Mitteilungspflichten aus § 47 StVollstrO.

Hinsichtlich der weiteren Vollstreckung (Entscheidung nach § 57 StGB)[293] und der Abschlussverfügung nach Strafende ergeben sich gegenüber dem Vollzug durch Anstalten der Justizverwaltung keine Besonderheiten; insoweit kann daher auf die Ausführungen Rdn 193 ff verwiesen werden.

Das Höchstmaß des Strafarrestes nach dem WStG beträgt 6 Monate, das Mindestmaß 2 Wochen. Der Strafarrest besteht in Freiheitsentziehung. Im Vollzug soll der Soldat/die Soldatin soweit tunlich in seiner Ausbildung gefördert werden. Die **Verjährungsfrist** beträgt bei der Vollstreckung von **Strafarrest** 2 Jahre (§ 9 WStG).

224 Soweit gegen einen Soldaten der Bundeswehr eine **Geldstrafe** zu vollstrecken ist, gibt es hierfür keine speziellen Vollstreckungsvorschriften. Für die Dauer des Wehrdienstes können **Zahlungserleichterungen** (Raten) gem. § 459a StPO bewilligt werden. Werden Beitreibungsmaßnahmen erforderlich, können **Wehrsold** und **Entlassungsgeld** des Soldaten im Rahmen der §§ 850 ff ZPO gepfändet werden (§ 6 Abs 1 JBeitrO).[294] Wegen der Vollstreckung einer **Ersatzfreiheitsstrafe** an Soldaten wird auf Rdn 220 ff verwiesen.

Für die Vollstreckung von **Geldbuße** gelten die üblichen Bestimmungen. Bei **Erzwingungshaft** ist ein Vollzug durch Behörden der Bundeswehr ausgeschlossen; § 22 Abs 3 StVollstrO ist nicht anwendbar (s § 87 Abs 2 Ziffer 3 StVollstrO; Art 5 EGWStG).

---

[293] Zuständig ist die Strafvollstreckungskammer; § 462a StPO gilt auch, wenn in Anstalten der Bundeswehr vollzogen wird, und unabhängig davon, ob es sich um Freiheitsstrafe oder Strafarrest handelt: vgl. BGH, NJW 1976, 2356; OLG Stuttgart, Justiz 1977, 24.

[294] Drittschuldner ist bei Pfändung von Bezügen nach § 1 Abs 1 Wehrsoldgesetz der für den Soldaten zuständige Wirtschaftstruppenteil (Truppenverwaltung), bei Pfändung von Dienst- oder Versorgungsbezügen des Soldaten das Wehrbereichsgebührnisamt (Verwaltungsanordnung des Bundesministers der Verteidigung v 20. 11. 1981 – BAnz 9/1982).

D. Vollstreckung gegen Ausländer

1. Einleitung der Vollstreckung (Vfg)

Ist gegen einen **ausländischen Verurteilten,** der im **Inland** wohnt, eine Freiheitsstrafe   **225**
zu vollstrecken, wird die Vollstreckung mit folgender **Verfügung** eingeleitet:

```
Staatsanwaltschaft                    ........................ , den .................
    VRs ..../....
    U-Haft vom ...... (AS ...) bis ...... (AS ...) = ...... Tage
    Vermerk: Staatsangehörigkeit: ......
```

Verfügung

1. Vollstreckungsvermerk Js-Register.
2. Vollstreckungsheft anlegen.
3. Zählkarte.
4. Strafnachricht an Bundeszentralregister.
5. Formblatt-Mitteilung an Polizeidienststelle (Nr. 11 Abs 1 Mistra).
6. Mitteilung des rechtskräftigen Urteils nach Nr. 42 Mistra an Bürgermeister-amt/Landratsamt – Ausländeramt – ....
   Zusatz: Der Verurteilte wohnt in ...... Er ist auf den ...... zum Strafantritt in die JVA ...... geladen. Die Strafberechnung werde ich nachreichen.
   Sollte gegen den Verurteilten eine Ausweisungsverfügung erlassen werden, bitte ich um Unterrichtung durch Übersendung einer Abschrift.
7. Übersendung einer Urteilsabschrift an Verurteilten und Verteidiger (Nr. 140 RiStBV).
8. Rückgabe folgender Beiakten: ......
9. Ladung zum Strafantritt bis sp ...... – zustellen –.
10. Aufnahmeersuchen an JVA ......
    zu vollstrecken: ......
    Strafbeginn: Strafantritt
    anzurechnen: ... Tage U-Haft, erl v ... bis ...
11. Urteil mit Gründen, BZR-Auszug, Gutachten vom ...... Ziff 10 anschließen.
12. An Kostenbeamten wegen der Gerichtskosten.
13. Wv ...... (gestellt?).

....
Rechtspfleger

Anmerkungen:

Die **Mitteilung an das Zentralregister** beruht auf §§ 4, 5 BZRG. Die frühere Benach-   **226**
richtigung des BJM mittels Vordrucks BZR 1a ist entfallen, da die für den Austausch
mit dem Ausland benötigten Strafnachrichten jetzt vom BZR selbst erstellt werden.
Die **Unterrichtung** der **Ausländerbehörde** erfolgt auf Grund Nr. 42 Mistra. Die Mitteilung ist an die für den inländischen Wohn- oder Aufenthaltsort des Ausländers
zuständige Behörde zu richten (§ 63 AuslG). Im Hinblick auf § 456a StPO ist die
Ausländerbehörde um Übersendung der evtl. ergehenden Ausweisungsverfügung zu
ersuchen. Die Ausweisungsverfügung wird im allgemeinen von der für den Haftort
zuständigen Ausländerbehörde erlassen. Den Ausländerbehörden ist daher zur Abklärung ihrer Zuständigkeit stets auch der Haftort (nebst Strafzeitberechnung) mitzuteilen, damit die Behörde des Wohn-(Aufenthalts-)orts die Vorgänge an die für den
Haftort zuständige Ausländerbehörde abgeben kann. Die Ausländerbehörde des
Haftortes wird im übrigen auch schon von der Vollzugsbehörde von der Aufnahme
eines Ausländers zum Strafvollzug verständigt (§ 26 VGO). In Haftsachen kann von
vornherein Nr. 42 Mistra an die Ausländerbehörde des Haftortes gerichtet werden.

Mitteilungspflichten gegenüber der Ausländerbehörde ergeben sich auch aus § 76 Abs 4 AuslG (Einleitung/Ausgang des Verfahrens) und aus § 4 AuslDÜV. Die Vollstreckungsbehörden haben danach den Widerruf einer Strafaussetzung sowie den Widerruf der Zurückstellung der Vollstreckung der Ausländerbehörde mitzuteilen.

Die Benachrichtigung **ausländischer Konsulate** und die Belehrung des Verurteilten gem. Art 36 Abs 1 b des Wiener Übereinkommens über konsularische Beziehungen obliegt, nach erfolgtem Strafantritt des Verurteilten, dem **Leiter der Vollzugsanstalt**; bei der Vollstreckung einer Unterbringung (§§ 63, 64 StGB) dagegen der **Staatsanwaltschaft**.

Zur Vollstreckung einer Entziehung der Fahrerlaubnis oder eines Fahrverbots gegen Inhaber eines **ausländischen Fahrausweises** s Rdn 391, 410.

Für die Vollstreckung von **Geldstrafe/Ersatzfreiheitsstrafe** gegen Ausländer mit Aufenthalt im Inland gibt es keine Besonderheiten. Es gelten die üblichen Vorschriften.

2. Absehen von der Vollstreckung (§ 456 a StPO)

227 Wird der Verurteilte (Ausländer oder Staatenloser)[295] wegen einer anderen Tat einer ausländischen Regierung **ausgeliefert** oder aus dem Geltungsbereich der StPO **ausgewiesen,** so kann die **Vollstreckungsbehörde** gem. § 456 a Abs 1 StPO von der Vollstreckung einer (zeitigen oder lebenslangen) Freiheitsstrafe, Ersatzfreiheitsstrafe oder freiheitsentziehenden Maßregel **ganz** oder **teilweise**[296] absehen. Voraussetzung für die Durchführung des § 456 a StPO ist demgemäß die (endgültige) Anordnung einer Auslieferung oder Ausweisung[297] des Verurteilten.

Die **Auslieferung** ist Teil internationaler Rechtshilfe. Sie dient dazu, einen Ausländer zur Strafverfolgung oder Strafvollstreckung aus dem Aufenthaltsstaat in das Territorium des ersuchenden Staates zu verbringen. Das Verfahren richtet sich nach dem IRG (RiVASt); die Durchführung der Auslieferung nach Abschluss des Zulässigkeitsverfahrens obliegt der Staatsanwaltschaft beim Oberlandesgericht.

Die **Ausweisung** (§ 45 ff AuslG) ist eine Anordnung der zuständigen Ausländerbehörde, die darauf gerichtet ist, den Ausländer aus dem Gebiet der Bundesrepublik zu entfernen. Ist die Ausweisungsverfügung bestandskräftig geworden oder ist ihre sofortige Vollziehung angeordnet worden, kann die Ausweisung zwangsweise (durch die **Abschiebung**) vollzogen werden. Ausländerrechtliche Maßnahmen sind neben dem AuslG auch aufgrund des AsylVfG[298] möglich (z.B. Abschiebungsanordnung nach § 34 a AsylVfG oder Zurückschiebung nach § 19 Abs 3 AsylVfG).

Für die Vollstreckungsbehörde selbst empfiehlt sich eine Maßnahme nach § 456 a StPO im allgemeinen nur dann, wenn eine **Abschiebung** des Verurteilten (in unmittelbarem Anschluss an die Strafhaft) sichergestellt ist. Auch bei Staatsangehörigen aus EG-Staaten ist eine Abschiebung direkt aus der Haft nicht ausgeschlossen; § 12 Abs 7 AufenthG/EG steht dem nicht entgegen.[299]

Ob und in welchem Umfang von der Vollstreckung abgesehen werden soll (oder ggf. eine Überstellung nach dem Transferübereinkommen vorzuziehen ist), entscheidet die

---

[295] Die Ansicht, § 456 a StPO könne nur Ausländer betreffen, ist bereits deshalb unzutreffend, weil Art 16 Abs 2 Satz 2 GG nun auch gesetzliche Regelungen zur Auslieferung Deutscher zulässt, so BVerfG, NJW 2004, 356.

[296] Vgl. die Formulierung in § 17 Abs 1 Satz 1 StVollstrO „ob und inwieweit".

[297] Der Ausweisung (§§ 45 ff AuslG) entspricht die Ausreisepflicht (§ 42 AuslG), die Abschiebung (§ 49 AuslG) und die Zurückschiebung (§ 61 AuslG).

[298] Siehe Neufassung des Asylverfahrensgesetzes vom 27. 7. 1993 (BGBl I S. 1361 ff).

[299] OVG Münster, Beschl. v 4. 11. 1980 (4 B 1377/80); VGH Baden-Württemberg, Beschl v 11. 8. 1982 (11 S 1208/82).

Vollstreckungsbehörde nach **pflichtgemäßem Ermessen.** Bei der Entscheidung nach § 456a Abs 1 StPO sind insbesondere zu berücksichtigen und abzuwägen: die Größe des bisher verbüßten Teils der Strafe, die Art des Delikts, die soziale und familiäre Situation des Verurteilten, generalpräventive Gesichtspunkte,[300] sowie etwaige (negative) Auswirkungen einer Absehensanordnung auf die Öffentlichkeit und andere Strafgefangene.[301] Auch eine frühere unerlaubte Rückkehr ist relevant, schließt aber ein nochmaliges Absehen nicht grundsätzlich aus.[302]

Die Entscheidungen nach § 456a StPO trifft der Vollstreckungsrechtspfleger nach Vorliegen einer vollziehbaren Ausweisungsverfügung der Ausländerbehörde. Zur Frage, in welchem Stadium von der weiteren Vollstreckung nach § 456a StPO abgesehen werden soll, bestehen für die Bundesländer keine einheitlichen Richtlinien. Abzuwägen sind die Umstände der Tat, die Schwere der Schuld, die Dauer des bisher verbüßten Teils der Strafe, das öffentliche Interesse an nachhaltiger Vollstreckung und die persönliche Lage des Verurteilten.[303] Liegen die Voraussetzungen vor, sollte eine Absehensanordnung und Abschiebung jedenfalls so frühzeitig erfolgen, dass eine Entscheidung nach § 57 StGB zum Halbstrafentermin bzw. zum zwei-Drittel-Termin entbehrlich wird. Wurde eine Absehensanordnung bereits erlassen, befindet sich der Verurteilte aber noch in Strafhaft, entbindet diese Absehensanordnung nicht von der Verpflichtung, zur Halb- bzw. zwei-Drittel-Verbüßung die fällige Entscheidung nach § 57 StGB herbeizuführen.[304]

Gegen den **ablehnenden** Bescheid der Vollstreckungsbehörde, der zu begründen ist, kann der Verurteilte Vollstreckungsbeschwerde gem. § 21 StVollstrO einlegen und den Rechtsweg nach §§ 23 ff GVG in Anspruch nehmen. Das Gericht (OLG) vermag sie jedoch nur daraufhin zu überprüfen, ob die Vollstreckungsbehörde von ihrem Ermessen in rechtlich nicht zu beanstandender Weise Gebrauch gemacht hat.[305] Die Entscheidung über das Absehen von der Vollstreckung wird mit der Vollziehung der Abschiebung verbindlich. Für einen Widerruf gibt es keine gesetzliche Grundlage. Ein Bescheid der Vollstreckungsbehörde gem § 456a StPO zu einem bestimmten Zeitpunkt von der weiteren Strafvollstreckung abzusehen, kann zum Nachteil des Verurteilten nur abgeändert werden, wenn neue Tatsachen eingetreten sind, die solches Gewicht haben, dass sie der ursprünglichen Entscheidung die Grundlage entziehen.[306]

Die Abschiebung auf dem Luftwege ist vollzogen, wenn der Ausländer den Flughafengewahrsam des Zielflughafens verlassen hat und den ausländischen Behörden übergeben ist.[307]

Die **Absehensanordnung** (hier nach bereits begonnenem Strafvollzug) kann lauten: **228**

Staatsanwaltschaft   .... , den ....
VRs ..../....

Verfügung

1. Gegen den Verurteilten N N, derzeit in Strafhaft in der JVA ......, besteht eine bestandskräftige Ausweisungsverfügung des Landratsamts, Ausländeramt, ... vom ...... Gem. § 456a StPO wird zum Zeitpunkt der Abschiebung aus dem Gebiet der Bundesrepublik

---

[300] § 17 Abs 2 StVollstrO aF ist lediglich als entbehrlich (nicht als überholt) gestrichen worden.
[301] OLG Celle, NStZ 1981, 405; OLG Karlsruhe, Beschl v 10. 3. 1983 (4 VAs 21/83); OLG Bremen, StV 1989, 27; KG, StV 1992, 428.
[302] Zum Absehen von der Vollstreckung s auch *Groß*, StV, 1987, 36. Zum Absehen bei lebenslanger Freiheitsstrafe s OLG Frankfurt, NStZ 1993, 303.
[303] KG, StV 1992, 428, OLG Stuttgart, StV 1993, 258.
[304] OLG Karlsruhe, Justiz 1993, 223.
[305] OLG Koblenz, NStZ 1996, 255, KG Berlin, Beschluss vom 21. 5. 2001, 1 Zs 977/01.
[306] OLG Karlsruhe, NStZ 2008, 222.
[307] OLG Celle, Beschluss vom 1. 8. 2002, 2 Ws 204/02.

Deutschland, nicht jedoch vor dem (Datum) ......, von der weiteren Vollstreckung aus dem Urteil des ......gerichts ...... vom .... (AZ: ...) abgesehen.

Zugleich wird für den Fall der Rückkehr des Verurteilten in die Bundesrepublik Deutschland die Nachholung der Vollstreckung angeordnet und hierzu ein Haftbefehl erlassen.

2. Nachricht davon an:

   a) LRA, Ausländeramt, ... zu AZ ...... mdB um Kenntnisnahme und Durchführung der Abschiebung. Von einer etwaigen Rückkehr des Verurteilten in die Bundesrepublik Deutschland erbitte ich Nachricht, damit die Nachholung der Vollstreckung veranlaßt werden kann.

   b) JVA ......

   mdB, den Verurteilten gem. § 17 Abs 2 StVollstrO über die Nachholung der Vollstreckung im Falle seiner Rückkehr nebst vorgesehenen Fahndungsmaßnahmen (in einer ihm verständlichen Sprache) zu belehren. Die Belehrung bitte ich aktenkundig zu machen und hierher mitzuteilen.

   c) Verurteilten, JVA ......

3. Durchschrift von Ziff 1 zu den Hauptakten.

4. Wv ...... (Ausschreibung zur Festnahme).

....
(Rechtspfleger)

Anmerkungen:

229 Die **Durchführung** der **Abschiebung** obliegt der nach dem AuslG (AsylVfG) zuständigen Ausländerbehörde. Sie kann sich der Vollzugshilfe der Polizeiorgane bedienen. Die Vollstreckungsbehörde sollte nicht zu einem datumsmäßig bestimmten Zeitpunkt von der Vollstreckung absehen, sondern die Beendigung der Strafhaft auf den Zeitpunkt des Grenzübertritts ansetzen. Dadurch wird Abschiebungshaft (§ 57 AuslG) entbehrlich.

Die gleichzeitige **Nachholungsanordnung** (§ 456a Abs 2 Satz 3 StPO) ist Regelfall. Dies ergibt sich aus § 17 Abs 2 Satz 1 StVollstrO („soll" anordnen). Nur in bestimmten Einzelfällen (Z.B. geringer Strafrest, Ersatzfreiheitsstrafe) kann sie unterbleiben.[308] Auch die Wahrscheinlichkeit einer Rückkehr und die Gefährlichkeit des Verurteilten sind relevante Kriterien.

Die **Belehrung** des Verurteilten über die im Falle einer Rückkehr[309] drohenden Maßnahmen ist Zulässigkeitsvoraussetzung für das Nachholen der Vollstreckung.[310] Die Belehrung muss deshalb aktenkundig gemacht werden.

3. Nachholung der Vollstreckung

230 Die Vollstreckung kann bis zum Eintritt der **Vollstreckungsverjährung** (§ 79 StGB) nachgeholt werden. Ein Ruhen der Verjährung (§ 79a StGB) infolge der Absehensanordnung tritt **nicht** ein. Voraussetzung ist die Belehrung des Verurteilten[311] Bei freiheitsentziehenden Maßregeln ist die Dreijahresfrist des § 67c Abs 2 StGB zu beachten (§ 456a Abs 2 Satz 2 StPO).

---

[308] Dann wird lediglich ein Suchvermerk im BZR niedergelegt (§ 17 Abs 1 Satz 2 StVollstrO). Sonstige Fahndungsmaßnahmen entfallen. Die Nachholung der Vollstreckung wird erst bei einer etwaigen Rückkehr des Verurteilten angeordnet.

[309] „Rückkehr" bedeutet freiwillige Einreise in die Bundesrepublik Deutschland (LG Berlin, StV 1987, 258).

[310] OLG Stuttgart, Rpfleger 1981, 120.

[311] OLG Karlsruhe, Justiz 1999, 345. Eine andere Ansicht vertritt das KG Berlin in seinem Beschluss vom 12. 8. 1999, 5 Ws 474/99.

Bei **freiwilliger** Rückkehr des Verurteilten in das Bundesgebiet ist die Nachholung der Vollstreckung im Prinzip obligatorisch. Dies folgt aus dem Grundsatz der Vollstreckungspflicht. Mit zunehmendem Zeitablauf nimmt jedoch das öffentliche Interesse an der Vollstreckung ab, so dass nach längerer Frist von einer Nachholung Abstand genommen und die Fahndungsmaßnahmen gelöscht werden können. Bei einer von der Ausländerbehörde aus wichtigen Gründen genehmigten Einreise könnte ebenfalls auf die Durchführung der Vollstreckung verzichtet werden.

Die **Grundentscheidungen** zu § 456 a StPO trifft die Vollstreckungsbehörde und zwar der Rechtspfleger. Die Fahndungsmaßnahmen selbst (nebst Haft-, Unterbringungsbefehl, Steckbrief) obliegen ebenfalls dem Rechtspfleger.

Die **Nachholungsanordnung** kann bereits mit dem Absehen getroffen werden (§ 456 a Abs 2 StPO) oder erst später – bei der Rückkehr des Verurteilten – erfolgen. Da dem Verurteilten aber vor Nachholung der Vollstreckung das rechtliche Gehör zu gewähren ist, empfiehlt sich die Nachholungsanordnung bereits mit dem Absehen zu treffen.

Gegen die Anordnung der Nachholung der Vollstreckung kann der Verurteilte **Einwendungen** erheben, über die dann gem. §§ 458 Abs 2, 462, 462 a StPO das Gericht entscheidet. Der Fortgang der Vollstreckung wird durch die Einwendungen **nicht gehemmt** (§ 458 Abs 3 StPO).

Dritter Teil. Vollstreckung von Geld- und Ersatzfreiheitsstrafen

I. Maßgebende Vorschriften und Musterverfügungen

A. Vorschriften

231 Bei der Vollstreckung von Geld- und Ersatzfreiheitsstrafen sind in erster Linie folgende Bestimmungen zu beachten:

a) **StGB:**

§§ 40–43: Zumessung der Geldstrafe (die Geldstrafe wird in Tagessätzen verhängt. Die Höhe der Strafe ist daher die verhängte Anzahl der Tagessätze. Hinzu kommt die Höhe der Tagessätze in €, die sich nach den persönlichen und wirtschaftlichen Verhältnisses des Täters richtet), Zahlungserleichterungen im Urteil sind möglich nach § 42 StGB (dies wird eher die Ausnahme sein). In der Regel werden Zahlungserleichterungen von der Vollstreckungsbehörde – zuständig ist der Rechtspfleger – bewilligt. Nach Eintritt der Rechtskraft ist die Vollstreckungsbehörde für eine Änderung oder Aufhebung auch der richterlichen Entscheidung berufen), die Anordnung der Vollstreckung der Ersatzfreiheitsstrafe (wobei ein Tagessatz einem Tag Freiheitsstrafe entspricht) trifft ebenfalls die Vollstreckungsbehörde, sofern die Voraussetzungen zur Vollstreckung vorliegen.

§§ 53–55: Gesamtstrafenbildung mit Geldstrafe.[1] Besonderes ist bei der Gesamtstrafenbildung nach § 55 StGB von der Vollstreckungsbehörde nur insoweit zu beachten, wenn der Verurteilte auf die einbezogene Geldstrafe aus einem früheren Verfahren Teilzahlungen geleistet hat. Wegen der unterschiedlichen Tagessatzhöhe wird auf die RdNr 213 f verwiesen.

§§ 59 ff: Verwarnung mit Strafvorbehalt (bei Geldstrafe bis zu 180 Tagessätzen).[2] Zu beachten ist, dass bei der Verwarnung mit Strafvorbehalt **die Strafe noch nicht verhängt wird**. Das Gericht behält sich vor, zu einem späteren Zeitpunkt, etwa wenn die verurteilte Person während der festzusetzenden Bewährungszeit neue Straftaten begeht oder wenn die Voraussetzungen hierzu etwa deshalb vorliegen, weil die verurteilte Person den Auflagen und Weisungen im Bewährungsbeschluss nicht nachkommt, die angedrohte Strafe zu verhängen.

§§ 79–79 b: Vollstreckungsverjährung bei Geldstrafe.[3] Der Eintritt der Verjährung ist von amtswegen stets zu beachten und zwar in jedem Stadium des Vollstreckungsverfahrens.

Art 293 EGStGB: Abwendung der Vollstreckung der Ersatzfreiheitsstrafe durch freie Arbeit. Die Länder haben hierzu unterschiedliche Vorschriften erlassen über die Art und Weise. Diese sind jeweils zu beachten. Besonders zu beachten sind die Ländervorschriften, die die Abwendung der Vollstreckung der Ersatzfreiheitsstrafe während des Vollzugss einer Freiheitsstrafe oder gar des Vollzugs der Untersuchungshaft (was in der Praxis kaum vorkommen dürfte) zulassen.

---

[1] Siehe hierzu Ausführungen in den Rdn 205 ff.
[2] Siehe hierzu Ausführungen in Rdn 235.
[3] Siehe hierzu Ausführungen in den Rdn 667 ff.

b) StPO:

§ 111 d: Sicherstellung der Geldstrafe und Kosten durch dinglichen Arrest. Zur Sicherstellung der Vollstreckungskosten sowie geringfügiger Beträge ergeht kein Arrest.

§§ 449, 451, 452: Rechtskraft,[4] Vollstreckungsbehörde,[5] Begnadigungsrecht. Die Länder haben hierzu unterschiedliche Gnadenordnungen erlassen, die zu beachten sind.

§ 454 b: Vollstreckung von Ersatzfreiheitsstrafen. Die Unterbrechungsvorschrift des § 454 b Abs 2 StPO nach Verbüßung der Hälfte bzw. zwei-Drittel gilt jedoch nicht für Ersatzfreiheitsstrafen.[6]

§§ 456, 456 a: Vorübergehender Aufschub, Absehen von Vollstreckung.[7]

§ 457: Haftbefehl. Es gelten insoweit die gleichen Regelungen wie bei der Vollstreckung der Freiheitsstrafe.

§§ 458, 462, 462 a: Gerichtliche Entscheidung.[8]

§§ 459–459 f: Beitreibungsbestimmungen, Zahlungserleichterungen, Vollstreckung der Ersatzfreiheitsstrafe, Absehen bei unbilliger Härte.

§§ 459 h, 462, 462 a: Gerichtliche Überprüfung von Entscheidungen der Vollstreckungsbehörde. Zuständig ist das Gericht des ersten Rechtszugs.

§ 460: Nachträgliche Gesamtstrafenbildung.

c) StVollstrO:

§ 48: Anwendung der EBAO.

§§ 49–51 (22–47): Vollstreckung der Ersatzfreiheitsstrafe.

Anwendbar sind auch die „Allgemeinen Bestimmungen" des ersten Abschnittes der StVollstrO.
Die Einforderung und Beitreibung der Geldstrafe kann **unmittelbar** (ohne die Amtshilfe der Vollstreckungsbehörde eines anderen Landes in Anspruch zu nehmen) erfolgen (§ 9 Abs 1 Satz 3 StVollstrO).

d) EBAO:

§§ 1–17: Allgemeine Bestimmungen, Einforderung und Beitreibung, Lösung von Geldstrafe und Kosten.

e) JBeitrO:

§§ 1–19: Durchführung der Vollstreckung; besonders wichtig: § 6 JBeitrO mit Einzelheiten über die Zwangsvollstreckung.
Die JBeitrO gilt nur **subsidiär**: soweit **gesetzliche** Vorschriften – namentlich der StPO – nichts anderes bestimmen (§ 459 StPO). Aus der Subsidiarität ergibt sich insbesondere, dass die in § 8 JBeitrO enthaltene Regelung über Einwendungen gegen beizutreibende Ansprüche durch die Regelungen der §§ 458, 459 h StPO verdrängt werden.[9]

---

[4] Siehe hierzu Ausführungen in den Rdn 46 ff.
[5] Siehe hierzu Ausführungen in den Rdn 15 ff.
[6] Siehe hierzu Ausführungen in den Rdn 179 ff.
[7] Siehe hierzu Ausführungen in den Rdn 676 ff.
[8] Siehe hierzu Ausführungen in Rdn 40.
[9] Ebenso *Meyer-Goßner,* Rdn 1; *Bringewat,* Rdn 2 jeweils zu § 459 StPO.

B. Musterverfügungen

1. Einforderung der Geldstrafe

232 Die Vollstreckung der Geldstrafe kann mit folgender **Verfügung** eingeleitet werden:

Staatsanwaltschaft   .... , den ....
VRs ..... /.....
Vermerk:...Tagessätze zu je ... .

Verfügung

1. Vollstreckungsvermerk Js-Register.
2. Zählkarte.
3. Strafnachricht an Bundeszentralregister.
4. Formblatt-Mitteilung an Polizeidienststelle (Nr. 11 Abs 1 Mistra).
5. Mitteilung der rechtskräftigen Entscheidung nach Nr.... Mistra an ......
6. Nachricht an das KBA Flensburg.
7. Rückgabe folgender Beiakten: ......
8. Geldstrafe von ... und Kosten in Höhe von ... beim Verurteilten mit Zahlungsaufforde-rung einfordern, Urteilsabschrift gem. Nr. 140 RiStBV beifügen.
9. Wv ...... (ZA).

....
Rechtspfleger

Anmerkungen:

233 Die **Strafnachricht** erfolgt aufgrund der §§ 4, 5 BZRG. Einzutragen in das Zentralre-gister sind u. a. die Zahl der Tagessätze und die Höhe eines Tagessatzes. Die Mittei-lung an das **Verkehrszentralregister** basiert auf §§ 59, 79 FeV.
Die **Einforderung** der Geldstrafe und der Kosten des Verfahrens richtet sich nach §§ 1 bis 5 EBAO. Vom Kostenansatz darf auch bei Unvermögen des Schuldners nicht ab-gesehen werden, wenn Kosten **zugleich** mit einem Geldbetrag einzuziehen sind (§ 10 Abs 2 Nr. 3 KostVfg). Kostenbehörde ist die Staatsanwaltschaft (§ 4 Abs 2 Satz 1 GKG). Die Aufstellung der Kostenrechnung ist Sache des Kostenbeamten (Beamter des mittleren Dienstes). Die Einforderung und Beitreibung kann **unmittelbar** – über Ländergrenzen hinweg – erfolgen (§ 9 Abs 1 Satz 3 StVollstrO).

2. Verwarnung mit Strafvorbehalt

234 Im Falle der Verwarnung mit Strafvorbehalt (§ 59 StGB) kann folgende **Verfügung** ergehen:

Staatsanwaltschaft   .... , den ....
VRs ..... /.....
Vermerk: vorbehaltene Strafe: ... Tagessätze zu je ... .

Verfügung

1. Vollstreckungsvermerk Js-Register.
2. Zählkarte.
3. Mitteilung der rechtskräftigen Entscheidung nach Nr. ...... Mistra an ......
4. Mitteilung der Verwarnung mit Strafvorbehalt an Bundeszentralregister.
   – Bewährungszeit ... Jahre bis ...... –.
5. Formblatt-Mitteilung an Polizeidienststelle (Nr. 11 Abs 1 Mistra).
6. An Kostenbeamten wegen der Gerichtskosten.
7. Abgangsvermerk Js-Register (s Ziff 8).

8. Urschriftlich – an das
   Amtsgericht . . . . . .
   zur Bewährungsüberwachung zurück.

   . . . .
   Rechtspfleger

Anmerkungen:

Die Verwarnung mit Strafvorbehalt ist im **Zentralregister einzutragen** (§ 4 Nr. 3, §§ 5, **235**
7 Abs 3 BZRG). Die Eintragung im Verkehrszentralregister in Flensburg erfolgt nach
§ 28 Abs 3 Ziffer 1 StVG, sofern es sich um eine im Zusammenhang mit dem Straßenverkehr rechtswidrige Tat handelt. Was im Einzelnen dabei mit Vordruck BZR 1
mitzuteilen ist, ergibt sich aus den Nr. 3.4.5.–3.4.7. und 3. 4. 10. der AfJ:
Zahl der Tagessätze, Höhe eines Tagessatzes, Dauer der Bewährungszeit. (Die Dauer
der Bewährungszeit darf nicht vergessen werden. Der Angeklagte wird bei der Verwarnung mit Strafvorbehalt noch nicht zu einer Strafe verurteilt, die Verurteilung
wird nur vorbehalten, er muss sich jedoch innerhalb einer bestimmten Zeit bewähren, damit er nicht zu der vorbehaltenen Strafe, die das Gericht im Urteil bereits
festzusetzen hat und zwar hinsichtlich Anzahl und Höhe der Tagessätze, zu einem
späteren Zeitpunkt verurteilt wird. Ferner ist in Feld 25 der Mitteilung zum Bundeszentralregister der Großbuchstabe „X" einzutragen.
Die Bewährungszeit beginnt mit der **Rechtskraft** des Straferkenntnisses.
Die **Zuständigkeit** des Gerichts für die **Bewährungsüberwachung** folgt aus § 453 b
StPO.
Wird der Täter nach einer Verwarnung mit Strafvorbehalt zu der vorbehaltenen Strafe
verurteilt (§ 59 b Abs 1 StGB, § 453 Abs 1 StPO), so ist auch diese **Entscheidung** in das
Zentralregister **einzutragen** (vgl. § 12 Abs 2 Satz 1 BZRG; Nr. 79, Anl. 3 zur 3.
BZRVwV) und nach § 28 Abs 3 Ziffer 1 StVG in der Fassung vom 11. 9. 2002 auch in
das Verkehrszentralregister. Stellt das Gericht nach Ablauf der Bewährungszeit fest,
dass es bei der Verwarnung sein **Bewenden** hat (§ 59 b Abs 2 StGB, § 453 Abs 1 StPO),
so wird die **Eintragung** über die Verwarnung mit Strafvorbehalt aus dem Register **ent-
fernt** (§ 12 Abs 2 Satz 2 BZRG; Nr. 80, Anl. 3 zur 3. BZRVwV). Damit erfolgt auch die
Tilgung im Verkehrszentralregister nach § 29 Abs 4 StVG. Aus diesem Grunde sind
auch diese gerichtlichen Entscheidung zum Bundeszentralregister und zum Verkehrszentralregister mitzuteilen.
Besonders zu beachten ist, dass sowohl bei Verwarnung mit Strafvorbehalt (§ 59
StGB) als auch im Falle der Verurteilung zu der vorbehaltenen Strafe (§ 59 b Abs 1
StGB) **jeweils** eine **Zählkarte** zu fertigen ist.
Die **Gerichtskosten** sind aufgrund der Kostenentscheidung des Gerichts (s § 465
Abs 1 StPO) zum Soll zu stellen, sofern nicht der Kostenbeamte vom Kostenansatz
gem. § 10 KostVfg absieht.

3. Zusammentreffen Geldstrafe/Geldbuße

Wird in **derselben** Entscheidung sowohl eine Geldstrafe verhängt als auch eine Geld- **236**
buße festgesetzt, kann die Vollstreckung mit folgender **Verfügung** eingeleitet werden:

Staatsanwaltschaft   . . . . , den . . . .
            VRs . . . . / . . . .
Vermerk: a) Geldstrafe . . . . . . Tagessätze zu je . . . . . . €
            b) Geldbuße . . . . . . €.
                                    Verfügung

1. Vollstreckungsvermerk Js-Register.
2. Zählkarte.

3. Strafnachricht an Bundeszentralregister.

4. Formblatt-Mitteilung an Polizeidienststelle (Nr. 11 Abs 1 Mistra).

5. Mitteilung der rechtskräftigen Entscheidung nach Nr. ... Mistra an ......

6. Nachricht an KBA Flensburg[10]: ...... (Straftat), ... (OWi).

7. Geldstrafe von ...... , Geldbuße von ...... und Kosten iHv ...... beim Verurteilten mit Zahlungsaufforderung einfordern. Urteilsabschrift gem. Nr. 140 RiStBV beifügen.

8. Wv ...... (ZA).

....

Rechtspfleger

Anmerkungen:

237   Bei Zählkarte, Strafnachricht (vgl. § 4 BZRG) und Mistra (vgl. Nr. 1 Mistra) bleibt die Ordnungswidrigkeit außer Betracht. Hinsichtlich Ziffer 5 obiger Verfügung ist allerdings keine Trennung möglich, so dass das gesamte Urteil mitgeteilt werden kann. Wird die Geldbuße wegen einer Ordnungswidrigkeit nach den §§ 24 und 24a StVG lediglich mit Rücksicht auf die wirtschaftlichen Verhältnisse des Betroffenen abweichend von dem Regelsatz der Geldbuße festgesetzt, der für die zugrundeliegende Ordnungswidrigkeit im Bußgeldkatalog (§ 26a StVG) vorgesehen ist, so ist in der Entscheidung dieser Paragraph bei den angewendeten Bußgeldvorschriften aufzuführen, wenn der Regelsatz der Geldbuße
– vierzig Euro oder mehr beträgt und eine geringere Geldbuße festgesetzt wird oder
– weniger als vierzig Euro beträgt und eine Geldbuße von vierzig Euro oder mehr festgesetzt wird, vgl § 28a StVG.
In diesen Fällen ist für die Eintragung in das Verkehrszentralregister der im Bußgeldkatalog vorgesehene Regelsatz maßgebend.
Eine **Mitteilung** an das KBA wegen einer Ordnungswidrigkeit erfolgt demnach im Grundsatz nicht, wenn der Regelsatz nach dem Bußgeldkatalog weniger als 40,– Euro beträgt. Sind sowohl Straftat als auch Ordnungswidrigkeit mitteilungspflichtig, sind für die Nachricht an das KBA die Vordrucke „E" (Straftat) und „F" (OWi) zu verwenden (oder man verzichtet auf Formblatt „F" und setzt die entsprechenden Angaben über die Ordnungswidrigkeit in den Schreibraum des Formblatts „E" ein). Die Vollstreckung der Geldstrafe/Geldbuße bzw. Ersatzfreiheitsstrafe/Erzwingungshaft ist grundsätzlich zu koordinieren. Wegen der Geldbuße ist § 87 Abs 3 StVollstrO bei der Zahlungsaufforderung zu beachten.
Bei der **Verrechnung** von **Teilbeträgen** gilt sowohl § 459b StPO als auch § 94 OWiG. Dies bedeutet, dass Teilbeträge – im Hinblick auf das einschneidendere Mittel der Ersatzfreiheitsstrafe – zunächst auf die Geldstrafe, sodann auf die Geldbuße und zuletzt auf die Kosten verrechnet werden,[11] es sei denn, der Verurteilte trifft, spätestens bei der Zahlung, eine abweichende Bestimmung. Bezahlt die Rechtschutzversicherung ohne konkrete Angaben, können diese Zahlungen ausschließlich und nur auf die Kosten verrechnet werden.

II. Einforderung und Beitreibung der Geldstrafe

A. Einforderung

238   Die Einforderung und Beitreibung der **Geldstrafe** richten sich, soweit gesetzlich nichts anderes bestimmt ist,[12] nach der **Justizbeitreibungsordnung** (§ 459 StPO, § 1 Abs 1

---

[10] Die Tatkennziffern ergeben sich aus FeV, Anlage 13 zu § 40 StVG.

[11] Ebenso *Göhler*, Rdn 4 zu § 94 OWiG.

[12] So in den einschlägigen Bestimmungen der StPO, die Vorrang haben.

Nr. 1 und Abs 2 JBeitrO) und der **Einforderungs- und Beitreibungsanordnung** (§ 48 Abs 1 StVollstrO, § 1 Abs 1 Nr. 1 EBAO). JBeitrO und EBAO ergänzen einander (vgl. §§ 7, 8 EBAO).

Solange die Verbindung von Geldstrafe und Kosten nicht gelöst wird (§ 15 EBAO), sind **gleichzeitig** mit der Geldstrafe auch die **Kosten** des Verfahrens einzufordern und beizutreiben; wobei dann auch für die **Kosten** die Vorschriften der **EBAO** und der **JBeitrO** gelten (§ 1 Abs 2 und 3 EBAO, § 1 Abs 4 JBeitrO). Vom Kostenansatz darf dabei auch bei Unvermögen des Schuldners nicht abgesehen werden (§ 10 Abs 2 Nr. 3 KostVfg).

Wird die Verbindung von Geldstrafe und Kosten **gelöst**, so werden die Kosten der **Gerichtskasse** zur Sollstellung überwiesen und von dieser nach den für sie geltenden Vorschriften (JKassO) eingezogen (§ 1 Abs 5 EBAO). Die EBAO findet auf das Beitreibungsverfahren der Gerichtskasse keine Anwendung.

Die Einforderung und Beitreibung der Geldstrafe und Kosten obliegt der **Vollstreckungsbehörde**; dies ist nach § 2 Abs 1 EBAO, § 1 Abs 1, § 4 StVollstrO, § 2 Abs 1 JBeitrO, § 451 StPO die **Staatsanwaltschaft**. Die Geschäfte der Vollstreckungsbehörde im Rahmen der Vollstreckung der Geld- und Ersatzfreiheitsstrafe sind grundsätzlich dem **Rechtspfleger** übertragen (§ 31 Abs 2 Satz 1 RpflG).

Sobald das Straferkenntnis rechtskräftig ist und damit Geldstrafe und Kosten **fällig** werden (§ 449 StPO, § 63 Abs 2 GKG), ordnet die Vollstreckungsbehörde (Rechtspfleger) die **Einforderung** von Geldstrafe und Kosten an.[13] Der Kostenbeamte der Vollstreckungsbehörde (der Beamte des mittleren Dienstes)[14] stellt die Kostenrechnung auf und übersendet die **Zahlungsaufforderung** an den Verurteilten (§§ 4, 5 EBAO). Die Zahlungsfrist beträgt in der Regel **zwei Wochen** (§ 3 Abs 2 EBAO; vgl. auch § 459c Abs 1 StPO). Die Mitteilung einer besonderen Zahlungsaufforderung unterbleibt bei **Strafbefehlen**, die bereits die Kostenrechnung und die Aufforderung zur Zahlung enthalten (§ 5 Abs 3 EBAO).[15]

Die Einforderung der Geldstrafe, Geldbuße und der Kosten ist zwischenzeitlich automatisiert. Zu beachten ist jedoch, dass aus der Kostenrechnung eindeutig hervorgehen muss:
- die Höhe der Geldstrafe,
- die Höhe der Geldbuße
- und die Kosten je aufgeschlüsselt in Gerichtsgebühren und Auslagen, wobei auch die Auslagen in sich aufzuschlüsseln sind, z.B. in Zeugenentschädigung, Zustellgebühren, Sachverständigenentschädigung, Auslagen der Polizei usw.

(siehe Beispiel einer Kostenrechnung).

239

B. Mahnung

Nach vergeblichem Ablauf der Zahlungsfrist soll der Verurteilte vor Anordnung der Beitreibung in der Regel zunächst besonders **gemahnt** werden (§ 7 Abs 1 EBAO, § 5 Abs 2 JBeitrO). Die Mahnung kann durch formloses Schreiben erfolgen, eine Zustel-

240

---

[13] Die Geldstrafe ist nur vollstreckbar, wenn im Straferkenntnis Zahl und Höhe der Tagessätze angegeben sind (§ 40 Abs 4 StGB). Ist die Bestimmung der Tagessatzhöhe unterblieben, fehlt es an einem notwendigen gesetzlichen Bestandteil. Die unvollständige Geldstrafe kann nicht in Rechtskraft erwachsen. Eine nachträgliche Ergänzung des Urteils mit dem Mindestsatz von 1,– € ist unzulässig (BGHSt 30, 93). Die Geldstrafenendsumme ist dagegen kein notwendiger Bestandteil. Ein etwaiger Berechnungsfehler wäre daher auch ohne Belang.

[14] Vgl. Geschäftsstellenanordnungen der Länder.

[15] Die Bezahlung einer Geldstrafe – unmittelbar oder mittelbar – durch einen Dritten erfüllt nicht den Tatbestand der Vollstreckungsvereitelung: BGH, StV 1991, 462.

lung ist – wie auch bei der Zahlungsaufforderung – nicht erforderlich. Eine Mahnung kann unterbleiben, wenn damit zu rechnen ist, dass der Zahlungspflichtige sie unbeachtet lassen wird, § 7 Abs 2 EBAO. Geht binnen einer **angemessenen** Frist nach Abgang der Mahnung oder, sofern von einer Mahnung abgesehen worden ist, binnen einer Woche nach Ablauf der Zahlungsfrist keine Zahlungsanzeige ein, werden Vollstreckungsmaßnahmen eingeleitet (§ 8 Abs 1 EBAO). Als „angemessen" kann – unter Berücksichtigung des Post- und Überweisungsweges – eine Frist von etwa zehn Tagen gelten.

Der Verurteilte hat **keinen Rechtsanspruch** auf eine Mahnung. Auch sind Beitreibungsmaßnahmen die unmittelbar nach Ablauf der Zahlungsfrist durchgeführt wurden, nicht schon deshalb unzulässig, weil die Frist des § 8 Abs 1 EBAO unbeachtet blieb. § 459 c Abs 1 StPO lässt die Beitreibung zu, sobald zwei Wochen seit Eintritt der Fälligkeit (= Rechtskraft: § 449 StPO, § 63 Abs 2 GKG) verstrichen sind. § 8 Abs 1 EBAO ist zwar von der Vollstreckungsbehörde zu beachten, aber die Frage der Zulässigkeit von Vollstreckungsmaßnahmen bestimmt sich allein nach § 459 c Abs 1 StPO.

Eine **sofortige** Beitreibung – vor Ablauf der 2-Wochen-Frist des § 459 c Abs 1 StPO – ist nur zulässig, wenn aufgrund **bestimmter Tatsachen** erkennbar ist, dass sich der Verurteilte der Zahlung **entziehen** will. Gegen eine Anordnung der Vollstreckungsbehörde (Rechtspfleger) auf sofortige Vollstreckung kann der Verurteilte über §§ 31 Abs 6, 32 RpflG[16] – § 459 h (§§ 462 Abs 1, 462 a) StPO die **Entscheidung** des Gerichts herbeiführen. Zuständig ist das Gericht des ersten Rechtszugs. Vor Rechtskraft des Straferkenntnisses ist ein Zugriff nur im Wege des **dinglichen Arrests** unter den Voraussetzungen des § 111 d StPO zulässig.

C. Zahlungserleichterungen

241   Ist dem Verurteilten nach seinen persönlichen oder wirtschaftlichen Verhältnissen nicht zuzumuten,[17] die Geldstrafe sofort zu zahlen, so ist ihm eine **Zahlungsfrist** (Stundung) oder **Ratenzahlung** zu bewilligen. Bei Vorliegen der Voraussetzungen hat bereits das **Gericht** im Straferkenntnis Zahlungserleichterungen zu gewähren (§ 42 StGB). Die Vollstreckungsbehörde ist zwar in der Regel selbst daran interessiert dem Verurteilten Zahlungserleichterungen zu bewilligen ohne dass das Gericht zuvor eine solche bewilligt hat. Der Grund liegt in der Flexibilität. Hat das Gericht, wie es in der Regel vorkommt Ratenzahlung ohne Verfallklausel bewilligt, ist die Vollstreckungsbehörde zunächst daran gebunden und tut sich im Falle der Nichteinhaltung der Zahlungen schwerer zur Vollstreckung der Reststrafe. In diesen Fällen muss die Zahlungserleichterung widerrufen werden. Zum Widerruf ist jedoch nicht das Gericht, sondern die Vollstreckungsbehörde (Rechtspfleger) zuständig.[18] Dem Verurteilten ist vor dem Widerruf jedoch rechtliches Gehör zu gewähren.

Nach **Rechtskraft** des Straferkenntnisses entscheidet über Zahlungsvergünstigungen nur noch die **Vollstreckungsbehörde** (§ 459 a Abs 1 StPO), u. U. auch die **Gnadenbehörde**. Der Gnadenweg wird aber nur ausnahmsweise in Betracht kommen, weil Ent-

---

[16] Zu Rechtsbehelfen in der Strafvollstreckung vgl. auch Rdn 33.

[17] S dazu im Einzelnen *Fischer*, Rdn 4 zu § 42 StGB. Zahlungserleichterungen sind dann nicht angezeigt, wenn der Verurteilte die Geldstrafe aus seinen regelmäßigen Einkünften oder mittels verfügbarer Ersparnisse ohne erhebliche Einschränkung seiner Lebensführung bezahlen kann.

[18] Heidelberger Kommentar, Rdn 3 zu § 459 a StPO.

scheidungen aufgrund gesetzlicher Bestimmungen stets den Vorrang haben.[19] Eine
Zahlungserleichterung kann auch zur Förderung der **Schadenswiedergutmachung**
bewilligt werden (§ 459 a Abs 1 Satz 2 StPO). Für die Vollstreckungsbehörde wird im
Rahmen des § 459 a StPO (auch § 456 StPO ist anwendbar) der **Rechtspfleger** tätig
(§ 31 Abs 2 Satz 1 RpflG).
Die Höhe der Raten, die Fälligkeitstermine und Fristen bestimmt die Vollstreckungsbehörde nach ihrem pflichtgemäßen Ermessen. Die Zahlungserleichterungen dürfen
nicht zu einer Veränderung der Geldstrafe in ihrem Strafcharakter führen. Demgemäß
ist die Einräumung von extrem niedrigen Raten oder besonders großzügigen Zahlungsfristen unzulässig. Auch Teilzahlungen müssen für den Verurteilten eine spürba-
re finanzielle Einbuße bedeuten.[20] Die Dauer des Ratenzahlungszeitraums ist zwar
gesetzlich nicht beschränkt, sollte aber – im Hinblick auf den Strafzweck – 2 Jahre
nicht übersteigen.[21] Ist nicht zu erwarten, dass der Verurteilte die Geldstrafe innerhalb einer gewissen Frist oder in angemessenen Teilbeträgen auch wirklich bezahlt
bzw. bezahlen kann, dann kann eine Zahlungsvergünstigung versagt werden.[22] Die
Geldstrafe darf im Übrigen hinter sonstigen Zahlungsverpflichtungen des Verurteilten
nicht zurückstehen.[23]
Zahlungserleichterungen können auf **Antrag** oder **von Amts wegen** gewährt werden;
dies auch noch **nach** Anordnung der Vollstreckung der Ersatzfreiheitsstrafe. Selbst
nach Antritt der Ersatzfreiheitsstrafe ist eine solche Maßnahme (als Ausnahmefall)
noch möglich.[24] Wie das Gericht kann auch die Vollstreckungsbehörde ihre Ratenbewilligung mit einer **Verfallklausel** nach § 42 Satz 2 StGB versehen.[25] Die Vollstreckungsbehörde sollte auf alle Fälle die Ratenbewilligung mit einer Verfallklausel versehen. Sie erspart sich den Weg des Widerrufs, der erst nach einer vorherigen
Anhörung des Verurteilten (Grundsatz des rechtlichen Gehörs) möglich wäre.
Die Entscheidung über Zahlungsvergünstigungen im Rahmen des § 459 a StPO erstreckt sich automatisch auch auf die **Kosten** des Verfahrens. Sie kann auch **allein**
hinsichtlich der Kosten getroffen werden oder eine gerichtlich angeordnete Zahlungserleichterung für die Geldstrafe (§ 42 StGB) auf die Kosten ausgedehnt werden
(§ 459 a Abs 4 StPO).[26]
Zahlungserleichterungen können mit folgender **Verfügung** gewährt werden: 242

Staatsanwaltschaft .... , den ....
VRs ..../....

Verfügung

1. An Verurteilten:
   Betr.: Strafsache gegen ......
   Bezug: ......

---

[19] *Schätzler,* Handbuch des Gnadenrechts, S 36.
[20] *Stree* in Schönke/Schröder, Rdn 5 zu § 42 StGB.
[21] *Tröndle,* Rdn 10; Leipziger Kommentar, Rdn 7 jeweils zu § 42 StGB.
[22] BGHSt 13, 356; OLG Stuttgart, StV 1993, 475.
[23] *Tröndle,* Rdn 4 zu § 42 StGB.
[24] Durch die Gewährung von Zahlungserleichterungen wird die Fälligkeit der Geldstrafe aufgeschoben und damit auch die Ersatzfreiheitsstrafe nicht mehr vollstreckbar. Der Verurteilte ist
sofort zu entlassen, sofern schon die Ersatzfreiheitsstrafe vollstreckt wird. Die frühere Vollstreckungsanordnung (§ 459 e StPO) verliert ihre Wirksamkeit. Ebenso *Bringewat,* Rdn 4 zu § 459 a
StPO. Vgl. auch KK-*Chlosta* (2. Aufl.), Rdn 4 zu § 459 e StPO; OLG Karlsruhe, Beschl v 9. 10.
1992 (1 Ws 146/92).
[25] *Meyer-Goßner,* Rdn 1 zu § 459 a StPO.
[26] *Meyer-Goßner,* Rdn 7, 8 zu § 459 a StPO.

Es wird Ihnen gestattet, die durch Urteil – Strafbefehl – des …gerichts ……
vom …… gegen Sie verhängte Geldstrafe von … Tagessätzen zu je …… Euro
= …… Euro

und die Kosten des Verfahrens in Höhe von…… Euro

insgesamt …… Euro

in monatlichen Raten von …… Euro zu zahlen, fällig jeweils am … des Monats, erstmals am ……

Die Zahlungsvergünstigung entfällt automatisch, wenn Sie die erste Rate oder einen weiteren Teilbetrag nicht rechtzeitig bezahlen (§ 42 Satz 2 StGB). Eine Mahnung ist nicht erforderlich. In diesem Falle wird der Gesamtbetrag bzw. Restbetrag sofort zur Zahlung fällig.

Die Vollstreckungsbehörde kann in diesem Falle auch ohne weitere Mahnung die Vollstreckung durch den Gerichtsvollzieher gegen Sie einleiten oder die Vollstreckung der Ersatzfreiheitsstrafe gegen Sie anordnen, sofern die Voraussetzungen vorliegen.

2. Mitteilung an
   – Verurteilten
   – Verteidiger
   Zahlkarten beifügen

3. Wv, wenn der Verurteilte die Zahlungen nicht aufnimmt oder einstellt.

………………………………………
Rechtspfleger

Anmerkungen:

243 Wird die Höhe der Teilbeträge oder die Zahlungsfrist abweichend vom Antrag des Verurteilten festgesetzt, ist dies zu begründen. Das gleiche gilt für abweichende Bescheide. Solange dem Verurteilten Zahlungserleichterung bewilligt ist, **ruht die Vollstreckungsverjährung** (§ 79a Nr. 2c StGB). Strittig ist, wann die Verjährungsfrist weiterläuft, wenn der Verurteilte bei einer Ratenzahlungsbewilligung mit Verfallsklausel mit einer Teilzahlung in Verzug gerät. nicht gefolgt werden.

Beispiel:
Dem Verurteilten ist Ratenzahlung bewilligt mit Verfallklausel. Die Raten sind jeweils zum 15. eines sjeden Monats zur Zahlung fällig. Der Verurteilte bezahlt die erste Rate am 25. des Monats, die zweite Rate am 20. des Monats. Die Vollstreckungsbehörde nimmt diese Verzögerungen hin.

Der Wegfall der Vergünstigung ist in den **Akten zu vermerken** (§ 459a Abs 3 Satz 1 StPO), eine Benachrichtigung des Verurteilten über den Wegfall ist nicht erforderlich. Mit dem Wegfall der Vergünstigung läuft auch die Vollstreckungsverjährung nach § 79 StGB weiter. Nicht geklärt ist, ab welchem Zeitpunkt beim automatischen Wegfall der Zahlungserleichterung auf Grund der Verfallklausel die Vollstreckungsverjährung weiter läuft. Häufig werden dem zuständigen Rechtspfleger die Akten im Falle des Zahlungsverzugs erst mehrere Wochen nach Fälligkeit der Rate vorgelegt. Den Vermerk nach § 459a Abs 3 Satz 1 StPO bewirkt nicht, dass die Vollstreckungsverjährung erst ab diesem Zeitpunkt weiter läuft. Die Vollstreckungsverjährung läuft weiter mit dem automatischen Wegfall der Zahlungserleichterung. Kommt der Verurteilte nun mit der Zahlung einer Rate nur kurze Zeit in Verzug und verbleibt es im Übrigen stillschweigend bei der Vergünstigung, ist davon auszugehen, dass die Vergünstigung nicht entfallen ist, weil dem Verurteilten praktisch erneut Zahlungserleichterung bewilligt ist. Die Vollstreckungsverjährung läuft deshalb erst weiter, wenn die Vollstreckungsbehörde feststellt, dass die Vergünstigung entfallen ist (§ 459a Abs 3 Satz 1 StPO). Dann läuft die Verjährung aber nicht erst von dem Augenblick an, an dem dieser Vermerk angebracht wird, sondern ab Zahlungsverzug.

Teilzahlungen des Verurteilten werden, wenn der Verurteilte – spätestens bei der Zahlung – keine andere Bestimmung trifft, **zunächst** auf die **Geldstrafe,** dann auf etwa angeordnete Nebenfolgen, die zu einer Geldzahlung verpflichten, und **zuletzt** auf die **Kosten** des Verfahrens angerechnet (§ 459 b StPO). Nicht zulässig ist es aber, Zahlungen der Rechtsschutzversicherungen auf die Geldstrafe oder sonstige Nebenfolgen anzurechnen. Diese Zahlungen sind **immer nur auf die Kosten** des Verfahrens anzurechnen.

§ 459 b StPO findet auch Anwendung, wenn Geldstrafen und Kosten aus **verschiedenen** Verfahren bei derselben Vollstreckungsbehörde geschuldet werden und der Verurteilte bei der Zahlung keine Bestimmung trifft. Bevor die Kosten der verschiedenen Verfahren ausgeglichen werden, sind die Geldstrafen aller Verfahren dann die sonstigen zu einer Geldzahlung verpflichtenden Nebenfolgen und erst dann die Verfahrenskosten auszugleichen. Dies gilt jedoch auch hier nur dann, wenn der Verurteilte bei der Zahlung keine Bestimmung trifft. Eine Bestimmung zur Anrechnung ist auch zu sehen, wenn die verurteilte Person bei der Zahlung das entsprechende Aktenzeichen angibt. Die StPO trifft selbst keine Bestimmung, in welcher Reihenfolge eingehende Zahlungen auf welche von mehreren Geldstrafen anzurechnen ist. § 459 b StPO dahingehend auszulegen, dass mit dieser Bestimmung eine für den Verurteilten jeweils günstigste Anrechnungsreihenfolge zu wählen ist, halte ich für verfehlt.[27] Es gelten daher die Bestimmungen des § 366 Abs 2 BGB, die analog anzuwenden sind. Im Ergebnis bedeutet dies, dass Zahlungen des Verurteilten ohne Bestimmung auf die Geldstrafe anzurechnen ist, die am ehesten verjährt. § 366 Abs 2 BGB trifft für diese Fälle folgende gesetzliche Reihenfolge für die Verrechnung:
– zunächst auf die fällige Schuld,
– dann auf die Schuld, die dem Gläubiger geringere Sicherheit bietet,
– dann auf die dem Schuldner lästigere Schuld,
– dann anteilsmäßig.[28]

Die Vollstreckungsbehörde kann eine frühere Entscheidung über Zahlungserleichterungen, auch wenn diese das Gericht im Urteil nach § 42 StGB gewährt hat, **ändern oder aufheben,** zum Nachteil des Verurteilten allerdings nur, wenn neue Tatsachen oder Beweismittel vorliegen.[29] In diesen Fällen ist, wenn eine Entscheidung zum Nachteil der verurteilten Person erfolgt, zuvor das rechtliche Gehör zu gewähren. Eine Aufhebung kann auch erfolgen, wenn der Verurteilte gröblich und/oder beharrlich seine Zahlungspflicht verletzt, wobei der Verurteilte vor **nicht gemahnt** werden muss. Änderungen bzw. Neubewilligungen können im Laufe des Vollstreckungsverfahrens auch mehrfach vorgenommen werden. Hat das Gericht nach § 42 StGB oder die Vollstreckungsbehörde nach § 459 a StPO eine **Verfallklausel** in die Ratenbewilligung aufgenommen und bleibt der Verurteilte mit einer Teilzahlung im Rückstand, so wird der gesamte Restbetrag **automatisch** fällig. Einer besonderen Aufhebung der Zahlungserleichterung bedarf es in diesem Falle nicht. Bewilligt das Gericht die Zahlungserleichterung nach § 42 StGB, ist allerdings häufig eine Verfallklausel im Urteil nicht enthalten. In diesem Falle ist die Zahlungserleichterung formell nach vorheriger Anhörung des Verurteilten aufzuheben. Erst dann darf die Vollstreckung des Gesamt-

244

---

[27] So auch Heidelberger Kommentar, Rdn 2 zu § 459 b StPO.

[28] Karlsruher Kommentar, Anm 3 zu § 459 b StPO.

[29] Z.B. wenn die Vermögensverhältnisse des Verurteilten sich zwischenzeitlich stark verbessert haben (neue Tatsachen) oder zusätzliche Nebeneinnahmen des Verurteilten erst nachträglich bekannt werden (neue Beweismittel); *Bringewat,* Rdn 9 zu § 459 a StPO. Die Vollstreckungsbehörde ist aber nicht verpflichtet, laufend die Einkommensverhältnisse des Verurteilten zu überprüfen, sondern nur wenn entsprechende Anhaltspunkte vorliegen oder bekannt werden.

betrages oder des Restbetrages eingeleitet werden. Andernfalls darf nur wegen der jeweils fälligen Beträge vollstreckt werden.

Eine **Beitreibung** einzelner Teilbeträge – im Falle des § 42 Satz 2 StGB (bei Verfallklausel) des gesamten Restbetrages – ist zulässig, wenn seit der Fälligkeit der Beträge **zwei Wochen** verstrichen sind (§ 459 c Abs 1 StPO). Ist eine Ratenbewilligung durch Zeitablauf überholt, ist gleichfalls zwei Wochen nach Fälligkeit der **letzten Rate** der Gesamtbetrag beitreibbar. Einer Aufhebung der Zahlungsvergünstigung bedarf es auch in diesem Falle nicht.

245   Der Aktenvermerk der Vollstreckungsbehörde nach § 459 a Abs 3 Satz 1 StPO dient nur der Klarstellung und ist daher nicht anfechtbar. Einwendungen des Verurteilten können jedoch als erneuten Antrag auf Bewilligung von Zahlungserleichterungen gesehen werden. Im Übrigen ist gegen die förmliche Entscheidung der Vollstreckungsbehörde (nur teilweise Bewilligung oder Ablehnung einer Zahlungserleichterung oder formeller Widerruf) der Rechtsbehelf nach § 31 Abs 6 RpflG gegeben.

§ 31 Abs 6 Satz 1 RpflG   ⟶   Staatsanwalt

§ 459 h StPO (§§ 462, 462 a StPO).[30]   ⟶   Gericht

D. Anordnung der Beitreibung

1. Zwangsweise Einziehung

246   Ist die Einforderung der Geldstrafe und Kosten erfolglos geblieben, ordnet die Vollstreckungsbehörde die **Beitreibung** an (§ 8 EBAO). Beitreibung bedeutet die **zwangsweise** Vollstreckung durch die Anwendung von **Vollstreckungsmaßnahmen**. Welche Vollstreckungsmaßnahmen bei der Einziehung von Geldstrafe und Kosten im einzelnen in Betracht kommen, bestimmt sich nach §§ 459 ff StPO, § 48 StVollstrO, §§ 8 ff EBAO und insbesondere nach §§ 6 ff JBeitrO. Es sind grundsätzlich die Vollstreckungsmittel anzuwenden, die nach Lage des Einzelfalls am schnellsten und sichersten zum Ziele führen. Auf die persönlichen und wirtschaftlichen Verhältnisse des Zahlungspflichtigen und seiner Familie ist dabei Rücksicht zu nehmen, soweit das Vollstreckungsziel hierdurch nicht beeinträchtigt wird. In geeigneten Fällen kann die Gerichtskasse um Auskunft ersucht werden, ob ihr über die Vermögens- und Einkommensverhältnisse des Verurteilten und über die Einziehungsmöglichkeiten etwas bekannt ist. Die Beitreibung ist solange fortzuführen, ggf. mit verschiedenen Mitteln, wie sie Erfolg verspricht.

Eine Beitreibung ist frühestens zulässig, wenn **2 Wochen** seit Eintritt der **Fälligkeit** verstrichen sind (§ 459 c Abs 1 StPO). Geldstrafe und Kosten werden fällig entweder mit der Rechtskraft des Straferkenntnisses (§ 449 StPO, § 63 Abs 2 GKG) oder mit einem von der Vollstreckungsbehörde festgelegten späteren Zeitpunkt (z. B. dem Fälligkeitstermin einzelner Raten). Vor Ablauf der zweiwöchigen Schonfrist darf nur beigetrieben werden, wenn aufgrund **bestimmter Tatsachen erkennbar** ist, dass sich der Verurteilte der Zahlung entziehen will. Hierfür müssen Äußerungen oder Handlungen des Verurteilten sprechen; ein vager Verdacht genügt nicht. Es müssen konkrete Tatsachen darauf hindeuten, ein bloßer Zahlungsrückstand ist hierfür nicht ausreichend. Hinzukommen muss vielmehr der **Vorsatz der** Vollstreckungsvereitelung, z. B. durch Beiseiteschaffen von Vermögenswerten.[31] Vor Rechtskraft ist ein Zugriff nur im Wege des **dinglichen Arrests** unter den Voraussetzungen des § 111 d StPO zulässig.

---

[30] Zu Rechtsbehelfen in der Strafvollstreckung s auch Rdn 33 ff.
[31] Heidelberger Kommentar, Rdn 2 zu § 459 c StPO.

Zu beachten ist, dass in den **Nachlass** des Verurteilten eine rechtskräftig verhängte Geldstrafe nicht vollstreckt werden darf (§ 459 c Abs 3 StPO): der Strafzweck der Geldstrafe kann nicht mehr erreicht werden. Für die **Kosten** dagegen haftet der Nachlass, sofern der Verurteilte erst **nach** Rechtskraft des Straferkenntnisses gestorben ist (§ 465 Abs 3 StPO).

2. Unterbleibensanordnung (§§ 459 c Abs 2, 459 d StPO)

Die Vollstreckung der Geldstrafe kann **unterbleiben,** wenn aufgrund bestimmter Tatsachen (Akteninhalt, eingeholte Auskünfte usw.) zu erwarten ist, dass sie in absehbarer Zeit zu keinem Erfolg führen wird (§ 459 c Abs 2 StPO). Damit soll verhindert werden, dass überflüssige Vollstreckungsversuche unternommen werden, um anstelle uneinbringlicher Geldstrafe Ersatzfreiheitsstrafe vollstrecken zu können. Die Vorschrift ist eng auszulegen. Die Erfolglosigkeit muss wahrscheinlich und mit einer Besserung der wirtschaftlichen Situation des Verurteilten für die nächste Zeit nicht zu rechnen sein.[32] Sie ist insbesondere dann anzunehmen, wenn Beitreibungsversuche in anderen Sachen erfolglos waren oder die verurteilte Person vor kurzem die eidesstattliche Versicherung angegeben hat. Durch die Vorschrift sollen ferner überflüssiger Verwaltungsaufwand und fortgesetzte (erfolglose) Beitreibungsmaßnahmen – deren Fortdauer wegen der Vollstreckungspflicht an sich erforderlich wäre – vermieden werden (amtl. Begründung). Im Übrigen hat sich die Vollstreckungsbehörde an dem Beschleunigungsgebot des § 2 StVollstrO zu orientieren. Der Grund für die Unterbleibensanordnung ist in einem Aktenvermerk niederzulegen. Verfährt die Vollstreckungsbehörde nach § 459 c Abs 2 StPO, ist nachfolgend die Vollstreckung der Ersatzfreiheitsstrafe anzuordnen (§ 459 e Abs 2 StPO). Ist nur noch ein Restbetrag offen, der keinem vollen Tag Ersatzfreiheitsstrafe mehr entspricht, kann die Vollstreckung über § 459 c Abs 2 StPO endgültig **zum Abschluss** gebracht werden. Wegen einer Restgeldstrafe, die keiner vollen Tagessatzhöhe entspricht, kann die Ersatzfreiheitsstrafe nicht vollstreckt werden. Wenn andere Vollstreckungsversuche erfolglos geblieben sind, ist diese Restgeldstrafe erledigt mit Eintritt der Vollstreckungsverjährung.

Unter den Voraussetzungen des § 459 d StPO kann auch das **Gericht** (§§ 462 Abs 1, 462 a StPO) **anordnen,** dass die Vollstreckung der Geldstrafe und Kosten ganz oder zum Teil **unterbleibt.** Wegen der Verfahrenskosten allein kann eine solche Anordnung nicht ergehen. Die Unterbleibensanordnung kann lediglich von der Geldstrafe auch auf die Kosten erstreckt werden. Sie kommt deshalb nicht in Betracht, wenn ausschließlich zu Freiheitsstrafe verurteilt wurde.[33] Bei der Ermessensentscheidung nach § 459 d StPO ist neben dem Resozialisierungsanliegen auch das öffentliche Interesse an der Vollstreckung zu berücksichtigen. Die Vorschrift hat **Ausnahmecharakter.**[34] Die Entscheidung ergeht auf Antrag oder von Amts wegen (auch auf Anregung der Vollstreckungsbehörde) und bringt die Vollstreckung zu einem **endgültigen Abschluss.** Eine Vollstreckung der Ersatzfreiheitsstrafe scheidet aus (§ 459 e Abs 4 StPO).

E. Vollstreckung in bewegliche Sachen

1. Vollstreckungsauftrag und Vollziehungsbeamter

Soll in bewegliche Sachen vollstreckt werden, so erteilt die Vollstreckungsbehörde dem **Vollziehungsbeamten** unmittelbar oder über die Geschäftsstelle des Amtsgerichts

247

248

---

[32] *Wendisch* in Löwe/Rosenberg, Rdn 10 zu § 459 c StPO.
[33] OLG Karlsruhe, Justiz 1982, 275; BGH, NJW 1983, 1687.
[34] OLG Jena, NStZ-RR 2006, 286.

einen **Vollstreckungsauftrag.** Dies gilt auch, wenn die Maßnahme im Bezirk einer anderen Vollstreckungsbehörde durchgeführt werden soll (§§ 9, 10 EBAO).

Im Verwaltungszwangsverfahren tritt an Stelle des Gerichtsvollziehers der **Vollziehungsbeamte** (§ 6 Abs 3 Satz 1 JBeitrO). Im Bereich der Justizverwaltung werden bei der Beitreibung von Ansprüchen nach der Justizbeitreibungsordnung **Vollziehungsbeamte der Justiz** tätig; dies sind Justizvollstreckungsassistenten(-sekretäre) oder ein sonstiger beauftragter Beamter. Der Vollziehungsbeamte hat seinen Dienstsitz beim Amtsgericht und erledigt seine Dienstgeschäfte nach der JBeitrO, der JKassO und den sonstigen Rechts- und Verwaltungsvorschriften. Die Dienst- und Geschäftsverhältnisse der Vollziehungsbeamten sind in der **Dienstordnung für die Vollziehungsbeamten der Justiz (JVDO)**[35] geregelt. Nach § 260 GVGA können auch **Gerichtsvollzieher** als Vollziehungsbeamte tätig werden; in vielen Landesteilen stehen überdies Justizvollstreckungsassistenten auch gar nicht zur Verfügung.

Der Vollziehungsbeamte wird zur Vollstreckungshandlung durch einen **schriftlichen Auftrag** der Vollstreckungsbehörde ermächtigt (§ 6 Abs 3 Satz 2 JBeitrO); das Urteil (Strafbefehl) braucht nicht beigefügt zu werden.[36] Die Ausführung des Auftrages, die Ablieferung der von dem Vollziehungsbeamten eingezogenen oder beigetriebenen Geldbeträge und die Behandlung der erledigten Vollstreckungsaufträge bei der Gerichtskasse richten sich nach den Dienstvorschriften für die Vollziehungsbeamten und den Bestimmungen der Kassenordnung (§§ 9 Abs 2, 10 Abs 2 EBAO). Für die Tätigkeit des **Gerichtsvollziehers** als Vollziehungsbeamter gelten insbesondere §§ 260 ff GVGA. Nach § 264 Abs 4 GVGA hat der Gerichtsvollzieher die Vollstreckung so zu fördern, dass ein Vollstreckungsauftrag fristgerecht erledigt wird. Eine etwa erforderliche Nachfrist hat er rechtzeitig vor Ablauf der Erledigungsfrist bei der Vollstreckungsbehörde zu beantragen.

Hinsichtlich der **Kosten** der Vollziehungsbeamten wird auf § 11 Abs 2 JBeitrO, § 1 GVKostG und die Gerichtsvollzieherkostengrundsätze (GVKostGr) verwiesen. Die **GV-Kosten** sind vom Vollstreckungsschuldner zugleich mit dem zu vollstreckenden Anspruch einzuziehen. Das **Entnahmerecht** des Vollziehungsbeamten wird jedoch durch § 459b StPO (§ 94 OWiG) **eingeschränkt.** Wenn der Schuldner nichts anderes bestimmt hat, ist eine Entnahme nur zulässig, soweit der Betrag nicht zur Tilgung der Geldstrafe/Geldbuße benötigt wird (Nr. 9a GVKostGr zu § 6). Sind die GV-Kosten nicht einziehbar, werden sie vom Vollziehungsbeamten zu den Sachakten mitgeteilt (Nr. 4 Abs 4 Satz 2 GVKostGr) und bei späteren Beitreibungsmaßnahmen von der Vollstreckungsbehörde als **Nebenkosten** mit eingezogen (§ 9 Abs 1 Satz 2 EBAO) oder, bei einer Sollstellung der Kosten, als Auslagen des Verfahrens angesetzt (Nr. 9012 GKGKostVerz). Die dem Vollziehungsbeamten (Gerichtsvollzieher) zustehenden Beträge sind als **durchlaufende Gelder** zu behandeln (§ 77b GVO, §§ 21, 27 Abs 8 KostVfg; §§ 10 Abs 2, 14 EBAO).

Der Verurteilte **haftet** generell für die Kosten der Beitreibungsmaßnahmen und ist demgemäß insoweit Kostenschuldner (§ 6 Abs 1 Nr. 1 JBeitrO iVm § 788 ZPO).

2. Durchsuchungsanordnung

249   Durch Beschluss vom 3. 4. 1979 hat das *BVerfG*[37] entschieden, dass außer bei Gefahr im Verzug eine Durchsuchung der Schuldnerwohnung (§ 758 ZPO) nur auf-

---

[35] Fundstellen: s *Piller/Hermann* „Justizverwaltungsvorschriften", Nr. 9a.
[36] Die Beifügung des Straferkenntnisses zur Durchführung von Vollstreckungsmaßnahmen nach der JBeitrO ist nicht erforderlich: der Antrag/Auftrag der Vollstreckungsbehörde ersetzt den vollstreckbaren Schuldtitel (vgl. § 7 Satz 2 JBeitrO, der allgemeine Gültigkeit hat).
[37] NJW 1979, 1539.

grund einer besonderen **richterlichen Anordnung** zulässig ist. Die Entscheidung des *BVerfG* über den Richtervorbehalt bei Wohnungsdurchsuchungen hat unmittelbare Auswirkungen auf die Vollstreckung von **Vermögensstrafen** (§ 459 StPO iVm § 6 Abs 1 Nr. 1 JBeitrO) wie auf die Vollstreckung einer **Einziehungs-, Verfalls-** oder **Unbrauchbarmachungsanordnung** (§ 459 g Abs 1 StPO iVm § 6 Abs 1 Nr. 1 JBeitrO), wo § 758 ZPO jeweils direkte Anwendung findet.[38] Eine Durchsuchung ohne richterliche Anordnung ist nur möglich bei Gefahr im Verzug oder wenn der Verurteilte dieser Maßnahme nicht widerspricht (§ 758 a ZPO, § 107 GVGA).

Keiner besonderen Durchsuchungsanordnung bedarf es auch für die Verhaftung des Schuldners gem. §§ 901 ff ZPO (EV-Verfahren). Hier umfasst der richterliche Haftbefehl zugleich die Ermächtigung zur Durchsuchung. Liegt bereits für die Pfändung eine richterliche Anordnung vor, so wird damit auch die spätere Abholung gepfändeter, in Gewahrsam des Verurteilten belassener Sachen abgedeckt (vgl. § 107 Nr. 8 GVGA).

Zuständig für den Erlass einer Durchsuchungsanordnung ist das **Amtsgericht**, in dessen Bezirk die Vollstreckungsmaßnahme stattfinden soll. Die Entscheidung ist nach Art 13 Abs 2 GG dem **Richter** vorbehalten. Die **Antragstellung** ist ausschließlich Sache des Gläubigers (Vollstreckungsbehörde; Rechtspfleger). Eine Antragstellung durch den Gerichtsvollzieher ist nicht mehr vorgesehen (§ 107 Nr. 3 GVGA). Zur Begründung des Antrags reicht die Erklärung aus, dass der Verurteilte den Zutritt zur Wohnung zum Zwecke der Durchsuchung nicht gestattet hat oder dass er wiederholt in der Wohnung nicht angetroffen wurde.

F. Zwangsvollstreckung in Forderungen und andere Vermögensrechte

Kommt die Zwangsvollstreckung in Forderungen oder andere Vermögensrechte in Betracht, so hat die **Vollstreckungsbehörde** den **Pfändungs- und Überweisungsbeschluss** zu erlassen und, in ihrer Funktion als Gläubiger (§ 6 Abs 2 JBeitrO), die **Zustellung** an Drittschuldner und Schuldner zu **bewirken**. Das Zustellungsverfahren richtet sich nach § 3 JBeitrO; die Zustellungen erfolgen von Amts wegen. Mit der Zustellung des Beschlusses an den **Drittschuldner** wird die Pfändung **wirksam**. Bei der anschließenden Zustellung an den Schuldner ist dieser von der bewirkten Zustellung an den Drittschuldner in Kenntnis zu setzen. **250**

In den Pfändungsbeschluss ist die Aufforderung zur Abgabe der in § 840 Abs 1 ZPO genannten Erklärungen aufzunehmen. Erteilt der Drittschuldner die geforderte Auskunft nicht, kann die Vollstreckungsbehörde den Vollziehungsbeamten mit der Entgegennahme der Erklärungen beauftragen (§ 6 Abs 2, 3 JBeitrO).

Die Überweisung des gepfändeten Anspruchs an Zahlungs Statt ist – wie sich aus § 6 Abs 4 JBeitrO ergibt – nicht zulässig. Die gepfändete Forderung ist daher zur **Einziehung** zu überweisen.

Die Vollstreckungsbehörde genießt gegenüber anderen Gläubigern **keine** bevorzugte Rangstelle bei der Pfändung. Ein **Verzicht** auf die erworbenen Rechte (z. B. bei hoher Vorpfändung) – durch dem Schuldner/Drittschuldner zuzustellende Erklärung – ist möglich (§ 843 ZPO). Willkürlich (mit Blick auf die Ersatzfreiheitsstrafe) darf dies nicht erfolgen. Eine gewisse Wartezeit bis zur Abwicklung der Pfändung ist hinnehmbar.

Die JBeitrO regelt nur die Grundzüge der Vollstreckung und verweist im Übrigen auf Vorschriften der **ZPO**, die **sinngemäß** Anwendung finden (vgl. § 6 Abs 1 Nr. 1

---

[38] Bei der sog Ergreifungsdurchsuchung (§ 457 StPO) bedarf es dagegen keiner besonderen gerichtlichen Anordnung: OLG Düsseldorf, NJW 1981, 2133; Erl d JM BW v 13. 2. 1986 (4320-IV/1).

JBeitrO). Bei der Zwangsvollstreckung in Forderungen und andere Vermögensrechte sind folgende Bestimmungen der ZPO anwendbar:

§§ 828 Abs 2, 829 bis 837 a, 840 Abs 1, Abs 2 Satz 2, 841 bis 886, 899 bis 910, 913 bis 915 h ZPO.

Wegen der **Kosten** der Forderungspfändung gilt § 11 Abs 1 JBeitrO (sinngemäße Anwendung des GKG: KostVerz Nr. 2111, 9002).

Rechtsbehelf des Verurteilten: § 31 Abs 6 RpflG, §§ 766, 828 Abs 2, 793 ZPO (§ 6 Abs 1 Nr. 1 JBeitrO).

Anmerkungen:

Pfändbar sind insbesondere folgende **Ansprüche:**

Arbeitseinkommen, Arbeitslosengeld, -hilfe, Entgelt aus selbständiger Tätigkeit, Provisionsansprüche, Überbrückungsgeld, Krankengeld, Kindergeld, Renten, Lebensversicherungen, Lohnsteuerjahresausgleich, Arbeitnehmersparzulage, Guthaben auf Konten, Bauspar- und Prämiensparverträgen, Anteil an nicht auseinandergesetzter Erbengemeinschaft, Pflichtteilanspruch, Ansprüche aus Vermietung und Verpachtung, Eigentümergrundschuld, Genossenschaftsanteil, Hinterlegungsgelder, Gefangenengelder (s Rdn 252).

Wegen Einzelfragen zur Zwangsvollstreckung in Forderungen und andere Vermögensrechte wird auf die Spezialliteratur verwiesen.

251   Zu den Formularen für **Pfändungs- und Überweisungsbeschlüsse,** wie sie in BW bisher verwendet wurden, s die nachfolgenden Seiten. Die Kosten betragen nach dem Kostenverzeichnis 2111 15,– €, hinzu kommen die Zustellgebühren nach Kostenverzeichnis 9002.

Pfändungs- und Überweisungsbeschluß

Staatsanwaltschaft

Aktenzeichen ....

Name und Anschrift des Verurteilten

PFÄNDUNGS- UND ÜBERWEISUNGSBESCHLUSS

Sie schulden dem Freistaat Sachsen, vertreten durch die Staatsanwaltschaft Zwickau

❑ Geldstrafe	EUR	....
❑ Gerichtskosten	EUR	....
❑ bisherige Beitreibungskosten	EUR	....
❑ Pfändungsgebühr	EUR	15,–
❑ Zustellgebühren	EUR	
Endsumme	EUR	.

Wegen und bis zur Höhe dieser Forderung wird die angebliche Forderung des Schuldners an den Arbeitgeber (Drittschuldner)
(Drittschuldner mit Anschrift eingeben)
auf Zahlung des gesamten Arbeitseinkommens einschließlich des Geldwertes von Sachbezügen und der Arbeitnehmersparzulage so lange gepfändet, bis der Gläubigeranspruch gedeckt ist.

Der Arbeitgeber (Drittschuldner) darf, soweit die Forderung gepfändet ist, nicht mehr an den Schuldner zahlen. Der Schuldner darf die gepfändeten Teile der Forderung nicht mehr verlangen, auch nicht verpfänden oder abtreten. Soweit die Forderung des Schuldners an den Drittschuldner gepfändet ist, wird sie dem Freistaat Sachsen zur Einziehung überwiesen. Daher hat der Drittschuldner die gepfändeten Beträge unter Angabe des Aktenzeichens auszuzahlen an ....

Der Drittschuldner wird hiermit aufgefordert, binnen 2 Wochen vom Tage nach der Zustellung dieses Beschlusses an gerechnet, der Staatsanwaltschaft Zwickau zu erklären:
1. ob und inwieweit die gepfändete Forderung als begründet anerkannt wird;
2. ob und welche Ansprüche andere Personen auf die Forderung erheben;
3. ob und wegen welcher Ansprüche die Forderung bereits für andere Gläubiger gepfändet ist.

Hierzu kann der beiliegende Vordruck verwendet werden.
Für den aus der Nichterfüllung dieser Verpflichtung entstehenden Schaden haftet der Drittschuldner dem Freistaat Sachsen (§ 840 ZPO).

Wegen der Berechnung des pfändbaren Nettoeinkommens und des pfändbaren Betrages wird auf die nachstehenden Erläuterungen verwiesen. Bei Unklarheiten über die Höhe des abzuführenden Betrages wird jedes Amtsgericht Auskunft erteilen.

(Dienststempel)   gez.: Rechtspfleger

Verfügung vom ....

1. Ausfertigung mit Postzustellungsurkunde an den Drittschuldner
2. Nach Eingang der Zustellungsurkunde Abschrift des Pfändungs- und Über-
   weisungsbeschlusses an den Schuldner senden mit dem Zusatz:
   „Eine Ausfertigung des Beschlusses wurde dem Drittschuldner am ....
   zugestellt."
3. Wiedervorlage am:

gez.: Rechtspfleger

Erläuterungen zur Berechnung des pfändbaren Nettoeinkommens und des pfändbaren Betrages

Von der Pfändung sind ausgenommen und nicht mitzurechnen:

1. Steuern, öffentliche Abgaben und Beiträge zur gesetzlichen Sozialversicherung, die der Arbeitgeber unmittelbar abführt; ebenso Beiträge in üblicher
   Höhe, die der Schuldner laufend an eine Ersatzkasse, eine private Krankenversicherung oder zur Weiterversicherung bezahlt;
2. Aufwandsentschädigungen, Auslösungsgelder und anders soziale Zulagen für
   auswärtige Beschäftigung, das Entgelt für selbstgestelltes Arbeitsmaterial,
   Gefahren-, Schmutz-, und Erschwerniszulagen (alle Bezüge jedoch nur in
   üblicher und angemessener Höhe);
3. die Hälfte der für die Leistung von Mehrarbeitsstunden bezahlten Teile des
   Arbeitseinkommens;
4. Weihnachtsvergütungen bis zur Hälfte des monatlichen (Brutto-) Einkommens, höchstens aber bis EUR 500,--;
5. die weiteren Bezüge nach § 850a Nr. 2, 5-8 ZPO (z.B. Urlaubs- und
   Treuegelder, Heirats- und Geburtsbeihilfen, Erziehungsgelder, Sterbe- und
   Gnadenbezüge sowie Blindenzulagen).

Von dem nach vorstehenden Ziffern errechneten Nettoeinkommen ergibt sich
der pfändbare Betrag unter Berücksichtigung von Unterhaltspflichten des
Schuldners aus der Tabelle zu § 850c Abs. 3 ZPO.

Die Arbeitnehmersparzulage bleibt bei der Ermittlung des pfändbaren Betrages
unberücksichtigt; sie ist in voller Höhe an den Gläubiger auszuzahlen.

Erklärung des Drittschuldners nach § 840 ZPO

(Absender)
Drittschuldner

An die
Staatsanwaltschaft

08056 Zwickau

zu Aktenzeichen ....

ERKLÄRUNG NACH § 840 ZPO

In der Zwangsvollstreckungssache des Freistaats Sachsen, vertreten durch die Staatsanwaltschaft Zwickau

gegen

(Name und Anschrift des Schuldners)

wird zum Pfändungs- und Überweisungsbeschluß vom .... mitgeteilt:

1. Die gepfändete Forderung wird
   ❑ in voller Höhe
   ❑ nicht
   ❑ mit folgender Einschränkung
   anerkannt:

2. Andere Personen erheben auf die Forderung
   ❑ keine
   ❑ folgende
   Ansprüche:
   (Ggf. Einzeln nach Art und Höhe angeben)

3. Die Forderung ist für andere Gläubiger
   ❑ nicht
   ❑ wegen folgender Ansprüche
   gepfändet:
   (Ggf. Gläubiger, Höhe der Forderung, Zustellungsdatum und - bei Arbeitseinkommen – Höhe des Abzugs angeben)

....
(Datum)   (Unterschrift und ggf. Firmenstempel)

G. Inanspruchnahme von Gefangenengeldern

252   Ein Gefangener kann drei verschiedene Arten von Geldern haben, die jeweils von der Kasse der Justizvollzugsanstalt verwahrt werden. Bares Geld darf ein Gefangener nicht in Besitz haben. Bei den Gefangenengeldern wird unterschieden zwischen Eigengeld (freies Eigengeld oder zweckgebundenes Eigengeld), Hausgeld und Überbrückungsgeld. **Hausgeld** sind die Einkünfte des Gefangenen, die dieser nach dem im StVollzG geregelten Einkünften bezieht. Dies kann sein Arbeitsentgelt für Arbeitsleistungen in der Justizvollzugsanstalt, Ausbildungsbeihilfe für die Teilnahme an Schulungsmaßnahmen in der Anstalt oder Taschengeld. Steht der Gefangene in einem freien Beschäftigungsverhältnis außerhalb der Anstalt, wird aus diesen Bezügen ein angemessenes Hausgeld festgesetzt. Über dieses Hausgeld kann der Gefangene grundsätzlich frei verfügen. Das Hausgeld ist nach hM unpfändbar.[39] Der 1. Zivilsenat des KG Berlin als Vollstreckungsgericht hat jedoch entschieden, dass das Hausgeld als „notwendiger Unterhalt nach § 850 Abs 1 ZPO eine zweckgebundene Forderung sei, die nach § 399 BGB unübertragbar und somit gem. § 851 Abs 2 ZPO nicht der Pfändung unterworfen sei. Von diesem Hausgeld werden vier Siebentel dem **Überbrückungsgeldkonto** gutgeschrieben. Über das Überbrückungsgeld kann der Gefangene grundsätzlich nicht verfügen, es soll den notwendigen Lebensunterhalt und den seiner Unterhaltsberechtigten für die ersten vier Wochen nach seiner Entlassung sichern. Das Überbrückungsgeld wird dem Gefangenen bei der Entlassung in Freiheit ausbezahlt. Dieses Überbrückungsgeld unterliegt nicht der Pfändung.

Einen Überblick über die im StVollzG ausgewiesenen Gefangenengelder und deren **Pfändbarkeit** soll nachfolgende **Übersicht** vermitteln:

Gesetzliche Grundlage		Pfändbarkeit
§ 39 StVollzG	Bezüge aus einem freien Beschäftigungsverhältnis außerhalb der Anstalt oder der Selbstbeschäftigung innerhalb der Anstalt	Zwischen dem Gefangenen und dem Arbeitgeber besteht Arbeits- oder Ausbildungsvertrag. Bezüge sind **pfändbar** im Rahmen der §§ 850 ff ZPO. Nicht pfändbar sind jedoch die Teile, die als Hausgeld und damit teilweise auch als Überbrückungsgeld verwendet werden. Statt Pfändung bietet sich Zahlungsvereinbarung an gem. Nr. 2, 3 der VV zu § 39 StVollzG. Zu beachten ist ferner, dass Teile des Arbeitsentgelts für Haftkosten aufgebraucht werden.
§ 43 StVollzG	**Arbeitsentgelt** des Gefangenen. Es besteht Arbeitspflicht nach § 41 StVollzG. Keine tarifmäßige Entlohnung, Bemessungsgrundlage ist vielmehr das durchschnittliche Arbeitsentgelt aller Versicherten der Rentenversicherung der Arbeiter und Angestellten des vorangegangenen Kalenderjahres.	Soweit das Arbeitsentgelt als Überbrückungsgeld verwendet wird, unterliegt es nicht der Pfändung. Gleiches gilt, soweit es als Hausgeld verwendet wird (siehe Ausführungen oben) Ist das Überbrückungsgeld aufgefüllt, besteht Pfändungsmöglichkeit im Rahmen des § 850 c StPO

---

[39] AG Freiburg, NStZ 1993, 150.

Gesetzliche Grundlage		Pfändbarkeit
§ 44 StVollzG	**Ausbildungsbeihilfe.** Der Gefangene erhält das ihm entgangene Arbeitsentgelt als Ausbildungsbeihilfe, wenn die Ausbildung während der Arbeitszeit stattfindet und er deshalb von der Arbeitspflicht freigestellt ist. Bemessung erfolgt wie bei § 43 StVollzG	Wie bei Arbeitsentgelt nach § 43 StVollzG
§ 45 StVollzG	**Ausfallentschädigung.** Wird einem Gefangenen gewährt, der ohne Verschulden länger als eine Woche nicht arbeiten kann. Mindestbetrag 60% der Eckvergütung nach § 43 Abs 1 StVollzG. Diese Vorschrift ist bisher nicht in Kraft getreten.	–
§ 46 StVollzG	**Taschengeld** wird gewährt, wenn der Gefangene ohne sein Verschulden kein Arbeitsentgelt und keine Ausbildungsbeihilfe erhält. Voraussetzung ist Bedürftigkeit[40]	Dient der persönlichen Verwendung und ist daher unpfändbar nach § 850 d Abs 1 Satz 2 ZPO
§ 47 StVollzG	**Hausgeld.** 3/7 der monatlichen Bezüge stehen dem Gefangenen als Hausgeld zur Verfügung zur Befriedigung seiner persönlichen Bedürfnisse.	Zählt grundsätzlich zum notwendigen Unterhalt und ist daher nicht pfändbar. (Siehe Ausführungen hierzu oben)
§ 51 StVollzG	**Überbrückungsgeld** wird gebildet aus den Bezügen des Gefangenen, um notwendigen Lebensunterhalt des Gefangenen und seiner Unterhaltsberechtigten für die ersten vier Wochen nach der Entlassung zu sichern. Wegen der Höhe siehe Ausführungen oben. Ist das Überbrückungsgeld noch nicht voll angespart, wird insoweit auch das Eigengeld in Anspruch genommen.	Der Anspruch auf Auszahlung des Überbrückungsgeldes und des Eigengeldes – soweit letzteres als Überbrückungsgeld herangezogen wird – ist unpfändbar. Bargeld des Gefangenen ist in Höhe des Überbrückungsgeldes für die Dauer von vier Wochen nach der Entlassung ebenfalls unpfändbar.
§ 52 StVollzG	**Eigengeld.** Restbetrag, der dem Gefangenen von seinem Arbeitsentgelt nach Abzug des Hausgeldes, des Überbrückungsgeldes usw verbleibt oder Geld das dem Gefangenen von Dritten auf sein Konto in der Anstalt einbezahlt wird. Dieses Geld kann zweckgebunden einbezahlt werden.	Grundsätzlich pfändbar, es sei denn, Teilbeträge werden als Überbrückungsgeld in Anspruch genommen, dann unpfändbar. Wird dem Gefangenen zweckgebundenes Eigengeld einbezahlt ist die Pfändbarkeit umstritten.
§ 75 StVollzG	**Entlassungsbeihilfe.** Besteht aus Beihilfe zu den Reisekosten	Unpfändbar nach § 75 Abs 3 StVollzG
§ 83 StVollzG	**Eingebrachte Gelder** oder sonstige Vermögensstücke. Das Geld wird als Eigengeld gutgeschrieben. Der Gefangene kann grundsätzlich darüber verfügen, soweit diese Beträge nicht als Überbrückungsgeld verwendet werden. Wird dem Ge-	Der Anspruch ist grundsätzlich pfändbar. Ausnahme, soweit dieses Geld als Überbrückungsgeld verwendet wird oder soweit es zweckgebunden einbezahlt ist.

---

[40] *Callies/Müller-Dietz,* Rdn 3 zu § 46 StVollzG.

Gesetzliche Grundlage		Pfändbarkeit
	fangenen zweckgebundenes Eigengeld einbezahlt, kann es grundsätzlich nicht als Überbrückungsgeld verwendet werden. Die Einzahlung zweckgebundenes Eigengeld bedarf der vorherigen Zustimmung der Anstalt.	

Der Gefangene bezieht nach § 43 StVollzG Arbeitsentgelt bzw. nach § 44 StVollzG Ausbildungsbeihilfe. Dieses Geld bildet zusammen mit dem nicht erhobenen Haftkostenbeitrag (als Sachbezug nach § 850e Nr. 3 ZPO) das Arbeitseinkommen iS von §§ 850ff ZPO. Von dem Arbeitsentgelt kann der Gefangene drei Siebentel monatlich (Hausgeld) für Einkauf oder anderweitig verwenden. Das restlichen vier Siebentel werden auf das Überbrückungsgeldkonto gebucht. Das bei der Entlassung auszuzahlende Überbrückungsgeld ist grundsätzlich unpfändbar. Eingebrachtes oder zugeschicktes Geld sowie nicht in Anspruch genommenes Hausgeld werden als Eigengeld gutgeschrieben. Dieses Eigengeld ist solange und insoweit unpfändbar, bis der festgesetzte Überbrückungsgeldbetrag erreicht ist. Danach kann das gutgeschriebene Eigengeld gepfändet werden. Für das letzte Drittel des Arbeitsentgelts, das ab diesem Zeitpunkt ebenfalls dem Eigengeld gutgeschrieben wird, gelten jedoch die Pfändungsbestimmungen für Arbeitseinkommen (§§ 850ff ZPO), so dass es – je nach Gesamthöhe des Arbeitseinkommens – häufig erst nach dem nächsten Zahlungstermin voll pfändbar ist. Diese Beurteilung entspricht, wie sich aus dem Beschluss des Bundesverfassungsgerichts vom 16. 2. 1982 (NJW 1982 S 1583) ergibt, der vorherrschenden Meinung.

H. Sonstige Vollstreckungsmaßnahmen

1. Zwangsvollstreckung in unbewegliches Vermögen

253 Bei der Zwangsvollstreckung in das unbewegliche Vermögen finden gem. § 6 Abs 1 Nr. 1 JBeitrO die Vorschriften der §§ 864ff ZPO sinngemäß Anwendung. Der Zwangsvollstreckung unterliegen außer den **Grundstücken** die **grundstücksähnlichen Berechtigungen** (z.B. Erbbaurecht), die im Schiffsregister eingetragenen **Schiffe** sowie die **Schiffsbauwerke**, die im Schiffsbauregister eingetragen sind oder in dieses Register eingetragen werden können.

Die Zwangsvollstreckung in ein **Grundstück** kann nach § 866 ZPO durch Eintragung einer **Sicherungshypothek** erfolgen (die Forderung muss höher als 750,– € sein: vgl. § 866 Abs 3 ZPO). Voraussetzung ist, dass der Schuldner als Eigentümer im Grundbuch eingetragen oder Erbe des eingetragenen Eigentümers ist (§§ 39 Abs 1, 40 GBO). Ggf. hat die Vollstreckungsbehörde in ihrer Funktion als Gläubiger (§ 6 Abs 2 Satz 1 JBeitrO) die Berichtigung des Grundbuchs herbeizuführen (§ 14 GBO). Der nach § 867 ZPO (§ 6 Abs 2 Satz 1, § 7 JBeitrO) erforderliche **Antrag** der Vollstreckungsbehörde (Rechtspfleger) auf Eintragung der Sicherungshypothek ist an das nach § 1 Abs 1 GBO zuständige Amtsgericht (Grundbuchamt) zu richten. Der Antrag, der den vollstreckbaren Schuldtitel ersetzt, hat die **Art der Forderung** (Geldstrafe, Verfahrenskosten, Nebenkosten) näher zu bezeichnen und muss die Erklärung enthalten, dass der geltend gemachte Anspruch **vollstreckbar** ist. Eine Zustellung des Antrags an den Schuldner ist nicht erforderlich (§ 7 JBeitrO). Der Antrag der Vollstreckungsbehörde ist als Ersuchen einer Behörde im Sinne des § 38 GBO anzusehen; er ist deshalb zu unterschreiben und mit Siegel oder Stempel zu versehen (§ 29 Abs 3 GBO). Die **Eintragung** der Sicherungshypothek richtet sich nach §§ 1115, 1184 Abs 2 BGB; eine Brieferteilung erfolgt nicht (§ 1185 Abs 1 BGB). Das Rangverhältnis bestimmt sich nach § 879 BGB. Die Vollstreckungsbehörde verschafft sich durch dieses Instrumentarium angemessene Sicherung, insbesondere auch im Hinblick auf Vollstreckungsmaßnahmen anderer Gläubiger.

Die Zwangsvollstreckung in ein Grundstück kann auch durch **Zwangsversteigerung** oder **Zwangsverwaltung** erfolgen (§ 6 Abs 1 Nr. 1 JBeitrO iVm § 866 ZPO). Ein Antrag auf Einleitung eines Zwangsversteigerungs- oder Zwangsverwaltungsverfahrens (§§ 15 ff; 146 ff ZVG) soll nur gestellt bzw. der Beitritt zu einem solchen Verfahren nur erklärt werden, wenn ein Erfolg zu erwarten ist und das Vollstreckungsziel anders nicht erreicht werden kann (§ 8 Abs 6 EBAO). Mit dieser Vollstreckungsmaßnahme soll aus der Teilungsmasse (§§ 107 ff ZVG) bzw. aus der Verteilung der Nutzungen (§§ 155 ff ZVG) die Tilgung der Geldforderung erreicht werden.

Die Zwangsvollstreckung in ein eingetragenes **Schiff** oder ein **Schiffsbauwerk** erfolgt durch Eintragung einer **Schiffshypothek** (§§ 8, 24 Schiffsregisterordnung) oder durch **Zwangsversteigerung** (§§ 162 ff ZVG). Eine Zwangsverwaltung ist nicht möglich.

2. Insolvenzverfahren

Ein Antrag auf Eröffnung eines **Insolvenzverfahrens** ist der Vollstreckungsbehörde **254** verwehrt: nach § 302 InsO können Geldstrafen, Geldbußen, Ordnungs- und Zwangsgelder sowie Nebenfolgen, die zu einer Geldzahlung verpflichten, im Insolvenzverfahren nicht geltend gemacht werden. Unter die nach § 302 InsO ausgeschlossenen Forderungen fallen zwar nicht die **Verfahrenskosten**; ein Insolvenzverfahren nur wegen der Kosten widerspräche jedoch dem Grundsatz der Verhältnismäßigkeit. Die Anmeldung der Kosten zu einem bereits eröffneten Insolvenzverfahren ist dagegen möglich. In einem solchen Falle kann es sich empfehlen, nach § 15 Abs 1c EBAO zu verfahren und die Kosten der Gerichtskasse zur Einziehung zu überweisen (§ 1 Abs 5 EBAO).

Die Durchführung eines **Vergleichsverfahrens** auf Betreiben der Vollstreckungsbehör- **255** de scheitert ebenfalls, da ein Antrag auf Eröffnung des Vergleichsverfahrens nur vom **Schuldner** gestellt werden kann. In einem bereits anhängigen Vergleichsverfahren können – wie im Insolvenzverfahren – nur die **Verfahrenskosten** geltend gemacht werden.

3. Abnahme der eidesstattlichen Versicherung

Für das **Verfahren** finden gem. § 6 Abs 1 Nr. 1 JBeitrO die Vorschriften der §§ 807, **256** 899 bis 910 und §§ 913 bis 915 h ZPO sinngemäß Anwendung. Hinsichtlich des Vollziehungsbeamten (Gerichtsvollzieher) gilt insbesondere § 260 GVGA.

Nach § 807 ZPO ist der Schuldner verpflichtet, ein **Vermögensverzeichnis** vorzulegen und dessen Richtigkeit und Vollständigkeit an **Eides Statt** zu versichern. Für die Vollstreckungsbehörde können sich daraus Hinweise für die weitere Zwangsvollstreckung ergeben.

Das Verfahren wird eingeleitet durch den **Antrag** der Vollstreckungsbehörde (Rechtspfleger) an den für den Wohnsitz des Schuldners zuständigen Gerichtsvollzieher (§ 7 JBeitrO, § 899 ZPO). Da der Antrag den vollstreckbaren Schuldtitel (s § 7 Satz 2 JBeitrO) ersetzt, ist er zu unterschreiben und mit Siegel oder Stempel zu versehen. Der Antrag muss **Art** (Geldstrafe, Verfahrenskosten, Nebenkosten) **und Höhe der Forderung** nennen sowie eine Erklärung über deren **Vollstreckbarkeit** enthalten. Erforderlich ist ferner die Feststellung, dass die Vollstreckung in das bewegliche Vermögen des Schuldners ganz oder teilweise **erfolglos** geblieben ist, oder dass die Vollstreckung **aussichtslos** erscheint. Eines Nachweises über die erfolglose Zwangsvollstreckung bedarf es nicht. Die entsprechende Erklärung der Vollstreckungsbehörde reicht aus.[41]

Erscheint der Schuldner in dem zur Abgabe der eidesstattlichen Versicherung bestimmten Termin nicht, oder verweigert er ohne Grund die Abgabe der eidesstattlichen Versicherung, so ordnet das Gericht auf Antrag die Haft an (§ 901 ZPO). Das Amtsgericht entscheidet nach pflichtgemäßem Ermessen durch Beschluss. Örtlich zuständig ist das Amtsgericht in dessen Bezirk der Pflichtige seinen Wohnsitz oder in Ermangelung eines Wohnsitzes seinen gewöhnlichen Aufenthalt hat. Gegen den Beschluss des Amtsgerichts ist die sofortige Beschwerde gegeben. Die Vollstreckung des Haftbefehls erfolgt durch den Vollziehungsbeamten/Gerichtsvollzieher (§ 909 ZPO), einer Zustellung des Haftbefehls bedarf es nicht. Sollte zur Verhaftung des Schuldners eine **Wohnungsdurchsuchung** erforderlich werden, bedarf es hierzu keiner besonderen richterlichen Anordnung. Der Haftbefehl umfasst zugleich die Ermächtigung für diese Maßnahme (§ 107 Nr. 8 GVGA). Die Haftdauer beträgt längstens sechs Monate (§ 913 ZPO). Nach Ablauf der sechs Monate wird der Schuldner von Amts wegen aus der Haft entlassen.

Auch eine **wiederholte** Abnahme der eidesstattlichen Versicherung wäre möglich, sofern die Abgabe der eidesstattlichen Versicherung in dem Schuldnerverzeichnis noch nicht gelöscht ist in den ersten drei Jahren nach ihrer Abgabe, wenn glaubhaft gemacht wird, dass der Schuldner später Vermögen erworben hat oder dass bisher bestehendes Arbeitsverhältnis mit dem Schuldner aufgelöst ist. (§ 903 ZPO).

257 Nachstehend das Formular für einen **Antrag auf Abnahme der eidesstattlichen Versicherung**. Gebühr nach KostVerz Nr. 2114 jetzt 30,– €.

---

[41] Es wird ja sogar schon der Schuldtitel durch einen bloßen Antrag ersetzt! Im Ergebnis ebenso *Lappe/Steinbild*, Justizbeitreibungsordnung, S 177.

Antrag auf Abgabe einer eidesstattlichen Versicherung

Staatsanwaltschaft Zwickau
Aktenzeichen ....

An den
Gerichtsvollzieher beim
Amtsgericht

....

Betreff: Strafsachen gegen
....
wohnhaft in ....
Beil.:

Durch rechtskräftiges Straferkenntnis des Amtsgerichts
....
vom ....(Aktenzeichen: ....) wurde gegen den Verurteilten
festgesetzt:

❑ Geldstrafe   ❑ Geldbuße   EUR.......................
❑ Verfahrenskosten   EUR.......................
❑ Kosten der bisherigen Zwangsvollstreckung   EUR.......................
❑ abzüglich bezahlter   EUR_____

                                        EUR_____ .

Es wird beantragt, einen Termin zur Abgabe der eidesstattlichen Versicherung durch den Verurteilten zu bestimmen und diesen zu diesem Termin vorzuladen. Den Termin wollen Sie bitte nach hierher mitteilen.
❑ Die bisherige Pfändung und Vollstreckung hat zu keiner vollständigen Befriedigung geführt;
❑ Es ist nicht zu erwarten, dass eine weitere Pfändung oder Vollstreckung zur vollständigen Befriedigung führen wird, nachdem der Verurteilte:
   ❑ amtsbekannt unpfändbar ist;
   ❑ nach dem Protokoll des Gerichtsvollziehers vom .... keine pfändbare Habe besitzt.
❑ Der Verurteilte die Durchsuchung der Wohnung und der Behältnisse nach § 758 ZPO grundlos verweigert hat;
❑ Der Verurteilte durch den Gerichtsvollzieher wiederholt in seiner Wohnung nicht angetroffen wurde, obwohl die Vollstreckung mindestens zwei Wochen zuvor angekündigt wurde.

Erscheint der Verurteilte zu dem Termin nicht oder verweigert er die Abgabe der eidesstattlichen Versicherung grundlos, wird schon jetzt der Erlass eines Haftbefehls durch das Gericht beantragt.

Sollte der Verurteilte innerhalb der letzten drei Jahre die eidesstattliche Versicherung abgegeben haben, wird um Übersendung einer Abschrift des Vermögensverzeichnisses gebeten.

gez.: Rechtspfleger

(Vermerk: Der Antrag auf Abgabe der eidesstattlichen Versicherung kann auch bereits im Vollstreckungsauftrag an den Gerichtsvollzieher enthalten sein. In diesem Falle ist das Protokoll des Gerichtsvollziehers nicht mit beizufügen. Eine entsprechende Formulierung kann auch verwendet werden, wenn dem Verurteilten die Fahrerlaubnis entzogen und der Führerschein eingezogen wurde. Im Antrag müßte dann zum Ausdruck kommen, daß der Verurteilte seinen Führerschein nicht freiwillig herausgibt und ein Beschlagnahmeversuch durch den Gerichtsvollzieher erfolglos geblieben ist. Der Antrag lautet dann auf Angaben über den Verbleib des Führerscheins.)

J. Aufrechnung

Hat der Verurteilte eine Forderung gegen den Justizfiskus, so kann die Vollstre-   **258**
ckungsbehörde den Anspruch auf Zahlung der Geldstrafe und Verfahrenskosten dagegen **aufrechnen**. Die Aufrechnung setzt voraus, dass sich **gleichartige** Forderungen
gegenüberstehen (§ 387 BGB). Der Verurteilte seinerseits kann (ohne Einverständnis
der Vollstreckungsbehörde) gegen die Geldstrafe **nicht** aufrechnen, weil dies dem Wesen und Zweck der Strafe widersprechen würde.
Die Erklärung der Aufrechnung erfolgt für die Vollstreckungsbehörde durch den
Rechtspfleger (§ 31 Abs 2 Satz 1 RpflG).[42] Wegen der in § 388 BGB geforderten
Empfangsbedürftigkeit der Aufrechnungserklärung ist deren förmliche Zustellung
(als Nachweis) angezeigt.
Eine **Aufrechnung** kann in Betracht kommen:
– gegen den Anspruch des Verurteilten auf Rückzahlung zu Unrecht vereinnahmter
  oder überzahlter Geldstrafe und Kosten[43] oder auf Rückgabe beschlagnahmten,
  aber nicht eingezogenen Geldes;
– gegen den Anspruch des Verurteilten auf Entschädigung für Strafverfolgungsmaßnahmen, sobald über den Anspruch rechtskräftig entschieden ist (vgl. § 13 Abs 2
  StrEG iVm § 851 Abs 1 ZPO, § 394 Satz 1 BGB);
– gegen den Anspruch des Verurteilten auf Gewährung einer Zeugenentschädigung
  aus anderer Sache;
– gegen den Anspruch des Verurteilten auf Ersatz seiner notwendigen Auslagen bei
  Teilfreispruch. Hierbei ist § 43 RVG zu beachten, wonach (bei Abtretung des Kos-
  tenerstattungsanspruchs an den Anwalt) die Aufrechnungserklärung insoweit **unwirksam** ist, als sie den Anspruch des Rechtsanwalts vereiteln oder beeinträchtigen
  würde. Die Abtretungserklärung kann bereits in der Verteidigervollmacht ausgesprochen sein. Eine reine „Inkassovollmacht" stellt jedoch keine Abtretungserklärung dar und hindert demgemäß die Aufrechnung nicht.[44] Ist der Kostenerstat-
  tungsanspruch abgetreten worden, unterbleibt die Aufrechnung. § 43 RVG macht
  eine Aufrechnung allerdings nur dann unwirksam, wenn die Abtretung zeitlich **vor**
  der Aufrechnung erfolgt und diese zum Zeitpunkt der Aufrechnung aktenkundig.
  Eine **nachträgliche** Abtretung wäre ohne rechtliche Wirkung.
Eine Aufrechnungsmöglichkeit besteht nach hM (ohne Zustimmung des Verurteilten)
dagegen **nicht** hinsichtlich des Anspruchs des Verurteilten auf **Rückzahlung** einer
freigewordenen **Sicherheit**, weil diese nicht für Geldstrafe und Kosten haftet (s § 124
Abs 1 StPO).[45] Eine **Pfändung** des Rückzahlungsanspruches wird jedoch überwie-
gend für zulässig gehalten.[46]
Entsprechendes gilt auch wegen des Anspruchs eines Gefangenen auf **Herausgabe**
seines von der Vollzugsanstalt in Verwahrung genommenen **Eigengeldes**. Dass der
Herausgabeanspruch der **Pfändung** unterliegt, ist unbestritten; dagegen bestehen ge-
gen eine Aufrechnung Bedenken.[47]
Rechtsbehelf des Verurteilten (generell) gegen Aufrechnungen: Art XI § 1 KostÄndG
(Antrag auf gerichtliche Entscheidung). Nach § 1 Abs 2 KostÄndG entscheidet das

---

[42] Nach Sollstellung der Kosten erfolgt die Aufrechnungserklärung wegen der Kostenforderung
durch den Kassenleiter (§ 18 Abs 1 JKassO).
[43] § 13 EBAO.
[44] KG, Rpfleger 1980, 402.
[45] *Pohlmann/Jabel/Wolf*, Rdn 70 ff zu § 48 StVollstrO mit Nachweisen.
[46] LG München, NJOZ 2003, 2473.
[47] LG Berlin, NStZ 2005, 590.

Amtsgericht, in dessen Bezirk die für die Einziehung des Anspruchs zuständige Kasse ihren Sitz hat. Rechtsmittel dagegen: einfache bzw. weitere Beschwerde nach § 14 Abs 3 KostO.

259 Die **Aufrechnungserklärung** kann lauten:

Staatsanwaltschaft
AZ..../....

.... , den ....

Verfügung

1. Aufrechnungserklärung:
   Der Verurteilte ...... schuldet dem Land ......, vertreten durch die obengenannte Vollstreckungsbehörde, aus dem rechtskräftigen Urteil – Strafbefehl – Beschluss – des ...gerichts ...... vom ......, AZ.: ......, ... Geldstrafe und ...... Gerichtskosten, somit insgesamt .... Wegen und in Höhe dieser Forderung[45] wird gegen den Anspruch des Verurteilten auf Rückgabe des im Ermittlungsverfahren ... Js ....../...... beschlagnahmten, bei der Gerichtskasse ...... unter AZ ...... verwahrten Geldbetrages (......) die Aufrechnung erklärt.
2. Ausfertigung von Ziff 1 an
   a) Verurteilten – zustellen –
   b) Gerichtskasse ...... mit dem Ersuchen, das Verwahrgeld in Höhe des von der Aufrechnung erfassten Betrages von ...... als Gebühren und Strafen zu vereinnahmen und Zahlungsanzeige zu obigem AZ zu erstatten.
3. Wv ......

....
Rechtspfleger

K. Dinglicher Arrest

1. Voraussetzungen und Anordnung

260 Wegen der **Geldstrafe** und/oder der voraussichtlich entstehenden **Kosten** des Strafverfahrens kann unter den Voraussetzungen des § 917 ZPO der **dingliche Arrest** in das Vermögen des Täters angeordnet werden, sobald gegen den Beschuldigten ein auf **Strafe** lautendes **Urteil**[46] ergangen ist (§ 111 d StPO). Wegen der voraussichtlichen Vollstreckungskosten allein darf Arrest nicht angeordnet werden. Der Arrest dient der Sicherung der im Urteil verhängten Geldstrafe, der bis zum Urteil angefallenen Verfahrenskosten sowie ggf. der (geschätzten) Kosten einer Rechtsmittelinstanz. Zur Sicherung geringfügiger Beträge darf der dingliche Arrest nach § 111 d Abs 1 Satz 3 StPO nicht angeordnet werden. Geringfügigkeit wird im allgemeinen anzunehmen sein, wenn die zu sichernde Geldforderung 200,– € nicht überschreitet. Weitere Voraussetzung ist stets das Vorliegen eines Arrestgrundes entsprechend § 917 ZPO.

Das **Arrestgesuch hat** den Arrestgrund (§ 917 ZPO)[48] und den Anspruch unter Angabe des Geldbetrages (Geldstrafe und Verfahrenskosten) näher bezeichnen (§ 920 Abs 1 ZPO). Einer Glaubhaftmachung bedarf es nicht (vgl. § 111 d Abs 2 StPO).

Im **Arrestbefehl** ist der Geldbetrag (= Summe der Geldstrafe und Kosten) festzulegen, durch dessen Hinterlegung die Vollziehung des Arrestes gehemmt und der Beschuldigte zu dem Antrag auf Aufhebung des vollzogenen Arrestes berechtigt wird (§ 923 ZPO).

Die **Vollziehung** des Arrestes in **bewegliches Vermögen** erfolgt durch Pfändung (nach den üblichen Grundsätzen); in **Forderungen** durch Forderungspfändung (§ 930

---

[48] Es muss zu besorgen sein, dass die Vollstreckung des Urteils sonst vereitelt oder wesentlich erschwert werden würde. Ausreichend ferner: drohende Vollstreckung im Ausland.

ZPO), in ein **Grundstück** durch Eintragung einer Arresthypothek; der Betrag muss 750,– € übersteigen (§ 932 ZPO). Wegen der Vollziehung in ein eingetragenes **Schiff** oder **Schiffsbauwerk** wird auf die Spezialvorschriften des § 931 ZPO verwiesen. Zu beachten ist, dass der Arrest lediglich eine Sicherungsmaßnahme ist und eine **Verwertung** erst in Frage kommt, wenn das Strafurteil im Sinne des § 449 StPO vollstreckbar ist. Im Falle des § 111l StPO (Notveräußerung) tritt der Erlös an die Stelle der Pfandgegenstände.

Eine Vollziehungsmaßnahme ist auf Antrag des Beschuldigten (durch das nach § 111e Abs 1 StPO zuständige Gericht) **aufzuheben**, soweit dieser den Pfandgegenstand zur Aufbringung der Kosten seiner Verteidigung, seines Unterhalts oder des Unterhalts seiner Familie benötigt (§ 111d Abs 3 StPO).

Die **Anordnung** des Arrestes trifft (auf Antrag der Staatsanwaltschaft) das mit der Strafsache befasste Gericht, bei Gefahr im Verzuge auch die Staatsanwaltschaft[49] (§ 111e Abs 1 StPO).

2. Vollziehungskompetenz

Zur Vollziehungskompetenz gilt folgendes: **261**

a) Soweit die Pfändung beweglicher Sachen (§§ 803 ff ZPO) in Betracht kommt, bewirkt die Vollziehung:

die **Gerichtskasse** (sofern der dingliche Arrest lediglich wegen der Kosten angeordnet wurde) gem. § 111f Abs 3 Satz 1 StPO, § 2 Abs 1 Satz 1 JBeitrO;

die **Staatsanwaltschaft** (bei einer Verbindung von Geldstrafe und Kosten) gem. § 111f Abs 3 Satz 1 StPO, § 1 Abs 1 Nr. 1, Abs 4, § 2 Abs 1 Satz 1 JBeitrO, § 451 StPO. Die Pfändung (§ 930 Abs 1 ZPO), wodurch ein Pfandrecht begründet wird (§ 804 ZPO), erfolgt durch den Vollziehungsbeamten (Gerichtsvollzieher), dem nach rechtskräftigem Abschluss des Strafverfahrens auch die Verwertung des Pfandgegenstandes obliegt (s § 6 Abs 3 Satz 1 JBeitrO). Gepfändetes Geld ist zu hinterlegen (§ 930 Abs 2 ZPO). Der Pfändungsauftrag an den Vollziehungsbeamten wird durch den Rechtspfleger erteilt (§ 31 Abs 1 Nr. 2 RPflG).

b) Soweit die Vollziehung des Arrestes in ein **Grundstück** oder **grundstücksgleiches Recht** (§ 932 ZPO) in Frage kommt, kann sowohl die **Staatsanwaltschaft** als auch das den Arrest anordnende oder bestätigende **Gericht** (§ 111e Abs 1 und 2 StPO) den Antrag auf Eintragung der Arresthypothek stellen (§ 111f Abs 2 Satz 1 und Abs 3 Satz 2 StPO). Für das Gericht bzw. die Staatsanwaltschaft wird der **Rechtspfleger** tätig (§§ 22 Nr. 1, 31 Abs 1 Nr. 1 RPflG). Die Wertgrenze von 500,– € ist zu beachten (§ 866 Abs 3 Satz 1 ZPO).

Ist der Arrest in ein Grundstück vollzogen worden, wird ggf. gem. § 111h StPO zugunsten des Verurteilten eine Rangänderung vorzunehmen sein.

c) Soweit eine **Forderung** zu pfänden ist (§ 930 Abs 1 ZPO), ist der **Richter** zuständig, der den Arrest angeordnet oder bestätigt hat; bei **Gefahr im Verzuge** kann auch die **Staatsanwaltschaft** tätig werden (§ 111f Abs 3 Satz 3 StPO). Den Pfändungsbeschluss erlässt nach §§ 22 Nr. 2, 31 Abs 1 Nr. 2 iVm § 20 Nr. 16 RPflG jeweils der **Rechtspfleger**.

d) Soweit die Vollziehung des Arrestes in ein eingetragenes **Schiff** oder **Schiffsbauwerk** (§ 931 ZPO) erfolgen soll, obliegt die Anordnung der Pfändung gem. § 111f Abs 3 Satz 3 StPO dem **Gericht** (Rechtspfleger: §§ 22 Nr. 2, 20 Nr. 16 RPflG), bei **Gefahr im Verzuge** auch der **Staatsanwaltschaft** (Rechtspfleger: §§ 31 Abs 1 Nr. 2, 20

---

[49] Keine Zuständigkeit des Rechtspflegers, vgl. Rdn 24.

Nr. 16 RpflG). Die nach § 931 ZPO vorgesehenen Eintragungen im Schiffsregister oder Schiffsbauregister erfolgen auf Ersuchen des Rechtspflegers.[50]

Die Vorschrift des § 111 d StPO hat für die Praxis nicht mehr die gleiche Bedeutung wie der frühere § 10 JBeitrO. Ein dinglicher Arrest wegen der Geldstrafe/Kosten kommt zumeist nur noch dann in Betracht, wenn ein Rechtsmittelverfahren durchgeführt wird. In den anderen Fällen ist es zweckmäßiger, die Rechtsmittelfrist abzuwarten und nach Rechtskraft (ggf. gem. § 459 c Abs 1 StPO) endgültige Vollstreckungsmaßnahmen durchzuführen.[51]

L. Einwendungen

262   Bei der Vollstreckung der Geldstrafe und Kosten kann der Verurteilte **Einwendungen** erheben:

a) gegen den beizutreibenden Anspruch (Zulässigkeit der Strafvollstreckung) und in den Fällen der §§ 459 a, 459 c StPO: nach den §§ 458, 459 h StPO (§ 31 Abs 6 RpflG).
b) wegen der Verfahrenskosten:
nach § 5 GKG (Erinnerung, Beschwerde).
c) im Verlauf des Beitreibungsverfahrens:
nach den §§ 765 a, 766, 771 bis 776, 793, 805, 811 a, 813 a, 828 Abs 2, 850 ff, 900 ZPO iVm § 6 Abs 1 Nr. 1 JBeitrO (§ 31 Abs 6 RpflG).

Anmerkungen:

Die in § 8 JBeitrO enthaltene Regelung über Einwendungen gegen beizutreibende Ansprüche wird durch die Bestimmungen der §§ 458, 459 h StPO obsolet (s § 459 StPO). § 8 Abs 1 Satz 2 JBeitrO ist gegenstandslos, weil der Verurteilte gegen die Geldstrafe nicht aufrechnen kann. Entsprechendes gilt auch für § 8 Abs 2 JBeitrO, da nach § 459 c Abs 3 StPO die Geldstrafe in den Nachlass nicht vollstreckt werden darf.

M. Zurückzahlung von Geldstrafe und Kosten

263   Eine **Zurückzahlung** von Geldstrafe und/oder Kosten hat die Vollstreckungsbehörde gem. § 13 EBAO anzuordnen, wenn:

a) Beträge **zu Unrecht** vereinnahmt worden sind.
In Betracht kommen hierbei Fälle, in denen Geldstrafe und Kosten infolge einer gerichtlichen Entscheidung gezahlt worden sind, die in einem **Wiederaufnahmeverfahren** oder ggf. nach einer **Wiedereinsetzung** aufgehoben oder abgeändert wurde. Hierunter fallen auch Zahlungen des Verurteilten, die auf **unrichtiger Berechnung** der Kosten oder der Geldstrafe (z. B. bei versehentlicher Nichtanrechnung der U-Haft) beruhen oder auch **Überzahlungen,** die durch ein Versehen des Verurteilten zustande gekommen sind. Bei unrichtiger Berechnung der Kosten ist eine **neue** Kostenrechnung aufzustellen. Schließlich zählen zu der Kategorie a) auch die Fälle, in denen eine **Geldauflage** im Sinne des § 18 EBAO, statt an den Empfangsberechtigten, an die Gerichtskasse gezahlt und dort als „Gebühren und Strafen" vereinnahmt wurde.

---

[50] Zur Vollziehung des Arrestes s auch *Meyer-Goßner,* Rdn 6 ff; KMR, Rdn 7 ff jeweils zu § 111 f StPO.
[51] Zum dinglichen Arrest nach § 111 d StPO s auch OLG Karlsruhe, Justiz 1981, 482.

b) eine **besondere Ermächtigung** vorliegt.
Hier handelt es sich im Wesentlichen um Rückzahlungen, die aufgrund einer **Gnadenmaßnahme** (z. B. Erlass der Geldstrafe) zu erfolgen haben (vgl. § 13 Abs 4 EBAO).

Zu der **Auszahlungsanordnung** an die Gerichtskasse ist der für die Zurückzahlung von Gerichtskosten bestimmte Vordruck zu verwenden; er ist, soweit erforderlich, zu ändern. Der Anordnung ist eine **Benachrichtigung** für den Empfangsberechtigten beizufügen. Die Gerichtskasse teilt diese Benachrichtigung dem Empfangsberechtigten mit (§ 13 Abs 5 EBAO).

N. Durchlaufende Gelder

Durchlaufende Gelder sind – nach der Definition des § 2 Nr. 8 JKassO – als „Gebüh-   **264**
ren und Strafen" zu buchende Beträge, die nicht der Landeskasse, sondern **anderen Berechtigten** zustehen und nach der Einziehung an sie auszuzahlen sind (vgl. § 14 Abs 1 EBAO). Als „Berechtigte" können beispielsweise in Betracht kommen: kommunale Polizeibehörden, Verwaltungsbehörden, Bundesbehörden, der Gerichtsvollzieher (wegen seiner Vollstreckungskosten) usw. Die den Berechtigten entstandenen Kosten, deren Höhe zu den Strafakten mitgeteilt wird, sind als **Auslagen** des Verfahrens mit einzuziehen oder, bei einer Lösung der Verbindung von Geldstrafe und Kosten, zusammen mit den übrigen Kosten der Gerichtskasse zur Einziehung zu überweisen. Im Falle der Sollstellung der Kosten ist die Gerichtskasse durch einen rot zu unterstreichenden Vermerk „ZA" um **Zahlungsanzeige** zu ersuchen. Außerdem ist der **Empfangsberechtigte** in der Kostenrechnung aufzuführen (§ 27 Abs 8 KostVfg). Auf Grund der Zahlungsanzeige der Gerichtskasse ordnet dann die Vollstreckungsbehörde die Auszahlung an den Empfangsberechtigten an (§ 14 Abs 2 EBAO, § 93 JKassO). § 38 KostVfg gilt entsprechend.

O. Lösung von Geldstrafe und Kosten

Nach § 1 Abs 2 EBAO gilt als Regel, dass mit der Geldstrafe zugleich auch die Kos-   **265**
ten des Verfahrens einzufordern und beizutreiben sind. § 15 EBAO sieht eine Ausnahme vor. Danach wird die **Verbindung** von Geldstrafe und Kosten (automatisch oder durch besondere Anordnung) **gelöst,** wenn:
a) sich die Beitreibung **der Geldstrafe erledigt** und für die Kostenforderung **Beitreibungsmaßnahmen** erforderlich werden.
Die Beitreibung der Geldstrafe kann sich z. B. durch Tilgung, Vollstreckung der Ersatzfreiheitsstrafe, freie Arbeit iSd Art 293 EGStGB, durch eine Gnadenmaßnahme, ggf. auch durch Verjährung[52] erledigen. In einem solchen Falle ist die Vollstreckungsbehörde für **Beitreibungsmaßnahmen** (§ 8 EBAO) hinsichtlich der Kosten **nicht mehr zuständig** (s § 1 Abs 4 Satz 2 EBAO). Bei **ratenweiser** Abzahlung von Geldstrafe und Kosten bleibt die Vollstreckungsbehörde dagegen auch für die Kosten weiterhin zuständig, weil insoweit keine Beitreibungsmaßnahmen erforderlich werden. Hat der Verurteilte aber die Geldstrafde in Raten bezahlt und stellt dann die weiteren Zahlungen ein, ist zur weiteren Beitreibung der Kosten die Vollstreckungsbehörde nicht mehr zuständig.
b) nachträglich eine **Gesamtgeldstrafe** (§ 55 StGB, § 460 StPO) gebildet wird.
In Betracht kommen **die Fälle,** in denen durch die Gesamtstrafenbildung die Vollstreckungszuständigkeit für die Geldstrafe gem. § 7 bzw. § 8 Abs 1 StVollstrO auf eine

---

[52] Vgl. Verjährungsfrist in § 79 Abs 3 Nr. 5 StGB und in § 10 GKG.

andere Behörde übergeht, so dass in der einbezogenen Sache lediglich noch die Kosten einzuziehen sind.

c) die Vollstreckungsbehörde die **getrennte Verfolgung** beider Ansprüche aus **Zweckmäßigkeitsgründen** anordnet.

Eine getrennte Verfolgung kann wegen der besonderen Umstände des Falles, wegen der anzuwendenden Vollstreckungsmaßnahmen oder auch wegen eines beabsichtigten Gnadenerweises geboten sein.

Wird die Verbindung von Geldstrafe und Kosten **gelöst,** so sind die Verfahrens- nebst Nebenkosten (§ 16 Abs 3 EBAO) der **Gerichtskasse zur Einziehung** zu überweisen. Die weitere Beitreibung der Kosten obliegt dann allein der Gerichtskasse nach den für sie geltenden Vorschriften (§ 1 Abs 5 EBAO). Wegen der Einzelheiten der Überweisung wird auf § 16 EBAO verwiesen. Die Überweisung der Kosten unterbleibt, wenn die Voraussetzungen vorliegen, unter denen der Kostenbeamte gem. § 10 KostVfg wegen dauernden Unvermögens des Kostenschuldners von der Aufstellung einer Kostenrechnung absehen darf (§ 16 Abs 2 EBAO). Die Gründe hierfür sind aktenkundig zu machen (§ 10 Abs 4 KostVfg).

P. Geldstrafenvollstreckung bei Ausländern

266 Hat der Verurteilte seinen ständigen Aufenthalt im **Inland,** so gibt es bei der Vollstreckung der Geld- bzw. Ersatzfreiheitsstrafe keine gravierenden Besonderheiten.[53] Liegt eine **Ausweisungsverfügung** der Ausländerbehörde vor, kann gem. § 456a StPO von der Vollstreckung der **Ersatzfreiheitsstrafe** ganz oder teilweise **abgesehen** werden. Wegen einer Ersatzfreiheitsstrafe allein – besonders bei einer kürzeren Strafe – wird eine solche Maßnahme allerdings nur selten in Betracht kommen.

267 Wohnt der Verurteilte im **Ausland,** so kann eine gem. § 132 Abs 1 StPO geleistete **Sicherheit** unmittelbar mit der rechtskräftig verhängten Geldstrafe (Kosten) verrechnet werden.[54] Wurden **Gegenstände** beschlagnahmt (§ 132 Abs 3 StPO), ist es angezeigt, bei rechtskräftiger Verurteilung zunächst zur Zahlung der Geldstrafe/Kosten aufzufordern. Geht der geschuldete Betrag ein, werden die Gegenstände frei. Bei Ausbleiben der Zahlung erfolgt Zugriff auf die Gegenstände im Wege der **Zwangsvollstreckung** (§ 6 Abs 1 Nr. 1 JBeitrO) und deren Verwertung.

268 In allen übrigen Fällen sind der Vollstreckung bei **Auslandswohnsitz** des Verurteilten enge Grenzen gesetzt. Vollstreckungsmaßnahmen im Ausland sind nicht möglich. Auch eine Ausschreibung zur Festnahme im Inland wird – jedenfalls bei festem Wohnsitz des Verurteilten – an fehlenden Haftgründen scheitern.

In Betracht käme hingegen die Übermittlung einer Zahlungsaufforderung oder die Zustellung einer Ladung zum Antritt der Ersatzfreiheitsstrafe im Wege der Rechtshilfe. Bei Nichtgestellung könnte dann Haftbefehl (§ 457 Abs 2 StPO) ergehen mit einer Ausschreibung zur Festnahme. Wegen der **unmittelbaren** Übersendung von Schriftstücken ins Ausland wird auf die engen Zulässigkeitsgrenzen der **Nr. 121 RiVASt** verwiesen. Nach Art 52 (Art 49) des Schengener Durchführungsübereinkommens v 19. 6. 1990 können innerhalb der Vertragsstaaten Urkunden unmittelbar oder **per Einschreiben** mit (internationalem) Rückschein übermittelt werden (§ 37 Abs 2 StPO). Inwieweit dies auch für Urkunden aus dem Vollstreckungsbereich gilt, ist der

---

[53] Die Mitteilung nach Nr. 42 MiStra ist zu beachten. Nach den Vollstreckungsplänen der Länder kann auch eine spezielle Vollzugszuständigkeit für Ausländer bestehen.

[54] Vereinnahmung bei der Kasse als „Gebühren und Strafen" unter Erteilung einer Zahlungsanzeige zu den Akten.

von den Vertragsstaaten nach Art 52 Abs 1 SchengenDurchfÜbk erstellten (Urkunden-)Liste zu entnehmen.

Unabhängig davon besteht zumeist die Möglichkeit, die Zustellung von Strafantrittsladungen, Zahlungsaufforderungen etc. im Wege eines förmlichen **Rechtshilfeersuchens** zu bewirken (s Art 49 SchengenDurchfÜbk; Art 7 EuRhÜbk iVm Art 3 des Zusatzprotokolls v 17. 3. 1978 – BGBl II 1990, 124 ff –).

III. Vollstreckung der Ersatzfreiheitsstrafe

A. Vollstreckungsvoraussetzungen

Ist der Verurteilte zahlungsunwillig, ist die Geldstrafe **beizutreiben.** Ein Ausweichen   269 auf die Ersatzfreiheitsstrafe oder das Ableisten gemeinnütziger Arbeit zur Abwendung der Vollstreckung der Ersatzfreiheitsstrafe ist dem Verurteilten auf keinen Fall gestattet. Die verurteilte Person hat keine Wahlmöglichkeit ob sie gemeinnützige Arbeit zur Abwendung der Vollstreckung der Ersatzfreiheitsstrafe leisten oder gar die Ersatzfreiheitsstrafe verbüßen will, sie ist zur Geldzahlung verpflichtet. Nur wenn die Beitreibung **erfolglos** versucht worden oder nach § 459 c Abs 2 StPO[55] als **aussichtslos unterblieben** ist, kann die Vollstreckung der Ersatzfreiheitsstrafe angeordnet werden (§ 459 e Abs 2 StPO). Voraussetzung ist, dass das Gericht nicht nach § 459 f StPO das Unterbleiben der Vollstreckung der Ersatzfreiheitsstrafe angeordnet hat. In diesem Fall ist zwar die verurteilte Person weiter zur Bezahlung der verhängten Geldstrafe verpflichtet. Die Vollstreckung der Ersatzfreiheitsstrafe kann jedoch nicht angeordnet werden.

Beitreibungsmaßnahmen, die nach Lage des Einzelfalls auszuwählen sind, können sowohl in das **bewegliche** wie auch in das **unbewegliche Vermögen** des Verurteilten durchgeführt werden. Die Beitreibung ist solange fortzuführen, ggf. mit verschiedenen Maßnahmen, wie **Erfolgsaussichten** bestehen. Eine fruchtlose Pfändung in bewegliche Sachen (§ 9 EBAO) rechtfertigt noch nicht automatisch die Vollstreckung der Ersatzfreiheitsstrafe. Wird bei einem solchen Pfändungsversuch die Arbeitsstelle des Verurteilten bekannt, hat die Vollstreckungsbehörde eine Lohnpfändung vorzunehmen.

Die Ersatzfreiheitsstrafe ist – im Gegensatz zur Erzwingungshaft – kein Beugemittel zur Durchsetzung der Zahlung der Geldstrafe, sondern eine echte Strafe.[56] Sie nimmt daher auch den **Zahlungsunfähigen** nicht von der Vollstreckung aus.

Soweit die Geldstrafe entrichtet oder beigetrieben oder freie und gemeinnützige Ar-   270 beit zur Abwendung der Vollstreckung der Ersatzfreiheitsstraafe iSd Art 293 EGStGB geleistet wurde, entfällt die Vollstreckung der Ersatzfreiheitsstrafe. Das gleiche gilt, wenn das **Gericht** (§§ 462, 462 a StPO) nach § 459 d StPO angeordnet hat, dass die Vollstreckung der **Geldstrafe** unterbleibt,[57] oder nach § 459 f StPO – bei Unbeibringlichkeit der Geldstrafe – die Anordnung trifft, dass die Vollstreckung der **Ersatzfreiheitsstrafe** unterbleibt. Eine Anordnung nach § 459 f StPO, die auch die Vollstreckungsbehörde anregen kann (§ 49 Abs 2 StVollstrO), setzt voraus, dass die Vollstreckung der Ersatzfreiheitsstrafe für den Verurteilten eine **unbillige Härte** wäre. Diese ist etwa dann gegeben, wenn der Verurteilte infolge Krankheit oder Verlustes des Arbeitsplatzes zur Zahlung der Geldstrafe, auch ratenweise, nicht in der Lage ist

---

[55] Vgl. dazu Rdn 247.
[56] BGHSt 20, 16.
[57] Vgl. dazu Rdn 247.

und eine günstige Täterprognose die Einwirkung auf ihn durch Vollstreckung der Ersatzfreiheitsstrafe als nicht erforderlich erscheinen lässt.

Zur unverschuldeten Zahlungsunfähigkeit müssen noch weitere Umstände hinzukommen, die eine Vollstreckung unzumutbar und geradezu ungerecht werden ließen.[58] Auch während eines Insolvenzverfahrens ist die Vollstreckung der Ersatzfreiheitsstrafe zulässig.[59] Die Vorschrift hat aber Ausnahmecharakter.

Während die Anordnung nach § 459d StPO die Vollstreckung zu einem **endgültigen Abschluss** bringt, bewirkt der Beschluss nach § 459f StPO lediglich einen **widerruflichen Aufschub** der Vollstreckung der Ersatzfreiheitsstrafe. Bei Besserung der Lebensverhältnisse des Verurteilten kann die getroffene Anordnung durch das Gericht **widerrufen** werden. Eine Vollstreckung der **Geldstrafe** (bei Besserung der Vermögensverhältnisse) bleibt jederzeit zulässig, ohne dass es des Widerrufs der nach § 459f StPO ergangenen Anordnung bedarf. Die Unterbleibensanordnung nach § 459f StPO verbietet ausschließlich die Vollstreckung der Ersatzfreiheitsstrafe, nicht aber die Beitreibung der Geldstrafe (§ 49 Abs 2 StVollstrO). Nach dem Grundsatz der Vollstreckungspflicht kann demgemäß eine Überwachung (wegen Widerrufs der Anordnung) und ggf. eine nochmalige (spätere) Beitreibung angezeigt sein. Treten dann jedoch keine neuen Gesichtspunkte auf, kann die Vollstreckung über § 459c Abs 2 StPO endgültig zum Abschluss gebracht werden.[60]

B. Grundsatzfragen und Strafzeitberechnung

271 An die Stelle einer **uneinbringlichen** Geldstrafe tritt Ersatz**freiheitsstrafe**. Die Vollstreckung der Ersatzfreiheitsstraafe muss zuvor von der Vollstreckungsbehörde (Rechtspfleger) angeordnet werden. Dabei entspricht einem Tagessatz ein Tag Freiheitsstrafe – § 43 StGB. Dieser Umrechnungsmaßstab von 1 : 1 findet auch bei der Anrechnung von Untersuchungshaft auf die Geldstrafe Anwendung (nach § 51 Abs 4 Satz 1 StGB entspricht ein Tag Freiheitsentziehung einem Tagessatz.)

Das **Mindestmaß** der noch zu vollstreckenden Ersatzfreiheitsstrafe ist **ein Tag** (§ 43 Satz 3 StGB). Das Mindestmaß der zu verhängenden Geldstrafe beträgt dagegen **fünf Tagessätze** (§ 40 Abs 1 StGB). Die Regelung des § 43 Satz 3 StGB bedeutet, dass Ersatzfreiheitsstrafe auch dann vollstreckt werden kann, wenn von der verhängten Geldstrafe lediglich noch **ein Tagessatz** uneinbringbar ist. Bei einem geringeren Teilbetrag als einem Tagessatz ist dagegen bereits die Anordnung der Vollstreckung der Ersatzfreiheitsstrafe ausgeschlossen (§ 459e Abs 3 StPO).

272 Die Ersatzfreiheitsstrafe wird nur insoweit vollstreckt, als sie dem unbeibringlichen Teil der Geldstrafe entspricht. Dabei bleiben Teilbeträge, die keinem **vollen** Tag Freiheitsstrafe entsprechen, außer Betracht.

> **1. Beispiel:**
> Verhängt wurden 10 Tagessätze zu je 20,– € = 200,– € Geldstrafe. Bezahlt wurden 90,– €, der Restbetrag von 110,– € ist uneinbringlich.
> Zu vollstrecken sind 5 Tage Ersatzfreiheitsstrafe; Zahlung von 100,– € (nicht etwa 110 €) befreit vom Vollzug. Für den Restbetrag von 10,– € bleibt der Verurteilte bis zum Eintritt der Verjährung **vermögensrechtlich** haftbar (§ 50 Abs 2 StVollstrO).

---

[58] OLG Jena, NStZ-RR 2006, 286.

[59] BVerfG, NJW 2006, 2362.

[60] Die Vollstreckung der Ersatzfreiheitsstrafe unterbleibt dabei nach § 459f StPO, die Beitreibung der Geldstrafe nach § 459c Abs 2 StPO, die Einziehung der Gerichtskosten nach § 10 KostVfg. Die Akten können weggelegt werden.

2. Beispiel:
Strafe wie im 1. Beispiel. Bezahlt wurden 185,– €.
Der verbleibende Teilbetrag von 15,– € entspricht keinem vollen Tag Freiheitsstrafe; daher ist bereits die Vollstreckungsanordnung ausgeschlossen (§ 459 e Abs 3 StPO). Auch hier bleibt die vermögensrechtliche Haftung bestehen.

Der Verurteilte kann die Vollstreckung der Ersatzfreiheitsstrafe **jederzeit**, auch nach   **273** Antritt der Strafe, durch Zahlung des noch ausstehenden Betrages **abwenden.** Wird nach Strafantritt der rückständige Betrag bezahlt, ist der Verurteilte **sofort** zu entlassen, auch wenn noch kein voller Tag verbüßt ist (§ 51 Abs 4 StVollstrO).[61] In solchen Fällen kann es dann auch zur Vollstreckung von Bruchteilen eines Tages kommen.

Beispiel:
Zu vollstrecken ist eine Ersatzfreiheitsstrafe von 7 Tagen (7 Tagessätze zu je 20,– € = 140,– € Geldstrafe). Strafantritt erfolgt am 1. 3. 2009, 7.00 Uhr. Am 3. 3. 2009, 19.00 Uhr, wird ein Teilbetrag von 100,– € entrichtet.
Der Verurteilte ist sofort zu entlassen. Vollstreckt waren bis 3. 3. 2009, 19.00 Uhr, 2 Tage, 12 Stunden (2 $1/2$ Tage). Das entspricht einer Geldstrafe von 50,– €. Zurückzuzahlen sind daher 10,– €.
Wären im obigen Beispiel lediglich 80,– € entrichtet worden, wäre Entlassungszeitpunkt am 4. 3. 2009, 7.00 Uhr.
Wären nur 61,– € gezahlt worden, hätte der Verurteilte gleichfalls am 4. 3. 2009, 7.00 Uhr, entlassen werden müssen: vollstreckt sind dann 3 Tage (3 × 20,– €), für die restlichen 19 € (entspricht keinem vollen Tag: § 50 Abs 2 StVollstrO) bleibt der Verurteilte vermögensrechtlich haftbar.

Ob die Ersatzfreiheitsstrafe nach Tagen oder auch der Stunde nach (§ 37 Abs 2   **274** StVollstrO) zu berechnen ist, hängt von der **tatsächlichen** Vollzugsdauer ab. Die Strafzeitberechnung bestimmt sich zunächst nach der Höhe der Ersatzfreiheitsstrafe zum **Zeitpunkt** des **Strafantritts.** Eine Teilzahlung des Verurteilten nach Antritt der Strafe kann jedoch zur Folge haben, dass die Vollzugsdauer eine Woche nicht mehr übersteigt. In diesem Fall ist die Strafe dem Tage und der Stunde nach **neu** zu berechnen. Es kann dann so berechnet werden, als ob von Anfang an nur die nach Abzug der Zahlung verbleibende Strafe zu vollstrecken gewesen wäre.[62]

Beispiel:
Zu vollstrecken ist eine Ersatzfreiheitsstrafe von 20 Tagen (20 Tagessätze zu je 20,– € = 400,– € Geldstrafe)

Strafantritt erfolgt am	2. 3. 2009, 10.00 Uhr.
damit: Strafbeginn:	2. 3. 2009 (TB)
Strafende:	22. 3. 2009 (TB)
entspricht	21. 3. 2009 (TE)

Am 7. 3. 2009, 8.00 Uhr, wird ein Teilbetrag von 285,– € auf die Geldstrafe entrichtet. Ergebnis: Es sind noch 115,– € offen. Dies entspricht 5 Tagen Ersatzfreiheitsstrafe (+ Restbetrag von 15,– €).

Damit: Strafbeginn:	2. 3. 2009, 10.00 Uhr.
(§ 37 Abs 2 Satz 1 StVollstrO)	

$$+ \quad 5 \text{ Tage}$$
$$= \quad 7.\,3.\,2009, \ 10.00 \text{ Uhr.}$$

Der Verurteilte ist am 7. 3. 2009, 10.00 Uhr, zu entlassen. Für die restlichen 15,– € besteht vermögensrechtliche Haftung.

---

[61] Vgl. auch *Meyer-Goßner*, Rdn 5.
[62] *Pohlmann/Jabel/Wolf*, Rdn 21 f zu § 37 StVollstrO.

Zahlt der Verurteilte nach Festnahme durch die Polizei (§ 457 StPO) noch **vor** einer Einlieferung in die JVA, erfolgt keine Anrechnung. Erst die Einlieferung löst den „Strafbeginn" aus (vgl. § 38 Ziffer 2 StVollstrO). Die Geldstrafe ist daher in voller Höhe zu entrichten.

C. Anordnung und Durchführung der Vollstreckung

275   Sind die Voraussetzungen des § 459e Abs 2 StPO gegeben, eine Entscheidung des Gerichts nach § 459d StPO nicht ergangen, bestehen auch keine Anhaltspunkte für eine Anwendung des § 459f StPO, so ordnet die **Vollstreckungsbehörde** (förmlich) die Vollstreckung der Ersatzfreiheitsstrafe an (§ 459e Abs 1 StPO). Die Entscheidung ist dem **Rechtspfleger** übertragen (§ 31 Abs 2 Satz 1 RpflG). Rechtliches Gehör vor der Anordnung ist nicht erforderlich.[63] Gegen die Vollstreckungsanordnung kann der Verurteilte, sobald er durch Ladung zum Strafantritt davon unterrichtet wird, **Einwendungen** gem. § 31 Abs 6 RpflG, § 458 StPO erheben,(§§ 459h, 462, 462a StPO). Wegen der gerichtlichen Überprüfbarkeit (§ 459h StPO) soll aus der Vollstreckungsanordnung ersichtlich sein, auf welcher der in § 459e Abs 2 StPO genannten Voraussetzungen sie beruht.

276   Für die **Durchführung** der Vollstreckung gelten gem. § 50 Abs 1 StVollstrO die Bestimmungen des zweiten Abschnitts (§§ 22 bis 47) der StVollstrO. Gegenüber der Vollstreckung von Freiheitsstrafen (vgl. Rdn 71 ff) ergeben sich bei der Ersatzfreiheitsstrafe folgende **Besonderheiten:**
In der Ladung und in dem Aufnahmeersuchen ist der **Betrag** anzugeben, durch dessen Zahlung der Verurteilte die Vollstreckung abwenden kann (§ 51 Abs 1 StVollstrO). Das Gleiche gilt auch für den Vorführungs- und Haftbefehl (§ 33 Abs 4 Ziffer 7 StVollstrO) sowie für den Steckbrief (§ 34 Abs 2 Ziffer 8 StVollstrO).
Da bei Fahndungsmaßnahmen der Grundsatz der Verhältnismäßigkeit zu beachten ist, wird eine **Ausschreibung** zur **Festnahme** bei geringfügigen Ersatzfreiheitsstrafen nur **ausnahmsweise** in Frage kommen[64] und bei höheren nur, wenn andere Fahndungsmittel erfolglos geblieben sind (§ 34 Abs 4 StVollstrO). Ausschreibungen zur Festnahme bleiben jedoch unter diesen Voraussetzungen grundsätzlich möglich.
Durch § 51 Abs 2 Satz 1 StVollstrO wird die Vollstreckungsbehörde ermächtigt, von der Einweisung des Verurteilten durch ein **Aufnahmeersuchen** (§ 29 StVollstrO) **Abstand** zu nehmen.[65] Der Verurteilte wird lediglich zum Strafantritt (§ 27 StVollstrO) geladen. Dadurch soll unnötiger Verwaltungsaufwand vermieden werden, weil zumeist der Vollzug durch Zahlung abgewendet wird. Kommt es jedoch zum Antritt der Ersatzfreiheitsstrafe, sind Aufnahmeersuchen nebst Anlagen (§ 31 StVollstrO) der JVA **unverzüglich** zuzuleiten. Bei Ersatzfreiheitsstrafe von **weniger** als 30 Tagen brauchen dem Aufnahmeersuchen keine Anlagen beigefügt zu werden (§ 51 Abs 2 Satz 2 StVollstrO). In diesem Zusammenhang soll erneut auf die Bestimmungen der VGO hingewiesen werden. Die Vollzugsanstalt hat eine verurteilte Person grundsätzlich nur dann aufzunehmen, wenn das Aufnahmeersuchen vorliegt.
Ohne Aufnahmeersuchen **ist** aufzunehmen:
– wer sich unter Vorzeigen einer auf die Justizvollzugsanstalt lautenden Landung selbst stellt,
– wer der Justizvollzugsanstalt unter Übergabe der für den Einzelfall vorgeschriebenen Unterlagen (Vorführungs-/Haftbefehl) zugeführt wird.

---

[63] *Pohlmann*, Rpfleger 1979, 249; *Bringewat*, Rdn 2 zu § 459e StPO.
[64] In Betracht kommen hier die Ausschreibung zur Aufenthaltsermittlung und ein Suchvermerk zum Bundeszentralregister.
[65] Ausnahme s § 51 Abs 2 Satz 1 (2. Halbsatz) StVollstrO.

Ohne Aufnahmeersuchen **kann** aufgenommen werden:
- wer sich unter Vorzeigen einer auf eine andere Justizvollzugsanstalt lautenden Ladung selbst stellt,
- wer sich selbst stellt, ohne eine Ladung vorweisen zu können, wenn durch sofortige fernmündliche Rückfrage bei der zuständigen Vollstreckungsbehörde festgestellt werden kann, dass der Selbststeller dem Vollzuge zuzuführen ist.[66]

Liegt das Aufnahmeersuchen der Justizvollzugsanstalt noch nicht vor, hat die Vollstreckungsbehörde nach Erhalt der Aufnahmemitteilung dafür Sorge zu tragen, dass das Aufnahmeersuchen **sofort** der Justizvollzugsanstalt zugeleitet wird. Die Verantwortung obliegt der Vollstreckungsbehörde. Nachstehendes Beispiel möge dies verdeutlichen:

Beispiel:
Die verurteilte Person wird am 10. 6. 2009 unter Vorlage des Vollstreckungshaftbefehls zur Vollstreckung einer Freiheitsstrafe von einem Monat von der Polizei in der Justizvollzugsanstalt eingeliefert. Bei der Einlieferung befindet sich in der Tasche der verurteilten Person die Ladung zum Strafantritt vom 10. 4. 2008 zur Verbüßung einer Ersatzfreiheitsstrafe von 30 Tagen, die er der Vollzugsanstalt auch vorlegt. Die Justizvollzugsanstalt gibt an die Vollstreckungsbehörde nachstehende Aufnahmemitteilung:

Strafbeginn:		10. 6. 2009 (TB)
	+	1 Monat
bis		10. 7. 2009 (TB)
	+	30 Tage
bis		9. 8. 2009 (TB)
entspricht		8. 8. 2009 (TE)

Die Aufnahmemitteilung geht am 11. 6. 2009 an die Vollstreckungsbehörde mit der gleichzeitigen Aufforderung um Übersendung beider Aufnahmeersuchen. Am 10. 7. 2009 ergeht Mitteilung an die Vollstreckungsbehörde, der Gefangene sei aus dem Vollzug der Freiheitsstrafe entlassen worden und verbüße nunmehr die Ersatzfreiheitsstrafe von 30 Tagen. Gleichzeitig wird erneut um Übersendung beider Aufnahmeersuchen gebeten. Am 30. 7. 2009 wird der Justizvollzugsanstalt telefonisch mitgeteilt, die verurteilte Person habe die Geldstrafe, für welche derzeit die Ersatzfreiheitsstrafe vollstreckt werde, bereits im Dezember 2008 bezahlt. Der Gefangene sei daher sofort zu entlassen. Die Aufnahmeersuchen wurden nicht übersandt. In der Zeit vom 10. 7. 2009 (TB) bis 30. 7. 2009 (TE) befand sich die verurteilte Person zu unrecht in Strafhaft. Die Verantwortung trägt die Vollstreckungsehörde.

Der Erlass eines **Vorführungsbefehls** (§ 457 Abs 2 StPO) ist nur zulässig, wenn die Nichtgestellung des Verurteilten – durch eine Nachfrage bei der JVA oder aus sonstigen Umständen – zweifelsfrei feststeht.

Wegen der Besonderheiten bei der Strafzeitberechnung wird auf Rdn 272 ff verwiesen. Für die Anrechnung von **U-Haft** gilt § 39 Abs 5 Satz 2 StVollstrO; der Anrechnungsmodus ist 1:1 (ein Tag Freiheitsentziehung entspricht einem Tagessatz). Ist neben der Ersatzfreiheitsstrafe aus **derselben** Sache noch eine Freiheitsstrafe zu vollstrecken, dann erfolgt die Anrechnung zunächst auf die Freiheitsstrafe, sofern sich aus dem Urteil nichts anderes ergibt (§ 39 Abs 1 StVollstrO).

Sind aus **verschiedenen** Verfahren Ersatzfreiheitsstrafen zu vollstrecken, so prüft die Vollstreckungsbehörde, ob nachträglich eine Gesamtstrafe (§ 460 StPO, §§ 53, 55 StGB) zu bilden ist. Kommt eine Gesamtgeldstrafe nicht in Betracht, gilt wegen der **Reihenfolge** der Vollstreckung § 43 StVollstrO. Die kürzere Ersatzfreiheitsstrafe wird danach vor der längeren und gleich lange in der Reihenfolge, in der die Rechtskraft eingetreten ist, vollstreckt. Im Verhältnis zu anderen Strafen wird Ersatzfreiheitsstrafe

---

[66] Nr. 9 Abs 2 VGO.

– wegen der möglichen Auslösung durch Bezahlung der Geldstrafe – grundsätzlich **zuletzt** vollstreckt (§ 43 Abs 2 Ziffer 2 StVollstrO). Hat die Vollstreckung einer Ersatzfreiheitsstrafe jedoch bereits **begonnen,** wird sie (bei Hinzutreten weiterer Strafen) fortgesetzt und nicht unterbrochen (§ 43 Abs 3 StVollstrO). Aus wichtigem Grund sind Abweichungen möglich (§ 43 Abs 4 StVollstrO).

Nach Antritt der Ersatzfreiheitsstrafe ist eine **Beitreibung** der Geldstrafe **nicht** mehr zulässig, auch dann nicht, wenn der Verurteilte inzwischen Vermögenswerte erlangt haben sollte. **Zahlungserleichterungen** (§ 459 a StPO) bleiben jedoch weiterhin möglich, sowohl **nach** Anordnung der Vollstreckung der Ersatzfreiheitsstrafe als auch noch (in Ausnahmefällen) **nach** Antritt der Ersatzfreiheitsstrafe. Denn die Geldstrafe ist ja nicht untergegangen. Durch die Gewährung von Raten (Stundung) wird die Fälligkeit der Geldstrafe aufgeschoben und damit wird auch die Ersatzfreiheitsstrafe nicht mehr vollstreckbar. Ein bereits inhaftierter Verurteilter ist sofort zu entlassen. Die frühere Vollstreckungsanordnung (§ 459 e Abs 1 StPO) verliert ihre Wirksamkeit.[67]

277 Nachfolgend das **Formular** (Vordrucksatz) für die **Vollstreckungsanordnung** und **Ladung** des Verurteilten, Aufnahmeersuchen und Vorführungsbefehl.

---

[67] Vgl. auch KK-*Chlosta* (2. Aufl.), Rdn 4 zu § 459 e StPO; OLG Karlsruhe, Beschl v 9. 10. 1992 (1 Ws 146/92).

Staatsanwaltschaft Ort

Az.: R001 VRs 103 Js 495/07

Strafvollstreckung gegen

Meier, Ilona
Goethestraße 15
08107 Kirchberg
geb. am 02.02.1954

Tatvorwurf:

Betrug

Rechtsfolge: Freiheitsstrafe von 6 Monaten
Geldstrafe von 25 Tagessätzen à 40,00 €

Ausschreibung zur Ersatzfreiheitsstrafe

Verfügung vom 07. April 2009

1. Die Vollstreckung der Ersatzfreiheitsstrafe ist angeordnet,
   zu vollstrecken sind **25 Tage**

   Betrag zur Abwendung der Vollstreckung: 1.000,00 €
   Gesamtbetrag: **1.000,00 €**

   Verjährungsdatum: 27.02.2012

2. Vollstreckungshaftbefehl mit KP 21 an Landeskriminalamt Sachsen Dresden

3. Vollstreckungshaftbefehl an

      Polizeidirektion
      Testweg 1
      12345 Zwickau

4. BZR-Suchvermerk niederlegen

Müller
Oberstaatsanwalt

Staatsanwaltschaft Ort

Az.: R001 VRs 103 Js   495/07

Strafvollstreckung gegen

Meier, Ilona
Goethestraße 15
08107 Kirchberg
geb. am 02.02.1954

Tatvorwurf:

Betrug

Rechtsfolge: Freiheitsstrafe von 6 Monaten
Geldstrafe von 25 Tagessätzen à 40,00 €

Ladung zum Antritt der Ersatzfreiheitsstrafe

Verfügung vom 07. April 2009

1.   Die Vollstreckung der Ersatzfreiheitsstrafe wird angeordnet, § 459 e StPO.
Die Beitreibung der Geldstrafe war bisher erfolglos.
Zu vollstrecken sind   **25 Tage**

Betrag zur Abwendung der Vollstreckung: 1.000,00 €
Gesamtbetrag: **1.000,00 €**

2.   Ladung zum Antritt der Ersatzfreiheitsstrafe bis spätestens 04.05.2009 in
Justizvollzugsanstalt Bautzen
Name3
Breitscheidstraße 4
02625 Bautzen

3.   Hinweis auf Möglichkeit der Tilgung durch gemeinnützige Arbeit

Müller
Oberstaatsanwalt

**Staatsanwaltschaft
Ort**

Abteilung 3

Strafvollstreckungsabteilung

Frau
Ilona Meier
Goethestraße 15
08107 Kirchberg

Dresden, 07.04.2009/z2
Telefon: 0351/ 446 1000
Telefax: 0351446 123
Bearb.: Herr Dr. Müller
Aktenzeichen: R001 VRs 103 Js   495/07
(Bitte bei Antwort angeben)

Ladung zum Antritt der Ersatzfreiheitsstrafe

entscheidendes Gericht	gerichtliches Aktenzeichen	Entscheidungsdatum	Rechtskraftdatum
Amtsgericht Zwickau	3 Ds 103 Js 495/07	28.02.2007	28.02.2007

Tatvorwurf: Betrug

Strafe: Geldstrafe von 25 Tagessätzen à 40,00 €

Sehr geehrte Frau Meier,

die Vollstreckung der Ersatzfreiheitsstrafe wurde angeordnet.
Zu vollstrecken sind   **25 Tage**

Sie werden aufgefordert, diese Strafe **bis spätestens 04.05.2009** in der
      Justizvollzugsanstalt Bautzen
      Name3
      Breitscheidstraße 4
      02625 Bautzen   anzutreten.

Die Vollstreckung der Ersatzfreiheitsstrafe kann abgewendet werden durch Zahlung
von   1.000,00 €
Gesamtbetrag: **1.000,00 €**

Zahlbar an: Justizzahlstelle kasse1 (KtoNr. 1122331145, - BLZ: 87076070)unter Angabe
der **Rechnungsnummer 815900001531.**

Telefon	Telefax	Gekennzeichnete Parkplätze	Verkehrsverbindungen
0351 446 0	0351446 123	Behindertenparkplatz	
Hausadresse	E-Mail	Keine Parkplätze vorhanden.	
Lothringer Str.1	verwaltung-gsta@gensta.jus-	Parkplatz	
01069 Dresden	tiz.sachsen.de	Keine Parkplätze vorhanden.	
		Sprechzeiten	

Seite 2

Sollten Sie sich nicht rechtzeitig zum Strafantritt einfinden, muss gegen Sie ein Vorführungsbefehl erlassen werden.
Durch ein Gesuch auf Anordnung des Unterbleibens der Vollstreckung, ein Gnadengesuch oder
sonstige Anträge werden Sie von der Verpflichtung zum pünktlichen Erscheinen nicht befreit.

Mit freundlichen Grüßen

Müller
Oberstaatsanwalt   (Siegel)

Gemeinnützige Arbeit statt Ersatzfreiheitsstrafe

Die Ersatzfreiheitsstrafe muss in der **Justizvollzugsanstalt** verbüßt werden.
Im Strafvollzug herrscht Arbeitspflicht.
Das Arbeitsentgelt ist recht niedrig.
Sie erhalten in dieser Zeit weder Arbeitslosenunterstützung noch Sozialhilfe für sich.

Sie können den Strafvollzug vermeiden, wenn Sie stattdessen gemeinnützige Arbeit (das sind Hilfsdienste bei Gemeinden, kirchlichen Vereinigungen, Vereinen und ähnlichen Einrichtungen) leisten.

Sie müssen sich zu diesem Zweck

innerhalb einer Woche

entweder persönlich oder schriftlich bei der Staatsanwaltschaft melden.

Die Vollstreckung der Ersatzfreiheitsstrafe kann dann zurückgestellt werden.

Wenn Sie den Antrag nicht stellen und auch die Geldstrafe nicht bezahlen, müssen Sie sich

ohne weitere Aufforderung in der Justizvollzugsanstalt

zum Strafantritt einfinden.

**Staatsanwaltschaft
Ort**

Abteilung 3

Strafvollstreckungsabteilung

Dresden, 07.04.2009/z2

Telefon: 0351/ 446 1000

Telefax: 0351446 123

Bearb.: Herr Dr. Müller

Aktenzeichen: R001 VRs 103 Js   495/07

(Bitte bei Antwort angeben)

Justizvollzugsanstalt
Bautzen
Name3
Breitscheidstraße 4
02625 Bautzen

Aufnahmeersuchen

I.   **Zum Strafvollzug ist aufzunehmen:**

Frau
Ilona **Meier**
Goethestraße 15
08107 Kirchberg

Geburtsname: **Müller**
geb. am **02.02.1954** in Zwickau
Staatsangehörigkeit:deutsch

entscheidendes Gericht	gerichtliches Aktenzeichen	Entscheidungsdatum	Rechtskraftdatum
Amtsgericht Zwickau	3 Ds 103 Js 495/07	28.02.2007	28.02.2007

Tatvorwurf: Betrug

Strafe: Geldstrafe von 25 Tagessätzen à 40,00 €

Nach dieser Entscheidung hat die Verurteilte eine Geldstrafe in Höhe von
1.000,00 €
zu zahlen.
Da diese Strafe nicht eingebracht werden konnte, wurde die Vollstreckung der
Ersatzfreiheitsstrafe von   **25 Tagen**
angeordnet.

Die Vollstreckung der Ersatzfreiheitsstrafe kann abgewendet werden durch Zahlung
von   1.000,00 €
Gesamtbetrag: **1.000,00 €**

Die geschuldeten Beträge sind unter Angabe der **Rechnungsnummer 815900001531** an die
Justizzahlstelle kasse1 (KtoNr. 1122331145, - BLZ: 87076070) zu überweisen, bei der hiesigen
Gerichtszahlstelle einzuzahlen oder von dem Aufnahmebeamten der Justizvollzugsanstalt anzu-
nehmen.

Soweit die Möglichkeit besteht, kann d. Verurteilte in der Justizvollzugsanstalt gemeinnützige
Arbeit ableisten.

Seite 2

Strafzeitberechnung:

Strafbeginn: _____ Strafende: _____

II.   Keine besonderen Bemerkungen

III.   Kostenmitteilung:

Die Justizvollzugsanstalt teilt der Staatsanwaltschaft, soweit diese nicht auf Mitteilung verzichtet hat, die Umstände mit, die den Ansatz der Vollstreckungskosten rechtfertigen. Dabei nimmt sie auch zu der Frage Stellung, ob und aus welchen Gründen es aus ihrer Sicht tunlich erscheint, im Interesse der Wiedereingliederung der Gefangenen von dessen Inanspruchnahme ganz oder teilweise abzusehen. Über Umstände, die eine eingetretene Zahlungspflicht ändern oder ganz entfallen lassen, unterrichtet die Justizvollzugsanstalt die Staatsanwaltschaft ebenfalls.

Anlagen:
   1.   Abdruck des Aufnahmeersuchens
   2.   Vollständige Abschrift(en) der rechtskräftigen Entscheidung(en)

Müller
Oberstaatsanwalt   [Siegel]

_____

Abdruck zurück an:

Staatsanwaltschaft Test Schulung Zweigstelle Dresden
Lothringer Str. 1
01069 Dresden

                              Justizvollzugsanstalt
                              Bautzen

                              02625 Bautzen

                              _____
                              (Datum)

                              _____
                              (Unterschrift und Amtsbez.)

**Staatsanwaltschaft
Ort**

Abteilung 3

Strafvollstreckungsabteilung

Dresden, 07.04.2009/z2

Telefon: 0351/ 446 1000

Telefax: 0351446 123

Bearb.: Herr Dr. Müller

Aktenzeichen: R001 VRs 103 Js   495/07

(Bitte bei Antwort angeben)

Polizeidirektion
Testweg 1
12345 Zwickau

Vorführungsbefehl
§ 457 StPO

Verurteilte:

Frau
Ilona **Meier**
Goethestraße 15
08107 Kirchberg

Geburtsname: **Müller**
geb. am **02.02.1954** in Zwickau
Staatsangehörigkeit:deutsch

entscheidendes Gericht	gerichtliches Aktenzeichen	Entscheidungsdatum	Rechtskraftdatum
Amtsgericht Zwickau	3 Ds 103 Js 495/07	28.02.2007	28.02.2007

Tatvorwurf: Betrug

Strafe: Geldstrafe von 25 Tagessätzen à 40,00 €

Die Vollstreckung der Ersatzfreiheitsstrafe wurde angeordnet.
Zu vollstrecken sind   **25 Tage**

Die Verurteilte wurde aufgefordert, diese Strafe in der **Justizvollzugsanstalt Bautzen, Name3, Breitscheidstraße 4, 02625 Bautzen** anzutreten.

Die Verurteilte hat sich der Ladung zum Strafantritt nicht gestellt. Sie ist der oben genannten oder der nächstgelegenen JVA zuzuführen. Der Vollzug ist hierher mitzuteilen.

Die Vollstreckung der Ersatzfreiheitsstrafe kann abgewendet werden durch Zahlung
von   1.000,00 €
Gesamtbetrag: **1.000,00 €**

Die Vorführung unterbleibt bei Zahlungsnachweis.
Behauptet die Verurteilte, dass sie die Geldstrafe bereits bezahlt oder die Strafe verbüßt habe, oder wendet sie ein, dass die Vollstreckung aus anderen Gründen unzulässig sei, oder stellt sie Aufschubs- oder Gnadengesuche, wird gebeten, diese der oben bezeichneten Behörde unverzüglich, möglichst fernmündlich oder fernschriftlich mitzuteilen.

Seite 2

Wenn die Verurteilte die geschuldeten Beträge sofort bezahlen will, ist ihr die Einzahlung unter Angabe der **Rechnungsnummer 815900001531** bei der Justizzahlstelle kasse1 (KtoNr. 1122331145, - BLZ: 87076070)zu ermöglichen.

Der Vorführungsbefehl ist der Verurteilten bekannt zu machen.

Müller
Oberstaatsanwalt   (Siegel)

D. § 57 StGB auch bei Ersatzfreiheitsstrafen?

278   Ob § 57 StGB (Strafaussetzung zur Bewährung nach Verbüßung von zwei Drittel der Strafe) auch für die Ersatzfreiheitsstrafe Geltung hat, ist in der Rechtsprechung und Schrifttum umstritten.[68] Die Zweifel an der Anwendbarkeit des § 57 StGB erscheinen aus folgenden Überlegungen berechtigt:

a) Eine Anwendung erscheint systemwidrig. Wahrend bei der Freiheitsstrafe neben der Aussetzung des Strafrestes nach § 57 StGB auch eine Strafaussetzung nach § 56 StGB vorgesehen ist, gibt es eine dem § 56 StGB entsprechende Regelung weder bei der Geldstrafe noch bei der Ersatzfreiheitsstrafe. Im Gegenteil, der Gesetzgeber hat sich bei der Verhängung einer Geldstrafe für eine andere Regelung entschieden, nämlich der Verwarnung mit Strafvorbehalt nach §§ 59 ff StGB. Das Besondere hierbei ist, dass zunächst gar keine Strafe verhängt wird. Der Täter wird verwarnt und das Gericht behält sich vor, u. U. den Täter **später zu der vorbehaltenen Strafe zu verurteilen.** Darüber hinaus gelten mit den §§ 459 a, 459 d, 459 f (auch § 459 e Abs 4) StPO spezielle, dem Typus und dem Zweck der Geld- und der Ersatzfreiheitsstrafe angepasste Vorschriften, in deren Systematik sich eine Strafaussetzung schwerlich einordnen lässt. Für eine Anwendung des § 57 StGB auf die Ersatzfreiheitsstrafe besteht überdies angesichts der breiten Fächerung der für Geld- und Ersatzfreiheitsstrafe geltenden Vorschriften auch kein Bedürfnis. Im Übrigen verstößt die Anwendung des § 57 StGB auf die Ersatzfreiheitsstrafe gegen den Gleichheitsgrundsatz.[69]

b) Die bei der Prognose nach § 57 StGB zu wertenden Umstände (s insbesondere § 57 Abs 1 Satz 1 Nr. 2 und Satz 2 StGB) sind auf einen Tätertyp zugeschnitten, der wegen der Schwere seiner Schuld (§ 46 StGB) Freiheitsstrafe verwirkt hat, und nicht auf einen Täter, der nur deshalb einsitzt, weil die Geldstrafe uneinbringlich war.

c) Der Verurteilte kann der Entscheidung nach § 57 StGB durch eine nachträgliche Teilzahlung die Grundlage entziehen. Z. B.: Bei einer Ersatzfreiheitsstrafe von 90 Tagen soll der Verurteilte nach Ablauf von zwei Monaten (§ 57 Abs 1 Satz 1 Nr. 1 StGB) entlassen werden. Wird jetzt (noch vor der Entlassung) ein Teilbetrag entrichtet, der mehr als einem Monat Freiheitsstrafe entspricht, wird die Mindestvollzugsdauer von zwei Monaten nicht mehr erreicht und die Entscheidung gegenstandslos.

d) Der Verurteilte könnte bei einer Aussetzung des Strafrestes Bewährungszeit, Auflagen, Weisungen unbeachtet lassen und diese, wie auch einen Widerruf, durch Zahlung des rückständigen Betrags zu jedem beliebigen Zeitpunkt unterlaufen (§ 459 e Abs 4 StPO). Das entspricht nicht dem Sinn und Zweck einer Strafaussetzung.

e) Der Verurteilte wird bei einer Nichtanwendung des § 57 StGB nicht schlechter gestellt als andere, gegen die von vornherein wegen schwerer Schuld eine Freiheitsstrafe festgesetzt worden ist. Er kann jederzeit den weiteren Vollzug durch Zahlung des Restbetrags abwenden, wozu er auch nach Einführung von Arbeitspflicht und Arbeitsentgelt (§§ 41, 43 StVollzG) vermehrt in der Lage sein wird.

In vielen Fällen verhindern überdies bereits §§ 459 d, 459 f StPO, dass es zur Durchführung des Vollzugs überhaupt kommt.

Mit dem Inkrafttreten des 23. StrÄndG schien die bisherige Streitfrage erledigt. Die Formulierung in § 454 b Abs 2 StPO (wonach die Vollstreckung von Ersatzfreiheitsstrafen nicht unterbrochen wird und demgemäß diese von der gleichzeitigen Entscheidung nach § 454 b Abs 3 StPO ausgenommen sind) erlaubte den Schluss, die

---

[68] *Fischer*, Rdn 3 zu § 57 StGB, bejahend OLG Koblenz, NStZ 1995, 254.
[69] *Wagner*, Rpfleger 1997, 421.

Ersatzfreiheitsstrafe sei (kraft Entscheidung des Gesetzgebers) nicht aussetzbar.[70] Das *OLG Koblenz* hat dieser Deutung jedoch nachdrücklich widersprochen.[71] Der Meinungsstreit wird daher bis zu einer eindeutigen Regelung durch den Gesetzgeber weitergehen. Inzwischen sind die meisten obergerichtlichen Entscheidungen wieder von der Anwendbarkeit des § 57 StGB bei der Ersatzfreiheitsstrafe abgewichen, zuletzt das OLG Oldenburg in seinem Beschluss vom 24. 4. 2006. Die Ersatzfreiheitsstrafe ist zwar, wenn und soweit sie vollzogen wird, eine Freiheitsstrafe und nicht lediglich ein Zwangsmittel zur Beitreibung der Geldstrafe. Indessen ist sie dennoch keine „zeitige Freiheitsstrafe" iSv § 57 Abs 1 Satz 1 StGB. Diese wird in § 38 StGB definiert als Freiheitsstrafe mit einem Höchstmaß von 15 Jahren und einem Mindestmaß von 1 Monat. Die Ersatzfreiheitsstrafe wird hingegen im Abschnitt „Geldstrafe" mit einem Mindestmaß von 1 Tag umschrieben. Zudem ist die Ersatzfreiheitsstrafe keinen eigenständig zu verhängende Strafe.[72]

E. Abschluss der Vollstreckung

Nach Strafantritt des Verurteilten und anschließender Überprüfung der Strafzeitberechnung der Vollzugsanstalt (§§ 35 Abs 1 d, 36 Abs 1 StVollstrO) wird die Vollstreckungsbehörde erst wieder tätig, wenn die **Entlassungsanzeige** (§ 35 Abs 1 Ziffer 10 StVollstrO) eingeht.   **279**

Danach ergeht folgende **Abschlussverfügung:**

Staatsanwaltschaft   .... , den ....
    VRs ..../....

                        Verfügung

    I. 1. Kosten § 10 KostVfg; keine Überweisung an die Gerichtskasse (§ 16 Abs 2 EBAO):
         Schuldner arbeitslos, Schulden, kein Vermögen; s AS ...)[73]
     2. Kostenvermerk.
    Kostenbeamter
    II. 1. Vermerk: Die Ersatzfreiheitsstrafe ist vollständig vollstreckt.
     2. Austrag Js-Register.
     3. Weglegen.

                      ....
                      Rechtspfleger

Anmerkungen:

Sind die Kosten zusammen mit der Geldstrafe einzuziehen (§ 1 Abs 2 EBAO), darf von einem Kostenansatz nicht abgesehen werden (s § 10 Abs 2 Nr. 3 KostVfg). Erst nach **Lösung** der Verbindung von Geldstrafe und Kosten (§ 15 EBAO) kann wegen Unvermögens des Schuldners nach § 10 Abs 1 KostVfg verfahren und von der Überweisung der Kosten an die Gerichtskasse Abstand genommen werden (§ 16 Abs 2 EBAO).

Eine **Verbüßungsnachricht zum Bundeszentralregister** hinsichtlich der Geldstrafe (Ersatzfreiheitsstrafe) ist **nicht vorgesehen** (vgl. § 15 BZRG und Nr. 3.9.5 der 3. BZRVwV).

---

[70] So mit beachtlicher Begründung OLG Stuttgart, Justiz 1986, 469. KK-*Fischer,* Rdn 8 jeweils zu § 459 e StPO.
[71] NStZ 1987, 120; vgl. auch OLG Zweibrücken, MDR 1987, 782.
[72] OLG Oldenburg, NStZ-RR 2007, 253.
[73] Kostenabstand nach § 10 KostVfG nur bei Vorliegen der Voraussetzungen.

IV. Abwendung der Vollstreckung der Ersatzfreiheitsstrafe durch freie Arbeit

A. Regelungsinhalt

280   Durch Art. 293 EGStGB wurden die Länder ermächtigt, durch Rechtsverordnung die Abwendung der Vollstreckung einer **Ersatzfreiheitsstrafe** nach § 43 StGB durch **freie Arbeit** zu gestatten.[74] Inzwischen haben die Bundesländer von dieser Ermächtigung Gebrauch gemacht, teilweise auch als Gnadenregelung (Art 293 Abs 3 EGStGB). Die freie und gemeinnützige Arbeit ist eine Alternative zur Ersatzfreiheitsstrafe, sie kommt deshalb nur in Frage, wenn die Voraussetzungen zur Vollstreckung der Ersatzfreiheitsstrafe vorliegen, also die Geldstrafe nicht beigetrieben werden kann und wenn eine Vollstreckungsanordnung nach § 459 e Abs 1 StPO ergangen ist. Nicht zulässig ist daher, dem Verurteilten von vornherein als Tilgungsmöglichkeit seiner Geldstrafe die freie und gemeinnützige Arbeit anzubieten. Da die verurteilte Person keine Wahlmöglichkeit hat, ob sie die Geldstrafe bezahlen oder die Ersatzfreiheitsstrafe verbüßen will, steht ihr auch nicht die Wahlmöglichkeit offen, die Geldstrafe durch Ableisten gemeinnütziger Arbeit zu tilgen, da diese Möglichkeit nur eingeräumt ist zur **Abwendung der Vollstreckung der Ersatzfreiheitsstrafe.**

Nur tatsächlich geleistete Arbeit kann zur Erledigung der Ersatzfreiheitsstrafe führen. Die Zahl der zu vollstreckenden Ersatzfreiheitsstrafen hat durch die anhaltende wirtschaftliche Rezession und die insbesondere in den neuen Bundesländern anhaltende hohe Arbeitslosigkeit erheblich zugenommen. Die Vollzugsanstalten sind bereits infolge der Zunahme der Kriminalität überfüllt und nicht mehr in der Lage, zusätzlich auch noch eine vermehrte Anzahl von Gefangenen aufzunehmen, gegen die eine Ersatzfreiheitsstrafe zu vollstrecken ist, die also nicht in der Lage sind, die gegen sie verhängte Geldstrafe zumindest in angemessenen Raten zu bezahlen. Daneben belastet jeder vollstreckte Hafttag die Justizhaushalte der Länder mit durchschnittlich ca. 85,– €. Auch die Schaffung zusätzlicher Haftplätze würde die Länderhaushalte mit etwa 150 000,– € je Haftplatz belasten. Deshalb ist es naheliegend, nach Auswegen zu suchen, um die Zahl der Vollstreckungen der Ersatzfreiheitsstrafen zu vermindern. Mehrere Bundesländer haben bereits einen Vollstreckungsstop von unterschiedlicher Dauer für Ersatzfreiheitsstrafen angeordnet.

Freie Arbeit muss **unentgeltlich** (bis auf die Erstattung kleinerer barer Auslagen) und **gemeinnützig** (iSd Nützlichkeit für die Allgemeinheit) sein. Sie darf nicht der Gewinnerzielung von Privatpersonen dienen. Durch die freie Arbeit wird kein Arbeitsverhältnis nach dem Arbeitsrecht und kein Beschäftigungsverhältnis im Sinne der Sozialversicherung, einschließlich der Arbeitslosenversicherung und des Steuerrechts, begründet. Die Vorschriften über den Arbeitsschutz finden dagegen Anwendung.[75] Ein Arbeitsloser verliert durch die Ableistung von freier Arbeit nicht seinen Anspruch auf Arbeitslosengeld (§ 103 AFG).

In einzelnen Bundesländern kann auch einem Strafgefangenen während der Verbüßung einer Freiheitsstrafe gestattet werden, eine im Anschluss notierte Ersatzfreiheitsstrafe durch Ableisten gemeinnütziger Arbeit im Strafvollzug abzuwenden. Diese Regelung ist nicht unproblematisch.

---

[74] Bei der Ersatzfreiheitsstrafe nach § 43 a Abs 3 StGB (an Stelle der Vermögensstrafe) ist freie Arbeit nicht zulässig; vgl. Einfügung von § 43 StGB in Art 293 Abs 1 Satz 1 EGStGB durch das OrgKG vom 15. 7. 1992.

[75] Z. B. Vorschriften über die Arbeitszeitordnung, das Mutterschutzgesetz, Sicherheitsvorschriften nach § 120 e GewO.

Der Strafgefangene ist nach § 41 StVollzG während des Vollzugs der Freiheitsstrafe zur Arbeit verpflichtet. Er erhält dafür entsprechend § 43 StVollzG Arbeitsentgelt. Den Gefangenen entgegen der Vorschrift des § 41 StVollzG aus der Arbeitspflicht zu entbinden und ihm gemeinnützige Arbeit in der Anstalt – ohne Arbeitslohn, nur gegen ein „Taschengeld" – zuzuweisen, widerspricht den gesetzlichen Vorgaben. Ferner widerspricht diese Verfahrensweise dem Grundsatz, dass an einem Tag nur **eine Strafe** vollstreckt werden kann. Ferner ist einer verurteilten Person, die nicht auch zu einer Freiheitsstrafe verurteilt wurde, die Möglichkeit genommen, die Geldstrafe im Strafvollzug durch Ableisten gemeinnütziger Arbeit zu tilgen. Dies widerspricht dem Grundsatz der Gleichbehandlung. Auf der anderen Seite haben diese Bundesländer jährlich tausende von Hafttagen auf diese Weise einsparen können und durch die gemeinnützige Arbeit Gefangener erhebliche Vollzugskosten gespart. Vollstreckungsbehörden von Bundesländern, bei denen das Ableisten gemeinnütziger Arbeit im Strafvollzug nicht möglich ist, haben jedoch das Abwenden der Vollstreckung der Ersatzfreiheitsstrafe durch gemeinnützige Arbeit im Strafvollzug zu akzeptieren, wenn sie die Ersatzfreiheitsstrafe in einem Bundesland vollstrecken, bei denen dies gestattet ist, da der Strafvollzug Ländersache ist.

Die Geschäfte der Vollstreckungsbehörde zur Durchführung der freien Arbeit nach Maßgabe der **Rechtsverordnungen** sind dem **Rechtspfleger** übertragen (§ 31 Abs 2 Satz 1 RpflG). Soweit im **Gnadenwege** entschieden wird, besteht für die Grundentscheidungen keine Zuständigkeit des Rechtspflegers.

B. Antragsverfahren und Gestattung

Der Verurteilte ist spätestens bei der Ladung zum Antritt der Ersatzfreiheitsstrafe **281** (mittels Merkblatt) über die Möglichkeit der freien Arbeit und das Recht zur Benennung einer Beschäftigungsstelle unter Hinweis auf die erforderliche **Antragstellung** zu belehren. Für die Antragstellung ist ihm eine angemessene Frist einzuräumen. Die meisten Landesjustizverwaltungen haben in ihren Rechtsverordnungen eine bestimmte Zeit nicht vorgeschrieben. Zwei Wochen ab Zugang der Ladung dürften genügen. Die Belehrung entfällt, wenn der Verurteilte inhaftiert, unbekannten Aufenthalts ist, oder Anhaltspunkte gegeben sind, dass er freie Arbeit nicht leisten will oder kann. Ist der Verurteilte inhaftiert in einem Bundesland mit gemeinnütziger Arbeit während des Strafvollzugs, wird er im Strafvollzug auf diese Möglichkeit hingewiesen, sofern dort eine entsprechende Stelle frei ist.

Die Vollstreckungsbehörde ist dem Verurteilten ggf. bei der Vermittlung eines Beschäftigungsverhältnisses behilflich. Sie sollte sich hierzu der Gerichtshilfe bedienen oder in Länder, die einen sozialen Dienst bereits eingerichtet haben, sollte dieser in Anspruch genommen werden. Die Erfahrung hat gezeigt, dass durch die Anspruchnahme des sozialen Dienstes die Vollstreckung nicht verzögert wird, dass im Gegenteil eine beschleunigte Vollstreckung durchgeführt werden kann.[76] Durch **fristgerechten** Antrag (nach erteilter Belehrung) wird die weitere Vollstreckung **gehemmt**. Dies bedeutet aber nicht, dass auch die Vollstreckungsverjährung ruht. Die Ladungsfrist (§ 27 Abs 2 StVollstrO) darf deshalb nicht kürzer als die eingeräumte Antragsfrist sein. Bei verspätetem oder (nach Ablehnung) wiederholtem Antrag tritt keine Vollstreckungshemmung ein. Die Vollstreckungsbehörde kann jedoch die Vollstreckung bis zur Entscheidung über den Antrag aussetzen (§ 4 Abs 2 VO, BW und anderer Landesjustizverwaltungen).

---

[76] Die im Freistaat Sachsen mit dem sozialen Dienst gewonnenen Erfahrungen sind sehr positiv.

Gibt die Vollstreckungsbehörde (Rechtspfleger) dem Antrag statt, bestimmt sie zugleich die Beschäftigungsstelle, den Inhalt der Tätigkeit, die voraussichtliche tägliche Arbeitszeit und den Anrechnungsmaßstab.[77] Der Verurteilte ist außerdem über einen möglichen Widerruf zu belehren.

282   Die **Gestattung** der freien Arbeit kann wie folgt verfügt werden:

Staatsanwaltschaft
VRs ..../....

.... , den ....

Verfügung

1. An Verurteilten:
Bezug: Ihr Antrag vom ......
Es wird Ihnen gestattet, die Vollstreckung der – restlichen – Ersatzfreiheitsstrafe von ... Tagen durch freie Arbeit abzuwenden.
Zur Erledigung **eines** Tages der Ersatzfreiheitsstrafe sind ...... Stunden gemeinnütziger Tätigkeit erforderlich. Sie haben somit insgesamt ...... Arbeitsstunden zu leisten.
Die freie Arbeit ist zu erbringen bei

Arbeitszeit:
Arbeitsbeginn:
Art der Tätigkeit:
Sie haben den Weisungen der Vollstreckungsbehörde sowie im Rahmen des Beschäftigungsverhältnisses den Anordnungen Ihres Beschäftigungsgebers nachzukommen.
Mit dem **Widerruf** der Gestattung müssen sie rechnen, wenn Sie
1. ohne genügende Entschuldigung die Arbeit nicht aufnehmen, wiederholt nicht zur Arbeit erscheinen oder die Arbeit abbrechen,
2. trotz Abmahnung Ihres Beschäftigungsgebers Ihre Arbeitskraft nicht voll einsetzen,
3. in erheblichem Maße gegen Ihnen erteilte Weisungen oder Anordnungen verstoßen,
4. durch sonstiges schuldhaftes Verhalten Ihre Weiterbeschäftigung für den Beschäftigungsgeber unzumutbar machen.
2. Nachricht hiervon an:
    a) GH (AS ...) zu AZ: ....
    b) Beschäftigungsgeber (AS ...) mdB,
        aa) die Arbeitsaufnahme bzw. Nichtaufnahme mitzuteilen,
        bb) Arbeitsstörungen umgehend zu melden,
        cc) nach Beendigung der Beschäftigung eine Bescheinigung über die geleisteten Arbeitsstunden auszustellen und hierher zu übersenden.
3. Wv ......

....
Rechtspfleger

Solange dem Verurteilten die freie Arbeit gestattet ist, bleibt die Vollstreckung der Ersatzfreiheitsstrafe ausgeschlossen. Gleichzeitig **ruht** die Vollstreckungsverjährung (§ 79a Nr. 2 Buchst a StGB).[78]

---

[77] In Baden-Württemberg sechs Stunden freie Arbeit für einen Tag Ersatzfreiheitsstrafe. In Ausnahmefällen kann bis auf drei Stunden herabgesetzt werden (§ 7 VO), z.B. bei Nacht- oder Feiertagseinsätzen, bei körperlich oder seelisch besonders belastenden Arbeiten oder mit Rücksicht auf die persönlichen Verhältnisse des Verurteilten.
[78] Die Gestattung der freien Arbeit zur Abwendung der Vollstreckung der Ersatzfreiheitsstrafe kommt einem Vollstreckungsaufschub gleich.

C. Ablehnung des Gestattungsantrags

Die Vollstreckungsbehörde **lehnt** den Antrag auf Gestattung **ab,** wenn   **283**
a) Anhaltspunkte gegeben sind (Z.B. aufgrund des Akteninhalts oder durch den Bericht des Gerichtshelfers), dass der Verurteilte freie Arbeit nicht leisten will oder kann,
b) der Verurteilte zum Zeitpunkt der Entscheidung nicht auf freiem Fuß ist (siehe aber auch Ausführungen in Rdn 281) oder
c) ein Beschäftigungsverhältnis in angemessener Zeit nicht zustande kommt (§ 3 Abs 2 VO, BW).
Die **Verfügung** kann lauten (Vordruck):

Staatsanwaltschaft   .... , den ....
    VRs ..../....

Verfügung

1. An Verurteilten:
Ihr Antrag vom ...... auf Abwendung der Vollstreckung der Ersatzfreiheitsstrafe durch freie Arbeit wird gem. § 3 Abs 2 VO abgelehnt, weil
Anhaltspunkte dafür vorhanden sind, dass Sie
❏ freie Arbeit nicht leisten wollen
❏ zur Ableistung freier Arbeit in absehbarer Zeit nicht in der Lage sein werden.
❏ Sie sich zum Zeitpunkt der Entscheidung nicht auf freiem Fuß befinden.
❏ ein Beschäftigungsverhältnis in angemessener Zeit nicht zustande gekommen ist.
2. Nachricht hiervon an:
    a) GH (AS ...) zu AZ: ......
    b)
3. Wv ......

....
                                            Rechtspfleger

Mit der **Ablehnung** des Antrags ist die Vollstreckungshemmung beseitigt. Der Verurteilte kann gegen die ablehnende Entscheidung **Einwendungen** gem. § 31 Abs 6 RpflG erheben. Der weitere Rechtsbehelf ist zwar (in der VO) nicht bestimmt, doch dürfte sich hier (wegen der Vergleichbarkeit mit den Entscheidungen nach §§ 459a, 459e StPO sowie wegen der Einordnung in das System der Geld-/Ersatzfreiheitsstrafen) der Weg des § 459h StPO anbieten.

D. Widerruf der Gestattung

Kommt es zu **Arbeitsstörungen,** empfiehlt es sich, die **Gerichtshilfe** zur Überprüfung   **284**
und Abhilfe einzuschalten. Bei schweren Verstößen (vgl. § 6 Abs 1 VO) wird ein **Widerruf** unumgänglich sein. Der Verurteilte ist vor der Entscheidung zu **hören.** Die Anhörung ist verzichtbar, wenn der Verurteilte flüchtig oder unbekannten Aufenthalts ist. Der Widerruf (mit Begründung wegen der gerichtlichen Überprüfbarkeit: § 459h StPO) ist dem Verurteilten (formlos) zu übersenden. Gleichzeitig kann er zum (sofortigen) Strafantritt geladen werden. Die Vollstreckungshemmung ist mit dem Widerruf beendet. Ist der Aufenthaltsort des Verurteilten nicht bekannt, können nach dem Wi-

derruf (ohne dessen Bekanntmachung) sofort Fahndungsmaßnahmen eingeleitet werden.

Der **Widerruf** der Gestattung kann lauten (Vordruck):

Staatsanwaltschaft   .... , den ....

VRs ..../....

Verfügung

1. An Verurteilten:

Mit Verfügung vom ...... wurde Ihnen gestattet, die Vollstreckung der – restlichen – Ersatzfreiheitsstrafe durch freie Arbeit abzuwenden.

Da sie

❏ ohne genügende Entschuldigung – die Arbeit nicht aufgenommen haben – wiederholt nicht zur Arbeit erschienen sind – die Arbeit abgebrochen haben,

❏ trotz Abmahnung Ihres Beschäftigungsgebers mit Ihrer Arbeitsleistung hinter den Anforderungen zurückgeblieben sind, die billigerweise an Sie gestellt werden können, nämlich ....

❏ in erheblichem Maße gegen die Ihnen erteilten Weisungen oder Anordnungen verstoßen haben, nämlich ....

❏ durch schuldhaftes Verhalten Ihre Weiterbeschäftigung für den Beschäftigungsgeber unzumutbar gemacht haben, nämlich ....

wird die Gestattung gem. § 6 Abs 1 VO widerrufen.

2. Nachricht von Ziff 1

  a) dem Beschäftigungsgeber (AS ...)

  b) der Gerichtshilfe (AS ...) zu AZ:......

  c)

3. Ladung zum sofortigen Strafantritt in die JVA ......

  – zustellen –

  – restliche – ...... Tage Ersatzfreiheitsstrafe. Die Zahlung von ...... befreit vom Vollzug. Kosten: .... Weitere ...... Restgeldstrafe, unter einem vollen Tagessatz.

4. Wv ......

....

Rechtspfleger

Gegen die Widerrufsentscheidung des Rechtspflegers kann der Verurteilte **Einwendungen** gem. § 31 Abs 6 RpflG erheben.[79] Die **gerichtliche** Überprüfung erfolgt nach § 459h (§§ 462, 462a) StPO. Durch einen etwaigen Rechtsbehelf des Verurteilten wird die Vollstreckung nicht gehemmt.

E. Erledigung der Ersatzfreiheitsstrafe

285   Hat der Verurteilte die erforderliche Stundenzahl freier und gemeinnütziger Arbeit geleistet, ist damit die Ersatzfreiheitsstrafe (und die Geldstrafe) **erledigt.** Nur tatsächlich geleistete Arbeit kann jedoch zur Erledigung führen. Krankheitszeiten und sonstige (auch entschuldigte) Fehlzeiten bleiben unberücksichtigt. Eine teilweise geleistete Arbeit wird auf die zu vollstreckende Ersatzfreiheitsstrafe angerechnet. Ergeben sich bei der Berechnung Bruchteile von Tagen, so bleiben sie bei der Vollstreckung der restlichen

---

[79] Der weitere Rechtsbehelf ist (in der VO) nicht geregelt. Die Anwendung des § 459h StPO erscheint jedoch systemkonform (vgl. §§ 459 ff StPO). § 21 StVollstrO paßt hier weniger.

Ersatzfreiheitsstrafe außer Betracht (§ 459 e Abs 3 StPO). Für den entsprechenden Rest der Geldstrafe bleibt der Verurteilte vermögensrechtlich haftbar.[80]

Der Verurteilte kann **jederzeit** die gegen ihn verhängte Geldstrafe, die durch Vollstreckung der Ersatzfreiheitsstrafe oder durch Leistung freier Arbeit noch nicht erledigt ist, zahlen.

Wird der Vollstreckungsbehörde durch eine Bescheinigung des Beschäftigungsgebers **nachgewiesen**, dass die festgesetzte Stundenzahl freier Arbeit abgeleistet worden ist, teilt sie die Erledigung der Vollstreckung dem Verurteilten mit. Die Bezahlung der Kosten wird durch die freie Arbeit nicht berührt.

Die **Abschlussverfügung** kann lauten:

Staatsanwaltschaft   .... , den ....
VRs ..../....

Verfügung

I. 1. Kosten zum Soll.
 2. Kostenvermerk.

Der Kostenbeamte:

II. 1. An Verurteilten:
  Der Nachweis über die Ableistung der erforderlichen Stundenzahl freier Arbeit liegt uns vor. Die Ersatzfreiheitsstrafe aus obiger Vollstreckungssache ist damit erledigt.
 2. Austrag Js-Register.
 3. Weglegen.

....
Rechtspfleger

F. Einführung des EURO und Geldstrafe

Besonderheiten bei der Einführung des EURO siehe Auflage 7.   **285a**

---

[80] Z. B.: Abgeleistet 50 Stunden freie Arbeit. Anrechnungsmaßstab: 6 Stunden/1 Tag. Entspricht 8 $1/3$ Tagen Ersatzfreiheitsstrafe. Für die Vollstreckung erledigt: 9 Tage Ersatzfreiheitsstrafe (für $2/3$ vermögensrechtliche Haftung). Die Bruchteilsregelung gilt nur für die Vollstreckung der Ersatzfreiheitsstrafe selbst. Bei der Gestattung der freien Arbeit können Bruchteile in Stunden umgerechnet werden (Z. B. 2 $1/3$ Tage Ersatzfreiheitsstrafe = 14 Stunden freie Arbeit).

Vierter Teil. Die Vermögensstrafe

I. Anwendungsbereich

A. Ausgestaltung der Vermögensstrafe

286 Mit Urteil vom 20. 3. 2002 hat das Bundesverfassungsgericht die Vermögensstrafe (§ 43 a StGB) als mit Art 103 Abs 2 des Grundgesetzes unvereinbar und damit für nicht erklärt.[1]

287 Die Vermögensstrafe wurde eingeführt durch Art 1 des OrgKG vom 15. 7. 1992. Es handelte sich um eine Geldsummenstrafe, deren Höhe allein durch den Wert des **Tätervermögens** begrenzt wird. Bei der Feststellung der Obergrenze der Vermögensstrafe waren von den Aktiva des Vermögens alle Verbindlichkeiten abzusetzen, die nach wirtschaftlicher Betrachtungsweise den Wert des Vermögens mindern. Aktiva und Verbindlichkeiten konnten nach allgemeinen Grundsätzen geschätzt werden.[2] Auf eine mögliche Herkunft des Vermögens aus Straftaten kam es bei der Verhängung und Bemessung der Vermögensstrafe nicht an im Gegensatz zum Verfall oder Verfall des Wertersatzes nach §§ 73, 73 a, 73 d StGB. Hier bedarf es des Nachweises, dass der Täter aus der Tat etwas erlangt hat. Darüber hinaus kann der Verfall auch gegenüber einem Schuldunfähigen angeordnet werden, während die Vermögensstrafe die Schuld des Täters voraussetzte, da sie als Nebenstrafe ausgestaltet war, also nur neben einer Strafe (Freiheitsstrafe von mehr als 2 Jahren oder lebenslange Freiheitsstrafe) verhängt werden Konnte.[3] § 43 a StGB beinhaltete lediglich eine Erweiterung der Reaktionsmittel bei bestimmten Delikten.

Diese neue Sanktion fand Anwendung im Bereich des illegalen Betäubungsmittelhandels sowie bei den sonstigen Erscheinungsformen der organisierten Schwerkriminalität (z.B. Geldfälschung, Prostitution, Menschenhandel, Zuhälterei, Bandendiebstahl, Bandenhehlerei). Wesentliches Ziel der Vermögensstrafe war die Gewinnabschöpfung. Mit der Vermögensstrafe wollte der Gesetzgeber die sich aus der Unschuldsvermutung ergebenden Zugriffshinderungen beiseite schieben. Der BGH (nicht das BVerfG) hat in seiner Entscheidung vom 6. 7. 1994 (BGHR StGB § 43 a-Vermögen 1)[4] die Verfassungsmäßigkeit der Vermögensstrafe bejaht, weil die Freiheitsstrafe und die zusätzlich verhängte Vermögensstrafe als Gesamtsanktion für eine Straftat gesehen werden muss und deshalb gerade in ihrer kumulativen Belastung des Täters schuldangemessen sein müssen.

Die Vermögensstrafe konnte nur bei speziellen Delikten verhängt werden, soweit im Gesetz auf § 43 a StGB verwiesen wird (z.B. §§ 181 c, 244, 244 a, 260 a, 261 StGB, § 30 c BtMG) Die Festsetzung der Vermögensstrafe musste **schuldangemessen** sein, wobei die erkannte Freiheitsstrafe und die Vermögensstrafe bzw. Ersatzfreiheitsstrafe das Maß der Schuld des Täters nicht übersteigen durften. Bei Verhängung der Vermögensstrafe musste daher die an sich verwirkte Freiheitsstrafe mit Ausgleich für die

---

[1] BVerfG, NJW 2002, 1779.
[2] BGH, NStZ 1996, 78.
[3] *Zschockelt,* NStZ 1996, 226.
[4] NStZ 1996, 78.

hinzukommende Vermögensbelastung gemindert werden. Die Vermögensstrafe sollte auf „gravierende Fälle" (so die amtliche Begründung) beschränkt bleiben. Daher kam die Sanktion nur **neben** einer verwirkten lebenslangen oder zeitigen Freiheitsstrafen von mehr als 2 Jahren[5] in Betracht. Die Vermögensstrafe unterschied sich von den überkommenen Regelungen über die Geldstrafe (§§ 40 ff StGB) vor allem dadurch, dass sie nicht nach Tagessätzen, sondern nach einem Gesamtbetrag bemessen wird und dass sie sich nicht am Einkommen, sondern am Vermögen des Verurteilten orientiert.

Im Falle der Uneinbringlichkeit trat an die Stelle der Vermögensstrafe eine **Ersatzfrei-** **heitsstrafe**, die zugleich mit der Verhängung der Vermögensstrafe im Straferkenntnis vom Gericht festgesetzt (§§ 43 a Abs 3, 53 Abs 3, 55 Abs 1 StGB) werden musste. Das Höchstmaß betrug zwei Jahre, das Mindestmaß ein Monat. Die weitere Bemessung richtete sich nach § 39 StGB (Ersatzfreiheitsstrafe bis zu einem Jahr nach vollen Monaten und Wochen, Ersatzfreiheitsstrafe von mehr als einem Jahr nach vollen Jahren und Monaten). Einen Umrechnungsmaßstab zwischen Höhe der Vermögensstrafe und Dauer der Ersatzfreiheitsstrafe enthielt das Gesetz nicht.   288

Für die Vollstreckung der Ersatzfreiheitsstrafe galt Art 293 EGStGB nicht, d. h. die Vollstreckung der Ersatzfreiheitsstrafe konnte nicht durch freie und gemeinnützige Arbeit abgewendet werden.

B. Sicherungs- und Vollstreckungsvorschriften

Die Durchsetzung der Vermögensstrafe richtete sich in erster Linie nach folgenden   289 Bestimmungen:

a) **Sicherungsmaßnahmen:**
§ 111 o StPO – dinglicher Arrest,
§ 111 p StPO – Vermögensbeschlagnahme,
§ 443 StPO – Vermögensbeschlagnahme (allgemeine Vorschrift).

b) **Vollstreckungsmaßnahmen:**
§ 59 i Abs 1 StPO – sinngemäße Anwendung von Vorschriften der Geldstrafenvollstreckung, nämlich:
§ 459 StPO (Anwendbarkeit der JBeitrO),
§ 459 a StPO (Zahlungserleichterungen),
§ 459 b StPO (Verrechnung von Teilbeträgen),
§ 459 c StPO (Beitreibung),
§ 459 e StPO (Vollstreckung der Ersatzfreiheitsstrafe),
§ 459 f StPO (Absehen bei unbilliger Härte),
§ 459 h StPO (Gerichtliche Entscheidung).

JBeitrO, EBAO – sinngemäße Anwendung gem. § 459 i StPO iVm § 459 StPO.
StVollstrO – sinngemäße Anwendung der einschlägigen Vollstreckungsvorschriften, insbesondere des III. Abschnitts, soweit mit § 459 i Abs 1 StPO vereinbar.
BZRG – Mitteilungspflichten, insbesondere nach § 5 Abs 3 Satz 2 und § 15.
§ 31 Abs 2 Satz 1 RpflG – Die Vollstreckung der Vermögensstrafe oblag dem Rechtspfleger.

---

[5] Gemeint war die Einzelstrafe nach § 53 Abs 3 StGB und nicht eine etwaige Gesamtfreiheitsstrafe von mehr als 2 Jahren.

II. Entscheidung des Bundesverfassungsgerichts

A. Stellungnahmen der Beteiligten

290   Der Beschwerdeführer trug vor, § 43 a StGB verletze das **Schuldprinzip**. Die Vermögensstrafe richte sich in erster Linie nach der Höhe des Vermögens und nicht nach der Schuld des Täters, denn sie solle das gesamte Vermögen des Täters erfassen, um ihm die wirtschaftliche Grundlage für weitere Straftaten zu entziehen. Daneben sei das Bestimmtheitsgebot aus Art 103 Abs 2 GG, das auch für die Rechtsfolgen gelte verletzt, da § 43 a für die Vermögensstrafe weder eine absolute Ober- noch eine Untergrenze nenne. Ferner verstoße die Vermögensstrafe auch gegen das Resozialisierungsgebot. Die Strafe könne, wenn sie neben einer längeren Freiheitsstrafe verhängt werde, existenzvernichtend wirken.

291   Das Bundesministerium der Justiz dagegen hält § 43 a StGB als mit dem Grundgesetz vereinbar. Die Vermögensstrafe stehe mit dem Schuldgrundsatz in Einklang. Sie erweitere die Möglichkeiten der Bekämpfung schwerer Drogendelikte und wolle dem Täter insbesondere die wirtschaftliche Grundlage für einen künftigen Drogenhandel entziehen. Im übrigen habe eine absolute Obergrenze der Vermögensstrafe nicht bestimmt werden können, weil es den Gerichten gerade ermöglicht werden sollte, auch auf das gesamte Vermögen des Täters zuzugreifen.

292   Auch das Bayerische Staatsministerium der Justiz und der Senator für Justiz der Freien und Hansestadt Hamburg sehen die Verfassung durch § 43 a StGB nicht verletzt. Das Resozialisierungsgebot sei gewahrt. Dass der Zugriff auf das Vermögen des Täters nachteilige soziale Folgen für ihn haben könne, sei keine Besonderheit der Vermögensstrafe. Die Chancen für eine Wiedereingliederung nach der Haftentlassung seien gewährleistet.

B. Entscheidungsgründe des Bundesverfassungsgerichts

293   § 43 a StGB, der dem Gericht bei bestimmten Straftatbeständen die Möglichkeit einräumt, neben einer lebenslangen oder einer zeitigen Freiheitsstrafe von mehr als 2 Jahren auf Zahlung eines Geldbetrags zu erkennen, der nur durch den Wert des Tätervermögens begrenzt ist, ist mit dem Bestimmtheitsgebot des Art 103 Abs 2 GG nicht vereinbar. Dem Gesetzgeber ist es nicht gelungen, das verfassungsrechtliche Minimum an gesetzlicher Vorausbestimmung zur Auswahl und Bemessung dieser Strafe bereitzustellen. Dadurch wird es dem von der Vermögensstrafe Betroffenen in rechtlich nicht mehr hinnehmbarer Weise erschwert, Art und Maß der Sanktion vorherzusehen, die er als staatliche Reaktion auf seine Straftat zu erwarten hat. Der Gesetzgeber ist gehalten, die grundsätzlichen Entscheidungen zu Art und Ausmaß denkbarer Rechtsfolgen selbst zu treffen und dem Richter den Rahmen möglichst klar vorzugeben, innerhalb dessen er sich bewegen muss. Die Anforderungen an den Gesetzgeber sind dabei umso strenger, je intensiver der Eingriff wirkt.

294   Die Ungenauigkeiten des Gesetzes begleiten den gesamten Strafzumessungsvorgang. § 43 a StGB stellt dem Strafrichter schon keine inhaltlichen Vorgaben zur Verfügung, nach denen er entscheiden könnte, in welchen Fällen er eine Vermögensstrafe wählen soll und in welchen Fällen nicht. Es fehlen hinreichende klare gesetzliche Vorgaben zur Konkretisierung des Anwendungsbereichs von § 43 a StGB.

Zu Unwägbarkeiten führen nach den Ausführungen des BVerfG auch die Vollstre- **295**
ckungsvorschriften.
- Im Strafgesetzbuch finden sich keine klaren Hinweise für die richtige Auslegung
  des Vermögensbegriffs.
- Bei der Vollstreckung könnte sich eine Vermögensstrafe ergeben, die den Wert des
  tatsächlichen Vermögens übersteigt; dies wäre dann zu befürchten, wenn eine Veräußerung den eigentlichen Verkehrswert des Grundstücks tatsächlich nicht erreicht.
- Das Maß an gesetzlicher Unbestimmtheit erhöht sich weiter durch die Schätzklau-
  sel in § 43 a Abs 2 Satz 3 StGB.

III. Bisher geltende Vollstreckungsvorschriften

Insoweit wird auf die 6. Auflage *Isak/Wagner,* Strafvollstreckung, Rdn 290–319 ver- **296–318**
wiesen.
Soweit in früheren Verfahren rechtskräftig auf Vermögensstrafe erkannt wurde und **319**
die Vollstreckung abgeschlossen ist, berührt die Entscheidung des BVerfG die Vollstreckung nicht mehr. Jedoch besteht ein eigenständiger Wiederaufnahmegrund nach
§ 79 BVerfGG. Rechtskräftige Verurteilungen, die auf einer mit dem Grundgesetz für
unvereinbar oder nach § 78 BVerfGG für nichtig erklärten materiell-rechtlichen
Norm oder auf der Auslegung einer Norm beruhen, die das BVerfG für unvereinbar
mit dem Grundgesetz erklärt hat, können auf Antrag der verurteilten Person wieder
aufgenommen werden.
So bleiben auch strafgerichtliche Entscheidungen, die nicht mehr anfechtbar sind, bei **320**
denen also die Rechtskraft eingetreten ist, von der Unwirksamkeitserklärung des
Bundesverfassungsgerichts unberührt. Die Vollstreckung aus einer solchen Entscheidung ist jedoch unzulässig, BVerfG § 79 Abs 2 Satz 2.

Fünfter Teil. Vollstreckung von Maßregeln der Besserung und Sicherung

I. Vorbemerkungen

A. Katalog der Maßregeln

321 Die in § 61 StGB aufgeführten Maßregeln der Besserung und Sicherung lassen sich in zwei Gruppen einteilen: in

a) die **freiheitsentziehenden** Maßregeln,
b) Maßregeln **ohne** Freiheitsentziehung.

Zu den ersteren gehören:
– die Unterbringung in einem psychiatrischen Krankenhaus (§ 63 StGB),
– die Unterbringung in einer Entziehungsanstalt (§ 64 StGB),
– die Unterbringung in der Sicherungsverwahrung (§ 66 StGB).[1]

Zur zweiten Gruppe zählen:
– die Führungsaufsicht (§ 68 StGB),
– die Entziehung der Fahrerlaubnis und die Verhängung einer Sperrfrist für die Wieder-/Erteilung einer Fahrerlaubnis (§§ 69, 69a StGB),
– das Berufsverbot (§ 70 StGB).

Der Katalog des § 61 StGB soll keine Rangfolge unter den einzelnen Maßregeln aufstellen. Welche Maßregel(n) anzuordnen ist/sind (§ 72 StGB), richtet sich nach der Lage des Einzelfalls, wobei stets der **Grundsatz der Verhältnismäßigkeit** (§ 62 StGB) zu beachten ist. Bei der Wahl zwischen verschiedenen rechtlich zulässigen Maßregeln ist – neben Zweckmäßigkeitsgesichtspunkten – insbesondere dem **Schutzbedürfnis der Allgemeinheit** Rechnung zu tragen. Stehen dann noch mehrere Maßregeln zur Auswahl, ist derjenigen der Vorzug zu geben, die den Täter **am wenigsten beschwert.**[2]

322 Neben der Unterbringung durch **strafgerichtliche** Entscheidung kann bei Geisteskranken, Geistesschwachen, gewohnheitsmäßigen Trinkern und Rauschmittelsüchtigen eine Einweisung auch aufgrund **landesrechtlicher** Bestimmungen nach den erlassenen Unterbringungsgesetzen erfolgen. Zuständig ist in diesen Fällen die **Verwaltungsbehörde.** Die Einweisung bedarf der richterlichen Anordnung oder Bestätigung.

B. Allgemeine Grundsätze

323 Im Strafrecht gilt das Prinzip der sog **Zweispurigkeit:** Strafe und Maßregel stehen nebeneinander. Dabei ist die Strafe an die Schuld gebunden (§ 46 StGB), während die Maßregel (mit Ausnahme der Sicherungsverwahrung nach § 66 StGB und der angeordneten Führungsaufsicht nach § 68 StGB) unabhängig von der Schuld den Täter bessern oder die Allgemeinheit vor ihm schützen soll. Die Maßregel ist, nach ihrer Zweckbestimmung, daher auch bei Schuldunfähigkeit möglich und tritt bei Schuldfähigen neben die Strafe, wenn diese allein zur Gefahrenabwehr nicht ausreicht.

Maßregeln können nicht nur gegen Inländer, sondern auch gegen Ausländer angeordnet werden. Im **Jugendstrafrecht** sind nur die Unterbringung in einem psychiat-

---

[1] Ursprünglich war auch noch die Unterbringung in einer sozialtherapeutischen Anstalt (§ 65 StGB) vorgesehen. Der Gesetzgeber hat jedoch durch Strafvollzugsänderungsgesetz v 20.12. 1984 den § 65 StGB aufgehoben und sich für die sog „Vollzugslösung" entschieden.
[2] *Stree* in Schönke/Schröder, Rdn 2 zu § 61 StGB.

rischen Krankenhaus oder einer Entziehungsanstalt sowie die Führungsaufsicht und die Entziehung der Fahrerlaubnis zulässig (§ 7 JGG). Die Unterbringung in der Sicherungsverwahrung und das Berufsverbot sind ausgeschlossen. Jedoch kann das Gericht auch gegen Jugendliche nachträglich Sicherungsverwahrung anordnen unter den Voraussetzungen des § 7 Abs 2 und 3 JGG.

Vor Anordnung einer Maßregel hat das Gericht, bezogen auf den Zeitpunkt des Urteils, eine **Prognose** über die **künftige Gefährlichkeit** des Täters aufzustellen. Das Gericht muss dabei zur Überzeugung gelangen, dass die Begehung weiterer Straftaten nicht nur **möglich**, sondern vielmehr auch **wahrscheinliche** ist. Lässt sich ein sicheres Urteil über den Wahrscheinlichkeitsgrad nicht abgeben, darf die Maßregel nicht angeordnet werden.[3] Die Anordnung nach § 63 StGB setzt ua die postitive Feststellung eines länger andauernden, nicht nur vorübergehenden Zustands voraus, der zumindest eine erhebliche Einschränkung der Schuldfähigkeit iS des § 21 StGB sicher begründet. Sie bedarf einer besonders sorgfältigen Begründung, weil sie eine schwerwiegende und gegebenenfalls langfristig in das Leben des Betroffenen eingreifende Maßnahme darstellt.[4] Das Gericht ordnet die Maßregel grundsätzlich im Urteil an und ist dazu, wenn die Voraussetzungen gegeben sind, in den Fällen der §§ 63 bis 66, 69 StGB verpflichtet. Gegebenenfalls kann das Gericht auch die einstweilige Unterbringung nach § 126 a StPO anordnen, wobei diese einstweilige Unterbringung für den Fall einer späteren Verurteilung nicht auf die Dauer einer freiheitsentziehenden Maßregel der Besserung und Sicherung anzurechnen ist, sondern nur auf eine evtl. daneben verhängte Freiheitsstrafe wie Untersuchungshaft. Eine Unterbringung kann auch im Sicherungsverfahren nach §§ 413 ff StPO angeordnet werden.

C. Aussetzung zur Bewährung, Aufschub/Unterbrechung, Urlaub

Eine **Aussetzung zur Bewährung** ist bei **freiheitsentziehenden Maßregeln**, mit Ausnahme der Sicherungsverwahrung (Grund: die Unterbringung in der Sicherungsverwahrung ist nach § 67 Abs 1 StGB nach der daneben verhängten Freiheitsstrafe zu vollstrecken), bereits im **Urteil** möglich (§ 67 b StGB), im Übrigen aber im **Verlaufe der Vollstreckung** (§§ 67 c, 67 d Abs 2 StGB). Auch eine Aussetzung im **Gnadenwege** ist nicht ausgeschlossen, wenn auch Entscheidungen nach den gesetzlichen Bestimmungen stets den Vorrang haben (vgl. § 14 GnadO BW. Ähnliche Vorschriften finden sich in allen anderen Gnadenordnungen der Bundesländer). Bei den Maßregeln **ohne** Freiheitsentziehung ist nur hinsichtlich des **Berufsverbots** eine Aussetzung zur Bewährung im Urteil zulässig (§ 70 a StGB).

324

Ein **Aufschub** der Vollstreckung einer freiheitsentziehenden Maßregel der Besserung und Sicherung nach §§ 455, 456 StPO ist nach § 463 Abs 4 StPO in folgenden Fällen möglich:

325

	§ 455 Abs 1 StPO; Verurteilter verfällt in Geisteskrankheit
Unterbringung im psych. Krankenhaus nach § 63 StGB	nein
Unterbringung in der Entziehungsanstalt nach § 64 StGB	kann
Sicherungsverwahrung nach § 66 StGB	kann

---

[3] *Stree* in Schönke/Schröder, Rdn 9 vor § 61 StGB mit weiteren Nachweisen.
[4] BGH, NStZ-RR 2009, 45.

Jedoch ist ein vorübergehender Aufschub der Vollstreckung nach § 456 StPO nicht zulässig, wenn die Unterbringung des Verurteilten in der Sicherungsverwahrung angeordnet ist.

Im Übrigen finden die Vorschriften der §§ 455, 456 StPO grundsätzlich auch bei der Vollstreckung der freiheitsentziehenden Maßregeln der Besserung und Sicherung Anwendung. Insbesondere ist die Unterbrechung der Sicherungsverwahrung zulässig, wenn der Verurteilte in eine andere Krankheit verfällt und von der (weiteren) Vollstreckung der Sicherungsverwahrung eine nahe Lebensgefahr für den Verurteilten zu besorgen ist (§ 455 Abs 2 StPO). Ein vorübergehender Vollstreckungsaufschub nach § 456 StPO ist bei der Anordnung der Sicherungsverwahrung nach § 66 StGB nicht möglich. Möglich in allen Fällen ist jedoch eine Gnadenentscheidung. Für das Berufsverbot gilt § 456 c StPO. Bei der Entziehung der Fahrerlaubnis und der Führungsaufsicht scheidet ein Aufschub aus, da diese Maßregeln grundsätzlich mit der Rechtskraft der Entscheidung wirksam werden.

Eine **Unterbrechung** wegen Vollzugsuntauglichkeit nach § 455 Abs 4 StPO ist durch Verweisung des § 463 Abs 1 StPO bei allen freiheitsentziehenden Maßregeln zulässig und möglich (§§ 53 Abs 2 Ziffer 1, 45, 46 StVollstrO) Zuständig zur Unterbrechung ist die Vollstreckungsbehörde. Die Unterbrechung bewirkt, dass die Zeit, in der die Unterbrechung wirksam ist, nicht auf die Strafe bzw die Höchstfrist der Maßregel angerechnet wird. Die Anordnung der Unterbrechung muss daher stets das Grundrecht aus Art 2 Abs 2 GG im Auge haben. Sie kommt daher nur in Frage, wenn die Möglichkeiten des § 65 Abs 2 StVollzG, § 461 Abs 1 StPO erschöpft sind.[5] Die Vorschrift des § 455 Abs 4 StPO ist mit der Vorschrift des § 461 StPO zu beurteilen. Die gewöhnlichen Krankheitsfälle, die nach § 56 Abs 2 StVollzG zu bewerten sind, erfordern keine Unterbrechung der Vollstreckung und sind deshalb nach § 461 Abs 1 1. Halbsatz StPO zu behandeln Die außergewöhnlichen Krankheiten erfasst § 455 Abs 4 StPO; in diesen Fällen wird die Unterbrechung in das Ermessen der Vollstreckungsbehörde gestellt, wenn nicht der Fall des § 461 Abs 2 StPO vorliegt. Dies ist der Fall, wenn der Verurteilte in der Absicht, die Unterbrechung herbeizuführen, die Krankheit herbeigeführt hat. Für alle Unterbrechungsmöglichkeiten des § 455 Abs 4 StPO wird verlangt, dass die Krankheit voraussichtlich für eine **erhebliche Zeit** fortbestehen wird. Verboten ist eine Unterbrechung, wenn überwiegende Gründe, insbesondere der öffentlichen Sicherheit entgegenstehen. Das Verfahren ist in § 46 StVollstrO geregelt.

– Die Unterbrechung wird der Vollzugsanstalt mitgeteilt. Wurde der Verurteilte schon zu einem früheren Zeitpunkt von der Justizvollzugsanstalt in das Krankenhaus eingeliefert, ist eine **rückwirkende Unterbrechung nicht** möglich. Die Vollzugsanstalt selbst kann die Unterbrechung auch nicht herbeiführen. Die Vollstreckung ist unterbrochen, sobald der Verurteilte aus der Verfügungsgewalt der JVA entlassen ist und wenn ihm die Unterbrechungsanordnung bekannt gemacht worden ist, es sei denn, er ist nicht in der Lage, diese entgegenzunehmen.[6]

– Unverzügliche Bekanntgabe der Unterbrechungsanordnung an den Verurteilten, sofern er hierzu in der Lage ist. Gegebenenfalls ist die Bekanntgabe an den Verurteilten nachzuholen, sofern er erst später wieder zur Entgegennahme in der Lage ist. Die Unterbrechungsanordnung kann dem Verurteilten schriftlich durch die Vollstreckungsbehörde oder mündlich durch die Vollzugsanstalt oder die Krankenanstalt bekannt gemacht werden. Es ist festzuhalten, wann die Bekanntmachung erfolgte, da erst ab diesem Zeitpunkt die Unterbrechung wirksam geworden ist.

---

[5] OLG Karlsruhe, NStZ 1991, 53.
[6] OLG Stuttgart, NStZ 1989, 522.

– Die formlose Mitteilung nach § 46 Abs 2 Satz 1 StVollstrO liegt **vor dem Wirk-samwerden** der Unterbrechung gegenüber dem Verurteilten und dient in erster Li-nie den in Betracht kommenden Stellen zur Entscheidung, ob und gegebenenfalls wo der Verurteilte untergebracht werden soll.
– Ist der Verurteilte bereits in einer Krankenanstalt untergebracht, muss die Vollstre-ckungsbehörde dafür Sorge tragen, dass die Krankenanstalt von einer Unterbre-chung Kenntnis erlangt. Erst mit Zugang der Mitteilung der Unterbrechung an die Krankenanstalt werden die Folgen wirksam. § 46 Abs 3 StVollstrO sagt zwar vom Wortlaut her, dass „die Unterbrechung" wirksam wird. Wirksam werden soll nach dem Sachzusammenhang des Abs 3 vielmehr der Hinweis nach Abs 3 Satz 3 StVollstrO über die **Tagung der Kosten.** Deshalb soll in diesen Fällen die Unterbre-chungsanordnung der Krankenanstalt auch zugestellt werden. In der Mitteilung an die Krankenanstalt weist die Vollstreckungsbehörde darauf hin, dass der Justizfis-kus vom Zugang an für die Kosten der Unterbringung und Behandlung nicht mehr aufkommt.
– Ist die Vollstreckung unterbrochen worden, so muss die Vollstreckungsbehörde alle Maßnahmen vermeiden, die im Widerspruch zur angeordneten Unterbrechung darauf hinauslaufen, dass die Verfügungsgewalt über den Verurteilten aufrecht er-halten wird. Die Pflicht dafür zu sorgen, dass nach dem Wiedereintritt der Voll-zugstauglichkeit der Vollzug fortgesetzt wird, bleibt unberührt.
– Die Unterbrechungsanordnung könnte wie folgt lauten:

Staatsanwaltschaft Leipzig
Aktenzeichen: . . . .

Verfügung vom . . . .

In der Vollstreckungssache gegen
. . . .
untergebracht seit . . . . . . nach § . . . . StGB in
. . . .
wird die weitere Vollstreckung der Unterbringung in einer Entziehungsanstalt/in der Sicherungsverwahrung aus dem rechtskräftigen Urteil des Landgerichts Leipzig vom . . . . . .
(AZ.: . . . . . .)
nach § 455 Abs 4 Ziffer 3 StPO für die Dauer der stationären Behandlung im Kranken-haus . . . . . .

unterbrochen,

da der Untergebrachte nach dem ärztlichen Attest des Dr. . . . .
vom . . . . . .
schwer erkrankt ist, die Krankheit in einer Vollzugsanstalt oder einem Anstaltskrankenhaus nicht behandelt werden kann und zu erwarten ist, dass die Krankheit voraussichtlich für eine erhebliche Zeit fortbestehen wird. Überwiegende Gründe, namentlich der öffentlichen Sicherheit stehen einer Unterbrechung nicht entgegen. Die Unterbrechung wird wirksam mit der Bekanntgabe an den Verurteilten. Ab Zugang obiger Verfügung an die Krankenan-stalt kommt der Justizfiskus für die Kosten der Unterbringung und Behandlung nicht mehr auf.

Abdruck an:
a) Psych. Krankenhaus/Entziehungsanstalt . . . . – formlos –
b) Verurteilten, z. Zt. im Krankenhaus . . . . – durch Zustellung –
c) Krankenhaus . . . . – durch Zustellung –

. . . .   Rechtspfleger

Die Anordnung der Vollstreckungsbehörde nach § 455 Abs 4 StPO darf keine Anweisung und Auflagen enthalten, die im Widerspruch zu einer Unterbrechung stehen. Werden Maßnahmen getroffen, so ist dieser Zeitraum bei der Strafzeitberechnung, bzw die Berechnung der Höchstfrist bei freiheitsentziehenden Maßregeln der Besserung und Sicherung anzurechnen.[7] Eine solche Maßnahme könnte bereits in der Aufforderung in der Unterbrechungsanordnung an die Krankenanstalt sein, den Eintritt der Vollzugstauglichkeit des Verurteilten der Vollstreckungsbehörde automatisch mitzuteilen. Anfragen der Vollstreckungsbehörde nach dem Genesungsfortschritt bleiben aber zulässig. Der Aufenthalt eines Gefangenen in einem Krankenhaus außerhalb des Justizvollzugs ohne Unterbrechung bringt für die Vollzugsanstalten in der Regel erhebliche Probleme mit sich, da der Gefangene während dieser Zeit – sofern eine Unterbrechungsverfügung nicht vorliegt – ständig zu bewachen hat. Gegen eine vorschnelle Unterbrechung der Vollstreckung spricht dagegen § 455 Abs 4 StPO, da von dieser Regel nur Fälle erfasst werden, in denen die Krankheit voraussichtlich **für eine erhebliche Zeit** fortbestehen wird.[8] Die **erhebliche Zeit** ist kein absoluter Begriff und ist von den Umständen des Einzelfalls abhängig. **Nicht zulässig** ist eine Strafunterbrechung oder Unterbrechung des Maßregelvollzugs, wenn überwiegende Gründe, insbesondere der öffentlichen Sicherheit entgegenstehen.

326   Bei **Sicherungsverwahrten** sind **Lockerungen** des Vollzugs und **Urlaub** nach § 134 StVollzG und nach Maßgabe der VV zu § 130 StVollzG zulässig.

Für nach §§ 63, 64 StGB **Untergebrachte** werden **Vollzugslockerungen** oder **Urlaub** nach den **Unterbringungsgesetzen** (Maßregelvollzugsgesetzen) der Länder gewährt; im übrigen als **gnadenweise** Vergünstigung. Durch den Urlaub wird die Strafvollstreckung bzw die Vollstreckung des Maßregelvollzugs und damit die Berechnung der Höchstfrist nicht berührt unter analoger Anwendung § 13 Abs 5 StVollzG.

Bei **einstweiliger Unterbringung** (§ 126a StPO) bleibt es für alle Lockerungsmaßnahmen bei der alleinigen Zuständigkeit des **Haftrichters**.

II. Freiheitsentziehende Maßregeln

A. Vollzugsorganisation

327   Die Unterbringung in der **Sicherungsverwahrung** wird in Anstalten der **Landesjustizverwaltungen** (Justizvollzugsanstalten) vollzogen (§§ 139 135 StVollzG). Der Vollzug der Freiheitsstrafe und der Maßregel der Sicherungsverwahrung gehören zu den Aufgaben der Justiz. Der Vollzug wird in **besonderen** Anstalten durchgeführt, kann aber auch in **getrennten Abteilungen** einer für den Vollzug der Freiheitsstrafe bestimmten JVA erfolgen (§ 140 StVollzG). Frauen sind getrennt von Männern in besonderen Frauenanstalten unterzubringen oder in getrennten Abteilungen. Der Sicherungsverwahrte hat jedenfalls einen Rechtsanspruch auf getrennte Unterbringung.[9] Für die Durchführung der Sicherungsverwahrung gelten dieselben Grundsätze wie beim Vollzug der Freiheitsstrafe (§ 130 StVollzG). Abweichende Regelungen in den §§ 131 bis 134 StVollzG hinsichtlich Ausstattung der Anstalt, Kleidung, Selbstbeschäftigung, Sonderurlaub, Vollzugslockerungen, erklären sich aus dem Zweck der Maßregel und der Eigenart der Behandlungsmethoden.

---

[7] Hanseatisches OLG Hamburg, NStZ 1999, 590.
[8] OLG München, StV 1997, 262.
[9] *Callies/Müller-Dietz,* Rdn 1 zu § 140 StVollzG.

Eine andere Ausgangslage besteht für die Unterbringung in einem **psychiatrischen** 328
Krankenhaus und in einer **Entziehungsanstalt.** Diese Maßregeln werden in Anstalten
außerhalb des Justizvollzugs durchgeführt, in denen zumeist auch andere Patienten
untergebracht sind. Der Gesetzgeber sah davon ab, die Unterbringung detailliert zu
regeln, weil solche Vorschriften einen Teil der Patienten Sonderregelungen unterworfen hätte, was zu Unzuträglichkeiten hätte führen können. Das StVollzG stellt daher
für die Unterbringung in einem psychiatrischen Krankenhaus und in einer Entziehungsanstalt mit den §§ 136, 137 nur allgemeine Grundsätze auf und überlässt die
Ausgestaltung des Maßregelvollzugs weitgehend dem **Landesrecht** (§ 138 StVollzG).
Heute haben alle Bundesländer die Materie geregelt. Durch die landesrechtlichen
Regelungen hat der Bereich der Unterbringung nach §§ 63, 63 StGB seine verfassungsrechtlich notwendigen Grundlagen erhalten.[10] In Jugendsachen gilt auch § 93 a
JGG. Landesrechtliche Regelungen über den Vollzug der Unterbringung ergingen
entweder aufgrund spezieller Maßregelvollzugsgesetze oder im Rahmen allgemeiner
Unterbringungsgesetze.
Die Durchführung der Unterbringung in einem psychiatrischen Krankenhaus oder
einer Entziehungsanstalt auf Grund eines strafgerichtlichen Urteils obliegt im allgemeinen nach den Ausführungsgesetzen der Länder zum BSHG dem **überörtlichen**
Träger der Sozialhilfe. Wer **Oberste Aufsichtsbehörde** ist, bestimmt sich nach Landesrecht. Über **Verlegungs-/Abweichungsgesuche** Untergebrachter entscheiden, soweit
um Verlegung innerhalb eines Landes nachgesucht wird, die jeweils beteiligten Ärztlichen Direktoren bzw., bei deren Nichteinigung, die zuständigen Regierungspräsidien.
Der **Rechtsschutz** der zum Vollzug einer freiheitsentziehenden Maßregel unterge- 329
brachten Personen ist einheitlich geregelt. Bei der **Sicherungsverwahrung** galten von
Anfang an schon §§ 109, 110 StVollzG mit der gerichtlichen Entscheidung durch die
Strafvollstreckungskammer (s § 130 StVollzG). Durch Art 1 des Gesetzes zur Änderung des StVollzG v 20. 1. 1984 ist § 138 StVollzG mit der Maßgabe erweitert worden, dass die §§ 109–121 StVollzG auch bei **Unterbringung** nach §§ 63, 64 StGB
Anwendung finden. Demgemäß kann der Untergebrachte gegen Einzelmaßnahmen
der Vollzugsbehörde (PLK) ebenfalls die Entscheidung der **Strafvollstreckungskam-**
mer herbeiführen.[11] Bei der Unterbringung aufgrund des **Jugendstrafrechts** bleibt es
jedoch beim Rechtsweg nach §§ 23 ff EGGVG.[12]

B. Vollstreckungsplan und örtliche Vollzugszuständigkeit

Welche Vollzugsanstalt bzw Einrichtung des Maßregelvollzugs zur Vollstreckung ei- 330
ner freiheitsentziehenden Maßregel der Besserung und Sicherung örtlich und sachlich
zuständig ist, ergibt sich aus dem **Vollstreckungsplan,** soweit keine besonderen Vorschriften für den Maßregelvollzug bestehen (§ 53 Abs 1 StVollstrO). Aus dem Vollstreckungsplan geht insbesondere hervor, ob die Einweisung des Verurteilten **un-**
mittelbar oder über eine **zentrale Stelle** erfolgt, und ob **zusätzliche** Anlagen (§ 31
StVollstrO) dem Aufnahmeersuchen beizufügen sind.
Wegen näherer Einzelheiten wird auf die jeweiligen Vollstreckungspläne der Länder
verwiesen, die den Vollstreckungsbehörden aufgrund der Vereinbarung der Landesjustizverwaltungen vom 13. 1. 1965 in der Fassung vom 8. 6. 1999[13] zur Verfügung
gestellt werden.

---

[10] *Schwind/Böhm,* Rdn 2 zu § 138 StVollzG.
[11] Zur gerichtlichen Anfechtbarkeit von Vollzugsmaßnahmen s. Rdn 1011 ff.
[12] § 23 Abs 1 Satz 2 EGGVG (§ 180 StVollzG). Ebenso *Eisenberg,* Rdn 12 zu § 93 a JGG.
[13] Anh der StVollstrO (s Abschn. III der Ländervereinbarung).

Die **örtliche** Vollzugszuständigkeit (§ 53 Abs 2 Ziffer 1 iVm § 24 StVollstrO) richtet sich grundsätzlich nach dem **Wohnort** bzw **Aufenthaltsort** des Verurteilten. Da bei Unterbringungen mit einer längeren Vollzugsdauer als sechs Monate zu rechnen ist (vgl. § 24 Abs 1 Satz 2 StVollstrO), scheidet bei der Zuständigkeitsbestimmung der Verwahrungsort als Kriterium regelmäßig aus. Zur Förderung der Wiedereingliederung des Verurteilten empfiehlt es sich für die Vollstreckungsbehörde, die Vollzugszuständigkeit generell nach dem **Wohnort** festzulegen.

Soll vom Vollstreckungsplan **abgewichen** und der Vollzug in einer örtlich unzuständigen Anstalt durchgeführt werden, gilt § 26 StVollstrO (§ 53 Abs 2 Buchst a StVollstrO).

C. Unterbringungskosten

1. Art der Kosten. Kostenträger

331 Die **Kosten** der Unterbringung von Personen in einem **psychiatrischen Krankenhaus** oder einer **Entziehungsanstalt** (§§ 63, 64 StGB) auf Grund strafgerichtlichen Urteils trägt die Landesjustizverwaltung oder der nach Landesrecht sonst zuständige Kostenträger. Zu den **Unterbringungskosten** zählen:

a) die allgemeinen Pflegekosten;
b) gesondert berechnete Nebenleistungen, wie
ärztliche Leistungen, die üblicherweise nicht zur Behandlung in einem psychiatrischen Krankenhaus gehören,
zahnärztliche Behandlung;
c) die Kosten für eine notwendige ärztliche oder zahnärztliche ambulante oder stationäre Behandlung **außerhalb** der Anstalt, soweit keine Leistungspflicht durch eine Krankenkasse oder einen anderen Dritten besteht;
d) sonstige Nebenkosten (z. B. Taschengeld, Bekleidungsaufwendungen).

Das **Taschengeld** wird nach den Richtlinien des BSHG (§ 21 iVm § 88 Abs 2 Nr. 8 BSHG) gewährt. Soweit die Untergebrachten an arbeitstherapeutischen Maßnahmen des PLK mitwirken, können sie hierfür eine Arbeitsbelohnung beziehen.

332 Die **Ländervereinbarung** über den gegenseitigen Verzicht auf Erstattung der Unterbringungskosten vom 19. 11. 1964 ist allseitig zum 31. 12. 1990 gekündigt worden. Bei Vollstreckungen **außerhalb** des eigenen Bundeslandes sind daher diesem Land die entstandenen Aufwendungen für den Maßregelvollzug zu ersetzen.

333 Wird die Vollstreckung der Unterbringung nach § 455 Abs 4 (§ 463 Abs 1) StPO oder im Gnadenwege **unterbrochen,** kann der Justizfiskus oder der nach Landesrecht sonst zuständige Kostenträger für danach entstehende Kosten (z. B. Behandlung in einer freien Therapieeinrichtung oder Krankenhauskosten) **nicht** in Anspruch genommen werden. Für **externe** Behandlungs- und Therapiemaßnahmen (z. B. „Probewohnen"), zu deren Durchführung der Untergebrachte lediglich **Vollzugslockerungen** (Urlaub) erhält, verbleibt es jedoch bei der **Kostentragungspflicht** des seitherigen Kostenträgers. Der Grund liegt darin, dass durch den Therapieurlaub (Vollzugslockerung) die Strafvollstreckung nicht unterbrochen wird (vgl. § 13 Abs 5 StVollzG).

334 Während des Vollzugs einer strafgerichtlich angeordneten Unterbringung (§§ 63, 64 StGB) oder einer einstweiligen Unterbringung (§ 126 a StPO) **ruht** gem. § 216 Abs 1 Nr. 1 RVO der Anspruch auf **Krankenhilfe** gegenüber der Krankenkasse. Dies gilt auch für die Zeit einer **Außenbeschäftigung** im Rahmen einer Vollzugslockerung.[14] Es

---

[14] BSG, Urteil vom 9. 12. 1986 (NStZ 1987, 381) und Urteil v 10. 3. 1987 – 3 RK 23/86.

besteht nur ein Anspruch gegenüber der Landesjustizverwaltung (oder dem nach Landesrecht sonst zuständigen Kostenträger).

2. Erhebung der Vollstreckungskosten

Ob und inwieweit **Kosten** der **Vollstreckung** von freiheitsentziehenden Maßregeln   **335**
von nach §§ 63, 64 StGB Untergebrachten zu **erheben** sind, bestimmt sich nach **§ 10
JVKostO.**
Danach hat die **Vollstreckungsbehörde** (als Kostenbehörde) Kosten der Vollstreckung
in der durch **§ 10 Abs 2 JVKostO** festgelegten **Höhe,** die für jedes Kalenderjahr vom
BMJ im Bundesanzeiger festgestellt und von den Landesjustizverwaltungen den nachgeordneten Behörden bekannt gegeben wird, zu **erheben,** wenn

a) der Untergebrachte aus von **ihm** zu **vertretenden** Gründen die ihm zugewiesene
oder ermöglichte Arbeit nicht verrichtet, es sei denn, durch die Inanspruchnahme
werde die **Wiedereingliederung** des Verwahrten in die Gemeinschaft **gefährdet.**
Ob eine Tätigkeit des Untergebrachten überhaupt als **Arbeit** im Sinne des § 10
JVKostO anzusehen ist, hängt davon ab, wie ihr wirtschaftlicher Nutzeffekt einzuschätzen ist. Eine regelmäßige und zeitliche nicht völlig geringfügige Tätigkeit, die
sinnvollen Nutzen für Dritte erbringt (z.B. Hilfstätigkeit in Küche, Wäscherei)
reicht aus.[15] Eine Beschäftigung kann jedoch dann nicht als Arbeit gewertet werden, wenn ihr **keinerlei Produktionswert** beigemessen werden kann.
b) der Untergebrachte ohne sein Verschulden während eines **zusammenhängenden**
Zeitraums von **mehr** als **einem Monat** nicht arbeiten kann und auf diese Zeit entfallende Einkünfte (z.B. Mieten, Pensionen, Renten) hat. Dies gilt nicht,

– soweit die Kosten der Vollstreckung die auf diese Zeit entfallende Einkünfte **übersteigen;**
– soweit aus den Einkünften **Unterhaltsansprüche** von Angehörigen zu befriedigen
sind;
– soweit dem Untergebrachten ein **Taschengeld** verbleiben muss;
– soweit die Inanspruchnahme die **Wiedereingliederung** in die Gemeinschaft **gefährden** würde – eine solche Gefährdung wird nur in Ausnahmefällen bejaht werden
können, da dem Untergebrachten seine Einkünfte nach der Entlassung wieder voll
zur Verfügung stehen; anders kann es jedoch dann sein, wenn er etwa mit Hilfe der
Einkünfte drückende Schulden begleichen will.
– Soweit und solange der Untergebrachte (mit wirtschaftlichem Nutzen) **arbeitet,**
bleibt er von der Zahlung der Vollstreckungskosten freigestellt.

Die Voraussetzungen einer Inanspruchnahme des Verurteilten und die Umstände, die   **336**
sie einschränken, sind von der Vollstreckungsbehörde im jeweiligen Einzelfall zu prüfen.[16]
Die Vollstreckungsbehörde (Kostenbehörde) hat dafür Sorge zu tragen, dass die Kostenforderung gegenüber dem Verurteilten durchgesetzt wird, insbesondere, dass die
laufenden Einkünfte in der sich aus § 10 Abs 1 und 2 JVKostO ergebenden Höhe in
Anspruch genommen werden. Hat der Untergebrachte nach sozialversicherungsrechtlichen Vorschriften Anspruch auf eine **Rente,** so ist diese durch eine **schriftliche Anzeige** an den zuständigen Leistungsträger auf den **Kostenträger überzuleiten** (§ 50
SGB I). Die Überleitungsanzeige, die unverzüglich nach Feststellung der Anspruchsvoraussetzungen zu erfolgen hat, bewirkt den Anspruchsübergang nur insoweit, als

---

[15] LG Freiburg, Justiz 1992, 110.
[16] Einzelheiten s AV d JM Baden-Württemberg v 23. 12. 1986 (5563 – III/9), Die Justiz 1987
S 10 und v 16. 12 1993 (5563–II/9), Die Justiz 1994 S 40.

die Sozialleistung nicht an **Unterhaltsberechtigte** zu zahlen ist, und nur für den Zeitraum, in dem der Untergebrachte nach § 10 JVKostO die Kosten der Vollstreckung zu erstatten hat.

Die **Überleitungsanzeige** kann beispielsweise lauten (unterstellt wird, dass die Voraussetzungen des § 10 Abs 1 JVKostO geprüft und beachtet sind):

Staatsanwaltschaft .... , den ....
VRs ..../....

Verfügung

1. An die Landesversicherungsanstalt ......
   zu Rentenzeichen: ......
   Betr.: Strafsache gegen ...... aus ...... wegen ......
   hier: Überleitungsanzeige gem. § 50 SGB I
   (Name) ......, geb. am ......, der durch den dortigen Rententräger eine Berufsunfähigkeitsrente in Höhe von ...... monatlich bezieht, ist seit ...... gem. § 63 StGB im Psychiatrischen Landeskrankenhaus ...... untergebracht. Kostenträger ist das Land ......, vertreten durch die Staatsanwaltschaft ......
   Der Untergebrachte, der rechtskräftig kostenpflichtig verurteilt ist, hat seit dem ...... gem. § 10 Abs 1 JVKostO die Vollstreckungskosten zu erstatten, weil er seit diesem Zeitpunkt aus von ihm zu vertretenden Gründen nicht mehr arbeitet. Ansprüche Unterhaltsberechtigter bestehen nicht.
   Gem. § 50 SGB I wird hiermit ab ...... der Rentenanspruch des Untergebrachten in Höhe der Vollstreckungskosten von ...... € pro Tag auf das Land ...... übergeleitet. Die übergeleiteten Beträge bitte ich, an die Gerichtskasse ......, Postscheckkonto ......, unter dem Vermerk „Vollstreckungskosten: StA ...... –AZ: ....../...... –" zu überweisen.
   Änderungen oder den Wegfall der Anspruchsvoraussetzungen werde ich unverzüglich anzeigen.
2. Nachricht davon an:
   a) Untergebrachten, Psych. Landeskrankenhaus ......
   b) Direktion des Psych. Landeskrankenhauses ......
3. Wv ...... (ZA).

....
Kostenbeamter

Die eingehenden Beträge sind wie durchlaufende Gelder zu behandeln und an das Psychiatrische Landeskrankenhaus, in dem die Maßregel vollzogen wird, zu überweisen.

D. Vollstreckungshilfe

337   Ist eine **freiheitsentziehende** Maßregel nach der Zuständigkeitsregelung der §§ 24, 26 StVollstrO **außerhalb** des Landes, in dem die Vollstreckungsbehörde ihren Sitz hat, zu vollstrecken, so ist die hierfür örtlich zuständige Staatsanwaltschaft des anderen Landes um **Vollstreckungshilfe** zu ersuchen (§ 9 StVollstrO). Die Zuständigkeit der um Amtshilfe zu ersuchenden Staatsanwaltschaft bestimmt sich nach den §§ 162, 163 GVG. Zuständig ist demnach diejenige Staatsanwaltschaft, in deren Bezirk sich der Verurteilte – auf freiem Fuß oder in Haft (behördlicher Verwahrung) – befindet. Die Ländervereinbarung vom 8. 6. 1999, die unmittelbare Vollstreckungshandlungen unabhängig von Ländergrenzen zulässt, ist bei der Vollstreckung der mit Freiheitsentziehung verbundenen Maßregeln der Besserung und Sicherung nicht anwendbar.[17]

---

[17] S Abschnitt II der Ländervereinbarung vom 13. 1. 1965 in der Fassung vom 8. 6. 1999.

Der Vollstreckungshilfe bedarf es jedoch nur dann, wenn die Vollstreckungsmaßnahme in dem **anderen** Bundesland auch **durchgeführt** werden soll. Keine Amtshilfe ist daher erforderlich bei Verschubungen oder Ladungen aus einem anderen Bundesland in eine Maßregeleinrichtung des Landes, dem die Vollstreckungsbehörde angehört (vgl. § 9 Abs 1 Seite 1 StVollstrO).

Dem Amtshilfeersuchen sind alle **Urkunden** und **Unterlagen** anzuschließen, die zur Durchführung der Vollstreckung erforderlich sind. Dazu gehören die in §§ 13, 14 StVollstrO genannten urkundlichen Grundlagen der Vollstreckung (jeweils mit einer Mehrfertigung für das Vollstreckungsheft der ersuchten Staatsanwaltschaft), ferner die in § 31 StVollstrO aufgeführten sonstigen Unterlagen. Inwieweit noch **zusätzliche** Vollzugspapiere beizufügen sind, ergibt sich aus den Vollstreckungsplänen der Länder.

Das **Ersuchen** um **Vollstreckungshilfe** kann beispielsweise lauten: **338**

Staatsanwaltschaft .... , den ....
VRs ..... /....

An die
Staatsanwaltschaft beim Landgericht
....

Betr.: Strafsache gegen ...... aus ...... wegen ......
hier: Ersuchen um Vollstreckungshilfe

Anl.: ......

Gegen ......, geb. am ...... in ......, wohnhaft in ......, ist aus dem rechtskräftigen Urteil des ... gerichts ...... vom ......, AZ: ......, neben einer Freiheitsstrafe von ... Monaten die Unterbringung in einer Entziehungsanstalt zu vollstrecken. Der Verurteilte hat ... Tage U-Haft (vom ...... bis ......) erlitten. Hinsichtlich der Reihenfolge der Vollstreckung ist nach § 67 Abs 1 StGB zu verfahren; eine abweichende Anordnung wurde vom Gericht nicht getroffen. Ich bitte um Übernahme der Vollstreckung im Wege der Amtshilfe.
Um Übernahmenachricht, Mitteilung des Verwahrungsortes sowie der Vollzugsdaten wird gebeten.

....
Rechtspfleger

Die **ersuchte** Staatsanwaltschaft hat das Vollstreckungsersuchen – nach Klärung der **339** Zuständigkeit – insbesondere auf Zulässigkeit und Vollständigkeit zu überprüfen. Lehnt sie die Durchführung der Vollstreckung ab, kann dagegen **Dienstaufsichtsbeschwerde** eingelegt werden. Mit der Übernahme der Vollstreckung geht die **Verantwortlichkeit** für die weiteren Vollstreckungsmaßnahmen, einschließlich der Richtigkeit der Strafzeitberechnung (§ 36 Abs 1 StVollstrO), auf die **ersuchte Behörde** über. Anträge, Strafaufschubs-, Gnadengesuche und dergleichen sowie Äußerungen der Vollzugsbehörde sind jedoch an die ursprüngliche **Vollstreckungsbehörde** abzugeben (§§ 53 Abs 2, 36 Abs 2 Satz 1 und 2 StVollstrO). Die **ersuchte** Staatsanwaltschaft ist weder für Gnadenentscheidungen noch für Entscheidungen und Stellungnahmen in den in § 463 StPO genannten Fällen zuständig (vgl. auch § 451 Abs 3 Satz 1 StPO).[18]

---

[18] Die Vollstreckungsübernahme durch die ersuchte Staatsanwaltschaft ist begrenzt und beschränkt sich auf direkte Vollstreckungsmaßnahmen wie z. B. Ladung, Aufnahmeersuchen (vgl. § 27 Abs 1 und § 36 Abs 2 StVollstrO: die ersuchte Staatsanwaltschaft „betreibt" die Vollstreckung). Die Zuständigkeit der Vollstreckungsbehörde (z. B. für Stellungnahmen, Entscheide, Abschlussverfügung etc.) bleibt im Übrigen unberührt.

E. Dauer der Unterbringung und Prüfungsfristen

1. Übersicht

340 Welche **Höchstfristen** (§ 67 d StGB) und **Prüfungsfristen** (§ 67 e StGB) bei den einzelnen freiheitsentziehenden Maßregeln gelten, ergibt sich aus nachfolgender Übersicht.

Art der Maßregel	Dauer der Unterbringung (Höchstfristen)	Prüfungsfristen Überprüfung hat jeweils zu erfolgen vor Ablauf von:
Unterbringung in einem psychiatrischen Krankenhaus nach § 63 StGB	Unbefristet	Prüfungsfristen jährlich
Unterbringung in einer Entziehungsanstalt nach § 64 StGB	Höchstfrist 2 Jahre[19]	Prüfungsfristen ½-jährlich
Unterbringung in der Sicherungsverwahrung nach § 66 StGB	Grundsätzlich unbefristet. Die Höchstfrist für die erste Sicherungsverwahrung ist entfallen.[20]	Prüfungsfristen 2-jährlich

2. Beginn der Unterbringung

341 Die Unterbringungs- und Prüfungsfristen laufen von **Beginn** der Unterbringung an (§§ 67 d Abs 1 Satz 2, 67 e Abs 4 Satz 1 StGB). Nach der hM, die auf den Wortlaut und Sinn der Regelung abstellt, ist als „Beginn" der Tag der **tatsächlichen Aufnahme** des Verurteilten in die Einrichtung des Maßregelvollzugs anzusetzen.[21] Ist der Verurteilte bereits in einem psych. Krankenhaus **einstweilen untergebracht** (§ 126 a StPO), so ist – nach wohl einhelliger Auffassung – der Zeitpunkt der **Rechtskraft** des Straferkenntnisses maßgebender Unterbringungsbeginn.

Gegen den von der h. M. vertretenen Ansatz lässt sich allerdings einwenden, dass er zwar das Gros der Fälle regelt, aber nicht durchweg anwendbar ist, Ausnahmeregelungen verlangt und in bestimmten Fallkonstellationen nicht ganz unbedenklich ist.

> Beispiele:
> 1. Der Täter befindet sich bis zum Eintritt der Rechtskraft des Urteils in Untersuchungshaft. Gegen ihn wird lediglich die Unterbringung im psych. Krankenhaus angeordnet, aber wegen Schuldunfähigkeit keine Strafe verhängt.
> 2. Die gegen den Verurteilten verhängte Freiheitsstrafe ist bei Eintritt der Rechtskraft des Urteils **bereits** durch Anrechnung verbüßter Untersuchungshaft erledigt. Daneben wird die Unterbringung in einer Entziehungsanstalt angeordnet. In die Entziehungsanstalt wird der Verurteilte erst Wochen nach Rechtskraft unmittelbar von der U-Haftanstalt eingeliefert.
> 3. Gegen **den** Verurteilten wird wegen Schuldunfähigkeit nur die Unterbringung im psych. Krankenhaus angeordnet. Er entweicht, wird durch die Polizei auf Grund eines Haftbefehls der Vollstreckungsbehörde festgenommen und in eine Strafvollzugsanstalt eingeliefert.

---

[19] Zu beachten ist, dass sich die Höchstfrist verlängert um die Zeit des Maßregelvollzugs, die auf die Strafe angerechnet wird. Sie gilt auch bei einer wiederholten Anordnung der Maßregel. Ist die frühere Unterbringungsanordnung noch nicht erledigt, gilt insoweit § 67 f StGB.

[20] Siehe Rdn 342.

[21] OLG Karlsruhe, NStZ 1992, 456; OLG Stuttgart, NStZ 1985, 332; OLG Hamm, StV 1989, 539; OLG Dresden, NStZ 1993, 511; *Fischer,* Rdn 4; *Stree* in Schönke/Schröder, Rdn 2; *Horn* SK, Rdn 6 jeweils zu § 67 d StGB.

4. Wegen **eines** fehlenden Therapieplatzes wird der Verurteilte verzögerlich dem Maßregelvollzug zugeführt. In diesen Fallen kann es sogar dazu kommen, dass von der zugleich verhängten Freiheitsstrafe bereits mehrt als zwei Drittel verbüßt sind, was für den Verurteilten in Bezug auf die $2/3$-Anrechnungsregelung des § 67 Abs 4 nachteilig ist.

Mindestens in bestimmten Fällen wird man demgemäß einen von der h. M. abweichenden Unterbringungstermin wählen müssen. In den letzten Jahren haben sich mehrere Oberlandesgerichte mit dem Problem der Anrechnung des Maßregelvollzugs auf die Strafe befasst.[22] Ausgehend von der gesetzlichen Regelung des § 67 Abs 1 StGB, wonach die Maßregeln nach §§ 63 und 64 StGB **vor** einer in der **gleichen Strafentscheidung** verhängten Strafe zu vollziehen ist, taucht in der Praxis immer wieder das Problem auf, wie die Strafzeit zu berechnen ist, wenn der Verurteilte nach Eintritt der Rechtskraft der Strafentscheidung sich zunächst in dieser Sache in Strafhaft befand und erst zu einem späteren Zeitpunkt in den Maßregelvollzug überführt werden konnte. Nachstehende Fallbeispiele sollen die Problematik verdeutlichen.

1. Der Täter wird durch Urteil vom 10. 7. 2008 zu der Freiheitsstrafe von 2 Jahren verurteilt. Gleichzeitig wird die Unterbringung in einer Entziehungsanstalt angeordnet. In dieser Sache befand sich der Verurteilte seit 2. 5. 2008 in Untersuchungshaft. Mit Eintritt der Rechtskraft am 18. 7. 2008 (das Urteil wird in Anwesenheit des Angeklagten und des Vertreters der Staatsanwaltschaft verkündet; eine Rechtsmittelerklärung in der Hauptverhandlung wird nicht abgegeben; Rechtsmittel wird nicht eingelegt) befindet sich der Verurteilte nach § 38 Ziffer 3 StVollstrO automatisch in Strafhaft. Die Akten gelangen nach Absetzung des Urteils am 28. 7. 2008 zur Strafvollstreckungsbehörde, die die sofortige Einweisung des Verurteilten in die Entziehungsanstalt veranlasst, wo er am 4. 8. 2008 aufgenommen wird. Obwohl der Verurteilte in diesem Fall äußerst schnell in den Maßregelvollzug überführt wurde (in der Praxis dauert dies meist wesentliche länger), wurde gegen den Verurteilten entgegen der Bestimmung des § 67 Abs 1 StGB vor dem Maßregelvollzug Freiheitsstrafe vollstreckt, obwohl eine gerichtliche Bestimmung nach § 67 Abs 2 StGB nicht vorliegt.
2. Der Verurteilte, gegen den in einer Strafentscheidung eine Freiheitsstrafe und die Unterbringung im psych. Krankenhaus verhängt wurde, befindet sich nach Eintritt der Rechtskraft auf Grund der Bestimmung des § 38 Ziffer 3 StVollstrO in Strafhaft. Mangels eines geeigneten Therapieplatzes wird er erst 6 Monate nach Eintritt der Rechtskraft der Strafentscheidung in den Maßregelvollzug verlegt.
3. Der Verurteilte befand sich 385 Tage in Untersuchungshaft. Er wird zu der Freiheitsstrafe von 1 Jahr und 6 Monaten verurteilt, die Unterbringung in einer Entziehungsanstalt wurde angeordnet. Das Gericht des ersten Rechtszugs hat im Urteil bestimmt, dass eine Aussetzung der Restfreiheitsstrafe nach § 57 StGB nicht in Betracht kommt. (Wenn der Aussetzungszeitpunkt des § 57 StGB vor der Rechtskraft liegt, ist zur Entscheidung nach § 57 StGB ausnahmsweise das erkennende Gericht und nicht die Strafvollstreckungskammer zuständig).

Die gesetzliche Reihenfolge der Vollstreckung ist in diesen Fällen durchweg der Vorwegvollzug der Maßregel vor der Strafe nach § 67 Abs 1 StGB, da in keinem dieser Fälle das Gericht eine andere Reihenfolge bestimmt hat nach § 67 Abs 2 StGB. Diese gerichtliche Bestimmung über die Reihenfolge der Vollstreckung könnte das Gericht auch nachträglich treffen nach § 67 Abs 3 StGB.
Wird die Maßregel ganz oder zum Teil vor der Strafe vollzogen, so wird die Zeit des Vollzugs der Maßregel auf die Strafe angerechnet, bis zwei Drittel der Strafe erledigt sind (§ 67 Abs 4 StGB).

---

[22] OLG Celle, StV 1997, 477; OLG Zweibrücken, StV 1997, 478; OLG Dresden, Beschluss vom 25. 10. 1996, 2 WS 345/96.

Das BVerfG hat in seiner Entscheidung vom 18. 6. 1997 klar gestellt, dass bei Vorwegvollzug oder teilweisem Vorwegvollzug der Strafe vor der Maßregel **ohne die Bestimmung des Gerichts** nach § 67 Abs 2 StGB der Verurteilte nicht schlechter gestellt werden darf.[23] Das BVerfG hat die Zeit, die der Verurteilte bis zum Beginn des Maßregelvollzugs in Strafhaft zugebracht hat, als „Organisationshaft" bezeichnet, Volckart spricht in diesem Zusammenhang von „Wartezeit".[24] Die Organisationshaft darf nur so lange aufrecht erhalten werden, wie die Vollstreckungsbehörde unter Berücksichtigung des Beschleunigungsgebotes benöötigt, um einen Platz in einer Maßregelvollzugsanstalt zu finden.[25] Auf Grund der zum Teil dramatischen Überbelegung der Maßregelvollzugseinrichtungen warten Betroffene zum Teil monatelang in den Justizvollzugsanstalten auf den Beginn ihrer therapeutischen Maßnahmen im Rahmen des Maßregelvollzugs. Obwohl es der Zulässigkeit der Organisationshaft an einem nach Art 104 Abs 2 GG legitimierenden förmlichen Gesetz fehlt, haben die Gericht bislang zwar stets eine gesetzliche Regelung angemahnt, Organisationshaft aber dennoch – zum Teil bis zu drei Monaten nach Rechtskraft – für grundsätzlich zulässig erachtet.[26] Dem hat das BVerfG in seiner Entscheidung vom 26. 9. 2005 einen Riegel vorgeschoben.[27] Die Organisationshaft sei zwar nicht grundsätzlich verfassungswidrig, der Verurteilte jedoch unter Beachtung des Beschleunigungsgebotes **unverzüglich** in den Maßregelvollzugs zu überführen. Eine Frist von 3 Monaten gebe es nicht. Platzmangel rechtfertige die Organisationshaft nicht. Vielmehr müssen die Vollstreckungsbehörden auf den konkreten Behandlungsbedarf **unverzüglich** reagieren und in beschleunigter Weise die Überstellung des Verurteilten in eine geeignete Einrichtung herbeiführen.[28] Nach Ablauf dieser Frist ist die Organisationshaft unzulässig und der Verurteilte ist aus ihr zu entlassen.[29]

Danach muss diese Organisationshaft bzw die Wartezeit auf das letzte Drittel der Strafe angerechnet werden, d.h. auf den Teil der Strafe, der nicht durch den Vorwegvollzug der Maßregel durch Anrechnung erledigt wird. Dies geschieht dadurch, dass neben der bisher üblichen Strafzeitberechnung am Ende die vollstreckte „Organisationshaft" vom letzten Drittel der Strafe abgezogen wird. Unter entsprechender Anwendung des § 39 Abs 4 StVollstrO ist diese Organisationshaft ebenfalls in Tagen zu berechnen und dann vom letzten Drittel der Strafe, der nach § 40 StVollstrO ebenfalls in Tagen zu berechnen ist abzuziehen.[30] Darüber hinaus ist nach § 37 Abs 1 StVollstrO eine Vergleichsberechnung anzustellen. Dies darf aber im Falle der Maßregel des § 64 StGB (Unterbringung in der Entziehungsanstalt) auch nicht zu einer Besserstellung des Verurteilten führen.[31]

3. Höchstfristen

342 Ist die in § 67d Abs 1 StGB festgesetzte **Höchstfrist** abgelaufen, (es gibt bei den freiheitsentziehenden Maßregeln der Besserung und Sicherung nur noch eine Höchstfrist, nämlich die Höchstfrist bei der Unterbringung in der Entziehungsanstalt. Die Höchstfrist von 10 Jahren bei der ersten Anordnung der Sicherungsver-

---

[23] BVerfG, StV 1997, 476.

[24] StV 1997, 479.

[25] BVerfG, NJW 2006, 427.

[26] OLG Hamm, MDR 1980, 952.

[27] BVerfG, NJW 2006, 427.

[28] *Widmann*, Anwaltsbuch Strafverteidigung, Rdnr 131.

[29] OLH Celle, NStZ-RR 2002, 349.

[30] Siehe Rdn 356.

[31] Siehe Beispiele, Rdn 343.

wahrung ist entfallen.) ist der Untergebrachte zu entlassen. Die Maßregel ist damit **erledigt** (§ 67d Abs 4 StGB). Eine vorherige Freilassung ist nur im Rahmen einer gerichtlichen Bewährungsentscheidung (§ 67d Abs 2 StGB) oder im Gnadenwege möglich, wenn zu erwarten ist, dass der Untergebrachte außerhalb des Maßregelvollzugs keine rechtswidrigen Taten mehr begehen wird. Mit dieser Frage haben sich in jüngster Zeit mehrere Obergerichte befassen müssen. So hat das KG Berlin in seiner Entscheidung vom 7. 5. 2001, 5 Ws 23/01 klar gestellt, dass eine Aussetzung des Maßregelvollzugs nur nach vorheriger kritischer und sorgfältiger Erprobung im Rahmen von Vollzugslockerungen in Betracht kommt. Die Beauftragung eines nichtärztlichen Psychologen für die Erstattung eines Prognosegutachtens im Vorfeld des § 67d Abs 2 StGB zu treffenden Entscheidung scheidet nicht schon generell von Verfassungs wegen aus. Ob ein Sachverständiger entsprechend den Vorgaben des BVerfG über geeignete Ausbildung und hinreichende Erfahrung verfügt, ist eine Frage der Bewertung der Umstände des Einzelfalls.[32]

Verweigert der Untergebrachte die Teilnahme an einer seiner Stabilisierung dienenden Arbeits- bzw Beschäftigungstherapie, ist dies ein Grund für eine ungünstige Prognose, auch fehlende Krankheitseinsicht und Behandlungsbereitschaft stehen einer günstigen Kriminalprognose entgegen. Voraussetzung für eine bedingte Entlassung ist die Erwartung, dass der Untergebrachte in Zukunft keine rechtswidrigen Tagen mehr begehen wird. Dabei muss sich das Wahrscheinlichkeitsurteil auf Tatsachen stützen, die ihrem Gewicht nach ein zukünftiges Leben ohne rechtswidrige Tagen erwarten lassen.[33] Wird die Rückfallgefahr bezüglich sexueller Straftaten von einem Sachverständigen mit 30–80% bezeichnet, so ist selbst der unterste Wert so hoch, dass eine Entlassung aus der Unterbringung mit dem Sicherheitsbedürfnis der Bevölkerung nicht in Einklang zu bringen ist.

Das Gericht kann jedoch den Vollzug der Unterbringung in der Entziehungsanstalt beenden, wenn ihr Zweck aus Gründen, die in der Person des Untergebrachten liegen, nicht erreicht werden kann.[34] Die ursprünglich im Gesetz vorgesehene Mindestunterbringungszeit von einem Jahr ist mit dem Grundgesetz nicht vereinbar. Dies bedeutet, dass die Entscheidung über die weitere Nichtvollziehung der Unterbringung in einer Entziehungsanstalt, wenn ihr Zweck aus Gründen, die in der Person des Untergebrachten liegen nicht erreicht werden kann, zu treffen ist, sobald die Voraussetzungen vorliegen. Auch in diesem Falle ist die Zeit der Unterbringung auf die Strafe anzurechnen. Das Gericht kann, wenn es den Vollzug der Unterbringung in der Entziehungsanstalt beendet, weil ihr Zweck aus Gründen, die in der Person des Untergebrachten liegen, nicht erreicht werden kann, anordnen, dass im Anschluss daran die Restfreiheitsstrafe unter Anrechnung der Unterbringungszeit zu vollstrecken ist.

Bei den Maßregeln **ohne** Höchstfrist (Unterbringung im Psych Krankenhaus gem. § 63 StGB, Unterbringung in der Sicherungsverwahrung) ist die Unterbringungsdauer **unbegrenzt** und daher zunächst **unbestimmt**. Eine Entlassung setzt auch hier die Aussetzung der weiteren Vollstreckung der Unterbringung zur Bewährung durch gerichtliche oder gnadenweise Entscheidung voraus. Eine Sonderregelung wurde in § 67d Abs 3 StGB für die Sicherungsverwahrung getroffen. Da durch das 6. Strafrechtsreformgesetz die Höchstfrist von 10 Jahren für die erste Sicherungsverwahrung entfallen ist, kann das Gericht die weitere Vollstreckung der Sicherungsverwahrung nach § 67d Abs 2 StGB zur Bewährung aussetzen, wenn zu erwarten ist, dass der Untergebrachte außerhalb des Maßregelvollzugs keine rechtswidrigen Taten

---

[32] BVerfG, NStZ-RR 2006, 122.
[33] KG Berlin, Beschluss vom 22. 9. 1998, 5 Ws 527/88.
[34] BVerfG, NStZ 1994, 578.

mehr begehen wird, oder nach § 67 d Abs 3 StGB die Unterbringung in der Sicherungsverwahrung für **erledigt** erklären wenn:

– zehn Jahre der Unterbringung in der Sicherungsverwahrung vollzogen worden sind,

– nicht die Gefahr besteht, dass der Untergebrachte infolge seines Hanges erhebliche Straftaten begehen wird, durch welche die Opfer seelisch oder körperlich schwer geschädigt werden;

Beide Voraussetzungen müssen kumulativ vorliegen.

§ 67 d Abs 3 StGB gilt auch für die so genannten „Altfälle", also für die Anordnungen der Unterbringungen in der Sicherungsverwahrung, die vor dem 6. Strafrechtsreformgesetz erstmals verhängt worden sind. Bis zu diesem Zeitpunkt war für die erstmalige Anordnung der Unterbringung in der Sicherungsverwahrung eine Höchstfrist von 10 Jahren vorgesehen.[35] Nach 10-jährigem Vollzug muss die Sicherungsverwahrung für erledigt erklärt werden, wenn der Untergebrachte keine erhebliche Gefahr für Leib und Leben anderer mehr darstellt. Der strenge Prognosemaßstab des § 67 Abs 2 StGB ist nicht mehr anzulegen. Zusätzlich zu berücksichtigen ist die Entwicklung des Täters im Vollzug.

343   Bei der Unterbringung in einer **Entziehungsanstalt** kann sich die **Höchstfrist verlängern**, wenn diese Maßregel vor einer zugleich – also in der gleichen Strafentscheidung – verhängten Freiheitsstrafe vollzogen wird, wie § 67 Abs 1 StGB vorschreibt für alle diese Fälle, in denen das Gericht keine andere Reihenfolge bestimmt nach § 67 Abs 2 StGB. Die Verlängerung erfolgt um die Dauer der Freiheitsstrafe, soweit diese durch die Anrechnung nach § 67 Abs 4 StGB erledigt ist (§ 67 d Abs 1 Satz 3 StGB). Die Anrechnungsmöglichkeit ist jedoch auf **zwei Drittel der Strafe** begrenzt. Das BVerfG hat in seiner Entscheidung vom 14. 3. 1994[36] die Regelung des § 67 Abs 4 Satz 1 StGB für verfassungsgemäß gehalten, wonach der Maßregelvollzug nur insoweit auf die Strafe angerechnet werden kann, als von dieser zwei Drittel erledigt sind. Eine Anrechnung auf das letzte Drittel der Strafe scheidet also zunächst einmal aus. Wie die **„Organisationshaft"** anzurechnen ist,[37] wird in dieser Entscheidung ausdrücklich nicht ausgeführt. Das BVerfG hat lediglich zum Ausdruck gebracht, dass die Organisationshaft auf das letzte Drittel der Strafe anzurechnen ist. Als Ergebnis dieser Entscheidung muss fiktiv neben dem Maßregelvollzug die Strafzeit berechnet oder weitere berechnet werden. Aus diesem Grunde hat eine Anrechnung des Maßregelvollzugs auf die Strafe auch dann zu erfolgen, wenn die Vollstreckung der Strafe zur Bewährung nach §§ 56 ff StGB ausgesetzt war.[38] Eine Anrechnung scheidet nur dann aus, wenn das Gericht nach § 67 Abs 2 StGB den ganzen oder teilweisen Vorwegvollzug der Strafe bestimmt, da die Strafe **nicht auf die Höchstfrist** der Maßregel anzurechnen ist.

> **Beispiel (Verlängerung der Höchstfrist):**
> Gegen einen einstweilig Untergebrachten (§ 126 a StPO) wird neben einer Freiheitsstrafe von 1 Jahr und 6 Monaten die Unterbringung in einer Entziehungsanstalt angeordnet.
> Die Verlängerung der Höchstfrist lässt sich mit folgender graphischer Darstellung verdeutlichen:

---

[35] OLG Nürnberg, NStZ-RR 2002, 208.

[36] NStZ 1994, 578.

[37] Siehe Rdn 341 und nachstehende Beispiele.

[38] § 67 Abs 4 StGB schreibt zwingend vor, dass die Maßregel, die nach Abs 1 vor der Strafe zu vollstrecken ist, auf die Strafe anzurechnen ist, die im gleichen Verfahren neben der Maßregel verhängt wurde. Nicht abgestellt wird in dieser Bestimmung, ob die Vollstreckung dieser Strafe zur Bewährung ausgesetzt ist nach §§ 56 ff StGB oder nicht.

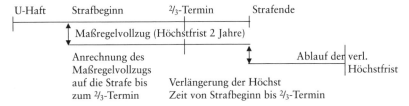

Hinsichtlich der Berechnung des Strafendes ist eine Vergleichsberechnung nach § 37 Abs 1 StVollstrO anzustellen. Jedoch gelten hinsichtlich der bereits verbüßten Untersuchungshaft nicht die Regel, die für die Organisationshaft Anwendung finden. Die Untersuchungshaft kann nicht wie „Organisationshaft" auf das letzte Drittel der Strafe angerechnet werden. Vom Beginn des Maßregelvollzugs wird die Höchstfrist von 2 Jahren nach der Kalenderzeit berechnet. Die Zeit bis zum $^2/_3$-Termin ist in Tagen zu berechnen und um die errechneten Tage verlängert sich die Höchstfrist von 2 Jahren.

Die Verlängerung der Höchstfrist soll eine weitere Einwirkung auf den Verurteilten ermöglichen und eine ungerechtfertigte Besserstellung des Verurteilten infolge Vorwegvollzugs der Maßregel verhindern.[39]

Die Dauer der vorläufigen Unterbringung nach § 126a StPO ist nicht auf die Höchstfrist der Maßregel anzurechnen, sondern nach § 51 Abs 1 StGB, § 39 Abs 3 StVollstrO wie Untersuchungshaft auf die verhängte Freiheitsstrafe. Mit dem Zeitpunkt, mit dem der Maßregelvollzug beginnt, beginnt auch die Höchstfrist zu laufen. Es würde Sinn und Zweck des Maßregelvollzugs zuwiderlaufen, würde man den Beginn des Maßregelvollzugs in den Fällen, in denen das Gericht keine Bestimmung nach § 67 Abs 2 StGB getroffen hat, auf den Zeitpunkt des Strafbeginns vorverlegen. Wird der Täter z.B. zu der Freiheitsstrafe von 3 Jahren verurteilt und wird daneben die Unterbringung in einer Entziehungsanstalt angeordnet ohne dass das Gericht eine Anordnung nach § 67 Abs 2 StGB getroffen hat (Vorwegvollzug der Strafe) und verbleibt der Verurteilte aus welchen Gründen auch immer in Strafhaft, wäre nach Ablauf von 2 Jahre sonst die Maßregel erledigt, die Höchstfrist könnte sich auch nicht verlängern.

Beispiel:
Ausgehend von dem Beispiel, das Gegenstand der obigen grafischen Darstellung ist, ergeben sich folgende Berechnungen:
a) wenn der Täter sich seit dem 10. 9. 2008 in vorläufiger Unterbringung nach § 126a StPO befunden hat, das Urteil am 12. 3. 2009 rechtskräftig wird und der Verurteilte sich demgemäß unter entsprechender Anwendung des § 38 Ziffer 3 StVollstrO ab 12. 3. 2009 im Maßregelvollzug befindet;
b) wenn der Täter sich seit 10. 9. 2008 in Untersuchungshaft befunden hat, das Urteil am 12. 3. 2009 rechtskräftig wird und der Verurteilte sich demgemäß nach § 38 Ziffer 3 StVollstrO ab 12. 3. 2009 in Strafhaft befindet. In den Maßregelvollzug wird er überführt am 10. 7. 2009. Eine Anordnung nach § 67 Abs 2 StGB ist nicht ergangen.

Berechnung a):

Strafbeginn	12. 3. 2009	(TB)
+	1 Jahr	
	12. 3. 2010	(TB)
+	6 Monate	
	12. 9. 2010	(TB)
vorl. Unterbringung vom 10. 9. 2008–11. 3. 2009 −	184 Tage	
Strafende	12. 3. 2010	(TB)
entspricht	11. 3. 2010	(TE)

---

[39] OLG Hamm, MDR 1979, 57.

günstigster ²/₃-Termin	8. 9. 2009 (TE)
Beginn des Maßregelvollzugs	12. 3. 2009 (TB)
Höchstfrist	+ 2 Jahre
	12. 3. 2011 (TB)
Verlängerung (Zeit vom 12. 3. 2009 TB	
bis 8. 9. 2009 TE)	+ 181 Tage
Ablauf der verlängerten Höchstfrist	9. 9. 2011 (TB)
entspricht	8. 9. 2011 (TE)

Der Strafrest beträgt noch die Zeit vom fiktiven ²/₃-Termin der Strafe (TB 9. 9. 2009) bis zum fiktiven Strafende (TE 11. 3. 2011) = 184 Tage

Ferner ist nach § 37 Abs 1 StVollstrO noch eine Vergleichsberechnung anzustellen. Diese gestaltet sich folgendermaßen:

Strafbeginn	10. 9. 2008 (TB)
	+ 1 Jahr
	10. 9. 2009 (TB)
	+ 6 Monate
Strafende	10. 3. 2010 (TB)
entspricht	9. 3. 2010 (TE)
²/₃-Termin (günstigste Berechnung)	7. 9. 2009 (TE)
Beginn des Maßregelvollzugs	12. 3. (TB) 2009
Höchstfrist	+ 2 Jahre
	12. 3. 2011 (TB)
Verlängerung (Zeit vom 12. 3. 2009 TB	
bis 7. 9. 2009 TE)	+ 180 Tage
Ablauf der verlängerten Höchstfrist	8. 9. 2011 (TB)
entspricht	7. 9. 2011 (TE)

Der Strafrest beträgt noch die Zeit vom fiktiven ²/₃-Termin der Strafe (TB 8. 9. 2009) bis zum fiktiven Strafende (TE 9. 3. 2010) = 183 Tage

Anzuwenden ist die alternative Vergleichsberechnung.

Berechnung b):

Strafzeitberechnung wie bei a)

Beginn des Maßregelvollzugs	10. 7. 2009 TB
Höchstfrist	+ 2 Jahre
	10. 7. 2011 TB

Verlängerung auch hier zunächst einmal um die Zeit, soweit sich fiktive Strafe und Maßregelvollzug decken bis zum fiktiven ²/₃-Termin der Strafe (TB 10. 7. 2009 bis TE 7. 9. 2009)   + 60 Tage

wäre Ablauf der Höchstfrist	8. 9. 2011 TB
entspricht	7. 9. 2011 TE

die Reststrafe beträgt noch:

Reststrafe wie bei a)	183 Tage
minus Organisationshaft, die nach der Entscheidung des BVerfG auf das letzte Drittel anzurechnen ist (TB 12. 3. 2009 bis TE 9. 7. 2009)	120 Tage
Reststrafe deshalb noch	63 Tage

Werden später die Strafaussetzungen widerrufen und die Vollstreckung der restlichen Freiheitsstrafen angeordnet, hätte die verurteilte Person im Falle a) noch 183 Tage und im Falle b) nur noch 63 Tage zu verbüßen, sie wäre also besser gestellt im Fallbeispiel

b) als im Fallbeispiel a) wo die gesetzliche Reihenfolge des § 67 Abs 1 StGB eingehalten wurde. Nach der Entscheidung des BVerfG darf der teilweise Vorwegvollzug der Strafe vor der Maßregel ohne die Anordnung des § 67 Abs 2 StGB nicht zum Nachteil des Verurteilten gelangen, aber auch nicht zum Vorteil gereichen. Umstritten ist, welche Berechnungsart Anwendung findet. Blechinger spricht sich in seinem Aufsatz vom 1. 7. 1996[40] gegen eine Verlängerung der Höchstfrist der Maßregel um die Zeit der Organisationshaft auf. Dass sich der Verurteilte beim einem teilweise Vorwegvollzug der Strafe ohne Anordnung nach § 67 Abs 2 StGB nicht besser stellen kann, vertritt auch Tröndle.[41] Durch den verspätet begonnenen Maßregelvollzug verkürzt sich das sonst stets übrig bleibende restliche Drittel der Strafe um die Organisationshaft. Tatsächlich bedeutet dies, dass die Maßregel in diesen Fällen auf die Strafe nicht nur bis zum $^2/_3$-Termin angerechnet wird, sondern darüber hinaus auch auf das letzte Drittel der Strafe. Weshalb sich dann in diesen Fällen aber nicht auch die Höchstfrist der Maßregel verlängern soll, ist nicht einsehbar. Wird die verurteilte Person während der Bewährungszeit erneut straffällig und es erfolgt ein Widerruf der Strafaussetzung, hat sie im Falle a) noch restliche 183 Tage Freiheitsstrafe zu verbüßen, im Falle b) nur noch restliche 63 Tage Freiheitsstrafe und restliche 120 Tage Maßregel, wobei das Gericht die Möglichkeit hat, nach § 67 Abs 5 Satz 2 StGB insoweit den Vollzug der Strafe anzuordnen, wenn Umstände in der Person des Verurteilten es angezeigt erscheinen lassen. Es kommt insoweit auch nicht zu einer längeren Strafzeit, da sich der Verurteilte für die 120 Tage nicht im Strafvollzug, sondern tatsächlich im Maßregelvollzug befunden hat.

Die Höchstfrist im Fallbeispiel b) verlängert sich deshalb nicht nur um die Zeit der Strafe, die durch den Vorwegvollzug der Maßregel erledigt ist, sondern auch um die Organisationshaft.

Ablauf der verlängerten Höchstfrist im Falle b)	8. 9. 2011 TB
Verlängerung um die Organisationshaft	+ 120 Tage
Neuer Ablauf der verlängerten Höchstfrist	6. 1. 2012 TB
entspricht	5. 1. 2012 TE
Strafrest nach wie **vor**	**63 Tage**

Der $^2/_3$-Termin hinsichtlich der Strafe wird wie üblich unter Berücksichtigung der Untersuchungshaft oder anderer anrechenbarer Zeiten nach § 39 StVollstrO berechnet. Durch Verweisung in § 39 Abs 4 StVollstrO auf § 37 Abs 1 StVollstrO ist jeweils eine Vergleichsberechnung anzustellen. Der Anrechnungszeitraum nach § 67 Abs 4 StGB wird in Tagen berechnet (...wird die Zeit...) und der Höchstfrist hinzugerechnet. Im Falle a) beginnt der Anrechnungszeitraum am 12. 3. 2009 (mit Beginn des Maßregelvollzugs) und läuft bis zum fiktiven $^2/_3$-Termin der Strafe; im Falle b) beginnt der Anrechnungszeitraum am 10. 7. 2009 (mit Beginn des Maßregelvollzugs) und läuft ebenfalls bis zum fiktiven $^2/_3$-Termin der Strafe. Zu beachten ist, dass die tatsächliche Zeit der Strafvollstreckung, das ist die Zeit vom 12. 3. 2009 TB bis 9. 7. 2009 TE = 120 Tage (Organisationshaft) vom restlichen Drittel der Strafe abzuziehen ist und zwar höchstens bis das restliche Strafdrittel verbraucht ist nach der Entscheidung des BVerfG vom 18. 6. 1997. Um diese Zeit der Organisationshaft verlängert sich nun die Höchstfrist des § 67 d StGB.[42]

Die alte Streitfrage, ob bei der Unterbringung in einer Entziehungsanstalt die Höchstfrist **über** das Doppelte der gesetzlichen Dauer der Maßregel (d. h. über 4 Jahre hinaus) verlängerbar ist, wurde durch die $^2/_3$-Anrechnungsregelung des § 67 Abs 4 StGB zwar entschärft, blieb im Grundsatz aber ungelöst.

---

[40] Rpfleger 1996, 301.
[41] *Tröndle/Fischer,* Rdn 3 a zu § 67 d StGB unter Hinweis auf OLG Hamm, MDR 79, 157.
[42] BVerfG, NStZ 1998, 77 und *Bartmeier,* NStZ 2006, 544.

Beispiel:
2 Jahre Unterbringung in einer Entziehungsanstalt und 9 Jahre Freiheitsstrafe. Verlängerung der Höchstfrist. Zu vollstrecken:
Lösung a) 4 Jahre Maßregel und 7 Jahre Freiheitsstrafe, oder
Lösung b) 8 Jahre Maßregel und 3 Jahre Freiheitsstrafe (wegen der auf $^2/_3$ begrenzten Anrechnung).

Bei einer längeren Strafe hat das erkennende Gericht immer zu prüfen, ob das verfolgte Ziel auch durch einen Vorwegvollzug eines Teils der Strafe erreicht werden kann.[43] Ein Abweichen von der Vollstreckungsreihenfolge kann zwar grundsätzlich damit gerechtfertigt werden, dass die Behandlung nach § 64 StGB der Entlassung in die Freiheit unmittelbar vorausgehen sollte, weil ein sich anschließender Strafvollzug die positiven Auswirkungen des Maßregelvollzugs wieder gefährden würde.[44] Der Verurteilte soll auf der anderen Seite schon frühzeitig von seinem Hang befreit werden, damit er in der Strafanstalt an der Verwirklichung des Vollzugsziels mitarbeiten kann. Bei Anordnung des Vorwegvollzugs ist zu bedenken, dass eine bereits vorhandene Therapiebereitschaft durch den Strafvollzug wieder zerstört werden kann und dass die Stärkung der Therapiemotivation zu den Aufgaben gehört, die gerade innerhalb des Maßregelvollzugs selbst zu lösen sind.[45]
Die Lösung a) mit der Begrenzung der Höchstfristverlängerung auf maximal **4 Jahre** erscheint systemgerecht und ist vorzuziehen. Die gesetzliche Höchstdauer der Unterbringung nach § 64 StGB beträgt 2 Jahre. Der Gesetzgeber ging also zunächst einmal davon aus, dass eine Therapie zur Suchtbehandlung in der Regel innerhalb dieses Zeitraums abgeschlossen werden kann, hat aber in § 67 Abs 1 Satz 3 bestimmt, dass sich die Höchstfrist um die Dauer der Freiheitsstrafe verlängert, soweit die Zeit des Vollzugs der Maßregel auf die Strafe angerechnet wird. Die Begrenzung der Unterbringungsdauer in den Fällen des § 64 StGB beruht auf der Erwägung, dass Unterbringungszeiten von mehr als einem Jahr selten sind.[46] Diese Überlegung trifft zwar weitgehend zu bei Alkoholabhängigen, ist aber bei Betäubungsmittelabhängigen illusorisch. Dass der Gesetzgeber die Dauer der Unterbringung in der Entziehungsanstalt nach oben hin begrenzen wollte, ergibt sich darüber hinaus auch aus der Bestimmung des § 67 Abs 5 StGB, die zwar im Hinblick auf die verfassungswidrige Jahresfrist zur Nichtigkeit geführt hat, aus der aber entnommen werden kann, dass der Gesetzgeber eine mehrfache Verlängerung der Höchstfrist über 4 Jahre hinaus nicht wollte.[47] Die hier vertretene Auffassung steht zwar im Widerspruch zu der nunmehr wohl h. M. Gleichwohl wird aus den vorstehend aufgeführten Gründen daran festgehalten. Für die verurteilte Person bringt dies zudem auch keine Verschlechterung, da im Falle der Nichtaussetzung der Maßregelvollzug fortgesetzt wird nach § 67 Abs 5 Satz 2 StGB. Eine Fortsetzung des Maßregelvollzugs ist jedoch bis höchstens der $^2/_3$-Grenze der Strafe zulässig.[48]
Ist die Höchstfrist (ggf. die verlängerte Höchstfrist) **abgelaufen,** so ist der Untergebrachte, auch wenn der Zweck der Maßregel noch nicht erreicht ist, zu entlassen (§ 67d Abs 1 Satz 3 StGB). Wird die Vollstreckung der Unterbringung nach einem

---

[43] BGH, NStZ 1994, 178.

[44] BGH, Beschluss vom 5. 12. 2000, StV 2002, 481.

[45] BGH, Beschluss vom 7. 12. 1994 – 4 StR 688/95, NStZ 1996, 428.

[46] BT-Dr IV/806 ff.

[47] Das OLG Hamm hat in seiner Entscheidung vom 16. 6. 1994 (StV 1995, 89) seine bisherige Rechtsprechung, wonach sich die Höchstfrist nur einmal auf bis zu maximal 4 Jahre verlängern kann unter Hinweis auf die Entscheidung des OLG Frankfurt vom 30. 6. 1992 (NStZ 1993, 453) aufgegeben.

[48] OLG Düsseldorf, JMBl 1995, 142.

Teilvollzug zur Bewährung ausgesetzt nach § 67 d Abs 2 StGB,[49] ist der Unterbringungsrest berechnet bis zum Ablauf der verlängerten Höchstfrist gem. §§ 53 Abs 2 Ziffer 2, 40 Abs 1 StVollstrO nach Tagen zu berechnen. Lediglich dieser Unterbringungsrest darf im Falle eines Widerrufs noch vollstreckt werden (§ 67 g Abs 4 StGB). Bei Maßregeln ohne Höchstfrist (Unterbringung im psych. Krankenhaus nach § 63 StGB und Sicherungsverwahrung nach § 66 StGB) ist auch nach einem Widerruf die Unterbringungsdauer wieder unbefristet.

4. Prüfungsfristen

Die in § 67 e Abs 2 StGB festgesetzten Prüfungsfristen laufen vom **Beginn** der Unterbringung an; d. h. im Regelfall ab dem Tag der **Aufnahme** des Verurteilten in den Maßregelvollzug.[50] Lehnt das Gericht eine Bewährungsaussetzung ab, so beginnen die Fristen mit der **Entscheidung** von neuem. Maßgebend ist dabei der Tag der Beschlussfassung, nicht der Zeitpunkt der Rechtskraft. Etwaige **Unterbrechungen** der Vollstreckung – z. B. durch Entweichen des Verurteilten – **hemmen** den Lauf der Prüfungsfristen.[51] Das Gericht kann die Fristen **abkürzen** (§ 67 e Abs 3 StGB) und die Prüfung dadurch vorverlegen.

344

Die Vollstreckungsbehörde hat dafür Sorge zu tragen, dass das Prüfungsverfahren nach § 67 e StGB, das von Amts wegen durchzuführen ist, **rechtzeitig** eingeleitet wird (§ 53 Abs 4 StVollstrO). In der Praxis ist es vielfach üblich, dass die nach §§ 463 Abs 3, 454 Abs 1 StPO vorgesehene Stellungnahme der Vollzugsanstalt – analog zu § 36 Abs 2 StVollstrO – von der **Vollstreckungsbehörde** eingeholt wird. Dies kann – z. B. bei einer Unterbringung nach § 63 StGB – mit folgendem Schreiben geschehen:

Staatsanwaltschaft .... , den ....
VRs ..../....

Verfügung

1. An die Direktion des Psychiatrischen Landeskrankenhauses ......
   Betr.: Unterbringungssache gegen ...... aus ...... wegen ......
   In vorliegender Unterbringungssache steht am ...... Prüfungstermin gem. § 67 e StGB
   an. Ich bitte um Äußerung zum Verlauf der Unterbringung, dem Behandlungsergebnis und
   zur Frage einer Aussetzung der weiteren Vollstreckung der Unterbringung zur Bewährung
   nach den Voraussetzungen des § 67 d Abs 2 StGB. Sollte eine Entlassung befürwortet
   werden, wird gebeten, auch zur Frage der weiteren Gefährlichkeit sowie des der Allgemeinheit drohenden Sicherheitsrisikos Stellung zu nehmen.

2. Wv ......

....
Rechtspfleger

Nach Eingang der Äußerung der Vollzugsanstalt übersendet die Staatsanwaltschaft die Akten unter Abgabe einer Stellungnahme und Antragstellung (§§ 463 Abs 3, 454 Abs 1, 451 Abs 3 StPO) an die **Strafvollstreckungskammer**. Die Beteiligung der Staatsanwaltschaft am Verfahren erfolgt als **Strafverfolgungsbehörde** und nicht als Vollstreckungsbehörde. Die Fortdauer der Unterbringung in einem psych. Krankenhaus setzt die Gefahr solcher rechtswidriger Taten voraus, die ihrer Art und ihrem Gewicht nach ausreichen, auch die Anordnung der Maßregel zu tragen. Sie müssen

---

[49] Zur Aussetzung der Unterbringung nach § 67 d Abs 2 StGB, s OLG Düsseldorf, StV 1987, 497, OLG Frankfurt, GA 1981, 40.
[50] Zum „Unterbringungsbeginn" s Rdn 341.
[51] OLG Karlsruhe, NStZ 1992, 456.

mithin „erheblich" im Sinne von § 63 StGB sein.[52] Zum weiteren Ablauf und zur Entscheidung der Strafvollstreckungskammer s Rdn 810 ff, 994 ff.

F. Vollstreckungsreihenfolge (Grundsätze)

1. Vorwegvollzug der Maßregel

345 Nach § 67 Abs 1 StGB sind die freiheitsentziehenden Maßregeln nach den §§ 63 StGB (Unterbringung im psych. Krankenhaus) und 64 StGB (Unterbringung in einer Entziehungsanstalt), die neben einer Freiheitsstrafe angeordnet sind, grundsätzlich **vor** der Strafe zu vollziehen. Die Ausnahme bildet die **Sicherungsverwahrung**, die stets **nach** der Strafe zu vollstrecken ist. Die Reihenfolge „Maßregel **vor** Strafe" bei Unterbringungen nach §§ 63, 64 StGB erklärt sich aus der Absicht des Gesetzgebers, bevorzugt die Möglichkeiten des Maßregelvollzugs (Heilungs- oder Besserungszweck) auszunutzen und die „therapeutisch fruchtbaren ersten Jahre" nicht ungenutzt zu lassen.[53] Beginn der Maßregel ist der Tag der Aufnahme in der Einrichtung und zwar Beginn mit TB. Obwohl die Überstellung von der Justizvollzugsanstalt nicht um 0.00 Uhr sein wird, ist dieser Tag ganz als Maßregelvollzug zu rechnen. Für die Berechnung der Strafzeit spielt dies keine Rolle, da durch die Anrechnungsvorschrift des § 67 Abs 4 StGB dieser Tag auch zugleich als fiktive Strafzeit weiterläuft.

Beim Vorwegvollzug der Maßregel wird die Zeit der Unterbringung auf die zugleich erkannte Strafe **angerechnet,** bis **zwei Drittel** der Strafe erledigt sind (§ 67 Abs 4 StGB).[54] Zu beachten ist, dass eine evtl. vorab vollstreckte Organisationshaft auf das letzte Drittel der Strafe anzurechnen sind.[55] Die Anrechnung erfolgt **kraft Gesetzes.** Sie ist nicht verzichtbar, für die Vollstreckungsbehörde bindend, und kann durch das Gericht nicht ausgeschlossen werden. Die Begrenzung der Anrechnung auf zwei Drittel der Strafe geht zurück auf die Regelung des § 36 Abs 1 Satz 1 BtMG. Durch den Druck einer noch nicht vollständig verbüßten Freiheitsstrafe (letztes Drittel) soll die Rehabilitationsbereitschaft des Verurteilten gefördert werden.[56]

Die **Berechnung** des ²/₃-Termins – zur Bestimmung des Anrechnungsendes – erfolgt nach den üblichen Regeln. Das letzte Strafdrittel wird zumeist nicht vollstreckt, sondern zu gegebener Zeit (mit der Maßregel) zur Bewährung ausgesetzt (§§ 67 d Abs 2, 57 Abs 1 StGB), sofern die Maßregel den Zweck, für den sie angeordnet wurde, erfüllt hat. Die Aussetzungsentscheidung bzgl. Unterbringung/Freiheitsstrafe kann nur **einheitlich** ausfallen. Der nach der Aussetzung noch verbleibende Strafrest ist nach **Tagen** zu be-

---

[52] BVerfG, NJW 1986, 767, OLG Karlsruhe, NStZ 1999, 37.

[53] Amtl. Begründung.

[54] Nach Art 316 Abs 1 EGStGB gilt die ²/₃-Anrechnung des § 67 Abs 4 StGB nicht für Unterbringungen, die vor dem 1. 5. 1986 rechtskräftig angeordnet worden sind. Bei diesen Altfällen ist die frühere Regelung des § 67 Abs 4 StGB weiter anwendbar mit einer **vollen** Anrechnung des Maßregelvollzugs. Die Vollanrechnung bewirkt, dass sich die Vollstreckung der in demselben Verfahren erkannten Freiheitsstrafe durch einen gleichlangen oder längeren Maßregelvollzug erledigt.

[55] Vergleiche Rdn 343.

[56] BT-Dr 10/2720 S 13. Nach Meinung des OLG Celle ist die beschränkte Anrechnung des Maßregelvollzugs nach § 67 Abs 4 Satz 1 StGB auf zwei Drittel der Strafe verfassungswidrig: vgl. Vorlagebeschluss an das BVerfG v 19. 6. 1990 (NStZ 1991, 356). Das BVerfG hat in seinem Beschluss vom 18. 6. 1997 entschieden, dass die sog. Organisationshaft auf das letzte Drittel anzurechnen ist. siehe auch Rdn 341 OLG Frankfurt, GA 1981, 40; OLG Karlsruhe, Beschl v 19. 5. 1981 (2 Ws 86/81), BeckOK RdNr 36 zu § 112 StPO, BVerfG, NJW 2006, 427, OLG Düsseldorf, NStZ 266, 251.

rechnen (§ 40 Abs 1 StVollstrO). Im Falle des Widerrufs der Aussetzung von Unterbringung und letztem Strafdrittel ist – wegen der 2/3-Grenze des § 67 Abs 4 StGB – **keine** Anrechnung auf die Reststrafe mehr möglich. Mit dem Widerruf kann das Gericht zugleich die **Vollstreckungsreihenfolge** bestimmen (§ 44a Abs 3 StVollstrO). Für die Vollstreckung der Unterbringung nach einem Widerruf ist § 67g Abs 4 StGB besonders zu beachten, wonach die Dauer der Unterbringung vor und nach dem Widerruf insgesamt die gesetzliche Höchstfrist der Maßregel nicht überschreiten darf. Bei der befristeten Unterbringung (§ 67d Abs 1 StGB) darf nur noch der Unterbringungsrest vollstreckt werden.

2. Halbstrafenaussetzung der zugleich erkannten Freiheitsstrafe

Wird die Maßregel vor der Strafe vollzogen, so kann das Gericht (zusammen mit der **346** Maßregel) die Vollstreckung des Strafrestes, der sich durch die weitere fiktive Strafzeitberechnung während des Maßregelvollzugs ergibt, zur **Bewährung aussetzen**, auch wenn noch nicht zwei Drittel der gleichzeitig verhängten Strafe aber mindestens die Hälfte erledigt sind. Für diese Halbstrafenberechnung kommt es nicht auf die Voraussetzungen des § 57 Abs 2 StGB (Erstverbüßer, die Strafe darf 2 Jahre nicht übersteigen) an. Es ist also nicht zu prüfen, ob der Verurteilte Erstverbüßer im Sinne des § 57 Abs 2 StGB ist, oder ob die Strafe (auch Gesamtfreiheitsstrafe) 2 Jahre übersteigt. Eine bedingte Entlassung **vor dem Halbstrafentermin** scheidet jedoch aus (§ 67 Abs 5 Satz 1 StGB). Man wollte damit eine Besserstellung des Untergebrachten vermeiden, da bei Freiheitsstrafen prinzipiell vor Halbverbüßung keine gerichtliche Aussetzung in Betracht kommt. Wird der Vollzug der restlichen Maßregel zur Bewährung ausgesetzt, weil die Therapie erfolgreich beendet werden konnte und ist noch nicht die Hälfte der zugleich verhängten Strafe durch Anrechnung erledigt, empfiehlt es sich, von Amts wegen ein Gnadenverfahren einzuleiten.

Da in § 67 Abs 5 Satz 1 StGB ausschließlich auf § 57 Abs 1 StGB verwiesen wird, ist als Entlassungsvoraussetzung die Erstverbüßung oder auch die Höhe der Strafe ohne Belang. Gefordert wird lediglich, dass eine **Aussetzung unter Berücksichtigung des Sicherheitsinteresses der Allgemeinheit verantwortet werden kann**, die **Einwilligung** des Verurteilten sowie die Erledigung der **Hälfte** der Strafe. Aus dem fehlenden Hinweis auf die Mindestverbüßungszeit der 6 Monate (vgl. demgegenüber die Formulierung in § 454b Abs 2 StPO) kann geschlossen werden, dass diese im Rahmen des § 67 Abs 5 StGB keine Rolle spielt. Die Halbstrafenregelung des § 67 Abs 5 StGB ist daher für den Verurteilten insgesamt günstiger als die des § 57 Abs 2 Nr. 1 StGB.[57]

Trifft die Unterbringung mit **zwei Freiheitsstrafen in einer Strafentscheidung** zusammen, sind einige Besonderheiten zu beachten:

a) für die Vollstreckung der Freiheitsstrafen, auch für die fiktive Strafzeitberechnung neben dem Maßregelvollzug, gilt die Reihenfolge des § 43 Abs 2 StVollstrO, also in der Regel kürzere vor der längeren Freiheitsstrafe, jedoch ist § 43 Abs 3 StVollstrO zu beachten, wonach die Vollstreckung einer bereits begonnenen Strafe nicht unterbrochen wird, um die Reihenfolge des Abs 2 zu erhalten. Dies könnte dann der Fall sein, wenn der Verurteilte wegen einer Tat sich in vorläufiger Unterbringung nach § 126a StPO bei Eintritt der Rechtskraft des Straferkenntnisses befunden hat oder wegen einer bestimmten Tat in Untersuchungshaft, so dass er sich wegen dieser Strafe mit Eintritt der Rechtskraft in Strafhaft befindet nach § 38 Ziffer 3 StVollstrO.

---

[57] Die Bewährungsaussetzung von Maßregel und Strafrest erfolgt demgemäß:
a) ab Zweidrittel nach § 67d Abs 2 und § 57 Abs 1 StGB.
b) ab Halttermin nach § 67d Abs 2 und § 67 Abs 5 Satz 1 StGB.

b) Die Freiheitsstrafen sind in Bezug auf die Anrechnung des Maßregelvollzugs getrennt zu behandeln.

c) Die Anrechnung erfolgt nacheinander. Mit dem Erreichen des Halb- bzw zwei-Drittel-Termins wird die erste Strafe (fiktiv) zu Gunsten der zweiten Strafe „unterbrochen". Für die Zeitpunkte der fiktiven Unterbrechung der Strafen sind die materiellen Vorschriften des § 57 StGB anzuwenden. Eine fiktive Halbstrafenunterbrechung kommt daher nur in Betracht, wenn der Verurteilte Erstverbüßer ist und die Strafe (auch Gesamtstrafe) zwei Jahre nicht übersteigt. Sobald rechnerisch von beiden Strafen die Hälfte erledigt ist, könnte eine Aussetzung nach § 67 Abs 5 StGB erfolgen. Die fiktive Strafzeitberechnung kann nachträglich jederzeit geändert werden, da tatsächlich keine Strafe vollstreckt wurde („fiktive Unterbrechung" der ersten Strafe zunächst zum $\frac{2}{3}$-Termin, da die Voraussetzungen des § 57 Abs 1 StGB nicht vorliegen, dann spätere „fiktive Unterbrechung" der ersten Strafe bereits zum Halbstrafentermin, wenn die Strafvollstreckungskammer den weiteren Maßregelvollzug zur Bewährung aussetzen will, wenn von beiden Strafen jeweils die Hälfte erledigt ist), da es sich hier nicht um tatsächliche vollzogene Haftzeiten handelt, sondern um den Maßregelvollzug nebenher laufende fiktive Strafzeitberechnungen.

Wird der Strafrest zur Halbverbüßung **nicht ausgesetzt,** (vgl. Formulierung in § 67 Abs 5 Satz 1: „kann"), so wird der Vollzug der **Maßregel** fortgesetzt. Hierdurch wird erreicht, dass der Vollzug in derselben Anstalt – ohne Störungen durch einen Anstaltswechsel – weitergeführt werden kann. Es soll auch vermieden werden, dass die im Maßregelvollzug erzielten Erfolge durch einen **Straf**vollzug beeinträchtigt werden.[58] Stellt die Strafvollstreckungskammer nach § 67d Abs 5 StGB fest, dass die mit Urteil neben einer Freiheitsstrafe angeordnete Unterbringung in einer Entziehungsanstalt nicht weiter zu vollstrecken ist, ist die Maßregel (noch) bis zur Rechtskraft des Beschlusses zu vollstrecken.[59] Das Gericht kann jedoch den Vollzug der **Strafe** anordnen, wenn Umstände in der Person des Verurteilten es angezeigt erscheinen lassen. Sobald dann $\frac{2}{3}$ der Strafe (durch Anrechnung oder Verbüßung) erledigt sind, wird § 57 Abs 1 StGB anwendbar, so dass für das Gericht (bei günstiger Sozialprognose) eine Aussetzung von Maßregel/Strafrest zwingend wird. Zu beachten ist, dass § 67 Abs 5 Satz 2 1. Halbsatz StGB nicht angewendet werden, zum Vollzug des restlichen Drittels der Strafe im Maßregelvollzug, wenn die Höchstfrist bzw verlängerte Höchstfrist abgelaufen ist.[60]

3. Erledigungserklärung der Unterbringung

347   Stellt sich im Laufe des Vollzugs der **Unterbringung** in einem **Psychiatrischen Krankenhaus** mit Sicherheit heraus, dass der Verurteilte **nicht** oder **nicht mehr** an den in § 20 StGB genannten seelischen Störungen oder Abartigkeiten leidet, dann ist die Maßregel analog § 67c Abs 2 Satz 5 StGB für erledigt zu erklären.[61] Keinesfalls darf anstelle der Erledigungserklärung etwa eine Aussetzung der Unterbringung zur Bewährung erfolgen, weil dies mit der veränderten Beurteilungsgrundlage (Heilung!) nicht vereinbar wäre. Die Maßregel ist selbst dann für erledigt zu erklären, wenn zu befürchten ist, der Verurteilte werde aufgrund seiner **charakterlichen Veranlagung** weitere Straftaten begehen. Denn eine weitere Unterbringung wäre dann nur eine

---

[58] Vgl. BT-Dr V/4095 S 32.
[59] OLG Frankfurt, NStZ-RR 2006, 387.
[60] OLG Düsseldorf, JMBl NW 1995, 142.
[61] OLG Frankfurt, NJW 1978, 2347 und StV 1985, 117; OLG Karlsruhe, MDR 1983, 151 und Justiz 1987, 463; OLG Hamm, NStZ 1982, 300; Fischer, Rdn 23 zu § 67 d StGB.

falsch etikettierte Sicherungsverwahrung (OLG Frankfurt). Nach Maßgabe der obergerichtlichen Rechtsprechung sind somit folgende Abläufe denkbar:

a) Ist lediglich eine **Besserung** beim Untergebrachten eingetreten, die aber eine günstige Prognose erlaubt, ist die Unterbringung zur **Bewährung** auszusetzen (§ 67 d Abs 2 StGB). Es tritt dann Führungsaufsicht ein. Wegen der zugleich erkannten Freiheitsstrafe kann ggf. nach § 67 Abs 5 Satz 1 oder § 57 Abs 1 StGB verfahren werden.

b) Ist der Zweck der Unterbringung durch nachträgliche **Heilung** erreicht, ist die Maßregel für **erledigt** zu erklären. Führungsaufsicht tritt dann nicht ein, mit Ausnahme, wenn das Gericht die Sicherungsverwahrung im Falle des § 67 d Abs 3 StGB für erledigt erklärt, da das Gesetz hierfür ausdrücklich vorsieht, dass mit der Erledigung der Sicherungsverwahrung Führungsaufsicht eintritt. Eine zugleich erkannte Freiheitsstrafe ist in diesen Fällen in der Regel nach § 57 StGB zur Bewährung auszusetzen. Da eine Aussetzung nach § 57 Abs 2 StGB zum Halbstrafenzeitpunkt bei Freiheitsstrafe oder Gesamtfreiheitsstrafen von mehr als 2 Jahren nicht Betracht kommt. müsste hier wohl § 67 Abs 5 Satz 1 StGB entsprechend anzuwenden sein. Es ist nicht einzusehen, dass ein Untergebrachter, bei dem lediglich eine Besserung eingetreten ist und deshalb eine Aussetzung zur Bewährung hinsichtlich des Maßregelvollzugs in Betracht kommt, besser gestellt sein soll, weil die letzte Hälfte der Strafe zur Bewährung ausgesetzt werden kann, während ein Untergebrachter, bei dem die Heilung erreicht wurde und deshalb die Maßregel für erledigt erklärt wurde, zwei Drittel der Strafe zu verbüßen hat, bis das Gericht über eine Aussetzung der Strafe nach den Bestimmungen des § 57 StGB entscheiden kann.

Wird die Reststrafe nicht ausgesetzt, so wird die Restfreiheitsstrafe vollstreckt, jedoch gebietet es Sinn und Zweck des § 67 Abs 5 Satz 2 StGB, diese Bestimmung auch für diesen Fall anzuwenden, d. h. der Vollzug der Maßregel wird fortgesetzt.

c) Hatte das erkennende Gericht die Voraussetzungen der §§ 20, 21 StGB zu Unrecht angenommen, ist die Maßregel für erledigt zu erklären. Führungsaufsicht tritt nicht ein.[62] In diesen Fällen ist die restliche Freiheitsstrafe zu vollziehen. Hier besteht nur die Möglichkeit einer Strafaussetzung zur Bewährung nach den Grundsätzen des § 57 StGB oder im Gnadenwege.

Eine freiheitsentziehende Maßregel darf in den Fällen, dass der Vollzug der Unterbringung drei Jahre nach der Rechtskraft ihrer Anordnung noch nicht begonnen hat, nur vollzogen werden, wenn das (erkennende) Gericht den Vollzug anordnet. Im Übrigen kann die Maßregel generell für erledigt erklärt werden wenn der Maßregelzweck erreicht ist (§ 67 c Abs 2 Satz 5 StGB). Ist der Zweck der Maßregel nicht erreicht, rechtfertigen aber besondere Umstände die Erwartung, dass der Zweck auch durch die Aussetzung erreicht werden kann, so setzt das Gericht die gesamte Vollstreckung der Unterbringung zur Bewährung aus. Dies gilt sowohl unter den entsprechenden Voraussetzungen für die Unterbringung in der Entziehungsanstalt und dem psych. Krankenhaus als auch für die Sicherungsverwahrung. In diesem Falle tritt Führungsaufsicht ein (§ 67 c Abs 2 Satz 4 StGB). Für die Entscheidung nach § 67 c Abs 1 StGB ist jedoch die Strafvollstreckungskammer zuständig.[63]

Voraussetzung der Maßregel muss stets sein, dass der Täter durch Begehung von **348** rechtswidrigen Taten seine konkrete Gefährlichkeit offenbart hat, für die Zukunft weitere Verfehlungen dieser Art als wahrscheinliche besorgen lässt und dadurch die öffentliche Sicherheit bedroht. Die Unterbringung in der Entziehungsanstalt darf nur für Fälle vorgesehen werden, in denen sie geeignet ist, dem Schutzzweck gerade durch die Behandlung zu erreichen. Eine mit Freiheitsentziehung verbundene Therapie zur

---

[62] OLG Dresden, NStZ 2008, 630.
[63] *Fischer*, Rdn 3 zu § 67 c Abs 1 StGB.

Erprobung ist unzulässig. Die erfolgte Unterbringung ist nur durch eine konkrete Chance für einen Behandlungserfolg gerechtfertigt. Daran fehlt es bei dauerhaft therapieunfähigen Personen. Anordnung und Vollzug der Unterbringung in einer Entziehungsanstalt sind daher an die Voraussetzung geknüpft, dass eine hinreichend konkrete Aussicht besteht, den Süchtigen zu heilen oder doch über eine gewisse Zeitspanne vor dem Rückfall zu bewahren, wobei der Richter den Täter von vornherein nicht grundsätzlich als immer therapierbar ansehen kann, es bedarf vielmehr einer verlässlichen Tatsachengrundlage eines Therapieerfolges.

Da auch der Vollzug der Unterbringung an die Feststellung einer hinreichend konkreten Aussicht auf Erfolg geknüpft ist, darf die Unterbringung nicht weiter vollzogen werden, wenn entgegen einer anfänglichen positiven Prognose keine hinreichende Aussicht mehr auf einen Behandlungserfolg besteht.[64] Dies war im wesentlichen die Begründung des Verfassungsgerichts zu § 67 d Abs 1 Satz 1 StGB.

349   Stellt sich nachträglich heraus, entweder nach bereits erfolgter Unterbrechung oder schon vorher, dass der Täter therapieunfähig oder -unwillig ist und deshalb jeder Versuch zum Scheitern verurteilt ist, hat das Gericht die Unterbringung bzw die weitere Unterbringung für **erledigt zu erklären.** Erscheint eine Entziehungstherapie von Anfang aussichtslos, so hat die Vollstreckungsbehörde die Erledigterklärung des Gerichts herbeizuführen. Es ist aber ein strenger Maßstab anzulegen. In diesen Fällen tritt mit der Erledigterklärung Führungsaufsicht ein nach § 67 d Abs 5 Satz 2 StGB. Eine evtl. bereits vollzogene Zeit in der Entziehungsanstalt ist jedoch auch in diesen Fällen auf die Strafe im Rahmen des § 67 Abs 4 Satz 1 StGB anzurechnen.

4. Vorwegvollzug der Strafe

350   Ist der Zweck der angeordneten Maßregel durch den Vorwegvollzug der **zugleich** erkannten Strafe **leichter** zu erreichen, so bestimmt das erkennende Gericht, dass die Strafe ganz oder zum Teil **vor der Maßregel** zu vollziehen ist (§ 67 Abs 2 StGB). Die gleiche Anordnung kann auch nachträglich getroffen werden, wenn Umstände in der Person des Verurteilten es angezeigt erscheinen lassen (§ 67 Abs 3 StGB) Zuständig zur nachträglichen Entscheidung nach § 67 Abs 3 StGB ist die Strafvollstreckungskammer nach §§ 463 Abs 5, 462 a Abs 1, 462 StPO, wenn sich der Verurteilte zum Zeitpunkt der Entscheidung in Strafhaft befindet. Befindet sich der Verurteilte noch auf freiem Fuße, ist für die Entscheidung nach § 67 Abs 3 StGB das erkennende Gericht zuständig, da § 462 a Abs 1 StPO keine Anwendung findet.

Soweit die Strafe vor der zugleich angeordneten Maßregel vollstreckt wird, findet § 67 Abs 4 StGB nach der Entscheidung des BVerfG vom 18. 6. 1977 insofern Anwendung, als die Zeit des Vorwegvollzugs der Strafe ohne Anordnung des Gerichts nach § 67 Abs 2 StGB auf das letzte Drittel der Strafe anzurechnen ist. Jedoch hat nach §§ 44 a Abs 2, 44 Abs 1 Satz 2 StVollstrO die Vollstreckungsbehörde rechtzeitig vor dem Ende der Vollstreckung der Freiheitsstrafe die Prüfung zu veranlassen, ob der Zweck der Maßregel die Unterbringung noch erfordert (§ 67 c Abs 1 StGB). Eine Entscheidung nach § 67 c Abs 2 StGB kommt nur in Betracht, wenn vor der Maßregel die **gesamte Strafe** vollstreckt wurde. Ist nur ein Teil der Strafe vollstreckt worden, kommt nur die Entscheidung nach § 67 Abs 3 durch die Strafvollstreckungskammer in Betracht.

Durch welche Vollzugsart der Zweck der Maßregel leichter erreicht werden kann, ist nach der Lage des Einzelfalles zu entscheiden, insbesondere nach der Persönlichkeit des Täters, der Länge der Freiheitsstrafe und der Art der notwendigen Behandlung.

---

[64] BVerfG, Beschluss vom 16. 3. 1994 – NStZ 1994, 578.

Der Gesichtspunkt der Sühne wie auch der Generalprävention müssen bei der Entscheidung außer Betracht bleiben. Aus Gründen der Rechtsstaatlichkeit ist es auch
nicht angängig, den Vorwegvollzug der Strafe nur deshalb anzuordnen, weil es dem
um Aufnahme ersuchten Landeskrankenhaus an Platzkapazität mangelt. Es würde
dann vom Zufall abhängig sein, in welcher Reihenfolge vollstreckt werden würde
und ob der Verurteilte in den Genuss einer Anrechnung nach § 67 Abs 4 StGB käme
oder nicht.[65] Nach der ständigen Rechtsprechung des BGH ist die Entscheidung über
den Vorwegvollzug bzw teilweisen Vorwegvollzug der Strafe zu begründen.

Ist nach der Entscheidung des Gerichts lediglich ein Teil der Strafe vorweg zu vollstrecken, wird auf diesen Teil die erlittene Untersuchungshaft ganz angerechnet.[66]
Das Gericht kann allerdings auch davon eine abweichende Bestimmung treffen unter
Anwendung des § 51 Abs 1 Satz 2 StGB. In diesem Falle ist auch § 450 StPO entsprechend anzuwenden.

Die **Sicherungsverwahrung** wird ausnahmslos **nach der Strafe vollzogen**. Zu einer
Änderung der Reihenfolge des Vollzugs ist das Gericht nicht befugt. Eine Anrechnung
in der Art des § 67 Abs 4 StGB ist nicht vorgesehen.

Vor dem **Strafende** – dies gilt immer dann, wenn die Strafe **vor** der **zugleich** angeord-　　351
neten Maßregel vollstreckt wird,[67] aber auch vor Abschluss einer **Teilvollstreckung**
der Strafe nach § 67 Abs 2, 3 StGB (s § 44 a Abs 2 StVollstrO), – hat das Gericht zu
prüfen, ob der **Zweck** der Maßregel die Unterbringung noch erfordert (§ 67 c Abs 1
StGB). Die Vollstreckungsbehörde hat dafür zu sorgen, dass die Prüfung **rechtzeitig**
erfolgt (§§ 44 Abs 1, 44 a Abs 2 StVollstrO). Das Prüfungsverfahren sollte in der Regel bei Strafende bzw Ende der Teilvollstreckung bereits abgeschlossen sein. Der Vollzug der im Strafurteil angeordneten Maßregel ist jedoch auch dann **zulässig**, wenn
bei Strafende die Prüfung zwar begonnen, aber noch nicht mit einer Entscheidung
zum Abschluss gebracht werden konnte.

Das *BVerfG*[68] hat dazu – bzgl einer Sicherungsverwahrung – u. a. ausgeführt:

> „§ 67 c Abs 1 StGB begründet keine gesetzliche Pflicht, den Verurteilten auf freien
> Fuß zu setzen, falls die Strafvollstreckungskammer die ihr obliegende Entscheidung
> bei **Strafende** noch nicht getroffen hat. Der Vollzug der Sicherungsverwahrung in der
> Zeit zwischen Strafende und der Entscheidung nach § 67 c Abs 1 StGB beruht auch
> in diesem Falle auf einem förmlichen Gesetz und einer richterlichen Entscheidung.
> Denn Grundlage dieses Freiheitsentzuges ist die gem. § 66 StGB getroffene Anord-
> nung der Sicherungsverwahrung im Urteil des erkennenden Gerichts. Diese Grundlage
> reicht aus, um den Vollzug der Sicherungsverwahrung bis zur Entscheidung der Straf-
> vollstreckungskammer vor der Verfassung zu rechtfertigen."

und ferner:

> „Bestehen hiernach gegen den Vollzug der Sicherungsverwahrung auch vor Abschluss
> des in § 67 c Abs 1 StGB vorgesehenen Prüfungsverfahrens grundsätzlich keine verfas-
> sungsrechtlichen Bedenken, so verletzt doch andererseits eine solche Unterbringung den
> Verurteilten dann in seinem Grundrecht auf persönliche Freiheit, wenn die Strafvoll-
> streckungskammer entweder bei Strafende mit der ihr obliegenden Prüfung ohne vertret-
> baren Grund noch nicht begonnen hat oder aber trotz rechtzeitig eingeleiteter Prüfung die
> Entscheidung infolge vermeidbarer Fehler oder Verzögerungen nicht binnen angemesse-

---

[65] BVerfG, Beschluss vom 18. 6. 1997, StV 1997, 467; Zur Vollstreckungsreihenfolge von Strafe
und Maßregel gem. § 67 Abs 2 StGB nach der Rechtsprechung des BGH s *Maul/Lauven*, NStZ
1986, 397; ferner BGH, NStZ 1987, 574 und StV 1991, 64; LG Freiburg, Justiz 1993, 58, OLG
Dresden, NStZ 1993, 511.
[66] BGH, NJW 1991, 2431.
[67] So bei der Sicherungsverwahrung und in den Fällen des § 67 Abs 2, 3 StGB.
[68] NJW 1976, 1736.

ner Frist zu treffen vermag. Denn auch insoweit gilt das Beschleunigungsgebot, wie es vom *BVerfG* bereits für das Verfahren in Haftsachen entwickelt und in ständiger Rechtsprechung bestätigt worden ist (*BVerfGE* 36, 264 = NJW 1974, 307 m Nachw)".[69]

Für die Vollstreckungsbehörde folgt daraus die Verpflichtung, das Prüfungsverfahren rechtzeitig in die Wege zu leiten.

Das Verfahren nach § 67c Abs 1 StGB findet **keine** Anwendung, wenn Freiheitsstrafe und Unterbringung in **verschiedenen** Verfahren angeordnet worden sind.[70]

G. Zusammentreffen Freiheitsstrafe – Sicherungsverwahrung

352   Sicherungsverwahrung (§ 66 StGB) wird erst vollstreckt, wenn die zugleich verhängte Freiheitsstrafe **verbüßt** oder ein Strafrest zur **Bewährung** ausgesetzt ist (§ 44 Abs 1 StVollstrO). Da die Anordnung der Sicherungsverwahrung zwangsläufig eine Straftat voraussetzt, muss der Täter neben der Sicherungsverwahrung also zwangsweise zu einer Freiheitsstrafe verurteilt worden sein. Diese Regelung gilt auch, wenn gleichzeitig noch Freiheitsstrafen aus **anderen** Verfahren zur Vollstreckung anstehen oder weitere Strafen im Laufe des Strafvollzugs hinzutreten (§ 44 Abs 2 StVollstrO). Die Sicherungsverwahrung wird auch in solchen Fällen stets **nach** sämtlichen zur Vollstreckung anstehenden Freiheitsstrafen vollzogen. Wegen der Reihenfolge bei der Vollstreckung der vorangehenden Freiheitsstrafen gilt § 43 StVollstrO (§ 454 b StPO). Im Hinblick auf die Prüfung nach § 67c Abs 1 StGB empfiehlt es sich jedoch, die zugleich mit der Sicherungsverwahrung verhängte Freiheitsstrafe – ggf. über § 43 Abs 4 StVollstrO – **zuletzt**, also nach den übrigen Freiheitsstrafen aus anderen Strafentscheidungen zu vollstrecken.[71]

Muss der Verurteilte zum Vollzug der Sicherungsverwahrung verlegt werden, ist die **Verschubung** so **rechtzeitig** durchzuführen, dass der Verurteilte möglichst unmittelbar nach Strafende in der zuständigen Verwahrungsanstalt eintrifft. Dies ist besonders bei Unterbringungen nach §§ 63 und 64 StGB zu beachten. Bei der Sicherungsverwahrung kann eine verzögerte Verschubung eher hingenommen werden, da die Maßregel vorwiegend der Sicherung dient, und eine einfache Freiheitsentziehung in der Zeit zwischen Strafende und Eintreffen in der Verwahranstalt nicht gegen den Maßregelzweck verstößt (vgl. auch § 130 StVollzG).[72]

353   Die **Dauer** der **Sicherungsverwahrung** wird nach folgenden Grundsätzen **berechnet:** Als Verwahrungsbeginn ist der Tag anzusetzen, der dem Strafende der vorangegangenen Freiheitsstrafe **unmittelbar** folgt (Anschlussvollstreckung). Wegen des (vollständigen) Vorwegvollzugs der Freiheitsstrafe ist dieser Ansatz für den „Beginn" zwingend. U-Haft oder andere Freiheitsentziehung (§ 39 StVollstrO) bleibt bei der Berechnung der Unterbringungsdauer unberücksichtigt.[73] Da nach den meisten Vollstreckungsplänen der Länder auch die Freiheitsstrafen bereits in den Justizvollzugsanstalten vollstreckt werden, die auch für den Vollzug der Sicherungsverwahrung zuständig sind, ist die Verfahrensweise meist unproblematisch.

---

[69] Zur Unzulässigkeit des Maßregelvollzugs bei vermeidbarer Verzögerung des Prüfungsverfahrens s. auch OLG Düsseldorf, NJW 1993, 1087.

[70] KG, JR 1984, 213; OLG Stuttgart, Justiz 1973, 142; OLG Karlsruhe, MDR 1975, 1040; aM OLG Koblenz, MDR 1983, 863.

[71] Zur Prüfung nach § 67c Abs 1 StGB s Rdn 351.

[72] *Pohlmann/Jabel/Wolf*, Rdn 8 zu § 44 StVollstrO.

[73] U-Haft wird lediglich auf die Freiheitsstrafe (Geldstrafe), nicht aber auf Maßregeln angerechnet (s § 51 Abs 1 StGB). In der Aufstellung des § 53 Abs 2 b StVollstrO ist § 39 StVollstrO daher auch nicht enthalten.

§ 66 Abs 1 StGB sah als Voraussetzung für die Anordnung der Sicherungsverwahrung bisher u. a. vor, dass der Täter vor Begehung der Anlasstat bereits zweimal wegen vorsätzlicher Straftaten zu jeweils mindestens einem Jahr Freiheitsstrafe verurteilt worden ist. Diese Regelungen haben sich für Täter, die schwere Sexual- und Gewaltstraftaten begehen und rückfällig werden, als nicht ausreichend erwiesen. Bei dieser Gruppe von besonders gefährlichen Tätern ist es erforderlich, die Unterbringung in der Sicherungsverwahrung bereits nach der zweiten Tat zu ermöglichen.

Bei der ersten oder einer wiederholten Anordnung der Sicherungsverwahrung ist die Verwahrdauer (auch im Widerrufsfalle) **unbefristet**. Eine Entlassung ist im Wege der Bewährungsaussetzung nach § 67 d Abs 2 StGB möglich oder nach § 67 d Abs 3 StGB nach einer Verwahrdauer von 10 Jahren, wenn das Gericht die Unterbringung in der Sicherungsverwahrung für erledigt erklärt, wenn nicht die Gefahr besteht, dass der Untergebrachte infolge seines Hanges erhebliche Straftaten begehen wird, durch welche die Opfer seelisch oder körperlich schwer geschädigt werden. Der Wegfall der Höchstfrist von 10 Jahren für die erste Sicherungsverwahrung geht auf die Überlegung zurück, dass wegen des Gewichts der bedrohten Rechtsgüter bei dieser Tätergruppe nicht verantwortet werden kann, die mit einer Entlassung verbundenen Risiken einzugehen und im Extremfall abwarten zu müssen, bis sicher der Täter erneut in schwerwiegender Weise vergangen hat.[74] Um über zehnjährige Sicherungsverwahrungen aber auf die unabweisbar notwendigen Fälle zu beschränken, wurde in § 67 d Abs 3 StGB eine gesonderte Überprüfung nach der Vollstreckung von zehn Jahren vorgeschrieben. Nur wenn die Gefahr besteht, dass der Untergebrachte infolge seines Hanges Straftaten begehen wird, durch welche die Opfer seelisch oder körperlich schwer geschädigt werden, kann die Sicherungsverwahrung über zehn Jahre hinaus vollstreckt werden. Andernfalls ist die Maßregel für erledigt zu erklären und der Untergebrachte zu entlassen. Falls dagegen von dem Untergebrachten weiterhin die Gefahr erheblicher Gewalt- oder Sexualdelikte ausgeht, scheidet eine Erledigung der Maßregel aus.[75] Damit wird die Möglichkeit geschaffen, bei besonders gefährlichen Straftätern die Sicherungsverwahrung auch lebenslang zu vollstrecken oder die Vollstreckung unter den Voraussetzungen des § 68 d Abs 2 StGB zur Bewährung auszusetzen und der Restgefahr durch entsprechende Bewährungsauflagen entgegenzuwirken. Die **Prüfungsfristen** (§ 67 e StGB) betragen bei der Sicherungsverwahrung **zwei Jahre**. Zum Prüfungsverfahren s Rdn 344.

Nach Art 1 a Abs 3 EGStGB gilt § 67 d StGB uneingeschränkt, also auch rückwirkend für Sicherungsverwahrungen, die vor Inkrafttreten des 6. StRG vom 26. 1. 1998 angeordnet wurden. Damit ist die Höchstfrist von 10 Jahren für alle Sicherungsverwahrungen entfallen. Da diese Neuregelungen nicht die Anordnung, sondern allein die Dauer der Sicherungsverwahrung betreffen, sind an den Rückwirkungsschutz von Verfassungs wegen nicht dieselben hohen Anforderungen zu stellen, wie im Fall des § 66 Abs 3 StGB, die die Anordnung betreffen.[76] Das OLG Nürnberg sieht in seinem Beschluss vom 13. 11. 2001 keine verfassungsrechtlichen Bedenken, gegen eine Ausdehnung des § 66 Abs 3 StGB auf die sogenannten Altfälle.[77] Die gleiche Ansicht vertritt das OLG Frankfurt in seiner Entscheidung vom 5. 10. 2001.[78] Dagegen sieht das KB Berlin in seiner Entscheidung vom 31. 10. 2001 verfassungsrechtliche Bedenken.[79] Das BVerfG hat eine diesbezügliche Verfassungsbeschwerde aus formalen

353a

---

[74] Bericht des Rechtsausschusses des Bundestags, BT-Dr 13/9062.
[75] KG Berlin, Beschluss vom 12. 2. 2002, 5 Ws 468/01.
[76] BT-Dr. 13/9062.
[77] OLGSt StGB § 67 d Nr. 6.
[78] NStZ 2002, 90.
[79] StV 2002, 31.

Gründen durch Beschluss vom 29. 2. 2000 nicht angenommen. In seiner Entscheidung vom 3. 12. 1998[80] jedoch den Erlass einer einstweiligen Anordnung diesbezüglich abgelehnt und weiter ausgeführt:

Die Verfassungsbeschwerde, die die verfassungsrechtlich noch nicht geklärte Frage der Geltung des Rückwirkungsverbotes des Art 103 GG für Maßregeln der Besserung und Sicherung und damit der Reichweite des Vertrauensschutzes von in der Sicherungsverwahrung Untergebrachten, deren Entlassung aus der Sicherungsverwahrung nach Ablauf von zehn Jahren nunmehr von einer positiven Kriminalprognose abhängt, betrifft, ist weder unzulässig noch offensichtlich unbegründet.

Die bei offenem Ausgang des Verfassungsbeschwerdeverfahrens notwendige Folgenabwägung führt im vorliegenden Fall zur Versagung des Erlasses einer einstweiligen Anordnung:

a) Ergeht die einstweilige Anordnung nicht, erweist sich später die Verfassungsbeschwerde jedoch als begründet, so kann die Maßregel in der Zwischenzeit vollstreckt werden. Dabei handelt es sich um einen erheblichen, grundsätzlich nicht wieder gutzumachenden Eingriff in das Recht auf Freiheit der Person.

b) Ergeht die einstweilige Anordnung, wird die Verfassungsbeschwerde jedoch als unbegründet zurückgewiesen, so wiegen die damit verbundenen Nachteile hier jedoch schwerer. Im Hinblick auf die konkrete Gefahr, dass es erneut zu gewalttätigen Straftaten gegen die sexuelle Selbstbestimmung durch den Beschwerdeführer kommen könnte, wäre mit dem Erlass einer einstweiligen Anordnung ein erheblicher Nachteil für das Wohl der Allgemeinheit zu besorgen, der nicht hingenommen werden darf. In seiner Entscheidung vom 5. 2. 2004 hat das BVerfG dann die Verfassungsmäßigkeit der Streichung der zehnjährigen Höchstgrenze bei einer erstmalig angeordneten Sicherungsverwahrung klargestellt. Die Menschenwürde wird auch durch eine lang andauernde Unterbringung in der Sicherungsverwahrung nicht verletzt, wenn diese wegen fortdauernder Gefährlichkeit des Untergebrachten notwendig ist.[81]

354 Hat der **Vollzug** der Sicherungsverwahrung bereits **begonnen** und kommen dann Freiheitsstrafen aus **anderen** Verfahren hinzu, gilt folgendes: Die Vollstreckung von **kurzzeitigen** Freiheitsstrafen kann **zurückgestellt** werden, sofern sich ein solcher Aufschub mit den Interessen der Strafrechtspflege verträgt und die Unterbrechung der Sicherungsverwahrung deren Erfolg gefährden würde (§ 44 Abs 3 Satz 1 StVollstrO). In den übrigen Fällen ist grundsätzlich die Freiheitsstrafe in **Unterbrechung** der **Sicherungsverwahrung** zu vollstrecken, es sei denn, das Verwahrende steht bevor, so dass eine Anschlussvollstreckung der Freiheitsstrafe geeigneter erscheint. Eine Freiheitsstrafe bis zu **drei Monaten** kann dabei nach den für sie geltenden Vollzugsbestimmungen in der Anstalt vollstreckt werden, in der die Sicherungsverwahrung vollzogen wird. Andernfalls ist zum Zwischenvollzug der Freiheitsstrafe die **Überführung** des Verurteilten in die zuständige Strafanstalt zu veranlassen. Als **Strafbeginn** für die **Freiheitsstrafe** ist dabei – in Anwendung von § 38 Ziffer 4 StVollstrO – der Zeitpunkt des Eingangs des Überführungsersuchens anzusetzen.

Die Unterbrechung des Vollzugs der Sicherungsverwahrung erfolgt im Einvernehmen mit der beteiligten Vollstreckungsbehörde; bei Nichteinigung gilt § 44 Abs 4, § 43 Abs 7 StVollstrO.

Die Entscheidungskompetenz über die Reihenfolge der Vollstreckung im Rahmen des § 44 Abs 2, 3 StVollstrO, wenn Freiheitsstrafe/Sicherungsverwahrung aus **verschiedenen** Verfahren zusammentreffen, hat die Vollstreckungsbehörde, sprich der Rechtspfleger.

---

[80] BVerfG, NStZ 1999, 156.
[81] BVerfG, NJW 2004, 739.

H. Freiheitsstrafe/Unterbringung (§§ 63, 64 StGB) aus demselben Verfahren

1. Vorwegvollzug der Maßregel (§ 67 Abs 1 StGB)

Ist neben einer Freiheitsstrafe die Unterbringung in einem **psychiatrischen Kranken-**   355
haus oder einer **Entziehungsanstalt** angeordnet, so wird die Maßregel vor der Freiheitsstrafe vollzogen, sofern nicht das Gericht für die gesamte Strafe oder einen Teil
etwas anderes bestimmt (§ 67 Abs 1 bis 3 StGB). Beim Vorwegvollzug der Maßregel
ist die Zeit des Vollzugs der Maßregel auf die in **demselben** Verfahren erkannte Freiheitsstrafe anzurechnen, bis **zwei** Drittel der Strafe erledigt sind (§ 67 Abs 4 StGB).
Die Anrechnung erfolgt **kraft Gesetzes** und ist, anders als bei U-Haft, durch das Gericht nicht versagbar. Der Maßregelvollzug läuft in solchen Fällen stellvertretend
auch für die Freiheitsstrafe. Die Strafe läuft als sogenannte „Schattenstrafe" weiter.
Ist der Verurteilte **einstweilen untergebracht** (§ 126 a StPO), so ist Unterbringungsbeginn der Zeitpunkt des Eintritts der **Rechtskraft** des Straferkenntnisses nach § 38
Ziffer 3 StVollstrO. Befindet sich der Verurteilte in Untersuchungshaft und muss in
die Maßregeleinrichtung **verlegt** werden, so beginnt die Unterbringung im Regelfall
mit dem Tag der **Aufnahme** in den Maßregelvollzug.[82] Die Verweildauer des Verurteilten in der U-Haftanstalt (JVA) ab **Rechtskraft** bis zum **Eintreffen** in der Einrichtung des Maßregelvollzugs ist ein „vollzugstechnisch bedingter Vorwegvollzug" der
Strafe (das BVerfG hat diese Zeit als „Organisationshaft" bezeichnet) und zählt als
Strafverbüßung. Die Vollstreckungsbehörde hat dafür Sorge zu tragen, dass die Verlegung **umgehend** erfolgt. Ggf. ist die Vollstreckung auf der Grundlage des erkennenden Teils des Strafurteils einzuleiten (§ 13 Abs 2, Abs 3 StVollstrO). Verzögert sich die
Verlegung (zumeist wegen eines fehlenden Therapieplatzes) unangemessen lang,[83]
wird die Vollstreckung **unzulässig.** Die Umkehrung der Vollstreckungsreihenfolge
(Vorwegvollzug der Strafe) wegen eines fehlenden Therapieplatzes ist nicht möglich.[84]
Das BVerfG hat in seiner Entscheidung vom 18. 6. 1997 die Strafe, die vor Aufnahme
des Verurteilten im Maßregelvollzug als „Organisationshaft" bezeichnet.[85] Auf der
Grundlage des Art 104 Abs 1 GG hat das BVerfG bereits entschieden, dass Regelwid-
rigkeiten, die den Strafvollstreckungsbehörden bei der Wahrnehmung ihrer Aufgaben
unterlaufen, dem Verurteilten nicht zum Nachteil gereichen dürfen.[86] Für die Reihenfolge der Vollstreckung von Freiheitsstrafe und Maßregel aus **einer Strafentscheidung**
gibt § 67 StGB den Strafvollstreckungsbehörden Regeln vor. Dass der Verurteilte, für
den nicht sofort ein Unterbringungsplatz im Maßregelvollzug zur Verfügung steht,
die Zwischenzeit in so genannter „Organisationshaft" verbringt, ist gesetzlich nicht
vorgesehen. Kann diese Vorschrift zu einer Verlängerung des effektiven Freiheitsentzuges führen, gebieten es Art 2 Abs 2 Satz 2, Art 104 Abs 1 GG der Vollstreckungsbehörde von Verfassungswegen, den Folgen dieser Regelwidrigkeit im Rahmen der
Strafzeitberechnung in geeigneter Weise entgegen zu wirken. Die Organisationshaft
ist auf das letzte Drittel der Strafe anzurechnen.[87]
Die Berechnung der Strafzeit erfolgt nach den Grundsätzen der §§ 37 ff StVollstrO.   356
die für die Berechnung der Maßregel nach den entsprechenden Regeln des § 53

---

[82] Zum „Unterbringungsbeginn" s Rdn 341.
[83] Das LG Freiburg (Justiz 1993, 58) zieht die Grenze mit etwa drei Monaten ab Rechtskraft.
Zur Problematik s auch *Ostermann,* StV 1993, 52 ff.
[84] OLG Dresden, NStZ 1993, 511.
[85] StV 1997, 476.
[86] BVerfG, Beschluss vom 2. 5. 1988, NStZ 1988, 474.
[87] BVerfG, NJW-Spezial 2006, 136, NStZ 1998, 77.

Abs 2 b StVollstrO anzuwenden sind, wobei zu beachten ist, dass Untersuchungshaft oder andere Freiheitsentziehung, insbesondere Zeiten einer vorläufigen Unterbringung nach §§ 81, 126 a StPO zwar auf die Strafe, nicht aber auch auf Maßregel und hier ganz besonders nicht auf die Höchstfrist einer Maßregel angerechnet wird (§ 51 Abs 1 Satz 1 StGB).[88]

Beispiel:
Untersuchungshaft seit 1. 3. 2009. Am 15. 4. 2009 wird neben einer Freiheitsstrafe von 8 Monaten die Unterbringung in einer Entziehungsanstalt angeordnet. Das Urteil wird am selben Tag rechtskräftig durch allseitigen Rechtsmittelverzicht. Die Verlegung aus der JVA und Aufnahme in den Maßregelvollzug ist am 5. 5. 2009.

Anmerkung: Der Verurteilte hat Untersuchungshaft von insgesamt 45 Tagen verbüßt, die nur auf die Freiheitsstrafe, nicht aber auch auf die Höchstfrist der Maßregel anzurechnen sind (dies gilt auch, wenn der Verurteilte vorläufig untergebracht gewesen wäre nach §§ 81, 126 a StPO).

Strafzeitberechnung:

Strafbeginn:		15. 4. 2009 TB
	+	8 Monate
fiktives Strafende		15. 12. 2009 TB
abzüglich Untersuchungshaft	–	45 Tage
Strafende		31. 10. 2009 TB
entspricht		30. 10. 2009 TE
²/₃-Termin (konkrete Berechnungsart ist frühester Termin)		9. 8. 2009 TE
Der Strafrest nach § 40 StVollstrO		**82 Tage**
Berechnung der Höchstfrist der Maßregel		
Beginn des Maßregelvollzugs		5. 5. 2009 TB
Höchstdauer	+	2 Jahre
Ende der Höchstfrist		5. 5. 2011 TB
Verlängerung der Höchstfrist (Zeit vom TB 5. 5. 2009 bis TE 9. 8. 2009)	+	97 Tage
Ablauf der Höchstfrist		10. 8. 2011 TB
Die Organisationshaft von 20 Tagen ist auf das letzte Drittel der Strafe anzurechnen, das letzte Drittel der Strafe beträgt noch 82 Tage ./. 20 Tage Organisationshaft. Wird aber die Organisationshaft auf das letzte Drittel der Strafe angerechnet, verlängert sich auch die Höchstfrist um diesen Zeitraum	+	20 Tage
Ablauf der verlängerten Höchstfrist		30. 8. 2011 TB
entspricht		29. 8. 2011 TE

Wird die Vollstreckung der Maßregel und die Restfreiheitsstrafe mit Wirkung zum ersten Prüfungstermin der Maßregel nach § 67 e Abs 2 StGB zur Bewährung ausgesetzt (der erste Prüfungstermin wäre der 4. 11. 2009 TE), ist sowohl die Reststrafe, als auch der restliche Maßregelvollzug nach § 40 StVollstrO in Tagen zu berechnen und nur diese Tage können im Falle eines späteren Widerrufs der Strafaussetzung noch vollstreckt werden.
Die Reststrafe beträgt, wie oben bereits errechnet 62 Tage 82 Tage = letztes Drittel minus 20 Tage Organisationshaft);
die restliche Maßregel ist die Zeit vom
TB 5. 11. 2009 bis TE 29. 8. 2011 663 Tage.

---

[88] So auch im Ergebnis OLG Celle, Beschluss vom 20. 8. 1996, StV 1997, 477, OLG Zweibrücken, StV 1997, 478.

Im Falle eines Widerrufs werden der Unterbringungsrest (§ 67g Abs 4 StGB) und der Strafrest dann wieder nach den Regeln des § 67 Abs 1 bis 3 StGB vollstreckt, wobei das Gericht in der Widerrufsentscheidung auch über die Vollstreckungsreihenfolge befinden soll (§ 44a Abs 3 StVollstrO) Eine Anrechnung nach § 67 Abs 4 StGB auf den Strafrest ist ausgeschlossen.

Ist die Unterbringung in einem **psychiatrischen Krankenhaus** zu vollstrecken, gelten   357
für die beschleunigte Aufnahme des Vollzugs und den Unterbringungsbeginn vorstehende Grundsätze. Die Dauer der Unterbringung ist **unbefristet;** eine Verlängerung der Höchstfrist scheidet daher naturgemäß aus. Entsprechend ist bei einer Aussetzung der Unterbringung zur Bewährung (§ 67d Abs 2 StGB) auch kein Unterbringungsrest zu berechnen und die Unterbringungsdauer nach einem Widerruf erneut unbefristet. Für die **Anrechnung** auf die zugleich erkannte Freiheitsstrafe gilt die $2/3$-Grenze des § 67 Abs 4 StGB). Eine evtl. vollzogene Organisationshaft ist hier ebenso wie bei der Unterbringung in der Entziehungsanstalt auf das letzte Strafdrittel anzurechnen.

2. Änderungen der Vollzugsreihenfolge (§ 67 Abs 3 StGB)

Erweist sich die zunächst gewählte Vollzugsart nachträglich aus in der Person des   358
Verurteilten liegenden Gründen als nicht erfolgsversprechend, so kann das Gericht die Reihenfolge andern nach § 67 Abs 3 StGB. Zuständig für die nachträgliche Entscheidung ist die Strafvollstreckungskammer (§§ 463 Abs 5, 462, 462a Abs 1 StPO), sofern sich der Verurteilte in Strafhaft befindet oder in dieser Sache befand. Hat die Vollstreckung der Freiheitsstrafe noch nicht begonnen, ist zur Entscheidung nach § 67 Abs 3 StGB das Gericht des ersten Rechtszugs zuständig. Die Anordnung nach § 67 Abs 3 StGB ist weitere **urkundliche Grundlage** der Vollstreckung nach § 14 Abs 1 Ziffer 3 StVollstrO.

Bei einem Wechsel von Straf- in den **Maßregelvollzug** ist – nach Rechtskraft des Änderungsbeschlusses (§ 67 Abs 3 StGB) – für die umgehende Verlegung des Verurteilten Sorge zu tragen. Unterbringungsbeginn ist der Tag der tatsächlichen Aufnahme in die Maßregeleinrichtung. Ab diesem Zeitpunkt setzt – sofern noch möglich – die Anrechnung (§ 67 Abs 4 StGB) auf die Strafe ein und endet die vorausgegangene unmittelbare **Straf**verbüßung. Hier ist ebenfalls zu beachten, dass nach Rechtskraft des Änderungsbeschlusses nach § 67 Abs 3 StGB der Verurteilte bis zur Aufnahme in den Maßregelvollzug Organisationshaft verbüßt, die dann auf das letzte Drittel der Strafe anzurechnen ist und um die sich die Höchstfrist verlängern kann. Obwohl sich die verurteilte Person am Tage der Verlegung noch für eine gewisse Dauer in der Justizvollzugsanstalt befindet, zählt dieser Tag ganz als Maßregelvollzug und nicht mehr als verbüßte Strafzeit. Eine Benachteiligung oder Schlechterstellung der verurteilten Person tritt nicht ein, da der Tag der Aufnahme in den Maßregelvollzug gleichzeitig als Strafzeit durch die Anrechnungsvorschrift des § 67 Abs 4 StGB zählt (Schattenstrafe).

Bei einer nachträglichen Überweisung vom Maßregel- in den **Strafvollzug,** kann als Strafbeginn der Zeitpunkt des Eingangs des **Überführungsersuchens** (§ 38 Ziffer 4 StVollstrO) angesetzt werden.[89] Es wäre jedoch auch denkbar, vom **Verschubungstag** (TE) auszugehen. Die Unterbringung beginnt mit dem Tag der tatsächlichen Aufnahme in die Maßregeleinrichtung (§ 67d Abs 1 Satz 2 StGB) und sie endet entsprechend mit dem Tag der Verlegung aus der Unterbringung. Ab diesem Zeitpunkt (TE) erfolgt

---

[89] Tagesende ist in diesem Falle der für den Verurteilten günstigere Zeitpunkt, weil dann ein weiterer Tag Unterbringung – wegen der Anrechnung automatisch auch ein Tag Freiheitsstrafe – vollstreckt ist, was sich insbesondere bei befristeten Maßregeln auswirkt.

keine Anrechnung mehr iSd § 67 Abs 4 StGB und es beginnt die unmittelbare **Straf-verbüßung.**

Die Entscheidungen nach § 67 Abs 3 StGB haben eher Ausnahmecharakter. Anstalts-wechsel sind nicht unproblematisch und sollten auf zwingende Fälle beschränkt blei-ben.

3. Vorwegvollzug der Strafe (§ 67 Abs 2 StGB)

359   Das Gericht ordnet (im Urteil) den Vorwegvollzug der Strafe an, wenn der **Maßregel-zweck** dadurch leichter erreicht wird (§ 67 Abs 2 StGB). Die (Teil-)Verbüßung der Freiheitsstrafe soll als Vorstufe der Therapie dienen, um die Behandlungschancen zu verbessern. Ferner soll das Gericht, sofern es neben der Unterbringung in einer Ent-ziehungsanstalt eine Freiheitsstrafe von mehr als 3 Jahren verhängt, bestimmen, dass ein Teil der Strafe vor der Maßregel zu vollziehen ist. Dieser vorweg zu vollstrecken-de Teil der Strafe ist so bemessen, dass nach seiner Vollziehung und einer anschlie-ßenden Unterbringung in der Entziehungsanstalt eine Entscheidung über die Ausset-zung der Reststrafe nach § 57 Abs 1 Satz 1 Nr 2 und 3 ergehen kann. Ferner soll das Gericht einen Vorwegvollzug der Strafe bestimmen, wenn die verurteilte Person voll-ziehbar zur Ausreise verpflichtet ist und zu erwarten ist, dass ihr Aufenthalt im räum-lichen Geltungsbereich des StGB während oder unmittelbar nach Verbüßung der Strafe beendet wird. Der vorweg zu vollziehende Teil der Strafe ist so zu bemessen, dass nach seiner Vollstreckung und einer anschließenden Unterbringung eine Halb-strafenentlassung möglich ist. Ein Beurteilungsspielraum steht dem Tatrichter inso-weit nicht zu. Eine Bemessung der vorweg zu vollziehenden Strafe, die an einer Ent-lassung zum zwei-Drittel-Zeitpunkt orientiert ist, ist nicht möglich.[90] Das Gericht hat die Anordnung des Vorwegvollzugs bzw des teilweisen Vorwegvollzugs der Strafe zu begründen. Zweckmäßigkeitsgründe, der Gesichtspunkt der Sühne und Abschre-ckung oder fehlende Therapieplätze in der Maßregeleinrichtung scheiden als Krite-rien aus.[91] Bei Anordnung von Unterbringung neben **lebenslanger** Freiheitsstrafe kommt ein Vorwegvollzug der Strafe grundsätzlich nicht in Betracht.[92]

Ein – auch teilweiser – Vorwegvollzug der Strafe erfordert vor Aufnahme des Maß-regelvollzugs die Prüfung nach § 67 c Abs 1 StGB (§ 44 a Abs 2 StVollstrO).[93]

360   Ist nach der Entscheidung des Gerichts lediglich ein **Teil** der Strafe vorweg zu voll-ziehen, wird auf diesen Teil die erlittene U-Haft (in Gänze) angerechnet.[94] Das Ge-richt kann jedoch davon eine abweichende Bestimmung treffen. Der BGH hat den Gestaltungsspielraum der erkennenden Gerichte nicht unerheblich eingeschränkt; so muss die Anordnung der teilweisen Vorwegvollstreckung im Auge behalten, dass der ja auch bestrafte Täter nicht ohne Chance bleibt, nach ⅔ der Strafe auf Bewäh-rung entlassen zu werden.[95] Lautet die Strafe auf 3 Jahre und braucht die Behand-lung nach § 64 StGB in der Regel ein Jahr, dann darf zur Wahrung der Chance aus § 57 Abs 1 StGB die Vorwegvollstreckung nicht für länger als ein Jahr angeordnet werden.

---

[90] BGH, BeckRS 2008, 09 821.

[91] Zur Vollstreckungsreihenfolge von Strafe und Maßregel gem. § 67 Abs 2 StGB nach der Rechtsprechung des BGH s *Maul/Lauven*, NStZ 1986, 397; ferner BGH, NStZ 1987, 574 und StV 1991, 64 f; LG Freiburg, Justiz 1993, 58; OLG Dresden, NStZ 1993, 511.

[92] BGH, NJW 1990, 3281.

[93] Zum Prüfungsverfahren nach § 67 c Abs 1 StGB s Rdn 351.

[94] BGH, NJW 1991, 2431.

[95] *Pohlmann/Jabel/Wolf*, Anm 2 zu § 44 a StVollstrO; *Tröndle/Fischer*, Anm 3 a zu § 67 StGB.

Beispiel (Teilvorwegvollzug der Freiheitsstrafe):
Verurteilung am 10. 2. 2009 zu der Freiheitsstrafe von 18 Monaten und Unterbringung in einer Entziehungsanstalt. Seit 7. 1. 2009 befindet sich der Verurteilte in dieser Sache in Untersuchungshaft. Im Urteil wird angeordnet, dass 8 Monate der Freiheitsstrafe vorweg zu vollziehen sind. Das Urteil wird durch Rechtsmittelverzicht der Staatsanwaltschaft am 12. 2. 2009 rechtskräftig, nachdem der Verurteilte bereits in der Hauptverhandlung auf Rechtsmittel verzichtet hatte.

1. Berechnung der ganzen Freiheitsstrafen:

Strafbeginn	12. 2. 2009	TB
	+ 18 Monate	
fiktives Strafende	12. 8. 2010	TB
abzüglich U-Haft (7. 1. 2009 TB bis 11. 2. 2009TE)	− 36 Tage	
Strafende	7. 7. 2010	TB
entspricht	6. 7. 2010	TE
2/3-Termin	5. 1. 2010	TE

2. Teilvorwegvollzug der Freiheitsstrafe:

Strafbeginn	12. 2. 2009	TB
	− 8 Monate	TB
abzüglich U-Haft	12. 10. 2009	TB
	− 36 Tage	TB
Ende des Vorwegvollzugs	6. 9. 2009	TB
entspricht	5. 9. 2009	TE

3. Berechnung der Unterbringung (In diesen Fällen darf Organisationshaft nicht vollstreckt werden. Der Vollstreckungsbehörde bleibt genügend Zeit, bis zum Ablauf der Vollstreckung der vorweg zu vollziehenden Strafe einen Unterbringungsplatz zu suchen):

Beginn der Maßregel:	6. 9. 2009	TB
Höchstdauer	+ 2 Jahre	TB
Ablauf der Höchstfrist	6. 9. 2011	TB

Anmerkung: Die unmittelbare Anschlussvollstreckung der Maßregel muss sichergestellt werden. Deren Beginn ist früh genug bekannt.

4. Verlängerung der Höchstfrist:

Anrechnungszeitraum nach § 67 Abs 4 StGB ist die Zeit vom 6. 9. 2009 TB bis 5. 1. 2010 TE	+ 122 Tage	TB
Ablauf der verlängerten Höchstfrist	6. 1. 2011	TB
entspricht	5. 1. 2011	TE

5. letztes Strafdrittel:

die Zeit vom 2/3-Termin der Strafe bis Strafende TB 6. 1. 2010 bis TE 6. 7. 2010	182 Tage

Die Zeit des Vorwegvollzugs der Strafe wird hier nicht auf das letzte Drittel angerechnet, da dieser Vorwegvollzug auf Grund der gerichtliche Entscheidung nach § 67 Abs 2 StGB erfolgt ist

I. Freiheitsstrafe/Unterbringung (§§ 63, 64 StGB)
aus verschiedenen Verfahren

361 Beim Zusammentreffen von Freiheitsstrafe und Unterbringung in der Entziehungsanstalt oder im psych. Krankenhaus nach §§ 63, 64 StGB aus **verschiedenen Straferkenntnissen** ist generell nach dem Sinngehalt von § 67 Abs 1 bis 3 StGB zu verfahren. Danach gilt der **Vorwegvollzug der Maßregel,** es sei denn, dass der Zweck der Maßregel durch den vorherigen Vollzug der Strafe oder eines Teils leichter erreicht wird

(§ 44 b Abs 1 StVollstrO).[96] In dieser Bestimmung wird die Zuständigkeit der Vollstreckungsbehörde festgelegt, die über die Reihenfolge der Vollstreckung von Freiheitsstrafe und Unterbringung nach §§ 63, 64 StGB aus verschiedenen Strafentscheidungen zu entscheiden hat. Die Entscheidung steht der Vollstreckungsbehörde, sprich dem Rechtspfleger zu. Da es auch hier das Ziel ist, den bestmöglichen Maßregelvollzug zu erzielen, gelten die gleichen Grundsätze wie in § 67 Abs 2 und 3 StGB.[97] Hinzu kommt, dass hier auch darauf zu achten ist, dass der einmal erzielte Therapieerfolg im Maßregelvollzug nicht dadurch gefährdet werden darf, dass der Verurteilte anschließend seine Freiheitsstrafe verbüßen muss. Es ist deshalb zu bedenken, dass die Zeit des Maßregelvollzugs **nicht auf die Strafe** aus einer anderen Strafentscheidung **angerechnet** werden kann; § 67 Abs 4 StGB findet keine Anwendung. Gegen die Entscheidung der Vollstreckungsbehörde über die Reihenfolge steht der Rechtsweg nach § 23 EGGVG offen.[98]
Die bedeutet für den Vollstreckungsablauf:

a) Läuft bereits die Vollstreckung einer Freiheitsstrafe und kommt eine Unterbringung nach §§ 63, 64 StGB aus anderer Sache hinzu, so ist grundsätzlich der Vollzug der Strafe zu Gunsten der Maßregel zu unterbrechen, es sei denn durch die Fortsetzung des Strafvollzugs würde der Maßregelzweck leichter erreichbar.[99]
b) Ist der Verurteilte untergebracht und tritt eine Anschlussstrafe aus anderer Sache hinzu, wird diese in der Regel erst nach Erledigung der Maßregel zum Zuge kommen, es sei denn nach dem Grundgedanken des § 67 StGB empfiehlt sich eine Unterbrechung des Maßregelvollzugs (ggf. bis zur Halb- bzw Zwei-Drittel-Verbüßung der Anschlussstrafe). Bei einer Bewährungsaussetzung der Maßregel nach § 67 d Abs 2 StGB könnte unter Umständen ein Gnadenerweis für die Anschlussstrafe in Betracht kommen.

In beiden Fällen ist jedoch bereits bei der Entscheidung über die Reihenfolge der Vollstreckung in Erwägung zu ziehen, ob bei Vorwegvollzug der Maßregel und der erfolgreichen Therapie eine Strafaussetzung hinsichtlich der Freiheitsstrafe (auch im Gnadenwege) in Betracht kommt. Steht von vornherein fest, dass eine Strafaussetzung nicht in Betracht kommt, soll die Vollstreckungsbehörde sicherstellen, dass von den verhängten Freiheitsstrafen vor dem Maßregelvollzug zwei Drittel, mindestens aber die Hälfte vollstreckt werden.
Wird aus verschiedenen Urteilen vollstreckt, entfällt die Anrechnung im Sinne des § 67 Abs 4 StGB auf die Freiheitsstrafe in anderer Sache,[100] wie auch das Prüfungsverfahren nach § 67 c Abs 1 StGB.[101] Zu beachten ist jedoch das Prüfungsverfahren nach § 67 c Abs 2 StGB. Danach darf eine noch nicht begonnene Unterbringung nach Ablauf von 3 Jahren seit der Rechtskraft der Anordnung nur noch vollzogen werden, wenn das Gericht es anordnet. In diese Frist wird jedoch die Zeit nicht eingerechnet, in welcher der Täter auf behördliche Anordnung in einer Anstalt verwahrt worden ist.
Die Entscheidungskompetenz über die Reihenfolge der Vollstreckung von Freiheitsstrafen und Unterbringung aus verschiedenen strafgerichtlichen Entscheidungen hat

---

[96] Zur Vollstreckungsreihenfolge und Anrechnung bei Unterbringung und Freiheitsstrafe aus verschiedenen Urteilen, s *Böhm,* NStZ 1996, 583 ff.
[97] OLG Stuttgart, NStZ 1989, 344, OLG Nürnberg, NStZ 1990, 152.
[98] OLG Nürnberg, NStZ 1990, 152.
[99] Zu den Voraussetzungen des Vorwegvollzugs der Strafe s Rdn 350.
[100] OLG München, NJW 1980, 1910; *Fischer,* Rdn 21 ff zu § 67 StGB; siehe auch § 44 b StVollstrO.
[101] OLG Stuttgart, Justiz 1973, 142; OLG Karlsruhe, MDR 1975, 1040, aM OLG Koblenz, MDR 1983, 863.

die Strafvollstreckungsbehörde nach § 44 b Abs 2 Satz 1 StVollstrO. Bei Nichteinigung mehrerer beteiligter Vollstreckungsbehörden über die Reihenfolge gilt § 44 Abs 4 StVollstrO sinngemäß. Danach entscheidet der Generalstaatsanwalt, welcher den Vollstreckungsbehörden übergeordnet ist. Sind danach mehrere Generalstaatsanwälte zuständig, dann entscheidet der Generalstaatsanwalt, dessen nachgeordnet Vollstreckungsbehörde die längste Strafe zu vollstrecken hat, bei mehreren Strafen gleicher Dauer ist maßgebend, welche Strafe zuerst rechtskräftig geworden ist.

K. Zusammentreffen mehrerer freiheitsentziehender Maßregeln

Ordnet das Gericht in **einer Entscheidung** mehrere freiheitsentziehende Maßregeln nebeneinander an, so hat es zugleich die Reihenfolge der Vollstreckung zu bestimmen nach § 72 Abs 3 Satz 1 StGB. Die Reihenfolge richtet sich danach, durch welchen Maßregelvollzug ein Behandlungserfolg am ehesten zu erreichen ist unter dem Gesichtspunkt optimaler Erreichung des Maßregelzwecks. Entziehung der Fahrerlaubnis nach §§ 69, 69a StGB und die Verhängung eines Berufsverbots nach § 70 StGB scheiden hinsichtlich der Bestimmung nach § 72 Abs 3 Satz 1 StGB aus, da es bei diesen keine Vollstreckung gibt.[102] Das Gericht kann die Reihenfolge der Vollstreckung mehrerer freiheitsentziehender Maßregeln aus der Strafentscheidung auch noch nachträglich ändern nach § 67a StGB.

Vor dem Ende des Vollzugs einer Maßregel veranlasst die Vollstreckungsbehörde rechtzeitig die Prüfung durch die Strafvollstreckungskammer nach § 462a StPO, ob der Zweck der nächsten Maßregel deren Vollstreckung noch erfordert (§ 72 Abs 3 Satz 2 StGB, § 54 Abs 1 StVollstrO). Dabei sind §§ 67a und 67e StGB zu beachten. Wird die Notwendigkeit verneint, erklärt das Gericht die nächste Maßregel für erledigt. Ist der Zweck der Maßregel nicht erreicht, ordnet das Gericht deren Vollzug an oder setzt die Vollstreckung der Maßregel zur Bewährung aus, wenn besondere Umstände die Erwartung rechtfertigen, dass der Zweck der Unterbringung auch durch die Aussetzung erreicht werden kann (§ 67c Abs 2 Satz 4 StGB). In diesem Falle tritt Führungsaufsicht ein. Die Entziehung der Fahrerlaubnis und die Führungsaufsicht können nicht zur Bewährung ausgesetzt werden. Beim Berufsverbot ist eine Aussetzung nach § 70a Abs 2 StGB erst möglich, wenn das Verbot ein Jahr gedauert hat.

Bei der Berechnung der Unterbringungsdauer der einzelnen Maßregeln ergeben sich keine Besonderheiten. Der Unterbringungsbeginn der ersten Maßregel bestimmt sich nach der tatsächlichen Aufnahme des Maßregelvollzugs, die nächste Maßregel ist in unmittelbarem Anschluss zu vollstrecken. Eine gleichzeitige Vollstreckung mehrerer gleichartiger freiheitsentziehender Maßregeln kommt nicht in Betracht. Zur Sicherung der Anschlussvollstreckung hat deshalb die Vollstreckungsbehörde für eine noch nicht vollzogene Unterbringung „Überhaft" notieren zu lassen, was sie jedoch nicht davon befreit, vor deren Beginn die gerichtliche Entscheidung nach § 72 Abs 3 StGB herbeizuführen. Für eine daneben verhängte Freiheitsstrafe gilt wieder das Prinzip der Anrechnung nach § 67 Abs 4 StGB, d.h. die Berechnung der Strafzeit läuft parallel zum Maßregelvollzug. Eine Anrechnung der Unterbringungszeiten auf die Strafe oder die Strafen (wenn mehrere Strafen in einer Strafentscheidung verhängt sind) erfolgt jeweils nur, bis von der/den Strafen zwei Drittel erledigt sind.

Die Prüfungsfristen nach § 67e StGB richten sich nach der jeweiligen Unterbringung, die gerade vollzogen wird.

---

[102] *Fischer*, Rdn 10 zu § 72 StGB.

362

363 Sind freiheitsentziehende Maßregeln aus **verschiedenen** Strafverfahren zu vollstrecken, ist bei Maßregeln **ungleicher** Art, sofern nicht besondere Gründe entgegenstehen, von der in § 54 Abs 2 Satz 5 StVollstrO bestimmten Reihenfolge auszugehen: Unterbringung in einer Entziehungsanstalt –
>   vor Unterbringung in einem psychiatrischen Krankenhaus –
>   vor Sicherungsverwahrung.

Die Maßregeln sind grundsätzlich **unmittelbar nacheinander** zu vollstrecken. Die Vollstreckungsbehörde kann die Vollstreckung einer Maßregel zum Zwecke der Vollstreckung einer anderen Maßregel unterbrechen, wenn sie dies nach pflichtgemäßem Ermessen für angebracht hält.

364 Bei Maßregeln **gleicher** Art gilt Folgendes:

a) Bei **Sicherungsverwahrung** ist vorab die Unterbringung zu vollziehen, die zuerst rechtskräftig geworden ist. Eine gleichzeitige Vollstreckung mehrerer gleicher Maßregeln ist nicht möglich. Die Entscheidung gem. § 67 c Abs 1 StGB (vor Strafende der Freiheitsstrafe) hat dabei bzgl. der Maßregeln gleichzeitig und einheitlich zu erfolgen.[103]

b) Treffen Unterbringungen in einem **psychiatrischen Krankenhaus** zusammen, ist diejenige zuerst zu vollstrecken, auf die **zuerst** erkannt worden ist (vgl. § 54 Abs 1 StVollstrO). Eine gleichzeitige Vollstreckung gleicher Maßregeln ist nicht möglich. Die später angeordnete Maßregel verliert jedoch nicht ihre Bedeutung. Sie kommt dann zur Vollstreckung, wenn die erste Unterbringung – etwa durch ein Wiederaufnahmeverfahren – wegfällt. Sie kann ferner jeweils in die Prüfung nach § 67 e StGB einbezogen werden und zu gegebener Zeit (zusammen mit der zuerst angeordneten Unterbringung) gem. § 67 d Abs 2 StGB zur Bewährung ausgesetzt werden.[104] Auch eine Unterbrechung der Maßregelvollstreckung kann sich anbieten, wenn die spätere Unterbringung **zugleich** mit einer Freiheitsstrafe angeordnet wurde in Hinblick auf die Anrechnungsvorschrift des § 67 Abs 5 StGB. Nur durch Vollzug der **späteren** Unterbringung lässt sich die Aussetzungsreife dieser Maßregel/Freiheitsstrafe herbeiführen.[105]

c) Ordnet das Gericht **erneut** die Unterbringung in einer **Entziehungsanstalt** (§ 64 StGB) an, so ist eine **frühere** Anordnung der gleichen Maßregel **erledigt** (§ 67 f StGB). Nach § 44 Abs 4 StVollstrO darf nur die zuletzt rechtskräftig gewordenen Anordnung vollstreckt werden.

Dies bedeutet für die Vollstreckung:

Mit der Rechtskraft der neuen Entscheidung ist die frühere Anordnung rechtlich nicht mehr existent.[106] Eine Vollstreckung aus der früheren Anordnung kommt daher nicht mehr in Betracht, ebenso wenig ist ein Widerruf dieser Anordnung zulässig. Die Dauer der Unterbringung bestimmt sich **allein** nach der späteren Anordnung. Eine **Anrechnung** des vorherigen Vollzugs erfolgt **nicht**.

Die bisher zuständige Vollstreckungsbehörde ist – in sinngemäßer Anwendung des § 8 Abs 2 StVollstrO – von der Erledigung der Maßregel zu unterrichten.

Befindet sich der Verurteilte auf freiem Fuß oder in U-Haft bzw einstweiliger Unterbringung in der **neuen** Sache, ist die Berechnung der Verwahrdauer unproblematisch. Zweifel hinsichtlich des Unterbringungsbeginns können dagegen entstehen, wenn der Vollzug aus der früheren Anordnung zum Zeitpunkt der **Rechtskraft** der späteren Anordnung noch läuft. Ist Beginn dann die Rechtskraft oder – analog § 38 Ziffer 4

---

[103] OLG Karlsruhe, Justiz 1980, 359.
[104] OLG Koblenz, Beschl v 1. 12. 1983 (1 Ws 714/83).
[105] OLG Hamm, NStZ 1988, 430.
[106] *Stree* in Schönke/Schröder, Rdn 2 zu § 67 f StGB.

StVollstrO – der Zeitpunkt des Eingangs des Aufnahmeersuchens? Der Zeitpunkt der **Rechtskraft** ist aus folgenden Erwägungen **vorzuziehen:**

aa) Die frühere Anordnung verliert mit dem Eintritt der Rechtskraft der nachfolgenden Entscheidung ihre rechtliche Grundlage.

bb) An der Art der Verwahrung und an der Vollzugsanstalt ändert sich nichts, so dass die bisherige Unterbringung nahtlos in die neue übergehen kann.

cc) Der Eintritt der Rechtskraft richtet sich nach objektiven Gegebenheiten und legt den Unterbringungsbeginn eindeutig und einheitlich fest. Der Zeitpunkt des Eingangs des Aufnahmeersuchens dagegen wird weitgehend vom Zufall mitbestimmt (wann erlangt die Vollstreckungsbehörde Kenntnis von der neuen Verurteilung, wie schnell arbeiten Vollstreckungsbehörde und Kanzlei, usw.), was in der Berechnung der Unterbringungszeit zu völlig unterschiedlichen Ergebnissen führt und eine Gleichbehandlung nicht mehr gewährleistet.

L. Abschluss der Vollstreckung

Die **Vollstreckung** einer freiheitsentziehenden Maßregel kann wie folgt ihre **Erledigung** finden: 365

a) durch die Entlassung des Untergebrachten nach Ablauf der Höchstfrist (§ 67 d Abs 3 StGB),

b) durch Aussetzung der weiteren Vollstreckung der Unterbringung zur Bewährung (§ 67 d Abs 2 StGB),

c) durch Aussetzung der Vollstreckung der Unterbringung zur Bewährung nach § 67 c Abs 1 oder 2 StGB,

– in den Fällen b) und c) ist die Maßregel mit dem Ende der Führungsaufsicht endgültig erledigt (§ 67 g Abs 5 StGB) –

d) durch eine Gnadenmaßnahme,

e) durch die Erledigungserklärung des Gerichts gem. § 67 c Abs 2 Satz 5 StGB, oder nach § 67 d Abs 3 StGB bei der Sicherungsverwahrung, die zehn vollzogen worden sind,

f) durch erneute Anordnung der gleichen Maßregel in den Fällen des § 67 f StGB,

g) durch Vollstreckungsverjährung bei den Unterbringungen nach §§ 63, 64 StGB,

h) durch die Beendigung des Vollzugs, wenn sich die Unterbringung in einer Entziehungsanstalt als zwecklos erweist (§ 67 d Abs 5 StGB).

M. Vollstreckungsablauf anhand von Verfügungen

1. Vollstreckungseinleitung

Die Vollstreckung einer freiheitsentziehenden Maßregel (z. B. Unterbringung nach § 63 StGB neben einer Freiheitsstrafe) wird mit folgender **Verfügung** eingeleitet (Verurteilter einstweilen untergebracht):   366

Verfügung

Staatsanwaltschaft	.... , den ....
VRs ..../....	Strafsache gegen ....
Personalien: AS ......, den	wegen ....
Einstweilige Unterbringung vom .... bis ...... = Tage	

  1. Vollstreckungsvermerk Js-Register.

  2. Vollstreckungsheft anlegen.

3. Zählkarte.

4. Straf-/Maßregel-Nachricht nach Vordruck BZR 1 an Bundeszentralregister.

5. Formblatt-Mitteilung an Polizeidienststelle (Nr. 11 Abs 1 MiStra).

6. Aufnahmeersuchen an Psych Landeskrankenhaus ......
   zu vollstrecken: Unterbringung gem. § 63 StGB
   Beginn: ...... (Rechtskraft).

7. Urteil mit Gründen, BZR-Auszug, Gutachten vom ...... Ziff 6 beifügen.

8. Übersendung einer Urteilsabschrift an Verurteilten und Verteidiger.

9. Mitteilung der rechtskräftigen Entscheidung nach Nr. ...... MiStra an ......

10. Mitteilung nach Nr. 12 a Abs 2 MiStra an Bürgermeisteramt ...... zum Wählerverzeich-nis.
    Zusatz: Der Verurteilte, wohnhaft in ...... ist seit ...... gem. § 63 StGB im Psych Lan-deskrankenhaus ...... untergebracht. Von einer Entlassung des Verurteilten werde ich Sie benachrichtigen.

11. Rückgabe folgender Beiakten:

12. Akten an Kostenbeamten wg der Gerichtskosten.

13. Wv. ......

....
Rechtspfleger

Anmerkungen:

367 Die Einleitung der Vollstreckung ist im **zentralen Js-Register** zu vermerken (§ 51 Abs 12 AktO).

Ladung, Einweisung durch das Aufnahmeersuchen, **Zwangs-** und **Fahndungsmaß-nahmen** erfolgen nach denselben Grundsätzen wie bei der Vollstreckung der Frei-heitsstrafe (§ 53 Abs 2 Ziffer 1 StVollstrO).

Soll die Vollstreckung **außerhalb** des Landes, in dem die Vollstreckungsbehörde ihren Sitz hat, durchgeführt werden, so ist die hierfür örtlich zuständige Staatsanwaltschaft des anderen Landes gem. § 9 StVollstrO um **Vollstreckungshilfe** zu ersuchen (vgl. Rdn 337 ff).

Zur **Vollstreckungsverjährung** (§§ 79 ff StGB): Die Vollstreckung der Sicherungsver-wahrung verjährt nicht. Bei den übrigen Maßregeln beträgt die Verjährungsfrist zehn Jahre. Ist jedoch die erste Unterbringung in einer Entziehungsanstalt angeordnet, so beträgt die Frist fünf Jahre. Ist auf Strafe und Unterbringung zugleich erkannt, ver-jährt die Strafe bzw Maßregel nicht vor der anderen (Ausnahme: bei Sicherungsver-wahrung, § 79 Abs 5 StGB).

Die **Straf-(Maßregel-)nachricht** beruht auf §§ 4, 5 BZRG. Kennzahl und Wortlaut der Mitteilung ergeben sich bei Maßregeln aus Nr. 6 ff der Anlage 3 zur 3. BZRVwV.

Die Mitteilung nach Nr. 12 Abs 2 MiStra an die zuständige Verwaltungsbehörde des Wohnsitzes des Verurteilten dient der **Bereinigung** des **Wählerverzeichnisses:** Perso-nen, die nach § 63 StGB in Verbindung mit § 20 StGB in einem psychiatrischen Kran-kenhaus untergebracht sind, sind vom aktiven und passiven Wahlrecht ausgeschlos-sen. Bei **ausländischen** Staatsangehörigen ist die Verpflichtung zur Belehrung des Untergebrachten sowie zur Benachrichtigung der konsularischen Vertretung des Heimatstaates gem. Art 36 Abs 1 b des Wiener Übereinkommens über konsularische Beziehungen v 24. 4. 1963 (BGBl 1969 II S 1585), in Kraft getreten am 7. 10. 1971 (BGBl II S 1285), zu beachten. Die Belehrung und Benachrichtigung obliegt bei straf-gerichtlich angeordneter Aufnahme in ein psychiatrisches Krankenhaus oder eine Entziehungsanstalt der **Vollstreckungsbehörde.** Dies gilt jedoch nicht, wenn der Voll-streckung der Maßregel U-Haft oder einstweilige Unterbringung unmittelbar voran-ging. Dann liegt die Mitteilungspflicht primär beim Haftrichter.

Die Übersendung einer kostenfreien Urteilsabschrift an den Verurteilten und dessen Verteidiger beruht auf Nr. 140 RiStBV.

2. Überwachungsaufgaben

Nach Eingang der Zweitschrift des Aufnahmeersuchens (§ 35 Abs 1 Ziffer 4 **368** StVollstrO) und Überprüfung der von der Maßregeleinrichtung vorgenommenen Berechnung der Unterbringungsdauer (§§ 53 Abs 2 Ziffer 1, 36 Abs 1 StVollstrO), trifft die Vollstreckungsbehörde folgende **Verfügung:**

Verfügung

1. Die Unterbringungsdauer ist unbefristet.[107]
2. Ablauf der Prüfungsfrist gem. § 67 e StGB
   am . . . . . .
3. Wv . . . . . .

. . . .
Rechtspfleger

Anmerkungen:

WV-Termin ist etwa drei Monate vor Ablauf der Prüfungsfrist. Die in § 67 e StGB bestimmten Fristen laufen vom Beginn der Unterbringung an; anschließend ist dann jeweils das Datum der ablehnenden Entscheidung (nicht deren Rechtskraftzeitpunkt) für den **erneuten** Fristbeginn maßgebend. Das Gericht kann die Prüfungsfristen abkürzen, aber nicht verlängern.

Ist neben der Maßregel zugleich eine Freiheitsstrafe verhängt, empfiehlt es sich, in einem Aktenvermerk zu berechnen, wann zwei Drittel der Freiheitsstrafe durch die Anrechnung nach § 67 Abs 4 StGB erledigt sind.

Wegen der Erhebung der **Vollstreckungskosten** (§ 10 JVKostO) wird regelmäßig eine Fühlungnahme mit der Einrichtung des Maßregelvollzugs erforderlich werden (s Rdn 335 f).

Etwa drei Monate vor Ablauf der Prüfungsfrist hat die **Vollstreckungsbehörde** das **369** **Prüfungsverfahren** nach § 67 e StGB in die Wege zu leiten (§ 53 Abs 4 StVollstrO). Sie holt– analog zu § 36 Abs 2 StVollstrO – die Stellungnahme der Verwahranstalt ein. Dies kann – z. B. bei einer Unterbringung gem. § 63 StGB – mit folgendem **Schreiben** geschehen:

Staatsanwaltschaft   . . . . , den . . . .
 VRs . . . . /. . . .

Verfügung

1. An die Direktion des Psychiatrischen Landeskrankenhauses . . . . . .
   Betr.: Unterbringungssache gegen . . . . . . aus . . . . . . wegen . . . . . .
   In vorliegender Unterbringungssache steht am . . . . . . Prüfung gem. § 67 e StGB an.
   Ich bitte um Äußerung zum Verlauf der Unterbringung, dem Behandlungsergebnis und zur Frage einer Aussetzung der weiteren Vollstreckung der Unterbringung zur Bewährung nach den Voraussetzungen des § 67 d Abs 2 StGB. Sollte eine Entlassung befürwortet werden, wird gebeten, auch zur Frage der weiteren Gefährlichkeit sowie des der Allgemeinheit drohenden Sicherheitsrisikos Stellung zu nehmen.
2. Wv. . . . . . .

. . . .
Rechtspfleger

---

[107] Bei der Maßregel nach § 63 StGB (Unterbringung im psych. Krankenhaus).

Liegt die Äußerung der Maßregeleinrichtung vor, sind die Akten an die **Strafverfol-gungsbehörde** zur Stellungnahme gem. §§ 463 Abs 3, 454 Abs 1 StPO abzugeben.
Zum weiteren Verfahren und zur Entscheidung der **Strafvollstreckungskammer** vgl. Rdn 810 ff, 994 ff.

Hält das Gericht bei der Überprüfung nach § 67 e StGB die Voraussetzungen des § 67 d Abs 2 StGB für erfüllt, so setzt es die weitere Vollstreckung der Unterbringung zur **Bewährung** aus. Mit der Aussetzung tritt **Führungsaufsicht** ein, es sei denn es liegt eine Fehleinweisung vor. Die Regelung des § 67 d Abs 6 Satz 2 StGB ist bei einer „vor Anfang an" gegebenen Fehleinweisung in den Maßregelvollzug nicht anzuwenden.[108]
Erfolgt kein Widerruf der Aussetzung der Unterbringung, so ist mit dem Ende der Führungsaufsicht auch die Unterbringung **erledigt** (§ 67 g Abs 5 StGB).

Zur **Führungsaufsicht,** den anschließenden Aufgaben der Vollstreckungsbehörde nach § 54 a StVollstrO und zu den einzelnen Verfügungen vgl. Rdn 372 ff.

370   Wird die **Fortdauer** der Unterbringung angeordnet, beginnt die Prüfungsfrist des § 67 e Abs 2 StGB mit der Entscheidung von neuem. Die Vollstreckungsbehörde trifft folgende **Verfügung:**

Verfügung

1. Neuer Prüfungstermin gem. § 67 e StGB am . . . . . .
2. Wv . . . . . .

. . . .
Rechtspfleger

Anmerkung:

Die Prüfungsverfahren setzen sich fort, bis die weitere Unterbringung zur Bewährung ausgesetzt (§ 67 d Abs 2 StGB) oder für erledigt erklärt wird oder die Höchstfrist abgelaufen und der Untergebrachte zu entlassen ist (§ 67 d Abs 3 StGB).

3. Abschluss der Vollstreckung

371   Ist bei der in § 67 d Abs 1 StGB genannten Maßregel (Unterbringung in der Entzie-hungsanstalt) die **Höchstfrist abgelaufen,** so ist der Untergebrachte zu entlassen. Die Maßregel ist damit erledigt (§ 67 d Abs 3 StGB). Die Maßregel ist auch erledigt, wenn das Gericht nach § 67 d Abs 3 die Maßregel der Sicherungsverwahrung für erledigt erklärt, wenn sie zehn Jahre vollzogen ist. In diesen Fällen tritt mit der Erledigung der Maßregel Führungsaufsicht ein.

Die Vollstreckungsbehörde trifft folgende **Abschlussverfügung** (z. B. bei einer Unter-bringung gem. § 64 StGB):

Staatsanwaltschaft   . . . . , den . . . .
    VRs . . . . /. . . .

Verfügung

I. 1. Vom Kostenansatz wird auch hinsichtlich der weiteren Kosten gem. § 10 KostVfg ab-gesehen (vgl. AS . . . . . .).
  2. Kostenvermerk.

. . . .
Kostenbeamter

II. 1. Unterbringung in der Entziehungsanstalt durch Ablauf der Höchstfrist erledigt am . . . . . .
  2. Erledigungsnachricht an Bundeszentralregister.[109]

---

[108] OLG Dresden, NStZ 2008, 630.
[109] Siehe § 15 BZRG.

3. Austrag Js-Register.
4. weglegen.

....
Rechtspfleger

III. Maßregeln ohne Freiheitsentziehung

A. Führungsaufsicht

1. Zweck und Voraussetzungen

Die Führungsaufsicht (§ 68 StGB) stellt eine Neuerung im Strafrecht dar. Sie hat eine **372** zweifache Aufgabenstellung: durch Unterstützung und Überwachung gefährlicher wie auch gefährdeter Täter zugleich Resozialisierungshilfe zu leisten und Sicherungsaufgaben zum Schutz der Öffentlichkeit zu erfüllen.[110] Führungsaufsicht kann auf Grund **richterlicher Anordnung** oder **kraft Gesetzes** eintreten. Die Voraussetzungen ihres Eintritts ergeben sich aus nachfolgender **Übersicht:**

Führungsaufsicht	
Kraft richterlicher Anordnung	Kraft Gesetzes
Bei Gefahr weiterer **Straftaten**. Die Anordnung der Führungsaufsicht nach § 68 StGB setzt daher eine Straftat und nicht eine rechtswidrige Tat voraus. Sie kann angeordnet werden, wenn jemand wegen einer Straftat, bei der das Gesetz Führungsaufsicht besonders vorsieht (z. B. in den §§ 181 b, 228, 239 c, 245, 256, 262, 321 StGB) eine zeitige Freiheitsstrafe von mindestens 6 Monaten verwirkt hat (§ 68 Abs 1 StGB).	a) bei Aussetzung der Vollstreckung einer freiheitsentziehenden Maßregel zur Bewährung im Urteil (§ 67 b StGB), nachträglich durch Beschluss (§§ 67 c, 67 d Abs) b) wenn zehn Jahre vollzogen sind und das Gericht die Sicherungsverwahrung für erledigt erklärt nach § 67 d Abs 3 StGB, c) mit der Entlassung aus der Unterbringung in einer Entziehungsanstalt wegen Aussichtslosigkeit nach § 67 d Abs 5 StGB, d) mit der Entlassung aus dem Strafvollzug, wenn der Verurteilte wegen einer vorsätzlichen Straftat eine Freiheitsstrafe von mindestens zwei Jahren voll verbüßt hat oder eine Freiheitsstrafe von mindestens einem Jahr wegen einer in § 181 b StGB genannten Straftat nach § 68 f StGB, es sei denn, im Anschluss wird eine freiheitsentziehende Maßregel vollzogen.

Das Absehen von der Führungsaufsicht nach § 68 f Abs 2 StGB hat Ausnahmecharakter. Es kommt in der Regel nur in Betracht, wenn im letzten Stadium des Vollzugs Umstände eingetreten sind, die eine bedingte Entlassung gerechtfertigt hätten, eine solche entweder aus Zeitgründen oder wegen fehlender Einwilligung des Verurteilten nicht (mehr) beschlossen werden konnte.[111] Nach der zwischenzeitlich herrschenden Meinung tritt die Führungsaufsicht bei Verhängung einer Gesamtfreiheitsstrafe nur ein, wenn in der Gesamtfreiheitsstrafe mindestens eine Einzelstrafe von wenigstens zwei Jahren wegen einer vorsätzlichen Tat enthalten ist.[112] Die Führungsaufsicht nach § 68 f StGB tritt auch bei Verurteilung zu einer Jugendstrafe ein. Bei der Verurteilung zu einer Einheitsjugendstrafe ist Voraussetzung, dass nicht nur eine einzelne Vor-

---

[110] *Stree* in Schönke/Schröder, Rdn 3 zu § 68 StGB.
[111] OLG Frankfurt, NStZ-RR 2002, 283 und KG Berlin, Beschluss vom 20. 1. 2002, 5 Ws 45/02.
[112] OLG Düsseldorf, OLGSt StGB § 68 f, so auch OLG Hamm, NStZ-RR 2000, 81. Nach Ansicht des Schleswig-Holsteinischem OLG, tritt die Führungsaufsicht auch ein, wenn die für die Vorsatztaten hypothetisch zu bildende Gesamtstrafe die Zweijahresfrist erreicht.

satztat hypothetisch die Zweijahresgrenze erreicht, sondern auch dann, wenn erst mehrere Vorsatztaten die „Einheits"-Strafe von mindestens zwei Jahren begründen, so das OLG München,[113] während das OLG Hamm in seiner Entscheidung vom 4. 9. 1997 verlangt, dass durch mindestens eine Vorsatztat eine Jugendstrafe von zwei Jahren verwirkt worden wäre.[114]

2. Organisation und Dauer

373   Die Durchführung der Führungsaufsicht obliegt drei Stellen: dem Gericht, der Aufsichtsstelle und dem Bewährungshelfer (§ 68 a StGB).

Übergeordnetes Organ ist das **Gericht**. Es setzt den Bewährungshelfer ein und hat die Entscheidungsbefugnis bei Differenzen zwischen diesem und der Aufsichtsstelle. Beide Stellen stehen im Einvernehmen miteinander der verurteilten Person helfend und betreuend zur Seite. Die Tätigkeit des Bewährungshelfers wie auch der Aufsichtsstelle kann es mit Weisungen steuern. Es kann ferner dem Verurteilten während der gesamten Dauer der Führungsaufsicht oder aber auch nur für eine bestimmte Zeit für seine Lebensführung Weisungen erteilen (§ 68 b StGB) und die Höchstdauer für die Führungsaufsicht abkürzen, sowie die Führungsaufsicht aufheben (§§ 68 c Abs 1, 68 e Abs 1 StGB). Das Gericht kann aber auch eine die Höchstdauer überschreitende unbefristete Führungsaufsicht anordnen unter den Voraussetzungen des § 68 c Abs 2 und Abs 3.

Die **Aufsichtsstelle** hat eine doppelte Funktion:

Sie soll einmal dem Verurteilten helfend und betreuend zur Seite stehen und zum anderen das Verhalten des Verurteilten und die Erfüllung der Weisungen überwachen (§ 68 a Abs 2, 3 StGB). Verstößt der Täter während der Führungsaufsicht gegen bestimmte Weisungen der in § 68 b Abs 1 StGB bezeichneten Art und gefährdet durch den Zweck der Maßregel, kann er mit einer Freiheitsstrafe bis zu drei Jahren oder mit Geldstrafe bestraft werden. Die Tat wird nur auf Antrag der **Aufsichtsstelle verfolgt,** § 145 a StGB.

Im Vordergrund der Tätigkeit des **Bewährungshelfers** steht die Hilfe und Betreuung für den Verurteilten. Daneben unterstützt er Gericht und Aufsichtsstelle bei den Überwachungsaufgaben (§ 68 a Abs 2, 3 StGB).

374   Die Führungsaufsicht **dauert** mindestens **zwei** und höchstens **fünf Jahre.**[115] Nach § 68 c Abs 2 StGB kann das Gericht auch eine die Höchstdauer von 5 Jahren überschreitende **unbefristete** Führungsaufsicht anordnen, wenn der Verurteilte:

1. in eine Weisung nach § 56 c Abs 3 Nr. 1 StGB nicht einwilligt oder
2. einer Weisung, sich einer Heilbehandlung oder einer Entziehungskur zu unterziehen, oder einer Therapieweisung nicht nachkommt

und

eine Gefährdung der Allgemeinheit durch die Begehung weiterer erheblicher Straftaten zu befürchten ist.

Erklärt der Verurteilte **nachträglich seine Einwilligung,** so setzt das Gericht die weitere Dauer für Führungsaufsicht fest (§ 68 c Abs 2 Satz 2 StGB). Aus der Formulierung „weitere Dauer der Führungsaufsicht" ist zu entnehmen, dass das Gericht in diesem Falle zunächst nicht an die Höchstdauer von 5 Jahren nach § 68 c Abs 1 StGB gebunden. Aus Gründen der Verhältnismäßigkeit sind an die Anordnung von unbefristeter Führungsaufsicht strengere Anforderungen zu stellen als an das Eintreten der Führungsaufsicht mit einer Höchstdauer nach § 68 c Abs 1 StGB. Erforderlich ist daher eine Gefährdung der Allgemeinheit durch Begehung erheblicher weiterer Straftaten. Dies ist auch nicht aus § 68 c Abs 2 Satz 3 StGB zu entnehmen.

---

[113] NStZ-RR 2002, 183.
[114] NStZ-RR 1998, 61.
[115] Zur Mindestdauer der Führungsaufsicht s *Maier,* NJW 1977, 371.

Das Gericht kann die Höchstdauer **abkürzen,** entweder bei Anordnung (Eintritt) der Führungsaufsicht oder nachträglich gem. § 68 d StGB. Trifft das Gericht keine abweichende Entscheidung, ist jeweils die **Höchstfrist** von 5 Jahren maßgebend. Tritt Führungsaufsicht kraft Gesetzes ein, gilt zunächst immer die Höchstfrist von 5 Jahren, unbeschadet der Möglichkeit des Gerichts, nach § 68 d StGB eine nachträgliche Entscheidung zu treffen. Eine Abkürzung der Dauer unter die Mindestdauer von 2 Jahren ist jedoch nicht möglich (§ 68 e Abs 1 Satz 2 StGB).

Hat das Gericht die **unbefristete Führungsaufsicht** angeordnet, so prüft es spätestens mit Verstreichen der Höchstfrist von 5 Jahren in den Fällen des § 68 c Abs 2 Satz 1 StGB, vor Ablauf von 2 Jahren in den Fällen des § 68 c Abs 3 StGB, ob die Führungsaufsicht aufzuheben ist nach § 68 c Abs 3 Satz 1 StGB. Dies hat dann zu geschehen, wenn zu erwarten ist, dass der Verurteilte auch ohne die Führungsaufsicht keine Straftaten mehr begehen wird. Ob die Führungsaufsicht aufzuheben ist, hat das Gericht von Amts wegen zu prüfen.[116] Lehnt das Gericht eine Aufhebung der Führungsaufsicht ab, so beginnt die Frist (Prüfungsfrist von 5 Jahren) mit der ablehnenden Entscheidung von neuem (§ 68 e Abs 3 Satz 2 StGB).

In die Dauer der Führungsaufsicht wird die Zeit nicht eingerechnet, in welcher der Verurteilte flüchtig ist, sich verborgen hält oder auf behördliche Anordnung in einer Anstalt verwahrt wird (§ 68 e Abs 4 Satz 2 StGB). Unter einer „Anstaltsverwahrung" versteht man jede **hoheitlich** angeordnete und durchgeführte Freiheitsentziehung.[117] Relevant ist dabei nicht nur die inländische, sondern auch eine ausländische Freiheitsentziehung.[118] Außer Betracht bleiben jedoch die freiwillige Unterbringung (Therapie) wie auch die Therapiezeiten bei Zurückstellung der Vollstreckung nach § 35 BtMG. Hier fehlt es an der **behördlich** angeordneten Verwahrung und damit an den Voraussetzungen für eine Nichteinrechnung.

Die Führungsaufsicht **beginnt** im allgemeinen mit der **Rechtskraft** der Anordnung (§ 68 c Abs 4 Satz 1 StGB), d. h. entweder mit der Rechtskraft des **Urteils** (bei §§ 67 b, 68 Abs 1 StGB) oder mit der Rechtskraft des **Aussetzungsbeschlusses** (bei § 67 c Abs 4 StGB). In den Fällen des § 68 f StGB ist dagegen für den Beginn der Zeitpunkt der **Entlassung** des Verurteilten maßgebend, dieser Tag nicht eingerechnet. Die **Berechnung** der Dauer der Führungsaufsicht nach den §§ 68 c bis 68 g StGB ist Sache der **Vollstreckungsbehörde** (§ 54 a Abs 4 StVollstrO). Berechnet wird nach den Regeln der §§ 186 ff BGB (s Art 2 EGBGB). § 191 BGB findet jedoch keine Anwendung. Bei Zweifeln über die Berechnung der Führungsaufsicht – auch hinsichtlich der Nichteinrechnungszeiten – kann analog § 458 Abs 1 StPO verfahren werden.[119]

Die Führungsaufsicht, soweit sie nicht unbefristet ist, **endet:**

a) mit Ablauf der gesetzlichen oder der vom Gericht verkürzten Höchstfrist (§ 68 c Abs 1 StGB),

b) mit vorzeitiger Aufhebung durch das Gericht (§ 68 c Abs 1 Satz 2 StGB),[120] dies gilt auch dann, wenn das Gericht eine **unbefristete Führungsaufsicht nach § 68 c Abs 2 StGB** aufhebt,

---

[116] BT-Dr. 13/9062.

[117] Leipziger Kommentar, Rdn 21 zu § 68 c StGB.

[118] BGHSt 24, 62.

[119] Zur Vollstreckungsverjährung bei der Führungsaufsicht s die ausführliche Darlegung im Rundschreiben des Justizamtes Hamburg v 11. 4. 1983 (4263/3–8).

[120] Bei erneuter Verurteilung zu Freiheitsstrafe von mindestens 2 Jahren ist weder der Wegfall einer im früheren Verfahren nach § 68 f StGB eingetretenen Führungsaufsicht vorgesehen, noch deren Aufhebung gerechtfertigt (LG Köln, MDR 1986, 513 mit Anm *Mainz;* OLG Nürnberg, NStZ 1990, 301).

c) mit Vollzugsbeginn einer freiheitsentziehenden Maßregel (§ 68 e Abs 1 Nr 1 StGB),

d) mit dem Beginn des Vollzugs einer Freiheitsstrafe, neben der eine freiheitsentziehende Maßregel angeordnet ist (§ 68 c Abs 1 Nr. 2 StGB),

e) mit dem Eintritt einer neuen Führungsaufsicht, wobei es unerheblich ist, ob diese angeordnet wurde oder kraft Gesetzes eingetreten ist,

f) mit dem Eintritt der Vollstreckungsverjährung (§ 79 Abs 4 StGB),

g) Mit rechtskräftigem **Straferlass** ist auch automatisch eine wegen **derselben** Tat angeordnete oder kraft Gesetzes eingetretene Führungsaufsicht beendet.[121]

Im Übrigen ruht die Führungsaufsicht, während der Dauer des Vollzugs einer Freiheitsstrafe oder einer freiheitsentziehenden Maßregel. Tritt eine neue Führungsaufsicht (angeordnet oder kraft Gesetzes eintretend) zu einer bestehenden unbefristeten hinzu, ordnet das Gericht das Entfallen der neuen Maßregel an, wenn es ihrer neben der bestehenden nicht bedarf (§ 68 e Abs 1 Satz 3 StGB),

375   Mitunter kann es hinsichtlich desselben Täters zur **Konkurrenz mehrerer** Führungsaufsichten kommen, sei es aufgrund **verschiedener** Straferkenntnisse, sei es aufgrund **derselben** Verurteilung. Letzteres ist beispielsweise möglich bei einer gerichtlichen Anordnung nach § 68 Abs 1 StGB im Zusammentreffen mit der Führungsaufsicht nach § 68 f StGB.

Diese Führungsaufsichten können **nicht nebeneinander** bestehen. Ein Wegfall der früheren) Führungsaufsicht ergibt sich aus § 68 e Abs 1 Nr 3 StGB, soweit es sich bei der früheren Führungsaufsicht nicht um eine unbefristete handelt.

3. Aufsichtsstelle

376   Die **Aufsichtsstelle** hat Betreuungs- wie Überwachungsfunktionen. Ihr Aufgabenbereich ist in § 68 a Abs 2, 3 und 5 StGB schwerpunktmäßig zusammengefasst.

Zweck der **Überwachung** ist, gefährliche Entwicklungen beim Verurteilten rechtzeitig festzustellen und erforderlichenfalls für Abhilfe zu sorgen.[122] Zu überwachen hat die Aufsichtsstelle ferner, ob der Verurteilte die vom Gericht gem. § 68 b StGB erteilten Weisungen erfüllt. Bei Verstößen gegen bestimmte Weisungen hat die Aufsichtsstelle ein Strafantragsrecht nach § 145 a Satz 2 StGB. In Ausübung ihrer Funktionen kann die Aufsichtsstelle von allen öffentlichen Behörden Auskunft verlangen und Ermittlungen jeder Art, mit Ausschluss eidlicher Vernehmungen, entweder selbst vornehmen oder durch andere Behörden vornehmen lassen. Auch kann sie erforderlichenfalls die Ausschreibung des Verurteilten zur polizeilichen Beobachtung veranlassen (§ 463 a Abs 1, 2 StPO). Die Überwachungsaufgaben sollen im Einvernehmen mit dem Gericht und mit Unterstützung des Bewährungshelfers durchgeführt werden.

Neben die Überwachung tritt die **Hilfe** für den Verurteilten und dessen **Betreuung**. In dieser Tätigkeit hat die Aufsichtsstelle eng mit dem Bewährungshelfer zusammenzuarbeiten. Soweit dabei in einzelnen Fragen ein Einvernehmen nicht zu erzielen ist, entscheidet das Gericht.[123]

Neu ist, dass der verurteilten Person auch die forensische Ambulanz helfend und betreuend zur Seite gestellt steht, wenn das Gericht die verurteilte Person anweist, sich psychiatrisch, psychologisch oder sozialtherapeutisch betreuen und behandeln zulassen, auch wenn diese Behandlung und Betreuung durch die forensische Ambulanz erfolgt (§ 68 a Abs 7 StGB).

---

[121] § 68 g Abs 3 StGB findet auch auf die kraft Gesetzes eingetretene Führungsaufsicht Anwendung: *Fischer*, Rdn 5; *Lackner*, Rdn 4 jeweils zu § 68 g StGB.

[122] *Stree* in Schönke/Schröder, Rdn 5 zu § 68 a StGB.

[123] Zu den Aufgaben der Aufsichtsstelle s auch *Mainz*, NStZ 1987, 541.

Die **örtliche** Zuständigkeit der Aufsichtsstelle bestimmt sich nach dem **Wohnsitz** des Verurteilten bzw dessen gewöhnlichem **Aufenthaltsort**, ggf. auch nach dem **letzten** Wohnsitz/Aufenthaltsort (§ 463a Abs 3 StPO).

Die Aufsichtsstellen gehören zum **Geschäftsbereich** der **Landesjustizverwaltungen** (Art 295 Abs 1 EGStGB). Der Zuständigkeitsbereich der Aufsichtsstellen, ihre Organisation und personelle Ausstattung ist Sache der einzelnen Länder. Art 295 Abs 2 EGStGB legt lediglich fest, dass der **Leiter** der Aufsichtsstelle die Befähigung zum **Richteramt** besitzen oder ein Beamter des **höheren Dienstes** sein muss.

An **landesrechtlichen Regelungen** über Organisation, Aufgaben und Geschäftsgang der Aufsichtsstellen sind zu beachten.[124]

4. Mitwirkung der Vollstreckungsbehörde

Im Zusammenhang mit der Führungsaufsicht hat die **Vollstreckungsbehörde** eine   377
zweifache Aufgabenstellung:

a) Sie hat darauf hinzuwirken, dass die in den Fällen der §§ 68f, 67d Abs 2 bis 6, 67c Abs 1 und 2 StGB vorgesehene gerichtliche Entscheidung über die Ausgestaltung der Führungsaufsicht so rechtzeitig erfolgt, dass für die Vorbereitung der Führungsaufsicht ausreichend Zeit bleibt. Die Führungsaufsicht ist eine Maßregel der Besserung und Sicherung, die in den vorstehend genannten Fällen kraft Gesetzes eintritt, ohne dass es einer entsprechenden Anordnung durch das Gericht bedarf.

b) Ihr obliegt die Unterrichtung der zuständigen Führungsaufsichtsstelle. Diese kann ihre Aufgaben nur dann ordnungsgemäß und dem Sinn und Zweck der Führungsaufsicht entsprechend erfüllen, wenn sie rechtzeitig und vollständig über eine angeordnete oder in Zukunft kraft Gesetzes eintretende Führungsaufsicht unterrichtet wird, auch über die gerichtliche Ausgestaltung der Führungsaufsicht. Mit der Bestimmung in § 54a Abs 2 StVollstrO wird nach der Entscheidung des BGH durch die Frist die Zuständigkeit der Strafvollstreckungskammer begründet, die von diesem Zeitpunkt an mit der Sache befasst ist.[125] Auch bestimmt § 54a Abs 2 StVollstrO, dass die Vollstreckungsbehörde in den dort genannten Fällen die Akten 3 Monate vor dem Eintritt der Führungsaufsicht dem Gericht zu übersenden hat zu deren Ausgestaltung.

c) Die Vollstreckungsbehörde hat der Führungsaufsichtsstelle auch die Dauer der Führungsaufsicht, deren Beginn und das Ende mitzuteilen (§ 54a Abs 4 StVollstrO). Die im Urteil angeordnete Führungsaufsicht tritt ein mit der Rechtskraft der Entscheidung, bei Aussetzung des weiteren Maßregelvollzugs tritt die Führungsaufsicht ein mit der Rechtskraft des Beschlusses und im Falle der Vollverbüßung nach § 68f StGB oder der Erledigterklärung der Sicherungsverwahrung nach § 67d Abs 3 StGB mit der Entlassung. Mit der rechtskräftigen Ablehnung einer Anordnung nach § 68f Abs 2 StGB über das Entfallen der Führungsaufsicht ist eben rechtskräftig festgestellt, dass die Voraussetzungen für den Eintritt gem. § 68f Abs 1 StGB vorliegen. Die Rechtskraft dieser Feststellung lässt es nicht zu, nachträglich aufgrund einer geänderten obergerichtlichen Rechtsprechung die Entscheidung über den Nichteintritt der Führungsaufsicht mit der Begründung wieder aufzuheben, zum Zeitpunkt der Entscheidung nach § 68f Abs 2 StGB hätten die gesetzlichen Voraussetzungen für ihren Eintritt vorgelegen.[126]

---

[124] Fundstellen (auch über die Einrichtung der Bewährungs- und Gerichtshilfe) s *Piller/Hermann* „Justizverwaltungsvorschriften" Nr. 2g.
[125] BGH, NStZ 1993, 230.
[126] OLG Hamm, NStZ 1996, 337.

Die befristete Führungsaufsicht endet:

a) mit Ablauf der Höchstdauer nach §§ 68 c, 68 d StGB,
b) mit Eintritt der Vollstreckungsverjährung nach § 79 Abs 4 Satz 2 StGB,
c) mit Erlass der Strafe oder des Strafrestes nach § 68 g Abs 3 StGB,
d) mit der Erledigung eines Berufsverbotes nach gleichzeitig mit der Führungsaufsicht laufender Bewährungszeit, § 68 g Abs 3 StGB,
e) mit Widerruf der Maßregelaussetzung,
f) mit Aufhebung durch das Gericht, § 68 e StGB,
g) wenn die Unterbringung im Maßregelvollzug angeordnet ist und der Vollzug beginnt nach § 68 e Abs 1 StGB.

Festzuhalten ist, dass die befristete Führungsaufsicht, sowohl die angeordnete als auch die kraft Gesetzes eingetretene nicht länger als die Bewährungszeit dauern kann, § 68 g Abs 3 StGB. Das Gesetz spricht hier zwar nur von der „angeordneten Führungsaufsicht". Diese Bestimmung gilt jedoch auch für die Führungsaufsicht kraft Gesetzes.[127] Sinn und Zweck der Vorschrift ist, dass in den Fällen, in denen das Gericht eine Strafe oder einen Strafrest erlässt, und damit zum Ausdruck bringt, dass der Verurteilte keiner weiteren Bewährungsüberwachung mehr bedarf, auch die Gründe für die angeordnete Führungsaufsicht entfallen sind. Etwas anderes kann aber bei der Führungsaufsicht kraft Gesetzes nicht gelten.

378   Zum Eintritt der Führungsaufsicht nach §§ 67 d, 68 f StGB:

Die Vollstreckungsbehörde setzt das Verfahren in Gang, indem sie die Akten an die Strafverfolgungsbehörde zur Stellungnahme gem. §§ 463 Abs 3, 454 Abs 1 bzw §§ 463 Abs 5, 462 Abs 2 (§§ 463 Abs 6, 462 a Abs 1) StPO und zur vorherigen Anhörung der Vollzugsanstalt bzw der Einrichtung des Maßregelvollzugs weitergibt.
Die Äußerung der Vollzugsanstalt (PLK) kann aber auch noch – analog zu § 36 Abs 2 StVollstrO – von der Vollstreckungsbehörde selbst eingeholt werden. Dies kann – z.B. im Falle des § 68 f StGB – durch folgende **Verfügung** bewirkt werden:

Staatsanwaltschaft   .... , den ....
    VRs ..../....

Verfügung

1. Schreiben an die JVA ......
    Betr.: Strafsache gegen ...... aus ...... wegen ......
    hier: Prüfung gem. § 68 f StGB
    Beim Verurteilten ...... sind die Voraussetzungen des § 68 f Abs 1 Satz 1 StGB erfüllt, so dass mit seiner Entlassung am ...... Führungsaufsicht eintritt. Ausschließungsgründe nach § 68 f Abs 1 Satz 2 StGB liegen nicht vor.
    Es wird um Stellungnahme zur Frage gebeten, ob die Maßregel in vorliegendem Falle gem. § 68 f Abs 2 StGB entfallen kann. Sollte die Durchführung der Führungsaufsicht für erforderlich gehalten werden, bitte ich um Vorschläge für deren Ausgestaltung.
    2. Wv ......

                                    ....
                                    Rechtspfleger

Nach Eingang der Äußerung der Vollzugsanstalt gibt die Vollstreckungsbehörde die Akten an die **Strafverfolgungsbehörde** ab.
Zum weiteren Verfahren und zur Entscheidung der **Strafvollstreckungskammer** vgl. Rdn 810 ff, 998 ff.

---

[127] OLG Hamm, NStE Nr. 1.

Bei der Führungsaufsicht nach § 68 f StGB sind einige Besonderheiten zu beachten.[128] **379**
Die Maßregel tritt ein bei Vollverbüßung einer Freiheitsstrafe von mindestens 2 Jahren
wegen einer Vorsatztat oder bei Vollverbüßung einer Freiheitsstrafe von mindestens
einem Jahr wegen einer in § 181 b StGB genannten Straftaten (§ 68 f Abs 1 StGB). Bei
Straftaten gegen die sexuelle Selbstbestimmung, bei denen aufgrund des erheblichen
Rückfallrisikos von einer besonderen Gefährdung der Allgemeinheit auszugehen ist, ist
es erforderlich, Führungsaufsicht in stärkerem Maße als bisher eintreten zu lassen.
Gemeint ist – nach Wortlaut und Zweck der Vorschrift – die Einzelstrafe. Bei einer Gesamtfreiheitsstrafe muss wenigstens eine der Einzelstrafen wegen einer Vorsatztat mindestens 2 Jahre betragen oder wegen einer der in § 181 b StGB genannten Straftaten
mindestens 1 Jahr betragen.[129] Erforderlich ist ferner die vollständige Verbüßung.
Wird ein Teil der Strafe nach § 57 StGB, durch einen Gnadenerweis, eine Amnestie erlassen oder zur Bewährung ausgesetzt, tritt keine Führungsaufsicht ein. Gleiches gilt,
wenn durch die sogenannte „Weihnachtsamnestie" ein Strafrest zur Bewährung ausgesetzt wird. Wird dagegen bei der „Weihnachtsamnestie" ein Strafrest erlassen, wird im
Grunde nur der Entlasszeitpunkt vorverlegt, so dass von einer Vollverbüßung auszugehen ist. In diesem Falle tritt die Führungsaufsicht nach § 68 f StGB ein, wenn die sonstigen Voraussetzungen vorliegen.[130] Die vorzeitige Entlassung nach § 16 StVollzG ist
ebenfalls unschädlich, da der Verurteilte hier seine Strafe auch voll verbüßt hat, er nur,
ohne dass ihm ein Teil der Strafe erlassen worden wäre, zu einem früheren Zeitpunkt
entlassen wird. Gleiches gilt, wenn der Verurteilte als Strafgefangener sich „Freistellungstage" nach § 43 StVollzG erarbeitet hat.
Bei mehreren nacheinander zu vollstreckenden Freiheitsstrafen wird über den Eintritt
der Führungsaufsicht erst entschieden, wenn die Entlassung aus der letzten Freiheitsstrafe ansteht, da erst zu diesem Zeitpunkt verlässlich festgestellt werden kann, ob
u. U. die Voraussetzungen des § 68 f Abs 2 StGB vorliegen. Im Übrigen bestimmt
§ 68 f Abs 1 StGB ausdrücklich, dass mit der Entlassung aus dem Strafvollzug Führungsaufsicht eintritt. Zu beachten ist jedoch auch hier § 54 a Abs 2 StVollstrO, wonach die Entscheidung des Gerichts 3 Monate vor diesem Entlasstermin herbeizuführen ist. Eine Entfallsanordnung nach § 68 f Abs 2 StGB ist durch förmlichen
Beschluss und nicht mittels Aktenvermerk zu treffen.[131]
Bewährungshelfer und **Aufsichtsstelle** sollen – wenn möglich – noch **vor** der Entlas-   **380**
sung des Verurteilten vom Eintritt der Führungsaufsicht unterrichtet werden. Die
Benachrichtigung des Bewährungshelfers ist Sache der **Geschäftsstelle des Gerichts**,
die Unterrichtung der Aufsichtsstelle stets Aufgabe der **Vollstreckungsbehörde** (§ 54 a
StVollstrO).
Die **Berechnung** der Dauer der Führungsaufsicht nach Maßgabe der §§ 68 c bis 68 g
StGB obliegt der Vollstreckungsbehörde; sie teilt ihre Berechnung der Aufsichtsstelle
mit (§ 54 a Abs 4 StVollstrO). Berechnet wird nach den Regeln der §§ 186 ff BGB.[132]
§ 191 BGB findet allerdings keine Anwendung.

5. Verfügungen der Vollstreckungsbehörde bei Führungsaufsicht

Welche Verfügungen die Vollstreckungsbehörde im Falle einer Führungsaufsicht im   **381**
einzelnen zu treffen hat, soll nachfolgend am Beispiel einer **Führungsaufsicht** nach

---

[128] Siehe hierzu auch Ausführungen zu Rdn 372.
[129] OLG Frankfurt, NStZ-RR 2007, 30, OLG München, NStZ-RR 2009, 63.
[130] OLG Celle, LSK 2009, 010 208.
[131] OLG Hamm, NStZ 1996, 307.
[132] Die §§ 186 ff BGB gelten nach Art 2 EGBGB für alle Rechtsgebiete, soweit keine Spezialvorschriften bestehen: BGHZ 59, 396.

§ 68 f StGB aufgezeigt werden: Sobald die Stellungnahme der JVA vorliegt, ergeht gem. § 54 a Abs 2 Satz 2 StVollstrO folgende **Verfügung:**

Staatsanwaltschaft   .... , den ....
VRs .... / ....

Verfügung

1. An die Führungsaufsichtsstelle beim Landgericht ......:[133]
   Betr.: Strafsache gegen ...... aus ...... wegen ......
   hier: Eintritt der Führungsaufsicht gem. § 68 f StGB
   Gem. § 54 a Abs 2 StVollstrO übersende ich Abschriften der Stellungnahme der JVA und der Staatsanwaltschaft sowie des Urteils des ......-gerichts ...... vom ...... zur Kenntnisnahme und Vorbereitung der Führungsaufsicht.
   Der Verurteilte wird voraussichtlich am ...... aus der JVA ...... entlassen. Er beabsichtigt, in ...... Wohnung zu nehmen.
   Die übrigen Unterlagen sowie die Daten über die Dauer der Führungsaufsicht werde ich nachreichen.
2. Wv ......

....
Rechtspfleger

Sobald die rechtskräftige Entscheidung des Gerichts vorliegt, wird die Aufsichtsstelle davon durch Übersendung von zwei Abschriften des Gerichtsbeschlusses seitens der Vollstreckungsbehörde unterrichtet.

382   Nach der **Entlassung** des Verurteilten und Eingang der Entlassungsanzeige der Vollzugsanstalt, trifft die Vollstreckungsbehörde folgende **Verfügung** (Beispiel Rdn 381):

Staatsanwaltschaft   .... , den ....
VRs .... / ....

Verfügung

1. An die Führungsaufsichtsstelle beim Landgericht/bei der Staatsanwaltschaft ......:[134]
   Betr.: Strafsache gegen ...... aus ...... wegen ......
   hier: Eintritt der Führungsaufsicht gem. § 68 f StGB
   Bezug: mein Schreiben vom ......
   Im Nachgang zu obigem Bezugsschreiben übersende ich je zwei Abschriften des Gutachtens vom ...... und des Berichts des Gerichtshelfers vom ...... zur Vervollständigung der dortigen Unterlagen.
   Der Verurteilte ist am ...... unter der bereits früher mitgeteilten Anschrift entlassen worden.
   Die Dauer der Führungsaufsicht beträgt 5 Jahre; deren Beginn ist am ......, das Ende am ......
   Etwaige Änderungen in der Ausgestaltung der Führungsaufsicht oder in deren Dauer werde ich mitteilen.
2. Der Ziff 1 sind die oben genannten Anlagen beizufügen.
3. Nachricht von der Verbüßung der Freiheitsstrafe und vom Eintritt der Führungsaufsicht an Bundeszentralregister
   – Strafvollstreckung erledigt am ...... –
   – Führungsaufsicht bis ...... –.
4. Vermerk Js-Register.
5. Wv ......

....
Rechtspfleger

---

[133] Bzw Bei der Generalstaatsanwaltschaft (Es sind die Ländervorschriften über die Einrichtung der Führungsaufsichtsstellen zu beachten).
[134] Siehe Rdn 108.

Anmerkungen:

Die **Unterrichtung** der Aufsichtsstelle ist in § 54 a StVollstrO geregelt.

Die **Mitteilung** an das **Bundeszentralregister** ergibt sich im vorstehenden Beispiel aus § 15 BZRG iVm Nr. 156 der Anl 3 zur 3. BZRVwV.

In den sonstigen Fällen von Führungsaufsicht ist neben dem bereits genannten § 15 BZRG auch noch § 12 BZRG (iVm Nr. 44 ff der Anl. 3 zur 3. BZRVwV) zu beachten. Mitzuteilen sind insbesondere die Dauer der Führungsaufsicht, deren Erledigung sowie Änderungen in der Höchstdauer.

Die Führungsaufsicht **beginnt** in den Fällen der §§ 67 d Abs 3 bis 6, 68 f StGB mit der Entlassung des Verurteilten, im Übrigen mit der Rechtskraft der Anordnung.

Strafakten und Vollstreckungsheft sollten während der Aufsichtszeit bei der Vollstreckungsbehörde verbleiben. Die Führungsaufsichtsstelle legt zur Durchführung der Führungsaufsicht ein **Bewährungsheft** an, das nach deren Beendigung bei den Strafakten aufbewahrt wird.

Überwachungsmaßnahmen seitens der Vollstreckungsbehörde bedarf es nicht. Von etwaigen Inhaftierungen muss sie von den beteiligten Vollstreckungsbehörden (wegen Nichteinrechnung der Verwahrzeit) benachrichtigt werden (§ 54 a Abs 5 StVollstrO). Hinweise gibt häufig auch die Aufsichtsstelle.

Nach Erledigung der Führungsaufsicht durch Ablauf der Höchstfrist ergeht folgende **383** Abschlussverfügung der Vollstreckungsbehörde (Beispiel Rdn 381).

Staatsanwaltschaft   .... , den ....
Aktenzeichen ......

Verfügung

1. Führungsaufsicht erledigt am ....
2. Mitteilung über die Erledigung der Führungsaufsicht an das Bundeszentralregister mit der Kennzahl 1236: Führungsaufsicht erledigt am: TTMMJJ
3. Das Ende der Führungsaufsicht mitteilen an Führungsaufsichtstelle nach nach § 54 a Abs 4 StVollstrO.
4. Austrag im VRs-Register
5. Kostenvermerk
6. Weglegen

                 ....
                      Rechtspfleger

Bei der Berechnung des Ablaufs der Führungsaufsicht ist § 68 c Abs 4 Satz 2 StGB zu beachten. In die Frist wird die Zeit nicht eingerechnet, in welcher der Täter flüchtig ist, sich verborgen hält oder auf behördliche Anordnung in einer Anstalt verwahrt wird. Die Feststellung dieser Zeiten ist Aufgabe der Vollstreckungsbehörde. Im Einzelfall wird es schwer sein, Zeiten zu ermitteln, in denen der Verurteilte flüchtig war oder sich verborgen hielt. Dies kann in der Regel nur nach einer entsprechenden Stellungnahme des Bewährungshelfers und der Führungsaufsichtstelle mit einer gewissen Zuverlässigkeit ermittelt werden. Befand sich der Verurteilte während des Laufs der Führungsaufsicht in Strafhaft, kann dies aus einer Auskunft aus dem Bundeszentralregister ermittelt werden, zumindest ist aus der Registerauskunft zu ersehen, ob ein weiteres Urteil erging. Die Vollstreckung einer Ersatzfreiheitsstrafe wird in das Bundeszentralregister nicht eingetragen. Die Vollstreckungsbehörde hat sich in diesen Fällen mit den entsprechenden Gerichten oder Strafvollstreckungsbehörden in Verbindung zu setzen, um von dort die genauen Haftzeiten zu erfahren. Gleiches gilt, wenn nur eine Geldstrafe verhängt wurde, da zu ermitteln ist, ob und gegebenenfalls in welcher Zeit die Ersatzfreiheitsstrafe vollstreckt wurde. Liegt im Register ein Such-vermerk oder gar eine Steckbriefnachricht nieder, ist durch entsprechende Rückfragen bei den Gerichten zu prüfen, ob und gegebenenfalls in welcher Zeit Untersuchungs-haft oder dergleichen vollzogen wurde. Sonstige Unterbringungen auf Grund anderer behördlicher Anordnungen können in der Regel ebenfalls nur über den Bewährungs-helfer und/oder die Führungsaufsichtstellen in Erfahrung gebracht werden.

Auf alle Fälle hat die Vollstreckungsbehörde hier größte Sorgfalt walten zu lassen. Stellt die Vollstreckungsbehörde – auch zu Unrecht – fest, dass die Führungsaufsicht erledigt ist, ist eine zur Bewährung ausgesetzte Maßregel erledigt nach § 67 g Abs 5 StGB, kann also nicht mehr vollstreckt werden. Eine zur Bewährung ausgesetzte Maßregel wird nach Ablauf einer bestimmten Frist (das Gericht setzt bei Aussetzung einer Maßregel zur Bewährung eine „Bewährungszeit" nicht fest) nicht erlassen, son-dern ist erledigt, wenn und sobald die Vollstreckungsbehörde feststellt, dass die Füh-rungsaufsicht erledigt ist.

B. Entziehung der Fahrerlaubnis

1. Voraussetzungen

384 Wird jemand wegen einer rechtswidrigen Tat, die er bei oder im Zusammenhang[135] mit dem Führen eines Kraftfahrzeuges oder unter Verletzung der Pflichten eines Kraftfahrzeugführers begangen hat, verurteilt oder nur deshalb nicht verurteilt, weil seine Schuldunfähigkeit erwiesen oder nicht auszuschließen ist, so **entzieht** ihm das Gericht die **Fahrerlaubnis,** wenn sich aus der Tat ergibt, dass er zum Führen von Kraftfahrzeugen **ungeeignet** ist. Die Fahrerlaubnis erlischt mit der **Rechtskraft** des Urteils/Strafbefehls. Ein von einer **deutschen** Behörde erteilter (nationaler wie interna-tionaler) Führerschein wird **eingezogen** (§ 69 StGB). Die Einziehungsentscheidung erstreckt sich auf **alle** (von deutschen Behörden) ausgestellte Führerscheine (auch Sonderführerscheine) des Verurteilten, ohne dass es eines speziellen Ausspruchs be-darf.[136] Eine im Urteil versehentlich unterbliebene Einziehungsanordnung kann im **Beschlusswege** nachgeholt werden. Die Entziehung der Fahrerlaubnis beinhaltet zugleich das Verbot, mit einer ausländischen Fahrerlaubnis in der Bundesrepublik zu fahren.

385 Eine **ausländische** Fahrerlaubnis darf nur entzogen werden, wenn die Tat gegen **Ver-kehrsvorschriften** verstößt. Die Entziehung der Fahrerlaubnis hat dabei die Wirkung einer Aberkennung des Rechts, von der Fahrerlaubnis im Inland Gebrauch zu ma-chen. Es erlischt das Recht zum Führen von Kraftfahrzeugen im Inland. Da das Ver-bot nur für das Inland gilt, darf demgemäß der ausländische Fahrausweis auch nicht eingezogen werden; statt dessen sind Entziehung und Sperre im Führerschein zu **ver-merken** (§ 69 b StGB). Für **DDR**-Fahrausweise gelten seit dem Beitritt §§ 69, 69 a StGB unmittelbar. Für Führerscheine, die von einer Behörde eines Mitgliedstaates der Europäischen Union oder eines anderen Vertragsstaates des Abkommens über den Europäischen Wirtschaftsraum ausgestellt worden sind, enthält § 69 b Abs 2 StGB eine Sonderregelung. Danach werden diese Führerschein wie deutsche Führerscheine im Urteil, eingezogen und über das Kraftfahrt-Bundesamt zur Weiterleitung an die ausstellende Behörde gesandt.

---

[135] Wegen des Zusammenhangs siehe BGH, NStZ 2006, 334, NJW 2005, 2933 und NStZ 2004, 683.

[136] OLG Hamm, VRS 12, 429.

2. Dauer der Sperre

Entzieht das Gericht die Fahrerlaubnis, so bestimmt es zugleich, dass für eine be-   **386** stimmte Frist keine neue Fahrerlaubnis erteilt werden darf (**Sperre**). Hat der Täter keine Fahrerlaubnis, so wird nur eine **isolierte Sperre** angeordnet (§ 69a Abs 1 StGB). Zu den typischen Verkehrsdelikten, die jenseits von § 69 Abs 2 StGB die Verhängung einer isolierten Sperrfrist rechtfertigen können, zählt auch das Fahren ohne Fahrerlaubnis, zumal wenn es nach gerichtlicher Entziehung der Fahrerlaubnis wiederholt begangen wurde.[137]

Die **Verwaltungsbehörden** sind an die durch das Gericht festgesetzte Sperrfrist **gebunden**. Nach Ablauf der Frist hat der Verurteilte jedoch noch keinen Rechtsanspruch auf Wiedererteilung der Fahrerlaubnis. Den Verwaltungsbehörden steht es vielmehr frei, den Antrag auf Wiedererteilung genau so zu behandeln wie jeden Antrag auf Ersterteilung.[138] Bei einer **Fahrerlaubnis** auf **Probe** (§ 2a StVG) ist vor einer Neuerteilung ein Nachschulungskurs obligatorisch. Im übrigen gelten die Vorschriften nach dem FeV, wonach die Voraussetzungen für die erneute Erteilung einer Fahrerlaubnis von weiteren Voraussetzungen abhängig gemacht werden kann. Dies ist jedoch den Verwaltungsbehörden übertragen.

Hinsichtlich der **Dauer** der **Sperre** gilt folgendes: **387**

a) Höchstdauer:

Das Höchstmaß der Sperre beträgt **fünf Jahre**. Jedoch kann die Sperre auch für **immer** angeordnet werden, wenn zu erwarten ist, dass die gesetzliche Höchstfrist zur Abwehr der von dem Täter drohenden Gefahr nicht ausreicht (§ 69a Abs 1 StGB).

b) Mindestdauer:

Das Mindestmaß der Sperre beträgt **sechs Monate**; bei einem Täter, gegen den in den letzten drei Jahren vor dem Tag der Tat bereits einmal eine Sperre rechtskräftig angeordnet worden ist, dagegen **ein Jahr**.

War dem Täter die Fahrerlaubnis wegen der Tat, wegen derer er verurteilt und eine Maßregel nach § 69 StGB verhängt wird, vorläufig entzogen (§ 111a StPO) oder der Führerschein nach § 94 StPO verwahrt, sichergestellt oder beschlagnahmt, so tritt eine entsprechende Verkürzung der Mindestsperrfrist bis zu einem Mindestmaß von **drei Monaten** ein (§ 69a Abs 1, 3, 4 StGB).

Die Dauer der Sperre soll grundsätzlich nach Jahren bzw vollen Monaten festgesetzt werden.[139]

Das Gericht kann von der Sperre **bestimmte Arten** von Kraftfahrzeugen **ausnehmen**, wenn besondere Umstände die Annahme rechtfertigen, dass der Zweck der Maßregel dadurch nicht gefährdet wird (§ 69a Abs 2 StGB). Eine solche Entscheidung des Gerichts bewirkt, dass der Verurteilte hinsichtlich der iSd § 5 Abs 1 Satz 2 StVZO ausgenommenen Kraftfahrzeugarten sofort wieder eine neue Fahrerlaubnis beantragen kann und auch einen Rechtsanspruch darauf hat, dass ihm ein insoweit beschränkter Führerschein erteilt wird.[140] Insoweit liegt keine Entziehung der Fahrerlaubnis vor, so dass der Verwaltungsbehörde kein Ermessensspielraum eröffnet ist. Nach Ablauf der Sperre kann dann der Verurteilte die Wiedererteilung der Fahrerlaubnis im ursprünglichen Umfang beantragen.

Eine **vorzeitige Aufhebung** der Sperre ist frühestens zulässig, wenn die Sperre **drei Monate** bzw – in den Fällen des § 69a Abs 3 StGB – **ein Jahr** gedauert hat. In die Mindest-

---

[137] BGH, NStZ-RR 2007, 89.
[138] *Stree* in Schönke/Schröder, Rdn 2 zu § 69a StGB.
[139] *Fischer*, Rdn 4 zu § 69a StGB.
[140] *Stree* in Schönke/Schröder, Rdn 6ff zu § 69a StGB.

fristen ist die zwischen **Verkündung** und **Rechtskraft** der Anordnung liegende Zeit **einzurechnen,** in der die Fahrerlaubnis vorläufig entzogen bzw der Führerschein verwahrt, sichergestellt oder beschlagnahmt war. Die Aufhebungsfrist berechnet sich hier demgemäß ab **Verkündung** des letzten tatrichterlichen Urteils. Voraussetzung für eine Aufhebung ist im Übrigen, dass **neue Tatsachen** vorgebracht werden, aus denen sich ergibt, dass der Verurteilte zum Führen von Kraftfahrzeugen nicht mehr ungeeignet ist (§ 69 Abs 7 StGB). Die Entscheidung ergeht durch Beschluss des nach §§ 463 Abs 5, 462, 462 a StPO zuständigen Gerichts, also des Gerichts des ersten Rechtszugs.[141]

Eine Abkürzung oder Aufhebung der Sperre ist auch im **Gnadenwege** möglich, wobei bei alkoholauffälligen Ersttätern in aller Regel die Ableistung eines Nachschulungskurses und die Vorlage eines medizinisch-psychologischen Gutachtens (MPU – medizinisch-psychologische Untersuchung) vorausgesetzt wird. Die Besonderheiten der Bundesländer nach den Gnadenordnungen sind zu beachten.

§ 456 StPO ist nicht anwendbar: ein Vollstreckungsaufschub scheidet naturgemäß aus, da die Maßregel bereits mit der Rechtskraft des Urteils wirksam geworden ist.

3. Berechnung der Sperrfrist

388   Die Sperrfrist beginnt mit der Rechtskraft des Urteils bzw des Strafbefehls nach § 69a Abs 5 Satz 1 StGB.[142] Dies gilt in allen Fällen, in denen weder eine Führerscheinsicherstellung noch eine vorläufige Entziehung erfolgt war bis zum Eintritt der Rechtskraft der Entscheidung, z. B. weil der Verurteilte gar keine Fahrerlaubnis besaß. Hat der Täter keine Fahrerlaubnis, wird lediglich eine **isolierte** Sperre nach § 69a Abs 1 Satz 3 StGB angeordnet, die stets ab Rechtskraft gerechnet wird. Eine analoge Anwendung der Anrechnungsregel (**richtig: Einrechnungsregel**) des § 69a Abs 5 Satz 2 StGB ist hierbei unzulässig.

War die Fahrerlaubnis dagegen vorläufig entzogen nach § 111a StPO, wobei es ausreicht, wenn die vorläufige Entziehung der Fahrerlaubnis noch in der Hauptverhandlung erfolgt oder war der Führerschein nach § 94 StPO verwahrt, sichergestellt oder beschlagnahmt, so beginnt die Sperrfrist mit der Verkündung des Urteils der letzten Tatsacheninstanz, den Tag der Verkündung eingerechnet.[143] Bei Strafbefehlen ist der Zeitpunkt des Erlasses (Datum des Strafbefehls) maßgebend. War dem Verurteilten die Fahrerlaubnis vorläufig nicht entzogen, der Führerschein auch nicht sichergestellt oder amtlich verwahrt, und wird in der Hauptverhandlung die Fahrerlaubnis entzogen und eine Sperrfrist für die Wiedererteilung einer neuen Fahrerlaubnis verhängt, und gibt der Verurteilte daraufhin seinen Führerschein sofort zu den Akten, beginnt die Sperrfrist ebenfalls mit dem Tag der Verkündung des Urteils. Gibt der Verurteilte seinen Führerschein in obigem Falle nach dem Urteil aber vor Eintritt der Rechtskraft beim Gericht ab, beginnt die Sperrfrist ebenfalls zu laufen mit der Verkündung der vorläufigen Entziehung der Fahrerlaubnis, sofern dies in Anwesenheit des Verurteilten geschieht, da diese vorläufige Entziehung mit Verkündung wirksam geworden ist, und nicht erst mit der Abgabe des Führerscheins. Dies

---

[141] Zur Zuständigkeit der Strafvollstreckungskammer vgl. OLG Karlsruhe, Justiz 1977, 357, OLG Düsseldorf, NStZ 2003, 53.

[142] Tag der Rechtskraft = **erster Tag** der Frist. Anzuwenden sind die Berechnungsvorschriften der §§ 187, 188 BGB. Hier gilt für den Beginn § 187 Abs 2 BGB (Ist der Beginn eines Tages der für den Anfang einer Frist maßgebende Zeitpunkt, so wird dieser Tag mitgezählt). Da die Rechtskraft bei Ablauf der Rechtsmittelfrist immer um 0.00 Uhr eintritt, macht dies keine Probleme. Aber auch dann, wenn die Rechtskraft durch Rechtsmittelverzicht im Laufe des Tages eintritt, wird die Rechtskraft fiktiv auf 0.00 Uhr zurückverlegt.

[143] *Diether,* Rpfleger 1968, 179 (Es wird eingerechnet und nicht angerechnet).

ist nicht unumstritten. Nimmt das Gericht den Führerschein in **Verwahrung**, obwohl die Sperrfrist nach § 69 a Abs 5 Satz 1 StGB noch nicht begonnen hat, kann die verurteilte Person nicht schlechter gestellt werden, wie wenn das Gericht in der Hauptverhandlung einen Beschluss nach § 111 a StPO erlassen hätte.

Beispiele:
Dem Verurteilten wird in der Hauptverhandlung die Fahrerlaubnis entzogen und eine Sperrfrist von 1 Jahr verhängt:
1. Dem Verurteilten war die Fahrerlaubnis durch Beschluss vorläufig entzogen worden. Den Führerschein hatte die Polizei zuvor sichergestellt. Die Sperrfrist beginnt mit Verkündung des tatrichterlichen Urteils.
2. Dem Verurteilten war die Fahrerlaubnis durch Beschluss vorläufig entzogen worden. Der Führerschein befindet sich noch im Besitz des Verurteilten. Der Beschluss nach § 111 a StPO war daher förmlich zugestellt worden. Die Sperrfrist beginnt mit der Verkündung des tatrichterlichen Urteils.
3. Dem Verurteilten wird in der Hauptverhandlung die Fahrerlaubnis vorläufig entzogen. Unabhängig ob der Verurteilte seinen Führerschein in der Hauptverhandlung abgibt oder nicht, beginnt die Sperrfrist mit der Verkündung des tatrichterlichen Urteils.
4. Dem Verurteilten war der Führerschein am Unfallort von der Polizei abgenommen worden. Eine vorläufige Entziehung der Fahrerlaubnis ist nicht erfolgt. Die Sperrfrist beginnt mit der Verkündung des tatrichterlichen Urteils.
5. Der Verurteilte ist im Besitz einer Fahrerlaubnis. Diese Wird zuvor nicht vorläufig entzogen, der Führerschein auch nicht beschlagnahmt oder sichergestellt. Die Sperrfrist beginnt mit der Rechtskraft des Urteils.
6. Der Verurteilte ist nicht im Besitz einer Fahrerlaubnis. Die Sperrfrist beginnt mit der Rechtskraft des Urteils.

Dass hier der Beginn der Sperrfrist vorverlegt wird und nicht die Zeit in Tagen berechnet vom fiktiven Ende der Sperrfrist abgezogen wird wie bei § 51 Abs 1 StGB ergibt sich daraus, dass § 69 a Abs 5 Satz 2 StGB ausdrücklich sagt, diese Zeit wird **eingerechnet** und nicht angerechnet.

Das Fristende des nach § 69 a Abs 5 und 6 StGB zu berechnenden Zeitraums der Sperre bestimmt sich nach § 188 BGB.[144] Für den Fristbeginn gilt § 187 Abs 2 BGB.

Ist eine Fahrerlaubnis mehrfach entzogen worden und/oder sind mehrere isolierte Sperrfristen für die Erteilung einer Fahrerlaubnis verhängt worden und kommt eine nachträgliche Gesamtstrafenbildung in Betracht, so ist eine **einheitliche Sperre** im Gesamtstrafenerkenntnis anzuordnen, bei der die Höchstfrist von 5 Jahren nicht überschritten werden darf, es sei denn in einem Verfahren ist eine Sperrfrist für immer verhängt worden. Die Bemessung der Sperrfrist erfolgt dann nach den Verhältnissen zur Zeit der Gesamtstrafenentscheidung Die einheitliche Sperrfrist beginnt in der Regel mit der Rechtskraft der Gesamtstrafenentscheidung, es sei denn das Gericht bestimmt in der Gesamtstrafenentscheidung einen anderen Fristbeginn, der sich dann an den Fristbeginn einer der einbezogenen Entscheidungen zu orientieren hat.

Läuft bereits eine Sperrfrist und kommt eine weitere selbständige Sperrfrist aus anderer Sache hinzu und liegen die Voraussetzungen zur nachträglichen Gesamtstrafenbildung nicht vor, so beginnt die Frist für die neue Sperre mit der Rechtskraft des zweiten Urteils. Die Sperren laufen demgemäß nebeneinander.

Ist in **derselben** Entscheidung die **Fahrerlaubnis** entzogen und zugleich ein **Fahrverbot** 389 angeordnet worden, erfolgt gleichzeitige Vollstreckung, da Maßregel und Nebenstrafe sich ergänzen. Das Fahrverbot gilt für führerscheinfreie oder von der Sperre ausgenommene Fahrzeuge (s § 69 a Abs 2 StGB) des Verurteilten. Berechnet werden Sperr-

---

[144] Hier nach § 188 Abs 2 letzter Halbsatz, Abs 3 BGB. Die §§ 186 ff BGB gelten nach Art 2 EGBGB für alle Rechtsgebiete, soweit keine Spezialvorschriften bestehen, BGHZ 59, 396.

frist und Fahrverbot jeweils ab **Rechtskraft.** War jedoch die Fahrerlaubnis bereits vorläufig entzogen oder der Führerschein sichergestellt (verwahrt), läuft die Sperre ab **Verkündung** (§ 69 a Abs 5 Satz 2 StGB), das Fahrverbot dagegen ab **Rechtskraft** des Straferkenntnisses (§ 44 Abs 3 Satz 1 StGB). Eine Anrechnung nach § 51 Abs 5 StGB auf das Fahrverbot entfällt. Diese Vorschrift kommt nur dann zum Zuge, wenn **ausschließlich** ein Fahrverbot verhängt wird.[145] Wird neben einer **isolierten** Sperre noch zusätzlich ein Fahrverbot angeordnet, wird jeweils ab **Rechtskraft** berechnet.[146] **Nebeneinander** vollstreckt wird auch dann, wenn Fahrerlaubnisentzug und Fahrverbot aus **verschiedenen** Verfahren zusammentreffen.

4. Aufgaben der Vollstreckungsbehörde

390   a) **Deutsche Fahrerlaubnis:**
Ein nach § 69 Abs 3 Satz 2, § 71 Abs 2 StGB eingezogener Führerschein ist mit einem **Vermerk** über die Einziehung zu versehen und durch **Einschneiden** unbrauchbar zu machen. Dies gilt auch für die in § 56 Abs 1 Satz 3 StVollstrO genannten **Sonderführerscheine.** Der **Einziehungsvermerk** kann lauten:

> Eingezogen durch rechtskräftiges Urteil des ...... gerichts ...... vom ...... – AZ: ...... –.
> DS
>
> .... , den ....
> ....
> Rechtspfleger

Der unbrauchbar gemachte Führerschein wird der Behörde übersandt, die für die Erteilung der Fahrerlaubnis am **Wohnsitz** des Verurteilten zuständig ist (s § 2 StVG, § 68 StVZO). Hat der Verurteilte im räumlichen Geltungsbereich der StPO keinen Wohnsitz, so wird der Führerschein zu den **Strafakten** genommen. Die **Sonderführerscheine** sind den in Nr. 45 Abs 4 MiStra genannten Stellen zuzuleiten. Bei der Übersendung des Führerscheins ist der Behörde der von der Vollstreckungsbehörde zu berechnende **Zeitraum** der **Sperre** mitzuteilen (§ 56 Abs 1 Satz 5 StVollstrO). Beizufügen ist jeweils nach Nr. 45 Abs 1 MiStra eine Abschrift der rechtskräftigen Entscheidung (Urteil, Strafbefehl).
Gem. §§ 4, 5, 8 BZRG ist ferner dem **Zentralregister** die Entziehung der Fahrerlaubnis mit dem Ende der Sperrfrist sowie eine etwaige Ausnahmeregelung mitzuteilen. Eine Benachrichtigung des Registers erfolgt auch, wenn die Sperre vorzeitig aufgehoben (§ 12 Abs 1 Nr. 8 BZRG) oder im Gnadenwege abgekürzt wird (§ 14 BZRG).
Die Entziehung der Fahrerlaubnis, die Anordnung einer Sperre sowie etwaige Änderungen sind daneben auch dem **Verkehrszentralregister** mitzuteilen (nach der Verordnung über die Zulassung von Personen zum Straßenverkehr (Fahrerlaubnis-Verordnung – FeV in der Fassung vom 11. 9. 2002 § 59 FeV).
Befindet sich der Führerschein noch im Gewahrsam des Verurteilten und gibt dieser ihn nach Aufforderung nicht heraus, so beauftragt die Vollstreckungsbehörde (Rechtspfleger) den **Vollziehungsbeamten** (Gerichtsvollzieher) mit der **Wegnahme** (§ 61 StVollstrO). Ggf. muss eine richterliche Durchsuchungsanordnung erwirkt werden (s § 107 Nr. 8 GVGA).[147] Wird der Führerschein bei dem Verurteilten nicht vorgefunden,

---

[145] *Karl,* DAR 1987, 283; *Pohlmann/Jabel/Wolf,* Rdn 25 zu § 59 a StVollstrO; *Kerkmann,* Strafvollstreckung.

[146] Für die Sperrfrist folgt dies aus § 69 a Abs 5 Satz 1 StGB. Wegen des Fahrverbots gilt § 44 Abs 3 Satz 1 StGB. § 44 Abs 4 StGB trifft nicht zu, da kein zu verwahrender Führerschein vorhanden ist.

[147] Zur Durchsuchungsanordnung s Rdn 249.

führt die Vollstreckungsbehörde (Rechtspfleger) die Abgabe einer **eidesstattlichen Versicherung** über den Verbleib herbei (§§ 56 Abs 3, 62 StVollstrO).[148] Ist der Verurteilte unbekannten Aufenthalts, kann zur **Einziehung** des Führerscheins auch eine Ausschreibung im INPOL-System über die Dauer der Sperrfrist hinaus erfolgen oder auch im Bundeszentralregister ein Suchvermerk niedergelegt werden.

b) **Ausländische Fahrerlaubnis:** 391

Ist der ausländische Führerschein von einer Behörde eines Mitgliedstaates der Europäischen Union oder eines anderen Vertragsstaates des Abkommens über den Europäischen Wirtschaftsraum ausgestellt worden und hat der Inhaber seinen ordentlichen Wohnsitz im Inland, so wird der Führerschein im Urteil eingezogen und an die ausstellende Behörde zurückgesandt und zwar nach § 56 Abs 2 StVollstrO über das Kraftfahrt-Bundesamt.

In anderen Fällen gilt:

Ist dem Inhaber eines **ausländischen** Fahrausweises[149] die Fahrerlaubnis entzogen worden, so werden die **Entziehung** und ihre **Dauer** in dem Fahrausweis **vermerkt** (§ 56 Abs 2 StVollstrO). Ist die Eintragung des Vermerks wegen der Beschaffenheit des Fahrausweises nicht möglich, ist ein gesonderter Vermerk zu erstellen und dieser mittels Lochung und gesiegelter Schnur oder auf andere Weise untrennbar mit dem Fahrausweis zu verbinden. Nach Eintragung des Vermerks ist der Fahrausweis dem Verurteilten zurückzugeben.[150] Eine Einziehung des ausländischen Führerscheins kommt nicht in Betracht, da die Wirkung des Fahrerlaubnisentzuges auf das **Inland** beschränkt ist. Der nach § 69 b Abs 2 StGB vorgesehene **Vermerk** kann wie folgt lauten:

> Dem Inhaber dieses Fahrausweises ist durch rechtskräftiges Urteil des ......gerichts vom ...... – Az: ...... – für die Dauer von ......, d i bis zum ......, die Fahrerlaubnis für das Gebiet der Bundesrepublik Deutschland entzogen worden.
>
> DS
>
> .... , den ....
>
> ....
> Rechtspfleger

Befindet sich der Fahrausweis noch nicht in behördlichem Gewahrsam und verweigert der Verurteilte die Vorlage, so wird der Fahrausweis zur Eintragung des Vermerks **beschlagnahmt** (§ 463 b Abs 2 StPO). Die Anordnung der Beschlagnahme trifft die **Vollstreckungsbehörde** (Rechtspfleger). Sie kann mit der Ausführung die **Polizei** beauftragen (§ 457 Abs 1 StPO).

Wird der Fahrausweis beim Verurteilten nicht vorgefunden, so gilt § 463 b Abs 3 StPO (§ 56 Abs 3 StVollstrO): der Verurteilte hat auf Antrag der Vollstreckungsbehörde (Rechtspfleger) beim Gerichtsvollzieher seines Wohnsitzes/Aufenthaltsortes eine **eidesstattliche Versicherung** über den Verbleib des Führerscheins abzugeben. Ist ein Zugriff auf den Fahrausweis nicht möglich, kann aufgrund der Beschlagnahmeanordnung zum Zweck der Eintragung des Vermerks über die Entziehung der Fahrerlaubnis und die Sperre eine **Ausschreibung** im INPOL-System (für die Dauer der Sperrfrist) erfolgen. Auch ist die Niederlegung eines Suchvermerks um Bundeszentral-

---

[148] Zur eidesstattlichen Versicherung s Rdn 428.
[149] Unter ausländischem Fahrausweis versteht man die von der zuständigen **ausländischen** Behörde ausgestellte Fahrberechtigung. DDR-Führerscheine gelten seit dem Beitritt als inländische Fahrausweise, so dass §§ 69, 69 a StGB unmittelbare Anwendung finden (*Lackner*, Rdn 12 zu § 69 a StGB).
[150] Ebenso *Pohlmann/Jabel/Wolf*, Rdn 11 zu § 56 StVollstrO.

register möglich, wenn der Aufenthalt des Verurteilten unbekannt ist und nicht ermittelt werden kann.

Neben der Mitteilung an das Bundeszentralregister nach §§ 4, 5, 8 BZRG und der Mitteilung an das Verkehrszentralregister beim Kraftfahrtbundesamt nach § 59 FeV ist die Entziehung einer ausländischen Fahrerlaubnis auch der ausstellenden Stelle des Auslands mitzuteilen. Die Mitteilung an die ausstellende Stelle wird unmittelbar der diplomatischen Vertretung der Bundesrepublik Deutschland in dem Staat, dem die ausstellende Stelle angehört übersandt zur Weiterleitung an die zuständige ausländische Stelle, es sei denn die ausländische Fahrerlaubnis wurde von einem Mitgliedsstaats der Europäischen Union oder eines anderen Vertragsstaates des Abkommens über den Europäischen Wirtschaftsraum erteilt. In diesen Fällen erfolgt die entsprechende Mitteilung über das Kraftfahrt-Bundesamt. In den Mitteilungen sind die Personalien des Betroffenen, das erkennende Gericht, das Datum der Entscheidung, die genaue Bezeichnung der Fahrerlaubnis, sowie der Beginn und die Dauer der Entziehung anzugeben. Bei Mitteilungen an schweizerische Behörden sind auch der Grund der Entziehung und die angewendeten Strafvorschriften anzugeben.

C. Berufsverbot

1. Voraussetzungen und Dauer

392 Wird jemand wegen einer rechtswidrigen Tat, die er unter **Missbrauch** seines **Berufes** oder **Gewerbes** oder unter **grober Verletzung** der mit ihnen verbundenen **Pflichten** begangen hat, verurteilt oder nur deshalb nicht verurteilt, weil seine Schuldunfähigkeit erwiesen oder nicht auszuschließen ist, so kann das Gericht gegen ihn, bei Gefahr künftiger erheblicher Rechtsverletzungen bei weiterer Ausübung seines Berufs oder Gewerbes, ein **Berufsverbot** aussprechen (§ 70 Abs 1 StGB). Der Beruf (Berufszweig) oder das Gewerbe (Gewerbezweig), dessen Ausübung dem Täter verboten wird, ist im Urteil genau zu bezeichnen. Die Anordnung eines Berufsverbots setzt voraus, dass nach einer Gesamtwürdigung von Tat und Täterpersönlichkeit die Gefahr besteht, dass der Beschuldigte in Ausübung des Berufs weitere erhebliche rechtswidrige Taten begehen wird. Dabei müssen die rechtswidrigen Taten unter Missbrauch des Berufs des Täters begangen werden, das heißt er muss die durch den Beruf gegebenen Möglichkeiten bewusst und planmäßig zu rechtswidrigen Taten ausnutzen. Die äußerliche Möglichkeit zur Begehung von Taten anlässlich der Berufsausübung reicht nicht aus.[151]

Die **Dauer** des Berufsverbots bestimmt das Gericht nach seinem pflichtgemäßen Ermessen. Das Mindestmaß beträgt **ein Jahr,** das Höchstmaß **fünf Jahre.** Unter den Voraussetzungen des § 70 Abs 1 Satz 2 StGB kann auch ein **lebenslanges** Berufsverbot angeordnet werden, wenn die gesetzliche Höchstfrist von 5 Jahren zur Abwehr der von dem Täter drohenden Gefahr nicht ausreicht.

Bestand bereits ein vorläufiges Berufsverbot nach § 132a StPO, so tritt eine entsprechende **Verkürzung** der Mindestverbotsfrist bis zu einem Mindestmaß von **drei Monaten** ein (§ 70 Abs 2 StGB).

Das Berufsverbot wird mit der **Rechtskraft** des Urteils wirksam. Liegt ein Fall des § 132a StPO (vorläufiges Berufsverbot) vor, beginnt die Verbotsfrist mit der **Verkündung** des Urteils der **letzten Tatsacheninstanz,** den Tag der Verkündung mitgerechnet

---

[151] OLG Frankfurt, NJW 2003, 1753.

(§ 70 Abs 4 StGB). In die Verbotsfrist wird die Zeit, in welcher der Täter auf behördliche Anordnung im In- oder Ausland in einer **Anstalt verwahrt** worden ist, **nicht eingerechnet.** War demgemäß der Täter zum Zeitpunkt der Rechtskraft bzw Verkündung des Urteils (§ 70 Abs 4 Satz 1 und 2 StGB) behördlich verwahrt, rechnet die Verbotsfrist erst ab **Haftentlassung.** Tritt die behördliche Verwahrung **während** des Laufs der Verbotsfrist ein, so ist wie bei einer Vollzugsunterbrechung zu verfahren und die ab Zeitpunkt der Inhaftierung noch verbleibende Verbotsdauer (nach Tagen) zu berechnen. Neubeginn für die restliche Frist ist dann wieder der Zeitpunkt der Haftentlassung.

2. Aussetzung, Aufschub, Widerruf und Erledigung

Ergibt sich nach Anordnung des Berufsverbots, dass die Gefahr erheblicher Rechtsverletzungen entfallen ist, so kann das Gericht das Verbot zur **Bewährung aussetzen** (§ 70a Abs 1 StGB). Die Vorschriften über die Ausgestaltung der Strafaussetzung zur Bewährung (§§ 56a, 56c bis 56e StGB) sind dann entsprechend anwendbar.[152] Die Aussetzung ist frühestens zulässig, wenn das Verbot **ein Jahr** gedauert hat, die Zeit eines vorläufigen Berufsverbots, soweit sie ab **Verkündung** des letzten tatrichterlichen Urteils verstrichen ist, eingerechnet. Nicht eingerechnet wird die Zeit, in welcher der Täter auf behördliche Anordnung in einer Anstalt verwahrt worden ist (§ 70a Abs 2 StGB). 393

Neben einer Aussetzung zur Bewährung kann das Gericht zur Vermeidung einer außerhalb des Normzwecks liegenden, erheblichen Härte für den Verurteilten oder seine Angehörigen bei **Erlass** des **Urteils** (auf Antrag oder mit Einwilligung des Verurteilten) das Wirksamwerden des Berufsverbots bis zu **sechs Monaten aufschieben.** Die Zeit des Aufschubs wird auf die für das Berufsverbot festgesetzte Frist nicht angerechnet (§ 456c Abs 1, 3, 4 StPO). 394

Bewährt sich der Verurteilte nicht oder erfordern nachträglich bekannt gewordene Umstände die weitere Anwendung des Verbots, so **widerruft** das Gericht die Aussetzung (§ 70b Abs 1 und 2 StGB). Leistungen, die der Verurteilte zur Erfüllung von Weisungen oder Zusagen erbracht hat, werden nicht erstattet (§ 70b Abs 4 StGB). Durch den Widerruf ändert sich nichts an der **Dauer** des Berufsverbots, die das Gericht bei dessen Anordnung festgesetzt hat. **Nicht einzurechnen** ist jedoch die **Zeit** der **Aussetzung** (§ 70b Abs 3 StGB). Im Falle eines **Widerrufs** wird demgemäß wie folgt **berechnet:** Auszugehen ist vom ursprünglichen Verbotszeitraum ab Rechtskraft bzw Verkündung des Urteils (§ 70 Abs 4 StGB). Sodann wird der ab Rechtskraft des Aussetzungsbeschlusses verbleibende Rest der Verbotszeit (nach Tagen) ermittelt. Als neuer Beginn für die Restzeit ist dann der Zeitpunkt der Rechtskraft des Widerrufsbeschlusses anzusetzen. 395

Widerruft das Gericht die Aussetzung nicht, so erklärt es das Berufsverbot durch Beschluss für **erledigt** (§ 70b Abs 5 StGB). Eine automatische Erledigung tritt nicht ein. Ein Widerruf der Erledigungserklärung – etwa nach § 56g Abs 2 StGB – ist nicht zulässig.[153] 396

Die Entscheidungen nach § 70a und § 70b StGB ergehen durch **Beschluss** des nach §§ 463 Abs 5, 462, 462a StPO zuständigen Gerichts. Der Beschluss ist mit **sofortiger Beschwerde** anfechtbar.[154] 397

---

[152] Wegen der kraft Gesetzes eintretenden Verlängerung der Bewährungszeit vgl. § 70a Abs 3 Satz 2 StGB.
[153] *Stree* in Schönke/Schröder, Rdn 10 zu § 70b StGB.
[154] Zum Zusammentreffen von Berufsverbot und Führungsaufsicht s § 68g StGB.

3. Aufgaben der Vollstreckungsbehörde

398 Die Vollstreckungsbehörde hat bei Anordnung eines Berufsverbots eine dreifache Aufgabenstellung:

a) Sie hat die nach § 70 Abs 4, § 70a Abs 3 und § 70b Abs 3 StGB von ihr berechnete Zeit des **Berufsverbots** sowie die Erklärung des Gerichts über die **Erledigung** des Berufsverbots (§ 70b Abs 5 StGB) der für die **Berufs-** und **Gewerbeausübung** zuständigen Behörde jeweils mitzuteilen (§ 55 Abs 1 StVollstrO).

b) Die Vollstreckungsbehörde kann auf Antrag des Verurteilten oder mit seiner Einwilligung des Berufsverbot aussetzen, d.h. aufschieben oder unterbrechen, wenn hierdurch für den Verurteilten oder seine Angehörigen eine erhebliche, außerhalb des Strafzwecks des Verbots liegende Härte vermieden oder einem öffentlichen Interesse an der vorübergehenden weiteren Berufsausübung Rechnung getragen werden kann, § 456c Abs 2 StPO Ein Aufschub ist jedoch nur dann möglich, wenn das Gericht bereits einen Aufschub gewährt hat nach § 456c Abs 1 StPO, da das Berufsverbot mit der Rechtskraft wirksam wird. Sonst ist durch die Vollstreckungsbehörde nur eine Unterbrechung möglich, dies sogar dann, wenn das Gericht einen Aufschub nach § 456c Abs 1 StPO abgelehnt hat. Vorausgesetzt werden muss aber in diesen Fällen, dass neue Tatsachen vorliegen. Vor einer Aussetzung sollen die zuständigen Verwaltungsbehörden und berufsständischen Organisationen gehört werden (§ 55 Abs 3 StVollstrO). Die Aussetzung (Aufschub oder Unterbrechung) darf zusammen mit einem etwa bereits gerichtlich angeordneten Aufschub **sechs Monate** nicht übersteigen. Sie kann an die Leistung einer Sicherheit oder an andere Bedingungen geknüpft werden. Hat der Verurteilte einen gesetzlichen Vertreter, so ist vor der Aussetzung dessen Einwilligung erforderlich.

Die Entscheidung der Vollstreckungsbehörde nach § 456c Abs 2, 3 StPO obliegt dem Rechtspfleger. Bei Einwendungen gegen die Entscheidung der Vollstreckungsbehörde entscheidet gem. § 458 Abs 2, Abs 3 Satz 2 StPO das **Gericht** (§§ 462, 462a StPO).

c) Die Vollstreckungsbehörde bewirkt die nach dem BZRG und der MiStra vorgesehenen Benachrichtigungen. Neben den Nachrichten an das **Zentralregister** gem. §§ 4, 5 BZRG (Anordnung des Berufsverbots), § 12 BZRG (Aussetzung, Widerruf) und § 15 BZRG (Erledigung des Berufsverbots) sind die **Mitteilungen** nach **Nr. 40 MiStra** an die zuständigen **Gewerbebehörden** von besonderer Bedeutung. Außer nach Nr. 40 MiStra können noch Mitteilungen nach Nr. 2 Abs 2, Nr. 10 und Nr. 13 Abs 3 MiStra in Betracht kommen. Die Entscheidung darüber, ob eine Mitteilung zu machen ist, trifft in den Fällen der Nr. 10 Abs 1, Nr. 13 Abs 3 und Nr. 40 Abs 2 Buchst a MiStra der **Rechtspfleger**, im Übrigen der **Staatsanwalt**.

Sechster Teil. Vollstreckung von Nebenstrafen und Nebenfolgen

Dieser Abschnitt behandelt die Aufgaben der Vollstreckungsbehörde bei der Vollstre- 399
ckung von **Nebenstrafen** und **Nebenfolgen**. Die Nebenstrafe ist eine Rechtsfolge mit
Strafcharakter, die nur in Verbindung mit einer Hauptstrafe verhängt werden kann
(z.B. Fahrverbot). Nebenfolgen sind Rechtsfolgen einer Straftat ohne eigentlichen
Strafcharakter.[1] In Betracht kommen im einzelnen folgende Rechtsfolgen:
Nebenfolgen, die zu einer Geldzahlung verpflichten;
– Bekanntgabe des Urteils;
– Fahrverbot;
– Verlust der Amtsfähigkeit, der Wählbarkeit und des Stimmrechts;
– Verfall, Einziehung, Unbrauchbarmachung und Vernichtung.
Nach § 11 Abs 1 Nr. 8 StGB werden letztere Rechtsfolgen den **Maßnahmen** zuge-
rechnet.

I. Nebenfolgen, die zu einer Geldzahlung verpflichten.
Bekanntgabe des Urteils. Fahrverbot. Verlust der Amtsfähigkeit, der Wählbarkeit und des Stimmrechts

A. Nebenfolgen, die zu einer Geldzahlung verpflichten

Zu den Nebenfolgen einer Straftat mit der Verpflichtung zu einer Geldzahlung gehö- 400
ren:

a) der Verfall des Wertersatzes (§ 73 a StGB; ggf. iVm § 73 d Abs 2 StGB),
b) die Einziehung des Wertersatzes (§ 74 c StGB),
c) die Abführung des Mehrerlöses (§ 8 WiStG).

Die **Vollstreckung** dieser Nebenfolgen richtet sich nach **§ 459 g Abs 2 StPO**, ferner
nach der **Justizbeitreibungsordnung** (§ 459 g Abs 2 iVm § 459 StPO) und nach der
Einforderungs- und Beitreibungsanordnung (§ 57 StVollstrO).[2] Die Nebenfolgen sind
keine Strafe, deshalb kommt auch eine Anrechnung iSd § 51 StGB (etwa von U-Haft)
nicht in Betracht.
Die festgesetzten Geldbeträge sind (wie bei der Geldstrafe) nach den Grundsätzen der
EBAO (§§ 1 ff) **einzufordern** und bei nicht fristgemäßer Zahlung **beizutreiben**. Das
Beitreibungsverfahren richtet sich nach §§ 6 ff JBeitrO. Eine **Beitreibung** ist im Regelfall erst zulässig, wenn **zwei Wochen** nach Eintritt der Fälligkeit[3] verstrichen sind.
Vor diesem Zeitpunkt kommen Vollstreckungsmaßnahmen nur dann in Betracht,
wenn auf Grund **bestimmter Tatsachen** (z.B. Wohnsitzwechsel ins Ausland, Vermögensübertragung auf Dritte) erkennbar ist, dass sich der Verurteilte der Zahlung entziehen will (§§ 459 c Abs 1, 459 g Abs 2 StPO).

---

[1] *Stree* in Schönke/Schröder, Rdn 29 ff vor § 38 StGB.
[2] Die Anordnung dieser Nebenfolgen muss zum BZR mitgeteilt werden: vgl. dazu § 5 Abs 1
Nr. 7 BZRG und Nr. 14, 15 der Anlage 3 zur 3. BZRVwV.
[3] Die Geldbeträge sind fällig mit der Rechtskraft der Entscheidung oder mit Ablauf einer im
Urteil oder nach § 459 a StPO eingeräumten Zahlungsfrist.

Zur Sicherung der Geldforderungen (Wertersatz) kann (bereits vor Erlass eines Urteils) der **dingliche Arrest** nach § 111 d StPO angeordnet werden. Auch eine Vollstreckung in den **Nachlass** des Verurteilten wäre zulässig (vgl. § 459 g Abs 2 StPO.

401 Ist dem Verurteilten nach seinen persönlichen oder wirtschaftlichen Verhältnissen nicht zuzumuten, den Geldbetrag sofort zu zahlen, so können im **Urteil** (s §§ 73 c Abs 2, 73 d Abs 4, 74 c Abs 4 StGB)[4] oder **nachträglich** durch die **Vollstreckungsbehörde** (Rechtspfleger) **Zahlungserleichterungen** gewährt werden (§§ 459 a, 459 g Abs 2 StPO).[5]

Ist gegen den Verurteilten in demselben Verfahren **Freiheitsstrafe** vollstreckt oder zur Bewährung ausgesetzt worden, oder ist in einem anderen Verfahren gegen den Verurteilten Freiheitsstrafe verhängt worden, so kann das **Gericht**, wenn die Vollstreckung der Nebenfolge die **Wiedereingliederung erschweren** würde, die völlige oder teilweise **Nichtvollstreckung** der Nebenfolge anordnen (§§ 459 d, 459 g Abs 2 StPO).[6] Bei seiner Ermessensentscheidung berücksichtigt das Gericht das öffentliche Interesse an der Vollstreckung. Daher unterbleibt die Vollstreckung nur in „außergewöhnlichen Ausnahmefällen".[7] Die Entscheidung ergeht im Beschlussverfahren durch das nach §§ 462 Abs 1, 462 a StPO zuständige Gericht. Die Vollstreckungsbehörde kann eine solche Anordnung anregen; die nach § 462 Abs 2 StPO vorgesehene Stellungnahme obliegt jedoch der **Strafverfolgungsbehörde** (Staatsanwalt). Eine einmal getroffene Entscheidung ist **unwiderruflich** und beendet die Vollstreckung.

402 Steht zu erwarten, dass die Vollstreckung in absehbarer Zeit zu keinem Erfolg führen wird, kann die Vollstreckungsbehörde (Rechtspfleger) die Vollstreckung über §§ 459 c Abs 2, 459 g Abs 2 zu einem **endgültigen Abschluss** bringen. Durch die Regelung des § 459 c Abs 2 StPO, die wegen der an sich bestehenden Pflicht zur Vollstreckung notwendig ist, soll überflüssiger Verwaltungsaufwand durch wiederholte (erfolglose) Beitreibungsversuche vermieden werden.[8] Im Hinblick auf den Grundsatz der Vollstreckungspflicht empfiehlt es sich, die Gründe für eine Anwendung des § 459 c Abs 2 StPO in einem Aktenvermerk festzuhalten.

Eine nachträgliche **Festsetzung** (und Vollstreckung) einer **Ersatzfreiheitsstrafe** im Falle der Uneinbringlichkeit der Geldforderungen ist **nicht** möglich.[9]

403 Bei **Einwendungen** gegen die Entscheidungen der Vollstreckungsbehörde im Rahmen der Vollstreckung der Nebenfolgen gilt § 459 h StPO, daneben auch § 458 StPO (§ 31 Abs 6 RpflG).

B. Bekanntgabe des Urteils

404 Ist die **öffentliche Bekanntmachung** der Entscheidung angeordnet worden (vgl. §§ 103 Abs 2, 165 Abs 1, 200 Abs 1 StGB, § 23 Abs 1 UWG, § 30 Abs 2 WZG, § 111 UrhG) so stellt die Vollstreckungsbehörde dem **Berechtigten** eine Ausfertigung des **erkennenden** Teils der Entscheidung auf Kosten des Verurteilten zu (§§ 463 c, 464 a StPO, § 59 Abs 1 StVollstrO). Namen von Verurteilten, auf die sich die Veröffentlichungsbefugnis nicht bezieht, sowie Delikte, die mit der Bekanntmachungsanordnung in keinem Zusammenhang stehen, werden in der Ausfertigung ausgelassen. **Berechtigter** im Sinne des § 463 c StPO ist derjenige, auf dessen Antrag die Veröffentlichung

---

[4] Auch im Verfahren nach §§ 76, 76 a StGB.

[5] Zu § 459 a StPO im Einzelnen vgl. die Ausführungen Rdn 241 ff.

[6] Vgl. auch die Härteklausel in § 73 c Abs 1 StGB.

[7] OLG Hamm, JMBlNW 1976, 107.

[8] Amtl. Begründung.

[9] *Eser* in Schönke/Schröder, Rdn 2 zu § 74 c StGB; *Fischer*, Rdn 5 zu § 73 a StGB.

angeordnet worden ist, ersatzweise ein an seiner Stelle **Antragsberechtigter** (s §§ 77 Abs 2, 3, 165 Abs 1 Satz 2, 3 StGB).[10] Mit der **Zustellung** der Entscheidung an den Berechtigten wird die **Monatsfrist** des § 463 c Abs 2 StPO in Lauf gesetzt. Während nach früherem Recht die Bekanntmachung der Entscheidung dem Verletzten überlassen blieb (s § 59 Abs 1 StVollstrO aF), wird nach der jetzigen Regelung die Bekanntmachungsanordnung stets durch die **Vollstreckungsbehörde** vollzogen (§ 59 Abs 2 StVollstrO). Voraussetzung ist ein **Antrag** des Berechtigten (Antragsberechtigten), der innerhalb eines Monats nach Zustellung der rechtskräftigen Entscheidung angebracht werden muss (§ 463 c Abs 2 StPO). Die Frist berechnet sich nach § 43 StPO. Bei Ausbleiben des Antrags oder verspäteter Antragstellung **unterbleibt** die Bekanntmachung.[11]

Der **Umfang** der Veröffentlichung (Urteilstenor/auch Urteilsgründe) und die **Art** der Bekanntmachung (z. B. in einer Zeitung) wird in der **Urteilsformel** festgelegt.[12] Die Bekanntmachungsanordnung ist so zu fassen, dass eine Vollziehung ohne weiteres möglich ist. Soll z. B. die Bekanntgabe in einer Zeitung erfolgen, ist diese genau zu bezeichnen und auch der Teil der Zeitung anzugeben, in dem die Entscheidung veröffentlicht werden soll.[13] Bei Zweifeln über die Urteilsauslegung ist nach § 458 Abs 1 StPO zu verfahren.

Die Vollstreckungsbehörde kann bei der Vollziehung der Bekanntmachungsanordnung die **Amtshilfe** anderer Behörden in Anspruch nehmen. Zur Durchsetzung der Anordnung stehen in gewissem Umfang auch Zwangsmittel zur Verfügung. Ist beispielsweise in einem Urteil ein Aushang der Entscheidung an der **Gemeindetafel** angeordnet worden, so kann die Gemeinde, die den Aushang ablehnt, im Wege der Kommunalaufsicht veranlasst werden, dem Amtshilfeersuchen der Vollstreckungsbehörde stattzugeben.[14] Dies gilt entsprechend auch gegenüber Behörden (Dienst/aufsichtsweg). Soll die Bekanntmachung in einer **periodischen Druckschrift** oder im **Rundfunk** erfolgen, kann der Verleger oder der verantwortliche Redakteur bzw der für die Programmgestaltung Verantwortliche durch Festsetzung eines **Zwangsgeldes (Zwangshaft)** dazu angehalten werden, seiner Verpflichtung zur Bekanntgabe der Verurteilung nachzukommen (§ 463 c Abs 3, 4 StPO).[15]   **405**

Die **Kosten** der Bekanntmachung sind Verfahrenskosten (§ 464 a StPO; GKG Kost-Verz Nr. 9004). Wer sie trägt, bestimmt die Kostenentscheidung des Gerichts.   **406**

Die Anordnung der Bekanntgabe der Verurteilung ist zum **Bundeszentralregister** mitzuteilen: vgl. § 5 Abs 1 Nr. 7 BZRG und Nr. 17 der Anlage 3 zur 3. BZRVwV.

C. Fahrverbot

1. Voraussetzungen und Regelungsinhalt

Nach § 44 StGB kann das Gericht wegen eines schuldhaft begangenen Verkehrsverstoßes das Führen von Kraftfahrzeugen jeder oder einer bestimmten Art für die Dau-   **407**

---

[10] *Meyer-Goßner,* Rdn 2 zu § 463 c StPO.
[11] Wiedereinsetzung (§ 44 StPO) wäre allerdings möglich: *Bringewat,* Rdn 4 zu § 463 c StPO.
[12] *Meyer-Goßner,* Rdn 4, 5 zu § 463 c StPO.
[13] *Lackner* in Schönke/Schröder, Rdn 9 zu § 165 StGB.
[14] *Pohlmann/Jabel/Wolf,* Rdn 6 zu § 59 StVollstrO.
[15] Die Entscheidung über die Festsetzung eines Zwangsgeldes (Zwangshaft) trifft stets das Gericht des ersten Rechtszuges (§§ 463 c Abs 3 Satz 3, 462, 462 a StPO). Die Strafvollstreckungskammer ist in keinem Falle zuständig. Sie entscheidet nur in Bezug auf den Verurteilten, nicht aber hinsichtlich Nebenbeteiligter, Verleger etc. (BGH, NStZ 1987, 428).

er von **einem Monat** bis zu **drei Monaten** untersagen. Das Fahrverbot zählt zu den Nebenstrafen und wird bei Personen angeordnet, die sich noch nicht als ungeeignet zum Führen von Kraftfahrzeugen erwiesen haben[16] und denen das Fahrverbot zur Warnung dienen soll ("Denkzettelstrafe").[17] Das Fahrverbot ist vorwiegend spezialpräventiv als **Warnungs- und Besinnungsstrafe** gedacht für nachlässige oder leichtsinnige Kraftfahrer.[18] Als Nebenstrafe darf es aber nur verhängt werden, wenn der mit ihm angestrebte spezialpräventive Zweck mit der Hauptstrafe allein nicht erreicht werden kann.[19]

Das Fahrverbot nach § 44 StGB hat zur Voraussetzung, dass der Täter eine **Straftat** und nicht nur eine rechtswidrige Tat begangen hat.[20] Die Straftat muss bei oder im Zusammenhang mit dem Führen eines Kraftfahrzeuges oder unter der Verletzung der Pflichten eines Kraftfahrzeugführers verübt und wegen der Tat muss auf Freiheits- oder Geldstrafe (als Hauptstrafe) erkannt worden sein. Eine Verwarnung mit Strafvorbehalt genügt nicht, da der Täter gerade **nicht zu einer Strafe** verurteilt wurde. Ein Fahrverbot beim Absehen von Strafe nach § 60 StGB genügt ebenfalls nicht. Bei Jugendlichen ist die Verhängung eines Fahrverbots möglich und zulässig, wenn diese zu Jugendstrafe und zu Jugendarrest verurteilt werden.

Ein entgegen der gesetzlichen Bestimmung dennoch rechtskräftig verhängtes Fahrverbot (etwa im Zusammenhang mit der Verwarnung mit Strafvorbehalt oder bei Absehen von Strafe – was in der Praxis nicht allzu selten vorkommt) ist wirksam und vollstreckbar.

Das Fahrverbot kann durch **Urteil** verhängt werden, aber auch durch **Strafbefehl** (§ 407 Abs 2 Nr. 1 StPO) und im **beschleunigten Verfahren** (§§ 212 ff StPO).

Das Fahrverbot lässt eine bestehende Fahrerlaubnis unberührt. Je nach Inhalt der gerichtlichen Entscheidung erstreckt sich das Verbot auf das Führen von **Kraftfahrzeugen jeglicher** Art (auch führerscheinfreien) oder einer **bestimmten** Art (iSd § 5 Abs 1 Satz 2 StVZO). Unter Kraftfahrzeugen sind alle die Fahrzeuge zu verstehen, die nicht ausschließlich mit körperlicher Kraft fortbewegt werden. In diesem Sinne sind auch Rollstühle, die mit mechanischer Kraft betrieben werden Kraftfahrzeuge.

408 Das Fahrverbot wird mit der **Rechtskraft** des Straferkenntnisses wirksam. Für seine Dauer wird ein von einer deutschen Behörde erteilter Führerschein **amtlich verwahrt.** Die amtliche Verwahrung gilt auch, wenn der Führerschein von einer Behörde eines Mitgliedstaates der Europäischen Union oder eines anderen Vertragsstaates des Abkommens über den Europäischen Wirtschaftsraum ausgestellt worden ist, sofern der Inhaber seinen ordentlichen Wohnsitz im Inland hat. In allen übrigen Fällen wird in **ausländischen** Fahrausweisen (von einer ausländischen Behörde ausgestellte Fahrberechtigung) das Fahrverbot **vermerkt** (§ 44 Abs 2 Satz 4 StGB). Befindet sich der Führerschein bei Rechtskraft noch nicht in behördlichem Gewahrsam, fallen der Zeitpunkt des Wirksamwerdens des Verbots und der rechnerische Beginn der Fahrverbotsfrist auseinander: die Verbotsfrist wird erst von **dem Tage an** gerechnet, an dem der Führerschein in **amtliche Verwahrung** gelangt (§ 44 Abs 3 Satz 1 StGB) oder in ausländischen Fahrausweisen das Fahrverbot vermerkt ist. Durch diese Regelung soll verhindert werden, dass der Verurteilte durch Verzögerung oder Verweigerung

---

[16] Vgl. demgegenüber die Voraussetzungen für die Entziehung der Fahrerlaubnis (§ 69 StGB).

[17] *Stree* in Schönke/Schröder, Rdn 1 zu § 44 StGB.

[18] BVerfGE 27, 36.

[19] OLG Köln, NStZ 1996, 286.

[20] Zum Fahrverbot bei Ordnungswidrigkeiten vgl. § 25 StVG. Bei Zusammentreffen von Straftat und Ordnungswidrigkeit in derselben Sache darf nur ein einheitliches Fahrverbot nach § 44 StGB ausgesprochen werden. Die Verhängung eines zusätzlichen Fahrverbots für die Ordnungswidrigkeit wäre unzulässig (OLG Celle, NZV 1993, 157).

der Herausgabe des Führerscheins das Fahrverbot unterläuft.[21] Über den Beginn des Fahrverbots ist der Verurteilte im Anschluss an die Urteilsverkündung oder bei Zustellung des Strafbefehls bzw des Urteils zu **belehren** (§§ 268c, 409 Abs 1 Satz 2 StPO). Eine unterlassene Belehrung hat jedoch keine Auswirkungen auf den Beginn der Verbotsfrist, ist jedoch dann von Bedeutung, wenn die verurteilte Person nach Wirksamwerden des Fahrverbots Kraftfahrzeuge führt hinsichtlich der Strafbarkeit nach § 21 StVG.

Ist der Führerschein im Zeitpunkt des Wirksamwerdens des Fahrverbots bereits bei den Akten – etwa über § 111a oder § 94 StPO – oder besitzt der Verurteilte gar keine Fahrerlaubnis, läuft die Verbotsfrist ab **Rechtskraft** der Entscheidung.

Die Zeit der vorläufigen Entziehung der Fahrerlaubnis (§ 111a StPO) – ab Zustellung des Beschlusses – und der Verwahrung, Sicherstellung oder Beschlagnahme des Führerscheins (§ 94 StPO) ist gem. § 51 Abs 5 StGB (kraft Gesetzes) auf die Zeit des Fahrverbots **anzurechnen**. Die Zeit der vorläufigen Entziehung der Fahrerlaubnis wird aber nicht auf das Fahrverbot angerechnet, wenn und soweit sich der Verurteilte während dieser Zeit in Haft befunden hat.[22]

Problematisch scheint zu sein, wenn der Führerschein zwar vorläufig nicht sichergestellt, beschlagnahmt oder verwahrt war, sondern der Verurteilte gibt seinen Führerschein vor Eintritt der Rechtskraft zu den Akten. Gibt er seinen Führerschein persönlich bei der Geschäftsstelle des Gerichts ab, sollte der Urkundsbeamte darüber ein entsprechendes Protokoll aufnehmen und um alle Zweifel zu beseitigen, den Verurteilten in diesem Protokoll auf Rechtsmittel verzichten lassen. Übersendet der Verurteilte seinen Führerschein etwa nach Zustellung eines Strafbefehls, in dem er ebenfalls nach §§ 268c, 409 Abs 1 Satz 2 StPO zu belehren ist an das Gericht, wird die Zeit des Eingangs des Führerscheins bei Gericht bis zum Eintritt der Rechtskraft verschiedentlich von den Vollstreckungsbehörden bei der Staatsanwaltschaft oder den Gerichten bei der Jugendstrafvollstreckung nicht angerechnet. Diese Vorgehensweise steht im klaren Widerspruch zu § 51 Abs 5 StGB. Im Ergebnis würde dies dazu führen, dass ein Verurteilter, gegen den durch Urteil ein Fahrverbot verhängt wurde, der nach entsprechender Belehrung seinen Führerschein zu den Akten gibt, gleichgültig ob persönlich oder mit der Post, die Zeit bis zum Eintritt der Rechtskraft nicht angerechnet wird, auch dann nicht, wenn die Staatsanwaltschaft gegen das Urteil Rechtsmittel einlegt und dieses Rechtsmittel etwa nach Ablauf eines Monats wieder zurücknimmt. Das Gericht nimmt den Führerschein entgegen und es verwahrt den Führerschein. Diese Zeit ist deshalb nach § 51 Abs 5 StGB auf die Verbotsfrist anzurechnen. Dies entspricht auch der Formulierung in § 59a Abs 5 Satz 3 StVollstrO.

Nicht eingerechnet in die Verbotsfrist wird die Zeit, in welcher der Täter auf behördliche Anordnung in einer **Anstalt verwahrt** worden ist (§ 44 Abs 3 Satz 2 StGB). Dies gilt nicht nur für die Zeit **nach** Rechtskraft des Fahrverbots, sondern findet auch – analoge – Anwendung bei der Anrechnung einer vorläufigen Entziehung der Fahrerlaubnis (§ 51 Abs 5 StGB) für den Zeitraum **vor** der Rechtskraft. Wird der Verurteilte bei Eintritt der Rechtskraft bereits anstaltlich verwahrt, ist das Fahrverbot zwar wirksam mit der Rechtskraft, die Verbotsfrist beginnt jedoch nicht zu laufen, so dass in diesem Falle auch keine Restberechnung nach § 40 StVollstrO stattfindet. Haftzeiten eines Freigängers sind die Fahrverbotsfrist des § 44 Abs 2 Satz 2 StGB nicht einzurechnen.[23]

---

[21] *Stree* in Schönke/Schröder, Rdn 21 zu § 44 StGB.
[22] OLG Koblenz, NStZ 2007, 720.
[23] OLG Köln, NStZ-RR 2008, 213.

409 Treffen **mehrere** Fahrverbote zusammen, so ist, falls nicht nach § 55 StGB oder § 460 StPO im Wege der nachträglichen Gesamtstrafenbildung ein **einheitliches** Fahrverbot festzusetzen ist, die Verbotsfrist jeweils **isoliert** nach den Grundsätzen der §§ 44, 51 Abs 5 StGB zu berechnen. Da mehrere Strafen und Fahrverbote sind Strafen (Nebenstrafen) nicht gleichzeitig, d. h. nebeneinander vollstreckt werden können, sind auch mehrere rechtskräftig verhängte Fahrverbote **nacheinander** zu vollstrecken. § 43 Abs 1 StVollstrO ist analog anzuwenden. Die Reihenfolge bestimmt sich nach § 43 Abs 2, Abs 3 StVollstrO.

Beim Zusammentreffen von **Fahrverbot** und **Fahrerlaubnisentzug** aus **derselben** Entscheidung, erfolgt **gleichzeitige** Vollstreckung, da Maßregel und Nebenstrafe sich ergänzen. Das Fahrverbot gilt in diesen Fällen für führerscheinfreie oder von der Entziehung mit Sperre ausgenommene Fahrzeuge (s § 69a Abs 2 StGB) des Verurteilten. Berechnet werden Sperrfrist und Fahrverbot jeweils ab **Rechtskraft**. War jedoch die Fahrerlaubnis bereits vorläufig entzogen oder der Führerschein nach § 94 StPO sichergestellt (verwahrt), so läuft die Sperre ab **Verkündung** (§ 69a Abs 5 Satz 2 StGB), das Fahrverbot dagegen ab **Rechtskraft** des Straferkenntnisses. Eine Anrechnung nach § 51 Abs 5 StGB auf das Fahrverbot entfällt in diesen Fällen. Die Vorschrift des § 51 Abs 5 StGB kommt nur dann zum Zuge, wenn **ausschließlich** ein Fahrverbot verhängt wurde.[24] Wird neben einer isolierten Sperre (§ 69a Abs 1 Satz 3 StGB) noch zusätzlich ein Fahrverbot angeordnet, wird jeweils ab **Rechtskraft** berechnet.[25] **Nebeneinander** vollstreckt wird auch dann, wenn Fahrverbot und Fahrerlaubnisentzug aus **verschiedenen** Verfahren zusammentreffen.

2. Aufgaben der Vollstreckungsbehörde

410 Ist ein Fahrverbot ausgesprochen worden, so wird ein von einer **deutschen** Behörde oder von einer Behörde eines Mitgliedstaates der Europäischen Union oder eines anderen Vertragsstaates des Abkommens über den Europäischen Wirtschaftsraum, sofern der Inhaber seinen ordentlichen Wohnsitz im Inland hat, erteilter Führerschein für die Dauer des Fahrverbots bei den **Strafakten** oder, falls ein **Vollstreckungsheft** angelegt ist, bei diesem **verwahrt**. Eine andere Art der Aufbewahrung – etwa nach den Grundsätzen der Gewahrsamssachenanweisung – ist zulässig (§ 59a Abs 1 StVollstrO). Ein Führerschein ist auch dann in amtliche Verwahrung zu nehmen, wenn sich das Fahrverbot nicht auf alle Kraftfahrzeugarten bezieht, auf die sich der Führerschein erstreckt, also in allen Fällen in denen das Gericht einzelne Kraftfahrzeugarten vom Verbot ausnimmt. Der Verurteilte hat in diesen Fällen bei der zuständigen Straßenverkehrsbehörde (Führerscheinstelle) die Ausstellung eines Ersatzführerscheins für die ausgenommenen Kraftfahrzeugarten zu veranlassen.

Sonderführerscheine werden gleichfalls bei der Vollstreckungsbehörde verwahrt und nicht der Polizei oder Bundeswehr usw überlassen.

Befindet sich der Führerschein bei Vollstreckungseinleitung noch nicht in behördlichem Gewahrsam, so fordert die Vollstreckungsbehörde den Verurteilten zur Herausgabe auf und belehrt ihn über den Beginn des Fahrverbots (Fahrverbot wird mit der Rechtskraft des Straferkenntnisses wirksam), wenn sich aus den Akten ergibt, dass die vorgeschriebene Belehrung nach §§ 268c, 409 Abs 1 Satz 2 StPO unterblieben ist. Da sehr häufig zwar diese Belehrung erteilt wurde, ein entsprechender Vermerk in

---

[24] *Karl*, DAR 1987, 283; *Pohlmann/Jabel/Wolf*, Rdn 25 zu § 59a StVollstrO; *Kerkmann*, Strafvollstreckung, S 172; aM *Himmelreich/Hentschel*, Fahrverbot-Führerscheinentzug, Rdn 298.

[25] Für die Sperrfrist folgt dies aus § 69a Abs 5 Satz 1 StGB. Wegen des Fahrverbots gilt § 44 Abs 3 Satz 1 StGB. § 44 Abs 4 StGB trifft nicht zu, da kein zu verwahrender Führerschein vorhanden ist.

den Akten jedoch fehlt, empfiehlt es sich in jedem Falle die entsprechende Belehrung nachzuholen. Sie kann wie folgt lauten:

> Durch Strafentscheidung des Amts-/Landgerichts ...... vom ......, AZ.: ...... wurde gegen Sie ein Fahrverbot von ...... Monaten verhängt. Die Strafentscheidung ist rechtskräftig seit .... Mit der Rechtskraft der Entscheidung ist auch das Fahrverbot wirksam geworden. Dies bedeutet, dass Sie seit diesem Zeitpunkt keine Kraftfahrzeuge auf öffentlichen Straßen mehr führen dürfen. Die gegen Sie verhängte Verbotsfrist beginnt aber erst zu laufen, wenn Sie Ihren Führerschein in amtliche Verwahrung geben.
> Zur Vermeidung der polizeilichen Beschlagnahme werden Sie deshalb aufgefordert, Ihren Führerschein sofort[26] unter Angabe des vorstehenden Aktenzeichens nach hier zu geben. Gleichzeitig werden Sie um Mitteilung gebeten, ob Sie Ihren Führerschein nach Ablauf der Verbotsfrist hier persönlich oder durch einen Bevollmächtigten, der in diesem Falle eine schriftliche Vollmacht vorzulegen hat, abholen. Geben Sie keine Erklärung ab, wird Ihnen der Führerschein mit der Post so rechtzeitig zugesandt, dass er am Tage des Ablaufs der Verbotsfrist bei Ihnen eingeht.

Gibt der Verurteilte den Führerschein nicht freiwillig heraus, so ordnet die Vollstreckungsbehörde (Rechtspfleger) die **Beschlagnahme** an (§ 463 b Abs 1, 2 StPO) und beauftragt gem. § 457 Abs 1 StPO die **Polizei** mit der Durchführung. Fraglich ist, ob für eine etwaige **Wohnungsdurchsuchung** im Rahmen des § 463 b Abs 1, 2 StPO eine besondere richterliche Anordnung erforderlich ist. Für die Durchsuchung gelten die §§ 102 ff StPO und nicht § 758 ZPO. Demgemäß wird man die Notwendigkeit einer Durchsuchungsanordnung wohl verneinen können.[27] Die Wohnungsdurchsuchung bei einem **Dritten** dürfte als unverhältnismäßig ausscheiden.

Wird der Führerschein nicht vorgefunden, so führt die Vollstreckungsbehörde (Rechtspfleger) die Abgabe einer **eidesstattlichen Versicherung** über dessen Verbleib herbei (§ 463 b Abs 3 StPO). Entsprechendes gilt auch, wenn ein Fahrverbot gegen den Inhaber eines **ausländischen Fahrausweises** ausgesprochen worden ist (§ 463 b Abs 2, 3 StPO). Der ausländische Fahrausweis (Ausnahme § 44 Abs 2 Satz 3 StGB) darf jedoch nicht für die Verbotsdauer verwahrt werden, es sei denn es handelt sich um einen von einem Mitgliedstaat der Europäischen Union oder eines anderen Vertragsstaates des Abkommens über den Europäischen Wirtschaftsraum ausgestellten Führerschein und der Verurteilte hat seinen ordentlichen Wohnsitz im Inland. In den übrigen von einer ausländischen Behörde ausgestellten Führerschein ist der Vermerk über das Fahrverbot und dessen Dauer (nicht das Ende) einzutragen nach § 44 Abs 2 Satz 4 StGB. Der Führerschein ist sodann dem Verurteilten sofort wieder zurückzugeben. Ist die Eintragung des Vermerks wegen der Beschaffenheit des Fahrausweises nicht möglich, ist ein gesonderter Vermerk zu erstellen und dieser mittels Lochung und gesiegelter Schnur oder auf andere Weise untrennbar mit dem Fahrausweis zu verbinden (§ 59 a Abs 3 Satz 2 StVollstrO).[28] Eine Ausschreibung im INPOL-System allein wegen des Fahrverbots und nur zur Erlangung des Führerscheins ist unverhältnismäßig und daher nicht möglich.

Steht der **Ablauf** des **Fahrverbots** bevor, ist der Führerschein dem Verurteilten so rechtzeitig durch **eingeschriebenen Brief** zuzusenden, dass er am **letzten** Tage der Verbotsfrist beim Verurteilten eintrifft. Die Rücksendung durch die Post unterbleibt, wenn der Verurteilte erklärt hat, dass er den Führerschein abholen werde. Ein **Bundeswehrführerschein** ist dagegen stets dem **Disziplinarvorgesetzten** des Verurteilten

---

[26] Eine Frist darf hier nicht gesetzt werden, da dies einem unzulässigen Aufschub gleich käme.
[27] Ebenso *Meyer-Goßner*, Rdn 1 zu § 463 b StPO.
[28] Wegen der Vollstreckung eines in einer gerichtlichen Bußgeldentscheidung angeordneten Fahrverbots nach § 25 Abs 2 bis 7 StVG sowie §§ 59 a, 87 Abs 2 Satz 2 Ziffer 1 StVollstrO. Die Vollstreckung erfolgt nach den gleichen Grundsätzen wie im Falle des § 44 StGB.

zuzuleiten. Bei der Rückgabe ist jeweils mitzuteilen, zu welchem Zeitpunkt das Fahrverbot endet (§ 59 a Abs 2 StVollstrO).

411   Ein **Vollstreckungsaufschub** hinsichtlich des Fahrverbots nach § 456 StPO ist **nicht** möglich. § 456 StPO findet bei Nebenstrafen und Nebenfolgen, die mit der Rechtskraft der Entscheidung wirksam werden, – wie z. B. das Fahrverbot, der Verlust von Fähigkeiten, Rechtsstellungen und Rechten (§ 45 a Abs 1 StPO), – keine Anwendung. Auch ein **gnadenweiser** Aufschub scheidet im Hinblick auf die mit der Rechtskraft eintretende Wirksamkeit des Fahrverbots aus.[29] Eine gnadenweise **Abkürzung** des Fahrverbots ist dagegen möglich. Die Gnadenordnungen der Länder sind hierbei zu beachten.

Das Fahrverbot nach § 25 StVG wird in gleicher Weise vollstreckt wie das Fahrverbot nach § 44 StGB. So tritt auch hier die Wirksamkeit mit der Rechtskraft des Bußgeldbescheides oder der gerichtlichen Bußgeldentscheidung ein (§ 25 Abs 2 StVG). Hier ist jedoch nach § 25 Abs 2 a StVG[30] ein Aufschub möglich unter den dort genannten Voraussetzungen. Diese Aufschubsmöglichkeit gilt aber nicht für das Fahrverbot nach § 44 StGB. Die Voraussetzungen für einen Aufschub beim Fahrverbot nach § 25 StVG sind:

1. in den vergangenen zwei Jahren vor der Ordnungswidrigkeit (gemeint ist die Tatzeit) ist gegen den Betroffenen ein Fahrverbot nicht verhängt werden;
2. bis zur Bußgeldentscheidung wird wegen einer anderen Ordnungswidrigkeit oder Straftat ein Fahrverbot nicht verhängt (nach § 25 StVG oder § 44 StGB);
3. der Führerschein befindet sich bei Eintritt der Rechtskraft noch nicht in amtlicher Verwahrung.

In diesen Fällen bestimmt die Bußgeldbehörde (das Gesetz spricht von der Verwaltungsbehörde, meint aber die Bußgeldbehörde) oder das Gericht im Falle der gerichtlichen Bußgeldentscheidung, dass das Fahrverbot erst später wirksam wird. Das Wirksamwerden des Fahrverbots darf aber nicht länger als vier Monate nach Eintritt der Rechtskraft hinausgeschoben werden. Daraus ist zu entnehmen, dass eine gerichtliche **Unterbrechung** des Fahrverbots nicht möglich ist. Nach Ablauf der Frist, für welche die Bußgeldbehörde oder das Gericht Aufschub gewährt, wird das Fahrverbot wirksam. Die Fahrverbotsfrist berechnet sich aber auch in diesen Fällen erst ab dem Zeitpunkt, an welchem der Führerschein in amtliche Verwahrung gelangt.

Werden gegen den Betroffenen mehrere Fahrverbote verhängt, so sind die Fahrverbotsfristen nacheinander in der Reihenfolge der Rechtskraft der Bußgeldentscheidungen zu berechnen. § 43 Abs 2 und Abs 3 StVollstrO gilt hier nicht, da § 25 Abs 2 a Satz 2 StVG hier eine besondere Bestimmung trifft. Hat aber die Vollstreckung eines Fahrverbots bereits begonnen, weil der Betroffene seinen Führerschein dieser Vollstreckungsbehörde in amtliche Verwahrung gegeben hat, ist, da das StVG hierüber keine Bestimmung trifft, wohl § 43 Abs 3 StVollstrO entsprechend anzuwenden.

3. Berechnung der Fahrverbotsdauer[31]

412   Die Berechnung der Verbotsdauer richtet sich nach §§ 44 Abs 3, 51 Abs 5 StGB und § 59 a Abs 5 StVollstrO.
Befindet sich der Führerschein zum Zeitpunkt der Rechtskraft noch nicht in behördlichem Gewahrsam, ist **Beginn** der Verbotsfrist **der Tag**, an dem der Führerschein bei einer im Strafverfahren tätigen Stelle (Gericht, Staatsanwaltschaft) eingeht. Aus der

---

[29] *Himmelreich/Hentschel*, aaO, Rdn 292 mit weiteren Nachw.
[30] Eingefügt durch Gesetz vom 26. 1. 1998.
[31] Gilt sowohl für das Fahrverbot nach § 44 StGB als auch für das Fahrverbot nach § 25 StVG.

Regelung des § 44 Abs 3 kann nicht gefolgt werden, für die Ingangsetzung der Frist sei lediglich der Eingang bei der Vollstreckungsbehörde maßgebend. Demgemäß muss es zur Auslösung des Fristbeginns auch ausreichen, wenn der Führerschein bei der **Polizei** abgeliefert oder durch diese gem. § 463 b Abs 1, 2 StPO beschlagnahmt wird. Auch hier wird **amtlicher Gewahrsam** begründet und damit dem Sinn und Zweck des Fahrverbots Genüge getan.[32] Der von *Baum* im Rechtspfleger 1992, 237 vertretenen Auffassung, dass die Verbotsfrist erst mit Eingang des Führerscheins bei der Vollstreckungsbehörde zu laufen beginnt und nicht schon mit der Abgabe bei der Polizeibehörde oder mit Beschlagnahme des Führerscheins durch die Polizei kann nicht zugestimmt werden. Wird dagegen der Führerschein mit der Post versandt, läuft die Verbotsfrist immer erst ab Eingang bei der Vollstreckungsbehörde oder beim Gericht. Wird der Führerschein bereits **vor** Rechtskraft (freiwillig) abgegeben, so ist streitig, ob dies den Fristbeginn für das Fahrverbot auslöst. Vielfach wird argumentiert, dass die gem. § 44 Abs 3 StGB relevante amtliche Verwahrung frühestens mit dem Wirksamwerden des Fahrverbots, d. h. mit der **Rechtskraft** einsetze, wie aus § 44 Abs 2 Satz 1, 2 StGB geschlossen werden kann. Der Verurteilte könne im übrigen bis zum Eintritt der Rechtskraft weiterhin straffrei Kraftfahrzeuge führen und dadurch die Verbotsdauer faktisch abkürzen. Er beginge lediglich eine Ordnungswidrigkeit wegen Nichtmitführens des Führerscheins Eine Besserstellung anderer Verurteilten gegenüber wäre nicht auszuschließen.[33] Als konkludenter Rechtsmittelverzicht kann die Abgabe des Führerscheins vor Rechtskraft der Entscheidung sicher nicht gewertet werden, da der Betroffene dann auch sein sonstiges Rechtsmittelrecht verlieren würde. Die Folge ist, das ist unbestritten, dass das Fahrverbot mit Eintritt der Rechtskraft wirksam wird.

Fraglich ist, ob die freiwillige Abgabe des Führerscheins bei der Vollstreckungsbehörde (wobei die Bußgeldbehörde auch Vollstreckungsbehörde ist, wenn der von ihr erlassene Bußgeldbescheid rechtskräftig wird) die Anwendung des § 51 Abs 5 StGB rechtfertigt, da auch § 25 Abs 6 Satz 3 StVG eine Anrechnung vorschreibt. In Bußgeldverfahren der Bußgeldbehörde ist Vollstreckungsbehörde die gleiche Behörde wie die erkennende Behörde. Der Betroffene gibt also, wenn er seinen Führerschein bei der Vollstreckungsbehörde abgibt, auch bei der erkennenden Behörde ab. Etwas anderes gilt bei den gerichtlichen Bußgeldentscheidungen. Hier ist Vollstreckungsbehörde die Staatsanwaltschaft. Diese Verfahren können aber nicht unterschiedlich behandelt werden. Behält die Behörde, an die der Betroffene seinen Führerschein abgibt diesen, dann befindet sich der Führerschein in amtlicher Verwahrung und dann ist die Zeit der amtlichen Verwahrung auch nach § 25 Abs 6 Satz 3 StVG auf die Verbotsfrist anzurechnen. Die Bestimmung in § 25 Abs 6 Satz 2 StVG, dass die Bußgeldbehörde oder das Gericht im Falle der gerichtlichen Bußgeldentscheidung anordnen kann, dass eine Anrechnung unterbleibt, kann nicht dazu führen, dass die Vollstreckung des Fahrverbots in den Fällen des § 44 StGB und § 25 StVG unterschiedlich gehandhabt wird, wenn eine solche Bestimmung nicht getroffen wird. Im Ergebnis ist daher festzuhalten, dass die Zeit der freiwilligen Abgabe des Führerscheins bei der Vollstreckungsbehörde oder beim Gericht vor Eintritt der Rechtskraft auf die Verbotsfrist nach § 51 Abs 5 StGB anzurechnen ist.

---

[32] Erl d JM BW v 21. 3. 1980 (7400–IV/743); aM *Koch,* DAR 66, 343; *Himmelreich/Hentschel,* aaO, Rdn 295.

[33] Ob die vorzeitige Abgabe des Führerscheins als eine Art konkludenter Rechtsmittelverzicht angesehen werden kann, ist umstritten, teilweise bejahend *Königbauer* in Rechtspfleger 1991, 491. Verneinend *Hamann* mit der Begründung, ein Rechtsmittelverzicht könne wirksam nur gegenüber dem Gericht abgegeben werden oder der Bußgeldbehörde.

·

Bei **ausländischen** Fahrausweisen ist nicht der Zeitpunkt des Eingangs, sondern der **Eintragung** des Vermerks über das Fahrverbot (§ 44 Abs 3 Satz 3 StGB) durch die Vollstreckungsbehörde maßgebend. Um Nachteile für den Verurteilten zu vermeiden, ist die Eintragung **unverzüglich** nach Eingang des Fahrausweises vorzunehmen. Besitzt der Verurteilte außer einem allgemeinen Führerschein noch einen oder mehrere **Sonderführerschein,** so beginnt die Fahrverbotsfrist erst, wenn **alle** Führerscheine abgegeben worden sind.[34] Bei **Bundeswehrführerscheinen** gibt es aufgrund der Nr. 624 ZDv 43/1 des Bundesministers der Verteidigung eine Besonderheit. Im Falle eines Fahrverbots hat der Vorgesetzte dem Betroffenen den Bundeswehrführerschein zur Weiterleitung an die Vollstreckungsbehörde abzunehmen.[35] Demgemäß rechnet die Frist hinsichtlich des **Sonderführerscheins** bereits ab der **Abnahme** (§ 59 a Abs 5 Satz 2 StVollstrO). Es ist jedoch auch hier zu vergleichen, wann der Zivilführerschein in amtliche Verwahrung gelangt ist. Der spätere Zeitpunkt ist dann für den Beginn der (einheitlichen) Verbotsfrist maßgebend.

> **Beispiel (allgemeine Berechnung):**
> Rechtskräftig verhängtes Fahrverbot von 2 Monaten. Eingang des Führerscheins am 12. 3. 2009.
> Fristbeginn: 12. 3. 2009, 0.00 Uhr (§§ 37 Abs 2, 59 a Abs 5 StVollstrO)
> Fristablauf: 11. 5. 2009, 24.00 Uhr (§§ 37 Abs 4, 59 a Abs 5 StVollstrO).

413   In die Verbotsfrist wird die Zeit **nicht eingerechnet,** in welcher der Täter auf behördliche Anordnung in einer **Anstalt verwahrt** worden ist (§ 44 Abs 3 Satz 2 StGB). Das Fahrverbot hat in einem solchen Falle mit dem Beginn des Freiheitsentzuges als **unterbrochen** zu gelten, wenn die Verbotsfrist bereits zu laufen begonnen hat und die verbleibende Verbotsfrist ist nach **Tagen** zu berechnen (§§ 40 Abs 1, 59 a Abs 5 StVollstrO). **Wiederbeginn** für die restliche Verbotsfrist ist der Zeitpunkt der **Beendigung** des Freiheitsentzuges. Zu beachten ist jedoch, dass an ein und demselben Tage keine zwei Strafen vollstreckt werden können. Der Tag, der bereits als Strafhaft zählt, kann für die Berechnung der Verbotsfrist für das Fahrverbot nicht mehr mitgezählt werden und der Tag, der noch als Strafhaft zählt, kann ebenfalls nicht mitgezählt werden für die Verbotsfrist. Handelt es sich dagegen um eine andere amtliche Verwahrung, ist sowohl der Tag, an dem die verurteilte Person in amtliche Verwahrung kommt, als auch der Tag, an dem sie aus der amtlichen Verwahrung entlassen wird, auf die Verbotsfrist anzurechnen.

> **1. Beispiel:**
> Fahrverbot von 2 Monaten. Ablieferung des Führerscheins am 10. 3. 2009. In der Zeit vom 14. 4. 2009, 0.00 Uhr (Aufnahme in den Strafvollzug gegen 18.00 Uhr) bis 23. 4. 2009, 24.00 Uhr (Entlassung aus dem Strafvollzug gegen 9.00 Uhr), wird eine Ersatzfreiheitsstrafe von 10 Tagen vollstreckt.
> Beginn der Verbotsfrist: 10. 3. 2009, 0.00 Uhr (§ 37 Abs 2 StVollstrO)
> ursprüngliches Fristende: 9. 5. 2009, 24.00 Uhr (§ 37 Abs 4 StVollstrO).
> Unterbrechungszeitpunkt: 14. 4. 2009, 0.00 Uhr; verbleibende Verbotsdauer vom 14. 4. 2009, 0.00 Uhr bis 10. 5. 2009, 0.00 Uhr = 26 Tage (§ 40 Abs 1 StVollstrO).
> Neubeginn der Verbotsfrist:
> 24. 4. 2009, 0.00 Uhr
> (Beendigung des Freiheitsentzugs) Dies gilt auch dann, wenn der Verurteilte nach § 16 StVollzG bereits im Laufe des Tages am 23. 4. 2009 entlassen wird. Bis zum Weiterlaufen der Verbotsfrist ist das Fahrverbot wirksam, so dass der Verurteilte auch nach seiner Entlassung am 23. 4. 2009 für diesen Tag keine Kraftfahrzeuge führen darf.

---

[34] Ebenso *Pohlmann/Jabel/Wolf*, Rdn 17 zu § 59 a StVollstrO.
[35] Gilt nur für Bundeswehrführerscheine. Bei den übrigen Sonderführerscheinen ist eine Wegnahme durch den Disziplinarvorgesetzten nicht vorgesehen.

	+ 26 Tage	
neues Ende der Verbotszeit:	20. 5. 2009,	0.00 Uhr
	= 19. 5. 2009,	24.00 Uhr.

2. Beispiel

Fahrverbot von 3 Monaten. Ablieferung des Führerscheins am 20. 4. 2009. Vom 12. 5. 2009, 0.00 Uhr (Aufnahme in den Strafvollzug gegen 22.00 Uhr), bis 11. 8. 2009, 24.00 Uhr (Entlassung aus dem Strafvollzug gegen 9.00 Uhr), wird eine Freiheitsstrafe von 3 Monaten vollstreckt.

Beginn der Verbotsfrist:	20. 4. 2009 (TB)	0.00 Uhr
ursprüngliches Fristende:	19. 7. 2009 (TE)	24.00 Uhr

Unterbrechungszeitpunkt: 12. 5. 2009, 0.00 Uhr; verbleibende Verbotsdauer vom 12. 5. 2009, 0.00 Uhr, bis 20. 7. 2009, 0.00 Uhr = 69 Tage.

Neubeginn der Verbotsfrist:	12. 8. 2009,	0.00 Uhr
	+ 69 Tage	
neues Ende der Verbotsfrist:	20. 10. 2009,	0.00 Uhr
	= 19. 10. 2009,	24.00 Uhr.

Problematisch ist die Auswirkung des § 16 Abs 2 StVollzG. Wird der Verurteilte nach § 16 StVollzG früher entlassen, der Entlasszeitpunkt also vorverlegt, (unterstellt die Entlassung erfolgt bereits am 7. 8. 2009 gegen 9.00 Uhr) läuft die Verbotsfrist von dem Tag nach der Entlassung an weiter, im obigem Fall also am 8. 8. 2009 da er sich an diesem Tag nicht mehr in amtlicher Verwahrung befindet. Gleiches gilt, wenn der Entlasstermin nach § 43 Abs 6 StVollzG vorzuverlegen ist. § 44 Abs 3 Satz 2 StGB stellt nur auf die tatsächliche amtliche Verwahrung ab. Die gleiche Berechnungsart ergibt sich auch, wenn sich die verurteilte Person in Untersuchungshaft befindet, da diese Haft nach § 51 Abs 1 Satz 1 StGB auf die Strafe anzurechnen ist.

Etwas anderes ergibt sich jedoch, wenn die verurteilte Person anderweitig untergebracht wird auf Grund einer behördlichen Anordnung, etwa nach dem Unterbringungsgesetz eines Landes. Der Tag, an dem die Unterbringung beginnt, zählt ganz auf die Fahrverbotsfrist, ebenso der Tag der Entlassung aus der Unterbringung.

Wird eine freiheitsentziehende Maßregel vollzogen, so ist zu unterscheiden, ob der Vollzug der Maßregel auf die Strafe angerechnet wird nach § 67 Abs 4 StGB. Erfolgt die Anrechnung auf die Strafe, kann der Tag an dem die Unterbringung beginnt und der Entlasstag nicht auf die Fahrverbotsfrist angerechnet werden. Erfolgt jedoch keine Anrechnung auf die Strafe, ist sowohl der Tag des Beginns des Maßregelvollzugs und der Tag der Entlassung auf die Fahrverbotsfrist mit anzurechnen.

Das Fahrverbot muss während seiner ganzen Dauer voll wirksam werden. Daher ist die bei Beginn des Freiheitsentzuges verstrichene Zeit des Fahrverbots erst nach Beendigung des Freiheitsentzuges um die Zahl der Tage zu verlängern, die bei Beginn der Freiheitsentziehung noch an der vollen Dauer des Fahrverbots fehlten.[37]

In die Fahrverbotsfrist werden auch die Zeiten der Strafhaft **nicht** eingerechnet, in denen der Verurteilte zum **Freigang** zugelassen war oder **Urlaub** oder **Ausgang** hatte.[36]

Befindet sich der Führerschein – über § 111 a StPO oder § 94 StPO – zum Zeitpunkt **414** der Rechtskraft bereits in behördlichem Gewahrsam, so läuft die Verbotsfrist ab der **Rechtskraft** der Entscheidung (das Ende ist unter Berücksichtigung der Anrechnungsvorschrift nach § 51 Abs 5 StGB zu berechnen). Die **Rechtskraft** ist auch maßgebend, wenn der Verurteilte gar keine Fahrerlaubnis besitzt oder seinen Führerschein verloren hat. Bei **nach** Rechtskraft eingetretenem Verlust ist ab letzterem Zeitpunkt zu rechnen, da eine Abgabe des Führerscheins zuvor noch möglich gewesen wäre.[37]

---

[36] OLG Köln, SVR 2007, 468.
[37] Ebenso *Pohlmann/Jabel/Wolf*, Rdn 20 zu § 59 a StVollstrO; *Grohmann*, DAR 88, 45. Soweit in diesen Fällen (vgl. *Seib*, DAR 82, 283) der Verurteilte zur Beschaffung eines Ersatzführerscheins aufgefordert wird (Fristbeginn: Abgabe des Ersatzführerscheins), erscheint diese Praxis

415 Die Dauer einer vorläufigen Entziehung der Fahrerlaubnis (§ 111a StPO) und die Verwahrung, Sicherstellung oder Beschlagnahme des Führerscheins (§ 94 StPO) sind auf das Fahrverbot **anzurechnen** (§ 51 Abs 5 StGB). In die nach § 51 Abs 5 StGB anzurechnenden Zeiten wird die Zeitspanne ebenfalls **nicht** eingerechnet, in der die verurteilte Person bis zur Rechtskraft der Entscheidung auf Grund einer behördlichen Anordnung in einer **Anstalt verwahrt** war.[38] Die Anrechnung nach § 51 Abs 5 StGB erstreckt sich bis zum Ende des Tages, der dem Tag der Rechtskraft des Urteils vorausgeht.[39]

> **Beispiel:**
> Verurteilung am 11. 5. 2009 zu einer Geldstrafe und Fahrverbot von 2 Monaten. Rechtskraft des Urteils am 15. 5. 2009. Ununterbrochene Sicherstellung des Führerscheins seit 15. 4. 2009. Freiheitsentzug (Untersuchungshaft) in der Zeit vom 20. 4. 2009, 0.00 Uhr, bis 30. 4. 2009, 24.00 Uhr.

Beginn der Verbotsfrist: (Rechtskraft)	15. 5. 2009,	0.00 Uhr
	+ 2 Monate	
vorläufiges Ende:	15. 7. 2009,	0.00 Uhr
anzurechnen: Zeit vom 15. 4.–14. 5. 2004,		
verkürzt um die Haftdauer (20. 4.–30. 4. 2009)	19 Tage	
Ergebnis:	15. 7. 2009,	0.00 Uhr
(s. o.)		
abzgl.	19 Tage	
(§§ 39 Abs 4, 59 a Abs 5 StVollstrO)		
Ende der Verbotsfrist:	26. 6. 2009,	0.00 Uhr
entspricht	= 25. 6. 2009,	24.00 Uhr.[40]

4. Vollstreckungsverfügung

416 Ist – hier neben einer Geldstrafe – ein Fahrverbot angeordnet worden, kann folgende **Verfügung** ergehen:

> Staatsanwaltschaft .... , den ....
> VRs ..../....   Strafsache gegen ....
> Personalien: AS ......, den ......   wegen Vfg ....
>
> 1. Vollstreckungsvermerk Js-Register.[41]
> 2. Zählkarte.
> 3. Strafnachricht an Bundeszentralregister
>   – ...... Tagessätze zu je ...... –
>   – Fahrverbotsdauer: ...... Monate –.
> 4. Formblatt-Mitteilung über den Verfahrensausgang an Polizeidienststelle (Nr. 11 Abs 1 MiStra).
> 5. Nachricht an das Kraftfahrt-Bundesamt Flensburg.
> 6. Mitteilung der rechtskräftigen Entscheidung nach Nr. 45 Abs 3 MiStra an Landratsamt – Führerscheinstelle –......; Anschrift des Verurteilten sowie Führerscheindaten angeben.

nicht unbedenklich. Es fragt sich, ob ein solches Ansinnen überhaupt zulässig und mit der StVollstrO im Einklang ist.

[38] Analoge Anwendung von § 44 Abs 4 Satz 2 StGB.

[39] *Pohlmann/Jabel/Wolf*, Rdn 23 zu § 59 a StVollstrO; *Stree* in Schönke/Schröder, Rdn 36 zu § 51 StGB.

[40] Zum Zusammentreffen von Fahrverbot und Fahrerlaubnisentziehung sowie von Fahrverboten aus verschiedenen Urteilen s. Rdn 409.

[41] Die Einleitung der Vollstreckung ist im Zentralen Js-Register zu vermerken.

7. Schreiben an Verurteilten (AS . . . . . .):
Durch rechtskräftige Strafentscheidung des . . . . . . gerichts . . . . . . vom . . . . . . ist gegen Sie ein Fahrverbot von . . . . . . Monaten angeordnet worden. Das Fahrverbot ist wirksam mit der Rechtskraft der Strafentscheidung. Das ist der . . . . Seit diesem Zeitpunkt sind Sie nicht mehr berechtigt, Kraftfahrzeuge auf öffentlichen Straßen oder Plätzen zu führen. Für die Dauer des Fahrverbots ist Ihr Führerschein amtlich zu verwahren. Die Verbotsfrist beginnt jedoch erst zu laufen, an dem Tag, an dem Ihr Führerschein in amtliche Verwahrung gegeben wird. Zur Vermeidung der Beschlagnahme durch die Polizei werden Sie deshalb aufgefordert, Ihren Führerschein sofort unter Angabe des vorstehenden Aktenzeichens nach hier zu geben.
Der Führerschein wird Ihnen rechtzeitig zum Ablauf der Verbotsfrist zurückgesandt werden. Sie können jedoch auch Ihren Führerschein hier abholen. Für diesen Falle wird um eine entsprechende Mitteilung gebeten.

8. Geldstrafe von . . . . . . € und Kosten in Höhe von . . . . . . € beim Verurteilten mit Zahlungsaufforderung einfordern. Urteilsabschrift gem. Nr. 140 RiStBV beifügen.

9. Wv . . . . . .

. . . .
Rechtspfleger

Anmerkungen:

Die Mitteilung zum **Zentralregister** beruht auf §§ 4, 5 BZRG. Erfolgt eine Beschrän- **417** kung des Fahrverbots auf bestimmte Fahrzeugarten, ist dies in der Strafnachricht anzugeben (Ausnahmeregelung beim Fahrverbot).
Die Nachricht zum **Verkehrszentralregister** ergibt sich aus § 49 FeV. Die Benachrichtigung der für den Wohnort (Aufenthaltsort) zuständigen **Straßenverkehrsbehörde** basiert auf Nr. 45 Abs 3 MiStra. Besitzt der Verurteilte einen Sonderführerschein, ist auch noch eine Mitteilung nach Nr. 45 Abs 4 MiStra zu fertigen.
Zum Aufforderungsschreiben an den Verurteilten (Ziffer 7) s § 59 a Abs 2, 4 StVollstrO. Die **Einforderung** der Geldstrafe und Kosten richtet sich nach §§ 1 bis 5 EBAO.

D. Verlust der Amtsfähigkeit, der Wählbarkeit und des Stimmrechts

1. Voraussetzungen und Dauer

Wer wegen eines **Verbrechens** (§ 12 StGB) zu einer Freiheitsststrafe von mindestens **418** einem Jahr verurteilt wird, wobei es unerheblich ist, ob die Vollstreckung der Strafe zur Bewährung ausgesetzt wird oder nicht, verliert **kraft Gesetzes** für die Dauer von fünf Jahren die **Amtsfähigkeit** (öffentliche Ämter zu bekleiden) und **Wählbarkeit** (in öffentliche Ämter gewählt zu werden) = „Amtsverlust" (§ 45 Abs 1 StGB). Der „Amtsverlust" tritt automatisch ein, ohne dass es eines entsprechenden Ausspruchs im Urteil bedarf. Das Gericht kann im Urteil auch nicht aussprechen, dass der Amtsverlust des § 45 Abs 1 StGB nicht eintreten soll. Die Teilnahmeform oder Beihilfe an einem Verbrechen ist ebenfalls Verbrechen nach § 27 StGB, so dass auch beim Mittäter oder Tathelfer der Amtsverlust nach § 45 Abs 1 StGB eintritt, sofern auch gegen diesen eine Freiheitsstrafe von mindestens 1 Jahr verhängt wird. Auch eine versuchte Tatbegehung reicht aus (§§ 23, 30 StGB). Im Falle einer Gesamtstrafenbildung sind die jeweiligen **Einzelstrafen**, und nicht die Gesamtstrafe ausschlaggebend.[42] Dies bedeutet, in der Gesamtstrafe muss sich mindestens eine Einzelstrafe von wenigstens einem Jahr befinden, die wegen eines Verbrechens verhängt wurde.

---

[42] *Stree* in Schönke/Schröder, Rdn 3; *Lackner/Kühl,* Rdn 2 jeweils zu § 45 StGB.

Daneben kann auch das **Gericht** in den gesetzlich besonders vorgesehenen Fällen (z. B. §§ 92 a, 101 StGB) die **Amtsfähigkeit** und die **Wählbarkeit** für zwei bis fünf Jahre **aberkennen,** wobei die Aberkennung auch bei Vergehen und bei Freiheitsstrafen von weniger als einem Jahr möglich ist (§ 45 Abs 2 StGB).

Mit dem Verlust der Fähigkeit, öffentliche Ämter zu bekleiden oder Rechte aus öffentlichen Wahlen zu erlangen, verliert der Verurteilte zugleich die entsprechenden **Rechtsstellungen** und **Rechte,** die er innehat (§ 45 Abs 3, 4 StGB).[43] Nicht betroffen sind Ämter oder Rechte, die von einer ausländischen Staatsmacht hergeleitet werden oder kirchliche Ämter und Rechte. Es fallen darunter aber nicht nur Rechte aus den sogenannten „Urwahlen" sondern auch Ämter und Rechte aus gesetzlich verbürgten Wahlen, wie z. B. Wahlen zum Betriebsrat, auch zum Gemeinderat, zum Kreisrat uä. Als gesetzliche Folge des § 45 Abs 1 StGB ist aber nie das aktive Wahlrecht betroffen. Das **Gericht** ist außerdem befugt, dem Verurteilten neben der Aberkennung der Amtsfähigkeit und der Wählbarkeit auch für die Dauer von zwei bis fünf Jahren das **aktive Wahlrecht abzuerkennen,** soweit das Gesetz es besonders vorsieht (§ 45 Abs 5 StGB).

419 Die Rechtsfolgen des § 45 StGB – sowohl die kraft Gesetzes als auch die kraft richterlicher Anordnung eintretenden Folgen – hat die **Vollstreckungsbehörde** zum **Bundeszentralregister** mitzuteilen: §§ 4, 5 Abs 1 Nr. 7 BZRG und Nr. 2–5 der Anlage 3 zur 3. BZRVwV.

Der Rechtsverlust nach § 45 StGB tritt auch bei **Ausländern** ein (z. B. Verlust der Wählbarkeit als Betriebsratsmitglied), so dass auch hier eine Mitteilung an das BZR erfolgen muss. § 45 StGB unterscheidet nicht zwischen verurteilten deutschen Staatsangehörigen und verurteilten ausländischen Staatsangehörigen. Im Übrigen wird im Zuge der Europäischen Union immer mehr und verstärkt auch das Ausländerwahlrecht in Betracht gezogen werden müssen.

Daneben ist eine Mitteilung zum **Wählerverzeichnis** nach Nr. 12 Abs 1 MiStra zu fertigen und zwar in Strafsachen gegen deutsche Staatsbürger sowie gegen Staatsangehörige der übrigen Mitgliedstaaten der Europäischen Gemeinschaft, die in der Bundesrepublik Deutschland eine Wohnung innehaben oder sich sonst gewöhnlich aufhalten, die bei den übrigen Ausländern allerdings noch entfällt. Die Mitteilung an die zuständige Verwaltungsbehörde darf weder die Angabe der rechtlichen Bezeichnung der Tat noch die Angabe der angewendeten Strafvorschriften erhalten. In den Fällen des § 45 Abs 2 und Abs 5 StGB ist zudem auch die Zeit mitzuteilen, für die die Aberkennung wirksam ist. Dies gilt nicht beim Amtsverlust nach § 45 Abs 1 StGB. In diesen Fällen ist außerdem eine Mitteilung zum Wählerverzeichnis zu fertigen, wenn die Fähigkeiten und Rechte wieder verliehen werden nach § 45 b StGB. Ferner ist eine entsprechende Mitteilung dann zu fertigen, wenn gegen einen Täter unter Hinweis auf § 20 StGB die Unterbringung in einem psychiatrischen Krankenhaus angeordnet wurde. In diesem Fall ist auch die Entlassung aus dem psychiatrischen Krankenhaus mitteilungspflichtig. Daraus folgt, dass in den übrigen Fällen eine Vollstreckungserledigung nicht mitteilungspflichtig ist.

2. Eintritt und Berechnung des Verlustes

420 Der Verlust der Fähigkeiten, Rechtsstellungen und Rechte wird mit der **Rechtskraft** des Urteils wirksam (§ 45 a Abs 1 StGB). Der Amtsverlust nach § 45 Abs 1 StGB ergibt sich nicht unmittelbar aus dem Urteil im Gegensatz zum Amtsverlust nach § 45 Abs 2 und Abs 5 StGB. Der Eintritt des Amtsverlustes nach § 45 Abs 1 StGB ist von den Vollstreckungsbehörden zu erkennen.

---

[43] Zur Bedeutung der einzelnen Begriffe (öffentliche Ämter, öffentliche Wahlen etc.) s *Stree* in Schönke/Schröder, Rdn 7 ff zu § 45 StGB.

Die **Dauer** des Verlustes einer Fähigkeit oder eines Rechts wird von dem Tage an gerechnet, an dem die **Freiheitsstrafe** (ggf. die Gesamtfreiheitsstrafe) **verbüßt, verjährt** oder **erlassen** ist. Berechnet wird nach §§ 186 ff BGB, insbesondere nach §§ 187 Abs 1, 188 Abs 2, 3 BGB. Ist die erkannte Strafe durch Anrechnung der U-Haft vollständig verbüßt, beginnt die Frist mit der Rechtskraft der Entscheidung. Nebenstrafen/Nebenfolgen oder Geldstrafen spielen bei der Fristberechnung keine Rolle; auch der Zeitpunkt der Verbüßung einer Ersatzfreiheitsstrafe ist unbeachtlich. Ist neben der Freiheitsstrafe auch eine **freiheitsentziehende** Maßregel der Besserung und Sicherung angeordnet worden, dann beginnt die Frist erst von dem Tage an, an dem auch die Maßregel **erledigt** ist (§ 45 a Abs 2 StGB). Eine freiheitsentziehende Maßregel ist erledigt durch die Entlassung des Untergebrachten nach Ablauf der Höchstfrist, durch die Erledigungserklärung des Gerichts gem. § 67 c Abs 2 Satz 5, § 67 d Abs 3 StGB, durch Vollstreckungsverjährung und mit dem Ende der Führungsaufsicht (§ 67 g Abs 5 StGB).
War die Vollstreckung der Strafe, des Strafrestes oder der Maßregel zur **Bewährung** oder im **Gnadenwege ausgesetzt**, so wird in die Frist die Bewährungszeit **eingerechnet**, wenn nach deren Ablauf die Strafe oder der Strafrest **erlassen** wird, oder die Maßregel **erledigt** ist (§ 45 a Abs 3 StGB). Die „Einrechnung" der Bewährungszeit wird dadurch erreicht, dass man den Fristbeginn für den Statusverlust auf den **Beginn** der Bewährungszeit, d. h. den Zeitpunkt der Rechtskraft der Aussetzungsentscheidung bzw der Bewilligung (Bekanntgabe) des Gnadenerweises ansetzt. Eine Fristberechnung ab Rechtskraft des Straferlasses (unter Aussparung der Zeitspanne zwischen Bewährungsende und rechtskräftigem Straferlass) führt zu unbilligen und fragwürdigen Ergebnissen. Insbesondere auch deshalb, weil der Straferlass (aus vom Verurteilten nicht zu vertretenden Gründen) häufig erst verspätet und sehr uneinheitlich erfolgt. Eine Gleichbehandlung in gleich gelagerten Fällen ist nicht gewährleistet.[44]
Der Tag des **Ablaufs** des Rechtsverlustes ist zum **Bundeszentralregister** mitzuteilen, **421** sobald er feststeht oder errechenbar ist (§ 12 Abs 1 Nr. 7 BZRG). Lässt sich infolge der Erledigung der Strafe oder der Maßregel das Ende des Verlustes der in § 45 StGB bezeichneten Fähigkeiten oder Rechte berechnen, so ist der Tag des Ablaufs in der jeweiligen Registermitteilung (Verbüßungsnachricht usw) nach Maßgabe der Nr. 69 ff der Anl. 3 zur 3. BZRVwV zusätzlich anzugeben.

3. Wiederverleihung von Fähigkeiten und Rechten

Nach § 45 b StGB kann das Gericht die Amtsfähigkeit, die Wählbarkeit und das **422** Wahlrecht **vorzeitig wieder verleihen.** Voraussetzung ist, dass der Verlust die Hälfte der Zeit, die er dauern sollte, **wirksam** war – wobei die Zeit eines (behördlich angeordneten) Freiheitsentzuges nicht eingerechnet wird – und zu erwarten ist, dass der Verurteilte keine vorsätzlichen Straftaten mehr begehen wird. Die Regelung, dass in die Frist nicht eingerechnet wird die Zeiten, in welcher der Verurteilte auf Grund behördlicher Anordnung in einer Anstalt verwahrt worden ist, gilt nur für die Fristberechnung nach § 45 b Abs 1 Nr 1 StGB. Eine Entscheidung des Gerichts nach § 45 b StGB wirkt nur für die Zukunft; einmal verlorene Rechtsstellungen und Rechte werden nicht automatisch wiedererlangt.[45]

---

[44] Zur Fristberechnung (ab Beginn der Bewährungszeit) s ausführlich *Hamann*, Rpfleger 1981, 220; zustimmend *Kerkmann*, aaO, S 175; ebenso Landgericht Heilbronn, Beschl v 15. 11. 1991 – 1 StVK 614/91; aM *Diether*, Rpfleger 1981, 218.
[45] *Stree* in Schönke/Schröder, Rdn 5 zu § 45 b StGB.

Eine Wiederverleihung der in § 45 StGB bezeichneten Fähigkeiten und Rechte kann auch im **Gnadenwege** erfolgen. Die gerichtliche Entscheidung nach § 45 b StGB hat jedoch Vorrang.

Die **Wiederverleihung** der Fähigkeiten und Rechte ist zum **Zentralregister** mitzuteilen (§ 12 Abs 1 Nr. 7 BZRG): s dazu Nr. 73 ff (**gerichtliche** Wiederverleihung) und Nr. 141–143 (Wiederverleihung durch **Gnadenerweis**) der Anl. 3 zur 3. BZRVwV. Über die Wiederverleihung ist auch zum **Wählerverzeichnis** Nachricht zu geben (Nr. 12 Abs 1 Satz 3 MiStra).

II. Verfall, Einziehung, Unbrauchbarmachung und Vernichtung

A. Allgemeine Grundsätze

1. Rechtserwerb bei Verfall und Einziehung

423   Ist eine **rechtswidrige Tat** begangen worden und hat der Täter oder Teilnehmer für die Tat oder aus ihr etwas erlangt, so ordnet das Gericht dessen Verfall an. Durch den Wegfall der Vermögensstrafe[46] wird dem Verfall künftig wieder mehr Bedeutung zukommen. Das Gericht muss in diesen Fällen hinsichtlich jeder rechtswidrigen Tat ermitteln, welcher Gegenstand durch die Tat erlangt wurde, jedoch kann das Gericht gegebenenfalls den Wert schätzen, § 73 b StGB.

Mit der **Rechtskraft** der Entscheidung geht das Eigentum an der **verfallenen** oder **eingezogenen** Sache bzw das eingezogene (verfallene) Recht auf das Land (Justizfiskus) über, dessen Gericht im **ersten Rechtszug** entschieden hat (§§ 73 e Abs 1, 74 e Abs 1 StGB). Dies gilt auch dann, wenn im ersten Rechtszug in Ausübung der Gerichtsbarkeit des Bundes entschieden worden ist. Hat das Gericht den Verfall oder die Einziehung zu Gunsten des Bundes angeordnet, so wird die Bundesrepublik Deutschland (Justizfiskus) Eigentümer (§ 60 StVollstrO). Der Rechtswechsel tritt **unmittelbar** und **automatisch** durch die **konstitutive** Anordnung des Gerichts ein, auch dann, wenn der Eigentumswechsel sonst die Einhaltung von Formvorschriften (z. B. Eintragung im Grundbuch, Einigung und Übergabe bei beweglichen Sachen) verlangt oder das Gericht die bestehenden Rechtsverhältnisse unrichtig beurteilt hat.[47] Der Rechtsübergang erstreckt sich auf alle **wesentlichen Bestandteile** (§ 93 BGB) und auf das **Zubehör** (§ 97 BGB).[48]

Wird die **Unbrauchbarmachung** oder die **Vernichtung** angeordnet, tritt dagegen **kein** Eigentumswechsel ein; die bisherigen Eigentumsverhältnisse werden durch die gerichtliche Entscheidung nicht berührt.[49]

424   **Rechte Dritter** am Einziehungsgegenstand (Verfallsgegenstand) bleiben **bestehen** (§ 73 e Abs 1 Satz 2, § 74 e Abs 2 Satz 1 StGB), sofern nicht das Gericht (nur bei Einziehung!) das **Erlöschen** angeordnet hat (§ 74 e Abs 2 Satz 2 und 3 StGB). Gemeint sind hier nur die **beschränkt dinglichen** Rechte, wie Pfand- oder Hypothekenrechte

---

[46] Siehe hierzu Ausführungen zu Rdn 286 ff.

[47] *Fischer*, Rdn 1 zu § 74 e StGB. Beim Verfall tritt der Rechtsübergang nur dann ein, wenn der Gegenstand dem Betroffenen zum Zeitpunkt der **Rechtskraft** auch zusteht (§ 73 e Abs 1 Satz 1 StGB).

[48] Vor der Rechtskraft wirkt die Einziehungs-(Verfalls-)anordnung als Veräußerungsverbot zugunsten des Justizfiskus (§§ 74 e Abs 3, 73 e Abs 2 StGB). Gutgläubiger Erwerb bleibt zwar möglich, nicht jedoch an beschlagnahmten Sachen (OLG München, NJW 1982, 2330).

[49] *Pohlmann/Jabel/Wolf*, Rdn 2 zu § 60 StVollstrO.

(z. B. Nießbrauch), auch Sicherungsrechte wie das Sicherungs- und Vorbehaltseigentum, nicht dagegen obligatorische Rechte. Ist das Erlöschen **nicht** angeordnet worden, ist bei der Verwertung § 68 Abs 2 StVollstrO zu beachten: Entscheidung über die Verwertung durch die **oberste Justizbehörde** oder die von ihr bestimmte Stelle. Wird das Recht des Dritten durch die gerichtliche Einziehungsentscheidung **beeinträchtigt** oder ist es **erloschen**, so wird der Dritte aus der Staatskasse angemessen in **Geld entschädigt** (§ 74 f Abs 1 StGB).[50] Das Strafgericht entscheidet hierüber lediglich im Rahmen des § 436 Abs 3 StPO und hinsichtlich der **Höhe** nur bei der **Billigkeitsentschädigung** nach § 74 f Abs 3 StGB.[51] In allen übrigen Fällen befindet über den Entschädigungsanspruch die **oberste Justizbehörde** oder die von ihr bestimmte Stelle (§ 68 a StVollstrO). Ist der Gegenstand noch nicht verwertet, so entscheidet sie auch über die Verwertung. Bei Nichteinigung der Beteiligten steht der **Zivilrechtsweg** offen.

Entsprechendes gilt, wenn das **Eigentum** eines (tatunbeteiligten) **Dritten** durch die rechtskräftige Einziehungsentscheidung untergegangen ist. Hier besteht ein **Entschädigungsanspruch** nach § 74 f StGB mit der Abwicklung über § 436 Abs 3 StPO bzw § 68 a StVollstrO, ggf. auch die Betreibung des **Nachverfahrens** nach § 439 StPO zur Aufhebung der Einziehung. Jedoch scheidet eine Entschädigung aus, wenn

1. der Dritte wenigstens leichtfertig dazu beigetragen hat, dass die Sache oder das Recht Mittel oder Gegenstand der Tat oder ihrer Vorbereitung gewesen ist,
2. der Dritte den Gegenstand oder das Recht an dem Gegenstand in Kenntnis der Umstände, welche die Einziehung oder Unbrauchbarmachung zulassen, in verwerflicher Weise erworben hat oder
3. es nach den Umständen, welche die Einziehung oder Unbrauchbarmachung begründet haben, auf Grund von Rechtsvorschriften außerhalb des Strafrechts zulässig wäre, den Gegenstand dem Dritten ohne Entschädigung dauern zu entziehen.

In diesen Fällen kann eine Entschädigung dennoch gewährt werden, soweit es eine unbillige Härte wäre, sie zu versagen.

2. Wegnahme von Gegenständen

Sachen, auf deren **Verfall, Einziehung** oder **Unbrauchbarmachung** erkannt ist und die   **425**
sich noch nicht im amtlichen Gewahrsam befinden, nimmt die **Vollstreckungsbehörde** alsbald nach Rechtskraft der Entscheidung in **Besitz** (§ 61 Abs 1 StVollstrO). Gibt der Verurteilte die Sachen trotz Aufforderung nicht heraus, so beauftragt die Vollstreckungsbehörde (Rechtspfleger) den **Vollziehungsbeamten (Gerichtsvollzieher)** mit der **Wegnahme** (§ 459 g Abs 1 StPO). Der Vollziehungsbeamte (Gerichtsvollzieher) wird durch einen **schriftlichen Auftrag** (Inhalt s § 61 Abs 2 StVollstrO) zur Wegnahme ermächtigt; der Beifügung einer Urteilsabschrift bedarf es nicht. Der Auftrag soll ferner angeben, ob die Sache verwahrt oder wem sie übergeben werden soll. Ggf. ist eine **Durchsuchungsanordnung** zu erwirken, so wenn der Durchsuchung widersprochen oder der Betroffene wiederholt nicht angetroffen wird (§ 107 Nr. 8 GVGA).

Ist die Sache im Gewahrsam des **Verfalls-** oder **Einziehungsbeteiligten** und verweigert   **426**
dieser die Herausgabe, ist zu unterscheiden:

a) macht der **Einziehungsbeteiligte** (§ 431 Abs 1 StPO) **Eigentumsrechte** geltend, hindert dies die Vollstreckung (Wegnahme) nicht, weil das Eigentum mit Rechtskraft der gerichtlichen Entscheidung in jedem Falle auf das Land übergegangen ist (§ 74 e Abs 1 StGB). Beim **Verfall** ist der Eigentumsübergang auf den Staat wesentlich einge-

---

[50] Ausnahmen s § 74 f Abs 2 StGB.
[51] *Fischer,* Rdn 7 f zu § 74 f StGB.

schränkter (vgl. § 73 e Abs 1 Satz 1 StGB). Der Eigentumsanspruch eines **Verfallsbe-teiligten** (§ 442 StPO) bedarf daher der genauen Prüfung. Ggf. bleibt zur Herausgabe der Sache nur der Zivilrechtsweg.

b) macht der Verfalls- oder Einziehungsbeteiligte ein **beschränkt dingliches Recht** an der Sache geltend, ist eine Vollstreckung aufgrund der gerichtlichen Entscheidung nur dann möglich, wenn in ihr das **Erlöschen** des Rechtes angeordnet worden ist. Eine solche Anordnung ist nur bei der **Einziehung** vorgesehen (vgl. § 74 e Abs 2 StGB). In den anderen Fällen muss eine Klage auf Herausgabe (§ 985 BGB) erwogen werden. Darüber entscheidet die **oberste Justizbehörde** oder die von ihr bestimmte Stelle (§ 61 Abs 3 StVollstrO).

Ist die Sache im Gewahrsam eines sonstigen **Dritten,** der die Herausgabe verweigert, muss ggf. – auf Entscheidung der **obersten Justizbehörde** oder die von ihr bestimmte Stelle – der Klageweg beschritten werden (§ 61 Abs 4 StVollstrO).

427 Sind **Rechte** verfallen oder eingezogen, so ist in Bezug auf den Verurteilten oder Einziehungsbeteiligten (Dritten) keine Pfändung und Überweisung erforderlich. Beim Drittschuldner muss – bei Leistungsverweigerung – ggf. der Zivilrechtsweg (Entscheidung durch die **oberste Justizbehörde**) in Anspruch genommen werden (§ 61 Abs 5 StVollstrO).[52]

3. Eidesstattliche Versicherung

428 Wird die Sache, auf deren Verfall, Einziehung oder Unbrauchbarmachung erkannt ist, beim Verurteilten oder beim Verfalls- oder Einziehungsbeteiligten **nicht vorge-funden,** ist in der Regel die Abgabe einer **eidesstattlichen Versicherung** über den Verbleib der Sache herbeizuführen. Das Verfahren richtet sich nach § 459 g Abs 1 Satz 2 StPO iVm §§ 6 Abs 1 Nr. 1, 7 JBeitrO. Der **Antrag** auf Abnahme der eidesstattlichen Versicherung, der vom **Rechtspfleger** gestellt wird, kann lauten:

Staatsanwaltschaft   .... , den ....
VRs ..../....

                                    Verfügung

An den
Gerichtsvollzieher beim
Amtsgericht ......
Betr.: Strafsache gegen ...... wegen ......
      hier: Antrag auf Abnahme der eidesstattlichen Versicherung
1. Auf Grund der Einziehungsanordnung im rechtskräftigen und vollstreckbaren Urteil
   des ...... gerichts ...... vom ...... – AZ: ...... – ist der Verurteilte ......, geb. am ......
   in ......, wohnhaft in ......, zur Herausgabe eines®
   verpflichtet. Bei der Vollstreckungshandlung des Vollziehungsbeamten am ...... konnte
   die herauszugebende Sache beim Verurteilten nicht vorgefunden werden. Es wird daher
   beantragt, gem. § 459 g Abs 1 StPO iVm § 883 Abs 2 ZPO dem Verurteilten die eidesstattliche Versicherung über den Verbleib der Sache abzunehmen und zu diesem Zweck
   einen Termin zu bestimmen. Bei Nichterscheinen oder grundloser Verweigerung der Abgabe der eidesstattlichen Versicherung wird Haftbefehl beantragt.
2. Wv ......

                                    ....
                                               Rechtspfleger

---

[52] *Pohlmann/Jabel/Wolf,* Rdn 21 f zu § 61 StVollstrO.

Anmerkung:

Zum weiteren Verfahren s §§ 899, 901, 902, 904 bis 906 und 913 ZPO. Die Zahlung eines Haftkostenvorschusses ist nicht vorgesehen. Der richterliche Haftbefehl ermächtigt auch zwecks Verhaftung des Verurteilten zur Wohnungsdurchsuchung (§ 107 Nr. 8 GVGA).

Ist die Anordnung des Verfalls oder der Einziehung eines Gegenstandes deshalb nicht   **429**
ausführbar oder unzureichend, weil der Gegenstand nicht mehr vorhanden, verwertet oder mit dem Recht eines Dritten belastet ist oder weil nach der Anordnung sonst eine der in den §§ 73 a oder 74 c StGB bezeichnete Voraussetzung eingetreten oder bekannt geworden ist, so veranlasst die Vollstreckungsbehörde die Prüfung, ob der **Verfall** oder die **Einziehung** des **Wertersatzes nachträglich** angeordnet werden soll (§ 76 StGB).

4. Verwertung, Unbrauchbarmachung und Vernichtung

Verfallene oder **eingezogene** Gegenstände werden in der Regel **verwertet**; sind sie   **430**
wertlos, unverwertbar, gemeingefährlich oder in gesetzwidrigem Zustand, so werden sie **vernichtet** (§ 63 Abs 1 StVollstrO). Bei der Vernichtung gemeingefährlicher Gegenstände nimmt die Vollstreckungsbehörde, soweit erforderlich, die Hilfe der Polizei oder der zuständigen Verwaltungsbehörde in Anspruch. Die Verwertung geschieht, sofern in den §§ 69 ff StVollstrO nicht anderes bestimmt ist, durch **öffentliche Versteigerung**. Erscheint dies nicht ausführbar oder unzweckmäßig, so werden die Gegenstände **freihändig verkauft**. Mit der öffentlichen Versteigerung, im allgemeinen auch mit dem Freihandverkauf, beauftragt die **Vollstreckungsbehörde** (Rechtspfleger) den **Gerichtsvollzieher** (§ 64 StVollstrO). An Täter oder Teilnehmer der Straftat dürfen eingezogene Gegenstände grundsätzlich nicht veräußert werden; ebenso unzulässig ist ein **Freihandverkauf** an Angehörige der Justizverwaltung (einschließlich des Strafvollzugs) oder an Hilfsbeamte der Staatsanwaltschaft. Der Gerichtsvollzieher, dem der Verwertungsauftrag **schriftlich** erteilt werden muss (§ 64 Abs 1 StVollstrO), führt den bei der Veräußerung erzielten **Erlös** an die **Gerichtskasse** oder sonst zuständige Kasse ab, wo er als "Gebühren und Strafen" vereinnahmt wird.

Werden Gegenstände, die in einem Zoll-, Verbrauchssteuer-, Monopol- und Devisenstrafverfahren oder in einem Verfahren wegen Zuwiderhandlungen gegen Ein- und Ausfuhrverbote gerichtlich eingezogen worden sind, durch eine Stelle der **Bundesfinanzverwaltung verwahrt**, so werden sie im Benehmen mit der Vollstreckungsbehörde durch das **Hauptzollamt** verwertet. Der Erlös ist an die Gerichtskasse abzuführen (§ 65 StVollstrO).

Verfallene oder eingezogene Gegenstände, die sich zur Verwendung für **Zwecke** der   **431**
Justizverwaltung (einschließlich des Strafvollzugs), der Bewährungshilfe, der Strafentlassenenfürsorge oder der Polizei im Rahmen der Strafverfolgung eignen, sind zunächst nicht zu verwerten. Sie werden in ein **Verzeichnis** aufgenommen und dort nach Art, Größe, Beschaffenheit und dem Zustand ihrer Erhaltung kurz beschrieben. Die **Vollstreckungsbehörde** legt das Verzeichnis von Zeit zu Zeit mit einem Verwendungsvorschlag dem **Generalstaatsanwalt** vor; dieser entscheidet über die Verwendung im Benehmen mit dem Präsidenten des Oberlandesgerichts und der höheren Vollzugsbehörde (§ 66 Abs 1 StVollstrO). In das Verzeichnis sind insbesondere aufzunehmen: Empfangsanlagen für Ton- und Fernsehrundfunk, Geräte der Informations- und Kommunikationstechnik, Werkzeuge, landwirtschaftliche Geräte, Materialien, Kleidungsstücke aller Art, ferner Geräte zum Messen und Wägen, die sich nach Ansicht der Eichbehörde zur Wiederverwendung eignen. Gegenstände, deren geringer

Gebrauchswert die Verwendung nicht lohnen würde, werden nicht aufgenommen (§ 66 Abs 2 StVollstrO).

Für die Verwendung von **Waffen, Funkanlagen** und **Kraftfahrzeugen** für Zwecke der Justizverwaltung gelten § 70 Abs 1, § 72 und § 73 StVollstrO.

432   Verfallene oder eingezogene Gegenstände, die zur Begehung einer rechtswidrigen Tat bestimmt gewesen, gebraucht oder durch sie hervorgebracht worden sind, werden dem **Landeskriminalamt,** der ihm entsprechenden Behörde oder dem **Bundeskriminalamt** angeboten und auf deren Ersuchen überlassen, wenn sie für **kriminalwissenschaftliche Forschungs- oder Lehrzwecke** von Bedeutung sind. Dasselbe gilt nach Möglichkeit, wenn eine dieser Behörden von sich aus um die Überlassung bestimmter Gegenstände ersucht. Die Überlassung geschieht **leihweise** und mit dem ausdrücklichen Vorbehalt, dass die Vollstreckungsbehörde die Gegenstände aus wichtigen Gründen jederzeit zurückverlangen kann. Gegenstände von erheblichem Wert dürfen nur mit **Genehmigung** des **Generalstaatsanwalts** angeboten oder überlassen werden (§ 67 StVollstrO).[53]

433   Gegenstände, deren **Unbrauchbarmachung** angeordnet ist (§ 74d Abs 1 Satz 2 StGB, § 30 Abs 1 Satz 1 WZG) werden nach Maßgabe der gerichtlichen Entscheidung ihrer gefährdenden Form **entkleidet** oder **unschädlich gemacht.** Ist dies nicht möglich, so werden sie **vernichtet** (§ 63 Abs 3 StVollstrO). Da die Anordnung der Unbrauchbarmachung das Eigentumsrecht an dem Gegenstand nicht berührt, ist dieser anschließend wieder – soweit nicht vernichtet – an den Berechtigten zurückzugeben.

434   Gegenstände, deren **Vernichtung** angeordnet ist, werden durch die Maßnahmen vernichtet, die nach pflichtgemäßem Ermessen der Vollstreckungsbehörde am geeignetsten erscheinen (§ 63 Abs 4 StVollstrO). Bei der Vernichtung gemeingefährlicher Gegenstände kann die Hilfe der Polizei oder der zuständigen Verwaltungsbehörde in Anspruch genommen werden; bei Zollgut ist das Hauptzollamt zu hören.

435   Ist damit zu rechnen, dass die **Wiederaufnahme** des Verfahrens angeordnet oder das **Nachverfahren** (§ 439 StPO) beantragt wird, so wird von einer Verwertung, Unbrauchbarmachung oder Vernichtung einstweilen abgesehen. Dasselbe gilt, wenn um Freigabe des eingezogenen Gegenstandes im **Gnadenwege** gebeten worden ist und wichtige Gnadengründe vorliegen (§ 68 Abs 1 StVollstrO).

Macht ein **Dritter** geltend, dass er ein beschränkt dingliches Recht an dem Gegenstand habe, dessen Erlöschen nicht angeordnet worden ist, so entscheidet über die **Verwertung** die **oberste Justizbehörde** oder die von ihr bestimmte Stelle (§ 68 Abs 2 StVollstrO). Dies gilt auch gem. § 68a StVollstrO bei Entschädigungsansprüchen eines Dritten (§ 74f StGB) wegen Einziehung eines Gegenstandes bzw Löschung eines Rechtes.[54]

B. Verwendung bestimmter Gegenstände

436   Für eine Reihe von Gegenständen gelten **besondere Verwertungsvorschriften** (s §§ 69ff StVollstrO). Um welche Gegenstände es sich dabei im einzelnen handelt und nach welchen Bestimmungen die Abwicklung vorzunehmen ist, zeigt nachfolgende **Übersicht:**[55]

---

[53] Zur Verwendung von Gegenständen für karitative oder humanitäre Zwecke s § 67a StVollstrO.
[54] Die Entscheidungen im Rahmen der §§ 68 Abs 2, 68a StVollstrO obliegen in Baden-Württemberg dem Generalstaatsanwalt (AV v 6. 10. 1992; Die Justiz S 442); im Übrigen sind die landesrechtlichen Vorschriften zu beachten.
[55] Fundstellen, soweit nicht Baden-Württemberg, s *Pohlmann/Jabel/Wolf,* StVollstrO, Anh 7.

Gegenstand	Abwicklung nach:
Jagdwaffen, Jagd- und Forstgeräte, Wild und Hunde	§ 69 StVollstrO
Andere Waffen und verbotene Gegenstände	§ 70 StVollstrO
Fischereigeräte	§ 71 StVollstrO
Funkanlagen	§ 72 StVollstrO
Kraftfahrzeuge	§ 73 StVollstrO
Arzneimittel und chemische Stoffe	§ 74 StVollstrO
Betäubungsmittel	§ 75 StVollstrO
Falschgeld	§ 76 StVollstrO
Devisenwerte	§ 77 StVollstrO
Inländische Zahlungsmittel	§ 78 StVollstrO
Inländische Wertpapiere	§ 79 StVollstrO
Messgeräte, Zusatzeinrichtungen zu Messgeräten. Formbeständige Behältnisse. Fertigpackungen. Flaschen als Maßbehältnisse. Schankgefäße.	§ 80 StVollstrO
Schriften. Ton- und Bildträger. Abbildungen und Darstellungen.	§ 81 StVollstrO
Weine	§ 82 StVollstrO
Andere unter das Weingesetz fallende Erzeugnisse und Getränke	§ 83 StVollstrO
Andere unter das Weingesetz fallende Stoffe und Gegenstände	§ 84 StVollstrO
Branntwein und Branntweinerzeugnisse	§ 85 StVollstrO
Brenn- oder Weingeräte	§ 86 StVollstrO

Zur Behandlung von eingezogenen **verfälschten Pässen** und sonstigen **Personalausweisen** s Rundschreiben des Bundesministers der Justiz vom 21. 6. 1976 (4333–0–6507/76) und Erl d JM Baden-Württemberg v 2. 8. 1976 (4333–IV/95).[56]

---

[56] Übersendung mit Begleitschreiben an die zuständige Auslandsvertretung unter Hinweis auf gerichtliche Einziehung wegen Verfälschung; ggf. Aufbewahrung bei den Akten.

III. Behandlung der amtlich verwahrten Gegenstände

A. Aufbewahrung

437 Die Behandlung der in amtlichen Gewahrsam gelangten **Überführungsstücke** – Gegenstände die als Beweismittel von Bedeutung sind oder der Einziehung unterliegen (§§ 94, 111 b StPO, §§ 22 ff, 46 OWiG) – richtet sich nach den Nr. 74 ff RiStBV, § 9 AktO oder entsprechenden Verwaltungsvorschriften der Länder.[57]

Nr. 74 RiStBV stellt **allgemeine Richtlinien** für die Verwahrung auf: die Gegenstände sind zur Vermeidung von Schadensersatzansprüchen vor Verlust, Entwertung oder Beschädigung zu schützen.

Die **geschäftliche** Behandlung der Überführungsstücke bestimmt sich nach **§ 9 AktO**. Danach sind die Gegenstände auf Verfügung des Richters oder Staatsanwalts (Amtsanwalts) in eine besondere **Liste** einzutragen. Die Liste kann auf Anordnung des Behördenleiters auch in Kartei- oder Loseblattform geführt werden. Die Verwahrung der Gegenstände wie auch die Führung der Liste obliegt der **Geschäftsstelle**. An jedem einzelnen Gegenstand oder seiner Umhüllung ist ein **Zettel** zu befestigen, der die Nummer der Liste trägt und die Straf- oder Bußgeldsache bezeichnet, zu welcher der Gegenstand gehört. Den Akten ist ein **Verzeichnis** der Überführungsstücke vorzuheften, das die Nummer der Liste, die Bezeichnung der Stücke und die auf die Verwahrung sich beziehenden Aktenblätter angibt.

Wie die Verwahrung der Gegenstände im einzelnen zu erfolgen hat, ergibt sich aus der **AV vom 3. 12. 1938** – Deutsche Justiz S 1932 –, soweit nicht die **Länder** eigene Verwaltungsvorschriften erlassen haben (sog **„Gewahrsamssachenanweisung"**).

Nach der „Gewahrsamssachenanweisung" unterscheidet man zwei Arten der Aufbewahrung:

a) die einfache Aufbewahrung,
b) die besonders gesicherte Aufbewahrung.

Gegenstände, die eines **besonderen Schutzes** vor Verlust oder Beschädigung bedürfen, insbesondere Geld, Schecks, Kostbarkeiten, Edelmetalle, Wertpapiere, wichtige Urkunden (Sparbücher, Kraftfahrzeugscheine, Hypothekenbriefe usw), aber auch Betäubungsmittel sowie Waffen und Munition sind in die **besonders gesicherte Aufbewahrung** zu nehmen; die übrigen Gegenstände kommen in die **einfache Aufbewahrung**.

Die **einfache Aufbewahrung** obliegt der **Geschäftsstelle**. Sie hat hierbei die allgemeinen Anordnungen des Behördenleiters und etwaige besondere Anordnungen des Sachbearbeiters zu beachten. Die Gegenstände können in der Regel bei den Akten, in Fächern, Schränken oder in Schreibtischkästen verwahrt werden.

Steht der **Geschäftsstelle** ein Stahlschrank oder dergleichen zur Verfügung, führt sie auch die **besonders gesicherte Aufbewahrung** durch. Geldbeträge sind an die zuständige Kasse als Verwahrgeld abzuliefern. Dies gilt nicht für Geldbeträge, die in den eingelieferten Stücken erhalten bleiben sollen, sofern eine besonders gesicherte Aufbewahrung gewährleistet ist. Die Quittung über die Ablieferung an die Kasse ist zu den Akten zu nehmen.

---

[57] Fundstellen s *Piller/Hermann,* Justizverwaltungsvorschriften, unter AktW 1.

B. Abwicklung

Ist in der gerichtlichen Entscheidung rechtskräftig auf Einziehung, Verfall, Unbrauch- 438
barmachung oder Vernichtung von Gegenständen erkannt worden, erfolgt die Abwicklung durch die **Vollstreckungsbehörde** (Rechtspfleger) nach den Grundsätzen der
§§ 60 ff StVollstrO und den dazu ergangenen Ausführungsbestimmungen.

Kommt eine Einziehung etc. nicht in Betracht, sind die Überführungsstücke unter 439
Beachtung der in **Nr. 75 RiStBV** aufgestellten Richtlinien an den jeweils Empfangsberechtigten herauszugeben. Die Abwicklung der Überführungsstücke ist während des
Ermittlungsverfahrens und nach rechtskräftigem Abschluss des Strafverfahrens Sache
der **Staatsanwaltschaft** (Sachbearbeiter).[58] Die Herausgabe ist vorzunehmen, sobald
die Gegenstände für das Strafverfahren entbehrlich sind.

Empfangsberechtigt ist an erster Stelle der **letzte Gewahrsamsinhaber** (Nr. 75 Abs 2
RiStBV). Von dieser Regel gibt es jedoch einige Ausnahmen:

a) Ist dem **Verletzten** die verwahrte Sache durch eine Straftat entzogen worden (Fall des 440
§ 111k StPO) und sind die Ansprüche des Verletzten offensichtlich begründet, so wird
die Sache an den **Verletzten** zurückgegeben. Die Herausgabe an den Verletzten bedarf
der Zustimmung des letzten Gewahrsamsinhabers. Ansonsten ist ein **Gerichtsbeschluss**
über die Herausgabe herbeizuführen (Nr. 75 Abs 3 RiStBV).

b) Nicht an den letzten Gewahrsamsinhaber, sondern an einen **Dritten** ist eine ver- 441
wahrte Sache herauszugeben, wenn dieser offensichtlich begründete Ansprüche auf
die Sache geltend machen kann. Bestehen lediglich Anhaltspunkte für die Berechtigung des Dritten, so kann der Staatsanwalt diesem unter Bestimmung einer Frist Gelegenheit zu ihrem Nachweis geben. Lässt der Dritte die Frist ungenutzt verstreichen,
so wird der Gegenstand dem letzten Gewahrsamsinhaber ausgehändigt (Nr. 75 Abs 4
RiStBV).

c) Ergibt sich im Laufe der Ermittlungen zweifelsfrei, dass eine Sache **unrechtmäßig** 442
in die Hand des letzten Gewahrsamsinhabers gekommen ist, lässt sich der Verletzte
aber nicht ermitteln, so ist nach § 983 BGB und den dazu erlassenen Vorschriften zu
verfahren (Nr. 75 Abs 5 RiStBV). Eine Abgabe der Sache an das Fundbüro kommt
dabei nicht in Betracht, vielmehr ist die Sache **öffentlich zu versteigern** (§ 979
BGB),[59] nachdem zuvor die **öffentliche Bekanntmachung** (§ 980 BGB) stattgefunden
hat. Die vorgeschriebene Bekanntmachung erfolgt nach Landesrecht (§ 982 BGB).

Die **Bekanntmachung** kann lauten:

Staatsanwaltschaft   .... , den ....
AZ: ....

Bekanntmachung

Bei der Staatsanwaltschaft ...... sind folgende unanbringbare Sachen, die aus einer strafbaren Handlung herrühren, in Verwahrung: ....
....
....

---

[58] Vgl. dazu OLG Karlsruhe, Justiz 1977, 356; OLG Neustadt, NJW 1954, 286; OLG Hamm,
JMBlNRW 1961, 94; OLG Hamburg, JZ 1951, 377.
[59] Zum Begriff „öffentliche Versteigerung" s § 383 Abs 3 Satz 1 BGB. Die Versteigerung erfolgt
in der Regel durch einen Gerichtsvollzieher oder öffentlich angestellten Versteigerer. Die an sich
zulässige Versteigerung durch einen Beamten der Behörde (s § 979 Abs 1 Satz 2 BGB) dürfte
mangels praktischer Erfahrung kaum in Betracht kommen.

Empfangsberechtigte Personen werden hiermit aufgefordert, ihre Rechte an den genannten Gegenständen binnen sechs Wochen, vom Tag des Aushangs an gerechnet, bei der Staatsanwaltschaft . . . . . ., Zimmer . . . . . ., schriftlich oder mündlich geltend zu machen (§ 983 BGB iVm § 1 der VO der Landesregierung v 29. 9. 1981 – GBl S 510).

. . . .
Staatsanwaltschaft

Aushang am: . . . . . .
Abnahme am: . . . . . .

Der **Versteigerungserlös** wird – auf Kassenanweisung des Sachbearbeiters – bei der Gerichtskasse oder sonst zuständigen Kasse vereinnahmt. Sind seit dem Ablauf der in der öffentlichen Bekanntmachung bestimmten Frist drei Jahre verstrichen, so fällt der Versteigerungserlös, wenn nicht ein Empfangsberechtigter sein Recht angemeldet hat, an den Landesfiskus (§ 981 Abs 1 BGB).

443 Kommt es zu einer **Rückgabe** von verwahrten Gegenständen, sind in der **Herausgabeanordnung** des Sachbearbeiters (Staatsanwalt/Amtsanwalt) die Gegenstände und der Empfangsberechtigte genau zu bezeichnen. Die Rückgabe ist nur gegen **Empfangsbescheinigung** zulässig, sofern nicht der Nachweis auf andere Weise (z.B. durch Einschreibesendungen) gesichert ist. Anordnung und Herausgabe sind **aktenkundig** zu machen (Nr. 75 Abs 6 RiStBV; §§ 17, 18 Gewahrsamssachenanweisung).[60]

---

[60] Zur Herausgabe von Überführungsstücken s auch *Löffler,* NJW 1991, 1705.

Siebter Teil. Vollstreckung von Entscheidungen nach dem Gesetz über Ordnungswidrigkeiten

I. Grundlagen der Vollstreckung

A. Vorbemerkungen

Das OWiG gilt für Ordnungswidrigkeiten sowohl nach Bundes- als auch nach Lan- 444
desrecht (§ 2 OWiG). Die **Ordnungswidrigkeit** ist eine tatbestandsmäßige, rechtswidrige, vorwerfbare Handlung, für die das Gesetz die Ahndung mit einer **Geldbuße** zulässt (§ 1 OWiG). Eine mit Geldbuße bedrohte Handlung ist eine rechtswidrige
Handlung, die den Tatbestand eines Gesetzes verwirklicht, auch wenn sie nicht vorwerfbar begangen ist. Nicht vorwerfbar handelt, wer bei Begehung einer Handlung
noch nicht vierzehn Jahre alt ist. Ein Jugendlicher handelt nur unter den Voraussetzungen des § 3 Satz 1 JGG vorwerfbar. Ferner handelt nicht vorwerfbar, wer bei Begehung der Handlung wegen einer krankhaften seelischen Störung, wegen einer tief-
greifenden Bewusstseinsstörung oder wegen Schwachsinn oder einer schweren
anderen seelischen Abartigkeit unfähig ist, das Unerlaubte der Handlung einzusehen
oder nach dieser Einsicht zu handeln, § 12 OWiG. Zum Unterschied zur Straftat ist
die Ordnungswidrigkeit überwiegend ein Verstoß gegen **Ordnungsvorschriften** oder
nur eine Verletzung von **Rechtsgütern** der **unteren Wertungsschicht**. Die Ordnungswidrigkeit ist gegenüber der Straftat nicht nur ein „minus", sondern nach der Art der
angedrohten Rechtsfolgen auch ein „aliud".[1]
Signifikantes Ahndungsmittel des Ordnungswidrigkeitenrechts ist die **Geldbuße**. Sie
hat repressiven Charakter, ohne jedoch eine Strafe zu sein. Ihr Zweck ist es nicht, eine
Tat zu sühnen, sondern sie ist „lediglich als eine nachdrückliche Pflichtenmahnung"
anzusehen.[2] Die Geldbuße wird – als „aliud" zur Strafe – nicht in das Zentralregister
eingetragen, auch nicht bei Zusammentreffen von Geldbuße und Kriminalstrafe in
demselben Straferkenntnis (s § 4 BZRG). Eine Umwandlung – bei Uneinbringlichkeit
– zu einer Ersatzfreiheitsstrafe erfolgt nicht; Freiheitsentziehung ist nach dem OWiG
nur in Form von **Erzwingungshaft** (§ 96 OWiG) vorgesehen.

B. Gegenstand der Vollstreckung

Im Rahmen des OWiG können zur **Vollstreckung** anstehen: 445

a) **Geldbuße:**
Die Geldbuße beträgt mindestens fünf **EURO** und, wenn das Gesetz nichts anderes
bestimmt, höchstens **eintausend EURO** (§ 17 OWiG). Im Falle der Tateinheit (§ 19
OWiG) wird nur eine einzige Geldbuße, bei Tatmehrheit (§ 20 OWiG) für jede Gesetzesverletzung eine **gesonderte** Geldbuße festgesetzt. Aus diesen mehreren Geldbußen
wird keine Gesamtgeldbuße gebildet, auch dann nicht, wenn der Betroffene gleichzeitig wegen mehrere Ordnungswidrigkeiten verurteilt wird.[3]

---

[1] *Göhler*, Rdn 6 vor § 1 OWiG.
[2] BVerfGE 27, 18.
[3] Vgl. demgegenüber die Regelung bei der Geldstrafe: § 53 Abs 1 StGB.

b) Nebenfolgen:

Als Nebenfolgen einer Ordnungswidrigkeit können in Betracht kommen:
– die Einziehung von Gegenständen und des Wertersatzes (§§ 22 ff OWiG),
– die Unbrauchbarmachung (§ 30 Abs 1 WZG, § 123 Abs 2 OWiG),
– der Verfall von Vermögensvorteilen (§ 29 a OWiG),
– die Geldbuße gegen juristische Personen und Personenvereinigungen (§ 30 OWiG),
– die Abführung des Mehrerlöses (§§ 8 ff WiStG),
– das Fahrverbot (§ 25 StVG),
– das Verbot der Jagdausübung (§§ 39, 41 a BJagdG).

c) Verfahrenskosten:

Unter welchen Voraussetzungen Kosten (notwendige Auslagen) auferlegt werden können, ergibt sich im Verfahren der **Verwaltungsbehörde** aus § 105 OWiG, für das **gerichtliche** Bußgeldverfahren aus den Kostenvorschriften der StPO (§§ 464 ff) und des JGG (§ 74) sowie aus §§ 109, 109 a OWiG und für das Verfahren der **Staatsanwaltschaft** aus § 108 a OWiG. Wegen der Kostentragungspflicht des Kfz-Halters gilt § 25 a StVG.

d) Erzwingungshaft:

Die Erzwingungshaft (§ 96 OWiG) ist keine Strafmaßnahme, sondern ein **Beugemittel** gegenüber einem **zahlungsunwilligen** (nicht zahlungsunfähigen) Betroffenen, um die Zahlung der auferlegten Geldbuße durchzusetzen.

Die Dauer der Erzwingungshaft wegen **einer** Geldbuße darf **sechs Wochen,** wegen **mehrerer** in einer Bußgeldentscheidung festgesetzter Geldbußen **drei Monate** nicht übersteigen. Die Erzwingungshaft wird nach **Tagen** bemessen – Höchstdauer demgemäß neunzig Tage: § 191 BGB – und kann nachträglich nicht verlängert, jedoch **abgekürzt** werden (§ 96 Abs 3 OWiG).

e) Erzieherische Maßnahmen und Jugendarrest:

Wird die gegen einen **Jugendlichen** oder **Heranwachsenden** festgesetzte Geldbuße auch nach Ablauf der zweiwöchigen Schonfrist des § 95 Abs 1 OWiG nicht gezahlt, so kann der **Jugendrichter** nach Maßgabe des § 98 Abs 1 OWiG an Stelle der Geldbuße **erzieherische Maßnahmen** anordnen
– Arbeitsleistungen zu erbringen,
– nach Kräften den durch die Handlung verursachten Schaden wieder gut zu machen,
– bei einer Verletzung von Verkehrsvorschriften an einem Verkehrsunterricht teil zu nehmen,
– sonst eine bestimmte Leistung zu erbringen.

Der Jugendrichter kann diese Anordnungen nebeneinander treffen und nachträglich ändern.

Die Anordnung soll es dem Betroffenen ermöglichen, der ihm durch die Geldbuße obliegenden Leistungspflicht anderweitig nachzukommen. Zahlt der Jugendliche (Heranwachsende) nachträglich die Geldbuße, wozu ihm die Wahl bleibt, wird die Anordnung gegenstandslos, ohne dass es deren Aufhebung bedarf.[4]

Bei vorwerfbarer Zuwiderhandlung gegen die Anordnung des Jugendrichters nach § 98 Abs 1 OWiG und Nichtzahlung der Geldbuße kann **Jugendarrest** nach § 16 JGG verhängt werden und zwar in der Form des Freizeitarrestes, des Kurzarrestes oder des Dauerarrestes. Ist Jugendarrest vollstreckt worden – die Vollstreckung richtet sich nach §§ 85 Abs 1, 86, 87, 90 JGG – kann der Jugendrichter die Vollstreckung der Geldbuße ganz oder zum Teil für **erledigt** erklären (§ 98 Abs 3 OWiG).

---

[4] *Göhler,* Rdn 15 zu § 98 OWiG.

§ 98 OWiG gilt nur im Zusammenhang mit **Geldbuße,** nicht bei Nebenfolgen oder Verfahrenskosten.[5]

C. Vollstreckungsbehörde: Abgrenzung Verwaltung – Justiz

1. Zuständigkeit der Verwaltungsbehörde

Der **Bußgeldbescheid** (§§ 65, 66 OWiG) wird nach den **Verwaltungs-Vollstreckungs-** **446** **gesetzen** (VwVGen) des Bundes oder der Länder vollstreckt (§ 90 Abs 1 OWiG). Hat eine Verwaltungsbehörde des **Bundes** den Bußgeldbescheid erlassen, gilt das VwVG vom 27. 4. 1953;[6] auf Bußgeldbescheide der **Landesbehörden** finden die landesrechtlichen Vorschriften über das Verwaltungsvollstreckungs- oder Verwaltungszwangsverfahren Anwendung.[7]

Die **Vollstreckung** des **Bußgeldbescheides** – gleichgültig ob er sich gegen Erwachsene, Jugendliche oder Heranwachsende richtet – obliegt der in den jeweiligen VwVGen genannten **Verwaltungsbehörde.** Die Verwaltungsbehörde ist auch dann für die Vollstreckung zuständig, wenn ein **Einspruch** gegen den Bußgeldbescheid **zurückgenommen** oder gem. § 70 Abs 1 OWiG[8] oder nach § 74 Abs 2 OWiG[9] verworfen wird, da in diesen Fällen der Bußgeldbescheid seine volle Wirksamkeit behält.[10] Dies gilt jedoch nicht für die gem. § 109 Abs 2 OWiG bei Rücknahme oder Verwerfung des Einspruchs entstandenen **Kosten** des **gerichtlichen Verfahrens** (zumeist handelt es sich um Auslagen; zur Gebühr bei Verwerfung durch Urteil s GKG KostVerz Nr. 1720), die von der nach § 4 Abs 2 Satz 2 GKG zuständigen Justizbehörde (Gericht des ersten Rechtszuges) anzusetzen und von der Gerichtskasse (§§ 73 ff JKassO) oder der landesrechtlich bestimmten Stelle (§ 1 Abs 6 JBeitrO) einzuziehen sind.

Die VwVGe des Bundes oder der Länder gelten auch für die Vollstreckung eines von der Verwaltungsbehörde festgesetzten **Ordnungsgeldes** und der **Kosten** des **Bußgeldverfahrens** (§§ 90 Abs 4, 108 Abs 2 OWiG). Zu den Kosten des Verfahrens der Verwaltungsbehörde – s dazu die Aufstellung in § 107 OWiG – gehören u. a. die Auslagen, die der Polizei entstanden sind, ferner die Kosten der Vollstreckung der Geldbuße oder einer Nebenfolge einschließlich der Kosten der – auf Antrag der Verwaltungsbehörde angeordneten – Erzwingungshaft (s § 107 Abs 3 Nr. 9 OWiG).

Somit ergibt sich folgende **Vollstreckungszuständigkeit** der **Verwaltungsbehörde:** Ihr obliegt die Vollstreckung der im **Bußgeldbescheid** festgesetzten Geldbuße, der Nebenfolgen und der Kosten des Bußgeldverfahrens – ferner des von ihr verhängten Ordnungsgeldes.

Die Verwaltungsbehörde ist dagegen **nicht zuständig,** wenn Erzwingungshaft (s § 97 OWiG) oder Maßnahmen im Sinne des § 98 Abs 1 OWiG bzw Jugendarrest (§ 98 Abs 2 OWiG) zu vollstrecken sind; hier besteht die **alleinige** Vollstreckungskompetenz der Justizbehörden (Staatsanwaltschaft bzw Jugendrichter).

Die nach den VwVGen zuständige Vollstreckungsbehörde wird nicht in jedem Falle **447** auch die Behörde sein, die den Bußgeldbescheid **erlassen** hat und in § 92 OWiG als Vollstreckungsbehörde bezeichnet wird. Die VwVGen verwenden den Terminus

---

[5] Zur Vollstreckung gerichtlich erkannter Ordnungs- und Zwangsmittel in Bußgeldsachen s unter Rdn 511 ff.

[6] BGBl I S 157 (in der jeweils geltenden Fassung).

[7] Fundstellen s *Göhler*, Rdn 6 zu § 90 OWiG.

[8] Verspäteter oder nicht formgerechter Einspruch.

[9] Ausbleiben des Betroffenen in der Hauptverhandlung ohne genügende Entschuldigung trotz Anordnung des persönlichen Erscheinens.

[10] Vgl. auch *Pohlmann*, Rpfleger 1970, 200; *Baldauf*, NJW 1970, 460.

„Vollstreckungsbehörde" nicht im gleichem Sinne wie das OWiG: der Vollstreckungsbehörde nach § 92 OWiG – die Behörde, die den Bußgeldbescheid erlassen hat –
obliegen alle Entscheidungen (Anträge), die das OWiG der Vollstreckungsbehörde
übertragen hat (z. B. §§ 93, 95, 96 OWiG); Vollstreckungsbehörde nach den VwVGen
ist dagegen die Verwaltungsbehörde, welche die Vollstreckung **tatsächlich** durchführt.[11]

448 Die **Geldbußen** fließen (soweit das Gesetz nichts anderes bestimmt) in die **Bundeskasse**, wenn eine Verwaltungsbehörde des Bundes den Bußgeldbescheid erlassen hat,
sonst in die **Landeskasse**. Entsprechendes gilt auch für **Nebenfolgen**, die zu einer
Geldzahlung verpflichten (§ 90 Abs 2 OWiG). Der Vorbehalt in § 90 Abs 2 Satz 1
(„soweit das Gesetz nichts anderes bestimmt") lässt jedoch auch andere Lösungen zu,
von denen der Bund und besonders die Länder in großem Umfang Gebrauch gemacht
haben.[12]

§ 90 Abs 2 OWiG findet keine Anwendung bei **Ordnungsgeldern** sowie bei **Verwar-
nungsgeldern** (§ 56 OWiG), die der Kasse desjenigen Verwaltungsträgers zustehen,
dem die betr. Verwaltungsbehörde angehört.

2. Zuständigkeit der Justizbehörden

449 In welchen Fällen den Justizbehörden die Vollstreckung obliegt, ergibt sich aus §§ 91,
92 OWiG. Danach sind die Justizbehörden zuständig, wenn **gerichtliche Bußgeldentscheidungen** zu vollstrecken sind.

Als „gerichtliche Bußgeldentscheidungen" sind solche **Sach**entscheidungen des Gerichts anzusehen, durch die eine **Geldbuße** festgesetzt oder **Nebenfolgen** angeordnet werden. Darunter fallen **Urteile** oder **Beschlüsse**, die auf einen Einspruch gegen
einen Bußgeldbescheid der Verwaltungsbehörde (§§ 68 Abs 1 u 2, 71, 72 OWiG)[13]
oder auf eine Rechtsbeschwerde (§ 79 Abs 5, 6 OWiG) ergangen sind, außerdem die
Beschlüsse nach §§ 438 Abs 2, 441 Abs 2, 444 Abs 2 StPO iVm § 46 Abs 1 OWiG.
Hierzu gehören aber auch **Strafbefehle** und **Urteile im Strafverfahren**, soweit diese
eine Ahndung von Ordnungswidrigkeiten – neben der Strafe – enthalten (§§ 82, 83
OWiG).

450 Bestandteil der Bußgeldentscheidung – und damit von den Justizbehörden zu vollstrecken – ist ferner die jeweilige **Kostenentscheidung** des Gerichts (§§ 464 ff StPO,
§ 109 Abs 2 OWiG). Welche Kosten für das gerichtliche Verfahren zu erheben sind,
ergibt sich aus § 27 GKG und GKG KostVerz Nr. 4110 ff und Nr. 9000 ff. Sie sind als
Gerichtskosten (GKG, KV 9015, 9012), mit einzuziehen. Durch Ländervereinbarung
erfolgt jedoch keine Erstattung an die jeweiligen Bußgeldbehörden.

Trifft das Gericht aufgrund des Einspruchs des Betroffenen gegen den Bußgeldbescheid eine **Sachentscheidung**, so wird für das Verfahren der Verwaltungsbehörde
keine Gebühr erhoben. Das Bußgeldverfahren der Verwaltungsbehörde und das gerichtliche Verfahren bilden nämlich **kostenmäßig** eine **Einheit**,[14] so dass lediglich die
Gerichtsgebühr nach GKG KostVerz Nr. 4110 anzusetzen ist. Anders steht es mit
den **Auslagen** der Verwaltungsbehörde. Sie sind als Gerichtskosten (GKG KostVerz

---

[11] *Rebmann/Roth/Herrmann,* Anm 3 zu § 90 OWiG.
[12] Einzelheiten und Fundstellen s *Göhler,* Rdn 35 ff zu § 90 OWiG.
[13] Wird der Einspruch zurückgenommen oder gem. § 70 Abs 1 OWiG oder § 74 Abs 2 Satz 1
OWiG verworfen, führt die Verwaltungsbehörde die Vollstreckung durch, da keine **Sach**entscheidung des Gerichts vorliegt. Die Kosten des gerichtlichen Verfahrens in diesen Fällen (§ 109
Abs 2 OWiG) sind jedoch von der gem. § 4 Abs 2 Satz 2 GKG zuständigen Justizbehörde (Gericht des ersten Rechtszuges) anzusetzen (s Rdn 783).
[14] BGHSt 26, 183.

Nr. 9015 (Nr. 9012)) mit einzuziehen und als **durchlaufende Gelder** (§ 14 EBAO) zu behandeln, sofern nicht eine Erstattung an die Verwaltungsbehörde aufgrund landesrechtlicher Regelungen entfällt.

Ist gegen den Betroffenen eine Geldbuße oder eine Nebenfolge, die zu einer Geldzahlung verpflichtet, festgesetzt worden, werden von der **Vollstreckungsbehörde** mit der Geldbuße (Nebenfolge) **gleichzeitig** auch die **Kosten** nach den Vorschriften der EBAO eingezogen (§ 1 Abs 1 bis 4 EBAO). Besteht lediglich eine Kostenforderung gegen den Betroffenen – so im Falle des § 109 Abs 2 OWiG – sind die Kosten des gerichtlichen Verfahrens der **Gerichtskasse** zur Einziehung zu überweisen (§ 4 Abs 2 KostVfg) oder über § 1 Abs 6 JBeitrO einzuziehen.

Hinsichtlich der Kosten (Kostenfestsetzung) sind aufgrund des OWiG-Änderungsgesetzes vom 7. 7. 1986 (BGBl I S 977) zwei **Besonderheiten** zu beachten:

a) Stellt die Staatsanwaltschaft das Verfahren nach Einlegung des Einspruchs gegen den Bußgeldbescheid der Bußgeldbehörde ein, so trifft in Bußgeldsachen ausnahmsweise die Staatsanwaltschaft die Kostenentscheidung nach § 467a Abs 1 und 2 StPO, § 108a Abs 1 OWiG. In der Regel werden die Kosten der Staatskasse aufzuerlegen sein. Nicht ausgeschlossen ist aber auch die Auferlegung der Kosten dem Betroffenen. Deshalb kann gegen die Kostenentscheidung der Staatsanwaltschaft nach § 108a Abs 2 OWiG innerhalb von 2 Wochen nach Zustellung gerichtliche Entscheidung beantragt werden. § 467a Abs 3 StPO gilt hier nicht.

Zuständig zur Festsetzung dieser Kosten ist nach § 108a Abs 3 OWiG der Urkundsbeamte der Geschäftsstelle. Zuständig war aber schon von jeher in der Regel der Beamte des gehobenen Dienstes. Da § 21 RpflG die Zuständigkeit dem Rechtspfleger überträgt für die Festsetzungsverfahren nach §§ 103 ff ZPO gilt diese Zuständigkeit auch für alle Festsetzungsverfahren, also auch für die des § 464b StPO, für die durch Verweisung die Vorschriften der §§ 103 ff ZPO anzuwenden sind, (vgl. auch Nr. 145 RiStBV).

b) Hat die **Staatsanwaltschaft** im Falle des § 25a StVG (Haftung des Kfz-Halters) eine abschließende Entscheidung getroffen, so ist sie (in ihrer Eigenschaft als Strafverfolgungsbehörde) auch für den **Kostenansatz** zuständig (§ 4 Abs 2a GKG). Die Gebühr bestimmt sich nach GKG KostVerz Nr. 4302 Hat das **Gericht** nach § 25a StVG entschieden, ist dieses Kostenbehörde (§ 4 Abs 2 Satz 2 GKG). Auch gegen die Entscheidung der Staatsanwaltschaft oder der Verwaltungsbehörde kann innerhalb von zwei Wochen nach Zustellung an den Kfz-Halter die gerichtliche Entscheidung beantragt werden. Die Kostenentscheidung des Gerichts ist jedoch nicht anfechtbar (§ 25a Abs 3 StVG).

Die Justizbehörden sind gem. § 97 OWiG ferner (ausschließlich) zuständig für die **451** Vollstreckung der **Erzwingungshaft** – auch wenn die Erzwingungshaft auf Antrag der Verwaltungsbehörde angeordnet wurde – und für die Vollstreckung gegen **Jugendliche** und **Heranwachsende** in den Fällen des **§ 98 OWiG** (erzieherische Maßnahmen, Jugendarrest). Soweit Erzwingungshaft oder erzieherische Maßnahmen im Verfahren gegen Jugendliche und Heranwachsende für die Verwaltungsbehörde vollstreckt wird, ist die Justizbehörde lediglich iSd § 97 OWiG Vollstreckungsbehörde, nicht auch iSd § 92 OWiG. Die Gewährung von Zahlungserleichterungen etc. obliegt daher weiterhin der Verwaltungsbehörde.

D. Vollstreckungsbehörden der Justiz

1. Zuständigkeitsregelung bei Vollstreckung gerichtlicher Bußgeldentscheidungen

Die Vollstreckung der gerichtlichen Bußgeldentscheidung, wenn sie gegen **Erwachsene** **452** ergangen ist, erfolgt gem. § 91 OWiG, § 451 Abs 1 StPO durch die **Staatsanwaltschaft**.

Sachlich ist im Grundsatz die Staatsanwaltschaft beim Landgericht zuständig. Bei Bußgeldentscheidungen des OLG und BGH in Kartellsachen (§§ 82, 83 GWB) ist die Staatsanwaltschaft beim Oberlandesgericht Vollstreckungsbehörde (§§ 4, 87 Abs 1 StVollstrO).

Die **örtliche** Zuständigkeit der Staatsanwaltschaft als Vollstreckungsbehörde bestimmt sich nach dem **Gericht** des **ersten Rechtszugs** (§ 143 Abs 1 GVG). Dringende Vollstreckungsanordnungen können auch eine örtlich unzuständige Vollstreckungsbehörde treffen (§ 87 Abs 1 iVm § 7 StVollstrO).

453   Im Verfahren gegen **Jugendliche** und **Heranwachsende** obliegt die Vollstreckung dem **Jugendrichter** (§ 91 OWiG, § 82 Abs 1 JGG). Dies gilt auch dann, wenn die zu vollstreckende Entscheidung nicht durch ein Jugendgericht, sondern durch ein Erwachsenengericht erging. Eine dem § 105 JGG entsprechende Vorschrift enthält das OWiG nicht; § 105 JGG ist in § 91 OWiG auch nicht für anwendbar erklärt. Daraus folgt, dass der Jugendrichter für die Vollstreckung gegen Heranwachsende die **alleinige** Kompetenz hat. Bei der Abgrenzung Heranwachsender/Erwachsener kommt es auf das Alter im Zeitpunkt der **Begehung** der Ordnungswidrigkeit an.[15]

Die **örtliche** Zuständigkeit des Jugendrichters als Vollstreckungsleiter ergibt sich aus §§ 84, 85 Abs 5 JGG (§ 91 OWiG). In der Regel führt danach derjenige Jugendrichter die Vollstreckung durch, der die Bußgeldentscheidung – sei es als Einzelrichter oder als Vorsitzender des Jugendschöffengerichts – erlassen hat. Fälle des § 84 Abs 2 JGG (z. B. Entscheidung durch die Jugendkammer) sind selten: zuständig ist dann der Jugendrichter des Amtsgerichts, dem die vormundschaftsrichterlichen Erziehungsaufgaben (s § 34 Abs 3 JGG) obliegen.[16]

Eine **Abgabe** der Vollstreckung an einen sonst nicht oder nicht mehr zuständigen Jugendrichter ist nur aus **wichtigen Gründen** zulässig (§ 91 OWiG iVm § 85 Abs 5 JGG): etwa wegen der Vollstreckungsnähe bei Wohnsitzwechsel des Betroffenen. Bei seiner Tätigkeit als **Vollstreckungsbehörde** ist der Jugendrichter Organ der Justizverwaltung und insoweit **weisungsgebunden**.[17]

2. Zuständigkeitsregelung bei Vollstreckung von Erzwingungshaft

454   Die in § 97 Abs 1 OWiG getroffene Regelung über die zuständigen Vollstreckungsbehörden entspricht der des § 91 OWiG.[18] Danach wird die Erzwingungshaft – soweit es sich um die Vollstreckung gegen **Erwachsene** handelt – durch die **Staatsanwaltschaft** vollstreckt. Dies gilt sowohl bei Bußgeldbescheiden der Verwaltungsbehörde als auch bei gerichtlichen Bußgeldentscheidungen. Die Verwaltungsbehörde hat keine Kompetenz für die Vollstreckung der Erzwingungshaft.[19]

Die **örtliche** Zuständigkeit der Staatsanwaltschaft bestimmt sich – im Ergebnis (s § 7 Abs 1 StVollstrO) – nach dem Gericht, das die Erzwingungshaft angeordnet hat: d. h. bei gerichtlicher Bußgeldentscheidung nach dem Gericht des ersten Rechtszuges, sonst nach dem in § 68 OWiG bestimmten Gericht (§§ 96, 104 Abs 1 Nr. 1, 2 OWiG).

---

[15] *Rebmann/Roth/Herrmann,* Anm 4 zu § 91 OWiG.

[16] Bzw (bei eingetretener Volljährigkeit) obliegen würden, wenn der Betroffene noch nicht 18 Jahre alt wäre.

[17] *Göhler,* Rdn 3 b; *Rebmann/Roth/Herrmann,* Anm 4 jeweils zu § 91 OWiG.

[18] S Rdn 452 f.

[19] Wird Erzwingungshaft für die Verwaltungsbehörde vollstreckt, bleibt diese jedoch Vollstreckungsbehörde iSd § 92 OWiG und ist daher auch für die Gewährung von Zahlungserleichterungen etc. weiterhin zuständig. Die Staatsanwaltschaft wird hier nur im Rahmen des § 97 OWiG tätig.

Die Vollstreckung von Erzwingungshaft im Verfahren gegen **Jugendliche** und **Heran-** 455
wachsende ist ausschließlich dem **Jugendrichter** vorbehalten, wobei es keine Rolle
spielt, ob eine gerichtliche Bußgeldentscheidung oder ein Bußgeldbescheid der Verwaltungsbehörde zugrunde liegt (§ 97 Abs 1 OWiG, § 82 Abs 1 JGG).
Örtlich zuständig ist: Bei **Bußgeldbescheiden** der Jugendrichter, dem die vormundschaftsrichterlichen Erziehungsaufgaben obliegen (§§ 104 Abs 1 Nr. 1, 97 Abs 1
OWiG § 84 Abs 2 JGG), bei **gerichtlichen Bußgeldentscheidungen** der Jugendrichter,
der als Einzelrichter oder als Vorsitzender des Jugendschöffengerichts im ersten
Rechtszug zur Entscheidung berufen war (§ 97 Abs 1 OWiG, § 84 Abs 1 JGG); in
allen sonstigen Fällen (z. B. Entscheidung der Jugendkammer) der in § 84 Abs 2 JGG
bestimmte Jugendrichter.[20]
Eine **Abgabe** der Vollstreckung ist nur unter den Voraussetzungen des § 85 Abs 5
JGG („aus wichtigen Gründen") zulässig.
Soweit in den Fällen des § 98 Abs 1 OWiG durch den Jugendrichter gegen Jugendliche oder Heranwachsende **erzieherische Maßnahmen** angeordnet worden sind, kann
die Überwachung der angeordneten Maßnahmen der Vollstreckungsbehörde oder
auch der Jugendgerichtshilfe übertragen werden.[21]
Ist **Jugendarrest** verhängt worden (§ 98 Abs 2 OWiG), gelten die üblichen Vollstreckungsvorschriften des JGG bzw RiJGG (§§ 85 Abs 1, 86, 87, 90).

E. Zuständigkeit des Rechtspflegers

1. Vollstreckung gegen Erwachsene

Die der **Vollstreckungsbehörde** (Staatsanwaltschaft) in Bußgeldsachen bei der Voll- 456
streckung gegen **Erwachsene** obliegenden Geschäfte sind dem **Rechtspfleger** übertragen (§ 31 Abs 2 Satz 1 RpflG). Es handelt sich um eine **Vollübertragung** und betrifft
alle Entscheidungen, Anträge und Stellungnahmen der Vollstreckungsbehörde nach
§§ 91 ff OWiG.
In § 31 Abs 2 a RPflG ist eine **Vorlage an den Staatsanwalt vorgesehen**, wenn 457

a) der Rechtspfleger von einer ihm bekannten Stellungnahme des Staatsanwalts abweichen will,
b) zwischen dem übertragenen Geschäft und einem vom Staatsanwalt wahrzunehmenden Geschäft ein so enger Zusammenhang besteht, dass eine getrennte Bearbeitung nicht sachdienlich ist,
c) ein Ordnungs- oder Zwangsmittel vom Staatsanwalt verhängt ist und dieser sich
die Vorlage ganz oder teilweise vorbehalten hat.

Der Rechtspfleger **kann** die ihm nach § 31 Abs 2 Satz 1 RPflG übertragenen Geschäfte dem Staatsanwalt vorlegen, wenn sich bei der Bearbeitung Bedenken gegen die
Zulässigkeit der Vollstreckung ergeben.
Die vorgelegten Sachen bearbeitet der Staatsanwalt, solange er es für erforderlich
hält. Er kann die Sachen dem Rechtspfleger zurückgeben. An eine dabei mitgeteilte
Rechtsauffassung oder erteilte Weisung ist der Rechtspfleger **gebunden**.[22]
§ 31 Abs 2 RpflG bezieht sich, bei der Zuweisung von Aufgaben an den Rechtspfle- 458
ger, nur auf Geschäfte der **Vollstreckungsbehörde**, nicht auf die dem Gericht oder der
Strafverfolgungsbehörde obliegenden Tätigkeiten.[23]

---

[20] *Rebmann/Roth/Herrmann*, Anm 3 zu § 97 OWiG.
[21] *Göhler*, Rdn 19 zu § 98 OWiG.
[22] Zur Vorlagepflicht s auch Rdn 27.
[23] S auch Rdn 24.

2. Vollstreckung gegen Jugendliche und Heranwachsende

459   Im Verfahren gegen Jugendliche und Heranwachsende, die nach Jugendrecht abgeurteilt sind, obliegt die Vollstreckung dem Jugendrichter nach §§ 91, 97 Abs 1 OWiG.
§ 31 Abs 2 RpflG und die dazu erlassene Rechtsverordnung **finden auch Anwendung,**
wenn gegen **Jugendliche** und **Heranwachsende** zu vollstrecken ist. Die Vorschriften
des § 31 Abs 5 und § 33a RpflG stehen dem nicht entgegen. Sie gelten nach dem
Wortlaut des Gesetzes zunächst nur bei der Vollstreckung im Jugend**straf**verfahren.
Nach Sinn und Zweck dieser Vorschrift ist diese Bestimmung aber auch auf die Vollstreckung gegen Jugendliche und Heranwachsende in Bußgeldsachen anwendbar.
Soweit durch Verwaltungsanordnung (s § 87 Abs 1 Satz 2 StVollstrO) die Bestimmungen der §§ 31 Abs 5 Satz 3, 33a RpflG auch für das Bußgeldverfahren für anwendbar erklärt werden, ist dies mit der Zuständigkeitsregelung im Rechtspflegergesetz, die als **gesetzliche** Regelung **Vorrang** hat, unvereinbar.[24]

460   Nach § 31 Abs 5 Satz 3 RPflG wird der Bundesminister der Justiz ermächtigt, durch
Rechtsverordnung mit Zustimmung des Bundesrates auf dem Gebiet der Vollstreckung im Jugendstrafverfahren dem Rechtspfleger übertragen, soweit nicht die Leitung der Vollstreckung durch den Jugendrichter beeinträchtigt wird oder das Vollstreckungsgeschäft wegen seiner rechtlichen Schwierigkeit, wegen der Bedeutung für
den Betroffenen, vor allem aus erzieherischen Gründen, oder zur ,Sicherung einer
einheitlichen Rechtsanwendung dem Vollstreckungsleiter vorbehalten bleiben muss.
Die Geschäfte der **Vollstreckungsbehörde** in Bußgeldsachen obliegen demgemäß
sowohl bei Erwachsenen als auch bei Jugendlichen und Heranwachsenden grundsätzlich dem **Rechtspfleger.** Bei der Vollstreckung gegen **Jugendliche** und **Heranwachsende** handelt es sich nach Maßgabe des § 31 Abs 2 RpflG um **folgende Aufgaben:**

a) die Vollstreckung der Geldbuße, der Nebenfolgen, der Erzwingungshaft und des
nach § 98 Abs 2 OWiG verhängten Jugendarrestes[25] sowie die vorzeitige Beitreibung
gem. § 95 Abs 1 OWiG (§§ 91, 97, 98, 99 OWiG, § 459g StPO); die Verhängung von
Jugendarrest durch den Rechtspfleger ist dagegen nicht möglich;
b) die Gewährung von Zahlungserleichterungen bei Geldbußen und bei Nebenfolgen,
die zu einer Geldzahlung verpflichten (§§ 93, 99 OWiG).

Der **Jugendrichter** hat die Möglichkeit, durch **Weisungen** nach § 31 Abs 5 Satz 4 und
Abs 6 RpflG auf die Vollstreckung Einfluss zu nehmen.

F. Maßgebende Vollstreckungsvorschriften

461   Nach welchen Bestimmungen die Vollstreckung der **gerichtlichen Bußgeldentscheidung**
und der **Erzwingungshaft** durchzuführen ist, zeigt nachfolgende **Übersicht:**

a) **Geldbuße:**
Die **Einziehung** der Geldbuße erfolgt, wie sich aus § 91 OWiG iVm § 459 StPO ergibt, nach der JBeitrO (s auch § 1 Abs 1 Nr. 2 JBeitrO) und der EBAO (§ 1 Abs 1
Nr. 2 EBAO). Gem. § 1 Abs 2 StVollstrO gelten ferner nach Maßgabe des § 87
StVollstrO einzelne Vorschriften der Strafvollstreckungsordnung. Die Gewährung
von **Zahlungserleichterungen,** die Verrechnung von Teilbeträgen und Fragen der Beitreibung regeln die §§ 93 bis 95 OWiG und § 101 OWiG.

---

[24] So auch *Pohlmann/Jabel/Wolf,* Rdn 25f zu § 87 StVollstrO.
[25] *Pohlmann/Jabel/Wolf,* Rdn 25 zu § 87 StVollstrO.

b) **Nebenfolgen mit Verpflichtung zur Geldzahlung:**
Unter diese Kategorie fällt die Einziehung des Wertersatzes (§ 25 OWiG), der Verfall eines Geldbetrags (§ 29 a OWiG), die Abführung des Mehrerlöses (§ 8 WiStG) und die Geldbuße gegen juristische Personen und Personenvereinigungen (§ 30 OWiG).
Die **Vollstreckung** richtet sich gem. § 91 OWiG, § 459 g Abs 2 iVm § 459 StPO nach der JBeitrO und der EBAO (§ 87 Abs 2 StVollstrO). Daneben sind nach §§ 1 Abs 2, 87 Abs 1 StVollstrO einzelne Bestimmungen der Strafvollstreckungsordnung anwendbar. Die Bewilligung von **Zahlungserleichterungen** erfolgt nach § 93 (99) OWiG; für die Beitreibung gilt ferner § 95 OWiG, bei der Vollstreckung gegen eine juristische Person oder eine Personenvereinigung auch noch § 94 (99) OWiG.

c) **Sonstige Nebenfolgen:**
Dazu gehören im wesentlichen die **Einziehung** oder **Unbrauchbarmachung** von Gegenständen – d. h. körperliche Sachen aber auch Rechte (z. B. Forderungen) – (§§ 22 ff OWiG) und das **Fahrverbot** (§ 25 StVG).
Die **Wegnahme** (Verwertung) der eingezogenen Sache (bzw die eidesstattliche Versicherung über deren Verbleib) ist nach Maßgabe des § 459 g Abs 1 StPO (§ 91 OWiG) iVm §§ 60 ff, 87 Abs 2 Ziffer 2 StVollstrO durchzuführen. Sind **Forderungen** eingezogen worden, ist bei der Vollstreckung der Einziehungsanordnung § 61 Abs 5 StVollstrO zu beachten.
Nähere Bestimmungen über die Vollstreckung des **Fahrverbots** enthalten die §§ 59 a, 87 Abs 2 Ziffer 1 StVollstrO.

d) **Verfahrenskosten:**
Gebühren und Auslagen des gerichtlichen Verfahrens bestimmen sich nach § 48 GKG sowie GKG KostVerz Nr. 4110 ff und Nr. 9000 ff.[26]
Ist neben den Kosten auch noch die Geldbuße oder eine Nebenfolge, die zu einer Geldzahlung verpflichtet, zu vollstrecken, so werden Geldbetrag und Kosten **gleichzeitig** eingezogen. Die Einforderung und Beitreibung erfolgt dabei nach den Vorschriften der EBAO bzw JBeitrO (§ 1 Abs 1 bis 4 EBAO, § 1 Abs 1 Nr. 2 u 4, Abs 2 u 4 JBeitrO).
Wird die **Verbindung** von Geldbetrag und Kosten **gelöst** (§§ 1 Abs 5, 15 EBAO) so werden die Kosten von der nach § 4 Abs 2 GKG zuständigen Behörde zum Soll gestellt (§ 4 Abs 2 KostVfg) und von der Gerichtskasse nach den Bestimmungen der JKassO eingezogen (s §§ 73 ff JKassO).

e) **Erzwingungshaft:**
Anordnung und **Vollstreckung** der Erzwingungshaft regeln die §§ 96, 97 OWiG. Erzwingungshaft kommt nur bei **Geldbuße** – einschließlich der Geldbuße gegen juristische Personen oder Personenvereinigungen (§§ 99, 96 OWiG) –, nicht jedoch bei sonstigen Nebenfolgen oder Kosten des Verfahrens in Betracht. Einzelheiten über die Durchführung der Vollstreckung ergeben sich aus § 87 Abs 1 Abs 2 Ziffer 3 StVollstrO.[27]
Für den **Vollzug** der Erzwingungshaft gelten die Vorschriften über den Vollzug der Freiheitsstrafe entsprechend, soweit nicht Eigenart und Zweck der Haft entgegenstehen oder in den §§ 172 bis 175 StVollzG etwas anderes bestimmt ist (§ 171 StVollzG).
Die **Vollstreckung** des im Falle des § 98 Abs 2 OWiG gegen Jugendliche und Heranwachsende verhängten **Jugendarrestes** richtet sich nach den §§ 82 Abs 1, 84, 85 Abs 1, 86, 87, 90 JGG und Abschn. V RiJGG zu §§ 82–85.

---

[26] Im Verfahren der Verwaltungsbehörde ist § 107 OWiG maßgebende Kostenvorschrift.
[27] Zur Vollstreckung von Ordnungs- und Zwangsmitteln in Bußgeldsachen s Rdn 511 ff.

G. Rechtsbehelfe und Rechtsmittel bei der Vollstreckung gerichtlicher Bußgeldentscheidungen und von Erzwingungshaft

462 Die im OWiG bei der Vollstreckung in Bußgeldsachen vorgesehenen Rechtsbehelfe und Rechtsmittel ergeben sich aus §§ 103, 104. § 103 OWiG führt auf, in welchen Fällen Rechtsbehelfe gegen Anordnungen (Maßnahmen) der **Vollstreckungsbehörde** zulässig sind; § 104 Abs 3 OWiG regelt die Anfechtbarkeit der bei der Vollstreckung notwendig werdenden – in § 104 Abs 1 OWiG zusammengestellten – **gerichtlichen** Entscheidungen.

1. Rechtsbehelfe

463 Nach Maßgabe des § 103 OWiG können gegen bestimmte Anordnungen der Vollstreckungsbehörde „Einwendungen" erhoben werden. § 103 OWiG ist, wie § 92 OWiG ausweist, bei der Vollstreckung von **Bußgeldbescheiden** wie auch von **gerichtlichen Bußgeldentscheidungen** anwendbar, ausgenommen Abs 1 Nr. 3, der sich nur auf Vollstreckungsmaßnahmen der **Verwaltungsbehörde** bezieht. Die Vorschrift des § 103 OWiG schaffen einen besonderen Rechtsbehelf für das Vollstreckungsverfahren nach dem OWiG. Damit wird der Rechtsweg für Einwendungen gegen die Zulässigkeit der Vollstreckung überhaupt und für Einwendungen gegen bestimmte Anordnungen und Einzelmaßnahmen der der Vollstreckungsbehörde zu den ordentlichen Gerichten eröffnet.[28]

Soweit die Vollstreckung durch Justizbehörden durchgeführt wird, sind folgende **Einwendungen**[29] möglich:

a) gegen die **Zulässigkeit** der **Vollstreckung** (§ 103 Abs 1 Nr. 1 OWiG);

Darunter fallen nur solche Einwendungen, die sich auf die Vollstreckung als Ganzes beziehen und nicht einzelne Vollstreckungshandlungen angreifen. Zulässige Einwendungen nach § 103 Abs 1 Nr. 1 OWiG sind z. B. Behauptungen über das Vorhandensein von Vollstreckungshindernissen (Verjährung, Gnadenerweis, völlige Bezahlung u. a.).

b) gegen **Anordnungen** nach § 93 (99) OWiG über **Zahlungserleichterungen** (§ 103 Abs 1 Nr. 2 OWiG);

Darunter fallen die Versagung von Zahlungserleichterungen wie auch die nachträgliche Änderung oder Aufhebung einer Anordnung über Zahlungserleichterungen.

c) gegen eine ablehnende **Anordnung** nach § 102 Abs 1 OWiG über die **Aussetzung** der **Vollstreckung** (§ 103 Abs 1 Nr. 2 OWiG);

Dies betrifft folgenden Fall: Wird nach Rechtskraft des Bußgeldbescheides wegen derselben Handlung die öffentliche Klage erhoben, soll die Vollstreckung des Bußgeldbescheids ausgesetzt werden. Über die Aussetzung befindet die Vollstreckungsbehörde, d. h. die **Verwaltungsbehörde**, die den Bußgeldbescheid erlassen hat (§ 92 OWiG). Ist jedoch bereits rechtskräftig **Erzwingungshaft** angeordnet worden, trifft die Aussetzungsentscheidung die in § 97 Abs 1 OWiG bezeichnete **Vollstreckungsbehörde (Staatsanwaltschaft bzw Jugendrichter)**. Gegen einen ablehnenden Bescheid der Vollstreckungsbehörde kann der Betroffene Einwendungen nach § 103 Abs 1 Nr. 2 OWiG erheben.

---

[28] Karlsruher Kommentar RdNr 1 zu § 103 OWiG.
[29] Gegen Anordnungen (Maßnahmen) des Rechtspflegers sind nach § 31 Abs 6 Satz 1 die Rechtsbehelfe gegeben, die nach den allgemeinen verfahrensrechtlichen Vorschriften zulässig sind. Ist hiernach ein Rechtsbehelf nicht gegeben, entscheidet über Einwendungen der Richter oder Staatsanwalt. Er kann dem Rechtspfleger Weisungen erteilen.

d) gegen eine ablehnende oder unterlassene **Anordnung** im Rahmen des § 99 Abs 2 OWiG zum **Verfall** eines Geldbetrags (§ 103 Abs 1 Nr. 2 OWiG).

Das **Recht auf Einwendungen** steht jedem zu, der durch die Anordnungen (Maßnah- **464** men) der Vollstreckungsbehörde unmittelbar betroffen ist; so z.B. dem Einziehungs- und Verfallsbeteiligten, dem Betroffenen, dessen Verteidiger, dem gesetzlichen Vertreter oder auch dem Bevollmächtigten. Die Einwendungen sind bei der Vollstreckungsbe- hörde anzubringen, die, wenn sie nicht abhelfen will, die Sache dem **Gericht** zur Ent- scheidung vorzulegen hat.[30] Durch Einwendungen – sie sind weder frist- noch formge- bunden – wird die Vollstreckung nicht gehemmt. Das Gericht kann jedoch die Vollstreckung aussetzen (§ 103 Abs 2 OWiG). Über die Rechtsbehelfe entscheidet das nach § 104 Abs 1 OWiG zuständige Gericht. Die Entscheidung des Gerichts ist im Grundsatz **nicht anfechtbar** (§ 104 Abs 3 Satz 2 OWiG); Ausnahme: § 104 Abs 3 Nr. 3 OWiG.

Soweit § 103 Abs 1 Nr. 1 u 2 OWiG nicht bereits zutrifft, können **Einwendungen** ge- **465** gen Anordnungen der Vollstreckungsbehörde auch nach §§ 458, 459h StPO (§ 46 Abs 1 OWiG) erhoben werden.[31] Bei Rechtsbehelfen gegen **einzelne Maßnahmen** bei der Durchführung der Vollstreckung[32] finden §§ 21, 87 Abs 1 StVollstrO (Vollstre- ckungsbeschwerde), ggf. auch §§ 23 ff EGGVG (§ 46 Abs 1 OWiG) sowie § 6 Abs 1 Nr. 1, § 8 JBeitrO (§ 91 OWiG, § 459 StPO) Anwendung.

Der **Verfahrensablauf** im Falle von Einwendungen lässt sich an folgendem **Beispiel** **466** verdeutlichen:

Ablehnung von Zahlungserleichterungen (§ 93 OWiG):

Vollstreckungsbehörde: Staatsanwaltschaft
                               (§ 451 StPO)

                               Rechtspfleger

                               Einwendungen
                               § 31 Abs 6 Satz 2 RpflG

                               Staatsanwalt

                               Einwendungen
                               § 103 Abs 1 Nr. 2 OWiG

                               Gericht des ersten Rechtszuges
                               (§ 104 Abs 1 Nr. 2 OWiG)

– Entscheidung nicht anfechtbar: § 104 Abs 3 Satz 2 OWiG –

Neben den zulässigen Rechtsbehelfen kann der Betroffene – gleichzeitig oder wahl- weise – auch **Dienstaufsichtsbeschwerde** erheben.

2. Rechtsmittel

Rechtsmittel (hier: sofortige Beschwerde) gegen die bei der Vollstreckung in Bußgeld- **467** sachen notwendig werdenden **gerichtlichen** Entscheidungen (§ 104 Abs 3 OWiG) sind nur in vier Fällen möglich, nämlich gegen:

---

[30] War die beanstandete Maßnahme vom Rechtspfleger getroffen worden – so etwa im Falle des § 93 OWiG – ist zunächst nach § 31 Abs 6 Satz 2 RpflG zu verfahren mit dem Entscheid des Staatsanwalts/Richters; vgl. dazu Rdn 36.

[31] S auch *Pohlmann/Jabel/Wolf*, Rdn 17 zu § 87 StVollstrO. Zum Verfahren vgl. Rdn 39.

[32] § 103 Abs 1 Nr. 3 gilt nur bei Vollstreckungsmaßnahmen der Verwaltungsbehörde.

a) die Anordnung der Erzwingungshaft (§ 96 OWiG),

b) die Verhängung des Jugendarrestes (§ 98 Abs 2 OWiG),

c) die nachträgliche Entscheidung über die Einziehung eines Gegenstandes, dessen Wert zweihundertfünfzig EURO übersteigt oder die Einziehung des entsprechenden Wertersatzes (§ 100 Abs 1 Nr. 2 OWiG),

d) die gerichtliche Entscheidung in den Fällen des § 103 Abs 1 Nr. 2 iVm § 99 Abs 2 OWiG (Verfall eines Geldbetrags), sofern der Wert des Beschwerdegegenstands zweihundertfünfzig EURO übersteigt.

In allen übrigen Fällen ist die Entscheidung des Gerichts **nicht anfechtbar** (§ 104 Abs 3 Satz 2 OWiG).

468 **Beschwerdeberechtigt** – soweit ein Rechtsmittel zulässig ist – ist der Betroffene wie auch der Nebenbeteiligte, außerdem der Erziehungsberechtigte, dagegen nicht die Vollstreckungsbehörde (vgl. Fassung des § 104 Abs 3 OWiG). Über die sofortige Beschwerde, die nach den Vorschriften der StPO (§ 311) einzulegen ist (§ 46 Abs 1 OWiG), entscheidet die **Strafkammer des Landgerichts,** wenn eine Entscheidung des Richters beim Amtsgericht angefochten wird (§ 73 Abs 1 GVG, § 46 Abs 1 OWiG), im Verfahren gegen Jugendliche und Heranwachsende die **Jugendkammer** (§ 41 Abs 2 Satz 2 JGG, § 46 Abs 1 OWiG). Richtet sich die Beschwerde gegen eine Entscheidung der Strafkammer (so etwa im Falle des § 104 Abs 1 Nr. 2 iVm §§ 64, 82 OWiG), ist Beschwerdegericht das **Oberlandesgericht** (§ 121 Abs 1 Nr. 2 GVG iVm § 46 Abs 1 OWiG).

Eine **weitere Beschwerde** ist **nicht zulässig,** da die Anordnung der Erzwingungshaft (§ 96 OWiG) und die Verhängung des Jugendarrestes (§ 98 Abs 2 OWiG) nicht unter die Kriterien des eng auszulegenden § 310 Abs 1 StPO fallen.[33]

H. Vollstreckbarkeit und urkundliche Grundlage

469 Bußgeldentscheidungen sind vollstreckbar, wenn sie **rechtskräftig** geworden sind (§ 89 OWiG). § 89 OWiG gilt für gerichtliche Bußgeldentscheidungen wie auch für Bußgeldbescheide der Verwaltungsbehörden, aber auch für im Strafverfahren ergangene Erkenntnisse des Gerichts, soweit darin eine Geldbuße festgesetzt oder eine Nebenfolge nach dem OWiG angeordnet worden ist. Die Rechtskraft ist jedoch nur **eine** – wenn auch die wichtigste – Vollstreckungsvoraussetzung; liegen beispielsweise Vollstreckungshindernisse vor (Verjährung, Stundung, Gnadenerweis u. a.), so darf trotz Eintritts der Rechtskraft nicht vollstreckt werden.

Eine Bußgeldentscheidung wird **rechtskräftig,** wenn sie mit einem Rechtsmittel (hier: Rechtsbeschwerde) nicht mehr anfechtbar ist (**formelle Rechtskraft**). Durch rechtzeitige Einlegung der Rechtsbeschwerde wird der Eintritt der Rechtskraft **gehemmt** (§ 79 Abs 3 OWiG iVm § 343 Abs 1 StPO); dies gilt auch – s § 80 Abs 3 Satz 2 OWiG – für den Antrag auf Zulassung der Rechtsbeschwerde.

Bei einem **Urteil** tritt die formelle Rechtskraft erst ein, wenn die Rechtsbeschwerdefrist ungenutzt abgelaufen, ein Rechtsmittel nicht gegeben ist, über das Rechtsmittel endgültig entschieden oder die Entscheidung infolge Rechtsmittelrücknahme bzw Verzicht unanfechtbar geworden ist. Auch die unanfechtbare **Beschlussentscheidung** nach § 72 Abs 1 OWiG wird, ebenso wie ein nach § 79 Abs 1 Satz 1 Nr. 1–3, 5 OWiG anfechtbarer Beschluss, ebenfalls erst mit dem ungenutzten Ablauf der Beschwerdefrist, bei fristgemäßer Einlegung der Rechtsbeschwerde mit deren Zurücknahme oder Verwerfung, rechtskräftig.

---

[33] OLG Hamm, NStZ 1992, 443.

Die **Rechtskraft** muss jedoch nicht nur bei den jeweiligen Bußgeldentscheidungen, sondern auch bei einigen anderen, im Laufe des Vollstreckungsverfahrens notwendig werdenden gerichtlichen Entscheidungen gegeben sein: Zu nennen sind hier die **Beschlüsse** über die nachträgliche **Einziehung eines Gegenstands** oder eines entsprechenden Wertersatzes (§ 100 Abs 1 Nr. 2 OWiG), über die **Anordnung der Erzwingungshaft** (§ 96 OWiG) sowie über die **Verhängung des Jugendarrestes** (§ 98 Abs 2 OWiG). Diese Beschlüsse, die nach § 104 Abs 3 Satz 1 OWiG mit sofortiger Beschwerde anfechtbar sind, werden erst mit dem **Eintritt** der **Rechtskraft vollstreckbar** (§§ 13 Abs 1, 87 Abs 1 StVollstrO). § 307 Abs 1 StPO – wonach eine Beschwerde keine aufschiebende Wirkung hat – gilt insoweit nicht, da das OWiG eine „vorläufige Vollstreckbarkeit" nicht kennt.

Urkundliche Grundlage der Vollstreckung ist – wie im Strafverfahren – die Urschrift 470 oder eine beglaubigte Abschrift (Ablichtung) der Entscheidung oder ihres erkennenden Teils; auf ihr muss die **Rechtskraft bescheinigt** und angegeben sein, **wann** sie eingetreten ist (§§ 13 Abs 2, 87 Abs 1 StVollstrO). Die Rechtskraftbescheinigung obliegt in der Regel dem UdG des Gerichts des ersten Rechtszuges, ggf. – so bei Anordnung der Erzwingungshaft auf Antrag der Verwaltungsbehörde – auch dem UdG des nach § 68 OWiG zuständigen Gerichts. Wird gegen eine Bußgeldentscheidung Rechtsbeschwerde eingelegt, gilt § 13 Abs 4 StVollstrO entsprechend.

Eine **Rechtskraftbescheinigung** ist auch erforderlich bei den Beschlüssen nach § 100 Abs 1 Nr. 2 OWiG (nachträgliche Einziehung), § 96 OWiG (Anordnung der Erzwingungshaft) und § 98 Abs 2 OWiG (Verhängung von Jugendarrest).[34]

Wegen weiterer Einzelheiten zur Rechtskraft und Rechtskraftbescheinigung wird auf die Ausführungen Rdn 46 ff, 54 ff verwiesen.

J. Gnadenmaßnahmen

Die Rechtsfolgen des OWiG sind im Grundsatz einer Gnadenentscheidung nicht entzogen. Eine Gnadenmaßnahme kann sich sowohl auf die Geldbuße, die Nebenfolgen einer Ordnungswidrigkeit (in gewissem Umfange auch auf die Verfahrenskosten[35]), aber auch auf den nach § 98 Abs 2 OWiG verhängten Jugendarrest erstrecken. Die **Erzwingungshaft** dagegen gilt **nicht** als **gnadenfähig**. Sie ist keine Strafe, sondern ein Beugemittel und daher nach ihrer besonderen Eigenart für einen Gnadenakt ungeeignet.

Das **Begnadigungsrecht** umfasst im Wesentlichen folgende **Befugnisse**:

a) Geldbußen (auch Restgeldbußen) zu erlassen oder zu ermäßigen. Mit dem Erlass oder dem teilweisen Erlass der Geldbußen entfällt dann auch die Grundlage für die Vollstreckung der Erzwingungshaft. So ist zwar, wie oben bereits gesagt, die Erzwingungshaft nicht gnadenfähig, aber es kann durch eine Gnadenentscheidung hinsichtlich der Geldbuße der Erzwingungshaft die Grundlage entzogen werden.

b) Nebenfolgen ganz oder teilweise zu beseitigen oder zu mildern,

c) über Gegenstände, die für verfallen erklärt oder eingezogen sind, abweichend von den vollstreckungsrechtlichen Vorschriften zu verfügen, sowie die Rückzahlung des aus der Verwertung erzielten Erlöses anzuordnen,

d) die Vollstreckung von Geldbußen und Jugendarrest mit der Aussicht auf einen endgültigen Straferlass zur Bewährung auszusetzen,

---

[34] *Pohlmann/Jabel/Wolf*, Rdn 16 zu § 87 StVollstrO.
[35] Wenn zugleich in derselben Sache noch über einen sonstigen Gnadenerweis zu befinden ist (§ 1 Abs 4 GnadO BW; § 2 Abs 3 GnadO Bay; § 45 Abs 1 GnadO NRW).

e) die Vollstreckung von Jugendarrest und von Geldbußen vorübergehend auszusetzen, sowie Zahlungserleichterungen zu gewähren.

Entscheidungen nach dem OWiG haben jedoch stets **Vorrang** vor dem Gnadenweg.

472 Zur **Gnadenkompetenz** gilt folgendes:

Eine Zuständigkeitsregelung enthält das OWiG nicht. Die Gnadenzuständigkeit folgt vielmehr aus der **Vollstreckungszuständigkeit.** Danach ist der **Bund** Gnadenbehörde, wenn der Bußgeldbescheid von einer Verwaltungsbehörde des Bundes erlassen worden ist. Das **Land** hat die Gnadenkompetenz, wenn es sich um eine Bußgeldentscheidung einer Landesbehörde oder einer Gemeinde handelt.

Die Ausübung des Begnadigungsrechtes obliegt im Allgemeinen den jeweiligen **Fachministern,** die jedoch zumeist ihre Gnadenbefugnisse auf ihnen unterstellte Behörden delegiert haben.

Die Gnadenbefugnis der Länder bei **gerichtlichen** Bußgeldentscheidungen sowie Einzelheiten des Verfahrens ergeben sich aus den jeweiligen Gnadenordnungen.[36]

II. Durchführung der Vollstreckung

A. Einforderung und Beitreibung der Geldbuße

473 Hat das Gericht nach Einspruch gegen den Bußgeldbescheid eine **Sachentscheidung** getroffen, ist Vollstreckungsbehörde in Bußgeldsachen gegen Erwachsene die **Staatsanwaltschaft** und in Verfahren gegen Jugendliche und Heranwachsende der **Jugendrichter** (§ 91 OWiG). Gegen Heranwachsende jedoch nur dann, wenn der Richter Jugendrecht angewendet hat. Dies ergibt sich aus dem Verweis auf § 82 Abs 1 JGG in § 110 JGG Die Einforderung und Beitreibung der Geldbuße richtet sich nach den Bestimmungen der **JBeitrO** und der **EBAO** (§ 91 OWiG, § 459 StPO, § 87 Abs 2 Satz 1 StVollstrO). Die Akten der Verwaltungsbehörde werden **Bestandteil** der gerichtlichen/staatsanwaltschaftlichen Akten; sie werden nach Abschluss der Vollstreckung bei der Staatsanwaltschaft als der akten- und registerführenden Stelle verwahrt. Die Durchführung der Vollstreckung erfolgt, unabhängig ob Staatsanwaltschaft oder Jugendrichter Vollstreckungsbehörde ist, nach den gleichen Grundsätzen.[37]

Nachfolgend der Ablauf der Vollstreckung mit der **Staatsanwaltschaft** als **Vollstreckungsbehörde:**

1. Vollstreckungseinleitung (Vfg)

474 Nach Prüfung der Vollstreckungsvoraussetzungen (§§ 3, 87 Abs 1 StVollstrO) kann die Vollstreckung mit folgender **Verfügung** eingeleitet werden:

Staatsanwaltschaft .... , den ....

AZ: .... Bußgeldsache ....

gegen Nach Eintritt der Rechtskraft des Urteils/Beschlusses vom ...... gegen den Betroffenen ......:

Verfügung

1. Vollstreckungsvermerk Js-Register.[38]

2. Übersendung einer Ausfertigung des Urteils/Beschlusses gem. § 76 Abs 4 OWiG an die Verwaltungsbehörde zum Aktenzeichen ......

---

[36] Texte der Gnadenordnungen der Länder s *Schätzler,* aaO, S 289 ff.

[37] Zu den Grundlagen der Vollstreckung (Vollstreckungsbehörde, maßgebende Vollstreckungsvorschriften, Zuständigkeit des Rechtspflegers u. a.) s die Ausführungen Rdn 449 ff.

[38] Die Einleitung der Vollstreckung ist im zentralen Js-Register zu vermerken.

3. Urteilsabschrift nach Nr. 140, 285 RiStBV an Betroffenen und Verteidiger übersenden.[39]
4. Mitteilung an das Kraftfahrt-Bundesamt Flensburg
5. Einforderung der Geldbuße von ..... € und der Kosten in Höhe von ..... € beim Betroffenen mit Zahlungsaufforderung.
   Zahlungsfrist: zwei Wochen.
6. Rückgabe der Beiakten
   a) ..... an .....
   b) ..... an .....
7. Wegen der Beweisstücke besondere Verfügung.
8. Wv .....

....
Rechtspfleger

Anmerkungen:

Mitteilungen an das **Kraftfahrt-Bundesamt** – nach Rechtskraft der gerichtlichen Buß- **475** geldentscheidung – erfolgen in den Fällen der §§ 24, 24 a StVG, sofern gegen den Betroffenen eine Geldbuße von **mindestens 40 €** festgesetzt worden oder wenn § 28 a StVG anzuwenden ist, im übrigen bei Anordnung eines Fahrverbots nach § 25 StVG. Eine Mitteilungspflicht an das Kraftfahrt-Bundesamt kann sich daneben auch noch aus § 49 FeV ergeben. Die Unterrichtung des Kraftfahrt-Bundesamts in den genannten Fällen obliegt gem. Nr. 4 Abs 1 Ziffer 3 MiStra der **Vollstreckungsbehörde**.[40]

Mitteilungen an das **Zentralregister** bzw zum **Erziehungsregister** sind bei Ordnungswidrigkeiten **nicht** vorgesehen, auch dann nicht, wenn die Geldbuße (oder Nebenfolge) in einem Strafverfahren – neben der Strafe – verhängt worden ist (s §§ 4, 5 BZRG; Nr. 3.4. der AfJ).[41]

Dagegen kann in Bußgeldsachen eine Benachrichtigung des **Gewerbezentralregisters** aufgrund des § 149 Abs 2 Nr. 3 GewO notwendig werden. Nach dieser Vorschrift sind rechtskräftige Bußgeldentscheidungen wegen einer Ordnungswidrigkeit, die

a) bei oder in Zusammenhang mit der **Ausübung** eines **Gewerbes** oder dem **Betrieb** einer sonstigen wirtschaftlichen Unternehmung oder

b) bei der **Tätigkeit** in einem Gewerbe oder einer sonstigen wirtschaftlichen Unternehmung von einem **Vertreter** oder **Beauftragten** im Sinne des § 9 OWiG oder von einer Person, die in einer Rechtsvorschrift ausdrücklich als **Verantwortlicher** bezeichnet ist,

begangen worden ist, in das Gewerbezentralregister einzutragen, wenn die Geldbuße **mehr** als **200 €** beträgt. Bei **mehreren** Geldbußen in **derselben** Entscheidung ist nur die iSd § 149 Abs 2 Nr. 3 GewO eintragungspflichtige Sanktion mitzuteilen. Wegen weiterer Mitteilungen an das Gewerbezentralregister wird auf § 151 Abs 4, 5 GewO (Wiederaufnahmeverfahren) und § 152 Abs 5 GewO (Aufhebung durch Strafverfahren) verwiesen. – In das Register ist der rechtskräftige Beschluss einzutragen, durch den das Gericht hinsichtlich einer eingetragenen Bußgeldentscheidung die Wiederaufnahme des Verfahrens anordnet. Wird durch die endgültige Entscheidung in dem Wiederaufnahmeverfahren die frühere Entscheidung aufrechterhalten, so ist dies in das Register einzutragen. Andernfalls wird die Eintragung aus dem Register entfernt. Enthält die neue Entscheidung einen einzutragenden Inhalt, so ist dies mitzuteilen.) und § 152 Abs 5 GewO (Aufhebung durch Strafverfahren – wird ein Bußgeldentscheid in einem Strafverfahren aufgehoben, so wird die Eintragung aus dem Regis-

---

[39] Gilt nur bei Urteilen. Beschlüsse nach § 72 OWiG werden von Amts wegen durch das Gericht zugestellt (s § 79 Abs 4 OWiG).
[40] Zu Einzelfragen und zu den bei den Mitteilungen zu verwendenden Vordrucken s Rdn 627 ff.
[41] Zum Zusammentreffen von Geldstrafe/Geldbuße in derselben Entscheidung s Rdn 236, 237.

ter entfernt) verwiesen. **Mitteilungspflichtige Behörde** ist nach § 1 Abs 1 Nr. 4 der
1. GZRVwV die nach § 92 OWiG zuständige **Vollstreckungsbehörde:** bei gerichtlichen Bußgeldentscheidungen demgemäß die Staatsanwaltschaft oder der Jugendrichter.[42]
Mitteilungen nach der **MiStra** kommen in Bußgeldsachen **nicht** in Betracht; **ebenso
wenig** ist eine **Zählkarte** zu fertigen.

476 Die **Einforderung** und **Beitreibung** der **Geldbuße** richtet sich, soweit gesetzlich (im
OWiG!) nichts anderes bestimmt ist, nach der **JBeitrO** und der **EBAO** (s § 91 OWiG
iVm § 459 StPO, § 87 Abs 2 Satz 1 StVollstrO, § 1 Abs 1 Nr. 2 EBAO, § 1 Abs 1
Nr. 2 JBeitrO). Daneben gelten nach Maßgabe der §§ 1 Abs 2, 87 Abs 1 StVollstrO
einzelne Vorschriften der StVollstrO. Bei der **Aufforderung** zur **Zahlung** der Geldbuße
ist § 87 Abs 3 StVollstrO mit der Belehrung hinsichtlich Erzwingungshaft/Darlegung
der wirtschaftlichen Verhältnisse zu beachten. Die Vollstreckung kann **unmittelbar** –
über Ländergrenzen hinweg – erfolgen (§§ 9 Abs 1 Satz 3, 87 Abs 1 StVollstrO). Die
Vollstreckungsverjährung bei Geldbußen ist in § 34 OWiG geregelt. Die Verjährungsfrist beträgt drei Jahre (Geldbuße bis 1000 €) bzw 5 Jahre (Geldbuße von mehr als
1000 €). Bei **mehreren** Geldbußen in derselben Entscheidung laufen die Fristen jeweils **gesondert.** Zu beachten ist, dass behördlich angeordnete Verwahrung **kein** Ruhen der Verjährung bewirkt (vgl. dagegen § 79 a Nr. 3 StGB).
Die der **Vollstreckungsbehörde** in Bußgeldsachen obliegenden Geschäfte sind grundsätzlich dem **Rechtspfleger** übertragen (§ 31 Abs 2 RpflG).[43]

477 Mit der Geldbuße werden gleichzeitig auch die **Kosten** des Verfahrens eingezogen (§ 1
Abs 2 EBAO). Vom Kostenansatz darf auch bei Unvermögen des Schuldners nicht abgesehen werden (§ 10 Abs 2 Nr. 3 KostVfg). Die Kosten des gerichtlichen Verfahrens
ergeben sich aus §§ 1 und 8 GKG sowie GKG KostVerz Nr. 4110 ff und Nr. 9000 ff.
Trifft das Gericht nach Einspruch gegen den Bußgeldbescheid der Verwaltungsbehörde
eine **Sachentscheidung,** wird lediglich die **Gebühr** für das **gerichtliche** Verfahren (GKG
KostVerz Nr. 4110) erhoben.[44] Dagegen sind die **Auslagen** aus dem gerichtlichen Verfahren vorausgegangenen Bußgeldverfahren mit einzuziehen (s GKG KostVerz Nr.
9016 (Nr. 9013)) und ggf. der Verwaltungsbehörde zu erstatten (§ 14 EBAO), soweit
nicht eine Erstattung aufgrund landesrechtlicher Vorschriften unterbleibt.
Die Kosten des gerichtlichen Verfahrens werden mit der **Rechtskraft** der Bußgeldentscheidung **fällig** (§ 8 GKG). Der Kostenbeamte (Beamter des mittleren Dienstes) der
gem. § 19 Abs 2 Satz 1 GKG für den Kostenansatz zuständigen Vollstreckungsbehörde stellt die Kostenrechnung auf und übersendet die **Zahlungsaufforderung** (vgl. dazu
auch § 87 Abs 3 StVollstrO) an den Betroffenen (§§ 4, 5 EBAO). Der Betroffene ist
bei der Aufforderung zur Zahlung der Geldbuße zugleich aufzufordern, im Falle der
Zahlungsunfähigkeit der Vollstreckungsbehörde schriftlich oder zur Niederschrift
darzutun, warum die fristgerechte Zahlung nach den wirtschaftlichen Verhältnissen
nicht zuzumuten ist und zu belehren, dass nach § 96 Abs 1 OWiG Erzwingungshaft
angeordnet werden kann, wenn die Geldbuße oder die bestimmten Teilbeträge nicht
fristgemäß bezahlt und auch der Pflicht zur Darlegung der wirtschaftlichen Verhältnisse nicht genügt wird. Die Zahlungsfrist beträgt in der Regel **zwei Wochen** (s § 95
Abs 1 OWiG).

478 Wird der Einspruch des Betroffenen **zurückgenommen** oder **verworfen,** führt die
Verwaltungsbehörde die Vollstreckung durch, da keine Sachentscheidung des Ge-

---

[42] Einzelheiten über das Gewerbezentralregister, das beim Bundeszentralregister eingerichtet ist,
s Rdn 649 ff.
[43] Zu Einzelheiten vgl. die Ausführungen Rdn 456 ff, 459 f.
[44] BGHSt 26, 183.

richts vorliegt. Die Kosten des **gerichtlichen** Verfahrens (§ 109 Abs 2 OWiG) – zumeist Auslagen oder auch die Gebühr nach GKGKostVerz Nr. 4111 und 4112 – sind dabei vom **Gericht** anzusetzen (§ 19 Abs 2 Satz 2 GKG). Die Akten der Verwaltungsbehörde sind dieser zur Vollstreckung des Bußgeldbescheids zurückzugeben. Die bei Gericht anfallenden Schriftstücke sind zurückzuhalten. Den Akten der Verwaltungsbehörde ist eine Ausfertigung der gerichtlichen Entscheidung über die Verwerfung des Einspruchs oder eine beglaubigte Abschrift der Rücknahmeerklärung des Betroffenen beizufügen. Eine Übersendung der Akten an die Staatsanwaltschaft entfällt, da diese nicht Vollstreckungsbehörde wird (§ 47 Abs 7 AktO).

Zum **Formular** einer **Zahlungsaufforderung,** s den Abdruck auf der folgenden Seite.   **479**

2. Anordnung der Beitreibung

Die dem Betroffenen in der Zahlungsaufforderung (s § 5 EBAO, § 87 Abs 3   **480** StVollstrO) eingeräumte Frist soll ihm Gelegenheit geben, die **Geldbuße** zu **zahlen** oder seine **Zahlungsunfähigkeit darzutun.** Bei ergebnislosem Ablauf der Frist hat die Vollstreckungsbehörde die Wahl zwischen zwei Mitteln: Sie kann

a) die Geldbuße beitreiben,
oder
b) die Anordnung der Erzwingungshaft beantragen (§ 96 Abs 1 OWiG).

Staatsanwaltschaft Ellwangen
Marktplatz 6
Telefon 07961 810 – Durchwahl 81 –
Konto der Landesoberkasse Metzingen, Dienststellen-Nummer 550502
BW-Bank Reutlingen (BLZ 640 200 30) Konto-Nr. 1 408 050 100

Staatsanwaltschaft Ellwangen Marktplatz 6 73447 Ellwangen (Jagst)

Kostenrechnung
in der Strafsache gegen Sie

Geschäftsnummer

Datum

Lfd. Nr.	Blatt der Akten	KV-Nr.	Gegenstand des Kostenansatzes	Betrag EUR
1			Geldbuße EUR	
		7110	Hauptverhandlung mit Urteil oder Beschluss	
		7130	Rechtsbeschwerdeverfahren mit Urteil oder Beschluss	
		7200	Verwerfung des Einspuchs nach Beginn der Hauptverhandlung	
		7600-7603	Beschwerdeverfahren	
		7131	Erledigung der Rechtsbeschwerde ohne Urteil oder Beschluss	
		9005	Zeugenentschädigung	
		9005	Sachverständigenentschädigung	
		9012	Auslagen der Polizei	
		9015	Auslagen der Bußgeldbehörde	
		9002	Postgebühren für förmliche Zustellungen	
		9006	Reisekosten des Gerichts	

Summe   EUR
bereits bezahlt   EUR   .
Rest   EUR   .

Sehr geehrte
Zahlen Sie bitten den vorstehend berechneten Betrag
    ❑ binnen zwei Wochen nach Empfang dieser Rechnung
    ❑ gemäß Ratenzahlungsbewilligung
ein. Andernfalls wird er zwangsweise beigetrieben werden. Sollten Sie zahlungsunfähig sein, so sind Sie verpflichtet innerhalb der genannten Frist schriftlich oder zur Niederschrift der Vollstreckungsbehörde darzulegen, warum Iuhnen die fristgemäße Zahlung nach Ihren wirtschaftlichen Verhältnissen nicht zugemutet werden kann. Kommen Sie Ihrer Pflicht, rechtzeitig zu zahlen oder Ihre Zahlungsunfähigkeit darzulegen nicht nach, so kann gegen Sie wegen der Geldbuße Erzwingungshaft angeordnet werden.
Der Überbringer dieser Zahlungsaufforderung ist zum Empfang des Geldes nicht berechtigt.

Hochachtungsvoll

Welchen Weg die Vollstreckungsbehörde wählt, liegt in ihrem pflichtgemäßen Ermessen. Beitreibung und Antrag auf Anordnung der Erzwingungshaft sind nach *Rebmann/Roth/Herrmann*, Anm. 11 zu § 96 OWiG auch nebeneinander zulässig. Dem ist jedoch nicht beizupflichten, da nach § 96 Abs 1 Ziffer 4 OWiG die Erzwingungshaft erst angeordnet werden kann, wenn „keine Umstände bekannt sind, welche die Zahlungsunfähigkeit ergeben". Dies kann regelmäßig aber nur durch den Gerichtsvollzieher festgestellt werden. Der Gerichtsvollzieher wird aber nur dann beauftragt werden die Geldbuße zwangsweise beizutreiben, wenn der Vollstreckungsbehörde keine Umstände bekannt sind, die die Zahlungsunfähigkeit ergeben. Ansonsten wäre die Beauftragung des Gerichtsvollziehers ermessensfehlerhaft. Die erfolgversprechendere Maßnahme ist vorzuziehen; der **Grundsatz der Verhältnismäßigkeit** darf jedoch nicht außer Betracht bleiben. Bei geringfügigen Geldbußen wird daher in der Regel zunächst die Beitreibung zu versuchen sein. Ansonsten aber kann die Vollstreckungsbehörde auch sofort die Anordnung der Erzwingungshaft beantragen.

Eine **Beitreibung** der Geldbuße ist grundsätzlich erst **zwei Wochen** nach Eintritt der **Fälligkeit** zulässig (s § 95 Abs 1 OWiG). Geldbuße (und Kosten) werden fällig mit der **Rechtskraft** der Bußgeldentscheidung (§ 89 OWiG; § 63 Abs 2 Satz 2 GKG) oder mit Ablauf einer nach § 18 oder § 93 OWiG bewilligten **Zahlungsfrist**. Eine **sofortige** Beitreibung ist nur möglich, wenn auf Grund **bestimmter Tatsachen** erkennbar ist, dass sich der Betroffene der Zahlung **entziehen** will: z. B. durch häufigen Wohnsitzwechsel, Vermögensübertragung auf Dritte, Verschleierung seines Einkommens etc. Die Beitreibung richtet sich im Wesentlichen nach den Bestimmungen der §§ 91 ff OWiG und §§ 6 ff JBeitrO. In den **Nachlass** des Betroffenen darf die Geldbuße nicht vollstreckt werden (§ 101 OWiG). Für die **Kosten** des Verfahrens haftet dagegen der Nachlass weiter (§ 46 Abs 1 OWiG, § 465 Abs 3 StPO).

Zahlt der Betroffene nur **Teilbeträge**, so erfolgt die Verrechnung zunächst auf die Geldbuße, dann auf die etwa angeordneten Nebenfolgen, die zu einer Geldzahlung verpflichten, und zuletzt auf die Kosten, es sei denn, der Betroffene trifft, spätestens bei der Zahlung, eine andere Bestimmung (§ 94 OWiG). Auf **mehrere** in **derselben** Sache festgesetzte Geldbußen werden Teilleistungen – wegen der Bemessung der Erzwingungshaft – **anteilig** verrechnet.[45] Bestehen Geldbußforderungen aus verschiedenen Verfahren wird entsprechend § 366 BGB verfahren, d. h. die Zahlung wird auf die Geldbuße angerechnet, die der Betroffene bei der Zahlung bestimmt. Trifft der Betroffene keine Bestimmung, ist § 366 Abs 2 BGB anzuwenden. Übertragen auf die Bußgeldverfahren bedeutet dies, da die Geldbußen nur nach Fälligkeit, d. h. nach Rechtskraft der Entscheidung beigetrieben werden können, dass Zahlungen auf die Geldbuße zu verrechnen sind, die am frühesten verjähren. Eine anderweitige Bestimmung des Betroffenen hat jedoch immer Vorrang. Dies gilt auch dann, wenn der Betroffene aus welchen Gründen auch immer bei der Zahlung erklärt, zunächst die Kosten des Verfahrens bezahlen zu wollen. In diesen Fällen kann die Zahlung nicht auf die Geldbuße angerechnet werden.

Ergibt sich, dass dem Betroffenen nach seinen wirtschaftlichen Verhältnissen die Zahlung in absehbarer Zeit nicht möglich ist, kann die **Vollstreckungsbehörde** anordnen, dass die **Vollstreckung unterbleibt** (§ 95 Abs 2 OWiG). Die Anordnung nach § 95 Abs 2 OWiG kommt praktisch einer **Einstellung** des Vollstreckungsverfahrens gleich. Sie ist aber keine Aussetzung der Vollstreckung im Sinne von § 34 Abs 4 Ziffer 2 OWiG. Die Vorschrift hat jedoch Ausnahmecharakter. Vorausgesetzt werden in der Regel erfolglose Vollstreckungsmaßnahmen oder sonstige gesicherte

481

482

---

[45] Beispiel: Geldbußen von 400 € und 200 €; Zahlung von 90 €. Verrechnung: 60 € auf die 400 €, 30 € auf die 200 €.

Erkenntnisse über die Zahlungsunfähigkeit des Betroffenen. Bei Besserung der wirtschaftlichen Verhältnisse kann, sofern nicht inzwischen Vollstreckungsverjährung (§ 34 OWiG) eingetreten ist, die Vollstreckung fortgesetzt werden. Ist mit einer Besserung nach den Gesamtumständen nicht mehr zu rechnen, bedarf es keiner weiteren Überwachung. Die Vollstreckung kann vielmehr über § 95 Abs 2 OWiG hinsichtlich der Geldbuße und über § 10 Abs 1 KostVfg bzgl. der Kosten zu einem **endgültigen** Abschluss gebracht werden.

3. Einzelne Beitreibungsmaßnahmen

483 a) **Vollstreckung in bewegliche Sachen** (§§ 9, 10 EBAO):
Inwieweit sich vor Anordnung der Beitreibung noch eine besondere **Mahnung** des Betroffenen empfiehlt (§§ 7, 8 Abs 1 EBAO), hängt von den Umständen des Einzelfalles ab. Werden **Vollstreckungsmaßnahmen** (§§ 91 ff OWiG, §§ 6 ff JBeitrO) erforderlich, sind die Mittel anzuwenden, die am schnellsten und sichersten zum Ziele führen. Für die Praxis bietet sich zunächst der **Vollstreckungsauftrag** nach §§ 9, 10 EBAO an.[46] Dazu trifft die Vollstreckungsbehörde folgende **Verfügung:**

Staatsanwaltschaft .... , den ....
AZ: ....

Verfügung

1. Vollstreckungsauftrag (Vordruck ......) an den Vollziehungsbeamten/Gerichtsvollzieher des Amtsgerichts ......
wegen .... € Geldbuße
.... € Gerichtskosten
.... € Nebenkosten
zusammen: ...... €
bezahlt: .... €
Restbetrag: ...... €
2. Wv ......

....
Rechtspfleger

Soweit es erforderlich werden sollte (s § 107 GVGA), hat die Vollstreckungsbehörde zur Durchsuchung der Schuldnerwohnung seitens des Vollziehungsbeamten (§ 758 ZPO) eine richterliche **Durchsuchungsanordnung** zu erwirken.[47]

484 b) **Abnahme der eidesstattlichen Versicherung:**
Hat die Vollstreckung in das bewegliche Vermögen des Betroffenen zu einer vollständigen Befriedigung nicht geführt, kann die **Vollstreckungsbehörde** (Rechtspfleger) die **Abnahme** der **eidesstattlichen Versicherung** herbeiführen. Der Schuldner ist dabei verpflichtet, ein **Vermögensverzeichnis** vorzulegen und dessen Richtigkeit und Vollständigkeit an Eides Statt zu versichern. Für die Vollstreckungsbehörde können sich daraus Hinweise für die weitere Zwangsvollstreckung ergeben, u.U. auch den Schuldner zur Zahlung veranlassen. Auf das Verfahren finden gem. § 6 Abs 1 Nr. 1 JBeitrO die Vorschriften der §§ 807, 899 bis 906, 909, 910 913 bis 915 ZPO sinngemäß Anwendung.
Das Verfahren wird eingeleitet durch einen **Antrag** der Vollstreckungsbehörde (Rechtspfleger) an den für den Wohnsitz des Schuldners zuständigen Gerichtsvollzieher (§ 7 JBeitrO, § 899 ZPO). Der Antrag muss **Art** (Geldbuße, Verfahrenskosten, Nebenkosten) und **Höhe** der Forderung nennen sowie eine Erklärung über die **Voll-**

---

[46] Einzelheiten zur Vollstreckung in bewegliche Sachen s Rdn 248.
[47] Zur Durchsuchungsanordnung s Rdn 249.

streckbarkeit des Anspruchs wie auch über die (ganze oder teilweise) **Erfolglosigkeit** einer vorangegangenen Pfändung bzw deren Aussichtslosigkeit enthalten (§ 807 ZPO). Da der Antrag den vollstreckbaren Schuldtitel (s § 7 Satz 2 JBeitrO) ersetzt, ist er zu unterschreiben und mit Siegel oder Stempel zu versehen.

Erscheint der Schuldner im Termin nicht oder verweigert er ohne Grund die Abgabe der eidesstattlichen Versicherung, so ordnet das Gericht auf Antrag die **Haft** an (§§ 901, 908 ZPO). Die Vollstreckung des Haftbefehls erfolgt durch den Vollziehungsbeamten (§ 909 ZPO, § 6 Abs 3 Satz 1 JBeitrO). Der richterliche Haftbefehl umfasst zugleich die Ermächtigung zur Wohnungsdurchsuchung (§ 107 Nr. 8 GVGA). Die Haftdauer beträgt längstens sechs Monate (§ 913 ZPO). Auch eine **wiederholte** Abnahme der eidesstattlichen Versicherung wäre möglich (§ 903 ZPO).

c) Zwangsvollstreckung in Forderungen:

485

Nach den Erfahrungen der Praxis hat sich die **Zwangsvollstreckung** in **Forderungen**, insbesondere die Pfändung und Überweisung von Arbeitseinkommen, als besonders geeignetes Beitreibungsmittel erwiesen.

Den Pfändungs- und Überweisungsbeschluss **erlässt** die **Vollstreckungsbehörde** (Rechtspfleger), die – in ihrer Funktion als Gläubiger – zugleich auch die **Zustellungen** an Drittschuldner und Schuldner zu bewirken hat (§ 6 Abs 2 JBeitrO). Das Zustellungsverfahren richtet sich nach § 3 JBeitrO; die Zustellungen erfolgen von Amts wegen. Mit der Zustellung des Beschlusses an den **Drittschuldner** wird die Pfändung **wirksam**. Bei der anschließenden Zustellung an den Schuldner ist dieser von der bewirkten Zustellung an den Drittschuldner in Kenntnis zu setzen.

In den Pfändungsbeschluss ist die Aufforderung zur Abgabe der in § 840 Abs 1 ZPO genannten Erklärungen aufzunehmen. Erteilt der Drittschuldner die geforderte Auskunft nicht, kann die Vollstreckungsbehörde den **Vollziehungsbeamten** mit der **Entgegennahme** der **Erklärungen** beauftragen (§ 6 Abs 3 Satz 3 JBeitrO).

Die Überweisung des gepfändeten Anspruchs an Zahlungs Statt ist – wie sich aus § 6 Abs 4 JBeitrO ergibt – nicht zulässig. Die gepfändete Forderung ist daher zur **Einziehung** zu überweisen.

Bei der Zwangsvollstreckung in Forderungen und andere Vermögensrechte sind gem. § 6 Abs 1 Nr. 1 JBeitrO (iVm § 91 OWiG, § 459 StPO) folgende Bestimmungen der **ZPO** sinngemäß anwendbar: §§ 828 Abs 2, 829 bis 837a, 840 Abs 1, Abs 2 Satz 2, 841 bis 844, 846 bis 863.[48]

Wegen der **Kosten** der Forderungspfändung gilt § 11 Abs 1 JBeitrO (sinngemäße Anwendung des GKG):

4. Zahlungserleichterungen

Ist dem Betroffenen nach seinen wirtschaftlichen Verhältnissen nicht zuzumuten, die Geldbuße sofort zu zahlen, so wird ihm eine **Zahlungsfrist** bewilligt oder gestattet, die Geldbuße in **bestimmten Teilbeträgen** zu zahlen (§ 18 OWiG). Bei Vorliegen der Voraussetzungen hat bereits das **Gericht** – im Urteil oder Beschluss nach § 72 OWiG – Zahlungserleichterungen zu gewähren. Nach **Rechtskraft** der Bußgeldentscheidung entscheidet über Zahlungsvergünstigungen gem. § 93 Abs 1 OWiG grundsätzlich die **Vollstreckungsbehörde** (Rechtspfleger). Anstatt der sonst zuständigen Vollstreckungsbehörde kann auch das Gericht Zahlungserleichterungen bewilligen, wenn sich im Verfahren auf Anordnung der Erzwingungshaft ergibt, dass dem Betroffenen die sofortige Zahlung nicht zumutbar ist (§ 96 Abs 2 OWiG).

486

---

[48] Wegen sonstiger Vollstreckungsmaßnahmen und wegen Einzelheiten der Beitreibung wird auf die Ausführungen im Abschnitt „Einforderung und Beitreibung der Geldstrafe", Rdn 248 ff verwiesen.

Stundung oder Teilzahlungen können auf **Antrag** oder von **Amts wegen** gewährt werden. Die Entscheidung, bei der die in § 93 Abs 3 Satz 1 OWiG vorgeschriebene Aufforderung zur Zahlung/Darlegung der Vermögensverhältnisse und Belehrung des Betroffenen wegen der Erzwingungshaft nach § 66 Abs 2 Nr. 2, 3 OWiG zu beachten ist, erstreckt sich automatisch auch auf die **Kosten** des Verfahrens; sie kann auch **allein** hinsichtlich der Kosten getroffen werden (§ 93 Abs 3 Satz 2 OWiG). Werden Raten bewilligt, empfiehlt es sich, in die Entscheidung eine **Verfallklausel** iSd § 18 Satz 2 OWiG aufzunehmen. Bei nicht rechtzeitiger Zahlung eines Teilbetrags wird dann die Zahlungsvergünstigung **automatisch** hinfällig, ohne dass es einer Aufhebung der Entscheidung bedarf. Der Wegfall der Vergünstigung ist in den Akten zu vermerken (§ 93 Abs 4 Satz 1 OWiG).

487 Zahlungserleichterungen (hier: Teilzahlungen) können mit folgender **Verfügung** gewährt werden:

Staatsanwaltschaft .... , den ....

AZ: .... Bußgeldsache ....

Verfügung

1. An Betroffenen ......:

Bezug: ......

Es wird Ihnen gestattet, die durch Urteil/Beschluss des ...... gerichts ...... vom ......

gegen Sie festgesetzte Geldbuße von

...... €

und die Kosten des Verfahrens in Höhe von /

...... €

insgesamt

...... €

in monatlichen Teilbeträgen von ...... € zu zahlen, fällig jeweils am ...... des Monats, erstmals am ......

Die Zahlungsvergünstigung entfällt, wenn Sie einen Teilbetrag nicht rechtzeitig zahlen (§ 18 Satz 2 OWiG).

Die bestimmten Teilbeträge sind spätestens zwei Wochen nach dem jeweiligen Fälligkeitstermin unter Angabe obigen Aktenzeichens an die ...... kasse ...... zu entrichten. Im Falle der Zahlungsunfähigkeit sind Sie verpflichtet, innerhalb der genannten Frist der Vollstreckungsbehörde schriftlich oder zur Niederschrift darzutun, warum Ihnen die fristgemäße Zahlung nach Ihren wirtschaftlichen Verhältnissen nicht zuzumuten ist. Kommen Sie Ihrer Pflicht, rechtzeitig zu zahlen oder Ihre Zahlungsunfähigkeit darzulegen, nicht nach, kann wegen der Geldbuße Erzwingungshaft angeordnet werden (vgl. § 96 Abs 1 OWiG).

– Zahlkarten beifügen –

2. Wv ......

....
Rechtspfleger

Anmerkungen:

488 Eingehende Teilbeträge werden zunächst auf die **Geldbuße,** dann erst auf die Kosten verrechnet (§ 94 OWiG). Zahlt der Betroffene nicht fristgemäß, so dass der Gesamtbetrag fällig wird, sofern in der Ratenbewilligung die Verfallklausel enthalten ist, kann die Geldbuße ohne besondere Zahlungsaufforderung beigetrieben (§ 95 OWiG) oder die Erzwingungshaft angeordnet werden (§ 96 OWiG). Solange eine Zahlungserleichterung bewilligt ist, **ruht** die Vollstreckungsverjährung (§ 34 Abs 4 Nr. 3 OWiG).

Die Vollstreckungsbehörde kann eine frühere Entscheidung (auch des Gerichts) über Zahlungserleichterungen **ändern** oder **aufheben;** zum Nachteil des Betroffenen allerdings nur, wenn **neue** Tatsachen (z. B. Besserung der Vermögensverhältnisse) oder **neue** Beweismittel (z. B. nachträgliche Erkenntnis über unzutreffende Vermögensangaben) vorliegen. Eine Aufhebung kann auch dann erfolgen, wenn der Betroffene gröblich oder beharrlich seine Zahlungspflicht verletzt (§ 93 Abs 2 OWiG).

Gegen die Entscheidungen der Vollstreckungsbehörde (Rechtspfleger) nach § 93 OWiG kann der Verurteilte die gleichen **Einwendungen,** die nach den allgemeinen verfahrensrechtlichen Vorschriften zulässig sind, gem. § 31 Abs 6 Satz 1 RpflG erheben. Ist hiernach ein Rechtsbehelf nicht gegeben, entscheidet über die Einwendungen der Richter oder Staatsanwalt, an dessen Stelle der Rechtspfleger tätig geworden ist gem. § 31 Abs 6 Satz 2 RPflG. Gegen die ablehnende Entscheidung des Staatsanwalts, als Vollstreckungsbehörde, sind Einwendungen nach § 103 Abs 1 Nr. 2 OWiG zulässig, über die dann das **Gericht** entscheidet (§ 104 Abs 1 OWiG). Dessen Entscheidung ist nicht anfechtbar (§ 104 Abs 3 Satz 2 OWiG).[49]

Der **Aktenvermerk** nach § 93 Abs 4 Satz 1 OWiG ist keine „Entscheidung", demgemäß auch nicht anfechtbar. Erhebt der Betroffene dennoch Einwendungen, können diese als erneuter Antrag gem. § 93 Abs 4 Satz 2 OWiG umgedeutet werden.

5. Abschluss der Vollstreckung

489 Sind Geldbuße und Kosten bezahlt oder beigetrieben, trifft die Vollstreckungsbehörde folgende **Abschlussverfügung:**

> Staatsanwaltschaft   .... , den ....
> AZ: ....
>
> **Verfügung**
>
> 1. Geldbuße und Kosten sind bezahlt (AS ......).
>
> 2. Austrag Js-Register.
>
> 3. Kostenvermerk.
>
> 4. weglegen
>
>   ....
>   Rechtspfleger

Hat sich lediglich die Beitreibung der **Geldbuße** erledigt und werden für die **Kostenforderung** Vollstreckungsmaßnahmen erforderlich, sind die Kosten an die **Gerichtskasse** zur Einziehung zu überweisen. Die Überweisung unterbleibt, wenn die Voraussetzungen vorliegen, unter denen der Kostenbeamte wegen Unvermögens des Schuldners von der Aufstellung einer Kostenrechnung gem. § 10 Abs 1 KostVfg absehen darf (§§ 1 Abs 5, 15, 16 EBAO). Die Vollstreckungserledigung ist zum **BZR** nicht mitteilungspflichtig, wie auch die Verhängung der Geldbuße in Ordnungswidrigkeitsverfahren dem Bundeszentralregister nicht mitgeteilt werden.

B. Vollstreckung von Nebenfolgen

490 Die **Nebenfolgen** einer Ordnungswidrigkeit, die das materielle Recht vorsieht, lassen sich in zwei Kategorien einteilen:

a) Nebenfolgen, die zu einer Geldzahlung verpflichten,
b) sonstige Nebenfolgen.

Werden Nebenfolgen in einer Bußgeldentscheidung angeordnet, sind sie nach Art und Ausmaß unter Angabe der gesetzlichen Vorschriften genau zu bestimmen.

---

[49] Einzelheiten zu Rechtsbehelfen und Rechtsmitteln bei der Vollstreckung in Bußgeldsachen s Rdn 462 ff.

1. Nebenfolgen mit Verpflichtung zur Geldzahlung

491 Als Nebenfolgen, die zu einer Geldzahlung verpflichten, können in Betracht kommen:

a) die Einziehung des Wertersatzes (§ 25 OWiG),
b) die Abführung des Mehrerlöses (§ 8 WiStG),
c) die Geldbuße gegen juristische Personen und Personenvereinigungen (§ 30 OWiG),
d) der Verfall von Vermögensvorteilen (§ 29 a OWiG).

492 Die **Vollstreckung** dieser Nebenfolgen richtet sich gem. § 91 OWiG, § 459 g Abs 2 iVm § 459 StPO, § 87 Abs 2 Satz 1 StVollstrO nach der **JBeitrO** und der **EBAO** (s § 1 Abs 1 Nr. 2 EBAO bzw JBeitrO). Daneben sind nach Maßgabe der §§ 1 Abs 2, 87 Abs 1 StVollstrO einzelne Vorschriften der **Strafvollstreckungsordnung** anwendbar. Es gelten dieselben Grundsätze wie bei der Einziehung der Geldbuße.
Vollstreckungsbehörde ist die Staatsanwaltschaft, in Verfahren gegen Jugendliche und Heranwachsende der Jugendrichter (§ 91 OWiG).[50]
Die festgesetzten Geldbeträge sind nach den Richtlinien der EBAO **einzufordern** und bei nicht fristgemäßer Zahlung – nach Ablauf der zweiwöchigen Schonfrist des § 95 Abs 1 (§ 99 Abs 1) OWiG – **beizutreiben**. Das **Beitreibungsverfahren** bestimmt sich nach §§ 6 ff JBeitrO. Ggf. ist zur Wohnungsdurchsuchung (§ 758 ZPO) eine richterliche **Durchsuchungsanordnung** zu erwirken.[51] Die Vollstreckung kann auch in den **Nachlass** erfolgen, sofern die Bußgeldentscheidung zu Lebzeiten des Betroffenen rechtskräftig geworden ist.[52] Ist dem Betroffenen nach seinen wirtschaftlichen Verhältnissen nicht zuzumuten, den Geldbetrag sofort zu zahlen, können **Zahlungserleichterungen** gewährt werden (§§ 93, 99 Abs 1 OWiG). Auch eine Anordnung über das Unterbleiben der Vollstreckung nach § 95 Abs 2 OWiG ist nicht ausgeschlossen (§ 99 Abs 1 OWiG). Hinsichtlich des Verfalls eines Geldbetrags (§ 29 a OWiG) hat die Vollstreckungsbehörde unter den Voraussetzungen des § 99 Abs 2 OWiG eine Beendigung der Vollstreckung (ggf. Rückerstattung) anzuordnen. Das Beugemittel der **Erzwingungshaft** steht nur im Falle der Vollstreckung einer Geldbuße gegen juristische Personen und Personenvereinigungen (§ 30 OWiG) zur Verfügung (§§ 96, 97, 99 Abs 1 OWiG). Bei den übrigen Nebenfolgen bleibt nur der Weg der Beitreibung.
Bzgl. der **Vollstreckungsverjährung** von Nebenfolgen, die zu einer Geldzahlung verpflichten, gilt § 34 Abs 5 OWiG. Die Verjährungsfrist bestimmt sich nach der Höhe der Nebenfolge. Geldbuße und Nebenfolge aus **derselben** Sache verjähren zum gleichen Zeitpunkt.

2. Sonstige Nebenfolgen

493 Zu dieser Kategorie gehören:

a) die Einziehung oder Unbrauchbarmachung von Gegenständen – d. h. körperliche Sachen, aber auch Rechte (z. B. Forderungen) – (§§ 22 ff, 123 OWiG),
b) das Fahrverbot (§ 25 StVG),
c) das Verbot der Jagdausübung (§ 41 a BJagdG).

494 Ist die **Einziehung** oder die **Unbrauchbarmachung** einer Sache angeordnet worden, wird die Anordnung dadurch vollstreckt, dass die Sache dem Betroffenen durch den Vollziehungsbeamten **weggenommen** wird (§ 91 OWiG iVm § 459 g Abs 1 StPO). Wird der Gegenstand nicht vorgefunden, kann die Vollstreckungsbehörde die Abgabe

---

[50] Zur Zuständigkeit des Rechtspflegers s Rdn 456 ff, 459 f.
[51] S dazu Rdn 249.
[52] Umkehrschluss aus der Fassung des § 101 OWiG. Bei einer Geldbuße ist die Vollstreckung in den Nachlass ausgeschlossen.

einer **eidesstattlichen Versicherung** herbeiführen. Einzelheiten der Vollstreckung, insbesondere die **Wegnahme, Verwertung** bzw **Unbrauchbarmachung** der Gegenstände, regeln die anwendbare JBeitrO und die §§ 60 bis 86 StVollstrO, die gem. § 87 Abs 2 Buchst b StVollstrO auch in Bußgeldsachen Anwendung finden. Zur Wohnungsdurchsuchung (§ 758 ZPO) ist ggf. eine richterliche **Durchsuchungsanordnung** zu erwirken (s § 107 Nr. 8 GVGA).[53]

Sind **Rechte** eingezogen, ist bei der Vollstreckung der Einziehungsanordnung § 61 Abs 5 StVollstrO zu beachten. Einer Pfändung und Überweisung bedarf es nicht. Der Schuldner ist zur Leistung aufzufordern. Leistet er nicht, kann der Klageweg in Betracht kommen. Die Entscheidung darüber trifft die oberste Justizbehörde.

Ist ein **Fahrverbot** (§ 25 StVG) angeordnet worden, richtet sich die Vollstreckung **495** nach § 59a (§ 87 Abs 2 Ziffer 1) StVollstrO.[54] Das Fahrverbot nach § 25 StVG wird in gleicher Weise vollstreckt wie das Fahrverbot nach § 44 StGB. So tritt auch hier die Wirksamkeit mit der Rechtskraft des Bußgeldbescheides oder der gerichtlichen Bußgeldentscheidung ein (§ 25 Abs 2 StVG). Hier ist jedoch nach § 25 Abs 2 a StGB[55] ein Aufschub möglich. Dies gilt aber nicht für das Fahrverbot nach § 44 StGB. Die Voraussetzungen für einen Aufschub sind:

1. in den vergangenen zwei Jahren vor der Ordnungswidrigkeit (gemeint ist die Tatzeit) ist gegen den Betroffenen ein Fahrverbot nicht verhängt werden;
2. bis zur Bußgeldentscheidung wird wegen einer anderen Ordnungswidrigkeit oder Straftat ein Fahrverbot nicht verhängt (nach § 25 StVG oder § 44 StGB);
3. der Führerschein befindet sich bei Eintritt der Rechtskraft noch nicht in amtlicher Verwahrung.

In diesen Fällen bestimmt die Bußgeldbehörde (das Gesetz spricht von der Verwaltungsbehörde, meint aber die Bußgeldbehörde) oder das Gericht im Falle der gerichtlichen Bußgeldentscheidung, dass das Fahrverbot erst später wirksam wird. Das Wirksamwerden des Fahrverbots darf aber nicht länger als vier Monate nach Eintritt der Rechtskraft hinausgeschoben werden. Daraus ist zu entnehmen, dass eine gerichtliche **Unterbrechung** des Fahrverbots nicht möglich ist. Nach Ablauf der Frist, für welche die Bußgeldbehörde oder das Gericht Aufschub gewährt, wird das Fahrverbot wirksam. Die Fahrverbotsfrist berechnet sich aber auch in diesen Fällen erst ab dem Zeitpunkt, an welchem der Führerschein in amtliche Verwahrung gelangt.

Das **Verbot** der **Jagdausübung** (§ 41a BJagdG) erlangt Wirksamkeit mit Rechtskraft **496** der Bußgeldentscheidung. Für die Verbotsdauer ist der Jagdschein amtlich zu verwahren. Bei **Entziehung** des Jagdscheins ist dieser von der Jagdbehörde für ungültig zu erklären und einzuziehen (§ 18 BJagdG).[56]

C. Anordnung und Vollstreckung der Erzwingungshaft

1. Anordnung von Erzwingungshaft

Die Erzwingungshaft gem. § 96 OWiG ist nicht als Strafe ausgestaltet, sondern als **497** reines **Beugemittel** gegen einen **zahlungsfähigen, aber zahlungsunwilligen** Schuldner, gegen den die Vollstreckung erfolglos geblieben ist oder die Vollstreckung unter-

---

[53] Zur Durchsuchungsanordnung s Rdn 249.
[54] Für die Vollstreckung des im Bußgeldverfahren verhängten Fahrverbots gelten die gleichen Grundsätze wie bei einer Anordnung im Strafverfahren (§ 44 StGB). Einzelheiten s Rdn 408 ff.
[55] Eingefügt durch Gesetz vom 26. 1. 1998.
[56] Einzelheiten s *Göhler*, Rdn 33 f zu § 90 OWiG.

blieben ist, weil sie untunlich ist nach dem pflichtgemäßen Ermessen der Vollstreckungsbehörde. Sie ist kein ersatzweises Übel für die begangene Ordnungswidrigkeit, vielmehr eine **Pflichtenmahnung** gegenüber dem Betroffenen, den wegen der Ordnungswidrigkeit rechtskräftig verhängten Sanktionen nachzukommen.[57]

Ist eine Geldbuße festgesetzt worden, wird – anders als bei einer herkömmlichen Geldschuld – vom Betroffenen eine Mitwirkung verlangt. Seine Mitwirkungspflicht liegt darin, entweder die Geldbuße zu zahlen oder, falls er dazu nicht in der Lage ist, seine Zahlungsunfähigkeit darzutun. Der Betroffene darf sich somit bei Zahlungsunfähigkeit nicht einfach passiv verhalten, sonst droht ihm auch dann die Erzwingungshaft.[58] Eine Ausnahme besteht da, wo der Vollstreckungsbehörde die Zahlungsunfähigkeit des Betroffenen bekannt ist (§ 96 Abs 1 Ziffer 4 OWiG).

Legt ein **Zahlungsunfähiger**[59] jedoch seine Einkommensverhältnisse pflichtgemäß offen, ist die Zahlung der Geldbuße nicht durchsetzbar; Erzwingungshaft scheidet aus. Die Vollstreckung kann, wenn keine Besserung der wirtschaftlichen Situation zu erwarten ist, über § 95 Abs 2 OWiG zum endgültigen Abschluss gebracht werden, d. h. die Vollstreckungsbehörde ordnet das Unterbleiben der Vollstreckung an.

498   Die **Anordnung** der Erzwingungshaft – nach Ablauf der zweiwöchigen Schonfrist des § 95 Abs 1 OWiG – **setzt** im einzelnen gem. § 96 Abs 1 OWiG **voraus,** dass

a) die Geldbuße oder der bestimmte Teilbetrag einer Geldbuße nicht gezahlt ist,
b) der Betroffene seine Zahlungsunfähigkeit nicht dargetan hat (§ 66 Abs 2 Nr. 2 Buchst b OWiG),
c) er nach § 66 Abs 2 Nr. 3 OWiG belehrt ist, und
d) keine Umstände bekannt sind, welche seine Zahlungsunfähigkeit ergeben.

Die Anordnung der Erzwingungshaft durch das nach § 104 Abs 1 OWiG zuständige Gericht steht unter dem **Opportunitätsprinzip** („**kann** anordnen"). Dabei ist der Grundsatz der Verhältnismäßigkeit zu beachten. Jedoch auch bei Bagatellbußgeldbeträgen ist Erzwingungshaft nicht ausgeschlossen.

Die Beachtung des Grundsatzes der Verhältnismäßigkeit und des Opportunitätsprinzips widerspricht aber der zunehmend beobachteten Praxis der Bußgeldbehörden, insbesondere auch im Bagetellbereich (Bußgelder unterhalb der Eintragungsgrenze im Verkehrszentralregister beim Kraftfahrtbundesamt in Flensburg) ohne eigene Vollstreckungsversuche bei Gericht den Antrag auf Anordnung der Erzwingungshaft zu stellen mit der alleinigen Begründung, der Betroffene habe seine Zahlungsunfähigkeit nicht dargetan. Die Anordnung von Haft ist in der Regel einschneidender als die Beitreibung eines Kleinbetrages. Und die Inanspruchnahme eines Richters, eines Rechtspflegers bei der Staatsanwalschaft und der Polizei ist allemal aufwendiger und zeitraubender und damit auch wesentlich kostenintensiver als die Tätigkeit eines Vollstreckungsbeamten der Verwaltungsbehörde.

Die Entscheidung ergeht auf **Antrag** der in § 92 OWiG bezeichneten **Vollstreckungsbehörde** (Verwaltungsbehörde/Justizbehörde (Rechtspfleger)) oder **von Amts wegen,** wenn dem Gericht selbst die Vollstreckung obliegt.[60] Gegen die Anordnung der Erzwingungshaft steht dem Betroffenen das Rechtsmittel der **sofortigen Beschwerde**

---

[57] BVerfG, NJW 1977, 293.
[58] *Göhler,* Rdn 2, 3 zu § 96 OWiG.
[59] Zahlungsunfähigkeit liegt vor, wenn der Betroffene nach objektiven Kriterien bei Einsatz aller ihm zur Verfügung stehenden Möglichkeiten (ggf. auch Veräußerung von Gegenständen, Kreditaufnahme) zur Zahlung nicht in der Lage ist. Wer ein Kfz unterhalten kann, müsste allerdings auch zur Begleichung kleinerer Geldbußen fähig sein (*Göhler,* Rdn 13; *Rebmann/Roth/ Herrmann,* Anm 7 jeweils zu § 96 OWiG).
[60] So dem Jugendrichter in Verfahren gegen Jugendliche und Heranwachsende.

zu (§ 104 Abs 3 Satz 1 OWiG). Eine weitere Beschwerde ist nicht zulässig.[61] Die Vollstreckungsbehörde hat im Rahmen des § 96 OWiG **kein** Anfechtungsrecht, auch nicht bei ablehnender gerichtlicher Entscheidung.

Ergibt sich während des Anordnungsverfahrens, dass dem Betroffenen nach seinen wirtschaftlichen Verhältnissen die sofortige Zahlung der Geldbuße nicht zuzumuten ist, so bewilligt das Gericht eine **Zahlungserleichterung** oder überlässt die Entscheidung darüber der Vollstreckungsbehörde. Eine bereits ergangene Anordnung der Erzwingungshaft wird aufgehoben (§ 96 Abs 2 OWiG).

Die **Dauer** der Erzwingungshaft wegen **einer** Geldbuße darf **sechs Wochen**, wegen **mehrerer** in einer Bußgeldentscheidung festgesetzter Geldbußen **drei Monate** (dies sind nach § 191 BGB 90 Tage) nicht übersteigen (§ 96 Abs 3 Satz 1 OWiG). Wird die Erzwingungshaft wegen mehrerer Geldbußen angeordnet, so ist sie für jede Geldbuße **gesondert** festzusetzen.[62] Die Erzwingungshaft wird nach **Tagen** bemessen; demgemäß beträgt die Höchstdauer **neunzig Tage** (= drei Monate).[63] Die vom Gericht angeordnete Erzwingungshaft kann nachträglich **nicht verlängert** werden, selbst wenn die Zahlung der Geldbuße ausgeblieben ist. Auch darf wegen **desselben** Betrages die Anordnung und die Vollstreckung der Erzwingungshaft nicht wiederholt werden. Eine **Abkürzung** der Erzwingungshaft ist dagegen möglich, etwa dann, wenn im Nachhinein noch ein Teilbetrag gezahlt wird (§ 96 Abs 3 OWiG).

Ist die Erzwingungshaft vollstreckt, ohne dass der Betroffene die Geldbuße bezahlt hat, wird die **Beitreibung** fortgesetzt. Eine **Anrechnung** der vollstreckten Erzwingungshaft auf die Geldbuße erfolgt **nicht**.[64] Es sind weiterhin alle Beitreibungsmaßnahmen zulässig.[65] Bleibt die Beitreibung erfolglos, kann die Vollstreckung hinsichtlich der Geldbuße über § 95 Abs 2 OWiG und bzgl. der Kosten über § 10 Abs 1 KostVfg zum Abschluss gebracht werden.

2. Vollstreckung der Erzwingungshaft

Die Vollstreckung der Erzwingungshaft richtet sich nach § 97 OWiG; daneben sind nach Maßgabe der §§ 1 Abs 2, 87 Abs 1 und Abs 2 Ziffer 3 StVollstrO einzelne Vorschriften der Strafvollstreckungsordnung sinngemäß anwendbar.

Vollstreckungsbehörde ist – im Verfahren gegen Erwachsene – die **Staatsanwaltschaft.** Dies gilt sowohl, wenn ein Bußgeldbescheid der Verwaltungsbehörde zu vollstrecken ist, als auch bei gerichtlichen Bußgeldentscheidungen. Die Verwaltungsbehörde hat keine Kompetenz für die Vollstreckung der Erzwingungshaft (§ 97 Abs 1 OWiG). Die **örtliche** Zuständigkeit der Staatsanwaltschaft bestimmt sich nach dem Gericht des ersten Rechtszuges (§ 7 Abs 1 StVollstrO); d.h. nach dem Gericht, das die Erzwingungshaft gem. § 104 Abs 1 Nr. 1, 2 OWiG verhängt hat.

In Verfahren gegen **Jugendliche** und **Heranwachsende** obliegt die Vollstreckung dem **Jugendrichter** (Vollstreckungsleiter), unabhängig davon, ob die erzieherischen Maßnahmen nach § 98 Abs 1 OWiG zur Vollstreckung einer gerichtlichen Bußgeldentscheidung oder eines Bußgeldbescheides der Verwaltungsbehörde angeordnet worden

499

500

501

502

---

[61] § 310 Abs 1 StPO trifft hier nicht zu (OLG Hamm, NStZ 1992, 443).

[62] *Rebmann/Roth/Herrmann*, Anm 21 zu § 96 OWiG.

[63] Vgl. § 191 BGB: der Monat wird zu dreißig Tagen gerechnet.

[64] Die Verfassungsmäßigkeit der Nichtanrechnung vollzogener Erzwingungshaft auf die Geldbuße und der Anordnung von Erzwingungshaft bei Bagatellbußgeldbeträgen ist vom BVerfG (NJW 1977, 293) bejaht worden.

[65] Das LG Tübingen (NStZ 1982, 251) will Haft zur Erzwingung einer eidesstattlichen Versicherung nach Vollstreckung der Erzwingungshaft ausschließen. Dem kann – mit *Herrmann* (NStZ 1982, 252) – nicht gefolgt werden.

sind (§ 97 Abs 1 OWiG). Ist gegen einen Heranwachsenden jedoch Erzwingungshaft angeordnet worden, ist nach § 110 JGG, der auf § 82 Abs 1 JGG verweist, die Staatsanwaltschaft Vollstreckungsbehörde, da gegen den Heranwachsenden kein Jugendrecht angewendet wurde. **Örtlich zuständig** ist, wenn ein **Bußgeldbescheid** zugrunde liegt, der Jugendrichter, dem die vormundschaftsrichterlichen Erziehungsaufgaben zugewiesen sind (§§ 97 Abs 1, 104 Abs 1 Nr. 1 OWiG, § 84 Abs 2 JGG); bei **gerichtlichen** Bußgeldentscheidungen der Jugendrichter, dem als Einzelrichter oder als Vorsitzender des Jugendschöffengerichts die erstinstanzliche Entscheidung oblag (§ 97 Abs 1 OWiG, § 84 Abs 1 JGG); in allen sonstigen Fällen (z. B. Entscheidung der Jugendkammer) der in § 84 Abs 2 JGG bestimmte Jugendrichter. Eine **Abgabe** der Vollstreckung ist nur unter den Voraussetzungen des § 85 Abs 5 JGG („aus wichtigen Gründen") zulässig (s § 97 Abs 1 OWiG).

Nach § 31 Abs 2 Satz 1 RpflG ist die Vollstreckung der Erzwingungshaft auf den **Rechtspfleger** übertragen.[66]

503 Für die **Durchführung** der Vollstreckung gilt gem. § 87 Abs 1, Abs 2 Ziffer 3 StVollstrO, § 97 Abs 2, 3 OWiG folgendes:

– Die Erzwingungshaft ist erst mit der **Rechtskraft** ihrer Anordnung vollstreckbar. Es bedarf der **Rechtskraftbescheinigung** (§ 13 StVollstrO).

– Die für die Vollstreckung der Erzwingungshaft zuständige Vollzugsanstalt ergibt sich aus dem **Vollstreckungsplan** der Länder (§ 22 Abs 1 StVollstrO). Erzwingungshaft gegen Soldaten der Bundeswehr wird nicht von deren Behörden, sondern in Anstalten der Justizverwaltung vollzogen (s Art 5 EGWStG). Die **örtliche** Vollzugszuständigkeit bestimmt sich nach § 24 StVollstrO. Ist der Betroffene behördlich verwahrt, richtet sich die Zuständigkeit nach dem Verwahrungsort, ansonsten nach dem Wohn- oder Aufenthaltsort.

Durch die Verweisung auf § 51 StVollstrO wird die Vollstreckungsbehörde (wie bei der Ersatzfreiheitsstrafe) ermächtigt, von der förmlichen Einweisung durch ein Aufnahmeersuchen (§ 29 StVollstrO) Abstand zu nehmen und den Betroffenen lediglich zu **laden** (§ 27 StVollstrO). Das Aufnahmeersuchen ist bei Antritt der Erzwingungshaft sofort nachzureichen. Anlagen (§ 31 StVollstrO) sind nicht erforderlich. In der Ladung und im Aufnahmeersuchen ist anzugeben, welcher Betrag zu zahlen ist, um die Vollstreckung abzuwenden. Befindet sich der Betroffene nicht auf freiem Fuß, so ist ggf. seine **Überführung** in die zuständige Justizvollzugsanstalt zu veranlassen; eine Untersuchungshaft in anderer Sache kann zum Vollzug der Erzwingungshaft (mit Zustimmung des Haftrichters: Nr. 92 UVollzO) unterbrochen werden. (§ 28 Abs 1 Satz 1, 2 StVollstrO). Wegen der **Reihenfolge** der Vollstreckung gilt § 43 Abs 2 bis 6 StVollstrO. Erzwingungshaft wird im Verhältnis zu anderen Strafen **zuletzt** vollstreckt, um dem Betroffenen die Möglichkeit zu belassen, doch noch die Geldbuße zu zahlen. Eine bereits begonnene Vollstreckung wird jedoch für Anschlussstrafen nicht unterbrochen. Im Verhältnis untereinander wird die kürzere Erzwingungshaft vor der längeren vollstreckt. Bei einer **Anschlussvollstreckung** der Erzwingungshaft ist zu beachten, dass durch den vorangehenden Vollzug anderer Strafen **kein** Ruhen der Verjährung hinsichtlich der Geldbuße (Erzwingungshaft) bewirkt wird (vgl. § 34 Abs 4 OWiG).

Die Ländervereinbarung zur Vereinfachung und Beschleunigung der Strafvollstreckung vom 8. 6. 1999 (Anh 2 der StVollstrO) ist bei der Vollstreckung von Erzwingungshaft an sich nicht anwendbar. Demgemäß müsste bei Vollstreckungen außerhalb des Bundeslandes, in dem die Vollstreckungsbehörde ihren Sitz hat, um Vollstreckungshilfe ersucht werden (§ 9 Abs 1 StVollstrO).

---

[66] Zur Zuständigkeit des Rechtspflegers bei der Vollstreckung in Bußgeldsachen s auch Rdn 456 ff, 459 f.

Der Betroffene kann die Vollstreckung **jederzeit** dadurch **abwenden,** dass er den zu zahlenden Betrag der Geldbuße **entrichtet** (§ 97 Abs 2 OWiG). In einem solchen Falle ist ein bereits Inhaftierter **sofort** zu entlassen (§ 51 Abs 3 StVollstrO) und der Beschluss des Gerichts auf Anordnung der Erzwingungshaft aufzuheben. Zahlt der Betroffene nur einen **Teil** der Geldbuße, wird der Vollzug fortgeführt, jedoch kann eine **Abkürzung** der Erzwingungshaft (durch gerichtlichen Entscheid) gem. § 96 Abs 3 Satz 2 OWiG in Frage kommen. Ein nach Anordnung der Erzwingungshaft eingereichtes Gesuch um Zahlungserleichterungen hemmt die Vollstreckung nicht. Das **Gericht** kann jedoch die Vollziehung **aussetzen** (§ 97 Abs 3 OWiG).

Für die **Berechnung** der Haftdauer sind weitgehend – s im Einzelnen § 87 Abs 2 Ziffer 3 StVollstrO – die Grundsätze der §§ 37 ff StVollstrO anwendbar. Ist Erzwingungshaft **mehrfach** angeordnet worden, etwa im Falle des § 20 OWiG, so ist die Verwahrdauer jeweils **getrennt** zu berechnen; die Erzwingungshaft mit der kürzeren Dauer wird dabei **zuerst** vollstreckt (§§ 37 Abs 1, 43 Abs 2 StVollstrO). Hat der Betroffene nicht mehr als eine Woche im Vollzug zuzubringen, wird dem Tage und der Stunde nach berechnet, bei längerer Vollzugsdauer nur nach vollen Tagen. Verwahrbeginn ist der Zeitpunkt der Gestellung bzw der Festnahme; bei Vollstreckung in Unterbrechung der U-Haft ist der Zeitpunkt des Eingangs des Aufnahme- bzw des Überführungsersuchens (§ 38 Ziffer 4 StVollstrO) maßgebend. Bei etwaigen Vollzugsunterbrechungen ist der Haftrest nach § 40 Abs 1 Satz 1 StVollstrO zu berechnen.   **504**

Für den **Vollzug** der Erzwingungshaft gelten die Vorschriften über den Vollzug der Freiheitsstrafe (§§ 3 bis 122 StVollzG) entsprechend, soweit nicht Eigenart und Zweck der Haft entgegenstehen oder in den §§ 172 bis 175 StVollzG bzgl. Unterbringung, Kleidung, Einkauf, Arbeit etwas anderes bestimmt ist (§ 171 StVollzG). Die **Kosten** der Erzwingungshaft[67] sind – anders als beim Vollzug der Freiheitsstrafe – **immer** zu erheben. Die Einschränkungen des § 10 Abs 1 JVKostO gelten hier nicht. Der Haftkostensatz bestimmt sich nach § 10 Abs 2 JVKostO.[68]   **505**

Kommt der Betroffene der Ladung zum Antritt der Erzwingungshaft ohne ausreichende Entschuldigung nicht nach, kann ein **Vorführungs-** oder **Haftbefehl** erlassen werden (§ 33 StVollstrO). Eine Ausschreibung zur Festnahme wird auf Ausnahmefälle beschränkt bleiben müssen, weil eine solche Fahndungsmaßnahme insbesondere bei kürzerer Erzwingungshaft unverhältnismäßig wäre.[69] Ein Suchvermerk oder die Ausschreibung zur Aufenthaltsermittlung sind jedoch möglich.   **506**

Ist die Erzwingungshaft vollstreckt, ohne dass der Betroffene die Geldbuße gezahlt hat, wird die **Beitreibung** fortgesetzt. Es sind weiterhin alle Beitreibungsmaßnahmen zulässig.[70] Eine Anrechnung der vollstreckten Erzwingungshaft auf die zu zahlende Geldbuße erfolgt nicht.[71] Wegen **desselben** Betrages darf die Anordnung und die Vollstreckung der Erzwingungshaft nicht wiederholt werden. Bleibt auch die Beitreibung ergebnislos, kann die Vollstreckung mit einer Anordnung nach § 95 Abs 2 OWiG **zum Abschluss** gebracht werden. **Mitteilungspflichten** gegenüber dem BZR oder GZR bzgl. der Erzwingungshaft bestehen **nicht**.   **507**

---

[67] GKG KostVerz Nr. 9010; bzgl. der Verwaltungsbehörde § 107 Abs 3 Nr. 9 OWiG.

[68] Zu den Haftkosten s auch Rdn 800 f. Die Höhe des Haftkostenbeitrags wird für jedes Kalenderjahr im Bundesanzeiger festgestellt und durch das Fachministerium bekanntgegeben.

[69] Im Katalog des § 87 Abs 2 Ziffer 3 StVollstrO ist § 34 StVollstrO (Steckbrief/Ausschreibung) unter den anwendbaren Vorschriften auch nicht aufgeführt.

[70] Das LG Tübingen (NStZ 1982, 251) will Haft zur Erzwingung einer eidesstattlichen Versicherung nach Vollstreckung der Erzwingungshaft ausschließen. Dem kann – mit *Herrmann* (NStZ 1982, 252) – nicht gefolgt werden.

[71] Kein Verstoß gegen Art 103 Abs 3 GG (BVerfG, NJW 1977, 293).

Erzwingungshaft auf Antrag der Verwaltungsbehörde:

508 Wird aus einem **Bußgeldbescheid** vollstreckt, obliegt die Antragstellung zur Anordnung der Erzwingungshaft (§ 96 Abs 1 OWiG) der **Verwaltungsbehörde**. Zuständig zur Entscheidung ist das Amtsgericht (ggf. der Jugendrichter), in dessen Bezirk die Verwaltungsbehörde ihren Sitz hat (§ 104 Abs 1 Nr. 1 OWiG). Nach **rechtskräftiger** Anordnung – der Beschluss bedarf der Rechtskraftbescheinigung – sind die Akten der **Staatsanwaltschaft** zur Vollstreckung vorzulegen, sofern nicht der **Jugendrichter** die Vollstreckung durchzuführen hat (§ 97 OWiG). Die Verwaltungsbehörde hat für die Erzwingungshaft **keine** Vollstreckungskompetenz. Sie bleibt jedoch Vollstreckungsbehörde iSd § 92 OWiG und ist daher weiterhin für Zahlungserleichterungen (§ 93 OWiG) usw. zuständig.

Die Vollstreckungssache wird in das Js-Register der Staatsanwaltschaft eingetragen (§ 51 AktO).

Für das **Vollstreckungsverfahren** selbst gilt § 87 Abs 1, Abs 2 Ziffer 3 StVollstrO, insbesondere § 51. Danach reicht es aus, den Betroffenen zu laden (§ 27 StVollstrO) und von der förmlichen Einweisung durch ein Aufnahmeersuchen (§ 29 StVollstrO) Abstand zu nehmen. Das Aufnahmeersuchen ist jedoch bei Haftantritt unverzüglich nachzureichen. Bei Nichtgestellung kann Vorführungs- oder Haftbefehl erlassen werden (§ 33 StVollstrO).

Eine förmliche Zustellung der Ladung vor Durchführung von Zwangsmaßnahmen ist nicht erforderlich. Rechtsgrundlage ist § 457 Abs 2 StPO, der lediglich vorschreibt, dass die Ladung zum Strafantritt **ergangen** sein muss. § 33 StVollstrO kann als Verordnung das Gesetz nicht auf eine Förmlichkeit einengen, die diesem nicht zu entnehmen ist.[72] Dies ist umstritten. Die hM geht nach wie vor davon aus, dass Zwangsmaßnahmen erst ergriffen werden dürfen, wenn die Ladung zum Antritt der Haft „nachgewiesen" ist.

Führt die Erzwingungshaft nicht zur Zahlung der Geldbuße, obliegen alle weiteren Beitreibungsmaßnahmen der **Verwaltungsbehörde** (§ 92 OWiG). Diese ist auch zur Erhebung der **Kosten** des Erzwingungshaftverfahrens zuständig. Dazu gehören die Kosten der Justizbehörden, so die Haftkosten und die sonstigen Auslagen, wie Zustellungskosten (§ 107 Abs 3 Nr. 9, 10 OWiG).[73]

D. Erzieherische Maßnahmen und Jugendarrest

509 § 98 Abs 1 und 4 OWiG gibt dem **Jugendrichter** im Vollstreckungsverfahren gegen Jugendliche und Heranwachsende die Handhabe, statt der in der Bußgeldentscheidung festgesetzten Geldbuße **erzieherische Maßnahmen** anzuordnen, damit die Vollstreckung in jugendgemäßer Form durchgeführt werden kann. An Maßnahmen, die einzeln oder nebeneinander – nach Ablauf der Zweiwochenfrist des § 95 Abs 1 OWiG – angeordnet werden können, kommen in Betracht:

a) eine Arbeitsauflage,
b) die Schadenswiedergutmachung,
c) die Teilnahme am Verkehrsunterricht,
d) die Erbringung von sonstigen Leistungen.

Dem Jugendlichen (Heranwachsenden) ist es weiterhin unbenommen, die Geldbuße zu bezahlen. Durch die Anordnung nach § 98 Abs 1 OWiG soll ihm nur ermöglicht

---

[72] *Pohlmann/Jabel/Wolf*, Rdn 10 zu § 33 StVollstrO.
[73] Die im Erzwingungshaftverfahren bei den Justizbehörden angefallenen Schriftstücke (Akten) werden beim Amtsgericht verwahrt (§ 19 AktO).

werden, der ihm durch die Geldbuße obliegenden Leistungspflicht anderweitig nachzukommen. Es bleibt ihm die Wahl. Mit der Zahlung der Geldbuße wird die Anordnung gegenstandslos; ihrer Aufhebung bedarf es nicht.

Die Überwachung der Auflage, zu deren Erfüllung eine Frist zu setzen ist, kann der in
§ 92 OWiG bezeichneten Vollstreckungsbehörde oder auch der Jugendgerichtshilfe
übertragen werden.[74] Nach fruchtlosem Ablauf der gesetzten Frist kann zur Beitreibung der Geldbuße übergegangen werden. Vor Fristablauf wäre ein solches Mittel
unzulässig.

Bei **schuldhafter** Zuwiderhandlung gegen die Anordnung des Jugendrichters, entwe- **510**
der die Geldbuße zu zahlen oder die Auflage zu erfüllen, kann **Jugendarrest** verhängt
werden, wenn der Jugendliche (Heranwachsende) entsprechend belehrt worden ist
(§ 98 Abs 2 OWiG). Der Jugendarrest darf (bei einer Bußgeldentscheidung) **eine Wo-**
che nicht übersteigen (§ 98 Abs 2 Satz 2 JGG). Eine nochmalige Verhängung wegen
desselben Betrags ist unzulässig (§ 98 Abs 3 Satz 1 OWiG). Gegen die Festsetzung
von Jugendarrest ist **sofortige Beschwerde** zulässig (§ 104 Abs 3 Nr. 1 OWiG).

Die **Vollstreckung** des rechtskräftig angeordneten Jugendarrestes richtet sich nach
den §§ 82 Abs 1, 85 Abs 1, 86, 87, 90 JGG und Abschn. V Nr. 1 bis 9 RiJGG zu
§§ 82–85.[75] Der Richter **sieht** von der Vollstreckung **ab**, wenn **nachträglich** die Weisung erfüllt oder die Geldbuße gezahlt wird. Durch die Vollstreckung des Jugendarrestes bleibt die Verpflichtung zur Zahlung der Geldbuße oder zur Erfüllung der erzieherischen Maßnahme grundsätzlich unberührt. Der Richter kann jedoch nach
Vollziehung des Jugendarrestes die Vollstreckung der Geldbuße **ganz** oder **teilweise**
für **erledigt** erklären (§ 98 Abs 3 OWiG).

Mitteilungspflichten zum Erziehungsregister bei Verhängung von Jugendarrest bestehen **nicht**.[76]

---

[74] *Göhler,* Rdn 19 zu § 98 OWiG.
[75] Wegen der Zuständigkeit des Rechtspflegers vgl. Rdn 459 f.
[76] *Wollny,* NJW 1970, 599.

Achter Teil. Vollstreckung von Ordnungs- und Zwangsgeldern sowie gerichtlich erkannter Ordnungs- und Zwangshaft in Straf- und Bußgeldsachen

I. Grundlagen der Vollstreckung

A. Ordnungs- und Zwangsgelder

1. Übersicht

511 In welchen Fällen Ordnungs- und Zwangsgelder in **Straf-** und **Bußgeldsachen** festgesetzt werden können, ergibt sich aus nachfolgender Übersicht:

a) **Ordnungsgeld:**

Gegenstand	Betroffener Personenkreis	Ordnungsgeld nach	Höhe des Ordnungsgeldes (von – bis)
StPO	Zeugen	§ 51 (bei Ausbleiben) § 70 (bei grundloser Zeugnis- oder Eidesverweigerung) § 161a Abs 2 iVm §§ 51, 70 (Vernehmung durch die Staatsanwaltschaft)	5,– € bis 1000,– € Art 6 EGStGB
StPO	Sachverständige	§ 77 (bei Ausbleiben oder Weigerung). § 161a Abs 2 iVm § 77 (Vernehmung durch die Staatsanwaltschaft)	5,– € bis 1000,– € Art 6 EGStGB
StPO	Andere Personen	§ 81c Abs 6 i. v. m. § 70 (bei Verweigerung der körperlichen Untersuchung), § 95 Abs 2 iVm § 70 (bei Nichtherausgaben von Beweis mitteln) § 98b Abs 2 iVm § 70 (bei Nichtübermittlung von Daten)	5,– € bis 1000,– € Art 6 EGStGB
OWiG	Zeugen, Sachverständige, sonstige Personen	§ 46 Abs 1 (iVm §§ 51, 70, 77, 95 StPO)	5,– € bis 1000,– € Art 6 EGStGB
GVG	Beschuldigte, Zeugen, Sachverständige, sonstige Personen	§ 178 (§ 180) (bei Ungebühr)	5,– € bis 1000,– € § 178 GVG

Die **Festsetzung** des **Ordnungsgeldes** (und Auferlegung der **Kosten**) erfolgt im Falle des § 161a StPO durch die **Staatsanwaltschaft**, im Übrigen durch das **Gericht**. Die **Höhe** des Ordnungsgeldes ergibt sich aus Art 6 Abs 1 EGStGB iVm den einschlägigen Bestimmungen der StPO bzw des GVG (vgl. § 178 Abs 1 GVG). Für den Fall der **Nichtbeitreibbarkeit** wird zugleich **Ordnungshaft** festgesetzt (Ausnahme: § 77 StPO; bei Sachverständigen), deren Höhe sich nach Art 6 Abs 2 EGStGB bestimmt. Ist die Festsetzung der Ordnungshaft unterblieben, kann sie gem. Art 8 Abs 1 EGStGB **nachgeholt** werden, sofern das Ordnungsgeld uneinbringlich ist.

Bei der Vernehmung von Zeugen und Sachverständigen durch die **Staatsanwaltschaft** (§ 161 a StPO) kann diese zwar Ordnungsgeld, nicht aber Ordnungshaft verhängen; letztere Maßnahme bleibt dem Richter vorbehalten (§ 161 a Abs 2 Satz 2 StPO). Die Festsetzung der Haft kann jedoch zurückgestellt werden, bis die Unbeibringlichkeit des Ordnungsgeldes feststeht. Zuständig ist das Amtsgericht, in dessen Bezirk die Staatsanwaltschaft ihren Sitz hat.

Bei nachträglicher **genügender Entschuldigung** eines Zeugen oder Sachverständigen können die nach § 51 bzw § 77 StPO getroffenen Anordnungen wieder **aufgehoben** werden (§§ 51 Abs 2, 72 StPO). Daneben sind bei Ordnungsmitteln grundsätzlich auch **Gnadenmaßnahmen** möglich.[1]

b) Zwangsgeld: 512

Gegenstand	Betroffener Personenkreis	Zwangsgeld nach:	Höhe des Zwangsgeldes
StPO	Verleger, verantwortlicher Redakteur, Verantwortlicher für die Programmgestaltung	§ 463 c Abs 3, 4 StPO (bei Verweigerung der Urteilsbekanntmachung)	Bis zu 25 000,– €

Zwangsgeld ist im Gegensatz zu Ordnungsgeld keine repressive Unrechtsfolge, sondern eine **Erzwingungsmaßnahme**, die nicht mehr vollstreckt werden kann, wenn der Betroffene seiner Pflicht inzwischen genügt hat.[2] Das Zwangsgeld wird auf **Antrag** bzw Verlangen des Verletzten, zum Teil auch der **Vollstreckungsbehörde** (Staatsanwalt) von dem nach §§ 462, 462 a StPO zuständigen **Gericht** des ersten Rechtszuges festgesetzt. Die Strafvollstreckungskammer ist in keinem Falle zuständig. Sie entscheidet nur in Bezug auf den Verurteilten, nicht aber hinsichtlich Nebenbeteiligter, Verleger etc.[3] Die Höhe des Zwangsgeldes ergibt sich aus Art 6 Abs 1 EGStGB iVm § 463 c Abs 3 StPO. Das Zwangsgeld ist – wie alle Zwangsmittel – einer Gnadenmaßnahme entzogen.[4]

2. Maßgebende Vollstreckungsvorschriften

Die Einforderung und Beitreibung von in Straf- und Bußgeldsachen festgesetzten   513
Ordnungs- und Zwangsgeldern richtet sich nach der **Justizbeitreibungsordnung** (§ 1 Abs 1 Nr. 3, Abs 2 JBeitrO) und der **Einforderungs- und Beitreibungsanordnung** (§ 1 Abs 1 Nr. 3 EBAO). Gleichzeitig mit dem Geldbetrag (§ 1 Abs 1 EBAO) sind auch die auferlegten **Kosten** mit einzuziehen, soweit und solange die Verbindung von Geldbetrag und Kosten besteht (§ 1 Abs 4 JBeitrO, § 1 Abs 2, 3 EBAO). Nähere Bestimmungen für die Durchführung der Vollstreckung enthalten die §§ 3 bis 14 EBAO und die §§ 5 ff JBeitrO.

Die Ordnungs- und Zwangsmittel können **sofort** vollstreckt werden. Eine etwaige Beschwerde hemmt die Vollstreckung nicht (§ 307 Abs 1 StPO). Eine Ausnahme besteht lediglich für das Ordnungsgeld nach § 178 GVG, soweit es bei Amtshandlungen **außerhalb** der Sitzung festgesetzt wurde (§ 180 GVG). In diesem Falle hat die Beschwerde aufschiebende Wirkung, so dass erst mit der Rechtskraft der Entscheidung die Vollstreckung zulässig wird (§ 181 Abs 2 GVG). Einer **Rechtskraftbescheinigung** bedarf es zur Vollstreckung **nicht**.[5]

---

[1] *Schätzler,* Gnadenrecht, Nr. 4.4.2.
[2] Materialien zu BT-Dr 7/550, S 196.
[3] BGH, NStZ 1987, 428.
[4] *Schätzler,* Gnadenrecht, Nr. 4.4.4.
[5] *Pohlmann/Jabel/Wolf,* Rdn 3 zu § 88 StVollstrO.

Die Vollstreckung von **Ordnungsmitteln** unterliegt der **Verjährung**. Die Verjährungsfrist beträgt **zwei Jahre**. Die Verjährung beginnt, sobald das Ordnungsmittel vollstreckbar ist (Art 9 Abs 2 EGStGB).[6]
Zu den Geldbeträgen, die auch nach den Vorschriften der EBAO (JBeitrO) eingezogen werden, gehören u. a. die in **Zivilsachen** verhängten Ordnungsgelder (z. B. §§ 380,
390 ZPO). Die Vollstreckung dieser Ordnungsmittel obliegt nach § 2 Ziffer 2 EBAO
dem **Gericht**.

514 Die EBAO findet dagegen **keine Anwendung** bei der Einziehung von Geldbußen, die
in Disziplinarverfahren verhängt worden sind (§ 1 Abs 6 EBAO), bei Geldauflagen in
Strafverfahren (§ 18 EBAO), bei im Auftrag des Gläubigers zu vollstreckenden
Zwangsgeldern (§ 888 ZPO) oder bei in Bußgeldverfahren von der Verwaltungsbehörde festgesetzten Ordnungsgeldern (§ 90 Abs 4 OWiG).

3. Vollstreckungsbehörden

515 Welcher Behörde die Vollstreckung obliegt, bestimmt sich, wenn Geldbeträge nach
den Grundsätzen der EBAO eingezogen werden, im allgemeinen nach § 2 EBAO. Bei
der Vollstreckung von Ordnungs- und Zwangsgeldern in **Straf-** und **Bußgeldsachen**
einschließlich des **Jugendstrafverfahrens** ist § 2 EBAO jedoch nicht anwendbar:
§ 2 Ziffer 1 trifft nicht zu, weil die StVollstrO bei der Einziehung von Ordnungs- und
Zwangsgeldern keine Geltung hat (s § 1 Abs 2 StVollstrO);
§ 2 Ziffer 2 trifft nicht zu, weil **gesetzlich** – in § 36 Abs 2 StPO (§ 46 Abs 1 OWiG,
§ 2 JGG) und §§ 179, 180 GVG – etwas anderes bestimmt ist.
Aus § 36 Abs 2 StPO und §§ 179, 180 GVG, die als gesetzliche Bestimmungen der
Regelung des § 2 EBAO vorgehen, ergeben sich folgende **Zuständigkeiten**:

a) die Vollstreckung von nach § 178 GVG festgesetztem Ordnungsgeld veranlasst
gem. §§ 179, 180 GVG das **Gericht** (Vorsitzender). Die Staatsanwaltschaft wirkt bei
der Vollstreckung nicht mit (§ 36 Abs 2 Satz 2 StPO).

b) die Vollstreckung von nach §§ 51, 70, 77, 81 c Abs 6, 95 Abs 2, 98 b Abs 2 (ggf.
iVm § 46 Abs 1 OWiG, § 2 JGG) verhängtem Ordnungsgeld sowie von Zwangsgeld (§ 463 c Abs 3, 4 StPO) erfolgt durch die **Staatsanwaltschaft** (§ 36 Abs 2 Satz 1
StPO), deren **örtliche** Zuständigkeit sich nach § 143 Abs 1 GVG bestimmt. Die
Staatsanwaltschaft vollstreckt dabei auch das von ihr selbst nach § 161 a Abs 2 StPO
gegen Zeugen und Sachverständige festgesetzte Ordnungsgeld.

516 Die Vollstreckung der in Straf- und Bußgeldsachen festgesetzten Ordnungs- und
Zwangsgelder ist gem. § 31 Abs 3, 4 RpflG jeweils dem **Rechtspfleger** übertragen.
Soweit das **Gericht** die Vollstreckung durchführt, kann sich der Richter im Einzelfall
die Vollstreckung **ganz oder teilweise vorbehalten**. Sind Ordnungs- und Zwangsmittel
von der **Staatsanwaltschaft** zu vollstrecken, besteht für den (grundsätzlich zuständi-
gen) Rechtspfleger eine **Vorlagepflicht** im Falle des § 2 Abs 1 Nr. 5, Abs 3 der Begren-
zungs-VO. Der Staatsanwalt kann das von ihm gem. § 161 a Abs 2 StPO verhängte
Ordnungsmittel auch selbst vollstrecken.
Entsprechendes gilt auch, wenn Ordnungsmittel aus einem **Jugendstrafverfahren** zu
vollstrecken sind. Die Zuständigkeit des **Jugendrichters** ergibt sich aus §§ 179, 180
GVG, die der **Staatsanwaltschaft** aus § 36 Abs 2 Satz 1 StPO iVm § 2 JGG. Für die
Übertragung auf den **Rechtspfleger** sind wieder § 31 Abs 3, 4 RpflG maßgebend. § 31
Abs 5 RpflG und die nach § 33 a RpflG weitergeltenden Vorschriften über die Entlas-

---

[6] Zum Ruhen der Verjährung vgl. Art 9 Abs 2 Satz 4 EGStGB. Für eine Ausdehnung der Verjäh-
rungsvorschrift des Art 9 EGStGB auf Zwangsmittel bestand wegen deren Eigenart als Erzwingungsmaßnahme mit einer sofortigen und zeitlich begrenzten Vollstreckung (s § 70 Abs 2 StPO)
kein Bedürfnis.

tung des Jugendrichters in Strafvollstreckungsgeschäften[7, 8] sind nicht anwendbar, da sie nur für die Vollstreckung von Entscheidungen gelten, die unter **Anwendung** von **Jugendstrafrecht** ergangen sind.[9]

B. Ordnungs- und Zwangshaft

1. Übersicht

Die **Festsetzung** der Ordnungshaft erfolgt stets durch das **Gericht**. Die Verhängung **517** einer Ordnungshaft ist zur zulässig, wenn dies im Gesetz ausdrücklich zugelassen ist. Dies gilt auch, wenn die Vernehmung und die Verhängung eines Ordnungsgeldes durch die Staatsanwaltschaft vorgenommen wurde (s § 161a Abs 2 Satz 2 StPO). Die **Höhe** der Ordnungshaft ergibt sich aus Art 6 Abs 2 EGStGB bzw aus den einschlägigen Bestimmungen des GVG (s §§ 177, 178). Ist die Festsetzung der Ersatzordnungshaft unterblieben, kann sie gem. Art 8 Abs 1 EGStGB **nachgeholt** werden, wenn das Ordnungsgeld uneinbringlich ist.

Die **Verjährung** der Ordnungsmittel ist in Art 9 Abs 2 EGStGB geregelt. Die Verjährungsfrist beträgt **zwei Jahre**. Die Verjährung beginnt, sobald das Ordnungsmittel vollstreckbar ist. Sie ruht, solange

1. nach dem Gesetz die Vollstreckung nicht begonnen oder nicht fortgesetzt werden kann,
2. die Vollstreckung ausgesetzt ist oder
3. eine Zahlungserleichterung bewilligt ist.

Die Vollstreckbarkeit tritt **sofort** ein (Ausnahme: § 181 Abs 2 iVm §§ 178, 180 GVG). Ordnungsgeld oder Ordnungshaft nach § 178 GVG (wegen Ungebühr) ist, wenn wegen **derselben** Tat später auf Strafe erkannt wird, auf die Strafe **anzurechnen** (§ 178 Abs 3 GVG).

In welchen Fällen Ordnungs- oder Zwangshaft in **Straf-** und **Bußgeldsachen** durch **518** das Gericht verhängt werden kann, zeigen nachfolgende Übersichten:

a) **Ordnungshaft** (Übersicht):

Gegenstand	Betroffener Personenkreis	Ordnungshaft nach:	Höhe der Ordnungshaft
StPO	Zeugen	§ 51 Abs 1 (Ersatzordnungshaft bei Ausbleiben) § 70 Abs 1 (Ersatzordnungshaft bei grundloser Zeugnis- oder Eidesverweigerung § 161a Abs 2 iVm §§ 51 Abs 1, 70 Abs 1 Ersatzordnungshaft Vernehmung durch die Staatsanwaltschaft (Festsetzung durch den Richter)	1 Tag bis 42 Tagen Art 6 EGStGB spricht zwar von bis zu 6 Wochen, regelt aber zusätzlich, dass die Ordnungshaft in Tagen zu bemessen ist.

---

[7] Die Befugnisse der Verwaltungsbehörde (in Bußgeldsachen) bleiben hier außer Betracht. Von der Verwaltungsbehörde festgesetzte Ordnungsgelder werden nach den Vorschriften des Verwaltungsvollstreckungsgesetzes vom 27. 4. 53 bzw den entsprechenden landesrechtlichen Vorschriften vollstreckt (§ 90 Abs 4 OWiG).
[8] Vgl. Rdn 553.
[9] *Pohlmann/Jabel/Wolf*, Rdn 10 zu § 88 StVollstrO.

Gegenstand	Betroffener Personenkreis	Ordnungshaft nach:	Höhe der Ordnungshaft
StPO	Andere Personen	§ 81 c Abs 6 iVm. § 70 Abs 1 Ersatzordnungshaft bei Verweigerung der körperlichen Durchsuchung § 95 Abs 2 iVm § § 70 Abs 1 Ersatzordnungshaft bei Nichtherausgabe von Beweismitteln, § 98 b Abs 2 iVm § 70 Abs 1 Ersatzordnungshaft bei Nichtübermittlung von Daten	1 Tag bis 42 Tagen
OWiG	Zeugen und andere Personen	§ 46 Abs 1 Ersatzordnungs haft iVm §§ 51 Abs 1 70 Abs 1, 95 Abs 2 StPO	1 Tag bis 42 Tagen
GVG	Beschuldigte, Zeugen, Sachverständige, sonstige Personen	§ 177 Ordnungshaft bei Ungehorsam	bis höchstens 24 Stunden
		§ 178 Ordnungshaft bei Ungebühr	bis höchstens 1 Woche
		§ 178 Ersatzordnungshaft bei Ungebühr	1 Tag bis 1 Woche

b) **Zwangshaft** (Übersicht):

Gegenstand	Betroffener Personenkreis	Zwangshaft nach:	Höchstdauer
StPO	Zeugen	§ 70 Abs 2 (ggf iVm § 161 a) zur Erzwingung des Zeugnisses	Bis zur Beendigung des Verfahrens im Rechtszug, höchstens aber 6 Monate
	Andere Personen	§ 81 c Abs 6 iVm § 70 Abs 2 zur Erzwingung der körperlichen Untersuchung § 95 Abs 2 iVm § 70 Abs 2 zur Erzwingung der Herausgabe von Beweismitteln, § 98 b Abs 2 iVm § 70 Abs 2 zur Erzwingung der Übermittlung von Daten.	wie oben
	Verleger, verantwortlicher Redakteur, Verantwortlicher für die Programmgestaltung	§ 463 c Abs 3, 4 zur Erzwingung der Urteilsbekanntmachung	bis zu 6 Wochen
OWiG	Zeugen und andere Personen	§§ 46 Abs 1, 48 Abs 2 iVm §§ 70 Abs 2, 95 Abs 2 StPO	Bis zur Beendigung des Verfahrens im Rechtszug, höchstens aber 6 Wochen

Zwangsmittel (Zwangsgeld, Zwangshaft) sind ausschließlich darauf gerichtet, ein 519
künftiges Verhalten durchzusetzen. Es handelt sich bei ihnen also nicht – wie bei
Ordnungsmitteln – um repressive Unrechtsfolgen, sondern um **Erzwingungsmaß-
nahmen,** die nur solange vollstreckt werden können, bis der Betroffene seiner Pflicht
genügt hat.[10]
Die Anordnung der Zwangshaft erfolgt durch das **Gericht,** im Falle des § 463c Abs 3,
4 StPO auf **Antrag** der **Vollstreckungsbehörde.**

2. Maßgebende Vollstreckungsvorschriften

Die Vorschriften des 7. Buches der StPO nebst StVollstrO lassen sich auf die Voll- 520
streckung von Ordnungs- und Zwangshaft **unmittelbar** nicht anwenden.[11] Da spezielle Bestimmungen fehlten, wurden im Wege der Verwaltungsanordnung bestimmte
Vorschriften der StVollstrO sinngemäß für anwendbar erklärt (§§ 1 Abs 2, 88
StVollstrO). Die StVollstrO gilt jedoch nur, wenn die Vollstreckung durch die **Staatsanwaltschaft** erfolgt. Veranlasst der **Vorsitzende** des **Gerichts** die Vollstreckung **unmittelbar** (§ 179 GVG), so bleibt die Entscheidung, ob und welche Vorschriften der
StVollstrO anzuwenden sind, ihm überlassen (§ 88 Abs 2 StVollstrO). Entsprechendes
gilt auch bei der **gerichtlichen** Vollstreckung im Falle des § 180 GVG.
Die Beschlüsse, mit denen Ordnungs- oder Zwangshaft angeordnet werden, sind –
Ausnahme: §§ 180, 181 Abs 2 GVG – **sofort** vollstreckbar. Einer Rechtskraftbescheinigung bedarf es zur Vollstreckung nicht.[12]
Keine Anwendung findet § 88 StVollstrO bei der Vollstreckung von in Disziplinarverfahren oder nach § 890 ZPO sowie §§ 380, 390 ZPO verhängter Ordnungshaft. Vollstreckungsbehörde ist in diesen Fällen das (Disziplinar-)**Gericht.** Wird auf ein Ersuchen nach §§ 162, 163 GVG die Vollstreckung von der **Staatsanwaltschaft**
durchgeführt, ist § 88 StVollstrO jedoch insoweit anwendbar.
Für den **Vollzug** einer gerichtlich angeordneten Ordnungs- oder Zwangshaft gelten 521
gem. § 171 StVollzG die Vorschriften über den Vollzug der Freiheitsstrafe (§§ 3 bis
122 StVollzG) entsprechend, soweit nicht Eigenart und Zweck der Haft entgegenstehen oder in den §§ 172 bis 175 StVollzG etwas anderes bestimmt ist (z.B. bzgl. Kleidung, Einkauf, Arbeit).
Wegen der **Kosten** der Haft vgl. GKGKostVerz Nr. 9010 (Zwangshaft), Nr. 9011
(Ordnungshaft) sowie Rdn 800f.

3. Vollstreckungsbehörden

Welche Behörde die Vollstreckung gerichtlich erkannter Ordnungs- und Zwangshaft 522
in **Straf-** und **Bußgeldsachen** obliegt, lässt sich weder aus § 451 StPO noch aus § 88
Abs 1 StVollstrO[13] entnehmen. Maßgebend für die Zuständigkeitsbestimmung sind
vielmehr die Sondervorschriften des § 36 Abs 2 StPO bzw § 179 GVG. Danach führt
die Vollstreckung durch:
a) soweit Ordnungshaft nach §§ 177, 178 GVG angeordnet worden ist, das **Gericht**
(§§ 179, 180 GVG),
b) soweit Ordnungs- oder Zwangshaft gem. §§ 51, 70, 81c Abs 6, 95 Abs 2, § 98b
Abs 2 StPO (ggf. iVm § 46 Abs 1 OWiG) oder § 463c Abs 3, 4 StPO verhängt wor-

---

[10] Materialien zu BT-Dr 7/550, S 96.
[11] *Meyer-Goßner,* Rdn 5 vor § 449 StPO.
[12] § 13 StVollstrO fehlt demgemäß auch im Katalog der gem. § 88 Abs 1 StVollstrO anwendbaren Vorschriften.
[13] § 4 StVollstrO („Vollstreckungsbehörde") ist im Katalog des § 88 Abs 1 StVollstrO nicht
aufgeführt.

den ist, die **Staatsanwaltschaft** (§ 36 Abs 2 Satz 1 StPO, ggf. iVm § 46 Abs 1 OWiG, § 2 JGG; § 143 Abs 1 GVG).

523   Die Vollstreckung von Ordnungs- und Zwangsmitteln ist gem. § 31 Abs 3, 4 RpflG dem **Rechtspfleger** übertragen. Soweit dem **Gericht** die Vollstreckung obliegt (§§ 179, 180 GVG), kann sich der Richter im Einzelfall die Vollstreckung **ganz** oder **teilweise vorbehalten.** Vorstehende Grundsätze gelten auch, wenn Ordnungs- und Zwangsmittel zu vollstrecken sind, die in einem **Jugendstrafverfahren** verhängt worden sind. § 31 Abs 5 RpflG ist nicht anwendbar.

II. Durchführung der Vollstreckung

A. Ordnungs- und Zwangsgelder

1. Einforderung und Beitreibung

524   Die **Einforderung** und **Beitreibung** der Ordnungs- und Zwangsgelder nebst auferlegter Kosten erfolgt nach den Vorschriften der **JBeitrO** (§ 1 Abs 1 Nr. 3, Abs 2 JBeitrO) und der **EBAO** (§ 1 Abs 1 Nr. 3 EBAO). Bei der Vollstreckung von Ordnungs- und von Zwangsgeld gelten einheitliche Grundsätze, von den Besonderheiten abgesehen, die sich aus der Eigenart eines Zwangsmittels ergeben.[14]

Ordnungs-, Zwangsgelder und Kosten (s § 63 Abs 1 GKG) sind **sofort**[15] vollstreckbar und einziehbar[16]. Soweit **Kosten** auferlegt wurden (s §§ 51, 70, 77 StPO; ggf. iVm § 46 Abs 1 OWiG, § 2 JGG), hat der Kostenbeamte der Staatsanwaltschaft (zuständig gem. § 4 Abs 2 Satz 1 GKG) eine **Kostenrechnung** aufzustellen (§ 4 EBAO). Geldbetrag und Kosten sind vom Zahlungspflichtigen durch Übersendung einer **Zahlungsaufforderung** einzufordern (§ 5 EBAO).[17]

Nach ergebnislosem Ablauf der Zahlungsfrist (zwei Wochen) wird der Zahlungspflichtige in der Regel zunächst besonders **gemahnt** (§ 7 EBAO). Nicht ausreichende Zahlungen werden – analog zu § 459b StPO – zuerst auf das **Ordnungsgeld** angerechnet. Geht binnen einer angemessenen Frist nach Abgang der Mahnung oder, wenn von einer Mahnung abgesehen worden ist, binnen einer Woche nach Ablauf der Zahlungsfrist keine Zahlungsanzeige ein, so ordnet die Vollstreckungsbehörde die **Beitreibung** an. Es sind grundsätzlich dieselben Vollstreckungsmaßnahmen zulässig wie bei der Einziehung von Geldstrafe. Nur ist wegen der zumeist geringfügigeren Beträge und des Personenkreises der Betroffenen der Grundsatz der Verhältnismäßigkeit in besonderem Maße zu beachten. Wegen Einzelheiten der Beitreibung wird auf die Ausführungen Rdn 246 ff verwiesen.

2. Zahlungserleichterungen

525   Ist dem Betroffenen nach seinen wirtschaftlichen Verhältnissen nicht zuzumuten, das Ordnungsgeld sofort zu zahlen, sind ihm entweder bereits bei **Festsetzung** des Ord-

---

[14] Z. B.: Die Vollstreckung von Zwangsgeld darf nur solange betrieben werden, bis der Betroffene seiner Pflicht genügt.

[15] Ausnahme: § 181 Abs 2 GVG.

[16] Neu ist, dass gegen die Beschlüsse nach §§ 380 und 390 ZPO sofortige Beschwerde zulässig ist.

[17] Soweit die Staatsanwaltschaft für die Vollstreckung zuständig ist, hat sie auch – sofern nicht § 35 Abs 1 StPO zutrifft – die Bekanntmachung des Ordnungsmittelbeschlusses zu veranlassen (s *Meyer-Goßner,* Rdn 10, 12, 13 zu § 36 StPO).

nungsgeldes oder **nachträglich** durch die **Vollstreckungsbehörde** (Rechtspfleger[18]) **Zahlungserleichterungen** (Stundung, Teilzahlungen) zu gewähren (Art 7 EGStGB).[19] Im einzelnen knüpft die Vorschrift des Art 7 EGStGB an die Regelung bei der Geldstrafenvollstreckung (§ 459 a StPO) an.[20] Die für das Ordnungsgeld bewilligten Zahlungsvergünstigungen gelten gem. § 12 Abs 1 EBAO automatisch auch für die **Kosten.**

Zulässiger **Rechtsbehelf:** § 31 Abs 6 RpflG – Art 7 Abs 4 EGStGB.

Solange für das Ordnungsmittel eine Zahlungserleichterung bewilligt ist, **ruht** die (zweijährige) **Verjährungsfrist** (Art 9 Abs 2 Satz 4 EGStGB).

B. Ordnungs- und Zwangshaft

1. Art und Dauer der Freiheitsentziehung

Bei der Vollstreckung von Ordnungs- und Zwangshaft sind drei Kategorien zu unterscheiden: **526**
Ordnungshaft, Ersatzordnungshaft, Zwangshaft.

a) **Ordnungshaft** (§§ 177, 178 Abs 1 Satz 1 GVG):   **527**
Die wegen **Ungehorsams** (§ 177 GVG) verhängte Ordnungshaft darf die Dauer der Sitzung nicht übersteigen und im Höchstfall vierundzwanzig Stunden betragen.
Wird Ordnungshaft wegen **Ungebühr** angeordnet (§ 178 Abs 1 Satz 1 GVG), beträgt das Mindestmaß ein Tag (Art 6 Abs 2 EGStGB), das Höchstmaß eine Woche. Die Haft darf in diesem Falle die Sitzungsdauer überschreiten. Wird wegen **derselben** Tat später auf **Strafe** erkannt, so ist die Ordnungshaft (wie auch das Ordnungsgeld) auf die Strafe **anzurechnen** (§ 178 Abs 3 GVG).
Die Ordnungshaft ist **sofort** vollstreckbar. Eine etwaige Beschwerde hat – Ausnahme im Falle des § 180 GVG – keine aufschiebende Wirkung (§ 181 GVG). Die **gerichtliche** Vollstreckung (§ 179 GVG) ist dem **Rechtspfleger** übertragen, soweit sich nicht der Richter im Einzelfall die Vollstreckung ganz oder teilweise vorbehält (§ 31 Abs 3 RpflG).

b) **Ersatzordnungshaft:**   **528**
Ordnungshaft, an **Stelle** eines **uneinbringlichen** Ordnungsgeldes, ist in folgenden Fällen vorgesehen: §§ 51, 70 Abs 1, 81 c Abs 6 (70 Abs 1), 95 Abs 2 (70 Abs 1), 98 b Abs 2 (70 Abs 1), 161 a (51, 70 Abs 1) StPO – ggf. iVm § 46 Abs 1 OWiG, § 2 JGG – und § 178 Abs 1 Satz 2 GVG.[21]
Voraussetzung für die Vollstreckung der Ersatzordnungshaft ist, dass das Ordnungsgeld **nicht** (oder nur teilweise) **gezahlt** worden ist und seine Beitreibung entweder **erfolglos versucht** worden oder wegen **Aussichtslosigkeit unterblieben** ist (§§ 88 Abs 1, 49 Abs 1 StVollstrO).
Die **Höhe** der Ersatzordnungshaft beträgt im Mindestmaß **ein Tag**; im Höchstmaß **zweiundvierzig Tage** (Art 6 Abs 2 EGStGB). Ist die Festsetzung der Ersatzordnungshaft unterblieben, kann sie bei Uneinbringlichkeit des Ordnungsgeldes **nachträglich** noch erfolgen (Art 8 Abs 1 EGStGB).

---

[18] Der Rechtspfleger ist allerdings nur dann zuständig, wenn sich der Richter oder Staatsanwalt die Vollstreckung nicht vorbehalten hat (§ 31 Abs 3).
[19] Zahlungserleichterungen kommen dagegen bei Zwangsgeld nach dem Sinn und Zweck einer Erzwingungsmaßnahme nicht in Betracht.
[20] Vgl. dazu Rdn 241 ff.
[21] Vgl. Übersicht Rdn 518.

Die Ersatzordnungshaft wird auf **Anordnung** der **Vollstreckungsbehörde** (Rechtspfleger)[22] vollstreckt. Der Betroffene kann durch **Zahlung** des rückständigen Betrags die Vollstreckung **jederzeit** abwenden. In der Ladung zum Haftantritt, dem Aufnahmeersuchen und dem Vorführungs-(Haft-)befehl ist deshalb der Geldbetrag anzugeben, dessen Zahlung den Betroffenen vom Vollzug befreit. Wegen eines Teilbetrages, der keinem vollen Tage Ordnungshaft entspricht, darf die Vollstreckung nicht angeordnet werden. Ergeben sich bei der Berechnung der Ordnungshaft **Bruchteile** von Tagen, so bleiben sie außer Betracht. Für den entsprechenden Rest des Ordnungsgeldes bleibt der Betroffene **vermögensrechtlich** haftbar (§§ 88 Abs 1, 50 Abs 2 StVollstrO).

Auf Anordnung des **Gerichts** unterbleibt die Vollstreckung der Ersatzordnungshaft, wenn die Vollstreckung für den Betroffenen eine **unbillige Härte** wäre (Art 8 Abs 2 EGStGB). Die Regelung entspricht der des § 459 f StPO. Sie hat Ausnahmecharakter.

529 c) **Zwangshaft** (§§ 70 Abs 2, 463 c Abs 3, 4 StPO):

Während es sich bei den Ordnungsmitteln um repressive Rechtsfolgen für einen Ordnungsverstoß handelt, ist Zwangshaft eine **Erzwingungsmaßnahme**, ohne Vorwerfbarkeit vorauszusetzen.[23] Ein Mindestmaß bei der Zwangshaft besteht nicht: sie endet, sobald der Betroffene seiner Pflicht genügt hat. Die Höchstdauer beträgt im Falle des § 463 c Abs 3, 4 StPO (**Erzwingung der Urteilsbekanntmachung**) sechs Wochen, im Fall des § 70 Abs 2 StPO (**Erzwingung des Zeugnisses**) sechs Monate, im Bußgeldverfahren (§ 48 Abs 2 OWiG) dagegen nur sechs Wochen. Die Haft zur Erzwingung des Zeugnisses ist zusätzlich dadurch begrenzt, dass sie nicht über das **Ende** des **Verfahrens** im **Rechtszug** fortdauern darf.

Zwangshaft ist **sofort** vollstreckbar. Trifft Zwangshaft nach § 70 Abs 2 StPO mit Ordnungsgeld nach § 70 Abs 1 StPO zusammen, ist vorab das **Zwangsmittel** zu vollstrecken und nach dessen Erledigung das Ordnungsgeld nach den Bestimmungen der §§ 3 ff EBAO einzuziehen. Die Vollstreckung des Ordnungsgeldes (§ 70 Abs 1 StPO) ist auch dann fortzusetzen, wenn der Zeuge die ursprünglich verweigerte Prozesshandlung doch noch vornimmt.

2. Einzelheiten zur Vollstreckung

530 Welche **Vollzugsanstalt** für die Vollstreckung der Ordnungs- und Zwangsmittel zuständig ist, ergibt sich aus dem **Vollstreckungsplan**. Da die Vollzugsdauer bei Ordnungs- bzw Zwangshaft sechs Monate nicht übersteigen kann, richtet sich die **örtliche Vollzugszuständigkeit**, wenn der Betroffene behördlich verwahrt ist, nach dem Verwahrungsort, sonst nach dem Wohnort oder Aufenthaltsort (§ 24 Abs 1 Satz 1, 2, Abs 2, § 88 Abs 1 StVollstrO). Bei Vollzugsunterbrechungen findet § 24 Abs 4 StVollstrO Anwendung.

531 Für die **Ladung** zum Strafantritt, das Überführungsersuchen und das **Aufnahmeersuchen** (Anlagen entbehrlich)[24] gelten dieselben Grundsätze wie bei der Vollstreckung von Freiheitsstrafe bzw – bei Ersatzordnungshaft – wie bei Ersatzfreiheitsstrafe. Bei Ersatzordnungshaft kann, wie sich aus der Verweisung auf § 51 StVollstrO ergibt, von der förmlichen Einweisung durch ein Aufnahmeersuchen (§ 29 StVollstrO) abgesehen werden. Der Betroffene ist zu laden (§ 27); das Aufnahmeersuchen ist bei einem etwaigen Haftantritt unverzüglich der JVA nachzureichen. Unter den Voraussetzungen des § 33 StVollstrO kann auch ein **Vorführungs-** oder **Haftbefehl** erlassen werden. Die Vorschriften über Steckbrief und Fahndungsmaßnahmen (§ 34 StVollstrO) sind im Katalog des § 88 Abs 1 StVollstrO dagegen nicht für anwendbar

---

[22] § 31 Abs 3 RpflG.
[23] Materialien zu BT-Dr 7/550, S 196.
[24] § 31 StVollstrO („Anlagen“) ist im Katalog des § 88 Abs 1 StVollstrO nicht aufgeführt.

erklärt, weil solche Maßnahmen – soweit sich deren Anordnung überhaupt ergeben kann (vgl. § 70 Abs 2 StPO: **anwesender** Zeuge) – nach dem Grundsatz der Verhältnismäßigkeit nicht angemessen wären. Die **Berechnung** der Haftdauer erfolgt nach den gleichen Regeln wie bei der Freiheitsstrafe (§§ 37 ff StVollstrO); für die **Ersatzordnungshaft** gelten auch § 50 Abs 2 und § 51 StVollstrO. Treffen Ordnungs- oder Zwangshaft mit anderen Strafen zusammen, richtet sich die Reihenfolge der Vollstreckung nach § 43 StVollstrO. **Zwangshaft** ist nach ihrem Sinn und Zweck **vorab** – ggf. in Unterbrechung eines bereits laufenden Vollzugs – zu vollstrecken. **Ersatzordnungshaft** ist (wegen der Zahlungsmöglichkeit) **zuletzt** zu vollstrecken. Eine bereits begonnene Vollstreckung wird jedoch bei Hinzutreten von Anschlussstrafen nicht unterbrochen.

Die **Vollstreckungsverjährung** bei Ordnungsmitteln ist in Art 9 Abs 2 EGStGB geregelt. Die Verjährungsfrist beträgt zwei Jahre. Sie beginnt mit der Vollstreckbarkeit des Ordnungsmittels, d. h. sofort (Ausnahme: § 181 Abs 2 GVG). Zu beachten ist, dass durch eine behördlich angeordnete Verwahrung hinsichtlich der Ordnungsmittel **kein** Ruhen der Verjährung bewirkt wird. Bei einer Anschlussvollstreckung von Ersatzordnungshaft kann dies relevant werden.

Für den **Vollzug** einer gerichtlich angeordneten Ordnungs- oder Zwangshaft gelten **532** gem. § 171 StVollzG die Vorschriften über den Vollzug der Freiheitsstrafe (§§ 3 bis 122 StVollzG) entsprechend, soweit nicht Eigenart und Zweck der Haft entgegenstehen oder in §§ 172 bis 175 StVollzG etwas anderes bestimmt ist (so bzgl. Unterbringung, Kleidung, Einkauf, Arbeit). Wegen der **Kosten** der Haft s GKGKostVerz Nr. 9010, 9011 (s Rdn 800 f).

Mitteilungen an das **Zentralregister** sind bei der Festsetzung von Ordnungs- oder **533** Zwangsmitteln **nicht** vorgesehen (vgl. § 4 BZRG).

Neunter Teil. Vollstreckung gegen Jugendliche und Heranwachsende

I. Grundlagen der Vollstreckung

A. Anwendungsbereich

534 Dieser Abschnitt behandelt die Vollstreckung von Entscheidungen gegen **Jugendliche** sowie gegen **Heranwachsende**, die unter Anwendung von **Jugendstrafrecht** abgeurteilt und gegen die nach dem JGG zulässige Maßnahmen, Jugendstrafe oder Maßregeln verhängt worden sind.[1] Die Vollstreckung gegen diesen Personenkreis richtet sich in erster Linie nach den Bestimmungen des JGG[2] und den dazu erlassenen Richtlinien (RLJGG),[3] daneben auch noch nach der Bundeswehrvollzugsordnung (BwVollzO) vom 29. 11. 1972 sowie – in Bußgeldsachen – nach dem OWiG; die StVollstrO ist dagegen nur **subsidiär** anwendbar (§ 1 Abs 3 StVollstrO).

Bei **Heranwachsenden** (Definition s § 1 Abs 2 JGG) gilt dies aber nur, wenn der Richter **Jugendstrafrecht** (§ 105 JGG) angewendet hat. Ausschlaggebend ist, ob in dem Täter noch in größerem Umfang Entwicklungskräfte wirksam sind.[4] Für die Prüfung der Frage, ob die Voraussetzungen des § 105 JGG für die Anwendung von Jugendstrafrecht vorliegen, hat das Gesetz dem Tatrichter einen weiten Beurteilungsspielraum eingeräumt.[5] Auch bei einer schweren Gewalttat kann es sich um eine Jugendverfehlung iSv § 105 Abs 1 Nr. 2 JGG handeln. Nach ihrem äußeren Erscheinungsbild oder nach den Beweggründen des Täters kann auch eine solche Tat Merkmale jugendlicher Unreife aufweisen.[6] Ist ein Heranwachsender nach dem **allgemeinen Strafrecht** verurteilt worden, ist für die Vollstreckung ausschließlich die StVollstrO (StPO) maßgebend, unabhängig davon, ob die Verurteilung durch ein Jugendgericht oder ein Erwachsenengericht erfolgt ist. Die Vollstreckung erfolgt stets durch die Staatsanwaltschaft. Eine Zuständigkeit des Jugendrichters als Vollstreckungsleiter ist nicht gegeben. Sind mehrere in verschiedenen Alters- und Reifestufen begangene Straftaten gleichzeitig abgeurteilt worden (§ 32 JGG), bestimmt sich die Anwendbarkeit des JGG (RLJGG) bzw der StVollstrO allein danach, ob nach Jugendrecht oder nach Erwachsenenrecht entschieden worden ist. Welches Gericht die Entscheidung getroffen hat, spielt dabei keine Rolle.

Zu den **Entscheidungen,** die nach den Vorschriften des JGG (RLJGG) vollstreckt werden, gehören die gegen Jugendliche und Heranwachsende unter Anwendung von Jugendstrafrecht ergangenen **Urteile,** sowie die ihnen **gleichstehenden Beschlüsse** (z.B. § 56 Abs 1 JGG-Teilvollstreckung einer Einheitsstrafe. Dies ist eine Ausnahme von dem Grundsatz, dass **eine einzelne Strafe** erst vollstreckt werden darf, wenn die ganze Entscheidung rechtskräftig geworden ist. Hier kann das Rechtsmittelgericht vor der

---

[1] Zur Vollstreckung gegen Jugendliche und Heranwachsende in Bußgeldsachen sowie zur Vollstreckung von in Jugendstrafverfahren verhängten Ordnungs- und Zwangsmitteln s die Ausführungen Rdn 453, 455, 459 f, 515 f, 522 f.

[2] Zum 1. JGGÄndG v 30. 8. 1990 (BGBl I S 1853) s *Böttcher/Weber,* NStZ 1990, 561 und NStZ 1991, 7 ff.

[3] Die Richtlinien zum Jugendgerichtsgesetz (RLJGG) wurden neu gefasst und sind am 1. 8. 1994 in Kraft getreten.

[4] *BGH,* Strafverteidiger 1994, 608.

[5] BayObLG, NStZ 2005, 645.

[6] BGH, NStZ 2008, 696.

Hauptverhandlung das Urteil für einen Teil der Strafe vollstreckbar erklären, wenn der Verurteilte wegen mehrerer selbständiger Taten zu einer Einheitsjugendstrafe nach § 31 JGG verurteilt wurde und die Schuldfeststellungen hinsichtlich einzelner Taten rechtskräftig geworden sind. Ferner § 66 Abs 2 JGG, der die nachträgliche Bildung einer einheitlichen Festsetzung von Maßnahmen oder Jugendstrafe regelt).

Ein Strafbefehl darf gegen einen **Jugendlichen** nicht erlassen werden (§ 79 Abs 1 JGG); desgleichen kommt auch das beschleunigte Verfahren nach dem allgemeinen Verfahrensrecht sowie Privat- oder Nebenklage gegen Jugendliche nicht in Betracht (§§ 79 Abs 2, 80 JGG).

Gegen **Heranwachsende** ist das beschleunigte Verfahren, wie auch Privat- und Nebenklage dagegen zulässig, das Strafbefehlsverfahren hingegen nur, wenn Erwachsenenrecht angewendet wird (§ 109 Abs 2 JGG).

B. Rechtsfolgensystem des JGG

Die im allgemeinen Strafrecht vorgesehenen Hauptstrafen (Freiheitsstrafe, Geldstrafe), sind im Jugendstrafrecht unanwendbar. An ihre Stelle tritt ein Rechtsfolgensystem, bei dem **Erziehungskriterien** und die mutmaßliche künftige **Persönlichkeitsentwicklung** des Täters im Vordergrund stehen.   535

Als Folgen der Straftat eines Jugendlichen oder Heranwachsenden können nach dem JGG im einzelnen angeordnet werden:

a) **Erziehungsmaßregeln** (§§ 5 Abs 1, 9 ff JGG), nämlich:

1. die Erteilung von Weisungen (Gebote und Verbote), welche die Lebensführung des Jugendlichen regeln und dadurch seine Erziehung fördern und sichern sollen, § 10 JGG; insbesondere hinsichtlich
   - Aufenthaltsort
   - Wohnung
   - Ausbildungs- oder Arbeitsstelle
   - Arbeitsleistungen
   - Betreuungshelfer
   - sozialem Trainingskurs
   - Täter-Opfer-Ausgleich
   - Verkehr mit bestimmten Personen oder Besuch von Gaststätten
   - Teilnahme am Verkehrsunterricht

2. die Verpflichtung zur Inanspruchnahme von Hilfe zur Erziehung als
   - Erziehungsbeistandschaft
   - Heimerziehung oder Erziehung in einer betreuten Wohnform.
   - Hilfe zur Erziehung (§ 12 JGG) kommt bei Heranwachsenden nicht in Betracht (§ 105 Abs 1 JGG). Während der Dauer eines Wehrdienstverhältnisses darf diese Maßnahme auch nicht gegen einen Jugendlichen verhängt werden; statt dessen kann **Erziehungshilfe** durch den Disziplinarvorgesetzten angeordnet werden (§ 112 a JGG).

b) **Zuchtmittel** (§§ 5 Abs 2, 13 ff JGG), nämlich:

1. die Verwarnung
2. die Erteilung von Auflagen, hinsichtlich
   - Schadenswiedergutmachung
   - persönlicher Entschuldigung beim Verletzten
   - Erbringung von Arbeitsleistungen
   - Zahlung eines Geldbetrags zugunsten einer gemeinnützigen Einrichtung

3. der Jugendarrest, in der Form des
- Freizeitarrestes (für die wöchentliche Freiheit des Jugendlichen. Er beträgt eine oder zwei Freiheiten)
- Kurzarrestes (zwei Tage Kurzarrest stehen einem Freizeitarrest gleich; Der Kurzarrest ist eine Ersatzform des Freizeitarrestes für die Fälle, in denen der Freizeitarrest aus erzieherischen Gründen unzweckmäßig ist oder nicht in Betracht kommt. Der Kurzarrest darf höchstens 4 Tage dauern)
- Dauerarrestes (die Höchstdauer beträgt 4 Wochen – nicht ein Monat).

c) **Jugendstrafe,** wenn wegen der schädlichen Neigungen des Jugendlichen, die in der Tat hervorgetreten sind, Erziehungsmaßregeln oder Zuchtmittel nicht ausreichen oder wenn wegen der Schwere der Schuld Jugendstrafe erforderlich ist (§§ 5 Abs 2, 17 ff JGG), nämlich:
Jugendstrafe von **bestimmter** Dauer (Mindestmaß: sechs Monate; Höchstmaß: fünf Jahre(ggf. zehn Jahre und zwar dann, wenn es sich bei der Tat um ein Verbrechen handelt, für das nach dem allgemeinen Strafrecht eine Höchststrafe von mehr als zehn Jahre Freiheitsstrafe angedroht ist); bei Heranwachsenden: zehn Jahre nach § 105 Abs 3 JGG). Erzieherische Gründe können es gebieten, durch die Bildung von zwei nebeneinander stehenden Jugendstrafen die Höchststrafe von 10 Jahren Jugendstrafe im Ergebnis zu überschreiten. Dieser Ausnahmetatbestand des § 31 Abs 3 Satz 1 JGG kommt dann in Betracht, wenn es nach einem ersten Urteil unter Missachtung der davon ausgehenden Warnfunktion erneut zu Straftaten kommt. Die Verhängung einer Einheitsjugendstrafe unter Einbeziehung eines auf Freiheitsstrafe lautenden Urteils erfordert eine Neubeurteilung der früheren Taten, auf aufgrund neuer Erkenntnisse für sie Jugendstrafe anwendbar ist.[7] Dem Angeklagten soll durch die Bildung zweier selbstständiger Jugendstrafen das Ausmaß seiner erneuten Rechtsgutverletzung eindringliche nahegebracht und er soll nicht in dem Glauben bestärkt werden, er habe „freie Hand" für die Begehung weiterer Straftaten.[8] Es müssen jedoch Gründe vorliegen, die unter dem Gesichtspunkt der Erziehung von ganz besonderem Gewicht sind und zur Verfolgung dieses Zwecks über die üblichen Strafzumessungsgesichtspunkte hinaus das Nebeneinander zweier Jugendstrafen notwendig erscheinen lassen.

d) **Nebenstrafen/Nebenfolgen** (§ 6 JGG). Zulässig sind:
- Einziehung und Unbrauchbarmachung (§§ 74 ff StGB)
- Verfallserklärung (§§ 73 ff StGB)
- Abführung des Mehrerlöses (§ 8 WiStG)
- Entziehung des Jagdscheins (§ 41 BJagdG)
- Fahrverbot (§ 44 StGB).
- Auf Verlust der Amtsfähigkeit, der Wählbarkeit und des Stimmrechts (§ 45 Abs 2, 5 StGB) darf nicht erkannt werden. Auch eine Anordnung der Urteilsbekanntmachung ist ausgeschlossen.
Der (automatische) Verlust der Amtsfähigkeit und Wählbarkeit (§ 45 Abs 1 StGB), wie er im allgemeinen Strafrecht vorgesehen ist, tritt bei Anwendung von Jugendrecht nicht ein.

e) **Maßregeln der Besserung und Sicherung** (§ 7 JGG), nämlich:
- die Unterbringung in einem psychiatrischen Krankenhaus (§ 63 StGB)
- die Unterbringung in einer Entziehungsanstalt (§ 64 StGB)
- die Führungsaufsicht (§§ 68 ff StGB)
- die Entziehung der Fahrerlaubnis (§§ 69 ff StGB).

---

[7] BGH, NStZ 2009, 43.
[8] BGH, NStZ 2000, 263.

Sind nach einer Verurteilung zu einer Jugendstrafe von mindestens sieben Jahren wegen eines Verbrechens
– gegen das Leben, die körperliche Unversehrtheit oder die sexuelle Selbstbestimmung oder
– nach § 251 StGB, auch in Verbindung mit § 252 oder § 255 StGB
durch welches das Opfer seelisch oder körperlich schwer geschädigt oder einer solchen Gefahr ausgesetzt worden ist, vor Ende des Vollzugs dieser Jugendstrafe Tatsachen erkennbar, die auf eine erhebliche Gefährlichkeit des Verurteilten für die Allgemeinheit hinweisen, so kann das Gericht nachträglich die Unterbringung in der Sicherungsverwahrung anordnen.
– Die übrigen Maßregeln des allgemeinen Strafrechts (Sicherungsverwahrung und Berufsverbots § 61 StGB) sind nicht zulässig. Die Verhängung der Sicherungsverwahrung im Urteil ist daher ausgeschlossen. Möglich bei Anwendung des Jugendstrafrechts ist nur die nachträgliche Sicherungsverwahrung.

Zur **Verbindung** von Erziehungsmaßregeln/Zuchtmitteln und Jugendstrafe sowie mit Nebenstrafen/Nebenfolgen s § 8 JGG, zur Bildung der **Einheitsstrafe** s §§ 31, 66, 105 Abs 2, 109 Abs 2 JGG.

Danach ist in der Regel immer auf eine einheitliche Erziehungsmaßregel, Zuchtmittel oder Jugendstrafe zu erkennen. Auch ist in einem späterer Verfahren wegen einer neuen Tat auf eine einheitliche Maßregel, Zuchtmittel oder Jugendstrafe unter Einbeziehung der früheren Verurteilung zu erkennen, wenn die früher verhängte Maßregel, Zuchtmittel oder Jugendstrafe zum Zeitpunkt der erneuten Verurteilung noch nicht vollständig ausgeführt, verbüßt oder sonst erledigt ist.[9] Auf die „Tatzeit" kommt es hier, anders wie im allgemeinen Strafrecht nicht an. Es gilt das Prinzip der einheitlichen Maßnahme bzw Rechtsfolgenverhängung. Dabei sind die früher begangenen Straftaten im Rahmen einer Gesamtwürdigung neu zu bewerten und zusammen mit der neuen Straftat zur Grundlage einer einheitlichen Sanktion zu machen. Dabei ist die Verhängung einer Jugendstrafe von über fünf Jahren unter lediglich erzieherischen Gesichtspunkten rechtlich bedenklich, da nach allgemeiner Meinung eine Anstaltserziehung nur bis zu fünf Jahren Erfolg verspricht.[10] Einbezogen werden dürfen nur urteilsmäßige Rechtsfolgen. Danach kann auch eine früher verhängte Freiheitsstrafe in eine Jugendstrafe einbezogen werden nach § 105 Abs 2 JGG, der auf § 31 Abs 2 Satz 1 und Abs 3 JGG verweist. Dies erfordert allerdings eine Neubewertung der früheren Taten, ob aufgrund neuer Erkenntnisse für sie Jugendstrafe anwendbar ist.[11] Ausgeschlossen sind Geldbußen nach dem Ordnungswidrigkeitengesetz. Ist der Tatrichter zu Ergebnis gelangt, dass bei der Einbeziehung eines auf Freiheitsstrafe lautenden Urteils insgesamt Jugendstrafrecht Anwendung finden muss, so hat er Art und Höhe der jugendrechtlichen Sanktion unabhängig von den bisher verhängten Freiheitsstrafen zu bestimmen; denn mit einer auf § 105 JGG iVm § 31 Abs 2 Satz 1 JGG gestützten Entscheidung verliert das einbezogene Urteil im Strafausspruch seine Wirkung, weil der nunmehr zur Verhängung einer einheitlichen Maßnahme oder Jugendstrafe aufgerufene Richter diese selbständig und losgelöst von dem Strafausspruch der einzubeziehenden Entscheidung zu bestimmen hat.[12] Mit der Einbeziehung des früheren Urteil (richtigerweise des Rechtsfolgenausspruchs des früheren Urteils) verliert das einbezogene Urteil im Strafausspruch seine Wirkung. Dabei sind die früher begangenen und die nunmehr abgeurteilten Straftaten

---

[9] Vgl. auch Rdn 535 c.
[10] BGH, StV 1998, 344.
[11] BGH, NStZ 20 098, 43.
[12] BGH, StV 1998, 345.

neu zu bewerten und zur Grundlage einer einheitlichen Sanktion zu machen.[13] Ist eine in einem früheren Urteil verhängte Sanktion vor der erneuten Verurteilung bereits erledigt, ist insoweit eine Einbeziehung nicht mehr möglich. Im neuen Urteil sollte jedoch klar gestellt werden, dass das frühere Urteil bezüglich der vollstreckten Rechtsfolge erledigt ist.[14] Um § 31 Abs 3 JGG anwenden zu können, müssen Gründe vorliegen, die unter dem Gesichtspunkt der Erziehung von ganz besonderem Gewicht sind und zur Verfolgung dieses Zwecks über die üblichen Strafzumessungsgesichtspunkte hinaus das Nebeneinander zweier Jugendstrafen notwendig erscheinen lassen.[15]

Sind in einem Strafverfahren Taten zu verurteilen, die der Täter zum Teil als Jugendlicher oder Heranwachsender und zum Teil als Erwachsener begangen hat, ist nach § 32 JGG ebenfalls nur **eine** Strafe oder andere Sanktion zu verhängen. Ob in diesem Falle das Jugendrecht oder das allgemeine Strafrecht zur Anwendung kommt bestimmt sich danach, wo das Schwergewicht der abzuurteilenden Taten liegt. Diese Vorschrift ist erst anwendbar, wenn feststeht, dass für jede der Taten strafrechtlich Verantwortlichkeit vorliegt. Diese Bestimmung gilt zunächst einmal bei gleichzeitiger Verurteilung wegen mehrerer begangener Taten. Liegt die Voraussetzung der gleichzeitigen Aburteilung nicht vor, könnte dies unter der Beachtung des nicht einschlägig geltenden § 55 StGB wegen des Fehlens einer Brücke zwischen Jugendstrafrecht und allgemein Strafrecht zu einer unzulässigen Schlechterstellung des Jugendlichen gegenüber Erwachsenen führen. Deshalb bestimmt § 105 Abs 2 JGG die Anwendbarkeit des § 31 Abs 2 Satz 1, Abs 3 JGG, wenn der Heranwachsende wegen eines Teils der Straftaten bereits rechtskräftig nach allgemeinem Strafrecht verurteilt worden ist. Die Entscheidung darüber, ob hinsichtlich der erneut zur Verurteilung anstehenden an sich nach Jugendstrafrecht zu beurteilenden Tat und der sich daraus ergebenden Folge der Bildung einer Einheitsstrafe oder einer Gesamtstrafe richtet sich danach, wo das Schwergewicht der Taten liegt.[16] Danach ist die Verhängung einer Einheitsjugendstrafe unter Einbeziehung eines auf Freiheitsstrafe lautenden Urteils möglich und zulässig und zwar auch dann, wenn das einzubeziehende Urteil nur wegen Straftaten ergangen ist, die der Angeklagte als Erwachsener begangen hat.[17]

C. Maßgebende Vollstreckungsvorschriften

536 Für die Vollstreckung von Entscheidungen, in denen unter Anwendung von Jugendstrafrecht Erziehungsmaßregeln, Zuchtmittel, Jugendstrafe, Nebenstrafen, Nebenfolgen oder Maßregeln der Besserung und Sicherung gegen Jugendliche oder Heranwachsende verhängt worden sind, gelten an erster Stelle die Bestimmungen des JGG und die dazu erlassenen Richtlinien (RLJGG).

Das JGG enthält in seinem Abschnitt „Vollstreckung" (§§ 82–93a, 110 JGG) allerdings nur eine kleine Zahl von Vorschriften, die sich im wesentlichen mit Zuständigkeitsregelungen, der Vollstreckung des Jugendarrestes und der Aussetzung des Restes einer Jugendstrafe befassen. Dazu kommen noch Einzelvorschriften mit vollstreckungsrechtlichem Charakter wie §§ 52, 52a, 56, 58, 62ff, 65, 66 JGG und bei der Vollstreckung gegen Bundeswehrangehörige auch §§ 112c, 112d JGG.

---

[13] BGH, StV 1996, 273.
[14] BGH, BGHSt 42, 299.
[15] BGH, NStZ 1997, 387 und Rdn 535c.
[16] BGH, NStZ 1994, 744.
[17] BGHR JGG 31 Abs 2 und Rdn 9.

Die Bestimmungen des JGG werden **ergänzt** durch die **§§ 449 ff StPO**, soweit diese nicht durch das JGG ausgeschlossen sind (s § 2 JGG).

Wesentlich detailliertere Regelungen als das JGG in seinem Vollstreckungsteil enthalten die **Richtlinien zum Jugendgerichtsgesetz (RLJGG)**.[18] Hier ist – namentlich in den Richtlinien zu §§ 82 bis 85 JGG – die Durchführung der Vollstreckung ins einzelgehende festgelegt: von der Zuständigkeit des Vollstreckungsleiters bis hin zu den Nebengeschäften der Vollstreckung.

Die Vollstreckung gegen Jugendliche und Heranwachsende richtet sich daneben auch   **537** noch nach der **StVollstrO**. Diese gilt allerdings nur **subsidiär**: soweit das JGG und die RLJGG nichts anderes bestimmen (§ 1 Abs 3 StVollstrO). Ist Jugendarrest oder Jugendstrafe zu vollstrecken, sind insbesondere die Vorschriften des II. Abschnitts der StVollstrO mit heranzuziehen (Vollstreckungsplan, Ladung, Aufnahmeersuchen, Fahndungsmaßnahmen, Strafzeitberechnung). Bei der Vollstreckung von Maßregeln ist § 53 StVollstrO zu beachten; bei Führungsaufsicht ist § 54 a StVollstrO, bei Entziehung der Fahrerlaubnis § 56 StVollstrO anwendbar. Die Vollstreckung eines Fahrverbots erfolgt nach § 59 a StVollstrO; ist eine Verfalls- oder Einziehungsanordnung zu vollstrecken, sind die §§ 60 ff StVollstrO maßgebend.

Soweit Nebenfolgen, die zu einer Geldzahlung verpflichten, zur Vollstreckung anstehen (z. B. Abführung des Mehrerlöses: § 8 WiStG), richtet sich die Durchführung der Vollstreckung nach der **Einforderungs- und Beitreibungsanordnung** und der **Justizbeitreibungsordnung** (§ 57 StVollstrO, § 459 g Abs 2 iVm § 459 StPO, § 1 Abs 1 Nr. 2 EBAO, § 1 Abs 1 Nr. 2 JBeitrO).

Die **Vollstreckungsverjährung** ist im JGG nicht geregelt. Die Vorschriften der §§ 79 ff   **538** StGB über die Vollstreckungsverjährung von Freiheitsstrafen dürften jedoch auf Jugendstrafe entsprechend anwendbar sein.[19] Für die Verjährung von Maßregeln der Besserung und Sicherung (§ 7 JGG) gilt § 79 Abs 4 StGB unmittelbar.

Sonst gibt es im Jugendrecht keine Vollstreckungsverjährung; bei Erziehungsmaßregeln und Zuchtmitteln besteht hierfür auch kein Bedürfnis. Der Vollstreckung von Jugendarrest sind durch die Regelung des § 87 Abs 3, 4 JGG ohnedies schon Grenzen gesetzt. So ist die Vollstreckung des Jugendarrestes unzulässig, wenn seit Eintritt der Rechtskraft ein Jahr verstrichen ist.

D. Kostenansatz

Der Ansatz der Verfahrenskosten erfolgt im Verfahren gegen Jugendliche und Heran-   **539** wachsende, die unter Jugendstrafrecht abgeurteilt sind, nach den gleichen Grundsätzen wie bei Anwendung von Erwachsenenrecht. Maßgebende Kostenvorschriften sind die §§ 40 ff GKG sowie GKG KostVerz Nr. 3110 ff bzw 9000 ff. Der Kostenschuldner ist derjenige, dem das Gericht die Verfahrenskosten auferlegt, die Fälligkeit der Kosten richtet sich nach § 8 2 GKG. Gegenüber dem allgemeinen Strafrecht gibt es jedoch einige **Besonderheiten**:

Für die Anordnung von **Erziehungsmaßregeln** und **Zuchtmitteln** entstehen **keine** Gerichtsgebühren, möglicherweise aber Auslagen. Bei **Einbeziehung** eines Urteils, in dem auf Jugendstrafe erkannt ist, in ein neues Urteil (§ 31 Abs 2 JGG) bemisst sich die Gebühr für das neue Verfahren nach dem Betrag, um den die Einheitsstrafe die frühere Strafe übersteigt; im Falle des § 66 JGG (Ergänzung rechtskräftiger Entscheidun-

---

[18] RLJGG, in Kraft getreten am 1. 8. 1994 (Fundstelle: *Eisenberg*, Anhang 2 zum JGG).
[19] So auch *Brunner*, Rdn 3; *Eisenberg*, Rdn 8 jeweils zu § 4 JGG.

gen bei mehrfacher Verurteilung) bleibt es dagegen bei den Gebühren für die früheren Verfahren, Vorbemerkung 3.1 zum Anhang 1 des GKG.

Zu den **Auslagen** des Verfahrens gehören auch die Kosten einer **Unterbringung zur Beobachtung** (§ 73 JGG) und einer einstweiligen **Unterbringung in einem Heim der Jugendhilfe** (§ 71 Abs 2, § 72 Abs 4 JGG). Diese Auslagen werden jedoch nur dann erhoben (Höhe: s § 10 Abs 2 JVKostO), wenn die Voraussetzungen des § 10 Abs 1 JVKostO gegeben sind (GKG KostVerzNr 9011).[20]

Die Kosten, die einem Jugendlichen oder Heranwachsenden dadurch entstehen, dass er einer ihm erteilten Weisung (§ 10 JGG) oder einer Auflage (§ 15 JGG) nachkommt, hat er selbst (oder ein für ihn leistungspflichtiger oder leistungsbereiter Dritter) zu tragen.

540 Von besonderer Bedeutung für die Frage des Kostenansatzes ist jedoch die Vorschrift des **§ 74 JGG**, wonach in Verfahren gegen Jugendliche – bei Anwendung von Jugendstrafrecht auch in Verfahren gegen Heranwachsende (§ 109 Abs 2 JGG) – davon abgesehen werden kann, dem Angeklagten Kosten und Auslagen aufzuerlegen. Die Richtlinien zu § 74 JGG führen dazu u. a. aus:

1. Kosten und Auslagen werden Jugendlichen nur aufzuerlegen sein, wenn anzunehmen ist, dass sie aus Mitteln bezahlt werden, über die sie selbständig verfügen können, und wenn ihre Auferlegung aus erzieherischen Gründen angebracht erscheint. Reichen die Mittel des Jugendlichen zur Bezahlung sowohl der Kosten als auch der Auslagen nicht aus, so können ihm entweder nur die Kosten oder nur die Auslagen auferlegt werden.

2. Eine Entscheidung über die Kosten und Auslagen wird auch bei der Ergänzung rechtskräftiger Entscheidungen nach § 66 JGG getroffen. Wenn in einer einbezogenen Entscheidung (§ 31 Abs 2, § 66 JGG) von der Ermächtigung des § 74 JGG kein Gebrauch gemacht worden ist, kann in der neuen Entscheidung ausgesprochen werden, dass es insoweit bei der früheren Kostenentscheidung verbleibt. Das wird sich besonders dann empfehlen, wenn auf Grund der früheren Kostenentscheidung bereits Kosten oder Auslagen eingezogen worden sind.

3. Gerichtsgebühren werden nach § 40 GKG berechnet. Bei der Einbeziehung einer Strafe nach § 31 Abs 2 JGG oder bei Ergänzung rechtskräftiger Entscheidungen nach § 66 JGG ist bei der Berechnung der Gerichtsgebühren § 41 GKG zu beachten.

4. Zu den Auslagen des Verfahrens gehören auch die Kosten einer einstweiligen Unterbringung in einem Heim der Jugendhilfe (§ 71 Abs 2, § 72 Abs 4 JGG) und einer Unterbringung zur Beobachtung (§ 73 JGG).

5. Die Kosten, die Jugendlichen dadurch entstehen, dass sie einer ihnen erteilten Weisung (§ 10 JGG) oder Auflage (§ 15 JGG) nachkommen, gehören nicht zu den Kosten und Auslagen im Sinne des § 74 JGG. Sie werden von ihnen selbst oder von für die leistungspflichtigen oder leistungsberechtigten Dritten getragen.

6. § 74 gilt auch im Verfahren gegen Jugendliche vor den für allgemeine Strafsachen zuständigen Gerichten, im Verfahren gegen Heranwachsende nur, wenn das Gericht Jugendstrafrecht anwendet (§ 109 Abs 2 JGG).[21]

§ 74 JGG bezieht sich nur auf die **Verfahrenskosten** und erstattungsfähige **Aufwendungen** eines **Dritten** (z. B. Nebenkläger). Die Vorschrift bietet keine Rechtsgrundlage dafür, die dem Angeklagten entstandenen **notwendigen Auslagen** (§ 464 a Abs 2 StPO) der Staatskasse aufzuerlegen.[22]

---

[20] Zur Erhebung der Haft- und Unterbringungskosten s Rdn 800 f, 335.
[21] BGHR JGG § 74.
[22] BGH, NJW 1989, 464; KG, JR 1983, 37; OLG München, NStZ 1984, 138; OLG Stuttgart, Rpfleger 1982, 438; aM OLG Frankfurt, MDR 1984, 76.

E. Gnadenmaßnahmen

Für die Ausübung des Gnadenrechts bei Jugendlichen und Heranwachsenden gelten **541**
die **Gnadenordnungen** des Bundes und der Länder.[23] Das Begnadigungsrecht umfasst
die Befugnis, Jugendstrafen, Maßregeln, Nebenstrafen, Zuchtmittel und Erziehungsmaßregeln zu erlassen, zu ermäßigen oder umzuwandeln, sowie die Vollstreckung
von freiheitsentziehenden Maßregeln, Jugendstrafe und Jugendarrest mit der Aussicht
auf einen endgültigen Gnadenerweis zur Bewährung auszusetzen. Auch die Schuld-
feststellung nach § 27 JGG ist einer Gnadenmaßnahme nicht grundsätzlich entzogen.
Ferner kann bei Jugendstrafe, Jugendarrest und den freiheitsentziehenden Maßregeln
gnadenweiser Strafausstand (Aufschub, Unterbrechung) gewährt werden. Die Entscheidungen nach dem JGG (StPO) haben jedoch stets **Vorrang.**
Welcher Behörde das Begnadigungsrecht zusteht, ist in den Bundesländern unter- **542**
schiedlich geregelt. In einigen Ländern ist Gnadenbehörde der **Vollstreckungsleiter,**
dessen Kompetenz allerdings wesentlich eingeschränkter ist, als die des Leitenden
Oberstaatsanwalts in allgemeinen Strafsachen.[24] Dies ist u. a. darauf zurückzuführen,
dass Gnadenmaßnahmen im Bereich des Jugendstrafrechts nur in Ausnahmefällen
gewährt werden sollen. Das Jugendrecht ist vom Strafrahmen und den Rechtsfolgen
her milder angelegt als das Erwachsenenrecht; außerdem ist der Erziehungsgedanke
stärker ausgeprägt. Gnadenerweise sind daher schon unter diesen Gesichtspunkten
weniger angezeigt als im Erwachsenenstrafrecht.

F. Jugendrichter als Vollstreckungsleiter

1. Sachliche Zuständigkeit

Die Vollstreckung von Entscheidungen, bei denen **materielles Jugendrecht** angewen- **543**
det wurde, obliegt dem **Jugendrichter** (§ 82 Abs 1 JGG). Das JGG gebraucht jedoch
nicht – wie die StVollstrO – den Terminus „Vollstreckungsbehörde", sondern nennt
das Vollstreckungsorgan „**Vollstreckungsleiter**".
Die Zuständigkeit des Jugendrichters als Vollstreckungsleiter erstreckt sich nicht nur
auf die in § 5 JGG genannten Folgen der Straftat eines Jugendlichen oder Heranwachsenden (Erziehungsmaßregeln, Zuchtmittel, Jugendstrafe), sondern auch auf die
zulässigen **Nebenstrafen** und **Nebenfolgen** und die nach § 7 JGG verhängten **Maßregeln der Besserung und Sicherung.**[25] Ihm obliegen ferner die Entscheidungen gem.
§§ 38, 35 BtMG. Der Jugendrichter ist auch dann Vollstreckungsleiter, wenn die Jugendkammer oder ein Erwachsenengericht entschieden hat, vorausgesetzt, es wurde
nach **Jugendstrafrecht** erkannt. Sind in **derselben** Entscheidung mehrere Personen
abgeurteilt worden, können u. U. **verschiedene** Vollstreckungsorgane zuständig sein:
beispielsweise, wenn gegen einen Täter nach allgemeinem Strafrecht (Vollstreckungsbehörde: Staatsanwaltschaft) gegen den Mittäter nach Jugendrecht (Vollstreckungsleiter: Jugendrichter) entschieden wurde.
Bei **Heranwachsenden** führt der Jugendrichter die Vollstreckung nur dann durch,
wenn **Jugendstrafrecht** zur Anwendung kam (§ 110 Abs 1 JGG). Hat das Gericht den

---

[23] Texte bei *Schätzler,* Handbuch des Gnadenrechts, S 267 ff.
[24] Vgl. z. B. für Baden-Württemberg §§ 6, 7 GnadO, für Brandenburg §§ 4, 6 GnO, in Thüringen
ist Gnadenbehörde der Leitende Oberstaatsanwalt nach § 3 GnO, in Bremen der Vollstreckungsleiter nach § 1 GnO, in Rheinland-Pfalz der Leitende Oberstaatsanwalt Rdn 7, GnO, Saarland
§ 3 GnO.
[25] BGHSt 16, 78.

Heranwachsenden nach allgemeinem Strafrecht verurteilt, bestimmt sich die Vollstreckungsbehörde nach der StVollstrO (StPO); zuständig ist gem. §§ 4, 7 StVollstrO (§ 451 Abs 1 StPO) dann die Staatsanwaltschaft.

544 Soweit die Entscheidungen des Vollstreckungsleiters nicht jugendrichterliche Entscheidungen sind (§ 83 Abs 1 JGG),[26] nimmt der Jugendrichter als Vollstreckungsleiter **Justizverwaltungsaufgaben** wahr. Er ist insoweit **weisungsgebunden.**

Über Beschwerden gegen andere als jugendrichterliche Entscheidungen des Vollstreckungsleiters wird im **Verwaltungswege**[27] entschieden, falls nicht nach §§ 455, 456, 458 Abs 2 und 462 Abs 1 StPO das Gericht des ersten Rechtszuges oder nach § 83 Abs 2 Nr. 1 JGG die Jugendkammer zuständig ist.

Der Jugendrichter als Vollstreckungsleiter untersteht bei der Durchführung weisungsunterworfener Vollstreckungsgeschäfte einer zweifachen **Aufsicht:**

a) durch den Generalstaatsanwalt (vgl. § 21 StVollstrO),

b) durch den Präsidenten des Land- bzw Amtsgerichts im Rahmen des § 26 DRiG.

2. Örtliche Zuständigkeit

545 Die örtliche Vollstreckungszuständigkeit des Jugendrichters richtet sich nach §§ 84, 85 (§§ 82 Abs 2, 89 a Abs 3) JGG. § 84 JGG regelt die Zuständigkeit für die **Einleitung** der Vollstreckung, § 85 JGG bestimmt die Kompetenz für die **nachfolgenden** Vollstreckungshandlungen bei Abgabe oder Übergang der Vollstreckung.

546 Zur Vollstreckungszuständigkeit nach **§ 84 JGG** gilt folgendes:

a) Der Jugendrichter leitet die Vollstreckung in allen Verfahren ein, in denen er als **Einzelrichter** oder als **Vorsitzender** des Jugendschöffengerichts im ersten Rechtszug tätig war. Dies gilt auch dann, wenn die Entscheidung eines übergeordneten **Rechtsmittelgerichts** (Jugendkammer als Berufungsgericht) zu vollstrecken ist.

Bei nachträglicher Festsetzung von Maßnahmen oder Jugendstrafe iSd § 66 JGG ist Vollstreckungsleiter derjenige Jugendrichter, der die **nachträgliche Entscheidung getroffen hat.**

b) Hat die **Jugendkammer** oder ein **Erwachsenengericht** (unter Anwendung von Jugendstrafrecht) in erster Instanz entschieden, steht die Einleitung der Vollstreckung dem **Jugendrichter des Amtsgerichts** zu, dem die **vormundschaftsrichterlichen Erziehungsaufgaben**[28] obliegen, bzw dem **Bezirksjugendrichter,** zu dessen Bezirk dieses Amtsgericht gehört (§ 33 Abs 3 JGG).

Ist der Jugendliche inzwischen volljährig geworden, so gibt es keinen Jugendrichter mehr, der die vormundschaftsrichterlichen Erziehungsaufgaben wahrzunehmen hätte. Dann ist derjenige Jugendrichter zuständig, dem im Zeitpunkt der Einleitung der Vollstreckung die Erziehungsaufgaben oblegen hätten, wenn der Verurteilte noch nicht volljährig gewesen wäre.[29]

547 Die **Einleitung** der Vollstreckung ist stets Sache des nach § 84 JGG zuständigen Jugendrichters. Eine Abgabe der Vollstreckung zum Zwecke der **Vollstreckungseinleitung** ist nicht möglich. Auch die nach § 58 Abs 3 Satz 2 JGG zulässige Übertragung von Entscheidungen im Rahmen der Strafaussetzung zur Bewährung umfasst nicht die Einlei-

---

[26] Jugendrichterliche Entscheidungen sind die Entscheide des Vollstreckungsleiters nach den §§ 86 bis 89 a und 92 Abs 3 JGG sowie nach §§ 462 a, 463 StPO; s dazu Rdn 564.

[27] Zulässig sind Vollstreckungsbeschwerde nach § 21 StVollstrO bzw gerichtliche Entscheidungen nach §§ 23 ff EGGVG und Dienstaufsichtsbeschwerde.

[28] Zum Begriff „vormundschaftsrichterliche Erziehungsaufgaben" s § 34 Abs 2, 3 JGG; zur örtlichen Zuständigkeit s §§ 36, 43, 46 FGG (maßgebend: Wohnsitz bzw Aufenthalt des Verurteilten).

[29] *Brunner,* Rdn 4; *Eisenberg,* Rdn 6 jeweils zu § 84 JGG und BGH in BGHR § 84 JGG.

tungsbefugnis (auch nicht nach einem Widerruf).[30] In allen Fällen, in denen die Vollstreckung nicht gem. § 85 JGG an einen anderen Jugendrichter abzugeben ist bzw
übergeht, führt der **ursprüngliche** Vollstreckungsleiter die Vollstreckung auch zum Abschluss (§ 84 Abs 3 JGG). In Betracht kommen hier im wesentlichen die Verfahren, in
denen nur **Erziehungsmaßregeln** (Hilfe zur Erziehung ausgenommen: § 82 Abs 2 JGG)
oder **Zuchtmittel** (mit Ausnahme des Jugendarrests) verhängt worden sind.

Ist **Jugendarrest** zu vollstrecken, obliegt dem **ursprünglichen Vollstreckungsleiter**   548
(§ 84 JGG) in folgenden Fällen nach der Einleitung auch die **Durchführung** der Vollstreckung:

a) wenn er gleichzeitig auch zuständiger Vollzugsleiter ist (vgl. § 90 Abs 2 JGG),
b) wenn der Jugendarrest nach Art 5 Abs 2 EGWStG von Behörden der Bundeswehr
vollzogen wird.[31]

In allen übrigen Fällen wird die Vollstreckung gem. § 85 Abs 1 JGG an den **Jugendrichter abgegeben**, der nach § 90 Abs 2 Satz 2 JGG als **Vollzugsleiter** zuständig ist,
d. h. an den Jugendrichter am Ort des Vollzugs. Der ursprüngliche Vollstreckungsleiter gibt die Vollstreckung an den Vollzugsleiter ab. Mit Zustimmung des Vollzugsleiters kann der ursprüngliche Vollstreckungsleiter zunächst die Ladung zum Antritt des
Jugendarrestes veranlassen. Daraus folgt, dass die Einleitung der Vollstreckung des
Jugendarrestes primär nicht dem ursprünglichen Vollstreckungsleiter zusteht wie bei
der Jugendstrafe, sondern dem Vollzugsleiter.

Ist **Jugendstrafe** zu vollstrecken, so weist der **ursprüngliche Vollstreckungsleiter** (§ 84   549
JGG) den Verurteilten in die zuständige Vollzugsanstalt ein und erledigt die Nebengeschäfte der Vollstreckung. Seine Vollstreckungszuständigkeit endet erst, wenn der Verurteilte in die **Jugendstrafanstalt aufgenommen** worden ist. Danach geht die Vollstreckung
kraft Gesetzes auf den in § 85 Abs 2 JGG bestimmten **Jugendrichter** über, in dessen Bezirk die Jugendstrafanstalt liegt. Im Laufe der Vollstreckung können **weitere** Zuständigkeitswechsel nach § 85 Abs 2 JGG eintreten, wenn beispielsweise der Verurteilte auf
Dauer in eine andere Anstalt verlegt wird, oder wenn nach einem Widerruf der Aussetzung der Jugendstrafe die Strafe in einer anderen als in der nach § 24 Abs 4 StVollstrO
zuständigen Jugendstrafanstalt vollzogen wird. Die „Aufnahme" bewirkt jeweils automatisch den Zuständigkeitsübergang.

Der **Vollstreckungsleiter** kann (bei Jugendarrest und Jugendstrafe) stets widerruflich   550
die Vollstreckung **ab-, weiter-** oder **zurückgeben**, wenn **wichtige Gründe** (z. B. Rücksicht auf Vollzugsnähe) dies ratsam erscheinen lassen (§ 85 Abs 5 JGG). Eine Zustimmung der Staatsanwaltschaft hierzu ist nicht erforderlich. Dieses Recht steht nur dem
Vollstreckungsleiter selbst zu. Auch eine wiederholte Abgabe ist zulässig. Die Abgabe
ist stets widerruflich auch dann, wenn bei der Abgabe ein Vorbehalt nicht gemacht
wurde. Der angegangene Jugendrichter ist zur Übernahme jedoch nicht verpflichtet.
Ggf entscheidet über den Zuständigkeitsstreit das gemeinsame obere Gericht.[32] Der
Vollstreckungsleiter trifft seine Entscheidung nach pflichtgemäßem Ermessen. Besondere Rücksicht wird auf den Grundsatz der Vollzugsnähe zu nehmen sein.

Hat der Verurteilte das **vierundzwanzigste** Lebensjahr vollendet, so kann der Jugend-   551
richter die Vollstreckung einer nach den Vorschriften des Strafvollzugs für **Erwachsene** vollzogenen Jugendstrafe (§ 92 Abs 2 JGG) an die **Staatsanwaltschaft** (Vollstreckungsbehörde) **abgeben**, wenn der Strafvollzug voraussichtlich noch **länger** dauern
wird. Die Abgabe liegt im Ermessen des Jugendrichters. Die Persönlichkeitsentwick-

---

[30] BGH, MDR 1986, 952.
[31] *Pohlmann/Jabel/Wolf*, Rdn 8 zu § 1 StVollstrO.
[32] Zur Abgabe nach § 85 Abs 5 JGG („wichtige Gründe") s *Brunner,* Rdn 18 ff zu § 85 JGG;
BGH, NStZ 1981, 115, OLG Hamm, MDR 1983, 602; BGHSt 32, 58.

lung des Verurteilten und die besonderen Aspekte des Jugendstrafrechts (Erziehungsgedanke) sind bei der Entscheidung zu berücksichtigen (§ 85 Abs 6 JGG). Nur für
den besonderen Vollstreckungsleiter iSd § 85 Abs 2–4 JGG besteht die Abgabemöglichkeit. Der ursprüngliche Vollstreckungsleiter (§ 84 JGG) sowie der Jugendrichter,
an den die Vollstreckung nach § 85 Abs 5 JGG abgegeben worden ist, sind dazu nicht
befugt. War die Vollstreckung zur Bewährung ausgesetzt worden und befand oder
befindet sich der Verurteilte deshalb weder im Vollzug der Jugendstrafe nach der
Maßregel, so bleibt es für die Bewährungsüberwachung und die insoweit erforderlichen nachträglichen Entscheidungen bei der Zuständigkeit des Gerichts, das die Aussetzungsentscheidung getroffen hat.[33] Die Abgabe selbst ist bindend. Eine Ablehnung
der Übernahme bei **fehlenden** gesetzlichen Voraussetzungen (z. B. hinsichtlich Alter,
Erwachsenenvollzug) oder eine Rückgabe an den Vollstreckungsleiter zur Weitergabe
an die örtlich zuständige Staatsanwaltschaft muss jedoch möglich sein. Mit der Abgabe beginnt die Vollstreckungskompetenz der **Staatsanwaltschaft** (Rechtspfleger)
gem. § 451 StPO, § 143 Abs 1 GVG und die Entscheidungskompetenz der **Strafvollstreckungskammer** (§ 78 a GVG).[34]

Bei Zusammentreffen von **Jugendstrafe** und **Freiheitsstrafe** kann die Vollstreckungsabgabe an die Staatsanwaltschaft bereits mit Vollendung des **einundzwanzigsten** Lebensjahres des Verurteilten erfolgen (§ 89 a Abs 3 JGG).[35]

552 Steht eine **freiheitsentziehende** Maßregel der Besserung und Sicherung (§§ 63, 64
StGB) zur Vollstreckung an, so obliegt dem **ursprünglichen** Vollstreckungsleiter (§ 84
JGG) die Einleitung der Vollstreckung. Nach der **Aufnahme** des Verurteilten in die
Einrichtung des Maßregelvollzugs geht die Vollstreckung **kraft Gesetzes** auf den Ju-
gendrichter des Amtsgerichts über, in dessen Bezirk die Einrichtung liegt (§ 85 Abs 4
JGG). Eine widerrufliche Abgabe aus **wichtigen Gründen** wie auch die bindende Ab-
gabe an die **Staatsanwaltschaft** sind zulässig (§ 85 Abs 5, 6 JGG).

G. Zuständigkeit des Rechtspflegers

1. Rechtslage

553 Während nach § 31 Abs 2 RpflG in Straf- und Bußgeldsachen die Vollstreckungsgeschäfte generell dem Rechtspfleger übertragen sind, ist in der **Jugendstrafvollstreckung** die Kompetenz des Rechtspflegers wesentlich geringer: die **Leitung** der Vollstreckung bleibt dem **Richter** vorbehalten. Dem Rechtspfleger sind nur die Geschäfte
übertragen, durch die eine **richterliche Vollstreckungsanordnung** oder eine die Leitung der Vollstreckung nicht betreffende **allgemeine Verwaltungsvorschrift** ausgeführt
wird (§ 31 Abs 5 Satz 1 u 2 RpflG).[36]

Die nach § 31 Abs 5 Satz 3 RpflG vorgesehene Rechtsverordnung über die Übertragung von Aufgaben im Bereich der Jugendstrafvollstreckung auf den Rechtspfleger
steht noch aus. Bis zum Erlass der Rechtsverordnung gelten die bisherigen Bestimmungen über die Entlastung des Jugendrichters in Strafvollstreckungsgeschäften weiter (§ 33 a RpflG). Bei diesen Bestimmungen handelt es sich um **Abschn. II Nr. 6
RLJGG** zu §§ 82–85 und die **Anordnung der Landesjustizverwaltungen vom 1. 8.
1974** über die Entlastung des Jugendrichters bei den Vollstreckungsgeschäften, die
folgenden Wortlaut haben:

---

[33] BGH, NStZ 1997, 100.
[34] OLG Düsseldorf, MDR 93, 171.
[35] Weitere Einzelheiten s Rdn 183 ff.
[36] Zum Rechtspfleger in der Jugendstrafvollstreckung s *Reiß*, Rpfleger 1987, 54.

a) **Abschn. II Nr. 6 RLJGG zu §§ 82–85:**

Die Leitung der Vollstreckung obliegt dem Jugendrichter. Dem Rechtspfleger werden die Geschäfte der Vollstreckung übertragen, durch die eine richterliche Vollstreckungsanordnung oder eine die Leitung der Vollstreckung nicht betreffende allgemeine Verwaltungsvorschrift ausgeführt wird. Das Nähere wird durch Anordnung der Landesjustizverwaltung bestimmt.

b) Bundeseinheitliche **Landesverfügung** der Landesjustizverwaltungen vom 1. 12. 1962, angepasst an die Fassung der StVollstrO vom 20. 11. 1974:

I. Zur Entlastung des Jugendrichters sind dem Rechtspfleger durch Abschnitt II Nr. 6 der Richtlinien zu den §§ 82 bis 85 des Jugendgerichtsgesetzes in der Fassung vom 1. August 1964 Vollstreckungsgeschäfte in bestimmtem Umfang übertragen worden. Darüber hinaus kann der Rechtspfleger zur Vorbereitung von Vollstreckungsgeschäften, die dem Vollstreckungsleiter vorbehalten sind, herangezogen werden. Dadurch soll es dem Jugendrichter ermöglicht werden, sich in verstärktem Maße den erzieherischen Aufgaben zu widmen, die ihm innerhalb des Jugendstrafverfahrens auch im Rahmen der Vollstreckung obliegen.

II. Hierzu wird folgendes bestimmt:

1. Der Jugendrichter kann den Rechtspfleger zur Mitwirkung bei den ihm vorbehaltenen Geschäften der Vollstreckung heranziehen, ihn insbesondere zur Vorbereitung solcher Geschäfte mit der Fertigung von Entwürfen beauftragen. Die Unterzeichnung bleibt dem Jugendrichter vorbehalten.

Die Überwachung von Weisungen und Auflagen ist Sache des Jugendrichters (vgl. auch Abschnitt III Nr. 1 der Richtlinien zu den §§ 82 bis 85 JGG). Er kann sich dabei der Mithilfe des Rechtspflegers oder eines anderen Beamten der Vollstreckungsbehörde bedienen.

Eine Mitwirkung des Rechtspflegers bei jugendrichterlichen Entscheidungen (§ 83 Abs 1 JGG) kommt nicht in Betracht.

2. a) Zu den Geschäften, die dem Rechtspfleger durch Abschnitt II Nr. 6 der Richtlinien zu den §§ 82–85 JGG übertragen worden sind, gehören vor allem folgende:

   – die Ausführung einer richterlichen Vollstreckungsanordnung (Anordnung der Ladung zum Arrest- oder Strafantritt, Aufnahme- und Überführungsersuchen und Strafzeitberechnung),

   – der Erlass eines Vollstreckungshaft- oder Vorführungsbefehls und die Zwangszuführung zum Jugendarrest (Abschn. V Nr. 7 der Richtlinien zu §§ 82–85 JGG) auf richterliche Anordnung sowie die Maßnahmen zu ihrer Vollziehung,

   – die Anordnung über das Anlegen von Vollstreckungsheften,

   – die Ausführung von richterlichen Anordnungen über Fahndungsmaßnahmen,

   – die Rücknahme erledigter Fahndungsmaßnahmen,

   – die Ausführung von richterlichen Anordnungen nach § 61 Abs 1 Satz 1 StVollstrO,

   – die nach den §§ 56 und 63 bis 86 StVollstrO erforderlichen Maßnahmen der Vollstreckungsbehörde.

   Die hiernach vorgesehenen richterlichen Anordnungen sind schriftlich zu erteilen. Der Rechtspfleger ist bei der Ausführung der ihm übertragenen Geschäfte an Weisungen des Jugendrichters nach § 10 StVollstrO, § 31 Abs 5 RpflG gebunden. Vor allem hat er bei Aufnahmeersuchen besondere Vollziehungshinweise des Jugendrichters, die über § 30 Abs 2 Satz 2 StVollstrO hinausgehen, zu beachten.

   b) Die Wahrnehmung der dem Rechtspfleger durch Abschnitt II Nr. 6 der Richtlinien zu den §§ 82 bis 85 JGG übertragenen Vollstreckungsgeschäfte obliegt dem Jugendrichter, wenn der Vollstreckungsbehörde hierfür ein Rechtspfleger nicht zur Verfügung steht.

III. Die Zuständigkeit von Beamten des gehobenen oder des mittleren Dienstes zur Anordnung und Ausführung von Nachrichten zum Zentralregister, zum Erzie-

hungsregister und zum Verkehrszentralregister sowie von Mitteilungen und Zählkarten richtet sich nach den allgemeinen Vorschriften (vgl. Abschnitt II Nr. 4 der
Richtlinien zu den §§ 82 bis 85 JGG).
IV. Diese Verfügung tritt am 1. Januar 1963 in Kraft. Vorschriften, die ihr entgegenstehen, sind vom gleichen Zeitpunkt ab nicht mehr anzuwenden.

2. Einzelfragen

554   Die Anordnung der Landesjustizverwaltungen enthält keine abschließende Aufzählung der dem Rechtspfleger durch Abschn. II Nr. 6 RLJGG zu §§ 82–85 übertragenen Aufgaben. So ist der Rechtspfleger u. a. auch ermächtigt, **ohne besondere richterliche Anordnung** die **Vollstreckung** bei Jugendarrest an den nach § 85 Abs 1
JGG zuständigen Jugendrichter **abzugeben** oder nach dem Übergang der Vollstreckung (§ 85 Abs 2, 4 JGG) dem neuen Vollstreckungsleiter **die Strafakten (Vollstreckungsheft) zuzuleiten:** in beiden Fällen werden die Leitung der Vollstreckung nicht
berührende Gesetzesvorschriften (§ 85 JGG!) ausgeführt.[37] Zu den dem **Rechtspfleger übertragenen** Geschäften, die in der Anordnung der Landesjustizverwaltungen
nicht aufgeführt sind, gehören auch die Maßnahmen der Vollstreckungsbehörde im
Rahmen der Führungsaufsicht und bei Anordnung eines Fahrverbots. Hierbei sind
die Leitung der Vollstreckung nicht betreffende Verwaltungsvorschriften (§§ 54 a,
59 a StVollstrO) auszuführen.
Zur Einleitung der Vollstreckung (Ladung, Aufnahmeersuchen u. a.), zur Durchführung von Zwangs- oder Fahndungsmaßnahmen, zur Wegnahme von Gegenständen
(§ 61 Abs 1 StVollstrO) bedarf der Rechtspfleger einer besonderen **richterlichen Anordnung.** Die Anordnung des Richters entbindet den Rechtspfleger jedoch nicht von
der Prüfungspflicht, ob die angeordneten Maßnahmen nach den geltenden Vollstreckungsbestimmungen zulässig und geboten sind.[38] Ist eine richterliche Vollstreckungsanordnung getroffen worden, ist die Zuständigkeit des Rechtspflegers gegeben. Er befindet sich dann in der gleichen Lage wie in der Erwachsenenstrafvollstreckung, in der
er ausschließlich zuständig ist, soweit nicht die Begrenzungsverordnung eine Vorlagepflicht vorsieht.
Um unnötigen Verwaltungsaufwand zu vermeiden, kann der Jugendrichter bei **Anordnung der Vollstreckung den** Rechtspfleger zugleich auch zu den **Folgemaßnahmen**
(Vorführungsbefehl, Fahndungsmaßnahmen) ermächtigen. Unzulässig ist jedoch eine
allgemeine Übertragung der gesamten Jugendstrafvollstreckung durch den Jugendrichter auf den Rechtspfleger. Die Feststellung der **Erledigung der Vollstreckung,** die
dem Weglegen der Akten vorauszugehen hat, wird durch die Vollstreckungsanordnung jedoch nicht gedeckt. Hierzu bedarf es einer besonderen Ermächtigung des
Rechtspflegers, soweit die Abschlussverfügung nicht vom Jugendrichter selbst unterschrieben wird.[39]

555   Die richterlichen Anordnungen sind grundsätzlich **schriftlich** zu erteilen. Durch eine
nur mündlich gegebene Weisung wird die Wirksamkeit des Vollstreckungsgeschäftes
jedoch nicht berührt. Wird der Rechtspfleger ohne Übertragung tätig, ist die vorgenommene Maßnahme **unwirksam,** eine Heilung durch nachträgliche Billigung des
Jugendrichters indessen möglich.[40]

---

[37] *Pohlmann/Jabel/Wolf,* Rdn 15 zu § 1 StVollstrO.
[38] *Brunner,* Rdn 10 vor § 82 JGG.
[39] *Pohlmann/Jabel/Wolf,* Rdn 22 zu § 1 StVollstrO.
[40] *Brunner,* Rdn 11 vor § 82 JGG. a. A. *Eisenberg,* Rdn. 24 zu § 82 JGG mit der Begründung,
daß der Mangel einer gesetzlichen Ermächtigung nicht durch richterliches Verhalten geheilt
werden kann. Andernfalls entstünden Probleme der Rechtsunklarheit und gewisser Interdepen-
denzen und zwar im Hinblick auf die Folgen einer Nicht-Genehmigung.

Die Vollstreckung von **Erziehungsmaßregeln** und von **Zuchtmitteln** (mit Ausnahme   556
des Jugendarrestes) wird durch Abschn. II Nr. 6 RLJGG zu §§ 82–85 **nicht** erfasst.
Eine Übertragung der bei der Vollstreckung von Erziehungsmaßregeln und Zuchtmittel anfallenden Aufgaben auf den Rechtspfleger scheidet daher aus. Der Jugendrichter
kann den Rechtspfleger jedoch zur **Mitwirkung** bei diesen Vollstreckungsgeschäften
heranziehen und ihn mit der Fertigung von **Entwürfen** beauftragen.

Die mit der Rechtskraft der Entscheidung anfallenden **Nebengeschäfte der Vollstre-**   557
ckung werden von den nach den allgemeinen Vorschriften zuständigen Beamten des
gehobenen bzw mittleren Dienstes wahrgenommen (Abschn. II Nr. 4 RLJGG zu
§§ 82–85).

H. Vollzugsorganisation

Oberstes Ziel des Vollzugs an Jugendlichen und Heranwachsenden ist die **Einwirkung**   558
auf den Gefangenen und die **Erziehung** des Gefangenen zu einem rechtschaffenen und
verantwortungsbewussten Lebenswandel (§§ 90 Abs 1, 91 Abs 1, 93 Abs 2, 110
Abs 1 JGG). Während die Vollstreckung dem „**Vollstreckungsleiter**" (§ 82 Abs 1
JGG) obliegt, werden die Aufgaben des Vollzugs von dem „**Vollzugsleiter**" (§§ 90 ff
JGG) wahrgenommen.

Über den Vollzug bestehen inzwischen gesetzliche Regelungen, nachdem die Gesetzgebung zum Jugendstrafvollzug auf die Länder übergegangen ist. Die Bundesländer
haben inzwischen auch eigene Jugendstrafvollzugsgesetze geschaffen. Einzelheiten
über die jeweils maßgebenden Vollzugsbestimmungen ergeben sich aus nachfolgender
Übersicht:

Gegenstand	Vollzugsbestimmungen	Bemerkungen
Jugendarrest	§ 90 JGG (RLJGG)	Die Vorschrift enthält allgemei-ne Richtlinien über die Durch-führung des Jugendarrestes und regelt seine organisatorischen Grundlagen.
	Jugendarrestvollzugsordnung (JAVollzO) idF vom 30. 11. 1976 Und die Richtlinien zur Jugendarrest-vollzugsordnung (RiJAVollzO)	Ermächtigung zum Erlass dieser Rechtsverordnung in § 115 Abs 1 und Abs 2 JGG. Die JAVollzO bestimmt Einzelheiten der Durchführung des Vollzugs. Sie gilt auch für Heranwachsen-de nach § 30 JAVollzO. Die zu-gehörigen Richtlinien enthalten nähere Ausführungsbestimmun-gen.[41]
Jugendstrafe	§§ 91, 92, 144 JGG und RLJGG	Die Vorschriften befassen sich mit der Aufgabe des Jugend-strafvollzugs und stecken den Rahmen des Vollzugs durch all-gemeine Richtlinien ab.[42]

---

[41] Zum Jugendarrest s. auch *Feltes*, NStZ 1993, 105.

[42] Die Jugendstrafe muss in einer Jugendstrafanstalt vollzogen werden, Ausnahme, wenn die
Jugendstrafe nach § 92 JGG vom Jugendvollzug ausgenommen ist. Die Vollstreckung der Jugendstrafe in einer Untersuchungshaft- und Aufnahmeanstalt ist nicht zulässig.

Gegenstand	Vollzugsbestimmungen	Bemerkungen
	§§ 176, 43–44, 49–52 StVollzG und Strafvollzugsvergütungsverordnung §§ 178, 94–101 StVollzG Bundeseinheitliche Vorschriften zum Jugendstrafvollzug (VVJug) in der Fassung vom 1. 3. 1994	Regelung der den Gefangenen nach dem StVollzG zustehenden Bezüge und ihrer Verwendung. Bestimmungen über die Anwendung von unmittelbarem Zwang (gilt auch beim Vollzug des Jugendarrestes sowie der Ordnungs-, Zwangs- und Erzwingungshaft). Die Verwaltungsvorschriften, in Kraft getreten am 1. 1. 1977 sollen in den Bundesländern den Vollzug der Jugendstrafe nach einheitlichen Grundsätzen ermöglichen. Die VVJug sind dem StVollzG und den hierzu ergangenen Verwaltungsvorschriften nachgestaltet. Die Geltungsdauer ist zeitlich begrenzt. Es soll lediglich die Übergangszeit bis zum Erlass umfassender gesetzlicher Regelungen überbrückt werden.
U-Haft	§§ 93, 110 JGG und RLJGG § 119 Abs 5 und Abs 6 StPO UVollzO	Die Vorschrift stellt Grundsätze für den Vollzug der U-Haft an Jugendlichen und Heranwachsenden auf. Bei Jugendlichen und Heranwachsenden anwendbar. Bestimmt die Voraussetzungen für die Fesselung der Untersuchungsgefangenen und regelt die Anordnungsbefugnis für Sicherungsmaßnahmen im Vollzug. Sonderbestimmungen über den Vollzug der Untersuchungshaft an jungen Gefangenen enthalten die Nr. 1 Abs 4, Nr. 13, Nr. 19, Nr. 22 Abs 4, Nr. 23 Abs 3, Nr. 77–85. Im Übrigen sind ergänzend die für den Vollzug der Untersuchungshaft an Erwachsenen geltenden Vorschriften anwendbar.
Unterbringung in einem psychiatrischen Krankenhaus oder einer Entziehungsanstalt	§ 93 a JGG	Die Vorschrift erhält Richtlinien über den Vollzug der Unterbringung in einer Entziehungsanstalt. Der Vollzug der Maßregeln richtet sich nach Landesrecht (Unterbringungsgesetze bzw Maßregelvollzugsgesetze der Länder).

Gegenstand	Vollzugsbestimmungen	Bemerkungen
Vollzug durch Behörden der Bundeswehr	Art 5 Abs 2 EGWStG	Auf Ersuchen des Vollstreckungsleiters wird Jugendarrest an Soldaten der Bundeswehr von deren Behörden vollzogen. Bei der Vollstreckung sind §§ 112 c, 112 d JGG zu beachten. Der Vollzug von Jugendstrafe, Erzwingungshaft, Ordnungs- oder Zwangshaft durch Behörden der Bundeswehr kommt dagegen nicht in Betracht.
	Bundeswehrvollzugsordnung (BwVollzO) vom 29. 11. 1972 in der Fassung vom 16. 3. 1976	Die BwVollzO regelt den Vollzug von Jugendarrest (wie auch Freiheitsstrafe, Strafarrest nach dem Wehrstrafgesetz, Disziplinararrest) durch Behörden der Bundeswehr.

Wegen des Vollzugs von **Ordnungs-, Zwangs- und Erzwingungshaft** wird auf § 171 StVollzG verwiesen.

Zur **gerichtlichen** Überprüfung von Anordnungen, Verfügungen oder sonstigen Maß- **559** nahmen der Vollzugsbehörden im Vollzug der Jugendstrafe, des Jugendarrestes, der Untersuchungshaft sowie der Unterbringung nach § 63 oder § 64 StGB steht der **Rechtsweg** nach §§ 23 ff EGGVG offen. Über den Antrag auf gerichtliche Entscheidung befindet das OLG, in dessen Bezirk die Vollzugsbehörde ihren Sitz hat (23 Abs 1 Satz 2 EGGVG; § 180 StVollzG). Bei Ausnahme vom Jugendstrafvollzug (§ 92 Abs 2 JGG) entscheidet dagegen in diesen Fällen die **Strafvollstreckungskammer** (§§ 109 ff StVollzG).

Die örtliche und sachliche Zuständigkeit der Vollzugsanstalten ergibt sich aus dem **560** **Vollstreckungsplan** (§ 22 StVollstrO und den Jugendstrafvollzugsgesetzen der Länder). Nähere Bestimmungen über die **örtliche** Vollzugszuständigkeit trifft § 24 StVollstrO. Diese Vorschrift ist auch bei der Vollstreckung von Jugendarrest und Jugendstrafe anwendbar, da das JGG bzw die RLJGG und die Jugendstrafvollzugsgesetze der Länder keine entgegenstehenden Regelungen enthalten. Soll vom Vollstreckungsplan **abgewichen** werden, ist § 26 StVollstrO zu beachten.

Nach § 114 JGG und den zugehörigen RLJGG kann **Freiheitsstrafe** bei Verurteilten **561** unter 24 Jahren auch in einer Jugendstrafanstalt vollzogen werden, sofern sich der Verurteilte für den Jugendstrafvollzug eignet. Voraussetzung ist, dass die erzieherische Einwirkung in der Jugendstrafanstalt bei ihnen Erfolg verspricht und von ihrer Anwesenheit in der Jugendstrafanstalt Nachteile für die Erziehung der anderen Gefangenen nicht zu befürchten ist. Zu Freiheitsstrafe Verurteilten unter 21 Jahren werden in die Jugendstrafanstalt eingewiesen. Wenn jedoch in einer Justizvollzugsanstalt eine besondere Abteilung für junge Gefangene besteht, kann die Einweisung in diese Vollzugsanstalt erfolgen. Bei Verurteilten, die das 21. aber noch nicht das 24. Lebensjahr vollendet haben, kann auch die Vollzugsanstalt die Überweisung in eine Jugendvollzugsanstalt veranlassen. Sie hat dann die Vollstreckungsbehörde entsprechend zu unterrichten.

J. Entscheidungen im Vollstreckungsverfahren und deren Anfechtung

1. Nichtjugendrichterliche Entscheidungen (Verwaltungsweg)

562 Der Jugendrichter nimmt als Vollstreckungsleiter grundsätzlich Aufgaben der **Justizverwaltung** wahr. Er ist insoweit **weisungsgebunden** (RLJGG zu §§ 82–85).[43] Seine Anordnungen und Entscheidungen sind – soweit es sich nicht um jugendrichterliche Entscheidungen nach § 83 Abs 1 JGG handelt, bei denen der Vollstreckungsleiter Weisungen nicht unterworfen ist – **Verwaltungsakte** und demgemäß auch im **Verwaltungswege** anfechtbar.

Die Vollstreckungsmaßnahmen des Jugendrichters können im **Beschwerdeverfahren** nach **§ 21 StVollstrO** nachgeprüft werden.[44] Über die Vollstreckungsbeschwerde entscheidet der Generalstaatsanwalt. Bleibt die Beschwerde erfolglos, steht der Rechtsweg nach §§ 23 ff EGGVG zum Oberlandesgericht offen.

Neben der förmlichen Beschwerde nach § 21 StVollstrO ist auch die **Dienstaufsichtsbeschwerde** zulässig. Der Jugendrichter unterliegt als Vollstreckungsleiter einer zweifachen Dienstaufsicht:

a) durch den Generalstaatsanwalt in Fragen der Vollstreckung,

b) durch den Präsidenten des Landgerichts (bzw des Amtsgerichts, wenn dieses einen Präsidenten hat) im Rahmen des § 26 DRiG.

Der Präsident des Landgerichts hat jedoch nicht nur die Befugnis zu disziplinaren Maßnahmen, sondern kann nur Weisungen hinsichtlich der Durchführung der Vollstreckung erteilen. Bei divergierenden Weisungen der Aufsichtsorgane hat in Vollstreckungsangelegenheiten die Auffassung des Generalstaatsanwalts indessen Vorrang.[45] Dieser hat jedoch nur eine sachliche Aufsicht, disziplinarische Maßnahmen sind Sache der Gerichtspräsidenten.

Dienstaufsichtsbeschwerde wie auch die förmliche Beschwerde nach § 21 StVollstrO **hemmen** die Vollstreckung **nicht**. Die Vollstreckung kann jedoch einstweilen aufgeschoben oder ggf. unterbrochen werden. Der Vollstreckungsleiter kann der Beschwerde abhelfen, wie er auch seine Vollstreckungsmaßnahmen von Amts wegen aufheben oder abändern kann.

2. Anrufung des Gerichts

563 In den Fällen der §§ 455, 456 StPO tritt an Stelle des Verwaltungsweges die **Nachprüfung** durch das Gericht (§§ 458 Abs 2, 462 Abs 1 StPO). Zuständig ist im Grundsatz das **Gericht** des ersten Rechtszuges, ggf. nach § 83 Abs 2 JGG – da der Jugendrichter nicht über die Rechtmäßigkeit seiner eigenen Vollstreckungsanordnungen entscheiden kann – die Jugendkammer. Der **Instanzenweg** lässt sich an folgendem **Beispiel** verdeutlichen:

---

[43] OLG Karlsruhe, NStZ 1993, 104.

[44] Soweit die angefochtene Maßnahme vom Rechtspfleger in einem übertragenen Vollstreckungsgeschäft getroffen wurde, ist vorab nach § 31 Abs 6 RpflG zu entscheiden.

[45] *Pohlmann/Jabel/Wolf*, Rdn 5 zu § 21 StVollstrO.

Ablehnung von Strafaufschub (§ 456 StPO) durch den:

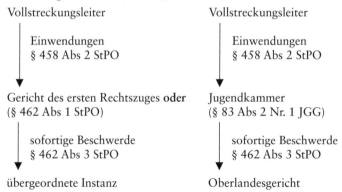

Vollstreckungsleiter

Einwendungen
§ 458 Abs 2 StPO

Gericht des ersten Rechtszuges **oder**
(§ 462 Abs 1 StPO)

sofortige Beschwerde
§ 462 Abs 3 StPO

übergeordnete Instanz

Vollstreckungsleiter

Einwendungen
§ 458 Abs 2 StPO

Jugendkammer
(§ 83 Abs 2 Nr. 1 JGG)

sofortige Beschwerde
§ 462 Abs 3 StPO

Oberlandesgericht

Bei **Zweifeln** über die **Auslegung des Strafurteils** oder über die **Strafzeitberechnung** hat der Vollstreckungsleiter – ggf. von Amts wegen – eine Entscheidung des Gerichts nach § 458 Abs 1 StPO herbeizuführen.

3. Jugendrichterliche Entscheidungen

Der Grundsatz, dass der Vollstreckungsleiter als Organ der Justizverwaltung tätig **564** wird, erfährt durch die Regelung des § 83 Abs 1 JGG eine wichtige Durchbrechung. In dieser Vorschrift – anwendbar auch bei nach Jugendstrafrecht abgeurteilten Heranwachsenden (§ 110 Abs 1 JGG) – werden eine Reihe gewichtiger Entscheidungen des Vollstreckungsleiters als **jugendrichterliche Entscheidungen** ausgewiesen. Dies bedeutet, dass der Vollstreckungsleiter in den Verfahren des § 83 Abs 1 JGG **richterlich unabhängig** und Weisungen der Justizverwaltung **nicht** unterworfen ist. Im einzelnen handelt es sich dabei um folgende Entscheidungen:

a) Umwandlung des Freizeitarrestes in Kurzarrest (§ 86 JGG),
b) Absehen (ganz oder teilweise) von der Vollstreckung des Jugendarrestes (§ 87 Abs 3 JGG),
c) Aussetzung des Restes einer Jugendstrafe, einschließlich der Folgeentscheidungen: Auflagen, Bewährungszeit, Widerruf, Straferlass (§ 88 JGG),
d) Unterbrechung und Vollstreckung der Jugendstrafe neben Freiheitsstrafe (§ 89 a JGG),
e) Absehen von der Vollstreckung des Jugendarrestes gegenüber Soldaten (§ 112 c Abs 2, 3 JGG),
f) Erledigungserklärung der Erziehungsmaßregel nach § 112 a Nr. 2 JGG (§ 112 c Abs 1, 3 JGG),
g) Ausnahme vom Jugendstrafvollzug (§ 92 Abs 3 JGG).

Nach §§ 82 Abs 1 Satz 2, 110 Abs 1 JGG nimmt der Jugendrichter als Vollstreckungsleiter auch die Aufgaben wahr, welche die StPO der **Strafvollstreckungskammer** zuweist. Die einschlägigen Entscheidungen nach den §§ 462 a, 463 StPO sind gleichfalls **jugendrichterliche Entscheidungen** (§ 83 Abs 1 JGG). Die Zuständigkeit des Vollstreckungsleiters besteht auch dann, wenn ein Erwachsenengericht – etwa nach § 103 JGG – unter Anwendung von Jugendstrafrecht entschieden hat. Wird die Jugendstrafe nach § 92 Abs 2 JGG nach den Vorschriften des Strafvollzugs für Erwachsene vollzogen, bleibt gleichfalls der Jugendrichter weiter zuständig.[46] Bei Ein-

---

[46] BGH, Rpfleger 1979, 258.

wendungen gegen eine **Vollzugsmaßnahme** entscheidet bei Erwachsenenvollzug allerdings die Strafvollstreckungskammer (§§ 109 ff StVollzG).[47]

565 **Verfahrensbeteiligte** bei den **jugendrichterlichen Entscheidungen** (§ 83 Abs 1 JGG) sind der Jugendstaatsanwalt (zu dessen Zuständigkeit s auch § 85 Abs 7 JGG), der Verurteilte, der Erziehungsberechtigte und der gesetzliche Vertreter; ggf. auch ein Verteidiger oder ein Beistand (§ 83 Abs 3 Satz 2 JGG). Die Entscheidungen des Vollstreckungsleiters – oder der Jugendkammer (§ 83 Abs 2 JGG) – sind im Grundsatz mit **sofortiger Beschwerde** anfechtbar. Dies gilt nicht für Entscheidungen über Bewährungszeit und Bewährungsauflagen, gegen die einfache Beschwerde zulässig ist, sowie für den Straferlass, der unanfechtbar ist (§ 59 JGG).[48]

566 Eine Mitwirkung des **Rechtspflegers** bei den jugendrichterlichen Entscheidungen (§ 83 Abs 1 JGG) kommt **nicht** in Betracht.[49]

K. Rechtskraft als Vollstreckungsvoraussetzung

567 Die Vollstreckung setzt die **Rechtskraft** der Entscheidung voraus (§ 449 StPO). Die Rechtskraft ist jedoch nur eine – wenngleich wichtige – Vollstreckungsvoraussetzung: Liegen Vollstreckungshindernisse (z. B. Verjährung, Gnadenerweis) vor, ist trotz Rechtskraft die Vollstreckung unzulässig.

Das gegen einen Jugendlichen oder Heranwachsenden ergangene Urteil wird mit ungenutztem Ablauf der Rechtsmittelfrist rechtskräftig. Anfechtungsberechtigt sind der **Staatsanwalt**, der **Angeklagte**, der **Verteidiger** (§ 297 StPO), der **gesetzliche Vertreter** (§ 298 Abs 1 StPO) und der **Erziehungsberechtigte** (§ 67 Abs 3 JGG). Zu beachten ist, dass gesetzlicher Vertreter wie auch Erziehungsberechtigter zwar ein **selbständiges** Anfechtungsrecht, aber **keine eigene** Rechtsmittelfrist haben. Der Lauf der Rechtsmittelfrist ist daher auch nicht von der Bekanntmachung der Entscheidung an den gesetzlichen Vertreter und den Erziehungsberechtigten abhängig; bei Abwesenheit in der Hauptverhandlung braucht ihnen das Urteil (mit Rechtsmittelbelehrung) nicht zugestellt zu werden. Werden von allen Anfechtungsberechtigten Rechtsmittelverzichtserklärungen abgegeben, tritt die Rechtskraft des Urteils dann ein, wenn die **letzte** Verzichtserklärung **wirksam** geworden ist. Der Erziehungsberechtigte oder der gesetzliche Vertreter kann das von ihm eingelegte Rechtsmittel nur mit Zustimmung des Angeklagten zurücknehmen (§ 55 Abs 3 JGG).

Der **jugendgerichtliche Beistand** (§ 69 JGG) ist **nicht** anfechtungsberechtigt.

568 Wegen der **Rechtsmittelbeschränkungen** im Jugendstrafverfahren wird auf § 55 JGG verwiesen. Vorschriften über Rechtsmittel – mit Bedeutung für die Vollstreckung – enthalten ferner die §§ 59, 63 JGG (Entscheidungen über Aussetzung der Jugendstrafe zur Bewährung und bei Aussetzung der Verhängung der Jugendstrafe), § 65 Abs 2 JGG (nachträgliche Entscheidungen über Weisungen und Auflagen), § 66 Abs 2 Satz 3 JGG iVm § 462 Abs 3 StPO (Ergänzung rechtskräftiger Entscheidungen bei mehrfacher Verurteilung), § 83 Abs 3 JGG (jugendrichterliche Entscheidungen im Vollstreckungsverfahren) und in § 99 Abs 3 JGG (Beseitigung des Strafmakels durch Richterspruch).

---

[47] BGHSt 29, 33.

[48] Zur Doppelfunktion des Jugendrichters als weisungsgebundenes Vollstreckungsorgan bzw unabhängiges Gericht mit den möglichen Auswirkungen auf den Rechtsmittelweg s OLG Karlsruhe, NStZ 1993, 104.

[49] Abschn. II Nr. 1 der Anordnung der Landesjustizverwaltungen v 1. 12. 1962 (s Rdn 553); *Brunner,* Rdn 8 zu § 83 JGG.

§ 56 JGG sieht die Möglichkeit vor, die **Teilvollstreckung** einer (noch nicht rechts-kräftigen) Einheitsstrafe anzuordnen, wenn der Angeklagte wegen mehrerer Strafta-ten zu einer Einheitsstrafe verurteilt wurde und die Schuldfeststellungen bei einer Straftat oder mehrerer Straftaten nicht beanstandet worden sind. Die Anordnung ist nur zulässig, wenn sie dem wohlverstandenen Interesse des Jugendlichen entspricht. Die Entscheidung obliegt dem **Rechtsmittelgericht,** das durch – mit sofortiger Be-schwerde anfechtbarem – Beschluss entscheidet. Die Vollstreckung ist erst nach **Rechtskraft** des **Beschlusses** zulässig (vgl. Abschn. II Nr. 3 RLJGG zu §§ 82–85).

Soll die Aussetzung von Jugendstrafe oder die Aussetzung der Unterbringung in ei-nem psychiatrischen Krankenhaus oder in einer Erziehungsanstalt **widerrufen** wer-den, kann, neben vorläufigen Maßnahmen, auch ein **Sicherungshaftbefehl** (§ 453 c StPO) erlassen werden.[50] § 453 c StPO gilt auch im Verfahren gegen Jugendliche und Heranwachsende (§ 2 JGG). Die Vollstreckung leitet der **Jugendrichter** (§ 58 Abs 2, 3 JGG).   569

L. Urkundliche Grundlage der Vollstreckung und Beschleunigungsgebot

Urkundliche Grundlage der Vollstreckung ist die **Urschrift** oder eine **beglaubigte Ab-schrift** (Ablichtung) der vollständigen Entscheidung oder ihres erkennenden Teils; auf ihr muss die **Rechtskraft bescheinigt** und angegeben sein, **wann** sie eingetreten ist. Zur Beschleunigung der Vollstreckung kann die Rechtskraft bereits bescheinigt wer-den, bevor die schriftlichen Urteilsgründe vorliegen (§ 13 StVollstrO, Abschn. II Nr. 2, 3 RLJGG zu §§ 82–85). Dem Vollstreckungsleiter sind nach Eintritt der Rechtskraft unverzüglich die Strafakten mit der Bescheinigung der Rechtskraft zu übersenden, mindestens aber eine mit Rechtskraft versehene Urteilsabschrift.   570

Hat ein Mitverurteilter gegen das Urteil Revision eingelegt, so steht dies der Vollstre-ckung gegenüber dem anderen Verurteilten grundsätzlich nicht entgegen (§ 19 StVollstrO). § 357 StPO findet auch hier Anwendung.[51]

Urkundliche Grundlagen der Vollstreckung gegen Jugendliche und Heranwachsende sind vorab die **Urteile,** im Falle des Widerrufs der Aussetzung der Jugendstrafe (§§ 26, 58, 59 Abs 3 JGG), der bedingten Entlassung (§§ 88, 89 JGG) oder der Aus-setzung der Unterbringung (§ 67 g StGB) zusätzlich noch die **Widerrufsbeschlüsse** (§ 14 StVollstrO). Erfolgt die Ergänzung rechtskräftiger Entscheidungen (§ 66 JGG) im Beschlussverfahren, sind auch die **Beschlüsse** nach **§ 66 Abs 2 JGG** urkundliche Grundlagen im Sinne des § 13 StVollstrO. Entsprechendes gilt auch bei nachträgli-cher Verhängung von Jugendarrest (§§ 65, 11 Abs 3, 15 Abs 3 JGG).

Widerrufsbeschlüsse, Beschlüsse über die Verhängung von Jugendarrest (§ 65 JGG), wie auch die Entscheidungen nach § 66 Abs 2 JGG bedürfen der **Rechtskraftbeschei-nigung.**[52] Wird die **Teilvollstreckung** einer Einheitsstrafe nach **§ 56 Abs 1 JGG** ange-ordnet, sind zwei Urkunden als Vollstreckungsgrundlage erforderlich: die Urschrift (beglaubigte Abschrift) des Urteils oder seines erkennenden Teils – mangels Rechts-kraft ohne Rechtskraftbescheinigung – und die Urschrift (beglaubigte Abschrift) des Beschlusses nach § 56 Abs 1 JGG **mit** Rechtskraftbescheinigung.[53]

Die Rechtskraft bescheinigt im Grundsatz der UdG beim Gericht des ersten Rechts-zuges.[54]

---

[50] Zum Sicherungshaftbefehl s die Ausführungen Rdn 201 ff.
[51] RLJGG II 2 zu §§ 82–85.
[52] Unmittelbare oder entsprechende Anwendung von § 14 Abs 2 StVollstrO.
[53] *Pohlmann/Jabel/Wolf,* Rdn 21 zu § 13 StVollstrO.
[54] Zu weiteren Einzelheiten und zur Abfassung der Rechtskraftbescheinigung s Rdn 54 ff.

571 Im Interesse einer wirksamen Strafrechtspflege ist die richterliche Entscheidung mit **Nachdruck** und **Beschleunigung** zu vollstrecken (§ 2 StVollstrO). Dieser allgemeine Grundsatz gilt noch verstärkt bei der Vollstreckung gegen Jugendliche und Heranwachsende. Je mehr sich für den Jugendlichen der innere Zusammenhang zwischen Tat, Urteil und Vollstreckung durch Zeitablauf lockert, um so weniger ist damit zu rechnen, dass die Maßnahme oder Strafe die beabsichtigte Wirkung erreicht. Alle beteiligten Stellen müssen daher bestrebt sein, die Vollstreckung nachdrücklich zu fördern. In ganz besonderem Maße hängt beim **Jugendarrest** der Erfolg davon ab, dass er ohne jedes Zögern vollstreckt wird (Abschn. II Nr. 1 RLJGG zu §§ 82–85). So soll, falls das Urteil sofort rechtskräftig wird und der Vorsitzende des Gerichts selbst Vollzugsleiter ist oder das Einverständnis des Vollzugsleiters herbeiführen kann, dem Jugendlichen (Heranwachsenden) die Ladung nach Möglichkeit im Anschluss an die Hauptverhandlung ausgehändigt werden. Ist der Jugendliche für den Vollzug genügend ausgestattet oder in der Lage, sich alsbald mit dem Notwendigen zu versehen, so soll er in geeigneten Fällen im Anschluss an die Hauptverhandlung mündlich geladen werden, den Jugendarrest sofort anzutreten (Abschn. V Nr. 4 RLJGG zu §§ 82–85). Ähnliches gilt auch bei der Vollstreckung der **Jugendstrafe. Abschn. VI Nr. 1 RLJGG zu §§ 82–85** bestimmt hierzu:

> Der Erziehungserfolg der Jugendstrafe kann durch die Verzögerung der Vollstreckung in starkem Maße gefährdet werden. Sogleich nach Eintritt der Rechtskraft des Urteils sollen daher auf freiem Fuße befindliche Verurteilte zum Antritt der Jugendstrafe geladen und in Untersuchungshaft befindliche oder einstweilen untergebrachte (§ 71 Abs 2, § 72 Abs 4 JGG) Verurteilte in die zuständige Vollzugsanstalt eingewiesen werden. Der Umstand, dass das Urteil noch nicht mit den Gründen bei den Akten ist, rechtfertigt einen Aufschub der Vollstreckung nicht. In den Fällen, in denen dem Aufnahmeersuchen eine Abschrift des vollständigen Urteils nicht beigefügt werden kann, ist die Abschrift der Vollzugsanstalt nachzureichen, sobald das Urteil abgefasst ist. Auch hierbei ist Beschleunigung geboten, da die Kenntnis des Urteilsinhalts für die wirksame Gestaltung des Vollzugs unentbehrlich ist.

II. Durchführung der Vollstreckung

A. Vollstreckung bei Erziehungsmaßregeln

1. Katalog der Erziehungsmaßregeln

572 Erziehungsmaßregeln sind die aus Anlass der Straftat eines Jugendlichen angeordneten Maßnahmen, die den Zweck verfolgen, erkennbar gewordene Erziehungsmängel durch erzieherische Einwirkung zu beseitigen. Erziehungsmaßregeln, deren Anordnung Schuldfähigkeit voraussetzt, dienen somit nicht der Sühne, sondern ausschließlich der **Erziehung.**
Das JGG sieht – in der **abschließenden** Aufzählung des § 9 – zwei Arten solcher Maßregeln vor:
– die Erteilung von Weisungen,
– die Verpflichtung zur Inanspruchnahme von Hilfe zur Erziehung iSd § 12 JGG.
Letztere dürfen nicht gegen Heranwachsende und nicht gegen Soldaten angeordnet werden.[55]

---

[55] BVerfGE 22, 180.

Weisungen sind nach der Definition des § 10 JGG **Gebote** und **Verbote,** welche die   573
Lebensführung des Jugendlichen[56] regeln und dadurch seine Erziehung fördern und
sichern sollen. Das Gesetz führt folgende Weisungen an:
Weisungen hinsichtlich
– Aufenthaltsort,
– Wohnung,
– Ausbildungs- oder Arbeitsstelle,
– Arbeitsleistungen,[57]
– Betreuungshelfer,
– Sozialem Trainingskurs,
– Täter-Opfer-Ausgleich,[58]
– Verkehr mit bestimmten Personen oder Besuch von Gast- oder Vergnügungsstätten,
– Verkehrsunterricht,
– heilerzieherische Behandlung oder Entziehungskur.
Der in § 10 JGG enthaltene Katalog von Weisungen ist jedoch nicht erschöpfend,
auch Weisungen anderer Art sind zulässig. Sie müssen jedoch verhältnismäßig und
angemessen sein, ohne in Grundrechte einzugreifen. So wären unzulässig, den An-
ordnungen einer bestimmten Person nachzukommen, da der Richter seine Befugnis,
Weisungen zu erteilen nicht übertragen darf, auch nicht der Jugendgerichtshilfe
(Art 101 Abs 1 Satz 2 GG). Ausnahmen siehe § 10 Abs 2 JGG.
Die **Laufzeit** der Weisungen wird vom **Richter** festgelegt; sie darf **zwei Jahre** ab
Rechtskraft nicht überschreiten. Je nach Art der Weisung sind Abstufungen in der
Laufzeit vorgesehen (s § 11 Abs 1 JGG). Der Richter kann Weisungen ändern, von
ihnen befreien oder ihre Laufzeit vor deren Ablauf bis auf drei Jahre verlängern,
wenn dies aus Gründen der Erziehung geboten ist (§ 11 Abs 2 JGG).[59] Bei Weisungen, denen der Jugendliche längere Zeit hindurch nachzukommen hat, empfiehlt es
sich, in angemessenen Zeitabständen zu prüfen, ob es aus Gründen der Erziehung
geboten ist, die Weisung oder ihre Laufzeit zu ändern oder die Weisung aufzuheben.
Bei Zuwiderhandlungen darf Jugendarrest nur verhängt werden, wenn mildere Maßnahmen, z. B. eine formlose Ermahnung, nicht ausreichen. Ist jedoch Jugendarrest zu
verhängen, so regt die Staatsanwaltschaft an, ein solches Maß festzusetzen, das im
Wiederholungsfalle gesteigert werden kann, falls sich dies aus erzieherischen Gründen als notwendig erweist. Vor der Verhängung von Jugendarrest ist dem Jugendlichen Gelegenheit zur mündlichen Äußerung zu geben (§ 65 Abs 1 Satz 3 JGG).
Für die Dauer eines **Wehrdienstverhältnisses** kann als zusätzliche Erziehungsmaßregel
die sog **Erziehungshilfe** durch den Disziplinarvorgesetzten angeordnet werden. Außerdem können spezielle, die Besonderheiten des Wehrdienstes berücksichtigende
Weisungen erteilt werden (§§ 112a, 112b JGG). Erziehungshilfe ist jedoch nicht als
Weisung im Sinne des § 10 JGG, sondern als eine, dem Wehrdienstverhältnis angepasste, Erziehungsmaßregel (§ 9 JGG) anzusehen.
Im Einvernehmen mit dem **Jugendamt** kann der Jugendrichter auch **Hilfe zur Erzie-**   574
hung gem. § 12 JGG anordnen. In Betracht kommen hier die **Erziehungsbeistand-**
schaft iSd § 30 SGB (VIII) bzw die **Heimerziehung** oder die Erziehung in einer be-

---

[56] Bei Anwendung von Jugendstrafrecht gilt § 10 JGG auch gegenüber Heranwachsenden (§ 105
Abs 1 JGG).
[57] Zur Verfassungsmäßigkeit der Arbeitsweisungen nach § 10 Abs 1 Satz 3 Nr. 4 JGG (vom
BVerfG bejaht) s BVerfG, NStZ 1987, 502.
[58] Zu den durch das 1. JGGÄndG eingeführten Weisungen nach § 10 Abs 1 Satz 3 Nr. 5, 6, 7
JGG s *Böttcher/Weber,* NStZ 1990, 564.
[59] Wegen der Kosten für die Ausführung von Weisungen sowie des Versicherungsschutzes bei
Arbeitsleistungen s RLJGG zu § 10 und zu § 74.

treuten Wohnform iSd § 34 SGB (VIII).[60] Die Hilfe zur Erziehung wird vom Jugendrichter im Urteil angeordnet. Deren anschließende Durchführung und Aufhebung ist Sache des **Jugendamtes** und richtet sich nach den Vorschriften des SGB (§ 82 Abs 2 JGG).

Bei **Heranwachsenden** kommt diese Maßregel nicht in Betracht (§ 105 Abs 1 JGG). Für die Dauer eines **Wehrdienstverhältnisses** ist sie generell ausgeschlossen (§ 112 a JGG).

2. Grundsätze der Vollstreckung

575 Die Vollstreckung bei Erziehungsmaßregeln obliegt dem nach § 84 (§ 82 Abs 1 Satz 1) JGG zuständigen **Jugendrichter** als **Vollstreckungsleiter.** Eine **Übertragung** der Vollstreckung – zu den einzelnen Aufgaben s RLJGG zu §§ 82–85[61] – auf den **Rechtspfleger** kommt **nicht** in Betracht.[62] Der Jugendrichter kann den Rechtspfleger zur Mitwirkung heranziehen, ihn insbesondere mit der Fertigung von Entwürfen beauftragen. Die Unterzeichnung bleibt jedoch dem Jugendrichter vorbehalten. Die Überwachung der erteilten **Weisungen** ist grundsätzlich Sache der **Jugendgerichtshilfe** (§ 38 Abs 2 Satz 5 JGG). Der Jugendrichter kann diese Aufgabe jedoch auch selbst übernehmen.

Die mit der Rechtskraft des Urteils anfallenden **Nebengeschäfte der Vollstreckung** werden von den nach den allgemeinen Vorschriften zuständigen Beamten des gehobenen bzw mittleren Dienstes ausgeführt. An Nebengeschäften kommen im wesentlichen in Betracht:

– Fertigung von Zählkarten,
– Mitteilungen zum Verkehrszentralregister nach §§ 13 ff StVZO,
– Mitteilungen zum Zentralregister (§ 5 Abs 2 BZRG) bzw zum Erziehungsregister (§ 60 Abs 1 Nr. 2 BZRG),
– Mitteilungen nach der MiStra, insbesondere nach den Nr. 6, 11, 13, 19, 21, 31–35, 42, 43, 50 Mistra (§ 70 JGG).[63]

Werden **Weisungen** erteilt, sind bei Eintritt der Vollstreckbarkeit demgemäß im wesentlichen folgende Aufgaben durchzuführen: Unterrichtung und Einschaltung der Jugendgerichtshilfe, Nebengeschäfte der Vollstreckung, ggf. Kostenansatz (Verfahrensauslagen).

576 Die Möglichkeit einer zwangsweisen Durchsetzung der erteilten **Weisungen** besteht nicht. Bei leichten Zuwiderhandlungen gegen Weisungen wird eine formlose **Ermahnung** des Jugendlichen (Heranwachsenden) zumeist ausreichen, ggf. auch eine Änderung der Weisung. Bei schweren (schuldhaften) Verstößen kann zur Ahndung des Ungehorsams **Jugendarrest** verhängt werden, sofern der Verurteilte entsprechend belehrt war (§ 11 Abs 3 JGG). Die Verhängung bzw der Vollzug von Jugendarrest befreit nicht von der Erfüllung der Weisung. Der Richter sieht von der Vollstreckung des Jugendarrestes ab, wenn der Jugendliche nach dessen Verhängung der Weisung nachkommt. Im Übrigen darf bei wiederholten Zuwiderhandlungen gegen Weisungen auch mehrfach Jugendarrest – bis zu **insgesamt** vier Wochen – angeordnet werden (§ 11 Abs 3 Satz 2 JGG).

---

[60] S die Neufassung des Achten Buches Sozialgesetzbuch (Kinder- und Jugendhilfe) v 3. 5. 1993 – BGBl I S 637 ff.
[61] Neben der Unterrichtung der Jugendgerichtshilfe bzw des Vormundschaftsrichters und Übersendung der erforderlichen Unterlagen können sich auch noch Erläuterungen über die Durchführung und den erzieherischen Zweck der erteilten Weisungen sowie Anmerkungen zur Erziehungshilfe als notwendig erweisen.
[62] S dazu die Ausführungen Rdn 556.
[63] Zu den Nebengeschäften der Vollstreckung vgl. auch Rdn 620 ff.

Der Verfahrensablauf bestimmt sich nach § 65 JGG. Die Verhängung von Jugendarrest ist mit sofortiger Beschwerde anfechtbar. Diese hat **aufschiebende Wirkung** (§§ 11 Abs 3, 65 Abs 2 JGG). Eine Vollstreckung des Jugendarrestes ist daher erst mit **Rechtskraft** des Beschlusses zulässig.[64]

Während bei der Erteilung von Weisungen (§ 10 JGG) der Jugendrichter die Vollstreckung auch bis zum **Abschluss** durchführt (§ 84 Abs 3 JGG), beschränkt sich seine Tätigkeit bei **Hilfe zur Erziehung** (§ 12 JGG) auf die **Einleitung** der Vollstreckung.[65] Die Zuständigkeit geht anschließend auf das **Jugendamt** (§ 85 SGB VIII) über (§ 82 Abs 2 JGG), das dann für die **Durchführung** und **Aufhebung** dieser Erziehungsmaßregel nach den Grundsätzen des KJHG (SGB VIII) verantwortlich ist. 577

B. Vollstreckung von Zuchtmitteln (mit Ausnahme des Jugendarrestes)

1. Arten und Anwendung der Zuchtmittel

Zuchtmittel sind Ahndungsmittel mit zugleich **erzieherischer** und **sühnender** Zielsetzung. Sie sollen dazu dienen, das Ehrgefühl eines im Grunde gutgearteten Jugendlichen (Heranwachsenden[66]) zu wecken und ihn zu der Einsicht zu bringen, dass er strafbares Unrecht begangen hat und dafür einstehen muss. Sie dürfen nur verhängt werden, wenn Erziehungsmaßregeln nicht ausreichen, da dem Jugendlichen eindringlich zum Bewusstsein gebracht werden muss, dass er für das von ihm begangene Unrecht einzustehen hat und wenn andererseits Strafe nicht geboten ist. 578

Von den Erziehungsmaßregeln unterscheiden sich die Zuchtmittel durch das Merkmal der Repression, von der Jugendstrafe durch das Fehlen der Rechtswirkungen einer Strafe (§ 13 Abs 3 JGG).

Zuchtmittel sind nur zur kurzfristigen Einwirkung auf den Täter geeignet. Erscheint eine längere erzieherische Beeinflussung erforderlich, wird die **Verbindung** mit einer Erziehungsmaßregel angezeigt sein (§ 8 Abs 1 JGG).

Zuchtmittel sind:
– außer Jugendarrest
– die Verwarnung,
– die Erteilung von Auflagen.

Die **Verwarnung** ist eine förmliche **Zurechtweisung** des Jugendlichen (Heranwachsenden) unter eindringlicher Vorhaltung des Unrechts seiner Tat (§ 14 JGG). Eine Verwarnung **allein** wird im allgemeinen nur bei leichten Verfehlungen in Frage kommen; häufig wird eine Verbindung mit Erziehungsmaßregeln oder Auflagen geboten sein. Im Verhältnis zur Ermahnung im Sinne der § 45 Abs 3, 47 Abs 1 Nr. 3 JGG besteht der Unterschied darin, dass die Ermahnung formlos ausgesprochen wird und zur Einstellung des Verfahrens führt. Der Vollzug ist erst nach Rechtskraft des Urteils möglich. Sie soll in der Regel mündlich erfolgen, Schriftlichkeit ist jedoch nicht ausgeschlossen. Wird das Urteil durch allseitigen Rechtsmittelverzicht sofort in der Hauptverhandlung rechtskräftig, wird es sich anbieten, die Verwarnung sofort mündlich auszusprechen, wird das Urteil erst später rechtskräftig, weil es der Staatsanwaltschaft erst zugestellt werden muss, kann sich die Anberaumung eines Verwarnungstermins anbieten oder aber die schriftliche Verwarnung. Es sollte der Weg gewählt werden, der aus pädagogischer Sicht die bessere Wirkung hat. 579

---

[64] Zum Ungehorsamsarrest s *Böttcher/Weber*, NStZ 1991, 7 f.

[65] D h: Übersendung der erforderlichen Unterlagen an das zuständige Jugendamt ggf. mit Erläuterungen, hinzu kommen die üblichen Nebengeschäfte der Vollstreckung.

[66] Zuchtmittel können bei Anwendung von Jugendstrafrecht auch gegenüber Heranwachsenden angeordnet werden (§ 105 Abs 1 JGG).

580 Der Katalog an zulässigen **Auflagen** ist – verglichen etwa mit den Weisungen (§ 10 JGG) – begrenzt. § 15 JGG sieht – in einer **abschließenden** Aufzählung – nur folgende Auflagen vor:
– die Schadenswiedergutmachung,
– die persönliche Entschuldigung beim Verletzten,
– das Erbringen von Arbeitsleistungen,
– die Geldauflage zugunsten einer gemeinnützigen Einrichtung.
Besonderer erzieherischer Wert wird der **Schadenswiedergutmachung** zukommen, die auch in Arbeitsleistungen für den Geschädigten bestehen kann. Diese Auflage darf jedoch nur angeordnet werden, wenn insoweit ein **zivilrechtlicher Anspruch** des Geschädigten besteht. Etwaige **Geldauflagen**, wobei Einrichtungen der Bewährungs- und Straffälligenhilfe für Jugendliche in erster Linie zu bedenken sind, sollen den wirtschaftlichen Verhältnissen des Jugendlichen (Heranwachsenden) angepasst sein (RLJGG zu § 15). Mit der **Arbeitsauflage** soll der Jugendliche insbesondere zu gemeinnütziger Tätigkeit verpflichtet werden.[67]
Der Richter kann nachträglich Auflagen ändern oder von ihrer Erfüllung ganz oder zum Teil befreien, wenn dies aus Gründen der Erziehung geboten ist (§ 15 Abs 3 Satz 1 JGG). Gegenüber **Soldaten** sollen bei der Erteilung von Auflagen die Besonderheiten des Wehrdienstes berücksichtigt werden (§ 112 a JGG).

2. Grundsätze der Vollstreckung

581 Die im Urteil angeordnete **Verwarnung** ist lediglich als die **Verhängung** des Zuchtmittels, **nicht** jedoch als dessen **Vollziehung** anzusehen, was erst nach **Rechtskraft** des Urteils zulässig wird.[68] Bei sofortigem Rechtsmittelverzicht ist die Verwarnung grundsätzlich im **Anschluss** an die **Hauptverhandlung** auszusprechen. Wird nicht auf Rechtsmittel verzichtet, ist ein besonderer **Verwarnungstermin** anzuberaumen. Der Ausspruch der Verwarnung soll nach Möglichkeit in Gegenwart des **Erziehungsberechtigten** erfolgen (RLJGG zu §§ 82–85). Jedoch auch eine **schriftliche** Verwarnung ist möglich.
Der **Auflage**, sich **persönlich** bei dem **Verletzten** zu **entschuldigen**, soll der Jugendliche in Gegenwart des Richters im Anschluss an die Verhandlung nachkommen (RLJGG zu § 15). Seiner Entschuldigungspflicht kann der Verurteilte aber auch zu einer späteren Gelegenheit – ggf. durch Vermittlung der Jugendgerichtshilfe – genügen.
Werden **Geldleistungen**, die **Schadenswiedergutmachung** oder **Arbeitsleistungen** auferlegt, obliegt die Überwachung der Jugendgerichtshilfe (§ 38 Abs 2 Satz 5 JGG); auch die unmittelbare Überwachung durch den Richter ist möglich. Eine **Beitreibung** auferlegter Geldbeträge ist **unzulässig** (RLJGG zu § 15). Die Staatsanwaltschaft wirkt darauf hin, dass das Gericht den Jugendlichen über die Bedeutung der Weisungen und die Folgen schuldhafter Zuwiderhandlung belehrt. Bei schuldhafter Nichterfüllung der Auflagen kann der Richter als **Ungehorsamsfolge** – nicht als Beugemittel – **Jugendarrest** verhängen.[69] Kommt der Jugendliche (Heranwachsende) nach dessen Verhängung der Auflage nach, sieht der Richter von der Vollstreckung des Jugendarrestes ab. Auch nach Vollzug des Jugendarrestes bleibt der Jugendliche zur Erfüllung der erteilten Auflage weiterhin verpflichtet, es sei denn, der Richter erklärt die Auflage ganz oder zum Teil für **erledigt** (§§ 11 Abs 3, 15 Abs 3, 65 JGG).

---

[67] Zur Arbeitsauflage s *Böttcher/Weber*, NStZ 1990, 565.
[68] Demgemäß soll die Urteilsformel auch lauten: „Der Angeklagte ist … schuldig. Er ist deshalb zu verwarnen" und nicht etwa: „Der Angeklagte wird verwarnt." (*Dallinger/Lackner*, Rdn 5 zu § 14 JGG).
[69] Zum Ungehorsamsarrest s *Böttcher/Weber*, NStZ 1991, 7 f.

Die einzelnen Vollstreckungsmaßnahmen (s dazu auch RLJGG zu §§ 82–85) werden   582
von dem nach § 84 JGG zuständigen **Jugendrichter** als **Vollstreckungsleiter** (bis zum
Abschluss) durchgeführt.[70] Eine **Übertragung** auf den **Rechtspfleger** kommt **nicht** in
Betracht.[71] Die Tätigkeit des Rechtspflegers beschränkt sich auf die Fertigung von
Entwürfen und die Mithilfe bei der Überwachung der Auflagen.
Die **Nebengeschäfte** der Vollstreckung (Zählkarten, Mitteilungen) versieht der nach
den allgemeinen Vorschriften zuständige Beamte des gehobenen bzw mittleren Diens-
tes (RLJGG zu §§ 82–85).

3. Rechtskraftverfügung

Nach Rechtskraft des Urteils wird die Vollstreckung mit folgender **Verfügung** (hier: 583
bei Anordnung einer Verwarnung, Weisung zur Teilnahme am polizeilichen Verkehrsunterricht, sowie einer Geldauflage) eingeleitet:

Amtsgericht   . . . . , den . . . .
AZ: . . . .

Vermerk: Die Verwarnung ist im Anschluss an die Hauptverhandlung ausgesprochen worden.

Verfügung

1. An das Kreisjugendamt . . . . . . :
   In der Anlage übersende ich eine beglaubigte Abschrift des Urteils vom . . . . . . mit der
   Bitte, die Teilnahme des Jugendlichen am nächsten polizeilichen Verkehrsunterricht sowie die Erfüllung der Geldauflage zu überwachen. Der Zahlungsempfänger ist verständigt. Die Zahlung des Geldbetrages soll binnen sechs Wochen erfolgen.
   Erhebliche Zuwiderhandlungen gegen die erteilte Weisung bzw die Auflage bitte ich
   mitzuteilen. Falls eine Änderung der Weisung/Auflage, ihrer Laufzeit oder die Befreiung
   von ihr angebracht erscheint, wird um entsprechende Anregung gebeten.

2. Ziff 1 beglaubigte Urteilsabschrift anschließen.

3. Formularmitteilung von der Geldauflage an Zahlungsempfänger.

4. An Verurteilten:
   Angeschlossen erhalten Sie eine Abschrift des erkennenden Teils des Urteils vom . . . . . .
   zur Kenntnisnahme. Die Teilnahme am Verkehrsunterricht hat zum nächstmöglichen
   Termin zu erfolgen. Der auferlegte Geldbetrag ist binnen sechs Wochen an . . . . . . (Konto
   Nr. . . . . . . bei . . . . . .) zu überweisen.
   Ich weise Sie darauf hin, dass bei schuldhafter Zuwiderhandlung gegen Weisung bzw
   Auflage Jugendarrest verhängt werden kann.

5. Abschrift des Urteils Ziff 4 beifügen.

6. Wv. . . . . . .

. . . .
Jugendrichter als Vollstreckungsleiter

Die **Nebengeschäfte** der **Vollstreckung** können mit folgender **Verfügung** ausgeführt
werden:

Verfügung

1. Rechtskraftnachricht zum Js-Register.

2. Zählkarte (J/H).

3. Mitteilung nach Vordruck BZR 1 zum Erziehungsregister.

4. Nachricht zum Verkehrszentralregister

---

[70] Einzelheiten zur Zuständigkeit des Jugendrichters als Vollstreckungsleiter vgl. Rdn 543 f,
545 ff.
[71] S dazu die Ausführungen Rdn 553 ff.

5. Mitteilung der rechtskräftigen Entscheidung nach Nr. 31 MiStra an Vormundschaftsgericht ...... (nach richterlicher Anordnung).

6. Urteilsabschrift dem gesetzlichen Vertreter übersenden.

7. Keine Kosten zu erheben (§ 74 JGG).

8. Wv wie verfügt.

....
Justizinspektor

Anmerkungen:

584   Die dem Jugendrichter bei der Vollstreckung von Erziehungsmaßregeln und Zuchtmitteln (mit Ausnahme des Jugendarrestes) obliegenden Aufgaben sind zusammengestellt in den RLJGG zu §§ 82–85.

Der Vollstreckungsleiter wird bei seiner Tätigkeit durch die **Jugendgerichtshilfe** unterstützt. Träger der Jugendgerichtshilfe sind die **Jugendämter** (§ 38 Abs 1 JGG) im Zusammenwirken mit den Vereinigungen für Jugendhilfe (vgl. §§ 2, 3, 52, 76 SGB VIII). Die Rechtskraftnachricht basiert auf § 18 Abs 8 AktO.

Die **Nachrichten** zum **Kraftfahrt-Bundesamt** bestimmen sich nach § 49 FeV, die **Mitteilungen** zum **Erziehungsregister** nach § 60 Abs 1 Nr. 2 BZRG (§ 2 Abs 1 Nr. 1 der 1. BZRVwV). Eine Eintragung von Erziehungsmaßregeln und Zuchtmitteln in das **Zentralregister** kommt nur unter den Voraussetzungen des § 5 Abs 2 BZRG in Betracht. Nach § 2 Abs 2 der 1. BZRVwV können die BZR-Mitteilungen einer gemeinsamen Stelle übertragen werden.

Mitteilungspflichten ergeben sich bei der Jugendstrafvollstreckung insbesondere aus den Nr. 6, 11, 13, 19, 21, 31–35, 42, 43, 50 MiStra bzw §§ 70, 67 Abs 2 JGG; auch Nr. 140 RiStBV ist zu beachten. Wegen der (eingeschränkten) Mitteilungen an die Polizei über den Verfahrensausgang in Strafsachen gegen Jugendliche und Heranwachsende s Nr. 11 MiStra.

Wegen der **Verfahrenskosten** wird auf RLJGG zu § 74 und Rdn 539 f verwiesen.

585   Nachfolgend das **Muster** einer **Mitteilung zum Erziehungsregister** wie sie bei gleichzeitiger Anordnung von Erziehungsmaßregeln und Zuchtmitteln lauten könnte.

Staatsanwaltschaft Ellwangen

Marktplatz 6, 73447 Ellwangen   Tel.: 07961 81369 Fax 81-338
                                                   Ellwangen, 02. Jul. 2003

3 Ds 22 Js 222/03

AUSDRUCK DER MITTEILUNG AN DAS BUNDESZENTRALREGISTER
Nur für die Akten bestimmt

01 Belegart..: E
02 Geburtsdatum ....: 20.03.1988
07 Geburtsname ....: Mustermann
09 Vorname ....: Hans
10 Geburtsort ....: Pec
11 Staatsangehörigkeit ....:
12 Andere Staatsangehörigkeiten ....: Serbien und Montenegro
14 Letzte bekannte Anschrift ....: 0000 Musterhausen, Schmiedgasse 2
15 Geburtsnahme der Mutter ....: Musterfrau
17 Datum der ersten Entscheidung ....: 07.07.2003
18 Aktenzeichen ....: 3 Ds 22 Js 222/03
19 Kennzeichen der erkennenden Stelle......: B2101
20 erkennende Stelle in Langschrift ....: AG Aalen
21 Rechtskraftdatum ....: 14.07.2003
22 Datum der letzten Tat ....: 14.03.2003
29 Schuldspruch ....: JA
30 Bewährungszeit ....: 2 Jahre

2002: Tatbezeichnung: Diebstahl
2013: Angewendete Vorschriften: StGB § 242, JGG § 27
3146: Richterliche Weisung
3245: Geldauflage
9200: Mitteilungsnummer ZSTV 14113844 + 11 Js 7482/03 +

Bitte haben Sie Verständnis dafür, dass diese Mitteilung aus Rationalisierungsgründen
nicht unterschrieben ist.
Däffner, JA

C. Vollstreckung des Jugendarrestes

1. Rechtsnatur und Formen des Jugendarrestes

586   Der Jugendarrest ist ein **kurzfristiger Freiheitsentzug** mit **sühnendem** wie auch **erzieherischem** Charakter. Der *BGH*[72] hat die Rechtsnatur des Jugendarrestes wie folgt definiert:

> Der Jugendarrest ist seinem Wesen nach als ein Ahndungsmittel eigener Art ausgestaltet. Er enthält in sich sowohl Elemente der Strafe als auch der Erziehungsmaßregel. Soweit er Elemente der Strafe enthält, soll er Ausgleich für begangenes Unrecht sein und durch seine Einflussnahme auf den Jugendlichen auch der Besserung dienen, ferner vermöge seines harten Vollzugs abschreckend wirken (*Dallinger/Lackner* aaO § 16 Nr. 4). Von der Jugendstrafe, die den Täter entsühnen und in die Gesellschaft wieder einordnen soll, unterscheidet er sich dadurch, dass er eine „mehr schreckhaft empfundene harte Zurechtweisung sein soll, die wohl eine ernste Mahnung, in der Regel aber keine volle Sühne für das begangene Unrecht darstellt". Seine Zwecksetzung ist daher von der Jugendstrafe verschieden und vor allem weniger weitreichend. Soweit es sich um das Ziel der Erziehung handelt, soll dieses durch einen kurzen und harten Zugriff, der das Ehrgefühl anspricht und für die Zukunft eine eindringliche Warnung ist, erreicht werden. Im Gegensatz zur Strafe ist er also nicht auf die Durchführung eines umfassenden Erziehungsprozesses zugeschnitten. Er soll durch seine Einmaligkeit und seine Kürze wirken und durch diesen eindringlichen und fühlbaren Ordnungsruf den Jugendlichen davor schützen, auf dem erstmalig eingeschlagenen Weg fortzufahren.

Das JGG unterscheidet drei Formen des Jugendarrestes:
Freizeitarrest, Kurzarrest und Dauerarrest (§ 16 Abs 1 JGG).[73]

587   **Freizeitarrest** wird für die wöchentliche Freizeit des Jugendlichen verhängt und auf **eine** oder **zwei Freizeiten** bemessen (§ 16 Abs 2 JGG). Unter **wöchentlicher Freizeit** versteht man die Zeit von der Beendigung der Arbeit am Ende der Woche bis zum Beginn der Arbeit in der nächsten Woche (RLJGG zu § 16). Bei Jugendlichen, die an Sonntagen beschäftigt werden, tritt an die Stelle dieser Freizeit die entsprechende Freiheit während der Woche. Der Freizeitarrest kann auch an einem Feiertag vollstreckt werden, jedoch nicht über die regelmäßige Dauer der wöchentlichen Freiheit hinaus. Dies ist vor allem von Bedeutung für den zweiten Weihnachtsfeiertag, den Ostermontag, den Pfingstmontag. Der Freizeitarrest **beginnt** im Regelfall am **Sonnabend um 8.00 Uhr** oder, wenn der Jugendliche an diesem Tag vormittags arbeitet oder die Schule besuchen muss, um 15.00 Uhr. Ausnahmen werden nur zugelassen, soweit die Verkehrsverhältnisse dazu zwingen. Der Freizeitarrest **endet am Montag um 7.00 Uhr.** Der Jugendliche kann vorzeitig, auch schon am Sonntagabend, entlassen werden, wenn er nur so seine Arbeitsstätte oder die Schule am Montag rechtzeitig erreichen kann (§ 25 Abs 3 JAVollzO).

588   Der **Kurzarrest** hat keine eigenständige Bedeutung. Er wird statt des Freizeitarrestes verhängt, wenn der **zusammenhängende** Vollzug aus Gründen der Erziehung zweckmäßig erscheint und weder die Ausbildung noch die Arbeit des Jugendlichen beeinträchtigt werden. Dabei entsprechen **zwei Tage** Kurzarrest **einer** Freizeit. Die **Höchstdauer** des Kurzarrestes beträgt somit **vier Tage** (§ 16 Abs 3 JGG). Auch eine **nachträgliche** Umwandlung des Freizeitarrestes in Kurzarrest ist möglich (§ 86 JGG). Für die Vollstreckung von Kurzarrest wird der Tag zu vierundzwanzig Stun-

---

[72] BGHSt 18, 207 ff.
[73] Die Vorschrift gilt auch bei unter Jugendstrafrecht abgeurteilten Heranwachsenden (§ 105 Abs 1 JGG).

den gerechnet. Die Arrestzeit wird von der Annahme zum Vollzug ab nach **Tagen**
und **Stunden** berechnet. Die Stunde, in deren Verlauf der Jugendliche aufgenommen
worden ist, wird **voll** angerechnet. Der Jugendliche wird am Tage des Ablaufs der
Arrestzeit vorzeitig entlassen, soweit dies nach den Verkehrsverhältnissen oder zur
alsbaldigen Wiederaufnahme der beruflichen Arbeit des Jugendlichen erforderlich ist
(RLJGG zu §§ 82–85; § 25 Abs 1, 2 JAVollzO).

Der **Dauerarrest** beträgt mindestens **eine Woche** und höchstens **vier Wochen**. Er wird   589
nach vollen Tagen oder Wochen bemessen (§ 16 Abs 4 JGG). Für die **Berechnung** der
Arrestzeit wird der Tag zu vierundzwanzig Stunden, die Woche zu sieben Tagen angesetzt. Gerechnet wird nach **Tagen und** nach **Stunden**; die Stunde, in deren Verlauf der
Jugendliche zum Vollzug angenommen worden ist, wird dabei **voll** berücksichtigt.
Der Jugendliche wird am Tage des Ablaufs der Arrestzeit vorzeitig entlassen, soweit
dies nach den Verkehrsverhältnissen oder zur alsbaldigen Wiederaufnahme der beruflichen Arbeit erforderlich ist (§ 25 Abs 1, 2 JAVollzO; RLJGG zu §§ 82–85).

Neben Jugendarrest können **gleichzeitig** noch andere Zuchtmittel oder auch Erzie-   590
hungsmaßregeln verhängt werden (§ 8 Abs 1 JGG); eine Verbindung von Jugendarrest mit Hilfe zur Erziehung nach § 12 Nr. 2 JGG ist jedoch ausgeschlossen. Auch
Jugendstrafe und Jugendarrest dürfen nicht nebeneinander angeordnet werden, wie
auch eine gleichzeitige Verhängung der verschiedenen Arrestarten unzulässig wäre.[74]
Die Vollstreckung des Jugendarrestes kann **nicht zur Bewährung ausgesetzt** werden
(§ 87 Abs 1 JGG); eine Aussetzung zur Bewährung wäre allenfalls im Gnadenwege
möglich. Wegen eines Aufschubs bzw einer Unterbrechung der Vollstreckung gelten
§§ 455, 456 StPO (s auch § 5 Abs 3 JAVollzO).[75]

2. Grundsätze der Vollstreckung

Die **Einleitung** der Vollstreckung obliegt dem nach **§ 84 JGG** zuständigen **Jugendrich-**   591
ter als Vollstreckungsleiter. Seine Zuständigkeit beschränkt sich jedoch im Wesentlichen auf die Ausführung der Nebengeschäfte der Vollstreckung;[76] unter bestimmten
Voraussetzungen (s Abschn. V RLJGG zu §§ 82–85) veranlasst er mit Zustimmung
des Vollzugsleiters auch die Ladung des Jugendlichen (Heranwachsenden) zum Antritt des Jugendarrestes.
Nur in folgenden Fällen führt der **ursprüngliche** Vollstreckungsleiter (§ 84 JGG) die
Vollstreckung nach deren Einleitung auch bis zum Abschluss durch:

a) wenn er gleichzeitig zuständiger Vollzugsleiter ist (vgl. §§ 84, 85 Abs 1, 90 Abs 2
Satz 2 JGG),

b) wenn der Jugendarrest gem. Art 5 Abs 2 EGWStG durch Behörden der Bundeswehr vollzogen wird.[77]

In allen übrigen Fällen tritt ein **Wechsel** in der **Zuständigkeit** ein. Der nach § 84 JGG   592
zunächst zuständige Jugendrichter gibt die Vollstreckung nach deren Einleitung ab.
Vollstreckungsleiter wird der **Jugendrichter** am **Ort** des **Vollzugs** des Jugendarrestes
(§ 85 Abs 1 iVm § 90 Abs 2 Satz 2 JGG). Mit Zustimmung des Vollzugsleiters kann
er zunächst die Ladung zum Antritt des Jugendarrestes veranlassen. Bei Abgabe der

---

[74] *Eisenberg*, Rdn 31; *Brunner*, Rdn 19 jeweils zu § 16 JGG.
[75] Zur Verhängung von Jugendarrest bei schuldhafter Nichterfüllung von Weisungen oder Auflagen (§§ 11 Abs 3, 15 Abs 3, 65 JGG) s die Ausführungen Rdn 576, 581.
[76] Zu den Nebengeschäften der Vollstreckung und zu deren Wahrnehmung durch Beamte des
gehobenen bzw mittleren Dienstes vgl. Rdn 620 ff.
[77] Der Vollzug durch Behörden der Bundeswehr richtet sich nach der BwVollzO v 29. 11. 1972
(BGBl I S 2205) mit Änderung durch Gesetz v 16. 3. 1976 (BGBl I S 581).

Vollstreckung übersendet er dem neuen Vollstreckungsleiter die Strafakten oder falls diese noch nicht entbehrlich sind, das Vollstreckungsheft.

Der **neue** Vollstreckungsleiter (§ 85 Abs 1 JGG) weist den Jugendlichen (Heranwachsenden) in die Jugendarrestanstalt oder in die Freizeitarresträume der Landesjustizverwaltung durch ein **Aufnahmeersuchen** ein. Die **Ladung** zum Antritt des Jugendarrestes kann durch einfachen Brief erfolgen. In der Ladung ist die Zeit der Gestellung nach Tag und Stunde, wie auch der voraussichtliche Entlassungstermin, anzugeben. Von der Ladung ist der **Erziehungsberechtigte,** ggf. gesondert der gesetzliche Vertreter, zu benachrichtigen und zu ersuchen, für rechtzeitigen Antritt des Jugendarrestes zu sorgen. Auch der **Lehrherr** und der **Leiter der Schule,** ggf. auch der Bewährungshelfer, sollen unterrichtet werden (Abschn. V RLJGG zu §§ 82–85). Folgt der Jugendliche (Heranwachsende) der Ladung ohne genügende Entschuldigung nicht, oder zeigt er sich bei fristloser Ladung nicht zum Antritt des Jugendarrestes bereit, so veranlasst der Vollstreckungsleiter, dass er sofort dem Vollzug zugeführt wird. Mit der **Zwangszuführung** kann die Polizei beauftragt werden. Die Polizei ist darauf hinzuweisen, dass der Jugendliche nicht im Gefangenensammeltransport befördert werden darf (Abschn. V RLJGG zu §§ 82–85).

593   Die **Ausführung** der richterlichen Vollstreckungsanordnung (Ladung, Aufnahme- und Überführungsersuchen, Strafzeitberechnung) sowie – auf besondere richterliche Anordnung – auch die Zwangszuführung zum Jugendarrest (ggf. Fahndungsmaßnahmen) können dem **Rechtspfleger** übertragen werden. Der Rechtspfleger ist bei den ihm übertragenen Geschäften an **Weisungen** des Jugendrichters **gebunden.** Vor allem hat er hinsichtlich des Aufnahmeersuchens besondere Vollziehungshinweise des Jugendrichters, die über § 30 Abs 2 StVollstrO hinausgehen, zu beachten (s auch Rdn 553 ff).

Für die **Durchführung** der einzelnen Vollstreckungsmaßnahmen (Ladung, Aufnahmeersuchen etc.) gelten die Vorschriften der §§ 27 ff StVollstrO, wobei jedoch die ergänzenden Regelungen der RLJGG zu §§ 82–85 zu beachten sind. Die Zwangszuführung zum Jugendarrest setzt einen **Vollstreckungshaftbefehl** voraus (§ 2 JGG, § 457 StPO), der – auf **besondere richterliche Anordnung** – vom Rechtspfleger erlassen werden kann. Der Rechtspfleger leitet auch dessen Vollziehung – durch ein entspr. Ersuchen an die Polizeibehörde – in die Wege.

594   Die **Berechnung** der Arrestzeit bei **Kurz-** und **Dauerarrest** bestimmt sich nach Abschn. V RLJGG zu §§ 82–85 (§ 25 JAVollzO). Berechnet wird dem **Tage und der Stunde** nach, dies auch dann, wenn die Vollzugsdauer eine Woche übersteigt.[78] Die Stunde, in deren Verlauf der Jugendliche zum Vollzug angenommen worden ist, wird **voll** eingerechnet: der Vollzugsbeginn wird demgemäß auf den **Beginn** der Stunde angesetzt. Der Tag wird zu 24 Stunden und die Woche zu sieben Tagen gerechnet.

> **Beispiel:**
> Zu vollstrecken sind 2 Wochen Dauerarrest. Annahme zum Vollzug am 10. 3. 2004, 11.30 Uhr.
>
> Vollzugsbeginn: 10. 3. 2009, 11.00 Uhr
>   +   14 Tage
>   ———————————————
> Vollzugsende: 24. 3. 2009, 11.00 Uhr.
>
> Entlassung kann am 24. 3. 2009 bereits vor 11.00 Uhr erfolgen, wenn dies nach den Verkehrsverhältnissen oder zur alsbaldigen Wiederaufnahme der beruflichen Arbeit des Jugendlichen (Heranwachsenden) erforderlich ist (§ 25 Abs 2 JAVollzO).

---

[78] § 37 Abs 2 StVollstrO wird hier durch die Regelung des Abschn. V RLJGG zu §§ 82–85, die gem. § 1 Abs 3 StVollstrO Vorrang hat, verdrängt.

Die Berechnung des **Freizeitarrestes** richtet sich nach § 25 Abs 3, 4 JAVollzO.[79]
Untersuchungshaft oder eine **andere** wegen der Tat erlittene **Freiheitsentziehung**[80] ist
bei Jugendarrest im Rahmen des § 52 JGG zu berücksichtigen. Die Anrechnung erstreckt sich im Grundsatz bis zur Rechtskraft des Urteils (§ 39 Abs 2 Satz 1
StVollstrO). Das Gericht bestimmt dabei, ob und in welchem Umfange der Jugendarrest noch vollstreckt wird.[81] Sieht das Gericht von einer Berücksichtigung der Untersuchungshaft ab, kommt wegen der Haftzeiten **nach** dem Urteil § 450 Abs 1 StPO
zum Zuge (§ 87 Abs 2 JGG).
Trifft das Gericht keine Bestimmung über die Anrechnung, gilt § 39 StVollstrO entsprechend. Auf den Arrest sind deshalb die dort bezeichneten Zeiten anzurechnen.
Problematisch sind die Zeiten der vorläufigen Festnahme durch eine Amtsperson
(§ 127 Abs 2 StPO). Dazu gehört nicht die Zuführung des Beschuldigten zur erkennungsdienstlichen Behandlung und schon gar nicht die Aufforderung, zur Aufnahme
eines Protokolls zur Polizeidienststelle zu kommen, selbst dann nicht, wenn in diesem
Protokoll auf § 127 StPO Bezug genommen ist. Voraussetzung für die Anrechnung
einer solchen Zeit ist, dass die **Festnahme** die Strafverfolgung sichern wollte. Auf die
Formulierung im polizeilichen Protokoll kommt es nicht an.[82]
Die Vollstreckung des Jugendarrestes kann **nicht** zur **Bewährung** ausgesetzt werden **595**
(§ 87 Abs 1 JGG). Dies schließt aber nicht aus, dass die Vollstreckung aufgeschoben
oder unterbrochen werden kann. Von dieser Möglichkeit sollte innerhalb vorgegebe-
ner Grenzen u. a. zur Vermeidung von Beeinträchtigungen im Leistungsbereich bei
Bestehen eines Lehr- oder Arbeitsverhältnisses sowie beim Schulbesuch Gebrauch
gemacht werden.[83]
Nach § 87 Abs 3 JGG kann aus **Gründen** der **Erziehung** eine Vollstreckung des Jugendarrestes in bestimmten Fällen unterbleiben. So **sieht** der Vollstreckungsleiter
von der Vollstreckung **ganz** oder **teilweise ab,** wenn seit Erlass des Urteils hervorge-
tretene **Umstände** dies rechtfertigen. Sind seit Eintritt der Rechtskraft **sechs Monate**
verstrichen, sieht er in **vollem** Umfange von der Vollstreckung ab, wenn erzieherische Gründe dies gebieten. Diese Bestimmung folgt der pädagogisch gedachten Zielsetzung, eine Einwirkung alsbald eintreten zu lassen, da der zeitliche Abstand einen
Bezug zur Tat und damit eine realistische Chance erzieherischer Einwirkungen
schwinden lässt. Im Hinblick auf eine wegen einer **anderen** Tat verhängten (oder zu
erwartenden) Strafe kann gleichfalls von der Vollstreckung Abstand genommen werden. Ist Jugendarrest, der wegen einer vor Beginn des Wehrdienstverhältnisses begangenen Tat verhängt ist, gegenüber **Soldaten** der **Bundeswehr** zu vollstrecken, so
kann der Vollstreckungsleiter gleichfalls von der Vollstreckung **absehen,** wenn die
Besonderheiten des Wehrdienstes es erfordern und ihnen nicht durch einen Aufschub der Vollstreckung Rechnung getragen werden kann (§ 112c Abs 2 JGG). Die
Entscheidungen nach § 87 Abs 3 JGG über das Absehen von der Vollstreckung sind
jugendrichterliche Entscheidungen (§§ 83 Abs 1, 112c Abs 2 JGG).
Die Vollstreckung des Jugendarrestes ist **unzulässig,** wenn seit Eintritt der **Rechtskraft**
des Urteils/Beschlusses (auch in den Fällen der §§ 65, 66 JGG) **ein Jahr** verstrichen ist
(§ 87 Abs 4 JGG). Die Frist berechnet sich nach §§ 187 ff BGB. Die Vorschrift bedeu-

---

[79] S dazu die Ausführungen Rdn 587.
[80] Das ist namentlich die Unterbringung in einem Heim der Jugendhilfe nach §§ 71 Abs 2, 72
Abs 4 JGG und die Unterbringung zur Beobachtung (§ 73 JGG).
[81] Zur Anrechnung der Untersuchungshaft auf Jugendarrest und zur Urteilsfassung s *Brunner,*
Rdn 8 ff zu §§ 52, 52 a JGG.
[82] *Pohlmann/Jabel/Wolf,* Anm. 56 zu § 39 StVollstrO.
[83] *Eisenberg,* Anm. 3 zu § 87 JGG.

tet ein **Vollstreckungsverbot** mit der Maßgabe, dass ggf. ein bereits laufender Vollzug abzubrechen ist.[84]

596 Wegen der maßgebenden **Vollzugsbestimmungen** für den Jugendarrest wird auf die Übersicht Rdn 558 verwiesen.

3. Vollstreckungsverfügung

597 Ist Jugendarrest zu vollstrecken, kann die Vollstreckung bei dem nach § 84 JGG zuständigen Jugendrichter mit folgender **Verfügung** eingeleitet werden:

> Amtsgericht   .... , den ....
> AZ: ....
>
> Verfügung
>
> 1. Rechtskraftnachricht zum Js-Register.
> 2. Zählkarte (J/H).[85]
> 3. Mitteilung nach Vordruck BZR 1 zum Erziehungsregister.[86]
> 4. Urteilsabschrift dem gesetzlichen Vertreter übersenden.
> 5. Mitteilung der rechtskräftigen Entscheidung nach
>   a) Nr. 31 MiStra an Vormundschaftsgericht/Familiengericht ...... (auf richterliche Anordnung)
>   b) Nr. 32 MiStra an Jugendgerichtshilfe ......
> 6. Keine Kosten zu erheben (§ 74 JGG).
> 7. Rv mit Strafakten und 2 beglaubigten, mit Rechtskraftbescheinigung versehenen Urteilsabschriften an den
>   Herrn Jugendrichter des Amtsgerichts
>   unter Abgabe der Vollstreckung gem. § 85 Abs 1 JGG.[87]
> 8. Beleg u Wv ......
>
> ....
Rechtspfleger

598 Der **neue** Vollstreckungsleiter (§ 85 Abs 1 JGG), der nach § 90 Abs 2 Satz 2 JGG zugleich auch Vollzugsleiter ist, führt die Vollstreckung wie folgt durch:

> Amtsgericht   .... den ....
> AZ: ....
>
> Beschluss
>
> 1. Die Vollstreckung des durch Urteil des ......gerichts ...... vom ...... verhängten Jugendarrestes wird angeordnet.
>   Besondere Weisungen: ......
> 2. An Rechtspfleger zur Ausführung.
>
> ....
Jugendrichter als Vollstreckungsleiter

---

[84] *Brunner,* Rdn 1 zu § 87 JGG.

[85] Die Nebengeschäfte der Vollstreckung sind bei dem zunächst als Vollstreckungsleiter berufenen Jugendrichter (§ 84 JGG) auszuführen (Abschn. II RLJGG zu §§ 82–85).

[86] Zur Mitteilung zum Erziehungsregister vgl. § 60 Abs 1 Nr. 2 (§ 5 Abs 2) BZRG (§ 2 Abs 1 Nr. 1 der 1. BZRVwV).

[87] Die Abgabe der Vollstreckung (s Abschn. V RLJGG zu §§ 82–85) kann der Rechtspfleger – ohne besondere richterliche Anordnung – vornehmen, weil dabei eine die Leitung der Vollstreckung nicht betreffende Gesetzesvorschrift (§ 85 Abs 1 JGG!) auszuführen ist (*Pohlmann/Jabel/ Wolf,* Rdn 15 zu § 1 StVollstrO).

Verfügung

1. Eintrag VRJs.
2. Vollstreckungsheft anlegen.[88]
3. Ladung des Jugendlichen zur Verbüßung von
   Freizeiten
   Tagen – Wochen – Dauerarrest
   Tagen Kurzarrest
   auf . . . . . ., den . . . . . ., ... Uhr.
   Voraussichtliche Entlassungszeit: . . . . . .[89]
4. Mitteilung von der Ladung an den Erziehungsberechtigten mit dem Ersuchen, für rechtzeitigen Antritt des Jugendarrestes zu sorgen.
5. Aufnahmeersuchen an Vollzugsanstalt.[90]
   – Urteilsabschrift beifügen –
6. Übernahmenachricht an . . . . . . gericht . . . . . . zu AZ . . . . . .
7. Wv . . . . . .

. . . .
Rechtspfleger[91]

Nach Durchführung der Vollstreckung werden Strafakten und Vollstreckungsheft zur   **599** Aufbewahrung zurückgegeben. Ist Dauerarrest vollstreckt worden, fügt der Vollzugsleiter den Strafakten einen **Schlussbericht** bei, in dem er sich zur Führung des Jugendlichen, zu dessen Persönlichkeit und zur Wirkung des Arrestvollzuges äußert (§ 27 JAVollzO; § 9 JAGO). Eine Verbüßungsnachricht zum Erziehungsregister ist nicht vorgesehen.

Nachfolgend Vordrucke für **Ladung, Benachrichtigung** des **Erziehungspflichtigen,**   **600** **Aufnahmeersuchen** und **Vorführungsbefehl,** wie sie bei der Vollstreckung von Jugendarrest Verwendung finden können. Anzuwenden sind jedoch die von den Landesjustizverwaltungen herausgegebenen amtlichen Vordrucke.

---

[88] Anlegung und Inhalt des Vollstreckungsheftes s §§ 15, 16 StVollstrO.

[89] Zur Ladung vgl. Abschn. V RLJGG zu §§ 82–85.

[90] Zu den Vollzugseinrichtungen (Jugendarrestanstalt, Freizeitarresträume) s § 1 JAVollzO.

[91] Die Ausführung der richterlichen Vollstreckungsanordnung sowie die Anordnung über das Anlegen eines Vollstreckungsheftes ist dem Rechtspfleger übertragen: vgl. Rdn 553 ff.

Amtsgericht-Jugendgericht   Zwickau, den ....

<u>Geschäfts-Nr.:</u> _____   Tel.:...

Herrn   **Ladung zur Verbüßung**
Hans Mustermann   **des Jugendarrestes**
August-Bebel-Str. 13

08428 Langenbernsdorf

geboren am 13.02.1988
in Zwickau
Staatsangehörigkeit:

Sehr geehrter Herr Mustermann,

Sie haben nach dem rechtskräftigen Urteil des Amtsgerichts Zwickau vom ....,
Aktenzeichen:..................... wegen eines Vergehens des Diebstahls nach § 242 StGB einen
Dauerarrest von .... Wochen zu verbüßen.

Sie werden aufgefordert, diesen Arrest am

Montag, den 28.07.2003, 14.00 Uhr

In der Justizvollzugsanstalt Zwickau, Schillerstr. 2, 08056 Zwickau anzutreten.

Sollten Sie dieser Aufforderung keine Folge leisten, können Sie polizeilich vorgeführt werden.

....
Unterschrift

Bitte beachten Sie die allgemeinen Hinweise auf der Rückseite

Amtsgericht-Jugendgericht   Zwickau, den ....

<u>Geschäfts-Nr.:</u> _____   Tel.:...

Benachrichtigung der
Erziehungsberechtigten

Herrn   Herrn und Frau
Hans Mustermann   Max und Claudia Mustermann
August-Bebel-Str. 13   August-Bebel-Straße 13

08428 Langenbernsdorf   08428 Langenbernsdorf

geboren am 13.02.1988
in Zwickau
Staatsangehörigkeit:

Sehr geehrte Frau und Herr Mustermann

Herr Hans Mustermann hat nach dem rechtskräftigen Urteil des Amtsgerichts Zwickau vom
..............., Aktenzeichen:.................... wegen eines Vergehens des Diebstahls nach § 242 StGB
einen Dauerarrest von .... Wochen zu verbüßen.

Er wurde aufgefordert, diesen Arrest am

Montag, den 28.07.2003, 14.00 Uhr

In der Justizvollzugsanstalt Zwickau, Schillerstr. 2, 08056 Zwickau anzutreten.

Bitte tragen Sie dafür Sorge, dass Ihr Sohn rechtzeitig kommt, damit er nicht polizeilich vorgeführt werden muss. Ich bitte Sie zu veranlassen, dass die in der Ladung genannten Gegenstände
mitgebracht werden. Gesuche um Verlegung oder Aufschub des Arrestvollzuges können nur in
Krankheitsfällen berücksichtigt werden. Die Krankheit muss durch eine ärztliche Bescheinigung
nachgewiesen werden. Besuche und Schriftverkehr können während des Jugendarrestes nur in
Ausnahmefällen gestattet werden.
Bei der Entlassung erhält Ihr Sohn einen Entlassungsschein, den Sie sich bitte vorlegen lassen
wollen.

Hochachtungsvoll

....
Unterschrift

Bitte beachten Sie die allgemeinen Hinweise auf der Rückseite

Amtsgericht-Jugendgericht   Zwickau, den ....

<u>Geschäfts-Nr.:</u> _____   Tel.:..

Aufnahmeersuchen

Herrn
Hans Mustermann
August-Bebel-Str. 13

08428 Langenbernsdorf

> **Zum Jugendarrest soll neben-
> stehender Jugendliche auf-
> genommen werden**

geboren am 13.02.1988
in Zwickau
Staatsangehörigkeit:

Herr Hans Mustermann hat nach dem rechtskräftigen Urteil des Amtsgerichts Zwickau vom ...., Aktenzeichen:...................... wegen eines Vergehens des Diebstahls nach § 242 StGB einen Dauerarrest von .... Wochen zu verbüßen.

Er wurde aufgefordert, diesen Arrest am

Montag, den 28.07.2003, 14.00 Uhr

In der Justizvollzugsanstalt Zwickau, Schillerstr. 2, 08056 Zwickau anzutreten.

....
        Unterschrift

Justizvollzugsanstalt Zwickau
Schillerstr. 2

08056 Zwickau

Amtsgericht-Jugendgericht   Zwickau, den ....

<u>Geschäfts-Nr.:</u>   Tel.:..

Gegen   # Vorführungsbefehl
Herrn
Hans Mustermann
August-Bebel-Str. 13 | Der Nebengenannte ist |
                                                 | festzunehmen und der unten |
08428 Langenbernsdorf | bezeichneten Justizvollzugs- |
                                                 | anstalt zuzuführen |

geboren am 13.02.1988
in Zwickau
Staatsangehörigkeit:

Herr Hans Mustermann hat nach dem rechtskräftigen Urteil des Amtsgerichts Zwickau vom
..............., Aktenzeichen:..................... wegen eines Vergehens des Diebstahls nach § 242 StGB
einen Dauerarrest von .... Wochen zu verbüßen.

Er wurde aufgefordert, diesen Arrest am

Montag, den 28.07.2003, 14.00 Uhr

In der Justizvollzugsanstalt Zwickau, Schillerstr. 2, 08056 Zwickau anzutreten.

Dieser Aufforderung leistete der Jugendliche keine Folge. Er ist unter Vermeidung jedes Aufsehens vorzuführen. Sammeltransport ist unzulässig. Der Jugendliche sollte möglichst seinen Personalausweis und Waschzeug mitbringen.

....
       Unterschrift

Polizeirevier

08412 Werdau

D. Vollstreckung der Jugendstrafe

1. Form und Dauer der Jugendstrafe

601 Die Jugendstrafe ist eine selbständige, unabhängig von dem Erwachsenenstrafrecht ausgestaltete Freiheitsstrafe, sie ist Freiheitsentzug in einer für ihren Vollzug vorgesehenen Einrichtung. Sie ist in erster Linie **Erziehungsstrafe** (RLJGG zu § 17). Sie darf nur verhängt werden, wenn andere Rechtsfolgen des JGG nicht ausreichen. Sie soll in erster Linie der Erziehung dienen und darf deshalb, obwohl sie als „Strafe" ausgestaltet ist mit der Freiheitsstrafe nicht gleichgesetzt werden. Der Richter verhängt Jugendstrafe, wenn wegen der **schädlichen Neigungen,** die in der Tat hervorgetreten sind, Erziehungsmaßregeln oder Zuchtmittel zur Erziehung nicht ausreichen, oder wenn wegen der **Schwere** der **Schuld** Strafe erforderlich ist (§ 17 JGG).

Das Mindestmaß der Jugendstrafe beträgt **sechs Monate,** das Höchstmaß **fünf Jahre.** Handelt es sich bei der Tat um ein Verbrechen, für das nach dem allgemeinen Strafrecht eine Höchststrafe von mehr als zehn Jahren Freiheitsstrafe angedroht ist, so ist das Höchstmaß zehn Jahre Jugendstrafe (§ 18 JGG). Bei unter Jugendstrafrecht abgeurteilten **Heranwachsenden** kann Jugendstrafe bis zu **zehn Jahren** verhängt werden (§ 105 Abs 3 JGG), auch wenn die Voraussetzungen des § 18 Abs 1 Satz 2 JGG nicht vorliegen.

602 Bei Verurteilung zu einer Jugendstrafe von nicht mehr als einem Jahr setzt der Richter die Vollstreckung zur Bewährung aus, wenn zu erwarten ist, dass der Jugendliche sich schon die Verurteilung zur Warnung dienen lassen und auch ohne die Einwirkung des Strafvollzugs unter der erzieherischen Einwirkung in der Bewährungszeit einen rechtschaffenen Lebenswandel führen wird.

Jugendstrafe bis zu **zwei Jahren** kann bei günstiger Prognose unter den Voraussetzungen des § 21 Abs 1, 2 JGG zur Bewährung ausgesetzt werden.

Die Aussetzung wird im **Urteil** angeordnet, kann aber auch, solange der Strafvollzug noch nicht begonnen hat, **nachträglich** durch **Beschluss** erfolgen (§ 57 Abs 1, 2 JGG). Fehlt eine Entscheidung über die Strafaussetzung im Urteil, so kann darin nicht eine stillschweigende Ablehnung gesehen werden. Die Aussetzung der Jugendstrafe zur Bewährung wird im Urteil oder, solange der Strafvollzug noch nicht begonnen hat, nachträglich durch Beschluss angeordnet. Hat der Richter die Aussetzung im Urteil abgelehnt, so ist ihre nachträgliche Anordnung nur zulässig, wenn seit Erlass des Urteils Umstände hervorgetreten sind, die allein oder in Verbindung mit den bereits bekannten Umständen eine Aussetzung der Jugendstrafe zur Bewährung rechtfertigen, § 57 Abs 1, Abs 2 JGG. Anderes gilt in der Erwachsenenstrafvollstreckung, wo die Strafaussetzung zur Bewährung stets im Urteil zu erfolgen hat. Wegen der Bewährungszeit, der Weisungen und Auflagen etc. wird auf §§ 22 ff (§ 57 Abs 3) JGG verwiesen.

Lässt sich nicht mit Sicherheit beurteilen, ob in der Straftat eines Jugendlichen (Heranwachsenden) schädliche Neigungen von einem Umfang hervorgetreten sind, dass eine Jugendstrafe erforderlich ist, so kann der Richter die **Schuld feststellen,** die **Verhängung** der **Jugendstrafe** jedoch **aussetzen** (§ 27 JGG). Die Bewährungszeit, die Auflagen und Weisungen und die nachträgliche Verhängung der Strafe bzw die Tilgung des Schuldspruchs richten sich nach §§ 28 ff, 62 ff JGG. Der Schuldspruch nach § 27 JGG gilt sowohl für Jugendliche als auch für Heranwachsende. Er ist nach hM unzulässig, wenn wegen der Schwere der Schuld die Verhängung einer Jugendstrafe erforderlich ist. Der Schuldspruch nach § 27 JGG bedeutet die Feststellung des Gerichts über die Schuld des Täters. Das Gericht verhängt jedoch noch keine Strafe, vielmehr behält es sich vor, während der festgesetzten Bewährungszeit, die zwei Jahre nicht übersteigen und ein Jahr nicht unterschreiten darf, möglicherweise eine Jugendstrafe zu verhängen. Stellt sich vor allem durch schlechte Führung des Jugendlichen bzw. Heranwachsenden während der Bewährungszeit heraus, dass die in dem Schuldspruch missbilligte Tat auf schädliche Neigungen von einem Umfang zurückzuführen ist, dass eine Jugendstrafe erforderlich ist, so erkennt der Richter auf die Strafe, die er im Zeitpunkt des Schuldspruchs bei sicherer Beurteilung der schädlichen Neigungen des Jugendlichen bzw. Heranwachsenden ausgesprochen hätte. Voraussetzung für die Verhängung einer Jugendstrafe ist also nicht zwangsläufig, dass der Jugendliche bzw. Heranwachsende während der Bewährungszeit eine neue Straftat begangen hat. Beim Schuldspruch nach § 27 JGG muss das Gericht anders wie bei der Verwarnung mit Strafvorbehalt nach §§ 59 ff StGB die Höhe der Strafe noch nicht festlegen.

Nach **Teilverbüßung** kann der Vollstreckungsleiter bei günstiger Prognose, wobei auch hier der Gesichtspunkt der Schwere der Schuld mit zu berücksichtigen ist[92] die **Vollstreckung** des **Restes** einer bestimmten Jugendstrafe zur **Bewährung** aussetzen. Vor Verbüßung von **sechs Monaten** ist eine solche Maßnahme nur aus besonders wichtigen Gründen zulässig. Bei einer Jugendstrafe von mehr als einem Jahr ist Voraussetzung der bedingten Entlassung, dass mindestens **ein Drittel** der Strafe verbüßt ist (§ 88 JGG). 603

Die Entscheidung über die Aussetzung der Vollstreckung des Restes einer Jugendstrafe steht im pflichtgemäßen Ermessen des Jugendrichters. Sie kommt nur in Betracht, wenn dies unter Berücksichtigung der Sicherheitsinteressen der Allgemeinheit verantwortet werden kann, wobei an bewährungsbrüchig gewordene Straftäter höhere Maßstäbe anzulegen sind wie an Straftäter, die sich erstmals im Strafvollzug befinden.[93] Ist die Vollstreckung der Jugendstrafe nach § 85 Abs 6 JGG an die Staatsanwaltschaft als Vollstreckungsabteilung abgegeben worden, so gelten zwar nach Satz 2 die Vorschriften der Strafprozessordnung und des Gerichtsverfassungsgesetzes auch für die Jugendstrafe. Dies bedeutet, dass sich nur die Zuständigkeit zur Entscheidung über eine evtl. Aussetzung der Reststrafe nach § 88 JGG ändert und dass damit zur Entscheidung die Strafvollstreckungskammern zuständig werden. Erfolgt die Vollstreckungsabgabe an die Staatsanwaltschaft bei Jugendstrafe, die nach den Vorschriften über den Vollzug für Erwachsene erfolgt nach § 92 JGG bei Jugendlichen, die das 24. Lebensjahr noch nicht vollendet haben, wird damit noch nicht die Zuständigkeit der Strafvollstreckungskammer begründet.[94] Dieser vom OLG Dresden vertretenen Auffassung ist jedoch nicht zuzustimmen. Durch die Abgabemöglichkeit der Vollstreckung an die Staatsanwaltschaft sollte die Möglichkeit einer einheitlichen Entscheidung über eine Strafaussetzung unter den Voraussetzungen der §§ 88 JGG, 57 StGB geschaffen werden. Erfolgt deshalb die Vollstreckungsabgabe gegen eine verurteilte Person, die das 24. Lebensjahr noch nicht vollendet hat unter den Voraussetzungen des § 89 a Abs 3 JGG, ist nicht ersichtlich, weshalb für die Entscheidung nach § 88 JGG weiterhin der Jugendrichter als Vollstreckungsleiter zuständig sein soll, zumal für die Unterbrechungshandlungen nach § 454 b Abs 2 StPO unbestritten die Vollstreckungsbehörde, in diesem Fall also die Staatsanwaltschaft zuständig ist.[95] Die Strafvollstreckungskammern haben nach den speziellen Regelungen des § 88 JGG zu verfahren. Eine gegenteilige Auffassung stünde nicht im Einklang mit dem Verbot der Schlechterstellung, gegen das versto-

---

[92] OLG Düsseldorf, StV 2001, 183.
[93] KG Berlin, Beschluss vom 2. 12. 1999, 5 Ws 664/99.
[94] OLG Dresden, Beschluss vom 10. 11. 1997, 2 Ws 518/97.
[95] Vgl. Ausführungen Rdn 610.

ßen würde, wenn die Entscheidung über eine Strafaussetzung allein nach § 57 StGB zu erfolgen hätte.[96] Die Abgabe der Vollstreckung nach § 85 Abs 6 JGG hat also nicht zur Folge, dass damit auch § 88 JGG nicht mehr anwendbar ist sondern § 57 StGB und damit auch § 454 b Abs 2 StPO. Die Vollstreckungsbehörden bei den Staatsanwaltschaften haben die Vollstreckung der Jugendstrafe unter Anwendung des § 88 JGG zum frühest möglichen Zeitpunkt nach § 454 b Abs 2 StPO zu unterbrechen.

2. Grundsätze der Vollstreckung

604   Die **Einleitung** der Vollstreckung obliegt dem nach § 84 JGG zuständigen **Jugendrichter** als Vollstreckungsleiter. Er **lädt** den Verurteilten – unter Benachrichtigung des Erziehungsberechtigten und Unterrichtung des Lehrherrn und Schulleiters (Abschn. VI RLJGG zu §§ 82–85) – zum Antritt der Jugendstrafe und weist ihn durch ein **Aufnahmeersuchen** in die zuständige **Jugendstrafanstalt** (§ 92 Abs 1 JGG) ein. Dem Aufnahmeersuchen sind stets **drei** Abschriften des vollständigen Urteils beizufügen oder nachzusenden (Abschn. VI RLJGG zu §§ 82–85). Beim **ursprünglichen** Vollstreckungsleiter (§ 84 JGG) werden auch die bei Rechtskraft des Urteils anfallenden **Nebengeschäfte** der Vollstreckung ausgeführt (Abschn. II RLJGG zu §§ 82–85).

605   Nach der **Aufnahme** des Verurteilten in die Jugendstrafanstalt geht die Vollstreckung **kraft Gesetzes** gem. § 85 Abs 2, 3 (§ 110 Abs 1) JGG auf den **neuen** Vollstreckungsleiter über. Sobald der ursprüngliche Vollstreckungsleiter (§ 84 JGG) von dem **Vollzugsleiter** die **Strafantrittsanzeige** erhält, übersendet er die **Strafakten** oder das **Vollstreckungsheft** an den nach § 85 Abs 2, 3 JGG nunmehr zuständigen Jugendrichter. Der Vollzugsleiter legt dem **neuen** Vollstreckungsleiter unverzüglich eine **Durchschrift der Strafantrittsanzeige**, das mit der **Strafzeitberechnung** versehene **Zweitstück** des **Aufnahmeersuchens** und **zwei** der ihm mit dem Aufnahmeersuchen übersandten **Urteilsabschriften** vor. Der neue Vollstreckungsleiter macht sich mit der Wesensart des Jugendlichen vertraut und verfolgt dessen Entwicklung im Vollzug. Er hält mit dem Vollzugsleiter und den Beamten der Jugendstrafanstalt Fühlung und nimmt an Vollzugsangelegenheiten von größerer Bedeutung beratend teil (Abschn. VI RLJGG zu §§ 82–85).[97]

606   Die **Ausführung** der richterlichen Vollstreckungsanordnung (Ladung, Aufnahmeersuchen, Strafzeitberechnung), der Erlass eines Vorführungs- oder Haftbefehls sowie die Durchführung von Fahndungsmaßnahmen – jeweils auf **besonderer richterliche Anordnung** – sind dem **Rechtspfleger** übertragen. Zu seinen Aufgaben gehört auch die Anordnung über das Anlegen eines Vollstreckungsheftes, die Rücknahme erledigter Fahndungsmaßnahmen und die Übersendung der Akten (s Abschn. VI RLJGG zu §§ 82–85) an den neuen Vollstreckungsleiter.[98]

607   Die **Durchführung** der einzelnen Vollstreckungsmaßnahmen richtet sich nach §§ 27 ff StVollstrO mit den Besonderheiten, die sich aus Abschn. VI RLJGG zu §§ 82–85 ergeben. Danach sollen sogleich nach Eintritt der Rechtskraft des Urteils auf freiem Fuße befindliche Verurteilte zum Antritt der Jugendstrafe geladen werden und in Untersuchungshaft oder einstweilen untergebrachte Verurteilte in die zuständige Vollzugsanstalt eingewiesen werden. Die Zuführung des Verurteilten zum Vollzug (einschließlich erforderlicher Zwangs- und Fahndungsmaßnahmen) ist Sache des **ursprünglichen** Voll-

---

[96] Schleswig-Holsteinisches OLG, SchlHA 2000, 149.
[97] Wegen der Rück- oder Weitergabe der Vollstreckung vgl. § 85 Abs 5 JGG und Abschn. VI RLJGG zu §§ 82–85.
[98] Zu den letzteren Vollstreckungsgeschäften ist der Rechtspfleger ohne besondere richterliche Anordnung befugt. Einzelheiten zur Kompetenz des Rechtspflegers s Rdn 553 ff.

streckungsleiters (§ 84 JGG). Der Verurteilte kann **unmittelbar** – auch über Ländergrenzen hinweg – in die zuständige Jugendstrafanstalt eingewiesen werden, wie auch mit der Vollziehung eines Haft- (oder Vorführungs-)befehls die Polizeidienststelle eines anderen Bundeslandes **unmittelbar** beauftragt werden kann. Entsprechendes gilt bei der Vollstreckung einer **Unterbringungsanordnung** und für die Vollstreckung von **Jugendarrest.**[99] Mittellosen Verurteilten, die sich auf freiem Fuße befinden und zum Vollzug einer Jugendstrafe in eine mehr als zehn Kilometer von ihrem Wohnort entfernt liegende Jugendstrafanstalt eingewiesen werden, kann der Vollstreckungsleiter für die Fahrt zur Jugendstrafanstalt eine Fahrkarte oder einen Gutschein für die Fahrkarte aushändigen. Nach der **Aufnahme** des Verurteilten in die Jugendstrafanstalt[100] gehen die Vollstreckungsaufgaben auf den **neuen** Vollstreckungsleiter über (§ 85 Abs 2, 3 JGG). Ihm obliegt es daher auch, die Strafzeitberechnung der Vollzugsanstalt auf ihre Richtigkeit zu überprüfen (§ 36 Abs 1 StVollstrO).

Die **Strafzeitberechnung** erfolgt nach den Regeln der §§ 37 ff StVollstrO. **Untersuchungshaft** oder eine **andere Freiheitsentziehung**[101] ist **kraft Gesetzes** auf die verhängte Jugendstrafe **anzurechnen** (§ 52 a JGG). Die Anrechnung erstreckt sich, vorbehaltlich einer abweichenden gerichtlichen Entscheidung, bis zur Rechtskraft des Urteils (§ 51 Abs 1 StGB). Der Richter kann anordnen, dass die Anrechnung ganz oder teilweise unterbleibt. Bei einer Nichtanrechnungsanordnung des Gerichts kommt § 450 Abs 1 StPO (§ 2 JGG) zum Zuge: die seit dem Eintritt der **relativen Rechtskraft** erlittene Untersuchungshaft ist voll zu berücksichtigen und gem. § 39 Abs 4 StVollstrO vom errechneten Ende der Strafzeit rückwärts abzurechnen.[102] Auch hier ist eine entsprechende Vergleichsberechnung anzustellen nach § 37 Abs 1 Satz 2 StVollstrO. | **608**

Nach § 26 Abs 3 Satz 2 JGG angerechnete **Leistungen** sind bei der Strafzeitberechnung durch (Rückwärts-)Abrechnung vom Strafende zu berücksichtigen. Die Leistungen gelten auch als verbüßte Strafe iSd § 88 JGG (vgl. § 57 Abs 4 StGB). | **609**

Ist eine **Einheitsstrafe** (§§ 31, 66 JGG) gebildet worden, richtet sich die Strafzeitberechnung nach den Grundsätzen des § 41 Abs 1 Satz 1 StVollstrO. Bei der **Teilvollstreckung** einer Einheitsstrafe beginnt die Strafzeit für den in Untersuchungshaft einsitzenden Verurteilten mit der **Rechtskraft des Beschlusses** nach § 56 Abs 1 JGG. Nach der Rechtskraft der ganzen Einheitsstrafe ist nach § 41 Abs 1 Satz 1 StVollstrO zu berechnen.[103]

Hat der Verurteilte das **vierundzwanzigste** Lebensjahr vollendet, so kann der nach § 85 Abs 2 bis 4 zuständige Vollstreckungsleiter die Vollstreckung einer nach den Vorschriften des Strafvollzugs für **Erwachsene** vollzogenen Jugendstrafe (§ 85 Abs 6 JGG) an die **Staatsanwaltschaft** (Vollstreckungsbehörde) **abgeben,** wenn der Strafvollzug voraussichtlich noch **länger** dauern wird. Dem Grundsatz nach soll eine Jugendstrafe gegen eine verurteilte Person, die das 24. Lebensjahr vollendet hat, nach den Vorschriften des Strafvollzugs für Erwachsene vollzogen werden, § 92 Abs 2 Satz 2 JGG. | **610**

---

[99] *Pohlmann/Jabel/Wolf,* Rdn 11 zu § 9 StVollstrO; vgl. auch Abschn. V, VI RLJGG zu §§ 82–85.

[100] Jugendstrafe muss grundsätzlich in einer Jugendstrafanstalt vollzogen werden (Ausnahme: § 92 Abs 2 JGG). Die Vollstreckung in einer Untersuchungshaft- und Aufnahmeanstalt ist unzulässig (KG, NJW 1978, 284; Abschn. VI RLJGG zu §§ 82–85). Dagegen kann Freiheitsstrafe bei Verurteilten unter 24 Jahren auch in einer Jugendstrafanstalt vollzogen werden, sofern sich der Verurteilte für den Jugendstrafvollzug eignet (§ 114 JGG; RLJGG).

[101] Namentlich die Unterbringung in einem Heim der Jugendhilfe nach §§ 71 Abs 2, 72 Abs 4 JGG und die Unterbringung zur Beobachtung (§ 73 JGG); vgl. auch § 39 Abs 3 StVollstrO.

[102] S dazu auch Rdn 159.

[103] Zum Vollzug der Jugendstrafe und den einschlägigen Vollzugsbestimmungen s die Zusammenstellung Rdn 558 ff.

Die Abgabe liegt im Ermessen des Vollstreckungsleiters. Die Persönlichkeitsentwicklung des Verurteilten und die besonderen Aspekte des Jugendstrafrechts (Erziehungsgedanke) sind bei der Entscheidung zu berücksichtigen (§ 85 Abs 6 JGG). Nur für den besonderen Vollstreckungsleiter iSd § 85 Abs 2–4 JGG besteht die Abgabemöglichkeit. Der ursprüngliche Vollstreckungsleiter (§ 84 JGG) sowie der Jugendrichter, an den die Vollstreckung nach § 85 Abs 5 JGG abgegeben worden ist, sind dazu nicht befugt. Dies führt unter Umständen zu unbefriedigenden Ergebnissen. Auszugehen ist von dem Fall, dass gegen den Jugendlichen bzw Heranwachsenden eine Jugendstrafe verhängt wurde. Die Vollstreckung der Jugendstrafe wurde zur Bewährung ausgesetzt. Zuständig bleibt in der Regel der ursprüngliche Vollstreckungsleiter. Wird nun von diesem die Strafaussetzung zur Bewährung widerrufen und angeordnet, dass die Jugendstrafe nach den Vorschriften des Strafvollzugs für Erwachsene vollzogen werden soll nach § 92 Abs 2, Abs 3 JGG, bleibt es bei der Zuständigkeit des ursprünglichen Jugendrichters. Da wir in diesen Fällen nie den besonderen Jugendrichter nach § 85 Abs 2 bis Abs 4 haben, kann dieser Jugendrichter die Vollstreckung auch nicht an die Staatsanwaltschaft abgeben. Insofern besteht eine Gesetzeslücke. Die Abgabe durch den ursprünglichen Vollstreckungsleiter an die Vollstreckungsbehörde bei der Staatsanwaltschaft müsste auch in diesen Fällen möglich und zulässig sein. Dies ergibt sich aus Sinn und Zweck des § 85 Abs 6 JGG. Die Abgabe selbst ist bindend. Eine Ablehnung der Übernahme bei **fehlenden** gesetzlichen Voraussetzungen (z.B. hinsichtlich Alter, Erwachsenenvollzug) oder eine Rückgabe an den Vollstreckungsleiter zur Weitergabe an die örtlich zuständige Staatsanwaltschaft muss jedoch möglich sein. Mit der Abgabe beginnt die Vollstreckungskompetenz der **Staatsanwaltschaft** (Rechtspfleger) gem. § 451 StPO, § 143 Abs 1 GVG und die Entscheidungskompetenz der **Strafvollstreckungskammer** (§ 78a GVG).

Bei Zusammentreffen von **Jugendstrafe** und **Freiheitsstrafe** ist § 89a Abs 1 JGG zu beachten, wonach die Jugendstrafe in der Regel zuerst zu vollstrecken ist. Der Jugendrichter unterbricht die Jugendstrafe, wenn die Hälfte, mindestens jedoch 6 Monate der Jugendstrafe vollstreckt sind zur Vollstreckung der im Anschluss notierten Freiheitsstrafe, § 89a Abs 1 Satz 2 JGG. Der Jugendrichter kann in diesen Fällen die Vollstreckung an die Staatsanwaltschaft bereits mit Vollendung des **einundzwanzigsten** Lebensjahres des Verurteilten abgeben (§ 89a Abs 3 JGG). Dies gilt auch nur für den besonderen Vollstreckungsleiter nach § 85 Abs 2 bis 4 JGG. Aus Sinn und Zweck dieser Vorschrift müsste dies auch gelten für den ursprünglichen Vollstreckungsleiter. Mit der Abgabe der Vollstreckung an die Staatsanwaltschaft sind die Vorschriften der Strafprozessordnung und des Gerichtsverfassungsgesetzes über die Strafvollstreckung anzuwenden. Dies bedeutet, die Entscheidungen nach § 88 JGG treffen die Strafvollstreckungskammern, die Unterbrechungsverfügungen nach § 454b Abs 2 StPO veranlassen die Vollstreckungsbehörden bei den Staatsanwaltschaften jeweils unter Berücksichtigung der materiellen Vorschriften der §§ 88, 89a JGG.[104] Erfolgt keine Vollstreckungsabgabe an die Staatsanwaltschaft, verbleibt es bei der Zuständigkeit des Vollstreckungsleiters, selbst dann, wenn die Strafe nach den Vorschriften des Strafvollzugs für Erwachsene vollzogen wird.[105]

611 Wegen der **Reihenfolge** der Vollstreckung unter mehreren Jugendstrafen gilt im Grundsatz § 43 StVollstrO. Beim Zusammentreffen von **Jugendstrafe** und **Freiheitsstrafe** ist jedoch § 89a JGG die einschlägige Bestimmung. Danach wird Jugendstrafe in der Regel **zuerst** vollstreckt. Der Vollstreckungsleiter unterbricht jedoch die Vollstreckung der Jugendstrafe, wenn die Hälfte der Jugendstrafe, mindestens jedoch

---

[104] KG Berlin, Beschluss vom 12. 6. 2001, 1 AR 499/01.
[105] BGH, NStZ 1997, 255.

6 Monate verbüßt sind. Es gelten hier nicht die Vorschriften des § 57 Abs 2 StGB für die Erstverbüßerregelung. Eine frühere Unterbrechung (vor dem Halbstrafentermin oder vor der Mindestverbüßungszeit von 6 Monaten) kann erfolgen, wenn die Aussetzung des Strafrestes in Betracht kommt.

Beim Zusammentreffen von Jugendstrafe mit lebenslanger Freiheitsstrafe ist § 89 a Abs 2 JGG zu beachten. Danach gilt, dass nur die lebenslange Freiheitsstrafe zu vollstrecken ist, wenn der Verurteilte die Tat, die zur Verhängung der lebenslangen Freiheitsstrafe geführt hat, vor der Verurteilung begangen hat, die zur Verhängung der Jugendstrafe geführt hat. Damit wird die Härte ausgeglichen, dass zwischen Jugendstrafe und Freiheitsstrafe (auch lebenslanger) keine Gesamtstrafe gebildet werden kann. Wird die Vollstreckung der lebenslangen Freiheitsstrafe zur Bewährung ausgesetzt (§ 57 a StGB), erklärt das Gericht die Vollstreckung der Jugendstrafe für erledigt.

3. Vollstreckungsverfügungen

Ist Jugendstrafe zu vollstrecken, kann die Vollstreckung wie folgt eingeleitet werden: **612**

Amtsgericht   ...., den ....
AZ: ....

Beschluss

1. Die Vollstreckung der in vorliegender Sache verhängten Jugendstrafe von ...... wird angeordnet.

2. An Rechtspfleger zur Ausführung.

....
Jugendrichter als Vollstreckungsleiter

Verfügung

1. Eintrag VRJs-Register.

2. Aktenzeichennachricht zum Js-Register.

3. Vollstreckungsheft anlegen.

4. Zählkarte (J/H).

5. Strafnachricht nach Vordruck BZR 1 an Bundeszentralregister.

6. Mitteilung vom Verfahrensausgang an Polizeibehörde nach Nr. 11 MiStra.

7. Urteilsabschrift übersenden an:
   a) Verurteilten und Verteidiger (Nr. 140 RiStBV)
   b) gesetzlichen Vertreter.

8. Mitteilung der rechtskräftigen Entscheidung nach
   a) Nr. 31 MiStra an Vormundschaftsgericht/Familiengericht ...... (auf richterliche Anordnung)
   b) Nr. 32 MiStra an Jugendgerichtshilfe ......

9. Ladung zum Strafantritt auf ......
   in die JVA ......

10. Durchschrift der Ladung dem Erziehungsberechtigten (AS ......) übersenden mit dem Ersuchen, für rechtzeitigen Antritt der Jugendstrafe zu sorgen.

11. Aufnahmeersuchen an JVA ......
    zu vollstrecken: ...... Jugendstrafe

    Beginn:
    Strafantritt

    anzurechnen:
    ...... Tage U-Haft, erl. v ...... bis ......

12. Urteil mit Gründen (dreifach) und BZR-Auszug Ziff 11 anschließen.

13. Wv . . . . . . (Strafantrittsanzeige)

. . . .

Rechtspfleger

Anmerkungen:

613 Die bei Rechtskraft des Urteils anfallenden **Nebengeschäfte** der **Vollstreckung** sind bei dem zunächst zuständigen Vollstreckungsleiter (§ 84 JGG) auszuführen, also dem ursprünglichen Vollstreckungsleiter (Abschn. II RLJGG zu §§ 82–85).

Die Verurteilung zu Jugendstrafe ist zum **Zentralregister** mitzuteilen, das auch von der Erledigung der Vollstreckung Nachricht erhält (§§ 4, 5, 15 BZRG). Weitere Mitteilungen zum Zentralregister können sich in Jugendstrafsachen auch noch aus §§ 6, 7, 8, 13 und 14 BZRG ergeben.

Bei der **Ladung** und **Einweisung** des Verurteilten ist Abschn. VI RLJGG zu §§ 82–85 zu beachten.

614 Nach Eingang der **Strafantrittsanzeige** (Aufnahmemitteilung) übersendet der ursprüngliche Vollstreckungsleiter (Rechtspfleger dann, wenn ihm die Vollstreckung übertragen worden ist) die Strafakten oder das Vollstreckungsheft an denjenigen Jugendrichter, auf den die Vollstreckung nach § 85 Abs 2, 3 JGG nach der Aufnahme des Verurteilten übergegangen ist. Der Vollzugsleiter legt dem **neuen** Vollstreckungsleiter unverzüglich eine Durchschrift der Strafantrittsanzeige, das mit der Strafzeitberechnung versehene Zweitstück des Aufnahmeersuchens und zwei der ihm mit dem Aufnahmeersuchen übersandten Urteilsabschriften vor.

Beim **neuen Vollstreckungsleiter** ergeht dann folgende **Verfügung:**

Amtsgericht   . . . ., den . . . .

AZ: . . . .

Verfügung

1. Eintrag VRJs-Register/Kartei.

2. Vollstreckungsheft anlegen.

3. Schreiben an
   a) Amtsgericht . . . . . . zu AZ . . . . . .
   b) JVA . . . . . . zu BuchNr. . . . . . .
   Die weitere Vollstreckung aus dem Urteil des . . . . . .gerichts . . . . . . vom . . . . . . wird hierher zu obigem Aktenzeichen übernommen.

4. Die vorläufige Strafzeitberechnung der JVA ist richtig.

5. Wv . . . . . .

. . . .

Rechtspfleger

615 Kommt eine **Abgabe** der Vollstreckung gem. **§ 85 Abs 5 JGG** in Betracht, kann folgende **Verfügung** ergehen:

Amtsgericht   . . . . , den . . . .

AZ: . . . .

Verfügung

1. Die Vollstreckung wird, nachdem der Verurteilte in der JVA . . . . . . einsitzt, aus Gründen der Vollzugsnähe gem. § 85 Abs 5 JGG an den Jugendrichter des Amtsgerichts . . . . . . stets widerruflich abgegeben.

2. Nachricht davon an:
   a) Verurteilten
   b) JVA . . . . . .
   c) Amtsgericht . . . . . . zu AZ . . . . . .

3. Austrag VRJs.

4. Urschriftlich an den

Herrn Jugendrichter des Amtsgerichts

zur Übernahme Vollstreckung der Jugendstrafe.
Um Übernahmenachricht wird gebeten.

....
Jugendrichter als Vollstreckungsleiter

Liegen die Voraussetzungen zu einer **Ausnahme** des Verurteilten vom **Jugendstrafvoll-** 616
zug vor (§ 92 Abs 2, 3 JGG, Abschn. VI RLJGG zu §§ 82–85), kann folgende **Ent-**
scheidung – durch den nach § 85 Abs 2, 3 JGG zuständigen Vollstreckungsleiter –
ergehen:

Amtsgericht   ...., den ....
AZ: ....

Beschluss

1. Die Ausnahme des Verurteilten vom Jugendstrafvollzug wird angeordnet.
   Die Jugendstrafe aus dem Urteil des ......gerichts ...... vom ist nach den Vorschriften
   des Strafvollzugs für Erwachsene zu vollziehen.
   Der Verurteilte wird zur Weiterverbüßung seiner Strafe in die JVA ...... verlegt.
   Die VoJugendrichter als VollstreckungsleiterlIstreckung wird an den Jugendrichter des
   Amtsgerichts ...... gegeben.

Gründe (Beispiel)

Der 20 Jahre alte Verurteilte, der zum zweitenmal eine Jugendstrafe verbüßt, ist erziehe-
risch nicht mehr ansprechbar. Er übt zudem nach den vorliegenden Berichten auf andere, noch erziehungsfähige Gefangene einen ungünstigen Einfluss aus.
Gem. § 92 Abs 2 und 3 JGG war daher seine Ausnahme vom Jugendstrafvollzug anzuordnen.

2. Ausfertigung von Ziff 1 an:
   a) Verurteilten
   b) gesetzlichen Vertreter
   c) JVA ...... unter Rückgabe der Gefangenenpersonalakten
   d) JVA ...... (künftig zuständige JVA)
   e) Amtsgericht ...... zu AZ ......

3. Austrag Register.

4. Mit Akten an

....
Herrn Jugendrichter des Amtsgerichts

zur Weiterführung der Vollstreckung.
Um Übernahmenachricht wird gebeten.

....
Jugendrichter als Vollstreckungsleiter

Nach Abschluss der Vollstreckung werden – bei dem nach § 85 JGG zuständigen 617
Vollstreckungsleiter – die **Verbüßungsnachrichten** (§ 15 BZRG) gefertigt. Danach
werden, nach Austrag aus dem VRJs-Register, Hauptakten und Vollstreckungsheft
zur Aufbewahrung zurückgeleitet.

E. Vollstreckung von Maßregeln der Besserung und Sicherung und von Nebenstrafen und Nebenfolgen

An **freiheitsentziehenden** Maßregeln sind im Jugendstrafverfahren lediglich die **Un-** 618
terbringung in einem **psychiatrischen Krankenhaus** (§ 63 StGB) oder in einer **Ent-**

ziehungsanstalt (§ 64 StGB) zulässig (§ 7 JGG), die Verhängung von Sicherungsverwahrung scheidet zunächst im Urteil aus, jedoch kann nachträglich Sicherungsverwahrung verhängt werden. Die Vollstreckung dieser Maßregeln obliegt zunächst dem nach § 84 JGG zuständigen Jugendrichter. Er ist für die **Einleitung** der Vollstreckung (Ladung, Aufnahmeersuchen etc.) wie auch für die **Nebengeschäfte** der Vollstreckung zuständig. Nach der **Aufnahme** des Verurteilten in die Einrichtung des Maßregelvollzugs geht die Vollstreckung gem. § 85 Abs 4 JGG (kraft Gesetzes) auf den **neuen** Vollstreckungsleiter über. Der Übergang der Vollstreckung nebst dessen Abwicklung entspricht dem Ablauf bei der Jugendstrafe. Insoweit wird auf die Ausführungen in dem betr. Abschnitt verwiesen.

Der Vollstreckungsleiter kann aus **wichtigen Gründen** (Vollzugsnähe) die Vollstreckung widerruflich an einen anderen Jugendrichter abgeben (§ 85 Abs 5 JGG).

Eine **bindende** Abgabe an die **Staatsanwaltschaft** (Vollstreckungsbehörde) ist möglich, wenn der Verurteilte das 24. Lebensjahr vollendet hat, der Maßregelvollzug voraussichtlich noch länger dauern wird und Erziehungskriterien nicht mehr ausschlaggebend sind (§ 85 Abs 6 JGG). Mit der Abgabe beginnt die Vollstreckungskompetenz der **Staatsanwaltschaft** (Rechtspfleger) gem. § 451 StPO, § 143 Abs 1 GVG und die Entscheidungskompetenz der **Strafvollstreckungskammer** (§ 78 a GVG).

Der Jugendrichter kann auch bei freiheitsentziehenden Maßregeln eine **Vollstreckungsanordnung** im Sinne der RLJGG treffen und die **Ausführung** der Vollstreckung dem **Rechtspfleger** überlassen. Eine solche richterliche Anordnung ist zwar in der Entlastungsverfügung der Landesjustizverwaltungen vom 1. 12. 1962[106] in Bezug auf Maßregeln nicht ausdrücklich erwähnt, nach Abschn. II RLJGG zu §§ 82–85 jedoch ohne weiteres zulässig. Die Durchführung der Vollstreckung richtet sich nach § 53 StVollstrO; §§ 67 ff StGB sind anwendbar (§ 2 JGG). Für den **Vollzug** der Unterbringung gelten die Unterbringungsgesetze bzw Maßregelvollzugsgesetze der Länder, bei der Unterbringung in einer Entziehungsanstalt überdies noch § 93 a JGG.

619   An Maßregeln der Besserung und Sicherung können nach § 7 JGG auch die **Entziehung der Fahrerlaubnis** sowie **Führungsaufsicht** angeordnet werden, jedoch kein Berufsverbot. Die Vollstreckung dieser Maßregeln erfolgt nach § 56 bzw § 54 a StVollstrO. Die hiernach vorgesehenen Vollstreckungsgeschäfte sind dem **Rechtspfleger** übertragen.

Ähnliches gilt auch bei der Vollstreckung der im Rahmen des JGG zulässigen **Nebenstrafen** und **Nebenfolgen**:
– Fahrverbot (§ 59 a StVollstrO),
– Einziehung, Unbrauchbarmachung und Verfallserklärung (§§ 60 ff StVollstrO).

Auch hier sind die Aufgaben der Vollstreckung dem **Rechtspfleger** übertragen mit Ausnahme der Maßnahmen nach § 61 Abs 1 Satz 1 StVollstrO, für die eine spezielle richterliche Anordnung erforderlich ist.[107]

Die Vollstreckung der einzelnen Maßregeln, Nebenstrafen und Nebenfolgen richtet sich im Übrigen nach den gleichen Grundsätzen wie bei der Anwendung von allgemeinem Strafrecht. Wegen Einzelheiten wird daher auf die Ausführungen in den jeweiligen Abschnitten verwiesen.

---

[106] S Rdn 553.
[107] Zur Zuständigkeit des Rechtspflegers s die Ausführungen Rdn 553 ff.

Zehnter Teil. Nebengeschäfte der Vollstreckung

I. Vorbemerkungen

Neben der eigentlichen Strafvollstreckung hat die **Vollstreckungsbehörde** nach **620** Rechtskraft des Straferkenntnisses eine Reihe von Aufgaben auszuführen, die gemeinhin als **Nebengeschäfte der Vollstreckung** bezeichnet werden. Im Wesentlichen handelt es sich dabei um folgende (auf gesetzlicher Vorschrift oder auf Verwaltungsanordnung basierenden) Tätigkeiten:
– Erstellung von Zählkarten für die Strafverfolgungsstatistik,
– Unterrichtung von Behörden und Stellen auf Grund der MiStra,
– Mitteilungen zum Verkehrszentralregister,
– Mitteilungen zum Zentralregister, zum Erziehungsregister und zum Gewerbezentralregister.
Die Nebengeschäfte sind kein Bestandteil der Strafvollstreckung. Demgemäß besteht auch keine Zuständigkeit des Rechtspflegers aus § 31 Abs 2 Satz 1 RpflG, weil diese Vorschrift sich nur auf die Vollstreckung im eigentlichen Sinne bezieht. Die Nebengeschäfte sind der Vollstreckungsbehörde lediglich aus Zweckmäßigkeitsgründen zugewiesen worden, wobei es den Landesjustizverwaltungen überlassen blieb, Beamte des gehobenen oder des mittleren Dienstes mit der Ausführung zu beauftragen. Die Fertigung von Zählkarten und die Mitteilungen zu den Registern sind nach den Geschäftsstellenanordnungen der Länder heute im Allgemeinen dem Beamten des mittleren Dienstes (bzw dem Schreibdienst) übertragen, während die Nachrichten nach der MiStra in der Regel dem Beamten des gehobenen Dienstes ("Rechtspfleger": vgl. Nr. 4 Abs 1 Ziffer 3, Abs 3 Ziffer 3 Mistra) vorbehalten sind.
Auch wenn es sich um keine Tätigkeiten im Sinne des RpfG handelt, bestehen keine Bedenken, wenn der Rechtspfleger die Nebengeschäfte neben seinen Vollstreckungsaufgaben mitversieht und die dabei erforderlich werdenden Verfügungen als Rechtspfleger zeichnet.
Auch bei **Freisprüchen** und **Verfahrenseinstellungen** obliegen die Nebengeschäfte der Staatsanwaltschaft (Vollstreckungsbehörde) bzw dem Jugendrichter (Vollstreckungsleiter).

II. Einzelne Nebengeschäfte

A. Zählkarten (Strafverfolgungsstatistik)

Die **Strafverfolgungsstatistik** ist eine Statistik der **rechtskräftig abgeurteilten** Perso- **621** nen. Sie umfasst alle Verbrechen und Vergehen gegen das Bundesrecht sowie die Vergehen gegen Landesrecht. Die Statistik vermittelt dem Strafgesetzgeber wertvolle Erkenntnisse und gibt allgemein wichtige Aufschlüsse über die Erscheinungsformen und Ursachen der Straffälligkeit.
Grundlage der Strafverfolgungsstatistik sind die **Zählkarten,** die von den **Vollstreckungsbehörden** nach endgültiger Erledigung des Verfahrens erstellt und von den **Statistischen Landesämtern** ausgewertet werden.

Für die statistische Erhebung werden die „Zählkarten" inzwischen weitgehend nicht mehr in Papierform erstellt, sondern zusammen mit der Mitteilung zum Bundeszentralregister bzw. Erziehungsregister abgefertigt.

Die Zählkarte erfasst alle Verbrechen/Vergehen (Straftaten) gegen Bundes- bzw Landesrecht. Für Personen, die wegen **Ordnungswidrigkeiten** geahndet worden sind, ist **keine** „Zählkarte" zu fertigen.

Die Erstellung der Zählkarten erfolgt, sobald das Verfahren **endgültig** durch Urteil, Strafbefehl oder Beschluss abgeschlossen ist. Richtet sich ein Strafverfahren gegen mehrere Personen, so ist für **jeden** Betroffenen/Verurteilten eine **gesonderte** „Zählkarte" zu fertigen. Außer im Falle rechtskräftiger **Verurteilung** ist eine Zählkarte insbesondere auch dann zu fertigen, wenn

a) im Urteil von Strafe abgesehen, der Angeklagte freigesprochen oder für straffrei erklärt wurde,

b) der Staatsanwalt mit Zustimmung des Jugendrichters nach § 45 Abs 3 JGG von der Verfolgung abgesehen oder der Jugendrichter das Verfahren nach § 47 JGG eingestellt hat,[1]

c) bei nach Jugendstrafrecht abgeurteilten Straftätern gem. § 27 JGG zunächst nur die Schuld festgestellt wurde; wird später nach § 30 Abs 1 JGG oder nach § 31 Abs 2 JGG auf Strafe erkannt, so ist eine weitere Zählkarte auszufüllen,

d) der nach allgemeinem Strafrecht Abgeurteilte nach § 59 StGB unter Strafvorbehalt verwarnt wurde. Erfolgt später die Verurteilung zu der vorbehaltenen Strafe, so ist eine weitere Zählkarte auszufüllen,

e) das Verfahren durch das Gericht nach Eröffnung des Hauptverfahrens oder Erlass eines Strafbefehls endgültig eingestellt wurde.

Für Entscheidungen, die im **Wiederaufnahmeverfahren** ergangen sind, wird **keine** Zählkarte erstellt.

622   Das Ausfüllen der Zählkarten obliegt den **Geschäftsstellen** (Beamten des mittleren Dienstes) oder dem **Schreibdienst** (Kanzlei) in der Regel mit der Fertigung der Mitteilung zum Bundeszentralregister bzw. Erziehungsregister. Zuständig im einzelnen ist:

a) die Staatsanwaltschaft bei dem Oberlandesgericht in Strafsachen, in denen dieses Gericht im ersten Rechtszug entschieden hat,

b) das Amtsgericht, soweit der Jugendrichter für die Einleitung der Vollstreckung zuständig ist (vgl. Abschn. II Nr. 4 der Richtlinien zu den §§ 82–85 JGG),

c) die Staatsanwaltschaft beim Landgericht (Vollstreckungsbehörde) in allen übrigen Fällen.

Wegen Einzelheiten der Ausfüllung der Zählkarten wird auf die **„Ausfüllanleitung"** (nebst Änderungen) verwiesen, die den Strafvollstreckungsbehörden durch die Landesjustizverwaltungen oder die Statistischen Landesämter übersandt worden ist. Im Zuge der automatisierten Mitteilungen zum Bundeszentralregister werden die Zählkarten automatisch mitgefertigt und in gesonderten Dateien niedergelegt.

B. Mitteilungen in Strafsachen (MiStra)

1. Allgemeine Grundsätze

623   In zahlreichen Strafverfahren werden Vorgänge erörtert, die auch für andere Behörden oder Stellen wichtig sind, und ihnen zu Maßnahmen Anlass geben können. Um

---

[1] Hat der Staatsanwalt gem. § 45 Abs 1 oder 2 JGG (ohne Zustimmung des Richters) von der Verfolgung abgesehen, wird für das Verfahren keine Zählkarte angelegt.

die erforderliche Unterrichtung dieser Behörden (Stellen) sicherzustellen, vereinbarten die Landesjustizverwaltungen und der Bundesminister der Justiz die **Anordnung über Mitteilungen in Strafsachen (MiStra)**, jetzt gültig in der Neufassung v 1. 6. 2008, die bundeseinheitlich Geltung hat und in der die Mitteilungspflichten der Justizbehörden detailliert geregelt sind.

Die Mitteilungen ergehen im Grundsatz **von Amts wegen** (Nr. 1 Abs 1 MiStra) und sind demgemäß kostenfrei. Eine Mitteilung ist auch dann zu machen, wenn sie zwar nicht ausdrücklich vorgeschrieben, aber wegen eines besonderen öffentlichen Interesses unerlässlich ist, oder wenn eine Behörde oder eine Körperschaft des öffentlichen Rechts im Einzelfall darum ersucht, sofern der Mitteilung nicht erhebliche Bedenken entgegenstehen (Nr. 1 Abs 2 und Abs 3 Mistra). Die Entscheidung in diesen Sonderfällen trifft der Richter oder der Staatsanwalt (Nr. 2 Abs 2 MiStra).

Die nach **Rechtskraft** der Entscheidung vorgesehenen Mitteilungen obliegen der **Vollstreckungsbehörde**.[2] Die Anordnung trifft der **Rechtspfleger,** soweit nicht durch die oberste Justizbehörde eine andere Regelung getroffen oder zugelassen ist. In den besonders bestimmten oder vorbehaltenen Fällen ordnet an Stelle des Rechtspflegers der **Richter/Staatsanwalt** die Mitteilung an (Nr. 4 Abs 1 Nr 3 MiStra).

Einzelheiten über den **Inhalt und den Zeitpunkt** der Mitteilungen ergeben sich aus Nr. 6 MiStra. Die Vollstreckungsbehörde ist insbesondere dann mitteilungspflichtig, wenn eine Unterrichtung über die **rechtskräftige Entscheidung**[3] oder den **Ausgang des Verfahrens**[4] vorgeschrieben ist.

Die **Benachrichtigung** der empfangsberechtigten Behörden (Stellen) erfolgt, soweit **624** nichts anderes bestimmt ist, durch Übersendung einer (unbeglaubigten)[5] **Abschrift** des mitzuteilenden Schriftstücks (Nr. 9 MiStra). Ein automatisiertes Verfahren zur Durchführung von Mitteilungen kann eingerichtet werden, wenn diese Form der Datenübermittlung – unter Berücksichtigung der schutzwürdigen Interessen der Betroffenen und der Aufgaben der beteiligten Stellen – wegen der Vielzahl der Übermittlungen oder aus anderen Gründen angemessen ist. Jedoch ist der automatisierte Abruf durch die empfangenden Stellen unzulässig. Die Mitteilung wird in einem verschlossenen Umschlag übersandt. Auf dem Schriftstück ist ein grüner Klebezettel oder ein Aufdruck mit folgendem **Inhalt** anzubringen:

...., den ....

(Vollstreckungsbehörde)

An

                                            – vertraulich zu behandeln –

in ....

Zum dortigen Aktenzeichen: Mitteilung nach Nr. der Anordnung über Mitteilungen in Strafsachen. Die Mitteilung darf nur im Rahmen der §§ 19 Abs 1, 18 Abs 1 Satz 2 EGGVG verwertet werden, es sei denn, dass eine zweckändernde Nutzung ausdrücklich gesetzlich vorgesehen ist. Der Zweck ergibt sich aus der angegebenen Bestimmung der MiStra. Sind die übermittelten Daten im Sinne von § 19 Abs 2 Satz 1 EGGVG nicht erforderlich, ist nach § 19 Abs 2 Satz 2 EGGVG zu verfahren.

---

[2] Die Mitteilungspflichten der Strafverfolgungsbehörde oder des Gerichts bleiben hier außer Betracht.

[3] Mitzuteilen sind in einem solchen Falle Urteil, Strafbefehl und Gesamtstrafenbeschluß unter Angabe des Zeitpunkts des Eintritts der Rechtskraft; ggf. auch die spätere Anordnung der Wiederaufnahme des Verfahrens und die neue rechtskräftige Entscheidung (Nr. 6 Abs 5 MiStra). Wird in den Urteilsgründen auf die Anklage verwiesen, so ist auch diese mitzuteilen.

[4] Gemeint ist jede das Verfahren abschließende Entscheidung: von der Einstellungsverfügung bis hin zur „rechtskräftigen Entscheidung" (Nr. 6 Abs 6 MiStra).

[5] Die Mehrfertigung ist nur dann zu beglaubigen, wenn dies besonders bestimmt ist.

Die §§ 18, 19 EGGVG sowie die einschlägige Bestimmung des zweiten Teils dieser Verwaltungsvorschrift (Mistra) sind der Mitteilung im Wortlaut beizufügen, wenn die Kenntnis der empfangenden Stellen nicht vorausgesetzt werden kann.
Die Mitteilungen werden dem Empfänger **unmittelbar** übersandt (Nr. 10 MiStra).

2. Mitteilungspflichten im Überblick

625 Eine Zusammenstellung der Vorschriften (Tatbestände) der MiStra, aus denen sich eine Mitteilungspflicht der **Vollstreckungsbehörde** ergibt, enthält nachfolgende Übersicht:

Gegenstand:	Mitteilungen nach:	Inhalt der Mitteilung und Empfänger
Mitteilungen an die Polizei (§ 482 StPO)	Nr. 11 Mistra	Die Staatsanwaltschaft teilt der Polizeibehörde, die mit dem Verfahren befasst war das Aktenzeichen und den Ausgang des Verfahrens mit. Die Mitteilung erfolgt durch Übersendung einer Mehrfertigung an das Bundeszentralregister oder durch Übermittlung der Entscheidungsformel. Sie unterbleibt in Verfahren gegen unbekannt und bei Verkehrsstrafsachen mit Ausnahme Straftaten nach §§ 142, 315 bis 315 c StGB
Mitteilungen zum Wählerverzeichnis (§ 13 Abs 1 Nr 5 EGGVG)	Nr. 12 Mistra	Mitteilungen bei deutschen Staatsangehörigen sowie gegen Staatsangehörige der übrigen Mitgliedstaaten der EU (Unionsbürger), die in der Bundesrepublik eine Wohnung haben oder sich gewöhnlich aufhalten an die Verwaltungsbehörde des Wohnortes die Tatsache der rechtskräftigen Verurteilung (ohne die Angabe der rechtlichen Bezeichnung der Tat und ohne Angabe der angewendeten Vorschriften) in den Fällen der §§ 45 bis 45 b StGB und bei Unterbringungen nach § 63 StGB iVm § 20 StGB. Wird die Mitteilung in den Fällen der §§ 45, 45 a StGB gemacht, ist der Verwaltungsbehörde auch der Tag des Ablaufs des Verlustes der Amtsfähigkeit, der Wählbarkeit und des Wahl- und Stimmrechts sowie die Wiederverleihung dieser Fähigkeiten und Rechte mitzuteilen.

Gegenstand:	Mitteilungen nach:	Inhalt der Mitteilung und Empfänger
Bewährungsfälle (§ 479 Abs 2 Nr 3 StPO)	Nr. 13 Mistra	Mitzuteilen sind dem Gericht oder der Gnadenbehörde Umstände, die zum Widerruf einer Strafaussetzung oder eines Straferlasses führen können, soweit – die Vollstreckung einer Freiheitsstrafe oder des Restes einer Freiheitsstrafe, – die Vollstreckung oder weitere Vollstreckung einer Unterbringung, – ein Berufsverbot, – die Vollstreckung einer Jugendstrafe oder des Restes einer Jugendstrafe, – die Vollstreckung eines Strafarrestes oder des Restes eines Strafarrestes zur Bewährung ausgesetzt oder – die Strafe oder der Strafarrest nach Ablauf der Bewährungszeit erlassen worden ist. Eine Mitteilung ist auch der Führungsaufsichtsstelle bei bestehender Führungsaufsicht zu machen. Bei Bewährungs- oder Führungsaufsicht ist die Mitteilung in zwei Stücken zu machen.
Strafsachen gegen Personen in einem Beamten- oder Richterverhältnis (§ 125 c BRRG, § 46 Abs 1, § 71 Abs 3 DRiG	Nr. 15 Mistra	Mitzuteilen ist der Ausgang des Verfahrens an den Dienstvorgesetzten oder Vertreter im Amt unter Kennzeichnung „Vertrauliche Personalsache" durch Übersendung der abschließenden Entscheidung mit Begründung des Rechtszugs ggf mit dem Hinweis, dass ein Rechtsmittel eingelegt worden ist.
Strafsachen gegen Personen in einem Arbeitnehmer- oder sonstigen Beschäftigungsverhältnis im öffentlichen Dienst (§ 13 Abs 2, § 14 Abs 1 Nr 5, Abs 2 EGGVG)	Nr. 16 Mistra	Mitzuteilen sind begangene Verbrechen. Vergehen sind dann mitzuteilen, wenn der Tatvorwurf auf eine Verletzung von Pflichten schließen lässt, die bei der Ausübung des Dienstes bzw des Berufes zu beachten sind oder Zweifel an der Eignung, Zuverlässigkeit oder Befähigung hervorrufen. Die Mitteilung erfolgt nach Rechtskraft der Entscheidung in der gleichen Form wie bei Nr. 15 Mistra.

Gegenstand:	Mitteilungen nach:	Inhalt der Mitteilung und Empfänger
Strafsachen gegen ehrenamtliche Richter (§ 13 Abs 2 m § 14 Abs 1 Nr 5, Abs 2 EGGVG)	Nr. 17 Mistra	Mitzuteilen ist unter den Voraussetzungen der Nr. 16 Abs 1 und Abs 2 Mistra die rechtskräftige Entscheidung an den Vorstand des Gerichts. Sie ist als „vertrauliche Personalsache" zu kennzeichnen. Eine Mitteilung ist zu fertigen bei Entscheidungen, die den Amtsverlust nach §§ 45, 45 a StGB nach sich ziehen. Bei ehrenamtlichen Richter/innen der Finanzgerichtsbarkeit sind ferner alle rechtskräftigen Entscheidungen wegen einer Steuer- und Monopolstraftat mitzuteilen.
Strafsachen gegen Empfänger von Versorgungsbezügen (§ 13 Abs 1 Nr 5, Abs 2, § 14 Abs 1 Nr 6, Abs 2 EGGVG)	Nr. 18 Mistra	Die Mitteilungen über den Ausgang des Verfahrens erfolgen unter den Voraussetzungen der Nr. 18 Abs 1, Abs 2 Mistra an den Leiter der Versorgungsbehörde unter Kennzeichnung als „vertrauliche Personalsache".
Strafsachen gegen Soldatinnen und Soldaten der Bundeswehr (§ 89 Abs 1 und 3 SG, § 125 c BRRG)	Nr. 19 Mistra	Mitteilung über die einen Rechtszug abschließende Entscheidung mit Begründung sowie ggf mit dem Hinweis, dass ein Rechtsmittel eingelegt wurde an den Befehlshaber im Wehrbereich unter den in Nr. 19 aufgeführten Voraussetzungen.
Strafsachen gegen Soldatinnen und Soldaten im Ruhestand (§ 89 Abs 2 SG)	Nr. 20 Mistra	Unter den Voraussetzungen des Nr. 20 Mistra erfolgt eine Mitteilung über den Ausgang, sofern vom Gericht oder Staatsanwalt angeordnet an den Befehlshaber im Wehrbereich.
Strafsachen gegen Zivildienstleistende § 45 a ZDG, § 125 c BRRG)	Nr. 21 Mistra	Mitteilung über die einen Rechtszug abschließende Entscheidung mit Begründung sowie ggf mit dem Hinweis, dass ein Rechtsmittel eingelegt wurde unter den Voraussetzungen der Nr. 21 Mistra an Bundesamt für Zivildienst, 50 964 Köln Wurde das Verfahren eingestellt, ist eine Mitteilung dann zu fertigen, wenn dies vom Richter oder Staatsanwalt angeordnet wurde. Die Mitteilungen sind jeweils als „Vertrauliche Personalsache" zu kennzeichnen.

Gegenstand:	Mitteilungen nach:	Inhalt der Mitteilung und Empfänger
Strafsachen gegen Geistliche und Beamte öffentlich-rechtlicher Religionsgemeinschaften (§ 12 Abs 2, § 13 Abs 2, § 14 Abs 1 Nr 4 und 6, Abs 2 EGGVG)	Nr. 22 Mistra	Mitteilungen an die jeweils zuständige Oberbehörde der öffentlich-rechtlichen Religionsgesellschaft, sofern sicher gestellt ist, dass bei dem Empfänger ausreichende Datenschutzmaßnahmen getroffen sind. Die Mitteilung über Verfahrenseinstellungen ordnet der Richter oder Staatsanwalt an. Die Mitteilungen sind als „Vertrauliche Personalsache" zu kennzeichnen.
Strafsachen gegen Notare und Angehörige der rechtsberatenden Berufe (§ 13 Abs 1 Nr 1, Abs 2, § 14 Abs 1 Nr 4, Abs 2 EGGVG, § 64 a Abs 3 BNotO, § 24 a Abs 3 NotPrTV, § 36 a Abs 3 BRAO, § 4 Abs 1 EuRAG, § 32 a Abs 3 PatAnwO, Art 1 § 1 Abs 5 RBerG	Nr. 23 Mistra	Mitteilung des Ausgang des Verfahrens an die in Nr. 23 Abs 4 Mistra genannten Stellen. Zu beachten ist, dass bei fahrlässigen Taten die Mitteilung vom Richter oder Staatsanwalt anzuordnen ist.
Strafsachen gegen Angehörige bestimmter Berufe des Wirtschaftslebens und Sachverständige (§ 13 Abs 2, § 14 Abs 1 Nr 4 und 5, Abs 2 EGGVG	Nr. 24 Mistra	Mitteilung des Ausgang des Verfahrens an die in Nr. 24 Abs 4 Mistra genannten Stellen. Berufe unter Nr. 24 Mistra fallen, sind in Abs 1 aufgezählt. Anordnung erfolgt durch Richter oder Staatsanwalt.
Strafsachen gegen Inhaber und Geschäftsleiter von Kredit- und Finanzdienstleistungsinstituten (§ 60 a Abs 1, Abs 1 a KWG)	Nr. 25 Mistra	Die Mitteilung erfolgt an das Bundesanstalt für Finanzdienstleistungsaufsicht, Bankenaufsicht in Graurheindorfer Str. 108, 53117 Bonn über den Ausgang des Verfahrens bei Strafsachen wegen Verletzung der Berufspflichten oder Straftaten im Zusammenhang mit der Ausübung des Gewerbes.
Strafsachen gegen Inhaber und Geschäftsleiter von Wertpapierdienstleistungsunternehmen (§ 40 a Abs 1 WpHG)	Nr. 25 a Mistra	Die Mitteilung erfolgt an das Bundesaufsichtsamt für Finanzdienstleistungsaufsicht und den Wertpapieraufsicht in 60439 Frankfurt. Im Übrigen wie bei Nr. 25 Mistra
Strafsachen gegen Geschäftsleiter von Versicherungsunternehmen (§ 145 b Abs 1 VAG)	Nr. 25 b Mistra	Die Mitteilung erfolgt an das Bundesanstalt für Finanzdienstleistungsaufsicht, Graurheindorfer Str. 108, 53117 Bonn. Im übrigen wie Nr. 25 Mistra
Strafsachen gegen Angehörige der Heilberufe (§ 13 Abs 2, § 14 Abs 1 Nr 4, Abs 2 EGGVG	Nr. 26 Mistra	Mitteilung des Ausgangs des Verfahrens an zuständige oberste Landesbehörde und zuständige Berufskammer. Anordnung erfolgt durch Richter oder Staatsanwalt. Die Mitteilungen sind als „Vertrauliche Personalsache" zu kennzeichnen.

Gegenstand:	Mitteilungen nach:	Inhalt der Mitteilung und Empfänger
Strafsachen gegen sonstige Angehörige von Lehrberufen und erzieherischen Berufen (§ 13 Abs 2, § 14 Abs 1 Nr 5, Abs 2 EGGVG	Nr. 27 Mistra	Mitzuteilen ist der Ausgang des Verfahrens an die zuständige Aufsichtsbehörde und sie ist als „Vertrauliche Personalsache" zu kennzeichnen.
Strafsachen gegen Betreiber und Beschäftigte in Alten- und Pflegeheimen und ambulanten Pflegediensten (§ 13 Abs 2, § 14 Abs 1 Nr 2, Abs 2 EGGVG)	Nr. 28 Mistra	Mitzuteilen ist der Ausgang des Verfahrens an die durch Landesrecht für die Durchführung des Heimgesetzes bestimmte Stelle. Anordnung erfolgt durch Richter oder Staatsanwalt in den Fällen des § 28 Abs 2 Mistra. Die Mitteilung ist als „Vertrauliche Personalsache zu kennzeichnen".
Sonstige Mitteilungen über Personen, die einer Dienst-, Staats- oder Standesaufsicht oder berufsrechtlichen Aufsicht unterliegen (§ 17 Nr 3 EGGVG ua)	Nr. 29 Mistra	Mitzuteilen sind dem Leiter der zuständigen Stelle Tatsachen, die zu Maßnahmen, insbesondere dienstaufsichtlicher, disziplinärer oder standesrechtlicher Art, gegen einer der in Nr. 29 Abs 1 Mistra genannten Personen Anlass geben können. Anordnung erfolgt durch Richter oder Staatsanwalt. Die Mitteilung ist als „Vertrauliche Personalsache" zu kennzeichnen.
Strafsachen gegen Inhaber von Titeln, Orden und Ehrenzeichen (§ 4 Abs 2 und 3 des Gesetzes über Titel, Orden und Ehrenzeichen	Nr. 30 Mistra	Mitteilung der rechtskräftigen Verurteilung in den Fällen der Nr. 30 Abs 1 Mistra an Verleihungsberechtigten oder Bundespräsidialamt.
Mitteilungen an das Vormundschafts- und an das Familiengericht (§ 35 a FGG, § 70 Satz 1 JGG)	Nr. 31 Mistra	Mitteilung von Tatsachen, die Maßnahmen des Vormundschaftsoder Familiengerichts erfordern können. Anordnung erfolgt durch Richter oder Staatsanwalt.
Mitteilungen an die Jugendgerichtshilfe in Strafsachen gegen Jugendliche und Heranwachsende (§§ 38, 50, 70 Satz 1, 72 a, 107, 109 Abs 1 JGG	Nr. 32 Mistra	Mitteilungen an die Jugendgerichtshilfe über Ausgang des Verfahrens ggf mit Angabe des Namens und der Anschrift des Bewährungshelfers sowie Unterrichtung über nachträgliche Aussetzungsentscheidungen bzw Führungsaufsicht.
Mitteilungen an die Schule in Strafsachen gegen Jugendliche und Heranwachsende (§ 70 Satz 1, § 109 Abs 1 JGG)	Nr. 33 Mistra	Mitteilung der rechtskräftigen Verurteilung (Fälle §§ 70 Satz 1, 109 Abs 1 JGG) an Leiter der Schule auf Anordnung des Richters oder Staatsanwalts.
Mitteilungen an andere Prozessbeteiligte in Strafsachen gegen Jugendliche (§§ 67, 43 Abs 1 JGG, Art 104 Abs 4 GG)	Nr. 34 Mistra	Mitteilung der rechtskräftigen Verurteilung an die in § 34 Abs 1 Mistra Genannten. Die Mitteilung

Gegenstand:	Mitteilungen nach:	Inhalt der Mitteilung und Empfänger
		wird durch den Richter oder Staatsanwalt angeordnet.
Mitteilungen zum Schutz von Minderjährigen (§ 13 Abs 2, § 14 Abs 1 Nr 5, § 17 Nr 5 JGG)	Nr. 35 Mistra	Mitteilungen an Jugendamt, Vormundschaftsrichter, Gewerbeaufsichtsamt oder sonst zuständige Stelle, wenn Maßnahmen zum Schutz Minderjähriger erforderlich werden. An wen die Mitteilungen zu richten sind ergibt sich aus § 35 Abs 2 Mistra. Anordnung erfolgt durch Richter oder Staatsanwalt.
Mitteilungen über Inhaber einer waffenrechtlichen oder sprengstoffrechtlichen Berechtigung sowie über sonstige nach dem WaffG oder SprengG berechtigte Personen (§ 13 Abs 2, § 14 Abs 1 Nr 5, 7 Buchst b, Abs 2, § 17 Nr 3 EGGVG)	Nr. 36 Mistra	Mitteilung über Ausgang des Verfahrens an die für die Erteilung, der Berechtigung zuständige Behörde, die in § 36 Abs 4 Mistra aufgeführt sind, in den Fällen der Nr. 36 Abs 1–3 MiStra.
Sonstige Mitteilungen aus waffenrechtlichen oder sprengstoffrechtlichen Gründen (§ 13 Abs 2, § 14 Abs 1 Nr 7, Abs 2, § 17 Nr 3 EGGVG)	Nr. 36° Mistra	Mitteilung des Ausgangs des Verfahrens unter den Voraussetzungen der Nr. 36 a Abs 1 MiStra an zuständige Verwaltungsbehörde des Wohnorts.
Mitteilungen in Strafsachen gegen Inhaber von Jagdscheinen und gegen Personen, die einen Antrag auf Erteilung eines Jagdscheines gestellt haben (§ 13 Abs 1 Nr 5, Abs 2, § 14 Abs 1 Nr 7, Abs 2, § 17 Nr 3 EGGVG)	Nr. 37 Mistra	Mitteilungen in den Fällen der Abs 1–3 sind zu richten an die für die Erteilung des Jagscheins zuständige Behörde.
Mitteilungen über Inhaber einer luftrechtlichen Erlaubnis oder Genehmigung sowie über sonstige nach dem Luftverkehrsgesetz berechtigte Personen (§ 13 Abs 2, § 14 Abs 1 Nr 5, Abs 2, § 17 Nr 3 EGGVG)	Nr. 38 Mistra	Mitteilung der rechtskräftigen Verurteilung (sonstige Tatsachen) in den Fällen der Nr. 38 Abs 1, 2 MiStra an Luftfahrt-Bundesamt, Postfach 3054, 38020 Braunschweig. In den Fällen des Abs 3 wird die Mitteilung vom Richter oder Staatsanwalt angeordnet.
Strafsachen gegen Inhaber von Berechtigungen und Gewerbetreibende (§ 13 Abs 2, § 14 Abs 1 Nr 5, Abs 2 EGGVG)	Nr. 39 Mistra	Mitteilung der rechtskräftigen Entscheidung an zuständige (Gewerbe-)Behörde, wenn Rücknahme (Widerruf etc.) der behördlichen Genehmigung, Erlaubnis, Konzession, Patent usw. zu erwarten ist. Anordnung trifft der Richter oder Staatsanwalt.
Strafsachen gegen mit Atomanlagen und Kernbrennstoffen oder sonstigen radioaktiven Straffen verantwortlich befasste Personen (§ 13 Abs 1 Nr 5, Abs 2, § 14 Abs 1 Nr 7, § 17 Nr 3 EGGVG)	Nr. 40 Mistra	Mitteilung der rechtskräftigen Entscheidung an zuständige Genehmigungs- bzw Aufsichtsbehörde auf Anordnung des Richters/Staatsanwalts.

Gegenstand:	Mitteilungen nach:	Inhalt der Mitteilung und Empfänger
Strafsachen gegen Ausländer (§ 87 Abs 2, 4, § 88 Abs 2 AufenthG)	Nr. 42 Mistra	Mitteilung des Ausgangs des Verfahrens und in den in Abs 1 genannten Fällen an die für den inländischen Wohn- oder Aufenthaltsort zuständige Ausländerbehörde. Teilweise nur auf Anordnung des Richters oder Staatsanwalts.
Strafsachen gegen Gefangene und Untergebrachte (§ 479 Abs 2 StPO)	Nr. 43 Mistra	Mitteilung des Ausgangs jedes weiteren Verfahrens an Leiter der Justizvollzugsanstalt.
Betriebsunfälle (§ 13 Abs 2, § 14 Abs 1, Abs 2, § 17 Nr 3 EGGVG)	Nr. 44 Mistra	Ausgang des Verfahrens an die für die Aufsicht zuständige Stelle
Fahrerlaubnissachen (§ 13 Abs 1 Nr 5, Abs 2, § 17 Nr. 1, 3 EGGVG)	Nr. 45 Mistra	Mitteilung des Ausgangs des Verfahrens (Ablauf der Sperre;) und der Beschlüsse nach § 69 a Abs 7 StGB an die für den Wohnort (Aufenthaltsort) zuständige Verwaltungsbehörde; ggf. auch an zuständige Polizeidienststelle. Besondere Mitteilungen bei Inhabern von Sonderführerscheinen. Zu beachten ist auch die Mitteilung an das Kraftfahrt-Bundesamt in Flensburg.
Straftaten gegen Vorschriften zum Schutz der Arbeitskraft und der Gesundheit der Arbeitnehmer (§ 13 Abs 2, § 14 Abs 1, Abs 2 EGGVG)	Nr. 46 Mistra	Mitteilung des Ausgangs des Verfahrens an zuständiges Aufsichtsamt bei Verletzung der in Nr. 46 Abs 2 Mistra aufgeführten Fällen.
Straftaten nach dem Gesetz zur Bekämpfung der Schwarzarbeit und illegalen Beschäftigung nach dem Arbeitnehmerüberlassungsgesetz (§ 6 SchwarzArbG, § 405 Abs 6 SGB III, § 18 Abs 3 und 4 AÜG)	Nr. 47 Mistra	Mitteilung des Ausgangs des Verfahrens in den Fällen der Nr. 47 MiStra an zuständiges Landesarbeitsamt und an die Regionaldirektion der Bundesanstalt für Arbeit.
Strafsachen wegen Verstoßes gegen das Außenwirtschaftsgesetz oder das Gesetz über die Kontrolle von Kriegswaffen (§ 45 b AWG)	Nr. 49 Mistra	Mitteilung des Ausgangs des Verfahrens über die Landesjustizverwaltung an das Bundesministerium der Justiz auf Anordnung des Richters oder Staatsanwalts.
Betäubungsmittelsachen (§ 27 Abs 3 und 4 BtMG	Nr. 50 Mistra	Ausgang des Verfahrens an die für die Überwachung der nach § 19 Abs 1 Satz 3 BtMG zuständigen Landesbehörde und dem Bundesinstitut für Arzneimittel, Kurt-Georg-Kiesinger-Allee 3, 53175 Bonn
Straftaten gegen Vorschriften zum Schutz der Umwelt (§ 13 Abs 2, § 14 Abs 1 Nr 9, Abs 2, § 17 Nr 3 EGGVG)	Nr. 51 Mistra	Mitteilung des Ausgangs des Verfahrens nach Anordnung des Richters oder Staatsanwalts an zuständige Umweltschutzbehörde. Bei

Gegenstand:	Mitteilungen nach:	Inhalt der Mitteilung und Empfänger
		Strafsachen gegen Bestimmungen zur Verhütung von Meeresverschmutzungen sind die Mitteilungen auch zu richten an das Bundesamt für Seeschifffahrt und Hydrographie in 20305 Hamburg.

Weitere Mitteilungspflichten, die außerhalb der Anordnung über Mitteilungen in **626** Strafsachen geregelt sind, können sich auch aus **anderen Verwaltungsvorschriften** oder aus **Gesetzen** ergeben oder im **Verwaltungswege** durch die oberste Justizbehörde begründet werden (s Nr. 1 Abs 3 MiStra). Zu nennen wären in diesem Zusammenhang insbesondere Mitteilungen aufgrund der StVollstrO, der RiVASt, der RLJGG, der RiStBV, der StPO und des OWiG. Wegen Einzelheiten wird auf die Ausführungen in den jeweiligen Abschnitten verwiesen.[6]

C. Mitteilungen zum Verkehrszentralregister

1. Zweck und Aufgaben des Verkehrszentralregisters

Das Verkehrszentralregister (VZR) wird vom **Kraftfahrt-Bundesamt Flensburg** ge- **627** führt. Es ist Sammelstelle für Nachrichten über:
- die Beurteilung der Eignung und der Befähigung von Personen zum Führen von Kraftfahrzeugen,
- die Prüfung der Berechtigung zum Führen von Fahrzeugen,
- die Ahndung der Verstöße von Personen, die wiederholt Straftaten oder Ordnungswidrigkeiten, die im Zusammenhang mit dem Straßenverkehr stehen, begehen,
- die Beurteilung von Personen im Hinblick auf ihre Zuverlässigkeit bei der Wahrnehmung der ihnen durch Gesetz, Satzung oder Vertrag übertragenen Verantwortung für die Einhaltung der zur Sicherheit im Straßenverkehr bestehenden Vorschriften.

Zu diesem Zweck werden Daten gespeichert über:
1. rechtskräftige Entscheidungen der Strafgerichte, soweit sie wegen einer im Zusammenhang mit dem Straßenverkehr begangenen rechtswidrigen Tat auf Strafe, Verwarnung mit Strafvorbehalt erkennen oder einen Schuldspruch enthalten,
2. rechtskräftige Entscheidungen der Strafgerichte, welche die Entziehung der Fahrerlaubnis, eine isolierte Sperre oder ein Fahrverbot anordnen sowie Entscheidungen der Strafgerichte, welche die vorläufige Entziehung der Fahrerlaubnis anordnen,
3. rechtskräftige Entscheidungen wegen einer Ordnungswidrigkeit nach § 24 oder § 24a StVG, wenn gegen den Betroffenen ein Fahrverbot nach § 25 StVG angeordnet oder eine Geldbuße von mindestens vierzig Euro festgesetzt ist, soweit § 28a StVG nichts anderes bestimmt,
4. unanfechtbare oder sofort vollziehbare Verbote oder Beschränkungen, ein fahrerlaubnisfreies Fahrzeug zu führen,

---

[6] Zu wichtigen Mitteilungen außerhalb der MiStra vgl. auch die Zusammenstellung bei *Piller/Hermann* „Justizverwaltungsvorschriften" Nr. 2c (Anhang I) bzw im Anhang zur MiStra (amtl. Textausgabe).

5. unanfechtbare Versagungen einer Fahrerlaubnis,
6. unanfechtbare oder sofort vollziehbare Entziehungen, Widerrufe oder Rücknahmen einer Fahrerlaubnis durch Verwaltungsbehörden,
7. Verzichte auf die Fahrerlaubnis,
8. unanfechtbare Ablehnungen eines Antrags auf Verlängerung der Geltungsdauer einer Fahrerlaubnis,
9. die Beschlagnahme, Sicherstellung oder Verwahrung von Führerscheinen nach § 94 der Strafprozessordnung,
10. unanfechtbare Entscheidungen ausländischer Gerichte und Verwaltungsbehörden, in denen Inhabern einer deutschen Fahrerlaubnis das Recht aberkannt wird, von der Fahrerlaubnis in dem betreffenden Land Gebrauch zu machen,
11. Maßnahmen der Fahrerlaubnisbehörde nach § 2a Abs 2 Satz 1 Nr. 1 und 2 und § 4 Abs 3 Satz 1 Nr. 1 und 2 StVG,
12. die Teilnahme an einem Aufbauseminar und die Art des Aufbauseminars und die Teilnahme an einer verkehrspsychologischen Beratung, soweit dies für die Anwendung der Regelungen der Fahrerlaubnis auf Probe (§ 2a StVG) und des Punktsystems (§ 4 StVG) erforderlich ist,
13. Entscheidungen oder Änderungen, die sich auf eine der in den Nummern 1 bis 12 genannten Eintragungen beziehen.

(s § 28 Abs 3 StVG in der Fassung vom 8. 4. 2008).

Das Ziel des **Verkehrszentralregisters** besteht hauptsächlich darin, den zuständigen Stellen das erforderliche Tatsachenmaterial zu verschaffen, damit sie im Interesse der Verkehrssicherheit die notwendigen verkehrserzieherischen und verkehrspolitischen Maßnahmen treffen können, so namentlich die Prüfung der Verkehrstauglichkeit von mehrfach registrierten Kraftfahrern, die Belehrung und Verwarnung solcher Kraftfahrer und notfalls ihre Ausschaltung aus dem Straßenverkehr. Daneben sollen den Gerichten geeignete Unterlagen für ihre Entscheidungen in Verkehrssachen zur Verfügung gestellt werden.

Das Verkehrszentralregister hat folgende **Hauptaufgaben:**

a) Eintragung der Entscheidungen der Gerichte und Verwaltungsbehörden (§ 28 StVG),
b) Erteilung von Auskünften an Gerichte und Behörden (§ 30 StVG),
c) Registrierung der Fahrerlaubnis während der Probezeit (§ 2a StVG),
d) Unterrichtung der Führerscheinbehörde im Rahmen des Mehrfachtäter-Punktsystems sowie bei Zuwiderhandlungen von Inhabern einer Fahrerlaubnis auf Probe (§ 2c StVG),
e) Tilgung der Eintragungen (§ 29 StVG),[7]
f) Führung eines Zentralen Fahrzeugregisters (§ 31 Abs 2 StVG),
g) Auskünfte zur Vorbereitung von Rechts- und allgemeinen Verwaltungsvorschriften auf dem Gebiet des Straßenverkehrs (§ 30 Abs 1 Nr. 3 StVG).

2. Mitteilungspflichten der Vollstreckungsbehörde

628   Das Verkehrszentralregister erfasst nach Maßgabe des § 28 StVG **Entscheidungen** der **Verwaltungsbehörden** und der **Gerichte** in **Verkehrssachen.** Die Mitteilung der Entscheidungen an das KBA obliegt zum einen den Verwaltungsbehörden, zum anderen bei Erkenntnissen des Gerichts – den Justizbehörden. Wer innerhalb der **Justiz** mittei-

---

[7] Die Eintragungen im Verkehrszentralregister werden nach Ablauf der in § 29 StVG bestimmten Fristen getilgt. Nach Maßgabe von § 29 Abs 3 Ziffer 2 StVG kann auch eine vorzeitige Tilgung in Betracht kommen nach § 63 FeV.

lungspflichtige Stelle ist, bestimmt sich nach § 28 Abs 4 StVG iVm Nr. 4 MiStra. Danach ist zuständig:

a) die **Strafverfolgungsbehörde** für Mitteilungen bis zur Erhebung der öffentlichen Klage,

b) das **Gericht** für Mitteilungen nach der Erhebung der öffentlichen Klage bis zur Rechtskraft,

c) die **Vollstreckungsbehörde** für alle Mitteilungen, nach Rechtskraft des Straferkenntnisses bzw der gerichtlichen Bußgeldentscheidung.[8]

Für die **Vollstreckungsbehörde** ergibt sich aus dieser Zuständigkeitsregelung eine **629** **Mitteilungspflicht** bei folgenden Entscheidungen der Gerichte:[9]

a) in Strafsachen:

1. rechtskräftige Verurteilungen wegen Straftaten nach den §§ 21 und 22 des Straßenverkehrsgesetzes, § 6 des Pflichtversicherungsgesetzes und § 9 des Gesetzes über die Haftpflichtversicherung für ausländische Kraftfahrzeuge und Kraftfahrzeuganhänger sowie strafgerichtliche Entscheidungen, durch die in diesen Fällen von Strafen abgesehen worden ist;

2. rechtskräftige Verurteilungen wegen anderer Straftaten, wenn sie im Zusammenhang mit der Teilnahme am Straßenverkehr begangen worden sind,[10] sowie strafgerichtliche Entscheidungen, durch die in diesen Fällen von Strafe abgesehen worden ist;

3. rechtskräftige Verurteilungen, bei denen auf ein Fahrverbot nach § 44 des Strafgesetzbuches erkannt worden ist;

4. rechtskräftige Entscheidungen, bei denen das Recht, von einem ausländischen Fahrausweis Gebrauch zu machen, nach § 69 b Abs 1 des Strafgesetzbuches aberkannt worden ist;

5. rechtskräftige Entscheidungen bei denen die Entziehung der Fahrerlaubnis nach § 69 des Strafgesetzbuches angeordnet worden ist;

6. rechtskräftige Entscheidungen, bei denen eine Sperre nach § 69 a Abs 1 Satz 3 des Strafgesetzbuches angeordnet worden ist;

7. Beschlüsse über die Beseitigung des Strafmakels nach den §§ 97 und 100 des Jugendgerichtsgesetzes und deren Widerruf;

8. Beschlüsse über die vorzeitige Aufhebung einer Sperre für die Erteilung einer Fahrerlaubnis nach § 69 a Abs 7 des Strafgesetzbuches;

9. rechtskräftige Beschlüsse, durch welche die Wiederaufnahme eines Verfahrens angeordnet wird, das durch ein im Verkehrszentralregister eingetragenes rechtskräftiges Urteil abgeschlossen ist, sowie die Aufhebung oder Abänderung einer solchen in das Verkehrszentralregister eingetragenen Entscheidung im Wiederaufnahmeverfahren.

Mitzuteilen ist ferner die Aufhebung oder Abänderung einer eingetragenen Entscheidung im Gnadenwege.

---

[8] Die Mitteilungen zum Verkehrszentralregister sind nach den Geschäftsstellenanordnungen der Länder dem Beamten des mittleren Dienstes bzw dem Schreibdienst (Kanzlei) übertragen.
[9] Siehe auch § 59 FeV.
[10] Der Begriff „im Zusammenhang mit der Teilnahme am Straßenverkehr", der auch in § 28 Nr. 1 StVG verwendet wird, ist eng auszulegen. Nur solche Straftatbestände kommen als Zusammenhangstaten in Betracht, die mit der Sicherheit und Ordnung im Straßenverkehr etwas zu tun haben oder zur Beurteilung beitragen können, ob jemand zur Teilnahme am Straßenverkehr geeignet ist.

b) in Bußgeldsachen:[11]

1. rechtskräftige Entscheidungen wegen einer Ordnungswidrigkeit nach § 24 oder § 24 a des Straßenverkehrsgesetzes, wenn gegen den Betroffenen eine Geldbuße von **mindestens 40,– €** festgesetzt worden ist, oder wenn § 28 a des Straßenverkehrsgesetzes anzuwenden ist.

2. rechtskräftige Entscheidungen wegen einer Ordnungswidrigkeit nach § 24 oder § 24 a des Straßenverkehrsgesetzes, wenn gegen den Betroffenen ein Fahrverbot nach § 25 des Straßenverkehrsgesetzes angeordnet worden ist;

3. rechtskräftige Beschlüsse, durch welche die Wiederaufnahme eines Verfahrens angeordnet wird, das durch eine im Verkehrszentralregister eingetragene rechtskräftige Bußgeldentscheidung abgeschlossen worden ist;

4. Entscheidungen im Wiederaufnahmeverfahren oder nach den §§ 86, 102 Abs 2 OWiG, durch die eine in das Verkehrszentralregister eingetragene Entscheidung rechtskräftig aufgehoben oder geändert wird.

Mitzuteilen ist ferner die Abänderung oder Aufhebung einer eingetragenen Entscheidung durch eine Gnadenmaßnahme.

630 Die Einführung der „Fahrerlaubnis auf Probe" durch Gesetz v 13. 5. 1986 hat für die Vollstreckungsbehörde **keine** zusätzlichen Mitteilungspflichten zur Folge. Während der Probezeit (2 Jahre) führt das KBA über den Fahranfänger ein besonderes Register (§ 2 c StVG). Die relevanten Daten erhält es von der Führerscheinbehörde. Das KBA unterrichtet die zuständige Verwaltungsbehörde über die innerhalb der Probezeit begangenen Straftaten und Ordnungswidrigkeiten (§ 2 c StVG), die von der Vollstreckungsbehörde zum Verkehrszentralregister mitgeteilt wurden, damit ggf. eine Nachschulung oder die erneute Ablegung der Befähigkeitsprüfung angeordnet werden kann (§ 2 a StVG). Der Datenaustausch erfolgt somit unmittelbar zwischen KBA und Verwaltungsbehörde. Die Vollstreckungsbehörde ist daran nur indirekt – durch ihre üblichen KBA-Mitteilungen – beteiligt.

3. Art und Inhalt der Mitteilungen

631 Die nach § 28 StVG, §§ 59, 75 FeV vorgesehenen Mitteilungen zum Verkehrszentralregister – wie auch die Einholung von Auskünften (§ 30 StVG) und für Anfragen (§§ 60, 61 FeV) – erfolgt im automatisierten Verfahren nach §§ 30 a ff StVG iVm § 61 FeV.

632 Bei der Abfassung ihrer Mitteilungen hat die Vollstreckungsbehörde folgende **Besonderheiten** zu beachten:
Eine **Gesamtstrafe** (§ 53 StGB) wird nur dann in das Verkehrszentralregister eingetragen, wenn der gerichtlichen Entscheidung **ausschließlich** im Zusammenhang mit der Teilnahme am Straßenverkehr begangene Taten (s § 28 Nr. 1 StVG) zugrunde lagen. Nicht registerfähig sind daher Verurteilungen wegen anderer Straftaten, die **neben** Verkehrsdelikten begangen und in einer Gesamtstrafe mit erfasst wurden. In solchen Fällen ist nur die **registerfähige** Tat mit ihrer **Einzelstrafe** einzutragen mit dem Vermerk, dass diese in einer Gesamtstrafe aufgegangen ist. Art und Höhe der Gesamtstrafe werden nicht eingetragen. Bei **Tateinheit** (§ 52 StGB) mit nicht registerpflichtigen Taten ist nur die **eintragungsfähige** Tat zu vermerken, außerdem die **Strafe.** Aus der Eintragung muss hervorgehen, dass sich die Strafe nicht nur auf Verkehrsdelikte bezieht.

633 Ist in **jugendgerichtlichen Verfahren** einheitlich auf Jugendstrafe erkannt worden, ist die Einheitsstrafe nur dann einzutragen, wenn **ausschließlich** wegen Verkehrsdelikten verurteilt wurde. Andernfalls wird nur die Verurteilung wegen des Verkehrsverstoßes,

---

[11] Siehe § 75 FeV.

nicht aber die Höhe der Jugendstrafe eingetragen. Bei **Tateinheit** von Verkehrsdelikt mit nicht registerpflichtiger Straftat ist das Verkehrsdelikt und die Höhe der Jugendstrafe einzutragen, § 59 Abs 3 FeV.

Für die Vollstreckungsbehörde bedeutet dies, dass beispielsweise im Falle einer (nur teilweise registerpflichtigen) Gesamtstrafe die **Höhe** der **registerfähigen Einzelstrafe gesondert** aufzuführen ist, weil aus der Mitteilung zum Verkehrszentralregister, die im Durchschreibeverfahren mit der Strafnachricht (BZR 1) gefertigt wird, sonst nur die Höhe der Gesamtstrafe ersichtlich wäre.

Wenn eine **gerichtliche Bußgeldentscheidung** sowohl gem. § 59 FeV registerpflichtige als auch nicht registerpflichtige Teile enthält, ist nur die **registerfähige** Ordnungswidrigkeit mitzuteilen und darauf hinzuweisen, dass sich die Geldbuße auch auf nicht registerpflichtige Taten bezieht. Als registerpflichtige Teile sind auch die Ordnungswidrigkeiten nach den §§ 24, 24a StVG anzusehen, für die bei eigenständiger Begehung in der Regel nur ein Verwarnungsgeld zu erheben gewesen oder eine Geldbuße festgesetzt worden wäre, die die Registerpflicht nicht begründet hätte.

D. Mitteilungen zum Zentralregister und zum Erziehungsregister

1. Bundeszentralregistergesetz und Durchführungsbestimmungen (Abriss)

Das **Bundeszentralregistergesetz** (BZRG)[12] enthält Vorschriften über Inhalt und Führung des Zentral- und Erziehungsregisters, regelt Fragen der Auskunft aus dem Register, bestimmt Voraussetzungen und Fristen für die Tilgung von Eintragungen und legt die Rechtswirkungen einer Tilgung fest. **634**

Das Bundeszentralregister (mit Sitz Bonn) wird vom Generalbundesanwalt bei dem Bundesgerichtshof geführt (§ 1 BZRG). Es besteht aus zwei Einzelregistern: dem **Zentralregister** und dem **Erziehungsregister**. Daneben wird beim Bundeszentralregister noch das **Gewerbezentralregister** geführt.

Das **Zentralregister** erfasst strafgerichtliche Verurteilungen, Entscheidungen von Verwaltungsbehörden und Gerichten, Vermerke über Schuldunfähigkeit und bestimmte nachträgliche Entscheidungen, die sich auf eine bereits bestehende Eintragung beziehen (§ 3 BZRG). In das Register werden auch strafrechtliche Verurteilungen aufgenommen, die nicht von Gerichten im Geltungsbereich des BZRG erlassen worden sind, sofern der Verurteilte Deutscher oder im Geltungsbereich des BZRG geboren oder wohnhaft ist (§ 54 BZRG), mithin auch **ausländische** Urteile.[13]

In das **Erziehungsregister** werden gegen Jugendliche ergangene Anordnungen und Entscheidungen **ohne Strafcharakter** eingetragen (§ 60 BZRG). Die Eintragungen im Erziehungsregister werden entfernt, sobald der Betroffene das 24. Lebensjahr vollendet hat (Ausnahme: s § 63 Abs 2 BZRG). Der **Generalbundesanwalt** kann auf Antrag vom Amts wegen anordnen, dass Eintragungen **vorzeitig** entfernt werden, wenn die Vollstreckung erledigt ist und das öffentliche Interesse einer solchen Anordnung nicht entgegensteht (§ 63 Abs 3 BZRG). Antragstellung und Verfahren richten sich nach §§ 24 ff der 1. BZRVwV.

Das frühere polizeiliche Führungszeugnis ist durch das **registerliche Führungszeugnis** **635** abgelöst worden. Man unterscheidet das Führungszeugnis für **Privatpersonen**, das jedermann, der das 14. Lebensjahr vollendet hat, erhalten kann, und das Führungs-

---

[12] IdF der Bekanntmachung v 21. 9. 1984 (BGBl I S 1229, berichtigt 1985 I S 195).

[13] Zur Eintragung ausländischer Urteile in das BZR s *Rebmann/Uhlig*, NStZ 1985, 529. Zur Übertragung der im Strafregister der ehemaligen DDR enthaltenen Eintragungen in das Bundeszentralregister s §§ 64a, 64b BZRG und das Rundschreiben des BMJ v 19. 9. 1991 (II B3–4240–3–2–250 467/91) mit Arbeitsanweisung v 12. 9. 1990.

zeugnis für **Behörden** (§§ 30, 31 BZRG). Der Inhalt des Führungszeugnisses – mit den Besonderheiten beim Behördenführungszeugnis – ergibt sich aus § 32 BZRG. Nach Ablauf bestimmter Fristen werden Verurteilungen in das Führungszeugnis nicht mehr aufgenommen (§§ 33 ff BZRG). Auch kann der **Generalbundesanwalt** auf Antrag oder von Amts wegen die **Nichtaufnahme** von Verurteilungen in das Führungszeugnis **anordnen,** soweit das öffentliche Interesse einer solchen Anordnung nicht entgegensteht (§ 39 BZRG). Der Vorbehalt nach § 39 Abs 2 BZRG ist zu beachten. Das Verfahren selbst ist in den §§ 24 ff der 1. BZRVwV geregelt.

Die Eintragungen des bisher beim Generalstaatsanwalt der Deutschen Demokratischen Republik geführten Strafregisters wurden in das Bundeszentralregister übernommen. Nicht übernommen wurden Eintragungen:

1. über Verurteilungen oder Erkenntnisse, bei denen der zugrunde liegende Sachverhalt im Zeitpunkt der Übernahme nicht mehr mit Strafe bedroht oder mit Ordnungsmitteln belegt ist,
2. über Verurteilungen oder Erkenntnisse, bei denen sich ergibt, dass diese mit rechtsstaatlichen Maßstäben nicht vereinbar sind,
3. von Untersuchungsorganen und von Staatsanwaltschaften im Sinne des Strafregistergesetzes der Deutschen Demokratischen Republik.

636   Der Umfang der **Auskunft** aus dem Zentralregister und dem Erziehungsregister ist in den §§ 41 ff und § 61 BZRG festgelegt. Auskunft aus dem **Erziehungsregister** erhält nur ein eingeschränkter Behördenkreis: im wesentlichen Strafgerichte, Staatsanwaltschaften, Justizvollzugsbehörden für Zwecke der Rechtspflege bzw des Strafvollzugs, Gnadenbehörden in Gnadensachen, zum Teil auch noch Vormundschafts- und Familiengerichte sowie Jugendämter und Landesjugendämter. Welche Behörden im Sinne des § 41 BZRG hinsichtlich des **Zentralregisters unbeschränkt auskunftsberechtigt** sind, ergibt sich im Einzelnen aus der Auflistung in §§ 19 bis 23 der 1. BZRVwV.

637   Nach Ablauf bestimmter Fristen – je nach Strafart und -höhe nach fünf, zehn, fünfzehn oder zwanzig Jahren – werden Eintragungen über Verurteilungen im Register **getilgt** (§§ 45 ff BZRG). Keine Tilgung ist vorgesehen bei Verurteilungen zu lebenslanger Freiheitsstrafe sowie bei Anordnung der Unterbringung in der Sicherungsverwahrung oder in einem psychiatrischen Krankenhaus.

(1) Die Tilgungsfrist beträgt

1. fünf Jahre
   bei Verurteilungen
   a) zu Geldstrafe von nicht mehr als neunzig Tagessätzen, wenn keine Freiheitsstrafe, kein Strafarrest und keine Jugendstrafe im Register eingetragen ist,
   b) zu Freiheitsstrafe oder Strafarrest von nicht mehr als drei Monaten, wenn im Register keine weitere Strafe eingetragen ist,
   c) zu Jugendstrafe von nicht mehr als einem Jahr,
   d) zu Jugendstrafe von nicht mehr als zwei Jahren, wenn die Vollstreckung der Strafe oder eines Strafrestes gerichtlich oder im Gnadenwege zur Bewährung ausgesetzt worden ist,
   e) zu Jugendstrafe von mehr als zwei Jahren, wenn ein Strafrest nach Ablauf der Bewährungszeit gerichtlich oder im Gnadenwege erlassen worden ist,
   f) zu Jugendstrafe, wenn der Strafmakel gerichtlich oder im Gnadenwege als beseitigt erklärt worden ist,
   g) durch welche eine Maßnahme (§ 11 Abs 1 Nr. 8 des Strafgesetzbuchs) mit Ausnahme der Sperre für die Erteilung einer Fahrerlaubnis für immer und des Berufsverbots für immer, eine Nebenstrafe oder eine Nebenfolge allein

oder in Verbindung miteinander oder in Verbindung mit Erziehungsmaßregeln oder Zuchtmitteln angeordnet worden ist,

2. zehn Jahre
   bei Verurteilungen zu
   a) Geldstrafe und Freiheitsstrafe oder Strafarrest von nicht mehr als drei Monaten, wenn die Voraussetzungen der Nummer 1 Buchstaben a und b nicht vorliegen,
   b) Freiheitsstrafe oder Strafarrest von mehr als drei Monaten, aber nicht mehr als einem Jahr, wenn die Vollstreckung der Strafe oder eines Strafrestes gerichtlich oder im Gnadenwege zur Bewährung ausgesetzt worden und im Register nicht außerdem Freiheitsstrafe, Strafarrest oder Jugendstrafe eingetragen ist,
   c) Jugendstrafe von mehr als einem Jahr, außer in den Fällen der Nummer 1 Buchstaben d bis f,
3. zwanzig Jahre bei Verurteilungen wegen einer Straftat nach den §§ 174 bis 180 oder 182 des Strafgesetzbuches zu einer Freiheitsstrafe oder Jugendstrafe von mehr als einem Jahr,
4. fünfzehn Jahre in allen übrigen Fällen.
   Die Aussetzung der Strafe oder eines Strafrestes zur Bewährung oder die Beseitigung des Strafmakels bleiben bei der Berechnung der Frist unberücksichtigt, wenn diese Entscheidungen widerrufen worden sind.

(2) In den Fällen des Absatzes 1 Nr. 1 Buchstabe e, Nr. 2 Buchstabe c, Nr. 3, Nr. 4 verlängert sich die Frist um die Dauer der Freiheitsstrafe, der für den Fall der Uneinbringlichkeit der Vermögensstrafe bestimmten Ersatzfreiheitsstrafe, des Strafarrestes oder der Jugendstrafe.

In besonderen Fällen kann auch der **Generalbundesanwalt** auf Antrag oder von Amts wegen die **Tilgung anordnen,** falls die Vollstreckung erledigt ist und das öffentliche Interesse einer solchen Anordnung nicht entgegensteht (§ 49 BZRG). Solange ein Verlust der Fähigkeiten/Rechte iSd § 45 StGB besteht, ist eine Registervergünstigung ausgeschlossen. Das Verfahren selbst bestimmt sich nach den §§ 24 ff der 1. BZRVwV. Ist eine Eintragung über eine Verurteilung im Register getilgt worden oder zu tilgen, so besteht ein **Verwertungsverbot:** die Tat und die Verurteilung dürfen dem Betroffenen im Rechtsverkehr nicht mehr vorgehalten und nicht zu seinem Nachteil verwertet werden (§ 51 Abs 1 BRZG).

Aufgrund der Ermächtigung in § 2 Abs 2 BZRG sind verschiedene **Durchführungs-** **638** **vorschriften** zum BZRG erlassen worden:

Die erste allgemeine Verwaltungsvorschrift zur Durchführung des Bundeszentralregistergesetzes (**1. BZRVwV**)[14] benennt die mitteilungspflichtigen sowie die unbeschränkt auskunftsberechtigten Behörden, bestimmt die Form der Mitteilungen und Anfragen, regelt das Verfahren bei der Erteilung von Führungszeugnissen und bei Mitteilungen an den Betroffenen sowie bei Anträgen auf Registervergünstigungen.

Die **2. BZRVwV**[15] enthält eine Ausfüllanleitung für Verwaltungsbehörden (AfV) sowie Muster der geltenden Vordrucke.

Die **3. BZRVwV** – Ausfüllanleitung für Justizbehörden (AfJ)[16] – regelt die Erstellung von Registermitteilungen (Auskunftsersuchen) durch die Justizbehörden: von der Art

---

[14] IdF der Bekanntmachung vom 24. 5. 1985 (BAnz Nr. 99 S 5573).

[15] IdF vom 25. 7. 1985 (Beilage zum BAnz Nr. 155 a), geändert durch AllgVwV v 17. 7. 1989 (Beilage zum BAnz Nr. 137 a).

[16] IdF vom 25. 7. 1985 (Beilage zum BAnz Nr. 155 a), geändert durch Bek v 25. 3. 1988 (BAnz Nr. 68 S 1605), v 11. 5. 1989 (BAnz Nr. 94 S 2521) und durch AllgVwV v 17. 7. 1989 (Beilage zum BAnz Nr. 137 a) und Bek v 25. 2. 1991 (BAnz Nr. 45).

der zu verwendenden Vordrucke bis hin zum Inhalt und Form der mitzuteilenden Texte.[17]

2. Mitteilungspflichten der Vollstreckungsbehörde

639 **a) Mitteilungen zum Zentralregister:**
Nach § 1 Abs 1 Nr. 1 der 1. BZRVwV sind die Mitteilungen zum Zentralregister in den Fällen der §§ 4–8 und §§ 12–18 BZRG von der Vollstreckungsbehörde zu bewirken.[18]

Im Einzelnen gilt dazu folgendes:
Mitzuteilen sind gem. § 4 BZRG **rechtskräftige Entscheidungen,** durch die ein deutsches Gericht im Geltungsbereich des BZRG wegen einer rechtswidrigen Tat

1. auf Strafe erkannt,
2. eine Maßregel der Besserung und Sicherung angeordnet,
3. jemanden nach § 59 des Strafgesetzbuchs mit Strafvorbehalt verwarnt oder
4. nach § 27 des Jugendgerichtsgesetzes die Schuld eines Jugendlichen oder Heranwachsenden festgestellt hat.

Nicht registerpflichtig sind demgemäß die Fälle, in denen von **Strafe abgesehen** oder jemand für **straffrei** erklärt wurde (§§ 60, 199, 233 StGB). Ebenfalls **nicht registerfähig** sind Geldbußen wegen **Ordnungswidrigkeiten,** auch wenn auf sie neben Strafe in **derselben** Entscheidung erkannt worden ist. Das Gleiche gilt für die Nebenfolgen einer Ordnungswidrigkeit. Auch Ordnungs- und Zwangsmittel sind nicht mitteilungspflichtig.

Die nach den §§ 4–8 BZRG vorgesehenen Mitteilungen haben neben den Urteilsdaten, der Rechtskraft, der Tatzeit, den Personalien und der rechtlichen Bezeichnung der Tat alle verhängten Haupt- und Nebenstrafen, ggf. die vorbehaltene Strafe sowie die **kraft Gesetzes** eintretenden oder selbständig angeordneten Maßnahmen und Nebenfolgen zu enthalten. Mitteilungspflichtig sind demgemäß auch der **Verlust der Amtsfähigkeit und Wählbarkeit** gem. § 45 Abs 1 StGB sowie die Rechtsfolge nach § 25 JArbSchG (Verbot der Beschäftigung von Jugendlichen).[19]

Die Anordnung von **Erziehungsmaßregeln** und **Zuchtmitteln** sowie von Nebenstrafen und Nebenfolgen, auf die bei Anwendung von **Jugendstrafrecht** erkannt worden ist, ist zum Zentralregister nur dann mitzuteilen, wenn sie mit einem Schuldspruch nach § 27 JGG, einer Verurteilung zu Jugendstrafe oder der Anordnung einer Maßregel der Besserung und Sicherung verbunden ist (§ 5 Abs 2 BZRG).

---

[17] S auch die Zusammenstellung der Registervorschriften und Ausführungsbestimmungen sowie die allgemeine Einleitung zum Registerrecht bei *Uhlig,* „Justizregister".

[18] In einigen Bundesländern wurden aufgrund der Ermächtigung in §§ 1 Abs 2, 2 Abs 2 der 1. BZRVwV die Mitteilungen zum Zentralregister gem. § 1 Abs 1 Nr. 1, 2, 3 sowie die gem. § 2 Abs 1 der 1. BZRVwV zum Erziehungsregister vorgesehenen Mitteilungen der Staatsanwaltschaft für alle Vollstreckungsbehörden und Gerichte ihres Bezirks übertragen.

[19] Die Rechtsfolge nach § 25 JArbSchG tritt (kraft Gesetzes) bei folgenden rechtskräftigen Verurteilungen ein:
a) wegen eines Verbrechens zu einer Freiheitsstrafe von mindestens zwei Jahren,
b) wegen einer vorsätzlichen Straftat, die unter Verletzung der als Arbeitgeber, Ausbildender oder Ausbilder obliegenden Pflichten zum Nachteil von Kindern oder Jugendlichen begangen wurde, zu einer Freiheitsstrafe von mehr als drei Monaten,
c) wegen einer Straftat nach §§ 109 h, 170 d, 174 bis 184 b, 223 b StGB,
d) wegen einer Straftat nach den §§ 11, 12 BtMG a. F. (entspricht jetzt §§ 29 bis 30 a BtMG),
e) wegen einer Straftat nach § 21 des Gesetzes über die Verbreitung jugendgefährdender Schriften oder nach § 13 des Gesetzes zum Schutze der Jugend in der Öffentlichkeit (bei wenigstens zweimaliger Verurteilung).

Bei **Geldstrafen** sind die Zahl der Tagessätze und die Höhe eines Tagessatzes anzugeben.

In das Zentralregister einzutragen und daher **mitteilungspflichtig** sind ferner:

1. die nachträgliche Bildung einer Gesamtstrafe oder einer einheitlichen Jugendstrafe (§ 6 BZRG);
2. die Aussetzung zur Bewährung im Straferkenntnis bei Strafen oder Maßregeln der Besserung und Sicherung. Gleichzeitig ist das Ende der Bewährungszeit oder der Führungsaufsicht sowie die Anordnung von Bewährungsaufsicht anzugeben. Dies gilt auch in den Fällen des § 59 StGB (Strafvorbehalt) und § 27 JGG (§ 7 BZRG);
3. bei Anordnung einer Sperre (§ 69 a StGB) ist der Tag ihres Ablaufs einzutragen (§ 8 BZRG).

Die Zuständigkeit der **Vollstreckungsbehörde** für Mitteilungen erstreckt sich aber **640** auch auf eine Reihe **nachträglicher Entscheidungen,** die teils nach **allgemeinem Strafrecht** (§ 12 BZRG), teils nach **Jugendstrafrecht** (§ 13 BZRG) ergangen sind. So sind von der Vollstreckungsbehörde mitzuteilen:

aa) Nach § 12 BZRG:

1. die nachträgliche Aussetzung der Strafe, eines Strafrestes oder einer Maßregel der Besserung und Sicherung; dabei ist das Ende der Bewährungszeit oder der Führungsaufsicht zu vermerken,
2. die nachträgliche Unterstellung des Verurteilten unter die Aufsicht und Leitung eines Bewährungshelfers sowie die Abkürzung oder Verlängerung der Bewährungszeit oder der Führungsaufsicht,
3. der Erlass oder Teilerlass der Strafe,
4. die Überweisung des Täters in den Vollzug einer anderen Maßregel der Besserung und Sicherung,
5. der Widerruf der Aussetzung einer Strafe, eines Strafrestes oder einer Maßregel der Besserung und Sicherung zur Bewährung und der Widerruf des Straferlasses,
6. die Aufhebung der Unterstellung unter die Aufsicht und Leitung eines Bewährungshelfers,
7. der Tag des Ablaufs des Verlustes der Amtsfähigkeit, der Wählbarkeit und des Wahl- und Stimmrechts,
8. die vorzeitige Aufhebung der Sperre für die Erteilung der Fahrerlaubnis.

Wird nach einer **Verwarnung mit Strafvorbehalt** auf die vorbehaltene Strafe erkannt, so ist diese Entscheidung in das Register einzutragen. Stellt das Gericht nach Ablauf der Bewährungszeit fest, dass es bei der Verwarnung sein Bewenden hat (§ 59 b Abs 2 des Strafgesetzbuchs) so wird die Eintragung über die Verwarnung mit Strafvorbehalt aus dem Register entfernt.

bb) Nach § 13 BZRG:

1. die Aussetzung der Jugendstrafe zur Bewährung durch Beschluss; dabei ist das Ende der Bewährungszeit zu vermerken,
2. die Aussetzung des Strafrestes, die Umwandlung der Jugendstrafe von unbestimmter Dauer in eine bestimmte und die endgültige Entlassung des Verurteilten durch den Vollstreckungsleiter; dabei ist das Ende der Bewährungszeit und bei Umwandlung einer Jugendstrafe von unbestimmter Dauer auch die Dauer der festgesetzten bestimmten Jugendstrafe zu vermerken,
3. die Abkürzung oder Verlängerung der Bewährungszeit,
4. der Erlass oder Teilerlass der Jugendstrafe,
5. die Beseitigung des Strafmakels,

6. der Widerruf der Aussetzung einer Jugendstrafe oder eines Strafrestes und der Beseitigung des Strafmakels.

Wird nach § 30 Abs 1 des Jugendgerichtsgesetzes auf Jugendstrafe erkannt, so ist auch diese in das Register einzutragen. Die **Eintragung** über einen **Schuldspruch** wird aus dem Register entfernt, wenn der Schuldspruch
1. nach § 30 Abs 2 des Jugendgerichtsgesetzes getilgt wird oder
2. nach § 31 Abs 2, § 66 des Jugendgerichtsgesetzes in eine Entscheidung einbezogen wird, die in das Erziehungsregister einzutragen ist.

641   **Registerpflichtig** und durch die Vollstreckungsbehörde mitzuteilen sind ferner:
1. Gnadenerweise, durch die eine eingetragene Strafe oder Maßregel der Besserung und Sicherung zur Bewährung ausgesetzt, erlassen, umgewandelt, ermäßigt, oder die gnadenweise Aussetzung widerrufen oder Bewährungsaufsicht angeordnet oder aufgehoben bzw die Bewährungszeit abgeändert wird (§ 14 BZRG);
2. der Tag, an dem die Vollstreckung einer Freiheitsstrafe, eines Strafarrestes, einer Jugendstrafe oder einer Vermögensstrafe oder einer Maßregel der Besserung und Sicherung (Ausnahme: Sperre für Fahrerlaubnis, § 69 a StGB) beendet oder auf andere Weise (z. B.: durch Eintritt der Vollstreckungsverjährung oder Anrechnung der U-Haft) erledigt ist (§ 15 BZRG). Die Erledigung der Vollstreckung von Geld- und zugehörigen Ersatzfreiheitsstrafen, Geldbußen und Erzwingungshaft, Ordnungs- und Zwangsmitteln wird dagegen nicht mitgeteilt;
3. der rechtskräftige Beschluss, durch den die Wiederaufnahme des Verfahrens angeordnet wird. Ist die endgültige Entscheidung in dem Wiederaufnahmeverfahren (§§ 371, 373 der Strafprozessordnung) rechtskräftig geworden, so wird die Eintragung des Wiederaufnahmebeschlusses aus dem Register entfernt. Wird durch die Entscheidung das frühere Urteil aufrechterhalten, so wird dies im Register vermerkt. Andernfalls wird die auf die erneute Hauptverhandlung ergangene Entscheidung in das Register eingetragen, wenn sie eine registerpflichtige Verurteilung enthält; die frühere Eintragung wird aus dem Register entfernt (§ 16 BZRG);
4. die Zurückstellung der Vollstreckung nach § 35 BtMG. Dabei ist anzugeben, bis zu welchem Tag die Vollstreckung zurückgestellt worden ist. Mitteilungspflichtig ist ferner der Widerruf der Zurückstellung wie auch bei Freiheitsstrafen von nicht mehr als 2 Jahren die Feststellung einer Betäubungsmittelabhängigkeit (§ 17 Abs 2 BZRG). Die Feststellung ist Sache des Gerichts und lässt sich der Liste der angewendeten Vorschriften im Urteil entnehmen (vgl. § 260 Abs 5 Satz 2 StPO);
5. Straftaten im Zusammenhang mit der Ausübung eines Gewerbes (§ 18 BZRG).

642   **b) Mitteilungen zum Erziehungsregister:**
Die Zuständigkeit der **Vollstreckungsbehörde** für Mitteilungen zum Erziehungsregister (§ 60 Abs 1 Nr. 1 bis 4, 6, 7, Abs 2 BZRG) ergibt sich aus den landesrechtlichen Vorschriften und § 60 BZRG. Danach hat die Vollstreckungsbehörde die Mitteilung folgender Entscheidungen und Anordnungen zu bewirken:
1. die Anordnung von Maßnahmen nach § 3 Satz 2 des Jugendgerichtsgesetzes,
2. die Anordnung von Erziehungsmaßregeln oder Zuchtmitteln (§§ 9 bis 16, 112 a Nr. 2 des Jugendgerichtsgesetzes), Nebenstrafen oder Nebenfolgen (§ 8 Abs 3, § 76 des Jugendgerichtsgesetzes) allein oder in Verbindung miteinander,
3. der Schuldspruch, der nach § 13 Abs 2 Satz 2 Nr. 2 BZRG aus dem Zentralregister entfernt worden ist,
4. Entscheidungen, in denen der Richter die Auswahl und Anordnung von Erziehungsmaßregeln dem Vormundschaftsrichter überlässt (§§ 53, 104 Abs 4 des Jugendgerichtsgesetzes),

5. der Freispruch wegen mangelnder Reife und die Einstellung des Verfahrens aus diesem Grunde (§ 3 Satz 1 des Jugendgerichtsgesetzes),
6. das Absehen von der Verfolgung nach § 45 des Jugendgerichtsgesetzes und die Einstellung des Verfahrens nach § 47 des Jugendgerichtsgesetzes; zugleich ist die vom Richter nach § 45 Abs 3 oder § 47 Abs 1 Satz 1 Nr. 3 des Jugendgerichtsgesetzes getroffene Maßnahme mitzuteilen.

Die **Mitteilungen** sollen binnen **eines Monats** nach Eintritt der Rechtskraft bzw des　**643** Erlasses der Entscheidung **abgesandt** werden (§ 4 der 1. BZRVwV).
Führt der Betroffene befugt oder unbefugt mehrere Geburtsnamen oder unbefugt einen oder mehrere Vornamen oder ist er unter mehreren Geburtsdaten oder -orten bekannt geworden, so ist in der Mitteilung darauf hinzuweisen (§ 5 der 1. BZRVwV).
Werden die richtigen Personendaten festgestellt, so sind diese dem BZR mitzuteilen. Erweist sich nachträglich eine Mitteilung als unrichtig oder unvollständig, ist unverzüglich eine Korrektur vorzunehmen (§ 8 der 1. BZRVwV).

3. Form und Inhalt der Mitteilungen (AfJ)

Die Zusammenfassung der früheren Strafregister und gerichtlichen Erziehungskartei-　**644** en in einem einzigen Register – dem Bundeszentralregister –, mit dem dadurch bedingten hohen Geschäftsanfall, hat beim Bundeszentralregister den Einsatz einer **Datenverarbeitungsanlage** und bei den Justizbehörden, die das Hauptkontingent an Mitteilungen stellen, die Fertigung **maschinenlesbarer Belege** erforderlich gemacht.
Bei nahezu allen Staatsanwaltschaften sind die Mitteilungen bereits automatisiert.
Die Mitteilungen werden durch Datenfernübertragung von den Vollstreckungsbehörden unmittelbar in den Rechner beim Bundeszentralregister eingelesen.
Einzelheiten der Erstellung dieser Belege – von der Art der zu verwendenden Vordrucke, über den Einsatz bestimmter Schreibmaschinen (Farbbänder) bis hin zur Abfassung der Texte – regelt die 3. BZRVwV/**Ausfüllanleitung für Justizbehörden** (AfJ) vom 25. 7. 1985.[20]
Die **AfJ** besteht aus drei Teilen. Der erste Teil ist für die Vollstreckungsbehörde von besonderer Bedeutung. Hier werden detailliert Ausgestaltung und Abfassung der Mitteilungen zum Zentral- und Erziehungsregister behandelt (z. B. Erstellung und Inhalt der Texte, Vordrucke, Berichtigung und Versendung der Mitteilungen usw.). Der zweite Teil bringt Formvorschriften für Auskunftsersuchen (Führungszeugnisse). Der dritte Teil befasst sich mit Übergangs- und Schlussbestimmungen.
Die AfJ enthält daneben **sechs Anlagen** mit folgendem Inhalt:
- Anlage 1: Vordrucke,
- Anlage 2: Staatsangehörigkeitsschlüssel,
- Anlage 3: Kennzahlen und normierte Texte,
- Anlage 4: Muster für die Ausfüllung der Vordrucke,
- Anlage 5: Verzeichnis der Kennzeichen der Gerichte und Staatsanwaltschaften,
- Anlage 6: Verzeichnis von Abkürzungen der Überschriften von Gesetzen.[21]

Für das **Ausfüllen** der Mitteilungsvordrucke sind von den mitteilungspflichtigen Jus-　**645** tizbehörden ausschließlich die hierfür beschafften elektrischen Schreibmaschinen mit

---

[20] Beilage zum BAnz Nr. 155 a, geändert durch Bek v 25. 3. 1988 (BAnz Nr. 68 S 1605), v 11. 5. 1989, BAnz Nr. 94 S 2521) und durch AllgVwV v 17. 7. 1989 (Beilage zum BAnz Nr. 137 a) und Bek v 25. 2. 1991 (BAnz Nr. 45).
[21] Wegen Einzelheiten der Abfassung der Registermitteilungen wird auf die AfJ verwiesen. Für die Vollstreckungsbehörde von besonderer Bedeutung sind hier insbesondere Abschnitt 1–5 des ersten Teils der AfJ sowie Anlage 3 mit den Kennzahlen und normierten Texten.

OCR-B-Schriftzeichen nach DIN 66009 zu verwenden, sofern nach Mitteilungen auf Papier gefertigt werden. Die Vordrucke sind mit schwarzem Karbonfarbband zu beschreiben, das nur einmal benutzt werden darf. Im übrigen – wie bereits bei den meisten Staatsanwaltschaften bereits installiert, erfolgen die Mitteilungen auf dem elektronischen Datenwege.

Die vorgesehenen **Mitteilungen** sind auf dem **Vordrucksatz BZR 1** zu fertigen.[22] Strafnachrichten einfacher Art können zum größten Teil durch Ausfüllen der vorgedruckten Felder abgefasst werden; in den übrigen Fällen müssen zumeist eine **Kennzahl** und ein **normierter Text** in den Schreibraum des Vordrucks eingesetzt werden.[23] Der Vordruck BZR 1 ist mit einer speziell für Klarschriftleser entwickelten blaugrünen Farbe bedruckt. Sind neben der Mitteilung auf dem Vordruck BZR 1 weitere Mitteilungen erforderlich, so können sie im **Durchschreibeverfahren** hergestellt werden. Dabei ist **folgende Reihenfolge** einzuhalten:

1. Vordruck BZR 1,
2. Mitteilung an das KBA nach § 28 StVG; die nur für das Verkehrszentralregister bestimmten Angaben sind nachträglich in den dafür vorgesehenen Raum im unteren Teil des betr. Vordrucks einzusetzen,
3. Mitteilung an die Polizei nach Nr. 11 Abs 2 MiStra,
4. Durchschrift für die Akten. Auf ihr ist die Beleg-Nummer des verwendeten Vordrucks BZR 1 nachträglich einzusetzen.

Die Vordrucke BZR 1 sind an das Bundeszentralregister in Bonn zu senden. Die Vordrucke dürfen nicht gefaltet, geknickt oder geknittert werden. Bis zu 25 Vordrucke sind in festen Umschlägen mit Kartonrücken, mehr als 25 Vordrucke sind als Postpäckchen in festem Karton zu versenden.

646 Nachfolgend ein **Muster** des Vordrucks BZR 1.[24] Bei der automatisierten Mitteilung an das Bundeszentralregister durch Datenfernübertragung entspricht die Bildschirmmaske dem Vordruck BZR 1.

4. Registervergünstigungen

647 Im Interesse der Wiedereingliederung des Betroffenen kann der **Generalbundesanwalt** unter bestimmten Voraussetzungen auf Antrag oder auch von Amts wegen **Registervergünstigungen** gewähren. Die Vergünstigungen bewirken, dass bestimmte Eintragungen aus dem Register entfernt oder Verurteilungen, für welche die gesetzliche Frist noch nicht abgelaufen ist, in ein Führungszeugnis nicht aufgenommen oder auch getilgt werden. Der Generalbundesanwalt hat im Einzelnen die Befugnis für folgende Maßnahmen:

a) Anordnung der Entfernung einer Eintragung (§§ 25, 55 Abs 2, 63 Abs 3 BZRG).
Gemeint sind Eintragungen nach den §§ 10, 11 BZRG, Eintragungen im Erziehungsregister und von ausländischen Verurteilungen. Vor einer Entscheidung soll in den Fällen des § 11 BZRG (Schuldunfähigkeit) ein in der Psychiatrie erfahrener medizinischer Sachverständiger gehört werden. Die Entfernung einer Eintragung im Erziehungsregister setzt voraus, dass die Vollstreckung erledigt ist. Die Registermaßnahme unterbleibt generell, wenn das öffentliche Interesse entgegensteht.

b) Anordnung der Nichtaufnahme von Verurteilungen in ein Führungszeugnis (§ 39 BZRG).
Vor der Entscheidung ist das erkennende Gericht und die sonst zuständige Behörde (z. B. die Staatsanwaltschaft) zu hören, bei freiheitsentziehenden Maßregeln auch ein

---

[22] S das Muster Anlage 1 der AfJ und Rdn 646.
[23] Kennzahl und normierter Text ergeben sich aus der Anlage 3 der AfJ.
[24] Zu Beispielen von Registermitteilungen s auch die einzelnen Abschnitte.

Sachverständiger der Psychiatrie. Eine Anordnung darf nicht ergehen, solange der Betroffene infolge der Verurteilung die Fähigkeit, öffentliche Ämter zu bekleiden und Rechte aus öffentlichen Wahlen zu erlangen, oder das Recht, in öffentlichen Angelegenheiten zu wählen oder zu stimmen, verloren hat (§ 45 StGB). Auch darf das öffentliche Interesse einer solchen Anordnung nicht entgegenstehen.

c) Anordnung der Tilgung (§§ 48, 49 BZRG).

Eine Tilgung kann zum einen erfolgen, wenn eine Gesetzesänderung der in § 48 BZRG genannten Art eingetreten ist, zum anderen bei Vorliegen besonderer Umstände (§ 49 BZRG). In letzterem Falle ist eine Tilgungsanordnung unzulässig, solange die Vollstreckung nicht erledigt ist, ein Verlust der Amtsfähigkeit, der Wählbarkeit oder des Stimmrechts besteht oder das öffentliche Interesse entgegensteht.

Mitteilung an das Bundeszentralregister

Ausfüllanleitung beachten!

Einrichte-zeile	HHHHHHHHHHHHHHHHHHHHHHHHHHHHHHHHHHHHHHHHHHHHHHHHHHHHHHHHHHHHHHHHHHH					

Ordnungs-daten

01 Beleg-Art¹)	02 Geburtsdatum, Schlüsselzeichen²)	03 Schreibmasch.-Nr. ¹)	04 Kennz. der mitt. Stelle ¹)	05 Beleg-Nummer¹)	06 Bezugs-Nummer¹)

Personen-daten

07 Geburtsname

08 Nur bei Abweichung vom Geburtsnamen. Familienname

09 Vornamen

10 Geburtsort

11 Deutsche(r)	12 Andere Staatsangehörigkeiten	13 Angehöriger der Streitkräfte ⁸)

14 Letzte bekannte Anschrift

15 Geburtsname der Mutter

16 Abweichende Personendaten ³)

Mitteilung

17 Datum der 1. Entscheidung ⁴)	18 Geschäfts-Nummer des 1. Rechtszuges	19 Kennzeichen der 1. erkennenden Stelle ¹)

20 Erste erkennende Stelle	21 Datum der Rechtskraft ⁴)

22 Datum der (letzten) Tat ⁴)	23 Art d. Fr.-Entz¹)	24 Dauer der Freiheitsentziehung ⁶)	25 Strafvorbehalt	26 Geldstrafe in Tagessätzen ⁷)	27 Höhe eines Tagessatzes in DM

28 Fahrerlaubnis-Sperre bis ⁴)	29 Schuldspruch	30 Bewährungszeit ⁶)	31 Gewerbe-Zus. ¹)	32 Fahrverbot ⁸)	33 Verkehrsunfall

(Text)-raum	Kennzahl	Normierter Text
1		
2		
3		
4		
5		
6		
7		
8		
9		
10		
11		
12		
13		
14		
15		
16		
17		

Anmerkungen:

1) Nur für organisatorische Zwecke

2) Geburtsdatum (sechsstellig, siehe Anmerkung 4) und Schlüsselzeichen (7. Stelle) mit folgender Bedeutung:
1 = männlich, geboren bis 31. 12. 1899
2 = weiblich, geboren bis 31. 12. 1899
3 = männlich, geboren ab 1. 1. 1900
4 = weiblich, geboren ab 1. 1. 1900
9 = männlich, Geburtsjahr unbekannt
8 = weiblich, Geburtsjahr unbekannt
A = Geschlecht unbekannt, geboren bis 31. 12. 1899
B = Geschlecht unbekannt, geboren ab 1. 1. 1900
C = Geschlecht und Geburtsjahr unbekannt

3) Abweichende Personendaten:
A: Geburtsname in Feld 07 als richtig festgestellt
B: Richtiger Geburtsname nicht feststellbar

07: Geburtsname, 02: Geburtsdatum mit Schlüsselzeichen, 09: Vornamen, 10: Geburtsort

4) Datumsangabe:
1. und 2. Stelle = Tag
3. und 4. Stelle = Monat
5. und 6. Stelle = Jahr

5) Art der Freiheitsentziehung:
F = Freiheitsstrafe, S = Strafarrest,
J = Jugendstrafe, A = Jugendarrest

6) Dauer:
J = Jahre, M = Monate,
W = Wochen, T = Tage

7) Vorbehaltene Geldstrafe, falls unter Strafvorbehalt verwarnt (X in Feld 25)

8) Angehöriger der Streitkräfte:
M = Mannschaftsstand der Bundeswehr
U = Unteroffizier der Bundeswehr
O = Offizier der Bundeswehr
S = Mitglied der Stationierungsstreitkräfte einschl. zivilem Gefolge und Angehörigen

Behörde ....

Geschäftsnummer ....

Ort, Datum ....

Unterschrift, Dienstbezeichnung ....

BZR 1 D — Mitteilung an das Bundeszentralregister — Durchschrift für die Akten — VB 6a A4

Das **Verfahren** ist in den §§ 24 ff der 1. BZRVwV geregelt. **Anträge** auf Registerver- **648**
günstigungen sind an den Generalbundesanwalt beim Bundesgerichtshof – Dienststelle Bundeszentralregister – zu richten. Der Antrag soll die genauen Personalien des
Betroffenen und die Gründe enthalten, aus denen die Anordnung begehrt wird.
Formvorschriften bestehen nicht. Ist der Antrag **unzulässig** (z. B. weil die Vollstreckung noch nicht erledigt ist) oder **offensichtlich unbegründet** (z. B. bei einem Wie-
derholungsantrag ohne neue Fakten), so kann das Gesuch ohne weitere Erhebungen
abgelehnt werden. Andernfalls sind die **Akten beizuziehen** und die gem. §§ 25 Abs 1,
39 Abs 1, 49 Abs 1 BZRG erforderlichen **Stellungnahmen** (z. B. des Gerichts, der
Staatsanwaltschaft, des medizinischen Sachverständigen) einzuholen. Wird die Tilgung einer Jugendstrafe beantragt, ist vorab zu prüfen, ob nicht eine Anordnung nach
§ 97 JGG in Frage kommt.
Lehnt der Generalbundesanwalt einen Antrag in den Fällen der §§ 25, 39, 49, 55, 63
BZRG **ganz** oder **teilweise ab,** so ist die Entscheidung zu **begründen.** Ist gegen eine
Entscheidung des Generalbundesanwalts die **befristete Beschwerde** statthaft (so nach
§§ 25, 39, 49, 55, 63 BZRG), ist die Entscheidung zusätzlich mit einer **Rechtsmittelbelehrung** zu versehen. Ist gegen eine Entscheidung ein förmlicher Rechtsbehelf **nicht**
gegeben (z. B. bei §§ 26, 48, 50 BZRG), so ist der Betroffene auf den Weg des § 23
EGGVG (Antrag auf gerichtliche Entscheidung) hinzuweisen.
Entscheidungen der Registerbehörde, die mit **befristeter** Beschwerde (Beschwerdefrist:
zwei Wochen) anfechtbar sind, sind nach den Vorschriften der StPO **zuzustellen.** Verspätet eingegangene Beschwerden sind als **Dienstaufsichtsbeschwerde** zu behandeln.
Wird gegen eine ablehnende Entscheidung **Beschwerde** eingelegt und hilft der Generalbundesanwalt nicht ab, sind die Vorgänge dem **Bundesminister der Justiz** vorzulegen. Gibt der Bundesminister der Justiz einer befristeten Beschwerde nicht statt, so
weist er den Antragsteller auf die Möglichkeit hin, nach § 23 EGGVG **Antrag auf
gerichtliche Entscheidung** zu stellen.

E. Mitteilungen zum Gewerbezentralregister

1. Gesetzliche Grundlage und Durchführungsbestimmungen

Durch das Gesetz zur Änderung der Gewerbeordnung und über die Einrichtung eines **649**
Gewerbezentralregisters v 13. 6. 1974[25] ist zum 1. 1. 1976 bei dem Bundeszentralregister ein **Gewerbezentralregister** eingerichtet worden. Die Einführung dieses Registers war notwendig geworden, weil ehemalige Straftatbestände der GewO in Ordnungswidrigkeiten umgewandelt wurden, eine Mitteilung zum BZR infolgedessen
entfiel. Eine Registrierung gewerbebezogener Ordnungswidrigkeiten ist jedoch aus
vielerlei Gründen (Gewerbeaufsicht, Ahndung von Wirtschaftsdelikten) unumgänglich.
Zur Eintragung in das Gewerbezentralregister vorgesehen sind gem. §§ 149 ff GewO
gewerberechtliche Verwaltungsentscheidungen, Verzichte auf die Zulassung zu einem
Gewerbe oder einer sonstigen wirtschaftlichen Unternehmung während eines Rück-
nahme- oder Widerrufsverfahrens sowie **rechtskräftige Bußgeldentscheidungen** wegen
Zuwiderhandlungen bei oder in Zusammenhang mit der Ausübung eines Gewerbes
oder dem Betrieb einer sonstigen wirtschaftlichen Unternehmung oder bei der Tätigkeit in einem Gewerbe (wirtschaftlichen Unternehmung). Bei Bußgeldentscheidungen
erfolgt eine Eintragung jedoch nur dann, wenn die festgesetzte Geldbuße **mehr** als
200,– € beträgt.

---

[25] BGBl I S 1281.

Neben der **Eintragung** der Entscheidungen (§§ 149, 151 GewO) obliegt der Register-
behörde ferner die **Auskunft** an den Betroffenen (§ 150 GewO) und an Behörden
(§ 150a GewO) sowie die **Entfernung** und **Tilgung** von Eintragungen (§§ 152, 153
GewO). Anders als beim BZR ist die Anordnung einer vorzeitigen Tilgung oder
Entfernung oder auch der Nichtaufnahme von Eintragungen (bei Erteilung von Aus-
künften) nicht möglich. Die Vorschriften über das BZRG finden **keine** Anwendung.
Maßnahmen und Anordnungen der Registerbehörde unterliegen der **gerichtlichen**
Überprüfung nach §§ 23 ff EGGVG.[26]

650 Gesetzliche Grundlage für die Einrichtung des Gewerbezentralregister ist der **Titel XI
der Gewerbeordnung** mit den §§ 149 ff GewO. Aufgrund der Ermächtigung in
§ 153b GewO sind zwei **Durchführungsvorschriften** erlassen worden:

a) die Erste allgemeine Verwaltungsvorschrift zur Durchführung des Titels XI – Gewerbezentralregister – der Gewerbeordnung (**1. GZRVwV**) vom 29. 7. 1985,[27]
b) die Zweite allgemeine Verwaltungsvorschrift zur Durchführung des Titels XI –
Gewerbezentralregister – der Gewerbeordnung (**2. GZRVwV** – Ausfüllanleitung) vom
29. 7. 1985.[28]

Die 1. GZRVwV bestimmt die mitteilungspflichtigen Behörden und bringt Regelungen für die Auskunftserteilung und die Verwendung von Vordrucken, während die 2.
GZRVwV eine detaillierte Ausfüllanleitung enthält.[29]

2. Mitteilungspflichten der Vollstreckungsbehörde

651 Die Mitteilungspflichten der Vollstreckungsbehörde ergeben sich aus § 153a GewO
iVm § 1 Abs 1 Nr. 4 der 1. GZRVwV. Danach ist die **Vollstreckungsbehörde** mitteilungspflichtig in den Fällen

a) des § 149 Abs 2 Nr. 3 GewO (Bußgeldentscheidungen),
b) des § 151 Abs 3 bis 5 GewO (mehrere Geldbußen, Wiederaufnahme eines Bußgeldverfahrens),
c) des § 152 Abs 5 GewO (Aufhebung eines Bußgeldbescheids im Strafverfahren).

„Vollstreckungsbehörde" im Sinne der 1. GZRVwV ist die nach § 92 OWiG zuständige Stelle: Verwaltungsbehörde oder Justizbehörde. Die **Justizbehörde** (Staatsanwaltschaft oder Jugendrichter) hat dann die Mitteilungen zu bewirken, wenn ihr auch
nach §§ 91, 92 OWiG die **Vollstreckung** obliegt.

652 Zu den Mitteilungen der Vollstreckungsbehörde an das Gewerbezentralregister gilt
im einzelnen folgendes:
In das Register einzutragen und daher mitteilungspflichtig sind **rechtskräftige Bußgeldentscheidungen** wegen einer **Ordnungswidrigkeit**, die

a) bei oder in Zusammenhang mit der Ausübung eines Gewerbes oder dem Betrieb
einer sonstigen wirtschaftlichen Unternehmung oder
b) bei der Tätigkeit in einem Gewerbe oder einer sonstigen wirtschaftlichen Unternehmung von einem Vertreter oder Beauftragten im Sinne des § 9 OWiG oder von
einer Person, die in einer Rechtsvorschrift ausdrücklich als Verantwortlicher bezeichnet ist,

---

[26] *Rebmann/Uhlig*, Rdn 7–9 zu § 149 GewO.
[27] BAnz Nr. 149a v 14. 8. 1985 S 31, geändert durch VwV v 23. 7. 1986 (BAnz Nr. 138).
[28] BAnz Nr. 149a v 14. 8. 1985 S 35, zuletzt geändert durch VwV v 17. 7. 1989 (BAnz
Nr. 137a).
[29] Vorschriftensammlung über das Gewerbezentralregister bei *Uhlig* „Justizregister" S 207 ff.

begangen worden ist, wenn die Geldbuße **mehr** als **200,– €** beträgt (§ 149 Abs 2 Nr. 3 GewO). Von der Mitteilung sind Entscheidungen **ausgenommen**, die nach § 28 StVG als Verkehrsordnungswidrigkeiten in das **Verkehrszentralregister** einzutragen sind.

Bei der **Ausübung** eines **Gewerbes** wird eine Ordnungswidrigkeit dann begangen, wenn die verletzte bußgeldbewehrte Vorschrift eine Tätigkeit in einem Gewerbe voraussetzt (vgl. insbesondere die §§ 143 bis 147 GewO) oder zwar für jedermann gilt, die Zuwiderhandlung jedoch durch die Ausübung des Gewerbes verursacht wird. In **Zusammenhang** mit der **Ausübung** eines **Gewerbes** wird eine Ordnungswidrigkeit begangen, wenn die Gewerbeausübung dazu dient, die Ordnungswidrigkeit vorzubereiten, unmittelbar zu fördern oder sie anschließend auszunutzen oder zu verdecken. Entsprechendes gilt auch hinsichtlich des **Betriebes** einer **sonstigen wirtschaftlichen Unternehmung** (§ 2 der 1. GZRVwV).

Sind in einer Bußgeldentscheidung **mehrere** Geldbußen festgesetzt worden (§ 20 OWiG), von denen nur ein Teil registerpflichtig ist, so wird nur der **eintragungsfähige Teil** mitgeteilt (§ 151 Abs 3 GewO).

Wird durch das Gericht hinsichtlich einer eingetragenen Bußgeldentscheidung die **Wiederaufnahme** des Verfahrens angeordnet, so ist der rechtskräftige Anordnungsbeschluss und die endgültige Entscheidung dem Register mitzuteilen (§ 151 Abs 4, 5 GewO).

Wird ein Bußgeldbescheid in einem **Strafverfahren aufgehoben** (§§ 86 Abs 1, 102 Abs 2 OWiG), so ist das Gewerbezentralregister zu benachrichtigen und die Eintragung aus dem Register zu entfernen (§ 152 Abs 5 GewO).

Eintragungen über Personen, deren **Tod** der Registerbehörde amtlich mitgeteilt worden ist, werden ein Jahr nach Eingang der Mitteilung aus dem Register entfernt (§ 152 Abs 6 GewO).

3. Abfassung der Mitteilungen (Ausfüllanleitung)

Form und Inhalt der Mitteilungen bestimmen sich nach der **2. GZRVwV**,[30] die eine der 3. BZRVwV entsprechende **Ausfüllanleitung** ist. Sie besteht aus **zwei Teilen** mit **sechs Anlagen** und regelt im ersten Teil die Mitteilungen zum Gewerbezentralregister, während der zweite Teil den Auskunftsersuchen vorbehalten ist.   **653**

Die **Anlagen** haben folgenden Inhalt:
- Anlage 1: Vordrucke,
- Anlage 2: Staatsangehörigkeitsschlüsel,
- Anlage 3: Rechtsformschlüssel,
- Anlage 4: Gewerbeschlüssel,
- Anlage 5: Kennzahlen und normierte Texte,
- Anlage 6: Muster für die Ausfüllung der Vordrucke.

Nachfolgend einige Details über Vordrucke und Inhalt der Registermitteilungen, soweit sie für die Vollstreckungsbehörde von Bedeutung sind:

Wegen des hohen Geschäftsanfalls werden beim Gewerbezentralregister **automatisierte** Verfahren eingesetzt, die bei den mitteilungspflichtigen Behörden die Verwendung einheitlicher Vordrucke und auch normierter Texte, Kennzahlen, Schlüsselnummern usw. erforderlich machen. Die Vordrucke sind bisher grundsätzlich mit der (herkömmlichen) Schreibmaschine auszufüllen, eine Automation zusammen mit der Mitteilung zum Bundeszentralregister ist in der Erprobungsphase.

Die Mitteilungen sind an den Generalbundesanwalt beim Bundesgerichtshof – Dienststelle Bundeszentralregister in Bonn zu senden; eine Durchschrift (Ablichtung) der Mitteilung ist jeweils den **Akten** anzuschließen.

---

[30] BAnz Nr. 149 a v 14. 8. 1985 und Nr. 138 v 31. 7. 1986; zuletzt geändert durch VwV v 17. 7. 1989 (BAnz Nr. 137 a).

654 Für **Erstmitteilungen** über **natürliche Personen** (alle Mitteilungen nach §§ 149 Abs 2, 151 Abs 5 Satz 3 GewO) ist der Vordruck **GZR 1** (gelb) zu verwenden. Der Vordruck enthält **Datenfelder** und einen **Schreibraum**. Die Angaben in den ersten Datenfeldern entsprechen weitgehend denen des Vordrucks BZR 1. In Feld 01 ist der Großbuchstabe G einzusetzen; Feld 11 bleibt leer. In Feld 12 ist das Datum der ersten gerichtlichen Entscheidung, in Feld 13 die entsprechende Geschäftsnummer, in Feld 14, 15 das Behördenkennzeichen bzw die entscheidende Stelle einzutragen. Die Felder 16 bis 19 bleiben bei Mitteilungen von Justizbehörden leer. Feld 20 enthält das Datum der Rechtskraft der Bußgeldentscheidung. Die Höhe der Geldbuße ist in Feld 21 zu vermerken. Wird in einer Entscheidung auf **mehrere mitzuteilende** Geldbußen erkannt, so bleibt das Feld leer und der Mitteilung ist eine **beglaubigte Abschrift** (Ablichtung) der **Entscheidung** beizufügen. In Feld 22 wird die Art der Gewerbeausübung durch Eintragung eines speziellen Großbuchstabens gekennzeichnet; in Feld 23 ist die Schlüsselnummer (s Anlage 4 der 2. GZRVwV) einzutragen, die der gewerblichen oder sonstigen wirtschaftlichen Tätigkeit entspricht, bei der die Zuwiderhandlung begangen wurde. Auch hinsichtlich dieser Mitteilung sind die automatisierten Mitteilungen in der Erprobungsphase und werden wohl in absehbarer Zeit bundesweit eingeführt werden.

Der **Schreibraum** dient zur Aufnahme des weiteren Entscheidungsinhalts, wie rechtliche Bezeichnung der Ordnungswidrigkeit und angewendete Bußgeldvorschriften (Kennzahlen und normierter Text s Anlage 5, Abschnitt B der 2. GZRVwV).

In die Felder 31 bis 33 sind die Geschäftsnummer, die Bezeichnung der mitteilenden Behörde sowie der Ort und das Datum der Mitteilung einzutragen. Die Mitteilung ist in Feld 34 zu **unterzeichnen;** sie ist mit einem Abdruck des **Dienstsiegels** oder **Dienststempels** zu versehen.

655 Für **Erstmitteilungen** über **juristische Personen** und über **Personenvereinigungen** (alle Mitteilungen nach § 151 Abs 5 Satz 3 GewO) ist der Vordruck **GZR 2** (rosa) zu verwenden. Das Formular **enthält Datenfelder** und einen **Schreibraum**. Im Datenfeld 01 ist der Großbuchstabe G einzusetzen. In Feld 02 ist die Schlüsselzahl für die Rechtsform der juristischen Person oder der Personenvereinigung nach Anlage 3 der Ausfüllanleitung einzutragen. Feld 03 dient zur Aufnahme der Kurzbezeichnung des öffentlichen Registers (HRA, HRB, GnR, VR) und der Registernummer, unter der die juristische Person (Personenvereinigung) eingetragen ist. Wurde die Rechtsfähigkeit durch staatliche Genehmigung oder Verleihung erlangt, so ist die Geschäftsnummer einzutragen, unter der die Rechtsfähigkeit verliehen wurde. In Feld 04 ist das Registergericht zu vermerken, in dessen Register die juristische Person eingetragen ist bzw – bei Rechtsfähigkeit durch staatliche Genehmigung – die amtliche Bezeichnung der Genehmigungsbehörde. Feld 05 ist zur Eintragung des Namens der Firma bestimmt, wie er sich aus dem öffentlichen Register, der staatlichen Genehmigungs- oder Verleihungsurkunde bzw der Satzung ergibt. In Feld 06 wird der Sitz der juristischen Person (Personenvereinigung) eingetragen.

Für die Eintragungen in den übrigen Datenfeldern sowie für die Angaben im Schreibraum bis hin zur Unterzeichnung (Dienststempel) gelten die gleichen Grundsätze wie bei Erstmitteilungen über natürliche Personen.

656 Für **nachträgliche Mitteilungen** über natürliche Personen bzw juristische Personen und Personenvereinigungen (alle Mitteilungen nach § 151 Abs 4, Abs 5 Satz 1 und 2, § 152 Abs 5 GewO) ist Vordruck GZR 1 bzw GZR 2 zu verwenden. Wegen Einzelheiten der Abfassung der nachträglichen Mitteilungen wird auf Abschnitt 2 bzw Abschnitt 4 der 2. GZRVwV verwiesen.

657 Nachstehend ein **Muster** des Vordrucks GZR 1.

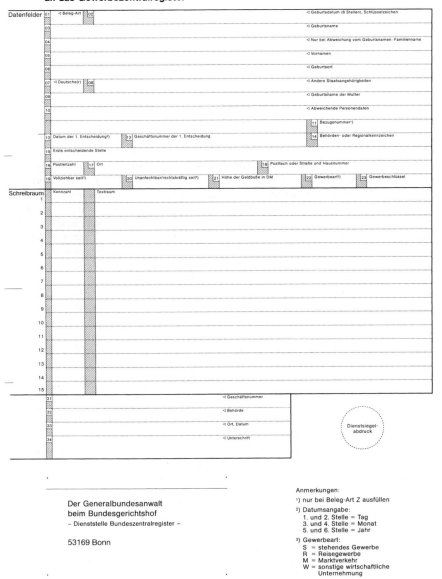

Mitteilung an das Gewerbezentralregister

Ausfüllanleitung beachten!

Der Generalbundesanwalt
beim Bundesgerichtshof
– Dienststelle Bundeszentralregister –

53169 Bonn

Anmerkungen:
¹) nur bei Beleg-Art Z ausfüllen
²) Datumsangabe:
   1. und 2. Stelle = Tag
   3. und 4. Stelle = Monat
   5. und 6. Stelle = Jahr
³) Gewerbeart:
   S = stehendes Gewerbe
   R = Reisegewerbe
   M = Marktverkehr
   W = sonstige wirtschaftliche
        Unternehmung

GZR 1 Mitteilung an das Gewerbezentralregister über eine natürliche Person (VB 10.2000)

I. Amnestie. Immunität. Spezialität. Vollstreckungsverjährung

A. Amnestie

658 Amnestien – sie werden durch Gesetz erlassen – können die **Milderung** oder den **Erlass** rechtskräftig erkannter Strafen/Maßregeln, die **Niederschlagung** (Abolition) noch anhängiger wie auch die **Nichteinleitung** neuer Verfahren zum Gegenstand haben.[1]

Die Niederschlagung durch ein Straffreiheitsgesetz bedeutet materiellrechtlich den **Untergang** des **staatlichen Strafverfolgungsanspruchs** und formellrechtlich die Schaffung eines **Prozesshindernisses**, das zur Einstellung des Verfahrens führt.[2] Nach neueren Straffreiheitsgesetzen steht dem Beschuldigten jedoch zumeist das Recht zu, trotz Vorliegen der Abolitionsvoraussetzungen die Durchführung des Verfahrens zu verlangen, um seine Unschuld darzutun. Das Verfahren endet dann ggf. mit einem Freispruch oder aber – wenn das Ergebnis der Hauptverhandlung einen Freispruch ausschließt – mit einer Einstellung. Eine Verurteilung scheidet aus.

Bei rechtskräftig abgeschlossenen Verfahren können Amnestiegesetze den **Erlass** der erkannten Strafen (Freiheitsstrafen, Geldstrafen etc.) wie auch deren **Milderung**, aber auch die **Erledigung** von Maßregeln (Unterbringungen, Berufsverbot, Führungsaufsicht, Sperre) bewirken. Eine Amnestie kann auch die Wiedererlangung der in § 45 StGB bezeichneten Fähigkeiten und Rechte zur Folge haben oder auch zu einer Neufestsetzung der Strafen führen.

659 Amnestien sind – wie im übrigen alle Vollstreckungshindernisse – von der Vollstreckungsbehörde **von Amts wegen** zu berücksichtigen. Die Entscheidung, ob eine Strafe unter ein Straffreiheitsgesetz fällt, obliegt der **Vollstreckungsbehörde**, also dem Rechtspfleger. Zweifel an der Anwendbarkeit eines Straffreiheitsgesetzes können im Wege des § 458 Abs 1 (§§ 462, 462 a) StPO geklärt werden.

Die Rechtswirkungen von Amnestien (Erlass von Strafen, Erledigung von Maßregeln etc.) sind zum **Zentralregister** mitzuteilen (§ 14 BZRG).[3] Mitteilungspflichtig ist die **Vollstreckungsbehörde** (§ 1 Abs 1 Nr. 1 der 1. BZRVwV).

B. Immunität

660 Mitglieder des **Deutschen Bundestages**, der **gesetzgebenden** Körperschaften der **Länder** sowie des **Europäischen Parlaments** genießen Immunität. Sie bedeutet ein **von Amts wegen** zu beachtendes Verfahrens- bzw Vollstreckungshindernis. Rechtsgrundlage sind Art 46 GG, die einschlägigen Vorschriften der Länderverfassungen sowie Art 9, 10 des Protokolls über die Vorrechte und Befreiungen der EG v 8. 4. 1965 in der Fassung vom 1. 9. 1999.[4] Einzelheiten und Verfahrensablauf ergeben sich aus Nr. 191 ff, 298 RiStBV.

---

[1] *Schätzler*, aaO, S 208.
[2] *Schäfer* in Löwe/Rosenberg (22. Aufl.), Anm. IV 6 vor § 12 GVG.
[3] Vgl. dazu die Nr. 144 ff der Anl. 3 zur 3. BZRVwV.
[4] BGBl 1965 II S 1453, 1482.

(1) Wegen einer mit Strafe bedrohten Handlung darf ein Abgeordneter des Deutschen Bundestages nur mit Genehmigung des Bundestages zur Verantwortung gezogen oder verhaftet werden, es sei denn, dass er bei der Begehung der Tat oder im Laufe des folgenden Tages festgenommen wird (Artikel 46 Abs 2 GG). Entsprechende Vorschriften sind in den Verfassungen der Länder enthalten.

(2) Ein Ermittlungs- oder Strafverfahren, dessen Durchführung von der vorhergehenden gesetzgebenden Körperschaft genehmigt oder das vor dem Erwerb des Mandats eingeleitet worden war, darf nur mit Genehmigung der gesetzgebenden Körperschaft fortgesetzt werden, der der Abgeordnete zur Zeit der Fortsetzung angehört.

(3) Die Immunität hindert nicht,

   a) ein Verfahren gegen einen Abgeordneten einzuleiten und durchzuführen, wenn er bei der Begehung der Tat oder spätestens im Laufe des folgenden Tages festgenommen wird;

   b) ein Verfahren gegen einen Abgeordneten zum Zwecke der Einstellung einzuleiten, wenn der Sachverhalt die Einstellung ohne Beweiserhebung rechtfertigt;

   c) zur Prüfung der Frage, ob ein Vorwurf offensichtlich unbegründet ist, diesen dem Abgeordneten mitzuteilen und ihm anheim zu geben, dazu Stellung zu nehmen;

   d) in einem Verfahren gegen eine andere Person den Abgeordneten als Zeugen zu vernehmen, bei ihm Durchsuchungen nach §§ 103, 104 StPO vorzunehmen oder von ihm die Herausgabe von Gegenständen nach § 95 StPO zu verlangen; §§ 50, 53 Abs 1 Nr. 4, §§ 53 a und 97 Abs 3 und 4 StPO sind zu beachten;

   e) ein Verfahren gegen Mittäter, Anstifter, Gehilfen oder andere an der Tat eines Abgeordneten beteiligte Personen einzuleiten oder durchzuführen;

   f) unaufschiebbare Maßnahmen zur Sicherung von Spuren (z. B. Messungen, Lichtbildaufnahmen am Tatort) in unmittelbarem zeitlichen Zusammenhang mit einer Straftat zu treffen;

   g) bei Verkehrsunfällen, an denen ein Abgeordneter beteiligt ist, seine Personalien, das amtliche Kennzeichen und den Zustand seines Fahrzeuges festzustellen, die Vorlage des Führerscheins und des Fahrzeugscheins zu verlangen sowie Fahr-, Brems- und andere Spuren, die von seinem Fahrzeug herrühren, zu sichern, zu vermessen und zu fotografieren;

   h) einem Abgeordneten unter den Voraussetzungen des § 81 a StPO eine Blutprobe zu entnehmen, wenn dies innerhalb des in Buchst. a) genannten Zeitraums geschieht.

(4) Zur Klärung der Frage, ob es sich um eine offensichtlich unbegründete Anzeige handelt, kann der Staatsanwalt Feststellungen über die Persönlichkeit des Anzeigeerstatters sowie über andere für die Beurteilung der Ernsthaftigkeit der Anzeige wichtige Umstände treffen.

(5) Wird gegen einen Abgeordneten ein Ermittlungsverfahren eingeleitet, ohne dass es hierzu einer Genehmigung der gesetzgebenden Körperschaft bedarf (Artikel 46 Abs 2 GG und die entsprechenden Vorschriften der Landesverfassungen), so unterrichtet der Staatsanwalt unverzüglich und unmittelbar den Präsidenten der betreffenden gesetzgebenden Körperschaft von der Einleitung des Verfahrens. Abschriften seiner Mitteilung übersendet er gleichzeitig dem Generalstaatsanwalt und der Landesjustizverwaltung, bei Abgeordneten des Deutschen Bundestages auch dem Bundesministerium der Justiz. Im weiteren Verfahren teilt der Staatsanwalt in gleicher Weise jede richterliche Anordnung einer Freiheitsentziehung und einer Freiheitsbeschränkung gegen den Abgeordneten sowie die Erhebung der öffentlichen Klage mit.

(6) In jedem Stadium des Verfahrens ist bei Auskünften und Erklärungen gegenüber Presse, Hörfunk und Fernsehen der Funktionsfähigkeit und dem Ansehen der betreffenden gesetzgebenden Körperschaft Rechnung zu tragen. Das Interesse der gesetzgebenden Körperschaft, über eine die Immunität berührende Entscheidung früher als die Öffentlichkeit unterrichtet zu werden, ist zu berücksichtigen. Auf Nr. 23 wird hingewiesen.

192 Aufhebung der Immunität von Mitgliedern des Deutschen Bundestages und der gesetzgebenden Körperschaften der Länder

(1) Beabsichtigt der Staatsanwalt, gegen einen Abgeordneten ein Ermittlungsverfahren einzuleiten oder ein auf Freiheitsstrafe lautendes Urteil zu vollstrecken oder sonst eine genehmigungsbedürftige Strafverfolgungsmaßnahme zu treffen, so beantragt er, einen Beschluss der gesetzgebenden Körperschaft, der der Abgeordnete angehört, über die Genehmigung der Strafverfolgung oder der Strafvollstreckung oder zur Durchführung der beabsichtigten Maßnahme herbeizuführen.

(2) Der Antrag ist mit einer Sachdarstellung und einer Erläuterung der Rechtslage zu verbinden. Die Beschreibung der zur Last gelegten Tat soll die Tatsachen enthalten, in denen die gesetzlichen Merkmale der Straftat gesehen werden, sowie Zeit und Ort ihrer Begehung angeben; die Strafvorschriften sind zu bezeichnen, die als verletzt in Betracht kommen. Auf eine aus sich heraus verständliche Darstellung ist zu achten. Bei Anträgen auf Genehmigung der Strafvollstreckung genügt die Bezugnahme auf ein vorliegendes oder beigefügtes Strafurteil.

(3) Der Antrag ist auf dem Dienstweg an den Präsidenten der betreffenden gesetzgebenden Körperschaft zu richten, bei Abgeordneten des Deutschen Bundestages auch über das Bundesministerium der Justiz. Für die Landesjustizverwaltung und – bei Abgeordneten des Deutschen Bundestages – für das Bundesministerium der Justiz sind Abschriften des Antrages beizufügen; eine beglaubigte Abschrift ist zu den Akten zu nehmen.

(4) In Privatklagesachen führt der Staatsanwalt die Genehmigung nur herbei, wenn er die Verfolgung übernehmen will (§§ 377, 376 StPO).

(5) Die Mitteilung nach § 8 EGStPO erfolgt auf dem Dienstweg.

298 Die Immunität der Mitglieder der gesetzgebenden Körperschaften hindert nicht, gegen diese ein Bußgeldverfahren durchzuführen. Dagegen ist der Übergang zum Strafverfahren nach § 81 OWiG nur mit Genehmigung der gesetzgebenden Körperschaft zulässig (vgl. Nr. 191 ff); dies gilt auch für die Anordnung der Erzwingungshaft.

661 Die Vollstreckung einer Freiheitsstrafe gegen einen **Bundestagsabgeordneten** bedarf der **Genehmigung** des **Bundestages** (Art 46 Abs 2, 3 GG). Die vom Deutschen Bundestag allgemein oder im Einzelfall erteilte Genehmigung zur Durchführung eines **Ermittlungsverfahrens** erstreckt sich **nicht** auf die nachfolgende **Strafvollstreckung;** vielmehr ist hierfür eine spezielle Vollstreckungsgenehmigung erforderlich (Nr. 192 Abs 1 RiStBV). Die einmal erteilte Genehmigung gilt nicht für die nächste Wahlperiode. Vor Fortführung der Vollstreckung ist daher die Genehmigung des **neuen** Bundestages einzuholen (vgl. auch Nr. 191 Abs 2 RiStBV).[5]
Die Immunität **beginnt** mit der **Annahme der Wahl** (§ 45 BWG) und **endet,** wenn die **Mitgliedschaft** im Bundestag – durch deren Verlust (§ 46 BWG) oder durch Ablauf der Wahlperiode – **aufhört.**[6]
Die besondere Genehmigung des Bundestages ist nicht nur zur Vollstreckung der Freiheitsstrafe, sondern bei allen Vollstreckungsverfahren erforderlich, die eine **Freiheitsentziehung** mit sich bringen: also auch bei der Vollstreckung einer Unterbringungsanordnung, der Erzwingungshaft (s Nr. 298 RiStBV) sowie der Ordnungs- und Zwangshaft (Art 46 Abs 3 GG). **Keiner Genehmigung** bedarf es zur Vollstreckung einer Geldstrafe, Geldbuße (nach dem OWiG), der Verfahrenskosten sowie von Maßregeln ohne Freiheitsentziehung (z. B. Entziehung der Fahrerlaubnis) oder Nebenstrafen (z. B. Fahrverbot) und Nebenfolgen. Die Gründe sind darin zu sehen, dass durch

---

[5] Ebenso *Pohlmann/Jabel/Wolf,* Rdn 8 zu § 2 StVollstrO; aM *Wendisch* in Löwe/Rosenberg, Rdn 8 zu § 449 StPO.
[6] Zur Erledigung ausländischer Rechtshilfeersuchen betr. deutscher Parlamentsabgeordneter s *Walter,* NStZ 1987, 396.

eine Freiheitsentziehung nicht das Stimmenverhältnis im Parlament zu Gunsten oder zu Ungunsten einer bestimmten Richtung verändert werden darf.

Das **Genehmigungsverfahren** richtet sich nach Nr. 192 Abs 2, 3 RiStBV. Der Antrag, eine Entschließung des Deutschen Bundestages über die Erteilung einer Vollstreckungsgenehmigung herbeizuführen, ist an den **Präsidenten des Deutschen Bundestages** zu richten und diesem über die Landesjustizverwaltung und über den Bundesminister der Justiz auf dem Dienstweg zuzuleiten. Die Unterzeichnung des Antrags obliegt dem Dienstvorstand.

Hinsichtlich der **Abgeordneten der Länderparlamente** gelten in nahezu allen Bundes-   662
ländern ähnliche Regelungen, in manchen Bundesländern ist der Immunitätsschutz im allgemeinen auf die **Dauer** der **Sitzungsperiode** beschränkt.

Einem Mitglied des **Europäischen Parlaments** aus der Bundesrepublik Deutschland   663
steht die einem Abgeordneten des Deutschen Bundestags zuerkannte Immunität zu (Nr. 192 b Abs 1 RiStBV). Wer sowohl dem Europäischen Parlament als auch dem Deutschen Bundestag angehört, verliert seine Immunität nur, soweit **beide** Parlamente diese aufheben (Nr. 192 b Abs 6 RiStBV). Jede mit einer **Freiheitsentziehung** verbundene Vollstreckung bedarf der vorherigen Aufhebung der Immunität (Nr. 192 b Abs 3 RiStBV).

C. Spezialität

Der Grundsatz der „Spezialität" besagt, dass Verfolgungs- oder Vollstreckungsmaß-   664
nahmen gegen einen Ausgelieferten wegen strafbarer Handlungen, die er **vor** der Auslieferung begangen hat und auf die sich die **Auslieferungsbewilligung nicht erstreckt** ohne Zustimmung des ausliefernden Staates bzw vor Ablauf der Schutzfrist unzulässig sind (Nr. 100 RiVASt, § 11 IRG).[7]

> Nr. 100 RiVASt: Hat der Ausgelieferte vor seiner Überstellung noch andere rechtswidrige Taten, für welche die Auslieferung nicht bewilligt ist, begangen oder ist er wegen solcher Handlungen bereits verurteilt worden, sind wegen dieser Taten zunächst nur solche Maßnahmen zulässig, die auch in Abwesenheit des Ausgelieferten hätten getroffen werden können.
>
> Verfolgungs- oder Vollstreckungsmaßnahmen sind zulässig, wenn
>
> a) die Schutzfrist abgelaufen ist,
> b) völkerrechtliche Übereinkünfte oder das Recht des ersuchten Staates (z.B. bei vereinfachter Auslieferung unter Verzicht auf die Spezialitätsbindung) diese Maßnahmen ausdrücklich zugelassen oder
> c) der ersuchte Staat zustimmt.

Der Ausgelieferte darf ferner nicht an einen dritten Staat **weitergeliefert, überstellt** oder in einen **dritten** Staat **abgeschoben** werden. Außerdem steht dem Betroffenen das Recht zu, das Land nach endgültigem Abschluss des Verfahrens, dessentwegen seine Auslieferung bewilligt worden ist, zu **verlassen.** An der Ausreise darf er weder in rechtlicher noch in tatsächlicher Hinsicht gehindert werden.[8]

Ist ein Verurteilter zur Vollstreckung einer bestimmten Strafe ausgeliefert worden, so darf eine in **anderer** Sache (bereits früher) verhängte Strafe nur dann in **unmittelbarem** Anschluss vollstreckt werden, wenn

a) völkerrechtliche Übereinkünfte oder das Recht des ersuchten Staates (z.B. bei vereinfachter Auslieferung unter **Verzicht** auf die Spezialitätsbindung) diese Maßnahme ausdrücklich zulassen (z.B. nach Art 66 SchengenDurchfÜbk) oder

---

[7] Zur „Spezialität" vgl. auch die Definition in BGHSt 15, 126.
[8] *Schomburg/Lagodny/Gleß/Hackner,* Rdn 27 zu § 11 IRG.

b) der ersuchte Staat zustimmt. Die Zustimmung ist in derselben Weise zu erwirken wie eine Auslieferung (Nr. 100 Abs 2, 3 RiVASt).

Das Spezialitätsprinzip soll nicht die Interessen und Rechte des Betroffenen schützen, sondern die des **ersuchten** Staates. Deshalb wäre auch ein Einverständnis des Ausgelieferten mit der Anschlussvollstreckung für sich **allein** nicht ausreichend und würde das Vollstreckungshindernis nicht beseitigen.[9]

Verfolgungs- und Vollstreckungsmaßnahmen wegen **nach** der Auslieferung begangener Straftaten sind uneingeschränkt möglich. Der Grundsatz der Spezialität hindert auch nicht den **Widerruf** einer Strafaussetzung wegen einer Tat, die nicht Gegenstand der Auslieferungsbewilligung war. Vollstreckungsmaßnahmen aufgrund einen solchen Widerrufs wie auch der Erlass und Vollzug eines Sicherungshaftbefehls (§ 453 c StPO) wären jedoch unzulässig.[10]

Eine Auslieferung zur **Strafverfolgung** ermächtigt zugleich zur Durchführung der **Strafvollstreckung** in dieser Sache.

665 Streitig **ist,** ob eine Vollstreckung zulässig ist, wenn eine rechtskräftige Verurteilung unter **Verletzung** des **Spezialitätsprinzips** erfolgt ist. Das Urteil ist dann zwar nicht nichtig,[11] jedoch besteht ein **Vollstreckungshindernis,** das von allen Behörden in jeder Verfahrenslage beachtet werden muss.[12]

Bewilligt eine ausländische Regierung die Auslieferung eines rechtskräftig zu einer **Gesamtstrafe** Verurteilten nur wegen eines **Teils** der Delikte, so ist die Gesamtstrafe aufzulösen und die **vollstreckbaren Einzelstrafen** in entsprechender Anwendung von § 460 StPO zu einer **neuen Gesamtstrafe** zusammenzufassen.[13] Zuständig zur Bildung dieser fiktiven Gesamtstrafe ist das Gericht des ersten Rechtszugs, § 462 a Abs 3 StPO ist entsprechend anzuwenden. Einzelstrafen, auf die sich die Auslieferungsbewilligung nicht erstreckte, können, solange die Vollstreckungsbeschränkung aufgrund der Spezialität besteht, nicht in eine **andere** Gesamtstrafe einbezogen werden.[14] Werden die Einzelstrafen jedoch später – etwa nach Ablauf der Schutzfrist – wieder vollstreckbar, sind Gesamtstrafenbildungen, ggf. auch im ursprünglichen Rahmen, wieder möglich.[15] Erfolgt eine Verurteilung nach Auslieferung über eine Tat, die nicht Gegenstand der Auslieferung war, ist das Urteil nicht vollstreckbar. Die Strafverfolgungsbehörden haben in diesen Fällen ein Wiederaufnahmeverfahren einzuleiten.

666 Besteht aufgrund des Spezialitätsprinzips ein Vollstreckungshindernis, so werden **Vollstreckungsmaßnahmen** erst dann **zulässig,**

a) wenn die Schutzfrist abgelaufen ist,

b) wenn völkerrechtliche Übereinkünfte oder das Recht des ersuchten Staates (z.B. vereinfachte Auslieferung unter Verzicht auf die Spezialitätsbindung; vgl. dazu Art 66 SchengenDurchfÜbK u. Art. 9 d. Übk. über das vereinfachte Ausl. Verf. zwischen den Mitgliedstaaten d. EU v. 10. 3. 95 in der derzeit gültigen Fassung[16] diese Maßnahmen **ausdrücklich zulassen** oder

c) wenn der ersuchte Staat **zustimmt** (Nr. 100 Abs 2 RiVASt).

---

[9] *Schäfer* in Löwe/Rosenberg (22. Aufl.), Anm. III c vor § 156 GVG.

[10] OLG Stuttgart, NJW 1983, 1987; OLG Karlsruhe, Justiz 1992, 188; OLG Zweibrücken, StV 1993, 37.

[11] So auch *Grethlein,* NJW 1963, 945.

[12] *Pohlmann/Jabel/Wolf,* Anm. 14 zu § 2 StVollstrO.

[13] OLG Hamm, NJW 1979, 2484; OLG Stuttgart, Justiz 1980, 208.

[14] BGH, NJW 1956, 555.

[15] Zur Spezialität im Auslieferungsrecht, insbesondere bei Gesamtstrafen, s auch *Grethlein,* NJW 1963, 945 f.

[16] Art 66 Schengener Durchführungsübereinkommen (SDÜ) (**Abs 1**) „Erscheint die Auslieferung eines Verfolgten nach dem Recht der ersuchten Vertragspartei nicht offensichtlich unzulässig

Die **Schutzfrist**[17] **beginnt** mit der **endgültigen Freilassung** des Verurteilten in der Sache, in der die Auslieferung betrieben wurde. Der Begriff „endgültige Freilassung" umfasst sowohl den Abschluss des Verfahrens durch **Freispruch** (Einstellung) wie auch die Beendigung der Vollstreckung durch **Strafverbüßung** oder durch **Aussetzung** des **Strafrestes** (nach § 57 StGB oder im Gnadenwege), aber auch die Haftentlassung nach einer **Strafaussetzung zur Bewährung** (§ 56 StGB).[18] Die Außervollzugsetzung eines Haftbefehls reicht dagegen **nicht** aus.[19]

Hat der Ausgelieferte das Gebiet der Bundesrepublik nach seiner Freilassung verlassen und kehrt er innerhalb der Schutzfrist freiwillig zurück oder wird er von einem dritten Staat zurücküberstellt, so **entfällt** die Bindung an den Spezialitätsgrundsatz; denn die Zugriffsmöglichkeit der Vollstreckungsbehörde basiert dann nicht mehr auf der Auslieferung, sondern auf der freiwilligen Rückkehr (Überstellung) des Verurteilten (vgl. § 11 Abs 2 Nr. 3 IRG).

Stehen noch Strafen aus anderer Sache zur Vollstreckung an, für die ein an sich zulässiges Auslieferungsbegehren nicht gestellt werden konnte (z.B. weil die Vollstreckungsbehörde zu spät Kenntnis erhielt), so empfiehlt es sich, nicht den Ablauf der Schutzfrist abzuwarten, sondern die **Zustimmung** der **ausländischen Regierung** zur Strafvollstreckung einzuholen (Nr. 100 Abs 2 c, Abs 3–5 RiVASt). Die Zustimmung ist in derselben Weise zu erwirken wie eine Auslieferung. Der Verurteilte ist zu **richterlichem Protokoll** darüber zu hören, ob er mit der Strafvollstreckung wegen der weiteren strafbaren Handlungen einverstanden ist. Dem entsprechend Nr. 91 RiVASt (Muster Nr. 19 – siehe unten) zu fertigenden Bericht sind Mehrfertigungen des richterlichen Protokolls in der nach Nr. 93 (Nr. 30, 12 Abs 2) RiVASt vorgeschriebenen Anzahl beizufügen.[20]

Auslieferungsbericht
Staatsanwaltschaft ....
Der Leitende Oberstaatsanwalt   ...., den ....
Eilt sehr

                                    Haftsache

Über den
Generalstaatsanwalt

....

an das
Landesjustizministerium

---

und stimmt der Verfolgte seiner Auslieferung nach persönlicher Belehrung über sein Recht auf Durchführung eine förmlichen Auslieferungsverfahrens zu Protokoll eines Richters oder zuständigen Beamten zu, so kann die ersuchte Vertragspartei die Auslieferung bewilligen, ohne ein förmliches Auslieferungsverfahren durchzuführen. Der Verfolgte hat das Recht, sich während der Belehrung von einem Rechtsanwalt unterstützen zu lassen (**Abs 2**). Im Falle einer Auslieferung nach Abs 1 kann der Verfolgte, der ausdrücklich erklärt hat, auf den ihm aufgrund des Spezialitätengrundsatzes zustehenden Schutz zu verzichten, diese Erklärung nicht widerrufen.

[17] Nach Art 14 Abs 1 b EuAuslÜbk beträgt die Schutzfrist 45 Tage (bzgl. der Vertragsstaaten des EuAuslfÜbk; sonst gilt die Monatsfrist des § 11 Abs 2 Nr. 2 IRG). Die Auflistung der Vertragsstaaten s unter Rdn 718.

[18] LG Darmstadt, NJW 1973, 1567. Mit der Aussetzung der Strafe darf jedoch keine die Bewegungsfreiheit des Verurteilten beeinträchtigende Weisung verbunden sein. Wurde Bewährungshilfe (§ 56 d StGB) angeordnet, liegt keine endgültige Freilassung iSd Art 14 Abs 1 b EuAuslfÜbk vor (OLG München, NStZ 1993, 392).

[19] BGH, MDR 1980, 684.

[20] Zum Auslieferungsbericht vgl. Rdn 733.

Auslieferung des deutschen Staatsangehörigen ......, geboren am ......
aus „Spanien" durch „Frankreich" nach Deutschland zur Verfolgung und Vollstreckung wegen „Diebstahls und anderem"
Zum Erlass vom ......, Az.: ......
 Mit a) 1 Blattsammlung
    b) 3 Mehrfertigungen dieses Berichts

Anbei übersende ich
a) neun beglaubigte Mehrfertigungen des Haftbefehls des Amtsgerichts ...... vom ......, Aktenzeichen: ......,
b) neun Mehrfertigungen der einschlägigen deutschen Strafbestimmungen,
c) neun beglaubigte Mehrfertigungen des Urteils des Landgerichts ...... vom ......, Aktenzeichen: ......
d) neun beglaubigte Mehrfertigungen der Bescheinigung über die Rechtskraft und Vollstreckbarkeit sowie über den Wortlaut der im Urteil angewandten deutschen Strafbestimmungen,
e) zwei Mehrfertigungen der Identitätsunterlagen,
 f) je zwei Übersetzungen der Anlagen zu a)–e) in die „spanische" Sprache und
g) je zwei Übersetzungen der Anlagen zu a)–d) in die „französische" Sprache mit der Bitte,
 – die „spanische" Regierung um Auslieferung des deutschen Staatsangehörigen ......, geboren am ...... in ......, letzter Aufenthaltsort im Inland Justizvollzugsanstalt ......, zur Verfolgung wegen der im Haftbefehl des Amtsgerichts ...... bezeichneten Taten und zur Vollstreckung der aus dem Urteil des Landgerichts ...... noch zu verbüßenden Freiheitsstrafe von ...... sowie
 – die „französische" Regierung um Durchlieferung zu ersuchen.
Nach Mitteilung von Interpol „Madrid" vom ...... befindet sich ...... seit dem ...... auf Grund meines Ersuchens vom ...... in vorläufiger Auslieferungshaft im Gerichtsgefängnis von „Sevilla".
Gründe, die der Auslieferung entgegenstehen könnten, sind nicht ersichtlich. Die Auslieferung erscheint auch nicht unverhältnismäßig.
„Der Verfolgte war bei seiner Festnahme im Besitz eines Schlüsselbundes mit Kraftfahrzeugnachschlüsseln, sowie von sieben Kreditkarten der Deutschen Bank, ausgestellt auf den Namen ...... Da diese Gegenstände als Beweismittel für das Strafverfahren benötigt werden, rege ich an, zugleich um ihre Herausgabe zu ersuchen.
Der Verfolgte ist als besonders gewalttätig bekannt. Er ist bereits mehrfach aus Justizvollzugsanstalten ausgebrochen. Ich rege daher ferner an, der französischen und spanischen Regierung mitzuteilen, dass besonders Sicherungsmaßnahmen erforderlich erscheinen.
Der Leitende Oberstaatsanwalt in Chemnitz hat mitgeteilt, dass er unter dem Aktenzeichen ...... gegen den Verfolgten die Vollstreckung einer durch Urteil des „Landgerichts Chemnitz" vom ...... festgesetzten Freiheitsstrafe von 12 Monaten betreibt und dass er beabsichtigt, auch insoweit die Auslieferung des Verfolgten anzuregen.
Als Ort, an dem der Verfolgte den deutschen Behörden übergeben werden soll, schlage ich Kehl – Europabrücke vor. Nach seiner Auslieferung soll er in die Justizvollzugsanstalt ...... überstellt werden.
gez.: NN

                                                        Leitender Oberstaatsanwalt

Liegt die Zustimmung der ausländischen Regierung vor, entfällt die auf dem Spezialitätsgrundsatz beruhende Vollstreckungsbeschränkung, und die Vollstreckung kann in der üblichen Weise (z. B. im Wege der Anschlussvollstreckung) durchgeführt werden.
Eine Vollstreckung unter Missachtung des Spezialitätsgrundsatzes ist nach § 345 StGB unzulässig und strafbar. Der Verantwortliche der Vollstreckungsbehörde (hier der Rechtspfleger) macht sich nach § 345 StGB strafbar.

D. Vollstreckungsverjährung

Die Vollstreckung rechtskräftig verhängter **Strafen** oder **Maßnahmen** (§ 11 Abs 1   667
Nr. 8 StGB) unterliegt der **Verjährung**: mit Ablauf der Verjährungsfrist wird die
Vollstreckung **unzulässig**.[21] Die Verjährung **beginnt** mit der **Rechtskraft** der Entscheidung und zwar mit der Rechtskraft im **Strafausspruch**.[22] Bei einem Gesamtstrafenurteil (§ 55 StGB) oder nachträglichem Gesamtstrafenbeschluss (§ 460 StPO) ist
jeweils deren Rechtskraft maßgebend.[23] Der Tag der Rechtskraft wird von seinem
Beginn an gerechnet; er ist der **erste** Verjährungstag (§ 79 StGB). Berechnet wird
nach den Regeln der §§ 186 ff BGB (Art 2 EGBGB); hier nach §§ 187 Abs 2, 188
Abs 2, 3 BGB. § 191 BGB findet allerdings keine Anwendung.[24]
Die Vollstreckungsverjährung erfasst neben den Strafen und Maßnahmen auch die im
Bußgeldverfahren rechtskräftig festgesetzten **Geldbußen** und **Nebenfolgen** mit Geldzahlung (§ 34 OWiG), ferner die in Straf- und Bußgeldsachen gerichtlich erkannten
Ordnungsmittel (Art 9 Abs 2 EGStGB).
Die **Dauer der Verjährungsfrist** variiert, je nach Art und Höhe der **erkannten** Strafe   668
(Maßnahme). U-Haft bleibt unberücksichtigt. Bei einer Gesamtstrafe ist deren Höhe
maßgebend.[25] Im Einzelnen gilt Folgendes:

a) Freiheitsstrafen:
Die Verjährungsfrist beträgt
– fünfundzwanzig Jahre bei Freiheitsstrafe von mehr als zehn Jahren,
– zwanzig Jahre bei Freiheitsstrafe von mehr als fünf Jahren bis zu zehn Jahren,
– zehn Jahre bei Freiheitsstrafe von mehr als einem Jahr bis zu fünf Jahren,
– fünf Jahre bei Freiheitsstrafe bis zu einem Jahr.[26]
– Die Vollstreckung von **lebenslangen** Freiheitsstrafen verjährt **nicht** (§ 79 Abs 2
  StGB).

b) Geldstrafen:
Die Verjährungsfrist beträgt
– fünf Jahre bei Geldstrafe von mehr als dreißig Tagessätzen,
– drei Jahre bei Geldstrafe bis zu dreißig Tagessätzen.
Für die Frist der Vollstreckungsverjährung maßgeblich ist die Zahl der Tagessätze, die
die Dauer der Ersatzfreiheitsstrafe bestimmt, die Höhe der Tagessätze ist insoweit
ohne Bedeutung.[27]

---

[21] Da die Vollstreckungsverjährung von Amtswegen zu beachten ist, können auch freiwillige
Zahlungen des Verurteilten auf eine bereits verjährte Geldstrafe oder dergleichen **nicht** angenommen werden. Die Vollstreckungsverjährung ist in jedem Stadium der Vollstreckung zu beachten. Eine nach Eintritt der Vollstreckungsverjährung geleistete Zahlung wäre zurück zu erstatten.
[22] *Fischer*, Rdn 3; *Stree* in Schönke/Schröder, Rdn 3 jeweils zu § 79 StGB.
[23] Für die Fälle des § 55 StGB s BGH, Rpfleger 1982, 79; bejahend auch für den Gesamtstrafenbeschluss: OLG Düsseldorf, MDR 1993, 169; OLG Zweibrücken, NStZ 1991, 454; *Lackner*,
Rdn 3 zu § 79 StGB.
[24] Beispiel einer Zweijahresfrist: Beginn (Rechtskraft) 31. 7. 1992; Ende 30. 7. 1994 TE. Ebenso
Fischer, Rdn 3 zu § 79 StGB; *Göhler*, Rdn 16 zu § 31 OWiG.
[25] BGHSt 30, 234.
[26] Die Vollstreckung des Strafarrestes verjährt in zwei Jahren (§ 9 Abs 3 WStG).
[27] OLG Karlsruhe, Justiz 1998, 570.

c) Maßnahmen (§ 11 Abs 1 Nr. 8 StGB):

Die Verjährungsfrist beträgt

- fünf Jahre bei der nach § 68 Abs 1 StGB **angeordneten** Führungsaufsicht[28] und bei der **ersten** Unterbringung in einer Entziehungsanstalt. Der Gesetzgeber hat bei der Neufassung des § 68 c Abs 2 StGB eine angeordnete Führungsaufsicht von unbefristeter Dauer vorgesehen und in der Neufassung des § 79 Abs 4 StGB festgelegt, dass die Vollstreckung der Sicherungsverwahrung und einer **unbefristeten Führungsaufsicht** nicht verjähren.
- zehn Jahre bei den übrigen Maßnahmen, § 79 Abs 4 Satz 1 StGB.
- Die Vollstreckung der **Sicherungsverwahrung** verjährt jedoch **nicht** (§ 79 Abs 4 StGB).

Die Dauer der Verjährungsfrist bestimmt sich nach der jeweils verhängten Strafe (Maßnahme). Wird eine **Gesamtstrafe** festgesetzt, kommt es auf deren Höhe an. Ist in **demselben** Verfahren **zugleich** auf **Freiheits-** und **Geldstrafe** oder **neben einer Strafe** auf eine freiheitsentziehende Maßregel, auf Verfall, Einziehung oder Unbrauchbarmachung erkannt worden, so verjährt die Vollstreckung der einen Strafe oder Maßnahme **nicht früher** als die der anderen. Ausschlaggebend für den Eintritt der Verjährung ist dann die jeweils längste Frist. Eine Ausnahme macht nur die **Sicherungsverwahrung**: sie hindert die Verjährung der übrigen **gleichzeitig** angeordneten Rechtsfolgen nicht (§ 79 Abs 5 StGB).

Für die **Vermögensstrafe** (§ 43 a StGB) fehlt bisher eine spezielle Verjährungsregelung. Es ist deshalb davon auszugehen, dass die Vermögensstrafe verjährt mit der Hauptstrafe. Im übrigen wird hinsichtlich der Vermögensstrafe auf die Entscheidung des BVerfG vom 20. 3. 2002 verwiesen.[29]

Eine **Unterbrechung** der Vollstreckungsverjährung (vgl. § 72 StGB a. F.) gibt es **nicht mehr**. Lediglich ein **Ruhen** der Verjährung ist vorgesehen, nämlich:

- solange nach dem Gesetz die Vollstreckung nicht begonnen oder nicht fortgesetzt werden kann (z. B. wegen der Immunität von Abgeordneten). Der Weg der vereinfachten und kontrollierten Abschiebung nach den in Thailand geltenden ausländerrechtlichen Vorschriften und deren einvernehmliche Handhabung durch die thailändischen und deutschen Behörden berührt keine schutzwürdigen Belange des Verurteilten und begründet kein Vollstreckungshindernis bezüglich der zur Verbüßung anstehenden Strafe.[30] Demgemäß läuft die Vollstreckungsverjährung nach Abschiebung der verurteilten Person weiter, obwohl nach Abschiebung dem Grundsatz nach nicht weiter vollstreckt werden kann.
- solange dem Verurteilten
  - Aufschub oder Unterbrechung der Vollstreckung (z. B. nach §§ 455, 456 StPO),[31]

---

[28] Bei den sonstigen Fällen der Führungsaufsicht beträgt die Verjährungsfrist zehn Jahre; dies gilt auch, wenn angeordnete und kraft Gesetzes eintretende Führungsaufsicht zusammentreffen: vgl. *Fischer*, Rdn 5 zu § 79 StGB.

[29] NJW 2002, 1779.

[30] OLG Karlsruhe, Justiz 1998, 570.

[31] Ist die Vollstreckung einer Freiheitsstrafe aufgrund des Gesundheitszustandes der verurteilten Person gem. § 455 Abs 4 StPO unterbrochen worden und in Zukunft unmöglich, da eine Besserung der Krankheit nicht zu erwarten ist, so ist eine gerichtliche Feststellung der Erledigung der Strafvollstreckung nicht möglich, da die Vollstreckungsverjährung zwar zeitlich unbegrenzt ruht, dies den Verurteilten aber nicht beschwert. Eine verfassungswidrige Beschwer ergibt sich allenfalls im Verfahren nach dem Bundeszentralregistergesetz, da die Eintragung über die Verurteilung nicht getilgt werden und somit ein Verwertungsverbot, dem für die Resozialisierung des Verurteilten besondere Bedeutung zukommt, nicht eingreifen kann, *KG Berlin*, Beschluss vom 29. 4. 1999, 5 Ws 16/99.

– Aussetzung zur Bewährung durch richterliche Entscheidung (z. B. nach §§ 56, 57, 67 d Abs 2 StGB) oder im Gnadenwege

oder

– Zahlungserleichterung bei Geldstrafe, Verfall oder Einziehung (z. B. nach § 459 a StPO)

bewilligt ist,

– solange der Verurteilte im In- oder Ausland auf behördliche Anordnung in einer Anstalt verwahrt wird (§ 79 a StGB).[32] Die Vollstreckungsverjährung ruht auch, solange sich die verurteilte Person in einer stationären Drogentherapie nach §§ 35 ff BtMG befindet.[33]

Das Ruhen der Verjährung **hemmt** den Ablauf der Verjährungsfrist und zwar vom **Beginn** des **Tages** an, an dem das maßgebende Ereignis eingetreten ist. Ist das Ruhen beendet (durch Entfallen der Voraussetzungen), läuft die Verjährungsfrist weiter.

d) Geldbußen: 669

Die Verjährungsfrist beträgt nach § 34 OWiG

– fünf Jahre bei einer Geldbuße von mehr als 1000,– €,
– drei Jahre bei einer Geldbuße bis zu 1000,– €.

Sind mehrere Geldbußen festgesetzt worden (s § 20 OWiG), so läuft für jede Geldbuße eine **gesonderte Frist;** es erfolgt keine Zusammenrechnung. Die Verjährungsfrist beginnt mit dem Tage der **Rechtskraft** der Entscheidung; er ist der **erste** Verjährungstag (§ 34 OWiG).

Die Verjährung **ruht,** solange

– nach dem Gesetz die Vollstreckung nicht begonnen oder nicht fortgesetzt werden kann (z. B. wegen Immunität bei Erzwingungshaft),
– die Vollstreckung ausgesetzt ist (z. B. nach § 102 Abs 1, § 103 Abs 2 Satz 2 OWiG) oder
– eine Zahlungserleichterung (z. B. nach § 93 OWiG) bewilligt ist.

Freiheitsentziehungen aufgrund behördlicher Anordnung bewirken hier (anders als bei Strafen und Maßnahmen) **kein** Ruhen der Verjährung.

Die Verjährungsvorschriften gelten entsprechend für **Nebenfolgen,** die zu einer **Geldzahlung** verpflichten (§ 34 Abs 5 OWiG). Sind Geldbuße und Nebenfolge **gleichzeitig** angeordnet worden, so verjährt die Vollstreckung der einen Rechtsfolge nicht früher als die der anderen.

e) Ordnungsmittel: 670

Die Verjährungsfrist beträgt bei der Vollstreckung von Ordnungsgeld wie auch von Ordnungshaft **zwei Jahre,** (Art 9 EGStGB) Die Verjährung beginnt, sobald das Ordnungsmittel vollstreckbar ist, also im allgemeinen mit dem **Erlass** der Entscheidung.[34]

Die Verjährung **ruht,** solange

– nach dem Gesetz die Vollstreckung nicht begonnen oder nicht fortgesetzt werden kann (z. B. wegen Immunität),
– die Vollstreckung ausgesetzt ist oder
– eine Zahlungserleichterung (Art 7 EGStGB) bewilligt ist (Art 9 Abs 2 EGStGB).[35]

Für **Zwangsmittel** bestehen wegen deren besonderer Eigenart (sofortige und zeitlich begrenzte Vollstreckung) **keine** Verjährungsvorschriften.

---

[32] Die Vollstreckungsverjährung ruht dabei auch durch den Vollzug in derselben, nicht nur in anderer Sache (OLG Hamm, NStZ 1984, 237; KG, JR 1987, 31).

[33] LG Ellwangen, NStZ-RR 1998, 274.

[34] Ausnahme: §§ 180, 181 Abs 2 GVG, wonach bei außerhalb der Sitzung verhängten Ordnungsmitteln die Vollstreckbarkeit erst mit der Rechtskraft der Entscheidung eintritt.

[35] Kein Ruhen der Verjährung bei behördlich angeordneter Verwahrung in einer Anstalt.

671 **f) Jugendstrafvollstreckung:**

Das JGG enthält keine Bestimmungen über die Vollstreckungsverjährung. Die Vorschriften des § 79 StGB über die Verjährung von Freiheitsstrafen sind auf **Jugendstrafe** entsprechend anwendbar.[36] Für die Verjährung von in Jugendstrafverfahren angeordneten **Maßregeln** der **Besserung** und **Sicherung** (§ 7 JGG) gilt § 79 Abs 4 StGB unmittelbar. Sonst gibt es im Jugendrecht keine Vollstreckungsverjährung. Bei Erziehungsmaßregeln ist dies deshalb ein Mangel, weil die absolute Grenze deutlich niedriger liegen müsste als bei der Freiheitsstrafe. Die Regelung in § 11 Abs 1 JGG ist nicht ausreichend. Auch für Zuchtmittel bestehen keine gesetzlichen Regelungen mit Ausnahme der Vollstreckung von Jugendarrest. Hier sind durch die Regelung des § 87 Abs 3, 4 JGG Grenzen gesetzt.

672 Das **Gericht** kann die Verjährungsfristen des § 79 StGB **vor** ihrem Ablauf auf Antrag der Vollstreckungsbehörde einmal **um die Hälfte verlängern,** wenn der Verurteilte sich in einem Gebiet aufhält, aus dem seine Auslieferung oder Überstellung nicht erreicht werden kann (§ 79 b StGB). Von einer Anhörung des Verurteilten kann abgesehen werden bei Nichtausführbarkeit. Gegen den Beschluss des Gerichts ist nach § 462 StPO das Rechtsmittel der sofortigen Beschwerde zulässig. Die Verlängerung ist nur einmal möglich und zulässig. Mit dieser Regelung soll verhindert werden, dass sich der Verurteilte der Vollstreckung durch Aufenthalt im Ausland infolge Ablaufs der Verjährungsfrist entziehen kann. Die Anwendung des § 79 b StGB setzt voraus, dass eine Auslieferung oder Überstellung **nicht erreichbar ist:** etwa weil mit dem betreffenden Staat kein Rechtshilfeverkehr stattfindet oder ein Auslieferungsersuchen aus sonstigen Gründen nicht möglich oder auch erfolglos geblieben ist.[37]

Die Entscheidung – auf Antrag der Vollstreckungsbehörde (Staatsanwalt[38]) – ergeht durch das nach § 462 a StPO zuständige Gericht.[39]

Ist zweifelhaft, ob die Auslieferung oder Überstellung eines Verurteilten erreicht werden kann, so beantragt die Vollstreckungsbehörde die Verlängerung der Verjährungsfrist in der Regel erst, nachdem sie der **obersten Justizbehörde** hierzu **berichtet** hat (§ 20 StVollStrO). Die Vollstreckungsbehörde hat deshalb zunächst einmal selbst Ermittlungen anzustellen, ob eine Auslieferung oder Überstellung aus dem Gebiet, in dem sich der Verurteilte aufhält möglich ist. Deshalb muss die Tatsache des Aufenthaltsorts des Verurteilten feststehen. Ob die Voraussetzungen vorliegen, wird die Vollstreckungsbehörde in aller Regel selbst nicht erschöpfend beurteilen können. Deshalb ordnet § 20 StVollstrO eine Berichtspflicht an.[40]

Ein Antrag nach § 79 a StGB ist nicht zulässig zur Verlängerung der Jahresfrist nach § 87 Abs 4 JGG, um einen Jugendarrest auch nach Ablauf der Frist noch vollstrecken zu können.

---

[36] *Brunner,* Rdn 3 zu § 4 JGG.

[37] *Stree* in Schönke/Schröder, Rdn 2 zu § 79 b StGB.

[38] Nach § 1 Nr. 1 der Begrenzungs-VO von der Übertragung auf den Rechtspfleger ausgenommen.

[39] Zu den Voraussetzungen und zum Inhalt von Entscheidungen nach § 79 b StGB s OLG Hamm, NStZ 1991, 186.

[40] *Pohlmann/Jabel/Wolf,* Anm. 8 zu § 20 StVollstrO.

II. Strafausstand (Urlaub)

A. Begriffsklärung und Anwendungsbereich (Übersicht)

Unter Strafausstand versteht man die **vorübergehende Aussetzung** der Vollstreckung.   **673**
Erfolgt der Strafausstand **vor** Beginn des Vollzugs, spricht man von **Strafaufschub**; erfolgt der Strafausstand **nach** Beginn des Vollzugs, spricht man von **Strafunterbrechung**. „Strafausstand" beinhaltet somit begrifflich sowohl den Aufschub wie auch die Unterbrechung (vgl. auch Definition in § 6 Abs 1 Nr. 4 GnadO für BW). Strafunterbrechung war früher im wesentlichen Sache des **Gnadenrechts** und demgemäß den Gnadenbehörden vorbehalten. Nach Inkrafttreten des StVollzG ist neben die gnadenweise Strafunterbrechung die **Vollzugslockerung** (§ 11 StVollzG), insbesondere aber die **Beurlaubung** (§ 13 StVollzG; VV zu § 13) getreten. Der Urlaub, der vom **Anstaltsleiter** gewährt wird, ist jedoch keine Gnaden-, sondern eine reine **Vollzugsmaßnahme**, die daher auch die Strafvollstreckung **nicht** unterbricht (§ 13 Abs 5 StVollzG).[41]
In welchem Umfang und nach welchen Bestimmungen ein Aufschub oder eine Unterbrechung der Vollstreckung bzw Urlaub bei **Freiheitsstrafen** und **freiheitsentziehenden** Maßregeln der Besserung und Sicherung – als den Hauptanwendungsfällen – gewährt werden kann, zeigt nachfolgende Übersicht:

a) Aufschub: **674**

Gegenstand	Maßgebende Vorschrift	Dauer	Bewilligung durch
Freiheits-strafe	§ 455 StPO	Unbestimmt[43]	Vollstreckungsbehörde (Rechtspfleger)
	§ 455 a StPO (§ 46 a StVollstrO)	unbestimmt[44]	Vollstreckungsbehörde (Rechtspfleger bzw Behördenleiter)
	§ 456 StPO	höchstens 4 Monate	Vollstreckungsbehörde (Rechtspfleger)
	GnadenOrd.[42]	im allgemeinen neun Monate oder auch bis zu einem Jahr[45]	Gnadenbehörde
	§§ 47 Abs 2, 360 Abs 2 458 Abs 3 StPO	bis zur abschließenden Entscheidung	Gericht
Freiheitsent-ziehende Maßregeln	§ 455 StPO[46] (§ 455 Abs 1 gilt nicht bei Unterbringung nach § 63 StGB)	unbestimmt (solange Vollzugsun-tauglichkeit anhält)	Vollstreckungsbehörde (Rechtspfleger)

[41] Entsprechendes gilt auch für die Urlaubsregelung beim Vollzug von Jugendstrafe. Auch hier wird die Vollstreckung der Jugendstrafe durch den Urlaub, der vom Anstaltsleiter gewährt wird, nicht unterbrochen.
[42] Die Gnadenordnungen der Länder sind zu beachten.
[43] Solange die Vollzugsuntauglichkeit andauert.
[44] Solange ein Aufschub aus vollzugsorganisatorischen Gründen erforderlich ist.
[45] In den Gnadenordnungen der Länder unterschiedlich geregelt.
[46] Jeweils i Vm. § 463 Abs 1, 4 StPO.

Gegenstand	Maßgebende Vorschrift	Dauer	Bewilligung durch
	§ 455 a StPO (§§ 46 a, 53 II, StVollstrO)	unbestimmt (solange erforderlich)	Vollstreckungsbehörde (Rechtspfleger bzw Behördenleiter)
	§ 456 StPO (gilt nicht bei Sicherungsverwahrung)	höchstens vier Monate	Vollstreckungsbehörde (Rechtspfleger)
	GnadenOrd.	In den Ländern unterschiedlich geregelt	Gnadenbehörde
	§§ 47 Abs 2, 360 Abs 2 458 Abs 3 StPO	bis zur abschließenden Entscheidung	Gericht

675   b) Unterbrechung (Urlaub):

Gegenstand	Maßgebende Vorschrift	Dauer	Bewilligung durch
Freiheitsstrafe	§ 455 Abs 4 StPO (§§ 45, 46 StVollstrO)	Unbestimmt (solange Vollzugsuntauglichkeit anhält) unbestimmt	Vollstreckungsbehörde (Rechtspfleger)
	Art 6 EGWStG	(solange Vollzugsuntauglichkeit anhält) unbestimmt	Vollstreckungsbehörde (Rechtspfleger)
	§ 455 a StPO (§ 46 a StVollstrO)		Vollstreckungsbehörde (Rechtspfleger bzw Anstaltsleiter oder Behördenleiter)
	Gnadenordnung	In den einzelnen Ländern unterschiedlich geregelt	Gnadenbehörde
	§ 13 StVollzG[47] (Regelurlaub)	Bis zu 21 Tagen im Jahr	Anstaltsleiter
	§ 15 StVollzG (Sonderurlaub zur Entlassvorbereitung)	Bis zu einer Woche (für Freigänger bestehen Sonderregelungen)	Anstaltsleiter

---

[47] Zur Urlaubsregelung beim Vollzug der Jugendstrafe siehe Jugendvollzugsgesetze der Länder. Eine Unterbrechung der Vollstreckung tritt nicht ein (§ 13 Abs 5 StVollzG). Wegen Hafturlaub bei Vollzug der lebenslangen Freiheitsstrafe, vgl. *KG Berlin*, NStZ 2002, 528 und *BVerfG*, NStZ 1998, 373.

Durch den Urlaub aus der Haft (§§ 13, 15, 35, 36 StVollzG) wird die Strafvollstreckung nicht unterbrochen (§ 13 Abs 5 StVollzG). Eine entsprechende Regelung findet sich in den Jugendvollzugsgesetzen der Länder für den Urlaub beim Vollzug der Jugendstrafe. Soweit Strafausstand nach der StPO, dem EGWStG oder der GnadO gewährt wird (s. o.), tritt dagegen eine Unterbrechung der Vollstreckung ein.

Gegenstand	Maßgebende Vorschrift	Dauer	Bewilligung durch
	§ 35 StVollzG (Urlaub aus wichtigem Anlass)	Bis zu sieben Tagen Nur zur Terminwahrnehmung	Anstaltsleiter
	§ 36 StVollzG (Urlaub zur Teilnahme an gerichtlichen Terminen)	Bis zur endgültigen Entscheidung	Anstaltsleiter
	§§ 47 Abs 2 360 Abs 2 458 Abs 3 StPO		Gericht
Freiheitsentziehende Maßregeln	§§ 455 Abs 4, 463 Abs 1 StPO (§§ 45, 46, 53 Abs 2 StvollstrO)	Unbestimmt	Vollstreckungsbehörde (Rechtspfleger)
	§ 455 a StPO (§§ 46 a, 53 Abs 2 StVollstrO)	Unbestimmt	Vollstreckungsbehörde (Rechtspfleger bzw Anstaltsleiter)
	Gnadenordnung	In den Ländern unterschiedlich geregelt Bis zu einem Monat	Gnadenbehörde
	§ 134 StVollzG (Sonderurlaub zur Entlassvorbereitung bei Sicherungsverwahrung)		Anstaltsleiter
	§§ 47 Abs 2, 360 Abs 2 458 Abs 3 (§ 463 Abs 1) StPO	Bis zur abschließenden Entscheidung	Gericht

Anmerkung:

Urlaub aufgrund des StVollzG kann bei **freiheitsentziehenden Maßregeln** nur dann gewährt werden, wenn der Vollzug – so bei der Sicherungsverwahrung – in **Anstalten** der **Landesjustizverwaltungen** erfolgt. Bei der Unterbringung in einem psychiatrischen Krankenhaus oder in einer Entziehungsanstalt finden die Urlaubsvorschriften des StVollzG keine Anwendung. Hier gelten die Maßregelvollzugsgesetze bzw Unterbringungsgesetze der Länder.[48]

---

[48] Maßgebend sind die Unterbringungsgesetze der Länder. Danach kann in den meisten Fällen die Einrichtung des Maßregelvollzugs Vollzugslockerungen unter Aufsicht (Ausführung, Außenbeschäftigung, Freiausgang innerhalb eines PLK-Geländes) in eigener Zuständigkeit gewähren. Für Freigang, Ausgang, Urlaub ist die Zustimmung der Staatsanwaltschaft (als Strafverfolgungsbehörde) erforderlich. Durch den Urlaub wird die Strafvollstreckung nicht unterbrochen (analog § 13 Abs 5 StVollzG).

B. Einzelfragen

1. Aufschub der Vollstreckung

676   Die Vollstreckungsbehörde kann die Vollstreckung einer **Freiheitsstrafe** oder einer **freiheitsentziehenden** Maßregel der Besserung und Sicherung **aufschieben** oder ohne Einwilligung des Gefangenen **unterbrechen**, wenn dies aus Gründen der **Vollzugsorganisation** erforderlich ist und überwiegende Gründe der **öffentlichen Sicherheit** nicht entgegenstehen (§ 455 a Abs 1 StPO).

Der Aufschub oder die Unterbrechung der Vollstreckung nach § 455 a StPO erfolgt von Amts wegen; einer Einwilligung des Verurteilten bedarf es nicht. Die Gründe, die zu einer Anwendung des § 455 a StPO führen, dürfen jedoch nicht in der Person des Verurteilten liegen, sondern müssen den **vollzugsorganisatorischen** Bereich betreffen. Nach der amtlichen Begründung soll mit Hilfe dieser Vorschrift u. a. Überbelegungen (s § 146 StVollzG) vorgebeugt werden, bei Seuchen, Unglücksfällen oder Katastrophen außerdem eine Handhabe für eine Unterbrechung des Vollzugs gegeben sein. Stehen überwiegende Gründe der **öffentlichen Sicherheit** entgegen (z. B. die Gefahr neuer Straftaten, zu erwartende Unruhen), kommt ein Strafausstand nicht in Betracht.

Die Entscheidung seitens der Vollstreckungsbehörde trifft der Rechtspfleger bzw der Behördenleiter.[49] Beabsichtigt die Vollstreckungsbehörde, die Vollstreckung aufzuschieben oder zu unterbrechen, hat sie zuvor die **Zustimmung** der **obersten Justizbehörde** einzuholen. Lässt sich dies – bei Katastrophen oder sonstigen Eilfällen – nicht rechtzeitig durchführen, ist unverzüglich der obersten Justizbehörde über die getroffenen Maßnahmen zu berichten (§§ 46 a Abs 1, 53 Abs 2 Ziffer 1 StVollstrO). Soweit der **Anstaltsleiter** gem. § 455 a Abs 2 StPO die Vollstreckung vorläufig unterbrochen hat, unterrichtet er umgehend Vollstreckungsbehörde und oberste Justizbehörde (bei Maßregeln nach §§ 63, 64 StGB nur die Vollstreckungsbehörde). Die Vollstreckungsbehörde entscheidet dann über die Fortdauer der Unterbrechung bzw die Fortsetzung der Vollstreckung. Ein weiterer Strafausstand bedarf der Zustimmung der obersten Justizbehörde (§§ 46 a Abs 2, 53 Abs 2 Ziffer 1 StVollstrO).

Solange Strafausstand nach § 455 a StPO gewährt ist, **ruht** die Verjährung (§ 79 a Nr. 2 Buchst a StGB).

677   Auf **Antrag** des Verurteilten kann die Vollstreckung **aufgeschoben** werden, sofern durch die sofortige Vollstreckung dem **Verurteilten** oder seiner **Familie erhebliche**, außerhalb des Strafzwecks liegende **Nachteile** erwachsen.[50] Der Strafaufschub darf den Zeitraum von **vier Monaten** nicht übersteigen. Der Antrag ist vor Aufnahme in den Strafvollzug zu stellen, da es sich ansonsten nicht mehr um einen Aufschub, sondern um eine Strafunterbrechung handelt. Die Bewilligung kann eine **Sicherheitsleistung** oder andere Bedingungen geknüpft werden (§ 456 StPO).

---

[49] Von der Übertragung auf den Rechtspfleger an sich nicht ausgenommen. Wegen der in § 46 a StVollstrO vorgesehenen Berichtspflicht bzw Kontaktaufnahme mit der obersten Justizbehörde fällt § 455 a StPO de facto in die Entscheidungskompetenz des Behördenleiters.

[50] So ist dem Verurteilten ein Vollstreckungsaufschub zu gewähren, wenn zur Vermeidung eines erheblichen wirtschaftlichen Schadens die Notwendigkeit besteht, geschäftliche Angelegenheiten zu regeln, *OLG Karlsruhe*, ZfStrVo 2000, 379. Dagegen reicht als Grund für einen Strafaufschub es nicht aus, dass die Rechtsberatung des Betroffenen mit seinem Verteidiger durch den Strafantritt erschwert wird. Denn diese Nachteile sind mit jeder Strafvollstreckung verbunden und belasten den Betroffenen nicht stärker als andere Verurteilte, *KG Berlin*, Beschluss vom 15. 12. 1999, 5 Ws 758/99.

Die Vorschrift des § 456 StPO gilt nicht nur für Freiheitsstrafen, sondern auch für Geldstrafen, *Vermögensstrafen*, freiheitsentziehende Maßregeln (Ausnahme: die Sicherungsverwahrung, s § 463 Abs 5 Satz 3 StPO), Nebenstrafen und Nebenfolgen. **Nicht anwendbar** ist § 456 StPO bei **Berufsverbot** – hier ist die Spezialvorschrift des § 456 c StPO maßgebend – sowie bei Nebenstrafen, Nebenfolgen und Maßnahmen, die mit der **Rechtskraft** der Entscheidung **automatisch** wirksam werden: s § 44 Abs 3 Satz 1 (Fahrverbot), § 45 a Abs 1 (Verlust von Fähigkeiten und Rechten), §§ 73 e Abs 1, 74 e Abs 1 StGB (Verfall, Einziehung).[51]

§ 456 StPO gestattet lediglich den **Aufschub** der Vollstreckung; für eine **Unterbrechung** der Vollstreckung ist die Vorschrift unanwendbar.[52]

Ein Aufschub kommt nur dann in Frage, wenn dem Verurteilten oder seiner Familie durch die **sofortige** Vollstreckung erhebliche Nachteile (persönlicher, wirtschaftlicher oder ideeller Art) entstehen, die durch eine Verschiebung des Strafantritts vermieden oder wenigstens gemildert werden könnten. Es ist ein strenger Maßstab anzulegen (vgl. § 2 Abs 1 StVollstrO).[53] Steht von vornherein fest, dass die erheblichen Nachteile nach Ablauf der Frist nach wie vor weiter bestehen werden oder dass diese Nachteile während der Frist nicht behoben werden können, liegen die Gründe für einen Aufschub nach § 456 StPO nicht vor.

Die **Aufschubfrist** des § 456 Abs 2 StPO beginnt nach hM mit dem Tag, auf den der Verurteilte zum Strafantritt geladen ist.[54]

Für die **Sicherheitsleistung** (§ 456 Abs 3 StPO) sind die Vorschriften der §§ 116 Abs 1 Nr. 4, 116 a, 123, 124 StPO entsprechend anwendbar.

Die Entscheidung namens der Vollstreckungsbehörde obliegt dem **Rechtspfleger**, auch soweit sie sich auf die Vollstreckung von **Freiheitsstrafen** oder **freiheitsentziehenden Maßregeln** bezieht.

Anordnungen der Vollstreckungsbehörde nach § 456 StPO sind im Wege der §§ 458 Abs 2, 462, 462 a StPO (§ 31 Abs 6 Satz 1 RpflG) **gerichtlich** überprüfbar.[55]

Soweit über einen längeren Zeitraum als vier Monate oder aus anderen Gesichtspunkten als denen des § 456 StPO Vollstreckungsaufschub begehrt wird, kann eine Bewilligung nur im **Gnadenwege** erfolgen. Jedoch auch als Gnadenmaßnahme darf Aufschub nur ausnahmsweise gewährt werden: etwa um **schwere**, nicht zumutbare **Nachteile** zu vermeiden, sofern überwiegende Gründe nicht die sofortige Vollstreckung erfordern. Würden die durch die Vollstreckung drohenden Nachteile bei Bewilligung von Strafausstand nur **hinausgeschoben** und nicht vermieden, so ist die **Bewilligung zu versagen**.[56]

Strafaufschub im Gnadenwege wird im Allgemeinen für höchstens neun Monate bzw auch für ein Jahr gewährt.[57] Die Aufschubfrist beginnt mit der **Rechtskraft** der Entscheidung (Urteil, Widerrufs- oder Gesamtstrafenbeschluss). Die übergeordneten Gnadeninstanzen (Justizminister bzw Generalstaatsanwalt) können Strafausstand jedoch auch für eine längere Frist einräumen.

678

---

[51] *Meyer-Goßner*, Rdn 2; *Bringewat*, Rdn 5 jeweils zu § 456 StPO.
[52] OLG Schleswig, Beschluss vom 13. 4. 1999, SchlHA 2000, 149.
[53] Zu den Voraussetzungen eines Aufschubs s auch OLG Düsseldorf, Rpfleger 1992, 127 und Rpfleger 1993, 214; OLG Schleswig, NStZ 1992, 558.
[54] Beck OK RdNr 5 zu § 456 StPO mit weiteren Nachweisen.
[55] Zum Rechtsweg s auch OLG Stuttgart, Rpfleger 1985, 207; BeckOK RdNr 10 zu § 456 StPO.
[56] Die Gnadenordnungen der Länder sind zu beachten.
[57] Ist in den Bundesländern nicht einheitlich geregelt. Die Gnadenordnungen der Länder sind zu beachten.

Strafausstand wird in der Regel nur **widerruflich** und auf **bestimmte** Zeit bewilligt. Gegen die Bescheide der Gnadenbehörden sind **Einwendungen** bzw die (unbefristete) **Gnadenbeschwerde** zulässig, über die der Justizminister (zum Teil auch der Generalstaatsanwalt) entscheidet.[58]

2. Vollzugsuntauglichkeit

679 a) Verurteilter auf freiem Fuß:
Werden Umstände bekannt oder vom Verurteilten vorgetragen, die Zweifel an dessen **Haftfähigkeit** aufkommen lassen, veranlasst die Vollstreckungsbehörde (Rechtspfleger) eine **gerichtsärztliche Untersuchung.** Bei der Abklärung der Haftfähigkeit ist der unterschiedlichen Ausstattung der Justizvollzugsanstalten mit neben- bzw hauptamtlichen Ärzten, sowie der erweiterten Möglichkeiten ärztlicher Versorgung in Justizvollzugskrankenhäusern Rechnung zu tragen. Der zuständige Gerichtsarzt (Amtsarzt) kann dabei seitens der Vollstreckungsbehörde durch folgende **Fragestellung** zu einer differenzierten Beurteilung veranlasst werden:

> „Ist der Verurteilte haftfähig
>
> a) in einer Justizvollzugsanstalt, die von einem vertraglich oder nebenamtlich beschäftigten Arzt betreut wird, der zwar nicht ständig, aber doch regelmäßig wenigstens einmal in der Woche in der Anstalt anwesend ist,
>
> b) in einer Justizvollzugsanstalt mit Krankenabteilung, die von einem hauptamtlichen, nur für die Anstalt tätigen Arzt betreut wird und auch über ausgebildetes Sanitätspersonal verfügt,
>
> c) in einem Justizvollzugskrankenhaus; auch dann, wenn eine durchgehende ärztliche Versorgung nicht in vollem Umfang gewährleistet ist"?

Liegt Haftfähigkeit für ein **Justizvollzugskrankenhaus** vor, beantragt die Vollstreckungsbehörde bei der Anstaltsleitung unter Beifügung der Strafakten und des gerichtsärztlichen Zeugnisses die Aufnahme des Verurteilten zum Strafvollzug. Wird dem Aufnahmeantrag stattgegeben, so wird der Verurteilte geladen und mit einem Aufnahmeersuchen in das Vollzugskrankenhaus eingewiesen. Entsprechend ist zu verfahren, wenn eine Aufnahme in eine JVA mit Krankenabteilung in Frage kommt (s Buchst b).

680 Steht die **Vollzugsuntauglichkeit** des Verurteilten fest (z.B. aufgrund gerichtsärztlicher Untersuchung), wird die Vollstreckung nach Maßgabe von § 455 Abs 1–3 StPO bis auf weiteres **aufgeschoben.**[59] Bei **Geisteskrankheit** oder von der Vollstreckung zu besorgende **nahe Lebensgefahr**[60] ist der Aufschub zwingend vorgesehen. In den Fällen des § 455 Abs 3 StPO (Rücksichtnahme auf den körperlichen Zustand des Verurteilten) trifft die Vollstreckungsbehörde eine **Ermessensentscheidung.**
Die Dauer des Aufschubs ist unbestimmt und hängt vom Wiedereintritt der Vollzugstauglichkeit ab. Nach einem gewissen Zeitraum, je nach Art der Erkrankung, empfiehlt es sich, Überprüfungen vorzunehmen bzw eine Nachuntersuchung des Verurteilten zur Haftfähigkeit zu veranlassen.

---

[58] In den einzelnen Ländern unterschiedlich geregelt.

[59] Bei freiheitsentziehenden Maßregeln gilt § 463 Abs 1, 5 StPO, jedoch mit Einschränkungen in der Anwendung des § 455 StPO.

[60] Nur aufgrund von Krankheiten, deren bedrohliche Verschlimmerung durch den Strafvollzug mit hoher Wahrscheinlichkeit zu erwarten ist. Selbstmordgefahr gebietet dagegen keinen Aufschub nach § 455 Abs 2 StPO. Auch die Selbstmorddrohung naher Angehöriger des Verurteilten macht die Vollstreckung nicht unzulässig (OLG Köln, MDR 1985, 695).

Die Entscheidung nach § 455 Abs 1–3 StPO obliegt der Vollstreckungsbehörde (Rechtspfleger). Der Verurteilte kann Einwendungen gegen den Bescheid der Vollstreckungsbehörde erheben, worüber dann das Gericht zu befinden hat (§§ 458 Abs 2, 462, 462 a StPO). Solange dem Verurteilten Aufschub der Vollstreckung bewilligt ist, ruht die Verjährung (§ 79 a Nr. 2 Buchst a StGB).

b) Verurteilter in Haft: 681

Erkrankt der Verurteilte **während des Vollzugs**, kann er in ein Anstaltskrankenhaus oder in eine für seine Pflege besser geeignete Vollzugsanstalt **verlegt** werden (§ 65 StVollzG). Die Verlegung ist Sache des **Anstaltsleiters**, die Vollstreckungsbehörde wirkt dabei nicht mit.

Kann die Krankheit des Gefangenen in einer Vollzugsanstalt oder in einem Anstaltskrankenhaus nicht erkannt oder behandelt werden, oder ist es nicht möglich, den Gefangenen rechtzeitig in ein Anstaltskrankenhaus zu verlegen, ist dieser in ein Krankenhaus **außerhalb** des Vollzugs zu bringen. Eine **Unterbrechung** der Vollstreckung erfolgt dadurch zunächst einmal **nicht**. Die Dauer des Krankenhausaufenthalts ist demgemäß, solange eine Unterbrechung nicht erfolgt ist, in die Strafzeit **einzurechnen**,[61] es sei denn, der Verurteilte hat die Krankheit **absichtlich** herbeigeführt, um eine Unterbrechung des Vollzugs zu erreichen. In diesem Falle ist zur Nichtanrechnung eine Entscheidung des **Gerichts** herbeizuführen (§§ 461, 462 Abs 1, 462 a StPO).

Eine **Bewachung** des Verurteilten durch Vollzugsbedienstete während seines Krankenhausaufenthalts ist nur dann erforderlich, wenn eine Flucht auf Grund der Persönlichkeit des Gefangenen oder der besonderen Umstände wegen zu befürchten ist (VV zu § 65 StVollzG).

Wenngleich als **Regelfall** gilt, dass die Vollstreckung bei einem Krankenhausaufent-   682 halt des Verurteilten nicht unterbrochen wird, lässt § 455 Abs 4 StPO (§§ 45, 46 StVollstrO) dennoch unter bestimmten Umständen eine **Unterbrechung** der Vollstreckung auf **Anordnung** der **Vollstreckungsbehörde** zu.

Voraussetzung ist, dass

1. der Verurteilte in Geisteskrankheit verfällt,
2. wegen einer **Krankheit von der Vollstreckung** eine **nahe Lebensgefahr** für den Verurteilten zu besorgen ist oder
3. der Verurteilte sonst **schwer erkrankt** und die Krankheit in einer Vollzugsanstalt oder in einem Anstaltskrankenhaus **nicht** erkannt oder behandelt werden kann.[62]

Die Vollzugsuntauglichkeit[63] und deren voraussichtlich erhebliche Dauer muss durch ein Gutachten[64] des zuständigen Arztes (Anstaltsarztes) belegt sein. Eine Unterbrechung erfolgt nicht, wenn überwiegende Gründe, namentlich der öffentlichen Sicherheit (z. B. Fluchtgefahr, Besorgnis neuer Straftaten), entgegenstehen. Ist der Zeitpunkt

---

[61] Dies gilt auch dann, wenn die stationäre Krankenhausbehandlung während des Urlaubs eines Strafgefangenen erforderlich wurde. Die im Krankenhaus zugebrachte Zeit ist nach § 461 Abs 1 StPO iVm § 65 Abs 2 StVollzG in die Strafzeit einzurechnen (OLG Hamm, NStZ 1983, 287), es sei den der Verurteilte hat die Erkrankung absichtlich herbeigeführt, um eine Unterbrechung zu erreichen.

[62] Eine Strafunterbrechung durch Durchführung einer Bypassoperation ist nicht durch die vorrangige Verlegung in ein Krankenhaus außerhalb des Vollzugs gem. § 65 Abs 2 StVollzG ausgeschlossen. Die Verlegung in ein Hochleistungskrankenhaus, in dem ein solcher Eingriff nur durchgeführt werden kann, ist nicht möglich, da dort ein Patient im Gefangenenstatus mit entsprechender vollzuglicher Begleitung das therapeutische Klima empfindlich stören würde, *KG Berlin*, Beschluss vom 27. 4. 2001, 5 Ws 232/01.

[63] Zur Vollzugsuntauglichkeit s OLG München, MDR 1981, 426.

[64] In aller Regel schriftliches Gutachten; in Eilfällen ggf. fernmündlich voraus.

der Wiedergenesung **absehbar,** so ist eine Unterbrechung nur dann zulässig, wenn der Verurteilte sonst einen **unverhältnismäßig großen Teil** der Strafzeit **außerhalb** der Vollzugsanstalt zubringen würde (§ 45 Abs 2 StVollStrO).

Die Vollstreckungsbehörde trifft eine Ermessensentscheidung („kann unterbrechen"). Materielle Grundlage ist § 455 Abs 4 StPO, der neben **zeitiger** auch für **lebenslange** Freiheitsstrafe gilt wie auch bei freiheitsentziehenden **Maßregeln** Anwendung findet (§ 463 Abs 1 StPO) mit Ausnahme bei der Unterbringung in einem Psychiatrischen Krankenhaus. §§ 45, 46 (§ 53 Abs 2 Buchst a) StVollStrO enthalten Ergänzungs- insbesondere aber Verfahrensregelungen. Wird Strafarrest oder Freiheitsstrafe durch Behörden der **Bundeswehr** vollzogen, bestimmt sich die Unterbrechung im Krankheitsfalle nach Art 6 EGWStG.

Die Anwendbarkeit des § 455 Abs 4 StPO ist beschränkt. Bei nur **kurzfristiger** Verlegung in ein Krankenhaus scheidet eine Unterbrechung in aller Regel aus. Rein aus fiskalischen Gründen ist eine Strafunterbrechung unzulässig. Die Anordnung nach § 455 Abs 4 StPO bewirkt, dass der nach dem Unterbrechungszeitpunkt liegende Zeitraum **nicht in die Strafzeit eingerechnet wird,** und dass der Justizfiskus für die **Kosten** der Unterbringung und Behandlung **nicht mehr aufzukommen braucht.**[65] Gegen die Entscheidung der Vollstreckungsbehörde (Rechtspfleger) kann der Verurteilte Einwendungen nach § 458 Abs 2 StPO erheben, über die dann das **Gericht** entscheidet (§§ 462, 462 a Abs 1 StPO).

683   Das bei einer Unterbrechung wegen Vollzugsuntauglichkeit einzuhaltende **Verfahren** ergibt sich aus **§ 46 StVollStrO.** Danach hat die Vollstreckungsbehörde nachstehend Aufgeführtes zu veranlassen:

1. **Unverzügliche Mitteilung an die Justizvollzugsanstalt.** Die Unterbrechung wird erst wirksam, wenn der Verurteilte aus der Verfügungsgewalt der Vollzugsanstalt entlassen wird und ihm die Verfügung bekannt gemacht wird, es sei denn, dass er zur Entgegennahme dieser Verfügung nicht in der Lage ist.[66] Hat die Vollzugsbehörde den Verurteilten schon vorher in die Krankenanstalt verbracht und erfolgt die Unterbrechung durch die Vollstreckungsbehörde erst zu einem späteren Zeitpunkt, ist eine rückwirkende Unterbrechung nicht möglich.[67] Dies ist für die Strafzeitberechnung von großer Bedeutung.

2. **Unverzügliche Bekanntgabe der Unterbrechungsanordnung an den Verurteilten.** Eine Ausnahme ist nur dann zulässig, wenn der Verurteilte nicht in der Lage ist, die Unterbrechungsanordnung entgegenzunehmen und ihren Sinn zu erfassen. In diesem Falle genügt zur Wirksamkeit der Unterbrechung die Entlassung aus der Verfügungsgewalt der Vollzugsanstalt. Sobald der Verurteilte jedoch in der Lage ist, die Unterbrechungsanordnung entgegenzunehmen und deren Sinn zu erfassen, ist die Bekanntgabe nachzuholen. Verantwortlich dafür, dass die Bekanntgabe an den Verurteilten erfolgt, ist die Vollstreckungsbehörde, wobei sie die Form nach Zweckmäßigkeitsgründen frei bestimmen kann, entweder durch Beauftragen der Vollzugsanstalt oder der Krankenanstalt oder durch schriftliche Bekanntgabe.

---

[65] Sobald § 65 Abs 2 Satz 2 StVollzG in Kraft gesetzt ist (vgl. § 198 Abs 3 StVollzG), hat der Verurteilte nach den Vorschriften der gesetzlichen Krankenversicherung für die Dauer des Krankenhausaufenthalts Anspruch auf die erforderlichen Leistungen. Zum gegenwärtigen Zeitpunkt ist Kostenträger nach einer Unterbrechung in der Regel die Fürsorgebehörde. Die Unterbrechungsanordnung darf keine Maßnahmen und Anordnungen enthalten, die eine Aufrechterhaltung der Verfügungsgewalt über den Verurteilten bewirken. Sonst entfällt die Kostenübernahme durch den Sozialhilfeträger.

[66] OLG Stuttgart, NStZ 1989, 552.

[67] OLG Schleswig, SchlHA 1957, 82.

3. **Zustellung der Unterbrechungsanordnung an die Krankenanstalt,** da der Justizfiskus erst ab diesem Zustellungszeitpunkt von der Kostentragungspflicht befreit ist.

§ 46 StVollstrO hat folgenden Wortlaut:

1. Die Anordnung der Unterbrechung wird der Vollzugsbehörde mitgeteilt; sie wird auch dem Verurteilten unverzüglich bekannt gegeben, sofern er zur Entgegennahme in der Lage ist.

2. Soll die Vollstreckung nach § 455 Abs 4 Satz 1 StPO unterbrochen werden, so teilt die Vollstreckungsbehörde, wenn die verurteilte Person

    a) gemeingefährlich geisteskrank ist, einer Behörde, die für den Antrag auf seine Unterbringung in einem psychiatrischen Krankenhaus oder in einer entsprechenden Einrichtung zuständig ist, oder

    b) mit der Unterbrechung hilfsbedürftig, insbesondere anstaltspflegebedürftig wird, der Fürsorgebehörde, bei Soldatinnen oder Soldaten der nächsten disziplinarvorgesetzten Person,

    möglichst frühzeitig den Zeitpunkt der bevorstehenden Unterbrechung mit und erklärt dabei, dass der Justizfiskus nach der Unterbrechung entstehende Kosten der Unterbringung und Behandlung des Verurteilten nicht trägt. Die Unterbrechung der Vollstreckung soll in diesen Fällen nicht vor Ablauf von drei Tagen, vom Zeitpunkt dieser Benachrichtigung an gerechnet, angeordnet werden.

3. Hat die Vollzugsbehörde die verurteilte Person bereits vor der Unterbrechung in eine Krankenanstalt, ein psychiatrisches Krankenhaus oder in eine entsprechende Einrichtung verbracht, die nicht dem Vollzug dient, so verständigt die Vollstreckungsbehörde diese Anstalt von der Strafunterbrechung. Diese Mitteilung soll zugestellt werden; mit ihrem Zugang bei der Anstalt wird die Unterbrechung wirksam. In der Mitteilung weist die Vollstreckungsbehörde darauf hin, dass der Justizfiskus von ihrem Zugang an für die Kosten der Unterbringung und Behandlung nicht mehr aufkommt; dieser Hinweis entfällt, wenn die Strafe von einer Behörde der Bundeswehr vollzogen wird. Bei Soldatinnen und Soldaten verständigt die Vollstreckungsbehörde außerdem die nächste disziplinarvorgesetzte Person von der Strafunterbrechung.

4. Ist eine Soldatin oder ein Soldat bereits vor der Unterbrechung in eine Krankenanstalt außerhalb des Bereichs der Justizverwaltung zu verbringen, so wird sie oder er nach Möglichkeit in eine Krankenanstalt der Bundeswehr verbracht.

5. Ist die Strafvollstreckung unterbrochen worden, so müssen die Vollstreckungsbehörde und die Vollzugsbehörde alle Maßnahmen vermeiden, die im Widerspruch zu der angeordneten Unterbrechung darauf hinauslaufen, dass die Verfügung über die verurteilte Person aufrechterhalten wird. Die Pflicht der Vollstreckungsbehörde, dafür zu sorgen, dass nach Wiedereintritt der Vollzugstauglichkeit des Verurteilten der Strafvollzug fortgesetzt wird, bleibt unberührt.

6. Wenn die verurteilte Person Einwendungen gegen die Entscheidung der Vollstreckungsbehörde erhebt, legt diese die Akten unverzüglich dem Gericht vor (§ 458 Abs 2 StPO). Im Übrigen gelten § 458 Abs 3 und § 462 Abs 3 StPO.

Die **Unterbrechung der Vollstreckung** kann mit folgender **Verfügung** angeordnet **684** werden (hier: Fall des § 46 Abs 3 StVollstrO):

Staatsanwaltschaft   ...., den ....
VRs ....../ ......
                    Verfügung

1. Gem. § 455 Abs 4 Satz 1 StPO wird wegen Vollzugsuntauglichkeit des Verurteilten die Vollstreckung der Freiheitsstrafe aus dem Urteil des ...... gerichts ...... vom ......- AZ: ...... - für die Dauer der stationären Behandlung im Städt Krankenhaus ...... **unterbrochen.** Die Unterbrechung wird wirksam mit der Bekanntgabe an den Verurteilten,[68] frühestens aber mit der Entlassung des Verurteilten aus der Verfügungsgewalt der Vollzugsanstalt. Ab Zugang dieser

---

[68] Sofern der Verurteilte zur Entgegennahme der Unterbrechungsanordnung und zum Verstehen des Sinnes überhaupt in der Lage ist.

Unterbrechungsanordnung an die Krankenanstalt kommt der Justizfiskus für die Kosten der Unterbringung und Behandlung nicht mehr auf.

2. Nachricht davon an:

   a) Verurteilten, Städt Krankenhaus ......

   b) Vorstand der JVA ......

   c) der zuständigen Fürsorgebehörde

   d) Städt Krankenhaus ......, Verwaltung.[69] – Ziff 2 d) zustellen –

                                       ....
                                            Rechtspfleger

Die Anordnung der Vollstreckungsbehörde nach § 455 Abs 4 StPO darf keine Anweisungen und Auflagen enthalten, die im Widerspruch zu einer Unterbrechung stehen. Werden Maßnahmen getroffen, die eine Fortsetzung des Vollzugs bedeuten, so ist dieser Zeitraum bei der Strafzeitberechnung anzurechnen,[70] die Unterbrechung ist unwirksam.[71] Insbesondere sind besondere Anordnungen zur Überwachung des Verurteilten unzulässig, wie auch in der Unterbrechungsverfügung die Weisung an das Krankenhaus, das Ende der Behandlung und die Vollzugstauglichkeit sofort der Vollstreckungsbehörde mitzuteilen.

Anfragen der Vollstreckungsbehörde nach dem Genesungsfortschritt des Verurteilten bleiben zulässig. Die Herbeiführung des weiteren Strafvollzugs (nach Wiedereintritt der Vollzugstauglichkeit des Verurteilten) ist Sache der Vollstreckungsbehörde (§ 46 Abs 5 StVollstrO).

685   Eine Unterbrechung der Vollstreckung aus anderen Gründen als denen der Vollzugsuntauglichkeit ist, unbeschadet des § 455 a StPO (§ 46 a StVollstrO), nur im **Gnadenwege** möglich. Gnadenweise Strafunterbrechung soll nur in Ausnahmefällen bewilligt werden, zumal seit Inkrafttreten des StVollzG dem Gefangenen aus den verschiedensten Anlässen **Urlaub** durch den Anstaltsleiter gewährt werden kann.[72]

Die Zuständigkeit der Gnadenbehörden für die Erteilung von Strafunterbrechung ist in den einzelnen Ländern unterschiedlich geregelt. In den meisten Bundesländern kann der Leiter der Staatsanwaltschaft – in Jugendsachen der Vollstreckungsleiter – Strafunterbrechung bis zu sechs Monaten bewilligen; Strafausstand für eine längere Zeitdauer fällt in die Kompetenz des Justizministers (§ 6 Abs 1 Nr. 4 b, § 7 Abs 1 BWGnadO).[73] Die gnadenweise Strafunterbrechung bewirkt die Unterbrechung der Vollstreckung und die Nichteinrechnung des Bewilligungszeitraums in die Strafzeit.

III. Zurückstellung der Strafvollstreckung. Bewährungsaussetzung (§§ 35, 36 BtMG)

A. Voraussetzungen der Zurückstellung

686   Die Zurückstellung der Strafvollstreckung, in Form von Strafaufschub oder Strafunterbrechung, hat nach § 35 Abs 1, 3 BtMG drei Voraussetzungen:

---

[69] Bei Einlieferung von Gefangenen in Universitätskliniken soll die Unterbrechungsanordnung an die jeweilige „Universität, Verwaltung des Klinikums" adressiert werden, nicht etwa an eine einzelne Fachklinik oder an einen Arzt.

[70] OLG Frankfurt, NJW 1970, 1431.

[71] Hanseatisches OLG, NStZ 1999, 589.

[72] Zum Urlaub aus der Haft s Rdn 675.

[73] Die unterschiedlichen Regelungen in den Gnadenordnungen der Bundesländer sind zu beachten.

a) Die Straftat (bei Tatmehrheit der überwiegende Teil) muss auf Grund einer **Betäubungsmittelabhängigkeit** begangen sein. Die Abhängigkeit muss auch noch im Zeitpunkt der Zurückstellung weiter bestehen. Ob eine Abhängigkeit vorliegt, hat das Gericht zunächst im Urteilstenor festzustellen, indem das Gericht bei den angewendeten Vorschriften auf § 17 Abs 2 BZRG verweist. Fehlt dieser Hinweis, hat die Vollstreckungsbehörde zu prüfen, ob die Betäubungsmittelabhängigkeit anderweitig festgestellt ist und zwar hat die Prüfung ist in erster Linie in den Urteilsgründen zu erfolgen,[74] dann in den Ermittlungsvorgängen und deren Auswertung wie auch der Hauptverhandlung. Ggf. muss die Vollstreckungsbehörde eigene Feststellungen treffen.[75] Die Zurückstellung der Strafvollstreckung ist auch dann möglich, wenn der ursächliche Zusammenhang zwischen Straftaten und der Betäubungsmittelabhängigkeit des Verurteilten nicht durch die Urteilsgründe belegt ist, auch ist die Vollstreckungsbehörde nicht an die Urteilsfeststellungen gebunden.[76] Insoweit enthalten die für die Verneinung einer zur Tatzeit vorliegenden Betäubungsmittelabhängigkeit getroffenen Urteilsfeststellungen nur eine widerlegliche Vermutung.[77] Erachtet die Vollstreckungsbehörde den Nachweis der Kausalität zwischen Drogenabhängigkeit und Straftat als nicht erbracht, so beschränkt sich die gerichtliche Überprüfung der ablehnenden Entscheidung darauf, ob diese Überzeugungsbildung auf einem vollständig ermittelten und unter Berücksichtigung sämtlicher bekannter Tatsachen gewürdigten Sachverhalt beruht und die Anforderungen an den Nachweis nicht überspannt werden. Eine über die Urteilsfeststellungen hinausgehende Aufklärung durch die Vollstreckungsbehörden ist nur geboten, wenn ausreichender Anlass für die Annahme besteht, die Tat des Verurteilten könnte – entgegen den Urteilsfeststellungen oder darüber hinaus – doch auf einer Betäubungsmittelabhängigkeit beruhen.[78] Dagegen kann die Strafvollstreckung nicht unter entsprechender Anwendung des § 35 BtMG zurückgestellt werden, wenn die Straftaten unter Alkoholabhängigkeit begangen wurden.

b) Der Verurteilte muss sich in einer seiner **Rehabilitation dienenden Behandlung** befinden oder eine solche Behandlung zusagen, wobei deren Beginn gewährleistet sein muss. Jedoch sind an die Therapiefähigkeit- und willigkeit keine übersteigerten Anforderungen gestellt werden. Behandlungsabbrüche und Rückfälle lassen sich nicht ohne weiteres auf eine fehlende Therapiebereitschaft schließen.[79] Von „Gewährleistung" wird man nur dann ausgehen können, wenn die Aufnahmezusicherung der Therapieeinrichtung und die Zusage des Kostenträgers vorliegen. Die Therapie selbst – sie kann auch ambulant sein – muss nach einem fachwissenschaftlich anerkannten Konzept verlaufen, mit qualifiziertem Fachpersonal und geeigneten räumlichen Gegebenheiten. Nach der Entscheidung des OLG Karlsruhe vom 13. 1. 2000[80] kann eine der Rehabilitation dienende Behandlung im Sinne des § 35 Abs 1 Satz 1 BtMG auch grundsätzlich ambulant erfolgen, da dann vorhandene soziale Bezüge, insbesondere persönliche Bindungen und die Arbeitsstelle erhalten bleiben. Eine Zurückstellung kommt bei ambulanten Therapieformen allerdings dann nicht in Betracht, wenn hierdurch an die verurteilte Person deutlich geringe Anforderungen gestellt werden. Die Behandlung muss darauf abzielen, den Verurteilten zu befähigen, ein Leben ohne Dro-

---

[74] OLG Stuttgart, NStZ-RR 2001, 343.
[75] Zur Betäubungsmittelabhängigkeit und zur Ursächlichkeit für die Straftat s OLG Hamm, MDR 1984, 75; KG, StV 1988, 213; OLG Stuttgart, MDR 1989, 285.
[76] BeckOK RdNr 10 zu § 35 BtMG.
[77] OLG Oldenburg, StV 2001, 467.
[78] OLG Frankfurt, NStZ-RR 1998, 314.
[79] KG, NStZ-RR 2008, 257.
[80] StV 2000, 631.

gen zu führen.[81] Möglich sind auch aufeinanderfolgende) Behandlungen in verschiedenen Einrichtungen; stationär wie ggf. auch ambulant.[82]

In der neueren Rechtsprechung werden zunehmend auch ambulante Rehabilitationsprogramme als Behandlung iSv § 35 Abs 1 BtMG anerkannt, so z.B. eine Substitutionstherapie mit psychologischer Betreuung und Kontrollen auf Beigebrauch.[83]

In diesen Fällen ist zwar eine Zurückstellung nach § 35 Abs 1 BtMG möglich, nicht jedoch eine obligatorische Anrechnung nach § 36 Abs 1 Satz 1 BtMG, da nur die nachgewiesene Zeit des Aufenthaltes in einer staatlich anerkannten Einrichtung, also der stationäre Aufenthalt angerechnet wird.

Die Zurückstellung setzt darüber hinaus die Bereitschaft der verurteilten Person voraus, sich einer entsprechenden Therapie zu unterziehen. So kann zwar die Ablehnung der Zurückstellung der Strafvollstreckung wegen einer Drogentherapie grundsätzlich auf den fehlenden Therapiewillen der verurteilten Person gestützt werden. Allerdings genügen bloße Zweifel an einer ernsthaften und freiwilligen Therapiebereitschaft nicht, da das Fehlen einer Behandlungsmotivation für Abhängige geradezu typisch ist. Die Anforderungen an die Therapiewilligkeit und Therapiefähigkeit eines Verurteilten dürfen nicht überspannt werden. Da zu einem Therapieerfolg in der Regel zahlreiche Therapieversuche gehören und die Therapie ein langes prozesshaftes Geschehen darstellt, vermögen auch mehrfache Therapieabbrüche nicht ohne weiteres zwangsläufig eine Therapiebereitschaft in Zweifel zu ziehen.[84]

c) Die erkannte Freiheits- oder auch Gesamtfreiheitsstrafe darf nicht höher als **2 Jahre** sein. Bei höheren Strafen darf der **zu vollstreckende Rest** 2 Jahre nicht übersteigen. Maßgebend ist hier der zum Zeitpunkt der Zurückstellung noch offene Strafrest, d.h. der noch nicht verbüßte Teil der erkannten Strafe.[85] Sind gegen den Verurteilten **mehrere** Freiheitsstrafen verhängt worden, kommt es hinsichtlich der Zweijahresgrenze allein auf die Höhe der **einzelnen** Strafen an. Eine Zusammenrechnung erfolgt nicht.[86] Stehen mehrere Freiheitsstrafen von jeweils nicht mehr als 2 Jahren zur Vollstreckung an, so lässt bereits die Möglichkeit, dass sämtliche im Anschluss zu vollstreckenden Strafen einer Strafaussetzung oder Zurückstellung zugänglich sind, eine Maßnahme nach § 35 BtMG zu. Diese ist nur dann ausgeschlossen, wenn endgültig feststeht, zumindest aber offensichtlich ist, dass eine weitere Strafe mangels insoweit gegebener Aussetzungs- oder Zurückstellungsmöglichkeit zu vollstrecken ist.[87] Allerdings hindert eine gem. § 454b Abs 2 StPO nach Verbüßung von zwei Dritteln unterbrochene Strafe, die im Anschluss an eine zurückstellungsfähige Strafe noch notiert ist, die Zurückstellung dieser Strafe nach § 35 BtMG nicht.[88]

687 Die Zurückstellung der Vollstreckung umfasst auch die neben der Freiheitsstrafe verhängte **Unterbringung** in einer **Entziehungsanstalt**. Auch bei der Maßregel darf die **zugleich** erkannte Freiheitsstrafe (Reststrafe) 2 Jahre jedoch nicht übersteigen. Wird – bei Schuldunfähigkeit – lediglich die Maßregel (ohne Strafe) angeordnet, so entfällt

---

[81] BT-Dr 9/500 S 3.

[82] *Slotty,* NStZ 1981, 327.

[83] OLG Köln, StV 1995, 649; OLG Oldenburg, StV 1995, 650; OLG Frankfurt/Main, StV 1995, 90; LG Bochum, StV 1995, 92; KG bei Katholnigg, NJW 1995, 1328; KG, NStZ 1991, 244; OLG Stuttgart, StV 1994, 30.

[84] OLG Karlsruhe, NStZ 1999, 253, KG, NStZ 2008, 257.

[85] BGH, MDR 1987, 599.

[86] BGH, NStZ 1985, 126.

[87] OLG Hamm, NStZ 2000, 557.

[88] OLG Stuttgart, NStZ-RR 2009, 28.

eine Zurückstellung.[89] In diesem Fall ist zwangsläufig die Maßregel zu vollziehen. Nicht zurückstellbar ist ferner die Unterbringung in einem psychiatrischen Krankenhaus (§ 63 StGB), wohl aber die zugleich erkannte Freiheitsstrafe bei **Vorwegvollzug der Strafe**. Auch Ersatzfreiheitsstrafen scheiden aus (vgl. Gesetzeswortlaut); bei Geldstrafe bestehen genügend andere Möglichkeiten eines Vollstreckungsaufschubs (z. B. Stundung nach § 459 a StPO).[90]

B. Rückstellungsverfahren

Die Zurückstellung der Vollstreckung bedarf der **Zustimmung** des **Gerichts** des **ersten** **688** **Rechtszuges**. Die Zustimmung ist grundsätzlich vorab einzuholen, auch wegen der Entscheidung über die Anrechnungsfähigkeit nach § 36 Abs 1 BtMG. Das Gericht kann seine Zustimmung bereits in den schriftlichen Urteilsgründen erklären.[91] Die gerichtliche Zustimmung ist nicht anfechtbar. Gegen eine **Verweigerung** der Zustimmung kann die **Vollstreckungsbehörde Beschwerde** nach § 304 StPO einlegen. Der Verurteilte selbst kann die Verweigerung nur **zusammen** mit der Ablehnung der Zurückstellung durch die Vollstreckungsbehörde im Rahmen der § 21 StVollstrO, §§ 23 ff EGGVG anfechten (§ 35 Abs 2 BtMG).[92]
Die Ermessensentscheidung über die Zurückstellung trifft seitens der Vollstreckungsbehörde der Rechtspfleger (in **Jugendsachen** der Vollstreckungsleiter: § 38 BtMG). Er bestimmt auch die Fristen (§ 35 Abs 4 BtMG) für die Vorlage der vom Verurteilten zu erbringenden Nachweise. Will die Vollstreckungsbehörde eine Zurückstellung ablehnen, ist die vorherige Einholung einer Stellungnahme des Gerichtes an sich nicht erforderlich. Trotzdem ist es ratsam, die Auffassung des Gerichtes zu erfragen, da sie einerseits die Meinung der Vollstreckungsbehörde beeinflussen kann, andererseits sollte einer ablehnenden Begründung entnommen werden können, welche Gründe die Ablehnung tragen und ob evtl. das Gericht eine Zurückstellung befürwortet. Gegen die ablehnende Entscheidung der Vollstreckungsbehörde ist der **Rechtsweg** nach §§ 23 ff EGGVG zulässig mit dem **Vorschaltverfahren** nach § 21 StVollstrO.[93] Die Zurückstellung unterbleibt, wenn im Zeitpunkt der Entscheidung noch weitere Strafen zur Vollstreckung anstehen (vgl. § 35 Abs 6 Nr. 2 BtMG),[94] oder es handelt sich um einen Strafrest (letztes Drittel) einer Strafe, die nach § 454 b StPO unterbrochen worden war und nun im Anschluss an die zurückstellungsfähige Strafe notiert ist.
Droht einem ausländischen Verurteilten die Abschiebung, so kommt eine Zurückstellung der Strafvollstreckung nach § 35 BtMG nicht in Betracht, da der erfolgreiche Abschluss einer Therapie nicht gewährleistet ist.[95] Demgemäß ist es ermessensfehlerfrei, die Ablehnung der Zurückstellung der Strafvollstreckung mit der Erwägung zu begründen, dass bei dem Verurteilten die Gefahr besteht, er werde die Zurückstellung dazu nutzen, sich der Abschiebung zu entziehen und sich auch in Zukunft illegal in der Bundesrepublik Deutschland aufhalten.[96] Dagegen ist mit Aufnahme der verurteilten Person in eine Therapiestätte die begonnene Strafvoll-

---

[89] BT-Dr 8/4283 S 8.
[90] OLG Karlsruhe, NStZ-RR,2006, 287.
[91] OLG Frankfurt, NStZ 1987, 42.
[92] OLG München, NStZ 1993, 455.
[93] *Körner*, Rdn 52 ff zu § 35 BtMG mit Nachw.
[94] Es sei denn, auch für die anderen Strafen kommt eine Zurückstellung oder Gnadenmaßnahme in Betracht (OLG Karlsruhe, NStZ 1982, 484).
[95] OLG Hamm, NStZ 1999, 591.
[96] KG Berlin, Beschluss vom 12. 6. 2001, 4Vas 12/01.

streckung nicht beendet, so dass die Ausländerbehörde den Verurteilten gem. § 64
Abs 3 AuslG nur mit Zustimmung der Vollstreckungsbehörde abschieben darf. Eine
andere Vollstreckungsbehörde muss sich daher mit der zuerst tätig gewordenen
Vollstreckungsbehörde abstimmen nach § 43 Abs 5 und Abs 7 StVollstrO, wenn sie
ihrerseits die Zurückstellung der Vollstreckung einer weiteren Freiheitsstrafe im
Hinblick auf das Zurückstellungshindernis des drohenden Vollzugs einer Abschie-
bungsverfügung versagen will.[97]
Die Dauer der Zurückstellung beträgt längstens **2 Jahre**. Ist der Verurteilte in Haft,
berechnet sich die Zweijahresfrist ab dem Unterbrechungszeitpunkt. Befindet er sich
dagegen auf freiem Fuß oder bei Einleitung der Vollstreckung bereits in der Therapieeinrichtung, ist der Fristbeginn weniger eindeutig. Es spricht einiges dafür, in diesen
Fällen den Tag (Datum) der Vollstreckungsrückstellung als Beginn anzusetzen. Dies
kommt den Intentionen des Gesetzes am nächsten und gewährleistet – wenn nötig –
eine volle Ausschöpfung der Zweijahresfrist. Die Streitfrage wird in der Praxis jedoch
keine große Bedeutung erlangen, da die gesamte Frist – bei einer durchschnittlichen
Therapiedauer von ca 18 Monaten – in aller Regel nicht voll in Anspruch genommen
zu werden braucht.

689   Die behandelnden Personen oder Therapieeinrichtungen haben der Vollstreckungsbehörde einen etwaigen **Abbruch** der Therapie umgehend mitzuteilen (§ 35 Abs 4
BtMG). Sanktionen bei einer Verweigerung sind nicht vorgesehen; es kann sich jedoch die Frage einer Entziehung der staatlichen Anerkennung der Therapieeinrichtung stellen.[98]

C. Rückstellungsverfügung

690   Die Zurückstellung der Strafvollstreckung kann durch die Vollstreckungsbehörde wie
folgt **verfügt** werden:

Staatsanwaltschaft   ...., den ....
VRs ....../ ......

Verfügung

1. Gegen ...... ist durch rechtskräftiges Urteil des ......gerichts ...... vom ...... – AZ: ...... –
eine Freiheitsstrafe von ...... ausgesprochen worden. Der Verurteilte hat zugesagt, sich wegen
seiner Betäubungsmittelabhängigkeit in die Therapieeinrichtung ...... in Behandlung zu begeben. Deren Beginn ist gewährleistet. Für die Dauer der Behandlung in der genannten Einrichtung
wird mit Zustimmung des Gerichts die Vollstreckung der restlichen Freiheitsstrafe mit Wirkung
vom ...... für längstens zwei Jahre zurückgestellt (§ 35 Abs 1, Abs 3 BtMG). Die nachgewiesene
Zeit des Aufenthalts in der Therapieeinrichtung wird gem. § 36 Abs 1 Satz 1 BtMG bis zu zwei
Dritteln der Strafe angerechnet.
Die Zurückstellung der Strafvollstreckung erfolgt unter folgenden Bedingungen:
a) Der Verurteilte hat sich am ...... in Begleitung eines Mitarbeiters der Drogenberatung ......
unmittelbar aus der JVA ...... in die Therapieeinrichtung zu begeben.
b) Der Verurteilte hat zu Zeitpunkten, die die Vollstreckungsbehörde festsetzt, Nachweise über
die Aufnahme und Fortführung der Behandlung zu erbringen. Die Aufnahmebestätigung der
Therapieeinrichtung ist erstmals bis zum ...... vorzulegen.
c) Der Verurteilte hat sich bei einem etwaigen Abbruch der Behandlung unverzüglich bei der
Vollstreckungsbehörde zu melden.
Werden die Nachweise nicht erbracht oder wird die Behandlung nicht begonnen oder endgültig nicht fortgeführt, so wird die Zurückstellung der Vollstreckung widerrufen, und es kann

---

[97] OLG Karlsruhe, StV 2001, 467.
[98] *Slotty*, NStZ 1981, 327 (Fußn 105).

Haftbefehl erlassen werden. Dies gilt auch dann, wenn nachträglich eine Gesamtstrafe gebildet wird, deren Vollstreckung nicht zurückgestellt wird oder wenn eine weitere Freiheitsstrafe oder freiheitsentziehende Maßregel zu vollstrecken ist (§ 35 Abs 5–7 BtMG).

2. Nachricht von Ziff 1 an:
   a) Verurteilten (AS)
   b) JVA ......
   c) Therapieeinrichtung (AS)
      mit Zusatz:
      Ich bitte, eine(n) Nichtaufnahme/Abbruch der Behandlung umgehend (telefonisch voraus) hierher mitzuteilen (§ 35 Abs 4 BtMG). Wegen der nach § 36 Abs 1 BtMG möglichen Strafaussetzung zur Bewährung werde ich Sie zu gegebener Zeit um eine Stellungnahme bitten.
   d) Drogenberatung (AS) mit der Bitte um Begleitung des Verurteilten, wie bereits abgesprochen.
3. Nachricht von der Zurückstellung der Strafvollstreckung bis ...... an Bundeszentralregister (§ 17 BZRG).
4. Vermerk:......
5. Wv sp ...... (Nachweis?)

....
Rechtspfleger

D. Widerruf der Zurückstellung

Die Vollstreckungsbehörde (Rechtspfleger) widerruft die Zurückstellung, **691**
– wenn die vom Verurteilten zugesagte Behandlung endgültig **nicht begonnen** oder **nicht fortgeführt** wird
– sowie wenn der Verurteilte den erforderlichen **Nachweis** (§ 35 Abs 4 BtMG) nicht erbringt.
Durch die Neufassung des § 35 Abs 5 Satz 1 BtMG ist der Handlungsspielraum der Vollstreckungsbehörde erweitert und der Widerrufszwang zugunsten des Verurteilten gelockert worden. Ein etwaiger Widerruf schließt eine erneute – ggf. auch mehrmalige – Zurückstellung nicht aus (§ 35 Abs 5 BtMG). Der Weg aus der Sucht stellt ein langes, prozesshaftes Geschehen dar, so dass zu einem Behandlungserfolg in der Regel zahlreiche Therapieversuche gehören können. Selbst mehrfache Therapieabbrüche vermögen daher nicht ohne weiteres zwangsläufig eine Therapiebereitschaft in Zweifel ziehen.[99] Da das Gesetz keine entgegenstehende Regelung enthält, ist der Schluss erlaubt, dass die Zurückstellung jeweils für die **volle** Zweijahresfrist gewährt werden kann (ohne Anrechnung der vorherigen Zurückstellung).
Die Zurückstellung ist ferner zu widerrufen (ohne nochmalige Rückstellungsmöglichkeit) bei **nachträglicher** Bildung einer nicht zurückstellungsfähigen **Gesamtstrafe** (§ 55 StGB, § 460 StPO), d. h. einer Gesamtstrafe, bei der nicht der überwiegende Teil der Straftaten auf Grund einer Betäubungsmittelabhängigkeit begangen wurde oder wenn eine **weitere** Freiheitsstrafe oder freiheitsentziehende Maßregel gegen den Verurteilten zu vollstrecken ist, die im Anschluss an die derzeit vollstreckte und zur Vollstreckung zurückgestellte Strafe notiert wird. Die Zurückstellung der Vollstreckung ist auch dann zu widerrufen, wenn der Verurteilte während des Laufs der Behandlung neue erhebliche Straftaten begeht und in Untersuchungshaft genommen wird. Das Gericht muss aber vom Vorliegen der neuen Straftat fest überzeugt sein, ansonsten dürfte das Gericht den Verurteilten wegen der angeblichen neuen Tat auch nicht in Untersuchungshaft nehmen. Zur Klärung, ob der Verurteilte eine neue Straftat begangen hat, hat das Gericht die für die Entscheidung bedeutsamen Tatsachen selbst festzustellen. Es darf sich mit Ausnahme einfach zu beantwortender Fragen nicht auf

---

[99] OLG Karlsruhe, StV 2002, 263.

Auskünfte Dritter verlassen.[100] Fehlt es an einem Geständnis des Verurteilten, reicht eine richterliche Überzeugungsbildung allein anhand der im Haftbefehl gegen den Verurteilten angegebenen Beweismittel ohne eigene Auswertung der Strafakten nicht aus. Da die für den Widerruf der Vollstreckungsvoraussetzung erforderliche Überzeugung mehr verlangt als das Vorliegen des dringenden Tatverdachts, hat die Feststellung der Tatbeteiligung des Verurteilten erst auf Grund einer Beweisaufnahme und der Würdigung der Beweise zu erfolgen.

Ein Widerruf unterbleibt, wenn die Vollstreckung dieser Freiheitsstrafe/Maßregel ebenfalls zurückgestellt werden kann. Wegen der (starren) Widerrufsregelung des § 35 Abs 6 BtMG empfiehlt es sich, vor einer Zurückstellung anhand der neuesten Strafliste (Auszug aus dem Bundeszentralregister) zu prüfen, ob Widerrufsgründe iSd Abs 6 vorliegen oder eintreten können (z.B. drohender Widerruf einer Strafaussetzung zur Bewährung). Ggf. muss die Vollstreckbarkeit einer anderen Strafe/Maßregel (vgl. „zu vollstrecken ist") durch eine Gnadenmaßnahme (z.B. Strafaufschub) beseitigt werden. Die Therapie kann dann fortgeführt werden. Stehen von Anfang an weitere Freiheitsstrafen/Maßregeln zur Vollstreckung an, dann unterbleibt von vornherein bereits die Zurückstellung.[101]

Gegen den Widerruf der Vollstreckungsbehörde kann form- und fristlos die **Entscheidung** des **Gerichts erster Instanz** herbeigeführt werden (§ 35 Abs 7 Satz 2 BtMG). Eine Hemmung der Vollstreckung tritt dadurch nicht ein. Nach dem anwendbaren § 462 Abs 3 StPO ist gegen die Entscheidung des Gerichts sofortige Beschwerde zulässig.

692 Der Widerruf der Zurückstellung kann durch die Vollstreckungsbehörde wie folgt **verfügt** werden (Vordruck):

Staatsanwaltschaft ...., den ....
VRs ....../......

Verfügung

1. Gemäß § 35 Abs 5/Abs 6 BtMG wird die Zurückstellung der Vollstreckung in vorliegender Sache widerrufen, weil
   – die Reha-Behandlung nicht begonnen/nicht fortgeführt wurde und nicht zu erwarten ist, dass der Verurteilte eine Behandlung derselben Art alsbald beginnt/alsbald wieder aufnimmt.
   – der Verurteilte den geforderten Nachweis (§ 35 Abs 4 BtMG) nicht erbracht hat.
   – eine nachträgliche Gesamtstrafe gebildet wurde, deren Vollstreckung nicht zurückgestellt werden kann.
   – eine weitere gegen den Verurteilten erkannte Freiheitsstrafe/freiheitsentziehende Maßregel zu vollstrecken ist.

2. Nachricht hiervon an:
   a) Verurteilte(n) (AS)
   b) Therapieeinrichtung (AS)
   c) JVA ......
   d) Drogenberatung (AS).

3. Zur weiteren Vollstreckung (Haftbefehl; BZR-Mitteilung gem. § 17 BZRG).

....
Rechtspfleger

E. Vollstreckungshaftbefehl

693 Ist die Zurückstellung **widerrufen** worden, so ist die Vollstreckungsbehörde (Rechtspfleger) befugt, zur Vollstreckung der Freiheitsstrafe oder der Unterbringung in einer

---

[100] KG Berlin, StV 1999, 442, StV 2002, 264.
[101] Es sei denn, auch für die andere Strafe/Maßregel kommt eine Zurückstellung, ein Aufschub oder eine Gnadenmaßnahme in Betracht (OLG Karlsruhe, NStZ 1982, 484).

Entziehungsanstalt einen **Haftbefehl** (Unterbringungsbefehl) zu erlassen (§ 35 Abs 7 Satz 1 BtMG). Vorbedingung ist lediglich der Widerruf nach § 35 Abs 5 oder 6 BtMG; sonstige Haftgründe iSd § 457 StPO (§ 33 StVollStrO) müssen nicht vorliegen. Insbesondere bedarf es keiner vorherigen Ladung zum Strafantritt oä. Mit dem Haftbefehl soll die sofortige Vollstreckung sichergestellt und dadurch auch einem etwaigen Nichtantritt oder Abbruch der Therapie entgegengewirkt werden. Der Zugriff mittels Haftbefehls soll schließlich dazu dienen, die bei einem Behandlungsabbruch gegebene Rückfall- oder Suizidgefahr möglichst auszuschalten.[102] Andererseits steht jede staatliche Zwangsmaßnahme unter dem Grundsatz der Verhältnismäßigkeit. Bestehen keinerlei Anhaltspunkte vorgenannter Art, so ist ein Haftbefehl unzulässig.

F. Anrechnung der Therapiezeiten

Ist die Vollstreckung zurückgestellt worden, so wird (zwingend) die vom Verurteilten **nachgewiesene** Zeit seines Aufenthalts in der Therapieeinrichtung auf die Strafe angerechnet, bis infolge der Anrechnung **zwei Drittel** der Strafe erledigt sind. Die Behandlung muss in einer **staatlich anerkannten Einrichtung** erfolgt sein; erhebliche Beschränkungen in der Lebensführung werden allerdings nicht mehr vorausgesetzt (vgl. Neufassung des § 36 Abs 1 Satz 1 BtMG). Es kommt nicht darauf an, dass der Verurteilte in dieser Zeit an dem Programm der Therapie aktiv mitgewirkt hat. Die Anrechnung ist auch dann nicht ausgeschlossen, wenn es aufgrund des eigenen Verhaltens zu einer disziplinarischen Entlassung gekommen ist.[103] **694**

Die **Formen ambulanter Behandlung** werden von der neueren Rechtsprechung vermehrt angerechnet (vgl. Nr. 686 mit Nachweisen), wenn sie durch eine staatlich anerkannte Einrichtung vorgenommen werden oder vorgenommen worden sind.[104] Voraussetzung ist hier zwar eine erhebliche Beschränkung der Lebensführung. Da dies aber seit 15. 9. 1992 in § 35 BtMG nicht mehr gefordert wird, sollte die Anrechnung ambulanter Behandlung nur nach § 36 Abs 2 BtMG erfolgen, zumal der Gesetzeswortlaut nur die Zeit des „Aufenthalts" in der Einrichtung zwingend angerechnet wissen will. Bei **Lockerungen** im Ablauf einer stationären Therapie wird man – nach dem Vorbild des Strafvollzugs (offener Vollzug, Lockerungen des Vollzugs, Urlaub; §§ 10 ff StVollzG) – eine Anrechnung nicht verneinen können.[105] Dafür spricht auch die Neufassung des § 36 Abs 1 Satz 1 BtMG (s. auch Rdn. 1105 (1106).

Die Grundsatzentscheidung über die **Anrechnungsfähigkeit** trifft – nach Anhörung der Beteiligten – das Gericht erster Instanz (zugleich mit der Zustimmung nach § 35 Abs 1 BtMG). Gegen die Entscheidung des Gerichts ist sofortige Beschwerde zulässig (§ 36 Abs 5 Satz 3 BtMG).

Die Anrechnungsregelung entspricht der des § 67 Abs 4 StGB. Die Anrechnung nach § 36 Abs 1 BtMG läuft längstens bis zum $^2/_3$-Zeitpunkt und frühestens ab Therapiebeginn, der auch **vor** dem Urteil liegen kann.[106] Ein Therapieabbruch steht der Anrechnung nicht entgegen. Die Anrechnung endet dann mit der **Beendigung** des Aufenthalts in der Therapieeinrichtung. Ist der $^2/_3$-Termin erreicht, ist **nach** diesem Zeitpunkt keine Anrechnung mehr möglich. Wenn von einer Freiheitsstrafe (nach Widerruf der Aussetzung) lediglich noch das letzte Strafdrittel zu vollstrecken ist, so

---

[102] BT-Plenarprot 9/27 S 306.
[103] AG Neuwied, StV 2001, 468.
[104] KG, NStZ 1991, 244, OLG Hamm, NStZ 1990, 605.
[105] Ebenso *Slotty*, NStZ 1981, 327.
[106] Ebenso wohl *Körner*, Rdn 7 zu § 36 BtMG; streitig.

ist eine Anrechnung nach § 36 Abs 1 BtMG ausgeschlossen, jederzeit jedoch eine Zurückstellung der weiteren Vollstreckung möglich.

695   Die **Strafzeitberechnung** ist in den Fällen des § 36 Abs 1, 3 BtMG wie folgt vorzunehmen:
– Ist der Verurteilte in **Strafhaft,** so bleibt der ursprüngliche Strafbeginn (s § 38 StVollstrO) durch den Therapieantritt unberührt; die Strafzeit läuft während der Therapie nahtlos bis zur ⅔-Grenze weiter.
– Ist der Verurteilte auf **freiem Fuß** oder bei Einleitung der Vollstreckung bereits in der **Therapieeinrichtung,** so kann der Zeitpunkt des Therapieantritts als „Strafbeginn" angesetzt werden.
– Wurde die Therapie schon vor Rechtskraft des Urteils aufgenommen, kann ab Rechtskraft (§ 38 Ziffer 3 StVollstrO) gerechnet und die Zeit davor vom errechneten Ende nach Tagen rückwärts abgerechnet werden. Die erlittene U-Haft ist wie üblich zu berücksichtigen (§ 39 Abs 4 StVollstrO). Bei einem Therapieabbruch, einer Aussetzung zur Bewährung wie auch bei einer Nichtaussetzung und späteren Vollstreckung ist der noch verbleibende Strafrest nach Tagen zu berechnen (§ 40 Abs 1 StVollstrO).[107]

Ist die Vollstreckung **mehrerer** Freiheitsstrafen zurückgestellt worden, erfolgt die Anrechnung **nacheinander** (für die Anschlussstrafe ab dem ⅔-Termin der vorangegangenen Strafe). Hinsichtlich der Reihenfolge der Freiheitsstrafen gilt die Regelung des § 43 Abs 2–4 StVollstrO.

Obwohl § 35 Abs 1 BtMG die Zurückstellung einer Maßregel der **Unterbringung in einer Entziehungsanstalt** neben einer Freiheitsstrafe vorsieht, schweigt das Gesetz zur Frage der Anrechnung einer solchen Maßregel. Da wohl ein Redaktionsversehen vorliegt, bietet die analoge Anwendung des § 67d StGB eine Lösungsmöglichkeit, wonach eine befristete Maßregel zur Bewährung ausgesetzt werden kann, wenn eine entsprechende positive Erwartung zu begründen ist. Auch die analoge Anwendung des § 67c StGB lässt eine Aussetzung der Maßregel zur Bewährung zu, wenn ihr Zweck erfüllt ist.[108]

696   Eine fakultative Anrechnungsmöglichkeit enthält § 36 Abs 3 BtMG. Hier können Therapieabläufe angerechnet werden, die den Anforderungen des § 36 Abs 1 BtMG nicht genügen.
Voraussetzung ist, dass
– sich der Verurteilte nach der Tat einer Behandlung unterzogen hat und
– unter Berücksichtigung der Anforderungen, welche die Behandlung an den Verurteilten gestellt hat, es angezeigt ist, die Zeit der Behandlung ganz oder teilweise auf die Strafe anzurechnen.
Anwendungsfälle sind:
– Behandlungen zwischen der Tat und Rechtskraft und danach bis zur Zurückstellungsentscheidung,
– ambulante Therapie, insbesondere auch im Rahmen eines sozialen Trainings bei Langzeittherapie (soweit keine Anrechnung nach § 36 Abs 1 BtMG erfolgt – s. Rdn 694),
– Therapie in einer staatlich anerkannten Einrichtung, wenn keine Entscheidung über die Zurückstellung erfolgt war.[109]
Die Entscheidung erfolgt durch das Gericht erster Instanz (§ 36 Abs 5 BtMG). Dabei wird das Therapieprogramm, die dabei erfahrene Belastung und das Bemühen des

---

[107] Bei der Anrechnung ist jeweils die ⅔-Limitierung zu beachten.
[108] LG München, NStZ 1988, 559; *Körner* (4. Aufl.) Rdn 44 zu § 36 BtMG.
[109] LG Hamburg, StV 1989, 354.

Verurteilten zu berücksichtigen sein. Davon wird auch der zeitliche Rahmen bestimmt werden, der angerechnet werden kann. Eine Anrechnung über den zwei-Drittel-Termin hinaus ist jedenfalls nicht möglich. Auch die Zweijahresgrenze des § 35 Abs 1 und Abs 3 BtMG gilt hier (s. auch Rdn. 1106).

G. Strafaussetzung zur Bewährung

Sind durch die Anrechnung zwei Drittel der Strafe erledigt oder ist eine weitere Be-   **697**
handlung zu einem früheren Zeitpunkt nicht mehr erforderlich, so wird der nicht
verbüßte Rest oder der durch Anrechnung als nicht verbüßt geltende Teil der Reststrafe zur Bewährung ausgesetzt (§ 36 Abs 1 BtMG). Soweit eine Strafe durch die
Anrechnung als verbüßt gilt, darf sie – auch zu einem späteren Zeitpunkt – nicht
mehr vollstreckt werden. Dies darf seit Inkrafttreten des Gesetzes zur Bekämpfung
von Sexualdelikten und anderen gefährlichen Straftaten am 31. 1. 1998 (BGBl I
1998, 160) nur geschehen, wenn dies „unter Berücksichtigung des Sicherheitsbedürfnisses der Allgemeinheit verantwortet werden kann" (§ 36 Abs 1 Satz 3 und Abs 2
BtMG n F). Unter diesen strengen Voraussetzungen wird die Aussetzungsentscheidung
oft **nach** dem zwei-Drittel-Zeitpunkt ergehen können.
Bei sonstigen – von § 36 Abs 1 BtMG abweichenden – Therapieformen gibt es keine
Anrechnung, sondern nur die Möglichkeit der Strafaussetzung unter den jetzt stren-
geren Voraussetzungen des § 36 Abs 2 BtMG. Die Strafaussetzung ist hier allerdings
schon vor dem Zwei-Drittel-Zeitpunkt möglich. Eine Mindestbehandlungsdauer ist
ebenfalls nicht vorgeschrieben. Entscheidend ist die Prognose. Für die Ausgestaltung
der Bewährung gelten die Vorschriften der §§ 56 a–g StGB (Näheres s. Rdn. 1107 ff.)
Die Aussetzungsentscheidung trifft das Gericht des ersten Rechtszuges, für einen späteren Widerruf kann gegebenenfalls die Strafvollstreckungskammer zuständig werden.[110]
Über die Anrechnung der Vollstreckung der Unterbringung in einer Entziehungsan-   **698**
stalt enthält des BtMG keine Regelung. Eine befriedigende Lösung bietet die analoge
Anwendung der §§ 67 c oder d StGB – vgl. hierzu Rdn 695.

IV. Gnadenmaßnahmen

A. Grundlagen und Inhalt des Gnadenrechts

Begnadigung bedeutet die **Milderung** oder **Aufhebung** von **Rechtsnachteilen** im Wege   **699**
der Einzelentscheidung durch einen Akt der **Exekutive.** Gnadenerweise – die für die
Vollstreckungsbehörde ein Vollstreckungshindernis bilden – kommen jedoch erst
dann in Frage, wenn das Urteil oder die sonstige gnadenfähige Entscheidung **Rechtskraft** erlangt haben.
Von Gnade völlig zu trennen ist die **Amnestie.** Sie beruht auf einem Akt der **Legisla-
tive** und bedeutet Straffreiheit/Strafermäßigung für einen größeren Personenkreis,
ohne auf rechtskräftig abgeurteilte Fälle beschränkt zu sein.[111]
Träger des Begnadigungsrechts ist für den Bund der **Bundespräsident** (Art 60 Abs 2   **700**
GG), im Übrigen nach den Landesverfassungen die **Ministerpräsidenten,** im Saarland
die **Regierung,** und in den Stadtstaaten die **Senate** (s § 452 StPO). Die Ministerpräsi-

---

[110] BGH, NStZ 1991, 355.
[111] *Schätzler,* aaO, S 16, 17.

denten (Senate) haben sich die Ausübung des Begnadigungsrechts jedoch nur für **Einzelfälle** (z. B. bei lebenslangen Freiheitsstrafen, bei Disziplinarstrafen) **vorbehalten,** es ansonsten auf die Minister für ihren Fachbereich mit dem Recht der weiteren Delegation auf unterstellte Behörden **übertragen.** Die Kompetenz der untergeordneten Stellen bestimmt sich für den **Justizbereich** nach den **Gnadenordnungen** der Länder, die von den Justizministern als „Allgemeine Verfügungen" erlassen wurden und mittels Verwaltungsvorschriften das Gnadenverfahren regeln.[112]

701 Das Begnadigungsrecht erstreckt sich auf die Bereiche Strafrecht, Disziplinarrecht, Ordnungswidrigkeitenrecht, Berufs- und Ehrengerichtsbarkeit sowie Ordnungsmittel. Es umfasst im Einzelnen die Befugnis:

1. endgültige Gnadenerweise zu erteilen, nämlich
   a) Strafen, Nebenstrafen, Maßregeln der Besserung und Sicherung sowie sonstige Maßnahmen und Ordnungsmittel zu erlassen, zu ermäßigen oder umzuwandeln,
   b) Nebenfolgen, die durch gerichtliche Entscheidung angeordnet worden sind oder sich kraft Gesetzes ergeben, ganz oder teilweise zu beseitigen oder zu mildern,
   c) über die der Staatskasse zustehenden Zahlungs- oder Herausgabeansprüche ganz oder teilweise zu verfügen,
   d) über Gegenstände, die für verfallen erklärt oder eingezogen worden sind, abweichend von den vollstreckungsrechtlichen Vorschriften zu verfügen,
   e) die Rückzahlung gezahlter Beträge sowie der Erlöse, die bei der Verwertung eingezogener oder für verfallen erklärter Gegenstände erzielt worden sind, anzuordnen,
2. die Vollstreckung von Freiheits- oder Geldstrafen sowie von freiheitsentziehenden Maßregeln der Besserung und Sicherung mit der Aussicht auf einen endgültigen Gnadenerweis unter Festsetzung einer Bewährungszeit auszusetzen (Strafaussetzung zur Bewährung),
3. die Vollstreckung einer Strafe vorübergehend auszusetzen (Strafausstand), und zwar als Strafaufschub vor Beginn und als Strafunterbrechung während des Vollzuges,
4. Zahlungserleichterungen (Stundung und Teilzahlung) für Geldstrafen und sonstige Geldleistungen zu gewähren.[113]

702 Voraussetzung für einen Gnadenerweis ist, dass eine **gnadenfähige** Entscheidung vorliegt,[114] die im Übrigen **rechtskräftig** sein muss. Durch die Entscheidung muss der Betroffene **beschwert** sein, und die **Rechtsnachteile** müssen noch **fortbestehen;** d. h., die Strafen, Maßregeln etc. dürfen im Grundsatz weder verbüßt noch erlassen noch verjährt sein.[115] Der **gnadenweise** Erlass einer bereits bezahlten Geldstrafe/Geldbuße (mit Rückzahlung) wäre allerdings möglich. Einer **Zustimmung** des Betroffenen zu der beabsichtigten Gnadenmaßnahme bedarf es **nicht.** Strittig ist jedoch, ob eine Gnadenmaßnahme zulässig ist, wenn der Verurteilte ausdrücklich widerspricht. Nach wohl herrschender Meinung ist in diesen Fällen eine Gnadenmaßnahme ausgeschlossen. Lässt sich die erbetene Vergünstigung auch durch eine Entscheidung des Gerichts, der Vollstreckungs- oder der Vollzugsbehörde erreichen, so hat dieser Weg stets **Vorrang** vor dem Gnadenverfahren (vgl. z. B. § 14 GnadO für Baden-Württemberg, so im wesentlichen auch die Gnadenordnungen der übrigen Bundesländer).
Gnadenerweise haben **Ausnahmecharakter.** Sie sollen dazu dienen, Unbilligkeiten auszugleichen, die darauf beruhen, dass das Gericht bei Festsetzung der Rechtsfolgen wesentliche Umstände nicht berücksichtigen konnte, weil diese im Zeitpunkt der Ent-

---

[112] Texte s *Schätzler,* aaO, S 267 ff.
[113] § 2 der GnadO für Niedersachsen.
[114] Nicht gnadenfähig sind u. a.: die Eintragung einer Verurteilung im Zentralregister und im Erziehungsregister; Zwangsgeld und Zwangshaft; der Verfall einer Sicherheit (§ 124 StPO); die öffentliche Bekanntmachung der Verurteilung.
[115] *Schätzler,* aaO, S 64 ff.

scheidung nicht bekannt waren oder erst danach eingetreten sind. Auch rechtliche Gründe können zu einer Änderung oder Milderung der Rechtsfolgen führen. Ein Gnadenerweis kommt grundsätzlich nicht in Betracht, wenn die Verteidigung der Rechtsordnung die Vollstreckung gebietet. Bei Maßregeln der Besserung und Sicherung überwiegt der Zweck, die Allgemeinheit vor Gefahren zu schützen, die Belange des Betroffenen so sehr, dass diese in der Regel zurückzutreten haben.

Gnadenerweise können **widerrufen** wie auch **zurückgenommen** werden. Die Rück- **703** nahme bedeutet, dass der Gnadenerweis in seiner Geltung **vernichtet** wird, der Widerruf dagegen führt zu einer **Beendigung** seiner Geltung. Widerrufs- wie Aufhebungsgründe liegen im allgemeinen in der Person des Betroffenen. So ist ein Gnadenerweis zurückzunehmen, wenn er durch Zwang, Täuschung oder Bestechung herbeigeführt wurde, oder wenn nachträglich Straftaten oder sonstige Umstände bekannt werden, die eine gnadenweise Vergünstigung ausgeschlossen hätten; ein Widerruf erfolgt, wenn der Betroffene gegen Auflagen und Weisungen verstoßen hat oder erneut straffällig wird.[116]

Gnadenakte sind **Ermessensentscheidungen,** die einer gerichtlichen Überprüfung **704** nicht unterworfen sind und daher auch keiner Begründung bedürfen. Dieser allgemeine Grundsatz ist seit der Entscheidung des *BVerfG* vom 12. 1. 1971[117] nicht mehr uneingeschränkt gültig: zumindest Widerrufsentscheidungen nach einer gnadenweisen Strafaussetzung (einschließlich der Ersatzmaßnahmen wie Verlängerung der Bewährungszeit usw.) sind justiziabel (§§ 23 ff EGGVG) und daher mit einer Begründung zu versehen.[118]

B. Gnadenordnung und Gnadenbehörden

Welche Stellen das Begnadigungsrecht ausüben und nach welchen Bestimmungen das **705** Gnadenverfahren abläuft, zeigt nachfolgende **Übersicht:**[119]

Land	Gnadenordnung	Gnadenbehörden	Zuständigkeitsregelung durch
Baden-Württemberg	AV d JM v 20. 9. 2001 (Justiz S 506)	Justizminister	§ 4 GnadO
		Leiter der Staatsanwaltschaft	§ 6 GnadO
		Vollstreckungsleiter	§ 7 GnadO
		Präsident des Gerichts	§ 8 GnadO
		Ministerpräsident	AnO v 8. 12. 1970 (GBl S 518)
Bayern	v 2. 7. 1974 (GVBl S 400)	Staatsministerium der Justiz	§ 15 Abs 1 GnadO
		Generalstaatsanwalt	§ 15 Abs 2, § 26 GnadO
		Vollstreckungsbehörde	§§ 22, 25, 30 GnadO
		Ministerpräsident	Bek v 20. 9. 1973 (GVBl S 508)

---

[116] S §§ 32, 22 GnadO für Bayern. Zum Widerruf eines Gnadenerweises s auch OLG Stuttgart, NStZ 1987, 480.
[117] BVerfGE 30, 108.
[118] OLG Karlsruhe, Justiz 1982, 341; OLG Saarbrücken, MDR 1979, 338; OLG Celle, NJW 1989, 114.
[119] Texte der Gnadenordnungen und Fundstellen s *Schätzler,* aaO, S 267 ff.

Land	Gnadenordnung	Gnadenbehörden	Zuständigkeits-regelung durch
Berlin	AV v 23. 7. 1990 (ABl S 1660)	Senator für Justiz	§§ 2, 3 der AnO
		Senat	AnO v 29. 9. 1987 (ABl S 1517)
Brandenburg	Erl v 26. 2. 1991 (ABl S 210)	Minister der Justiz	Art 2, 3 des Erl
		Ministerpräsident	Art 1 des Erl
Bremen	AV v 6. 11. 1984 (ABl S 385)	Senator für Rechtspflege Generalstaatsanwalt Leitender Oberstaatsanwalt Vollstreckungsleiter	§ 1 GnadO § 5 GnadO § 5 GnadO § 5 GnadO
		Senat	AnO v 4. 11. 1958 (BremGBl S 87)
Hamburg	AnO v 27. 2. 1979 (MittVw S 34)	Senatskommission für das Gnadenwesen Senat Senator (Staatsrat)	§ I der AnO § II der AnO § III der AnO
Hessen	v 3. 12. 1974 (GVBl I S 587) idF v 15. 5. 1991 (GVBl I S 185)	Minister der Justiz Leiter der Staatsanwaltschaft Präsident des Gerichts Generalstaatsanwalt	§§ 12, 17, 25, 30 GnadO §§ 3, 17, 25, 28, 30 GnadO § 3 Abs 2 GnadO §§ 3, 17, 25, 28, 30 GnadO
		Ministerpräsident	AnO v 26. 11. 1974 (GVBl I S 563) mit Änderung v 17. 3. 1989 (GVBl I S 105)
Mecklenburg-Vorpommern	AV v 19. 12. 1990 (ABl 1991 S 79)	Minister für Justiz	§ 3 GnadO
		Ministerpräsident	Erl v 17. 12. 1990 (ABl 1991 S 79)
Niedersachsen	AV v 13. 1. 1977 (NdsRpfl S 34) idF der AV v 10. 12. 1985 (NdsRpfl 1986 S 4)	Minister der Justiz Leitender Oberstaatsanwalt Generalstaatsanwalt	§ 3 GnadO §§ 4, 36 GnadO §§ 5, 40 GnadO
		Ministerpräsident	Erl v 2. 9. 1952 (NdsMBl S 482)
Nordrhein-Westfalen	AV d JM v 26. 11. 1975 (GVNW 1976 S 17), v 25. 8. 1977 (JMBl S 217), v 9. 7. 1982 (JMBl S 182) und v 24. 6. 1987 (GVNW S 169)	Justizminister Gnadenstelle bei dem Landgericht Vollstreckungsbehörde Generalstaatsanwalt	§§ 15, 38 GnadO §§ 4, 5, 17, 25, 26, 27, 37 GnadO §§ 4, 5, 17, 41 GnadO §§ 4, 5, 17, 41 GnadO
		Ministerpräsident	Erl v 12. 11. 1951 (GVNW S 141)

Land	Gnadenordnung	Gnadenbehörden	Zuständigkeits-regelung durch
Rheinland-Pfalz	AV d JM v 7. 11. 1990 (JBl S 213)	Minister der Justiz Leitender Oberstaatsanwalt Generalstaatsanwalt	Nr. 1.2 GnadO Nr. 5, 17, 18 GnadO Nr. 5, 17, 18 GnadO
		Ministerpräsident	Landesgesetz v 15. 4. 1948 (GVBl S 246)
Saarland	VO v 2. 3. 1948 (Amtsbl. S 447) idF des Gesetzes v 28. 3. 1977 (ABl S 378)	Minister für Rechtspflege Regierung	§ 2 der VO § 1 der VO
Sachsen	AV v 14. 2. 1992 (SächsABl S 277)	Leiter der Staatsanwaltschaft Vollstreckungsleiter Präsident des Gerichts Ministerpräsident	§ 6 GnadO § 7 GnadO § 8 GnadO AnO v 4. 12. 1990 (SächsGVBl S 3)
Sachsen-Anhalt	Beschl v 13. 11. 1990 (MBl LSA 1991 S 6)	Minister der Justiz Ministerpräsident	Nr. 2 des Beschl Nr. 1 des Beschl
Schleswig-Holstein	AV d JM v 3. 5. 1984 (SchlHA S 91)	Justizminister Ministerpräsident	§ 3 GnadO Erl v 6. 12. 1983 (ABl 1984 S 2)
Thüringen	AnO v 26. 3. 1991 (GVBl S 67)	Minister der Justiz Ministerpräsident	Nr. I der AnO Nr. II der AnO
Bund	v 6. 2. 1935 (DJ S 203)	Bundesminister der Justiz Vollstreckungsbehörde (Generalbundesanwalt)	§§ 10, 17, 20 GnadO §§ 4, 20, 35 GnadO
		Bundespräsident	AnO v 5. 10. 1965 (BGBl I S 1573)

C. Gnadenverfahren

Der Ablauf eines Gnadenverfahrens bestimmt sich nach der **Gnadenordnung** des zuständigen Landes bzw des Bundes (vgl. § 452 StPO).

Gnadenverfahren können von **Amts wegen** oder auf **Antrag** eingeleitet werden; im Regelfall werden sie durch ein Gesuch in Gang gesetzt. Gnadengesuche können von **jedermann** eingereicht werden. Sie sind an keine Frist gebunden und bedürfen auch keiner besonderen Form. Soweit dem Anliegen des Gesuchstellers durch eine Entscheidung des **Gerichts**, der **Vollstreckungs-** oder **Vollzugsbehörde** entsprochen werden kann, gibt die Gnadenbehörde die Eingabe unter Benachrichtigung des Gesuchstellers an die zuständige Stelle ab. Deren Entscheidung hat **Vorrang** vor dem Gnadenverfahren (§ 14 GnadO BW oder ähnlicher Bestimmungen in den Gnadenordnungen der übrigen Bundesländer).

Durch Gnadengesuche wird die Vollstreckung grundsätzlich nicht gehemmt. Die Gnadenbehörden (länderweise nach den Bestimmungen der jeweiligen Gnadenord-

706

nungen: die Vollstreckungsbehörden) können jedoch die Vollstreckung vorläufig **einstellen,** wenn erhebliche Gnadengründe vorliegen und das öffentliche Interesse die sofortige Vollstreckung nicht erfordert. Nähere Richtlinien zur Einstellung der Vollstreckung ergeben sich aus den Gnadenordnungen der Länder.

Liegt ein Gnadenantrag vor, kann dem Gesuchsteller aufgegeben werden, zur Untermauerung seiner Eingabe **Unterlagen** (z. B. Verdienstbescheinigungen, Atteste etc.) beizubringen. Soweit erforderlich, stellt die Gnadenbehörde zum Inhalt des Gesuchs **Ermittlungen** an, mit denen im allgemeinen die **Gerichtshilfe** beauftragt wird. Bei offensichtlich aussichtslosen Gnadengesuchen können Ermittlungen unterbleiben.

Nach Abschluss der Überprüfungen sind **Stellungnahmen** des **Gerichts** des ersten Rechtszuges (ggf. auch des Berufungsgerichts und der Strafvollstreckungskammer) und des **Leiters** der **Justizvollzugsanstalt** einzuholen. Die Vollzugsanstalt soll sich vor allem über die Persönlichkeit des Verurteilten, seine familiären Bindungen und das Verhalten im Vollzug äußern. Es ist daher zweckmäßig, zuerst deren Stellungnahme zu erheben. Die Anhörung weiterer Stellen (z. B. Jugendamt, Bewährungshelfer, Führungsaufsichtsstelle) ist möglich.

Liegen die Stellungnahmen vor, ergeht die **Gnadenentscheidung,** die dem Gesuchsteller – bei Gewährung eines Gnadenerweises stets auch dem Verurteilten – **schriftlich** mitzuteilen ist. Die Entscheidung bedarf keiner Begründung. Reicht die Kompetenz der Gnadenbehörde nicht aus, ist unter Vorlage der Akten dem Justizminister (Generalstaatsanwalt) zu berichten.[120]

Sind triftige Gnadengründe gegeben, wird die Strafe – im Regelfall – **zur Bewährung ausgesetzt,** eine Bewährungsfrist bestimmt und dem Verurteilten bestimmte Auflagen gemacht. Insbesondere kann der Verurteilte verpflichtet werden,
– den durch die Tat verursachten Schaden wieder gut zu machen,
– Unterhaltpflichten nachzukommen,
– einen Geldbetrag zugunsten der Staatskasse oder einer gemeinnützigen Einrichtung zu zahlen,
– eine bestimmte Arbeit aufzunehmen oder in einer geeigneten Arbeits- oder Lehrstelle zu verbleiben,
– sich einer ärztlichen oder psychotherapeutischen Behandlung zu unterziehen,
– sich der Aufsicht und Leitung eines Bewährungshelfers oder einer Vertrauensperson zu unterstellen.

Eine gnadenweise **Aussetzung** kommt jedoch grundsätzlich nur dann in Betracht, wenn besondere Umstände vorliegen, die erst nachträglich bekannt geworden oder eingetreten sind und nicht mehr bei der gerichtlichen Entscheidung berücksichtigt werden konnten oder die so außergewöhnlich sind, dass sie eine über die gesetzlichen Aussetzungsvorschriften hinausgehende Vergünstigung angezeigt erscheinen lassen. Die Aussetzung darf nur bewilligt werden, wenn erwartet werden kann, dass der Verurteilte sich künftig straffrei führen wird (§ 27 GnadO BW, ähnliche Bestimmungen befinden sich in den Gnadenordnungen der anderen Bundesländer).

Dem Verurteilten ist der Gnadenerweis (grundsätzlich mündlich) zu **eröffnen;** über die Belehrung des Verurteilten (zur Bedeutung der gnadenweisen Aussetzung, über Auflagen, möglichen Widerruf, Rücknahme der Aussetzung) ist eine Niederschrift aufzunehmen.

Die **Überwachung** der Lebensführung des Verurteilten sowie der erteilten Auflagen obliegt der Gnadenbehörde. Gegen Ablauf der Bewährungszeit (Dauer zwei bis fünf Jahre) nimmt die Gnadenbehörde die erforderlichen **Schlussermittlungen** vor; sie holt

---

[120] In den einzelnen Ländern unterschiedlich geregelt.

insbesondere einen Auszug aus dem Zentral(Erziehungs-)register ein. Hat der Verurteilte sich bewährt, wird die ausgesetzte Strafe **erlassen.** Ist der Verurteilte in der Bewährungszeit erneut straffällig geworden oder hat er den Auflagen gröblich zuwidergehandelt oder sich der Bewährungsaufsicht entzogen, wird der Gnadenerweis **widerrufen,** es sei denn, es erscheint ausreichend, eine Verlängerung der Bewährungszeit oder die Erteilung neuer Auflagen anzuordnen. Treten **nachträglich** Umstände/Sachverhalte zutage, bei deren Kenntnis eine Strafaussetzung versagt worden wäre, wird der Gnadenerweis **zurückgenommen.**

Gegen Bescheide der Gnadenbehörden (soweit diese nach den Gnadenordnungen nach unten delegiert sind) können **Einwendungen** erhoben bzw **Gnadenbeschwerde** eingelegt werden, über die dann der Justizminister (Generalstaatsanwalt) entscheidet.[121]

Die Gnadenvorgänge werden nicht in den Strafakten, sondern in besonderen **Gna-** **denheften** geführt; eingehende Gnadengesuche werden überdies in ein **Gnadenregister** eingetragen. Die **geschäftliche Behandlung** der Gnadensachen ist in Baden-Württemberg (s §§ 43, 44 GnadO) wie folgt geregelt:[122]

707

§ 43 Registerführung:

1. Die Geschäftsstelle der Gnadenbehörde führt für Gnadensachen ein Register nach dem Muster der Anlage C dieser Gnadenordnung.
2. In das Register werden alle bei der Gnadenbehörde eingehenden Gnadengesuche und alle sonstigen von der Gnadenbehörde zu bearbeitenden Gnadensachen eingetragen.
3. Für jeden Verurteilten wird eine besondere Nummer des Registers benutzt, auch wenn von mehreren Verurteilten oder für mehrere Verurteilte ein gemeinschaftliches Gnadengesuch gestellt wird. In diesem Falle werden die Kontrollvermerke, wenn nicht eine getrennte Behandlung für jeden Verurteilten eingeleitet wird, nur bei einer Nummer eingetragen, auf die bei den anderen verwiesen wird.
4. Weitere Gesuche, die dieselbe Person und dieselbe Verurteilung betreffen, sind nicht besonders einzutragen, wenn sie vor endgültiger Erledigung des ursprünglichen Gnadengesuchs eingehen. Wird gegen eine ablehnende Entscheidung der Gnadenbehörde Beschwerde eingelegt, so gilt sie nicht als endgültige Erledigung. Ist nach diesen Grundsätzen ein Gesuch neu einzutragen, so wird bei der früheren Eintragung in Spalte 7 auf die neue Nummer verwiesen.
5. Neben dem Register wird ein Namensverzeichnis der Verurteilten geführt, in dem auf die laufenden Nummern des Register verwiesen wird.

§ 44 Aktenführung:

1. Gnadenvorgänge werden nicht in die Akten eingeheftet, sondern in einem für jeden Verurteilten anzulegenden Gnadenheft gesondert bei den Akten verwahrt. Bei Versendung der Akten sind die Gnadenhefte grundsätzlich zurückzuhalten. Zu dem Gnadenheft, das für das erste Gnadengesuch angelegt worden ist, werden alle späteren Vorgänge über denselben Fall und denselben Verurteilten auch dann genommen, wenn ein Vorgang in das Register neu eingetragen wird.
2. Eine Mehrfertigung der Entscheidung ist zu den Hauptakten, falls ein Vollstreckungsheft angelegt ist, auch zu diesem zu nehmen.
3. Gesuche, die Gerichtskosten betreffen, gehören nur dann zu den Gnadenakten, wenn sie mit einem noch nicht erledigten Gnadengesuch im Zusammenhang stehen.
4. Auf der ersten Umschlagseite des Gnadenheftes werden Name und Geburtsdatum des Verurteilten sowie das Aktenzeichen angegeben. Hat der Justizminister Berichterstattung angeordnet, so wird ein entsprechender Vermerk auf der ersten Umschlagseite angebracht; statt dessen kann auch eine entsprechende Eintragung im

---

[121] In den Bundesländern unterschiedlich geregelt.
[122] In den anderen Bundesländern gelten ähnliche Regelungen.

Gns-Register vorgenommen oder eine gesonderte Berichts- und Beschwerdeliste geführt werden.

5. Das Aktenzeichen des Heftes erhält die sich aus dem Register ergebende nächste Eintragungsnummer; sobald ein Heft eine neue Nummer erhält, wird die frühere Nummer auf der Hülle des Heftes durchgestrichen. Das Heft wird nach Erledigung des Gnadenverfahrens bei den Strafakten aufbewahrt.

6. Die Gnadenhefte werden mit den Hauptakten vernichtet.

708 Wegen sonstiger Gnadenmaßnahmen, insbesondere des gnadenweisen Strafausstands, wegen Gnadenerweisen bei Maßregeln der Besserung und Sicherung, bei Nebenstrafen, Nebenfolgen, in Bußgeldverfahren und in Jugendsachen, sowie bei Ordnungsmitteln wird auf die Ausführungen in den jeweiligen Abschnitten verwiesen.

709 Nachfolgend **Beispiele** für die Abfassung eines Bescheids der Gnadenbehörde im Falle der **Ablehnung** eines Gnadengesuchs sowie der **Gewährung** einer **gnadenweisen Aussetzung**:

a) Der Leitende Oberstaatsanwalt   ...., den ....
Staatsanwaltschaft
Gns........./......

Verfügung

1. An Gesuchsteller (AS ......):
Bezug: Ihr Gesuch vom ...... um ......
Auf Grund der mir in der Gnadenordnung durch den Justizminister allgemein erteilten Ermächtigung eröffne ich Ihnen, dass eine Vergünstigung im Gnadenwege nicht gewährt werden kann.

2. Nachricht davon an:
a) Vorstand der JVA
b) ......

3. Abschrift der Gnadenentscheidung zu Hauptakten und Vollstreckungsheft.

4. Austrag Reg.

5. Weglegen.

b) Der Leitende Oberstaatsanwalt   ...., den ....
Staatsanwaltschaft
Gns....../......

Verfügung

1. An Verurteilten:
Auf Grund der mir in der Gnadenordnung durch den Justizminister allgemein erteilten Ermächtigung ordne ich an:
Die Vollstreckung des Restes von ...... Tagen der durch Urteil des ......gerichts ......
vom ...... – AZ: ...... – erkannten Freiheitsstrafe von ...... wird mit Wirkung vom ......
auf ...... Jahre zur Bewährung ausgesetzt.
Die gnadenweise Aussetzung wird davon abhängig gemacht, dass Sie
a) jeden Wohnungswechsel unverzüglich der Staatsanwaltschaft ...... zu obigem Aktenzeichen mitteilen,
b) Ihren Unterhaltspflichten gegenüber ...... mit monatlichen Zahlungen von mind ......
DM nachkommen. Die Unterhaltszahlungen sind an ...... zu leisten,
c) sich der Aufsicht und Leitung des für Ihren Wohnsitz zuständigen Bewährungshelfers unterstellen (Bewährungshelfer: ......).
Die erteilten Auflagen können nachträglich durch andere ersetzt und die Bewährungszeit kann bis zur Höchstdauer von 5 Jahren verlängert werden.

2. Nachricht an:
a) Vorstand der JVA ......
b) Bewährungshelfer beim Landgericht ......
c) ......

3. Abschrift zum Vollstreckungsheft und zu den Hauptakten.

4. Austrag Gns.

5. An den Herrn Vorstand der JVA . . . . . .:

Ich bitte, den beigefügten Gnadenerweis dem Verurteilten bekanntzugeben, ihn gem. §§ 30, 31 GnadO zu belehren, hierüber eine Niederschrift aufzunehmen sowie die Freilassung des Verurteilten zum . . . . . . zu veranlassen.

6. Wv . . . . . .

Zwölfter Teil. Rechts- und Amtshilfe in Strafsachen

I. Vorbemerkungen

710 Nach Art 35 Abs 1 GG haben sich die Behörden des Bundes und der Länder gegenseitig **Rechts- und Amtshilfe** zu leisten. Zu den „Behörden der Länder" zählen auch die Gemeindebehörden, zu den „Behörden" auch die bundes- und landesunmittelbaren Körperschaften des öffentlichen Rechts.[1] Die Hilfepflicht einer Behörde, im Rahmen ihrer eigenen Befugnisse einer anderen zur Durchführung ihrer gesetzlichen Aufgaben Beistand zu leisten, gilt auf allen Gebieten und in weitestem Umfang.[2] Sie findet jedoch ihre Grenzen, wo unangemessen in persönliche Rechte Einzelner eingegriffen würde. Schranken sind auch durch datenschutzrechtliche Bestimmungen oder durch besondere Regeln gesetzt.

Die Verwendung der Begriffe „Rechtshilfe" und „Amtshilfe" ist nicht einheitlich. Nach der einen Auffassung[3] kann von Rechtshilfe nur im Verkehr von Gericht zu Gericht gesprochen werden; nach anderer Auffassung[4] ist jede vom Gericht – auch Verwaltungsbehörden gegenüber – geleistete Hilfe Rechtshilfe, während die von Verwaltungsbehörden gewährte Unterstützung als Amtshilfe zu bezeichnen ist.[5] Im internationalen Verkehr der Justizbehörden wird stets von Rechtshilfe gesprochen.

Die gegenseitige Rechts- und Amtshilfe der Organe der ordentlichen Gerichtsbarkeit in Strafsachen (wie auch in bürgerlichen Rechtsstreitigkeiten) erfolgt nach den **§§ 156 ff GVG.** In § 143 Abs 4 u 5 GVG sind Konzentrationszuständigkeiten für Strafvollstreckung und Rechtshilfeverkehr normiert, sofern die Konzentration für eine sachdienliche Förderung oder schnellere Erledigung zweckmäßig ist.

Die Befugnis der Staatsanwaltschaft als **Vollstreckungsbehörde** zu Auskunftsersuchen an alle öffentlichen Behörden und zu Aufträgen an die Polizeibehörden im Rahmen der Strafvollstreckung basiert auf § 457 Abs 1 i. V. m. § 161 StPO.

711 Der Rechtshilfeverkehr mit dem **Ausland** bestimmt sich zum einen nach dem **Gesetz über die internationale Rechtshilfe in Strafsachen** (IRG) v 23. 12. 1982 (BGBl I S 2071), in der Fassung der Bekanntmachung v 27. 6. 1994 (BGBl I 1994 S 1537), und nach den **Richtlinien für den Verkehr mit dem Ausland in strafrechtlichen Angelegenheiten** (RiVASt)[6], zum anderen nach den einschlägigen **zwischenstaatlichen** Verträgen und Vereinbarungen. Für den Rechtshilfeverkehr innerhalb der Europäischen Union spielen Rahmenbeschlüsse, von den Mitgliedstaaten in jeweils nationales Recht umgesetzt, eine immer größere Rolle. So findet der Auslieferungsverkehr der EU-Mitgliedstaaten bereits ausschließlich auf der Basis des Rahmenbeschlusses

---

[1] BVerwG, JZ 1972, 278.

[2] *Boll* in Löwe/Rosenberg (25. Aufl), Rdn 5 vor § 156 GVG.

[3] *v Mangoldt/Klein,* aaO, S 844.

[4] *Maunz/Dürig/Herzog,* Anm. 3 zu Art 35 GG.

[5] Einzelheiten zu den Begriffen „Rechtshilfe" und „Amtshilfe" s *Schäfer* in Löwe/Rosenberg (23. Aufl) Rdn 1 vor § 156 GVG.

[6] Bei den RiVASt handelt es sich um Verwaltungsvorschriften, die vom Bund und sämtlichen Ländern für ihren jeweiligen Bereich einheitlich in Kraft gesetzt wurden. Nach einer gründlichen Überarbeitung wurde die neueste Fassung zum 1. 1. 2009 in Kraft gesetzt (in Bayern durch Bekanntmachung der Bayerischen Staatsregierung vom 25. November 2008. Staatsanzeiger Nr. 49/2008). Der Text wird durch das Bundesministerium der Justiz im Bundesanzeiger und – ohne Muster – auf der Homepage des BMJ veröffentlicht werden.

2002/584/JI vom 13. Juni 2002 über den Europäischen Haftbefehl und die Übergabeverfahren zwischen den Mitgliedsstaaten (ABl, L 190 vom 18. 7. 2002) statt (**RbEuHB**). Gleiches wird zukünftig für die Vollstreckungshilfe bei Geld- (Rahmenbeschluss 2005/214/JI des Rates vom 24. Februar 2005 über die Anwendung des Grundsatzes der gegenseitigen Anerkennung von Geldstrafen und Geldbußen, ABl, L 76 vom 22. 3. 2005, **RbGeld**) und Freiheitsstrafen gelten („Europäische Vollstreckungsanordnung", amtliche Bezeichnung: Rahmenbeschluss des Rates über die Anwendung des Grundsatzes der gegenseitigen Anerkennung auf Urteile in Strafsachen, durch die eine freiheitsentziehende Strafe oder Maßnahme verhängt wird, für die Zwecke ihrer Vollstreckung in der Europäischen Union; noch nicht verabschiedet). Die vorläufigen Maßnahmen zur Sicherstellung von Vermögenswerten für zukünftige Einziehungen sowie zur Sicherstellung von Beweismitteln richten sich nach dem Rahmenbeschluss 2003/577/JI des Rates vom 22. Juli 2003 über die Vollstreckung von Entscheidungen über die Sicherstellung von Vermögensgegenständen oder Beweismitteln in der Europäischen Union, (ABl, L 45, **RbSich**[7]) Die nachfolgenden Ausführungen beschränken sich im Wesentlichen auf die Bereiche des Rechts- und Amtshilfeverkehrs, die für die **Strafvollstreckung** von Bedeutung sind.

II. Vollstreckungshilfe im Inland

Soll eine Vollstreckungsanordnung **außerhalb** des Bundeslandes, in dem die Vollstreckungsbehörde ihren Sitz hat, durch eine **Landesbehörde durchgeführt** werden, so ist die hierfür örtlich zuständige Staatsanwaltschaft des anderen Landes um **Vollstreckungshilfe** zu ersuchen (§ 9 Abs 1 Satz 1 StVollstrO). Um Vollstreckungshilfe ist demgemäss nur dann nachzusuchen, wenn

a) Die Vollstreckungsmaßnahme in dem **anderen Bundesland** auch zur **Durchführung** kommen soll;
daher: keine Amtshilfe erforderlich bei Verschubungen oder Ladungen aus einem anderen Bundesland in eine Vollzugsanstalt des Landes, dem die Vollstreckungsbehörde angehört,
und
b) die Durchführung durch eine **Landesbehörde** erfolgen soll;
daher: die Einschaltung einer anderen Staatsanwaltschaft ist nicht erforderlich, wenn nach Maßgabe des Art 5 EGWStG Strafen gegen Soldaten durch Behörden der Bundeswehr vollzogen werden sollen.[8]
Die Vorschrift des § 9 Abs 1 Satz 1 StVollstrO hat an Bedeutung verloren, seit die Bundesländer am 13. 1. 1965 eine Vereinbarung zur **Vereinfachung und Beschleunigung der Strafvollstreckung**, ergänzt durch Vereinbarung v 8. 6. 1999, getroffen haben (Text: Anh 2 der StVollstrO). Nach dieser Vereinbarung sind die Vollstreckungsbehörden befugt, (ohne Amtshilfeersuchen) Verurteilte in die jeweils zuständige Vollzugsanstalt des **anderen** Landes zu laden und durch ein Aufnahmeersuchen einzuweisen (§ 29 Abs 1 StVollstrO), wie auch Polizeidienststellen des **anderen** Landes **unmittelbar** um die Ausführung von Haft- oder Vorführungsbefehlen zu ersuchen. Die den Vollzugs- bzw Polizeibehörden des anderen Landes durch die Inanspruchnahme entstehenden Kosten werden nicht erstattet.[9] Auch das Ersuchen um Verschu-

712

---

[7] Umgesetzt durch Änderung des IRG mit Gesetz vom 6. 6. 2008, BGBl 2008 I, S. 995.
[8] Ebenso *Pohlmann/Jabel*, Rdn 10 zu § 9 StVollstrO.
[9] Zur Frage der Kostenerstattung bei Vollstreckung einer Unterbringungsanordnung im Wege der Amtshilfe s Rdn 332.

bung in eine andere JVA kann unmittelbar an die Anstalt eines anderen Bundeslandes gerichtet werden. Die Ländervereinbarung in der Fassung v 8. 6. 1999 bezieht sich auch auf die Vollsteckung der Erzwingungshaft nach § 97 OWiG und auf gerichtlich erkannte Ordnungs- und Zwangshaft in Straf- und Bußgeldsachen. Ist ein Land der neuen Vereinbarung nicht beigetreten, verbleibt es bei § 9 StVollstrO, so auch bei der Vollstreckung freiheitsentziehender Maßregeln der Besserung und Sicherung. Hier ist die örtlich zuständige Staatsanwaltschaft um Vermittlung der Aufnahme zu ersuchen (§ 9 Abs 1 StVollstrO).

Bei **Jugendstrafe** und **Jugendarrest** sind dagegen Vollstreckungsmaßnahmen auch **über Ländergrenzen hinweg** zulässig (vgl. §§ 84, 85 JGG).[10]

Geldstrafen, Geldbußen sowie **Nebenfolgen,** die zu einer Geldzahlung verpflichten, können **unmittelbar** eingezogen und beigetrieben werden. Mit der Wegnahme von Gegenständen im Rahmen des § 61 StVollstrO kann der Vollziehungsbeamte gleichfalls **unmittelbar** beauftragt werden.

713   Die **örtliche Zuständigkeit** der um Vollstreckungshilfe zu ersuchenden Staatsanwaltschaft des anderen Landes richtet sich nach §§ 162, 163 GVG.[11] Zuständig ist demnach diejenige Staatsanwaltschaft, in deren Bezirk sich der Verurteilte – auf freiem Fuß oder in Haft – befindet. Dem Amtshilfeersuchen sind alle Urkunden und sonstigen Unterlagen anzuschließen, welche die ersuchte Behörde zur Durchführung der Vollstreckung braucht. Hinweise über die beizufügenden Vollstreckungspapiere ergeben sich aus den §§ 13, 14, 31 StVollstrO, uU auch – was zusätzliche Unterlagen anbetrifft – aus den Vollstreckungsplänen der Länder.

Die **ersuchte** Staatsanwaltschaft hat das Vollstreckungsersuchen – nach Klärung der Zuständigkeit – insbesondere auf Zulässigkeit und Vollständigkeit zu überprüfen. Lehnt sie die Durchführung der Vollstreckung ab, kann dagegen **Dienstaufsichtsbeschwerde** eingelegt werden. Mit der Übernahme der Vollstreckung geht die **Verantwortlichkeit** für die weiteren Vollstreckungsmaßnahmen, einschließlich der Richtigkeit der Strafzeitberechnung (§ 36 Abs 1 StVollstrO), auf die **ersuchte Behörde** über. Gnadengesuche, Anträge des Verurteilten und dergleichen sind jedoch (mit der Stellungnahme der Vollzugsanstalt, vgl. § 36 Abs 2 StVollstrO) an die zuständige **Vollstreckungsbehörde** (§§ 4, 7 StVollstrO) **abzugeben,** die auch für die Entscheidungen nach §§ 455, 455 a, 456, 456 a, 463 StPO zuständig ist (vgl. auch § 451 Abs 3 Satz 1 StPO).[12]

714   Der **Generalbundesanwalt** kann in den Fällen, in denen er **Vollstreckungsbehörde** ist, stets **unmittelbar** vollstrecken (§ 9 Abs 2 StVollstrO). Es bleibt ihm jedoch unbenommen (s Formulierung in § 9 Abs 2: „kann"), im Einzelfall die örtlich zuständige Staatsanwaltschaft eines Landes um Vollstreckungshilfe zu ersuchen.

---

[10] Auch die RiJGG machen durch die Regelungen zu §§ 82–85 deutlich, dass die Vollstreckung unmittelbar – ohne Amtshilfeersuchen – durchgeführt werden kann.

[11] Zum Verhältnis der §§ 162, 163 GVG zu § 9 Abs 1 StVollstrO s *Wendisch* in Löwe/Rosenberg (25. Aufl), Rdn 16 zu § 451 StPO.

[12] Die Vollstreckungsübernahme durch die ersuchte Staatsanwaltschaft ist begrenzt und beschränkt sich auf direkte Vollstreckungsmaßnahmen wie z. B. Ladung, Aufnahmeersuchen (vgl. § 27 Abs 1 und § 36 Abs 2 StVollstrO: die ersuchte Staatsanwaltschaft „betreibt" die Vollstreckung). Die Zuständigkeit der Vollstreckungsbehörde (z. B. für Stellungnahmen, Entscheide, Abschlussverfügung etc) bleibt im Übrigen unberührt.

III. Rechtshilfeverkehr mit dem Ausland (ohne Vollstreckungshilfe)

A. Rechtsgrundlagen

Der Rechtshilfeverkehr mit dem Ausland **in Strafsachen** hat folgende Rechtsgrund- **715**
lagen:

a) Die zwischenstaatlichen Verträge oder Vereinbarungen,[13]
b) das Gesetz über die internationale Rechtshilfe in Strafsachen (IRG)
c) die einschlägigen Vorschriften des GVG und der StPO.

Bei der Bearbeitung der Rechtshilfevorgänge sind ferner die **Richtlinien für den Verkehr mit dem Ausland in strafrechtlichen Angelegenheiten** (RiVASt) heranzuziehen.
Die letzte Änderung der RiVASt ist am 1. 1. 2009 in Kraft getreten.[14]

B. Bewilligungsbefugnis

Um Rechtshilfe darf ein ausländischer Staat nur ersucht oder eine solche ihm geleistet **716**
werden, wenn die Bewilligung der zuständigen deutschen Stelle vorliegt (§ 74 IRG).
Der Rechtshilfeverkehr mit dem Ausland ist Teil der auswärtigen Angelegenheiten,
welche nach Art 32 GG Sache des Bundes sind. Demgemäß steht die **Bewilligung** ein-
gehender/ausgehender Rechtshilfeersuchen grundsätzlich dem **Bund** zu (§ 74 Abs 1
IRG). Die Ausübung dieser Befugnis kann jedoch nach § 74 Abs 2 IRG im Wege einer
Vereinbarung auf die Landesregierungen übertragen werden, welche ihrerseits das
Recht zur weiteren Delegation haben.
Von der Möglichkeit der Übertragung nach § 74 Abs 2 IRG wurde durch Vereinbarung **717**
zwischen der Bundesregierung und den Landesregierungen über die Zuständigkeit im
Rechtshilfeverkehr mit dem Ausland in strafrechtlichen Angelegenheiten („**Zuständigkeitsvereinbarung vom 28. April 2004**": BAnz 2004 S 11494) weitgehend Gebrauch
gemacht.[15] Aufgrund Nr. 3 der Zuständigkeitsvereinbarung haben die Landesregierungen in Teilbereichen das Recht zur weiteren Übertragung von Befugnissen. Davon
haben sie auch Gebrauch gemacht.[16]

C. Mehrseitige Abkommen

Für den Bereich der Strafvollstreckung sind folgende multilaterale Abkommen von **718**
besonderer Bedeutung (Die jeweiligen Partnerstaaten der Übereinkommen des Europarates finden sich immer aktuell auf der Website des Europarates: www.coe.int):

a) Für den **Auslieferungsverkehr** mit den Staaten außerhalb der Europäischen
Union[17] **das Europäische Auslieferungsübereinkommen** (EuAlÜbk) v 13. 12. 1957
BGBl II 1964 S 1369, 1371; 1976 S 1778) sowie das zweite Zusatzprotokoll zum

---

[13] Zusammengestellt bei Schomburg/Lagodny/Gleß/Hackner Internationale Rechtshilfe in Strafsachen, 4. Aufl. 2006; s auch länderspezifisch Anh II (Länderteil) der RiVASt.
[14] Vgl. Fn 5.
[15] Text s Anhang I (Nr. 2) der amtl Textausgabe der RiVASt.
[16] In **Bayern**:
VO der Bayerischen Staatsregierung – Zuständigkeitsverordnung Rechtshilfe – v. 29. Juni 2004,
BayGVBl S. 260. In Sachsen: VO der Sächsischen Staatsregierung – Zuständigkeitsverordnung
Rechtshilfe v. 9. November 2004, SächsGVBl. S. 500.
[17] Innerhalb der EU vgl. Rdn 711.

Europ. Auslieferungsübereinkommen v 17. 3. 1978 (BGBl II 1990 S 118 ff; 1991 S 874). Von praktischer Bedeutung ist auch der Ergänzungsvertrag mit der Schweiz (BGBl II 1975 S 1176, II 1976 S 1798, II 2001 S 946, II 2002 S 606).

b) **Das Europäische Übereinkommen über Rechtshilfe in Strafsachen (EuRHÜbk)** v 20. 4. 1959 (BGBl II 1964 S 1369, 1386; 1976 S 1799) mit Zusatzprotokoll zum EuRHÜbk v 17. 3. 1978 (BGBl II 1990 S 124 ff). Ergänzt wird das EuRHÜbk für die Mitgliedsstaaten der Europäischen Union durch das Übereinkommen über die Rechtshilfe in Strafsachen zwischen den Mitgliedsstaaten der Europäischen Union vom 29. 5. 2000 (BGBl II 2005 S 650), sowie dessen Zusatzprotokoll vom 16. Oktober 2001 (BGBl II 2005 S 661), für Deutschland in Kraft jeweils seit 2. 2. 2006. Zu beachten sind ferner die bilateralen Ergänzungsverträge Deutschlands zum EuRHÜbk mit Frankreich (BGBl II 1978 S 329, II 1980 S 1435), Italien (BGBl II 1982 S 111, II 1985 S 836), Polen (BGBl II 2004 S 531, 1339), den Niederlanden (BGBl II 1981 S 1158, II 1983 S 32, II 2006 S 196), der Tschechischen Republik (BGBl II 2001 S 735, II 2002 S 1163), Österreich (BGBl II 1975 S 1157, II 1976 S 1818, II 2005 S 858, 1307), der Schweiz (BGBl II 1975 S 1171, II 1976 S 1818, II 2001 S 946, II 2002 S 607, II 2001 S 946, II 2002 S 608) und Israel (BGBl II 1980 S 1334, II 1981I S 94).

d) **Das Schengener Durchführungsübereinkommen (SDÜ)** v 19. 6. 1990 (BGBl II 1993 S 1013)

e) **Das Übereinkommen über Geldwäsche sowie Ermittlung, Beschlagnahme und Einziehung von Erträgen aus Straftaten** v 8. 11. 1990 mit Gesetz v 8. 4. 1998 (BGBl 1998 II S 519), für die Bundesrepublik Deutschland in Kraft seit 1. 1. 1999 (BGBl 1999 II S 200).

Diese verschiedenen Übereinkommen haben im europäischen Raum zwar zur einer Vereinheitlichung des Rechtshilfeverkehrs geführt, wobei allerdings zu beachten ist, dass die multilateralen Abkommen eine Vielzahl von Vorbehalten der Einzelstaaten enthalten und von weiteren bilateralen Zusatzabkommen ergänzt werden. Internationale Rechtshilfe bleibt deshalb nach wie vor eine wenig überschaubare Materie.

D. Allgemeine Grundsätze

719   Unter **internationaler Rechtshilfe** in Strafsachen versteht man die **Unterstützung,** die ein ersuchter Staat für ein von einer ausländischen Behörde betriebenes Strafverfahren gewährt (Nr. 2 RiVASt). Die Rechtshilfe kann in einer **Auslieferung,** einer **Durchlieferung** oder einer Maßnahme der **Vollstreckungshilfe** bestehen. Möglich sind auch nachfolgende Rechtshilfehandlungen (sog. **kleiner Rechtshilfeverkehr):**

Herausgabe von Gegenständen,
Erteilung von Auskünften, namentlich aus dem Bundeszentralregister
Zustellung von Schriftstücken und Ladungen,
Vornahme von Untersuchungshandlungen (Vernehmung von Beschuldigten, Zeugen; Durchsuchungen usw.),
Übersendung von Akten,
vorübergehende Überstellung von Personen.

Eine **Pflicht** zur Rechtshilfe besteht nur, soweit sie durch völkerrechtliche Übereinkünfte übernommen ist. Eine solche Übereinkunft ist auch in Form einer Zusicherung im Einzelfall möglich. Soweit vertragliche Regelungen fehlen, entscheidet sich die Frage, ob und inwieweit Rechtshilfe geleistet werden darf, nach dem Recht des ersuchten Staates; hinsichtlich der Bundesrepublik Deutschland vor allem nach dem IRG. Rechtshilfe wird im Allgemeinen nur gewährt, wenn die **Gegenseitigkeit** verbürgt ist; im übrigen nur auf Ersuchen und nur in dem Umfang, in dem sie erbeten wird. Für den Auslieferungs- und Durchlieferungsverkehr mit den Mitgliedsstaaten der Europäischen Union besteht grundsätzlich eine Bewilligungspflicht, § 79 Abs 1 IRG.

Deutsche dürfen grundsätzlich nicht an das Ausland ausgeliefert werden (Art 16 Abs 2 Satz 1 GG). Durch Gesetz kann allerdings eine abweichende Regelung für Auslieferungen an einen Mitgliedstaat der EU oder an einen internationalen Gerichtshof getroffen werden, soweit rechtstaatliche Grundsätze gewahrt sind Art 16 Abs 2 Satz 2 GG. Von dieser Ermächtigung wurde mit § 80 IRG Gebrauch gemacht.[18]

Im Rechtshilfeverkehr mit dem Ausland kommen folgende **Geschäftswege** in Betracht (Nr. 5 RiVASt): **720**

a) der **diplomatische** Geschäftsweg
– die Regierung eines der beiden beteiligten Staaten und die diplomatische Vertretung des anderen treten miteinander in Verbindung –;

b) der **ministerielle** Geschäftsweg
– die obersten Justiz- oder Verwaltungsbehörden der beteiligten Staaten treten miteinander in Verbindung –;

c) der **konsularische** Geschäftsweg
– eine konsularische Vertretung im Gebiet des ersuchten Staates tritt mit den Behörden dieses Staates in Verbindung –;

d) der **unmittelbare** Geschäftsweg
– die ersuchende und die ersuchte Behörde treten, unbeschadet der Einschaltung einer Prüfungs- oder Bewilligungsbehörde sowie der Übermittlung über das BKA oder eine andere Stelle, unmittelbar miteinander in Verbindung.

Welcher Geschäftsweg im Verkehr mit den einzelnen Staaten zugelassen ist, ergibt sich aus Anhang II (Länderteil) der RiVASt. Soweit nichts anderes bestimmt ist, muss der **diplomatische** Geschäftsweg eingehalten werden.

In Ausnahmefällen (s Nr. 130 RiVASt) können auch die **deutschen Auslandsvertretungen** um Amtshilfe in eigener Zuständigkeit ersucht werden, wobei der unmittelbare Geschäftsweg zugelassen ist (Nr. 131 Abs 1 RiVASt). Der unmittelbare Geschäftsverkehr mit den **ausländischen** diplomatischen Vertretungen ist dagegen unzulässig (s Nr. 133 RiVASt). Dies gilt im Grundsatz auch für den Verkehr mit den ausländischen **konsularischen** Vertretungen (Nr. 134 RiVASt).

Im **innerstaatlichen** Bereich wirken am Rechtshilfeverkehr folgende **Behörden** mit (Nr. 7 RiVASt): **721**

a) die **Bewilligungsbehörde**
Sie entscheidet über eingehende Ersuchen und über die Stellung ausgehender Ersuchen,

b) die **Prüfungsbehörde**
Sie prüft bei **eingehenden** Ersuchen, ob sie ordnungsgemäß erledigt worden sind, und bei **ausgehenden** Ersuchen, ob sie gestellt werden dürfen und ordnungsgemäß abgefasst sind,

c) die **Vornahmebehörde**
Sie nimmt die Amtshandlung vor, um die ersucht worden ist (vgl. Nr. 22 RiVASt).

---

[18] Generell ist jede Leistung von Rechtshilfe unzulässig, wenn sie wesentlichen Grundsätzen der deutschen Rechtsordnung widersprechen würde (§ 73 IRG).

Eine Behörde kann in ein und derselben Sache auch **mehrere** der vorgenannten Funktionen wahrnehmen.[19]

722   Im Rechtshilfeverkehr sind hinsichtlich der Form der Schriftstücke, der Unterzeichnung und Beglaubigung, der Begleitschreiben und Begleitberichte sowie der Übersetzungen die in Nrn 8–14 RiVASt aufgestellten Grundsätze zu beachten. So müssen alle an ausländische Behörden gerichteten amtlichen Schreiben von einem Richter, Staatsanwalt oder Rechtspfleger (bei nach dem RpflG übertragenen Aufgaben) unterzeichnet werden. Die Amtsbezeichnung und ein Abdruck des Dienstsiegels sind beizufügen. Die Beglaubigung von Schriftstücken kann auch von einem Urkundsbeamten der Geschäftsstelle vorgenommen werden (Nr. 9 Abs 2 RiVASt). Den **Berichten** (und ihren Anlagen) an die oberste Justizbehörde sind grundsätzlich zwei Mehrfertigungen zur Unterrichtung des Bundesamtes der Justiz und des Auswärtigen Amtes beizufügen. Bei Berichten auf dem Dienstweg sind für die Generalstaatsanwaltschaft und die Landesjustizbehörde zusätzliche Mehrfertigungen anzuschließen (Nr. 12, 30 Abs 3 RiVASt).

723   Die durch den Rechtshilfeverkehr entstehenden **Kosten** werden nur angefordert oder erstattet, soweit eine völkerrechtliche Übereinkunft dies zulässt oder der ausländische Staat auch seinerseits Erstattung verlangt (Nr. 15 Abs 1 RiVASt).[20] Die einschlägigen deutschen Kostenvorschriften finden sich in der **JVKostO** (§§ 1, 5 Abs 2 JVKostO). Gegenüber dem ersuchenden Staat kann auf die Erstattung der entstandenen Kosten verzichtet werden (§ 75 IRG).[21]

Kosten, die den deutschen Behörden durch die Inanspruchnahme von Rechtshilfe entstehen, fallen regelmäßig der Behörde zur Last, die das Ersuchen angeregt hat. Sind bei einer Einlieferung mehrere Justizverwaltungen beteiligt, gilt die Vereinbarung über die Kosten in Einlieferungssachen v 22. 6. 1993.[22]

E. Eingehende Ersuchen

724   Die Vollstreckungsbehörde ist an der Erledigung eingehender Rechtshilfeersuchen aus dem Ausland (abgesehen von der Vollstreckungshilfe) nicht beteiligt. Dies gilt sowohl für die Ersuchen um Auslieferung (Nrn 32 ff RiVASt), Durchlieferung (Nrn 60 ff RiVASt) wie auch für den kleinen Rechtshilfeverkehr (Nrn 75 ff RiVASt).

Soweit die **Auslieferung** oder die **Durchlieferung** begehrt wird, bereitet die **Staatsanwaltschaft bei dem Oberlandesgericht** die Entscheidung vor und führt die bewilligte Auslieferung (Durchlieferung) durch (§ 13 Abs 2 IRG). Die erforderlichen gerichtlichen Entscheidungen erlässt das **Oberlandesgericht** (§§ 13, 44 IRG). Die Vollstreckungsbehörde wird im Rahmen eines Auslieferungs- oder Durchlieferungsverfahrens allenfalls zur Prüfung eingeschaltet, ob deutsche Strafansprüche zu berücksichtigen oder geltend zu machen sind (Nrn 45, 61 RiVASt).

725   Zum kleinen Rechtshilfeverkehr zählen die Ersuchen um **Durchsuchung** und **Beschlagnahme** (§ 67 IRG) oder um **Herausgabe** von Gegenständen (§ 66 IRG). Vornahmebehörde ist hierbei die **Staatsanwaltschaft** bei dem **Landgericht**.

---

[19] Die Bewilligungsbefugnis ergibt sich aus § 74 IRG, der Zuständigkeitsvereinbarung und ihren Ergänzungen sowie den hierzu ergangenen Regelungen und landesrechtlichen Vorschriften; s Rdn 716 f.

[20] Im Falle der Vernehmung per Video/Telefonkonferenz sowie von Ersuchen, die auf die Überwachung des Telekommunikationsverkehrs abzielen, gelten Sonderregelungen, Nr. 77, 77 a RiVASt.

[21] S auch die speziellen Kostenregelungen in Art 24 EuAlÜbk, Art 20 EuRhÜbk und Art 17 Abs 5 ÜberstÜbk.

[22] Text s Anh I Nr. 5 der RiVASt sowie BAnz 1993 S 6658.

Ersuchen um **Durchbeförderung** von Zeugen (§ 64 IRG) oder **vorübergehende Überstellung** von Personen (§§ 62, 63 IRG) bearbeitet die **Staatsanwaltschaft** bei dem **Oberlandesgericht**.

Soweit eine Auskunft aus dem **Bundeszentralregister** begehrt wird, sind die Ersuchen unmittelbar *dem Bundesamt der Justiz – Bundeszentralregister – Bonn* zur Erledigung zu übersenden (Nr. 84 RiVASt).

Wird um **Aktenübersendung** ersucht, ist vor Überlassung der Originalakten die oberste Justizbehörde einzuschalten. Die Berichts- und Vorlagepflicht entfällt bei Ersuchen aus einem Mitgliedstaat der Europäischen Union, Island, Liechtenstein, Norwegen oder der Schweiz (Nr. 83 Abs 2 RiVASt).

Besonders häufig innerhalb des kleinen Rechtshilfeverkehrs sind die Ersuchen um **Vernehmungen** (Nr. 77 RiVASt) sowie um **Zustellung** (Nr. 78 RiVASt). Vornahmebehörde ist regelmäßig das **Gericht**, soweit dies dem Ersuchen zu entnehmen ist. Für Zustellungen folgt dies aus §§ 36 Abs 1, 214 Abs 1 StPO, welche auch für den Rechtshilfeverkehr Anwendung finden, der nach innerstaatlichen Verfahrensvorschriften abgewickelt wird. Das Zustellungsersuchen wird in der Regel durch Zustellung durch die Post erledigt (§§ 193, 208 ZPO). Aufgrund der Zustellungsurkunde ist ein Zustellungszeugnis nach Muster Nr. 16 der RiVASt auszustellen, das vom Richter zu unterschreiben ist. Der Rechtspfleger ist für die Ausführung ausländischer Zustellungsanträge nicht zuständig. § 29 RpflG, der eine Ermächtigung enthalten könnte, bezieht sich wohl nur auf die Zustellung in Zivilsachen.[23] Soweit völkerrechtliche Übereinkünfte eine einfache Übergabe des zuzustellenden Schriftstücks an den Empfänger zulassen, ist ein Empfangsbekenntnis nach Muster Nr. 17 aufzunehmen (Nr. 78 Abs 3 RiVASt). Vernehmungen sind nur dann durch den Richter auszuführen, wenn ausdrücklich darum ersucht oder eine eidliche Vernehmung erfolgen soll. Anderenfalls ist regelmäßig die örtlich zuständige Polizeidienststelle zu beauftragen.

F. Ausgehende Ersuchen

1. Richtlinien

Ausländische Staaten können um Rechtshilfe ersucht werden, soweit völkerrechtliche   **726** Übereinkünfte (**vertragliche Rechtshilfe**) oder das Recht des ausländischen Staates (**vertraglose Rechtshilfe**) dies zulassen (Nr. 3 RiVASt).[24] Hinsichtlich Form und Inhalt des Ersuchens, seinen Anlagen sowie des Begleitberichts (Begleitschreibens) sind die in Nrn 8–14 und Nrn 27–31 RiVASt aufgestellten Grundsätze zu beachten.

Ob im Einzelfall die Bundesregierung oder eine Landesregierung zuständig ist, das Rechtshilfeersuchen zu stellen, ergibt sich aus der **Zuständigkeitsvereinbarung** und ihren Ergänzungen. Nachgeordnete Behörden dürfen Rechtshilfeersuchen **unmittelbar** an ausländische Behörden nur dann richten, wenn und soweit ihnen die Ausübung dieser Befugnis übertragen worden ist.[25]

Der einzuhaltende **Geschäftsweg** im Rechtshilfeverkehr mit den ausländischen Be-   **727** hörden richtet sich nach den jeweiligen zwischenstaatlichen Verträgen und Vereinba-

---

[23] *Horand*, Rpfleger 1986, 427.
[24] Die einschlägigen deutschen Vorschriften enthält vor allem das IRG. Die wesentlichen völkerrechtlichen Übereinkünfte und Hinweise auf das ausländische Recht ergeben sich aus dem Länderteil (Anh II) der RiVASt. Zu wichtigen völkerrechtlichen Übereinkommen s auch die Zusammenstellung Rdn 718.
[25] S Rdn 716 f.

rungen oder den sonstigen Vorschriften (vgl. Nr. 5 RiVASt).[26] In bestimmten Fällen kann auch das **Bundeskriminalamt** in den Geschäftsweg eingeschaltet werden (vgl. Nr. 123 RiVASt). So darf das BKA ausgehende Ersuchen von Justizbehörden um Fahndungsmaßnahmen, Identitätsfeststellung, Erteilung von Auskünften iSd Nr. 118 Abs 2 RiVASt sowie um Festnahme, um Anordnung der vorläufigen Auslieferungshaft oder um vorläufige Inhaftnahme vermitteln. Ferner darf es ausgehende Ersuchen vermitteln, sofern in einer völkerrechtlichen Übereinkunft der Geschäftsweg über das BKA – insbesondere über Interpol – vorgesehen ist.[27] Das Gleiche gilt in Eilfällen, wenn der unmittelbare Geschäftsweg zugelassen ist (Nr. 123 Abs 4 RiVASt). Die Justizbehörden verkehren mit dem Bundeskriminalamt über das jeweilige Landeskriminalamt; in Eilfällen ist der unmittelbare Verkehr möglich (Nr. 6 RiVASt).

728 **Deutsche Auslandsvertretungen** – zum Begriff s Nr. 128 RiVASt – können nicht nur als **Vermittlungsstellen** in den Rechtshilfeverkehr mit dem Ausland eingeschaltet werden, sondern in gewissem Umfange auch in **eigener Zuständigkeit Amtshandlungen** zur Förderung eines bei deutschen Behörden anhängigen Strafverfahrens vornehmen: etwa durch Erteilung von Auskünften, Vornahme von Zustellungen an Deutsche und Vernehmung von deutschen Zeugen und Sachverständigen (Nr. 129 RiVASt). In diesen Fällen ist der Rechtshilfeverkehr mit den Auslandsvertretungen kein zwischenstaatlicher, sondern ein **innerdeutscher;** die Ersuchen können **unmittelbar** gestellt werden (Nr. 131 RiVASt). Die Anschriften finden sich unter www.auswaertiges-amt.de. Die Inanspruchnahme der Auslandsvertretungen ist jedoch der Ausnahmefall (s Nr. 130 RiVASt).

Mit den **ausländischen diplomatischen Vertretungen** ist dagegen ein unmittelbarer Geschäftsverkehr nicht zulässig (Nr. 133 RiVASt); lediglich mit den zuständigen ausländischen **konsularischen** Vertretungen kann in Einzelfällen ohne grundsätzliche Bedeutung auch unmittelbar verkehrt werden (Nr. 134 RiVASt). Generell ist jedoch auch hier die Einschaltung der obersten Justizbehörde vorgesehen.

729 Rechtshilfeersuchen an ausländische Behörden dürfen auch im unmittelbaren Geschäftsweg nur von **Richtern** oder Beamten des **höheren** Dienstes, in keinem Fall von Beamten oder Angestellten von Geschäftsstellen **unterzeichnet** werden (Nr. 9 RiVASt). Der Rechtspfleger hat bei den nach dem RpflG übertragenen Aufgaben Zeichnungsbefugnis. Beglaubigungen können dagegen auch vom UdG vorgenommen werden. Die Ersuchen sind in **deutscher** Sprache abzufassen und an die zuständige ausländische Behörde in deren **amtlicher fremdsprachlicher Bezeichnung** – soweit feststellbar – zu adressieren. Auf eine höfliche Form des Ersuchens, das Anrede und Schlussformel enthalten soll, ist Wert zu legen. Soweit nicht in völkerrechtlichen Übereinkünften etwas anderes bestimmt ist (vgl. Länderteil der RiVASt), sind einem Ersuchen und seinen Anlagen **Übersetzungen** beizufügen (Vgl. Nr. 14 RiVASt). Ist Übersetzungsverzicht vereinbart, kann es sich bei besonders bedeutsamen oder eilbedürftigen Ersuchen im Interesse einer schnelleren Erledigung empfehlen, gleichwohl Übersetzungen des Ersuchens beizufügen. Bei ausgehenden Ersuchen können **mehr- bzw. fremdsprachige** Vordrucke verwendet werden (vgl. Muster Nr. 2 a 31 b–d, 33 b, 40). Im Übrigen sind die Übersetzungen von der Behörde zu beschaffen, die das dem Ersuchen zugrundeliegende Verfahren betreibt. Diese Übersetzungen müssen den die Richtigkeit der Übersetzung bestätigenden Vermerk eines amtlich bestellten oder vereidigten Übersetzers oder Dolmetschers tragen, wenn dies in völkerrechtlichen Übereinkünften (insbesondere in Auslieferungsvereinbarungen) vorgesehen ist oder wenn Rechtshilfe auf vertragloser Grundlage begehrt wird.

---

[26] Hinweise auf den Geschäftsweg ergeben sich aus dem Länderteil (Anh II) der RiVASt.
[27] Vgl Länderteil der RiVASt.

2. Einlieferung

Ist gegen einen Verurteilten, der sich im **Ausland** aufhält, eine **Freiheitsstrafe** oder eine **730** freiheitsentziehende **Maßregel der Besserung und Sicherung** zu vollstrecken und soll der ausländische Staat nicht um Übernahme der Vollstreckung ersucht werden, so ist die Auslieferung des Verurteilten nach Deutschland zu prüfen. Hierbei ist zu unterscheiden:

a) im Bereich der Europäischen Union ist zu prüfen, ob ein Europäischer Haftbefehl auszustellen ist,
b) hält sich der Verurteilte außerhalb der Europäischen Union auf, so regt die Vollstreckungsbehörde auf dem Dienstweg bei der **obersten Justizbehörde** ein **Ersuchen um Auslieferung** an, wenn

aa) konkrete Anhaltspunkte dafür vorliegen, dass sich der Verfolgte in einem bestimmten ausländischen Staat aufhält,
bb) dieser Staat vertraglich zur Auslieferung verpflichtet ist oder die Auslieferung nach dem Recht dieses Staates auch ohne vertragliche Verpflichtung zulässig erscheint und
cc) die mit der Auslieferung für den Verfolgten verbundenen Nachteile oder die durch den Vollzug der Auslieferung für die deutschen öffentlichen Kassen erwachsenden Kosten zu dem öffentlichen Interesse an der Strafvollstreckung nicht außer Verhältnis stehen (Nr. 88 Abs 1 RiVASt).

Wird ein Auslieferungsersuchen nicht angeregt, ist zu prüfen, ob die deutsche Auslandsvertretung um **passbeschränkende** Maßnahmen (§§ 7, 8, 19 Passgesetz) ersucht werden kann (Nr. 88 Abs 2 RiVASt).

Ob und inwieweit für den Aufenthaltsstaat eine **Auslieferungsverpflichtung** besteht, ist dem Länderteil der RiVASt zu entnehmen. Im allgemeinen (mit abweichenden Regelungen in den einzelnen Verträgen) wird eine **Auslieferung nicht bewilligt,** wenn der Verurteilung **politische, militärische** oder **fiskalische** strafbare Handlungen zugrunde liegen, oder wenn nach den Rechtsvorschriften des ersuchten Staates die dem Ersuchen zugrundeliegende Tat keine strafbare Handlung ist oder bereits **Strafverfolgungs-** oder **Strafvollstreckungsverjährung** eingetreten ist. Eigene Staatsangehörige werden von vielen Staaten grundsätzlich nicht ausgeliefert (Ausnahmen bei Staaten des anglo-amerikanischen Rechtskreises und innerhalb der EU auf der Basis des Rahmenbeschlusses über den Europäischen Haftbefehl). Weitere Einschränkungen in der Auslieferungsfähigkeit können sich auch noch hinsichtlich spezifischer Delikte oder der **Höhe** der zu vollstreckenden Strafe ergeben.

Vor Anregung eines Auslieferungsersuchens sind daher die vertraglichen Grundlagen der begehrten Rechtshilfe genau zu prüfen; im Auslieferungsbericht (Nr. 91 RiVASt) ist ggf zur Frage der Auslieferungsfähigkeit Stellung zu nehmen.

Befindet sich der Verurteilte, gegen den eine **Freiheitsstrafe** oder freiheitsentziehende **731** **Maßregel der Besserung und Sicherung** zu vollstrecken ist, womöglich im **Ausland, ohne dass ein konkreter Aufenthaltsort bekannt wäre,** kann die **internationale Fahndung** veranlasst werden.[28] Es gelten hierfür die bundeseinheitlichen **Richtlinien** (Nr. 85 RiVASt, Anlage F zur RiStBV).[29]

---

[28] Ist der Aufenthaltsort im Ausland bekannt, so reicht ein konkretes Festnahmeersuchen gem. Nr. 86 RiVASt. SIS Fahndung kann aber auch in diesen Fällen hilfreich sein, um eine beschleunigte Bearbeitung im Aufenthaltsstaat sicherzustellen sowie im Hinblick auf eine etwaige weitere Flucht des Verurteilten.

[29] Der Text der Richtlinien findet sich als Anhang 12 bei Meyer-Goßner. Eine Neufassung der Fahndungsrichtlinien ist zum 1. 1. 2009 in Kraft getreten.

Internationale Fahndung erfolgt:

- im Schengener Informationssystem (SIS)
- durch Interpol
- durch gezielte Mitfahndung in Staaten, die keinem der vorgenannten Systeme angehören.

Internationale Fahndung darf nur beantragt werden, wenn gleichzeitig nationale Fahndung im INPOL betrieben wird.

Im Bereich der Vertragsstaaten des SDÜ bzw. der Staaten, die dem SIS angeschlossen sind, (alle EU-Staaten sowie Island, Liechtenstein, Norwegen und die Schweiz) erfolgt die internationale Fahndung grundsätzlich im SIS. Sie kann dabei aus technischen Gründen nicht auf einzelne Vertragsstaaten begrenzt werden.

Interpol-Fahndung in Ländern, die dem SIS nicht angeschlossen sind, ist neben der SIS-Fahndung möglich, wobei die Interpol-Fahndung auf einzelne Länder, Ländergruppen oder Fahndungszonen beschränkt werden kann.

a) Die Fahndung **zur Festnahme** ist im SIS einem Ersuchen um vorläufige Festnahme gleichgestellt (Art 95, 64 SDÜ). Im Trefferfall im Interpol-Raum ist hingegen ein eigenes Ersuchen um vorläufige Festnahme erforderlich. Die Fahndung erfolgt unter Verwendung des Vordrucks Nr. 40a RiVASt sowie des Vordrucks für den Europäischen Haftbefehl (Vordruck Nr. 40 RiVASt). In das Formular des Europäischen Haftbefehls ist eine ohne Bezugnahme auf Anlagen aus sich selbst heraus verständliche Sachverhaltsdarstellung aufzunehmen. Die ausschreibende Justizbehörde muß bei den im Formular des Europäischen Haftbefehls bezeichneten Deliktsgruppen die beiderseitige Strafbarkeit nicht prüfen. Bei anderen Delikten kann von der beiderseitigen Strafbarkeit ausgegangen werden, wenn keine anderweitigen Erkenntnisse vorliegen. Außerhalb des Schengen-Raumes ist es Sache des Aufenthaltsstaates des Verurteilten, die Voraussetzungen einer vorläufigen Auslieferungshaft und damit die Strafbarkeit nach eigenem Recht zu prüfen.

Neben dem Fahndungsersuchen nach dem Vordruck KP 21/24 ist zur Information der Vertragspartner eine beglaubigte Mehrfertigung des zu vollstreckenden Straferkenntnisses (Urteil, Haftbefehl) beizufügen , ferner Identifizierungsunterlagen, sofern diese nicht im Europäischen Haftbefehl enthalten sind. Eine Ausschreibung wird spätestens nach drei Jahren gelöscht, wenn sie nicht erneuert wird (Art 112 SDÜ).

Bei Ersuchen um internationale Fahndung zur Festnahme durch **Interpol** ist im Vordruck Nr. 40a RiVASt der Fahndungsraum zu bezeichnen, wobei der Grundsatz der Verhältnismäßigkeit zu beachten ist. Das Ersuchen ist unter Verwendung des Vordrucks KP 21/24 sowie unter Mitteilung der im Vordruck IKPO Nr. 3 vorgesehenen Angaben und die für die Dateneingabe zuständige Polizeidienststelle zur Weiterleitung zu richten.

Fällt der Ausschreibungsgrund weg, ist die nationale und internationale Fahndung unverzüglich zu **löschen** (KP 24/EDV). Hat sich die Interpol-Fahndung erledigt, ist das BKA (LKA) umgehend zu unterrichten. Im Trefferfall ist eine Löschung der Fahndung nicht bereits mit der Mitteilung über eine vorläufige Festnahme im Ausland sondern erst mit Übernahme der gesuchten Person durch die deutschen Behörden zu veranlassen.

b) Ausschreibungen zur **Aufenthaltsermittlung** (Art 98 SDÜ) sind hinsichtlich des **SIS** mit Vordruck KP 21/24 und bzgl **Interpol** mit Vordruck IKPO Nr. 2 zu bewirken (Abschn. III der Richtlinien).

c) Fahndungen zur verdeckten Registrierung bzw. polizeilichen Beobachtung (Abschn. IV der Richtlinien) kommen für Zwecke der Strafvollstreckung wohl kaum in Betracht.

Soweit bekannt ist, dass der Verfolgte auch von anderen Strafverfolgungs- oder Strafvollstreckungsbehörden gesucht wird, sind diese vom Ersuchen um internationale Fahndung zu unterrichten.

Liegen **konkrete** Anhaltspunkte über den gegenwärtigen Aufenthaltsort des Verurteilten im Ausland vor, so kann zur Sicherung der Auslieferung die zuständige ausländische Behörde um die **vorläufige Inhaftnahme** des Verurteilten ersucht werden (Nr. 86 RiVASt). Das Ersuchen (vgl. Muster Nr. 18 RiVASt) wird in der Regel per Telefax über das **BKA** gestellt; die zuständige deutsche Auslandsvertretung ist ggf unmittelbar zu benachrichtigen. Ist der **diplomatische** Geschäftsweg vorgeschrieben, wird das Ersuchen unverzüglich und unmittelbar an die **deutsche Auslandsvertretung** gerichtet; das BKA ist gem Nr. 6 RiVASt zu benachrichtigen. **732**

Über das Ersuchen um vorläufige Inhaftnahme ist gleichzeitig der **obersten Justizbehörde** zu berichten (Nr. 86 Abs 5 RiVASt). Ferner sind das Bundesamt für Justiz und das Auswärtige Amt unmittelbar zu benachrichtigen, sofern es sich nicht um Ersuchen an ein Mitglied des Europarats, Australien, Kanada oder die Vereinigten Staaten von Amerika handelt.

Das **Ersuchen** nach Nr. 86 Abs 3 RiVASt (gleichzeitig als Bericht; s Muster Nr. 18 RiVASt) kann beispielsweise lauten:

Der Leitende Oberstaatsanwalt   Konstanz, den . . . . . .
AZ:

Per Fax an:
01 Bundeskriminalamt Wiesbaden
02 Landeskriminalamt Baden-Württemberg, Stuttgart – nachrichtlich –
03 Generalstaatsanwaltschaft Karlsruhe – nachrichtlich –
04 Justizministerium Baden-Württemberg, Stuttgart – nachrichtlich –

Betr.: Auslieferung des deutschen Staatsangehörigen X. Y. aus der Schweiz nach Deutschland zur Vollstreckung wegen unerlaubter Einfuhr von Betäubungsmitteln; hier: Ersuchen um vorläufige Inhaftnahme

Es wird um Weiterleitung des folgenden Ersuchens um Anordnung der vorläufigen Inhaftnahme über Interpol an die Staatsanwaltschaft Zürich oder die sonst zuständige Behörde gebeten:
Der deutsche Staatsangehörige X. Y., geboren am . . . . . . in . . . . . ., zuletzt wohnhaft in . . . . . ., ist durch Urteil des Landgerichts Konstanz v 7. 10. 2006 – Aktenzeichen KLs 5/06 – wegen unerlaubter Einfuhr von Betäubungsmitteln in nicht geringer Menge zu einer Freiheitsstrafe von 4 Jahren verurteilt worden. Anzurechnen sind 180 Tage Untersuchungshaft. Das Urteil ist rechtskräftig und vollstreckbar. Der Verurteilung liegt folgende Straftat zugrunde:
X. Y. kaufte im November 2005 in Thailand Heroin, um es in Deutschland zu veräußern. Bei der Einreise nach Deutschland wurden bei X. Y. 67 g Heroin sichergestellt.
Der Verurteilte hat sich durch Flucht in die Schweiz der Vollstreckung entzogen. Er soll sich in Zürich, ..., aufhalten.
Zur Sicherung der Auslieferung nach Deutschland wird um vorläufige Inhaftnahme und um baldige Nachricht gebeten, ob und wann der Verurteilte im Hinblick auf die Auslieferung in Haft genommen worden ist.
Nach Erhalt dieser Nachricht wird die Auslieferung auf dem dafür vorgesehenen Geschäftsweg unverzüglich angeregt werden.
. . . .
Name, Amtsbezeichnung

Die vorläufige Inhaftnahme wird in der Regel aufgehoben, wenn nicht das Auslieferungsersuchen nebst Unterlagen innerhalb kurzer Frist[30] bei der Regierung des Aufenthaltsstaates eingeht. Die weitere Vorbereitung des Auslieferungsersuchens ist daher nach Abgang des Inhaftierungsersuchens besonders zu beschleunigen.

733 Die Auslieferung selbst wird durch einen **Auslieferungsbericht** (s Muster Nr. 19 RiVASt) bei der obersten Justizbehörde angeregt (Nrn 91 ff RiVASt). Das BKA und das LKA sind über den für sie wesentlichen Inhalt des Auslieferungsberichts zu unterrichten.

Als **Auslieferungsunterlagen** sind in Vollstreckungssachen beizufügen (s Nr. 92 Abs 1 b, c RiAVSt):

a) beglaubigte Mehrfertigungen der mit der Bescheinigung der Rechtskraft und der Vollstreckbarkeit versehenen Straferkenntnisse. Wegen der Bescheinigung der Rechtskraft und Vollstreckbarkeit und der weiteren Zusätze wird auf Muster Nr. 21 bzw auf Nr. 95 RiVASt verwiesen;

b) ggf beglaubigte Mehrfertigungen von Sicherungshaftbefehlen, von Gesamtstrafenbeschlüssen und Widerrufsbeschlüssen;

c) Mehrfertigungen des Textes der auf die Tat anwendbaren oder angewendeten Strafbestimmungen (ggfs auch der Verjährungsvorschriften) soweit sie nicht bereits an anderer Stelle aufgeführt sind (vgl Muster 21 und 22)

d) soweit erforderlich, alle verfügbaren Angaben und Unterlagen über die Identität (auf Papier aufgeklebte Lichtbilder, Fingerabdruckblätter, Personenbeschreibung) und die Staatsangehörigkeit des Verurteilten;

e) soweit erforderlich, Übersetzungen.

Soll um Auslieferung zur Vollstreckung einer **Gesamtstrafe** ersucht werden, sind alle Straferkenntnisse bzgl der einbezogenen Einzelstrafen beizufügen.

Der Anschluss eines Vollstreckungshaftbefehls ist nicht erforderlich.

Dem Auslieferungsbericht selbst sind **zwei Mehrfertigungen** zur Unterrichtung des Bundesamtes für Justiz und des Auswärtigen Amtes sowie **eine Mehrfertigung** für die Generalstaatsanwaltschaft anzuschließen. Der Bericht dient lediglich der internen Information und wird nicht an den ausländischen Staat weitergeleitet.

Die Auslieferungsunterlagen sind dem Bericht beim ministeriellen Geschäftsweg **in dreifacher,** wenn das Ersuchen von der Bundesregierung zu stellen wäre, **in vierfacher, im diplomatischen Geschäftsweg in sechsfacher** Fertigung beizufügen. Die Generalstaatanwaltschaft erhält zusätzlich jeweils eine Mehrfertigung. Übersetzungen und Identitätsnachweise sind nur zweifach vorzulegen (Nr. 93, 30, 12 Abs 2 RiVASt).[31] Die Auslieferungsunterlagen begleiten das Ersuchen an den ausländischen Staat.

Ein etwaiges **Durchlieferungsersuchen** bedarf im Regelfall derselben Unterlagen wie die Auslieferung. Dem Auslieferungsbericht sind daher Mehrfertigungen der Unterlagen anzuschließen, und zwar für jeden Durchgangsstaat **zwei** (s Nr. 104 Abs 2 RiVASt).

Für den Auslieferungsbericht nebst Anlagen gilt demgemäß folgendes **Schema:**

---

[30] Nach Art 16 Abs 4 des Europäischen Auslieferungsübereinkommens v 13. 12. 1957 beträgt die Frist achtzehn Tage (bis höchstens vierzig Tage) ab der Verhaftung (s auch Länderteil der RiVASt).

[31] Durch die Zuständigkeitsvereinbarung v 28. 4. 2004 hat die Bundesregierung die Stellung von Auslieferungsersuchen weitestgehend auf die Landesregierungen übertragen.

Anregung eines Auslieferungsersuchens:

Bericht

1 (+ 1 für Generalstaatsanwalt) an das JuM

1 + 2 (+ 1 für Generalstaatsanwalt) bei Unterrichtung von BfJ und AA

Anlagen

2 + 3 (+ 1 für GenSta.) bei ministeriellem Weg – Bundesland

2 + 4 (+ 1 für GenSta) bei ministeriellem Weg über BfJ

2 + 6 (+ 1 für GenSta) bei diplomatischem Weg

Übersetzungen: 2 (s RiVASt, Länderteil; Art 23 EuAlÜbk).

Bei Ersuchen um Auslieferung mehrerer Verurteilter sind für jeden weiteren Verurteilten zwei weitere Mehrfertigungen der Auslieferungsunterlagen vorzulegen (Nr. 93 RiVASt). Zu Eilfällen im diplomatischen Geschäftsweg s Nr. 93 a RiVASt.

Der **Auslieferungsbericht** nach Nr. 91 RiVASt kann lauten (s Muster Nr. 19 RiVASt):

Der Leitende Oberstaatsanwalt   Konstanz, den ......

<u>AZ:</u>

<u>Eilt sehr!</u>
Vorläufige Auslieferungshaft!

Über die
Generalstaatsanwaltschaft
Karlsruhe

an das
Justizministerium
Baden-Württemberg
Stuttgart

Betr.: Auslieferung des deutschen Staatsangehörigen X. Y. aus der Schweiz nach Deutschland zur Vollstreckung wegen unerlaubter Einfuhr von Betäubungsmitteln

Bezug: Vorbericht vom ....

Die Anlagen übersende ich mit der Bitte,
die schweizer Regierung um die Auslieferung des
deutschen Staatsangehörigen X. Y.,
geboren am ...... in ......,
zuletzt wohnhaft in ......,
zur Vollstreckung der aus dem Urteil des Landgerichts Konstanz zu verbüßenden Freiheitsstrafe von 4 Jahren (abzüglich 180 Tage Untersuchungshaft) zu ersuchen.

Nach Mitteilung von Interpol ...... vom ...... befindet sich X. Y. seit dem ...... auf Grund meines Ersuchens vom ...... in vorläufiger Auslieferungshaft in ......

Gründe, die der Auslieferung entgegenstehen könnten, sind nicht ersichtlich. Die Auslieferung erscheint auch nicht unverhältnismäßig.

Besondere Sicherungsmaßnahmen erscheinen nicht erforderlich. Weitere Straf- oder Vollstreckungsverfahren gegen den Verurteilten sind nicht bekannt geworden.

Als Ort, an dem der Verurteilte den deutschen Behörden übergeben werden soll, schlage ich Konstanz – Kreuzlinger Tor – vor.[32] Nach seiner Auslieferung soll er in die JVA Konstanz zur Weiterverschubung in die JVA Stuttgart überstellt werden.

Anlagen: 3 beglaubigte Ausfertigungen des Urteils des Landgerichtes Konstanz vom 7. 10. 2006 – Kls 5/06- mit Bescheinigung der Rechtskraft und Vollstreckbarkeit und dem Wortlaut der im Urteil angewandten deutschen Strafbestimmungen,

3 Mehrfertigungen dieses Berichtes.
(1 Mehrfertigung des Berichtes mit Anlagen für die Generalstaatsanwaltschaft)

....

(Name)

---

[32] Zum Übergabeort (Übernahmebehörde) s die Aufstellung unter Kapitel C 1. Teil RiVASt.

734 Erhält die Vollstreckungsbehörde von der bevorstehenden Übergabe des Verurteilten Kenntnis, so verständigt sie unverzüglich die **Übernahmebehörde**[33] und teilt ihr unter Übersendung einer beglaubigten Abschrift des Vollstreckungshaftbefehls mit, welcher Justizvollzugsanstalt der Verurteilte zugeführt werden soll (Nr. 97 RiVASt).

Nach der Übernahme wird der Verurteilte wie ein auf deutschem Gebiet Festgenommener behandelt.[34] Die **Übernahmebehörde** unterrichtet die Vollstreckungsbehörde und das BKA unverzüglich von **Zeit** und **Ort** der Übernahme und teilt, soweit aus den Begleitpapieren ersichtlich, die Zeitdauer der Auslieferungshaft mit. Die **Vollstreckungsbehörde** ihrerseits berichtet der **obersten Justizbehörde** auf dem Dienstweg über Ort und Zeit der Übernahme (Nr. 99 RiVASt) und veranlasst die **Löschung** der Ausschreibung zur Festnahme (Steckbriefnachricht).

Damit der Grundsatz der **Spezialität**[35] (**Nr 100 RiVASt**) und etwa gestellte **Auslieferungsbedingungen** eingehalten werden, ist in die Strafakten (Vollstreckungsheft) ein **Einlieferungsvermerk** (Muster Nr. 23 RiVASt) einzufügen. Die Auslieferungsunterlagen selbst, insbesondere die Bewilligung der Auslieferung, sind zum Vollstreckungsheft zu nehmen (Nr 101 RiVASt).

3. Sonstige Rechtshilfe

735 Muss der Verurteilte aus dem Aufenthaltsstaat durch das Gebiet eines anderen Staates (Durchgangsstaat) nach Deutschland gebracht werden, was wegen des zusätzlichen zeitlichen und formellen Aufwandes vermieden werden sollte, so ist der **Durchgangsstaat** um die Bewilligung der **Durchlieferung** zu ersuchen. Für das Durchlieferungsersuchen sind in der Regel dieselben Unterlagen erforderlich wie für das Auslieferungsersuchen. Dem Auslieferungsbericht (Nr. 91 RiVASt) sind daher **Überstücke** der Unterlagen (s Nr. 92 RiVASt) beizufügen und zwar für **jeden** Durchgangsstaat **zwei** (Nr. 104 RiVASt).

736 Mitunter wird im Zusammenhang mit einer Einlieferung auch um die **Herausgabe von als Beweismittel geeigneten Gegenständen** zu ersuchen sein. Das Herausgabeersuchen ist in einem solchen Falle im Auslieferungsbericht (Nr. 91 RiVASt) mit anzuregen. Der Beifügung spezieller Unterlagen bedarf es dabei nicht. Die **persönliche Habe** des Verurteilten wird in der Regel auch ohne ausdrückliches Ersuchen bei der Einlieferung (Durchlieferung) übergeben (Nr. 96 RiVASt). **Selbstständige** Herausgabeersuchen – ohne Zusammenhang mit einer Einlieferung – sind nach Nr. 114 sowie nach den Mustern Nrn 28–30 RiVASt abzufassen.

737 Rechtshilfeersuchen im Rahmen des **kleinen Rechtshilfeverkehrs** sind in der Form eines Schreibens abzufassen, das an die zur Vornahme der Rechtshilfehandlung zuständige ausländische Behörde gerichtet ist. Das Ersuchen muss ausreichende Auskunft über die Strafsache geben, für welche die Rechtshilfe begehrt wird. Dazu gehören Angaben über die Person des Betroffenen, seine Staatsangehörigkeit und seinen Aufenthaltsort, ggf Angaben über die ihm zur Last gelegten strafbaren Handlungen und den Stand der Strafsache (Nrn 27, 29 RiVASt).[36] Dem ausländischen Staat werden das Ersuchen, seine Anlagen und die Übersetzungen grundsätzlich in **zweifacher** Fertigung übermittelt.

Können **Ersuchen** nicht auf dem **unmittelbaren** Geschäftsweg übersandt werden, so sind sie der obersten Justizbehörde vorzulegen:

---

[33] Zur Übernahmebehörde s die Aufstellung unter Kapitel C 1. Teil RiVASt.
[34] Zur Strafzeitberechnung bei Einlieferung aus dem Ausland s Rdn 169 f.
[35] S dazu die Ausführungen Rdn 664 ff.
[36] Vgl. für ausgehende Ersuchen die Muster Nrn 28 ff RiVASt.

a) im diplomatischen Geschäftsweg in **sechsfacher** Fertigung,

b) im ministeriellen Geschäftsweg, soweit das Ersuchen von einem Bundesministerium weiterzuleiten ist, in **vierfacher** Fertigung und

c) in den übrigen Fällen des ministeriellen Geschäftswegs in **dreifacher** Fertigung.

Bei Berichten auf dem Dienstweg erhält die Generalstaatsanwaltschaft jeweils eine Mehrfertigung (Nr. 12 Abs 2 RiVASt).

Im konsularischen Geschäftsweg sind die Unterlagen der deutschen Auslandsvertretung in dreifacher Fertigung zu übersenden. **Übersetzungen** sind in jedem Fall nur in **zweifacher** Fertigung beizufügen. Besonderheiten können sich bei Auslieferungs- und bei Vollstreckungshilfeersuchen ergeben (Nr. 30 RiVASt).

An Rechtshilfehandlungen im Rahmen des **kleinen Rechtshilfeverkehrs** können im einzelnen in Betracht kommen: Ersuchen um

a) Beschlagnahme und Durchsuchung (Nr. 114 RiVASt, Muster Nrn 28–30),

b) Zustellung (Nr. 115 RiVASt, Muster Nrn 31–31 b),

c) Ladung (Nr. 116 RiVASt, Muster Nr. 31 c, d),

d) Vernehmung von Zeugen und Sachverständigen (Nr. 117 RiVASt, Muster Nrn 32, 32 a),

e) Auskunft, Überlassung von Akten (Nr. 118 RiVASt, Muster Nrn 33–33 b),

f) Vorübergehende Überstellung von Personen (Nrn 119, 120 RiVASt).

738 Dem **unmittelbaren Postverkehr** mit Personen im **Ausland** – gleichgültig ob Deutsche oder Ausländer – sind in Strafsachen außerhalb der Europäischen Union enge Grenzen gesetzt. Unzulässig ist jeder Schriftverkehr, den der ausländische Staat als Eingriff in seine **Hoheitsrechte** beanstanden könnte (Nr. 121 RiVASt). Unbedenklich sind allenfalls Eingangsbestätigungen, Zwischenbescheide, Terminabstimmungen, Benachrichtigungen von der Aufhebung eines Termins sowie Mitteilungen über die Einstellung eines Ermittlungsverfahrens.

Soweit keine völkerrechtlichen Übereinkünfte bestehen, sind insbesondere unzulässig Mitteilungen,

a) in denen dem Empfänger für den Fall, dass er etwas tut oder unterlässt, Zwangsmaßnahmen oder sonstige Rechtsnachteile angedroht werden,

b) durch den Empfang Rechtswirkungen herbeigeführt, insbesondere Fristen in Lauf gesetzt werden, oder

c) in denen der Empfänger zu einem Tun oder Unterlassen aufgefordert wird (z.B. eine Aufforderung zum Erscheinen vor einer Behörde).

Nach Art. 5 EU-RhÜbk, der Art 52 des Schengener **Durchführungsübereinkommens** v 19. 6. 1990 ersetzt hat, kann jeder Mitgliedstaat der EU Personen, die sich im Hoheitsgebiet eines anderen Mitgliedstaates aufhalten, gerichtliche Urkunden **unmittelbar** durch die **Post** übersenden. Darunter fällt auch die **förmliche Zustellung** durch Einschreiben mit Rückschein (§ 37 Abs 2 StPO). Der Begriff der Urkunde ist weit auszulegen und umfasst auch Ladungen und Gerichtsentscheidungen. Ist der Empfänger der deutschen Sprache nicht mächtig, so ist die Urkunde – zumindest ihr wesentlicher Inhalt – in die Sprache des Aufenthaltsstaates zu übersetzen. Ist der Vollstreckungsbehörde bekannt, dass der Empfänger nur eine andere Sprache spricht, so ist entsprechend in diese Sprache zu übersetzen, Art. 5 Abs 3 EU-RhÜbk. Jeder Verfahrensurkunde ist ein Vermerk beizufügen, aus dem hervorgeht, bei welcher Behörde des Ausstellungsstaates sich der Empfänger erkundigen kann, welche Rechte und Pflichten er im Zusammenhang mit dieser Urkunde hat. Auch dieser Vermerk ist ggfs zu übersetzen, Art. 5 Abs 4 EU-RhÜbk. Unmittelbare Zustellungen per Post sind auch im Verhältnis zu der Schweiz möglich (Art 1 des Vertrages vom 8. Juli 1999 zur Änderung des D-CH- Ergänzungsvertrages zum EuRhÜbk, BGBl 2001 II S 946, 2002 II S 607).

739 Hält sich ein Verurteilter im Ausland auf, kommt in erster Linie ein Vollstreckungshilfeersuchen (ggf ein Einlieferungsersuchen) in Frage. Ist dies nicht möglich, ist zu prüfen, ob ein **Strafverfolgungsersuchen** gestellt werden soll (Nr. 145 RiVASt). Das Strafverfolgungsersuchen ist durch einen **Bericht** (s Muster Nr. 34 RiVASt) bei der **obersten Justizbehörde** anzuregen. Dem Bericht sind die **Akten** sowie eine für die ausländische Strafverfolgungsbehörde bestimmte **Sachverhaltsdarstellung** (vgl. Muster Nr. 35 RiVASt), ggf mit zwei Übersetzungen, anzuschließen. Einzelheiten des Verfahrens, das von der Strafverfolgungsbehörde zu betreiben ist, ergeben sich aus Nrn 145 ff RiVASt.

IV. Vollstreckungshilfe durch das Ausland

A. Rechtsgrundlagen

740 Deutschland kann auf der Basis von §§ 90, 85, 71 IRG einen ausländischen Staat um Übernahme der Vollstreckung eines strafrechtlichen Erkenntnisses ersuchen. Vollstreckungshilfe bezieht sich auf rechtskräftig verhängte Strafen und „sonstige Sanktionen" sowie auf gerichtliche Anordnungen des Verfalls und der Einziehung wegen Straftaten.

741 Eine wesentliche Erweiterung der Vollstreckungshilfe ist insbesondere erreicht worden durch folgende **völkerrechtliche** Vereinbarungen:

a) Überstellungsübereinkommen v 21. 3. 1983, ÜberstÜbk, in Kraft getreten für Deutschland am 1. 2. 1992,[37] ergänzt durch

b) Art. 67–69 des Schengener Durchführungsübereinkommens v 19. 6. 1990, SDÜ, in Kraft getreten für Deutschland am 26. 3. 1995,[38] und

c) die Vorschriften des Zusatzprotokolls zum Überstellungsübereinkommen vom 18. Dezember 1997, für Deutschland in Kraft getreten am 1. 8. 2007.[39]

d) Übereinkommen zwischen den Mitgliedstaaten der Europäischen Gemeinschaft über die Vollstreckung der ausländischen strafrechtlichen Verurteilungen v 13. 11. 1991, EG-VollstrÜbk.[40] Diese ist noch nicht in Kraft, findet jedoch vorläufig Anwendung im Verhältnis zu den Niederlanden und zu Lettland.

e) Übereinkommen über Geldwäsche sowie Ermittlungen, Beschlagnahme und Einziehung von Erträgen aus Straftaten v 8. 11. 1990. In Kraft für Deutschland seit 1. 1. 1999.[41]

f) Vertrag zwischen der Bundesrepublik Deutschland und dem Königreich Thailand über die Überstellung von Straftätern und über die Zusammenarbeit bei der Vollstreckung von Strafurteilen vom 26. Mai 1993.[42]

---

[37] BGBl 1991 II S 1006; 1992 II S 98.
[38] BGBl 1993 II S 1010; 1997 I S 1606; 2001 I S 3306; 2004 I S 1950.
[39] BGBl 2002 II S 2866.
[40] BGBl 1997 II S 1351.
[41] BGBl 1998 II S 519; 1999 II S 200.
[42] BGBl 1995 II S 1011; 1996 II S 1220.

B. Vollstreckungshilfe bei Freiheitsstrafen und freiheitsentziehenden Maßregeln

1. Mit Zustimmung des Verurteilten

a) Rechtsgrundlagen/Allgemeines   742
Die Überstellung verurteilter Personen mit deren Zustimmung zur Vollstreckung
in das Ausland beruht in der Praxis weit überwiegend auf den Bestimmungen des
Überstellungsübereinkommens v 21. 3. 1983. Zu beachten sind ferner das **Überstellungsausführungsgesetz** v 26. 9. 1991 (ÜAG),[43] die **Vorbehalte** und **Erklärungen** der
Vertragsparteien,[44] das **IRG**, die **RiVASt** (Nrn 105 ff) und die sie ergänzenden **Durchführungserlasse** der Länder.[45]
Partnerstaaten des Übereinkommens sind neben allen Mitgliedsstaaten der Europäi-   743
schen Union u. a. auch die Schweiz, die Türkei, die Balkanstaaten Kroatien, Bosnien-
Herzegowina, Serbien, Montenegro und Albanien, die USA, Japan, Australien, Kanada, Venezuela und Israel. Eine aktuelle Übersicht der Ratifizierungen findet sich auf
der Home Page des Europarates unter www.coe.int.
Voraussetzungen für eine Überstellung ist im wesentlichen, dass die rechtskräftig ver-   744
urteilte Person **Staatsangehöriger** des Vollstreckungsstaates ist und sie einer Überstellung **zustimmt**. Es muss sich um eine **freiheitsentziehende** Sanktion (Freiheitsstra-
fe/Unterbringung) handeln, von der zum Zeitpunkt des Eingangs des (offiziellen)
Überstellungsersuchens noch mindestens **sechs Monate** zu vollziehen sind. Ferner
müssen sich Urteils- und Vollstreckungsstaat auf die Überstellung geeinigt haben
(Art 3 ÜberstÜbk). Die Mindestvollzugsdauer ist aber keine im gerichtlichen Zuläs-
sigkeitsverfahren zu prüfende zwingende Voraussetzung, da sich die beteiligten Staaten in Ausnahmefällen auch bei einer kürzeren Mindestvollzugsdauer auf eine Überstellung einigen können (Art 3 Abs 2 Überst.Übk).[46]
Die **Entscheidung** über die Ersuchen obliegen den Obersten Justizbehörden der Län-   745
der (s deutsche Erklärung zu Art 5 Abs 3 ÜberstÜbk). Soweit sich ein Partnerstaat
den **diplomatischen** Geschäftsweg ausbedungen hat, entscheidet die **Bundesregierung**.
Einen **Rechtsanspruch** auf Überstellung hat ein Verurteilter **nicht** (vgl. deutsche Erklärung zu Art 2 Abs 2 Satz 2 des ÜberstÜbk). Lehnt es die Vollstreckungsbehörde
ab, eine Überstellung der verurteilten Person bei der Bewilligungsbehörde anzuregen,
ist dagegen der Rechtsweg nach §§ 23 ff EGGVG eröffnet.[47]

b) Verfahrensablauf
Zu Beginn des Vollzugs der Freiheitsstrafe/Unterbringung wird der Verurteilte durch   746
die JVA bzw die Maßregelvollzugseinrichtung mittels **Merkblatt** über die Transfer-
möglichkeit unterrichtet (Art 4 Abs 1 ÜberstÜbk).
Geht ein Gesuch des Verurteilten bei der Vollzugsanstalt ein, so leitet sie das Ersuchen an die Vollstreckungsbehörde weiter mit etwaigen Hinweisen auf ihr bekannte Ermittlungs- oder Strafverfahren. Geht das Gesuch bei der Vollstreckungsbehörde ein, so unterrichtet diese die Vollzugsanstalt. Eine Stellungnahme der
Vollzugsanstalt mit den dort vorliegenden Erkenntnissen zu den sozialen Bindungen
des Verurteilten zu Deutschland, dem gewünschten Vollstreckungsstaat und gegebenenfalls zu seinem Gesundheitszustand sollte stets eingeholt werden.

---

[43] BGBl 1991 I S 1954.
[44] BGBl 1992 II S 98.
[45] Für BY: JMS vom 12. Juli 2007, juris.
[46] OLG Stuttgart, Die Justiz 2002, 375.
[47] BVerfGE 69, 100; NStZ-RR 2005, 182; vgl. OLG Hamburg, NStZ 1999, 197 und die Nachweise bei Schomburg/Hackner, Rdn 14 j zu § 71.

747 Die **Vollstreckungsbehörde berichtet** sodann auf dem Dienstweg dem Justizministerium. Der **Bericht** (s dazu Nr. 105 Abs 2 RiVASt und Muster Nr. 24) muss enthalten:

a) möglichst genaue Personalien der verurteilten Person, (Name, Geburtsdatum, Geburtsort und Staatsangehörigkeit, letzter Wohnsitz oder gewöhnlicher Aufenthalt im Ausland, Familienstand, Anzahl der Kinder, Wohnsitz der Familienangehörigen,

b) das Ergebnis der Prüfung deutscher Strafansprüche (vgl. Nr. 107 RiVASt),

c) die Stellungnahme der Vollstreckungsbehörde (u. a. unter dem Aspekt des Strafzwecks, der Interessenlage des Verurteilten; insbesondere auch bzgl des Zeitpunkts einer möglichen Absehensanordnung nach § 456 a StPO oder Aussetzung nach §§ 57, 57 a StGB).

Dem Bericht sind als **Anlagen** beizufügen:

a) die Stellungnahme der JVA,

b) ein aktueller Auszug aus dem Bundeszentralregister,

c) eine Mehrfertigung der zu vollstreckenden Entscheidung,

d) das Überstellungsgesuch des Verurteilten .

Nach Nr. 105 Abs 4 RiVASt ist der Bericht und seine Anlagen in **einfacher** Fertigung vorzulegen. Gem. Nr. 12 Abs 2 RiVASt sind für den Generalstaatsanwalt zusätzliche Mehrfertigungen beizufügen.

748 Nach **positiver** Entscheidung der obersten Justizbehörde (mit Unterrichtung des Vollstreckungsstaates über den Überstellungswunsch; Art 4 Abs 2 ÜberstÜbk), veranlasst die Vollstreckungsbehörde die Abgabe der erforderlichen (unwiderruflichen) **Zustimmungserklärung** des Verurteilten (Art 7 Abs 1 ÜberstÜbk) zu **Protokoll** des nach § 77 IRG, § 157 GVG zuständigen **Rechtshilferichters** (§ 2 ÜAG).[48] Wegen der Formulierung des Anhörungsantrags wird auf Muster Nr. 25 verwiesen.

749 Sodann ist abschließend der **obersten Justizbehörde** auf dem Dienstweg unter Vorlage ergänzender Unterlagen (Art 6 Abs 2 ÜberstÜbk) zu **berichten** (vgl. dazu Nr. 112 RiVASt und Muster Nr. 27). Folgende **Beilagen** sind in jeweils **zweifacher** Fertigung beizufügen:

a) je eine beglaubigte Abschrift der zu vollstreckenden Straferkenntnisse mit Bescheinigung der Rechtskraft und Vollstreckbarkeit sowie der angewendeten Rechtsvorschriften (s Muster Nr. 21),

b) die Zustimmungserklärung des Verurteilten,

c) ggf Berichte, Mitteilungen iSd Art 6 Abs 2 Buchst d ÜberstÜbk,

d) ggf beglaubigte Übersetzungen der Berichtsbeilagen (s dazu Art 17 Abs 2, 3 ÜberstÜbk und Nr. 14 RiVASt). Die Übersetzung des Urteils kann auf den Tenor, den festgestellten Sachverhalt und die Strafzumessungsgründe beschränkt werden.

Der Bericht muss **Vorschläge** zum **Vollzug** der Überstellung entsprechend Nr. 91 Abs 1 Buchst e bis g RiVASt enthalten (Nr. 112 Abs 2 RiVASt). Einer **gerichtlichen** Entscheidung über die **Zulässigkeit** der Vollstreckung im ausländischen Staat bedarf es **nicht** (§ 1 ÜAG). Eine etwaige **Durchbeförderung** durch einen **Drittstaat** (Art 16 ÜberstÜbk) muss vom Vollstreckungsstaat in die Wege geleitet werden.

750 Nach endgültiger Einigung über die Überstellung (Art 3 Abs 1 Buchst f ÜberstÜbk) beantragt die Staatsanwaltschaft – im Regelfall – gem §§ 4, 5 ÜAG beim Gericht des ersten Rechtszuges bzw der Strafvollstreckungskammer den Erlass einer **Festhaltean-**

---

[48] Ein nachträglicher Widerruf der Zustimmung des Verurteilten ist zwar nach deutschem Recht unbeachtlich, § 2 S. 2 ÜAG, in der Praxis scheitert eine Überstellung aber dann oftmals an der Weigerung des Vollstreckungsstaates, den Verurteilten gegen seinen Willen zur weiteren Strafvollstreckung zu übernehmen.

ordnung für den Fall der Rückkehr des Verurteilten (ohne ausreichende Entlassungsdokumente) **vor** Ablauf der **Hälfte** der zu verbüßenden Strafzeit. Der Verurteilte ist
über die Festhalteanordnung sowie die beabsichtigten Fahndungsmaßnahmen zu
richterlichem Protokoll zu belehren.
Der **Antrag** kann lauten:

Staatsanwaltschaft
AZ: ...., den ....
....   Strafsache gegen ....

Vfg

1. Rv – 1 Vollstreckungsheft –
   an das Landgericht – Strafvollstreckungskammer –
   Unter Bezug auf den beigefügten Vollstreckungsvorgang und unter Hinweis auf die bevorstehende Überstellung des Verurteilten,
   derzeit in Strafhaft in der Justizvollzugsanstalt ......, beantrage ich, gem §§ 4, 5 des
   Überstellungsausführungsgesetzes v 26. 9. 1991 (BGBl I 1991 S 1954 ff)
   a) eine Festhalteanordnung zu erlassen,
   b) sie dem Verurteilten unter Übergabe einer Ausfertigung zu eröffnen, ihn über Inhalt
      und Bedeutung sowie über die vorgesehenen Fahndungsmaßnahmen zu belehren und
      hierüber ein Protokoll aufzunehmen.
   Ich bitte, mir danach das Vollstreckungsheft und das Eröffnungsprotokoll unter Anschluß
   von zwei Ausfertigungen der Festhalteanordnung zurückzugeben. Die Überstellung des
   Verurteilten ist für den ...... vorgesehen. Die Hälfte der verhängten Strafe wird voraussichtlich am ...... verbüßt sein.

2. Beleg u Wv ......

....
StA

Eine Festhalteanordnung **unterbleibt,** wenn bereits die Hälfte der Strafe verbüßt ist
(vgl. §§ 4, 6 Abs 1 Buchst b ÜAG).
Die gerichtliche **Festhalteanordnung** kann beispielsweise lauten:

Landgericht   ...., den ....
Strafvollstreckungskammer
AZ: ....

Festhalteanordnung

gem §§ 4, 5 der Überstellungsausführungsgesetzes v 26. 9. 1991.
Der am .... in .... geb schweizerische Staatsangehörige
....
wurde am .... vom Landgericht .... wegen .... zu einer Freiheitsstrafe von ... Jahren verurteilt (Aktenzeichen: ....). Das Urteil ist rechtskräftig seit
....
Das Bundesamt für Polizeiwesen in Bern hat mit Bescheid vom .... der Überstellung des Verurteilten in die Schweiz zur weiteren Vollstreckung der Strafe zugestimmt.
Seine Übergabe ist für den .... vorgesehen.
Wird der Verurteilte danach vor Verbüßung der Hälfte der gegen ihn verhängten oder durch
den Vollstreckungsstaat umgewandelten Strafe, also vor dem .... auf dem Gebiet
der Bundesrepublik Deutschland angetroffen, ohne einen Entlassungsschein oder ein Do-
kument gleichen Inhalts vorweisen zu können oder ohne daß eine Mitteilung des Vollstreckungsstaates über den Abschluß der Vollstreckung vorliegt, so ist er festzuhalten und in
die nächstgelegene Justizvollzugsanstalt einzuliefern.
Der Verurteilte ist unverzüglich, spätestens am Tage nach der Ergreifung, dem zuständigen
Richter vorzuführen. Ist dies nicht möglich, so ist er unverzüglich dem Richter des nächsten
Amtsgerichts vorzuführen.

Zur Sicherung dieser Anordnung ist der Verurteilte in der Bundesrepublik Deutschland zur Festnahme auszuschreiben.

....

Richter am LG

751 Der **Vollstreckungsbehörde** obliegt sodann die **Durchführung** der Überstellung (Nr. 113 iVm Nrn 52–55 RiVASt). Die Vollstreckungsbehörde hat sich insoweit mit der zuständigen Behörde des Vollstreckungsstaates in Verbindung zu setzen. Ist diese nicht bekannt, so wird in der Regel eine Mitteilung an die Interpolkontaktstelle des Vollstreckungsstaates erfolgreich sein. Die Übergabe erfolgt an einer Grenzübergangsstelle oder einem Flughafen. Ab Übergabepunkt erfolgt der Weitertransport durch den Vollstreckungsstaat auf dessen Kosten. Ferner obliegt der Vollstreckungsbehörde die (inländische) **Ausschreibung** des Verurteilten zur Festnahme aufgrund der Festhalteanordnung.

752 Die Entscheidungen nach §§ 57, 57 a StGB bzw §§ 67 d, 67 e StGB oder § 456 a StPO bleiben vom Überstellungsverfahren bis zur Überstellung **unberührt.** Die Vollstreckungsbehörde entscheidet nach pflichtgemäßem Ermessen, ob in der betr Sache eine Absehensanordnung nach § 456 a StPO möglich und der (aufwändigen) Überstellung vorzuziehen ist. Ist ein Überstellungsverfahren anhängig, so ist der obersten Justizbehörde über die beabsichtigte Absehensanordnung rechtzeitig zu berichten, damit das Vollstreckungshilfeersuchen gegebenenfalls zurückgenommen werden kann, Nr. 113 a RiVASt. Gleiches gilt, sofern eine Strafrestaussetzung in Betracht kommt.

c) Aufgaben nach einer Überstellung

753 Mit der **Übernahme** des Verurteilten durch seinen Heimatstaat wird die Vollstreckung im Inland **ausgesetzt** (Art 8 Abs 1 ÜberstÜbk). Der **Vollstreckungsstaat** setzt entweder die Vollstreckung unmittelbar nach **Art** und **Dauer** der verhängten Sanktion fort (Art 10 ÜberstÜbK) oder wandelt die Strafe in eine entsprechende Sanktion seines eigenen Rechtes um unter Anrechnung des gesamten bereits vollzogenen Freiheitsentzugs (Art 11 ÜberstÜbk). Es gilt fortan nur das Vollstreckungsrecht des **Vollstreckungsstaates,** der auch allein für alle erforderlichen Entscheidungen zuständig ist (Art 9 Abs 3 ÜberstÜbk). Das Recht zur **Begnadigung** oder **Amnestie** steht dagegen auch dem Urteilsstaat zu (Art 12 ÜberstÜbk); nur er entscheidet über **Wiederaufnahmeanträge** (Art 13, 14 ÜberstÜbk).

754 Erklärt der Vollstreckungsstaat die Vollstreckung für **abgeschlossen** (Art 15 Buchst a ÜberstÜbk), ist dies für den Urteilsstaat **bindend** (Art 8 Abs 2 ÜberstÜbk). Es ergeht dann seitens der inländischen Vollstreckungsbehörde Abschlussverfügung mit einer Verbüßungsnachricht an das BZR. **Mitteilungspflichten** zum BZR (s §§ 12–15 BZRG) bestehen u.a. auch, wenn der Vollstreckungsstaat einen Strafrest zur **Bewährung** ausgesetzt hat. Die Vollstreckung ist dann jedoch noch nicht abgeschlossen, es sei denn, der Vollstreckungsstaat setzt die Entlassung auf Bewährung mangels anschließender Bewährungsaufsicht und Festsetzung einer bestimmten Bewährungszeit mit dem Abschluss der Vollstreckung gleich (so die Praxis der Niederlande bei bis zum 1. Juli 2008 überstellten Verurteilten).

Die **Flucht** des Verurteilten (mitteilungspflichtig nach Art 15 Buchst b ÜberstÜbk) führt zum **Ende** der Aussetzung der Vollstreckung (§ 3 ÜAG) und zur Fortsetzung der inländischen Vollstreckung unter **Anrechnung** der gesamten bisherigen Haftzeiten (§ 13 ÜAG). Grundlage der Vollstreckung ist dabei die im Inland verhängte Strafe und nicht die im Vollstreckungsstaat nach Art 11 umgewandelte Sanktion. Die Vollstreckungsbehörde kann einen Vollstreckungshaftbefehl erlassen und den Verurteilten zur Fahndung ausschreiben.

Wird der Verurteilte **vor** Ablauf der **Hälfte** der noch zu verbüßenden Strafzeit ohne ausreichende Entlassungsdokumente im Bundesgebiet angetroffen, kann das **Gericht,** – sofern nicht nach § 5 Abs 1 ÜAG bereits geschehen – eine **Festhalteanordnung** treffen (§§ 4, 6–10 ÜAG). Die **Vollstreckungsbehörde** bestimmt die für die Inhaftierung zuständige JVA (§ 11 Abs 2 ÜAG). Sie führt bei Einwendungen des Verurteilten eine gerichtliche Entscheidung herbei (§ 8 Abs 4 ÜAG) und ermittelt auf dem unmittelbaren Geschäftsweg oder über Interpol, ob die Vollstreckung seitens des Vollstreckungsstaates als abgeschlossen erachtet wird (§ 12 ÜAG). Ggf ist die (inländische) Vollstreckung fortzuführen (§§ 3, 13 ÜAG). Strafbeginn für den Strafrest ist die Festnahme (§ 38 Buchst b StVollstrO). S. auch **Rdn 765.**

Die **Vollstreckungsbehörde** wirkt ferner darauf hin, dass eine erlassene Festhalteanordnung nach Maßgabe von § 6 ÜAG **aufgehoben** wird. Dies trifft insbesondere zu, wenn die **Hälfte** der zu verbüßenden Strafzeit abgelaufen ist.   **755**

Um ihren Aufgaben nachkommen zu können, ist die inländische Vollstreckungsbehörde daher verpflichtet, den Fortgang der Vollstreckung weiterhin (bis zum Abschluss) zu überwachen.

In Zweifels- oder Problemfällen ist der obersten Justizbehörde zu berichten (s **Rdn 747**). Anfragen an den Vollstreckungsstaat erfolgen im Bedarfsfall von dort aus, nicht etwa durch die Vollstreckungsbehörde im Wege eines Rechtshilfeersuchens.

2. Ohne Zustimmung des Verurteilten

a) Rechtsgrundlagen

Völkerrechtliche Rechtsgrundlagen sind das Zusatzprotokoll zum Überstellungsübereinkommen vom 18. Dezember 1997 (für die Praxis wichtigste Vertragsstaaten sind Österreich, Belgien, Bulgarien, die Tschechische Republik, Dänemark, Frankreich, Griechenland, Ungarn, die baltischen Staaten, Luxemburg, die Niederlande, Polen, Rumänien, die skandinavischen Staaten, Serbien, Mazedonien die Ukraine und die Schweiz; alle Vertragsstaaten s. Homepage des Europarates.); Art. 67–69 des Schengener Durchführungsübereinkommens SDÜ sowie das   **755 a**

Übereinkommen zwischen den Mitgliedstaaten der Europäischen Gemeinschaft über die Vollstreckung der ausländischen strafrechtlichen Verurteilungen v 13. 11. 1991 (EG-Vollstreckungsübereinkommen, BGBl II 1997, 1351). Das Übereinkommen ist noch nicht in Kraft getreten,[49] für Deutschland jedoch im Verhältnis zu den Niederlanden (BGBl II 1998 S 896) und im Verhältnis zu Lettland (BGBl II 2005 S 172) vorläufig anwendbar.

Innerdeutsche Rechtsgrundlage ist § 71 IRG. Zu beachten sind ferner die Erklärungen und Vorbehalte der Vertragsstaaten, die Regelungen der RiVASt (Nrn 105 ff) und die ergänzenden Durchführungserlasse der Länder.

Zu unterscheiden sind zwei Fallkonstellationen:

– die Überstellung eines Verurteilten ohne dessen Zustimmung
  und
– die Übertragung der Vollstreckung auf einen Staat, auf dessen Territorium sich der Verurteilte bereits befindet.

b) Überstellung eines Verurteilten

§ 71 Abs 1 IRG ermöglicht die Überstellung eines verurteilten Ausländers zur weiteren Vollstreckung einer freiheitsentziehenden Sanktion an einen ausländischen Staat   **755 b**

---

[49] Das Übereinkommen wird wohl auch nicht mehr in Kraft treten, da die EU derzeit mit dem Rahmenbeschluss Freiheitsstrafenvollstreckung („Europäische Vollstreckungsanordnung") eine neue Rechtsgrundlage für die Vollstreckungshilfe erarbeitet, die alle bisherigen Übereinkommen ersetzen soll.

auch ohne Zustimmung des Verurteilten. Erforderlich ist aber stets eine Zustimmung des Vollstreckungsstaates. Ohne völkerrechtliche Grundlage lief § 71 Abs 1 IRG daher bislang ins Leere. Erst seit Inkrafttreten des Zusatzprotokolls zum Überstellungsübereinkommen für Deutschland am 1. 8. 2007 bietet sich eine praktikable Möglichkeit zur Überstellung ohne Zustimmung des Verurteilten.

aa) Voraussetzungen
Der zu einer freiheitsentziehenden Sanktion Verurteilte muss ausländischer Staatsbürger sein.[50] Der Verurteilte muss seinen Wohnsitz oder gewöhnlichen Aufenthalt im Ausland haben oder die Vollstreckung im Ausland muss im Interesse des Verurteilten oder im öffentlichen Interesse liegen, § 71 Abs 1 S 1 IRG. Letzteres wird in aller Regel der Fall sein, wenn dem Verurteilten ausländerrechtlich ein weiterer Verbleib in Deutschland nach der Strafvollstreckung verwehrt sein wird, d. h., eine bestandskräftige Ausweisungs- bzw. Abschiebeverfügung der Ausländerbehörde vorliegt.[51] Nur unter dieser Voraussetzung besteht auch eine völkerrechtliche Grundlage einer Überstellung in Art. 3 des Zusatzprotokolls zum Überstellungsübereinkommens.[52] Die Überstellung ist nicht zulässig, wenn ernstliche Gründe für die Annahme bestehen, dass der Verfolgte im Vollstreckungsstaat wegen seiner Rasse, seiner Religion, seiner Staatsangehörigkeit, seiner Zugehörigkeit zu einer bestimmten sozialen Gruppe oder seiner politischen Anschauungen verfolgt oder bestraft oder dass seine Lage aus einem dieser Gründe erschwert würde, § 71 Abs 1 S 2 i. V. m. § 6 Abs 2 IRG. Ferner muss die Einhaltung des Grundsatzes der Spezialität durch den Vollstreckungsstaat gewährleistet sein, § 71 Abs 1 S 2 iVm § 11 IRG. Gleiches gilt für Beachtung einer Rücknahme oder Beschränkung des Ersuchens, § 71 Abs 3 IRG. Zum Ausgleich für die nicht erforderliche Zustimmung des Verurteilten sieht das Gesetz zum Schutze seiner Interessen eine gerichtliche Zulässigkeitsentscheidung vor einem Überstellungsersuchen vor, § 71 Abs 4 IRG (s hierzu Rdn 1040 ff).

bb) Verfahrensablauf
Während bei der Überstellung mit Zustimmung des Verurteilten in der Regel die Initiative von dem Verurteilten selbst ausgeht, muss bei fehlendem Überstellungsgesuch die Vollstreckungsbehörde das Verfahren einleiten. Entscheidend ist hierbei die richtige Auswahl der Verurteilten. Angesichts der erforderlichen gerichtlichen Zulässigkeitsentscheidung, § 71 Abs 4 IRG, gegebenenfalls zu erwartender Rechtsmittel des Verurteilten sowie der zu erwartenden längeren Zeitdauer bis zur Bewilligung des Ersuchens durch den Vollstreckungsstaat einerseits sowie der Möglichkeiten einer Strafrestaussetzung gem. §§ 57, 57a StGB oder eines Absehens von der weiteren Strafvollstreckung gem. § 456a StPO andererseits, kommt eine Einleitung des komplexen und zeitaufwendigen Überstellungsverfahrens wohl nur dann in Betracht, wenn noch mindestens zwei Jahre bis zu einer potentiellen Entscheidung nach § 456a StPO oder – wenn eine solche nicht beabsichtigt ist – bis zum 2/3 Zeitpunkt zu vollstrecken sind. Zu berücksichtigen ist auch, dass der Vollstreckungsstaat nach einer Überstellung seine eigenen Vorschriften einer vorzeitigen Entlassung zur Anwendung bringen wird, was zu einer früheren Entlassung des Verurteilten führen kann. Das Überstellungsverfahren muss daher im Interesse einer effektiven Strafvollstreckung

---

[50] Bei Verurteilten mit doppelter Staatsangehörigkeit ist eine Überstellung aufgrund der dann auch vorliegenden deutschen Staatsangehörigkeit nur mit seiner Zustimmung möglich, § 71 Abs 2 IRG.
[51] Vgl. §§ 50 ff AufenthG; Bei EU-Bürgern eine entsprechende Verfügung gem. §§ 6, 7 FreizügG/EU.
[52] Eine völkerrechtliche Einigung im Einzelfall bleibt natürlich stets möglich, vgl. Nr. 105 Abs 1 RiVASt.

und einer möglichst frühzeitigen Überstellung des Verurteilten in den Strafvollzug, der ihn auf sein zukünftiges Leben in Freiheit vorzubereiten hat, möglichst schon mit Rechtskraft der Verurteilung eingeleitet werden. Die bundeseinheitlichen Richtlinien für den Verkehr mit dem Ausland in strafrechtlichen Angelegenheiten RiVASt sehen hierzu keine Regelungen vor. Es obliegt den Landesjustizverwaltungen ihren Vollstreckungsbehörden Richtlinien für die Entscheidung der Einleitung eines Überstellungsverfahrens an die Hand zu geben.[53]

Das Verfahren selbst richtet sich nach Nr. 105 ff RiVASt (s. Rdn 746–752), mit folgenden Besonderheiten:

- Gem. Nr. 106 RiVASt ist die Einholung einer Stellungnahme der verurteilten Person zur Gewährung rechtlichen Gehörs stets geboten. Gegebenenfalls erklärt sich der Verurteilte hierbei doch mit seiner Überstellung einverstanden, so dass sich eine gerichtliche Zulässigkeitsentscheidung erübrigt.[54]
- Dem Bericht vor Stellung eines Vollstreckungshilfeersuchens ist die bestandskräftige Ausweisungsverfügung beizufügen, Nr. 105 Abs 3 e RiVASt.[55]
- Die gerichtliche Zulässigkeitsentscheidung ist durch die Staatsanwaltschaft bei dem Oberlandesgericht herbeizuführen, § 71 Abs 4 IRG, Nr. 109 RiVASt.
- Die Durchführung der Überstellung obliegt der Staatsanwaltschaft bei dem Oberlandesgericht, Nr. 113 Abs 1 RiVASt.
- Hinsichtlich der Aufgaben der Vollstreckungsbehörde nach einer Überstellung ergeben sich keine Besonderheiten.

c) Übertragung der Vollstreckung

Befindet sich der Verurteilte zum Zeitpunkt der Rechtskraft seiner Verurteilung im Ausland, so stellt sich die Frage, auf welchem Wege die Strafvollstreckung durchgeführt werden soll. Bei ausländischen Staatsbürgern, die sich in ihrem Heimatland befinden, ist im Interesse einer sinnvollen Resozialisierung im Strafvollzug ein Ersuchen um Vollstreckungsübernahme einem Auslieferungsersuchen zur Strafvollstreckung vorzuziehen. Hierbei sind zwei Fallkonstellationen zu unterscheiden, wobei sich nach einer Vollstreckungsübernahme durch den Vollstreckungsstaat keine Besonderheiten ergeben:

755c

aa) Der Verurteilte hat sich der Strafvollstreckung **durch Flucht entzogen.**
Hier bieten Art. 67–69 des Schengener Durchführungsübereinkommens sowie Art. 2 des Zusatzprotokolls zum Überstellungsübereinkommen eine völkerrechtliche Grundlage für ein Vollstreckungshilfeersuchen. Eine Zustimmung des Verurteilten ist (natürlich) nicht erforderlich. Die Vollstreckungsbehörde muss nach deutschem Recht auch keine Stellungnahme des Verurteilten einholen. Rechtliches Gehör wird ihm im Vollstreckungsstaat gewährt werden. Eine gerichtliche Zulässigkeitsentscheidung ist nicht erforderlich, § 2 Abs 1 ÜAG.

bb) Der Verurteilte **befindet sich im Ausland, ohne geflohen zu sein:**
Hier bietet sich derzeit als völkerrechtliche Grundlage – neben der natürlich stets möglichen Einigung auf vertragsloser Basis im Einzelfall – lediglich das EG-Vollstreckungshilfeübereinkommen an,[56] da das Überstellungsübereinkommen von 1983 lediglich auf Verurteilte Anwendung findet, die sich auf dem Hoheitsgebiet des Urteilsstaates befinden. Eine breite Basis im gesamten Gebiet der Europäischen Union wird

---

[53] Für Bayern siehe JMS vom 12. 7. 2007, juris.
[54] Eine Stellungnahme des Verurteilten ist nach Art. Abs 3 a ZP-ÜberstÜbk dem Ersuchen ohnehin beizufügen.
[55] Diese ist nach Art. 3 Abs 3 b ZP-ÜberstÜbk dem Ersuchen an den Vollstreckungsstaat beizufügen, was hohe Übersetzungskosten zur Folge haben kann.
[56] Derzeit nur im Verhältnis zu den Niederlanden und Lettland anwendbar!

sich erst nach Verabschiedung und Implementierung des Rahmenbeschlusses Freiheitsstrafenvollstreckung („Europäische Vollstreckungsanordnung") ergeben. Nach dem EG- Vollstreckungshilfeübereinkommen ist es erforderlich, dass der Verurteilte auch seinen gewöhnlichen Aufenthalt im Vollstreckungsstaat hat und Staatsangehöriger dieses Staates ist oder dort eine Freiheitsstrafe verbüßt oder verbüßen soll oder eine Auslieferung abgelehnt wird, Art. 3 EG-VollstrÜbk. Die gerichtliche Zulässigkeitsentscheidung ist nicht entbehrlich, §§ 71 Abs 4 IRG, 2 ÜAG. Rechtliches Gehör ist dem Verurteilten formlos zu gewähren. Eine Übersendung einer Stellungnahme des Verurteilten an den Vollstreckungsstaat fordert das EG-VollstrÜbk nicht.

C. Vollstreckungshilfe bei Geldstrafen, Geldbußen, Einziehung und Verfall

1. Rechtsgrundlagen

756 § 71 IRG (für die Vollstreckungshilfe mit den Staaten der Europäischen Union i. V. m. §§ 87, 90) ermöglicht ein Ersuchen um Vollstreckungshilfe an einen ausländischen Staat in strafrechtlichen Angelegenheiten auch dann ,wenn es sich nicht um die Vollstreckung einer freiheitsentziehenden Sanktion handelt. Diese Form der Vollstreckungshilfe ist jedoch in der Praxis bislang kaum relevant geworden. Dies wird sich nach Implementierung des Rahmenbeschlusses der Europäischen Union vom 24. Feruar 2005 über die Anwendung des Grundsatzes der gegenseitigen Anerkennung von Geldstrafen und Geldbußen (RB 2005/214/JI, ABl. L 76 vom 22. 3. 2005, 16, RbGeld) grundlegend ändern. Im Verhältnis zu der Schweiz wird parallel Kapitel VI des Vertrages vom 27. April 1999 über grenzüberschreitende polizeiliche Zusammenarbeit, Rechtshilfe und Auslieferung (BGBl II 2001 S 946) in Kraft gesetzt werden, der eine Basis für Vollstreckungshilfe bei Geldbußen und Geldstrafen bei Zuwiderhandlungen gegen Vorschriften des Straßenverkehrs bieten wird. Zum Zeitpunkt des Redaktionsschlusses dieser Auflage waren die Arbeiten der Bundesregierung hierzu noch nicht abgeschlossen.

Als völkerrechtliche Grundlagen der Vollstreckung von Geldstrafen und Geldbußen sind daher derzeit zu nennen:

– Das Übereinkommen zwischen den Mitgliedstaaten der Europäischen Gemeinschaft über die Vollstreckung der ausländischen strafrechtlichen Verurteilungen v 13. 11. 1991, EG-VollstrÜbk (BGBl II 1997 S 1351). Diese ist noch nicht in Kraft, findet jedoch vorläufig Anwendung im Verhältnis zu den Niederlanden und zu Lettland.

– Das Übereinkommen über Geldwäsche sowie Ermittlungen, Beschlagnahme und Einziehung von Erträgen aus Straftaten v 8. 11. 1990, EuGeldwäscheÜbk, (BGBl II 1998 S 519; 1999 S 200). In Kraft für Deutschland seit 1. 1. 1999 (ratifiziert von allen Mitgliedsstaaten des Europarates sowie von Australien; aktueller Ratifizierungsstand unter www.coe.int abzurufen).

– Zum Vertrag zwischen der Republik Österreich und der Bundesrepublik Deutschland über Amts- und Rechtshilfe in Verwaltungssachen vgl. Rdnr 759 a.

2. Verfahren

a) Voraussetzungen

757 Die Rechtsgrundlage eines Ersuchens an einer ausländischen Staat, eine in Deutschland verhängte Geldstrafe, eine gerichtliche Einziehungs- oder Verfallentscheidung oder eine durch ein Strafgericht verhängte Geldbuße zu vollstrecken, findet sich in § 71 IRG (für den Vollstreckungshilfeverkehr mit den Staaten der Europäischen Union iVm §§ 87, 90 IRG). Liegt ein rechtskräftiges und vollstreckbares Erkenntnis

vor, bedarf es lediglich eines öffentlichen Interesses an der Vollstreckung im Ausland. Auf eine Zustimmung des Verurteilten kommt es nicht an. Eine gerichtliche Zulässigkeitsentscheidung ist nicht erforderlich..

b) Inhalt der Ersuchen

Der Inhalt eines Ersuchens um Vollstreckungshilfe einer nicht freiheitsentziehenden Sanktion richtet sich grundsätzlich nach Nr. 25 ff RiVASt.

Ersuchen auf der Grundlage des EGVollstrÜbk bedürfen der Beifügung einer beglaubigten Abschrift des Urteils, einer Bescheinigung über den Wortlaut der angewendeten Rechtsvorschriften sowie einer Erklärung über eine evtl. bereits erfolgte Teilvollstreckung. Beizufügen sind auch Unterlagen über alle anderen für die Vollstreckung maßgeblichen Umstände, Art. 7 EGVollstrÜbk, d. h. insbesondere eine Bescheinigung über Rechtskraft und Vollstreckbarkeit des zu vollstreckenden Erkenntnisses sowie über Erkenntnisse hinsichtlich etwaiger Vermögenswerte des Verurteilten im Hoheitsgebiet des Vollstreckungsstaates.

Die Ersuchen auf der Grundlage des EuGeldwäscheÜbk müssen folgende Angaben enthalten (Art 27 Abs 1 EuGeldwäscheÜbk):
– ersuchende und sachbearbeitende Behörde,
– Gegenstand und Grund des Ersuchens,
– Bezeichnung des Gegenstandes der Ermittlungen nach Tatzeit, Tatort und Tatumständen,
– bei Zwangsmaßnahmen Angabe der Gesetzesbestimmungen und eine Erklärung, dass diese Maßnahme im Hoheitsgebiet des ersuchenden Staates auch ergriffen werden könnte,
– nähere Angaben zu den betroffenen Personen (soweit möglich),
– Bezeichnung der einzuziehenden Gegenstände, des Ortes, an dem sie sich befinden, Darlegung der Verbindung von Einziehungsgegenstand zur betroffenen Person und zur Straftat.

Dem Ersuchen sind **beizufügen** (Art 27 Abs 3 EuGeldwäscheÜbk):
– eine beglaubigte Abschrift der Einziehungsentscheidung mit Gründen,
– eine Bescheinigung über die Vollstreckbarkeit,
– Informationen über den Umfang der Vollstreckung,
– Unterlagen, falls Dritte Rechte geltend machen.

c) Geschäftsweg

Das EGVollstrÜbk sieht in Art. 6 den justizministeriellen Geschäftsweg vor, lediglich **758** in Eilfällen können die Justizbehörden unter Übersendung einer Abschrift an das Justizministerium des Vollstreckungsstaates unmittelbar Ersuchen aneinander richten. Im Anwendungsbereich des EuGeldwäscheÜbk können die Justizbehörden in Eilfällen unmittelbar ein Ersuchen stellen, ein Doppel ist auch in diesen Fällen über die deutsche Zentralstelle, das Bundeskriminalamt, an den Vollstreckungsstaat zu übersenden, Art. 23, 24 EuGeldwäscheÜbk.

d) Informationspflichten

Nach Art. 16 des EGVollstrÜbk unterrichtet der Vollstreckungsstaat den Urteilsstaat, wenn die Geldstrafe oder Geldbuße ganz oder teilweise nicht vollstreckt wird sowie, wenn er die Vollstreckung für abgeschlossen erachtet.

Die Vertragsparteien des EuGeldwäscheÜbk haben sich gegenseitig über die getroffenen Maßnahmen, das Ergebnis, Verzögerungs- oder Hinderungsgründe, Wegfall der Vollstreckbarkeit oder Änderungen in tatsächlicher oder rechtlicher Hinsicht zu informieren (Art 31 EuGeldwäscheÜbk).

e) Vollstreckung

Die Vollstreckung richtet sich nach dem Recht des Vollstreckungsstaates. Gem Art 12 EGVollstrÜbk kann bei ganz oder teilweise vorliegender Unmöglichkeit der Vollstreckung ersatzweise eine freiheitsentziehende Strafe angewendet werden, wenn das Recht beider Staaten dies vorsieht und der Urteilstaat dies nicht ausdrücklich ausgeschlossen hat. Bei deutschen Ersuchen empfiehlt es sich daher, sich hierzu zu erklären und gegebenenfalls auch den Wortlaut der deutschen Rechtsvorschriften über die Ersatzfreiheitsstrafe mitzuteilen.

f) Vollstreckungserlös

Der Erlös der Vollstreckung im Ausland steht grundsätzlich dem Vollstreckungsstaat zu. Im Einzelfall kann und sollte jedoch versucht werden, mit diesem zu einer Vereinbarung zugunsten Deutschlands als Urteilsstaat zu gelangen. Art. 15 EG-VollstrÜbk. sowie Art. 15 EuGeldwäscheÜbk. sehen ein solches „asset sharing" aufgrund Vereinbarung im Einzelfall ausdrücklich vor. Voraussetzung ist jedoch eine Zusicherung der Gegenseitigkeit.[57]

g) Wirkung der Übertragung der Vollstreckung für den Urteilsstaat

Gem § 71 Abs 5 IRG (für den Vollstreckungshilfeverkehr mit den Staaten der Europäischen Union iVm §§ 87, 90 IRG) hat die Vollstreckungsbehörde von der Vollstreckung abzusehen, soweit der ersuchte Staat sie übernommen und durchgeführt hat. Sie kann die Vollstreckung fortsetzen, soweit der Vollstreckungsstaat sie nicht zu Ende geführt hat. Im Anwendungsbereich des EGVollstrÜbk ist gem §§ 87, 90, 1 Abs 3, 4 IRG iVm Art. 17 Abs 2 EGVollstrÜbk eine Fortsetzung der Vollstreckung erst dann möglich, wenn der Vollstreckungsstaat den Urteilsstaat darüber unterrichtet hat, dass die Geldbuße oder Geldstrafe ganz oder teilweise nicht vollstreckt und eine ersatzweise Strafe nach Art. 12 des Übereinkommens (Ersatzfreiheitsstrafe) nicht angewendet wird.

V. Vollstreckungshilfe für das Ausland

A. Rechtsgrundlagen

759   Die Rechtsgrundlagen der Vollstreckung eines ausländischen Erkenntnisses im Inland finden sich im Vierten Teil des **IRG** (§§ 48 ff), für den Vollstreckungshilfeverkehr mit den Mitgliedsstaaten der Europäischen Union im Neunten Teil (§§ 84 ff), der jedoch im Wesentlichen auf den Vierten Teil verweist. Zu berücksichtigen sind ferner Nrn 64 ff **RiVASt** sowie die ergänzenden Durchführungserlasse der Länder.[58]

Deutschland kann einem ausländischen Staat Vollstreckungshilfe gewähren aufgrund **völkerrechtlicher** Vereinbarungen oder auf **vertragsloser** Grundlage. Zu den völkerrechtlichen Grundlagen s. Rdn 741. Im Verhältnis zu Thailand ist auf den Vertrag zwischen der Bundesrepublik Deutschland und dem Königreich Thailand über die Überstellung von Straftätern und die Zusammenarbeit bei der Vollstreckung von Strafurteilen vom 26. Mai 1993 hinzuweisen.[59, 60] Eine Vollstreckung ausländischer Geldstrafen/Geldbußen in Deutschland findet derzeit in der Praxis noch nicht statt,[61]

---

[57] Vgl. Schomburg/Hackner, Rdn 1 zu Art. 15 EG-VollstrÜbk.

[58] Für BY bzgl. freiheitsentziehenden Sanktionen JMS vom 12. Juli 2007, juris.

[59] BGBl 1995 II, S 1011; 1996 II S 1220.

[60] Es handelt sich um den bislang einzigen bilateralen Vollstreckungshilfevertrag Deutschlands. Vertragsverhandlungen mit Marokko und Brasilien kommen seit Jahren nicht voran.

[61] Dies wird sich mit der Umsetzung und Implementierung des EU-Rahmenbeschlusses Geldstrafenvollstreckung sowie des Inkrafttretens von Art. 37 ff des deutsch-schweizerischen Polizeivertrages (BGBl 2001 II, S 946, 2002 II S 608) gründlich ändern.

obwohl es nach deutschem Recht auf der Basis eines ausländischen Ersuchens unter Anwendung der §§ 48 ff IRG möglich wäre.

Eine Sonderstellung kommt dem **Vertrag zwischen der Bundesrepublik Deutschland** 759a **und der Republik Österreich über Amts- und Rechtshilfe in Verwaltungssachen vom 31. Mai 1988**[62] zu. Er bietet in **österreichischen Verwaltungsstraf- und deutschen Bußgeldverfahren** eine Grundlage für **gegenseitige Vollstreckungshilfe, soweit die Verfahren nicht bei einer Justizbehörde anhängig sind.** Art. 9 des Vertrages ermöglicht gegenseitige Amtshilfe durch die Vollstreckung von öffentlich-rechtlichen Geldforderungen – einschließlich der in österreichischen verwaltungsbehördlichen Straferkenntnissen oder Strafverfügungen rechtskräftig verhängten Geldstrafen und der von deutschen Verwaltungsbehörden rechtskräftig festgesetzten Geldbußen von mindestens € 25.–. Vollstreckungshilfe kann auch geleistet werden hinsichtlich Nebenfolgen vermögensrechtlicher Art (wie Einziehung oder Verfall gem. §§ 22 ff OWiG) sowie bei der Einziehung von Urkunden, die vom ersuchenden Staat ausgestellt sind. Für die Vollstreckung gilt das Recht des ersuchten Staates. Freiheitsentzug als Strafmittel ist ausgeschlossen. Dies schließt Ersatzfreiheitsstrafen aus, nicht jedoch Erzwingungshaft gem. § 96 f OWiG. Erzwingungshaft kann unmittelbar durch die zuständige österreichische Behörde bei dem in Deutschland zuständigen Amtsgericht beantragt werden, vgl. § 2 des Vertrages. Über Einwendungen gegen die Zulässigkeit oder die Art der Vollstreckung entscheidet die zuständige Stelle des ersuchten Staates. Einwendungen gegen das Bestehen, die Höhe oder die Vollstreckbarkeit des zu vollstreckenden Anspruchs sind von der zuständigen Stelle des ersuchenden Staates nach dessen Recht zu erledigen. Werden solche Einwendungen bei der ersuchten Stelle erhoben, so sind sie der ersuchenden Stelle zu übermitteln, deren Entscheidung abzuwarten ist. Eine gerichtliche Exequaturentscheidung ist im Anwendungsbereich des Vertrages ebenso wenig erforderlich wie eine Bewilligungsentscheidung durch eine Justizbehörde. Art. 14 und 15 enthalten Sonderregelungen für die Wegnahme von Führerscheinen, Fahrzeugscheinen und Kennzeichen. Vollstreckungserlöse sind an den ersuchenden Staat abzuliefern. Für die Vollstreckung österreichischer verwaltungsbehördlicher Straferkenntnisse oder Strafverfügungen ist in Deutschland stets die im jeweiligen Bundesland zuständige Verwaltungsbehörde zuständig,[63] nicht jedoch die Staatsanwaltschaft. Dies gilt auch dann, wenn die dem österreichischen Erkenntnis zugrunde liegende Tat nach deutschem Recht eine Straftat wäre.

B. Exequaturentscheidung

Die Vollstreckung eines ausländischen Erkenntnisses auf dem Gebiet des Strafrechts 760 erfordert stets, dass ein deutsches Gericht das im Urteilsstaat ergangene Urteil für **vollstreckbar** erklärt hat (Exequaturentscheidung).[64] Voraussetzungen und Verfahren richten sich nach §§ 49 ff IRG (für den Vollstreckungshilfeverkehr mit den Mitglieds-

---

[62] BGBl 1990 II S 357 ff, zum Vertrag insgesamt, insbesondere zu den jeweils zuständigen Behörden siehe auch Rundschreiben des BMI vom 3. September 1990, GMBl 1990, 546 ff. In Bayern sind die Finanzämter zuständige Vollstreckungsbehörden, § 2 der Verordnung über Zuständigkeiten im Amts- und Rechtshilfeverkehr in Verwaltungssachen mit dem Ausland (ZustVAR) vom 18. September 1990, BayGVBl 1990, 419.

[63] In Bayern ist zentrale Anlaufstelle für die Zustellung die Regierung der Oberpfalz in Regensburg, Die Vollstreckung wird vom örtlich zuständigen Finanzamt vorgenommen.

[64] Vgl. die deutsche Erklärung zu Art. 3 Abs. 3 ÜberstÜbk.

staaten der Europäischen Union i. V. m. §§ 84, 86, 88 IRG). Die Entscheidung über die Vollstreckbarkeit trifft das **Landgericht, Strafvollstreckungskammer** (§ 50 IRG, § 78 a Abs 1 Satz 2 Nr. 3 GVG). Die **örtliche** Zuständigkeit des Gerichts richtet sich nach dem **Wohnsitz** des Verurteilten, hilfsweise nach dem gewöhnlichen Aufenthalt, dem letzten Wohnsitz, dem Ergreifungsort bzw nach dem Sitz der Bundesregierung (§ 51 IRG).

761 Die **Staatsanwaltschaft** bereitet nach Eingang eines förmlichen Ersuchens[65] die Entscheidung durch Überprüfung und ggf. Vervollständigung der notwendigen Voraussetzungen (§ 49 IRG, Nr. 66, 67, 68 RiVASt) vor und stellt sodann bei der Strafvollstreckungskammer des örtlich zuständigen Landgerichtes (§ 51 IRG) Antrag auf Entscheidung über die Zulässigkeit der Vollstreckung. Der Antrag ist zu begründen (Muster Nr. 13 RiVASt). Eine Zustimmung des Verurteilten ist gem. § 49 Abs 2 IRG nur erforderlich, sofern eine freiheitsentziehende Sanktion vollstreckt werden soll und sich der Verurteilte im Urteilsstaat aufhält.[66] Die Zustimmung ist zu Protokoll eines Richters des Urteilsstaates oder – in der Praxis weit häufiger – gegenüber einem zur Beurkundung von Willenserklärungen ermächtigten deutschen Berufskonsularbeamten zu erklären und nach deutschem Recht unwiderruflich[67] Eine Vollstreckungsübernahme setzt ferner ein rechtsstaatliches Verfahren im Urteilsstaat sowie die Strafbarkeit des dem Urteil zugrundeliegenden Sachverhaltes auch nach deutschem Recht voraus, § 49 Abs 1 Nr. 2, 3 IRG. Schließlich darf nach deutschem Recht keine Vollstreckungsverjährung (vgl. §§ 79 ff StGB) eingetreten, § 49 Abs 1 Nr. 4 IRG, und in gleicher Sache kein deutsches strafrechtliches Erkenntnis ergangen sein, § 49 Abs 1 Nr. 5 iVm § 9 Nr. 1 IRG.

Der Vollstreckungshilfevorgang ist in das Js-Register einzutragen (§ 47 Nr. 1 p AktO).

762 Soweit die Vollstreckung des ausländischen Erkenntnisses zulässig ist, wird es für **vollstreckbar** erklärt. Zugleich ist die ausländische Sanktion in die ihr im deutschen Recht am meisten entsprechende Sanktion **umzuwandeln** (§ 54 IRG). Das Gericht ist an die tatsächlichen Feststellungen des ausländischen Urteils gebunden (vgl. Art 11 Abs 1 Buchst a ÜberstÜbk). Auf die umgewandelte Sanktion ist – zwingend, ggf durch eine Ergänzungsentscheidung (§ 54 Abs 4 IRG) – die **Gesamtzeit** des bereits vollzogenen Freiheitsentzuges **anzurechnen** (vgl. Art 11 Abs 1 Buchst c ÜberstÜbk). Die Anrechnung (durch förmlichen Ausspruch) umfasst die Teilverbüßung im Ausland sowie etwaige erlittene Sicherungshaft im Inland (s dazu § 58 IRG, Art 11 Abs 2 ÜberstÜbk, Art 68 Abs 2 SchengenDurchfÜbk). Die Anrechnungsentscheidung des Gerichts schließt jedoch die Untersuchungshaft aus dem ausländischen Verfahren nicht ein. Deren Anrechnung ist ausschließlich Sache des Urteilsstaates. Ob und inwieweit U-Haft anzurechnen ist, muss den Rechtshilfevorgängen (ausländischem Straferkenntnis) entnommen werden. In Zweifelsfällen ist zu berichten und die Frage der Anrechnung mit dem ersuchenden Staat abzuklären. Eine Anrechnung der im Urteilsstaat erlittenen Freiheitsentziehung über den Maßstab 1 : 1 hinaus, ist unzulässig (vgl. Rdn 1036).

---

[65] Im vertraglosen Bereich der Vollstreckungshilfe bereitet das Erfordernis eines ausländischen Ersuchens häufig Schwierigkeiten. Nach Sinn und Zweck der Vollstreckungshilfe wird man es als ausreichend anzusehen haben, wenn der Urteilsstaat in Form einer Verbalnote an das Auswärtige Amt seine Bereitschaft zu einer Überstellung erklärt und damit in völkerrechtlich verbindlicher Form zwar nicht ersucht, aber doch ein Angebot zur Überstellung abgibt.

[66] Im Anwendungsbereich des Zusatzprotokolls zum Überstellungsübereinkommen entfällt jedoch auch dieses Zustimmungserfordernis, § 1 Abs 3 IRG i. V. m. Art. 3 ZP-ÜberstÜbk (BGBl 2002 II S 2866).

[67] Ob im Falle eines späteren Widerrufes der Urteilsstaat dennoch zur Überstellung auch gegen den Willen des Verurteilten bereit ist, ist jedoch eine andere Frage.

Die Strafvollstreckungskammer entscheidet durch – mit sofortiger Beschwerde anfechtbarem – **Beschluss** (§ 55 IRG). Die Entscheidung ist – ggf im Rechtshilfeweg – zuzustellen. Zur Beschleunigung empfiehlt sich bei Vollstreckungsübernahmen aus dem außereuropäischen Ausland die Bestellung eines Beistands gem § 53 IRG. Falls die Zustellung auf justizministeriellem Wege erfolgt, sind der obersten Justizbehörde drei Ausfertigungen der gerichtlichen Entscheidung (wegen einer Übersetzung s Art 17 ÜberstÜbk) vorzulegen. Das Recht zur Beschwerde steht dem Verurteilten, seinem Beistand (§ 53 IRG) sowie der Staatsanwaltschaft zu. Über eine Beschwerde entscheidet das OLG (s auch Nrn 69 Abs 1, 70 RiVASt).

Die rechtskräftige Entscheidung über die Vollstreckbarkeit ist dem **Bundeszentralre-** **763** **gister** durch die Staatsanwaltschaft mittels Übersendung einer beglaubigten Mehrfertigung bekanntzugeben (§ 55 Abs 3 IRG; Nr. 71 RiVASt, Muster Nr. 15). Zugleich ist der obersten Justizbehörde nach Nr. 69 Abs 2 RiVASt (Muster Nr. 14) wegen der Bewilligung der Vollstreckungshilfe zu berichten (§ 56 IRG). Die Bewilligung obliegt im Regelfall der obersten Justizbehörde des zuständigen Bundeslandes (vgl. deutsche Erklärung zu Art 5 Abs 3 ÜberstÜbk). Lediglich im diplomatischen Geschäftsverkehr bewilligt die Bundesregierung. Die Entscheidung über die Bewilligung der Vollstreckungshilfe ist zum **BZR** mitzuteilen (§ 56 Abs 2 IRG).

Bei der **Übernahme** des Verurteilten aus der Haft im Ausland sind Nr. 72, 97–99 RiVASt zu beachten.

C. Vollstreckung im Inland

Mit der Überstellung des Verurteilten (bzw Übernahme der Vollstreckung, Art. 2 ZP- **764** ÜberstÜbk, Art 68 Abs 1 SDÜ, Art. 11 EG-VollstrÜbk,) beginnt die Vollstreckungszuständigkeit im Inland (vgl. Art 8 ÜberstÜbk).[68] Das ausländische Straferkenntnis wird in der Form der Exequaturentscheidung wie ein **deutsches Erkenntnis** vollstreckt. Es gilt das **inländische** Vollstreckungsrecht (vgl. Art 9 Abs 3 ÜberstÜbk). Die einschlägigen Vollstreckungsbestimmungen enthält § 57 IRG. Im Wesentlichen handelt es sich um Zuständigkeitsregelungen. Daneben finden nach § 77 IRG – subsidiär – die Verfahrensvorschriften des GVG, JGG und der StPO (StVollstrO) Anwendung. **Vollstreckungsbehörde** ist grundsätzlich die Staatsanwaltschaft beim Exequaturgericht (§ 57 Abs 1 IRG). Lediglich bei Sanktionen nach dem JGG leitet der Jugendrichter die Vollstreckung ein (§ 57 Abs 4 IRG).

Die Vollstreckung von **Freiheitsstrafen/Maßregeln** richtet sich nach den üblichen **765** (einschlägigen) Bestimmungen. Für die örtliche Vollzugszuständigkeit gilt § 24 StVollstrO, ggf auch § 24 Abs 3 Satz 1 StVollstrO. An die Stelle des Gerichts des ersten Rechtszuges tritt dabei das Exequaturgericht. Ein Straf- oder Unterbringungsrest kann nach Maßgabe der §§ 57, 57a bzw §§ 67 ff StGB zur Bewährung ausgesetzt werden (Art 9 Abs 3 ÜberstÜbk, § 57 Abs 2 IRG)[68a]; auch im Rahmen des „Unterbrechungsmodells" (§ 454 b Abs 2 StPO). Ein günstigeres Strafaussetzungsrecht des Urteilsstaates kann nur unter den engen Voraussetzungen des § 57 Abs. 6 IRG zur Anwendung kommen, wenn eine entsprechende formelle Mitteilung einer zuständigen Stelle des Urteilsstaates vorliegt. Diese kann auch in einer entsprechenden Entscheidung des Urteilsstaates vor der Überstellung enthalten sein und ist in diesem Fall

---

[68] Zur Übernahme des Verurteilten aus der Haft im Ausland s Nr. 72 (97–99) RiVASt. Dieser ist von deutschen Beamten auf deutsche Kosten abzuholen.

[68a] Zur Halbstrafenaussetzung bei besonders hoher ausländischer Freiheitsstrafe vgl. OLG Köln, Beschl. v. 15. 6. 2007 – 2 Ws 272/07, NStZ 2008, 641.

auch nach der Überstellung zu beachten. Das Gericht hat aber nicht etwa einen Vergleich des ausländischen Vollstreckungsrechts mit dem deutschen zur Ermittlung der für den Verurteilten günstigsten Regelung vorzunehmen.[69] Die Aussetzungsentscheidung sowie die nachfolgenden Entscheidungen trifft die Strafvollstreckungskammer des Vollzugsortes (§ 462a Abs 1 Satz 1 und 2 StPO), hilfsweise die nach §§ 50, 51, IRG zuständige Strafvollstreckungskammer (§ 57 Abs 3 IRG). In Jugendsachen entscheidet der Jugendrichter über die Aussetzung (§ 57 Abs 4 IRG).

Soweit **Fahndungsmaßnahmen** im Inland erforderlich werden sollten, sind sie Sache des Vollstreckungsstaates. Bei einer Flucht des Verurteilten ist der obersten Justizbehörde zu berichten (Nr. 74a RiVASt). Diese hat den Urteilsstaat zu unterrichten (vgl. Art 15b ÜberstÜbk).

Nicht ganz zweifelsfrei ist die Anwendung der **Verjährungsvorschriften** (§ 79 StGB). Beginnt die Vollstreckungsverjährung mit der Rechtskraft der Exequaturentscheidung oder mit der Rechtskraft des ausländischen Straferkenntnisses? Der Rechtshilfecharakter der Vollstreckung und die Zulässigkeitsbestimmung des § 49 Abs 1 Nr. 4 IRG sprechen eher für den letzteren Stichtag. Dem Verurteilten entstünden sonst durch eine verlängerte Verjährungsfrist (Summe aus der verstrichenen ausländischen und der gesamten inländischen Frist) erhebliche Nachteile.

Für die **Strafzeitberechnung** sind folgende Grundsätze zu beachten:

a) Befindet sich der Verurteilte im Inland auf freiem Fuß, gilt der übliche Strafbeginn des § 38 Buchst a oder b StVollstrO.

b) Bei Vollzug von Sicherungshaft iSd § 58 IRG (Art 11 Abs 2 ÜberstÜbk, Art 68 Abs 2 SchengenDurchfÜbk) wird der Strafbeginn auf den Zeitpunkt der Festnahme vorverlegt. Bei vorzeitiger Freilassung dagegen wird die erlittene Sicherungshaft – wie U-Haft (s § 58 Abs 2 iVm § 27 IRG) – vom Strafende rückwärts abgerechnet (vgl. die Regelung bei § 453c StPO).

c) Ist im Urteilsstaat bereits eine Teilverbüßung erfolgt, wird der Strafbeginn auf den Beginn der Vollstreckung im Ausland angesetzt (vgl. § 41 Abs 1 Satz 2 StVollstrO). Etwaige Unterbrechungen werden nach Maßgabe von § 40 Abs 1 StVollstrO berücksichtigt. Bei Überstellungen aus der Haft im Ausland tritt jedoch keine Unterbrechung in der Vollstreckung ein.

d) Eine anzurechnende ausländische U-Haft wird vom errechneten Strafende rückwärts abgerechnet (§ 39 Abs 4 StVollstrO).

766 Im Vollstreckungsteil des IRG sind verschiedene **Mitteilungspflichten** gegenüber dem **Bundeszentralregister** vorgesehen. So hat die Staatsanwaltschaft beim Landgericht die Exequaturentscheidung dem BZR durch Übersendung einer beglaubigten Mehrfertigung bekanntzugeben (§ 55 Abs 3 IRG; Nr. 71 RiVASt). Die Eintragungsfähigkeit der ausländischen Verurteilung bestimmt sich dabei nach § 54 BZRG. Neben den gerichtlichen Beschlüssen ist auch die (positive oder negative) Entscheidung der Bewilligungsbehörde mitteilungspflichtig (§ 56 Abs 2 IRG). Weitere Mitteilungen betreffen den Ablauf der Vollstreckung (§§ 12 bis 16 BZRG); diese BZR-Nachrichten sind Sache der Vollstreckungsbehörde (§ 1 Abs 1 Nr. 1 der 1. BZRVwV).

---

[69] So überzeugend OLG Düsseldorf, B. v. 8. 11. 2005 – III-3 Ws 445/05 = StV 2006, 542 f; sowie KG, JR 1993, 257; angesichts der Vielfalt und Inkompatibilität des Aussetzungsrechts der Staaten der Welt wäre eine Prüfung nach dem Günstigkeitsprinzip auch gar nicht durchführbar. Zur Wahrung der Rechte des Verurteilten ist sie auch nicht erforderlich. Diesem bleibt es unbenommen, sich selbst an den Urteilsstaat zu wenden, um dort eine formelle Erklärung an den Vollstreckungsstaat anzuregen. A. A. im Ergebnis wohl auch nicht Schomburg/Hackner, Rdn 8 ff zu § 57 IRG, der zwar den Grundsatz der Meistbegünstigung betont, eine Anwendung ohne entsprechende Entscheidung des Urteilsstaates aber auch nicht fordert.

Wegen der **Form** der Mitteilungen wird auf Nr. 1.1.2 und Nr. 3.9 der 3. BZRVwV verwiesen.

Mit der Bewilligung der Vollstreckungshilfe verliert der **Urteilsstaat** nicht völlig seinen Einfluss. Es gilt als allgemeines Prinzip, dass der Verurteilte durch die Übernahme der Rechtshilfevollstreckung nicht ungünstiger gestellt werden darf als durch die Vollstreckung im ersuchenden Staat.[70] Entscheidungen zugunsten des Verurteilten (Gnadenerweis, Amnestie, Wiederaufnahme) bleiben deshalb möglich (vgl. Art 12, 13 ÜberstÜbk). Dann ist die Vollstreckung sofort zu beenden (vgl. Art 14 ÜberstÜbk). Eine gerichtliche Entscheidung zur Aufhebung der Vollstreckbarkeitsentscheidung ist dabei nicht erforderlich.[71]   **767**

Nach Nr. 74 a RiVASt hat die Vollstreckungsbehörde der obersten Justizbehörde zu **berichten,** wenn   **768**

a) die Vollstreckung der ausländischen Sanktion abgeschlossen ist,
b) der Verurteilte vor Abschluss der Vollstreckung aus der Haft entflohen ist,
c) sonstige für die Vollstreckung maßgebende Umstände (z.B. bedingte Entlassung, Unterbrechung der Vollstreckung) eingetreten sind (vgl. Art 15 ÜberstÜbk).

Erklärt der Vollstreckungsstaat die Vollstreckung für abgeschlossen, ist dies auch für den Urteilsstaat verbindlich (vgl. Art 8 Abs 2 ÜberstÜbk).

D. Vollstreckungshilfe für das Ausland und Europäischer Haftbefehl

Auf der Basis von Art. 4 Nr. 6 des Rahmenbeschlusses des Rates vom 13. Juni 2002 über den Europäischen Haftbefehl und die Übergabeverfahren zwischen den Mitgliedstaaten (2002/584/JI), RB-EUHb[72] kann die Übergabe (nach deutscher Diktion weiterhin als Auslieferung zu bezeichnen) einer Person, die sich in Deutschland aufhält, deutsche Staatsangehörige ist oder in Deutschland ihren Wohnsitz hat, zur Vollstreckung einer freiheitsentziehenden Sanktion abgelehnt werden. In derartigen Fällen besteht dann jedoch eine Verpflichtung zur Übernahme der Vollstreckung. In Umsetzung des Rahmenbeschlusses bestimmt § 80 Abs 3 IRG, dass eine Auslieferung eines Deutschen zur Strafvollstreckung nur mit dessen Zustimmung zulässig ist. Die Auslieferung eines Ausländers, der in Deutschland seinen gewöhnlichen Aufenthalt hat, zur Strafvollstreckung ist demgegenüber nicht von vornherein unzulässig, ihre Bewilligung kann jedoch unter bestimmten Voraussetzungen abgelehnt werden, § 83 b Abs 2 IRG. Wird die Auslieferung aus diesen Gründen abgelehnt, ist der Urteilsstaat auf die Möglichkeit zu verweisen, ein Ersuchen um Übernahme der Vollstreckung zu stellen. In diesen Fällen entfällt dann das Erfordernis der beiderseitigen Strafbarkeit nach § 49 Abs 1 Nr. 3 IRG, gegebenenfalls ist im Rahmen der Exequatur in Ermangelung einer deutschen Strafnorm von einem Strafhöchstmaß von 2 Jahren Freiheitsentzug auszugehen, §§ 80 Abs 4, 83 b Abs 2 IRG. Gleiches gilt für Vollstreckungsübernahmen im Rahmen einer Rücküberstellung Deutscher oder ihnen gleichgestellter Ausländer, die vor ihrer Verurteilung im Ausland dorthin auf-   **769**

---

[70] S. aber Rdn 765.
[71] Insbesondere in Thailand sind zahlreiche Amnestien zu hohen Feiertagen üblich. Sobald die Vollstreckungsbehörde hiervon von Seiten des Urteilsstaates erfährt, wobei gegebenenfalls im Einzelfall über die deutsche Botschaft Nachfragen über den genauen Anwendungsbereich der Amnestie vorgenommen werden können, ist die Vollstreckung in Deutschland zu beenden, Art. 5. 6 Abs 4 Thai-VollstrV;
[72] ABl. Nr. L 190 vom 18. 7. 2002, 1, s. a. Anhang III RiVASt.

grund eines Europäischen Haftbefehls ausgeliefert worden waren, §§ 80 Abs 4, 83 b Abs 2 IRG. In diesen Fällen erfolgt nach deutschem Verständnis die Rücküberstellung zur Strafvollstreckung derzeit[73] auf der Basis des Überstellungsübereinkommens von 1983.[74]

VI. Das Verbot der doppelten Strafverfolgung aufgrund internationaler Übereinkommen

770   Die Anwendung der internationalen Übereinkommen zum Verbot der Doppelbestrafung sind zwar nicht unmittelbar der Rechtshilfe in Strafsachen zuzuordnen, es handelt sich bei dem Grundsatz ne bis in idem vielmehr in dem hier interessierenden Kontext um ein von Amts wegen zu berücksichtigendes Vollstreckungshindernis. Die Berücksichtigung ausländischer Entscheidungen erfordert jedoch Maßnahmen der Rechtshilfe, sodass eine Darstellung in diesem Teil des Handbuches sinnvoll erscheint.

A. Allgemeines

771   Eine etwaige doppelte Strafverfolgung wird in aller Regel bereits im Erkenntnisverfahren thematisiert werden. Liegt bereits eine rechtskräftige deutsche Entscheidung vor, kann sich ein Vollstreckungshindernis daraus ergeben, dass nachträglich eine Verfolgung in gleicher Sache im Ausland erfolgte oder eine bereits vor Rechtskraft des deutschen Erkenntnisses ergangene ausländische Entscheidung erst nachträglich bekannt wird. Auszugehen ist von dem Grundsatz, dass das Verbot der Doppelbestrafung in Art 103 Abs 3 GG sich nur auf inländische Entscheidungen bezieht und nach höchstrichterlicher Rechtsprechung keinen allgemeinen Grundsatz des Völkerrechts i. S. d. Art. 25 S. 1 GG darstellt.[75] Eine ausländische strafrechtliche Entscheidung in gleicher Sache ist daher zunächst kein Vollstreckungshindernis, es sei denn, eine Berücksichtigungspflicht ergibt sich aus völkerrechtlichen Übereinkommen.

B. Völkerrechtliche Übereinkommen

Völkerrechtliche Übereinkommen zum Verbot der Doppelbestrafung gibt es für Deutschland lediglich im Rahmen der Europäischen Union.

772   **1. Das Übereinkommen v 25. 5. 1987 zwischen den Mitgliedstaaten der Europäischen Gemeinschaften über das Verbot der doppelten Strafverfolgung (BGBl 1998 II S 2226, 2002 II S 600) – ne bis in idem – Übk.**

Nach Art. 1 des Übereinkommens darf derjenige, der in einem Mitgliedsstaat rechtskräftig abgeurteilt worden ist, in einem anderen Mitgliedstaat wegen derselben Tat

---

[73] Bis zu einer Verabschiedung und Umsetzung des EU-Rahmenbeschlusses Freiheitsstrafenvollstreckung.

[74] Andere Staaten übernehmen hingegen im Falle eines deutschen Europäischen Haftbefehls, der aufgrund der Staatsangehörigkeit des Verurteilten nicht vollzogen wird, die Strafvollstreckung des deutschen Erkenntnisses quasi automatisch, ohne insoweit ein gesondertes Ersuchen anzufordern. Dies kann mit den Interessen Deutschlands als Urteilsstaat kollidieren, z. B. weil im Aufenthaltsstaat aus deutscher Sicht keine nachhaltige Vollstreckung gesichert ist.

[75] BVerfGE 12, 62, 66; 75, 1; Beschl. v. 4. 12. 2007 – 2 BvR 38/06 = StraFo 2008, 151 ff.

nicht mehr verfolgt werden, wenn die Sanktion bereits vollstreckt worden ist, gerade vollstreckt wird oder nach dem Recht des Urteilsstaates nicht mehr vollstreckt werden kann. Zu der Problematik, was unter einer rechtskräftigen Aburteilung bzw. einer Vollstreckung zu verstehen ist, s. Rdn 774).

Art. 2 räumt den Vertragsaaten die Möglichkeit ein, bei der Ratifikation eine Erklä-   773
rung abzugeben, wonach die Sperrwirkung ausländischer Urteile in bestimmten Fällen nicht gilt. Von dieser Möglichkeit hat Deutschland gebrauch gemacht und erklärt, dass die Bundesrepublik Deutschland durch Artikel 1 nicht gebunden ist, wenn die Tat, die dem ausländischen Urteil zugrunde lag

a) ganz oder teilweise in ihrem Hoheitsgebiet begangen wurde;
b) eine der folgenden Strafvorschriften erfüllt hat:
aa) Vorbereitung eines Angriffskrieges (§ 80 StGB) und Aufstacheln zum Angriffskrieg (§ 80 a StGB);
bb) Hochverrat (§§ 81 bis 83 StGB);
cc) Gefährdung des demokratischen Rechtsstaates (§§ 84 bis 90 b StGB);
dd) Landesverrat und Gefährdung der äußeren Sicherheit (§§ 94 bis 100 k StGB);
ee) Straftaten gegen die Landesverteidigung (§§ 109 bis 109 k StGB);
ff) Straftaten nach §§ 129, 129 a StGB;
gg) die in § 129 a Abs 1 Nr. 1 bis 3 StGB aufgeführten Straftaten, sofern durch die Tat die innere Sicherheit der Bundesrepublik Deutschland gefährdet worden ist:
hh) Straftaten nach dem Außenwirtschaftsgesetz;
ii) Straftaten nach dem Gesetz über die Kontrolle von Kriegswaffen.

Als Tat ist derjenige geschichtliche Vorgang i. S. d. § 264 StPO zu verstehen, wie er in dem anzuerkennenden Urteil aufgeführt ist.[76]
Wird jemand trotz rechtskräftiger Aburteilung erneut verfolgt, so muss jede Freiheitsentziehung im rechtskräftig abgeschlossenen Verfahren auf eine neue Sanktion angerechnet werden (Art 3). Besteht daher Grund zur Annahme, dass bereits eine rechtskräftige Verurteilung in einem anderen Staat erfolgt ist, so besteht eine Informations- und Auskunftspflicht (Art 4), die im Wege eines Ersuchens um Übersendung einer Urteilsabschrift oder auch weiterer Aktenbestandteile im Rechtshilfewege erfolgen kann (vgl. Rdn 726 ff).

2. Das Schengener Durchführungsübereinkommen (SDÜ) v 19. 6. 1990, in Deutschland in Kraft seit 26. 3. 1995

Das Übereinkommen enthält in Art. 54 ein mit den Regelungen des ne bis in idem   774
Übereinkommens identisches Verbot einer **Doppelbestrafung.**
Eine **Strafverfolgung** ist grundsätzlich ausgeschlossen, wenn in einem anderen Vertragsstaat wegen **derselben** Tat bereits eine rechtskräftige Verurteilung erfolgt ist und die verhängte Sanktion bereits vollstreckt worden ist, gerade vollstreckt wird oder nach dem Recht des Urteilsstaates nicht mehr vollstreckt werden kann.
Was allerdings in den verschiedenen Rechtsordnungen der einzelnen Vertragsstaaten unter „rechtskräftig abgeurteilt" zu verstehen ist, hat die Rechtsprechung bereits mehrfach beschäftigt:[77]
Nach BGH führt die herkömmliche Auslegung zum Ergebnis, dass ein Strafklageverbrauch „nur durch eine von einem Gericht in einem der Vertragstaaten getroffene

---

[76] Die Aus- und Einfuhr derselben Betäubungsmittel sind jedenfalls ein einheitlicher Vorgang, EuGH, Urteil vom 9. 3. 2006 (C-436/04; Vorabentscheidungsverfahren van Esbroek vs Belgien), StV 06, 313.
[77] Vgl. im Einzelnen die Rspr. bei Fischer, Rdn 16 a zu § 51.

abschließende Entscheidung eintreten kann." Eine weitere Strafverfolgung wird nicht durch Beendigung eines Strafverfahrens im Rahmen eines Verwaltungsverfahrens gehindert, ebensowenig durch eine Einstellung nach §§ 170 Abs 2, 153 oder 153a StPO. Allerdings schließt der BGH nicht aus, dass von den Vertragsstaaten auch andere Verfahrensarten als strafklageverbrauchend gewollt sind.[78]

Keine strafklageverbrauchende Wirkung hat die verfahrensabschließende Entscheidung einer Verwaltungsbehörde (österr. Bezirkshauptmannschaft),[79] die Einstellung des Verfahrens „ordonnance de non lieu" durch den französischen Appellationsgerichtshof (kein Urteil!)[80] und die Erledigung eines Steuerstrafverfahrens durch eine belgische „transactie" (verwaltungsrechtlicher Vergleich).[81]

Auch eine Strafaussetzung zur Bewährung ist als „Vollstreckung" im Sinne dieser Bestimmung zu verstehen,[82] ebenso ein Freispruch.[83] Art 54 SDÜ ist nicht anzuwenden, wenn ein Straftäter nach rechtskräftiger Verurteilung durch eine Vertragspartei des SDÜ und teilweiser Vollstreckung im Urteilsstaat ausgewiesen oder abgeschoben wird (entsprechend § 456a StPO). Diese Fallkonstellation wird von keiner der drei Varianten des Art 54 SDÜ erfasst. Das OLG München hat allerdings ein Verfahrenshindernis darin gesehen, dass ein spanisches Gericht durch einen „gnadenähnlichen Akt" von der weiteren Vollstreckung einer Freiheitsstrafe unter Ausweisung des Verurteilten abgesehen hat. Dieser Akt „ersetze" eine Strafaussetzung.[84], [85] Art 54 SDÜ verlangt nicht, dass die Sanktion, die nicht mehr vollstreckt werden kann, zu irgendeinem Zeitpunkt vollstreckbar gewesen sein muss. Auch eine Sanktion, die im Urteilsstaat zu keinem Zeitpunkt vollstreckbar war, verhindert eine neue Bestrafung.[86]

Ausnahmen von der Bindung durch das ausländische Erkenntnis ergeben sich aus der deutschen Erklärung zu Art 55 SDÜ. Hierzu hat die Bundesrepublik eine inhaltlich mit der Erklärung zum ne bis in idem Übereinkommen gleichlautende Erklärung abgegeben (s. o. Rdn 773; BGBL II 1994, 631)

Das SDÜ enthält ferner in Art. 56 die Verpflichtung, in gleicher Sache bereits erlittenen Freiheitsentziehung auf die neue Strafe anzurechnen. Dieser Verpflichtung wird in Deutschland durch § 51 Abs 3 StGB sichergestellt. In Art. 57 SDÜ ist schließlich wieder eine Konsultationsverpflichtung vorgesehen, um Zweifel über eine Doppelverurteilung auszuräumen.

---

[78] BGH, NStZ 1998, 149, 152, OLG Saarbrücken, StV 1997, 359 mit Anmerkungen von Schomburg: StV 1997, 383, vgl auch zu Art 54 SDÜ Schomburg-Gleß-Schomburg, Hauptteil IV, zu der Frage der Notwendigkeit einer gerichtlichen Entscheidung insbesondere Rdn 13 ff zu Art. 54.

[79] BayObLG, StV 2001, 263.

[80] BGH, NStZ 1999, 579; NJW 1999, 3134.

[81] BGH, NStZ 1999, 250.

[82] BGH, NStZ 2001, 163.

[83] BGH, NStZ 1999, 579; 2001, 662 = StV, 2001, 495.

[84] OLG München, NStZ 2001, 614.

[85] Zur Anwendung des Art 54 SDÜ und des ne-bis-in-idem-Übk s *Schomburg* in StV 1999, 246 und *Bohnert/Lagodny* in NStZ 2000, 636.

[86] LG Regensburg, Beschl. v. 9. 1. 2009, Ks 121 Js 6088/2002 unter Bezugnahme auf die Entscheidung des Europäischen Gerichtshofs vom 11. 12. 2008 im Fall Klaus Bourquain, Rechtssache C-297/07.

Dreizehnter Teil. Kosten in Straf- und Bußgeldsachen[1]

I. Begriffsbestimmung, Kostenschuldner, Fälligkeit

Jedes Urteil, jeder Strafbefehl und jede eine Untersuchung einstellende Entscheidung muss darüber eine Bestimmung treffen, von wem die Kosten des Verfahrens zu tragen sind (§ 464 Abs 1 StPO). Das gilt auch beim Tod des Angeklagten. In diesem Falle ist das Verfahren durch förmlichen Beschluss nach § 206 a StPO einzustellen und über die Kosten des Verfahrens und die notwendigen Auslagen des Angeklagten zu entscheiden.[2] Gegenstand der Entscheidung nach § 464 StPO ist jedoch nur die Kostentragungspflicht als solche, nicht etwa die Höhe der Kosten. Wer im Einzelnen kostenpflichtig ist, bestimmt sich nach §§ 465 ff StPO. Die Kostenvorschriften der StPO gelten sinngemäß auch für das **gerichtliche Bußgeldverfahren** (§ 46 Abs 1 OWiG) – mit der Ergänzung durch §§ 108 a, 109, 109 a OWiG sowie durch § 25 a StVG (gebührenrechtliche Halterhaftung) – sowie für das **Jugendstrafverfahren** (§ 2 JGG) mit der Sonderregelung des § 74 JGG. 775

Unter „Kosten des Verfahrens" versteht man die der Staatskasse im Straf- und Bußgeldverfahren entstandenen **Gebühren** und **Auslagen** (§ 464 a Abs 1 StPO, § 1 Abs 1 Nr 7 GKG).[3] Die Kosten müssen durch die Verfolgung der Straftat (Ordnungswidrigkeit) entstanden sein oder durch ein selbstständiges Verfalls- oder Einziehungsverfahren (§§ 440 ff StPO). Das Sicherungsverfahren (§§ 413 ff StPO) steht dabei kostenrechtlich einem Strafverfahren gleich. Zu den Verfahrenskosten gehören auch die Kosten der **Vorbereitung** der **öffentlichen Klage** (also etwa die Gutachter-kosten im Ermittlungsverfahren oder auch die Polizeikosten) sowie die Kosten der **Vollstreckung** einer Rechtsfolge der Tat.[4] In Bußgeldsachen können noch die Auslagen des dem gerichtlichen Verfahren vorausgegangenen Bußgeldverfahrens hinzukommen (vgl. GKG KostVerz Nr. 9013).[5]

Die in Straf- und Bußgeldsachen anfallenden **Gebühren** sind in den § 8 GKG sowie GKG KostVerz Nr. 3110 ff für Strafsachen und KostVerz Nr. 4110 für Bußgeldsachen zusammengestellt. Die Gebühren bemessen sich nach der **Strafhöhe bzw. der Höhe der verhängten Geldbuße** in Ordnungswidrigkeitsverfahren, zum Teil auch nach **festen Sätzen** (vgl. z.B. GKG KostVerz Nr. 3200 – Klageerzwingungsverfahren); der „Streitwert" spielt im Straf-(Bußgeld-)verfahren grundsätzlich keine Rolle, hier kommt 776

---

[1] Wegen der notwendigen Auslagen des Angeklagten und der außergerichtlichen Kosten des Angeklagten bzw des Verurteilten siehe *Wagner* „Strafvollstreckung" Rdn 624 ff.

[2] OLG Celle, NJW 2002, 3720.

[3] Zu den Verfahrenskosten zählen dagegen nicht die „notwendigen Auslagen" eines Beteiligten; s dazu – als Hauptanwendungsfall – § 464 a Abs 2 StPO und die Sonderregelung des § 109 a OWiG. Die Kostenfestsetzung (§ 464 b StPO) erfolgt durch den Rechtspfleger (§ 21 Abs 1 Nr. 1 RpflG) des Gerichts des ersten Rechtszuges; Ausnahme: § 108 a Abs 3 OWiG (Rechtspfleger der Staatsanwaltschaft).

[4] Zu den Kosten der Vollstreckung von Freiheitsstrafen und von freiheitsentziehenden Maßregeln der Besserung und Sicherung, sowie zu den Kosten der Untersuchungshaft und einer sonstigen Haft s die Ausführungen Rdn 799 ff.

[5] Der Verurteilte haftet nicht für ausscheidbare Kosten des Ermittlungsverfahrens. Darunter fallen im wesentlichen Auslagen bzgl. eines Mitbeschuldigten oder einer selbstständigen Tat, wenn insoweit das Verfahren eingestellt wurde. Zur Ausscheidbarkeit von Auslagen des Ermittlungsverfahrens s im einzelnen *Schäfer* in Löwe/Rosenberg (23. Aufl), Rdn 6 zu § 464 a StPO.

es im Grundsatz ausschließlich auf die „**rechtskräftig**" verhängte Rechtsfolge an. Eine Gebühr entsteht nur dann, wenn eine **gerichtliche** oder – im Falle des § 25a StVG – **staatsanwaltschaftliche Entscheidung** über die Kosten ergangen ist.

Gegen den **Angeklagten (Betroffenen)** kann nur dann eine Gebühr erwachsen, wenn er rechtskräftig zu einer Strafe verurteilt (auch bei Verwarnung mit Strafvorbehalt), eine Geldbuße gegen ihn festgesetzt oder eine Maßregel der Besserung und Sicherung angeordnet wird. Betrifft ein Verfahren **mehrere** Angeklagte (Betroffene), so ist die Gebühr von jedem Verurteilten/Betroffenen **gesondert** nach Maßgabe der gegen ihn erkannten Strafe (Geldbuße) oder angeordneten Maßregel der Besserung und Sicherung zu erheben. Eine Mit- bzw Gesamthaftung für die Gerichtsgebühren besteht nicht. Hinsichtlich der **Auslagen,** die sich nach GKG KostVerz Nr. 9000 ff bestimmen, haften dagegen mehrere Mitangeklagte (Betroffene) im Grundsatz als **Gesamtschuldner** (Ausnahmen s § 466 Satz 2 StPO sowie Kosten für die Tätigkeit eines gestellten Verteidigers oder eines Dolmetschers und die durch die Vollstreckung, die einstweilige Unterbringung oder die Untersuchungshaft entstandenen Kosten sowie für Auslagen, die durch Untersuchungshandlungen, die ausschließlich gegen einen Mitangeklagten gerichtet waren, entstanden sind).

Im Übrigen gilt auch in Straf- und Bußgeldsachen der allgemeine Grundsatz, dass sämtliche gerichtliche Handlungen **kostenfrei** sind, soweit das GKG nichts anderes vorsieht (§ 1 GKG). Es muss also im GKG bzw im Kostenverzeichnis zum GKG die entsprechende Handlung des Gerichts gebühren- oder kostenrechtlich erfasst sein.

777 **Kostenschuldner** ist derjenige, dem durch **gerichtliche** oder – im Falle des § 25a StVG – **staatsanwaltschaftliche Entscheidung** die Verfahrenskosten auferlegt sind (§ 27 GKG). Man spricht hier von der **Kostengrundentscheidung.** Im Falle einer **Verurteilung** hat der Angeklagte (Betroffene) die Gerichtskosten zu tragen. Bei einer **Nichtverurteilung** fallen die Kosten und die notwendigen Auslagen des Angeschuldigten im Grundsatz der Staatskasse zur Last (§ 467 Abs 1, 2 StPO). Letzteres gilt auch bei **Einstellung** eines Ermittlungsverfahrens durch die Staatsanwaltschaft. Der Beschuldigte haftet nicht und könnte auch nicht als sog Übernahmeschuldner in Anspruch genommen werden. Dies entfällt schon deshalb, weil bei Verfahrenseinstellung keine **ursprüngliche** Kostenhaftung nach besteht. Nur eine derartig vorhandene Kostenschuld kann durch eine Erklärung übernommen werden. Jedoch sind die Kosten des Verfahrens, die der Angeschuldigte durch eine schuldhafte Säumnis verursacht hat, ihm aufzuerlegen. Die ihm insoweit entstandenen Auslagen werden der Staatskasse nicht auferlegt. Ferner werden die notwendigen Auslagen des Angeschuldigten der Staatskasse nicht auferlegt, wenn dieser die Erhebung der öffentlichen Klage dadurch veranlasst hat, dass er in einer Selbstanzeige vorgetäuscht hat, die ihm zur Last gelegte Tat begangen zu haben.

Abgesehen vom Verurteilten kann eine Kostenpflicht aber auch den Kraftfahrzeughalter (§ 25a StVG), den Anzeigenden bei einer vorsätzlich oder leichtfertig erstatteten unwahren Anzeige (§ 469 StPO), den Antragsteller (bei Zurücknahme des Strafantrags: § 470 StPO), den Privat- oder Widerkläger (§ 471 StPO), den Verletzten (§ 472a StPO), den Nebenbeteiligten (§ 472b StPO) oder einen sonstigen Beteiligten (bei zurückgenommenem oder erfolglosem Rechtsmittel: § 473 StPO) treffen.

778 Die zu erhebenden Kosten werden **fällig,** sobald eine unbedingte Entscheidung über die Kosten ergangen ist oder das Verfahren oder die Instanz durch Vergleich oder Rücknahme erledigt ist. Dies betrifft die Fälle, in denen vom Privat- oder Widerkläger, vom Einziehungsbeteiligten, Anzeigenden, Verletzten oder vom Beschwerdeführer (der nicht Beschuldigter ist) Kosten zu erheben sind. Die dem **Verurteilten** oder **Betroffenen** zur Last fallenden Kosten werden dagegen erst mit der **Rechtskraft** des Straferkenntnisses (Bußgeldentscheidung) fällig (§ 63 GKG).

II. Kostenerhebung im Einzelnen

A. Gebühren in Strafsachen

Die Gebührenerhebung in **Strafsachen** richtet sich nach § 8 GKG und GKG KostVerz   779
Nr. 3110 ff, in Ordnungswidrigkeiten Nr. 4110 ff. Eine Gebühr entsteht nur, soweit
das betr. Geschäft unter den Gebührentatbeständen im Kostenverzeichnis des GKG
(als kostenpflichtig) aufgeführt ist. Im Übrigen herrscht **Gebührenfreiheit** (§ 1 GKG).
Die Gerichtsgebühren bemessen sich für **alle Rechtszüge** nach der **rechtskräftig erkannten Strafe**. Dies bedeutet, dass die endgültig festgesetzte Strafe auch die Gebühren der Vorinstanz bestimmt. Erfolgt dagegen in der letzten Instanz Freispruch,
werden auch für die Vorinstanzen keine Gebühren erhoben.

> **Beispiel:**
> I. Instanz: Freispruch
> II. Instanz: Verurteilung zu 6 Monaten Freiheitsstrafe
> Ergebnis: für beide Instanzen ist nach GKG KostVerz Nr. 3110 je eine Gebühr von
> 120,– € zu erheben.

Wird ein Rechtsmittel nur beschränkt (z. B. wegen einer einzelnen Straftat) eingelegt,
richtet sich die Gebührenbemessung für das Berufungs- bzw Revisionsverfahren nur
nach der Strafe für diejenige Tat, die **Gegenstand** des **Rechtsmittelverfahrens** war. Für
die Gebühren des ersten Rechtszuges ist wieder die rechtskräftig erkannte Gesamtstrafe maßgebend.

> **Beispiel:**
> Verurteilung in der ersten Instanz wegen Diebstahl zu der Freiheitsstrafe von 10 Mo-
> naten, wegen Betrug zu der Freiheitsstrafe von 1 Jahr und wegen Trunkenheit im Ver-
> kehr zu der Freiheitsstrafe von 6 Monaten. Hieraus wurde nach §§ 53, 54 StGB eine
> Gesamtfreiheitsstrafe von 1 Jahr und 8 Monaten gebildet. Berufung wird eingelegt hin-
> sichtlich der Verurteilung wegen Betrug. Die Verurteilung wegen Diebstahl und Trun-
> kenheit im Verkehr werden rechtskräftig. Im Berufungsurteil wird der Angeklagte wegen
> Betrug zu der Freiheitsstrafe von 3 Monaten verurteilt und es wird eine Gesamtfreiheits-
> strafe von 14 Monaten gebildet.
> Die Gebühr für das erstinstanzliche Verfahren wird berechnet aus 1 Jahr und 2 Monaten
> = 240,– €, die Gebühr für das Berufungsverfahren aus 3 Monaten = 120,– €.

Ist **neben** einer **Freiheitsstrafe** auf **Geldstrafe** erkannt worden (vgl. § 53 Abs 2 Satz 2
StGB), so ist die Zahl der Tagessätze der Dauer der Freiheitsstrafe **hinzuzurechnen;
dabei entsprechen dreißig Tagessätze einem Monat** Freiheitsstrafe.

> **Beispiel:**
> Verurteilung zu 6 Monaten Freiheitsstrafe sowie zur Geldstrafe von 31 Tagessätzen zu je
> 30,– €.
> Ergebnis: nach KostVerz Nr. 3111 beträgt die Gebühr 240,– € (Gegenstandswert: mehr
> als 6 Monate!).

Ist auf **Verwarnung mit Strafvorbehalt** (§ 59 StGB) erkannt, so bestimmt sich die
Gebühr nach der **vorbehaltenen Geldstrafe** (Zahl der Tagessätze!). Wird später zu der
vorbehaltenen Strafe verurteilt (§ 59 b Abs 1 StGB), fällt dadurch keine weitere Gebühr mehr an (§ 1 GKG).
Bei Zusammentreffen von **Straftat** und **Ordnungswidrigkeit** erfolgt **getrennte** Gebührenberechnung nach Maßgabe der erkannten Strafe bzw der festgesetzten Geldbuße.

Hat das Gericht eine **Maßregel der Besserung und Sicherung** angeordnet, ist für alle Rechtszüge eine Gebühr nach GKG KostVerz Nr. 3116 anzusetzen. Ist die Maßregel **neben** einer Strafe angeordnet worden, so wird die Gebühr jeweils **gesondert** berechnet. In einem solchen Falle ist also sowohl eine Gebühr für die Strafe als auch eine für die Maßregel zu erheben.

> **Beispiel:**
> a) Verurteilung zu der Geldstrafe von 80 Tagessätzen zu je 30,– €. Ferner Entziehung der Fahrerlaubnis, Einziehung des Führerscheins und Verhängung einer Sperrfrist von 12 Monaten für die Wiedererteilung einer neuen Fahrerlaubnis.
> Gebühr nach KV 3110 aus 80 Tagessätzen   120,– €
> Gebühr nach KV 3116 (Maßregel)   60,– €
> b) Verurteilung zu der Freiheitsstrafe von 7 Jahren und Unterbringung in der Sicherungsverwahrung.
> Gebühr nach KV 3114, aus Freiheitsstrafe 7 Jahre   600,– €
> Gebühr nach KV 3116, (Maßregel)   60,– €

Wird auf Grund des § 55 Abs 1 StGB eine **Gesamtstrafe** gebildet, so bemisst sich die Gebühr für das **neue** Verfahren nach dem Betrag, um den die Gesamtstrafe die früher erkannte Strafe **übersteigt**. Erfolgt die Gesamtstrafenbildung im Beschlussverfahren nach § 460 StPO, entsteht **keine** weitere Gebühr; es verbleibt vielmehr bei den Gebühren für die früheren Verfahren.

> **Beispiel:**
> a) Verurteilung zu 5 Monaten Freiheitsstrafe
> b) Gesamtstrafenurteil: – unter Einbeziehung von a) – 11 Monate Freiheitsstrafe
> Ergebnis: KostVerz Nr. 3110 ist für das Verfahren unter b) eine Gebühr von 120,– € (Gegenstandswert: 6 Monate!) anzusetzen. Für das Verfahren unter a) bleibt die Gebühr aus Gegenstandswert 5 Monate = 120,– € bestehen.

Werden im Rahmen der nachträglichen Gesamtstrafenbildung in **einem** Straferkenntnis **mehrere** Freiheitsstrafen verhängt, so werden die Strafen zur Gebührenbemessung **zusammengerechnet**.

> **Beispiel:**
> a) Verurteilung zu der Freiheitsstrafe von 12 Monaten
> b) Verurteilung unter Einbeziehung von a) zu der Gesamtfreiheitsstrafe von 2 Jahren und 6 Monaten und zu der weiteren Freiheitsstrafe von 1 Jahr und 8 Monaten.
> Die Gebühr für die Verurteilung a) aus dem Gegenstandswert von 12 Monaten = 163,– € bleibt bestehen. Für die Verurteilung b) entsteht eine Gebühr aus Gegenstandswert (2 Jahre und 6 Monate minus 12 Monate = 1 Jahr und 6 Monate plus 1 Jahr und 8 Monate, ergibt Gesamtwert von 3 Jahren und 2 Monate = 480,– €.

780 Betrifft eine Strafsache **mehrere Angeschuldigte**, so ist die **Gebühr von jedem Verurteilten gesondert** nach Maßgabe der gegen ihn erkannten Strafe oder angeordneten Maßregel der Besserung und Sicherung zu erheben.
Die Gebührenberechnung erfolgt also getrennt. Eine Mithaftung der anderen Angeklagten bzw Verurteilten hinsichtlich der Gebühren besteht nicht (Ausnahme evtl. Auslagen, die hinsichtlich aller oder mehrerer Angeklagten bzw. Verurteilten entstanden sind. Bzgl dieser Auslagen haften die Mitangeklagten/Verurteilten grundsätzlich als **Gesamtschuldner**. Ausgenommen von der Gesamthaftung sind nur die Auslagen, die durch die Tätigkeit eines **bestellten Verteidigers** oder eines **Dolmetschers** oder durch die **Vollstreckung**, die **einstweilige Unterbringung** oder die **Untersuchungshaft** oder durch **Untersuchungshandlungen**, die **ausschließlich** gegen einen Mitange-

klagten gerichtet waren, entstanden sind (§ 466 StPO).[6] Gleiches gilt auch für Zeugengebühren, die nur hinsichtlich eines Angeklagten/Verurteilten entstanden sind.

Vorstehende Kostengrundsätze gelten entsprechend für das **Jugendstrafverfahren**, 781 wobei allerdings einige Besonderheiten zu beachten sind:
Für die Anordnung von **Erziehungsmaßregeln** und **Zuchtmitteln** sowie die Aussetzung der Verhängung der Jugendstrafe (= Schuldspruch nach § 27 JGG) entstehen **keine Gerichtsgebühren**. Bei **Einbeziehung** eines Urteils, in dem auf Jugendstrafe erkannt ist, in ein neues Urteil (§ 31 Abs 2 JGG) bemisst sich die Gebühr für das neue Verfahren nach dem Betrag, um den die Einheitsstrafe die frühere Strafe übersteigt; im Falle des § 66 JGG (Ergänzung rechtskräftiger Entscheidungen bei mehrfacher Verurteilung) bleibt es bei den Gebühren für die früheren Verfahren.

Beispiel:
a) Verurteilung zu der Jugendstrafe von 12 Monaten;
b) Verurteilung zu der Einheitsjugendstrafe von 15 Monaten unter Einbeziehung der Verurteilung a);
c) Verurteilung zu der Einheitsjugendstrafe von 36 Monaten unter Einbeziehung der Verurteilung b);
Gebühr für die Verurteilung a) aus Gegenstandswert 12 Monaten = 240,– €
Gebühr für die Verurteilung b) aus Gegenstandswert 3 Monaten = 120,– €
Gebühr für die Verurteilung c) aus Gegenstandswert 21 Monaten = 360,– €

Zu den **Auslagen** des Jugendstrafverfahrens gehören auch die Kosten einer **Unterbringung zur Beobachtung** (§ 73 JGG) und einer **einstweiligen Unterbringung in einem Heim der Jugendhilfe** (§ 71 Abs 2, § 72 Abs 4 JGG). Diese Auslagen werden jedoch nur dann erhoben (Höhe nach § 10 Abs 2 JVKostO), wenn die Voraussetzungen des § 10 Abs 1 JVKostO gegeben sind (GKGKostVerz Nr. 9011), also wenn sie nach § 50 Abs 1 StVollzG zu erheben wären.
§ 50 StVollzG in der Fassung v 19. 12. 2007:

(1) Als Teil der Kosten der Vollstreckung der Rechtsfolgen einer Tat (§ 464a Abs 1 Satz 2 der Strafprozessordnung) erhebt die Vollzugsanstalt von dem Gefangenen einen Haftkostenbeitrag.
Ein Haftkostenbeitrag wird nicht erhoben, wenn der Gefangene
1. Bezüge nach diesem Gesetz erhält oder
2. ohne sein Verschulden nicht arbeiten kann oder
3. nicht arbeitet, weil er nicht zur Arbeit verpflichtet ist.
Hat der Gefangene, der ohne sein Verschulden während eines zusammenhängenden Zeitraumes von mehr als einem Monat nicht arbeiten kann oder nicht arbeitet, weil er nicht zur Arbeit verpflichtet ist, auf diese Zeit entfallende Einkünfte, so hat er den Haftkostenbeitrag für diese Zeit bis zur Höhe der auf sie entfallenden Einkünfte zu entrichten. Dem Gefangenen muss ein Betrag verbleiben, der dem mittleren Arbeitsentgelt in den Vollzugsanstalten des Landes entspricht. Von der Geltendmachung des Anspruchs ist abzusehen, soweit dies notwendig ist, um die Wiedereingliederung des Gefangenen in die Gemeinschaft nicht zu gefährden.
(2) Der Haftkostenbeitrag wird in Höhe des Betrages erhoben, der nach § 17 Abs 1 Nr. 4 des Vierten Buches Sozialgesetzbuch durchschnittlich zur Bewertung der Sachbezüge festgesetzt ist. Das Bundesministerium der Justiz stellt den Durchschnittsbetrag für jedes Kalenderjahr nach den am 1. Oktober des vorhergehenden Jahres geltenden Bewertungen der Sachbezüge, jeweils getrennt für das in Artikel 3 des Einigungsvertrages genannte Gebiet und für das Gebiet, in dem das Strafvollzugsgesetz schon vor dem Wirksamwerden des Beitritts gegolten hat, fest und macht ihn im Bundesanzeiger bekannt. Bei Selbstverpflegung entfallen die für die Verpflegung vorgesehenen Be-

---

[6] Zu den Kosten im Wiederaufnahmeverfahren und in Privatklageverfahren s §§ 43 ff GKG und GKG KostVerz Nr. 6200, 6310 ff.

träge. Für den Wert der Unterkunft ist die festgesetzte Belegungsfähigkeit maßgebend. Der Haftkostenbeitrag darf auch von dem unpfändbaren Teil der Bezüge, nicht aber zu Lasten des Hausgeldes und der Ansprüche unterhaltsberechtigter Angehöriger angesetzt werden.

(3) Im Land Berlin gilt einheitlich der für das in Artikel 3 des Einigungsvertrages genannte Gebiet geltende Durchschnittsbetrag.

(4) Die Selbstbeschäftigung (§ 39 Abs 2) kann davon abhängig gemacht werden, dass der Gefangene einen Haftkostenbeitrag bis zur Höhe des in Absatz 2 genannten Satzes monatlich im Voraus entrichtet.

(5) Für die Erhebung des Haftkostenbeitrages können die Landesregierungen durch Rechtsverordnung andere Zuständigkeiten begründen. Auch in diesem Fall ist der Haftkostenbeitrag eine Justizverwaltungsabgabe; auf das gerichtliche Verfahren finden die §§ 109 bis 121 entsprechende Anwendung.

Die Kosten, die einem Jugendlichen oder Heranwachsenden dadurch entstehen, dass er einer ihm erteilten **Weisung** (§ 10 JGG) oder einer **Auflage** (§ 15 JGG) nachkommt, hat er selbst (oder ein für ihn leistungspflichtiger oder leistungsbereiter Dritter) zu tragen.

Von besonderer Bedeutung für die Frage des Kostenansatzes ist jedoch die Vorschrift des **§ 74 JGG**, wonach in Verfahren gegen Jugendliche – bei Anwendung von Jugendstrafrecht auch im Verfahren gegen Heranwachsende (§ 109 Abs 2 JGG) – davon abgesehen werden kann, dem Angeklagten die Kosten und Auslagen aufzuerlegen. Die **Richtlinien zu § 74 JGG** führen dazu u. a. aus:

„Kosten und Auslagen werden dem Jugendlichen nur aufzuerlegen sein, wenn anzunehmen ist, dass er sie aus Mitteln zahlt, über die er selbstständig verfügen kann, und wenn ihre Auferlegung aus erzieherischen Gründen angebracht erscheint. Reichen die Mittel des Jugendlichen zur Bezahlung sowohl der Kosten als auch der Auslagen nicht aus, so können ihm entweder nur die Kosten oder nur die Auslagen auferlegt werden.

Eine Entscheidung über die Kosten und Auslagen wird auch bei der Ergänzung rechtskräftiger Entscheidungen nach § 66 getroffen. Wenn in einer einbezogenen Entscheidung (§ 31 Abs 2, § 66 JGG) von der Ermächtigung des § 74 JGG kein Gebrauch gemacht worden ist, kann in der neuen Entscheidung ausgesprochen werden, dass es insoweit bei der früheren Kostenentscheidung verbleibt. Das wird sich besonders dann empfehlen, wenn auf Grund der früheren Kostenentscheidung bereits Kosten oder Auslagen eingezogen worden sind.

Die Kosten, die einem Jugendlichen dadurch entstehen, dass er einer ihm erteilten Weisung (§ 10 JGG) oder Auflage (§ 15 JGG) nachkommt, gehören nicht zu den Kosten und Auslagen im Sinne des § 74 JGG. Sie werden von dem Jugendlichen oder einem für ihn leistungspflichtigen oder leistungsbereiten Dritten getragen.

§ 74 JGG gilt auch im Verfahren gegen Jugendliche vor den für allgemeine Strafsachen zuständigen Gerichten (§ 104 Abs 1 Nr. 13 JGG), im Verfahren gegen Heranwachsende nur, wenn der Richter Jugendstrafrecht anwendet (§ 109 Abs 2 JGG)."

§ 74 JGG bezieht sich nur auf die Verfahrenskosten und erstattungsfähigen Aufwendungen eines Dritten (z. B. Nebenkläger). Die Vorschrift bietet keine Rechtsgrundlage dafür, die dem Angeklagten entstandenen **notwendigen Auslagen** der Staatskasse aufzuerlegen.[7]

---

[7] KG, JR 1983, 37; OLG München, NStZ 1984, 138; OLG Stuttgart, Rpfleger 1982, 438; BGH, NJW 1989, 464; aM OLG Frankfurt, MDR 1984, 76.

B. Gebühren in Bußgeldsachen

Die Gebühren für das **gerichtliche** Bußgeldverfahren bestimmen sich nach § 8 GKG **782**
und GKG KostVerz Nr. 4110 ff. Die Gebührenerhebung erfolgt im Grundsatz nach
den gleichen Gesichtspunkten wie im Strafverfahren. Eine Gebühr entsteht nur dann,
wenn gegen den Betroffenen rechtskräftig eine Geldbuße festgesetzt worden ist. Die
Gebühr bemisst sich nach der festgesetzten Geldbuße; **mehrere** in einer Bußgeldentscheidung verhängte Geldbußen (vgl. § 20 OWiG) werden dabei **zusammengerech-**
net.[8] Durch die Anordnung von **Nebenfolgen** einer Ordnungswidrigkeit erwächst
keine Gebühr (Ausnahme im Rechtsmittel- oder Wiederaufnahmeverfahren: vgl.
GKG KostVerz Nr. 4230 ff).
Bei **Zusammentreffen** von **Straftat** und **Ordnungswidrigkeit** (§ 83 OWiG) erfolgt ge-
trennte Gebührenberechnung nach Maßgabe der erkannten Strafe bzw der festgesetzten Geldbuße. Bei Rechtsmittelbeschränkung gilt Vorbemerkung 3.1 Abs 7 zu
KostVerz Nr 3110 ff.

Beispiel:
Verurteilung zu der Geldstrafe von 120 Tagessätzen zu je 50,– € und daneben zu der
Geldbuße von 200,– €
Gebühr nach KV 3110 aus 120 Tagessätzen 120,– €
Gebühr nach KV 4110 aus 200 € (10% der Geldbuße,
mindestens aber 40,– €

Richtet sich eine Bußgeldsache gegen **mehrere** Betroffene, so ist die Gebühr von je-
dem **gesondert** nach Maßgabe der gegen ihn festgesetzten Geldbuße zu erheben.
Einen Sonderfall stellt § 25 a StVG dar mit der gebührenrechtlichen **Haftung** des
Kraftfahrzeughalters. Hat die **Staatsanwaltschaft** die maßgebliche Entscheidung getroffen, ist sie auch für den **Kostenansatz** zuständig. In diesem Fall entstehen für den
Kraftfahrzeughalter Festgebühren von 30,– € sofern die Staatsanwaltschaft entscheidet eine Gebühr von 15,– € (vgl Nr. 4301 und 4302 KostVerz zum GKG).
Welche Kosten im Bußgeldverfahren der **Verwaltungsbehörde** zu berechnen sind, **783**
ergibt sich aus § 107 OWiG. Trifft das Gericht aufgrund eines Einspruchs des Betroffenen gegen den Bußgeldbescheid eine **Sachentscheidung,** entfällt die Gebühr für das
Verfahren der Verwaltungsbehörde. Das Bußgeldverfahren der Verwaltungsbehörde
und das gerichtliche Verfahren bilden nämlich **kostenmäßig** eine **Einheit,**[9] so dass
lediglich die Gerichtsgebühren nach GKG KostVerz Nr. 4110ff anzusetzen sind. Anders steht es mit den **Auslagen** der Verwaltungsbehörde (s § 107 Abs 3 OWiG). Sie
sind als Gerichtskosten (GKG KostVerz Nr. 9018, (Nr. 9013)) mit einzuziehen und
als **durchlaufende Gelder** zu behandeln (§ 14 EBAO), sofern nicht eine Erstattung an
die Verwaltungsbehörde aufgrund landesrechtlicher Regelungen entfällt.
Wird der **Einspruch** des Betroffenen gegen den Bußgeldbescheid **verworfen** (§§ 70, 74
Abs 2 Satz 1 OWiG) – mit der Kostenfolge aus § 109 Abs 2 OWiG – so entsteht neben den Kosten aus dem Verfahren der Verwaltungsbehörde (§ 107 OWiG) ggf. eine
weitere Gebühr für das **gerichtliche** Verfahren nach GKGKostVerz Nr. 4210 (nebst
Auslagen). Die Kosten des gerichtlichen Verfahrens werden von dem gem. § 19 Abs 2
Satz 1 und 2 GKG zuständigen **Gericht** des ersten Rechtszuges bzw. der Staatsanwaltschaft als Vollstreckungsbehörde zum Soll gestellt. Da in Fällen in denen keine
gerichtliche **Sachentscheidung** ergangen ist, wird die Staatsanwaltschaft (Jugend-

---

[8] Ebenso *Göhler/König/Seitz*, Rdn 6 a zu § 107 OWiG. Soweit von der Art her möglich, wird zur
Gebührenbestimmung zusammengerechnet; vgl. Vorbemerkung 4.1 Abs 1 zu KV 4110.
[9] BGHSt 26, 183.

richter) auch nicht Vollstreckungsbehörde und demgemäß auch nicht Kostenbehörde.

Bei **Rücknahme** des Einspruchs im gerichtlichen Verfahren ist der Betroffene Schuldner der entstandenen **Auslagen**. Eine Gebühr entsteht nicht. Der Kostenansatz erfolgt wie oben bei dem **Gericht.**

Die Verwaltungsbehörde bleibt bei Rücknahme oder Verwerfung des Einspruchs Vollstreckungsbehörde und zieht daher ihre Kosten zusammen mit der im Bußgeldbescheid festgesetzten Geldbuße in eigener Zuständigkeit ein (§ 90 OWiG).

C. Auslagen

784   Unter **Auslagen** versteht man die dem Staat in Erfüllung seiner Rechtspflegeaufgaben (hier: Durchführung eines Straf- bzw Bußgeldverfahrens) im Einzelfall entstehenden besonderen Aufwendungen. Die Auslagen sind dem Kostenschuldner nach Maßgabe des Auslagenkatalogs des GKG KostVerz Nr. 9000 ff in Rechnung zu stellen. Die Aufstellung in den Nr. 9000 ff ist **abschließend; sonstige Auslagen** (Unkosten) dürfen nicht geltend gemacht werden.

Welche Auslagen im einzelnen zu erheben sind, zeigt nachfolgende **Übersicht:**

785   a) **Schreibauslagen** (Nr. 9000):

Die Schreibauslagen betragen für jede Seite unabhängig von der Art der Herstellung in demselben Rechtszug für die ersten 50 Seiten 0,50 € und für jede weitere Seite 0,15 €. Sie werden – als Hauptanwendungsfall – erhoben für **auf Antrag** erteilte Ausfertigungen und Abschriften. Die Vorschrift der Nr. 9000 ist für das Straf-(Bußgeld-)verfahren ohne große Bedeutung, da Abschriften (Ausfertigungen) der Entscheidungen in der Regel von Amts wegen ergehen (vgl. auch Nr. 1 Abs 2 Mistra). Die erste einem Verurteilten (Betroffenen) und dessen Verteidiger erteilte Abschrift einer gerichtlichen Entscheidung (inklusive einer Abschrift der Sitzungsniederschrift) ist überdies **auslagenfrei.** KV 9000 Abs 2 ist zu beachten. Hier ist geregelt, welche Abschriften kostenfrei zu erteilen sind.

786   b) **Entgelte für Telekommunikationsdienstleistungen** (Nr. 9001):

Die Höhe der Gebühren bestimmt sich nach dem Gebührentarif der Bundespost. Die Erhebung von Pauschbeträgen ist unzulässig. Die den Justizbehörden durch den Betrieb eines Fernschreibers entstehenden Wartungskosten und Grundgebühren sind allgemeine Verwaltungsunkosten und dürfen nicht auf den Kostenschuldner abgewälzt werden.

Fernsprechgebühren und Portoauslagen (mit Ausnahme der Portokosten für förmliche Zustellungen) bleiben **unerhoben.** Die Kosten einer Telefonüberwachung sind dagegen nach Nr. 9005 iVm § 17 a ZSEG erstattungspflichtige Auslagen.[10]

787   c) **Postgebühren für die Zustellung** (Nr. 9002):

Postgebühren werden angesetzt für Zustellungen mit Postzustellungsurkunde oder Einschreiben gegen Rückschein. Ferner bei Zustellungen durch Justizbedienstete nach den § 168 Abs 1 ZPO anstelle der tatsächlichen Aufwendungen 3,50,– €.

> **ZPO – § 168. Aufgaben der Geschäftsstelle**
>
> (1) Die Geschäftsstelle führt die Zustellung nach §§ 173 bis 175 aus. Sie kann einen nach § 33 Abs 1 des Postgesetzes beliehenen Unternehmer (Post) oder einen Justizbediensteten mit der Ausführung der Zustellung beauftragen. Den Auftrag an die Post erteilt die Geschäftsstelle auf dem dafür vorgesehenen Vordruck.

---

[10] Zur Erstattung (Ansatz) der Telefonüberwachungskosten s OLG Karlsruhe, StV 1993, 655.

(2) Der Vorsitzende des Prozessgerichts oder ein von ihm bestimmtes Mitglied können einen Gerichtsvollzieher oder eine andere Behörde mit der Ausführung der Zustellung beauftragen, wenn eine Zustellung nach Absatz 1 keinen Erfolg verspricht.

d) Bekanntmachungskosten (Nr. 9004):   788
Darunter fallen z. B. die Kosten, welche im Rahmen einer öffentlichen Zustellung nach § 40 Abs 1 StPO durch die Bekanntmachung in einer Zeitung entstehen können.

e) Zeugen- und Sachverständigenkosten etc. (Nr. 9005):   789
Zu erheben sind sämtliche nach dem ZSEG zu zahlenden Beträge. Wird ein Gutachten in Erfüllung der Dienstaufgaben erstattet, so dass dem Sachverständigen keine Entschädigung zusteht (§ 1 Abs 3 ZSEG), hat der Kostenbeamte im Einzelfall dennoch eine Berechnung vorzunehmen und den errechneten Betrag vom Kostenschuldner anzufordern.
Unter Nr. 9005 fallen auch die nach § 17a ZSEG zu erstattenden Kosten (z. B. Benutzung einer Datenverarbeitungsanlage, Telefonüberwachung).
Dolmetscher- und Übersetzungskosten, die wegen fehlender Sprachkenntnis des Beschuldigten/Betroffenen entstanden sind, dürfen **nicht** erhoben werden – Ausnahme siehe KV 9005 Abs 3 unter Hinweis auf Abs 4. Die Übertragung in die fremde Sprache muss dabei im Interesse einer sachgerechten Verteidigung erforderlich sein. Anwendungsfälle sind u. a. die Vorführung vor den Richter, der Haftprüfungstermin, die Übersetzung der Anklageschrift und des Haftbefehls, Übersetzungen in der Hauptverhandlung, Übersetzen der Gespräche mit dem Verteidiger und Übersetzen der Verteidigerpost. Weiterhin in Ansatz zu bringen sind hingegen die Übersetzungskosten, die durch die Hinzuziehung ausländischer Zeugen oder die Auswertung fremdsprachlicher Unterlagen entstanden sind.
Die Regelung gilt sowohl für das **Straf-** als auch für das **Ordnungswidrigkeitenverfahren.** Demgemäss sind Dolmetscher- und Übersetzerkosten in diesen Verfahren nicht zu erheben, es sei denn, es liegt eine **abweichende** gerichtliche Entscheidung vor (§§ 464c, 467 Abs 2 Satz 1 StPO; § 46 Abs 1 OWiG).
Ein ausländischer Angeklagter hat allerdings keinen Anspruch auf kostenfreie Übersetzung des **schriftlichen Urteils,**[11] wie er auch von den **Pflichtverteidigerkosten** nicht freigestellt wird.[12]

f) Reisekostenvergütungen; Kosten für die Bereitstellung von Räumen (Nr. 9006):   790
Die Auslagen für **Reisekostenvergütungen** der Gerichtspersonen müssen durch Geschäfte **außerhalb der Gerichtsstelle** entstanden sein. Die Höhe der Kosten bestimmt sich nach den Reisekostengesetzen des Bundes bzw der Länder. Auch die Kosten für den Einsatz von Dienstkraftfahrzeugen (0,30 € pro km) sind anzusetzen.
Zu den Kosten für die **Bereitstellung von Räumen** zählen die Ausgaben für Miete, Beleuchtung und Heizung.

g) Rechtsanwaltskosten (Nr. 9007):   791
Hierunter fallen die an Rechtsanwälte zu zahlenden Beträge (s § 59 RVG), die Vergütungen für Prozesskostenhilfe ausgenommen. Die Erstattung bei der Prozesskostenhilfe richtet sich nach der Bewilligung der PKH, vgl. § 120 ZPO.

> **ZPO – § 120. Festsetzung von Zahlungen**
>
> (1) Mit der Bewilligung der Prozesskostenhilfe setzt das Gericht zu zahlende Monatsraten und aus dem Vermögen zu zahlende Beträge fest. Setzt das Gericht nach § 115 Abs 1 Satz 3 Nr. 4 mit Rücksicht auf besondere Belastungen von dem Einkommen Be-

---

[11] OLG Frankfurt, NJW 1980, 1238; OLG Stuttgart, NStZ 1981, 225 und Rpfleger 1983, 37; OLG Hamburg, MDR 1978, 2462.
[12] OLG München, NJW 1981, 534; OLG Oldenburg, JurBüro 1982, 742; OLG Köln, Rpfleger 1991, 336; OLG Zweibrücken, NJW 1991, 309; aM OLG Düsseldorf, NStZ 1982, 339.

träge ab und ist anzunehmen, dass die Belastungen bis zum Ablauf von vier Jahren ganz oder teilweise entfallen werden, so setzt das Gericht zugleich diejenigen Zahlungen fest, die sich ergeben, wenn die Belastungen nicht oder nur in verringertem Umfang berücksichtigt werden, und bestimmt den Zeitpunkt, von dem an sie zu erbringen sind.

(2) Die Zahlungen sind an die Landeskasse zu leisten, im Verfahren vor dem Bundesgerichtshof an die Bundeskasse, wenn Prozesskostenhilfe in einem vorherigen Rechtszug nicht bewilligt worden ist.

(3) Das Gericht soll die vorläufige Einstellung der Zahlungen bestimmen,
    1. wenn abzusehen ist, dass die Zahlungen der Partei die Kosten decken;
    2. wenn die Partei, ein ihr beigeordneter Rechtsanwalt oder die Bundes- oder Landeskasse die Kosten gegen einen anderen am Verfahren Beteiligten geltend machen kann.

(4) Das Gericht kann die Entscheidung über die zu leistenden Zahlungen ändern, wenn sich die für die Prozesskostenhilfe maßgebenden persönlichen oder wirtschaftlichen Verhältnisse wesentlich geändert haben; eine Änderung der nach § 115 Abs 1 Satz 3 Nr. 2 Satz 1 maßgebenden Beträge ist nur auf Antrag und nur dann zu berücksichtigen, wenn sie dazu führt, dass keine Monatsrate zu zahlen ist. Auf Verlangen des Gerichts hat sich die Partei darüber zu erklären, ob eine Änderung der Verhältnisse eingetreten ist. Eine Änderung zum Nachteil der Partei ist ausgeschlossen, wenn seit der rechtskräftigen Entscheidung oder sonstigen Beendigung des Verfahrens vier Jahre vergangen sind.

792 h) **Kosten der Personenbeförderung** (Nr. 9008):
Erstattungspflichtig sind die **Reisekosten** einschließlich der notwendigen Mehraufwendungen für Übernachtung und Verpflegung.[13] In Betracht kommen u. a. die Kosten der Vorführung des Beschuldigten oder eines Zeugen. Zu erheben sind auch die Kosten für die Benutzung des Gefangenentransportwagens zu Fahrten in **Rechtssachen** (Gefangener als Zeuge in einer anderen Sache!). Die Kosten für die Beförderung von Gefangenen im Rahmen der Strafvollstreckung sind dagegen Vollstreckungskosten im Sinne des § 10 JVKostO. Die den Transportbehörden insoweit entstandenen Auslagen können daher v Verurteilten nicht erhoben werden.

793 j) **Kosten einer Beförderung von Tieren und Sachen; Kosten der Verwahrung von Sachen; Kosten für Durchsuchungen, Bewachungen** (Nr. 9009):
Darunter fallen u. a. die Kosten für den Transport von **Beweisgegenständen** etc. durch die **Bahn** oder mit dem **Pkw**. Dagegen dürfen die bei einer Beförderung entstehenden Postgebühren nicht erhoben werden.[14]

Zu den **Kosten der Verwahrung** gehören z. B. die Unterstellkosten für einen sichergestellten Pkw. UU können auch durch eine besondere Verwahrung von Kostbarkeiten, Wertpapieren etc. Auslagen erwachsen, die dem Kostenschuldner in Rechnung zu stellen sind. Solche Auslagen sind jedoch die Ausnahme. Die amtliche Verwahrung von Überführungsstücken nach der Gewahrsamssachenanweisung ist grundsätzlich kostenfrei.

Soweit Auslagen für die Verwahrung eines Einziehungsgegenstandes entstehen, haftet der Verurteilte hierfür nach dem GKG nur bis zum Zeitpunkt der Rechtskraft der Einziehungsanordnung.[15]

794 k) **Kosten einer Haft, Zwangshaft usw.** (Nr. 9010, 9011):
Zu den Kosten der Vollstreckung von Freiheitsstrafen und von freiheitsentziehenden Maßregeln der Besserung und Sicherung, zu den Kosten der Untersuchungshaft und einer sonstigen Haft wird auf die Ausführungen Rdn 799 ff verwiesen.

---

[13] *Hartmann*, Rdn 5 zu GKG KostVerz Nr. 1907.
[14] *Göhler/König/Seitz*, Rdn 18 zu § 107 OWiG; *Hartmann*, Rdn 2 zu GKG KostVerz Nr. 1908.
[15] BGH, JVBl 62, 60.

l) **Auslagen anderer inländischer Behörden, öffentlicher Einrichtungen oder Bediens-** 795
teter (Nr. 9012):
Darunter fallen u. a. die Beträge, die dem **Gerichtsvollzieher** zustehen oder Zahlungen, die an **Fachbehörden** für Gutachten oder Auskünfte zu leisten sind.
Ferner gehören dazu die Auslagen, die der **Polizei** im Ermittlungsverfahren entstehen, sei es bei der Ausführung von Ersuchen der Staatsanwaltschaft oder bei der Tätigkeit als Hilfsbeamte der Staatsanwaltschaft oder bei eigener Erforschung gem. § 163 StPO. Diese Auslagen – sie bestimmen sich in ihrer Art nach GKGKostVerz Nr. 9000 ff (§ 107 Abs 3 OWiG) – sind von der Polizei zu den Akten des Strafverfahrens zu vermerken oder zu diesen Akten mitzuteilen, unabhängig davon, ob eine Verurteilung des Beschuldigten/Betroffenen zu erwarten ist oder die Kosten einziehbar erscheinen. Für die Vormerkung oder Mitteilung der Auslagen zu den Akten ist eine **Polizeikosten-Nachweisung** zu verwenden. Die Polizei darf ihre Auslagen nicht selbst von dem Beschuldigten/Betroffenen einziehen. Die laufenden **persönlichen** und **sächlichen Ausgaben** der Polizei sind keine Auslagen im Strafverfahren. Dasselbe gilt für Auslagen, die in GKG KostVerz Nr. 9000 ff nicht ausdrücklich aufgeführt sind. Keine Auslagen sind demzufolge insbesondere Porto- und Fernsprechgebühren, Dolmetscher- und Übersetzungskosten, Aufwendungen für die Inanspruchnahme von Polizeifahrzeugen und Polizeihubschraubern, Kosten für allgemeinen Geschäftsbedarf, Kosten für Lichtbild- und Stereoaufnahmen, Kosten für Unterhaltung und Ersatz von Geräten und Ausrüstungsgegenständen sowie Haft- und Verpflegungskosten für Personen, die von der Polizei vorläufig festgenommen sind oder sich in Hafträumen der Polizei in Untersuchungshaft befinden.
Innerhalb des **eigenen Bundeslandes** werden die Polizeikosten nicht ersetzt. Dagegen hat die Polizei für Auslagen, die ihr bei der Ausführung von Ersuchen von Gerichten und Staatsanwaltschaften **anderer Bundesländer** entstehen, einen Erstattungsanspruch, soweit die ersuchende Stelle die Auslagen vom Verurteilten einziehen kann. Der eingezogene Betrag ist der Polizeibehörde zu überweisen.
Die Auslagen im Sinne der Nr. 9013 f sind vom Kostenschuldner stets anzufordern und zwar auch dann, wenn aus Gründen der Gegenseitigkeit, der Verwaltungsvereinfachung und dgl. an die anderen Behörden (Bedienstete) keine Zahlungen zu leisten sind.[16]

m) **Auslagen ausländischer Behörden sowie Kosten des Rechtshilfeverkehrs mit dem** 796
Ausland (Nr. 9012):
Wegen der Kosten des Rechtshilfeverkehrs mit dem Ausland wird auf die Ausführungen Rdn 723 verwiesen.

n) **Kosten der Vorbereitung der öffentlichen Klage** (Nr. 9015) **sowie des dem gericht-** 797
lichen Verfahren vorausgegangenen Bußgeldverfahrens (Nr. 9016):
Darunter fallen die Kosten des Ermittlungsverfahrens[17] sowie Auslagen eines dem Strafverfahren vorangegangenen Bußgeldverfahrens.[18]

Die **Fälligkeit** der Auslagen in Straf- und Bußgeldsachen ist in § 8 GKG geregelt. Die 798
Auslagen (wie auch die Gebühren), die dem **Verurteilten** (Betroffenen) zur Last fallen,

---

[16] Eine Abführung entfällt u. a. bei Leichenöffnungen (GBl BW 1967, 220), für Amtshandlungen der Staatlichen Gesundheitsämter (Justiz 1992, 98) und der Landesfinanzbehörden (§ 5 Abs 5 KostVfg). An Bundesfinanzbehörden (einschl. der Zollbehörden) sind dagegen Beträge über 25,– € abzuführen (durchlaufende Gelder!).
[17] Der Verurteilte haftet nicht für ausscheidbare Kosten des Ermittlungsverfahrens. Darunter fallen im Wesentlichen Auslagen bzgl. eines Mitbeschuldigten oder einer selbstständigen Straftat, wenn insoweit das Verfahren eingestellt wurde bzw nicht zur Anklageerhebung führte.
[18] S dazu Rdn 783.

werden erst mit der **Rechtskraft** des Urteils (gerichtlichen Bußgeldentscheidung) fällig.

Eine **Vorschusspflicht** hinsichtlich der Auslagen besteht nur für den Privatkläger, den Widerkläger sowie für den Nebenkläger, der Berufung oder Revision eingelegt hat (§ 16 GKG).

III. Kosten der Vollstreckung

A. Art der Vollstreckungskosten

799   Zu den nach § 464a Abs 1 StPO erstattungspflichtigen Kosten des Verfahrens gehören auch die wegen der Rechtsfolgen der Tat **nach Rechtskraft** des Straferkenntnisses entstandenen Vollstreckungskosten. Das GKG findet auf die Erhebung dieser Kosten keine Anwendung, da die Vollstreckung **Justizverwaltungsangelegenheit** ist; es gilt die **JVKostO.**

Amtshandlungen in der Strafvollstreckung sind im Rahmen des § 9 Nr. 1 JVKostO kostenfrei. **Gebühren** entstehen grundsätzlich nicht, von der Gebühr nach § 11 Abs 1 JBeitrO für Forderungspfändungen einmal abgesehen.

Auslagen können dagegen nach § 5 Abs 1 JVKostO angesetzt werden. Es gelten insoweit Vorschriften der KostO nach § 137 Nr. 1 bis 7, 10 bis 12, 14 und 15 entsprechend.[19]

Für die Vollstreckung von Freiheitsstrafen und von freiheitsentziehenden Maßregeln enthält § 10 JVKostO wegen der **Haftkosten** Sonderbestimmungen.[20] Die Kosten einer sonstigen Haft ergeben sich aus GKGKostVerz Nr. 9010, 9011.

B. Erhebung der Haftkosten (Übersicht)

800

Vollzugsart	Höhe der Kosten	Erhebung der Kosten: Unter den Voraussetzungen des
Freiheitsstrafen	§ 10 Abs 2 JVKostO[21]	§ 10 Abs 1 JVKostO und § 50 StVollzG (VV zu § 50)
Sicherungsverwahrung	§ 10 Abs 2 JVKostO	§ 10 Abs 1 JVKostO und § 50 StVollzG (VV zu § 50)
Unterbringung in einem psychiatrischen Krankenhaus oder einer Entziehungsanstalt	§ 10 Abs 2 JVKostO	§ 10 Abs 1 JVKostO

[19] Ebenso *Göhler/König/Seitz,* Rdn 37; *Rebmann/Roth/Herrmann,* Rdn 3 jeweils zu § 107 OWiG.

[20] Zu den Haftkosten s auch *Oestreich,* Rpfleger 1982, 462 und OLG Zweibrücken, Rpfleger 1994, 81.

[21] Die Höhe des Haftkostenbeitrags wird nach dem Durchschnittsbetrag der gem. § 17 Abs 1 Nr. 3 des Vierten Buches Sozialgesetzbuch bewerteten Sachbezüge berechnet. Der Bundesminister der Justiz stellt diesen Durchschnittsbetrag (jeweils getrennt für die neuen und alten Bundesländer) für jedes Kalenderjahr im Bundesanzeiger fest; das Justizministerium eines jeden Bundeslandes gibt dies jeweils gesondert bekannt.

Vollzugsart	Höhe der Kosten	Erhebung der Kosten: Unter den Voraussetzungen des
Untersuchungshaft, einstweilige Unterbringung,[22] Unterbringung zur Beobachtung, einstweilige Unterbringung in einem Heim der Jugendhilfe und sonstige Haft (außer Zwangshaft)	GKG KostVerz Nr. 9011 iVm § 10 Abs 2 JVKostO	§ 10 Abs 1 JVKostO
Zwangshaft[23]	GKG KostVerz Nr. 9010 iVm § 10 Abs 2 JVKostO	Generell, ohne die Einschränkungen des § 10 Abs 1 JVKostO
Haft nach dem IRG	§ 10 Abs 2, 3 JVKostO	Generell, ohne die Einschränkungen des § 10 Abs 1 JVKostO, soweit nicht gem. § 75 IRG verzichtet wurde

C. Haftkosten im Einzelnen

Zum Komplex „Haftkosten" (§ 10 JVKostO), zu deren Erhebung und den Aufgaben **801** der Vollstreckungsbehörde liegt eine *AV d JM Baden-Württemberg* v 23. 12. 1986 (5563-III/9) bzw v 16. 12. 1993 (5563-II/9)[24] vor, die eine zusammenfassende Darstellung enthält und daher auch für die Vollstreckungsbehörden anderer Bundesländer von Interesse ist. Nachfolgend eine Wiedergabe derjenigen Passagen der AV, die überregionale Bedeutung haben:

I.

Die durch § 189 des Strafvollzugsgesetzes (StVollzG) v 16. März 1976 (BGBl I S 581, ber S 2088) vorgesehene Neufassung des § 10 der Justizverwaltungskostenordnung (JVKostO) wird erst durch besonderes Bundesgesetz in Kraft gesetzt (§ 198 Abs 3 StVollzG). Bis zu diesem Zeitpunkt werden die Kosten der Vollstreckung von Freiheitsstrafen und von freiheitsentziehenden Maßregeln der Besserung und Sicherung nach § 10 JVKostO in der Neufassung des Kostenermächtigungsgesetzes v 23. Juni 1970 (BGBl I S 805), zuletzt geändert durch das Gesetz zur Änderung von Kostengesetzen v 9. Dezember 1986 (BGBl I S 2326), erhoben. Die Regelung des § 10 JVKostO wird durch § 50 StVollzG ergänzt. § 50 Abs 1 StVollzG stellt Gefangene, die Bezüge nach dem Strafvollzugsgesetz – zur Zeit Arbeitsentgelt und Ausbildungsbeihilfe nach §§ 43, 44, 200 StVollzG – erhalten, von der Zahlung der Haftkosten frei; die Absätze 2 und 3 ermöglichen, von Gefangenen, die in einem freien Beschäftigungsverhältnis stehen (§ 39 Abs 1 StVollzG) oder denen die Selbstbeschäftigung gestattet ist (§ 39 Abs 2 StVollzG), einen – von den Vollstreckungskosten zu unterscheidenden – Haftkostenbeitrag zu erheben. Die Bestimmungen des § 50 StVollzG finden nur auf Gefangene in Justizvollzugsanstalten einschließlich der Jugendstrafanstalten (§ 176 Abs 4 StVollzG) und der Sozialtherapeutischen Anstalten (§ 123 StVollzG) Anwendung; für Gefangene, die nach §§ 63, 64 StGB in einem Psychiatrischen Landeskrankenhaus oder einer Entziehungsanstalt untergebracht sind, gelten sie nicht (§ 138 StVollzG). Über die Erhebung des Haftkostenbeitrags ist in den Verwaltungsvorschriften für die Behandlung der Gelder der Gefangenen (AV d JuM v 6. Oktober 1986, 4523-VI/297, Die Justiz S 474) Näheres bestimmt.

---

[22] Zu den Kosten der einstweiligen Unterbringung siehe auch OLG Karlsruhe, Justiz 1979, 27.

[23] Zur Zwangshaft siehe die Aufstellung unter Rdn 519. Unter diese Kategorie fällt auch die Erzwingungshaft (§ 96 OWiG).

[24] Justiz 1987, 10 bzw Justiz 1994, 40.

II.

1. Die Kosten der Vollstreckung von Freiheitsstrafen und von freiheitsentziehenden Maßregeln der Besserung und Sicherung bestimmen sich nach § 10 Abs 2 JVKostO in der Neufassung des Gesetzes zur Änderung von Kostengesetzen v 9. Dezember 1986 ab 1. Januar 1987 nach der Höhe des Haftkostenbeitrages (§ 50 StVollzG). Die Höhe des Haftkostenbeitrages wird nach dem Durchschnittsbetrag der gem. § 17 des Vierten Buches Sozialgesetzbuch bewerteten Sachbezüge berechnet. Das Bundesministerium der Justiz stellt diesen Durchschnittsbetrag für jedes Kalenderjahr im Bundesanzeiger fest; das Justizministerium gibt dies jeweils gesondert bekannt.

2. Die Kosten der Vollstreckung dürfen nur unter den in § 10 Abs 1 JVKostO und § 50 StVollzG genannten Voraussetzungen erhoben werden. Sie können daher nur angesetzt werden, wenn der Gefangene rechtskräftig kostenpflichtig verurteilt ist, er an den als kostenpflichtig in Betracht kommenden Tagen keine Bezüge nach dem Strafvollzugsgesetz erhält, von ihm nicht bereits ein Haftkostenbeitrag nach § 50 Abs 2, 3 StVollzG erhoben wird und er – § 10 Abs 1 JVKostO

   a) entweder aus von ihm zu vertretenden Gründen nicht arbeitet

   b) oder er ohne sein Verschulden während eines zusammenhängenden Zeitraums von mehr als einem Monat nicht arbeiten kann und auf diese Zeit entfallende Einkünfte (wie etwa Mieten, Pensionen, Renten etc.) hat.

3. In den Fällen der Nr. 2 Satz 2 b können die Vollstreckungskosten nur bis zur Höhe der auf die Zeit der Nichtarbeit entfallenden Einkünfte geltend gemacht werden, soweit nicht daraus Ansprüche unterhaltsberechtigter Angehöriger zu befriedigen sind (§ 10 Abs 1 Satz 2 JVKostO). Dem Gefangenen muss aus den Einkünften ein Betrag verbleiben, der dem mittleren Arbeitsentgelt oder – in Psychiatrischen Krankenhäusern – der Höhe des Taschengeldes entspricht; das mittlere Arbeitsentgelt in den Vollzugsanstalten entspricht dem Arbeitsentgelt der Vergütungsstufe III gem. § 1 Abs 1 StVollzVergO.

   Die Geltendmachung der Vollstreckungskosten unterbleibt nach § 10 Abs 1 Satz 4 JVKostO, soweit die Inanspruchnahme die Wiedereingliederung des Gefangenen in die Gemeinschaft gefährden würde. Eine solche Gefährdung wird bei einem Gefangenen mit laufenden Einkünften nur in Ausnahmefällen bejaht werden können, da dem Gefangenen seine Einkünfte nach der Entlassung wieder voll zur Verfügung stehen; anders kann es jedoch etwa dann sein, wenn er mit Hilfe der Einkünfte drückende Schulden begleichen will.

4. Ergänzend ist zu Nr. 2 Satz 2 a und b auf folgendes hinzuweisen: Nichtarbeit hat der Gefangene insbesondere dann zu vertreten, wenn er zurechenbar die Arbeitsleistung verweigert, ihm die Arbeit oder Beschäftigung durch Disziplinarmaßnahmen entzogen ist, er die Disziplinarmaßnahme des Arrests verbüßt oder ein Fall der zurechenbaren vorsätzlichen Selbstbeschädigung vorliegt. Schuldhafte Schlechtarbeit oder schuldhaft geringe Arbeitsleistung werden als Arbeitsverweigerung angesehen, wenn die erbrachte Leistung trotz Abmahnung in einem auffälligen Missverhältnis zu der zu fordernden, dem Gefangenen möglichen Arbeitsleistung steht.

   Nicht jede Beschäftigung, die einem Gefangenen in einem Psychiatrischen Krankenhaus oder einer Entziehungsanstalt zugewiesen wird, ist Arbeit im Sinn des § 10 JVKostO. Als Arbeit kommt vielmehr nur eine solche Tätigkeit in Betracht, die einen wirtschaftlichen Nutzen hervorbringt.

III.

1. Für den Ansatz der Vollstreckungskosten ist die Vollstreckungsbehörde zuständig (§ 5 Abs 1 Satz 2 KostVfg iVm § 4 Abs 2 GKG). Sie ermittelt – gegebenenfalls im Benehmen mit der Vollzugsanstalt – die Umstände, die die Inanspruchnahme des Gefangenen ermöglichen oder ausschließen, von Amts wegen.

2. a) Hat der Gefangene Anspruch auf laufende Sozialleistungen (insbesondere Renten) in Geld (vgl. hierzu §§ 18 ff des Ersten Buches Sozialgesetzbuch – SGB I –), die zur Sicherung des Lebensunterhalts bestimmt sind, so leitet die Vollstreckungsbehörde den Anspruch in Höhe der nach § 10 JVKostO zu erstattenden Kosten durch eine

schriftliche Anzeige an den zuständigen Leistungsträger nach § 50 SGB I auf den Justizfiskus über; die Anzeige bewirkt den Anspruchsübergang nur insoweit, als die Sozialleistung nicht an Unterhaltsberechtigte oder die in § 49 Abs 2 SGB I genannten Kinder zu bezahlen ist, der Leistungsberechtigte die Kosten der Vollstreckung zu erstatten hat und die Leistung auf den für die Erstattung maßgebenden Zeitpunkt entfällt.

Da sich der Übergang auf den Zeitraum beschränkt, für den der Gefangene Vollstreckungskosten zu tragen hat, muss die Überleitung bewirkt werden, sobald erkennbar ist, dass der Gefangene voraussichtlich während eines zusammenhängenden Zeitraums von mehr als einem Monat nicht arbeiten kann. Kann zu diesem Zeitpunkt noch nicht abschließend beurteilt werden, ob Ansprüche unterhaltsberechtigter Verwandter zu befriedigen sind oder die Inanspruchnahme der Einkünfte die Wiedereingliederung des Gefangenen gefährden würde, so steht dies der unverzüglichen Überleitung nicht entgegen; die Überleitungsanzeige muss gegebenenfalls nachträglich berichtigt werden.

b) Auch die unverzügliche Inanspruchnahme anderer laufender Einkünfte (wie etwa Mieten oder Pensionen) erscheint tunlich. Sie sind, wenn nötig, von der für die Beitreibung zuständigen Stelle zu pfänden.

IV.

a) Kosten der Untersuchungshaft werden nach GKG KostVerz Nr. 9011 nach Maßgabe des § 10 JVKostO erhoben, sofern der Untersuchungsgefangene rechtskräftig kostenpflichtig verurteilt wird.

b) Das Gleiche gilt nach GKG KostVerz Nr. 9011 für die Kosten einer sonstigen Haft außer Zwangshaft, Kosten einer einstweiligen Unterbringung (§ 126 a StPO), einer Unterbringung zur Beobachtung (§ 81 StPO, § 73 JGG) und einer einstweiligen Unterbringung in einem Erziehungsheim (§§ 71 Abs 2, 72 Abs 3 JGG).

c) Die Kosten einer Zwangshaft werden nach GKG KostVerz Nr. 9010 ohne die Einschränkung des § 10 Abs 1 JVKostO in Höhe des Haftkostenbeitrages (§ 10 Abs 2 JVKostO) erhoben.

d) Für den Vollzug der Haft nach dem Gesetz über die internationale Rechtshilfe in Strafsachen v 23. Dezember 1982 (BGBl I S 2071) werden, soweit nicht nach § 75 dieses Gesetzes darauf verzichtet wurde, Kosten in Höhe des Haftkostenbeitrages erhoben (§ 10 Abs 3 JVKostO).

3. Die Höhe des Haftkostenbeitrags wird nach dem Durchschnittsbetrag der gem. § 17 Abs 1 Nr. 3 des Vierten Buches Sozialgesetzbuch bewerteten Sachbezüge berechnet. Der Bundesminister der Justiz stellt diesen Durchschnittsbetrag (jeweils getrennt für die neuen und alten Bundesländer) für jedes Kalenderjahr im Bundesanzeiger fest; das Justizministerium gibt dies jeweils gesondert bekannt.

4. Zu den Kosten einer einstweiligen Unterbringung s auch OLG Karlsruhe, Justiz 1979, 27.

5. Zur Zwangshaft s die Aufstellung unter Rdn 519. Unter diese Kategorie fällt auch die Erzwingungshaft (§ 96 OWiG).

IV. Kostenansatz

A. Aufstellung der Kostenrechnung, Erinnerung

802 Alsbald nach **Fälligkeit**[25] stellt der Kostenbeamte (Beamte des mittleren Dienstes) die **Kostenrechnung** auf. **Kostenbehörde** ist gem. § 19 Abs 2 Satz 1 GKG, soweit eine gerichtliche Entscheidung zu vollstrecken ist, die **Vollstreckungsbehörde** (Staatsanwaltschaft bzw Jugendrichter als Vollstreckungsleiter), bei abschließender Entscheidung durch die Staatsanwaltschaft im Falle des § 25a StVG die **Staatsanwaltschaft** als **Strafverfolgungsbehörde** (§ 19 Abs 3 GKG); in den übrigen Fällen das **Gericht** des **ersten Rechtszugs** (§ 19 Abs 2 Satz 3 GKG).[26]
Der Inhalt der Kostenrechnung ergibt sich aus § 27 KostVfg. Betrifft eine Strafsache **mehrere** Verurteilte/Betroffene, so ist die **Gebühr** von jedem **gesondert** nach Maßgabe der gegen ihn erkannten Strafe (Geldbuße) zu erheben (§ 42 GKG). Wegen der **Auslagen** ist dabei wie folgt zu verfahren:
a) Soweit **keine** gesamtschuldnerische Haftung besteht (also für die Kosten eines bestellten Verteidigers, eines Dolmetschers, für die Vollstreckungskosten, die Kosten einer einstweiligen Unterbringung oder der Untersuchungshaft sowie die Kosten von Untersuchungshandlungen ausschließlich gegen einzelne Mitangeklagte: s § 466 StPO), werden die Auslagen von dem dafür **allein haftenden** Verurteilten angefordert;
b) soweit eine gesamtschuldnerische Haftung besteht (also in allen anderen, nicht unter a) genannten Fällen), sind die Auslagen jeweils von dem Schuldner anzufordern, der sie im Verhältnis zu den übrigen **endgültig** zu tragen hat. Ist dieses Innenverhältnis nicht bekannt oder haften mehrere Schuldner im Verhältnis zueinander gleichmäßig, so werden die Auslagen nach **Kopfteilen** angesetzt (§ 8 Abs 3 KostVfg).

803 Der Kostenschuldner – wie auch der Vertreter der Staatskasse (§ 45 KostVfg) – kann gegen den Kostenansatz **Erinnerung** einlegen.[27] Über die Erinnerung entscheidet das Gericht, bei dem die Kosten angesetzt sind. Sind die Kosten bei der **Staatsanwaltschaft** angesetzt worden, so ist das Gericht der ersten Instanz zuständig (§ 66 Abs 1 GKG).[28] Gegen die Entscheidung über die Erinnerung kann der Kostenschuldner und

---

[25] Zur Fälligkeit der Kosten in Straf- und Bußgeldsachen s § 63 GKG bzw § 7 JVKostO. **GKG – § 63. Fälligkeit der Gebühren in sonstigen Fällen, Fälligkeit der Auslagen** (1) Im Übrigen werden die Gebühren sowie die Auslagen fällig, sobald eine unbedingte Entscheidung über die Kosten ergangen ist oder das Verfahren oder die Instanz durch Vergleich, Zurücknahme oder anderweitige Erledigung beendigt ist. (2) In Strafsachen werden die Kosten, die dem verurteilten Beschuldigten zur Last fallen, erst mit der Rechtskraft des Urteils fällig. Satz 1 gilt in gerichtlichen Verfahren nach dem Gesetz über Ordnungswidrigkeiten entsprechend.

[26] Die Kosten des Rechtsmittelverfahrens vor dem Bundesgerichtshof werden dagegen bei dem Bundesgerichtshof angesetzt (§ 4 Abs 2 Satz 3 GKG).

[27] Nach KG, Rpfleger 1969, 101 kann auch die Nichtanwendung des § 10 Abs 1 KostVfg (Absehen v Kostenansatz wegen dauernden Unvermögens des Kostenschuldners) mit der Erinnerung gerügt werden. Zulässiger Rechtsbehelf dürfte hier jedoch der Antrag auf gerichtliche Entscheidung nach Art XI, § 1 Kost-ÄndG sein: OLG Stuttgart, Justiz 1984, 309; OLG Oldenburg, JurBüro 1982, 742.

[28] Der Kostenbeamte kann der Erinnerung abhelfen. Hilft er nicht oder nicht in vollem Umfang ab, so hat er die Akten dem Prüfungsbeamten (Bezirksrevisor) vorzulegen (§ 35 Abs 2 KostVfg). Der Bezirksrevisor prüft, ob der Kostenansatz im Verwaltungsweg zu ändern ist (§ 4 Abs 3 GKG) oder ob Anlass besteht, für die Staatskasse ebenfalls Erinnerung einzulegen. Soweit der Erinnerung nicht abgeholfen wird, veranlasst er, dass die Akten unverzüglich dem nach § 5 Abs 1 GKG zuständigen Gericht zur Entscheidung zugeleitet werden (§ 45 Abs 2 Satz 2, 3 KostVfg).

die Staatskasse **Beschwerde** einlegen, wenn der Wert des Beschwerdegegenstandes 200 € übersteigt (§ 66 Abs 2 GKG). Das Verfahren über die Erinnerung und über die Beschwerde ist **gebührenfrei** (§ 66 Abs 8 GKG).

B. Einziehungsverfahren, Stundung, Kostenerlass, Nachlasshaftung

Hat der kostenpflichtige Verurteilte (Betroffene) neben den Kosten auch noch einen   **804** Geldbetrag im Sinne von § 1 Abs 1 EBAO zu entrichten, so werden Geldbetrag und Kosten **gleichzeitig** eingefordert und beigetrieben. Das Einziehungsverfahren – Aufgabe der Vollstreckungsbehörde – richtet sich nach der EBAO und der JBeitrO (§ 1 Abs 2 bis 4 EBAO, § 1 Abs 4 JBeitrO). Die Möglichkeit vom Kostenansatz abzusehen (§ 10 Abs 1 KostVfg), besteht in solchen Fällen nicht (§ 10 Abs 2 Nr. 3 KostVfg). Über die Bewilligung von **Zahlungserleichterungen** – auch wegen der Kosten – entscheidet die **Vollstreckungsbehörde** (§ 459a Abs 4 StPO, § 93 Abs 3 OWiG). Daneben kann auch unter den Voraussetzungen des § 459d StPO das **Gericht** anordnen, dass die **Einziehung** der **Kosten** ganz oder zum Teil **unterbleibt** (§ 459d Abs 2 StPO). Wird kein Geldbetrag geschuldet oder wird die Verbindung von Geldbetrag und Kosten gelöst (§ 15 EBAO), so sind die Kosten der **Gerichtskasse zur Einziehung zu überweisen** (§§ 29ff KostVfg, § 16 EBAO), sofern nicht die Voraussetzungen des § 10 Abs 1 KostVfg vorliegen und vom Kostenansatz abgesehen bzw eine Überweisung der Kosten unterbleiben kann. Die Gerichtskasse hat bei ihrem Einziehungsverfahren auf die persönlichen und wirtschaftlichen Verhältnisse des Schuldners und seiner Familie Rücksicht zu nehmen. Dies gilt in besonderem Maße bei (entlassenen) **Strafgefangenen**, deren Wiedereingliederung durch Gewährung von Zahlungserleichterungen und dergleichen erleichtert werden kann. Der Kostenbeamte gibt der Gerichtskasse entsprechende Hinweise. Hat der Kostenschuldner eine Freiheitsstrafe zu verbüßen kann der Kostenrechnung ein **Merkblatt** beigefügt werden, das den Verurteilten über die Möglichkeiten einer Stundung oder eines Erlasses der Kosten unterrichtet. Das **Merkblatt** kann folgenden **Inhalt** haben:

> Die Kostenrechnung enthält die in Ihrer Strafsache entstandenen und von Ihnen zu bezahlenden Gerichtskosten. Die mit der gerichtlichen Kostenentscheidung für Sie verbundene finanzielle Belastung beruht auf gesetzlicher Bestimmung. Es muss deshalb erwartet werden, dass Sie im zumutbaren Umfang Kraft und Mittel einsetzen, die Kostenschuld in angemessener Frist zu begleichen.
> Falls Sie finanziell nicht in der Lage sind, die Kostenschuld auf einmal zu bezahlen, besteht die Möglichkeit, die Kosten in Teilbeträgen oder zu einem späteren Zeitpunkt zu zahlen. In diesem Falle wenden Sie sich bitte mit einem Antrag an die in der Kostenrechnung genannte Gerichtskasse. Sie sollten dabei Ihre wirtschaftlichen Verhältnisse schildern.
> In besonderen Ausnahmefällen können die Gerichtskosten ganz oder zum Teil erlassen werden. Voraussetzung ist jedoch, dass die Einziehung der Kosten mit besonderen Härten für Sie verbunden ist oder dass es sonst aus besonderen Gründen der Billigkeit entspricht. Auch hier sollten Sie einen entsprechenden Antrag an die in der Kostenrechnung genannte Gerichtskasse richten.
> Im Übrigen können Sie sich wegen der weiteren Einzelheiten auch an die Rechtsantragsstelle des nächsten Amtsgerichts wenden oder, wenn Sie sich in einer Vollzugsanstalt befinden, mit deren Verwaltung in Verbindung setzen.

Der Kostenbeamte hat jedoch auch die Möglichkeit, vom Ansatz der Kosten in diesen Fällen abzusehen, wenn sich die verurteilte Person in Haft befindet nach § 10 KostVfG. Von dieser Bestimmung soll in der Regel gebrauch gemacht werden, wenn zu erwarten ist, dass eine längere Freiheitsstrafe zu verbüßen ist und die verurteilte Person über kein Vermögen verfügt. Eine verurteilte Person, die sich in Strafhaft befindet, ist zwar zur Arbeit verpflichtet. Von dem Arbeitsentgelt ist zunächst das Überbrückungsgeld anzusparen, das nicht der Pfändung unterliegt und das dem Verurteilten für die erste Zeit nach der Entlassung den notwendigen Lebensunterhalt des Gefangenen und seiner Unterhaltsberechtigten für die ersten vier Wochen sichern soll. $^3/_7$ des Arbeitsentgeltes erhält der Gefangene als Hausgeld, über das er frei verfügen kann und das in der Regel ebenfalls nicht der Pfändung unterliegt. Deshalb haben die Generalstaatsanwälte in den meisten Bundesländern auch angeordnet, dass in Fällen, in denen gegen die verurteilte Person längere Freiheitsstrafen verhängt worden sind, in der Regel vom Kostenabstand nach § 10 KostVfg Gebrauch gemacht werden soll.

805 Die **Stundung** von Gerichtskosten, die der Kasse zur Einziehung überwiesen sind, sowie der **Erlass** von Gerichtskosten richtet sich nach speziellen landesrechtlichen Bestimmungen.[29]
In Baden-Württemberg obliegt die Entscheidung über den **Erlass** von Gerichtskosten dem **Präsidenten des Landgerichts** (Amtsgerichts), bei höheren Beträgen (über 5000 €) dem **Präsidenten des Oberlandesgerichts**. Bei der Ausübung der Befugnis ist ein strenger Maßstab anzulegen. Es ist regelmäßig daran festzuhalten, dass der Zahlungspflichtige wenigstens einen angemessenen Teil der Forderung bezahlt, bevor der Rest erlassen wird. Im übrigen ist stets auch zu prüfen, ob den Belangen des Schuldners nicht auch durch Gewährung von Zahlungserleichterungen oder Abschluss eines Vergleichs usw. ausreichend Rechnung getragen werden kann.

806 Eine Ermäßigung, Aussetzung zur Bewährung oder ein Erlass der Gerichtskosten ist auch als **Gnadenmaßnahme** möglich. Das Gnadenverfahren steht jedoch nur dann offen, wenn **zugleich** in **derselben** Sache noch über einen sonstigen Gnadenerweis zu befinden ist. Wegen der Kosten allein scheidet der Gnadenweg aus.

807 Im Falle des **Todes** des Angeklagten endet das Strafverfahren, ohne dass es einer förmlichen Einstellung bedarf. Ein bereits ergangenes, aber noch nicht rechtskräftiges Urteil wird auch bzgl. der Kosten- und Auslagenentscheidung hinfällig. Eine isolierte Kostenentscheidung scheidet aus, demgemäss auch ein Ansatz der Verfahrenskosten.[30]
Stirbt der Verurteilte allerdings erst **nach** eingetretener Rechtskraft, haftet der **Nachlass** für die Gerichtskosten weiter (§ 465 Abs 3 StPO).

C. Gebühren und Auslagen des Verteidigers

807a (1) In Straf- und Bußgeldsachen sind **Rahmengebühren** zu berechnen im Gegensatz zu den meisten der Gebühren des RVG, die sich nach dem Wert richten, die sog. **Wertgebühren**. Wertgebühren lassen sich in Straf- und Bußgeldsachen schon deshalb nicht heranziehen, da ansonsten der Verteidiger aus kostenrechtlichen Gründen ein Interesse an einer möglichst hohen Strafe oder Nebenfolge haben könnte. Der Mindest- und der Höchstbetrag der Rahmengebühren sind im Gesetz festgelegt. Der Verteidiger bestimmt die Höhe dieser Gebühr nach den in § 14 RVG niedergelegten Kriterien. Diese Kriterien sind:

a) Die Bedeutung der Angelegenheit für den Angeklagten bzw den Beschuldigten. Hier ist zu berücksichtigen, welche Auswirkungen die Angelegenheit und die zu erwartende Strafe auf die soziale Stellung des Angeklagten haben. So ist die Angelegen-

[29] Fundstellen: *Piller/Hermann*, „Justizverwaltungsvorschriften" Nr. 5 und Nr. 10 (Anl IV).
[30] BGH, Rpfleger 1987, 126.

heit, bei der die Entziehung der Fahrerlaubnis in Betracht kommt, für einen Berufs-
kraftfahrer bedeutsamer wie für einen Rentner, bei dem möglicherweise auf die Fahrerlaubnis nicht ankommt, sie ist für einen Angeklagten bedeutsamer, bei dem die Verhängung einer Freiheitsstrafe ohne Bewährung in Betracht kommt, wie für einen
Angeklagten, bei dem lediglich die Verhängung einer Geldstrafe im Raume steht.

b) Die Einkommensverhältnisse und die Vermögensverhältnisse des Angeklagten.
Dies bedeutet, dass bei einem reichen Angeklagten der Rechtsanwalt eine höhere Gebühr verlangen kann. Dies gilt auch dann, wenn die Gebühren von einem Dritten zu
erstatten sind.[31]

c) Umfang der Angelegenheit und der anwaltlichen Tätigkeit. Auszugehen ist hier
vom Durchschnitt der gerichtlichen Straf- bzw Bußgeldverfahren.

d) Schwierigkeit der anwaltlichen Tätigkeit. So wirken sich besondere rechtliche
Schwierigkeiten, die Vernehmung von mehreren Kindern als Zeugen oder die Mitwirkung eines Dolmetschers gebührenerhöhend aus.

e) Neu ist, dass sich die Gebührenhöhe des Rechtsanwalts bei der Rahmengebühr des
§ 14 RVG auch nach einem besonderen Haftungsrisiko richten kann, das zu berücksichtigen ist.

Alle vier Kriterien und das Haftungsrisiko sind gleich bedeutend. Für ein durch-
schnittliches Verfahren, bei dem alle Kriterien durchschnittlich sind, kann der Anwalt
im Grundsatz die sog. **Mittelgebühr** verlangen, wobei in Bußgeldsachen nach § 42
RVG im Grundsatz ein anderer Gebührenrahmen gilt wie in Strafsachen (vgl Vergü-
tungsverzeichnis Nr 5100 ff zum RVG). Der Gebührenrahmen in Bußgeldsachen ist
seit der Neufassung des RVG auch nach der Höhe der verhängten Geldbuße bestimmt, so dass gerade in Bußgeldsachen im Grundsatz nicht mehr von der reinen
Rahmengebühr gesprochen werden kann. Hier hat sich der Gesetzgeber für eine
Mischgebühr zwischen Wert- und Rahmengebühr entschieden. Trotzdem kommt bei
einer durchschnittlichen Verkehrsordnungswidrigkeit alltäglicher Art grundsätzlich
nicht die Mittelgebühr nach VergVerz 5107 ff zum RVG), sondern nur eine erheblich
niedrigere Gebühr in Betracht.[32] Die Bestimmung der Höhe der Rahmengebühr
durch den Anwalt ist dann unbillig, wenn die Umstände des Einzelfalls und die gesetzlichen Bemessungskriterien ersichtlich nicht beachtet worden sind,[33] wobei ein
Abweichen von mehr als 20% als erheblich anzusehen ist.[34]

(2) Im **vorbereitenden Verfahren** (Verfahren bis zum Eingang der Anklageschrift oder
des Antrags auf Erlass des Strafbefehls bei Gericht), im gerichtlich anhängigen Verfahren, in dem er nur außerhalb der Hauptverhandlung tätig ist, und in einem Verfahren in dem eine Hauptverhandlung nicht stattfindet, erhält der Rechtsanwalt die
Gebühren nach dem VergVerz Nr 4104 f zum RVG.

a) Verfahren vor dem OLG, dem Schwurgericht, der Strafkammer nach §§ 74 a und
74 c GVG und der Jugendkammer, soweit diese in Sachen entscheidet, die nach den
allgemeinen Vorschriften zur Zuständigkeit des Schwurgerichts gehören, 80,– € bis
580,– € – Mittelgebühr 330,– € (VergVerz Nr. 4118), befindet sich die angeklagte
Person in Haft, beträgt die Gebühr 80,– € bis 725,– €, Mittelgebühr daher 402,50 €.

b) Verfahren vor der großen Strafkammer und vor der Jugendkammer, soweit
nicht oben Buchst. a) in Betracht kommt 40,– € bis 270,– € – Mittelgebühr 155,– €
nach VergVerz 4112. Befindet sich die angeklagte Person in Haft, beträgt die Gebühr
40,– € bis 337,50 €, Mittelgebühr daher 188,75 €.

---

[31] OLG Hamm, JurBüro 2000, 412.
[32] LG Bonn, Rpfleger, 2003, 42.
[33] OLG Düsseldorf, Rpfleger 2002, 271.
[34] KG Berlin, Beschluss v 6. 8. 2001, 4 Ws 120/01, OLG Düsseldorf, JurBüro 2000, 78.

c) Verfahren vor dem Schöffengericht, dem Jugendschöffengericht, dem Strafrichter und dem Jugendrichter 30,– € bis 250,– € – Mittelgebühr 140,– €.

Diese Verfahrensgebühren sind in der Neuordnung der Vergütungsverordnung der Rechtsanwälte herabgesetzt worden gegenüber der bisherigen Regelung in der BRAGO. Dagegen sind die Gebührensätze für die Teilnahme des Verteidigers in der Hauptverhandlung erheblich heraufgesetzt worden.

Für die Bestimmung des Gebührenrahmens ist also maßgebend, bei welchem Gericht die Sache anhängig wird, bzw anhängig geworden wäre. Befindet sich der Beschuldigte nicht auf freiem Fuß, so ist jeweils ein anderer Gebührenrahmen anzuwenden, vgl VergVerz zum RVG. Der Beschuldigte kann sich in dieser Sache in Untersuchungshaft befinden oder in anderer Sache in Strafhaft.

(3) Für die Verteidigung in der **Hauptverhandlung** erhält der Rechtsanwalt eine weitere Gebühr nach VergVerz Nr 4108 ff, 4114 ff, 4120 ff zum RVG. Diese Gebühren decken die gesamte Tätigkeit des Rechtsanwalts ab von der Anklageerhebung bis zum Ende der Hauptverhandlung. In diesen Gebühren ist auch enthalten eine evtl Gebühr für die Einlegung eines Rechtsmittels gegen die erstinstanzliche Entscheidung und die Revisionsbegründung. Voraussetzung für die Entstehung einer Verfahrensgebühr für das Rechtsmittelverfahren ist die wirksame Einlegung eines Rechtsmittels. Die weiteren Gebühren für eine Teilnahme an der Hauptverhandlung erhält der Rechtsanwalt nur, wenn auch tatsächliche eine Hauptverhandlung stattfindet und dass der Rechtsanwalt an dieser auch teilnimmt.

Für die Teilnahme des Verteidigers in der Hauptverhandlung ist folgender Gebührenrahmen vorgesehen:

a) Verfahren vor dem OLG, dem Schwurgericht oder der Strafkammer nach §§ 74 a und 74 c GVG sowie der Jugendkammer, soweit diese in Sachen entscheidet, die nach den allgemeinen Vorschriften zur Zuständigkeit des Schwurgerichts gehören, 110,– € bis 780,– € – Mittelgebühr 445,– €, die Mittelgebühr mit Zuschlag (die angeklagte Person befindet sich in Haft) beträgt 542,50 €.

b) Verfahren vor der großen Strafkammer und vor der Jugendkammer, soweit nicht oben Buchst. a) in Betracht kommt 70,– € bis 470,– € – Mittelgebühr 270,– €. Die Mittelgebühr mit Zuschlag beträgt 328,75 €.

c) Verfahren vor dem Schöffengericht, dem Jugendschöffengericht, dem Strafrichter und dem Jugendrichter 60,– € bis 400,– € – Mittelgebühr 230,– €, die Mittelgebühr mit Zuschlag beträgt 280,– €.

Dieser Gebührenrahmen findet nicht nur Anwendung, wenn es sich um den ersten Hauptverhandlungstag handelt, sondern gilt für jeden Hauptverhandlungstag. Erstreckt sich die Hauptverhandlung bzw. der jeweilige Hauptverhandlungstag über einen längeren Zeitraum (5 bis 8 Stunden oder mehr als 8 Stunden) erhält der gerichtlich bestellte Verteidiger oder der beigeordnete Rechtsanwalt einen Zuschlag. Dieser Zuschlag steht dem frei gewählten Verteidiger jedoch nicht zu. Die Länge der Hauptverhandlung ist jedoch bei der Festlegung der Rahmengebühr im Rahmen des § 14 RVG zu berücksichtigen.

Befindet sich der Beschuldigte nicht auf freiem Fuß, so ist jeweils von der Rahmengebühr mit Zuschlag auszugehen.

(3) Verbindung oder Trennung von Strafsachen. Werden mehrere Strafsachen verbunden, so bleiben die in jeder einzelnen Sache vor der Verbindung entstandenen Gebühren erhalten. Nach der Verbindung entsteht nur noch eine einheitliche Gebühr. Werden mehrere Verfahren getrennt, so können nach der Trennung in jedem Verfahren die Gebühren gesondert entstehen.

(4) **Die Berufung.** Der Rechtsanwalt erhält die Gebühren nach dem VergVerz Nr 4124 ff zum RVG für die Vertretung des Angeklagten in der Hauptverhandlung. Daraus ergibt sich, dass er für die Einlegung der Berufung bzw. der Revision keine Gebühr erhält. Er erhält mit der Rechtsmitteleinlegung die Verfahrensgebühr. Mit dieser Gebühr ist die gesamte Tätigkeit des Rechtsanwalts im Berufungsverfahren abgegolten. Ist der Rechtsanwalt im Berufungsverfahren nur außerhalb der Hauptverhandlung tätig oder findet eine Hauptverhandlung nicht statt, so erhält er nur die Verfahrensgebühr. Die Gebühr beträgt derzeit zwischen 70,– € bis 1162,50,– € nach dem VergVerz 4124–4135 zum RVG.

Wird die Sache von dem Berufungsgericht an ein untergeordnetes Gericht zurückverwiesen, so bleiben die in der Berufungsinstanz bereits entstandenen Gebühren bestehen.

(5) **Die Revision.** Für die Verteidigung des Mandanten im Revisionsverfahren erhält der Rechtsanwalt die Gebühren nach VergVerz 4130 zum RVG. Diese betragen:

im Verfahren vor dem BGH oder vor dem OLG (eine Unterscheidung wird nach der Neufassung des RVG nicht mehr gemacht) 100,– € bis 930,– € – Mittelgebühr 515,– €, die Mittelgebühr mit Zuschlag beträgt 631,25 €. Hinzu kommen die Gebühren für die Teilnahme an den Hauptverhandlungen.

Voraussetzung für das Entstehen der Gebühr ist die Anwesenheit des Verteidigers in der Hauptverhandlung. Im Revisionsverfahren beginnt die Hauptverhandlung mit dem Vortrag des Berichterstatters.

Befindet sich der Beschuldigte nicht auf freiem Fuß, so ist jeweils die Gebühr mit Zuschlag in Ansatz zu bringen, wobei es auf die Länge der Haft, in der sich der Angeklagte befindet, nicht ankommt. Der Beschuldigte kann sich in dieser Sache in Untersuchungshaft befinden oder in anderer Sache in Strafhaft.

(6) **Gebührenvereinbarung nach § 3a RVG.**

(1) Aus einer Vereinbarung kann der Rechtsanwalt eine höhere als die gesetzliche Vergütung nur fordern, wenn die Erklärung des Auftraggebers schriftlich abgegeben und nicht in der Vollmacht oder in einem Vordruck, der auch andere Erklärungen umfasst, enthalten ist. Sie hat einen Hinweis darauf zu enthalten, dass die gegnerische Partei, ein Verfahrensbeteiligter oder die Staatskasse im Falle der Kostenerstattung regelmäßig nicht mehr als die gesetzliche Vergütung erstatten muss. Hat der Auftraggeber freiwillig und ohne Vorbehalt geleistet, so kann er das Geleistete nicht deshalb zurückfordern, weil seine Erklärung der Vorschrift des Satzes 1 nicht entspricht. Vereinbarungen über die Vergütung nach Absatz 1 sind schriftlich zu treffen werden; ist streitig, ob es zu einer solchen Vereinbarung gekommen ist, so trifft die Beweislast den Rechtsanwalt.

(2) Ist eine vereinbarte, eine nach § 4 Abs 3 Satz 1 RVG von dem Vorstand der Rechtsanwaltskammer festgesetzte oder eine nach § 4a RVG für den Erfolgsfall vereinbarte Vergütung unter Berücksichtigung aller Umstände unangemessen hoch, kann sie im Rechtsstreit auf den angemessenen Betrag bis zur Höhe der gesetzlichen Vergütung herabgesetzt werden. Vor der Herabsetzung hat das Gericht ein Gutachten des Vorstandes der Rechtsanwaltskammer einzuholen; dies gilt nicht, wenn der Vorstand der Rechtsanwaltskammer die Vergütung nach § 4 Abs 3 Satz 1 festgesetzt hat. Das Gutachten ist kostenlos zu erstatten.

(3) Durch eine Vereinbarung, nach der ein im Wege der Prozesskostenhilfe beigeordneter Rechtsanwalt eine Vergütung erhalten soll, wird eine Verbindlichkeit nicht begründet. Eine solche Vereinbarung ist nichtig. Hat der Auftraggeber freiwillig und ohne Vorbehalt geleistet, so kann er das Geleistete nach den Vorschriften über die ungerechtfertigte Bereicherung nach den Vorschriften des BGB zurückfordern.

(4) In außergerichtlichen Angelegenheiten kann der Rechtsanwalt Pauschalvergütungen und Zeitvergütungen vereinbaren, die niedriger sind als die gesetzlichen Gebühren. Der Rechtsanwalt kann sich für gerichtliche Mahnverfahren und Zwangsvollstreckungsverfahren nach den §§ 803 bis 863 und 899 bis 915 der Zivilprozessordnung verpflichten, dass er, wenn der Anspruch des Auftraggebers auf Erstattung der gesetzlichen Vergütung nicht beigetrieben werden kann, einen Teil des Erstattungsanspruchs an Erfüllungs Statt annehmen werde. Der nicht durch Abtretung zu erfüllende Teil der gesetzlichen Vergütung und die sonst nach diesem Absatz vereinbarten Vergütungen müssen in angemessenem Verhältnis zu Leistung, Verantwortung und Haftungsrisiko des Anwalts stehen.

Bei der von der gesetzlichen Vergütung abweichenden Honorarvereinbarung muss die vereinbarte Vergütung der Höhe nach gem. allgemeinen Grundsätzen bestimmbar sein.[35] Der Rechtsanwalt muss jedoch eine erkennbar nicht vermögende Partei darauf hinweisen, dass er zur Übernahme eines künftigen Mandats nur bei Abschluss einer Honorarvereinbarung bereit ist. Diese Verpflichtung beinhaltet den Hinweis, dass das deutlich über den gesetzlichen Gebühren und Auslagen liegende Honorar in jedem Fall von der Partei selbst zu tragen ist, weil es weder von der Rechtsschutzversicherung übernommen wird, noch im Falle des Freispruchs von der Staatskasse zu erstatten ist.[36] Es gibt jedoch keine allgemein verbindliche Honorargrenze, deren Überschreiten eine Herabsetzung des Honorars erfordert. Bei Honorarvereinbarungen in Strafsachen ist deren Angemessenheit im Hinblick auf den erforderlichen Zeitaufwand und einen sowohl die Qualifikation des Anwalts als auch dessen Gemeinkosten berücksichtigenden Stundensatz zu beurteilen.[37]

Der Pflichtverteidiger

807b (1) Der Rechtsanwalt, der vom Gericht als Verteidiger bestellt worden ist, erhält seine Gebühren aus der Staatskasse. Er erhält dieselben Gebühren (aber nicht der Höhe nach) wie der gewählte Verteidiger, jedoch machen VergVerz Nr 4100 ff zum RVG Einschränkungen hinsichtlich der Höhe der Gebühr.

> RVG – § 45 (3) Ist der Rechtsanwalt sonst gerichtlich bestellt oder beigeordnet worden, erhält er die Vergütung aus der Landeskasse, wenn ein Gericht des Landes den Rechtsanwalt bestellt oder beigeordnet hat, im übrigen aus der Bundeskasse.

Dem Rechtsanwalt, der einem Beschuldigten vor der Verbindung mehrerer Verfahren als Pflichtverteidiger beigeordnet wird, steht für jedes der verbundenen Verfahren, in dem er als Verteidiger vor der Verbindung tätig geworden ist, eine gesetzliche Gebühr zu.[38] Auch bei Anberaumung zweier Strafsachen auf dieselbe Terminstunde erhält der Verteidiger zwei Gebühren wenn erst in der Hauptverhandlung nach Aufruf der Sachen ein Beschluss über die Verbindung beider Verfahren ergeht.[39]

(2) Ist der Angeklagte jedoch freigesprochen worden und sind die Kosten des Verfahrens und die dem Angeklagten entstandenen notwendigen Auslagen der Staatskasse auferlegt worden, so steht ihm gegen die Staatskasse die Erstattung der Gebühren eines Wahlverteidigers zu. Die Regelung ist in § 52 RVG enthalten.

> (1) Der gerichtlich bestellte Rechtsanwalt kann von dem Beschuldigten die Zahlung der Gebühren eines gewählten Verteidigers verlangen; er kann jedoch keinen Vorschuss for-

---

[35] OLG Koblenz, AGS 2002, 200.
[36] OLG Stuttgart, OLGR 2003, 34.
[37] OLG Hamm, AGS 2002, 268.
[38] OLG Hamm, NStZ-RR 2002, 158, OLG Koblenz, JurBüro 2001, 640.
[39] OLG Köln, JurBüro 2002, 303.

dern. Der Anspruch gegen den Beschuldigten entfällt insoweit, als die Staatskasse Gebühren gezahlt hat.

(2) Der Anspruch kann nur insoweit geltend gemacht werden, als dem Beschuldigten ein Erstattungsanspruch gegen die Staatskasse zusteht, oder das Gericht des ersten Rechtszugs auf Antrag des Rechtsanwalts feststellt, dass der Beschuldigte ohne Beeinträchtigung des für ihn und seine Familie notwendigen Unterhalts zur Zahlung oder zur Leistung von Raten in der Lage ist. Ist das Verfahren nicht gerichtlich anhängig geworden, so entscheidet das Gericht, das den Verteidiger bestellt hat.

(3) Wird ein Antrag nach Abs 2 Satz 1 gestellt, setzt das Gericht dem Beschuldigten eine Frist zur Darlegung seiner persönlichen und wirtschaftlichen Verhältnisse; § 117 Abs. 2 bis 4 der ZPO gilt entsprechend. Gibt der Beschuldigte innerhalb der Frist keine Erklärung ab, wird vermutet, dass er leistungsfähig im Sinne des Abs. 2 Satz 1 ist.

(4) Gegen den Beschluss nach Abs 2 ist die sofortige Beschwerde nach den Vorschriften der §§ 304 bis 311 a StPO zulässig.

Der Hauptanwendungsfall ist der Freispruch des Angeklagten unter Übernahme der Verfahrenskosten und der notwendigen Auslagen auf die Staatskasse. Nach § 52 Abs 1 Satz 1 RVG kann der gerichtlich bestellte Rechtsanwalt von dem Beschuldigten die Zahlung der Gebühren eines gewählten Verteidigers verlangen. Die Festsetzung gegen die Staatskasse erfolgt in diesem Fall nicht nach den Vorschriften des § 55 RVG sondern nach den Vorschriften der §§ 103 ff ZPO. Duch die Neufassung der Rechtsanwaltsvergütung nach dem RVG wurde die Vergütung des Pflichtverteidigers strukturell geändert. Die weiterhin vorgesehenen Festgebühren basieren jetzt auf der Mittelgebühr des Wahlanwalts, was zu einer höheren Vergütung führt.

(3) Probleme ergeben sind in Verfahren mit Teilfreispruch und Kostenquotelung, wie folgendes Beispiel verdeutlichen soll:

A wird beschuldigt, folgende Straftaten begangen zu haben:

a) Raub nach § 249 StGB,

b) Vergewaltigung nach § 177 StGB

Wegen beider Delikte erging ein Haftbefehl, der Beschuldigte befindet sich in Untersuchungshaft wegen beider Delikte. Vor Anklageerhebung wird ihm ein Pflichtverteidiger beigeordnet. In der Hauptverhandlung vor der Strafkammer des Landgerichts, die insgesamt 7 Stunden gedauert hat, nimmt der Pflichtverteidiger teil. Der Angeklagte wird vom Vorwurf der Vergewaltigung freigesprochen, wegen Raub zu der Freiheitsstrafe von 3 Jahren verurteilt. Soweit der Angeklagte freigesprochen wurde, trägt die Kosten des Verfahrens und die notwendigen Auslagen des Angeklagten die Staatskasse.

Unter Aufgabe seiner bisherigen Rechtsprechung hat das OLG Düsseldorf[40] sich nunmehr auch der bisher herrschenden Meinung angeschlossen und wendet die sog. Differenztheorie an. Wurde der Angeklagte teilweise freigesprochen, sind zur Berechnung der zu erstattenden notwendigen Auslagen die zunächst tatsächlich angefallene Wahlverteidigergebühren und die fiktive Wahlverteidigergebühren, die angefallen wären, wenn das Strafverfahren von Anfang an auf die später von der Verurteilten erfassten Tatvorwürfe beschränkt gewesen wäre zu ermitteln. Anschließend sind sodann die tatsächlich bzw fiktiv von der Staatskasse zu übernehmenden Pflichtverteidigergebühren abzuziehen. Bei dem Restbetrag handelt es sich um die tatsächlich entstandenen bzw fiktiven notwendigen Auslagen des Angeklagten. Die Differenz zwischen den tatsächlichen und fiktiven Auslagen ist dem Angeklagten von der Staatskasse zu erstatten.

---

[40] Rpfleger 2001, 46.

Danach ergibt sich in obigem Beispiel folgende Berechnung:
Pflichtverteidigergebühren:

Verfahrensgebühr nach 4105	137,– €
Verfahrensgebühr nach VergVerz 4113	151,– €
Terminsgebühr nach VergVerz 4115	263,– €
Terminsgebühr nach VergVerz 4116	108,– €
Auslagenpauschale nach VergVerz 7002	20,– €
Mehrwertsteuer nach VergVerz 7008	129,01 €
Anspruch gegen die Staatskasse demnach (als Pflichtverteidiger)	**808,01 €**

Wahlverteidigergebühren insgesamt:

Verfahrensgebühr nach VergVerz 4105	280,– €[41]
Verfahrensgebühr nach VergVerz 4113	300,– €
Terminsgebühr nach VergVerz 4115	500,– €
Auslagenpauschale nach VergVerz 7002	20,– €
Mehrwertsteuer nach VergVerz 7008	209,– €
Gesamtanspruch des Rechtsanwalts	**1309,– €**

Wahlverteidigergebühr, wenn Anklage nur wegen Raub erfolgt wäre:

Verfahrensgebühr nach VergVerz 4105	171,25 €[42]
Verfahrensgebühr nach VergVerz 4113	188,75 €
Terminsgebühr nach VergVerz 4115	328,75 €
Auslagenpauschale nach VergVerz 7002	20,– €
Mehrwertsteuer nach VergVerz 7008	134,66 €
fiktiver Anspruch des Verteidigers bei Anklage nur wegen Raub	**843,41 €**

Auf den Freispruch entfallen daher

Gesamtanspruch	1309,– €
Anspruch bei Anklage nur wegen Raub	843,41 €
	465,59 €

Der Gesamtanspruch des Rechtsanwalts als Wahlverteidiger

Würde sich belaufen auf	1309,– €
Er erhält aus der Staatskasse als Pflichtverteidiger	808,01 €
Den gleichen Betrag würde er auch erhalten, wenn die Anklage nur wegen Raub erfolgt wäre.	
restlicher fiktiver Anspruch wäre deshalb	500,99 €
Der Anwalt erhält aber aus dem Teilfreispruch nur noch	**465,59 €**

Insgesamt erhält der Rechtsanwalt also:

Pflichtverteidigergebühren aus der Staatskasse	808,01 €
Anspruch des Angeklagten gegen die Staatskasse auf Grund des Teilfreispruchs	465,59 €
	1273,60 €

Wäre in diesem Beispiel der Anspruch auf Grund Freispruch höher als 500,99 € wäre der Gesamtanspruch des Anwalts nach oben hin begrenzt auf de Betrag von 1309,– €.

Würde der Freispruch insgesamt erfolgen, hätte dagegen der Angeklagte einen Anspruch in voller Höhe der Wahlverteidigergebühren gegen die Staatskasse in Höhe von 1309,– €.

---

[41] Wegen der Bedeutung und des Umfangs wurde eine erheblich über der Mittelgebühr liegende Gebühr in Ansatz gebracht, da das Verfahren durch die Anklage wegen Raub und Vergewaltung für den Angeklagten bedeutsamer, insgesamt umfangreicher und schwieriger war.

[42] Wäre die Anordnung der Untersuchungshaft und die Anklage lediglich wegen Raub erfolgt, also wegen der Tat, die zur Verurteilung geführt hat, wäre eine Mittelgebühr angemessen gewesen, da das Verfahren für den Angeklagten weniger bedeutsam gewesen wäre und insgesamt weniger umfangreich.

(4) In besonders umfangreichen oder besonders schwierigen Strafsachen kann dem Pflichtverteidiger eine sog. Pauschvergütung gewährt werden, § 51 RVG. Auch der Wahlanwalt kann nach dem neuen § 42 RVG die gerichtliche Feststellung einer Pauschgebühr beantragen, die höher ist als die gesetzlichen Gebühren, jedoch begrenzt durch § 42 Abs 1 Satz 3 RVG. Bisher war eine Pauschgebühr nur den Pflichtverteidiger vorgesehen. Dies gilt jedoch nur dann, wenn die Tätigkeit des Rechtsanwalts wirklich besonders umfangreich oder von der Sache besonders schwierig war.

Der Nebenkläger 807c

Vertritt der Rechtsanwalt einen Nebenkläger, so erhält er die gleichen Gebühren wie der Verteidiger. Die VergVerz 4100 finden entsprechende Anwendung, nachdem in der Vorbemerkung 4.1 zum VergVerz die nachfolgenden Gebührentatbestände ausdrücklich auch für die Tätigkeit als Beistand oder Vertreter eines Privatklägers, eines Nebenklägers, eines Einziehungs- oder Nebenbeteiligten, eines Zeugen oder Sachverständigen und im Verfahren nach dem strafrechtlichen Rehabilitierungsgesetz entsprechend anzuwenden sind. Im Falle der Verurteilung des Angeklagten wird das Gericht diesem die Kosten des Verfahrens und auch die notwendigen Auslagen des Nebenklägers auferlegen. Wird der Angeklagte freigesprochen, so hat der Nebenkläger seine notwendigen Auslagen in der Regel selbst zu tragen.

Zweites Buch. Gerichtliche Entscheidungen in der Strafvollstreckung und im Strafvollzug, vorbehaltene und nachträgliche Anordnung der Sicherungsverwahrung

Erster Teil. Strafvollstreckungskammer. Zuständigkeit und Aufgaben im Strafvollstreckungsverfahren

Im Strafvollstreckungsverfahren ist in einer Reihe von Fällen nicht die Entscheidung 808 der Strafvollstreckungsbehörde, sondern eine **gerichtliche Entscheidung** vorgesehen. **Vollstreckungsgericht** ist entweder die **Strafvollstreckungskammer** oder das **Gericht des ersten Rechtszuges**. Welches der beiden Gerichte für die einzelne Sachentscheidung zuständig ist, regelt § 462 a StPO. Hierbei umreißt § 462 a Abs 1 StPO die sachliche und örtliche Zuständigkeit der Strafvollstreckungskammer; nach Abs 2 ist generell in allen anderen Fällen das Gericht des ersten Rechtszugs zuständig.

Die Zuständigkeit der Strafvollstreckungskammern ist eine **funktionelle Zuständig-** 809 **keit**.[1] Da es sich nicht um eine Frage sachlicher Zuständigkeit handelt, gilt der auf das Erkenntnisverfahren zugeschnittene § 6 StPO nicht. Das Fehlen der Zuständigkeit nach § 462 a StPO kann nicht zur Einstellung des (Vollstreckungs)verfahrens führen, vielmehr ist das Verfahren (notfalls unter Aufhebung der Entscheidung des unzuständigen Gerichts) einfach von dem zuständigen Gericht fortzuführen.

I. Verfahrensfragen

A. Zuständigkeit

1. Sachliche Zuständigkeit

Die sachliche Zuständigkeit der Strafvollstreckungskammer ist von zwei Vorausset- 810 zungen abhängig (§ 462 a Abs 1 Satz 1 StPO):
Gegen den Verurteilten muss eine Freiheitsstrafe oder eine freiheitsentziehende Maßregel der Besserung und Sicherung vollstreckt werden (§§ 462 a, 463 StPO, § 78 a Abs 1 Satz 2 und 3 GVG).
Maßgebend ist die tatsächliche Aufnahme des Verurteilten im Vollzug.[2] Ladung und Übersendung des Aufnahmeersuchens genügen nicht. Deshalb ist bei einer Entscheidung über eine Zweidrittelentlassung nicht die Strafvollstreckungskammer, sondern das Gericht des ersten Rechtszuges zuständig, wenn der Verurteilte sich nicht mehr in Haft befindet und durch Anrechnung der Untersuchungshaft bereits zwei Drittel verbüßt hat.[3]
Es muss sich um Entscheidungen nach §§ 453, 454, 454 a, 462 StPO handeln.
Die Zuständigkeit wird mit dem „Befasst werden" mit einem Antrag begründet. Dies 811 ist für die Zuständigkeit dann von Bedeutung, wenn eine Strafe in verschiedenen

---

[1] *Meyer-Goßner*, Rdn 8 vor § 1 StPO.
[2] OLG Hamm, NStZ 1998, 479.
[3] OLG Düsseldorf, MDR 1989, 763; OLG Hamm, NStZ 2002, 223.

Vollzugsanstalten verschiedener LG-Bezirke vollstreckt wird. Ein Wechsel der Zuständigkeit zu einer anderen Strafvollstreckungskammer tritt vor einer abschließenden Entscheidung über eine Frage, mit der die Kammer befasst wurde, bevor der Verurteilte in eine andere Vollzugsanstalt verlegt wurde, nicht ein.[4] (s auch Rdn **829**). „Befasst" iSd §§ 453, 462 a Abs. 1 S. 1 StPO iVm § 56 f StGB ist ein Gericht mit der Sache, wenn Tatsachen aktenkundig werden, die den Widerruf der Strafaussetzung rechtfertigen können.[5] Hierfür genügt der Eingang einer Mitteilung gem. Nr. 13 MiStra, nicht jedoch eine bloße Aktenanforderung durch Staatsanwaltschaft oder Gericht eines anderen Strafverfahrens.[6] Ob sich die Akten (schon) bei dem zuständigen Gericht befinden, ist ohne Belang.[7] Befindet sich ein Verurteilter zum Zeitpunkt der „Befassung" des Gerichtes mit der Entscheidung über eine bedingte Strafaussetzung auf freiem Fuß, nachdem er bislang nur auf die Strafe angerechnete Untersuchungshaft verbüßt hat, so ist nicht die StVK, sondern das Gericht des ersten Rechtszuges zuständig.[8]
Ist die Zuständigkeit der Strafvollstreckungskammer einmal begründet worden, dann bleibt die (zuletzt mit der Sache befasste) Strafvollstreckungskammer auch noch für die Entscheidung zuständig, wenn die einmal begonnene Vollstreckung einer Freiheitsstrafe unterbrochen[9] oder wenn die Vollstreckung des Restes der Freiheitsstrafe zur Bewährung ausgesetzt wurde (§ 462 a Abs 1 Satz 2 StPO), sog **„Fortwirkungszuständigkeit"**.

812   Sogar nach vollständiger Vollstreckung einer Freiheitsstrafe bleibt die Strafvollstreckungskammer zuständig für die Anordnung der unterbliebenen Vollstreckung einer im gleichen Urteil verhängten Geldstrafe (oder Ersatzfreiheitsstrafe[10]) oder von Verfahrenskosten.[11] Für den Erlass von Verfahrenskosten ist die Strafvollstreckungskammer nach § 459 d Abs 2 StPO aber nur zuständig, wenn sie in der selben Sache auch eine Anordnung nach § 459 d Abs 1 StPO über das Absehen von der Vollstreckung einer Geldstrafe trifft[12] (also nicht isoliert nur über die Kosten, wie sie nach § 459 d Abs 2 StPO möglich ist; hier ist folglich das erstinstanzliche Gericht zuständig). Während der Dauer einer Führungsaufsicht ist auch nach voller Strafverbüßung die Strafvollstreckungskammer zuständig für die Entscheidung über eine vorzeitige Aufhebung einer Fahrerlaubnissperre.[13] Dies gilt auch während der Vollstreckung einer Freiheitsstrafe.[14]
Muss das rechtliche Gehör analog § 33 StPO nachgeholt werden, nachdem die Strafaussetzung ohne Anhörung des Verurteilten widerrufen, dieser festgenommen wurde und sich in einer JVA befindet, so obliegt die Entscheidung hierüber dem Gericht, das den Widerrufsbeschluss erlassen hat. Für die anschließende Entscheidung über die Strafaussetzung zur Bewährung ist die StVK zuständig.[15]

813   Natürlich muss auch die Fortwirkung der Zuständigkeit einmal ein Ende haben. § 462 a Abs 1 S 2 StPO hält nicht die früher einmal begründete Zuständigkeit in all den

---

[4] BGH, NStZ 1997, 406.
[5] BGHSt 26, 187 f; 30, 189, 191.
[6] BGH, Beschl. v. 14. 2. 2007 – 2 ARs 63/02; 2AR 31/07 = StraFO 2007, 256.
[7] BGHSt 26, 214, 216; Beschl. v. 14. 10. 2005 – 2 A Rs 396/05.
[8] OLG Hamm, NStZ 2002, 223.
[9] KG, NStZ 1983, 334.
[10] BGHSt 30, 263 = NJW 1982, 393 = NStZ 1984, 238.
[11] OLG München, NStZ 1984, 238.
[12] BGHSt 31, 244 = NJW 1983, 1687.
[13] OLG Hamburg, NStZ 1988, 197.
[14] OLG Karlsruhe, Die Justiz 2001, 109.
[15] BGH, NStZ 1999, 362.

Fällen aufrecht, in denen irgendwann einmal eine Vollstreckung unterbrochen oder zur Bewährung ausgesetzt worden war.[16] Als Ausnahmeregelung ist diese Vorschrift eng auszulegen. Sie bezieht sich insbesondere auf Fälle der Unterbrechung (§ 455 Abs 4 StPO, im Gnadenweg, Flucht, § 456 a StPO) oder der Strafaussetzung (nicht im Gnadenwege). Die bloße Anhängigkeit einer neuen Strafsache und selbst die Rechtskraft einer neuen Entscheidung und die Einleitung der Vollstreckung und möglicherweise der Beginn des Strafvollzugs in einer anderen Sache in einer in einem anderen Gerichtsbezirk gelegenen Vollzugsanstalt beenden allerdings die Fortwirkung nicht.[17]

Einen weiteren Fall der Fortwirkungszuständigkeit enthält § 462 a Abs 4 Satz 3 StPO: 814 Die Bestimmung besagt folgendes: In Fällen des Nacheinandervollzugs verschiedener Freiheitsstrafen, die nicht nach § 460 StPO zu einer Gesamtstrafe zusammengeführt werden können, ist nur ein Gericht für die erforderlichen gerichtlichen Vollstreckungsentscheidungen zuständig; hat der Vollzug bereits begonnen, dann ist dieses Gericht die zuständige Strafvollstreckungskammer, die allerdings – 2. Halbsatz – die Entscheidung für jenes bindend an das Gericht des ersten Rechtszugs abgeben kann.[18] Die Möglichkeit der bindenden Abgabe an des Wohnsitzgericht allein setzt jedoch die Zuständigkeitskonzentration des § 462 a Abs 4 StPO nicht außer Kraft.[19] Die Zuständigkeit der StVK für nachträgliche Entscheidungen erstreckt sich auf alle Verfahren, auch wenn im Einzelverfahren keine Zuständigkeit gegeben wäre. Die Zuständigkeit der StVK verdrängt die Zuständigkeit des Gerichtes des ersten Rechtszuges.[20] Dies setzt allerdings voraus, dass hinsichtlich mehrerer Verurteilungen unterschiedlicher Gerichte Nachtragsentscheidungen zu treffen sind. Steht eine solche Entscheidung nur bei einem Gericht an, entfällt die sachliche Rechtfertigung für eine Zuständigkeitsbindung. Es gilt dann § 462 a Abs 2 S 1 StPO.[21] Diese Erweiterung der Fortwirkungszuständigkeit kann im Einzelfall bei mehreren Verurteilungen von großer praktischer Bedeutung sein.

Beispiel: 815
Während des Vollzugs einer Freiheitsstrafe von 6 Monaten (Urteil des Amtsgerichts E v 20. 1. 05, Tatzeit: Juni 2004) in der Vollzugsanstalt F wird weiter die Vollstreckung eines Urteils des Amtsgerichts D v 10. 10. 2003 über 10 Monate Freiheitsstrafe angeordnet, das bisher noch nicht vollstreckt worden war. Der Verurteilte sitzt in der Vollzugsanstalt F ein. Das Urteil des AG D, für das die Voraussetzungen einer Gesamtstrafe nicht gegeben sind (vgl. §§ 53 bis 55 StGB), soll sofort im Anschluss an das Urteil des AG E vollzogen werden. Der Verurteilte hat für beide Verurteilungen die Strafaussetzung zur Bewährung für den Strafrest beantragt. Die Strafvollstreckungskammer F ist bzgl beider Verurteilungen zur Entscheidung sachlich (und örtlich, s. u.) zuständig; die Zuständigkeit verbleibt bei dieser Strafvollstreckungskammer, auch wenn der Verurteilte inzwischen auf Grund einer Entscheidung dieser Kammer aus dem Vollzug entlassen worden ist; sie wirkt solange fort, bis der Verurteilte (z.B. bei einer Widerrufungsentscheidung der Strafvollstreckungskammer) erneut in eine Vollzugsanstalt aufgenommen worden ist. Fallen dann neue Entscheidungen an, dann ist hierfür die für den neuen Vollzugsort zuständige Strafvollstreckungskammer zuständig.

„Vollstreckt" wird die Freiheitsstrafe erst dann, wenn der Verurteilte tatsächlich als 816 Strafgefangener in die Vollzugsanstalt aufgenommen worden ist, an die das Aufnah-

---

[16] OLG Hamburg, NStZ 1982, 48.
[17] Vgl. zu dieser Frage OLG Düsseldorf, NJW 1980, 1009 und NJW 1981, 1327 = NStZ 1981, 156; OLG Hamm, MDR 1979, 336; OLG Zweibrücken, MDR 1976, 954.
[18] Zur Frage, welches erstinstanzliche Gericht dann zuständig wäre, vgl. Rdn 1054 ff.
[19] BGH, NStZ 1998, 586.
[20] BGH, NStZ 2000, 446.
[21] BGH, NStZ 1999, 215.

meersuchen gerichtet worden ist. Mit der Aufnahme des Verurteilten in eine in ihrem Bezirk gelegene Vollzugsanstalt wird die **örtliche Zuständigkeit** der Strafvollstreckungskammer begründet (nicht erst, wenn die Kammer mit einer bestimmten Entscheidung befasst ist).[22] Geht Untersuchungshaft durch Eintritt der Rechtskraft des Urteils unmittelbar in Strafhaft über, so ist der Verurteilte in der Vollzugsanstalt aufgenommen, in der er sich in diesem Zeitpunkt befindet; eine nach dem Vollzugsplan geplante Verlegung begründet nicht die Zuständigkeit einer anderen Strafvollstreckungskammer.[23] Schon vor Einleitung der Vollstreckung kann die Strafvollstreckungskammer (ausnahmsweise) zuständig sein, wenn im Zeitpunkt der Rechtskraft eines auf Freiheitsstrafe lautenden Urteils zwei Drittel der Strafe durch Anrechnung der Untersuchungshaft bereits verbüßt sind und der Verurteilte weiterhin in Haft verbleibt; es bedarf dann nicht der bloß formalen Einleitung der Vollstreckung des Strafrestes.[24] Die bloß formale Einleitung der Strafvollstreckung durch Ladung zum Strafantritt oder auch durch Übersendung des Aufnahmeersuchens an die Vollzugsanstalt (vgl. §§ 27, 29 StVollstrO) kann eine Entscheidungszuständigkeit der Strafvollstreckungskammer aber nicht begründen.

817   Die „**Freiheitsstrafe**", die vollstreckt wird, ist – wenn der Verurteilte erst einmal einsitzt – die Gesamtheit aller dann zu vollstreckenden Freiheitsstrafen (§ 78 a Abs 1 Satz 3 GVG), auch wenn die Strafvollstreckung erst dann eingeleitet wurde, nachdem der Strafvollzug bereits begonnen hatte. Für die Zuständigkeit der Strafvollstreckungskammer ist es auch ohne Bedeutung, ob es sich um die Vollstreckung einer Ersatzfreiheitsstrafe oder einer anderen Freiheitsstrafe handelt.[25] Die Strafvollstreckungskammer ist also auch für Sachentscheidungen zuständig, die nicht die Freiheitsstrafe betreffen, die gerade vollzogen wird, sondern eine unmittelbar im Anschluss daran zu vollstreckende Freiheitsstrafe desselben oder eines anderen Gerichts (§ 462 a Abs 4 Satz 1 StPO).[26]

818   Durch diese **Zuständigkeitskonzentration** soll eine Entscheidungszersplitterung vermieden werden. Die Zuständigkeit dauert – auch für solche Entscheidungen – noch fort, selbst wenn der Verurteilte (ohne dass die Strafvollstreckung endgültig erledigt wäre) inzwischen wieder auf freiem Fuß ist. Dieser Grundsatz der Entscheidungskonzentration ist ganz sicher dort berechtigt, wo die Strafvollstreckungskammer noch einen frischen Eindruck von dem Verurteilten und seinen Verhältnissen hat. Je später die nachträgliche Entscheidung nach der Entlassung aus dem Vollzug zu treffen sein wird, desto mehr mögen Gründe für eine Zuteilung der Zuständigkeit an das Gericht des ersten Rechtszugs sprechen. Gleichwohl sprechen Gründe der klaren Regelung für die Entscheidungskonzentration bei der Strafvollstreckungskammer.

819   Die Zuständigkeit der Strafvollstreckungskammer ist für den **Vollzug von Jugendstrafe** im Allgemeinen nicht gegeben, §§ 82 Abs 1, 83, 84 Abs 2, 85 Abs 2, 110 Abs 1 JGG. Zwar kann Jugendstrafe nach den Vorschriften des Strafvollzugs für Erwachsene vollzogen werden, § 92 Abs 2 Satz 3 JGG; nach dem Beginn eines solchen Erwachsenenvollzugs ist aber für die nachträglichen Vollstreckungsentscheidungen grundsätzlich der Jugendrichter als Vollstreckungsleiter, und nicht die Strafvollstreckungskammer zuständig.[27] Der Jugendrichter bleibt auch dann zuständig, wenn der Verurteilte zwischen-

---

[22] BGH, NJW 1984, 1694 = NStZ 1984, 380.
[23] BGH, NStZ 1991, 605 = NJW 1992, 518; BGH, NStZ 1999, 638.
[24] OLG Celle, NStZ 1985, 188.
[25] BGH, NJW 1981, 248.
[26] BGHSt 26, 118 ff = NJW 1975, 1238 (auf der Grundlage der Entscheidung verschiedener Gerichte); BGHSt 26, 276 ff = NJW 1976, 1109 (bei anderen Entscheidungen desselben Gerichts); BGH, NStZ 2000, 646.
[27] BGHSt 27, 329 (unter Aufgabe von BGHSt 26, 375); BGH, NStZ 1997, 295.

zeitlich zu einer Freiheitsstrafe nach allgemeinem Strafrecht verurteilt worden ist[28]. Allerdings kann (unter den Voraussetzungen des § 85 Abs 6 JGG), wenn der Verurteilte das 24. Lebensjahr vollendet hat, die Vollstreckung an die Staatsanwaltschaft als Vollstreckungsbehörde abgegeben werden; ist dies geschehen, dann ist für die Entscheidung über die Aussetzung der Vollstreckung eines Strafrestes die Strafvollstreckungskammer zuständig.[29] Auch der Widerruf einer nach § 36 BtMG bewilligten Strafaussetzung obliegt nach Aufnahme des Verurteilten in eine Justizvollzugsanstalt der Strafvollstreckungskammer.[30]

Bei den zu regelnden **Sachentscheidungen** muss es sich – wie sich aus § 462 a Abs 1 Satz 1 StPO ergibt – handeln um notwendig werdende   **820**

a) nachträgliche Entscheidungen über eine **Strafaussetzung zur Bewährung** oder eine **Verwarnung mit Strafvorbehalt**, §§ 453 Abs 1 StPO, 56 a bis 56 g, 58, 59 a, 59 b StGB.

b) Entscheidungen, ob die **Vollstreckung des Restes einer zeitigen Freiheitsstrafe zur Bewährung ausgesetzt** werden soll bzw dass vor Ablauf einer bestimmten Frist ein dahingehender Antrag des Verurteilten unzulässig ist, §§ 454 Abs 1 StPO, 57 bis 58 StGB. Auch zur Aufhebung einer (positiven) Entscheidung über die Aussetzung der Vollstreckung des Restes einer Freiheitsstrafe (§ 454 a Abs 2 StPO) ist die Strafvollstreckungskammer berufen.

c) Entscheidungen, ob die **Anrechnung von Auslieferungshaft** auf zu vollstreckende Freiheitsstrafen zu unterbleiben hat, §§ 462 Abs 1 Satz 1, 450 a Abs 3 Satz 1 StPO.[31]

d) Entscheidungen bei **Zweifeln über die Auslegung eines Strafurteils** oder über die **Berechnung der erkannten Strafe**, sowie über Einwendungen gegen die **Zulässigkeit der Strafvollstreckung**, §§ 462 Abs 1 Satz 1, 458 Abs 1 StPO.

e) Entscheidungen über **Einwendungen gegen die Entscheidungen der Vollstreckungsbehörde** bzgl Strafaufschub bei Vollzugsuntauglichkeit, bzgl eines begrenzten Vollstreckungsaufschubs oder bzgl der Aussetzung eines Berufsverbots, sowie über Einwendungen gegen Anordnungen der Vollstreckungsbehörde, dass an einem Ausgelieferten oder Ausgewiesenen die Vollstreckung einer Strafe oder einer Maßregel der Besserung und Sicherung nachgeholt werden soll, §§ 462 Abs 1 Satz 1, 458 Abs 2 StPO.

f) Entscheidungen der Vollstreckungsbehörde über Bewilligung von Zahlungserleichterungen, §§ 462 Abs 1 Satz 1, 459 a, 459 h StPO.

g) Entscheidungen der Vollstreckungsbehörde über die Beitreibung einer Geldstrafe, §§ 462 Abs 1 Satz 1, 459 c, 459 h StPO.

h) Anordnungen, dass die Vollstreckung einer Geldstrafe oder der Verurteilung in die Kosten ganz oder teilweise unterbleibt, wenn in demselben Verfahren Freiheitsstrafe vollstreckt oder zur Bewährung ausgesetzt worden ist oder in einem anderen Verfahren Freiheitsstrafe verhängt ist und die Voraussetzungen einer nachträglichen Gesamtstrafenbildung (§ 55 StGB) nicht vorliegen und die Vollstreckung der Geldstrafe die Wiedereingliederung des Verurteilten erschweren kann, §§ 462 Abs 1 Satz 1, 459 d StPO. Die Strafvollstreckungskammer ist nach § 459 d Abs 2 StPO für den Erlass von Verfahrenskosten aber nur zuständig,

[28] BGHSt 28, 351, 353; BGH, Beschl. v. 26. 1. 2007, 2 ARs 2/07.
[29] OLG Düsseldorf, NStZ 1992, 606 = MDR 1992, 896; BGH, NStZ 1997, 255.
[30] BGH, NStZ 1991, 355 = BGHSt 37, 338; BGH, NStZ 2001, 110.
[31] Die Entscheidung obliegt der Strafvollstreckungsbehörde bei der Strafzeitberechnung. Lehnt sie die Anrechnung ab, dann kann der Verurteilte nach § 458 Abs 1 StPO eine Entscheidung des Gerichts herbeiführen. Die Vollstreckungsbehörde kann aber nicht vorab Zweifel gerichtlich klären lassen (OLG Düsseldorf, MDR 1989, 90).

wenn sie in derselben Sache auch eine Anordnung des Absehens vom Vollzug der Geldstrafe nach § 459 d Abs 1 StPO trifft.[32]

i) Anordnungen der Vollstreckungsbehörde bzgl der Vollstreckung einer Ersatzfreiheitsstrafe, §§ 462 Abs 1 Satz 1, 459 e, 459 h StPO.

k) Anordnungen der Vollstreckungsbehörde bzgl der Vollstreckung von Nebenfolgen (z. B. Verfall und Einziehung) §§ 462 Abs 1 Satz 1, 459 g, 459 h StPO.

l) die Anrechnung eines Krankenhausaufenthalts außerhalb des Vollzugs, aber nach Beginn der Strafvollstreckung, §§ 462 Abs 1 Satz 1, 461 StPO.

m) die Wiederverleihung verlorener Fähigkeiten und Rechte (§ 45 b StGB), die Aufhebung des Vorbehalts der Einziehung und die nachträgliche Anordnung der Einziehung eines Gegenstandes (§ 74 b Abs 2 Satz 3 StGB), die nachträgliche Anordnung von Verfall oder Einziehung des Wertersatzes (§ 76 StGB) sowie die Verlängerung der Verjährungsfrist (§ 79 b StGB), vgl. § 462 Abs 1 Satz 2 StPO.

n) Die Entscheidungen bei freiheitsentziehenden Maßregeln der Besserung und Sicherung nach StGB §§ 67 Abs 3 und Abs 5 Satz 2 (Reihenfolge der Vollstreckung), 67 a StGB (Überweisung in den Vollzug einer anderen Maßregel), 67 c Abs 2 (Beginn des Vollzugs der Unterbringung später als drei Jahre nach der Rechtskraft der Anordnung), 67 d Abs 5 (Absehen vom weiteren Vollzug der Unterbringung in einer Entziehungsanstalt), 67 g (Widerruf der Aussetzung einer Unterbringung); §§ 69 a Abs 7 (Aufhebung der Sperre bei Fahrerlaubnisentziehung), 70 a und 70 b (Aussetzung, Widerruf der Aussetzung und Erledigung des Berufsverbots) sind ebenfalls der Zuständigkeit der Strafvollstreckungskammer zugewiesen, § 463 Abs 5 in Verbindung mit § 462 StPO.

821 Trotz zunächst uneingeschränkter Bezugnahme auf § 462 StPO, der wiederum die Entscheidungen nach § 460 StPO einschließt, sind **Entscheidungen über die nachträgliche Bildung einer Gesamtstrafe** der Strafvollstreckungskammer entzogen und **ausschließlich dem Gericht des ersten Rechtszugs vorbehalten**, § 462 a Abs 3 Satz 1 StPO. Die Strafvollstreckungskammer ist auch nicht zuständig für die Überprüfung der Rechtmäßigkeit eines Vollstreckungshaftbefehls; hierfür ist als Rechtsweg der Antrag auf gerichtliche Entscheidung nach § 23 EGGVG gegeben.[33] Zu den Möglichkeiten gerichtlicher Überprüfung vgl. die Übersicht Rdn 40.

822 Wenn im ersten Rechtszug ein Oberlandesgericht entschieden hat, sind die gerichtlichen Vollstreckungsentscheidungen grundsätzlich der Strafvollstreckungskammer entzogen; es verbleibt bei der Zuständigkeit des Oberlandesgerichts. Das OLG kann die Entscheidungen allerdings ganz oder teilweise an die Strafvollstreckungskammer abgeben. An eine solche Entschließung ist die Strafvollstreckungskammer gebunden; das OLG kann seine Entschließung allerdings widerrufen, § 462 a Abs 5 StPO. Hat das OLG im ersten Rechtszug entschieden, dann kann also die Zuständigkeit der Strafvollstreckungskammer überhaupt nur durch Abgabe begründet werden. Gegen Anordnungen, die das Oberlandesgericht bei der Aussetzung der Vollstreckung einer restlichen Freiheitsstrafe über die Dauer der Bewährungszeit und über Auflagen trifft, gibt es keine Beschwerde.[34]

823 Ausnahmsweise kann auch die an sich zuständige Strafvollstreckungskammer die Entscheidung bei Zweifeln über die Auslegung eines Strafurteils usw. (vgl. oben d) an das Gericht des ersten Rechtszugs – für dieses bindend – abgeben, § 462 a Abs 1 Satz 3 StPO. Diese Abgabemöglichkeit hängt damit zusammen, dass es sich um Entscheidungen handelt, die weniger resozialisierungserheblich sind, so dass es auf die Kenntnis der Strafvollstreckungskammer über die Person und die Verhältnisse des

---

[32] BGH, NStZ 1983, 380.
[33] OLG Düsseldorf, MDR 1989, 1016.
[34] BGH, NStZ 1981, 153 = NJW 1981, 695.

Verurteilten im Vollzug kaum ankommt. Die wichtigen Strafaussetzungsentscheidungen kann die Strafvollstreckungskammer aber unter keinen Umständen abgeben. Auch ist die Abgabe der Entscheidungen nach §§ 463, 454, 462 StPO an das Gericht des gewöhnlichen Aufenthaltsorts des Verurteilten nicht möglich.[35]

Wichtig ist, dass in Zweifelsfällen der Abgrenzung der sachlichen Zuständigkeit zwischen Strafvollstreckungskammer und dem Gericht des ersten Rechtszugs der **Strafvollstreckungskammer** der Vorrang gebührt.[36] Näheres hierzu s Rdn 1057.   824

Hat allerdings das Gericht des ersten Rechtszugs vor Beginn der Vollstreckung bereits   825
entschieden, dann verbleibt es bei dem normalen Rechtsmittelzug, auch wenn zwischenzeitlich der Verurteilte sich zum Vollzug einer Freiheitsstrafe in einer Vollzugsanstalt befindet; für neu anfallende Sachentscheidungen ist dann allerdings die Strafvollstreckungskammer zuständig, so dass der Fall vorkommen kann, dass während eines Vollzugs verschiedene Gerichte für verschiedene Entscheidungen zuständig sind. Es handelt sich allerdings um Ausnahmefälle, die hingenommen werden müssen, da es nicht angeht, dass durch zwischenzeitliche Zuständigkeitsänderung in den Rechtsmittelzug eingegriffen wird. Wenn unter Verkennung der Zuständigkeit nach Beginn einer Strafvollstreckung das Gericht des ersten Rechtszuges und nicht die Strafvollstreckungskammer über den Widerruf einer Strafaussetzung entschieden hat, dann kann das Beschwerdegericht wegen der Sonderzuständigkeit nicht selbst in der Sache entscheiden, sondern muss an die zuständige Strafvollstreckungskammer (zurück-)verweisen.[37]

Sind in einer Entscheidung mehrere Personen verurteilt, dann ist die Strafvollstreckungskammer nur für solche Entscheidungen zuständig, die Personen betreffen,   826
gegen die eine Freiheitsstrafe vollzogen wird, nicht auch für Entscheidungen, die andere Personen (Mitangeklagte, Nebenbeteiligte oder Verleger oder Redakteure iS von § 463 c Abs 3 StPO) betreffen.[38]

2. Örtliche Zuständigkeit

Zuständig ist die Strafvollstreckungskammer, in deren Bezirk die Strafanstalt liegt, in   827
die der Verurteilte zu dem Zeitpunkt aufgenommen ist, in dem das Gericht mit der zu entscheidenden Sache befasst ist (§ 462 a Abs 1 Satz 1 StPO). Es kommt zunächst allein auf den tatsächlichen Aufenthalt in einer bestimmten Vollzugsanstalt an.[39]

In der Praxis wird dadurch oft die Kommunikation zwischen Staatsanwaltschaft und Strafvollstreckungskammer sehr erschwert, weil in einer Vielzahl der Fälle der Sitz der Strafvollstreckungskammer von der Staatsanwaltschaft, die Vollstreckungsbehörde ist und bleibt, weit entfernt ist. Dies verursacht Aktenübersendungen in erheblichem Umfang und auch mehr Korrespondenz. Natürlich geht durch die langen Wege auch viel Zeit verloren.

Weitere Probleme ergaben sich vor allem aus zwei Gründen: Einmal ist es im Vollzug ein recht normaler Vorgang, dass Strafgefangene aus einer Vollzugsanstalt in eine andere verlegt werden; zum anderen war die örtliche Zuständigkeit auch zweifelhaft, wenn der Verurteilte in einer Nebenanstalt einsitzt, Hauptanstalt und Nebenanstalt sich aber im Bezirk verschiedener Landgerichte befinden.

Ist ein Verurteilter in der Nebenanstalt einer Strafanstalt untergebracht und liegt diese   828
Nebenanstalt in einem anderen Landgerichtsbezirk als die Hauptanstalt, so ist zuständig die Strafvollstreckungskammer, in deren Bezirk die Hauptanstalt liegt, falls nicht im

---

[35] BGHSt 26, 352.
[36] BGH, NStZ 2000, 446 u 2001, 110.
[37] OLG Hamburg, NStZ 1991, 356 (vgl. MDR 1989, 1011 und BGHSt 36, 229).
[38] BGH, NStZ 1987, 428.
[39] BGH, NStZ 1989, 549 u 2001, 164.

Vollstreckungsplan eine gesonderte Zuständigkeit für die Nebenanstalt festgelegt ist.[40]
Dies gilt auch für die Zuständigkeit des Jugendrichters nach § 85 Abs 2 JGG.[41]

829 Wird eine Strafe fortlaufend in mehreren Vollzugsanstalten in verschiedenen Landge-
richtsbezirken vollstreckt, dann bleibt örtlich zuständig bis zur endgültigen Entscheidung die Strafvollstreckungskammer, in deren Bezirk der Verurteilte inhaftiert war, als
die Kammer mit der zu entscheidenden Sache befasst wurde (s Rdn **811**).

830 Was unter „befasst werden" zu verstehen ist, hat der Gesetzgeber nicht definiert, sondern der Rechtsprechung überlassen.
Nach BGH (BGHSt 26/188) ist eine Strafvollstreckungskammer mit der Sache befasst, wenn
– ein Antrag eines Verfahrensbeteiligten vorliegt,
– das Gericht von Amts wegen tätig wird, weil eine Entscheidung ansteht,
– das Gericht hätte tätig werden müssen, weil eine Entscheidung anstand und weil
z.B. eine gesetzliche Frist verstrichen ist (z.B. §§ 56a, 67a, 67c StGB).

831 Ist ein Antrag gestellt, so bestimmt sein Eingang bei der zuständigen Kammer grundsätzlich den Zeitpunkt des Befasstwerdens.[42]
Der früher bei der Staatsanwaltschaft oder der Vollzugsbehörde eingegangene Antrag
bleibt dabei außer Betracht.[43]
Der Eingang bei einem unzuständigen Gericht befasst dann das zuständige Gericht,
wenn die Beurteilung der Zuständigkeit mit rechtlichen Schwierigkeiten verbunden
und nicht von vornherein ausgeschlossen war.[44]
Es genügt somit der Eingang des Antrages bei dem Gericht, das zuständig sein könnte. Trotz Vorliegens eines Antrages wird die Kammer nicht zuständig, wenn sie – zeitlich – über den Antrag gar nicht entscheiden kann, wenn z.B. ein Antrag auf eine
Entscheidung „zur gegebenen Zeit" abzielt oder bereits lange Zeit vor dem frühestmöglichen Entlassungszeitpunkt eingereicht worden ist.[45]
In solchen Fällen geht die Entscheidungszuständigkeit bei Verlegung auf die dann
örtlich zuständige Strafvollstreckungskammer über.

832 Das „Befasstwerden" und damit die Zuständigkeit einer Strafvollstreckungskammer
endet erst mit der abschließenden Entscheidung zur Sache.
So bleibt eine Strafvollstreckungskammer auch weiterhin befasst, wenn gegen die
Entscheidung Beschwerde eingelegt, die Entscheidung unter Zurückverweisung aufgehoben wird und der Verurteilte inzwischen in den Zuständigkeitsbereich einer anderen Strafvollstreckungskammer verlegt wurde.[46]
Allerdings bleibt eine nachträgliche Entscheidung durch eine unzuständige Strafvollstreckungskammer auf die nach § 462a StPO begründete Zuständigkeit ohne Einfluss.[47]
Ein Gericht kann nur zuständig bleiben, wenn es überhaupt zuständig war.
Ein Ende des Befasstseins tritt auch ein, wenn ein Verurteilter z.B. seine Einwilligung
nach § 57 Abs 1 Nr. 3 StGB zurücknimmt. Wird er danach verlegt und erteilt er erneut seine Einwilligung, so ist für die neue Entscheidung die Strafvollstreckungskammer des neuen Haftortes zuständig.[48]

---

[40] *Meyer-Goßner,* Rdn 1 zu § 78a GVG; Rdn 8 zu § 462a StPO.
[41] BGH, NStZ 1994, 204.
[42] BGH, NStZ 96, 23.
[43] BGHSt 26, 214.
[44] *Meyer-Goßner,* Rdn 10 zu § 462a StPO mit weiteren Nachweisen, BGHSt 26, 214.
[45] Thüringisches OLG, NStZ 96, 455, aA *Fischer* in KK Rdn 18 zu § 462a StPO, der ein Gericht
auch bei unzulässigen und offensichtlich unbegründeten Anträgen für „befasst" hält.
[46] BGHSt 33, 111.
[47] OLG Düsseldorf, NStZ 85, 333; BGH, NStZ 85, 428, BGHSt 26, 166.
[48] OLG Karlsruhe, Die Justiz, 1993/234.

Schwierigkeiten für die Praxis ergeben sich aus dieser Zuständigkeitsregelung, **833**
wenn der Verurteilte angehört werden soll, jedoch nach Eingang des Antrages in
eine andere – im Bereich einer anderen Strafvollstreckungskammer gelegenen –
Vollzugsanstalt verlegt wurde. Auch hier tritt kein Zuständigkeitswechsel ein.[49]
Nach Meinung des BGH würde dies zu einer Verzögerung der Entscheidung führen,
auch habe die bisherige Strafvollstreckungskammer bessere Kenntnisse über den Verurteilten aus seinem bisherigen Aufenthalt in ihrem Zuständigkeitsbereich.

Ist durch die zuständige Strafvollstreckungskammer endgültig entschieden und wird **834**
der Verurteilte in den Bereich einer anderen Strafvollstreckungskammer verlegt, so
wird diese zur Entscheidung zuständig, auch wenn die zu entscheidende Sache in engem Zusammenhang mit der bisherigen Sachentscheidung steht.
So hat der BGH einen Zuständigkeitsübergang nach Rücknahme eines Antrages auf
Entlassung zum Halbstrafenzeitpunkt für die Entscheidung auf Entlassung nach
Zwei-Drittel-Verbüßung nach inzwischen erfolgter Verlegung bejaht und sie insbesondere mit der vom Gesetzgeber gewollten Entscheidungsnähe begründet.[50]

Eine nur vorübergehende Überstellung des Verurteilten in eine andere Vollzugsanstalt **835**
oder in ein Vollzugskrankenhaus, in die der Verurteilte nicht aufgenommen wird,
ändert an der bisherigen Zuständigkeit nichts.
Eine Abgrenzung im Einzelfall, ob nur eine kurzfristige Verschubung oder bereits eine
Verlegung vorliegt, kann durchaus streitig werden. Nach BGH hat lediglich die vorübergehende Verschubung, etwa zur Wahrnehmung eines Termines oder zu einer
kurzen Krankenhausbehandlung, keine Zuständigkeitsänderung zur Folge.
Sonst führt jede Verlegung, nicht nur eine Erstaufnahme, in eine andere Vollzugsanstalt zum Übergang der Zuständigkeit.[51]

Hängt die örtliche Zuständigkeit nicht vom Eingang eines Antrages bei der Straf- **836**
vollstreckungskammer ab, sondern von der Notwendigkeit einer Entscheidung (s. o.
Rdn 830), dann ist die Strafvollstreckungskammer, in deren Zuständigkeitsbereich
der Verurteilte untergebracht ist, mit der Sache befasst, sobald eine nachträgliche
Entscheidung erforderlich wird, z. B. nach Ablauf einer Frist. Die Überschreitung der
Frist ist dabei unbeachtlich.
Wurden beispielsweise bereits zwei Drittel der Strafe wegen Anrechnung der Untersuchungshaft schon vor Eintritt der Rechtskraft verbüßt, so entscheidet das Datum
der Rechtskraft über den Zeitpunkt des Befasstseins.[52]
Befasst ist eine Strafkammer auch ohne Antrag dann, wenn Tatsachen aktenkundig
werden, die einen Widerruf rechtfertigen können.[53]

Steht die örtliche Zuständigkeit fest, so gilt der **Grundsatz der Fortwirkung** (s. o. **837**
Rdn **811**).
Die Strafvollstreckungskammer bleibt mit der Sache so lange befasst, bis sie die anstehende Frage abschließend – rechtskräftig – entschieden hat.
Für nachträgliche Entscheidungen (z. B. im Rahmen der Bewährungsüberwachung)
geht die Zuständigkeit nach der Verlegung des Verurteilten in die Zuständigkeit einer
anderen Strafvollstreckungskammer über.[54]
Die Entscheidung einer örtlich unzuständigen Strafvollstreckungskammer begründet
keine Fortwirkung.

---

[49] BGHSt 26, 166.
[50] BGHSt 26, 278.
[51] BGHSt 36, 229.
[52] BGHSt 27, 302.
[53] BGH, NStZ 1997, 406; BGHSt 30, 189, 191.
[54] BGH, NJW 78, 2561.

Für eine nachfolgende Entscheidung ist die Strafvollstreckungskammer berufen, die ursprünglich zuständig gewesen wäre.[55]

838   Bei positiver Strafaussetzungsentscheidung ändert sich für mögliche Folgeentscheidungen nichts an der bisherigen örtlichen Zuständigkeit. So bleibt die Strafvollstreckungskammer, die eine Freiheitsstrafe zur Bewährung ausgesetzt hat, z.B. auch zuständig für die nachträgliche Abkürzung einer Sperrfrist gem. § 69a Abs 7 StGB während der Bewährungszeit. War die Strafvollstreckungskammer bisher nicht befasst, weil die Strafe im Gnadenwege zur Bewährung ausgesetzt oder bereits erlassen wurde, so ist das Gericht des ersten Rechtszuges zuständig.[56]

Bei negativer Entscheidung und Fortsetzung der Vollstreckung in einer zur Zuständigkeit einer anderen Strafvollstreckungskammer gehörenden Vollzugsanstalt geht die örtliche Zuständigkeit für Folgeentscheidungen auf letztere über, selbst wenn die ursprüngliche Strafvollstreckungskammer eine erneute Prüfung der Strafaussetzung für geboten erachtet hätte.[57]

Anders wäre es, wenn die erste Strafvollstreckungskammer noch gar keine abschließende Sachentscheidung getroffen hätte.

839   Ist eine Strafvollstreckungskammer mit dem Widerruf der Strafaussetzung befasst, so bleibt sie für diese Entscheidung auch zuständig, wenn gegen den Verurteilten danach im Bezirk einer anderen Strafvollstreckungskammer eine andere Freiheitsstrafe vollstreckt wird.[58]

Selbst nach Erledigung der Vollstreckung einer Freiheitsstrafe durch Aussetzung zur Bewährung und anschließendem Straferlass bleibt die Strafvollstreckungskammer zuständig für die Anordnung des Unterbleibens der Vollstreckung einer neben der Freiheitsstrafe verhängten Geldstrafe oder der Verfahrenskosten (§ 459d StPO).[59]

B. Errichtung, Besetzung und innerbehördliche Zuständigkeit der Strafvollstreckungskammer

1. Errichtung der Strafvollstreckungskammer

840   Strafvollstreckungskammern wurden errichtet bei den Landgerichten, in deren Bezirk Anstalten unterhalten werden, in denen Freiheitsstrafen oder freiheitsentziehende Maßregeln der Besserung und Sicherung vollzogen werden, § 78a Abs 1 Satz 1 GVG. Als „Anstalten" kommen hauptsächlich in Betracht **Justizvollzugsanstalten** und Maßregelvollzugseinrichtungen. § 78a Abs 1 Satz 2 GVG regelt auch – in Übereinstimmung mit §§ 462a und 463 StPO und den dort aufgeführten Zuständigkeitseinschränkungen[60] – die Entscheidungszuständigkeit im Vollstreckungsverfahren (einschließlich Vollstreckung im Heimatstaat nach dem IRG §§ 50, 58 Abs 3, 71 Abs 4)[61] und (unter Bezugnahme auf §§ 109, 138 Abs 2 StVollzG) im Strafvollzug.[62]

841   Soweit es Landgerichtsbezirke gibt, in denen sich keine größere Vollzugseinrichtung befindet, erhielten die Landesregierungen die Ermächtigung, durch Rechtsverordnung

---

[55] BGH, NStZ 85, 428, OLG Düsseldorf, 1985, 333.
[56] OLG Hamm, NJW 80, 2771; OLG Celle, VRS 71, 432; *Fischer*, Rdn 45 zu § 69a StGB.
[57] OLG Stuttgart, NJW 1976, 436; BGH, NStZ 2001, 165.
[58] BGHSt 30, 189.
[59] BGHSt 30, 263.
[60] Vgl. Rdn 1046 ff.
[61] Vgl. Rdn 1030 ff.
[62] Vgl. Rdn 1011 ff.

die Zuständigkeit zur Erledigung der der Strafvollstreckungskammer übertragenen Sachen auf ein Landgericht für den Bezirk mehrerer Landgerichte zuzuweisen, § 78 a Abs 2 Satz 2, 1. Alt GVG. Dasselbe gilt für solche Landgerichte in Bezug auf die genannten Entscheidungen nach dem IRG, § 78 a Abs 2 Satz 1 GVG. Nicht selten befinden sich große Vollzugseinrichtungen (Vollzugsanstalten und psychiatrische Krankenhäuser) an einem innerhalb des Landgerichtsbezirks entlegenen Ort, so dass die Tätigkeit der Strafvollstreckungskammer durch andauernde Reisen ihrer Mitglieder (Anhörungen!) belastet wäre. Deshalb erhielten die Landesregierungen die weitere **Ermächtigung zur Errichtung von Strafvollstreckungskammern** eines Landgerichts **außerhalb des Sitzes des Landgerichts,** wenn dies für eine sachdienliche Förderung oder schnellere Erledigung der Verfahren zweckmäßig ist, § 78 a Abs 2 Satz 2, 2. Alt GVG.

Die Landesregierungen können diese Ermächtigungen durch Rechtsverordnung auf **842** die Landesjustizverwaltungen (Justizministerien oder Justizsenatoren) übertragen, § 78 a Abs 2 Satz 3 GVG.

In einigen Bundesländern ist von diesen Ermächtigungen Gebrauch gemacht worden,[63] so in

> **Bayern durch § 36 GZVJu**
> **Bremen** durch die VO v 3. 12. 1974 (GBl 1974 S 337). Außer in Bremen wurde eine Strafvollstreckungskammer des Landgerichts Bremen auch in Bremerhaven errichtet, die über die Fälle der Haftanstalt Bremerhaven zu entscheiden hat.
> **Hessen** durch die VO v 31. 12. 1974 (GVBl I 1975, S 2 und GVBl II 1975, S 210–35). Errichtet wurde eine auswärtige kleine Strafvollstreckungskammer des Landgerichts Darmstadt beim Amtsgericht Dieburg für die Vollzugsanstalt Dieburg.
> **Niedersachsen** durch § 3 ZustVO-Justiz vom 22. Januar 1998
> **Nordrhein-Westfalen** durch die VO vom 19. 7. 1976 (GVNW 291)
> **Rheinland-Pfalz** durch die VO vom 19. 2. 1979 (GVBl 66)
> **Sachsen** durch § 5 JuZustVO v 6. 5. 1999 .
> **Sachsen – Anhalt** durch VO v 25. 8. 1992 (GVBL 660).
> **Schleswig-Holstein** durch VO v 16. 12. 1974 (GOVBl S 497).

Schließlich besteht nach § 78 a Abs 3 GVG noch eine weitere Möglichkeit der Ände- **843** rung des normalen Sitzes der Strafvollstreckungskammer: Es ist möglich, dass ein Bundesland nach entsprechender Vereinbarung mit einem anderen Bundesland eine Vollzugseinrichtung auf dessen Gebiet unterhält. Diese Länder können dann vereinbaren, dass die Strafvollstreckungskammer des Landgerichts zuständig ist, in dessen Bezirk die für die Anstalt zuständige Aufsichtsbehörde ihren Sitz hat. Es handelt sich hier um eine Sonderregelung, die zwischen den Bundesländern Schleswig-Holstein und Hamburg eine Rolle spielt;[64] sie betrifft die im Kreis Segeberg (SchlH) gelegenen Hamburger Vollzugsanstalten Glasmoor und Alt-Erfrade, für die die Strafvollstreckungskammer Hamburg zuständig ist.

Es wird davon abgesehen, in diesem Buch die Vollzugsanstalten und psychiatrischen **844** Landeskrankenhäuser und die jeweils zuständigen Strafvollstreckungskammern zu verzeichnen. Innerhalb der Länder sind den mit der Vollstreckung befassten Behörden die zuständigen Strafvollstreckungskammern bekannt. Vollstreckungen außerhalb des eigenen Bundeslandes sind aber seltener. Auch sind die Vollstreckungsbehörden im Besitze von entsprechenden Verzeichnissen. Im Übrigen sind die Verhältnisse dauernd

---

[63] *Meyer-Goßner*, § 78 a GVG, Rdn 5.
[64] Abkommen zwischen Schl-H und Hamburg v 10. 10. 1974, HambG v 18. 11. 1974 (GVBl 1974, S 331) u Bek. v. 6. 1. 1975 (GVBl 1975, S 6), Schlesw-HolstG v 18. 12. 1974 (GOVBl 1974, S 475) u 3. 1. 1975 (GOVBl 1975, S 5). Vgl. *Meyer-Goßner*, § 78 b GVG, Rdn 6.

im Fluss. An das für den Ort einer Vollzugseinrichtung zuständige Landgericht adressierte Anträge werden auch ohne große zeitliche Verzögerung dann die zuständige
Strafvollstreckungskammer erreichen, wenn diese ausnahmsweise nicht bei diesem
Landgericht ihren Sitz hat.

2. Besetzung und innerbehördliche Zuständigkeit der Strafvollstreckungskammer

845   Unterschieden werden die „kleine" und die „große" Strafvollstreckungskammer. Die
kleine Strafvollstreckungskammer ist mit einem Richter besetzt, die große mit drei
Richtern unter Einschluss des Vorsitzenden. Die „großen" und die „kleinen" Strafvollstreckungskammern sind ein **einheitlicher** (kein unterschiedlicher) **Spruchkörper**
des Landgerichts,[65] der unter gesetzlich bestimmten Voraussetzungen nur durch einen
Richter, der Mitglied der Kammer ist, repräsentiert wird. Gegen diese Auslegung von
§ 78 b Abs 1 GVG bestehen keine verfassungsrechtlichen Bedenken.[66]

846   a) Die **große Strafvollstreckungskammer** ist zuständig (§ 78 b Abs 1 Nr. 1 GVG) bei
Entscheidungen über die Aussetzung der Vollstreckung
– des Restes einer lebenslangen Freiheitsstrafe,
– der Unterbringung in einem psychiatrischen Krankenhaus,
– der Unterbringung in der Sicherungsverwahrung.
b) Die **kleine Strafvollstreckungskammer** ist zuständig in allen anderen Fällen, die zur
Zuständigkeit der Strafvollstreckungskammer gehören (§ 78 b Abs 1 Nr. 2 GVG).

847   Für die Abgrenzung der Zuständigkeit zwischen der kleinen und der großen Strafvollstreckungskammer ist allein die Strafsache von Bedeutung, mit der das Gericht im
Einzelfall befasst ist und in der eine bestimmte Entscheidung zu treffen ist; ob und
welche weiteren rechtskräftigen und vollstreckbaren Verurteilungen vorliegen, ist
hierfür unerheblich.[67]
Bemerkt werden muss, dass es sich bei der Verteilung der Zuständigkeiten zwischen
großer und kleiner Strafvollstreckungskammer nicht um eine Zuständigkeitsregelung
mit dem Range einer Verfahrensvoraussetzung handelt, vielmehr handelt es sich bei
den beiden um einen einheitlichen Spruchkörper, der nur in unterschiedlicher Besetzung entscheidet.[68] Eine Entscheidung der an sich falschen Strafvollstreckungskammer desselben Landgerichts kann deshalb nicht mit der Rüge fehlender Zuständigkeit
erfolgreich angefochten werden. Das bedeutet, dass auf eine Beschwerde hin vom
Beschwerdegericht (= OLG) die Sache nur wegen des Mangels der Zuständigkeit
nicht an die an sich zuständig gewesene Strafvollstreckungskammer zurückverwiesen
werden kann. Hat eine Strafvollstreckungskammer irrig ihre Zuständigkeit angenommen, so ist dies für die Wirksamkeit der Entscheidung ohne Bedeutung.

848   c) Die **Mitglieder der Strafvollstreckungskammer** werden vom Präsidium des Landgerichts bestellt.
Die Geschäftsverteilung zwischen den einzelnen Mitgliedern der Kammer regelt der
Vorsitzende durch eine Anordnung zu Beginn des Jahres etwa nach folgendem Muster:

```
Landgericht x                                    x, den 2. 1. 1998
XII. Strafkammer
(I. Strafvollstreckungskammer)
– Der Vorsitzende –
```

---

[65] OLG Düsseldorf, NStZ 1982, 301; OLG Hamm, NStZ 1981, 452.
[66] BVerfG, NStZ 1983, 44. (Zur alten Fassung von § 78 b Abs 1 Nr. 1 GVG).
[67] OLG Hamm, NStZ 1983, 236.
[68] *Meyer-Goßner*, Rdn 1 zu § 78 b GVG.

Geschäftsverteilung nach § 21 g GVG für das Jahr 1998:

I. Entscheidungen nach § 78 b Abs 1 Nr. 2 GVG (**kleine** Strafvollstreckungskammer):

A–F   : RLG A
G–L   : RLG B
M–Schn : RLG C
Scho–Z : RAG D

Es vertreten sich gegenseitig:
RLG A und RAG D
RLG B und RLG C

Fallen beide Richter einer Vertretungsgruppe aus, ist die Vertretung durch die Richter der anderen Gruppe, beginnend mit dem Dienstjüngeren, wahrzunehmen.

II. Entscheidungen nach § 78 b Abs 1 Nr. 1 (**große** Strafvollstreckungskammer): Jeweils VRLG V mit

1. Sitzgruppe: RLG A und RLG B
           für alle Verurteilte mit den Anfangsbuchstaben A–L
2. Sitzgruppe: RLG C und RAG D
           für alle Verurteilte mit den Anfangsbuchstaben M–Z

Vertretung:
RLG A und RLG C
RLG B und RAG D

Auch hier gilt: Fallen beide Richter einer Vertretungsgruppe aus, ist die Vertretung durch die Richter der anderen Gruppe wahrzunehmen.

V
VRLG

Wichtig ist, dass das Präsidium nicht nur Richter des Landgerichts, sondern auch **849** im Gerichtsbezirk tätige Richter beim Amtsgericht als Mitglieder der Strafvollstreckungskammer bestellen kann, § 78 b Abs 2 GVG. Sind (im Erkenntnisverfahren) bestimmte Strafsachen (z. B. Schöffengerichtssachen) durch Rechtsverordnung auf ein anderes Amtsgericht übertragen („zentralisiert"), so gilt dies nicht für andere Bereiche, also nicht für die Strafvollstreckungsverfahren.[69] Da bei der kleinen Strafvollstreckungskammer keine Schöffen mitwirken, es sich vielmehr um reine Einzelrichtertätigkeit handelt (vgl. auch den Wortlaut von § 78 b Abs 1 Nr. 2 GVG), braucht die kleine Strafvollstreckungskammer nicht mit einem Vorsitzenden Richter besetzt zu sein. Selbst ein Richter auf Probe (oder kraft Auftrags) kann als kleine Strafvollstreckungskammer zur Entscheidung berufen sein.[70] Die Bezeichnung als „Kammer" ist insoweit etwas irreführend. Den ständigen Vorsitz in der großen Strafvollstreckungskammer muss allerdings – es handelt sich um eine „echte" Kammer im Sinne von § 21 f GVG – ein Vorsitzender Richter beim Landgericht oder ein ranggleicher Richter beim Amtsgericht innehaben; im letzteren Falle muss diesem Richter das Amt eines Vorsitzenden einer Kammer des Landgerichts ausdrücklich – im Wege der Doppelernennung – zusätzlich übertragen worden sein (vgl. §§ 22 Abs 2 GVG, 27 Abs 2 DRiG).

Die Aufgaben der großen Strafvollstreckungskammer können auch insgesamt einer **850** Strafkammer übertragen werden. Erfüllt eine solche Strafkammer Aufgaben aus dem Bereich der Strafvollstreckungskammer, dann muss dies bei den einzelnen Handlungen besonders zum Ausdruck gebracht werden, z. B. indem dann die Bezeichnung „StK als StVollstrK" geführt wird.

---

[69] OLG Düsseldorf, MDR 1989, 481.
[70] OLG Düsseldorf, NStZ 1983, 301.

C. Die Vorbereitung der Entscheidungen der Strafvollstreckungskammer

1. Initiative

851 In weitaus den meisten Fällen wird die Strafvollstreckungskammer auf **Antrag eines Verfahrensbeteiligten** tätig werden. Oft geben sogar **Außenstehende** (z. B. Angehörige, Freunde oder Betreuer des Verurteilten einerseits, am Verfahren nicht beteiligte Behörden andererseits) den Anstoß dazu, eine gerichtliche Entscheidung herbeizuführen; solche Initiativen werden vom Verfahrensbeteiligten übernommen, oft unter Übernahme und Ergänzung der Argumentation.

852 Nach dem Wortlaut des § 57 Abs 1 Satz 1 StGB setzt das Gericht nach Verbüßung von zwei Dritteln der Strafe bei Vorliegen der dort aufgeführten materiellen Voraussetzungen die Vollstreckung des Strafrestes zur Bewährung aus. Das Gericht entscheidet von Amts wegen, ohne dass es des Antrages eines Verfahrensbeteiligten bedarf. Der BGH leitet dieses Verfahren aus dem Ziel des Gesetzgebers ab, die zeitige Freiheitsstrafe als Mittel der Resozialisierung zu begreifen. Die Aufgabe der Strafgerichte ist demnach mit der Aburteilung nicht erledigt, sondern diesen ist vielmehr die zusätzliche Aufgabe übertragen, über das Institut der Strafaussetzung auf den Vollzug der Strafe einzuwirken. Diese übertragene „Weichenstellung" kann nicht an die förmlichen Voraussetzungen von Anträgen gebunden werden.[71]

Es ist demnach eine positive **Entscheidung von Amts wegen** zu fällen. Daraus folgt, dass die Strafvollstreckungskammer auch dann, wenn von keinem Verfahrensbeteiligten rechtzeitig ein Antrag gestellt wird, von sich aus tätig werden muss, sei es auch nur in einer Erinnerung der Strafvollstreckungsbehörde an die rechtzeitige Vorlage der für die Entscheidung erforderlichen Unterlagen. Wird eine für die Entscheidung erforderliche Einwilligung des Verurteilten (vgl. z. B. § 57 Abs 1 Satz 1 Nr. 3 StGB) nicht gegeben , ist eine Entscheidung nicht notwendig;[72] das Gleiche gilt bei einer Verweigerung der Mitwirkung.[73]

853 Soweit eine Entscheidung nach dem Ermessen des Gerichts erfolgt – z. B. bei einer Entscheidung nach § 57 Abs 2 StGB –, muss die Strafvollstreckungskammer nur auf Antrag des Verurteilten oder der Staatsanwaltschaft entscheiden; sie kann aber auch in solchen Fällen von sich aus eine Entscheidung treffen.[74] Ein Antrag auf Aussetzung der Vollstreckung einer Reststrafe ist selbst dann zulässig, wenn die Staatsanwaltschaft nach § 456 a StPO von der weiteren Vollstreckung der Strafe abgesehen und den Verurteilten ins Ausland abgeschoben hat.[75]

2. Allgemeine Vorbereitung

854 In einer großen Zahl von Fällen ist zur Entscheidung einer Sache eine Strafvollstreckungskammer berufen, die ihren Sitz nicht an dem Ort der Strafvollstreckungsbehörde hat oder in einem entfernten Justizgebäude oder -gebäudeteil untergebracht ist. Das bedeutet, die **Vollstreckungsakten** werden gewöhnlich an einem anderen Orte als dem Sitz der Strafvollstreckungskammer verwahrt; ohne Akten kann die Strafvollstreckungskammer aber nicht entscheiden, zumal in diesen Akten – nach Beschaffung

---

[71] BGHSt 27, 303, 304.
[72] H. M., vgl. OLG Zweibrücken, MDR 1991, 173., a. A. die Vorauflage und OLG Rostock, NStZ 2001, 278 u 503 mit Anm. *Arnoldi.*
[73] A. A. OLG Karlsruhe, MDR 1991, 661.
[74] *Meyer-Goßner,* Rdn 5 zu § 454 StPO.
[75] OLG Oldenburg, StV 1993, 205; OLG Düsseldorf, StV 2000, 382.

dieser Unterlagen durch die Vollstreckungsbehörde – sich auch die Stellungnahmen der Staatsanwaltschaft, oft auch des erstinstanzlichen Gerichts, der Vollzugsanstalt, des Verurteilten und des Verteidigers befinden. (Dem Gericht ist allerdings nicht verwehrt, auch andere als Originalakten zu verwenden; es kann angezeigt sein, Zweitakten anzulegen).[76] Für eine sachgerechte Entscheidung reichen die Vollstreckungsakten, obwohl sie eine Abschrift des Urteils mit Gründen enthalten, oft nicht aus, so dass auch die **Hauptakten** (z. B. wegen darin enthaltener Gutachten) benötigt werden. Da die Akten oftmals auch noch anderweitig benötigt werden (z. B. bei Gnadengesuchen, Verwertung eingezogener Gegenstände u. a.), bereitet es hin und wieder Schwierigkeiten, dass die benötigten Akten der Strafvollstreckungskammer rechtzeitig vorliegen. Bei umfangreichen Strafakten wird es in der Regel ausreichen, der Strafvollstreckungskammer neben den Anträgen des Verurteilten und der Staatsanwaltschaft sowie der Stellungnahme der Justizvollzugsanstalt nur die für die Vollstreckung maßgeblichen Aktenbestandteile (Urteilsband, Vollstreckungsheft, die Person des Verurteilten betreffende Gutachten) vorzulegen.

Die Staatsanwaltschaft als Vollstreckungsbehörde überwacht die **Vorlagefristen**   855 (Halbstrafe, Zwei-Drittel-Termin). Sie fordert rechtzeitig die **Stellungnahme der Vollzugsanstalt** an und legt die Akten mit einer eigenen Stellungnahme der Strafvollstreckungskammer vor. Die Strafvollstreckungskammer war mit der Person des Verurteilten bis zu diesem Zeitpunkt in der Regel noch nicht befasst. Für die Entscheidung ist ein intensives Studium der Akten erforderlich, denn die Stellungnahmen der Staatsanwaltschaft beschränken sich meist auf wenige Sätze und den Antrag, die der Vollzugsanstalt auf eine kurze Darstellung der Führung im Vollzug.

Für Entscheidungen sind aber Kenntnisse der Umgebung, aus der der Verurteilte   856 kommt und in die er sich nach seiner Entlassung begibt, oft von ausschlaggebender Bedeutung. Diese Kenntnisse hat aber die Strafvollstreckungskammer (oder auch die Strafvollstreckungsbehörde am Ort, wenn die Zuständigkeit dorthin gem. § 451 Abs 3 Satz 2 StPO übertragen wurde) nicht. Mit „altem" Stand sind sie bei gründlichem Aktenstudium in etwa zu erfahren, den „neuen" Stand der Dinge ausfindig zu machen, insbesondere die Angaben des Verurteilten zu überprüfen, dafür sind oft Ermittlungen notwendig, die bei Übersendung der Akten noch nicht durchgeführt wurden, weil der entsprechende Sachvortrag in aller Regel viel zu kurzfristig vor dem Entscheidungstermin erfolgt.

Die Arbeit der Strafvollstreckungskammer wird erleichtert, wenn die Stellungnahme   857 der Staatsanwaltschaft ausführlich ist und der Antrag eingehend unter Hinweis auf die Erkenntnisquellen begründet wird. Mit einer fundierten Stellungnahme sichert sich die Vollstreckungsbehörde zugleich auch die bestmögliche Berücksichtigung ihrer Belange Auch eine ausführliche Stellungnahme der Staatsanwaltschaft kann allerdings der Strafvollstreckungskammer nicht immer eine genügende Kenntnis der für die Entscheidung wichtigen Umstände verschaffen. Manchmal sind Nachfragen erforderlich, die durch Ortsferne selbstverständlich ebenfalls erschwert sein können.

Sind die von der Vollstreckungsbehörde übersandten Unterlagen unvollständig, so   858 wird die Strafvollstreckungskammer sich – wegen der Eile oft telefonisch – um die Ergänzung bemühen. Die Unterlagen sollten jedenfalls bereits vollständig sein, bevor die Strafvollstreckungskammer (wie dies bei Entscheidungen nach § 57 StGB in der Regel vorgeschrieben ist) den Verurteilten mündlich anhört, weil es sonst notwendig werden kann (rechtliches Gehör!), den Verurteilten zu nach seiner Anhörung bekanntgewordenen, für ihn negativen Umständen nochmals zu hören.

---

[76] BVerfG, NStZ 1988, 21.

3. Rechtliches Gehör

859   In einigen der Fälle, zu deren Entscheidung die Strafvollstreckungskammer berufen ist, ist eine **Anhörung der Verfahrensbeteiligten** ausdrücklich vorgesehen, teilweise (beim Verurteilten) sogar eine mündliche Anhörung vorgeschrieben (vgl. § 454 Abs 1 StPO, s unten *Rdn 911 ff* bei der Aussetzung eines Strafrestes und *Rdn 997* bei Maßregeln der Besserung und Sicherung).

Das soll und kann nicht bedeuten, dass in Fällen, in denen eine ausdrückliche Erwähnung der Notwendigkeit einer Anhörung nicht besteht, eine Entscheidung gegen einen Beteiligten ohne rechtliches Gehör erfolgen dürfte. Auch im Strafvollstreckungsverfahren gilt für gerichtliche Entscheidungen der Grundsatz des § 33 Abs 3 StPO, dass ein Beteiligter zu hören ist, bevor zu seinem Nachteil Tatsachen oder Beweisergebnisse verwertet werden.

860   Soweit eine besondere Form der Anhörung nicht vorgeschrieben ist, ist sie in das Ermessen des Gerichts gestellt, was bedeutet, dass der Strafvollstreckungskammer viele Möglichkeiten – von der bloßen Einräumung einer Stellungnahme bis hin zu einer mündlichen Anhörung – zur Verfügung stehen. Es gilt aber der **Grundsatz: Je bedeutsamer die Entscheidung für einen Beteiligten sein kann, umso deutlicher muss ihm die Gelegenheit zur Äußerung gegeben werden.**

861   Hat der Verurteilte einen Verteidiger, dann kann die Gewährung des rechtlichen Gehörs auch schon in der Überlassung der Akten zur Einsicht gesehen werden; bei einem nichtverteidigten Verurteilten wird in der Regel ein ausdrücklicher Hinweis auf die zur Entscheidung stehende Frage und die Aufforderung, sich zu äußern, gegebenenfalls auch darauf, dass bei Nichtäußerung gleichwohl entschieden werden wird, am Platze sein. Aus dem Anspruch auf rechtliches Gehör ergibt sich aber kein allgemeines Recht des Verurteilten auf Einsicht in die Akten oder Beiakten.[77]

Es gehört zur Anhörung, dass der Verurteilte zu ihm nachteiligen Tatsachen, die von dritter Seite mitgeteilt wurden, **Gelegenheit zur Stellungnahme** erhält.[78]

Von der mündlichen Anhörung des Verurteilten vor einer Entscheidung über die Aussetzung der Vollstreckung einer Restfreiheitsstrafe zur Bewährung darf grundsätzlich auch dann nicht abgesehen werden, wenn zwar eine Anhörung erst vor kurzer Zeit stattgefunden hat, diese aber von einer anderen Strafvollstreckungskammer vorgenommen wurde.[79] Die Anhörung ist aber in den Fällen des § 454 Abs 1 S 4 StPO sowie auch dann entbehrlich, wenn sie aus tatsächlichen Gründen nicht durchgeführt werden kann (z.B. nach Ausweisung und unzumutbarer Wiedereinreise)[80] oder wenn der Verurteilte ausdrücklich erklärt hat, er wolle nicht angehört werden.[81]

862   Ist die Anhörung versehentlich unterblieben, so gibt es zwei Möglichkeiten, diesen Fehler zu bereinigen:

a) Handelt es sich um eine Entscheidung, die der sofortigen Beschwerde unterliegt, dann kann das Gericht auf Grund des nachträglichen Vorbringens ausnahmsweise seine Entscheidung nochmals abändern und der Beschwerde abhelfen, § 311 Abs 3 Satz 2 StPO. (Ist die Entscheidung mit der einfachen Beschwerde anfechtbar, dann ist die Abhilfemöglichkeit ohnehin gegeben § 306 Abs 2 StPO).

---

[77] Für Gefangenenpersonalakten vgl. BVerfG, NStZ 1982, 44 (zu Art 103 Abs 1 GG); vgl. weiter OLG Celle, NStZ 1982, 45.
[78] OLG Düsseldorf, StV 1993, 205.
[79] OLG Düsseldorf, StV 1996, 558.
[80] OLG Düsseldorf, NStZ 2000, 333. Eine Anhörung im Rechtshilfewege ist in diesen Fällen auch nicht zwingend veranlasst.
[81] BGH, NStZ 2000, 279 = NJW 2000, 1663.

b) Handelt es sich um eine nicht anfechtbare Entscheidung, dann ist der „besondere Rechtsbehelf" des § 33 a StPO, die Nachholung des rechtlichen Gehörs, möglich. Wegen der Zuständigkeit s Rdn 812.

Nach der Gewährung rechtlichen Gehörs ergibt sich uU die Notwendigkeit **weiterer 863 Ermittlungen,** z.B. um entscheidungserhebliche, aber unbelegte Darstellungen des Verurteilten auf ihren Wahrheitsgehalt hin zu überprüfen. Die Strafvollstreckungskammer ist hier völlig frei, welche Erkenntnisquellen sie verwendet. Bei Ermittlungen im persönlichen Bereich des Verurteilten (außerhalb des Vollzugs) empfiehlt sich der Einsatz des **Gerichtshelfers,** der auch mit notwendig werdenden Nachermittlungen beauftragt werden kann.

Zum Wesen rechtlichen Gehörs gehört es, neue für die Entscheidung wesentliche Erkenntnisse den hiervon berührten Verfahrensbeteiligten wiederum noch vor der Entscheidung bekanntzugeben. Eine Form ist hierfür nicht vorgeschrieben.

D. Die Entscheidung und ihre Bekanntmachung

1. Gegenstand der Entscheidung

Die Strafvollstreckungskammer entscheidet jeweils nur über die bestimmte Vollstre- 864 ckungsfrage bezüglich bestimmter Verurteilungen, vgl. §§ 78 b Abs 1, 78 a Abs 1 Satz 2 GVG. „Eine" bestimmte Vollstreckungsfrage ist auch die gleichzeitige Entscheidung über mehrere noch nicht verbüßte Freiheitsstrafen, für die dann nur eine Strafvollstreckungskammer berufen ist (§ 78 a Abs 1 Satz 3 GVG). Nach § 454 b Abs 3 StPO trifft die Kammer die Entscheidungen nach den §§ 57, 57 a StGB erst, wenn über die Aussetzung der Vollstreckung der Reste aller Strafen gleichzeitig entschieden werden kann.

2. Form der Entscheidungen

Während alle Anordnungen vorbereitender Art durch den Vorsitzenden bzw den Be- 865 richterstatter der Strafvollstreckungskammer in der Form einer Verfügung erfolgen, ergehen die eigentlichen Sachentscheidungen ohne mündliche Verhandlung durch Beschluss (vgl. §§ 454 Abs 1 Satz 1, 462 Abs 1 Satz 1 StPO).

3. Inhalt der Entscheidungen

Die Beschlüsse der Strafvollstreckungskammer müssen enthalten die Bezeichnung der 866 erkennenden Kammer, das Datum und (in der Regel aus den Unterschriften ersichtlich) die Namen der beschließenden Richter und ihre Unterschrift. Wichtigster Bestandteil der Entscheidung ist der Wortlaut der eigentlichen Anordnung (Tenor), der so gefasst sein muss, dass er aus sich heraus verständlich ist und auch vollstreckt werden kann.

Da die Beschlüsse über die Aussetzung des Strafrestes der sofortigen Beschwerde un- 867 terliegen (vgl. §§ 454 Abs 2, 463 Abs 3 StPO), müssen sie mit einer **Begründung** versehen sein (§ 34 StPO). Eine Begründung ist auch vorgeschrieben für Entscheidungen, durch welche ein Antrag abgelehnt wird (§ 34 StPO). Gemeint sind allerdings nur solche Entscheidungen, für die ein Antrag erforderlich ist. Ergeht die Entscheidung von Amts wegen, bedarf es an sich keiner Begründung, selbst wenn ein Antrag vorliegt.[82] In der Regel wird es aber ratsam sein, die Gründe von Negativentscheidungen

---

[82] BGHSt 15, 253; *Meyer-Goßner* Rdn 3 zu § 34 StPO.

festzuhalten, da sie meist für Folgeentscheidungen bedeutsam sind. Die Gründe sollen die Beteiligten in die Lage versetzen, eine sachgemäße Entscheidung über die Einlegung eines Rechtsmittels zu treffen; ferner dienen sie dem Rechtsmittelgericht als Grundlage für seine Prüfung. Bei den Beschlüssen im Bereich der Strafvollstreckung handelt es sich in der Regel um Ermessensentscheidungen; es muss daher aus den Gründen ersichtlich sein, in welcher Weise von dem Ermessen Gebrauch gemacht wurde und ob die rechtlichen Ermessensgrenzen beachtet worden sind. Aus der Begründung muss sich auch ergeben, ob die Entscheidung auf rechtlichen oder tatsächlichen Erwägungen beruht und auf welchen. Die bloße Anführung des Wortlauts von Bestimmungen genügt nicht.

Es liegt auf der Hand, dass die Gründe eines Beschlusses umso eingehender sein müssen, je mehr die Entscheidung von den Vorstellungen von Verfahrensbeteiligten abweicht und je gravierender die Entscheidung für die Betroffenen ist. Entspricht die Entscheidung den von allen Beteiligten vorgetragenen Vorstellungen, dann kann die Notwendigkeit für eine eingehende Begründung entfallen.

868 Die Entscheidung muss uU eine **Belehrung über die Folgen der Nichtbeachtung von Auflagen** oä beigefügt werden. Für die Bekanntmachung solcher Belehrungen ist eine besondere Form vorgeschrieben (vgl. hierzu im einzelnen Rdn 960 ff). Schließlich muss die Entscheidung, entweder selbst oder eine mitübermittelte Anlage, die **Rechtsmittelbelehrung** enthalten (§ 35 a StPO).

869

Muster einer Entscheidung:

A.   Landgericht M   M, den 22. April 2000
        – Strafkammer III –   in der Strafsache
        Aktenzeichen: gegen
        <u>I KLs 7 Js 5/98</u>   Kurt B
        (StVK III 88/98)   wegen Diebstahls
                                  hier: Bedingte Entlassung

Beschluss:

Der Antrag des Verurteilten auf Vorentscheidung über die künftige Entscheidung nach § 57 Abs 1 StGB wird als unzulässig abgelehnt.

Gründe:

Der Verurteilte verbüßt derzeit eine Gesamtfreiheitsstrafe von 5 Jahren und 6 Monaten in der Vollzugsanstalt M. Zwei Drittel der Strafe werden erst am 20. 1. 2001 vollzogen sein.
Der Verurteilte begehrt bereits derzeit eine Vorentscheidung über die künftige Entscheidung nach § 57 Abs 1 StGB.
Der Antrag ist nicht zulässig. Eine Prüfung und Entscheidung nach § 57 Abs 1 StGB ist erst dann statthaft, wenn der Zeitpunkt der Verbüßung von zwei Drittel der Strafe ansteht. Dies kann hier etwa ab Oktober 2000 für den 20. 1. 2001 erfolgen. Eine wesentlich frühere Prüfung und Entscheidung ist nach dem Gesetz nicht möglich, da vorher noch keine sicheren Beurteilungsgrundlagen für die Entscheidung vorliegen und zudem Zuständigkeitsänderungen eintreten können, z. B. bei einer möglichen Verlegung des Verurteilten in den Zuständigkeitsbereich einer anderen Strafvollstreckungskammer (vgl. OLG Karlsruhe, Die Justiz 1976, 304). Aus den genannten Gründen ist auch eine Vorentscheidung oder die Zusage einer bestimmten künftigen Entscheidung nach § 57 Abs 1 StGB nicht statthaft (vgl. OLG Stuttgart, Die Justiz 1975, 233).

Rechtsmittel:

Sofortige Beschwerde nach Anlage.

....

X
Richter am LG

B.   Landgericht M   M, den 2. Mai 2002   **870**
        – Strafkammer XII –   In der Strafsache
        Aktenzeichen: gegen
        1 Ls 12 Js 234/99   A B, geb. am 27. 2. 1963 in N
        (StVK XII 96/00)   wegen gem. Diebstahls
                                         hier: Abkürzung der Führerscheinsperrfrist

Beschluss:

Der Antrag des Verurteilten A B, die festgesetzte Sperrfrist für die Wiedererteilung einer Fahrerlaubnis abzukürzen, wird abgelehnt.

Gründe:

A B wurde durch Urteil des Schöffengerichts U vom 18. November 1999 in Verbindung mit dem Berufungsurteil des Landgerichts U vom 20. März 2000 wegen 6 Vergehen des gemeinschaftlichen schweren Diebstahls, begangen im Rückfall, zu der Gesamtfreiheitsstrafe von 2 Jahren und 4 Monaten verurteilt. Außerdem wurde ihm die Fahrerlaubnis entzogen und eine Sperrfrist von 2 Jahren und 6 Monaten für die Wiedererteilung einer Fahrerlaubnis festgesetzt. Das Urteil ist seit 28. März 2000 rechtskräftig. Mit Beschluss der Strafvollstreckungskammer des Landgerichts M vom 2. Januar 2001 wurde A B mit Wirkung vom 16. Januar 2001 gem. § 57 Abs I StGB bedingt aus der Strafhaft entlassen. Die Bewährungszeit für die Reststrafe wurde auf 3 Jahre festgesetzt. Auf die Gründe beider Urteile und dieses Beschlusses wird Bezug genommen.

A B hat am 28. 3. 2002 einen Antrag auf vorzeitige Abkürzung der Sperrfrist gestellt. Auf die Begründung dieses Antrags wird verwiesen. Die Staatsanwaltschaft U ist dem Antrag entgegengetreten, weil gegen A B erneut ein Verfahren wegen Fahrens ohne Führerschein anhängig ist.

Der Antrag ist zwar zulässig und die Strafvollstreckungskammer für die Entscheidung zuständig (§ 462 a Abs 1 Satz 2 StPO), da sie bereits durch die Strafaussetzung mit der Sache befasst war.

Der Antrag war aber als unbegründet abzulehnen, da der Proband immer noch ungeeignet ist zum Führen von Kraftfahrzeugen. Nach Mitteilung seines Bewährungshelfers benutzt der Proband den PKW seiner Verlobten bereits seit mehreren Monaten, ohne im Besitz der Fahrerlaubnis zu sein. Auch die Tatsache, dass er von dem Bewährungshelfer auf frischer Tat gestellt wurde, hat ihn nicht von der Weiterbenutzung abgehalten. Bei der Staatsanwaltschaft E ist deshalb ein Ermittlungsverfahren wegen Fahrens ohne Fahrerlaubnis anhängig. B hat die Tat dem Bewährungshelfer gegenüber auch zugegeben. Bei dieser Sachlage erscheint ein Entgegenkommen in Form der Abkürzung der Sperrfrist unvertretbar.

Rechsmittelbelehrung

Sofortige Beschwerde nach Anlage:

X

Richter am LG

4. Bekanntmachung der Entscheidung

Für die Bekanntmachung der Beschlüsse gelten die allgemeinen Bestimmungen. Da **871** die Entscheidungen der Strafvollstreckungskammer im Allgemeinen nicht in Anwesenheit der betroffenen Personen ergehen, anderseits wegen der Anfechtbarkeit mit der sofortigen Beschwerde die Beschwerdefrist in Lauf gesetzt werden muss, geschieht die Mitteilung durch **Zustellung** (§ 35 Abs 2 Satz 1 StPO). Hierbei ist zu beachten, dass bei der Zustellung an einen nicht auf freiem Fuß Befindlichen diesem das Schriftstück auf Verlangen vorzulesen ist (§ 35 Abs 3 StPO). Die Zustellung der Entscheidungen wird nach § 36 StPO bewirkt; dh wenn sie nicht der Vollstreckung bedürfen, nach Anordnung des Vorsitzenden durch die Geschäftsstelle des Gerichts, § 36 Abs 1 StPO.[83] Fehlt die Anordnung des Vorsitzenden, ist die Zustellung unwirk-

---

[83] *Meyer-Goßner,* Rdn 40 zu § 454 StPO.

sam. Zu den Entscheidungen der Strafvollstreckungskammer gehören vor allem die Negativentscheidungen, also z. B. Ablehnung der Reststrafenaussetzung. Eine positive Entscheidung bedarf der Vollstreckung; sie ist daher nach § 36 Abs 2 S 1 StPO von der Staatsanwaltschaft zuzustellen. Der Beschluss ist der Staatsanwaltschaft zur weiteren Veranlassung zu übergeben. Durch eine Zustellung an die StA wird auch einer Entlassung vorgebeugt, bevor die StA über die Einlegung eines Rechtsmittels entschieden hat. Im Interesse der Rechtsklarheit hält die Rechtsprechung an der Anwendbarkeit von § 36 Abs 2 fest.[84] In der Praxis stellen aber die Strafvollstreckungskammern aus Gründen der Verfahrensökonomie in aller Regel selbst zu, sofern nicht die Gefahr besteht, dass durch eine verfrühte Zustellung die Vollstreckung der Entscheidung vereitelt werden könnte, wie z. B. bei Durchsuchungs- und Beschlagnahmebeschlüssen oder Haftbefehlen.

872 Eine Selbstverständlichkeit ist es, dass bei **Verurteilten,** die der deutschen Sprache nicht mächtig sind, dafür Sorge getragen werden muss, dass sie von dem Inhalt der Entscheidung in einer ihnen verständlichen Sprache Kenntnis erhalten. In der Regel wird dies durch **Beifügung einer amtlichen Übersetzung** der Entscheidung geschehen.

873 Hat der Verurteilte auch in dem bei der Strafvollstreckungskammer anhängigen Verfahren einen **Verteidiger,** dann gilt für Zustellungen an ihn auch § 145a StPO. Wird an den Verteidiger zugestellt, so ist der Verurteilte zugleich formlos durch Mitteilung einer Abschrift von der Entscheidung zu benachrichtigen. (Umgekehrt erhält der Verteidiger, wenn dem Verurteilten unmittelbar zugestellt worden ist, formlos eine Abschrift der Entscheidung.) Der Nachweis der Zustellung an den Verteidiger erfolgt in der Regel durch Rückgabe der von ihm unterzeichneten Empfangsbestätigung (vgl. §§ 37 StPO, 212a ZPO).

874 Für **Zustellungen an die Staatsanwaltschaft** gilt § 41 StPO, dh, es ist zum Zwecke der Zustellung in der Regel die Urschrift der Entscheidung vorzulegen, auf der zur Festhaltung des Datums der Zustellung ein schriftlicher Vermerk

> Staatsanwaltschaft ......
> Vorgelegt zur Zustellung gemäß § 41 StPO
> Datum
> Unterschrift

angebracht wird. Bewirkt ist die Zustellung mit dem Eingang der Urschrift bei der Staatsanwaltschaft. Die Fristen berechnen sich daher grundsätzlich nach dem Datum des Eingangsstempels.

§ 41 StPO schließt aber eine Zustellung an die Staatsanwaltschaft nach § 37 Abs 1 StPO nicht aus. Die Wirksamkeit einer solchen Zustellung setzt aber voraus, dass das Empfangsbekenntnis durch den Behördenleiter oder die ihn vertretende Person unterzeichnet wird.[85]

Auf diesem Wege lässt sich eine Ausfertigung ohne Aktenübersendung wirksam zustellen.

Der Staatsanwaltschaft wird allerdings ohne Akten eine Entscheidung, ob sie den Beschluss anfechten soll, nicht immer möglich sein. Falls sie „vorsorglich" sofortige Beschwerde einlegt, verzögert sie den Eintritt der Rechtskraft und damit im Falle einer Strafaussetzung auch eine mögliche frühzeitige Entlassung des Verurteilten.

In eiligen Fällen mit nahen Entlassungsterminen sollte eine schnelle Mitteilung der Entscheidung per Telefax erfolgen, so dass dort, wo ein Rechtsmittel nicht in Betracht kommt, ein Rechtsmittelverzicht „zurückgefaxt" werden kann.

---

[84] OLG Hamm, NJW 1978, 653 mit ablehnender Anm. von *Herrmann.* Vgl. auch *Meyer-Goßner,* Rdn 40 zu § 454 StPO.
[85] *Meyer-Goßner,* Rdn 1 zu § 41 StPO.

Die **Vollzugsanstalt** ist nicht Verfahrensbeteiligte. Sie erhält zwar spätestens Nach- 875
richt von einer Entscheidung nach Rechtskraft durch Mitteilung der dann erforderlichen Anordnungen der Vollstreckungsbehörde, sollte aber von ihr nicht später Kenntnis erhalten als der Verurteilte. In der Praxis wird die Vollzugsanstalt unmittelbar von
der Strafvollstreckungskammer unterrichtet und zwar gleichzeitig mit der Zustellung
der Entscheidung an den Verurteilten. Der Vollzugsanstalt wird in der Regel auch –
wie es § 454 Abs 3 Satz 2 StPO vorsieht – die Belehrung des Verurteilten über die
Aussetzung des Strafrestes übertragen.

5. Rechtsmittel und Rechtskraft, weiteres Verfahren

Die Beschlüsse der Strafvollstreckungskammer in den gravierenderen Strafvollstre- 876
ckungssachen unterliegen der **sofortigen Beschwerde**, §§ 454 Abs 2, 463 Abs 3 StPO.
Beschwerdeberechtigt sind die Verfahrensbeteiligten, das sind die Staatsanwaltschaft,
der Verurteilte und sein Verteidiger, sonstige unmittelbar von der Entscheidung Betroffene (z. B. der Verfalls- oder Einziehungsbeteiligte), nicht aber bei Strafvollstre-
ckungsentscheidungen die Vollzugsanstalt. Die sofortige Beschwerde setzt voraus,
dass der Einleger geltend macht, in seinen Rechten verletzt zu sein.
Die sofortige Beschwerde ist binnen einer Woche seit Zustellung der Entscheidung
einzulegen (§§ 311 Abs 2, 35 StPO), und zwar bei dem Gericht, dessen Entscheidung
angefochten wird. (Bei dem nach der Geschäftsverteilung zuständigen Spruchkörper
braucht die Beschwerde nicht noch innerhalb der Frist vorgelegt zu werden.) Die Einlegung der sofortigen Beschwerde ist bedingungsfeindlich, dh, sie darf nicht auf den
Eintritt oder Nichteintritt eines künftigen ungewissen Ereignisses abstellen. Dagegen
schadet die Verknüpfung mit einer Rechtsbedingung nicht.[86]
Nicht auf freiem Fuß Befindliche können die sofortige Beschwerde zu Protokoll der 877
Geschäftsstelle des Amtsgerichts geben, in dessen Bezirk die Anstalt liegt, wo sie auf
behördliche Anordnung verwahrt werden. Zur Wahrung der Frist genügt es dann, dass
das Protokoll innerhalb der Rechtsmittelfrist aufgenommen wurde (§ 299 StPO).
Über die rechtzeitig zum Landgericht eingelegte sofortige Beschwerde entscheidet der 878
Strafsenat des Oberlandesgerichts. Während die Staatsanwaltschaft, die Vollstreckungsbehörde ist, in der Regel (die Ausnahme des § 451 Abs 3 Satz 2 StPO kommt
selten vor) auch gegenüber der Strafvollstreckungskammer in einem anderen Landgerichtsbezirk die staatsanwaltschaftlichen Aufgaben wahrnimmt, ist das im Beschwerdeverfahren vor dem Oberlandesgericht nicht der Fall. Da in der angeführten Vorschrift nur von Aufgaben gegenüber der Strafvollstreckungskammer die Rede ist, gilt
dies nicht für den übergeordneten Strafsenat. Es verbleibt hier bei der Regel des
§ 143 Abs 1 GVG, d. h., es ist die Generalstaatsanwaltschaft bei dem zur Entscheidung berufenen Oberlandesgericht zuständig. Das ist auch sinnvoll, da es auf dieser
Entscheidungsebene auch wesentlich um die Wahrung der Rechtseinheit geht.
Wird der Beschluss der Strafvollstreckungskammer nicht angefochten, dann wird er 879
rechtskräftig. Ebenso wird rechtskräftig der Beschluss des Oberlandesgerichts über
die sofortige Beschwerde, da ein weiteres Rechtsmittel nicht vorgesehen ist (§ 304
Abs 4 Satz 2 1. Halbsatz StPO).[87] Soweit die Beschwerdeentscheidung den Beschluss
der Strafvollstreckungskammer bestätigt, erwächst auch dessen Inhalt durch die
Oberlandesgericht-Entscheidung in **Rechtskraft.**
Zur Vollstreckung der rechtskräftigen Entscheidung ist die Strafvollstreckungsbehör- 880
de berufen, an die die Akten im Regelfall zurückzugeben sind. Wegen der Überwa-

---

[86] Vgl. BGHSt 25, 187 (am Beispiel des Einspruchs gegen einen Strafbefehl).
[87] Die im 2. Halbsatz aufgeführten Ausnahmen – darunter auch § 454 Abs 2, 3 StPO in Nr. 5 –
gelten nur für erstinstanzliche Entscheidungen der Oberlandesgerichte.

chung von Bewährungsauflagen und wegen Nachtragsentscheidungen im Strafrest-
aussetzungsverfahren vgl. Rdn 966 ff.

E. Geschäftliche Behandlung der Verfahren vor der Strafvollstreckungskammer

881 Muster für die geschäftliche Behandlung der Verfahren vor der Strafvollstreckungskammer nachfolgend § 42 der AktO für Bayern. Ähnlich wird auch in den anderen
Bundesländern verfahren:

(1) Für Verfahren vor der Strafvollstreckungskammer nach §§ 462a, 463 StPO,
§§ 109, 138 Abs. 2 StVollzG sowie §§ 50, 58 Abs. 3 IRG[88] wird ein Register nach
Muster 43[89] geführt. Soweit die Strafvollstreckungskammer mit einem Richter am
Amtsgericht besetzt ist, kann für die ihm zugewiesenen Verfahren das Register
von der Geschäftsstelle des Amtsgerichts geführt werden.

(2) Die Geschäftsstelle der Strafvollstreckungskammer teilt der Staatsanwaltschaft
anhand einer von der Geschäftsstelle der Staatsanwaltschaft vorbereiteten Benachrichtigung das Aktenzeichen mit.

(3) Zum Register für Verfahren vor der Strafvollstreckungskammer wird eine nach
den Namen der Verurteilten geordnete Bewegungskartei geführt. Auf der Karteikarte werden alle auf dieselbe Verurteilung sich beziehenden Anträge und deren
Erledigung, ferner die Aktenbewegungen einschließlich der Aktenabgaben sowie
das Strafende vermerkt. Die Anträge nach § 109 StVollzG sind besonders zu
kennzeichnen. Bei Verfahren nach §§ 50, 58 Abs. 3 und § 71 Abs. 4 des Gesetzes
über die internationale Rechtshilfe in Strafsachen sind in auffallender Weise (z. B.
mit Rotstift) die Buchstaben „Ausl" und die angewendete Vorschrift zu vermerken. Die Karteikarten, bei denen

a) ein Antrag anhängig ist,

b) ein Antrag zwar erledigt ist, die grundsätzliche Zuständigkeit der Strafvollstreckungskammer aber noch fortbesteht,

c) die Sache endgültig erledigt ist,

werden je in einer gesonderten Ablage aufbewahrt, soweit der Behördenleiter
nicht etwas anderes bestimmt.

(4) Die Verfahren vor der Strafvollstreckungskammer sind in der Regel in den Akten
der zugrunde liegenden Strafsache zu bearbeiten; die Verfahren nach §§ 109, 138
Abs. 2 StVollzG sind jedoch in besonderen Akten zu führen. Die Vorgänge der
Strafvollstreckungskammer können in einem Unterheft zusammengefasst werden,
das bei zeitweiliger Abgabe der Akten als Bearbeitungsgrundlage zurückbehalten
wird; sie sind Bestandteile der Strafakten. Die Geschäftsstelle der Strafvollstreckungskammer führt Sammelakten, bei denen die Entscheidungen der Strafvollstreckungskammer und des Rechtsbeschwerdegerichts in Abdruck aufbewahrt
werden. Auf denselben Verurteilten sich beziehende Abdrucke von Entscheidungen werden in einem Vorgang zusammengefasst. Wird ein Verfahren neu eingetragen, so ist anhand der Bewegungskartei zu prüfen, ob den Verurteilten betreffende
frühere Vorgänge vorhanden sind.

(5) Im Schriftverkehr mit den Vollstreckungsbehörden ist neben dem Aktenzeichen
der Strafvollstreckungskammer und dem Namen des Verurteilten auch das Aktenzeichen der Vollstreckungsbehörde anzugeben.

---

[88] Der Verweis auf § 71 Abs 4 IRG ist hinfällig, da diese Aufgabe mit dem Gesetz zur Änderung
des ÜAG und des IRG vom 17. 12. 2006 (BGBl I 3175 f) auf das OLG übertragen wurde.
[89] Von einem Abdruck eines Registermusters wird abgesehen.

II. Einzelne Entscheidungen   882

A. Aussetzung des Strafrestes (§§ 57 ff StGB)

Die Aussetzung des Strafrestes einer zeitigen Freiheitsstrafe (§ 57 StGB) ist die häu-   883
figste und wichtigste Entscheidung der Strafvollstreckungskammer. Formell handelt
es sich um eine Strafvollstreckungsangelegenheit, während es sich materiell um eine
Sonderform einer Strafaussetzung zur Bewährung handelt. Wie jene ist die Entschei-
dung darüber dem Richter vorbehalten.
Nach § 57 StGB ist – mit unterschiedlichen Voraussetzungen – zu unterscheiden zwi-
schen der Aussetzung des letzten Drittels der Strafe als Normalfall (§ 57 Abs 1 StGB)
und dem Ausnahmefall der Aussetzung des Strafrestes bereits nach Verbüßung der
Hälfte der Strafe (§ 57 Abs 2 StGB).
Der „Normalfall", § 57 Abs 1 StGB, setzt voraus:
– Verbüßung von zwei Dritteln (mindestens 2 Monate),
– Einwilligung des Verurteilten,
– Verantwortbarkeit der Aussetzung unter Berücksichtigung des Sicherheitsinteresses
  der Allgemeinheit.
Ob diese Voraussetzungen vorliegen, ist von Amts wegen zu prüfen. Eines Antrages
bedarf es nicht. Grundsätzlich ist förmlich zu entscheiden, es sei denn, der Verurteilte
willigt in die Strafaussetzung nicht ein.[90]
Förmlich zu entscheiden ist nach Verbüßung von zwei Dritteln sogar dann, wenn von
der weiteren Vollstreckung gem. § 456a StPO abgesehen wurde.[91]
Der „Ausnahmefall", § 57 Abs 2 StGB, ist eine Kann-Bestimmung und setzt voraus:
– Verbüßung der Hälfte der Freiheitsstrafe, mindestens 6 Monate,
– Erstverbüßer einer Freiheitsstrafe von nicht mehr als 2 Jahren – oder
– besondere Umstände in Tat, Persönlichkeit und Vollzugsentwicklung,
– Einwilligung des Verurteilten,
– Berücksichtigung der Sicherheitsinteressen.
Hier ist zwar grundsätzlich ein Antrag des Verurteilten oder der Staatsanwaltschaft
erforderlich, jedoch wird eine Entscheidung nach § 454b StPO von Amts wegen zum
Halbstrafentermin notwendig, wenn mehrere Freiheitsstrafen nacheinander zu voll-
strecken sind.[92]
Zu den Besonderheiten der Aussetzung einer lebenslangen Freiheitsstrafe s Rdn 987 ff.

1. Vorbereitende Tätigkeiten der Vollstreckungsbehörde und des Staatsanwalts

Die fällige Entscheidung wird im Falle des § 57 Abs 1 StGB dadurch herbeigeführt,   884
dass die Vollstreckungsbehörde rechtzeitig initiativ wird. Die grundrechtliche Verbürgung der Freiheit der Person gebietet, dass die Vollstreckungsbehörde die ihr von
Amts wegen auferlegte Pflicht zur Mitwirkung bei den gerichtlichen Aussetzungsentscheidungen strikt beachtet.[93] Sie richtet eine Anfrage an die Vollzugsanstalt, etwa
nach anliegendem Muster.[94]

---

[90] AA OLG Rostock, NStZ 2001, 278, 503.
[91] OLG Karlsruhe, MDR 1992, 885; StV 2002, 322.
[92] *Meyer-Goßner*, Rdn 5 zu § 454 StPO.
[93] BVerfG, NStZ 1988, 475 (dort ausgeführt im Hinblick auf die Strafunterbrechung).
[94] § 36 Abs 2 StVollstrO.

a) Anfrage an die Vollzugsanstalt:

Staatsanwaltschaft   ...., den ....
AZ: ....

Vfg

1. An die JVA ......
    Betr.: Strafsache gegen ...... geb am ...... in ......
       hier: Durchführung des § 57 StGB
    Die Aussetzung des Strafrestes gem.
    – § 57 Abs 1 StGB (2/3)
    – § 57 Abs 2 Nr. 1 StGB (1/2)
    ist ab ...... zulässig.
    Ich bitte um Stellungnahme zu einer bedingten Entlassung.
    Werden Maßnahmen nach §§ 56 b–56 d StGB vorgeschlagen?
2. Vw. ......

....

Rechtspfleger

885   Diese Anfrage soll die Vollzugsanstalt zu einer eingehenden Stellungnahme und zu einem Bericht über die Persönlichkeit des Verurteilten aus der Sicht des Vollzugs veranlassen. Die Beurteilung der Persönlichkeit des Verurteilten durch die Vollzugsanstalt ist häufig eine ganz andere als die in den Gründen des erstinstanzlichen Urteils. (Die letztere liegt in den Akten vor, so dass es keiner erneuten Stellungnahme des erstinstanzlichen Gerichts bedarf, vgl. § 454 Abs 1 Satz 2 StPO.) Die **Stellungnahme der Vollzugsanstalt** soll sich auch – soweit möglich – auf den Vorschlag von Auflagen und Weisungen oder auf die Unterstellung unter einen Bewährungshelfer erstrecken. Schließlich wird die Vollzugsanstalt zugleich um die Vorlage der für eine positive Entscheidung erforderlichen **Zustimmungserklärung des Verurteilten** (vgl. § 57 Abs 1 Satz 1 Nr. 3 StGB) gebeten.

886   Der Bericht und die Stellungnahme der Vollzugsanstalt sollen Aufschluss darüber geben, ob der bisherige Behandlungsvollzug einen Erfolg gezeitigt hat. Am zweckmäßigsten wird die Stellungnahme – gerade in großen Vollzugsanstalten – von den Vollzugsbediensteten erstattet, die sich am intensivsten verantwortlich um die Betreuung des Gefangenen gekümmert haben. Die Stellungnahme braucht also nicht vom Leiter der Vollzugsanstalt abgegeben werden. Auch können verschiedene Bedienstete der Vollzugsanstalt an der Stellungnahme mitwirken, die allerdings vom Leiter der Vollzugsanstalt zur Abgabe von Erklärungen allgemein oder im Einzelfalle ermächtigt sein müssen. Die Stellungnahmen der Vollzugsanstalt und weitere (in der Regel schon in den Vollstreckungsakten befindliche) Erkenntnisse über den Verurteilten im Vollzug (z. B. Entscheidungen der Einweisungskommission oä) sind für die vom Gericht bei der Entscheidung anzustellende Sozialprognose von sehr großer Bedeutung; sie dürfen sich deshalb auch nicht in phrasenhaften und formelhaften Redewendungen oder in einer Wiedergabe des Gesetzestextes (positiv oder negativ) erschöpfen, wenn sie einer gerechten Entscheidung dienen sollen.

887   Äußert sich die Stellungnahme negativ, so ist dem Verurteilten vor einer Verwertung zu seinem Nachteil rechtliches Gehör zu gewähren.[95] Das braucht allerdings kaum mehrfach zu geschehen; es muss genügen, wenn ihm die negative Stellungnahme bei der Anhörung durch die Strafvollstreckungskammer vorgehalten wird und er dann Gelegenheit zur Äußerung erhält.

---

[95] OLG Hamm, MDR 1960, 424.

Da die Stellungnahme der Vollzugsanstalt kein Verwaltungsakt ist, ist sie nicht ge- **888**
richtlich (im Verfahren nach § 23 EGGVG) anfechtbar.[96] Eine Dienstaufsichtsbeschwerde bleibt dem Verurteilten allerdings unbenommen.

b) Stellungnahme und Antrag der Staatsanwaltschaft:

Die Stellungnahme der Vollzugsanstalt und im Falle der Einwilligung des Verurteil- **889**
ten dessen Erklärung legt der Rechtspfleger – meist mit einem vorbereiteten Antrag – dem Staatsanwalt vor, der der Strafvollstreckungskammer gegenüber den
Standpunkt der Staatsanwaltschaft zu vertreten hat. Die Staatsanwaltschaft nimmt
als Strafverfolgungsbehörde, nicht als Strafvollstreckungsbehörde Stellung. Der Rechtspfleger selbst ist zur Abgabe einer Stellungnahme gegenüber der Strafvollstreckungskammer im Namen der Staatsanwaltschaft nicht befugt, was nicht bedeutet,
dass nicht der Rechtspfleger die gesamte Vorbereitung der Stellungnahme der
Staatsanwaltschaft, also z. B. auch die Einleitung und Durchführung zusätzlicher
Ermittlungen und Einholung sonstiger Informationen, übertragen bekommen kann.
Die Stellungnahmen der Staatsanwaltschaft beschränken sich sehr oft auf einen
Negativantrag und die lapidare Feststellung, die Voraussetzungen für die Aussetzung des Strafrestes lägen nicht vor. Da ein bestimmter Inhalt für die Stellungnahmen und Anträge der Staatsanwaltschaft nicht vorgeschrieben ist, genügt dies
zwar formell. Meist handelt es sich auch um einfach gelagerte Fälle, bei denen die
Strafvollstreckungskammer die mitgelieferten Informationen unschwer selbst aus-
werten kann. Dass auch in schwierigeren Fällen die Anträge der Staatsanwaltschaft
kaum begründet werden, ist bedauerlich, weil die Staatsanwaltschaft sich damit
einer intensiveren Einflussnahme enthält. Dies liegt natürlich oft an der bekannten
durch Personalnot bedingten Überlastung der Staatsanwälte, die ihre volle Arbeitskraft schon in der Bewältigung der Ermittlungsverfahren und der Hauptverhandlungen erschöpfen. Es liegt deshalb nahe, den jeweiligen Vollstreckungsrechtspfleger mit der Vorbereitung der Stellungnahme der Staatsanwaltschaft zu betrauen,
für den das Vollstreckungsverfahren ein „laufendes" Verfahren ist, bei dem er den
letzten Aktenstand kennt; oft gehen darüber hinaus Vorsprachen von Angehörigen
usw. oder auch des Verurteilten (z. B., wenn er zunächst ein Strafaufschubgesuch
gestellt hatte) voraus, die dem Rechtspfleger zusätzliche Kenntnisse vermitteln. Der
Staatsanwalt seinerseits bringt seine Personen- und Fallkenntnisse in die Stellungnahme ein; er ist wegen seiner „Gleichrangigkeit" und wegen seiner Übung im
Umgang mit den Gerichten und den anderen Verfahrensbeteiligten und wegen der
bei ihm zu erwartenden kriminologischen Kenntnisse und Erfahrungen in der
Würdigung von Sachvorbringen der berufene Vertreter der Staatsanwaltschaft bei
Anträgen an die Gerichte. Der Staatsanwalt überprüft den ihm unterbreiteten Vorschlag und ordnet, falls nötig, ergänzende Ermittlungen an.
Solche ergänzende Ermittlungen geschehen durch Einschaltung des **Gerichtshelfers** **890**
(§ 463d StPO), wenn der Staatsanwaltschaft ein solcher zur Verfügung steht. Der
Gerichtshelfer ist kraft seiner Ausbildung als Sozialarbeiter am besten geeignet, Erkenntnisse und Unterlagen für eine Prognose der weiteren Entwicklung des Verurteilten in der Umgebung, die er nach einer eventuellen Entlassung vorfinden wird, zu
beschaffen und auch zu beurteilen. Da die Gerichtshelfer für diese Aufgabe spezifisch
ausgebildet werden und sie darin auch große Erfahrungen erwerben können, sind
Ermittlungen des Gerichtshelfers solchen von Polizeibeamten (die in Ermangelung
von Gerichtshelfern sonst hierfür herangezogen werden) weit überlegen. In ländli-
chen Bezirken haben zwar die örtlich zuständigen Polizeibeamten oft eine gute

---

[96] OLG Karlsruhe, NJW 1965, 1545; OLG Düsseldorf, NStZ 1999, 590.

Kenntnis der Umwelt des Verurteilten, was aber an der Überlegenheit des Einsatzes des Gerichtshelfers nichts ändert, denn dieser kann (und wird) sich seinerseits neben anderem der Informationsmöglichkeit bei der örtlichen Polizei bedienen. Wo es allerdings keinen Gerichtshelfer gibt, muss sich die Staatsanwaltschaft ihre Informationen weitgehend durch Ermittlungsaufträge an die Polizei beschaffen. Wie die anderen Aktenteile[97] ist auch der Bericht des Gerichtshelfers oder ein Ermittlungsergebnis polizeilicher Ermittlungen verwertbar, wenn dem Verurteilten – soweit zu seinem Nachteil entschieden werden soll – zuvor rechtliches Gehör gewährt worden ist. Dem Verteidiger ist auf sein Verlangen Akteneinsicht in alle die Akten zu gewähren, die dem Gericht zu Verwertung bei der Entscheidung vorgelegt werden, § 147 Abs 1 StPO.

891 Wenn im Verfahren vor Beginn der Vollstreckung ein **Bewährungshelfer** tätig war (z.B., bevor die zunächst gewährte Strafaussetzung widerrufen worden war), dann empfiehlt es sich uU auch diesen Bewährungshelfer anzuhören oder, soweit dies möglich ist, seine Akten (Bewährungsheft) zuzuziehen. Die frühzeitige Zuziehung des für den Ort, nach dem der Verurteilte möglicherweise entlassen werden soll, örtlich zuständigen Bewährungshelfers empfiehlt sich auch deshalb, damit er – wenn der Verurteilte als Proband ihm unterstellt werden soll – dessen Übernahme vorbereiten kann. Meist ist der Bewährungshelfer auch in der Lage, sachdienliche Anregungen für Bewährungsauflagen oder Weisungen zu geben, die der Staatsanwalt in seiner Stellungnahme berücksichtigen kann.

892 Vor Abgabe seiner Stellungnahme stehen dem Staatsanwalt also in aller Regel folgende **Erkenntnisquellen** zur Verfügung:

aa) Die **Hauptakten** mit dem Urteil, das Feststellungen zur Person und Tat des Verurteilten enthält. In vielen Fällen ist der Angeklagte auch begutachtet worden. Die entsprechenden Gutachten in den Akten geben dann einen meist guten Überblick über die Persönlichkeit des Verurteilten.

bb) Die **Vollstreckungsakten,** bei denen sich – wenn die Vollstreckung erst spät nach dem Urteil erfolgt – ein neuer Strafregisterauszug befinden sollte. Im Falle weiterer neuer Verurteilungen sollten die entsprechenden Akten beigezogen werden, damit auch die Vollstreckungen koordiniert werden können.[98] In den Vollstreckungsakten befinden sich frühere Stellungnahmen und Entscheidungen im Vollstreckungsverfahren und sonstige Berichte, die über die Persönlichkeitsbeurteilung im Vollzug Aufschluss geben.

cc) **Berichte des Gerichtshelfers oder des Bewährungshelfers** bzw die entsprechenden Akten.

dd) **Anträge** des Verurteilten oder von Angehörigen oder des Verteidigers; meist sind Erklärungen Dritter (z.B. über die Möglichkeit, sofort Arbeit oder Wohnung zu bekommen) beigefügt. Die Angaben können oft nicht ohne Nachprüfung mittels eigener Ermittlungen übernommen werden (s.o.).

ee) **Gnadenakten.** Hierbei handelt es sich um nur bedingt verwertbare Vorgänge. Bei Gnadenakten handelt es sich um behördeninterne dienstliche Akten, die der Akteneinsicht durch Dritte – auch die Verteidiger –, ähnlich wie die Handakten, nicht zugänglich sind. Sollen Erkenntnisse hieraus verwertet werden, müssen sie vom zuständigen Staatsanwalt in der Form freigegeben werden, dass Abschriften den Vollstreckungsakten beigegeben werden. Die Entscheidungen in Gnadenverfahren werden zu den Vollstreckungsakten mitgeteilt.

---

[97] Vgl. Rdn 939 zur Verwertbarkeit der Stellungnahmen der Vollzugsanstalten.
[98] Das ist auch wichtig z.B. für die Frage der Berechnung des Zweidrittelzeitpunkts, vgl. Rdn 898.

ff) **Neue Ermittlungsvorgänge** sind ebenfalls nur bedingt verwertbar. Grundsätzlich gilt nämlich vor der rechtskräftigen Verurteilung die Unschuldsvermutung, die eine Verwertung zum Nachteil des Verurteilten ausschließt. Die Unschuldsvermutung schützt aber nicht davor, dass ein strafbares Verhalten – auch ohne dass es deswegen schon zu einer Verurteilung gekommen wäre – in einem anderen gerichtlichen Verfahren festgestellt wird und hieraus für dieses Verfahren bestimmte Folgerungen gezogen werden.[99] Ähnlich wie im Verfahren des Widerrufs einer Strafaussetzung gilt der Grundsatz aber nur eingeschränkt. Im Falle eines Geständnisses[100] oder sonst bei erdrückender Beweislage[101] können die Erkenntnisse eines Ermittlungsverfahrens in einem Vollstreckungsverfahren – natürlich nur nach Gewährung rechtlichen Gehörs – zum Nachteil eines Verurteilten verwertet werden, dies selbst dann, wenn aus prozessualen Gründen wegen der neuen Straftaten eine Verurteilung nicht zu erwarten ist. Sogar nach Ablauf der Bewährungsfrist ist ein Widerruf der Strafaussetzung möglich.[102] In aller Regel ist aber angezeigt, die Rechtskraft einer neuerlichen Entscheidung abzuwarten, wenn diese in angemessener Zeit zu erwarten ist. Unangemessene Verzögerungen bei der Entscheidung über den Widerruf können allerdings im Einzelfall aus Gründen der Rechtssicherheit zur Unzulässigkeit des Widerrufes führen.[103]

Hält der Staatsanwalt die notwendigen Informationen für erschöpfend, dann leitet er **893** die Akten (möglichst alle, also Haupt- und Vollstreckungsakten und, soweit vorhanden, auch die anderen, außer Gnadenakten) der Strafvollstreckungskammer mit dem Antrag auf eine bestimmte Entscheidung[104] zu, dh, es genügt nicht, wenn er „die Entscheidung in das Ermessen des Gerichts stellt".

c) Zeitpunkt des Beginns der Vorbereitung der Vollstreckungsbehörde: **894**

Mit der Vorbereitung für die notwendige Stellungnahme durch die Staatsanwaltschaft ist frühzeitig zu beginnen.

Da sich „Halbzeitpunkt" und „Zweidrittelzeitpunkt" aus der Strafzeitberechnung ergeben, ist von diesem Festpunkt her die Zeit einzuplanen,
– die für die Vorbereitung der Staatsanwaltschaft (Ermittlungen, Gerichtshilfebericht, behördeninterner Ablauf u. a.) notwendig wird und
– die das Gericht für seine Entscheidung (Vorbereitung, rechtliches Gehör, evtl. eigene Ermittlungen, Ausfertigung, Bekanntgabe) benötigt.

Beide Zeiten sind natürlich davon abhängig, wie intensiv die Bemühungen um Infor- **895** mationen sein müssen. Bei Verbüßung einer Freiheitsstrafe von drei Monaten, also der kürzesten Freiheitsstrafe, bei der nach § 57 Abs 1 Satz 1 Nr. 1 StGB eine Aussetzung des Strafrestes in Betracht kommt, würde die Zeit der Verbüßung der zwei Drittel kaum ausreichen, die Stellungnahmen und die Entscheidung vorzubereiten, wollte man die Informationen wirklich erschöpfend einholen. Je länger allerdings die Straf-

---

[99] BVerfG, NStZ 1988, 21.
[100] OLG Schleswig, NStZ 1992, 511. Als Voraussetzungen für die Verwertung eines Geständnisses werden aufgeführt: Das Geständnis muss glaubhaft sein, es muss im Beisein des Verteidigers und vor einem Richter abgegeben worden sein und bis zur Entscheidung nicht begründet widerrufen worden sein.
[101] Überzeugung in einer jeden vernünftigen Zweifel ausschließenden Weise. OLG Düsseldorf, NStZ 1992, 300 = NJW 1992, 1183 = MDR 1992, 691. Vgl. hierzu OLG Düsseldorf, StV 93, 35 (zu § 56 f StGB).
[102] OLG Karlsruhe, MDR 1993, 780.
[103] OLG Karlsruhe, Die Justiz 2001, 192; OLG Köln, StV 2001, 412, OLG Oldenburg, StV 2003, 346.
[104] *Meyer-Goßner*, Rdn 9 zu § 454 StPO.

zeit ist, desto mehr Zeit steht hierfür zur Verfügung – und bei der Wichtigkeit der Entscheidung sollte man diese Zeit auch so gut wie möglich nützen.

896 Eine generelle Regelung des Beginns der Vorbereitungen gibt es nicht. In der Praxis hat sich aber die Übung eingespielt, dass der Vollstreckungsrechtspfleger mit der Einholung von Stellungnahmen usw. spätestens zwei bis drei Monate (je nach der Höhe der Strafe) vor dem möglichen Entlassungszeitpunkt beginnt, so dass der Antrag der Staatsanwaltschaft der Strafvollstreckungskammer spätestens vier bis sechs Wochen vor der Entscheidung vorliegt. Zu bedenken ist, dass die Stellungnahme der Vollzugsanstalt in der Regel einen Zeitaufwand bis zu einem Monat erfordert.

Bei kurzen Freiheitsstrafen sind etwa drei Wochen Bearbeitungszeit insgesamt angemessen.

897 Wesentlich früher zu beginnen ist nicht sinnvoll da die Ergebnisse den neuesten Stand wiedergeben sollen[105] und erfahrungsgemäß die Verhältnisse des Verurteilten in der Anstalt oder der heimischen Umgebung sich sehr schnell ändern können. Allerdings geht § 454a StPO davon aus, dass die Entscheidung über die Entlassung auch bereits längere Zeit vor der Entlassung erfolgen kann. Die Vorschrift dient der frühzeitigen Entlassungsvorbereitung; § 454a StPO bestimmt, um solche Entscheidungen zu ermöglichen, in Abweichung von §§ 57 Abs 3, 56a Abs 2 Satz 1 StGB, dass sich die Bewährungszeit um die von der Rechtskraft der Entscheidung bis zur Entlassung verflossene Zeit verlängert; auch ist durch § 454a Abs 2 Satz 1 StPO gewährleistet, dass uU der vorzeitige Beschluss noch vor der Entlassung wieder aufgehoben werden kann, wenn neue Tatsachen verwertbar bekannt werden. „Neue Tatsachen" sind auch solche, die zwar vor der Aussetzungsentscheidung erwachsen, aber erst nach dieser Entscheidung bekannt geworden sind.[106] Vorrangig ist jedoch ein Widerruf der Strafaussetzung nach § 57 Abs 3 S 1 i. V.m. § 56f StGB.

d) Berechnung des Zweidrittelzeitpunkts:

898 Für die Bestimmung, wann der Rechtspfleger mit den Vorbereitungen beginnt, ist die Berechnung des Zweidrittelzeitpunkts wichtig. Sie ist, wenn nur eine Strafe zu verbüßen ist, problemlos. Werden mehrere Freiheitsstrafen hintereinander vollstreckt, gilt § 454b StPO. Nach dessen Absatz 1 und § 43 Abs 1 StVollStrO sollen Freiheitsstrafen und Ersatzfreiheitsstrafen unmittelbar nacheinander vollstreckt werden. Dadurch ist aber nicht ausgeschlossen, die Vollstreckung in sachlich gebotenen Fällen zu unterbrechen (Fußnote 102). Um sicherzustellen, dass die Entscheidungen nach den §§ 57, 57a StGB erst getroffen werden, wenn über die Aussetzung der Vollstreckung der Reste aller Strafen gleichzeitig entschieden werden kann, wie § 454b Abs 3 StPO das vorsieht, ist in § 454b Abs 2 zwingend die Unterbrechung der unter Beachtung von § 43 StVollStrO (jeweils) zunächst zu vollstreckenden Strafen vorgesehen. Hatte vorher die Strafvollstreckungskammer die Reststrafenaussetzung bereits abgelehnt, so wird diese Entscheidung ebenso gegenstandslos wie die dagegen gerichtete Beschwerde des Verurteilten.[107]

899 Das „Unterbrechungsmodell" hat den Vorteil, dass die Strafvollstreckungskammer in einer Entscheidung in einer der kriminalpolitischen Zielsetzung angenäherten Weise über die Aussetzung des Strafrestes entscheiden kann zu einer Zeit, wo man schon nach genügend langer Verbüßung eine einigermaßen gesicherte Aussage über den Erfolg des Strafvollzugs und die künftige Entwicklung des Verurteilten machen kann.

---

[105] OLG Hamm, StV 2001, 30.
[106] OLG Schleswig, NStZ 1988, 243 = StV 1989, 25; OLG Stuttgart, NStZ 1989, 492 = MDR 1989, 1016.
[107] OLG Zweibrücken, MDR 1989, 843.

Es hat aber auch erhebliche Nachteile vor allem in der Schwerfälligkeit des mit Fehlerquellen belasteten Geschäftsgangs bei den Strafvollstreckungsbehörden, der gegenüber einem reinen Ganzheitsmodell (bei dem alle Strafen zusammengezählt und aus der Summe die in § 57 StGB vorgesehene Frist berechnet würde) viel Mehrarbeit aufweist. Wenn die Strafvollstreckung für die einzelnen Strafen, was sehr häufig ist, bei verschiedenen Staatsanwaltschaften geführt wird, muss erst geklärt werden, wie man die verschiedenen Vollstreckungen koordiniert. Oft erfährt eine Strafvollstreckungsbehörde erst sehr spät von weiteren Vollstreckungen.

Schwierigkeiten dieser Art werden vermindert durch (verwaltungsrechtlich wirksame, nach der StPO und der StVollstrO nicht ausgeschlossene) Vereinbarungen zwischen mehreren Staatsanwaltschaften, die an der Vollstreckung beteiligt sind, bezüglich einer Gesamtvollstreckung; danach werden die Belange der Vollstreckungsbehörden gegenüber der Strafvollstreckungskammer einheitlich nur von einer Staatsanwaltschaft vertreten, die für sämtliche anstehenden Vollstreckungen zuständig ist. Es bietet sich hierfür die Staatsanwaltschaft an, die die Vollstreckung der zuletzt zu verbüßenden Strafe betreibt, weil diese Behörde am längsten mit dem Verurteilten befasst ist; die letzte zu verbüßende Strafe ist auch die höchste, § 43 Abs 2 StVollstrO. Eine umfassende Zuständigkeitskonzentration, wie sie der neu geschaffene § 143 Abs 5 GVG zulässt, kann in diese Richtung wirken, sofern von den Ermächtigungen Gebrauch gemacht wird.   **900**

§ 454b StPO zielt auf eine Gesamtbetrachtung. Würde das Unterbrechungsmodell ausnahmslos angewandt, dann müssten auch solche Einzelreststrafen ausgesetzt werden, bei denen von vornherein feststeht, dass sie schlussendlich gar nicht ausgesetzt werden. Deshalb ist in § 454b Abs 2 Satz 2 StPO bereits eine Ausnahme vorgesehen für Strafreste, die auf Grund Widerrufs ihrer Aussetzung vollstreckt werden.[108] Andererseits will der Gesetzgeber kurze Freiheitsstrafen unter zwei Monaten nicht ausgesetzt wissen (§ 57 Abs 1 Satz 1 Nr. 1 StGB). Freiheitsstrafen unter zwei Monaten sind deshalb nach § 454b Abs 2 Satz 1 Nr. 2 StPO (ebenso Ersatzfreiheitsstrafen) von der Unterbrechungslösung ausgeschlossen.   **901**

Da bei Strafen von drei Monaten nach § 57 Abs 1 Nr. 1 StGB schon nach Verbüßung von zwei Monaten eine Aussetzung des Strafrestes möglich ist, muss bei einer kürzeren Strafe – etwa einer solchen von zwei Monaten und zwei Wochen – die Aussetzung des zwei Monate übersteigenden Strafrestes ebenfalls möglich sein, weil sonst die höhere Stufe gegenüber der geringen privilegiert wäre, was nicht sinnvoll und gerecht sein kann. Solche Strafen sind deshalb wohl in die Unterbrechungsregelung (nach Verbüßung von zwei Monaten) einzubeziehen.[109]   **902**

Wenn eine einheitliche Aussetzung des Strafrestes (§ 454b Abs 3 StPO) in Frage kommt, empfiehlt es sich, sich mit den anderen beteiligten Staatsanwaltschaften abzustimmen,[110] um getrennte Rechtsmittelbelehrungen zu vermeiden und mit der zuständigen Strafvollstreckungskammer Kontakt aufzunehmen.   **903**

Bei der Berechnung des Zweidrittelzeitpunktes ist zu beachten: Anrechenbare Zeiten des Freiheitsentzuges, also Untersuchungshaft, einstweilige Unterbringung o.ä., sind bei der Berechnung zu berücksichtigen,[111] dagegen hat es auf die Fristberechnung   **904**

---

[108] Zum weiteren Verfahren s OLG Stuttgart, MDR 1991, 470 = StV 1991, 431.
[109] Ähnlich sind die Stufen zwischen sechs Monaten und einem Jahr bei der Halbstrafenaussetzung nach § 57 Abs 2 Satz 1 StGB zu behandeln, vgl. *Fischer*, Rdn 6 zu § 57 StGB.
[110] Ohne eine Vereinbarung der Übernahme sämtlicher Vollstreckungen durch eine der beteiligten Vollstreckungsbehörden lässt sich eine Gesamtvollstreckung nach diesem Modell wegen des Wortlauts von § 7 Abs 1 StVollstrO und wegen § 143 Abs 1 GVG nicht durchführen.
[111] BGHSt 6, 215; BayObLGSt 54, 73.

keinen Einfluss, wenn im Gnadenwege die Untersuchungshaft angerechnet wurde oder eine Freiheitsstrafe herabgesetzt wurde.[112]

905 Die Schwierigkeiten, die die Regelung des § 454 b StPO mit sich bringt, führen nicht selten zu Fehlern. Das Gesetz hat den Vollstreckungsbehörden anvertraut, im Interesse des Freiheitsrechtes des Verurteilten die zeitlichen Voraussetzungen für die Reststrafenaussetzung so früh wie möglich herbeizuführen; deshalb darf ein Verschulden der Behörden bei Anwendung der §§ 57, 57 a StGB einem Verurteilten nicht zum Nachteil gereichen.[113]

906 Die Unterbrechung der Strafvollstreckung nach § 454 b Abs 2 StPO schafft die Voraussetzung dafür, dass die Strafvollstreckungskammer gleichzeitig über die Aussetzung aller Strafreste entscheiden kann (§ 454 b Abs 3 StPO): Von Amts wegen ist dann über die Frage der Reststrafenaussetzung insgesamt zu entscheiden, selbst wenn der Verurteilte nur die Aussetzung einer dieser Reststrafen beantragt hat.[114] Entsprechend anzuwenden ist § 454 b Abs 3 StPO, wenn eine Unterbrechung nach § 454 b Abs 2 Satz 1 StPO nicht stattgefunden hat, nach der (Voll-)Verbüßung der derzeit vollstreckten Strafe weitere Strafreste (nach Widerruf gewährter Strafaussetzung) zur Vollstreckung anstehen.[115]

907 Da Jugendstrafe keine Freiheitsstrafe iS von §§ 449 ff StPO ist, kommt bei ihr eine analoge Anwendung von § 454 b Abs 2 StPO nicht in Betracht.[116] Bei Anschlussvollstreckung von Jugendstrafe und Freiheitsstrafe verlangt aber der in § 454 b StPO enthaltene Grundsatz der Einheitlichkeit und Gleichzeitigkeit, dass nach jeweiliger Unterbrechung die Entscheidungen über die Strafaussetzung entweder gleichzeitig oder zumindest in engem zeitlichen Zusammenhang erfolgen.[117]

e) Besonderheiten bei der Halbstrafenaussetzung nach § 57 Abs 2 Nr. 2 StGB:

908 Im Falle des § 57 Abs 2 Nr. 2 StGB muss nur auf Antrag des Verurteilten oder der Staatsanwaltschaft eine Entscheidung getroffen werden, dh im Regelfalle nur auf Eigeninitiative des Verurteilten. Eine Initiative kann auch vom Gericht ausgehen, wenn dort z. B. eine Anfrage oder ein Antrag eingeht. Verpflichtet, eine Initiative von sich aus zu ergreifen, ist das Gericht selbstverständlich nicht.

909 Die Vollstreckungsbehörde und der Staatsanwalt werden, wenn eine Initiative erfolgt ist, in entsprechender Weise wie in den Fällen des § 57 Abs 1 StGB tätig werden; enthält das Urteil allerdings überhaupt keine Anhaltspunkte dafür, dass „besondere Umstände in der Tat" iS des § 57 Abs 2 Nr. 2 StGB vorliegen, dann wird die Staatsanwaltschaft, ohne vorher noch Ermittlungen durchzuführen und andere Beteiligte anzuhören, die Akten unmittelbar der Strafvollstreckungskammer mit einem Ablehnungsantrag zur Entscheidung vorlegen. Bei der Berechnung des Zeitpunkts, an dem die Hälfte der Strafzeit verbüßt ist, gibt es keine Schwierigkeiten: Aus dem Wortlaut des Gesetzes ergibt sich, dass mindestens 6 Monate verbüßt sein müssen. Praktisch werden die Fälle erst – wegen § 57 Abs 1 StGB – bei Freiheitsstrafen von mehr als 9 Monaten.

---

[112] OLG Hamburg, NJW 1960, 1535; OLG Hamm, NJW 1957, 920; OLG Saarbrücken, NJW 1973, 2037; aM OLG Hamm, NJW 1961, 86.

[113] BVerfG, NStZ 1988, 474.

[114] OLG Düsseldorf, StV 1991, 478; RPfl. 1999, 147.

[115] OLG Düsseldorf, MDR 1993, 568 = StV 1993, 257 = RPfl 1993, 303, a. A. Meyer-Goßner, Rdnr. 11 zu § 454 a (OLG Frankfurt – NStZ 1990, 255 – geht den Weg über eine „rückwirkende Unterbrechung"; vgl. hierzu *Maatz*, NStZ 1990, 214 ff. Die Behandlung dieser Sonderfrage hat sich an dem Beschluss des BVerfG – NStZ 1988, 474 – zu orientieren).

[116] OLG Düsseldorf, MDR 1990, 744.

[117] OLG Karlsruhe, Die Justiz 1998, 602.

Für eine Entscheidung von Amts wegen ist Voraussetzung, dass der Zwei-Drittel-   910
Zeitpunkt für alle Reststrafen vorliegt; ist für eine Anschlussstrafe erst der Halbstrafenzeitpunkt erreicht, dann ist die Strafvollstreckungskammer zu einer Entscheidung
von Amts wegen nach § 454 b Abs 3 StPO nicht verpflichtet.[118] Wenn aber hinsichtlich einer Strafe die Aussetzung schon nach Verbüßung der Hälfte **beantragt** wird, zur
selben Zeit eine andere Strafe bereits zu zwei Dritteln verbüßt ist, dann ist eine
gleichzeitige Entscheidung über die Aussetzung aller Strafreste zu treffen.[119]
Auch wenn kein Antrag auf Aussetzung der Halbstrafe vorliegt, ist von Amts wegen
gem. § 454 b Abs 2 Nr. 1 StPO zu unterbrechen, wenn ein Erstverbüßer die zwei Jahre übersteigende Strafe zur Hälfte verbüßt hat und weitere Strafen zu vollstrecken
sind.[120]

2. Die Vorbereitung der Entscheidung durch die Strafvollstreckungskammer. Recht-
liches Gehör

Im Regelfalle war die Strafvollstreckungskammer, wenn ihr erstmals ein Antrag auf   911
Aussetzung eines Strafrestes vorgelegt wird, mit der Person des Verurteilten noch nie
befasst. Soll die Strafvollstreckungskammer – wie es den Intentionen des Gesetzgebers entspricht – mit einer bestmöglichen Kenntnis der Persönlichkeit des Verurteilten
und der Vollzugserfahrungen entscheiden, dann darf sie sich nicht auf die Kenntnisnahme der Anträge und Stellungnahmen beschränken, sondern muss auch den gesamten Akteninhalt einschließlich der Vorstrafen usw. verwerten. Leider wird bei der
Aktenübersendung nicht immer bedacht, dass die Strafvollstreckungskammer schon
allein für die Kenntnisnahme vom Akteninhalt eine erhebliche Zeit braucht, deshalb
werden die Akten oft zu spät übersandt.[121] Das kann sich zu Lasten der Gründlich-
keit der Vorbereitung auswirken.

Nicht aus den Hauptakten ersichtlich sind die vom Verurteilten oder Verteidiger vor-   912
gebrachten Umstände, mit denen die vorzeitige Entlassung nachdrücklich begründet
wird; soweit solche Umstände nicht durch zusätzliche Ermittlungen (z. B. des Gerichtshelfers) überprüft oder sonst glaubhaft gemacht wurden, lassen sich Nachermittlungen oft nicht umgehen, die dann – wenn überhaupt – unter Zeitdruck
geschehen. Oft ist es so, dass der Verurteilte selbst erst bei seiner Anhörung solche
Umstände vorbringt.

Hier zeigt sich eine Schwäche der Strafvollstreckungskammer im Verhältnis zum   913
erstinstanzlichen Gericht: Das erkennende Gericht hat sich in der Hauptverhandlung und vor allem auch während der Dauer der Untersuchungshaft durch die
Überwachung der Kontakte mit der Außenwelt in der Zeit nach der Anklageerhebung bis zur Rechtskraft des Urteils eine gute Kenntnis der Umgebung verschafft, in
die der Verurteilte bei einer Entlassung in der Regel zurückkehren will. Soweit diese
Kenntnisse nicht in die Urteilsgründe eingeflossen sind, gehen sie zunächst einmal
verloren, zumal die Stellungnahme des Staatsanwalts (der diese Kenntnisse jedenfalls
teilweise auch hat) sich meist nicht darauf bezieht. Während bei Gnadenentscheidungen eine Stellungnahme des erkennenden Gerichts vorgesehen ist, ist eine Einflussnahme auf die Entscheidungen der Strafvollstreckungskammer (außer durch das
Urteil selbst) nicht vorgesehen. (Umgekehrt werden die Strafvollstreckungskammern
bei Gnadenentscheidungen nicht gehört.)

---

[118] OLG Düsseldorf, NStZ 1991, 103; OLG München, NStZ 2000, 223.
[119] OLG Düsseldorf, MDR 1989, 666 = StV 1989, 215; RPfl. 1999, 147.
[120] S. o. Rdn 883.
[121] Vgl. Rdn 894.

914 Das Gesetz zur Bekämpfung von Sexualdelikten und anderen gefährlichen Straftaten v 26. 1. 1998 (BGBL I 1998, 160), in Kraft seit 31. 1. 1998, schuf für bestimmte Fälle eine neue Erkenntnisquelle: Erwägt das Gericht die Aussetzung einer lebenslangen Freiheitsstrafe oder einer zeitigen Freiheitsstrafe von mehr als zwei Jahren wegen eines Verbrechens oder wegen Straftaten nach §§ 174–174 c, 176, 179 Abs 1–4, 180, 182, 224, 225 Abs 1 oder 2 oder § 323 a StGB , so hat es gem § 454 Abs 2 StPO ein **Gutachten eines Sachverständigen** einzuholen, wenn nicht auszuschließen ist, dass Gründe der öffentlichen Sicherheit einer vorzeitigen Entlassung des Verurteilten entgegenstehen.[122] Die Frage, aus welchem Fachgebiet der Sachverständige auszuwählen ist, ist eine Frage des Einzelfalls. Es muss nicht in jedem Fall ein Psychiater sein.[123] Der Sachverständige ist mündlich zu hören. Verurteilter, Verteidiger, Staatsanwaltschaft und Vollzugsanstalt sind von dem Termin zu benachrichtigen. Sie haben dabei ein Fragerecht Eine mündliche Anhörung kann nur dann unterbleiben, wenn Verurteilter, Verteidiger und Staatsanwaltschaft darauf verzichten. Beabsichtigt das Gericht, eine Reststrafenaussetzung abzulehnen, bedarf es keines gesonderten Sachverständigengutachters.

915 Nach § 454 Abs 1 Satz 2 StPO sind die Staatsanwaltschaft, der Verurteilte und die Vollzugsanstalt vor der Entscheidung zu hören. Hatte der Verurteilte im Erkenntnisverfahren einen **Verteidiger,** so endete dessen Beiordnung mit der Rechtskraft. Es bedarf für das Vollstreckungsverfahren einer neuen Vollmacht bzw Bestellung. Die Frage einer Bestellung von Amts wegen ist umstritten.[124] Jedenfalls kommt die Beiordnung eines Pflichtverteidigers im Strafvollstreckungsverfahren in entsprechender Anwendung von § 140 Abs 2 StPO dann in Betracht, wenn besondere rechtliche oder tatsächliche Schwierigkeiten der Sache die Mitwirkung eines Rechtsanwalts gebietet.[125] Im Übrigen gebietet § 463 Abs 3 S 5 StPO im Vollstreckungsverfahren die Bestellung eines Verteidigers zur Vorbereitung einer Entscheidung nach § 67 d Abs 3 StGB und für die nachfolgenden Entscheidungen nach § 67 d Abs 2 StGB. Zu beachten ist ferner, dass § 146 StPO hier sinngemäß anzuwenden ist und die gemeinschaftliche Verteidigung mehrerer Verurteilter verbietet.

916 Das **rechtliche Gehör** geschieht mittels Kenntnisnahme oder Kenntnismöglichkeit des Entscheidungsmaterials; bei der Staatsanwaltschaft und der Vollzugsanstalt wird die Kenntnis der Akten vorausgesetzt, so dass man sich auf die Einholung der Stellungnahmen beschränken kann. Hat der Verurteilte auch in dem Aussetzungsverfahren einen Verteidiger, so hat dieser das **Akteneinsichtsrecht** in die vollständigen der Entscheidung zugrundeliegenden Akten: Aktenteile, die er nicht (auf Verlangen) sehen konnte, können bei der Entscheidung nicht verwertet werden. Haben sich seit der Stellungnahme der Staatsanwaltschaft **weitere entscheidungserhebliche Erkenntnisse** bei Gericht ergeben, so ist es angebracht, die Stellungnahme insoweit ergänzen zu lassen. Meist geschieht das nicht, so dass der Staatsanwaltschaft dann nur die Ausübung ihres Beschwerderechtes verbleibt, wenn die Entscheidung, auch unter Berücksichtigung der neuen Tatsachen, von ihrem Antrag abweicht. Sie kann sich dann mit diesen neuen Gesichtspunkten erst in der Rechtsmittelinstanz auseinandersetzen. Dies

---

[122] Dies gilt auch bei verhängter Jugendstrafe, wenn die weitere Vollstreckung von dem Vollstreckungsleiter an die nach allgemeinen Vorschriften zuständige Vollstreckungsbehörde abgegeben worden ist, OLG Celle, Beschl. v. 6. 5. 2008 – 1 Ws 206/08 = NStZ-RR 2008, 355 f. A. A. OLG Franfurt/Main, NStZ-RR 1999, 91.

[123] Vgl. BVerfG StV 2006, 426, Meyer-Goßner, Rdnr. 37 zu § 454.

[124] Vgl. OLG Bremen, NStZ 1984, 91, *Dahs/Feigen,* NStZ 1984, 66 ff., *Lüderssen,* NJW 1986, 2742, 2748; OLG Karlsruhe, StV 1994, 552.

[125] OLG Hamm, NStZ 1983, 189. S. hierzu Rdn 44 f und die dort angemerkte Rspr. OLG Karlsruhe, StV 1997, 314.

sollte vermieden werden. Das Gericht sollte deshalb entscheidungserhebliche neue Erkenntnisse vor seiner Entscheidung der Staatsanwaltschaft zur Kenntnis bringen, insbesondere wenn sie eine vom Antrag der Staatsanwaltschaft abweichende Entscheidung herbeiführen können.

Der Verurteilte selbst hat kein Akteneinsichtsrecht.[126] Hat er keinen Verteidiger, so ist   **917** ihm auf alle Fälle vor einer Verwertung zu seinem Nachteil die Stellungnahme der Vollzugsanstalt bekanntzugeben,[127] auch in den Fällen, in denen er in zulässiger Weise nicht mündlich angehört wird. Die Anhörung der Beteiligten ist auch in den Fällen des § 57 Abs 2 StGB, also bei der ausnahmsweisen Aussetzung bereits nach der Hälfte der Strafzeit, vorgeschrieben;[128] *das Oberlandesgericht Karlsruhe*[129] macht von diesem Grundsatz dann eine Ausnahme, wenn sich aus dem Urteil keine Anhaltspunkte für „besondere Umstände in der Tat" ergeben. Diese Einschränkung erscheint sinnvoll, weil sonst uU unnötigerweise ein kostspieliger und zeitraubender Verwaltungsapparat in Gang gesetzt würde, obwohl schon eine einfache Überprüfung der Sachlage ergibt, dass ein entsprechender Antrag keinen Erfolg verspricht.

3. Die mündliche Anhörung des Verurteilten

Nach § 454 Abs 1 Satz 3 StPO ist vor einer Entscheidung über die Aussetzung des   **918** Strafrestes der Verurteilte grundsätzlich mündlich zu hören. Soweit die mündliche Anhörung vorgeschrieben ist, stellt deren Unterlassung einen schwerwiegenden Verfahrensfehler dar.[130] Die Bedeutung der Anhörung unterstreicht auch das Bundesverfassungsgericht, wenn es betont, dass der Grundsatz des fairen Verfahrens es gebietet, dass der Verurteilte auch einen Rechtsbeistand seiner Wahl hinzuziehen kann.[131]

Von der mündlichen Anhörung kann allerdings abgesehen werden (aaO Satz 4),

a) wenn das Gericht dem Antrag des Verurteilten und den eine Aussetzung befürwortenden Stellungnahmen der Staatsanwaltschaft und der Vollzugsanstalt entsprechen will,

b) oder wenn der Verurteilte – bei zeitiger Freiheitsstrafe – im Antragszeitpunkt noch nicht die Hälfte der Strafe oder weniger als zwei Monate (oder bei lebenslanger Freiheitsstrafe weniger als dreizehn Jahre) der Strafe verbüßt hat,

c) oder wenn der Antrag des Verurteilten unzulässig ist, weil die vom Gericht gesetzte Frist, vor deren Ablauf der Verurteilte keinen neuen Antrag stellen darf, noch nicht abgelaufen ist (vgl. § 57 Abs 6, § 57 a Abs 4 StGB).

Darüber hinaus entfällt die Notwendigkeit zur mündlichen Anhörung des Verurteilten,

d) wenn der Verurteilte bei Beginn der Prüfung, ob das letzte Drittel der Strafe erlassen werden kann, bereits erklärt hat, dass er mit einer bedingten Entlassung nicht einverstanden ist, wie es § 57 Abs 1 Satz 1 Nr. 3 StGB verlangt,[132]

e) oder wenn der Verurteilte die bereits anberaumte mündliche Verhandlung ablehnt; dann hat er das Recht auf eine mündliche Anhörung verwirkt,[133]

f) oder wenn bei kurzfristiger Wiederholung eines Aussetzungsantrages die letzte Anhörung des Verurteilten noch nicht lange zurückliegt, so dass der persönliche Eindruck

---

[126] Vgl. Rdn 859.
[127] OLG Hamm, MDR 1960, 424.
[128] OLG Hamm, NJW 1976, 1907.
[129] NJW 1976, 302.
[130] OLG Düsseldorf, StV 1993, 646; 1996, 558.
[131] BVerfG, NStZ 1993, 355.
[132] *Treptow,* NJW 1976, 222; OLG Celle, StV 1988, 259; *Meyer-Goßner* Rdn 30 zu § 454 StPO.
[133] BGH, NStZ 2000, 279; OLG Düsseldorf, NStZ 1981, 454. Verwirkung tritt auch ein, wenn der Verurteilte die Gewährung des rechtlichen Gehörs, z.B. durch Nichtanzeige seines Wohnungswechsels, selbst verschuldet hat (OLG Düsseldorf, NStZ 1988, 243).

vom Verurteilten noch frisch ist und keiner Ergänzung bedarf,[134] nicht jedoch, wenn diese Anhörung durch eine andere Strafvollstreckungskammer vorgenommen wurde.

g) oder wenn eine mündliche Anhörung aus tatsächlichen Gründen, etwa weil der Verurteilte ausgewiesen worden und eine Wiedereinreise nicht zumutbar ist, nicht durchgeführt werden kann.[135]

Ausnahmen von der mündlichen Anhörung über den Katalog des § 454 Abs 1 Satz 4 StPO hinaus sind nur in engen Grenzen zulässig. Eine mündliche Anhörung erscheint dann entbehrlich, wenn die Anhörung „zu einer reinen Formalie herabsinken würde."[136]

Auch wenn der Verurteilte sich entgegen einer aus berechtigten Gründen ergangenen Hausverfügung des Anstaltsleiters weigert, seine Sportkleidung zu wechseln und zur Anhörung Anstaltskleidung zu tragen, kann von einer innerhalb der Anstalt angesetzten mündlichen Anhörung abgesehen werden.[137]

919   Zu der Möglichkeit, von der mündlichen Anhörung des Verurteilten abzusehen bei übereinstimmender Befürwortung des Antrags, ist zu bemerken:
Eine „Befürwortung" des Antrags liegt nicht vor, wenn die Staatsanwaltschaft nur erklärt, dass sie „dem Antrag nicht entgegentrete". Zu fordern ist vielmehr eine eindeutige positive Stellungnahme. Entschließt sich die Staatsanwaltschaft hierzu nicht, erklärt sie vielmehr quasi, dass sie jede Entscheidung der Strafvollstreckungskammer hinnehme, dann kann dies nicht in ein Befürworten umgedeutet werden. Vielmehr trifft dann die Strafvollstreckungskammer eine besondere Verantwortung, die die mündliche Anhörung geradezu erforderlich macht, weil auch in der Nichtentschließung der Staatsanwaltschaft zu einer eindeutig positiven Stellungnahme noch gewisse Bedenken gegen eine Aussetzung des Strafrestes zum Ausdruck kommen.

920   Überhaupt hat es sich bei übereinstimmenden, positiv erscheinenden Stellungnahmen trotz des Wortlauts des Gesetzes, der auch in diesem Falle nur zulässt, dass von der mündlichen Anhörung abgesehen werden kann, zur Regel entwickelt, dann den Verurteilten nicht mündlich anzuhören. Das wird den kriminalpolitischen Zielsetzungen des Gesetzgebers in vielen Fällen nicht gerecht, wo gerade für den Fall einer bedingten Entlassung das Gespräch mit den hierüber entscheidenden Richtern (z. B. wegen zweckentsprechender Auflagen oder Entlassungsvorbereitungen) noch notwendiger wäre, als wenn der Vollzug noch fortgesetzt wird.
Die weiteren Ausnahmen sind unproblematisch; ihre Voraussetzungen ergeben sich aus leicht erfassbaren, mehr formalen Kriterien.

921   Für die Beschwerdeinstanz schreibt das Gesetz die mündliche Anhörung nicht vor; das ist verfassungsrechtlich nicht zu beanstanden.[138]

922   Bei Anträgen des Verurteilten auf Strafaussetzung des Restes der Strafhälfte (§ 57 Abs 2 StGB) wird in der Rechtsprechung eine zwingende mündliche Anhörung selbst dann als vorgeschrieben angesehen, wenn sich aus dem Urteil keine Anhaltspunkte dafür ergeben, dass besondere Umstände in der Tat vorliegen.[139]

---

[134] OLG Stuttgart, Justiz 1975, 478; OLG Düsseldorf, NStZ 1982, 437, StV 1996, 558.
[135] OLG Düsseldorf, NStZ 2000, 333.
[136] OLG Düsseldorf, NStZ 1988, 95. Bei wiederholten Anträgen ist eine erneute Anhörung allerdings erforderlich, wenn neue Gesichtspunkte entscheidungserheblich sein können. OLG Köln, StV 1993, 316.
[137] OLG Hamm, MDR 1990, 653. Für den Fall der Weigerung wegen angeordneter Fesselung vgl. OLG Hamm, MDR 1978, 692.
[138] BVerfG, NStZ 1988, 21.
[139] OLG Düsseldorf, NStZ 1981, 454; OLG Frankfurt NStZ 1981, 454.

Die Frage, in welcher **Besetzung** die Anhörung durchzuführen ist, hat seit der Än- 923
derung des § 78 b GVG durch das Rpfl. Entl.G v 11. 1. 1993 an Bedeutung verloren (s. Rdn 846). In der überwiegenden Anzahl der Fälle ist der Einzelrichter zuständig.
Hat das Kollegialgericht zu entscheiden, dann hat die Anhörung in voller Besetzung
zu erfolgen, wenn der persönliche Eindruck des Verurteilten von entscheidender Bedeutung ist. Dies wird die Regel sein.[140]
Kommt es darauf ausnahmsweise nicht an, so genügt eine Anhörung durch den beauftragten Richter. Dies ist auch verfassungsrechtlich unbedenklich.[141]
Im Zweifel wird im Zuständigkeitsbereich der großen Strafvollstreckungskammer der 924
persönliche Eindruck entscheidungserheblich sein, so dass die Anhörung durch den
beauftragten Richter die Ausnahme sein wird, so etwa
– wenn der Verurteilte erst kürzlich in voller Besetzung angehört worden war,
– wenn mit einem Untergebrachten eine Verständigung nur bedingt möglich und eine
  sachgemäße Äußerung nicht zu erwarten ist, es sei denn, dass es gerade um diese
  Feststellung geht.
Ob der beauftragte Richter auch an der zu treffenden Entscheidung mitwirken muss,
ist umstritten.[142]
Ohne Mitwirkung des Richters, der die Anhörung durchgeführt hat, müsste dessen
Niederschrift verwertet werden. Dies wäre letztlich ein schriftliches Erkenntnisverfahren und würde den Gesetzeswillen, einen unmittelbaren Kontakt zwischen Straf-
vollstreckungskammer und Verurteiltem herzustellen, nicht umsetzen. Es handelt sich
zwar nur um ein Beschlussverfahren, doch ist die mündliche Anhörung als besondere
Erkenntnisquelle vorgeschrieben.[143]
Die Anhörung durch einen *ersuchten Richter* bietet sich namentlich an bei großer 925
Entfernung zwischen dem Sitz der Strafvollstreckungskammer und der Vollzugsan-
stalt. ZB kann der Verurteilte zurzeit der mündlichen Anhörung in eine weit entfernte
Anstalt verlegt worden sein, ohne dass die vorher begründete Zuständigkeit der
Kammer dadurch entfallen ist.[144] Es gibt (besondere) Verfahrenslagen, in denen es im
Interesse einer geordneten Strafrechtspflege liegen kann, dem unangemessenen Auf-
wand an Zeit und Arbeitskraft entgegenzuwirken, der mit der Notwendigkeit der
Anhörung durch den ganzen Spruchkörper verbunden wäre. Als Kriterien können
dann gelten: Entfernung, Verkehrsverbindungen, Bedeutung der Sache und Schwierigkeit der zu treffenden Entscheidung, auch die Frage, ob sich die Entscheidung
durch die Einschaltung eines ersuchten Richters verzögert.[145]
Der Anhörung durch einen beauftragten oder ersuchten Richter ist die Anhörung 926
durch einen Richter, der nach der Anhörung und vor der Entscheidung aus der
Kammer ausscheidet, nicht gleichzusetzen. Bei Richterwechsel vor der Entscheidung
und nach Anhörung durch die vollbesetzte Kammer erscheint eine Wiederholung
der Anhörung dann entbehrlich, wenn nur ein Kammermitglied ausscheidet.
Die Anhörung, auch wenn sie zwingend vorgeschrieben ist, ändert nichts daran, dass 927
das Verfahren nach § 454 StPO ein schriftliches Verfahren ist. Die Anhörung soll nur
den unmittelbaren Kontakt der Strafvollstreckungskammer mit dem Verurteilten,

---

[140] OLG Nürnberg, NStZ, 1998, 376. Insbesondere bei der Frage der Aussetzung der Vollstreckung der Sicherungsverwahrung, OLG Nürnberg, NStZ-RR 2004, 318.
[141] BGHSt 28, 138; BVerfG, NJW 1992, 2947/2954.
[142] *Meyer-Goßner*, Rdn 22 zu § 454 StPO mit Nachweisen; OLG Hamburg, NJW 1977, 1071;
OLG Hamm, NJW 1978, 284; *Wendisch* in LR (24. Aufl.) Rdn 24/25 zu § 454 StPO.
[143] *Bringewat*, NStZ 1996, 17/20.
[144] BGHSt 26, 165 f.; 26, 188 f.; 26, 278 f.
[145] BGHSt 28, 138.

nicht zu anderen Verfahrensbeteiligten, herstellen. Im Gegenteil: andere Verfahrensbeteiligte haben kein Anwesenheitsrecht wie bei einer Vernehmung oder sonstigen richterlichen Untersuchungshandlungen. Deshalb erhalten die Staatsanwaltschaft und der
Verteidiger im Normalfall auch keine Terminsnachricht.[146]

928   Der Verurteilte darf im Aussetzungsverfahren zwar nach seiner Wahl einen Rechtsbeistand seines Vertrauens beiziehen und dem Verteidiger steht dann die Teilnahme an
der mündlichen Anhörung zu.[147] Es ist aber dann die Aufgabe des Verurteilten selbst,
seinen Verteidiger von dem Anhörungstermin zu benachrichtigen. Es entspricht aber
den Geboten eines fairen Verfahrens, dem Verteidiger die Teilnahme an der mündlichen Anhörung zu ermöglichen, was bei einem kurzfristig angesetzten Termin die
Verpflichtung des Gerichts zur Benachrichtigung des Verteidigers begründet.[148] Erscheint der Wahlverteidiger zu dem Termin zur mündlichen Anhörung, dann ist ihm
die Anwesenheit zu gestatten.[149] Umgekehrt kann aber die mündliche Anhörung trotz
Verhinderung des **Wahl**verteidigers durchgeführt werden.[150]

929   Normalerweise ist die Informationsphase für die Strafvollstreckungskammer mit der
Anhörung des Verurteilten abgeschlossen. Sind bis zum Zeitpunkt der Entscheidung,
sei es durch die Anhörung, sei es durch sonstige Ermittlungen oder Informationen,
neue entscheidungserhebliche Tatsachen bekannt geworden, dann gebietet § 454
Abs 1 Satz 2 StPO, dass die dort genannten Verfahrensbeteiligten nochmals zu hören
sind. Daraus ergibt sich aber auch, dass solche neuen bei der Anhörung zutage getretenen Tatsachen irgendwie festgehalten werden müssen, sei es durch eine formelle
Niederschrift (zwar nicht vorgeschrieben, da es sich nicht um eine Vernehmung handelt!), oder durch einen Aktenvermerk, oder aber zumindest durch eine Erwähnung
in den Beschlussgründen (letzteres fraglich, weil so kaum festgestellt werden kann,
dass die Beteiligten gehört worden sind). Auch für die Anhörung der Beteiligten ist
keine Form vorgeschrieben; sie kann daher z.B. auch fernmündlich erfolgen; es empfiehlt sich aber, wenigstens einen Aktenvermerk hierüber zu machen.

4. Die Entscheidung über die Aussetzungsfrage

Die Strafvollstreckungskammer muss einem Antrag auf Aussetzung des Strafrestes
stattgeben, wenn die Voraussetzungen des § 57 Abs 1 StGB oder des § 57a Abs 1
StGB gegeben sind (b). Sonst wird sie den Antrag entweder zurückweisen, weil er
unzulässig (a) oder unbegründet (c) ist.

930   **a) Zurückweisung eines Antrags als unzulässig:**

Unzulässig ist eine positive Strafrestaussetzungsentscheidung, wenn die formellen
Voraussetzungen, wie sie § 57 Abs 1 Satz 1 Nr. 1 und 3 und Abs 5 bzw § 57a Abs 1
Satz 1 Nr. 1 vorschreiben, nicht gegeben sind:
aa) Ausgesetzt werden kann nur der Rest einer Freiheitsstrafe. Umstritten ist, ob auch
bei Ersatzfreiheitsstrafen § 57 StGB zur Anwendung kommen kann. Entgegen Litera-
turmeinungen[151] hat sich heute die Rechtssprechung dahin gefestigt, dass § 57 StGB auf

---

[146] OLG Karlsruhe, MDR 1976, 512. Ebenso *Treptow,* NJW 1976, 222. Das Gericht braucht
für die Anwesenheit des Wahlverteidigers nicht zu sorgen.

[147] BVerfG, MDR 1993, 678 = NStZ 1993, 355.

[148] BVerfG, StV 1993, 313. Zur Benachrichtigung des Verteidigers verpflichtet ist das Gericht,
wenn der Verteidiger bereits erklärt hat, dass er an der Anhörung teilnehmen will – OLG Zweibrücken, StV 1993, 315.

[149] OLG Düsseldorf, NStZ 1989, 291 = MDR 1989, 762 = StV 1989, 355 = JZ 1989, 304 unter
Bezugnahme auf BVerfG 70, 297 ff = NJW 1986, 767 ff.

[150] OLG Düsseldorf, MDR 1989, 934.

[151] *Blei,* JA 1972, 309; *Preisendanz,* JR 1976, 467; *Schönke-Schröder,* Rdn 4 zu § 57 StGB.

eine Ersatzfreiheitsstrafe nicht anzuwenden ist.[152] Diese Auffassung ist überzeugender und auch praktikabler, zumal weitaus die meisten der Ersatzfreiheitsstrafen die in § 57 Abs 1 Satz 1 Nr. 1 StGB vorgesehene Mindestdauer ohnehin nicht erreichen.

bb) Eine Aussetzung ist nur zulässig, wenn nach Verbüßung von zwei Dritteln der Strafe mindestens auch zwei Monate verbüßt sind (oder im Falle der Halbzeitaussetzung mindestens sechs Monate).

cc) Voraussetzung der Aussetzung ist, dass der Verurteilte einwilligt. Die Einwilligung ist eine höchstpersönliche Erklärung, bei der eine Vertretung nach dem Betreuungsrecht nicht in Betracht kommt.[153]

dd) Eine Aussetzung ist darüber hinaus unzulässig, wenn das Gericht zugleich mit einer vorgängigen Ablehnung einer Aussetzung eine Frist (= höchstens 6 Monate) festgesetzt hatte, vor deren Ablauf dem Verurteilten untersagt war, einen neuen Antrag zu stellen (§ 57 Abs 6 StGB).

Im Falle der Nichteinwilligung des Verurteilten ist die Akte der Strafvollstreckungs-   **931** kammer mit einem ablehnenden Antrag vorzulegen, denn die Strafvollstreckungskammer hat zu entscheiden (§ 454 Abs 1 Satz 1 StPO),[154] zumal eine Einwilligung jederzeit nachgeholt oder eine Ablehnung widerrufen werden kann.

Es empfiehlt sich daher eine formelle Ablehnung durch die Strafvollstreckungskammer. Ein Aktenvermerk, dass die Einwilligung nicht vorliegt, vermag einen Gerichtsbeschluss nicht zu ersetzen.

Die Einwilligung muss im Zeitpunkt der Entscheidung noch vorliegen.[155]

Sie ist bis dahin nachholbar, sogar auf eingelegte sofortige Beschwerde.[156]

Für eine Strafaussetzung ist es **kein Hindernis**,

aa) wenn der Verurteilte sich in anderer Sache in Strafhaft,[157] oder in Untersuchungshaft[158] befindet,

bb) wenn nach der Freiheitsstrafe Sicherungsverwahrung zu vollstrecken ist, wenn mit der Aussetzung gleichzeitig der Nichtvollzug der Sicherungsverwahrung angeordnet wird[159] oder wenn eine freiheitsentziehende Maßregel ausnahmsweise nach der Freiheitsstrafe vollzogen werden soll,[160]

cc) wenn Führungsaufsicht (§ 68 g StGB) angeordnet ist,

dd) wenn der Verurteilte sich infolge Unterbrechung der Strafvollstreckung nicht in Strafhaft befindet,[161]

ee) wenn die verbüßte Strafe bereits nach § 56 StGB ausgesetzt, die Aussetzung aber nach § 56 f StGB widerrufen worden war;[162] auch steht einer erneuten Strafausset-

[152] OLG Celle, NStZ 1998, 533; StV 1999, 492; OLG Jena, NStZ 1999, 317; OLG Zweibrücken, StV 2001, 414 (unter Aufgabe der bisherigen Auffassung). Ebenso nun auch Fischer, Rdn 3 zu § 57 StGB; Thür. OLG, StV 1999, 491; OLG Bamberg, StV, 1999, 493; OLG Hamm, StV 1999, 495;OLG Oldenburg, StraFo 2006, 247, Groß in StV 1999, 508.
[153] OLG Hamm, NJW 2001, 1150.
[154] OLG Düsseldorf, NJW 1993, 1665; OLG Rostock, NStZ 2001, 278; aA OLG Düsseldorf, NStZ 1994, 454.
[155] OLG Celle, NJW 1956, 1608.
[156] OLG Karlsruhe, Die Justiz 1980, 91.
[157] Vgl. die Ausführungen zur Berechnung des Zweidrittelzeitpunktes Rdn 904 und früher schon OLG Bremen, MDR 1958, 263.
[158] OLG Hamm, JMBl NW 1973, 68.
[159] OLG Celle, NdsRpfl 1974, 257.
[160] OLG Düsseldorf, NJW 1969, 1585.
[161] BGHSt 6, 216 = MDR 1959, 1022; vgl. weiter die bei Fischer Rdn 8 zu § 57 StGB zitierte Rechtsprechung.
[162] OLG Bremen, MDR 1958, 263; OLG München, MDR 1959, 324.

zung nicht entgegen, dass eine vorgängige Aussetzung nach § 57 StGB bereits einmal gescheitert war.

932 Wird Untersuchungshaft oder eine andere Freiheitsentziehung (außer im Gnadenwege) auf die erkannte Strafe angerechnet, so sind diese Zeiten in die Zeit der verbüßten Strafe mit einzurechnen, § 57 Abs 4 StGB. Es ist demnach zulässig, wenn die angerechnete Untersuchungshaft bereits zwei Drittel (bzw bei § 57 Abs 2 StGB die Hälfte) der Strafe ausmacht, den Strafrest auszusetzen, auch wenn noch kein einziger Tag „echter" Strafhaft verbüßt worden ist.[163] Die Strafvollstreckungskammer hat zugleich zu entscheiden, ob eine Anrechnung nach § 43 Abs 10 Nr. 3 StVollzG[164] ausgeschlossen wird (§ 454 Abs 1 S 5 StPO), d. h. das Gericht kann anordnen, dass eine Freistellung von der Arbeit während des Vollzuges nicht auf den Entlassungszeitpunkt angerechnet wird, weil die Lebensverhältnisse des Gefangenen oder die Wirkungen, die von der Aussetzung zu erwarten sind, die Vollstreckung bis zu einem bestimmten Zeitpunkt erfordern.

933 **Gnadenweiser Erlass gilt nicht als Verbüßung** iS von § 57 StGB;[165] auch gnadenweise bewilligter Urlaub ist keine Strafverbüßung iS von § 57 StGB.[166] Leistungen, die der Verurteilte zur Erfüllung von Auflagen usw. erbracht hat, können als verbüßte Strafe angerechnet werden.

b) Positive Strafrestaussetzungsentscheidungen:

934 Liegen die formellen und materiellen Voraussetzungen für eine Aussetzungsentscheidung vor, dann muss die Strafvollstreckungskammer den Strafrest zur Bewährung aussetzen.

Die Strafvollstreckungskammer prüft als materielle Voraussetzung, sowohl in den Fällen der §§ 57 Abs 1 und 57a Abs 1 StGB als auch bei der Aussetzung nach Vollzug der Hälfte der Strafe (§ 57 Abs 2 StGB), ob eine Strafrestaussetzung unter Berücksichtigung der Sicherheitsinteressen der Allgemeinheit verantwortet werden kann, § 57 Abs 1 Satz 1 Nr. 2 StGB.. Eine Entscheidungshilfe gibt Satz 2 aaO mit der Forderung des Gesetzgebers, namentlich (also nicht ausschließlich!) die Persönlichkeit des Verurteilten, sein Vorleben, die Umstände seiner Tat das Gewicht des bei einem Rückfall bedrohten Rechtsguts, sein Verhalten im Vollzug, seine Lebensverhältnisse und die Wirkungen, die von der Aussetzung für ihn zu erwarten sind, bei der Sozialprognose zu berücksichtigen. Grundlage der Entscheidung nach § 57 Abs 1 StGB ist daher nur die zukünftige Entwicklung des Verurteilten; Gesichtspunkte der Generalprävention können nach der Neufassung von § 57 StGB – jedenfalls bei der Aussetzung des letzten Strafdrittels – nicht mehr verwertet werden.[167]

Dabei ist allerdings für die Prognoseentscheidung die Art der Tat und ihr Gewicht im Falle eines Rückfalles zu würdigen denn die Neufassung des § 57 Abs 1 S 2 StGB verlangt zusätzlich die Berücksichtigung der Bedeutung des bei einem Rückfall bedrohten Rechtsgutes (ein Hinweis auf „gewichtige" Straftaten enthält § 66 Abs 3 StGB). Dies bedeutet im Kontext mit der Beachtung des Sicherheitsinteresses eine Verschärfung der Aussetzungsvoraussetzungen.[168]

[163] OLG Hamm, NJW 1978, 1392.
[164] In Bayern, Art. 46 Abs 10 Nr. 3 BayStVollzG.
[165] OLG Saarbrücken, NJW 1973, 2037; OLG Düsseldorf, NJW 1975, 1526; str, vgl. *Fischer*, Rdn 9 zu § 57 StGB, OLG Hamburg, MDR 1970, 781; 1977, 772.
[166] OLG Nürnberg, MDR 1975, 949.
[167] OLG München, StV 1999, 550.
[168] OLG Koblenz, NJW, 1999, 734.

Den Umständen der Tat kommt allerdings bei lang dauerndem Vollzug für die Prognoseentscheidung nur noch eingeschränkte Aussagekraft zu, andere Umstände (Vollzugsverhalten, Lebensverhältnisse) gewinnen dem gegenüber an Bedeutung.[169]
Kommt das Gericht bei Verwertung aller ihm zur Verfügung stehenden Unterlagen zu   935
dem Ergebnis, dass eine straflose Führung des Verurteilten künftig wahrscheinlich ist,
so muss der Drittel-Strafrest grundsätzlich zur Bewährung ausgesetzt werden. Allerdings kann eine Strafaussetzung auch bei günstiger Sozialprognose versagt werden,
wenn andere anerkannte Strafzwecke – vor allem die des gerechten Schuldausgleiches
oder der Verteidigung der Rechtsordnung – den weiteren Vollzug erfordern.[170]
Bei der Beurteilung der Wahrscheinlichkeit dürfen die Schwierigkeiten, denen der
Verurteilte nach seiner Entlassung gegenüberstehen wird, nicht überbewertet werden.[171] Auch sind auch den Verurteilten belastende Umstände wie Leugnen der Tat
oder fehlende Anstrengungen für eine Wiedergutmachung für sich allein keine genügenden Gründe für eine negative Sozialprognose.[172] Macht der Verurteilte unzureichende oder falsche Angaben zum Verbleib der Tatbeute, kann das Gericht von einer
Reststrafenaussetzung absehen, § 57 Abs 6 StGB.
Im Unterschied zu § 56 StGB wird nicht eine echte positive Prognose verlangt: Die   936
erforderliche Wahrscheinlichkeit künftiger straffreier Führung setzt aber voraus,
dass jetzt – nach Verbüßung eines Teiles der Strafe – eine reelle Chance besteht,
dass der Verurteilte die kritische Probe bestehen wird.[173] Ein vertretbares Restrisiko ist damit aber eingeschlossen.[174] Unschädlich kann sein, wenn der Verurteilte in
der Bewährungszeit zwar Straftaten begeht, aber solche von einem so geringen
Unrechtsgehalt, dass bei einer vernünftigen Betrachtung von einem Scheitern der
Bewährungsbemühungen nicht gesprochen werden kann.
Die Prognoseentscheidung steht notwendigerweise unter dem Einfluss des Vollzugs.   937
Ob der Vollzug aber eine positive Einwirkung auf den Verurteilten hatte, ist bei den
gegebenen Unvollkommenheiten der Behandlung und auch der für eine Prognose
erforderlichen Persönlichkeitserforschung einschließlich der Beobachtung einer günstigen (oder ungünstigen) Entwicklung im Vollzug, schwer mit einer genügenden
Sicherheit feststellbar. Deshalb verlangt das Gesetz (§ 454 Abs 2 StPO) die Einholung eines **Sachverständigengutachtens,** wenn die Aussetzung der Vollstreckung des
Restes
– einer lebenslangen Freiheitsstrafe oder
– einer Freiheitsstrafe von mehr als 2 Jahren wegen in § 66 Abs 3 S 1 StGB genannter Straftaten (Verbrechen, Sexualdelikte u. a.)
erwogen wird. Bei einer Gesamtfreiheitsstrafe muss eine Einzelstrafe 2 Jahre übersteigen.[175]
Der Sachverständige hat insbesondere eine Gefährlichkeitsprognose zu stellen. Er
muss **mündlich** durch die StVK gehört werden (s. hierzu Rdn **923**). Der Verurteilte,
sein Verteidiger, die Staatsanwaltschaft und die Vollzugsanstalt sind teilnahmeberechtigt und vom Termin zu benachrichtigen; ihnen steht ein Fragerecht zu. Ein Anspruch
auf Terminsverlegung wegen Verhinderung besteht aber nicht. Die Auswahl des Sachverständigen steht im Ermessen der StVK. Der Anstaltspsychologe, der den Verurteil-

---

[169] BVerfG, NJW 2000, 502.
[170] OLG Düsseldorf, NJW 1999, 502.
[171] OLG Bremen, NJW 1955, 514.
[172] Vgl. die Rspr.-Hinweise bei Fischer, Rdn 17 a zu § 57.
[173] KG, NJW 1973, 1421; OLG Koblenz, NStZ 1998, 591.
[174] BVerfG, NStZ 1998, 373, 590.
[175] OLG Stuttgart, Die Justiz 1999, 347.

ten kennt, kann ausreichend sein, nicht jedoch, wenn die Sachkunde eines Arztes angezeigt ist.[176]

Von der mündlichen Anhörung kann abgesehen werden, wenn der Verurteilte, Vertei-
digen und Staatsanwaltschaft verzichten (§ 454 Abs 2 StPO).

Darüber hinaus braucht kein Sachverständigengutachten eingeholt werden,
- wenn die Entlassung des Verurteilten nicht „wirklichkeitsnah" ist,[177]
- wenn eine Aussetzung offensichtlich nicht verantwortet werden kann,[178]
- wenn die Aussetzung nicht „erwogen" wird,[179]
- allerdings auch, wenn alle Umstände zweifelsfrei die Beurteilung zulassen, dass der
  Verurteilte keine Gefahr für die öffentliche Sicherheit darstellt.[180]

Fällt die notwendige Prognose allerdings eindeutig ungünstig aus, erscheint es also
unwahrscheinlich, dass die Chance genützt werden würde, dann kann eine Positiv-
entscheidung nicht gewagt werden.

938   Allerdings kann ein Strafrest nicht einfach deshalb ausgesetzt werden, weil der Verurteilte nach der Strafverbüßung anderweitig untergebracht werden kann[181] oder weil
gerade ein Therapieplatz zur Verfügung steht; dieser Umstand hat mit der notwendigen Prognoseentscheidung nichts zu tun und macht sie nicht überflüssig.

939   Vergleicht man die Umstände, die „namentlich" bei der Prognoseentscheidung zu
berücksichtigen sind, in § 57 Abs 1 Satz 2 und in § 56 Abs 1 Satz 2 StGB, so fällt auf,
dass bei sonst gleichem Wortlaut „Verhalten nach der Tat" (in § 56) durch „Verhalten im Vollzug" (in § 57) ersetzt worden ist. Das will nun nicht besagen, dass dem
Verhalten nach der Tat – außerhalb des Vollzugs – keine Bedeutung bei der Progno-
sebeurteilung zukommen könnte; es besagt nur, dass jedenfalls eine Prognose nicht
gestellt werden kann ohne das Verhalten im Vollzug in die Beurteilungsgrundlagen
mit einzubeziehen. Es wird dadurch nur unterstrichen, welche überragende Bedeutung der Stellungnahme der Vollzugsanstalt in der Praxis zukommt. Die Entscheidung
der Aussetzungsfrage hat bzgl der Prognose und Verantwortlichkeit auch vollzugs-
rechtliche Bedeutung, so dass die für den Strafvollzug geltenden Grundsätze mitbe-
rücksichtigt werden müssen; die Frage nach der Resozialisierungsbedürftigkeit und
danach, wie das Ziel der Resozialisierung iS § 2 StvollzG bereits (durch den Vollzug)
gefördert ist, kann nicht ohne Rückgriff auf die persönliche Schuld und die in der Tat
entfaltete kriminelle Energie beantwortet werden.[182] Für die Entscheidung über die
Aussetzung sind nicht nur die Interessen des einzelnen Verurteilten, sondern auch die
Interessen der Gesellschaft am Schutz vor weiteren Straftaten erheblich. Deshalb ist
eine Abwägung zwischen dem Resozialisierungsinteresse des Verurteilten und dem
Sicherheitsinteresse der Allgemeinheit zu treffen, wobei ein vertretbares Risiko hin-
zunehmen ist.[183]

Diese Bedeutung legt den Vollzugsanstalten auch besondere Sorgfaltsverpflichtungen
bei der Abfassung ihrer Stellungnahmen auf: Es kommt weniger darauf an, ob der Verurteilte im Vollzug keine Schwierigkeiten bereitet hat; gerade anpassendes unterwürfi-
ges Verhalten im Vollzug ist mitunter mehr ein Anzeichen für schlechte als für eine gute

---

[176] OLG Karlsruhe, Die Justiz 2000, 43 = NJW 1999, 2453; OLG Hamm, StV 1999, 216; KG,
NJW 1999, 1797, hierzu kritisch *Neubacher* in NStZ 2001, 449.

[177] Thür. OLG, NStZ 2000, 224 (gegen OLG Celle, NStZ 1999, 159 U. OLG Koblenz, StV
1999, 496).

[178] BGH, NStZ 2000, 279.

[179] OLG Hamburg, NJW 2000, 2758.

[180] OLG Köln, StV 2000, 155; OLG Karlsruhe, StV 2000, 156.

[181] Vgl. OLG Köln, NJW 1955, 1161 (zu § 42 b Abs 2 aF StGB).

[182] OLG Düsseldorf, StV 1993, 205.

[183] OLG Hamm, StV 2002, 320; OLG Stuttgart, Die Justiz, 1998, 289.

Sozialprognose.[184] Selbst Straftaten wie Beleidigung, Sachbeschädigung uä brauchen deshalb nicht unbedingt Anzeichen für eine negative Prognose zu sein, ebenso wenig wie ein Fluchtversuch oder die nicht pünktliche Rückkehr aus einem Urlaub usw.

Der sog Hälfteerlass (§ 57 Abs 2 Nr. 2 StGB) hat Ausnahmecharakter.[185] Es muss zu der normalerweise schon für eine Aussetzungsentscheidung geforderten günstigen Sozialprognose hinzukommen, dass besondere Umstände in der Tat und in der Persönlichkeit des Verurteilten vorliegen. Diese Umstände sind also nicht nur prognostischer Art, stellen also nicht allein auf die Zukunft, sondern mehr auf den Urteilszeitpunkt ab. Beurteilungsgrundlage ist also vor allem das tatrichterliche Urteil. Umstände, die für die Schwere der Schuld von Bedeutung sind (also bei der Sozialprognose gerade nicht berücksichtigt werden sollen), können hier von Bedeutung sein,[186] weiter auch Gesichtspunkte der Verteidigung der Rechtsordnung.[187]   **940**

Das Gericht entscheidet nach seinem pflichtgemäßen Ermessen;[188] es kann eine positive Entscheidung zunächst ablehnen, aber dann doch noch vor Verbüßung von zwei Dritteln (z.B. nach drei Fünfteln) den Strafrest zur Bewährung aussetzen.[189]   **941**

Beispiele für besondere Umstände iS von § 57 Abs 2 StGB können sein   **942**

aa) **in der Tat:** Notwehrexzess, Putativnotwehr, Notstandsvorstellungen, vermeidbarer Verbotsirrtum, besondere Konfliktsituation, Verstrickung in die Tat durch staatliche Organisationen.[190]

bb) **in der Persönlichkeit:** straffreie Führung vor der Straftat (oder langes straffreies Intervall nach Verbüßung einer früheren Strafe), gute Integration in Familie und Arbeitsplatz, unverschuldete Verantwortlichkeitsmängel, besonderes Engagement bei der Schadenswiedergutmachung.

c) Der Inhalt positiver Aussetzungsentscheidungen: **943**

Bejaht die Strafvollstreckungskammer die geforderte günstige Sozialprognose und die sachlichen Voraussetzungen, dann ist sie im Falle des § 57 Abs 1 StGB verpflichtet, den Strafrest zur Bewährung auszusetzen. Die Strafvollstreckungskammer setzt eine Bewährungszeit fest und ordnet Auflagen und Weisungen an; uU wird der Verurteilte für die Dauer der Bewährungszeit einem Bewährungshelfer unterstellt. Einzelheiten ergeben sich aus den – gem. § 57 Abs 3 Satz 1 StGB entsprechend anwendbaren – Regeln der §§ 56a bis 56g StGB über die Strafaussetzung zur Bewährung.

Bezüglich der **Bewährungszeit** gilt, dass sie – auch wenn sie nachträglich verkürzt   **944** wird – die Dauer des Strafrestes nicht unterschreiten darf, § 57 Abs 3 Satz 1 2. Halbsatz StGB. Das bedeutet, da sonst die allgemeinen Mindest- und Höchstfristen des § 56a Abs 1 StGB von zwei bis fünf Jahren gelten, dass die Mindestfrist bei längeren Strafresten als zwei Jahren und die Höchstfrist bei längeren Strafresten als fünf Jahren erhöht wird.

Die Bewährungszeit beginnt mit der Rechtskraft, nicht erst mit der Entlassung, § 56a Abs 2 Satz 1 StGB.[191] Bei der Bestimmung der Bewährungsfrist geht das Gericht da-

[184] KG, NJW 1972, 2228.
[185] Zur Erstverbüßerregelung des § 57 Abs 2 Satz 1 StGB s Rdn 175 ff.
[186] OLG Hamm, MDR 1972, 161 und 1974, 55; OLG Karlsruhe, MDR 1975, 160 (vgl. aber *Zipf,* JR 1975, 296).
[187] OLG Hamm, NJW 1970, 2125; OLG Köln, MDR 1970, 861; OLG Karlsruhe, MDR 1975, 160.
[188] OLG Hamburg, MDR 1976, 947.
[189] OLG Hamburg, MDR 1976, 66.
[190] OLG Koblenz, StV 1991, 429.
[191] Vgl. weiter OLG Hamm, NJW 1978, 2207 zur Frage, wenn die Entlassung vor der Rechtskraft des Aussetzungsbeschlusses erfolgte.

von aus, wie lange es wohl nötig sein wird auf den Täter einzuwirken, um ihn zu einer straffreien Lebensführung zu veranlassen. Die Bewährungszeit muss sich aber auch etwas an der Strafhöhe orientieren.

945 Entsprechend § 56 b StGB kann die Strafvollstreckungskammer auch **Auflagen** erteilen, **die der Genugtuung für das begangene Unrecht dienen.** Von den in § 56 b Abs 2 vorgesehenen Möglichkeiten von Auflagen kommt bei § 57 hauptsächlich die Wiedergutmachung des durch die Tat verursachten Schadens in Betracht; die weiteren nach § 56 b Abs 2 Nr. 2–4 StGB möglichen Auflagen sollen nur erteilt werden, soweit die Erfüllung der Auflage der Wiedergutmachung des Schadens nicht entgegensteht. Damit wird ein Stufenverhältnis mit dem Ziel der stärkeren Berücksichtigung der Belange des Opfers begründet und auch verhindert, dass durch mehrere Auflagen nebeneinander Wiedergutmachung und Resozialisierungsbemühungen beeinträchtigt werden.

946 Dagegen haben die **Weisungen** (§§ 56 c, d StGB) eine große Bedeutung, allen voran die **Unterstellung unter einen Bewährungshelfer.** Hier ist nach einer Verbüßungsdauer von mindestens einem Jahr vor Aussetzung des Strafrestes „in der Regel" die Unterstellung unter die Aufsicht und Leitung eines Bewährungshelfers vorgesehen (§ 57 Abs 3 Satz 2 StGB). In den Fällen kürzerer Verbüßungsdauer ist zu beachten, dass die verhängte Strafe (nicht der ausgesetzte Strafrest) mehr als neun Monate beträgt und dass der Verurteilte noch nicht siebenundzwanzig Jahre alt sein soll (§ 56 d Abs 2 StGB). Ohne die zeitlichen Beschränkungen, die bei der Unterstellung unter einen Bewährungshelfer zu beachten sind, können die sonstigen Weisungen des § 56 c erteilt werden. Die Weisungen müssen dazu geeignet sein, den Verurteilten in der selbstständigen Lebensführung zu unterstützen und müssen sich deshalb auf die Gestaltung des Lebens außerhalb des Strafvollzugs beziehen.

947 Das Gesetz sieht folgende Weisungen vor: Anordnungen,

aa) die sich auf Aufenthalt, Ausbildung, Arbeit oder Freizeit oder auf die Ordnung der wirtschaftlichen Verhältnisse des Verurteilten beziehen,

bb) sich zu bestimmten Zeiten bei Gericht oder einer anderen Stelle (zumeist wird eine Polizeidienststelle bezeichnet) zu melden,

cc) mit bestimmten Personen oder mit Personen einer bestimmten Gruppe, die ihm Gelegenheit oder Anreiz zu weiteren Straftaten bieten können, nicht zu verkehren, sie nicht zu beschäftigen, auszubilden oder zu beherbergen,

dd) bestimmte Gegenstände, die ihm Gelegenheit oder Anreiz zu weiteren Straftaten bieten können, nicht zu besitzen, bei sich zu führen oder verwahren zu lassen,

ee) Unterhaltspflichten nachzukommen.

Es handelt sich bei diesen „namentlich" im Gesetz aufgeführten Möglichkeiten nur um Beispiele, die durchaus im Einzelfall durch noch andere ersetzt oder ergänzt werden können.

948 Darüber hinaus zählt das Gesetz noch zwei Möglichkeiten auf, die **nur mit Einwilligung des Verurteilten** erteilt werden können, nämlich die Weisung,

ff) sich einer Heilbehandlung, die mit einem körperlichen Eingriff verbunden ist, oder einer Entziehungskur zu unterziehen oder

gg) in einem geeigneten Heim oder einer geeigneten Anstalt Aufenthalt zu nehmen.

Gerade die letztere Weisung kann eine große Rolle spielen, wenn der zu Entlassende keine genügenden Bindungen (mehr) zur Außenwelt hat, aber die Möglichkeit besteht, ihn z.B. in einem geeigneten Übergangswohnheim mit sachgerechter Leitung eines erfahrenen Sozialarbeiters unterzubringen.

949 Nimmt der Verurteilte seine Einwilligung zurück, so ist dies nicht ohne weiteres ein grober oder beharrlicher Verstoß gegen die Weisung, jedenfalls dann nicht, wenn der

Verurteilte nachträglich die Einwilligung aus verständlichen Gründen für verfehlt hält und er sich die Strafaussetzung nicht unter Vortäuschung seines Einverständnisses von vornherein erschlichen hat.[192]

Ist der Gefangene freiwillig bereit, ihm sonst aufzuerlegende Leistungen zu erbrin- **950** gen oder auch ohne Weisungen entsprechende ernst zu nehmende Zusagen (mit genügender Erfolgserwartung) zu machen, dann soll das Gericht von Auflagen und Weisungen vorläufig absehen (vgl. §§ 56 b Abs 3, 56 c Abs 4 StGB).

Muster einer Positiventscheidung:

3 Ls 22 Js 223/98 – 71 VRs   Landgericht H
StVK 166/99   – Strafvollstreckungskammer –

           Beschluss vom 30. Januar 1999

I.

In der Vollstreckungssache
gegen
Klaus-Dieter P.
z. Z. in der Vollzugsanstalt H.

1. Der Vollzug des Restes der gegen den Verurteilten durch Urteil des Schöffengerichtes H. vom 17. 8. 1996 verhängten Freiheitsstrafe wird ab 24. 2. 1999 zur Bewährung ausgesetzt.

2. Die Bewährungszeit beträgt drei Jahre.

3. Der Verurteilte wird der Aufsicht und Leitung des für seinen künftigen Wohnort zuständigen Bewährungshelfers B beim Landgericht H unterstellt.

4. Der Verurteilte wird angewiesen,
   a) sich sogleich um Wohnung und Arbeit zu bemühen;
   b) sich nach seiner Entlassung aus der Strafhaft unverzüglich bei seinem Bewährungshelfer zu melden;
   c) seine Anschrift und jede evtl spätere Änderung unverzüglich und schriftlich der Strafvollstreckungskammer beim Landgericht H unter Angabe des Aktenzeichens StVK 166/99 mitzuteilen;
   d) seine Wohnung und seinen Arbeitsplatz nicht ohne Zustimmung des Bewährungshelfers zu wechseln.

5. Die mündliche Belehrung des Verurteilten über die Aussetzung des Strafrestes nach §§ 454 Abs 3 Satz 2, 268 a Abs 3 StPO wird der Vollzugsanstalt H übertragen.

Gründe:

Der Verurteilte hat zwei Drittel seiner Strafe am 24. 2. 1999 verbüßt und eingewilligt, dass die Vollstreckung der Reststrafe zur Bewährung ausgesetzt wird. Dem sind Staatsanwaltschaft und Vollzugsanstalt nicht entgegengetreten. Nach der Persönlichkeit des Verurteilten, seinem Vorleben, den Umständen der Tat und dem Verhalten im Vollzug kann es insbesondere unter Berücksichtigung des Sicherheitsbedürfnisses der Allgemeinheit verantwortet werden, die restliche Freiheitsstrafe unter obigen Auflagen und Weisungen zur Bewährung auszusetzen (§ 57 Abs 1 StGB).

Die Strafvollstreckungskammer hält es jedoch für erforderlich, den Verurteilten einem Bewährungshelfer zu unterstellen und ihm die in der Beschlussformel bezeichneten Weisungen zu erteilen, um ihn von weiteren Straftaten abzuhalten (§§ 57 Abs 3, 56 c, d StGB).

Verfügung:

II.

1. Durchschrift des Beschlusses
   a) Sammlung

---

[192] BGH, NStZ 1989, 265.

b) ......

c) ......

2. Je eine Ausfertigung des Beschlusses
   a) dem Verurteilten über VA ...... (ZU) mit Rechtsmittelbelehrung
   b) der VA ...... mit der Bitte um Kenntnisnahme und Belehrung des Verurteilten über das Wesen der Strafaussetzung und die möglichen Gründe eines Widerrufes und um Übersendung eines Vermerkes hierüber mit der ZU an das Vollstreckungsgericht sowie um Feststellung der genauen Entlassungsanschrift des Verurteilten.
   c) dem Verteidiger RA ...... (Haupt-/Vollstreckungsakten AS ......) gegen EB/Schein
   d) dem Bewährungshelfer bei dem für ...... zuständigen Landgericht mit folgendem Zusatz:

   Wir bitten Sie, sich unverzüglich mit dem Verurteilten in Verbindung zu setzen, nach Möglichkeit schon vor der Entlassung. Die genaue Entlassungsanschrift erhalten Sie durch die VA ......
   Der Verurteilte will sich nach ...... begeben.
   Eine Urteilsabschrift bitten wir bei der Staatsanwaltschaft .... anzufordern/ist beigefügt.

3. Der Ausfertigung an den Bewährungshelfer beifügen:
   a) aus dem Haupt-/Vollstreckungsakten zu entnehmendes Doppel des Urteils vom ......
   b) aus den Hauptakten zu fertigende Fotokopie der AS ......
   c) aus den Vollstreckungsakten zu fertigende Fotokopien der AS ......
   d) Doppel des Anhörungsprotokolls
   e) ......

4. Bewährungsheft anlegen
   a) aus dem Haupt-/Vollstreckungsakten zu entnehmendes Doppel des Urteils vom ......
   b) aus den Hauptakten anzufertigende Fotokopien der AS ......
   c) aus den Vollstreckungsakten anzufertigende Fotokopien der AS ......
   d) Doppel des Anhörungsprotokolls
   e) Ausfertigung des Beschlusses
   f) Doppel dieser Verfügung
   g) ......

5. Registeraustrag

6. Eintrag Bewährungsliste

7. Urschrift des Beschlusses RV mit Akten
   an die Staatsanwaltschaft K ......
   gemäß § 41 StPO.
   Um mehrfache Aktenversendungen zu vermeiden, bitten wir im Falle eines Rechtsmittelverzichts um Rücksendung nur der Urschrift des Beschlusses mit einem entsprechenden Vermerk und Angabe des dortigen Zustellungsdatums. In diesem Falle wird sodann von hier aus die Urschrift mit Rechtskraftvermerk wieder übersandt. Für die künftigen Fälle bitten wir, 2 Urteilsexemplare für das Bewährungsheft und – gegebenenfalls – für den Bewährungshelfer beizufügen.

8. Beleg und WV zum Rechtskraftvermerk – spätestens ......

....
Richter am Landgericht

d) Negative Aussetzungsentscheidung:

951   Kann die Strafvollstreckungskammer nach Prüfung der Sachlage die geforderte günstige Sozialprognose nicht bejahen, dann weist sie einen entsprechenden Antrag auf Aussetzung des Strafrestes als unbegründet zurück bzw beschließt dies von Amts wegen.

952   Im Falle einer negativen Entscheidung hat der Verurteilte das Recht, grundsätzlich jederzeit einen neuen Antrag auf Aussetzung des Strafrestes zu stellen. Um einem

Missbrauch dieses Rechts vorzubeugen, kann die Vollstreckungskammer eine **Ausschlussfrist** von höchstens sechs Monaten festsetzen, vor deren Ablauf ein solcher Antrag vom Verurteilten nicht gestellt werden kann, § 57 Abs 6 StGB.[193] Die Strafvollstreckungskammer selber ist an diese Frist aber nicht gebunden; kommen ihr Umstände noch vor Ablauf der Ausschlussfrist zur Kenntnis, die eine Aussetzung des Strafrestes rechtfertigen, dann kann sie dies tun. Gründe für eine **erneute Überprüfung der Aussetzungsfrage** können sich z.B. ergeben, weil sich die Verhältnisse, die der Verurteilte in Freiheit vorfinden wird, zu seinen Gunsten verändert haben, er z.B. in eine gute Arbeitsstelle vermittelt werden kann oä. Die Strafvollstreckungskammer kann auch schon in einem Negativbeschluss bereits anordnen, dass eine erneute Überprüfung der Aussetzungsfrage zu einem bestimmten Termin zu erfolgen hat.

Ein vor Ablauf der gesetzten Frist gestellter Antrag, kann aber gleichwohl bearbeitet **953** werden, weil dieser Mangel dann geheilt werden kann, wenn die Frist während des gerichtlichen Verfahrens bis zur Sachentscheidung abläuft.[194] (Wegen der Auswirkungen einer negativen Aussetzungsentscheidung auf die Möglichkeit einer Änderung der örtlichen Zuständigkeit der Strafvollstreckungskammer vgl. Rdn 838).

Oft sind negative Aussetzungsentscheidungen (vor allem in Fällen der Halbstrafen- **954** aussetzung) in den Begründungen eher formelhaft, wobei ein beträchtlicher Formulareinsatz oder PC-Programme eine Individualisierung nicht gerade fördern. Die Bereiche „Lebensumstände vor der Inhaftierung", „Persönlichkeit des Antragstellers", sowie „soziale Kontakte und Beziehungen" werden oft nicht oder zumindest nicht hinreichend erörtert.

Muster einer Negativentscheidung: **955**

Landgericht M	M., den 11. November 2001
– Strafkammer XIV –	in der Strafsache
(Kl. Strafvollstreckungskammer)	gegen Rolf R. geb. am 3. 5. 1966 in K.
	wegen Diebstahls
Aktenzeichen:	hier: Bedingte Entlassung gem. § 57
2 Ls 34 Js 275/98–70 VRs	Abs I StGB
(StVK XIV 223/01)	

Beschluss:

Die Reststrafe wird nicht zur Bewährung ausgesetzt.

Gründe:

Rolf R. wurde durch Urteil des Amtsgerichts – Schöffengericht – K vom 22. 11. 1998, rechtkräftig seit 30. 11. 1998, wegen 20 Vergehen des Diebstahls und wegen zwei Vergehen des versuchten Diebstahls zu einer Gesamtfreiheitsstrafe von 1 Jahr und 6 Monaten verurteilt. Er hatte mit einem Mittäter eine größere Anzahl von Wohnungseinbrüchen begangen. Hinsichtlich der Einzelheiten wird auf die Urteilsgründe Bezug genommen. Das Justizministerium setzte dem Verurteilten am 4. 3. 1999 die Freiheitsstrafe aus dem Urteil des Schöffengerichts K mit einer Bewährungsfrist von 4 Jahren im Wege der Gnade zur Bewährung aus; nach Abzug der erlittenen Untersuchungshaft von 3 Monaten ging es um einen verbleibenden Strafrest von 15 Monaten Freiheitsstrafe.
Am 12. 5. 2000 wurde die genannte Gnadenentschließung des Justizministeriums widerrufen, weil der Verurteilte der in der Gnadenentschließung getroffenen Auflage, den durch seine strafbaren Handlungen verursachten Schaden nach besten Kräften wieder gutzumachen, nicht nachgekommen war und weil er nunmehr nach der Verurteilung weitere Straftaten gleicher Art begangen hatte, weshalb das Amtsgericht H am 7. 3. 2000 die Untersuchungshaft hatte anordnen müssen; auf die Entschließung vom 12. 5. 2000 wird Bezug genommen.

---

[193] Vgl. hierzu Rdn 929.
[194] KG, NStZ 1985, 523.

Der Verurteilte wird am 26. 11. 2001 zwei Drittel dieser Freiheitsstrafe verbüßt haben. Die Vollzugsanstalt M vermochte in ihrer Stellungnahme vom 6. 10. 2001, auf die verwiesen wird, die bedingte Entlassung des Verurteilten zwar nicht zu befürworten, sie ist jedoch auch nicht entgegengetreten, sondern hat die Entscheidung in das Ermessen des Gerichts gestellt. Die Staatsanwaltschaft K hat beantragt, das Gesuch des Verurteilten um Aussetzung des Strafrestes abzulehnen. Sie stützt diesen Antrag im Wesentlichen darauf, dass der Verurteilte die Chance, die ihm mit einem großzügigen Gnadenerweis gegeben worden war, nicht genutzt habe, vielmehr entgegen seiner Beteuerungen erneut in schwerwiegender Weise straffällig geworden sei. Rolf R wurde am 8. 11. 2001 mündlich angehört; auf das Anhörungsprotokoll wird verwiesen.

Die Voraussetzungen für eine bedingte Entlassung gem. § 57 Abs I StGB – d. h. nach Verbüßung von ²/₃ der Strafe – liegen nicht vor. Es kann derzeit nicht verantwortet werden, dass der Verurteilte zur Bewährung entlassen wird. Es spricht außerordentlich stark gegen ihn, dass er die ihm durch die gnadenweise Aussetzung einer so erheblichen Freiheitsstrafe – nach Abzug der erlittenen Untersuchungshaft von 3 Monaten ging es immerhin um einen Rest von 15 Monaten – gewährte Chance nicht zu nutzen verstanden hat. Die Bewährung scheiterte auch nicht etwa, weil er irgendwelche Weisungen oder Auflagen bezüglich seiner Lebensführung nicht erfüllte, sondern seine Straftaten ohne wesentliche Pause fortgesetzt hat, als ob nie eine Verurteilung erfolgt wäre. Dabei handelt es sich um massive Eigentumskriminalität professionellen Zuschnitts. Er ist insoweit zwar nur einmal vorbestraft (Urteil des Jugendschöffengerichts K vom 4. 12. 1993), jedoch ist es bereits damals um Diebstähle von erheblichem Gewicht gegangen, weshalb er damals als Ersttäter zu einem Jahr Jugendstrafe verurteilt wurde. Der Verurteilte stellt nach wie vor ein Sicherheitsrisiko für die Allgemeinheit dar.

Die Strafvollstreckungskammer hat nicht übersehen, dass der Verurteilte durch seine erhebliche Schuldenlast in einer außerordentlich angespannten wirtschaftlichen Lage war. Diese Schuldenlast hat sich aber nunmehr durch das Verschulden des Verurteilten um ein Vielfaches erhöht, so dass sich seine Situation insoweit noch wesentlich verschlechtert hat. Wie die Einweisungskommission in ihrer eingehenden Würdigung feststellt, muss dieser Umstand jedoch angesichts der geringen Belastbarkeit des Verurteilten Beachtung finden. Es liegt nahe, dass der Verurteilte bei dieser Persönlichkeitsstruktur auch künftig Gefahr läuft, vorhandene Schwierigkeiten durch Begehung weiterer Straftaten zu lösen.

Die Strafvollstreckungskammer vermochte auch nicht, der Bindung des Verurteilten an seine Familie eine Wirkung beizumessen, die eine positive Prognose rechtfertigen würde. Dass der Verurteilte an seiner Familie hängt und sein erkennbar gewordenes Verantwortungsgefühl durchaus einen positiven Ansatzpunkt darstellt, steht nicht in Frage. Es kann aber auch nicht übersehen werden, dass er sich bei seiner sich über einen langen Zeitraum erstreckenden Einbruchsserie durch die Verantwortung für seine Familie nicht von der Begehung von Straftaten hat abhalten lassen. Die Einflussmöglichkeit seiner Familie auf seine Verhaltensweise war somit zumindest bisher begrenzt.

Der Verurteilte hat indes in der mündlichen Anhörung den Eindruck hinterlassen, dass er in seiner Verhaltensweise noch nicht derart festgefahren und verankert ist, dass eine Änderung nicht mehr zu erwarten wäre. Die Strafvollstreckungskammer erlaubt sich daher die Anregung, den in vorliegender Sache verbleibenden Strafrest sowie die im anhängigen Verfahren zu erwartende Strafe – der Verurteilte hat insoweit in der mündlichen Anhörung weitere Straftaten eingeräumt, so dass wohl mit einer Verurteilung zu rechnen ist – dahingehend zu nützen, dass entweder die Berufsausbildung des Verurteilten als Bäcker abgeschlossen oder aber eine neue Berufsausbildung eingeleitet wird. Hiervon dürfte durchaus eine Stabilisierung des Verurteilten zu erwarten sein.

Rechtsmittelbelehrung:

Sofortige Beschwerde lt. Anlage   N

                                                                Richter am Landgericht

5. Die Form der Entscheidungen und der Belehrungen

Die Entscheidung ergeht schriftlich als **Beschluss.** Daraus folgt, dass nicht sofort im 956
Anschluss an die Anhörung eine Entscheidung mündlich verkündet werden darf.[195]
§ 35 Abs 1 S 1 StPO ist nicht anwendbar.[196] Nicht selten muss auch die Staatsanwaltschaft zu bei der Anhörung bekannt gewordenen neuen Tatsachen gehört werden
(§ 454 Abs 1 S 2 StPO).

Gegen die die Reststrafenaussetzung als solche betreffende Entscheidung ist die **sofor-** 957
tige Beschwerde zulässig, §§ 454 Abs 3, 311 StPO. Ohne Einfluss auf die Möglichkeit
der sofortigen Beschwerde gegen die Versagung der bedingten Entlassung ist die Anordnung der Strafvollstreckungsbehörde, gem. § 456 a StPO von der weiteren Vollstreckung abzusehen und eine daraufhin erfolgte Haftentlassung.[197]
Im Beschwerdeverfahren sind die „normalen" Bestimmungen über die Gewährung
rechtlichen Gehörs anwendbar; § 454 Abs 1 Satz 3 StPO gilt für das Beschwerdeverfahren nicht, d. h. der Verurteilte ist nicht (nochmals) mündlich anzuhören.[198] *Rieß*[199]
hält eine nochmalige mündliche Anhörung allerdings dann für notwendig, wenn die
Sachentscheidung zum Nachteil des Verurteilten abgeändert werden soll; dies geht
aber wohl jedenfalls dann zu weit, wenn die abändernde Entscheidung keine neuen
Tatsachen berücksichtigt. Eine weitere Anhörung ist zwar im Gesetz nicht ausgeschlossen, sie sollte aber eine absolute Ausnahme bleiben und nur dann erfolgen,
wenn auch das Beschwerdegericht auf einen persönlichen Eindruck angewiesen ist.

Die in dem Beschluss enthaltenen **Nebenentscheidungen** unterliegen (anders als die in 958
§ 453 Abs 2 Satz 3 aufgezählten besonders schwerwiegenden Nachtragsentscheidungen, bei denen sofortige Beschwerde zulässig ist) nur der **einfachen Beschwerde,** was
deshalb wichtig ist, weil die Strafvollstreckungskammer, wenn sie die nur Nebenentscheidungen betreffende Beschwerde für begründet erachtet, die Akten nicht dem OLG
vorzulegen braucht, sondern selbst abhelfen kann (§§ 454 Abs 3 Satz 1, 453 Abs 2
Satz 1 StPO). Die Strafvollstreckungskammer sollte aber bei einer Weiterleitung der
Beschwerde durch einen Vermerk erkenntlich machen, dass nach Prüfung der Beschwerde nicht abgeholfen wird. Die einfache Beschwerde gegen Nebenentscheidungen (nicht die sofortige Beschwerde gegen die Hauptentscheidung!) kann nur darauf
gestützt werden, dass eine getroffene Anordnung (z. B. die Festlegung der Bewährungszeit) gesetzwidrig ist oder dass die Bewährungszeit nachträglich verlängert worden ist
(vgl. § 453 Abs 2 Satz 2 StPO); sie ist also insoweit in den Voraussetzungen für einen
Erfolg zusätzlich eingeschränkt.[200]

Das OLG Düsseldorf[201] hat sich mit der Frage befasst, ob eine gerichtliche Vollstre- 959
ckungsentscheidung nichtig sein kann: Nur in dem seltenen Ausnahmefall, wenn
„schwerste Mängel" vorliegen, wenn Ausmaß und Gewicht der Fehlerhaftigkeit für
die Rechtsgemeinschaft geradezu unerträglich wären, weil die Entscheidung „dem
Geist der StPO und wesentlichen Prinzipien der rechtsstaatlichen Ordnung widerspricht", kann Nichtigkeit angenommen werden. Die Fehlerhaftigkeit muss also of-
fenkundig sein.

Den Entscheidungen sind folgende **Belehrungen** beizufügen: 960

a) Die Rechtsmittelbelehrung bezüglich der Hauptentscheidung.

---

[195] *Meyer-Goßner,* Rdn 40 zu § 454 StPO.
[196] OLG München, NJW 1976, 255.
[197] OLG Karlsruhe, MDR 1991, 276; StV 2002, 322.
[198] OLG Hamm, NJW 1975, 1131.
[199] JR 1976, 118. Das OLG Hamm (aaO) hält dies jedenfalls für zweckmäßig.
[200] Vgl. hierzu unten Rdn 970.
[201] OLG Düsseldorf, NStZ 1989, 44 mit Anm. *Feiber.*

b) Die Belehrung über die Aussetzung des Strafrestes.

c) Die Rechtsmittelbelehrung bezüglich der Aussetzungsnebenentscheidungen.

961   Die **Belehrung über die Aussetzung des Strafrestes** wird (vom Gericht oder – bei Übertragung – von der Vollzugsanstalt) mündlich erteilt (§ 454 Abs 4 Satz 2, 1. Halbsatz StPO). Die Belehrung kann nicht bei der Anhörung „fürsorglich für den Fall einer positiven Entscheidung" vorweg erteilt werden, sondern erst danach; nur so kann vermieden werden, dass in dem Verurteilten falsche Vorstellungen erweckt werden. Zweckmäßigerweise wird man mit der mündlichen Belehrung sogar bis unmittelbar nach der Rechtskraft des Aussetzungsbeschlusses zuwarten, falls der Verurteilte sofort entlassen werden soll. Sonst ist der Verurteilte unmittelbar vor der Entlassung zu belehren.

962   Die Belehrung kann der **Vollzugsanstalt übertragen** werden, § 454 Abs 4 Satz 2, 2. Halbsatz StPO. Das wird insbesondere dann geschehen, wenn es aus denselben Gründen, aus denen von einer mündlichen Anhörung des Verurteilten abgesehen werden kann, auf die persönliche Kenntnis und Einflussnahme der Strafvollstreckungskammer nicht ankommt. Die Belehrung erfolgt dann durch einen geeigneten Beamten (nicht unbedingt den Leiter) der Vollzugsanstalt.

963   Die **Rechtsmittelbelehrungen** haben, da es sich um schriftliche Entscheidungen auf Grund einer mündlichen Verhandlung handelt, schriftlich zu erfolgen. Es genügt die Beifügung eines Merkblattes (vgl. RiStBV Nr. 142 Abs 3). Auf die Richtigkeit einer solchen Belehrung kann der Verurteilte sich verlassen; eine unrichtige Belehrung kann sich nicht zu seinen Lasten auswirken. Die Beifügung des Merkblatts ist in der Zustellungsurkunde zu vermerken.

6. Die Vollstreckung der Aussetzungsentscheidungen

964   Der (positive) Aussetzungsbeschluss ist vor der Rechtskraft zunächst nur **bedingt vollstreckbar**. Deshalb ist zu empfehlen, den Beschluss so zu formulieren, dass der Verurteilte erst mit der Rechtskraft des Beschlusses zu entlassen ist.[202] Bevor die Staatsanwaltschaft nicht eindeutig zu erkennen gegeben hat, dass sie auf die sofortige Beschwerde verzichten will, darf der Verurteilte also nicht entlassen werden. Eine Anordnung der Strafvollstreckungskammer, dass der Verurteilte sofort (ohne Rücksicht auf die Rechtskraft) zu entlassen ist, ist unzulässig.

965   § 36 Abs 2 Satz 1 StPO findet hier keine Anwendung, da diese Beschlüsse keiner Vollstreckung bedürfen.[203]

Die Zustellung ist Sache des Gerichtes, welches auch das Weitere veranlasst.

7. Überwachung der Bewährung und nachträgliche Entscheidungen

966   Während der Bewährungszeit **überwacht die Strafvollstreckungskammer** (nicht die Vollstreckungsbehörde) die Lebensführung des Verurteilten, namentlich die Erfüllung von Auflagen und Weisungen sowie von Anerbieten und Zusagen, §§ 454 Abs 4 Satz 1, 453b StPO.

967   Ist ein **Bewährungshelfer** bestellt, so überwacht dieser „im Einvernehmen mit dem Gericht" (§ 56d Abs 3 und 4 StGB) die Lebensführung. Das setzt voraus, dass der Bewährungshelfer unterrichtet wird z. B. darüber, ob ein Widerruf oder ein Straferlass in Betracht kommt (vgl. § 453 Abs 1 Satz 4 StPO). Dies gibt dem Bewährungshelfer Gelegenheit, dem Gericht die Hintergründe des Verhaltens des Probanden zu erläu-

---

[202] OLG Karlsruhe, NJW 1976, 814.

[203] *Meyer-Goßner,* Rdn 12 zu § 36 StPO, Rdn 40 zu § 454 StPO, *Maul* in KK Rdn 13, *Wendisch* in LR Ziff. 21 zu § 36 StPO, aA OLG Hamm, NJW 1978, 175.

tern, wodurch uU zur Vermeidung eines Widerrufs beigetragen werden kann. Der Bewährungshelfer ist der Strafvollstreckungskammer gegenüber verantwortlich: er ist zu Berichten in vom Gericht festgesetzten Zeitabständen verpflichtet. Er hat gröbliche oder beharrliche Verstöße dem Gericht mitzuteilen. Die Strafvollstreckungskammer kann ihm Anweisungen erteilen. Ist ein Bewährungshelfer bestellt, so ist – auch wenn ein Rechtsanspruch des Bewährungshelfers im Gesetz keine Grundlage findet – bei nachträglichen Entscheidungen während der noch andauernden Unterstellung des Verurteilten unter den Bewährungshelfer dieser vorher zu hören. Ihn einfach zu übergehen, würde seiner Verantwortung nicht gerecht.[204]

Ist kein Bewährungshelfer bestellt, so ist ein **Gerichtshelfer** heranzuziehen (§ 463 d   968 StPO); davon kann nur in Ausnahmefällen abgesehen werden.

Eine Überwachung der Lebensführung ist wirksam nur möglich, wenn die Strafvoll-   969 streckungskammer nicht starr an die zunächst gefassten Entscheidungen gebunden ist. Die Anforderungen an die Bewährung müssen vielmehr an Änderungen in den Verhältnissen des Verurteilten, seien diese nun negativer oder positiver Art, angepasst werden können. Deshalb kann die Strafvollstreckungskammer ihre Bewährungsentscheidungen nachträglich treffen, ändern oder aufheben (§§ 57 Abs 3 Satz 1, 56 e StGB).

Solche **nachträglichen Entscheidungen** trifft die Strafvollstreckungskammer ohne   970 mündliche Verhandlung durch Beschluss (§§ 454 Abs 4 Satz 1, 453 StPO). Vor der Entscheidung sind die Staatsanwaltschaft und der Verurteilte zu hören. Eine mündliche Anhörung des Verurteilten ist grundsätzlich nicht vorgeschrieben; sie wird im härtesten Falle (beim Widerruf) oft noch nicht einmal möglich sein, weil der Aufenthalt des Verurteilten nicht festgestellt werden kann. Vor einem Widerruf wegen Verstoßes gegen Auflagen und Weisungen „soll" eine mündliche Anhörung erfolgen. Diese Vorschrift ist aber dann zwingend, wenn die Anhörung weitere Aufklärung verspricht, was in der Regel des Fall sein wird.[205] Die Gründe für die Nichterfüllung der Auflagen vermag der Verurteilte nämlich in vielen Fällen nicht in überzeugender Form schriftlich vorzutragen.

Gegen die nachträglichen Entscheidungen gibt es folgende **Rechtsmittel** (§ 453 Abs 2   971 StPO):

a) **sofortige Beschwerde** gegen die schwerwiegenden Entscheidungen des Widerrufs der Aussetzung der Strafe, des Erlasses und Widerruf des Erlasses, der Verurteilung zu der vorbehaltenen Strafe und gegen die Feststellung, dass es bei der Verwarnung sein Bewenden hat,

b) **einfache Beschwerde** in den übrigen (im Allgemeinen weniger einschneidenden) Fällen. Sie ist eine in den Voraussetzungen insoweit noch **eingeschränkt einfache Beschwerde**, als sie nur darauf gestützt werden kann, dass eine getroffene Anordnung gesetzwidrig oder dass die Bewährungszeit nachträglich verlängert worden sei. Es handelt sich aber bei dieser Einschränkung nicht um eine Zulässigkeitsvoraussetzung, sondern nur um eine Nachprüfungsgrenze für das Beschwerdegericht.[206] Die fehlende Begründung der Beschwerde in dieser Richtung macht die Beschwerde nicht unzulässig. Liegen die Voraussetzungen nicht vor, was das Beschwerdegericht auch ohne spezielle Rüge prüft, dann ist die Beschwerde unbegründet. Die Einschränkung gilt allerdings nur für die Beschwerde der Staatsanwaltschaft bei nachträglicher Verkürzung der Bewährungszeit, nicht jedoch für die Beschwerde des Verurteilten gegen die nachträgliche Verlängerung.

---

[204] Vgl. hierzu *Rahn*, NJW 1976, 838 f.
[205] *Meyer-Goßner*, Rdn 7 zu § 453 StPO; OLG Karlsruhe, Die Justiz 2002, 135.
[206] *Meyer-Goßner*, Rdn 11 zu § 453 StPO.

In den anderen Fällen der einfachen Beschwerde bedeutet die Nachprüfungsein-
schränkung „gesetzwidrig" auch die Überprüfung der Entscheidung auf Verhältnismäßigkeit und Zumutbarkeit sowie die Einhaltung des Bestimmtheitsgrundsat-
zes.[207]

972 Auch die Ablehnung einer nachträglichen Anordnung ist ebenso anfechtbar wie eine
     getroffene Anordnung selbst; soweit einfache Beschwerde zulässig ist, kann sie nur
     auf die Gesetzwidrigkeit der angefochtenen Entscheidung gestützt werden.

973 Sowohl die einfache als auch (in den Fällen, wo nur sie zulässig ist) die sofortige Be-
     schwerde haben keine aufschiebende Wirkung, es sei denn, die Strafvollstreckungs-
     kammer hat dies ausdrücklich beschlossen, was möglich ist (vgl. § 307 Abs 2 StPO).
     Wegen der Vollstreckung der nachträglichen Entscheidungen gelten die Ausführungen
     unter Rdn 965 entsprechend.

974 Verläuft die Bewährungszeit ohne Widerruf, so entscheidet nach deren Ablauf die
     Strafvollstreckungskammer auch über den **Straferlass**. Es handelt sich auch insoweit
     um eine (in der Regel die letzte) Nachtragsentscheidung. Allerdings gibt es auch die
     Möglichkeit eines **Widerrufs des Straferlasses**, falls sich später herausstellt, dass der
     Verurteilte noch während der Bewährungszeit eine vorsätzliche Straftat im Geltungs-
     bereich des StGB begangen hat und deswegen zu einer Freiheitsstrafe von mindestens
     sechs Monaten verurteilt worden ist; dieser Widerruf ist aber nur innerhalb eines
     Jahres nach Ablauf der Bewährungszeit und von sechs Monaten nach Rechtskraft der
     neuen Verurteilung möglich (§ 56g Abs 2 StGB). Vor Erlass der Strafe ist es deshalb
     Aufgabe des Gerichtes, sich über das Nichtvorliegen eines Widerrufsgrundes zuver-
     lässig Gewissheit zu verschaffen.[208]
     Wird der Straferlass widerrufen, dann wird die Strafe sofort vollstreckbar. Eines ge-
     sonderten Widerrufes der Strafaussetzung bedarf es nicht mehr.[209]

975 Wegen weiterer Einzelheiten zu Nachtragsentscheidungen vgl. §§ 57 Abs 3 bis 5 und
     56a bis 56g StGB, zum normalen Widerruf als der einschneidendsten Maßnahme
     gegen den Verurteilten nach Gewährung einer Strafrestaussetzung den nachfolgenden
     Abschnitt:

8. Das Widerrufsverfahren insbesondere

976 Ist die Bewährung gescheitert, so kann die Strafvollstreckungskammer – wenn das
     verhältnismäßig ist – die Aussetzung des Strafrestes widerrufen. Das Widerrufsver-
     fahren weist einige Besonderheiten auf insbesondere deshalb, weil die Vollstreckung
     des Widerrufs die Fortsetzung des Vollzugs erfordert und dies veranlasst werden
     muss.

977 In vielen Widerrufsfällen hält sich der Verurteilte verborgen, nachdem er Auflagen
     und Weisungen nicht nachgekommen ist. Eine Anhörung vor Erlass eines Widerruf-
     beschlusses ist deshalb trotz entsprechender Ermittlungen nicht möglich.

978 Ergeht in solchen Fällen ein Widerrufsbeschluss, so kann dieser nach § 40 StPO unter
     den dort vorgesehenen Voraussetzungen, nachdem der Versuch, den Aufenthalts-
     ort mit allen zumutbaren Mitteln festzustellen, erfolglos geblieben ist, **öffentlich
     zugestellt** werden. Sollte dieser Beschluss rechtskräftig werden, und wird der Verur-
     teilte erst danach ermittelt, dann ist das rechtliche Gehör nach § 33a StPO nachzu-
     holen.

979 Die Strafvollstreckungskammer kann aber auch mit dem Erlass eines Widerrufsbe-
     schlusses zuwarten und **vorläufige Maßnahmen** treffen, um den Verurteilten zu ermit-

---

[207] OLG Stuttgart, NStZ-RR 2004, 89, OLG Jena, NStZ 2006, 39.
[208] OLG Hamm, NStZ 1998, 478.
[209] OLG Stuttgart, Die Justiz 1998, 536.

teln. Erweist sich eine Ausschreibung zur Aufenthaltsermittlung als unwirksam, kann nach § 453 c, § 454 Abs 4 Satz 1 StPO ein sog. **Sicherungshaftbefehl** erlassen werden. Welcher Weg beschritten wird, orientiert sich insbesondere am Grundsatz der Verhältnismäßigkeit und Zumutbarkeit der Maßnahme.

Voraussetzung für den Erlass eines solchen **Sicherungshaftbefehls** ist, dass hinreichende Gründe vorhanden sind für die Annahme, die Aussetzung werde widerrufen. Das heißt, es müssen im Zeitpunkt des Erlasses formal die Widerrufsvoraussetzungen nach den §§ 57 Abs 3, 56 f Abs 1 StGB gegeben sein, es muss auch bereits geprüft sein, ob nicht nach Sachlage (Grundsatz der Verhältnismäßigkeit!) unter den Voraussetzungen von § 56 Abs 2 StGB vom Widerruf abzusehen ist; darüber hinaus – auch wenn diese Voraussetzungen zunächst zu bejahen wären – muss auch noch eine Wahrscheinlichkeit dafür festgestellt werden, dass diese Widerrufsgründe auch nach Anhörung des Verurteilten und den sich abzeichnenden notwendigen Ermittlungen (Einschaltung der Gerichtshilfe!) nicht ausgeräumt werden können. Ein Indiz dafür, dass solche weniger einschneidenden Maßnahmen nicht Erfolg versprechend sein werden, kann allerdings die Tatsache sein, dass der Verurteilte der Auflage, jeweils seinen Aufenthalt anzuzeigen, nicht nachgekommen ist und sich mit unbekanntem Aufenthalt abgesetzt hat; dieses Verhalten kann ausreichen für die Annahme, dass der Verurteilte beabsichtigt, sich sowohl der Bewährungsüberwachung als auch der Vollstreckung zu entziehen. Im Übrigen rechtfertigt die Tatsache allein, dass der Verurteilte der Anordnung im Bewährungsbeschluss, jeden **Wohnungswechsel** dem Gericht mitzuteilen, nicht nachgekommen ist, keinen Widerruf und damit auch keinen Sicherungshaftbefehl. Diese „Auflage" ist jedoch als Weisung nach § 56 c StGB zulässig.[210]

980

Voraussetzung für den Erlass eines Sicherungshaftbefehls ist nach § 453 c Abs 1 StPO ferner, dass die Haftgründe nach § 112 Abs 2 Nr. 1 oder 2 (also Flucht oder Fluchtgefahr) vorliegen oder die Gefahr besteht, dass der Verurteilte „erhebliche Straftaten" begehen werde. Letztere Feststellung muss durch „bestimmte Tatsachen" begründet werden. Besteht begründeter Anlass für die Annahme der Gefahr solcher Straftatbegehung (z. B. wegen Verstoßes gegen die Weisungen),[211] dann bedarf es der Haftgründe der Flucht oder Fluchtgefahr nicht.

981

Ist ein Sicherungshaftbefehl ergangen, so ist er der Staatsanwaltschaft zur **Vollstreckung** zuzuleiten. Es handelt sich dabei weder um die Fortsetzung der eigentlichen Strafvollstreckung noch um eine Form der Untersuchungshaft, sondern um eine Zwischenphase. Ähnlich der Untersuchungshaft (von der sie sich aber dadurch unterscheidet, dass ein rechtskräftiges Straferkenntnis vorgegeben ist) ist für die Aufnahme in die Vollzugsanstalt ein **schriftliches Aufnahmeersuchen des Richters** erforderlich; bis zur Rechtskraft des Widerrufsbeschlusses wird die Sicherungshaft auch wie Untersuchungshaft vollstreckt.

982

Beim **Vollzug des Sicherungshaftbefehls** findet eine Haftprüfung nach §§ 117, 118 StPO nicht statt. Dies ist in § 453 c Abs 2 StPO ausgeschlossen. Dagegen ist die Beschwerdemöglichkeit eröffnet, nicht aber die weitere Beschwerde.[212]

983

Die **Sicherungshaft** ist eine vorläufige Maßnahme. **Sie endet mit der rechtskräftigen Entscheidung** in dem Widerrufsverfahren. Erst diese Entscheidung wird endgültig „vollstreckt", und zwar bei Widerruf durch die Anordnung der Fortsetzung des Voll-

984

---

[210] *Fischer*, Rdn 3 b zu § 56 c StGB; a. A. OLG Köln, NStZ 1994, 509.
[211] Es muss sich um zulässige Weisungen handeln. Der Verstoss gegen eine unzulässige Weisung erlaubt einen Widerruf selbst dann nicht, wenn diese bestandskräftig erteilt wurde. OLG München, NStZ 1985, 411.
[212] OLG Düsseldorf, MDR 1990 653; NStZ 1990, 251.

zugs[213] oder bei Absehen vom Widerruf mit der Anordnung der Freilassung durch die Strafvollstreckungskammer. In letzterem Falle überwacht die Strafvollstreckungskammer die weitere Aussetzung des Strafrestes in gleicher Weise wie zuvor, selbstverständlich unter Beachtung der eventuell neu getroffenen nachträglichen Entscheidungen.

Die Dauer der Sicherungshaft ist im Falle einer (sofortigen oder späteren) Fortsetzung des Vollzugs auf die Zeit der verbüßten Strafhaft **anzurechnen** (§ 453c Abs 2 S 1 StPO).

985 Bei der (endgültigen) Entscheidung über den Widerruf können Strafaussetzungsentscheidungen bzgl anderer Verurteilungen eine Rolle spielen. Dass ein Widerruf beschlossen werden kann, obwohl wegen einer neuen Straftat Strafaussetzung gewährt wurde, hat das Bundesverfassungsgericht[214] prinzipiell als mit der Verfassung vereinbar angesehen, wenngleich dies auf Ausnahmefälle zu beschränken ist.

986 Die Entscheidung über die Widerrufsfrage ist mit der **sofortigen Beschwerde** anfechtbar (§ 453 Abs 2 StPO). Das gilt auch, wenn die Strafvollstreckungskammer den Antrag der Staatsanwaltschaft auf Widerruf abgelehnt hat, für die Beschwerde der Staatsanwaltschaft.[215]

Eine unangemessene Verzögerung der Entscheidung über den Widerruf kann im Einzelfall zur Unzulässigkeit des Widerrufes führen.[216] Eine solch unangemessene Verzögerung sieht das OLG Köln dann, wenn auf Grund einer erneuten Verurteilung erst nach mehr als 2 Jahren nach Rechtskraft widerrufen wird.[217]

9. Aussetzung der lebenslangen Freiheitsstrafe

987 Mit dem Sonderfall der Aussetzung einer lebenslangen Freiheitsstrafe befassen sich die §§ 57a, 57b StGB und § 454 Abs 2 StPO.

Danach setzt die Strafvollstreckungskammer die Vollstreckung des Restes einer lebenslangen Freiheitsstrafe zur Bewährung aus, wenn

– fünfzehn Jahre verbüßt sind,
– nicht die besondere Schwere der Schuld des Verurteilten die weitere Vollstreckung gebietet,
– die Entlassung unter Berücksichtigung des Sicherheitsinteresses der Allgemeinheit verantwortet werden kann,
– der Verurteilte einwilligt.

Liegt eine „**besondere Schwere der Schuld**" nicht vor, dann muss der Strafrest ausgesetzt werden, wenn die übrigen Voraussetzungen vorliegen.[218]

Dies folgt nach Auffassung des Bundesverfassungsgerichtes aus Art 1 Abs 1 GG iVm dem Sozialstaatsprinzip, wonach der Staat die Verpflichtung hat, dem Verurteilten die Chance zu geben, die Freiheit wieder zu gewinnen.[219]

Allerdings gibt es für den Endzeitpunkt der Verbüßungsdauer einer lebenslangen Freiheitsstrafe als unbedingter Strafe im Gesetz keine absolute Grenze für die aus Gründen der Schuld zu verbüßende Zeit. Bei der Bestimmung der Vollstreckungsdauer müssen die Gerichte auch die progressive Steigerung der mit dem Fortschreiten der

---

[213] Vgl. oben Rdn 965.
[214] Vorprüfungsausschuss, NStZ 1985, 357.
[215] OLG Hamburg, MDR 1990, 564 = StV 1990, 270 (unter Bezugnahme auf OLG Hamm, NStZ 1988, 291 und OLG Düsseldorf, MDR 1989, 666). Dasselbe gilt auch bei Anträgen auf Verlängerung der Bewährungszeit, OLG Saarbrücken, MDR 1992, 503.
[216] OLG Karlsruhe, Die Justiz 2001, 192.
[217] OLG Köln, StV 2001, 412.
[218] BVerfG, StV 1993, 598.
[219] BVerfGE. 45, 187; BVerfG, NJW 1992, 2948; BVerfG, NStZ 1996, 91.

Zeit und dem Ansteigen des Lebensalters sich ergebenden Straf- und Vollzugswirkungen hinreichend beachten. Dabei ist auch der Gesundheitszustand des Verurteilten in Beziehung zur Vollstreckungsdauer zu setzen und die Aussicht, noch zu Lebzeiten aus der Strafhaft entlassen zu werden, zu würdigen.[220]

Aus der verfassungsrechtlichen Verpflichtung des Schutzes der Menschenwürde folgt auch die Verpflichtung, den Verurteilten im Vollzug lebenstüchtig zu erhalten und schädlichen Auswirkungen des Freiheitsentzuges entgegenzuwirken. Hierzu zählt ggf. eine therapeutische Behandlung, die die Sozialprognose verbessert.[221]

Das vollstreckungsrechtliche Tatbestandsmerkmal der „besonderen Schwere der Schuld" (§ 57a Abs 1 Satz 1 Nr. 2 StGB) ist nach der Rechtsprechung des Bundesverfassungsgerichtes bereits im Erkenntnisverfahren im Urteil zu beantworten.[222] Die Strafvollstreckungskammer ist dann daran gebunden.

988

In den vor der Entscheidung des Bundesverfassungsgerichtes ergangenen Urteilen, in denen hierzu keine Feststellungen getroffen sind, ist es Aufgabe der Strafvollstreckungskammer, darüber zu befinden. Sie darf dabei zu Lasten des Verurteilten nur das dem Urteil zugrunde liegende Geschehen und die dazu festgestellten Umstände der Ausführung und der Auswirkung der Tat berücksichtigen. Dabei ist es der Strafvollstreckungskammer insbesondere verwehrt, Umstände der Tatausführung ganz oder teilweise mit Begriffen zu umschreiben, die im gesetzlichen Tatbestand eines nicht vom Schwurgericht bejahten Mordmerkmales genannt sind.[223]

Materiell verlangt die Feststellung der „besonderen Schwere der Schuld" Umstände von Gewicht. Die Entscheidung ist auf Grund einer Gesamtwürdigung von Tat und Täterpersönlichkeit zu treffen.[224]

Es ist, wie des Große Senat des BGH betont, kein Teil der Entscheidung zu Schuld- und Strafausspruch, sondern vielmehr eine Entscheidung für das Vollstreckungsverfahren und dient der Vorbereitung einer Entscheidung über die Aussetzung der weiteren Vollstreckung.

Verfahrensrechtlich ist nach dem Beschluss des Bundesverfassungsgerichtes v 3. 6. 1992 § 454 Abs 1 StPO dahin auszulegen, dass „im Falle der Verurteilung zu lebenslanger Freiheitsstrafe das Strafvollstreckungsgericht nicht nur darüber entscheidet, ob deren weitere Vollstreckung zur Bewährung auszusetzen ist, sondern im Falle der Ablehnung auch, bis wann die Vollstreckung – unbeschadet sonstiger Voraussetzungen und Möglichkeiten ihrer Aussetzung – unter dem Gesichtspunkt der Schwere der Schuld fortzusetzen ist."

989

Der voraussichtliche Zeitpunkt einer Aussetzung der Strafvollstreckung muss so rechtzeitig festgelegt werden, dass die Vollzugsbehörden die Vollzugsentscheidungen, die die Kenntnis dieses Zeitpunktes unabdingbar voraussetzen, ohne diese Feststellungen zur voraussichtlichen Verbüßungszeit so treffen können, dass die bedingte Entlassung nicht verzögert wird.

Diese Forderung bei der Strafaussetzung auch einer lebenslangen Freiheitsstrafe leitet das Bundesverfassungsgericht aus dem Rechtsstaatsprinzip her, dem die Gewährleistung der Rechtssicherheit immanent ist. Dies verbiete, den von einem staatlichen Eingriff in die Freiheit der Person Betroffenen über das Ausmaß des Eingriffes im Ungewissen zu lassen, wenn und sobald das Ausmaß des Eingriffes einer abschließenden Beurteilung zugänglich sei.

---

[220] BVerfG, NStZ 1996, 91.
[221] BVerfG. NStZ 1996, 614.
[222] BGH, NJW 1999, 1269.
[223] BVerfG NJW 1992, 2947; NStZ 1999, 101.
[224] BGH, Gr. Sen. 40, 360.

Streitig ist die Frage, wann der Entlassungszeitpunkt festgelegt werden sollte. Dies kann vor Ablauf einer dreizehnjährigen Verbüßung (§ 454 Abs 1 Satz 4 Nr. 2 b StPO) möglich sein.

Wohl der überwiegende Teil der Oberlandesgerichte hält in der Regel an der Verbüßung von dreizehn Jahren fest, lässt aber im Einzelfall Ausnahmen zu.[225]

Aus der Sicht des Vollzuges besteht in vielen Fällen ein Interesse an einer möglichst frühen Entscheidung, da das zur Vorbereitung der Entlassung eines über zehn Jahre Inhaftierten anlaufende vollzugliche Lockerungsprogramm mitunter mehr als zwei Jahre in Anspruch nimmt.

989a **Entlassungsvoraussetzung** für den Rest einer lebenslangen Freiheitsstrafe ist neben den übrigen Voraussetzungen ein die positive Sozialprognose stützendes **Gutachten** eines Sachverständigen. Dieser ist nach § 454 Abs 2 StPO mündlich zu hören. Der Staatsanwaltschaft, dem Verurteilten, seinem Verteidiger und der Vollzugsanstalt ist Gelegenheit zur Mitwirkung zu geben.[226]

B. Aussetzung des Vollzugs einer freiheitsentziehenden Maßregel der Besserung und Sicherung

1. Anwendung von bei der Strafvollstreckung geltenden Vorschriften

990 Eine Reihe von Vorschriften des 7. Buches der StPO gelten unmittelbar nicht nur für die Vollstreckung von Freiheitsstrafen, sondern auch für freiheitsentziehende Maßregeln, so

§ 455 a bzgl Vollstreckungsaufschub und -unterbrechung,

§ 456 a bzgl Absehen von Vollstreckung bei Auslieferung und Ausweisung.

Im Übrigen sind die **Vorschriften über die Strafvollstreckung sinngemäß anzuwenden,** soweit nichts anderes bestimmt ist, § 463 Abs 1 StPO.

Eine **unterschiedliche Regelung** enthält bei der Unterbringung in einem psychiatrischen Krankenhaus § 463 Abs 5 Satz 1, der (den hier nicht passenden) § 455 Abs 1 StPO von der entsprechenden Anwendung ausschließt; Satz 2 passt die Regelung für die Sicherungsverwahrung und die Unterbringung in einer Entziehungsanstalt an; Satz 3 schließt die Anwendung von § 456 StPO (Vollstreckungsaufschub wegen außerhalb des Strafzwecks liegender Nachteile) bei der Sicherungsverwahrung aus.

2. Vollstreckungsreihenfolge und Überprüfung der Aussetzungsfrage

991 a) **Vollstreckungsreihenfolge**

Die erste Entscheidung über die **Reihenfolge der Vollstreckung** erfolgt im Urteil; zuständig dafür ist also das erkennende Gericht, nicht die Strafvollstreckungskammer. Die ursprünglich angeordnete Reihenfolge kann aber nachträglich – während des Vollzugs – geändert werden (§ 67 Abs 3 StGB, §§ 463 Abs 6, 462, 462 a StPO); dann ist für die Entscheidung die Strafvollstreckungskammer zuständig. Gleiches gilt bei der Überweisung in den Vollzug einer anderen Maßregel, § 67 a StGB. Voraussetzung für eine gerichtliche Entscheidung über die Reihenfolge der Vollstreckung ist, dass Strafe und freiheitsentziehende Maßregel in **einem** Urteil verhängt wurden, sonst ist die Staatsanwaltschaft als Vollstreckungsbehörde zuständig.[227]

[225] *Meyer-Goßner,* Rdn 41 a zu § 454 StPO.
[226] Ges. v 21. 8. 2002, BGBl. I 2002, 3344.
[227] OLG Celle, NStZ 1983, 451; OLG München, NStZ 1988, 93. StVollstrO § 44 b Abs 1 und 2. Obwohl die StVollstrO als Verwaltungsverordnung sich nur an die Vollstreckungsbehörden wendet, können sich aus ihrer regelmäßigen Anwendung Rechte für den Gefangenen ergeben; so gelten auch da die Grundsätze des § 67 Abs 2 StGB (OLG Nürnberg, NStZ 1990, 152).

Die Unterbringung in einem psychiatrischen Krankenhaus oder in einer Entzie-   **992**
hungsanstalt wird grundsätzlich vor einer gleichzeitig verhängten Freiheitsstrafe
vollzogen, § 67 Abs 1 StGB. **Änderungen in der Reihenfolge der Vollstreckung** kann
das Gericht bei Vorliegen der Voraussetzungen der §§ 67 Abs 2 und 67a StGB beschließen. Maßgebend ist, dass der Zweck der Maßregel durch die angeordnete
Reihenfolge leichter erreicht bzw die Resozialisierung besser gefördert wird. Es ist
also bei einer Entscheidung nach § 67 Abs 2, 3 StGB zu prüfen, wie sich das Ziel
der Maßregel angesichts der gegenwärtigen Gegebenheiten in der Person des Verurteilten am besten erreichen lässt. Die Anordnung des Vorwegvollzugs der Strafe
kommt bei gleichzeitig angeordneter Unterbringung in einem psychiatrischen Krankenhaus kaum in Betracht. Anders bei Zusammentreffen von Freiheitsstrafe und
einer Unterbringung in einer Entziehungsanstalt. Hier soll das Gericht gem. § 67
Abs 2 S 2 u. 3 StGB bereits bei einer Freiheitsstrafe von über drei Jahren bestimmen,
dass ein Teil der Strafe vorweg vollzogen wird, um nach Möglichkeit bei erfolgrei-
cher Therapie eine gemeinsame Aussetzung von Unterbringung und Strafrest zur
Bewährung zu ermöglichen. Eine nachträgliche Änderung der Vollstreckungsreihenfolge zugunsten der Freiheitsstrafe ist ferner in Fällen einer vollziehbaren Ausreise-
verpflichtung des Verurteilten möglich, § 67 Abs 2 S 3 StGB. Trifft die Unterbringung in einer Entziehungsanstalt mit einem Strafrest aus anderer Sache (nach Widerruf einer Strafaussetzung) zusammentrifft, gilt der Vorrang des Maßregelvollzugs.
Die Sicherungsverwahrung wird immer erst im Anschluss an die Strafvollstreckung
vollzogen.[228]

b) **Überprüfung der Aussetzungsfrage** noch **vor Beginn** der Maßregelvollstreckung   **993**
§ 67c StGB.

Im Falle, dass vor dem Vollzug einer freiheitsentziehenden Maßregel bereits die Freiheitsstrafe vollstreckt wurde, hat das Gericht noch vor dem Ende des Freiheitsstra-
fenvollzugs zu prüfen, ob der Zweck der Maßregel die Unterbringung noch erfordert; wenn nicht, setzt das Gericht die Vollstreckung der Unterbringung zur
Bewährung aus, § 67c Abs 1 StGB. Die Prüfung muss schon vor dem Ende des
Strafvollzugs begonnen haben, muss aber nicht unbedingt noch während dessen
Dauer abgeschlossen worden sein.[229] Der Vollzug einer Sicherungsverwahrung ist
nur dann zulässig, wenn mit der Prüfung vor Strafende begonnen und das Verfahren
ohne vermeidbare Verzögerungen binnen angemessener Frist abgeschlossen worden
ist.[230] Die Frage ist: Wann kann die Prognoseentscheidung vor dem voraussichtlichen Entlassungszeitpunkt frühestens mit dem Anspruch auf Richtigkeit getroffen
werden? Die Entscheidung darf jedenfalls von dem Ende der Strafe nicht soweit
entfernt sein, dass in der Zwischenzeit noch mit neuen Erkenntnissen gerechnet
werden muss, die die Prognose maßgeblich ändern könnten.[231] Mit der Prüfung der
Notwendigkeit der Unterbringung in einer Entziehungsanstalt darf in der Regel frühestens 6 Monate vor dem Strafende begonnen werden.[232] Bei der Vorbereitung der
Entscheidung sollte aber darauf geachtet werden, dass die Prüfung möglichst noch
vor Strafende abgeschlossen wird.

---

[228] Gegenschluss aus § 67 Abs 1 StGB.
[229] BGH, NJW 1976, 1736.
[230] OLG Düsseldorf, MDR 1993, 253. Als unzulässig wurde der Vollzug angesehen, wenn der
Verurteilte bei vermeidbaren Verzögerungen des Prüfungsverfahrens bereits 10 Monate im Maßregelvollzug war.
[231] BVerfG NStZ-RR 2003, 169.
[232] OLG Stuttgart, NStZ 1988, 75.

994   c) **Überprüfung der Aussetzungsfrage während der Maßregelvollstreckung,** § 67 e
StGB.

Die Strafvollstreckungskammer kann – unter den Voraussetzungen von § 67 d Abs 2
StGB – die weitere Vollstreckung einer Unterbringung zur Bewährung aussetzen. Auf
das Verfahren findet § 454 StPO Anwendung (§ 463 Abs 3 StPO).

995   Zu unterscheiden sind die Fälle **notwendiger (zwingend vorgeschriebener) Überprüfung,** ob die weitere Vollstreckung der freiheitsentziehenden Maßregel auszusetzen
ist, und die **fakultative Überprüfung.** Notwendig ist die Überprüfung

aa) am Ende der in § 67 e Abs 2 und 4 **vorgeschriebenen Überprüfungsfristen,**
also nach einer Vollstreckungsdauer von

6 Monaten
bei Unterbringung in einer Entziehungsanstalt,

einem Jahr
bei Unterbringung in einem psychiatrischen Krankenhaus

zwei Jahren
bei Unterbringung in der Sicherungsverwahrung.

Diese Fristen laufen jeweils vom Beginn der Unterbringung bzw von einer getroffenen
negativen Aussetzungsentscheidung an. Entweicht der Untergebrachte aus dem Maßregelvollzug, dann wird dadurch die Prüfungsfrist gehemmt.[233]

bb) zum Ende einer vom Gericht selbst **festgesetzten** kürzeren **Überprüfungsfrist,**
§ 67 e Abs 3 Satz 1 StGB.

cc) **auf Antrag** der Staatsanwaltschaft oder des Verurteilten muss das Gericht auch
außerhalb der Fristen überprüfen und eine förmliche Entscheidung treffen; das Gericht kann allerdings – innerhalb der gesetzlichen Überprüfungsfristen – Fristen festsetzen, vor deren Ablauf eine Prüfung unzulässig ist, § 67 e Abs 3 Satz 2 StGB.

996   Außerhalb solcher einschränkender Fristenregelungen kann die Strafvollstreckungskammer **jederzeit auch ohne einen Antrag** von Amts wegen die Frage einer Aussetzung zur Bewährung prüfen, § 67 e Abs 1 Satz 1 StGB.

Die Anordnung und der Vollzug der Unterbringung in einer Entziehungsanstalt müssen ferner von Verfassungs wegen an die Voraussetzung geknüpft sein, dass eine hinreichend konkrete Aussicht besteht, den Süchtigen zu heilen oder doch über eine
gewisse Zeitspanne vor dem Rückfall in die akute Sucht zu bewahren. Die Unterbringung darf deshalb nicht weiter vollzogen werden, wenn entgegen einer anfänglichen positiven Prognose keine hinreichend konkrete Aussicht mehr auf einen solchen
Behandlungserfolg besteht. Bei einer solchen Prognose sind Anordnung und Vollzug
aufzuheben.[234]

Wird eine freiheitsentziehende Maßregel vor der Strafe vollzogen, darf sie nach Erledigung von mindestens der Hälfte der Strafzeit auch dann zur Bewährung ausgesetzt
werden, wenn die verbüßte Zeit unter einem Jahr liegt.[235] Die Anrechenbarkeit des
Maßregelvollzugs ist auf höchstens zwei Jahre begrenzt.[236]

997   Bei nachträglichen Entscheidungen zur Unterbringung eines Verurteilten in einem
psychiatrischen Krankenhaus liegt (schon von Verfassungs wegen) die Beiordnung
eines **Pflichtverteidigers** nahe;[237] ebenso im Falle der Entscheidung über die Aussetzung der Maßregelvollstreckung.[238] Im Überprüfungsverfahren, ob weitere Unter-

---

[233] OLG Karlsruhe, MDR 1992, 690 = ZfStVO 1993, 245 = Die Justiz 1993, 90.
[234] BVerfG. NStZ 1994, 578.
[235] OLG Stuttgart, NStZ 1985, 187 = NJW 1985, 187.
[236] LG Paderborn, NStZ 1990, 357.
[237] OLG Bremen, NStZ 1986, 379.
[238] OLG Düsseldorf, NStZ 1985, 575.

bringung erforderlich ist, **muss spätestens nach fünf Jahren vollzogener Unterbringung in einem psychiatrischen Krankenhaus sowie nach zehn Jahren vollzogener Unterbringung in der Sicherungsverwahrung** ein Pflichtverteidiger beigeordnet werden, § 463 Abs 4 S 5 StPO.[239] Ist ein Pflichtverteidiger beigeordnet, dann verstößt es gegen das Gebot der fairen Verfahrensführung, wenn er bei der Anhörung eines im einem psychiatrischen Krankenhaus Untergebrachten von der Teilnahme ausgeschlossen wird.[240]

Mit der Aussetzung einer freiheitsentziehenden Maßregel tritt Führungsaufsicht ein, §§ 67 b Abs 2, 67 d Abs 2 Satz 2 StGB. Gleiches gilt im Fall einer Erledigungserklärung und einer Entlassung aus dem Vollzug der Unterbringung in einer Entziehungsanstalt nach § 64 StGB wegen Ablaufs der Höchstdauer gem. § 67 d Abs 4 StGB.

C. Führungsaufsicht

Die Führungsaufsicht ist als eine **Maßregel der Besserung und Sicherung** ausgestaltet. **998** Sie ergänzt die Strafaussetzung zur Bewährung, die begrifflich für Verurteilte mit einer günstigen Sozialprognose vorgesehen ist, und gibt auch Tätern mit einer schlechten Sozialprognose beim Übergang vom Vollzug in die Freiheit eine Chance, sich unter Führung und Überwachung zu bewähren. Es ist deshalb eine **doppelte Unterstellung des Verurteilten** vorgesehen, einmal unter einen Bewährungshelfer, zum anderen unter eine Aufsichtsstelle. Zum Unterschied zu der früheren Polizeiaufsicht, die nur auf polizeiliche Eingriffsmöglichkeiten beschränkt war, betont das Institut der Führungsaufsicht die aktive Sozialisierungshilfe.

Die gerichtliche Anordnung der Führungsaufsicht gem. § 68 Abs 1 StGB erfolgt stets **999** durch das Tatgericht. Die Strafvollstreckungskammer ist für die Ausgestaltung der Führungsaufsicht in den Fällen zuständig, in denen diese nach Vollzug einer Freiheitsstrafe oder freiheitsentziehenden Maßregel kraft Gesetzes eintritt. Es handelt sich daher um die in § 68 Abs 2 StGB genannten Fälle mit Ausnahme des § 67 b StGB. Die Strafvollstreckungskammer entscheidet auch über die Anordnung des Entfallens oder der Beendigung der Maßregel gem. §§ 67 d Abs. 6, 68 e und 68 f Abs 2 StGB.

Zuständig ist die Strafvollstreckungskammer, in deren Bezirk der Verurteilte in Straf- **1000** haft oder Maßregelvollzug einsitzt. Die Entscheidung kann grundsätzlich auch noch nach Entlassung des Verurteilten ergehen.[241]

Die Anordnungen bzgl der Führungsaufsicht geschehen durch Beschluss. Vorher sind **1001** die Staatsanwaltschaft (als Strafverfolgungsbehörde), die Vollzugsanstalt und in der Regel der Verurteilte (bzw sein Verteidiger) zu hören, vgl. § 454 StPO (Ausnahme: Bei der Anordnung der Beendigung der Führungsaufsicht bedarf es keiner mündlichen Anhörung des Verurteilten, § 463 Abs 3 Satz 2 StPO; auch die Vollzugsanstalt braucht – der Verurteilte ist ja dann in der Regel schon lange entlassen! – nicht mehr gehört zu werden). Die Aufsichtsstelle braucht nicht angehört zu werden. Es erscheint allerdings kaum denkbar, dass bei Anordnungen während oder zum Ende der Führungsaufsicht die in den Akten befindlichen Erkenntnisse der Aufsichtsstelle nicht verwertet werden, auch wenn das Gesetz darüber keine Bestimmung getroffen hat.

Bei Vorliegen der Voraussetzungen von § 68 f Abs 2 StPO ist das Gericht auch ohne **1002** einen entsprechenden Antrag verpflichtet zu prüfen, ob die Führungsaufsicht entfallen kann. Dementsprechend ist das Gericht zur mündlichen Anhörung des Verurteilten verpflichtet (§§ 463 Abs 3 S 1, 454 Abs 1 StPO).

---

[239] Vgl. auch EGMR, NStZ 1993, 148 = ZfStVO 1993, 53.
[240] OLG Düsseldorf, NJW 1989, 2338 = JZ 1989, 352 = StV 1990, 355.
[241] OLG Düsseldorf, NStZ 1984, 428.

1003 Die Beschlüsse der Strafvollstreckungskammer über die Führungsaufsicht (vgl. Rdn 1001) sind mit **sofortiger Beschwerde** anfechtbar. Die Anordnung der Führungsaufsicht, deren Dauer, Abkürzungen und Verlängerungen und das Ende der Führungsaufsicht sind dem Bundeszentralregister zur Eintragung mitzuteilen, vgl. § 12 Abs 1 BZRG.

1004 Wegen der materiellrechtlichen Einzelheiten der Führungsaufsicht wird, weil dies den Rahmen dieser Darstellung, die auf die Tätigkeit der Sozialdienste der Justiz nur andeutungsweise eingeht, sprengen würde, auf die Kommentierungen des StGB zu den §§ 68 bis 68 g verwiesen.

1005 Die durch Art 18 Nr. 31 und 295 EGStGB innerhalb des Geschäftsbereichs der Landesjustizverwaltungen eingerichteten **Aufsichtsstellen** sollen im Einvernehmen mit dem Bewährungshelfer dem Verurteilten helfend und betreuend zur Seite stehen (§ 68 a Abs 2 StGB). Sie überwachen im Einvernehmen mit dem Gericht und mit Unterstützung des Bewährungshelfers das Verhalten des Verurteilten und die Erfüllung der Weisungen (§ 68 a Abs 3 StGB). Die Aufsichtsstelle ist also die Kontaktstelle, die für das erforderliche Zusammenwirken der Strafvollstreckungskammer (in den weiteren Führungsaufsichtsfällen des erstinstanzlichen Gerichts), der Staatsanwaltschaft (Strafverfolgungs- und Strafvollstreckungsbehörde), den Bewährungshelfern, Gerichtshelfern, der Polizei und den sonstigen Behörden (z.B. Agentur für Arbeit, Sozialamt, Gesundheitsamt usw.) zu sorgen hat. Ist ein Einvernehmen zwischen der Aufsichtsstelle und dem Bewährungshelfer in Fragen, welche die Hilfe für den Verurteilten und seine Betreuung berühren, nicht zu erzielen, so entscheidet das Gericht, das auch im Übrigen der Aufsichtsstelle und dem Bewährungshelfer für ihre Tätigkeit Anweisungen erteilen kann, § 68 a Abs 4 u 5 StGB.

1006 In der Praxis erteilt die zuständige Strafvollstreckungskammer schon bei Benachrichtigung der Aufsichtsstelle über den Aufsichtsfall Anweisungen über die Tätigkeit, ebenso dem bestellten Bewährungshelfer. Die Aufsichtsstelle wird in der Regel angewiesen, in festgesetzten angemessenen Abständen zu berichten. Bei ihrer Überwachungstätigkeit kann die Aufsichtsstelle von allen öffentlichen Behörden Auskünfte einholen und Ermittlungen jeder Art (mit Ausschluss eidlicher Vernehmungen) selbst vornehmen oder durch andere Behörden (Gerichtshilfe, Polizei, Vollzugsbehörden usw.) jeweils innerhalb von deren Aufgabenbereich durchführen lassen (§ 463 a Abs 1 StPO). In geeigneten Fällen, insbesondere wenn der Verurteilte schwere Sexual- oder Gewaltdelikte begangen hat, ist ein vertrauensvolles Zusammenwirken der Führungsaufsichtsstelle, der Vollstreckungsstaatsanwaltschaft und der Bewährungshilfe mit den Polizeidienststellen zum Schutz der Bevölkerung und des Verurteilten vor neuer Straffälligkeit unerlässlich.[242]

1007 Verweigern die von der Aufsichtsstelle um solche **Amtshilfeermittlungshandlungen** angegangenen Behörden deren Ausführung, dann kann der Leiter der Aufsichtsstelle Gegenvorstellungen erheben, oder auch Dienstaufsichtsbeschwerde einlegen; da die Aufsichtsstelle ihrerseits wieder den Anweisungen des Gerichts untersteht, kann die Aufsichtsstelle notfalls den Weigerungsfall dem Gericht mitteilen, damit dieses die erforderlichen Anweisungen unmittelbar selbst trifft. Das Gericht hat nämlich – schon allein, weil es für seine ihm vorbehaltenen Entscheidungen auf die Be-

---

[242] Vgl in Bayern die Schaffung einer Haftentlassenen Auskunftsdatei Sexualverbrecher „HEADS" auf Polizeiebene, in der alle Führungsaufsichtsprobanden sowie Risikoprobanden der Bewährungshilfe, die einschlägige Delikte (Straftaten gegen die sexuelle Selbstbestimmung oder Tötungsdelikte mit sexuellen Tatmotiven oder unklarer Motivlage) begangen haben, zentral erfasst werden, mit der Folge, dass durch speziell geschulte Polizeikräfte im Bedarfsfall präventive, polizeirechtliche Maßnahmen ergriffen werden können.

schaffung der tatsächlichen Erkenntnisse angewiesen ist – jederzeit das Recht auf eigene Sachaufklärung; es kann auch die Staatsanwaltschaft um die Vornahme erforderlicher Ermittlungen bitten und Rechtshilfeersuchen (z. B. um richterliche Vernehmungen) stellen.

Dem Gericht und der Staatsanwaltschaft stehen auch die sonst ihnen zustehenden **1008** **Zwangsmittel** zur Verfügung, während die Aufsichtsstelle keine Zwangsmittel oder Ordnungsmittel zur Durchsetzung ihrer Ermittlungshandlungen einsetzen kann. Vor dem Hintergrund, dass der Leiter der Aufsichtsstelle nach Art 295 Abs 2 Satz 2 und 3 EGStGB die Befähigung zum Richteramt besitzen oder Richter oder Beamter des höheren Dienstes sein muss, in der Regel also Richter oder Staatsanwalt sein wird, ist diese Regelung auf den ersten Blick nicht ganz einsichtig; die Regelung betont aber die Eigenständigkeit der Aufsichtsstelle als Behörde und betont gleichzeitig die Ausschließlichkeit der gerichtlichen und staatsanwaltlichen Zwangsbefugnisse im Strafverfolgungsbereich.

Bei Scheitern der durch die Führungsaufsicht überwachten Aussetzung zur Bewäh- **1009** rung besteht die Möglichkeit des Widerrufs (vgl. § 67 g StGB). Zur Vermeidung eines Widerrufes einer zur Bewährung ausgesetzten Maßregel nach § 63 oder § 64 StGB kann das Gericht während der Dauer der Führungsaufsicht die Unterbringung wieder in Vollzug setzen, wenn eine akute Verschlechterung des Zustands i. S. d. §§ 20, 21 StGB oder ein Rückfall in das Suchtverhalten eingetreten ist, § 67 h StGB (sog. **Krisenintervention**).[243] Im Übrigen besteht die Möglichkeit, einen Verstoß des Verurteilten gegen Weisungen, wie sie in § 68 b Abs 1 StGB enumerativ beschrieben sind, gem. **§ 145 a StGB als Straftat zu ahnden**. Das Gesetz zur Reform der Führungsaufsicht[244] hat den strafbewehrten Weisungskatalog erweitert. Eingeführt wurde ein umfassendes Kontakt- und Verkehrsverbot im Hinblick auf den Verletzten oder solcher Personen, die zu weiteren Straftaten Anreiz bieten, § 68 b Abs 1 Nr. 1 StGB, eine Meldepflicht direkt beim Bewährungshelfer und nicht nur bei dessen Dienststelle, § 68 b Abs 1 Nr. 7 StGB, eine Anzeigepflicht jedes Wohnungswechsels auch innerhalb eines Wohnortes, § 68 b Abs 1 Nr. 8 StGB, sowie eine Vorstellpflicht bei Ärzten, Psychotherapeuten oder forensischen Ambulanzen, § 68 b Abs 1 Nr. 11 StGB. Neu ist auch die Strafbewehrung einer Weisung, keine alkoholischen Getränke oder andere berauschende Mittel zu sich zu nehmen, § 68 b Abs 1 Nr. 10 StGB. Die gleichzeitig erfolgte Anhebung der Höchststrafe auf nunmehr drei statt einem Jahr Freiheitsstrafe soll die Strafbewehrung effektivieren.[245] Den nach § 145 a Satz 2 StGB erforderlichen Strafantrag hat die Aufsichtsstelle (nicht das Gericht oder die Staatsanwaltschaft) zu stellen; der Bewährungshelfer ist vorher zu hören, § 68 a Abs 6 StGB. Das Gericht kann auf die Antragstellung auch durch Anweisungen keinen Einfluss nehmen, § 68 Abs 6 Satz 2 StGB.

Unbefristete Führungsaufsicht kann angeordnet werden, sofern der Verurteilte in eine **1010** Weisung nach § 56 c Abs 3 Nr. 1 StGB (Heilbehandlung mit körperlichem Eingriff oder Entziehungskur) nicht einwilligt, einer Weisung, sich einer Heilbehandlung oder Entziehungskur zu unterziehen oder einer Therapieweisung nach § 67 d Abs 2 StGB nicht nachkommt und eine Gefährdung der Allgemeinheit durch die Begehung weiterer erheblicher Straftaten zu befürchten ist, § 68 c Abs 2 StGB. Führungsaufsicht kann auch über die gesetzliche Höchstdauer von 5 Jahren hinaus auf unbestimmte Zeit verlängert werden, § 68 c Abs 3 StGB. Dies gilt in Fällen der Aussetzung der Unter-

---

[243] Vgl. LG Landau i. d. P., Beschl. v. 12. 3. 2008 – BRs 11/07 (7047 VRs 787/04) = NStZ-RR 2008, 326.
[244] Gesetz vom 13. 4. 2007, BGBl I, 513, in Kraft getreten am 18. 4. 2007.
[245] Zu den Einzelfragen vgl. Peglau, NJW 2007, 1558 ff.

bringung in einem psychiatrischen Krankenhaus nach § 67d Abs 2 StGB, wenn auf Grund bestimmter Tatsachen angenommen werden kann, dass ein Rückfall in den Zustand nach § 20 oder § 21 StGB erfolgt, wodurch die Begehung weiterer erheblicher rechtswidriger Taten droht, § 68c Abs 3 Nr. 1 StGB. Eine Verlängerung auf unbestimmte Zeit ist ebenfalls möglich bei Personen, die wegen der in § 181b StGB genannten Straftaten zu einer (Gesamt-)Freiheitsstrafe von zwei Jahren verurteilt oder aus Anlass derartiger Taten gem. § 63 StGB in einem psychiatrischen Krankenhaus bzw. gem. § 64 StGB in einer Entziehungsanstalt untergebracht wurden. Voraussetzung der Verlängerung der Führungsaufsicht in diesen Fallgruppen ist, dass wegen eines Weisungsverstoßes nach § 68b StGB oder sonstiger konkreter Anhaltspunkte die Begehung weiterer erheblicher Straftaten zu befürchten ist, § 68c Abs 3 Nr. 2 StGB.

Während der Dauer der Führungsaufsicht kann auch noch über nicht erledigte, nicht mit Freiheitsentziehung verbundene weitere Maßregeln oder Strafen zu befinden sein. Ist z.B. neben Freiheitsstrafe auf Entziehung der Fahrerlaubnis erkannt worden, so ist auch nach einer Strafverbüßung – während der Dauer der Führungsaufsicht – für die Entscheidung über die vorzeitige Aufhebung der Fahrerlaubnissperre die Strafvollstreckungskammer zuständig.[246]

---

[246] OLG Hamburg, NStZ 1988, 197.

Zweiter Teil. Entscheidungen der Strafvollstreckungskammer und der Jugendkammer nach dem Strafvollzugsgesetz

Da Gegenstand des vorliegenden Buches das Strafvollstreckungsrecht ist, werden 1011
Fragen des Strafvollzugsrechts – auch soweit sie die Tätigkeit der Strafvollstreckungskammern betreffen, – nur in Grundzügen behandelt. Die Föderalismusreform
hat das Recht des Strafvollzugs der Gesetzgebungskompetenz der Länder zugewiesen.[1] Die hier zu behandelnden Regelungen des gerichtlichen Verfahrens sind jedoch
in der Gesetzgebungskompetenz des Bundes verblieben und finden sich daher auch
weiterhin ausschließlich im (Bundes)Strafvollzugsgesetz bzw. im Jugendgerichtsgesetz
und gegebenenfalls im EGGVG. Im Übrigen gilt das (Bundes)Strafvollzugsgesetz gem.
Art. 125a Abs 1 GG fort, kann aber durch Landesrecht ersetzt werden.[2]

I. Gerichtliche Entscheidungen

Das Strafvollzugsgesetz hat in den §§ 108ff und 138 Abs 2 (§ 78a Abs 1 S 2 Nr. 2
GVG) der Strafvollstreckungskammer eine weitere Entscheidungsbefugnis übertragen, die jedenfalls mittelbar mit der Strafvollstreckung in einem engen Zusammen-
hang steht. Es handelt sich um die gerichtliche **Überprüfung von Maßnahmen der
Vollzugsanstalt** (bzw der Einrichtung, in der der Verurteilte untergebracht ist) zur
Regelung einzelner Angelegenheiten auf dem Gebiete des Strafvollzugs; auch kann die
Verpflichtung zur Vornahme einer abgelehnten oder unterlassenen Maßnahme begehrt werden (§ 109 Abs 1 Satz 2 StVollzG). Die Zuständigkeit der Strafvollstreckungskammer zur Entscheidung ergibt sich aus § 110 StVollzG.
In den Fällen des sog Justizvollzugs gegen Erwachsene (= Freiheitsstrafenvollzug ge- 1012
gen Erwachsene und Unterbringung) sind die **Strafvollstreckungskammern ausschließlich zuständig** und zwar jeweils die Kammer, in deren Bezirk die beteiligte
Vollzugsbehörde ihren Sitz hat. Wird ein Strafgefangener in eine andere Justizvollzugsanstalt verlegt, so ist ein Gerichtsverfahren, mit dem er Vollzugslockerungen begehrt, an die Strafvollstreckungskammer zu verweisen, in deren Bezirk diese Justizvollzugsanstalt ihren Sitz hat.[3] Ebenso ist zu verfahren, wenn ein Strafgefangener die
Herausgabe eines Gegenstandes verlangt und vor Abschluss des Gerichtsverfahrens in
eine andere Anstalt verlegt wird. Adressat der begehrten Handlung ist jetzt die neue
Anstalt.[4] Wenn das Gesetz die Verweisung des Verfahrens an ein anderes Gericht von
einem Antrag eines Verfahrensbeteiligten abhängig macht, ist eine ohne einen solchen Antrag beschlossene Verweisung rechtsunwirksam.[5] Das Gericht entscheidet
als kleine Strafvollstreckungskammer, d.h. besetzt mit einem Richter, § 78b Abs 1
GVG. Auch über einen Antrag eines Gefangenen, der eine Jugendstrafe im Erwachse-

---

[1] Gesetz zur Änderung des Grundgesetzes vom 28. 8. 2006, BGBl I S. 2034.
[2] Von der neuen Gesetzgebungskompetenz haben bzgl. des Erwachsenenstrafvollzugs bislang
lediglich Bayern (BayStVollzG, GVBl 2007, 866), Hamburg (HmbStVollzG, HambGVBl 2007,
471) und Niedersachsen (NJVollzG, Nds. GVBl 2007, 720) Gebrauch gemacht, wobei diese
Gesetze jeweils auch den Jugendstrafvollzug regeln. Die übrigen Länder haben gesonderte Jugendstrafvollzugsgesetze erlassen.
[3] BGHSt 36, 33 = NStZ 1989, 196f = NJW 1989, 1169f.
[4] BGH, NStZ 1999, 158.
[5] BGHSt 36, 313.

nenvollzug verbüßt, hat die Strafvollstreckungskammer zu entscheiden, § 92 Abs 6 JGG.[6]

1013 Die Überprüfung von Maßnahmen im Jugendstrafvollzug und Jugendarrest sowie von Maßnahmen im Vollzug der Unterbringung in einem psychiatrischen Krankenhaus oder einer Entziehungsanstalt nach Jugendstrafrecht Verurteilter ist seit 1. Januar 2008 den Jugendkammern zur Entscheidung zugewiesen, § 92 JGG. Zuständig ist die Jugendkammer, in deren Bezirk die beteiligte Vollzugsbehörde ihren Sitz hat. Das Verfahren richtet sich im wesentlichen nach den Vorschriften des StVollzG. Die Elternrechte sind durch die entsprechende Anwendbarkeit von § 67 Abs 1 bis 3 und 5 JGG gewahrt. Auf Antrag des Gefangenen muss eine mündliche Anhörung, in der Regel in der Vollzugseinrichtung, erfolgen, sofern nicht eine mündliche Verhandlung anberaumt wird. Die Jugendkammer entscheidet, besetzt mit einem Richter, durch Beschluss. Der Einzelrichter kann die Entscheidung bei besonderer Schwierigkeit oder grundsätzlicher Bedeutung der Kammer vorlegen, die dann in Dreierbesetzung entscheidet. Für die Beiordnung eines Rechtsanwalts gilt § 92 Abs 1 Satz 2 JGG i.V.m. §§ 120 Abs 1 StVollzG, 140 Abs 2 StPO. Es kommt daher nicht auf die Erfolgsaussichten, sondern die jugendmäßig zu beurteilende Schwierigkeit der Sach- und Rechtslage an. Der Landesgesetzgeber ist ermächtigt, ein Schlichtungsverfahren mit dem Ziel einer gütlichen Streitbeilegung vorzusehen.[7]
Soweit Maßnahmen von Vollzugsbehörden außerhalb des Justiz**vollzugs** zu überprüfen sind, verbleibt es bei dem Verfahren nach §§ 23 ff EGGVG und bei der Zuständigkeit des Strafsenats. Handelt der Anstaltsleiter im Rahmen seines Hausrechtes (z.B. Zulassung von Besuchergruppen), ist der Verwaltungsrechtsweg gegeben.[8]

1014 **Antragsberechtigt** ist nur, wer durch die Maßnahme der Vollzugsanstalt oder deren Ablehnung oder Unterlassung in seinen Rechten selbst verletzt ist (§ 109 Abs 2 StVollzG). Der Kreis der „rechtlich Betroffenen" ist nicht auf Strafgefangene (oder Untergebrachte) beschränkt, sondern umfasst auch Dritte, die von Vollzugsmaßnahmen oder ihrer Unterlassung unmittelbar in ihren Rechten betroffen sein können.[9] Umstritten ist, ob einer im Rahmen des § 160 StVollzG gewählten Interessenvertretung ein Antragsrecht nach § 109 zusteht.[10] Der Antrag richtet sich gegen die Vollzugsbehörde. In jedem Fall muss der Gefangene zuerst eine Entscheidung des Anstaltsleiters herbeiführen, wenn er sich durch die Maßnahme eines nachgeordneten Vollzugsbediensteten in seinen Rechten beeinträchtigt fühlt.[11]

1015 In dem gerichtlichen Verfahren sind nur der Antragsteller und die Vollzugsbehörde beteiligt.[12] Beteiligte Vollzugsbehörde iS von § 110 StVollzG ist die Behörde, die über eine Maßnahme nach § 109 Abs 1 StVollzG abschließend entschieden hat. Antragsgegner sind aber weder der Anstaltsleiter, der Anstaltsarzt usw., sondern immer nur die Behörde (§ 111 Abs 1 S 2 StVollzG). In Rechtsbeschwerdeverfahren nach

---

[6] BGHSt 29, 33.
[7] 2. Gesetz zur Änderung des Jugendgerichtsgesetzes und anderer Gesetze vom 13.12.2007, BGBl I 2007, 2894.
[8] VG Karlsruhe, NStZ 2000, 467.
[9] *Calliess/Müller-Dietz*, Rdnr 15 zu § 109 StVollzG; z.B. Übersender eines Briefes OLG Frankfurt, NStZ 1982, 221; OLG Zweibrücken, NStZ 1996, 378.
[10] Verneinend OLG Frankfurt, NStZ 1981, 79, nicht von vornherein ablehnend OLG Hamm NStZ 1981, 118, bejahend, wen es um den Status als Gefangenenmitverantwortung geht, Arloth, Rdnr. 3 zu § 160 StVollzG.
[11] *Calliess/Müller-Dietz*, Rdnr 18 zu § 109 StVollzG.
[12] Nicht die Vollstreckungsbehörde; dies gilt auch für den Maßregelvollzug und auch, dann, wenn nach landesrechtlichen Vorschriften die Vollstreckungsbehörde ihre Zustimmung zu Vollzugslockerungen geben muss; OLG Celle, NStZ 2008, 347 f.

§§ 116 ff StVollzG ist die Aufsichtsbehörde der Vollzugsanstalt beteiligt, nicht jedoch die Staatsanwaltschaft.

Einige Bundesländer haben von der in § 109 Abs 3 StVollzG eingeräumten Möglichkeit Gebrauch gemacht, dass ein Antrag erst gestellt werden kann, wenn ein Verwaltungsvorverfahren ergebnislos durchlaufen ist.[13] Für das weitere Verfahren ist dann die in § 27 Abs 2 EGGVG, § 75 Satz 3 und 4 VwGO getroffene Regelung heranzuziehen.[14] Ein Feststellungsantrag gem § 115 Abs 3 StVollzG setzt ein solches Verfahren nicht voraus.[15]   **1016**

Das Gericht entscheidet ohne mündliche Verhandlung durch **Beschluss** (§ 115 Abs 1 StVollzG). Wird der zur Entscheidung berufene Richter wegen Besorgnis der Befangenheit abgelehnt, so entscheidet über den Ablehnungsantrag sein Vertreter. § 28 Abs 2 StPO ist entsprechend anwendbar.[16]   **1017**

Form und Frist eines Antrags nach § 109 StVollzG richten sich nach §§ 112, 113 StVollzG. Die Grundsätze über die Gewährung rechtlichen Gehörs bzw von dessen Nachholung sind (entsprechend § 120 Abs 1 StVollzG, § 33 StPO) anzuwenden; dies entspricht der prozessualen Fürsorgepflicht des Gerichts.[17] Natürlich ist auch § 33 Abs 4 StPO dann entsprechend anwendbar, wenn beabsichtigte Maßnahmen durch eine vorherige Anhörung gefährdet würden.[18] Der Antrag muss in deutscher Sprache abgefasst sein, sonst ist er unzulässig; der Anspruch auf rechtliches Gehör ist, wenn der Antragsteller seinen Antrag nicht in deutscher Sprache gestellt (und begründet) hat, nicht verletzt, wenn sein Sachvortrag nicht berücksichtigt wird; es besteht auch kein Anspruch auf Übersetzung in die deutsche Sprache (Art 6 Abs 3 MRK gilt für Angeklagte, nicht für Verurteilte).[19] Die Fürsorgepflicht kann aber einen Hinweis auf § 184 GVG gebieten (BVerfG StV 1995, 394). Der Antrag muss mit einer Begründung versehen sein, die erkennen lassen muss, welche Maßnahme der Vollzugsbehörde der Antragsteller beanstandet oder begehrt und inwiefern er sich in seinen Rechten verletzt fühlt.[20]   **1018**

Für den Antrag ist die in § 112 Abs 1 StVollzG bestimmte Frist einzuhalten. Wiedereinsetzung gegen die Fristversäumung ist möglich (Abs 2 bis 4 aaO), jedoch gilt bei unterbliebener Belehrung nicht die Rechtsvermutung des § 44 Satz 2 StPO der unverschuldeten Fristversäumung.[21]

Der Antrag hat keine aufschiebende Wirkung (§ 114 Abs 1 StVollzG). Das Gericht kann aber den Vollzug der Maßnahme aussetzen oder eine einstweilige Anordnung treffen (§ 114 Abs 2 StVollzG); solche Entscheidungen sind unanfechtbar, können aber vom Gericht jederzeit geändert oder aufgehoben werden. Die Gegenstände der Entscheidungen sind in § 115 StVollzG bezeichnet. Das Gericht ist im Hinblick auf Art. 19 Abs 4 GG gehalten, bei nicht mehr rückgängig zu machenden sofort vollziehbaren Disziplinarmaßnahmen oder sonstigen gewichtigen Eingriffen unverzüglich gem. § 114 Abs 2 StVollzG eine Entscheidung darüber zu treffen, ob die Maßnahmen   **1019**

---

[13] Hamburg: § 6 VwGOAG HA; Schleswig-Holstein: VollzugsbeschwerdeG idF v 9. 9. 1977 (GVOBl S 333), § 21 MVollzG.
[14] OLG Karlsruhe, NStZ 1987, 344 (NStZ 1988, 402).
[15] OLG Hamm, NStZ 1983, 240.
[16] OLG Nürnberg, NStZ 1988, 475 f (entgegen OLG Hamm, NStZ 1982, 152; OLG Stuttgart, NStZ 1985, 524; OLG Koblenz, NStZ 1986, 384). OLG Frankfurt a. M., NStZ 1997, 429; OLG Celle, NStZ 1999, 447.
[17] Vgl. BVerfG, ZfStVO 1983, 128.
[18] *Kruis/Webowsky* NStZ 1998, 593, 596.
[19] OLG Nürnberg, ZfStVO 1989, 187 und ZfStVO 1990, 189.
[20] OLG Celle, NStZ 1989, 295 = ZfStVO 1990, 310.
[21] OLG Zweibrücken, NStZ 1991, 382 = ZStrVO 1990, 307 mwN.

auszusetzen sind. Bei besonders belastenden Eingriffen wird eine vorläufige Aussetzung auch ohne Abwarten einer Äußerung der Justizvollzugsanstalt in Betracht zu
ziehen sein.[22]

Wird ein Antrag zurückgenommen, so ist der Antragsteller grundsätzlich nicht daran
gehindert, später erneut einen Antrag mit gleichem Ziel zu stellen.[23]

1020 Obwohl nach § 120 Abs 1 StVollzG die Vorschriften der StPO entsprechend anwendbar sind, soweit sich aus dem StVollzG nichts anderes ergibt, handelt es sich bei
dem Verfahren eigentlich um ein Verwaltungsstreitverfahren. Das zeigt sich insbesondere auch in § 115 StVollzG: Überprüft werden Entscheidungen der Exekutive auf
ihre Rechtmäßigkeit; oft handelt es sich nur um Ermessensüberprüfung (§ 115 Abs 5
StVollzG). Das StVollzG ist durch Ermessensermächtigungen geradezu gekennzeichnet. An vielen Stellen finden sich auch unbestimmte Rechtsbegriffe (z. B. „dringende,
wichtige, zwingende Gründe", „geeignet", „angemessener Umfang", „begründeter
Ausnahmefall", „Belange des Vollzugs").[24] Die Beurteilung dieser Justizverwaltungs-
tätigkeit geschieht im Endeffekt nach verwaltungsrechtlichen (und nicht strafrechtlichen und strafverfahrensrechtlichen) Grundsätzen.[25] Die Strafvollstreckungskammer
hat bei der Prüfung, ob die Vollzugsbehörde sich bei Versagung einer (Urlaubs-) Gewährung an ihren Beurteilungsspielraum gehalten hat, nur zu prüfen, ob die Behörde
von einem zutreffenden und vollständig ermittelten Sachverhalt ausgegangen ist, ob
sie ihrer Entscheidung den zutreffenden Begriff des Versagungsgrundes zugrundege-
legt und ob sie dabei die Grenzen des Beurteilungsspielraumes eingehalten hat.[26] Nur
in diesem Umfang ist die Kammer (obwohl für sie der Untersuchungsgrundsatz gilt[27])
zur Sachaufklärung verpflichtet.[28] Das Gericht muss auch die behördlichen Tatsachenfeststellungen überprüfen; es ist verpflichtet zu prüfen, ob und inwieweit eine
entscheidungserhebliche Tatsache zutrifft.[29] Den Antragsteller trifft (wegen des Amt-
sermittlungsgrundsatzes) keine Beweislast.[30] Bei der Überprüfung von Ermessensentscheidungen ist das Gericht nicht befugt, sein Ermessen an die Stelle des Verwal-
tungsermessens zu setzen.[31]

Die entsprechende Anwendung der Vorschriften der StPO bedeutet, dass uU das
rechtliche Gehör gem. § 33a StPO nachzuholen ist; die beschränkte Überprüfbarkeit
der Entscheidung im Rahmen der Rechtsbeschwerde stellt keinen vollwertigen Ersatz
für die Anhörung dar.[32]

1021 Die Beiordnung eines **Pflichtverteidigers** ist im Gesetz nicht vorgesehen, auch nicht
für das Rechtsbeschwerdeverfahren,[33] außer in den Fällen des § 463 Abs 3 S 5 StPO
(iVm § 67d Abs 3 StGB) und § 463 Abs 4 S 5 StPO (iVm § 67e StGB). Allerdings
neigt die Rechtsprechung – zutreffend – dazu, § 140 Abs 2 StPO auch im Vollstreckungsverfahren entsprechend anzuwenden, wenn – bezogen auf den Vollstreckungs-
fall, nicht auf die der Verurteilung zugrunde liegenden Tat – die Schwierigkeit der

[22] BVerfG, Beschl. v. 27. 5. 2006 – 2 BvR 1675/05.
[23] OLG Hamm, MDR 1989, 937 = ZfStrVO 1989, 378.
[24] *Treptow* NJW 1978, 2227.
[25] Vgl. *Calliess/Müller-Dietz*, Rdnr. 1 zu § 120 StVollzG; vgl. weiter KG NStZ 1983, 432.
[26] OLG Hamm, NStZ 1997, 381.
[27] OLG Stuttgart, NStZ 1984, 528; vgl. OLG Koblenz, ZfStVO 1993, 117 und OLG Karlsruhe,
StV 1991, 572.
[28] BGH, NJW 1982, 1057.
[29] OLG Koblenz, StV 1990, 169.
[30] OLG Karlsruhe, NStZ 1991, 509 und 1992, 378 (Nr. 50).
[31] *Calliess/Müller-Dietz*, Rdnr. 20 zu § 115 StVollzG mit Rspr.nachw.
[32] OLG Celle, Beschl v 11. 4. 1990; vgl. *Meyer-Goßner*, § 33a StPO, Rdn 5.
[33] OLG Bremen NStZ 1982, 84.

Sach- und Rechtslage oder die Unfähigkeit des Gefangenen, seine Rechte wahrzunehmen, dies gebieten.[34] Selbstverständlich kann der Gefangene selbst einen Rechtsanwalt mit seiner Vertretung in dem gerichtlichen Verfahren beauftragen. Dabei kommt der Vorschrift des § 120 Abs 2 StVollzG in Bezug auf **Kostenhilfe** im Hinblick auf die Mittellosigkeit und starke Verschuldung vieler Gefangener Bedeutung zu. Der Verfahrensbevollmächtigte des Strafgefangenen hat dann ein dem § 147 StPO entsprechendes Akteneinsichtsrecht.[35] Der Gefangene selbst hat im Rahmen des § 185 StVollzG ein Akteneinsichtsrecht, sofern Auskünfte aus den Akten zur Wahrnehmung seiner rechtlichen Interessen nicht ausreichen. Wird dem Verfahrensbevollmächtigten durch die Vollzugsbehörde die Einsicht in die zu Beweiszwecken zugezogenen Gefangenenpersonalakten verweigert, so kann die Berechtigung der Weigerung in einem (Zwischen-)Verfahren nach §§ 109 ff StVollzG überprüft werden.[36]

Auch in Strafvollzugssachen findet das Verbot der Mehrfachverteidigung (§ 146 StPO) entsprechende Anwendung; dies selbst dann, wenn nicht ein gegen den Gefangenen gerichteter Tatvorwurf den speziellen Gegenstand des Verfahrens bildet.[37] Das Bundesverfassungsgericht hat dies als mit dem Grundgesetz vereinbar angesehen, wenn die Gefangenen in so großer Nähe zueinander untergebracht sind, dass sie von den meisten Vollzugsmaßnahmen gemeinsam betroffen werden.[38]

Beschlüsse des Gerichts gem. § 115 StVollzG sind wie ein strafgerichtliches Urteil **1022** zu begründen.[39] Neben den wesentlichen rechtlichen Erwägungen müssen die entscheidungserheblichen Tatsachen so vollständig wiedergegeben werden, dass anhand dieser Feststellungen eine rechtliche Überprüfung durch das Rechtsbeschwerdegericht möglich ist.[40] Unzulässig ist eine bloße Bezugnahme auf die Gründe des angefochtenen Bescheids der Vollzugsanstalt oder auf Schreiben in den Akten,[41] jedoch ist eine wörtliche Wiedergabe der Stellungnahme der Vollzugsanstalt nicht erforderlich.[42]

Gegen die Sachentscheidung ist die **Rechtsbeschwerde** zulässig, wenn es geboten ist, **1023** die Nachprüfung zur Fortbildung des Rechts oder zur Sicherung einer einheitlichen Rechtsprechung zu ermöglichen. Die Rechtsbeschwerde kann nur damit begründet werden, die Entscheidung der Strafvollstreckungskammer beruhe auf einer Gesetzesverletzung. Über die Rechtsbeschwerde entscheidet ein Strafsenat des Oberlandesgerichts (§§ 116, 117 StVollzG).

Die Rechtsbeschwerde ist binnen eines Monats zur Niederschrift der Geschäftsstelle oder durch eine von einem Rechtsanwalt unterzeichnete Schrift bei dem Gericht einzulegen; dessen Entscheidung angegriffen wird. Die Beschwerde ist zu begründen. Die Einzelheiten bestimmt § 118 StVollzG. Der nicht auf freiem Fuß befindliche Antragsteller kann seine Rechtsbeschwerde auch zu Protokoll der Geschäftsstelle des Amtsgerichts erheben, in dessen Bezirk die Vollzugsanstalt liegt, § 299 Abs 1 StPO. Ist zweifelhaft, ob die Rechtsmittelfrist gewahrt wurde, so geht dies nicht zu Lasten desjenigen, in dessen Einflussbereich die Zweifelsursache nicht liegt.[43]

---

[34] S. hierzu Rdnr. 44 f; *Meyer-Goßner*, Rdn 33 zu § 140 StPO, KG, NStZ-RR 2006, 284.
[35] OLG Dresden, NStZ 2000, 468.
[36] OLG Celle, NJW 1982, 2083 = NStZ 1982, 304.
[37] OLG München, NJW 1985, 2489 = NStZ 1985, 383.
[38] NJW 1986, 1161 = NStZ 1986, 571; vgl. OLG Bremen, NStZ 1982, 84, OLG Hamm, NStZ 1984, 574.
[39] OLG München, StV 1992, 589.
[40] OLG Frankfurt/M, NStZ 1995, 436.
[41] OLG Hamm, NStZ 1988, 403; OLG Celle, NStZ 1997, 429.
[42] LG Regensburg, NStZ 1987, 528.
[43] OLG Celle, NStZ 1990, 456.

Befugt zur Einlegung und Begründung der Rechtsbeschwerde sind die Verfahrensbeteiligten,[44] also z. B. der Anstaltsleiter für die Vollzugsanstalt, wenn diese durch die angefochtene Entscheidung beschwert ist.[45] In Baden-Württemberg ist das Justizministerium als Aufsichtsbehörde berechtigt, die Rechtsbeschwerde einzulegen und zu begründen.[46]

Wird die Rechtsbeschwerde von einem Rechtsanwalt eingelegt, dann hat er die volle Verantwortung für den Inhalt zu übernehmen; allein auf schriftliche Äußerungen des Gefangenen darf er sich nicht beziehen. Wenn der Rechtsanwalt sich von der vom Gefangenen erhobenen Beanstandung distanziert und lediglich Erwägungen des Betroffenen weitergibt, genügt das nicht den Anforderungen.[47] Für die Rücknahme gilt ebenfalls die Formvorschrift des § 118 Abs 3 StrVollzG.[48]

Nach dem Wortlaut von § 116 Abs 3 S 1 StVollzG hat die Rechtsbeschwerde keine aufschiebende Wirkung. Es ist aber umstritten, ob die Vollzugsbehörde gehalten ist, die dem Antrag stattgebende Entscheidung auszuführen,[49] oder ob die Entscheidung keine verpflichtende Wirkung für die Vollzugsbehörde hat.[50] Je nachdem müsste entweder die Vollzugsbehörde oder der Antragsteller notfalls die nach § 116 Abs 3 S 2 iVm § 114 Abs 2 StVollzG vorgesehene Möglichkeit der Stellung eines Aussetzungsantrags ergreifen.

1024 § 138 Abs 2 StVollzG erstreckt die Anwendbarkeit der §§ 109 ff auch auf die Unterbringung in einer Entziehungsanstalt oder in einem psychiatrischen Krankenhaus. Die Unterbringung selbst richtet sich grundsätzlich nach Landesrecht (§ 138 Abs 1 StVollzG).[51]

Die Androhung und Festsetzung von Zwangsgeldern gegen die Vollzugsbehörden ist im gerichtlichen Verfahren nach §§ 109 ff StVollzG ebenso wenig möglich wie der Erlass einer einstweiligen Anordnung nach § 123 VwGO.[52] Weigert sich die Vollzugsbehörde, eine gerichtliche Entscheidung umzusetzen, was nach rechtsstaatlichen Grundsätzen kaum vorstellbar erscheint, bleibt daher nur die Aufsichtsbeschwerde.

In engen Grenzen wird in Strafvollzugsangelegenheiten auch ohne ausdrückliche gesetzliche Grundlage eine Untätigkeitsbeschwerde gegen „Nichtentscheidungen" der Strafvollstreckungskammer für zulässig erachtet.[53]

II. Berührungen mit der Strafvollstreckung

A. Urlaub

1025 Zu den Maßnahmen, deren Versagung oder Einschränkung häufig zu Anträgen auf gerichtliche Entscheidung führt, gehört die **Gewährung von Urlaub.** Der Urlaub eines Gefangenen unterbricht die Strafvollstreckung nicht, § 13 Abs 5 StVollzG.[54] Insoweit

---

[44] Vgl. Rdnr 1015.

[45] Vgl. KG, NStZ 1983, 576.

[46] OLG Stuttgart, NStZ 1984, 528.

[47] OLG Hamm, NStZ 1992, 208.

[48] OLG Koblenz, NStZ 2000, 468.

[49] OLG Koblenz, ZfStrVoSH 1978, 180; OLG Hamm, ZfStrVoSH 1979, 105; OLG Celle, NStZ 1981, 118.

[50] OLG Karlsruhe, ZfStVoSH 1978, 58; OLG Stuttgart, ZfStVoSH 1979, 109.

[51] Vgl. zu den Landesgesetzen die Fundstellen bei Arloth, Rdnr. 2 zu § 138 StVollzG.

[52] LG Gießen, NStZ-RR 2006, 61.

[53] Vgl. OLG Celle, Beschl. v. 8. 11. 2007 – 1 Ws 376/07 = NStZ 2008, 348 f , OLG Frankfurt, NStZ-RR 2002, 188.

[54] Art. 14 Abs 5 BayStVollzG.

haben für den Gefangenen positive Entscheidungen der Strafvollstreckungskammer auch eine mittelbare Bedeutung für die Strafvollstreckung.

Urlaub kann unter Anrechnung auf die Vollzugsdauer gewährt werden, wenn nicht   **1026** zu befürchten ist, dass der Gefangene sich dem Vollzug entzieht oder den Urlaub zu Straftaten missbrauchen wird (vgl. §§ 13 Abs 1 und 2, 11 Abs 2 StVollzG[55]):

– **bis zu 21 Kalendertage** jährlich, grundsätzlich aber erst nach sechsmonatigem, bei lebenslanger Freiheitsstrafe nach zehnjährigem Vollzug[56] oder ohne Mindestvollzugsdauer, wenn der Gefangene sich im offenen Vollzug befindet oder hierfür geeignet ist (§§ 13 Abs 1–3, 11 Abs 2 StVollzG),
– **zusätzlich 1 Woche** Sonderurlaub innerhalb von 3 Monaten vor Entlassung zu deren Vorbereitung (§ 15 Abs 3 StVollzG[57]),
– bis zu **6 Tagen monatlich** für Freigänger innerhalb von 9 Monaten vor Entlassung (§ 15 Abs 4 StVollzG[58]),
– **Arbeitsurlaub** (s. hierzu Rdn **1027**).

Der Anstaltsleiter kann für den Urlaub Weisungen erteilen (insbesondere aus Resozialisierungsgründen bestimmte Orte nicht aufzusuchen) und den Urlaub bei Nichtbefolgen oder Missbrauch widerrufen (§ 14 StVollzG).

Dem Gefangenen steht kein Rechtsanspruch auf den sogenannten Sozialurlaub oder Sonderurlaub zu (anders bzgl. des Arbeitsurlaubs s. hierzu Rdn 1027). Es besteht jedoch ein Anspruch auf fehlerfreie Ermessensausübung sowie ein Recht auf eine Entscheidung ohne erhebliche zeitliche Verzögerungen.[59] Gegen einen Urlaub ablehnenden Bescheid kann der Gefangene einen Verpflichtungsantrag (§ 109 Abs 1 Satz 2 StVollzG) stellen; für den Erfolg eines solchen Antrags kommt es auf die Sach- und Rechtslage im Zeitpunkt der gerichtlichen Entscheidung an.[60] Im Verfahren nach §§ 109 ff StVollzG ist die Strafvollstreckungskammer als Tatsacheninstanz verpflichtet, die für die Urlaubsentscheidung von der Vollzugsbehörde angestellten Erwägungen zu ermitteln und festzustellen, auch wenn diese in einer kurzgefassten schriftlichen Entscheidung nicht enthalten sind.[61] Der Anstaltsleiter muss die maßgebenden Umstände, die für die Ablehnung des Urlaubs von Bedeutung sind, schriftlich niederlegen; es genügt aber z.B. eine Bezugnahme auf in der Vergangenheit geäußerte Ablehnungsgründe. Der Beschluss der Strafvollstreckungskammer muss aber eine umfassende, konkrete Begründung wiedergeben, warum der Anstaltsleiter den Urlaub versagt hat; sonst liegt ein eine Rechtsbeschwerde begründender sachlich-rechtlicher Mangel vor.[62]

B. Arbeitsentgelt – Arbeitsurlaub

§ 43 StVollzG[63] honoriert die Arbeit des Gefangenen durch **Arbeitsentgelt** und **Frei-**   **1027** **stellung von der Arbeit**, die auch als **Arbeitsurlaub** genutzt oder auf den Entlassungszeitpunkt angerechnet werden kann.

---

[55] Art. 14, 13 Abs 2 BayStVollzG.
[56] In Bayern bei lebenslanger Freiheitsstrafe nach zwölfjährigem Vollzug, Art 14 Abs 3 BayStVollzG.
[57] Art. 17 Abs 3 BayStVollzG.
[58] Art. 14 Abs 4 BayStVollzG.
[59] *Calliess/Müller-Dietz,* Rdnr. 3 zu § 13 StVollzG m. Rspr.hinw.
[60] OLG Frankfurt, NStZ 1986, 240.
[61] OLG Hamm, NStZ 1997, 381.
[62] OLG Hamm, NStZ 1989, 444 f.; OLG Frankfurt/M, NStZ 2001, 412; BVerfG, NStZ 1998, 430.
[63] Art. 46 BayStVollzG.

Zugewiesene Arbeit, sonstige Beschäftigungen oder Hilfstätigkeiten (§ 41 Abs 1 S 2 StVollzG) werden entlohnt in Höhe von 9% der Bezugsgröße nach § 18 SGB IV (§§ 43 Abs 2, 200 StVollzG).

Nach einer zweimonatigen zusammenhängenden Tätigkeit besteht ein Anspruch des Gefangenen, auf Antrag einen Werktag freigestellt zu werden (§ 43 Abs 6 StVollzG). Der Gefangene kann beantragen, dass die Freistellung in Form von Urlaub gewährt wird, allerdings unter der weiteren Voraussetzung der §§ 11 Abs 2, 13 Abs 2–5, 14 StVollzG (s Rdn **1026**).

Wird kein Antrag gestellt oder kann Arbeitsurlaub nicht gewährt werden, dann wird die Freistellung auf den Entlassungszeitpunkt angerechnet (§ 43 Abs 9 StVollzG[64]). Letzteres ist ausgeschlossen, wenn die Voraussetzungen des § 43 Abs 10 StVollzG vorliegen. Dabei bedarf es der **Entscheidung der Strafvollstreckungskammer** nach § 454 Abs 1 S 5 StPO, ob die Anrechnung unterbleibt, weil die Lebensverhältnisse des Gefangenen oder die Wirkungen, die von der Aussetzung zur Bewährung zu erwarten sind, die Vollstreckung bis zu einem bestimmten Zeitpunkt erfordern (Abs 10 Nr. 3). Ist die Anrechnung ausgeschlossen, erhält der Gefangene bei seiner Entlassung eine Ausgleichsentschädigung (Abs 11).

Nach einjähriger Ausübung zugewiesener Tätigkeiten oder Hilfstätigkeiten kann Freistellung von 18 Tagen erfolgen. Bezüge werden in dieser Zeit weiterbezahlt (§ 42 StVollzG). Diese Regelung gilt neben § 43 StVollzG.

C. Vorzeitige Entlassung

1028   Der **Entlassungszeitpunkt** kann bis zu zwei Tagen **vorverlegt werden,** wenn dringende Gründe dafür vorliegen, dass der Gefangene zu seiner Eingliederung darauf angewiesen ist (§ 16 Abs 3 StVollzG[65]). Auch ohne solche dringenden Gründe kann der Gefangene, wenn das Strafende auf einen Sonnabend oder Sonntag (oder sonst einen in § 16 Abs 2 bezeichneten Tag oder Zeitraum) fällt, an dem einem solchen Zeitraum vorangehenden Werktag entlassen werden, wenn dies nach der Länge der Strafzeit vertretbar ist und fürsorgerische Gründe nicht entgegenstehen.

Die Strafe ist dann trotz solcher vorzeitiger Entlassung voll verbüßt.

Auf den Entlassungszeitpunkt wird auch nicht gewährter oder nicht beanspruchter Arbeitsurlaub angerechnet (s. Rdn **1027**).

D. Auswirkung dieser Regelungen

1029   Die Möglichkeiten des Urlaubs und der vorzeitigen Entlassung, aber auch die Vollzugslockerungen sonstiger Art geben keine Gewähr, dass sich ein Verurteilter während der berechneten Dauer der Vollstreckung einer Freiheitsstrafe auch jederzeit und die ganze Zeit in der Vollzugsanstalt befand. Anfragen, ob ein Gefangener zu einem bestimmten Zeitpunkt im Vollzug war (z. B. zur Überprüfung eines Alibis), richtet man deshalb zweckmäßigerweise nicht an die Vollstreckungsbehörde, sondern an die Vollzugsanstalt.

---

[64] In Bayern Art. 46 Abs 9 BayStVollzG: Eine Anrechnung auf den Entlasszeitpunkt erfolgt auch ohne Antrag zwingend, sofern der Gefangene nicht innerhalb eines Jahres nach Vorliegen der Voraussetzungen die Freistellung in Anspruch nimmt oder diese nicht gewährt werden kann.
[65] Art 18 BayStVollzG.

Dritter Teil. Entscheidungen nach dem Gesetz über die Internationale Rechtshilfe in Strafsachen (IRG)

Das Gesetz über die internationale Rechtshilfe in Strafsachen (IRG) v 23. 12. 1982 **1030** (BGBl I 1982, 2071) in der Fassung der Bekanntmachung, vom 22. 7. 1994 (BGBl I 1994, 1537) ist die gesetzliche Grundlage für die internationale Rechtshilfe in Strafsachen. Für den Bereich der Vollstreckungshilfe sind ferner die Regelungen des Gesetzes zur Ausführung des Übereinkommens vom 21. März 1983 über die Überstellung verurteilter Personen, des Zusatzprotokolls vom 18. Dezember 1997 und des Schengener Durchführungsübereinkommens (Überstellungsausführungsgesetz ÜAG, BGBl. I S. 1954, 1992 I S. 1232, 1994 I S. 1425, 2007 I S. 3175) zu beachten. Die gerichtlichen Entscheidungen sind zwischen der Strafvollstreckungskammer des Landgerichts und dem Oberlandesgericht aufgeteilt. Die Strafvollstreckungskammer des Landgerichts entscheidet gem. §§ 50, 58 Abs 2 IRG i. V. m. § 78 a Abs 1 Satz 2 Nr. 3 GVG über die Zulässigkeit der Vollstreckung eines ausländischen Urteils im Inland (§ 50 IRG) und die Anordnung der Sicherungshaft zur Vollstreckung ausländischer Urteile (§ 58 Abs 2 IRG). Die Strafvollstreckungskammer ist dabei mit einem Richter besetzt, § 78 b Abs 1 Nr. 2 GVG. Das Oberlandesgericht entscheidet über die Zulässigkeit der Vollstreckung eines deutschen Urteils im Ausland, § 71 Abs 4 IRG.

I. Die Vollstreckung ausländischer Entscheidungen im Inland

Die Staatsanwaltschaft bereitet die Entscheidung der Strafvollstreckungskammer vor, **1031** § 50 Satz 2 IRG. Sie prüft und belegt durch Urkunden und Protokolle die Zulässigkeitsvoraussetzungen der §§ 48 und 49 IRG und übersendet mit ihrem Antrag die Akten mit Anlagen an die örtlich zuständige Strafvollstreckungskammer; das ist nach § 51 Abs 1 Satz 1 IRG in den meisten Fällen die für den Wohnsitz des Verurteilten zuständige Kammer; hat der Verurteilte keinen Wohnsitz in der Bundesrepublik Deutschland, dann richtet sich die örtliche Zuständigkeit nach den weiteren Bestimmungen in § 51 IRG.

Beispiel für einen staatsanwaltlichen Antrag: **1032**

Staatsanwaltschaft x   x, den 8. Mai 2002
– 70 Js 24/02 –

Verfügung

1. – Rv
   an das
   Landgericht
   – Strafvollstreckungskammer – in x

   unter Vorlage der Akten 70 Js 24/02, enthaltend
   a) eine Ablichtung eines Schreibens des Bundesministers für Justiz der Republik Österreich vom 19. März 2002,
   b) eine beglaubigte Ablichtung des Urteils des Geschworenengerichts am Sitze des Landesgerichts Y vom 12. März 1998,
   c) eine beglaubigte Abschrift der Anklageschrift der Staatsanwaltschaft Y vom 23. Dezember 1997,
   d) eine beglaubigte Ablichtung des Obersten Gerichtshofs in Wien vom 23. Juni 1998,
   e) ein Blatt, enthaltend die Wiedergabe der anwendbaren Strafbestimmungen,

    f) eine beglaubigte Abschrift der Niederschrift über die Anhörung des Verurteilten vom 24. Februar 2002,

    g) eine Amtsbestätigung des Landesgerichts Y vom 8. März 2002 betreffend die Strafverbüßung,

    h) eine Ablichtung eines Schreibens der Strafvollzugsanstalt Z vom 12. Oktober 1996 sowie

    i) ein Aktenvermerk der Staatsanwaltschaft X vom 8. 5. 1998 betreffend den letzten Wohnsitz des Verurteilten,

zur Entscheidung über die Vollstreckbarkeit der gegen den deutschen Staatsangehörigen A B durch rechtskräftiges Urteil des Geschworenengerichts am Sitze des Landesgerichts Y vom 12. 3. 1998 – 20 Vr 4075/97 – 20 Hv 1/98 – wegen schweren Raubes u. a. erkannten Freiheitsstrafe von zehn Jahren übersandt.

Der Verurteilte befand sich vom 24. 10. 1997 bis 12. 3. 1998 in Untersuchungshaft (Vorhaft), die auf die erkannte Freiheitsstrafe angerechnet wurde. Das Strafende ist auf 24. 10. 2007, 24.00 Uhr berechnet.

A B verbüßt die Freiheitsstrafe gegenwärtig in der Strafvollzugsanstalt Z in Österreich.

Gemäß §§ 54 Abs 1 und 4, 55 Abs 1 IRG beantrage ich, die in Österreich erkannte Freiheitsstrafe in der Bundesrepublik Deutschland durch Beschluss für vollstreckbar zu erklären und in eine Freiheitsstrafe von zehn Jahren nach deutschem Recht umzuwandeln.

Der Verurteilte hat sich zu Protokoll eines Richters am Kreisgericht W mit der Übernahme der Strafvollstreckung durch die deutschen Justizbehörden einverstanden erklärt.

Der Verurteilte hatte seinen letzten inländischen Wohnsitz in X, B-Weg 2, so dass die Zuständigkeit des Landgerichts X begründet ist (§ 51 Abs 1 S 2 IRG).

Von der Entscheidung erbitte ich sieben beglaubigte Abschriften, versehen mit Rechtskraftvermerk.

2. Beleg und Wv 1. 7. 2002

ZZ

Oberstaatsanwalt

1033 Das deutsche Gericht hat von den in der ausländischen Entscheidung enthaltenen Tatsachenfeststellungen und rechtlichen Würdigungen auszugehen. Eigene Ermittlungen insoweit sind nicht zulässig; zusätzliche Ermittlungen werden aber uU in Bezug auf § 49 Abs 1 Nr. 2 und 3 IRG notwendig sein, ob also bei der ausländischen Entscheidung nach unserem Recht unverzichtbare Verfahrensgrundsätze beachtet worden sind (vgl. hierzu § 52 Abs 1 und 2 IRG).

1034 Vor der Entscheidung muss der Verurteilte nochmals Gelegenheit zur Stellungnahme erhalten. Das kann in einem Anschreiben etwa wie im nachfolgenden Beispiel geschehen:

Landgericht X
– XIII. Strafkammer –
– Strafvollstreckungskammer –

Herrn
AB
Strafvollzugsanstalt
Z/Österreich

XIII StVK 36/02   X, den 25. 5. 2002

Sehr geehrter Herr AB!

Am 24. 2. 2002 haben Sie vor dem Kreisgericht W beantragt, die restliche Strafe aus dem rechtskräftigen und vollstreckbaren Urteil des Geschworenengerichtes am Sitze des Landesgerichts Y vom 12. März 1998, 20 Vr 4075/97, 20 Hv 1/98, mit dem Sie wegen des Verbrechens des schweren Raubes und anderer Straftaten zu einer Freiheitsstrafe von 10 Jahren verurteilt worden sind, in der Bundesrepublik Deutschland zu verbüßen.

Es ist beabsichtigt, Ihrem Ersuchen stattzugeben und hierbei die nach österreichischem Recht verhängte Freiheitsstrafe von 10 Jahren in eine 10-jährige Gesamtfreiheitsstrafe nach deutschem Recht umzuwandeln. Diese Umwandlung ist nach § 54 des Gesetzes über die internationale Rechtshilfe in Strafsachen (IRG) erforderlich, bevor die in Österreich verhängte Strafe hier vollstreckt werden kann. Nach § 52 Abs 3 IRG müssen Sie vor der Entscheidung über die Umwandlung der Strafe und deren Vollstreckbarkeitserklärung in der Bundesrepublik Deutschland nochmals Gelegenheit gehabt haben, sich zur beabsichtigten Entscheidung zu äußern. Hierzu gebe ich hiermit Gelegenheit bis zum 20. 6. 2002. Ich muss noch darauf hinweisen, dass, sollte eine Stellungnahme von Ihnen bis zu diesem Zeitpunkt hier nicht eingegangen sein, Ihre Anhörung im förmlichen Rechtshilfeverfahren erfolgen müsste, was die Entscheidung über ihr Gesuch erheblich hinauszögern würde.

Mit freundlichen Grüßen
W
Richter am Landgericht

Hat der Verurteilte einen Beistand (§ 53 Abs 1 IRG) so kann er sich auch über diesen **1035** äußern. Ein Rechtsanwalt ist vom Vorsitzenden zu bestellen, wenn

1. wegen der Schwierigkeit der Sach- oder Rechtslage die Mitwirkung eines Beistands geboten erscheint,
2. ersichtlich ist, dass der Verurteilte seine Rechte nicht hinreichend wahrnehmen kann, oder
3. der Verurteilte sich außerhalb der Bundesrepublik in Haft befindet und Zweifel bestehen, ob er seine Rechte hinreichend wahrnehmen kann (§ 53 Abs 2 IRG).

§ 53 Abs 3 IRG erklärt für den Beistand die Vorschriften der §§ 137 bis 139, 141 Abs 4, 142 Abs 1 und 143 bis 149 StPO für entsprechend anwendbar.

Bei der Beurteilung der Schwierigkeit der Sach- oder Rechtslage kommt es auf die Sicht der Betroffenen, nicht auf die eines mit Rechtshilfeangelegenheiten Vertrauten an. Angesichts der vielschichtigen Materie, die durch das Nebeneinander von IRG, Verträgen und Vertragsgesetzen, von ausländischem und deutschem Straf- und Strafprozessrecht gekennzeichnet ist, wird im Regelfall ein Beistand zu bestellen sein.[1] An diesen kann auch zugestellt werden, was, insbesondere wenn sich der Verurteilte im außereuropäischen Ausland befindet, das Verfahren deutlich vereinfacht und beschleunigt.

Nach Abschluss der Anhörung und Erledigung der noch für erforderlich gehaltenen **1036** Ermittlungen entscheidet die Strafvollstreckungskammer über die Vollstreckbarkeit des ausländischen Urteils durch Beschluss (sog Exequaturentscheidung, §§ 54 und 55 IRG).

Bei einer **positiven Entscheidung** wird die ausländische Sanktion zugleich ihrer Art nach in eine deutsche umgewandelt, wobei sich die **Höhe** der deutschen Sanktion grundsätzlich nach der ausländischen Entscheidung richtet, in der Höhe aber durch die **nach deutschem Recht** für die konkrete Tat **zulässige Höchststrafe** begrenzt wird.[2] Es findet weder eine Prüfung des Schuldnachweises statt, noch wird eine neue Strafzumessungsentscheidung getroffen. Einzelheiten regelt § 54 IRG. Soweit sich bei Festsetzung einer Geldstrafe eine Ersatzfreiheitsstrafe aus der ausländischen Entscheidung nicht bestimmen lässt, kommt nur die Einforderung und Beitreibung der Geldstrafe in Betracht. Eine Teilverbüßung im Ausland (sowie uU die erlittene Sicherungshaft, § 58 IRG) sind anzurechnen, § 54 Abs 4 IRG; die Anrechnung muss förmlich ausge-

---

[1] *Schomburg/Hackner,* Rdnr. 5 zu § 53 IRG.
[2] Dies wird bei der in der Praxis der Vollstreckungshilfe quantitativ bedeutendsten Gruppe der Drogentäter sehr häufig relevant. Die in den üblichen Urteilsstaaten Südamerikas und Südostasiens verhängten drakonischen Strafen werden dann auf das in Deutschland mögliche Höchstmaß von 15 Jahren Freiheitsstrafe reduziert. Zu den im Übrigen relevanten Fragen der Exequatur vgl. Schomburg/Hackner, Rdnr. 7 ff zu § 54 IRG.

sprochen werden.[3] Die Anrechnung erlittener Untersuchungshaft ist der Strafvollstreckungskammer aber nicht übertragen; über sie kann allein der ersuchende ausländische Staat entscheiden.[4] Eine Anrechnung im Ausland verbüßter Haft über den Maßstab 1:1 hinaus kommt im Rahmen der Exequaturentscheidung nicht in Betracht, § 54 Abs 4 IRG enthält bewusst keine § 51 Abs 4 S 2 StGB entsprechende Regelung.[5] Im Interesse eines funktionierenden Vollstreckungshilfeverkehrs (die Zustimmung des Urteilsstaates ist stets Voraussetzung einer Überstellung eines Deutschen aus dem ausländischen Vollzug), könnten Anrechnungen zu einer erheblichen Verkürzung der in Deutschland noch zu verbüßenden Haftzeit und damit zu einer Ablehnung der Überstellung seitens des Urteilsstaates führen. Gerade bei exotischen Urteilstaaten mit entsprechend harten Haftbedingungen müssen aus humanitären Erwägungen Ungerechtigkeiten im Einzelfall zugunsten der Möglichkeit, dass deutsche Verurteilte auch weiterhin zur Strafvollstreckung nach Deutschland überstellt werden, in Kauf genommen werden. Harte Haftbedingungen im Urteilstaat können daher erst nach einer Überstellung im Rahmen der nach deutschem Recht zu treffenden Strafaussetzungsentscheidungen nach § 57 IRG iVm §§ 57, 57a StGB Berücksichtigung finden.[5a] In extremen Fällen sind auch Gnadenentscheidungen denkbar, die aber nur unter Einbeziehung der einzuholenden Meinung des Urteilsstaates getroffen werden sollten. Der Beschluss der Kammer ist mit der sofortigen Beschwerde anfechtbar (§ 55 Abs 2 IRG).

1037   Beispiel einer positiven Entscheidung:

– XIII StVK 36/02 –
70 Js 24/02

Landgericht X
– XIII. Strafkammer –
– Strafvollstreckungskammer –
Beschluss vom 16. Juli 2002

Strafsache
gegen

A B

geb. am ...... in ......
zuletzt wohnhaft in ......
zZt Strafvollzugsanstalt Z

Die Freiheitsstrafe von zehn Jahren aus dem Urteil des Geschworenengerichtes am Sitze des Landesgerichts Y vom 12. März 1998 – 20 Vr 4075/97, 20 Hv 1/98 – wegen des Verbrechens des schweren Raubes und anderer Straftaten wird in der Bundesrepublik Deutschland für vollstreckbar erklärt. Sie wird in eine Freiheitsstrafe von 10 Jahren nach deutschem Recht umgewandelt. Die seit 24. Oktober 1997 in Österreich vollzogene Vorhaft (Untersuchungshaft) und Strafhaft werden auf die Strafe angerechnet.

Gründe

AB ist am ...... in ...... geboren. Er ist deutscher Staatsangehöriger und war zuletzt in ...... wohnhaft. Am 12. März 1998 wurde er durch rechtskräftiges und vollstreckbares Urteil des Geschworenengerichtes am Sitze des Landesgerichts Y – 20 Vr 4075/97,

---

[3] *Hamann*, Internationale Strafvollstreckung, Rechtspfleger 1985, 14.
[4] *Schomburg/Hackner*, Rdnr. 14 zu § 54 IRG. Die in der Praxis häufige Tenorierung, wonach auch die im Urteilsstaat verbüßte Untersuchungshaft angerechnet wird, hat bestenfalls deklaratorische Bedeutung.
[5] Vgl. *Schomburg/Hackner*, Rdnr. 14 zu § 54 IRG.
[5a] Vgl. zu den Entscheidungskriterien für ein Halbstrafegesuch nach Übernahme einer besonders hohen spanischen Freiheitsstrafe OLG Köln, Beschl. v. 15. 6. 2007 – 2 Ws 272/07, NStZ 2008, 641 f.

20 Hv 1/98 – wegen des Verbrechens des schweren Raubes, des Verbrechens des versuchten schweren Raubes, des Verbrechens des verbrecherischen Komplottes, des Vergehens des unbefugten Gebrauchs von Fahrzeugen und des Vergehens gegen das Waffengesetz zu zehn Jahren Freiheitsstrafe verurteilt. Er befindet sich in dieser Sache seit 24. 10. 1997 in Österreich in Vorhaft (Untersuchungshaft) bzw Strafhaft. Derzeit verbüßt er die Freiheitsstrafe in der Strafvollzugsanstalt Z. Das urteilsmäßige Strafende ist der 24. 10. 2007.

AB hat am 24. 2. 2002 zu Protokoll des Kreisgerichtes W erklärt, dass er die Strafe in der Bundesrepublik Deutschland verbüßen möchte und mit der Übernahme der Vollstreckung durch die Behörden der Bundesrepublik Deutschland einverstanden sei.

Das Bundesministerium für Justiz der Republik Österreich hat die Bundesrepublik Deutschland gebeten, die weitere Vollstreckung der Strafe zu übernehmen.

Die Staatsanwaltschaft X hat beantragt, die in Österreich erkannte Freiheitsstrafe in der Bundesrepublik Deutschland für vollstreckbar zu erklären und in eine Freiheitsstrafe von zehn Jahren nach deutschem Recht umzuwandeln. AB wurde hierzu gehört.

Dem Antrag der Staatsanwaltschaft war zu entsprechen (§§ 54 Abs 1 und Abs 4, 55 Abs 1 IRG). Die von dem Verurteilten erstrebte Herabsetzung der Sanktion (Milderung der Strafe) war nicht möglich, weil für die Höhe der festzusetzenden Sanktion das ausländische Erkenntnis maßgebend ist und die verhängte Sanktion das Höchstmaß der in der Bundesrepublik Deutschland für die Taten angedrohten Sanktionen nicht überschreitet.

Gegen diese Entscheidung ist das Rechtsmittel der sofortigen Beschwerde zulässig. Diese ist binnen einer Woche – beginnend mit der Bekanntmachung der Entscheidung – beim Landgericht X zu Protokoll der Geschäftsstelle oder schriftlich einzulegen.

> AA
> Richter am LG

Die Entscheidung wird , sofern kein Verteidiger bestellt ist, dem im Ausland aufhält- **1038** lichen Verurteilten durch Vermittlung der dortigen Behörde zugestellt und auch der Staatsanwaltschaft gem § 41 StPO übergeben, etwa wie in folgender Beispielsverfügung:

Landgericht X   X, den 30. Juli 2002
XIII. Strafkammer
– Strafvollstreckungskammer –
– XIII StVK 36/02 –

1. An das
   Kreisgericht W/Österreich
   – oder an die zuständige Behörde –

   Betreff: Übernahme der Strafvollstreckung des in der Strafvollzugsanstalt Z einsitzenden
              Strafgefangenen
              AB, geboren am . . . . . . in . . . . . ., deutscher Staatsangehöriger,
              durch die Bundesrepublik Deutschland
   Anlage: 2 Beschlussausfertigungen

   Sehr geehrter Herr Kollege!

   Anbei übersende ich zwei Ausfertigungen des Beschlusses der XIII. Strafkammer des Landgerichts X vom 16. Juli 2002 mit der Bitte, dem Gefangenen AB eine Ausfertigung zuzustellen und amtlich zu bescheinigen, an welchem Tage, zu Händen welcher Person und in welcher Weise die Zustellung ausgeführt worden ist.

   Mit bestem Dank und vorzüglicher Hochachtung

   AA

   Vorsitzender Richter am Landgericht

2. Ausfertigungen vom 16. 7. 2002 sind Ziff 1 anzuschließen – 1 Ausfertigung mit 3) anzuschließen

3. Rv – an die Staatsanwaltschaft X
zur Zustellung nach § 41 StPO.
1 Ausfertigung des Beschlusses ist angeschlossen.

4. Beleg und Wv 10 Tage

AA

Richter am Landgericht

1039   Nach der Rechtskraft ist die Entscheidung der Bewilligungsbehörde und dem Bundeszentralregister (vgl. §§ 55 Abs 3, 56 IRG) mitzuteilen und die Vollstreckung zu veranlassen. Vollstreckungsbehörde ist die für die Kammer zuständige Staatsanwaltschaft bzw (nach § 57 Abs 4 IRG) der Jugendrichter als Vollstreckungsleiter. Die gerichtliche Zuständigkeit für Nachtragsentscheidungen ist in § 57 Abs 3 geregelt. Gnaden- oder Amnestieentscheidungen des Urteilsstaates müssen ebenso wie etwaige Entscheidungen in einem dortigen Wiederaufnahmeverfahren ohne weitere gerichtliche Entscheidungen des Vollstreckungsstaates bei der dortigen Strafvollstreckung Berücksichtigung finden, sobald sie dem Vollstreckungsstaat amtlich zur Kenntnis gelangt sind.[6]

II. Vollstreckung inländischer Entscheidungen im Ausland

1040   Die Voraussetzungen für deutsche Ersuchen an ausländische Justizbehörden um Vollstreckung einer im Inland verhängten Strafe oder sonstigen Sanktion sind in § 71 IRG geregelt (für den Vollstreckungshilfeverkehr mit den Staaten der Europäischen Union i. V. m. § 85 IRG). Zu unterscheiden sind die Fälle der Vollstreckung gegen einen Ausländer im Ausland (§ 71 Abs 1) und der Vollstreckung gegen einen Deutschen (§ 71 Abs 2). Voraussetzung für ein Vollstreckungsersuchen ist grundsätzlich, dass das Oberlandesgericht die Vollstreckung in dem ersuchten Staat für zulässig erklärt hat, § 71 Abs 4 IRG. Soll die Überstellung auf der Grundlage des Überstellungsübereinkommen und damit mit Zustimmung des Verurteilten erfolgen, ist eine gerichtliche Zulässigkeitsentscheidung nicht erforderlich, § 2 Abs 1 ÜAG. Gleiches gilt in den Fällen, in denen sich der Verurteilte der Vollstreckung durch Flucht entzogen hat und das Ersuchen auf der Basis der Artikel 67 und 68 des Schengener Durchführungsübereinkommens bzw des Artikels 2 des Zusatzprotokolls zum Überstellungsübereinkommens gestellt werden kann, § 2 Abs 1 ÜAG. Bei dem Erfordernis der gerichtlichen Zulässigkeitsentscheidung verbleibt es jedoch auch bei diesen sogen. Fluchtfällen, sofern das Ersuchen an einen Staat gerichtet werden soll, der nicht Vertragspartner dieser Übereinkommen ist. Örtlich zuständig ist bei einem Verurteilten, gegen den eine Freiheitsstrafe vollstreckt wird, das für den Sitz der Vollzugsanstalt zuständige, sonst das für den Bezirk des Gerichts, das die Sanktion verhängt hat, zuständige OLG (§ 71 Abs 4 Satz 3 IRG). Auf das Verfahren finden die in Satz 4 bezeichneten Vorschriften (über die Vollstreckung ausländischer Entscheidungen im Inland) entsprechende Anwendung. Die Staatsanwaltschaft bei dem Oberlandesgericht) hat die Entscheidung vorzubereiten und ist am Verfahren beteiligt.

1041   Bei Vollstreckungsersuchen gegen Verurteilte mit **Aufenthalt im Ausland** (möglich gegen Ausländer und Deutsche) muss eine bestimmte – nicht zu lockere – Bindung an den Vollstreckungsstaat gegeben sein (Wohnsitz, gewöhnlicher oder tatsächlicher Aufenthalt).[7] Nach dem IRG ist bei Ausländern die Zustimmung nicht erforderlich;

---

[6] Vgl. Art. 12 des Überstellungsübereinkommens, Art 5, 6 Abs 4 des deutsch-thailändischen Vollstreckungshilfevertrags; in Thailand sind Amnestieentscheidungen üblich.

[7] *Hamann*, aaO, S 16.

eventuell aber nach zwischenstaatlichen Vereinbarungen (s. Art 3 Abs 1 (d) des Überstellungsübereinkommens). Deutschen Verurteilten dürfen durch die Vollstreckung im Ausland keine erheblichen, außerhalb des Strafzwecks liegenden Nachteile erwachsen.

Bei Ausländern mit **Aufenthalt im Inland** ist die Überstellung zur Vollstreckung im Ausland nur zulässig, wenn vom Übernahmestaat der Spezialitätsgrundsatz beachtet wird und keine Gefahr politischer Verfolgung besteht (§§ 71 Abs 1 S 2, 11 IRG).[8] Die Vollstreckung im ausländischen (nicht unbedingt Heimat-)Staat muss im Interesse des Verurteilten oder im öffentlichen Interesse liegen. Das Verfahren wird auf Initiative des Verurteilten hin, von Amts wegen oder auf Anregung des Heimatstaates in Gang gebracht.[9] Aus § 71 IRG kann der ausländische Verurteilte aber kein Recht darauf herleiten, dass die ausgesprochene Strafe im Ausland zu verbüßen ist.[10]   **1042**

Nach Abschluss der Vorbereitungen (Einholung der erforderlichen Stellungnahmen usw.)[11] führt die Staatsanwaltschaft die Entscheidung des Senats herbei. Dieser entscheidet durch Beschluss.   **1043**

Beispiel eines Beschlusses   **1044**

Geschäftsnummer: Ort, Datum
1 OLG Ausl 1/08
In dem Überstellungsverfahren
gegen
N. N.
geb. am . . . . . . in . . . . . .
z. Zt. Justizvollzugsanstalt . . . . . .

hier: Zulässigkeit der Überstellung zur Strafvollstreckung in Griechenland

erlässt der 1. Strafsenat des Oberlandesgerichts . . . . . . durch die unterzeichneten Richter folgenden

Beschluss:

Die weitere Vollstreckung des Urteils des Landgerichts . . . . . . vom 4. 2. 2004 – Ks 3Js 203/90 – gegen N. N. , geboren am . . . . . ., in Griechenland wird für zulässig erklärt.

Gründe

I.

. . . . wurde durch das oben genannte Urteil wegen Mordes, schwerer räuberischer Erpressung in drei Fällen, versuchter schwerer räuberischer Erpressung, Diebstahls und falscher Verdächtigung – letztere in Tateinheit mit Freiheitsberaubung – zu lebenslanger Freiheitsstrafe verurteilt. Er hatte Raubüberfälle begangen und bei einem solchen Überfall einen Wirt, der sich mit einer Schreckschusswaffe zur Wehr setzte, erschossen. Wegen der Straftat im Einzelnen und der persönlichen Entwicklung des Verurteilten wird auf die Gründe des genannten Urteils verwiesen.

Das Urteil ist seit 7. November 2004 rechtskräftig.

Der Verurteilte verbüßt derzeit diese Strafe in der Vollzugsanstalt X. Die Mindestverbüßungsdauer von 15 Jahren endet am 5. Februar 2018.

---

[8] *Hermes* (Strafrechtliche Folgen einer Verletzung der Spezialitätsbindung im Auslieferungsverkehr) NStZ 1988, 396, weist warnend auf § 345 StGB hin.

[9] Zu den Zulässigkeitsvoraussetzungen für das Ersuchen um Vollstreckungshilfe in einem ausländischen Staat (hier: Türkei) vgl. eingehend BGH, NStZ 1986, 77 mit kritischer Anm. *Schomburg.*

[10] OLG Stuttgart, NStZ 1990, 133 = NJW 1990, 3100 = MDR 1990, 176 und NJW 1990, 1433 Nr. 23.

[11] Vgl. Nr. 105 ff RiVASt.

Zur Vorbereitung eines Ersuchens um Vollstreckungshilfe an Griechenland wurde der Verurteilte am 10. 8. 2007 vor dem Amtsgericht ...... richterlich angehört. Er hat sich mit einer Überstellung nach Griechenland nicht einverstanden erklärt und darauf hingewiesen, dass sein Onkel mit Familie in Deutschland leben würde und er sich nach seiner Haftentlassung auch weiterhin in Deutschland aufhalten wolle.

Der Verurteilte ist griechischer Staatsangehöriger, dort auch geboren und aufgewachsen. Am 15. 10. 1999 wurde ihm eine Aufenthaltserlaubnis für Deutschland erteilt, wo er sich in der Folgezeit auch aufhielt. Einer geregeltem Beschäftigung ging er nicht nach. N. N. ist ledig und hat keine Kinder. Seine Eltern und eine Schwester leben in Griechenland. Mit bestandskräftigem Bescheid vom 10. Juni 2006 hat das Landratsamt ...... den Verlust des Rechts nach § 2 Abs 1 des Gesetzes über die allgemeine Freizügigkeit von Unionsbürgern auf Einreise und Aufenthalt im Bundesgebiet festgestellt, den Verurteilten aufgefordert, nach Unanfechtbarkeit der Feststellung binnen einer Frist von 15 Tagen zu verlassen und ihm andernfalls die Abschiebung nach Griechenland angedroht.

Die Generalstaatsanwaltschaft X hat beantragt, gem. § 71 Abs 4 IRG die Vollstreckung der Restfreiheitsstrafe in Griechenland für zulässig zu erklären.

Die Vollzugsanstalt X hat mit Schreiben vom 25. August 2007 eine Überstellung befürwortet; auf den Inhalt der Stellungnahme wird Bezug genommen.

II.

Dem Antrag war gem. §§ 85, 71 Abs 1, 3 und 4 IRG stattzugeben. Für die beantragte Entscheidung ist das Oberlandesgericht ...... zuständig, §§ 85, 71 Abs 4 IRG.

Die Voraussetzungen für eine Zulässigkeitserklärung der Vollstreckung in Griechenland liegen vor. Die weitere Vollstreckung der Freiheitsstrafe in Griechenland liegt im öffentlichen Interesse, §§ 85, 71 Abs 1 Nr. 2 IRG.

Der Verurteilte ist griechischer Staatsangehöriger. Von der verhängten Freiheitsstrafe sind noch deutlich mehr als sechs Monate zu vollstrecken, Art. 3 Abs 3 ÜberstÜbk.

Der Verurteilte hat sich mit seiner Überstellung nach Griechenland nicht einverstanden erklärt. Der Senat hatte daher über die Zulässigkeit der Überstellung nach Art. 3 des ZP-ÜberstÜbk zu entscheiden. Bei der gerichtlichen Zulässigkeitsentscheidung wird namentlich geprüft, ob bei Abwägung aller persönlichen Umstände eine Überstellung gegen den Willen der verurteilten Person in Betracht kommt, ob angesichts der Vollzugs- und Vollstreckungspraxis im Vollstreckungsstaat eine Überstellung überhaupt zulässig ist und ob ernstliche Gründe für die Annahme bestehen, dass die verurteilte Person im Falle ihrer Überstellung politisch verfolgt wird. Es sind vorliegend keine Gesichtspunkte erkennbar, die unter Anwendung dieser Kriterien einer Überstellung entscheidend entgegenstehen könnten. Der Verurteilte ist in Griechenland geboren und aufgewachsen. Er hatte bis 1999 dort auch seinen Lebensmittelpunkt. Ein Teil seiner Familie lebt dort noch heute. Enge Familienangehörige, insbesondere Lebenspartner oder Kinder hat der Verurteilte in Deutschland nicht. Der bloße Wunsch, in Deutschland zu bleiben und nach einer Entlassung bei den in Deutschland lebenden Angehörigen zu leben, führt nicht zur Unzulässigkeit einer Überstellung. Entscheidend ist nämlich, dass der Verurteilte aufgrund des bestandskräftigen Bescheides des Landratsamtes ...... vom ...... Deutschland ohnehin verlassen muss, sobald dem staatlichen Strafanspruch aus dem Urteil des Landgerichts ...... genüge getan ist. Ein Verbleib des Verurteilten in Deutschland nach Entlassung aus der Strafhaft ist somit ebenso wenig möglich wie eine Vorbereitung des Strafvollzuges auf eine Entlassung in Deutschland. Es liegt daher im öffentlichen Interesse, die Vollstreckung baldmöglichst in Griechenland fortzuführen. Politische Verfolgung droht dem Verurteilten in seinem Heimatstaat ebenso wenig wie unzumutbare Haftbedingungen. Gründe im Sinne von §§ 85, 73 IRG, die der Zulässigkeit der Vollstreckung in Griechenland entgegenstehen könnten, sind nicht ersichtlich.

Unterschriften der Richter

1045 Die Entscheidung des Oberlandesgerichts ist unanfechtbar, § 71 Abs 4 S 4 iVm § 13 Abs 1 S 2 IRG. Treten nach der Entscheidung jedoch Umstände ein, die eine andere Entscheidung über die Zulässigkeit zu begründen geeignet sind, hat das OLG wie im

Auslieferungsrecht von Amts wegen oder auf Antrag erneut über die Zulässigkeit zu entscheiden, § 71 Abs 4 S 4 iVm § 33 IRG.

Nach positiver Zulässigkeitsentscheidung des Oberlandesgerichts regt die Vollstreckungsbehörde die Stellung eines Ersuchens bei der Bewilligungsbehörde abschließend an. Dort ist die Entscheidung zu treffen, ob ein Ersuchen um Übernahme der Strafvollstreckung gestellt wird. Etwaige Ersuchen werden, je nach völkerrechtlicher Grundlage, auf dem justizministeriellen oder diplomatischen Wege übersandt. Stimmt der Vollstreckungsstaat eine Überstellung zu, hat die Staatsanwaltschaft die praktische Durchführung zu veranlassen. Die deutsche Vollstreckungsbehörde sieht mit der Überstellung von der Vollstreckung des deutschen Erkenntnisses ab, kann sie aber fortsetzen, soweit der ersuchte Staat die Vollstreckung nicht zu Ende geführt hat, § 71 Abs 5 IRG. Da sich ab Übernahme die Vollstreckung nach dem Recht des ersuchten (Vollstreckungs-) Staates richtet, kommt dies nur in den Fällen in Betracht, in denen sich der Verurteilte der weiteren Vollstreckung im Vollstreckungsstaat entzogen hat.

Vierter Teil. Entscheidungen des erstinstanzlichen Gerichts in Fragen der Strafvollstreckung

I. Zuständigkeit

1046 Grundsätzlich ist das erstinstanzliche Gericht zuständig für alle Entscheidungen, die für die Strafvollstreckung von Bedeutung sind. Durch die Schaffung der Strafvollstreckungskammern ist ein Teil der (früheren) Zuständigkeiten auf die Strafvollstreckungskammer übergegangen: § 462a Abs 2 Satz 1 StPO stellt klar, dass es in allen anderen Fällen von Entscheidungen während des Vollstreckungsverfahrens bei der Zuständigkeit des Gerichts des ersten Rechtszugs verbleibt. Darüber hinaus verbleibt in jedem Falle die Zuständigkeit für die Bildung einer Gesamtstrafe (§ 460 StPO) beim Gericht des ersten Rechtszugs, § 462a Abs 3 StPO.

Auch während des Vollstreckungsverfahrens, also nach der Rechtskraft des erkennenden Urteils oder Strafbefehls ist demnach **das erstinstanzliche Gericht** in den nachfolgenden Fällen für die erforderlichen Entscheidungen **zuständig:**

A. Vor Beginn einer Vollstreckung

1047 Bei Freiheitsstrafen und freiheitsentziehenden Maßregeln, solange mit der Vollstreckung noch nicht begonnen wurde, ist das erstinstanzliche Gericht zuständig; ebenso – während der gesamten Dauer der Vollstreckung – gem § 459h StPO bei Einwendungen gegen die Entscheidungen der Vollstreckungsbehörde nach den §§ 459a, 459c, 459e und 459g.

Die Strafvollstreckungskammer aber ist zuständig, wenn sich der Verurteilte bereits im Strafvollzug befindet. Sie kann jedoch wiederum einzelne Entscheidungen (vgl. § 462a Abs 1 Satz 3 StPO) für dieses bindend an das Gericht des ersten Rechtszugs abgeben. Sonst ist für nachträgliche Entscheidungen in den Fällen des § 453 StPO (die sogar bereits vor der Rechtskraft des Urteils geschehen können) das Gericht des ersten Rechtszugs zuständig. Selbst für Entscheidungen nach § 57 StGB ist, wenn der Verurteilte sich bisher nur in Untersuchungshaft befunden hat, die auf die Strafe angerechnet worden ist und wenn die „verbüßte" Strafe gem. § 57 Abs 4 StGB nur in angerechneter Untersuchungshaft besteht und der Verurteilte im Zeitpunkt der Entscheidung über den Antrag auf Aussetzung des Strafrestes sich nicht in Haft befindet, das erstinstanzliche Gericht zuständig;[1] ebenso zur Entscheidung über einen Antrag auf vorzeitige Aufhebung der Sperre für die Erteilung einer neuen Fahrerlaubnis gem § 69a Abs 7 StGB, auch wenn der Verurteilte bereits einen Teil der gegen ihn verhängten Freiheitsstrafe verbüßt hatte, der Vollzug der Reststrafe aber im Gnadenweg bedingt ausgesetzt und die Strafvollstreckungskammer vorher nicht mit einer anderen Entscheidung befasst war.[2]

B. Nachträgliche Gesamtstrafenbildung

1048 Auch während der Vollstreckung einer Freiheitsstrafe und freiheitsentziehenden Maßregel ist für die **nachträgliche Bildung einer Gesamtstrafe** nach § 460 StPO das erstinstanzliche Gericht zuständig.

---

[1] OLG Hamm, NStZ 2002, 223.
[2] OLG Hamm, NJW 1980, 2721.

Dies ist in § 462a Abs 3 StPO deshalb besonders herausgestellt, weil sich – wegen der Bezugnahme auf § 462 StPO – aus Abs 1 sonst auch hierfür die Zuständigkeit der Strafvollstreckungskammer ergeben hätte. Die Bildung einer Gesamtstrafe gehört aber auch zu den originären Tätigkeiten des erkennenden Gerichts, das bei der Bildung der Gesamtstrafe die allgemeinen Regeln der Strafzumessung zu beachten hat.[3] Zum Verfahren siehe unten III, Rdn 1061 ff.

C. Übertragung der Zuständigkeit von der Strafvollstreckungskammer (§ 462a Abs 1 Satz 3) und Ersatzzuständigkeit

Die Strafvollstreckungskammer kann gem § 462a Abs 1 S 3 StPO einzelne Entschei- **1049** dungen bindend an das Gericht des ersten Rechtszuges abgeben. Dies betrifft Entscheidungen nach § 462 i. V. m. § 458 Abs 1 StPO über die Auslegung des Urteils, die Strafzeitberechnung und die Zulässigkeit der Strafvollstreckung. Das Gericht des ersten Rechtszuges ist ferner anstelle der Strafvollstreckungskammer zuständig, wenn das Oberlandesgericht im ersten Rechtszug entschieden hat, § 462a Abs 5 Satz 1 StPO.[4]

D. Bei allen anderen Strafarten als Freiheitsstrafe und Nebenfolgen und bei Maßregeln der Besserung und Sicherung ohne Freiheitsentzug

Soweit diese nicht im Zusammenhang mit und neben einer Freiheitsstrafe oder frei- **1050** heitsentziehenden Maßregel, für die die Zuständigkeit der Strafvollstreckungskammer gegeben ist, verhängt sind, entscheidet das Gericht des ersten Rechtszuges. Ebenso ist dieses für nachträgliche Entscheidungen bei Geldbußen, Ordnungs- und Erzwingungsgeldern immer zuständig. § 462a Abs 1 Satz 1 StPO beschränkt die Zuständigkeit der Strafvollstreckungskammer auf die Entscheidungen nach den §§ 453, 454, 454a und 462 (dort wiederum zitiert die §§ 450a Abs 3 Satz 1 und 458 bis 461) StPO. Die Entscheidungen nach § 456c StPO verbleiben in der Zuständigkeit des erstinstanzlichen Gerichts.

E. Entscheidungen bei Zurückstellung der Vollstreckung nach § 36 BtMG

Vgl. hierzu unten IV, Rdn 1099 ff.   **1051**

II. Besonderheiten der Zuständigkeitsregelung

A. Einfluss von Entscheidungen über Rechtsmittel

Das Gericht des ersten Rechtszugs ist auch dann für die Nachtragsentscheidungen als **1052** Vollstreckungsgericht zuständig, wenn die die Vollstreckung tragende Entscheidung von der Berufungsinstanz gefällt worden ist; so z. B. das Schöffengericht, wenn es selbst zwar den Angeklagten freigesprochen hat, er aber von der Strafkammer des Landgerichts auf die Berufung der Staatsanwaltschaft verurteilt worden ist.

---

[3] Vgl. BGHSt 24, 268 ff.
[4] Vgl. hierzu oben Rdn 822.

1053   Bei Zurückverweisungen der Strafsache durch das Rechtsmittelgericht ist das erstinstanzliche Gericht, an das zurückverwiesen wurde, und nicht das erstinstanzliche
Gericht, das zum ersten Mal über die Sache entschieden hat, zuständig.[5] (Entsprechend § 7 Abs 2 StVollstrO). Nach Anordnung der Wiederaufnahme ist Gericht des
ersten Rechtszuges das Gericht, welches das neue Urteil erlassen hat (§ 462a Abs 6
StPO).

B. Abgabe an das Wohnsitz-Amtsgericht

1054   Die Nachtragsentscheidungen über die Strafaussetzung zur Bewährung oder eine Verwarnung mit Strafvorbehalt (§ 453 StPO) kann das erstinstanzliche Gericht (nicht
auch das Berufungs- oder Beschwerdegericht[6]) ganz oder zum Teil bindend **an das
Amtsgericht abgeben,** in dessen Bezirk der Verurteilte seinen **Wohnsitz** (oder in Ermangelung eines solchen seinen gewöhnlichen Aufenthaltsort) hat, § 462a Abs 2
Satz 2 StPO. Die Abgabe kann nur erfolgen, wenn sie aus besonderen Gründen
zweckmäßig ist.[7] Eine solche Abgabe ist unwirksam, wenn sie rein willkürlich ist.[8]
Die Abgabe ist für das Gericht des Wohn- oder Aufenthaltsorts auch bindend, wenn
kein besonderer Grund die Abgabe rechtfertigt,[9] da dies in der Regel noch keine
Willkür darstellt. Kein sachlicher Grund ist gegeben, wenn das abgebende (erkennende) Gericht wegen der Art der Auflagen und (oder Weisungen und) oder wegen der
nur geringen Entfernung die Bewährungsüberwachung ebenso gut vornehmen kann.

1055   Gegen die Abgabeentscheidung gibt es keine Beschwerde. Zuständig ist beim Amtsgericht der Richter für Strafsachen, der zuständig gewesen wäre, wäre die Sache erst-
instanzlich beim Amtsgericht anhängig geworden; die Geschäftsverteilung des Amtsgerichts kann aber für solche Fälle eine besondere Regelung vorsehen.

1056   Gebunden an die Abgabe ist allerdings nur das Amtsgericht, an das die Sache abgegeben worden ist, nicht auch das übertragende Gericht, wenn die Abgabe – wie dies
nach § 462a Abs 1 Satz 3 StPO möglich ist – auf einzelne Entscheidungen beschränkt
wird. Das abgebende Gericht kann seine Abgabeentscheidung rückgängig machen,
wenn sich die Verhältnisse geändert haben.[10] Dem in erster Linie zuständigen Gericht
obliegt es, die Vollstreckung des Urteils möglichst optimal zu überwachen; wäre es an
eine – womöglich falsche – Abgabeentscheidung gebunden, könnte dieses Ziel in vielen Fällen nicht erreicht werden.

C. Zuständigkeitskonzentration

1057   Mit Ausnahme des Falles der nachträglichen Gesamtstrafenbildung (§ 460 StPO) und
soweit nicht die Zuständigkeit der Strafvollstreckungskammer Platz greift, ist **für alle
nachträglichen Entscheidungen** für das Vollstreckungsverfahren mehrerer Einzelver-
urteilungen durch verschiedene Gerichte, deren Vollstreckung noch nicht erledigt ist,
nur ein Gericht zuständig, § 462a Abs 4 StPO. Dies auch dann, wenn die Zuständig-

---

[5] *Meyer-Goßner,* Rdn 37 zu § 462a StPO.
[6] BGH, NJW 1966, 2022.
[7] BGH, NJW 1958, 560.
[8] OLG Düsseldorf, MDR 1990, 78.
[9] BGH, NStZ 1992, 399; 1993, 200; aA OLG Düsseldorf, NStZ 1992, 206.
[10] BGHSt 26, 204. Dort wurde die Übertragung auf ein Amtsgericht widerrufen und die Sache
auf ein anderes AG übertragen. Der BGH hat dies für zulässig angesehen.

keit in dem Einzelverfahren, in dem die Entscheidungen zu treffen sind, an sich nicht gegeben wäre.[11]

Von den mehreren in Frage kommenden Gerichten ist dasjenige zuständig, das auf die schwerste Strafart oder bei gleicher Strafart auf die höchste Strafe erkannt hat; diese höchste maßgebende Strafe kann auch eine Gesamtstrafe sein (anders als im Verfahren der nachträglichen Gesamtstrafenbildung nach § 460 StPO!) Lässt sich so die Zuständigkeit noch nicht bestimmen, dann ist das Gericht zur Entscheidung berufen, dessen Urteil zuletzt ergangen ist (vgl. § 462 a Abs 4 Satz 2 iVm Abs 3 Satz 2 StPO). **1058**

III. Einzelheiten zur nachträglichen Gesamtstrafenbildung, § 460 StPO

A. Zuständigkeit

Aus dem grundsätzlichen **Vorrang des Erkenntnisverfahrens gegenüber einem Nachtragsverfahren** ergibt sich, dass jedenfalls ein mit der Sache selbst befasstes Gericht auch bei einer nachträglichen Gesamtstrafenbildung zuständig sein muss. Die Gesamtstrafenbildung muss, **wenn irgendmöglich**, d. h., wenn die hierfür erforderlichen tatsächlichen Feststellungen bereits dann getroffen werden können, **schon mit dem letzten tatrichterlichen Erkenntnis** erfolgen. Es geht nicht an, die Bildung der Gesamtstrafe mit bereits vorliegenden rechtskräftigen Erkenntnissen einfach in das nachträgliche Beschlussverfahren nach § 460 StPO zu verschieben; ein solches Vorgehen würde eine Verletzung des sachlichen Rechts bedeuten, die nach feststehender Rechtsprechung des *Bundesgerichtshofs*[12] auch in einer Revision das entsprechende Urteil zu Fall bringen würde. Ist die Gesamtstrafenbildung im Urteil aber – aus welchen Gründen auch immer – unterblieben, dann ist sie selbst dann nachzuholen, wenn die früher verhängte Strafe inzwischen nach Erlass des letzten Urteils durch Vollstreckung erledigt ist.[13] **1059**

Allerdings braucht das erkennende Gericht **keine übertriebenen Anstrengungen zur Beschaffung der Unterlagen** zu machen. Wie der *Große Senat*[14] ausdrücklich feststellt, darf das erkennende Gericht die Bildung einer etwa gebotenen Gesamtstrafe dem Beschlussverfahren nach den §§ 460, 462 StPO dann überlassen, wenn es auf Grund der ihm vorliegenden Unterlagen keine sichere Entscheidung fällen kann, ohne hierzu notwendig noch weitere, mit erheblichem Zeitaufwand verbundene Ermittlungen vorzunehmen. Unter der Voraussetzung, dass das Fehlen ausreichender Unterlagen nicht auf mangelnder Terminvorbereitung beruht, ist der Tatrichter zur Aussetzung der Hauptverhandlung nicht allein aus dem Grund verpflichtet, dass die Unterlagen für eine möglicherweise gebotene Gesamtstrafenbildung noch nicht vollständig genug vorliegen.[15] **1060**

---

[11] BGHSt 26, 119/120.

[12] BGHSt 3, 280 und vor allem BGH – Grosser Senat für Strafsachen – BGHSt 12, 1 ff.

[13] BGH v 2. 5. 1989, zitiert bei *Dotter,* „Zum Strafzumessungs- und Maßregelrecht", NStZ 1989, 471, Nr. 81. Zur Bedeutung nachträglich eingetretener Umstände für einen Gesamtstrafenbeschluss vgl. *Horn,* NStZ 1991, 117.

[14] BGHSt 12, 10.

[15] BGH, zitiert bei *Dotter,* „Zum Strafzumessungs- und Maßregelrecht" Nr. 78; zur Nachholung der Begründung in einer Beschwerdeentscheidung LG München, NStZ 1989, 245.

Die nachträgliche Gesamtstrafe muss begründet werden, wie sich aus § 34 StPO ergibt; die hierfür maßgeblichen Daten sind im Beschluss vollständig mitzuteilen. Wenn der zuletzt erkennende Tatrichter eine Gesamtstrafenbildung ausdrücklich geprüft und die Bildung einer Gesamtstrafe abgelehnt hat, dann ist kein Raum mehr für ein Beschlussverfahren nach § 460 StPO,[16] selbst wenn die Ablehnung rechtsfehlerhaft war. Aus dem grundsätzlichen **Vorrang des Erkenntnisverfahrens gegenüber einem Nachtragsverfahren** bei der Gesamtstrafenbildung ergibt sich auch, dass jedenfalls ein mit der Sache selbst befasstes Gericht auch bei einer nachträglichen Gesamtstrafenbildung zuständig sein muss.

1061   Die Zuständigkeit zur nachträglichen Bildung einer Gesamtstrafe nach § 460 ist in § 462 a Abs 3 StPO geregelt: Sofern nicht ein Oberlandesgericht im ersten Rechtszug in einem der zugrundeliegenden Fälle entschieden hatte (vgl. Abs 3 Satz 3, 2. Halbsatz), das dann zur Entscheidung berufen wäre, steht die Entscheidung, wenn es sich um Erkenntnisse verschiedener Gerichte handelt, **dem Gericht des ersten Rechtszugs zu, das auf die schwerste Strafe erkannt hat.** Bei der Beurteilung, welche von mehreren Strafen als höchste anzusehen ist, kommt es bei Geldstrafen allein auf die Anzahl der Tagessätze, nicht auf deren Höhe an.[17] Bei Strafen gleicher Art ist das Gericht zuständig, das auf die höchste (Einzel-)Strafe erkannt hat. Liegen mehrere Urteile gleicher Strafart und Strafhöhe vor, so ist das letzte Urteil ausschlaggebend, § 462 a Abs 3 Satz 2 StPO. Zum Vergleich werden bei der Zuständigkeitsfrage immer nur die Einzelstrafen, nicht eventuelle schon zuvor gebildete Gesamtstrafen, herangezogen; die Höhe einer solchen Gesamtstrafe bleibt außer Betracht.[18]

Die Gesamtstrafe wird auch dann vom Gericht des ersten Rechtszugs gebildet, wenn das maßgebende Urteil in der höheren Instanz ausgesprochen wurde. Sogar wenn das Gericht erster Instanz seinerzeit selbst freigesprochen hatte, ist es zur Entscheidung berufen.

1062   Soweit nach diesen Grundsätzen das Amtsgericht an sich zur Entscheidung berufen wäre, geht die Zuständigkeit dann auf die erstinstanzliche Strafkammer des übergeordneten Landgerichts über, wenn seine ihm nach § 24 Abs 2 GVG (höchstens vier Jahre Freiheitsstrafe, keine Anordnung der Unterbringung in einem psychiatrischen Krankenhaus oder in der Sicherungsverwahrung) zustehende Strafkompetenz durch die Bildung der Gesamtstrafe überschritten würde (§ 462 a Abs 3 Satz 4 StPO). Die Überschreitung der Kompetenz ist im Falle eines Rechtsmittels gegen die Entscheidung von Amts wegen zu berücksichtigen.[19] Wird allerdings kein Rechtsmittel eingelegt, so wird der Mangel durch den Eintritt der Rechtskraft geheilt. Wird gegen einen Gesamtstrafenbeschluss, der unter Überschreitung der Strafkompetenz ergangen ist, sofortige Beschwerde eingelegt, so hat die Strafkammer den Beschluss aufzuheben und kraft eigener Zuständigkeit (nunmehr als erstinstanzliches Gericht) zu entscheiden.[20]

1063   Hatte eine Strafvollstreckungskammer für eine Strafe Strafaussetzung zur Bewährung bewilligt und ist dann mit einer weiteren Strafe eine Gesamtstrafe gebildet, dann ist für weitere, die Strafaussetzung betreffende Entscheidungen das erstinstanzliche Gericht zuständig.[21]

---

[16] OLG Hamburg, NStZ 1992, 607, OLG Stuttgart, NStZ 1989, 47; OLG Düsseldorf, StV 1993, 34.

[17] BGH, NStZ 1986, 45.

[18] BGH, NJW 1976, 1512; 1986, 1117.

[19] Für den Fall der Revision: BGH bei *Herlan*, GA 71, 34, weiter BGHSt 18, 81. Was in diesen Entscheidungen über die Revision ausgesagt ist, muss entsprechend auch für Beschlüsse gelten, mit denen nachträglich eine Gesamtstrafe gebildet worden ist.

[20] Vgl. die entsprechende Rechtslage in der Berufung, BGHSt 21, 229.

[21] OLG Schleswig, NStZ 1983, 480.

B. Voraussetzungen

Materiell will § 460 StPO die im Erkenntnisverfahren unterlassene Gesamtstrafenbil-   **1064**
dung, die § 53 StGB vorschreibt, in einem Nachtragsverfahren nachholen. Der Verurteilte soll dabei so gestellt werden, als habe bereits der letzte Tatrichter die erforderliche **Gesamtstrafe** gebildet, weder besser noch schlechter.
Es sind deshalb zu bilden, wenn

a) mehrere **Freiheitsstrafen** verwirkt sind,
eine Gesamtfreiheitsstrafe
b) oder mehrere **Geldstrafen** verwirkt sind,
eine Gesamtgeldstrafe,
oder
c) zeitige **Freiheitsstrafen** mit **Geldstrafen** zusammentreffen, im Regelfalle ebenfalls
eine Gesamtstrafe; jedoch kann das Gericht auch gesondert auf Geldstrafe (bei mehreren an sich auszusprechenden zusätzlichen Geldstrafen eine Gesamtgeldstrafe) erkennen (§§ 53 Abs 4, 52 Abs 3, 41 StGB).
d) Auf eine **lebenslange Freiheitsstrafe** als Gesamtstrafe wird erkannt, wenn eine der
Einzelstrafen eine lebenslange Freiheitsstrafe ist (§ 54 Abs 1 Satz 1 StGB).
e) Auf **Vermögensstrafe** (§ 43 a StGB) kann vorerst nicht zusätzlich erkannt werden,   **1065**
da das BVerfG den § 43 a StGB wegen Verstoßes gegen Art 103 Abs 2 GG für nichtig
erklärt hat.[22]
f) Darüber hinaus muss oder kann auf Nebenstrafen, Nebenfolgen und Maßnahmen
(vgl. § 11 Abs 1 Nr. 8 StGB = weiterer Begriff als Maßregeln) erkannt werden, wenn
eines der anwendbaren Gesetze dies vorschreibt oder zulässt (§§ 53 Abs 3, 52 Abs 4
StGB); unter den Voraussetzungen des § 41 StGB kann bei Bereicherungstaten neben
einer Gesamtfreiheitsstrafe auf eine zusätzliche Geldstrafe (ohne dass hierfür eine
gesonderte Tat abgeurteilt werden müsste) erkannt werden.
g) Aus einer **Jugendstrafe** und einer Strafe des allgemeinen Strafrechts kann eine Ge-   **1066**
samtstrafe nicht gebildet werden;[23] auch die Bildung einer Gesamtstrafe zwischen
Geldstrafe und Geldbuße ist nicht möglich.[24]
h) In eine nachträgliche Gesamtstrafenbildung kann auch eine Geldstrafe einbezogen
werden, deren Verhängung im Rahmen eines auf Verwarnung mit Strafvorbehalt lautenden Strafurteils lediglich vorbehalten wurde.[25]

Da nicht immer gewährleistet ist, dass im Zeitpunkt einer Hauptverhandlung bereits   **1067**
die Voraussetzungen für die Bildung von Gesamtstrafen bekannt sind, oder aber wenn
die Voraussetzungen für die Bildung einer Gesamtstrafe erst später entstehen (Rechtskraft einer bereits ergangenen Verurteilung,) sehen die §§ 55 StGB und 460 StPO eine
nachträgliche Gesamtstrafenbildung vor. Ist die Verurteilung, in der die Gesamtstrafenbildung ohne jede Prüfung unterlassen wurde, nicht angefochten und rechtskräftig
geworden, so steht einem Gesamtstrafenbeschluss nach § 460 StPO nichts im Wege.
Bei Anwendung von § 55 StGB ist Voraussetzung der Gesamtstrafenbildung, dass der   **1068**
Verurteilte wegen einer Straftat zuletzt verurteilt wurde, die er bereits vor einer früheren im Zeitpunkt der Entscheidung bereits rechtskräftigen Verurteilung begangen hat,

---

[22] B. v 9. 4. 2002, BGBl I 2002, 1340.
[23] BGHSt 14, 287; vgl. hierzu *Schoreit*, NStZ 1989, 461, der entgegen BGH eine erweiterte
Gesamtstrafenbildung in Analogie zu § 55 StGBN vorschlägt.
[24] LG Verden, NJW 1975, 127.
[25] So überzeugend LG Darmstadt, Beschl. v. 24. 9. 2007 – 9 Qs 430/07 = NStZ-RR 2008, 199 f
unter Verweis auf BVerfG NStZ-RR 2002, 330; LG Heidelberg, Beschl. v. 19. 7. 2001 – 1 Qs
85/06; Fischer, Rdnr. 3 zu § 59 c, a. A. *Meyer-Goßner*, Rdnr. 9 zu § 460.

und dass die durch diese frühere Verurteilung verhängte Strafe noch nicht verjährt oder (vollkommen) vollstreckt oder erlassen ist, wobei als frühere Verurteilung das Straferkenntnis in dem früheren Verfahren gilt, in dem die zugrundeliegenden tatsächlichen Feststellungen letztmals geprüft werden konnten, § 55 Abs 1 StGB. Außer Betracht bleiben Verurteilungen, die durch Vollstreckung der erkannten Strafen vor der letzten Tatsacheninstanz erledigt sind. Eine solche Verurteilung entfaltet keine Zäsurwirkung. Hier kann nur der „Härteausgleich" bei der Strafzumessung helfen.[26]

1069   Die Gesamtstrafenbildung nach § 460 StPO ist aber auch dann noch möglich, wenn die frühere Verurteilung in der Zeit zwischen der Entscheidung, die die Gesamtstrafenbildung unterlassen hat, und dem Zeitpunkt, in dem nach § 460 StPO entschieden wird, bereits vollkommen vollstreckt, verjährt oder erlassen ist. Auf einen kurzen Nenner gebracht, lässt sich sagen: **Solange nicht sämtliche Strafen bereits restlos verbüßt sind, ist die nachträgliche Gesamtstrafenbildung stets dann möglich, wenn die in Betracht kommenden Erkenntnisse zu irgendeinem Zeitpunkt gesamtstrafenbildungsfähig werden.**[27] Das bedeutet maW: Der über eine nachträgliche Gesamtstrafenbildung entscheidende Richter hat sich auf den Standpunkt des zuletzt erkennenden Gerichts zu stellen und die Anwendung von § 55 StGB nachzuholen.

1070   Ist aus zwei Strafen eine Gesamtstrafe gebildet worden, von denen die Erste bei der Gesamtstrafenbildung (nicht jedoch zum Zeitpunkt der späteren Verurteilung) bereits verbüßt war, so kommt es für die erneute Bildung einer Gesamtstrafe mit einer dritten Straftat nicht auf die Verbüßung der ersten Strafe, sondern auf die Verbüßung der Gesamtstrafe an.[28] Eine dritte Tat kann in eine schon für zwei Delikte gebildete Gesamtstrafe nur einbezogen werden, wenn auch die dritte Tat vor der ersten Verurteilung begangen ist. Hat der Angeklagte/Verurteilte eine Straftat zwischen zwei rechtskräftigen Verurteilungen zu Freiheitsstrafen begangen, die durch eine Entscheidung nach § 460 StPO auf eine Gesamtstrafe zurückzuführen sind, darf aus der Strafe für diese (zeitlich mittlere) Tat und der Strafe aus der zweiten Vorverurteilung keine Gesamtstrafe gebildet werden.[29] Ist bei drei Verurteilungen eine Gesamtstrafe gebildet worden und die dritte der Straftaten nicht vor der ersten Verurteilung begangen worden, so hat das Gericht bei einer Verurteilung wegen einer vierten Tat, die vor der Aburteilung der dritten begangen worden ist, mit der dritten Strafe eine Gesamtstrafe zu bilden.[30]

1071   **Straferkenntnis im Sinne der Gesamtstrafenbildung** ist entweder ein Strafurteil oder eine einem solchen gleichstehende Verurteilung, z. B. ein Strafbefehl. Streitig ist, ob es bei der Feststellung des Zeitpunktes des Erlasses der früheren Entscheidung bei dem Strafbefehl auf den Zeitpunkt der richterlichen Beschlussfassung oder auf den der Zustellung ankommt. Der *Bundesgerichtshof* stellt auf die Lage ab, in der der Richter wäre, dessen Entscheidung für eine nachträgliche Einbeziehung in Frage kommt.[31] Straftaten, die der Angeklagte erst nach der Entscheidung des zuerst tätig gewordenen Richters begangen hat, müssen außer Betracht bleiben. Das bedeutet: Es kommt bei einem Strafbefehl nur auf dessen (richterlichen) Erlass und nicht auf die (nichtrichterliche) Zustellung an. Aus einer Strafe für eine Straftat, die nach Erlass (Unterzeichnung) aber vor Zustellung eines Strafbefehls begangen wurde, und der im (rechtskräftigen) Strafbefehl verhängten Strafe kann keine Gesamtstrafe gebildet werden.[32]

---

[26] BGH, StV 1987, 480.

[27] Vgl. *Meyer-Goßner*, Rdn 13 zu § 460 StPO.

[28] OLG Bremen, Rpfleger 1953, 531.

[29] BGHSt 32, 190.

[30] OLG Zweibrücken, NJW 1973, 2116.

[31] BGHSt 32, 193; 33, 230.

[32] BGH, JZ 1985, 908.

Ein Urteil, das (nach Zurückweisung aus der Rechtsmittelinstanz) lediglich zur Bil- 1072
dung einer Gesamtstrafe geführt hat, kann als frühere Verurteilung gelten; anders ist
es beim Gesamtstrafenbeschluss nach § 460 StPO,[33] der ja an rechtskräftige tatsächliche Feststellungen anknüpft. Steht eine nachträgliche Gesamtstrafenbildung mit früheren Verurteilungen aus einem Gesamtstrafenbeschluss nach § 460 StPO an, so
kommt es auf das zeitliche Verhältnis der dort einbezogenen frühesten Verurteilung
zu den zuletzt abgeurteilten Taten an. Dabei ist „frühere Verurteilung" das letzte tatrichterliche Urteil, auch wenn es nur noch über die Strafaussetzung zur Bewährung
entschieden hat.

Anders als im Verfahren nach § 55 StGB, wo es uU möglich ist, auch eine noch nicht 1073
rechtskräftige Vorverurteilung in eine Gesamtstrafe mit einzubeziehen, wenn nur die
Rechtskraft noch bis zur Rechtskraft der Gesamtstrafenentscheidung eintritt.[34] **müssen bei § 460 StPO sämtliche zusammenzuziehenden Einzelstrafen bereits rechtskräftig sein.**

Tatbegehung vor dem 1. Urteil bedeutet, dass die Tat vor dem letzten tatrichterlichen 1074
Urteil vollendet sein muss.[35] Das kann also auch ein Berufungsurteil sein, aber nur,
wenn tatsächlich eine sachliche Überprüfung in der Berufung stattfinden konnte,
nicht aber, wenn das Urteil die Berufung nur als unzulässig verworfen hat oder es
sich nur um eine Verwerfung nach § 329 StPO handelt. Ein Gesamtstrafenbeschluss
nach § 460 StPO genügt nicht, weil die Einzeltaten samt der Einzelstrafenzumessung
hier bereits vorher erledigt waren, der Beschluss also insoweit keine Sachentscheidung mehr enthält.

Liegen mehrere tatrichterliche Verurteilungen in derselben Sache vor, dann ist das 1075
letzte Urteil entscheidend dafür, ob eine früher erkannte Strafe „zurzeit der Verurteilung" verbüßt, verjährt oder erlassen war.[36] In der hier angesprochenen Entscheidung
des BGH war das erste Urteil in der Revision aufgehoben und die Sache zur erneuten
Verhandlung zurückverwiesen worden.

Wenn die abzuurteilende Tat vor der ersten Einzeltat einer bereits verhängten Ge- 1076
samtstrafe begangen worden ist, liegen die Voraussetzungen für eine Gesamtstrafe
für alle drei Taten vor. Dann muss die früher ausgesprochene Gesamtstrafe aufgelöst
werden, damit die neue gebildet werden kann: Gesamtstrafen werden nämlich nur
aus Einzelstrafen gebildet. Es kommt bei einer solchen **Gesamtstrafenauflösung** mitunter auch vor, dass nicht alle Einzelstrafen der aufgelösten Gesamtstrafe in die
neue Gesamtstrafe einbezogen werden können, weil nach der früheren Verurteilung
begangene Taten nicht unter § 55 StGB fallen; eine Tat, die zwischen der früheren
Verurteilung und der späteren Gesamtstrafentscheidung begangen ist, erfordert eine
selbstständige Verurteilung.[37] Dann sind bei mehreren solchen Taten eventuell sogar
mehrere Gesamtstrafen zu bilden,[38] wenn von mehreren abzuurteilenden Taten einige vor, einige nach einem ersten, noch nicht erledigten Gesamtstrafenurteil begangen
worden sind. Können im Falle der Auflösung einer Gesamtstrafe nicht alle Einzelstrafen bei der neuen Gesamtstrafe berücksichtigt werden, so ist das die Gesamtstrafe auflösende Gericht auch zur Bildung einer weiteren Gesamtstrafe für die übrig gebliebenen Einzelstrafen zuständig.[39] Ergibt sich bei der Auflösung einer

---

[33] OLG Karlsruhe, Justiz 1974, 190 (vgl. OLG Celle, NJW 1973, 2214).
[34] OLG Frankfurt, NJW 1956, 1609.
[35] BGH, NJW 1954, 1853.
[36] BGHSt 2, 230.
[37] Vgl. LG Hamburg, NJW 1973, 1382.
[38] Vgl. beispielhaft BGHSt 8, 203, 204.
[39] BayObLGSt 1955, 152 ff.

Gesamtstrafe in einzubeziehende Einzelstrafen, dass der frühere Tatrichter für eine Einzeltat keine Einzelstrafe gebildet hat, so darf diese fehlende Einzelstrafe nicht durch eine fiktive ersetzt werden. Sie ist vielmehr bei der neuen Gesamtstrafenbildung außer Betracht zu lassen.[40] Einer Zäsurwirkung steht aber das Fehlen einer Einzelstrafe nicht entgegen.[41]

Die Vorschrift des § 460 StPO dient nämlich nicht der inhaltlichen Nachprüfung und Korrektur des Tatrichters.[42]

1077   Zwingend vorgeschrieben ist – bei Vorliegen der Voraussetzungen – die Bildung einer Gesamtstrafe nur beim Ausspruch mehrerer Freiheitsstrafen oder mehrerer Geldstrafen, nicht beim Zusammentreffen von Freiheitsstrafe und Geldstrafe (§ 53 Abs 2 StGB). Will der Tatrichter beim Zusammentreffen einer Freiheitsstrafe mit mehreren Geldstrafen von der Möglichkeit einer Gesamtfreiheitsstrafe keinen Gebrauch machen, dann muss er die mehreren Geldstrafen auf eine Gesamtgeldstrafe zurückführen;[43] in eine solche Gesamtgeldstrafe kann auch eine weitere selbstständige Geldstrafe, die wegen einer anderen Straftat hinzutritt, einbezogen werden.[44]

C. Das Beschlussverfahren

1078   Das Beschlussverfahren ist von einem Antrag des Verurteilten unabhängig, wenn auch mitunter der Verurteilte selbst die erste Initiative ergreift, weil er durch die Gesamtstrafenbildung besser gestellt wird als wenn er die Summe der Einzelstrafen verbüßen müsste. In der Regel ergreift aber die Justizbehörde, die als erste die Notwendigkeit der Überprüfung erkennt, die Initiative. Meist ist dies der Rechtspfleger der Vollstreckungsbehörde, der von der Tatsache mehrerer Verurteilungen erfährt.

1079   Der Rechtspfleger selbst ist zwar zur **Antragstellung** nicht berufen;[45] diese obliegt der **Strafverfolgungsbehörde**, dem Staatsanwalt. Da der Staatsanwalt aber erst durch den Rechtspfleger in Kenntnis gesetzt wird, muss auch der Rechtspfleger die erforderlichen Rechtskenntnisse besitzen, um beurteilen zu können, ob eine Gesamtstrafenbildung in Betracht kommt.

Da der Rechtspfleger diese Prüfung ohnehin vornehmen muss, empfiehlt es sich, sie gleich in der Form der Vorbereitung des Antrags durchzuführen (den der Staatsanwalt dann nur noch um seine Erwägungen zum Strafmaß der Gesamtstrafe ergänzen und unterschreiben muss) etwa nach folgendem **Muster:**

1080   Staatsanwaltschaft   ...., den...............

Vfg

1. Vermerk:
Der/Die ......, geboren am ...... in ......, wohnhaft in ......, ist wie nachstehend rechtskräftig verurteilt worden:

Nr	Aktenzeichen	Straferkenntnis des ...gerichts vom	wegen	Strafe	Tatzeit
1					

---

[40] BGH, NStZ 96, 228; BGHSt 41, 374 u 43, 34.
[41] BGH, NJW 1998, 3725.
[42] BGHSt 35, 208, 215.
[43] BGH, MDR 1975, 65 = NJW 1975, 126.
[44] BGH, NJW 1975, 126.
[45] Vgl. oben Rdn 28 und *Meyer-Goßner*, Rdn 22 zu § 460 StPO.

2 _____

3 _____

4 _____

2. Ur – Rv – mit Akten – und Beiakten

                       dem Amtsgericht/Schöffengericht

                       dem Landgericht . . . . . . Strafkammer

                               in

              . . . .

Aus obigem Vermerk ergibt sich, dass die Vorschriften über die Bildung einer Gesamtstrafe (§§ 54, 55 StGB) außer Betracht geblieben sind. Es wird beantragt, die erkannten Strafen nach Anhörung des Verurteilten gem. §§ 460, 462, 462 a Abs 3 StPO
– unter Auflösung der bereits gebildeten Gesamtstrafe(n) –
– auf eine Gesamtfreiheitsstrafe von ____ Jahren ____ Monaten –
– eine Gesamtgeldstrafe von ____ Tagessätzen zu je ____ DM –
– zurückzuführen
– Die in . . ./. . . verhängte Maßregel/Nebenstrafe/Nebenfolge ist aufrechtzuerhalten.
– Es ist ein(e) einheitliche(s) . . . . . . festzusetzen.
Die Bewilligung von Strafaussetzung auf die – neue – Gesamtstrafe wird – nicht – befürwortet.
Bei der Zumessung der Gesamtstrafe ist zu berücksichtigen: Es wird um Übersendung von ____ Ausfertigungen des ergehenden Beschlusses gebeten.

3. Beleg und Wv . . . . . .

Das Gericht, bei dem der Antrag eingeht, überprüft, ob der Verurteilte bereits zu dem 1081 Antrag gehört ist (nur falls ein eigener Antrag des Verurteilten selbst in Bezug auf die vorgeschlagene Höhe der Gesamtstrafe von der Staatsanwaltschaft übernommen wurde, wird sich eine nochmalige Anhörung des Verurteilten erübrigen), und veranlasst unter Setzung einer Erklärungsfrist seine **Anhörung.**[46] Eine mündliche Anhörung ist zwar im Gesetz nicht vorgesehen; sie kann aber deshalb am Platze sein, weil bei der Gesamtstrafenbildung die Person des Täters zu würdigen ist (§ 54 Abs 1 Satz 2 StGB) und das Gericht auf einen eigenen persönlichen Eindruck Wert legt.

Die Entscheidung geschieht ohne mündliche Verhandlung durch **Beschluss** (§ 462 1082 Abs 1 Satz 1 iVm § 460 StPO).

Nachdem auch die Höhe einer Gesamtstrafe ebenso eingehend begründet werden muss wie die einer Einzelstrafe,[47] empfiehlt es sich nicht, die gerichtlichen Beschlüsse auf demselben Formular analog dem Antrag der Staatsanwaltschaft zu erlassen, weil sonst der Eindruck einer nur oberflächlichen Überprüfung der Gesamtstrafenfrage erweckt wird.

Der Gesamtstrafenbeschluss ist **dem Verurteilten mit Rechtsmittelbelehrung** (soforti- 1083 ge Beschwerde § 462 Abs 3 StPO) **zuzustellen.** Befindet sich der Verurteilte in Strafhaft, so ist eine Ersatzzustellung an die Ehefrau unwirksam, so dass eine Frist nicht in Lauf gesetzt wird.[48] Ist der Verurteilte unbekannten Aufenthalts, so können sowohl der Antrag als auch der Gesamtstrafenbeschluss dem Verurteilten öffentlich zugestellt werden. Die Zustellung an die Staatsanwaltschaft erfolgt durch Vorlage der Urschrift § 41 StPO (in der Regel unter Rückgabe der Akten).

Nach der **Feststellung der Rechtskraft** des Beschlusses übermittelt das Gericht die 1084 Akten mit dem Rechtskraftvermerk der Strafvollstreckungsbehörde. (Falls die Akten schon zuvor zurückgegeben wurden, genügt die Übermittlung einer Rechtskraftnach-

---

[46] *Meyer-Goßner,* Rdn 22 zu § 460 StPO.
[47] BGHSt 24, 268.
[48] BGH, NJW 1951, 931.

richt.) Wegen der Vollstreckung von Gesamtstrafen vgl. oben Rdn **205 ff.** Mit der Rechtskraft des Beschlusses tritt die Gesamtstrafe an die Stelle der früheren Einzelstrafen. Ist mit der Vollstreckung einer Einzelstrafe bereits begonnen worden, so wird die Einzelstrafenvollstreckung einfach als Vollstreckung der Gesamtstrafe unter Anrechnung des bis zur Rechtskraft des Beschlusses schon verbüßten Teils auf die Gesamtstrafe fortgesetzt.[49]

1085   Das Beschlussverfahren nach den §§ 460, 462 StPO ist ein **besonderer Rechtsbehelf** zur Sicherung des mit § 55 StGB verfolgten Zieles,[50] der allerdings nur Platz greift, wenn im eigentlichen Erkenntnisverfahren die Prüfung der Gesamtstrafe unterblieben ist oder wenn bei einer früheren Festsetzung einer Gesamtstrafe es unterblieben ist, in die Prüfung eine weitere Verurteilung miteinzubeziehen, die ebenfalls hätte berücksichtigt werden müssen. Eine frühere Gesamtstrafe ist dann allerdings in ihre Einzelstrafen aufzulösen. Es wird nicht einfach die frühere Gesamtstrafe erhöht, vielmehr wird eine neue Gesamtstrafe unter Verwertung aller Einzelstrafen, die in den verschiedenen rechtskräftigen Straferkenntnissen ausgesprochen worden sind, gebildet.[51]

1086   Wie bereits ausgeführt, stellt ein Verstoß gegen die zwingende Vorschrift des § 55 StGB einen Revisionsgrund dar[52] mit folgenden Ausnahmen, in denen dann auch das **Beschlussverfahren nach § 460 StPO zulässig** ist:

a) Die sofortige Entscheidung über die Gesamtstrafe würde weitere, mit erheblichem Zeitaufwand verbundene Ermittlungen nötig machen.[53]

b) Es kommt die Einbeziehung einer Einzelstrafe in Betracht, die bereits zur Gesamtstrafenbildung in einem anderen nichtrechtskräftigen Urteil verwendet wurde.[54]

c) Es ist noch nicht sicher, ob ein Urteil herangezogen werden kann, das zwar (im Moment) rechtskräftig ist, bei dem aber gegen die Versäumung der Rechtsmittelfrist ein Wiedereinsetzungsgesuch läuft.[55]

1087   In den Fällen, in denen der erste Richter bereits Kenntnis von der weiteren Verurteilung hatte, rechtsirrig aber die Bildung einer Gesamtstrafe nach § 55 StGB ausdrücklich abgelehnt hatte, scheidet der Weg über § 460 StPO aus.[56]

Dagegen ist die nachträgliche Gesamtstrafenbildung (trotz der Revisibilität der Unterlassung der Anwendung von § 55 StGB) dann immer möglich, wenn das Gericht bei der ersten Verurteilung überhaupt keine Kenntnis von den eine Gesamtstrafe begründenden Tatsachen hatte, deshalb eine Prüfung unterließ und das so zustande gekommene Urteil ohne eine Rüge rechtskräftig geworden ist.

D. Grundsätze der Gesamtstrafenbildung

1088   Das Verfahren nach § 460 StPO ist nur ein Ersatz für die normale Gesamtstrafenbildung nach § 55 StGB; es sind deshalb dieselben Grundsätze wie dort zu beachten. § 55 StGB seinerseits nimmt wieder auf die §§ 53 und 54 StGB Bezug.

1089   Einen Grundsatz enthält § 55 Abs 2 StGB: Soweit in den früheren zur Gesamtstrafenbildung mit verwerteten Entscheidungen auch auf Nebenstrafen, Nebenfolgen und

---

[49] BayObLG, NJW 1957, 1810.
[50] BGHSt 12, 1.
[51] *Meyer-Goßner,* Rdn 10 zu § 460 StPO; vgl. oben Rdn 1076.
[52] BGH, Großer Senat, BGHSt 12, 1.
[53] OLG Hamm, NJW 1970, 1200.
[54] BGHSt 9, 192; 20, 293.
[55] BGHSt 23, 98.
[56] BGHSt 12, 1; OLG Koblenz, MDR 1975, 73; vgl. OLG Düsseldorf, MDR 1991, 1192 = StV 1993, 34.

Maßnahmen erkannt worden ist, sind diese in der neuen Entscheidung aufrechtzuerhalten, soweit sie nicht durch diese gegenstandlos werden. Das bedeutet – wegen der Rechtskraftwirkung des Beschlusses –, **was insoweit nicht in dem Beschluss ausdrücklich ausgesprochen worden ist, gilt als nicht verhängt.** Unterbleibt ein solcher Ausspruch versehentlich und wird der Mangel nicht durch ein Beschwerdeverfahren geheilt, so ist die Rechtsfolge nicht aufrechterhalten worden und somit nicht (mehr) vollstreckbar.[57]

Es gibt einige Gründe, deretwegen ein früherer Ausspruch zusätzlicher Rechtsfolgen im Sinne von § 55 Abs 2 StGB gegenstandslos geworden sein kann. Wegen Einzelheiten wird insoweit auf die gängigen Kommentierungen des StGB verwiesen.[58]

Ein anderer – allerdings nur eingeschränkt geltender Grundsatz, der sich aus der **1090** Rechtsnatur eines Rechtsbehelfs ergibt, ist der eines **gewissen Verschlechterungsverbots.** So darf dem Verurteilten, dem in einem Vorerkenntnis der Vorteil gegeben wurde, dass auf die Bildung einer Gesamtfreiheitsstrafe aus Freiheitsstrafe und Geldstrafe verzichtet worden ist (vgl. § 53 Abs 2 StGB), dieser Vorteil im Gesamtstrafenbeschluss nach § 460 StPO nicht genommen werden.[59]

Ansonsten gilt ein Verschlechterungsverbot nicht. Der Verurteilte kann im nachträglichen Beschlussverfahren durchaus auch einen Nachteil erfahren, wenn das Gesamtstrafenprinzip nach §§ 53 ff StGB dies erfordert. Wird aber eine erneute Gesamtstrafenbildung notwendig, weil einige der Einzelstrafen, die zunächst in einer anderen Gesamtstrafe enthalten waren, in eine neue Gesamtstrafe einbezogen werden müssen, so ist es unzulässig, eine im ersten Ausspruch bewilligte Strafaussetzung wegfallen zu lassen, wenn in der neuen Gesamtstrafe nur ein Teil der früheren und keine neuen Einzelstrafen zusammengefasst werden.[60]

Andererseits entfällt bei der Einbeziehung einer früher ausgesprochenen Strafe zur **1091** Bewährung gelegentlich die Aussetzung; es muss für die neu gebildete Gesamtstrafe die Aussetzungsfrage erneut und eigenständig geprüft werden (§ 58 StGB); die Höhe der Gesamtstrafe ist dafür maßgebend, ob die Strafe überhaupt zur Bewährung ausgesetzt werden kann oder nicht. Wird auch die Gesamtstrafe zur Bewährung ausgesetzt, so ist die bisher abgelaufene Bewährungszeit auf die Dauer der neu festgesetzten anzurechnen; jedoch darf die Restdauer der Bewährungszeit ein Jahr nicht unterschreiten (vgl. § 58 Abs 2 Satz 1 StGB). Wird dagegen die neue Gesamtstrafe nicht zur Bewährung ausgesetzt, dann kann das Gericht (ausnahmsweise) Leistungen, die der Verurteilte zur Erfüllung von Auflagen bereits erbracht hatte, auf die Strafe in angemessener Weise anrechnen; hierbei ist das Gericht an ein Tagessatzsystem nicht gebunden, sondern es entscheidet nach billigem Ermessen,[61] §§ 58 Abs 2 Satz 2, 56 f Abs 3 StGB. Ist eine Bewährungsstrafe, mit der an sich eine Gesamtstrafenbildung in Betracht käme, nach Ablauf der Bewährungsfrist bereits erlassen worden, so kann eine Gesamtstrafe nicht mehr gebildet werden,[62] der endgültige Erlass steht einer Verbüßung gleich. Der Widerruf einer Strafaussetzung zur Bewährung nach § 56 f Abs 1 StGB, die im Rahmen nachträglicher Gesamtstrafenbildung bewilligt wurde, ist nicht möglich, wenn der Verurteilte zwar während der früheren Bewährungszeit in einer einbezogenen Verurteilung, jedoch vor der nachträglichen Entscheidung über

---

[57] Vgl. *Meyer-Goßner,* Rdn 18 zu § 460 StPO.
[58] Vgl. z. B. *Fischer,* Rdn 29 zu § 55 StGB.
[59] *Meyer-Goßner,* Rdn 20 zu § 460 StPO. Siehe hierzu: *Bringewat,* Nachträgliche Bildung der Gesamtstrafe und das Verbot der reformatio in peius, StV 1993, 47 ff.
[60] OLG Hamm, MDR 1975, 948.
[61] *Fischer,* Rdn 18 b zu § 56 f StGB.
[62] KG, JR 1976, 202.

die Gesamtstrafe die neue Tat begangen hat.[63] Ein Widerruf ist möglich, wenn er auf eine Straftat gestützt wird, die zwar nach dem Erlass des Gesamtstrafenbeschlusses, aber vor dessen Rechtskraft begangen wurde.[64]

1092   Die Gesamtstrafe wird nach den Grundsätzen des § 54 StGB durch **Erhöhung einer sog Einsatzstrafe** und zwar der höchsten verwirkten Strafe, bei Strafen verschiedener Art durch Erhöhung der ihrer Art nach schwersten Strafe gebildet. Die Summe der Einzelstrafen darf nicht erreicht werden. Gesamtfreiheitsstrafen dürfen fünfzehn Jahre[65] und Gesamtgeldstrafen 720 Tagessätze nicht übersteigen. Bei Bildung einer Gesamtstrafe aus Freiheitsstrafe und Geldstrafe entspricht ein Tagessatz einem Tag Freiheitsstrafe. Ist eine der einzubeziehenden Strafen eine lebenslange Freiheitsstrafe, so ist auch als Gesamtstrafe eine lebenslange Freiheitsstrafe festzusetzen.

Bei der Bildung mehrerer Gesamtstrafen gilt die Grenze des § 38 Abs 2 StGB nur für die einzelne Gesamtstrafe, nicht für deren Summe.[66]

1093   Innerhalb des so abgesteckten Rahmens und unter den so festgelegten förmlichen Voraussetzungen bildet das Gericht die Gesamtstrafe nach billigem, pflichtgemäßem **Ermessen;** es bedarf einer zusammenfassenden **Würdigung der Person des Täters und der einzelnen Straftaten**, § 54 Abs 1 Satz 3 StGB. Bei der Bildung der Gesamtstrafe sind Zahl und Schwere der Taten, ihr Verhältnis zueinander, insbesondere ihr Zusammenhang, ihre größere oder geringere Selbstständigkeit, die Häufigkeit der Begehung, die Gleichheit oder Verschiedenheit der verletzten Rechtsgüter und der Begehungsweisen, sowie das Gesamtgewicht des abzuurteilenden Sachverhalts zu berücksichtigen. Weiter sind die Verhältnisse des Täters und dessen gesamtes Verschulden zu verwerten, vor allem seine größere oder geringere Schuld im Hinblick auf das Gesamtgeschehen, sowie die Frage, ob die mehreren Straftaten auf einer mehr negativ oder mehr positiv zu wertenden inneren Einstellung des Täters beruhten; hierbei ist auch die größere oder geringere Strafempfänglichkeit des Täters von Bedeutung.[67] Die Untergrenze des § 54 Abs 1 Satz 1 StGB kann bei der Gesamtstrafenbildung dann unterschritten werden, wenn eine Strafe nur deshalb nicht einbezogen werden kann, weil sie bereits vollstreckt ist; hierdurch kann die in dem Verlust der Möglichkeit der Gesamtstrafenbildung liegende Härte erforderlichenfalls ausgeglichen werden.[68]

1094   Um eine **unzulässige Doppelverwertung von Strafzumessungserwägungen** sowohl bei der Einzelstrafe als dann nochmals bei der Gesamtstrafe zu vermeiden, müssen die schon bei der Einzelstrafe berücksichtigten Umstände nicht wiederholt werden und bei der Begründung der Höhe der Gesamtstrafe tunlichst außer Betracht bleiben. Allerdings lässt sich eine völlige Trennung der für die Einzel- und die Gesamtstrafenfestsetzung maßgeblichen Gesichtspunkte nicht durchführen.[69]

1095   Als Faustregel kann aus der Rechtsprechung entnommen werden, dass die Begründung der Gesamtstrafe jedenfalls dann umso eingehender zu sein hat, wenn die Einsatzstrafe nur geringfügig überschritten oder die Summe der Einzelstrafen nahezu erreicht wird.[70] Eine einfache Bezugnahme auf die Strafzumessungserwägungen zu den Einzelstrafen reicht aber höchstens bei einfacheren Fällen aus; wenn die Gesamt-

---

[63] OLG Hamm, NStZ 1987, 382; OLG Düsseldorf, StV 2000, 565.

[64] OLG Stuttgart, MDR 1992, 1067.

[65] Selbst dann, wenn bereits die Einsatzstrafe 15 Jahre beträgt, darf die Gesamtstrafe nicht höher sein, BGH bei *Dallinger,* MDR 1971, 545.

[66] BGH, NJW 1998, 171.

[67] BGHSt 24, 268, 270.

[68] BGHSt 31, 102.

[69] BGHSt 24, 270, 271 und die dort aufgeführten Beispiele.

[70] BGHSt 8, 205, 210; 24, 271.

strafe der oberen oder der unteren Grenze des Zulässigen nahekommt, ist eine eingehendere Begründung erforderlich.[71]

Muster für einen Gesamtstrafenbeschluss: **1096**

Landgericht K.	K, den 10. Mai 2001
3. Strafkammer	Strafsache
<u>3 KLs 3Js 703/2000</u>	gegen Dieter Z
	wegen sexueller Nötigung

Beschluss:

Die Strafen gegen den Verurteilten Dieter Z aus dem Strafbefehl des Amtsgerichts S vom 8. 8. 2000 – AZ.: 3 Cs 2Js 322/00 – und dem Urteil des Landgerichts K vom 8. 10. 2000 – AZ.: 3KLs 3Js 703/00 – werden nach §§ 460 StPO, 55 StGB unter Auflösung der Gesamtstrafe aus der letzten Verurteilung zurückgeführt auf eine

Gesamtfreiheitsstrafe von 3 Jahren 6 Monaten und 2 Wochen.

Gründe:

Gegen den Verurteilten Dieter Z liegen u. a. die folgenden Verurteilungen vor:

a) Durch Strafbefehl des Amtsgerichts S vom 8. 8. 2000 – AZ.: 3 Cs 2Js 322/00 – wegen Diebstahls nach den §§ 242, 40, 43 StGB zur Geldstrafe von 20 Tagessätzen à 30,– DM; rechtskräftig seit 23. 8. 2000; Tatzeit am 14. 3. 2000.

b) Durch Urteil des Landgerichts K vom 8. 10. 2000 – AZ.: 3KLs 3Js 703/00 – wegen gemeinschaftlicher sexueller Nötigung und wegen gemeinschaftlicher Vergewaltigung nach den §§ 177 Abs 1 Nr. 1, Abs 2 Nr. 1, 54 Abs 1 StGB zur Gesamtfreiheitsstrafe von 3 Jahren 6 Monaten, gebildet aus den Einzelstrafen von 1 Jahr und 3 Monaten Freiheitsstrafe und 3 Jahren Freiheitsstrafe; rechtskräftig seit 9. 3. 2001; Tatzeit 2. 5. 2000.

Die Strafen aus den vorerwähnten Verurteilungen sind weder bezahlt noch verbüßt oder erlassen.

Die Voraussetzungen der nachträglichen Bildung einer Gesamtstrafe aus den obigen Verurteilungen sind gegeben, weil die der 2. Verurteilung zugrundeliegende Straftat vor der 1. Verurteilung verübt wurde und beide Verurteilungen noch nicht erledigt sind (§§ 460 StGB, 55 StGB).

Die gebildete neue Gesamtstrafe erschien tat- und schuldangemessen (§ 54 StGB). Hierbei wurde hinsichtlich der der Verurteilung vom 8. 10. 2000 zugrundeliegenden Taten die besonders rohe Tatausführung berücksichtigt. Hinsichtlich der der Verurteilung vom 8. 8. 2000 zugrundeliegenden Tat wurde in Erwägung gezogen, dass eine einschlägige rechtskräftige Vorverurteilung noch nicht vorgelegen hat. Schließlich war auch zu berücksichtigen, dass durch die abgeurteilten Straftaten bedenkliche kriminelle Neigungen des Verurteilten erkennbar wurden.

Rechtsmittelbelehrung:

Gegen diesen Beschluss ist das Rechtsmittel der sofortigen Beschwerde zulässig, die innerhalb einer Woche nach Zustellung dieser Entscheidung schriftlich oder zu Protokoll der Geschäftsstelle des Landgerichts K einzulegen ist. Rechtsmittelerklärungen kann der Verurteilte ferner auch zu Protokoll der Geschäftsstelle des Amtsgerichts S als dem Gericht seines Verwahrungsortes abgeben. Bei schriftlichen Rechtsmittelerklärungen kommt es nicht auf den Tag der Absendung, sondern auf den des Eingangs bei Gericht an.

X	Y	Z
VRiLG	RiLG	RiLG

Wird nach Auflösung einer Gesamtstrafe unter Einbeziehung einer weiteren Ein-   **1097**
zelstrafe eine neue Gesamtstrafe gebildet, so braucht diese nicht höher zu sein als

---

[71] Vgl. *Fischer,* Rdn 7a zu § 54 StGB und die dort angeführte Rechtsprechung.

die Erste.[72] Es ist aber erforderlich, in einem derartigen besonderen Fall die Strafzumessung ausführlich darzulegen. Umgekehrt darf aber die neue Gesamtstrafe in der Regel nicht die Summe der früheren Gesamtstrafe und der Einzelstrafe erreichen.[73]

1098 Betont werden muss, dass in eine nachträglich gebildete Gesamtstrafe Strafen, nicht Urteile, einbezogen werden. Wird eine Geldstrafe nach § 53 Abs 2 Satz 2 StGB in die Gesamtstrafe nicht einbezogen, dann ist es nicht richtig zu tenorieren, dass zwar das Urteil einbezogen wird, die Geldstrafe aber selbstständig bestehen bleibt.[74] Will das Gericht – obwohl im Falle der Verhängung von Freiheitsstrafe die Voraussetzungen für die Bildung einer Gesamtfreiheitsstrafe vorliegen würden – auf eine (selbstständige) Geldstrafe erkennen, dann muss dies nur in den Gründen des Urteils ausgesprochen werden.

IV. Entscheidungen bei Zurückstellung der Vollstreckung bei Verurteilungen nach dem Betäubungsmittelgesetz

1099 Im Zusammenhang mit der Zurückstellung der Vollstreckung von Urteilen gegen betäubungsmittelabhängige Straftäter von Freiheitsstrafen oder Gesamtfreiheitsstrafen von nicht mehr als zwei Jahren (§ 35 Abs 1, Abs 3 Nr. 1 BtMG) oder eines zu vollstreckenden Restes einer solchen Strafe, der zwei Jahre nicht übersteigt (§ 35 Abs 3 Nr. 2 BtMG), sind dem erstinstanzlichen Gericht Entscheidungszuständigkeiten zugewiesen.

1100 Bei den die Vollstreckung betreffenden Regelungen der §§ 35 ff BtMG handelt es sich um Sonderbestimmungen, die – soweit sie von allgemeinen Vorschriften der Strafvollstreckung abweichen – diesen vorgehen. Alle wesentlichen Entscheidungen sind dem Gericht des ersten Rechtszugs übertragen. Zugewiesen sind auch die Entscheidungen nach § 36 BtMG und § 38 BtMG (bei Jugendlichen und Heranwachsenden). Nach dem Willen des Gesetzgebers ist bei der Vollstreckung gegen Betäubungsmittelabhängige dem Gericht des ersten Rechtszugs der uneingeschränkte Vorrang gegenüber der Vollstreckungsbehörde eingeräumt.[75]
Es handelt sich um Entscheidungen im Zusammenhang mit der Zurückstellung überhaupt und deren Widerruf (A), sowie über die Anrechnung (B) und die (Rest-) Aussetzung zur Bewährung nach einer Behandlung (C).

1101 Die Entscheidungen ergehen ohne mündliche Verhandlung durch Beschluss; die Vollstreckungsbehörde, der Verurteilte und die behandelnden Personen oder die Einrichtungen sind bei den Entscheidungen zu A, B und C zu hören;[76] die Entscheidung zu B ergeht unter entsprechender Anwendung von § 462 StPO (§ 35 Abs 7 Satz 4 BtMG), dh zu hören sind die Staatsanwaltschaft und der Verurteilte und bei dem Beschluss, der die Unterbrechung der Vollstreckung anordnet, hat die sofortige Beschwerde der Staatsanwaltschaft aufschiebende Wirkung.
Gegen die Entscheidungen ist die sofortige Beschwerde möglich; bei den Aussetzungsentscheidungen (C) gilt § 454 Abs 3 StPO über die erforderlichen Belehrungen des Verurteilten entsprechend.

---

[72] BGH, MDR 1973, 62.
[73] OLG Karlsruhe, Die Justiz 1965, 119.
[74] KG, JR 1986, 119.
[75] BGHSt 32, 59.
[76] Ausnahme: Versagung der Zustimmung, s. Rdnr. 1102.

A. Zustimmung zur Zurückstellung der Strafvollstreckung (Rdn 688)

Die Entscheidung über die Zurückstellung ist auf Antrag des Verurteilten durch die **1102** Vollstreckungsbehörde zu treffen, § 35 Abs 1 Satz 1 BtMG. Eine Zurückstellung bedarf der Zustimmung des Gerichts des ersten Rechtszuges, das zugleich mit der Zustimmung über die Anrechnungsfähigkeit der Therapiezeiten überhaupt zu entscheiden hat, § 36 Abs 1 Satz 2 BtMG. Dies gilt auch im Anwendungsbereich des Jugendstrafrechts, in dem Vollstreckungsleiter und Gericht des ersten Rechtszuges zusammenfallen. Die Zustimmung des Gerichts kann (aber muss nicht) bereits in den schriftlichen Urteilsgründen erfolgen; sie wird dann mit der Rechtskraft des Urteils wirksam; sie ist jedenfalls dann nicht widerruflich, wenn die für die Zustimmung maßgeblichen Umstände unverändert geblieben sind.[77] Ein Widerruf scheidet ebenfalls aus, sobald die Vollstreckungsbehörde die Strafvollstreckung zurückgestellt hat.[78] Bevor die Vollstreckungsbehörde das Gericht mit der Frage der Zustimmung überhaupt befasst, muss sie selbst prüfen und sich schlüssig werden, ob eine Zurückstellung in Betracht kommt.[79] Sonst kann es zu der (unnötigen und unliebsamen) Entscheidung des Gerichts kommen, dass aus Rechtsgründen kein Raum für eine Äußerung sei; hiergegen gibt es keine Beschwerde.

Ob die Vollstreckungsbehörde eine Stellungnahme des Gerichts auch dann einzuholen hat, wenn sie beabsichtigt, den Antrag auf Zurückstellung zurückzuweisen, ist strittig.[80] Richtigerweise wird man darauf abzustellen haben, ob eine Stellungnahme des Gerichts zu der im Rahmen der Ermessensentscheidung der Vollstreckungsbehörde gebotenen umfassenden Sachaufklärung erforderlich ist oder nicht.[81] Fordert die Vollstreckungsbehörde eine Erklärung des Gerichts zu einer beabsichtigten Ablehnung, so hat das Gericht eine solche Erklärung abzugeben. Die Entscheidung des Gerichts über eine Zustimmung bedarf nur im Falle der Versagung einer Begründung, § 34 StPO. Die Einräumung rechtlichen Gehörs vor einer Versagung ist nicht erforderlich, da keine richterliche Sachentscheidung vorliegt.[82] Verweigert das Gericht die Zustimmung, kann die Vollstreckungsbehörde die Strafvollstreckung nicht zurückstellen.[83] Die Weigerung des Gerichts, die Zustimmung zu erteilen, kann von der Vollstreckungsbehörde mit der Beschwerde (§ 304 StPO) angefochten werden. Der Verurteilte kann dies nur zusammen mit der Ablehnung der Zurückstellung durch die Vollstreckungsbehörde (§ 35 Abs 2 BtMG) nach §§ 23 ff EGGVG. Das OLG entscheidet in diesem Falle auch über die Verweigerung der Zustimmung und kann diese ggf. selbst erteilen.

Die Entscheidung über die Zustimmung steht – wie die Entscheidung der Voll- **1103** streckungsbehörde über die Zurückstellung – im Ermessen des Gerichts. Sind die Tatbestandsvoraussetzungen des § 35 Abs 1 und 3 BtMG erfüllt und keine Zurückstellungshindernisse erkennbar, wird sich dieses Ermessen weitgehend auf Null reduzieren.[84] Hinsichtlich der Voraussetzungen einer Zurückstellung kann zunächst auf die Ausführungen zu Rdn 688 verwiesen werden. Ergänzend ist anzuführen: Sind

---

[77] OLG Frankfurt ,NStZ 1987, 42.
[78] KG, Beschl. v. 15. 3. 2001, 5 Ws 832/2000 – 1AR 1521/2000.
[79] OLG Stuttgart, NStZ 1989, 492 mit Anm. *Katholnigg.*
[80] Dafür KG StV 1988, 24; OLG Karlsruhe NStZ 1986, 288; dagegen OLG Frankfurt, StV 1989, 439; OLG Hamm, NStZ-RR 1996, 319.
[81] MüKo-StGB-Kornprobst, Rdnr. 120 f zu § 35 BtMG.
[82] MüKo-StGB-Kornprobst, a. a. O., Rdnr. 115.
[83] OLG Hamm, NStZ 1990, 407 = MDR 1990, 744; vgl. OLG Frankfurt, NStZ 1987, 42.
[84] Vgl. OLG Karlsruhe, B. v. 7. 11. 2007, 2 VAs 37/07 = StraFo 2008, 42 ff.

gegen einen Verurteilten mehrere Freiheitsstrafen, aus denen keine Gesamtfreiheitsstrafe gebildet werden kann, verhängt worden, so ist die Zurückstellung der Vollstreckung nicht allein deswegen ausgeschlossen, weil aus ihnen insgesamt noch
Freiheitsstrafe von mehr als zwei Jahren zu vollstrecken sind,[85] insoweit kommt es
also auf die Höhe der einzelnen Strafen an. Hier gilt aber die Begrenzung der Zurückstellungsmöglichkeit auf Strafen oder nicht vollstreckte Strafreste von nicht
mehr als zwei Jahren. Zu vollstreckender Rest der Freiheitsstrafe oder der Gesamtfreiheitsstrafe iS von § 35 Abs 3 Nr. 2 BtMG ist der noch nicht verbüßte Teil der
erkannten Strafe.[86] Das *Oberlandesgericht Koblenz*[87] berücksichtigt darüber hinaus
noch Aussetzungschancen nach § 57 und bezeichnet als Reststrafe nur die Reststrafe, mit deren tatsächlicher Vollstreckung noch zu rechnen ist. Eine Maßnahme
nach § 35 BtMG kann allerdings nur dann eingeleitet werden, wenn die Möglichkeit besteht, dass sämtliche im Anschluss zu vollstreckende Strafen einer Strafaussetzung oder Zurückstellung zugänglich sind.[88]

Ferner muss die Tat, die der Verurteilung zugrunde liegt, wegen einer BtM-Ab-
hängigkeit begangen sein, wobei die Vollstreckungsbehörde nicht an die Feststellungen im Urteil gebunden ist; eigene Feststellungen sind möglich.[89] Eine Kausalität besteht nur bei Taten, die der Beschaffung von Drogen zur Befriedigung der Sucht
dienen sollen oder die der Täter ohne die Betäubungsmittelabhängigkeit nicht begangen
gen hätte. Die Drogensucht muss die Bedingung und nicht nur Begleiterscheinung der
Straftat gewesen sein. Die Kausalität muss feststehen. Die bloße Vermutung reicht
nicht aus. Die Vollstreckungsbehörde oder das Gericht sind nicht gehalten, zu dieser
Frage eine langwierige und schwierige Beweisaufnahme durchzuführen.[90]

1104   Gegen die Versagung der Zurückstellung durch die Vollstreckungsbehörde kann sich
der Verurteilte beschweren; über die Beschwerde entscheidet der Generalstaatsanwalt.
Wird infolge missverständlicher Belehrung eine solche Beschwerde an das Gericht
gerichtet, dann ist sie als Beschwerde gem. § 21 StVollstrO auszulegen und der Generalstaatsanwaltschaft (auf dem Dienstweg) zuzuleiten.[91] Eine gerichtliche Überprüfung ist erst nach Durchlaufen dieses Weges nach §§ 23 ff EGGVG möglich. Hat die
Vollstreckungsbehörde die einmal gewährte Zurückstellung widerrufen, dann kann
gegen diese Entscheidung das Gericht angerufen werden, § 35 Abs 7 Satz 2 BtMG.
Der Fortgang der Vollstreckung wird durch den Antrag nicht gehemmt. Die Vollstreckungsbehörde kann einen (Sicherungs-) Haftbefehl erlassen.[92]

Der Widerruf ist wie die Zurückstellung Sache des Staatsanwaltes, nicht des Rechtspflegers. Für den Erlass des Sicherungshaftbefehls ist nach bestrittener Auffassung der
Rechtspfleger zuständig.

Gegen den Widerruf kann die Entscheidung des Gerichtes des ersten Rechtszuges, in
Jugendsachen die Jugendkammer, angerufen werden. Gegen deren Entscheidung gibt
es die sofortige Beschwerde (§ 37 Abs 7 BtMG, § 462 Abs 3 StPO).

---

[85] BGH, NJW 1985, 753.
[86] BGHSt 34, 318.
[87] NJW 1985, 1093 = NStZ 1985, 177 (mit Anmerkungen von *Gallandi* und *Winkler*).
[88] OLG Hamm, NStZ 2000, 55.
[89] OLG Stuttgart, NStZ 1999, 626.
[90] KG, NStZ-RR 2008, 185; OLG Hamm, NStZ-RR 2008, 185 f.
[91] OLG Oldenburg, MDR 1991, 1188.
[92] Zur entsprechenden Anwendung von § 462 StPO vgl. Rdn 1101.

B. Anrechnung (Rdn 694)

Die Entscheidung über die Anrechnung der vom Verurteilten nachgewiesenen Zeit   1105
der Behandlung in einer **staatlich anerkannten Einrichtung** trifft das Gericht zugleich
mit der Zustimmung zur Zurückstellung von der Strafvollstreckung (§ 36 Abs 1
Satz 1 und 2 BtMG), wenn noch nicht einschließlich der Anrechnung zwei Drittel der
Strafe erledigt sind.

Das Gericht kann auch bei einer **anderen Form der Behandlung** (z. B. offene Einrich-   1106
tung, ambulante Behandlung, Behandlung nach der Tat) deren Zeit ganz oder zum
Teil auf die Strafe anrechnen, wenn dies unter Berücksichtigung der Anforderungen,
welche die Behandlung an den Verurteilten gestellt hat, angezeigt ist, § 36 Abs 3
BtMG.[93] Sofern eine Strafe von mehr als zwei Jahren verhängt worden ist, ist Voraussetzung für die Anrechnung auch, dass der noch zu verbüßende Rest zwei Jahre nicht
übersteigt.[94] Die fakultative Anrechnung darf nicht mehr an Vergünstigung gewähren
als die obligatorische Anrechnung.[95]

C. Aussetzung des Strafrestes zur Bewährung

§ 36 BtMG weist die Zuständigkeit zur Entscheidung über eine Reststrafenausset-   1107
zung nicht wie im Falle der Vollstreckung einer Freiheitsstrafe der Strafvollstreckungskammer, sondern dem Gericht des ersten Rechtszuges zu. Diese Zuständigkeit
endet jedoch mit einem Widerruf der Zurückstellung mit anschließender Vollstreckung.[96] Sind zwei Drittel der Strafe von nicht mehr als zwei Jahren (einschließlich der
Anrechnung) durch die Behandlung in einer staatlich anerkannten Einrichtung bereits
erledigt, dann setzt das Gericht die Vollstreckung des Restes der Strafe zur Bewährung
aus, wenn dies unter Berücksichtigung des Sicherheitsinteresses der Allgemeinheit verantwortet werden kann; unter der gleichen Voraussetzung, wenn die Behandlung in der
Einrichtung zu einem früheren Zeitpunkt nicht mehr erforderlich ist, § 36 Abs 1 Satz 3
BtMG. Voraussetzung ist daher nicht, dass durch Anrechnung des Aufenthalts in der
Therapieeinrichtung mindestens die Hälfte der Strafe erledigt ist.[97] Bedenken, dies verstoße gegen den Gleichbehandlungsgrundsatz greifen nicht durch. Der Gesetzgeber
hat hier – anders als bei § 57 StGB – keine Mindestverbüßungsdauer vorgesehen. Für
eine Strafrestaussetzung kommt es allein auf den Behandlungserfolg und eine positive
Prognose an

Eine Anordnung in analoger Anwendung von § 36 Abs 1 Satz 3 BtMG ist möglich,   1108
wenn der Täter sich der Behandlung in einer staatlich anerkannten Einrichtung unterzogen hat, die von ihm beantragte Zurückstellung der Strafvollstreckung aber
nicht angeordnet worden war.[98]

Ist die Vollstreckung zurückgestellt worden und hat sich der Verurteilte in anderer   1109
Weise als durch Aufenthalt in einer anerkannten Einrichtung der Behandlung seiner
Abhängigkeit unterzogen, so setzt das Gericht in gleicher Weise die Vollstreckung der

---

[93] Vgl. hierzu OLG Hamm, MDR 1991, 178 und OLG Zweibrücken, MDR 1991, 178; OLG
Köln, NStZ 2001, 55.
[94] OLG Hamm, NStZ 1987, 246; OLG Hamburg, MDR 1989, 286.
[95] Körner, a. a. O. Anm. 27–29 zu § 36 BtMG (5. Aufl).
[96] KG, B v. 12. 6. 2001, 1 AR 449/01 – 5 ARs 11/01.
[97] OLG Stuttgart, NStZ 1986, 187; OLG Düsseldorf, MDR 1990, 655 = StV 1990, 214; aM
früher u. a. OLG Nürnberg, NStZ 1984, 557; OLG München, MDR 1984, 513.
[98] OLG Stuttgart, NStZ 1987, 246.

Freiheitsstrafe oder des Strafrestes (vgl. dazu § 35 Abs 1 und 2) zur Bewährung aus, § 36 Abs 2 BtMG, wenn dies unter Berücksichtigung des Sicherheitsbedürfnisses der Allgemeinheit verantwortet werden kann (s. auch Rdn **691**).

Es gibt hier keinen festen Zeitpunkt für die Aussetzung, sie ist schon vor Halbstrafe oder dem Zwei-Drittel-Termin möglich.

1110   Für den Widerruf einer nach § 36 BtMG bewilligten Strafaussetzung ist nach Aufnahme des Verurteilten in eine Vollzugsanstalt zur Vollstreckung einer Freiheitsstrafe die Strafvollstreckungskammer – nicht das erstinstanzliche Gericht – zuständig;[99] vor Aufnahme in eine Vollzugsanstalt hat das Gericht des ersten Rechtszugs zu entscheiden.[100]

1111   Auch die Unterbringung in einer Entziehungsanstalt kann zur Bewährung ausgesetzt werden. Zwar enthält das BtMG keine spezielle Regelung; aber hierfür kann § 67 d Abs 2 StGB analog angewendet werden.[101]

---

[99] BGH, NJW 1991, 2162 = NStZ 1991, 355 = MDR 1991, 554 = BGHSt 37, 338.
[100] OLG Düsseldorf, MDR 1993, 464.
[101] LG München I, NStZ 1988, 559.

Fünfter Teil. Die Entscheidung über den Vorbehalt und die nachträgliche Anordnung der Unterbringung in der Sicherungsverwahrung

I. Allgemeines

Die sogenannte originäre, d. h. mit Erlass des Strafurteils ausgesprochene Anordnung **1111a** der Unterbringung in der Sicherungsverwahrung kennt das deutsche Strafrecht seit über 75 Jahren.[1] Wurde Sicherungsverwahrung nicht angeordnet, so war der Verurteilte auch bei negativer Sozialprognose spätestens nach Ablauf der verhängten Freiheitsstrafe in die Freiheit zu entlassen. Einwirkungsmöglichkeiten bestanden ab diesem Zeitpunkt nur mehr mit den Mitteln der Führungsaufsicht. Die Aussicht, einen als gefährlich erkannten Sexual- und/oder Gewalttäter aus der Strafhaft entlassen zu müssen, wurde im Hinblick auf den notwendigen Schutz der Bevölkerung vor schweren Rückfalltaten von der Rechtspolitik zunehmend als unerträglich angesehen. Die nachträgliche Sicherungsverwahrung sollte hier Abhilfe schaffen, wobei zunächst umstritten war, ob es sich insoweit um materielles Straf- (und damit Bundesrecht) oder präventives Polizeirecht (und damit Landesrecht) handeln würde. Der Bundesgesetzgeber ging davon aus, schon mangels Gesetzgebungszuständigkeit an der Schaffung einer echten nachträglichen Sicherungsverwahrung gehindert zu sein und schuf quasi als ein „Weniger" durch Gesetz v 21. 8. 2002 (BGBl I 2002 S 3344) mit § 66 a StGB die Möglichkeit, für bestimmte Täter, deren Gefährlichkeit zum Urteilszeitpunkt noch nicht mit hinreichender Sicherheit feststellbar ist, den **Vorbehalt der Anordnung der Sicherungsverwahrung** im Urteil auszusprechen, um im Falle späterer, sicher negativer Prognose Sicherungsverwahrung anordnen zu können. Eine Reihe von Ländern schuf parallel Gesetze zur Ermöglichung einer nachträglichen Anordnung der Unterbringung in der Sicherungsverwahrung.[2] Diesen Weg erklärte das BVerfG 2004 aus kompetenzrechtlichen Gründen für verfassungswidrig (2 BVR 834/02, 1588/02), billigte aber ausdrücklich eine Verankerung einer nachträglichen Sicherungsverwahrung als Maßregel im Strafgesetzbuch durch den Bundesgesetzgeber.[3] Mit Gesetz vom 23. 7. 2004 (BGBl I 2004 S 1838) wurde demgemäß mit § 66 b StGB[4] die **nachträgliche Anordnung der Sicherungsverwahrung** im Strafrecht eingeführt. Ziel des Gesetzgebers war es, zu verhindern, dass Straftäter, gegen die zum Urteilszeitpunkt aus rechtlichen oder tatsächlichen Gründen Sicherungsverwahrung weder angeordnet noch ihre Anordnung vorbehalten wurde und die zum Ende ihrer Strafhaft als hochgefährlich einzustufen sind, in die Freiheit entlassen werden müssen (vgl. die Begründung zum Entwurf eines Gesetzes zur Einführung der nachträglichen Sicherungsverwahrung, BT-Drs. 15/2887), wobei der Gesetzgeber davon ausging, dass die Anordnung einer nachträglichen Sicherungsverwahrung nur in einigen wenigen Fällen in Betracht zu ziehen sei. Eine Prognose, die sich – auch angesichts der äußerst restriktiven Auslegung der Normen durch die höchstrichterliche Rechtsprechung – sowohl bei § 66 a als auch bei § 66 b StGB bewahrheitet hat. Die praktische Bedeutung der vorbehaltenen bzw. nachträglichen Sicherungsverwahrung wird unter

---

[1] Eingeführt durch das GewohnheitsverbrecherG vom 24. 11. 1993, RGBl I 1933, 995.
[2] S. § 1 a EGStGB
[3] NJW 2004, 750 ff.
[4] Bzw. für Heranwachsende, die nach allgemeinem Strafrecht verurteilt wurden, § 106 Abs. 5 JGG.

dem Einfluss dieser Rechtsprechung daher zugunsten der originären Sicherungsverwahrung stetig abnehmen, was den davon betroffenen Verurteilten im Hinblick auf die Ausgestaltung des Vollzuges aber eher Nachteile bringen wird. Eine Ausweitung des Anwendungsbereichs erfuhr die nachträgliche Sicherungsverwahrung mit dem Gesetz vom 13. 4. 2007.[5] In bestimmten Fällen. in denen dem Tatrichter die Möglichkeit der Anordnung der Sicherungsverwahrung bzw. des Vorbehalts nicht zur Verfügung stand, dürfen bei der Entscheidung über die nachträgliche Sicherungsverwahrung nun auch Tatsachen berücksichtigt werden, die dem Tatrichter schon bekannt oder jedenfalls erkennbar waren.[6] Mit Gesetz vom 8. Juli 2008[7] wurde schließlich die Möglichkeit geschaffen, auch für gefährliche Straftäter, die nach Jugendstrafrecht verurteilt wurden, die Unterbringung in der Sicherungsverwahrung nachträglich anzuordnen, § 7 Abs. 2 JGG.

II. Die vorbehaltene Unterbringung in der Sicherungsverwahrung

A. Die Anordnung des Vorbehalts,
§§ 66a Abs 1 StGB, 106 Abs 3 S 2 u. 3 JGG

1. Voraussetzungen

1111b a) § 66a Abs 1 StGB
– Verurteilung wegen in § 66 Abs 3 S 1 StGB genannter Straftaten zu mindestens 2 Jahren Freiheitsstrafe,
– Vorverurteilungen oder Mehrfachtäter iSv § 66 Abs 3 StGB,
– Gefährlichkeit wegen eines Hanges zu erheblichen Straftaten iSv § 66 Abs 1 Nr. 3 StGB ist nicht mit hinreichender Sicherheit feststellbar.
Die Schwierigkeit der Anwendung in der Praxis besteht darin, dass nach der höchstrichterlichen Rechtsprechung entgegen der Gesetzesbegründung der Hang sicher festgestellt werden muss.[8] Lediglich hinsichtlich der Gefährlichkeitsprognose reicht eine erhebliche, naheliegende Wahrscheinlichkeit, dass der Täter für die Allgemeinheit im Sinne der Begehung neuer Straftaten aus dem Katalog des § 66 Abs 1 Nr. 3 StGB gefährlich ist und dies auch zum Zeitpunkt einer möglichen Entlassung aus der Strafhaft sein wird. Stehen Hang und Gefährlichkeit zum Urteilszeitpunkt fest, kommt nur die Verhängung der (originären) Sicherungsverwahrung gem. § 66 StGB in Betracht. Ein Ausweichen auf den „milderen" Vorbehalt in der Hoffnung, der Verurteilte werde seine Gefährlichkeit im Strafvollzug bis zum Strafende in den Griff bekommen, ist nicht möglich[9]

1111c b) § 106 Abs 3 S 2 und 3 JGG
Bei Heranwachsenden, auf die das allgemeine Strafrecht anzuwenden ist, liegen die Voraussetzungen der Anordnung des Vorbehalts noch höher:
– Verurteilung wegen in § 66 Abs 3 S 1 StGB genannter Straftaten, durch welche das Opfer seelisch oder körperlich schwer geschädigt oder einer solchen Gefahr ausgesetzt worden ist, zu mindestens 5 Jahren Freiheitsstrafe,

---

[5] BGBl 2007 I S. 513.
[6] Vgl. § 66b Abs. 1 S. 2 StGB, § 106 Abs. 4 S. 2 JGG.
[7] Vgl. BT-Drs. 16/6562, vom BT unverändert beschlossen, BGBl 2008 I 1212 f.
[8] BGHSt 50, 188 ff; Fischer, Rndnr. 5 zu § 66a.
[9] BGH a. a. O.; Insbesondere bloße Therapiebereitschaft kann die Anwendung des § 66a an Stelle des § 66 StGB nicht rechtfertigen.

– Vorverurteilungen oder Mehrfachtäter iSv § 66 Abs 3 S 1 StGB,
– Gefährlichkeit für die Allgemeinheit aufgrund eines Hanges zu Straftaten iSv § 66 Abs 1 Nr. 3 StGB.

Da das JGG die Anordnung der Sicherungsverwahrung auch dann ausschließt, wenn auf Heranwachsende das allgemeine Strafrecht zur Anwendung kommt, § 106 Abs 3 S 1 JGG, ersetzt hier der Vorbehalt die Anordnung, d.h., sowohl Hang als auch Gefährlichkeit müssen sicher festgestellt werden. Eine Wahrscheinlichkeit der Gefährlichkeit allein genügt hier für den Vorbehalt nicht.[9a]

2. Verfahrensfragen

Zur Klärung der Gefährlichkeit ist in der **Hauptverhandlung** ein Sachverständiger zuzuziehen (§ 246 a StPO). In der Urteilsformel des ergehenden Urteils wird der Vorbehalt etwa mit der Formulierung ausgesprochen: „Die Entscheidung über die Anordnung der Sicherungsverwahrung wird vorbehalten" (§ 260 Abs 2 S 4 StPO). Aus den Urteilsgründen muss sich ergeben, weshalb die Anordnung der Sicherungsverwahrung vorbehalten oder entgegen einem Antrag weder angeordnet noch vorbehalten wurde (§ 267 Abs 6 StPO). Der Vorsitzende hat den Angeklagten über die Bedeutung des Vorbehaltes und über den Zeitraum, auf den sich der Vorbehalt erstreckt, zu belehren. Bei Heranwachsenden, die zum Urteilszeitpunkt das 27. Lebensjahr noch nicht vollendet haben, ordnet das. Gericht idR an, das schon die Freiheitsstrafe in einer sozialtherapeutischen Anstalt zu vollziehen ist, § 106 Abs 4 JGG. Erfolgt eine derartige Anordnung nachträglich, so ist hierfür die Strafvollstreckungskammer zuständig, § 106 Abs 4 S 4 JGG.

1111d

B. Die Entscheidung über die vorbehaltene Unterbringung im Nachverfahren,§ 66a Abs 2 StGB

1. Vorbereitung der Entscheidung

Nachdem das Tatgericht sich die Entscheidung über die Unterbringung in der Sicherungsverwahrung vorbehalten hat, ist es zunächst Aufgabe der Vollstreckungsbehörde, die verhängte Freiheitsstrafe oder Maßregel zu vollstrecken. Die Justiz- oder Maßregelvollzugsanstalt erhält mit dem Aufnahmeersuchen als Anlage eine Abschrift des Urteils, §§ 30, 31, 16 Abs 1 Nr. 1 StVollStrO. Die Tatsache der vorbehaltenen Sicherungsverwahrung ist für den Vollzug von erheblicher Bedeutung und sollte daher seitens der Vollstreckungsbehörde **unverzüglich der Vollzugsbehörde mitgeteilt werden,** auch wenn die gerichtliche Entscheidung noch nicht rechtskräftig ist und/oder ein schriftliches Urteil noch nicht vorliegt. **Die Vollzugsbehörde hat** in der Folgezeit die Aufgabe, **die Entwicklung des Verurteilten während des Strafvollzuges** für die obligatorisch folgende Gerichtsentscheidung **zu dokumentieren.** Dies gilt für Positiv- wie Negativentwicklungen. Insbesondere Gewalttätigkeiten oder Drohungen des Gefangenen gegenüber Mitgefangenen, Bediensteten, aber auch Dritten (bei Besuchen oder im Rahmen brieflicher Kontakte), auch wenn sie nicht zu strafrechtlichen Konsequenzen führen, müssen in einer Art und Weise aufgeklärt und dokumentiert werden, dass sie für die Vollstreckungsbehörde und das Gericht transparent und einer etwaigen späteren Beweisaufnahme zugänglich sind. Der **Vollstreckungsbehörde** obliegt die Aufgabe, zur Vorbereitung der gerichtlichen Entscheidung abzuklären, ob gegebenenfalls **aus anderen Ermittlungs- und Strafverfahren Erkenntnisse zu gewin-**

1111e

9a Vgl. zum Vorbehalt bei Heranwachsenden BGH, Urt. v. 13. 8. 2008 – 2 StR 240/08, NStZ 2008, 696.

nen sind. Eine Abfrage im Zentralen Staatsanwaltschaftlichen Verfahrensregister ist hierzu unerlässlich.

Die Vollstreckungsbehörde hat die Akten rechtzeitig an die Staatsanwaltschaft des zuständigen Gerichts zu übersenden, § 275 a Abs 1 S 1 StPO. **Spätestens 6 Monate vor dem Zeitpunkt, ab dem eine Aussetzung des Strafrestes zur Bewährung** nach § 57 Abs 1 S 1 Nr. 1 StGB (Zwei-Drittel-Zeitpunkt) und nach § 57 a Abs 1 S 1 Nr. 1 StGB (15 Jahre bei lebenslang) **möglich ist, hat das Gericht über die Anordnung zu entscheiden** (§ 66 a Abs 2 StGB). Hierbei handelt es sich nach der höchstrichterlichen Rechtsprechung nicht um eine bloße Ordnungsvorschrift. Die Einhaltung der Frist stellt vielmehr eine grundsätzlich verbindliche materiellrechtliche Voraussetzung für die Anordnung der vorbehaltenen Sicherungsverwahrung dar[10] und ist daher unter allen Umständen einzuhalten. Zu berücksichtigen ist ferner, dass vor der Entscheidung das Gutachten eines Sachverständigen einzuholen ist, § 275 a Abs 4 StPO. Die Akten sollten daher wohl spätestens 12 Monate vor dem potentiellen Zeitpunkt einer Reststrafenaussetzung dem Gericht vorliegen. Dies schließt natürlich nicht aus, dass nach der Aktenvorlage erlangte Erkenntnisse der Vollstreckungs- oder Vollzugsbehörden in die gerichtliche Entscheidung einbezogen werden können. Die Einholung des Sachverständigengutachtens schon durch die Staatsanwaltschaft ist gesetzlich nicht vorgeschrieben, in vielen Fällen aber sinnvoll. Die Staatsanwaltschaft kann ihren Antrag aber auch auf der Basis sachverständiger prognostischer Einschätzungen aus dem Vollzug stellen und die Einholung eines externen Gutachtens dem Gericht überlassen. In jedem Fall, hat die Staatsanwaltschaft auf der Basis der gewonnenen Erkenntnisse einen **begründeten Antrag** zu stellen.

2. Verfahrensfragen

1111f Zuständig ist das Gericht des ersten Rechtszuges, §§ 74 f Abs 1, 120 a Abs 1 GVG.

Über die Anordnung wird in einer erneuten Hauptverhandlung entschieden. Zu deren Vorbereitung gelten die allgemeinen Bestimmungen der StPO (§§ 213–275).

Vor der Entscheidung hat das Gericht ein Sachverständigengutachten einzuholen, wobei der Sachverständige während des Vollzuges nicht mit der Behandlung des Verurteilten befasst sein darf (§ 275 a Abs 5 StPO).

Über die neue Hauptverhandlung enthält § 275 a Abs 4 StPO Näheres.

Die Entscheidung ergeht durch Urteil.

3. Inhalt der Entscheidung

1111g Die vorbehaltene Sicherungsverwahrung wird angeordnet, wenn die Gesamtwürdigung des Verurteilten, seiner Taten und seiner Entwicklung im Strafvollzug ergibt, dass von ihm erhebliche Straftaten zu erwarten sind, durch welche die Opfer seelisch oder körperlich schwer geschädigt werden, § 66 a Abs 2 StGB. Erforderlich für eine die Anordnung tragende Gefährlichkeitsprognose sind hierbei neue Tatsachen, die nicht bereits bei der Entscheidung über den Vorbehalt bekannt waren oder hätten bekannt sein können. Entscheidend ist daher in der Praxis in aller Regel auf das Vollzugsverhalten abzustellen.[11] Erbringt die Hauptverhandlung keine Gewissheit von der Gefährlichkeit, so ist zu tenorieren, dass die Anordnung unterbleibt. Gleiches gilt

---

[10] BGHSt 51, 159 ff.

[11] Vgl. im Einzelnen *Fischer*, Rdnr. 9 b f zu § 66 a. Aus Sicht der höchstrichterlichen Rechtsprechung ubiquitäres Vollzugsverhalten, wie Sachbeschädigungen oder unfreundliches, gemeinschaftswidriges Verhalten aber auch Vermögensdelikte aus der Haft heraus genügen jedenfalls nicht.

unabhängig von der Gefährlichkeit des Verurteilten, wenn die Frist des § 66 a Abs 2 StGB überschritten wird.[12]

4. Strafrestaussetzung

Parallel zur Zuständigkeit des Tatgerichts für das Nachverfahren bleibt die Zustän- **1111h** digkeit der Strafvollstreckungskammer für die Entscheidung über die Aussetzung des Strafrestes zur Bewährung bestehen. Sie darf aber erst nach Rechtskraft der Entscheidung über die Anordnung der Sicherungsverwahrung entscheiden, außer wenn bei einer Halbstrafenentscheidung besondere Umstände iSv § 57 Abs 2 Nr. 2 StGB offensichtlich nicht vorliegen (§ 66 a Abs 3 StGB).

III. Die nachträgliche Anordnung der Unterbringung in der Sicherungsverwahrung, §§ 66 b StGB, 7 Abs 2, 3, 106 Abs 5, 6 JGG

A. Prüfungsverfahren der Staatsanwaltschaft

1. Allgemeines

Die Vorbereitung einer nachträglichen, d. h. nach Erlass des Taturteils zu treffenden **1111i** Entscheidung des Gerichts über eine Unterbringung in der Sicherungsverwahrung gehört im wesentlichen nicht zu den Geschäften der Strafvollstreckung iSd § 31 Abs 2 RpflG. Lediglich die rechtzeitige Übersendung der Akten an die zuständige Staatsanwaltschaft obliegt der Vollstreckungsbehörde, § 275 a Abs 1 S 1 StPO, wobei es sich im Regelfall um ein und dieselbe Behörde handeln wird. Die nachträgliche Sicherungsverwahrung ist jedoch untrennbar mit der Vollstreckung einer Freiheitsstrafe verbunden und wird auch in der staatsanwalschaftlichen Praxis oftmals von den für Strafvollstreckungsangelegenheiten zuständigen Dezernenten der Staatsanwaltschaft bearbeitet. Dies rechtfertigt eine Behandlung im Rahmen eines Handbuches zur Strafvollstreckung.

2. Vorgehensweise

Anders als bei der vorbehaltenen Unterbringung in der Sicherungsverwahrung nach **1111j** § 66 a StGB entscheidet das Gericht über eine nachträgliche Unterbringung eines Verurteilten in der Sicherungsverwahrung nicht von Amts wegen. Erforderlich ist vielmehr ein entsprechender Antrag der Staatsanwaltschaft. Deren Aufgabe ist es daher, diejenigen Gefangenen zu identifizieren, die aufgrund neuer Tatsachen als gefährlich iSd § 66 b StGB anzusehen sind. Wie hier vorzugehen ist, hat eine Arbeitsgruppe der Landesjustizverwaltungen unter Einbezug des Bundesministeriums der Justiz 2005 versucht, zusammenzustellen. Da alle Landesjustizverwaltungen entschieden haben, ihre Praxis danach auszurichten,[13] werden diese Hinweise zur nachträglichen Sicherungsverwahrung nachfolgend abgedruckt:

---

[12] BGH a. a. O., 162 ff; *Ullenbruch*, NStZ 2008, 5 ff. Nicht überzeugend; dem Rechtsstaatsprinzip ist bereits durch eine rechtzeitige Einleitung des Nachverfahrens genüge getan. Der Verurteilte weiß ab diesem Zeitpunkt, was auf ihn zukommen kann. Sinn und Zweck der Maßregel, nämlich der Schutz der Allgemeinheit vor hochgefährlichen Straftätern, sprechen dafür, den Inhalt der Entscheidung nicht allein von einer Fristeinhaltung abhängig zu machen. So wohl auch BGH, StV 2006, 63 bei einer Fristüberschreitung von nur wenigen Tagen, deren Gründe nicht im Verantwortungsbereich der Justiz liegen.

[13] Z. B. in BY mit JMS vom 24. August 2005, 4344 – II – 6424/04, in BW mit VwV d. JuM vom 6. Oktober 2005 (4344/0008), in Nds durch Erlass vom 16. September 2005 (4344-S 3. 23).

**Hinweise
zur nachträglichen Sicherungsverwahrung**

A. Einführung

Die Hinweise sind für die Staatsanwaltschaft und den Strafvollzug bestimmt. Darüber hinaus richten sie sich auch an die Jugendrichter als Vollstreckungsleiter gemäß den §§ 82 Abs. 1 Satz 1 und 110 Abs. 1 JGG.[14]
Die Hinweise können nur als Anleitung für den Regelfall gelten. Es ist daher in jeder Strafvollstreckungssache selbständig zu prüfen, welche Maßnahmen geboten sind.

B. Allgemeine Hinweise

I. Informationsaustausch zwischen Vollstreckungsbehörden und Justizvollzugsanstalten.
Für die Identifizierung Verurteilter, bei denen wegen ihrer hohen Gefährlichkeit die nachträgliche Anordnung der Sicherungsverwahrung in Betracht kommt, tragen sowohl die Vollstreckungsbehörden als auch die Justizvollzugsanstalten Verantwortung. Sie sind gehalten, eng und vertrauensvoll zusammenzuarbeiten und bei Bedarf unverzüglich miteinander in Kontakt zu treten.

1. Vollstreckungsbehörde
Die Vollstreckungsbehörde ist insbesondere in den Fällen, in denen Erkenntnisse außerhalb des Strafvollzugs die Prüfung eines Antrags auf nachträgliche Anordnung der Sicherungsverwahrung nahelegen, gehalten, initiativ zu werden und ergänzend die Erkenntnisse aus dem Strafvollzug abzufragen. Dies wird insbesondere dann der Fall sein, wenn es sich um weitere Straftaten, Erkenntnisse aus der Vollstreckung einer freiheitsentziehenden Maßregel oder Tatsachen aus dem Zeitraum einer später widerrufenen Bewährung handelt.

2. Justizvollzugsanstalt
Die Justizvollzugsanstalt ist insbesondere gehalten, Kenntnisse aus dem Strafvollzug, die auf eine erhebliche Gefährlichkeit des Verurteilten hindeuten, zum Anlass zu nehmen, bei der Vollstreckungsbehörde einen Antrag auf nachträgliche Anordnung der Sicherungsverwahrung anzuregen, sofern ein solcher Antrag auch mit Blick auf die formellen Voraussetzungen der nachträglichen Anordnung der Sicherungsverwahrung (Anlassverurteilung, gegebenenfalls Vorverurteilung und Verbüßung) in Betracht kommt. Mit Rücksicht auf die Frist des § 275a Abs. 1 Satz 3 StPO sollte eine solche Anregung spätestens neun Monate vor dem Zeitpunkt erfolgen, in dem der Vollzug gegen den Betroffenen endet. Dabei ist auf das Ende der Vollstreckung hinsichtlich derjenigen Verurteilung abzustellen, an die die Anordnung der nachträglichen Sicherungsverwahrung von ihren Voraussetzungen her anknüpfen kann. Anschlussvollstreckungen bleiben außer Betracht.
Bestehen Unsicherheiten in der Beurteilung der Gefährlichkeit, so sind diese Fälle im Zweifel auch der Vollstreckungsbehörde vorzulegen.
Alle Mitteilungen haben auch dann zu erfolgen, wenn die Vollstreckungsbehörde ihren Sitz in einem anderen Bundesland hat.

II. Die im Anhang zu diesen Hinweisen befindliche Checkliste ist ein Hilfsmittel, um eine Vorprüfung der formellen Voraussetzungen der nachträglichen Sicherungsverwahrung zu erleichtern[15]

III. Die datenschutzrechtlichen Regelungen im Strafvollzugsgesetz (§§ 180 Abs. 2 Nr. 2, 182 Abs. 2 und 3 StVollzG) stellen eine ausreichende Grundlage für die Weitergabe personenbezogener Daten Gefangener von der Vollzugs- an die Vollstreckungsbehörde für die Prüfung dar, ob eine nachträgliche Anordnung der Unterbringung in der Sicherungsverwahrung beantragt werden soll.[16]

---

[14] Der Verweis auf den Jugendrichter als Vollstreckungsleiter lief bis zum Inkrafttreten des § 7 Abs. 2 JGG am 12. Juli 2008 (BGBl 2008, 1212 f) mangels Rechtsgrundlage für eine nachträgliche Unterbringung von nach Jugendstrafrecht Verurteilten ins Leere.
[15] Von einem Abdruck der Checkliste wird abgesehen.
[16] Art 197, 200 BayStVollzG.

IV. Die nachträgliche Anordnung der Unterbringung in der Sicherungsverwahrung ist nach § 12 Abs. 1 Nr. 10 BZRG eintragungspflichtig.

C. Verfahren zur Vorbereitung der Entscheidung über die nachträgliche Anordnung der Unterbringung in der Sicherungsverwahrung

I. Zuständigkeit

Im Verfahren über die nachträgliche Anordnung der Unterbringung in der Sicherungsverwahrung richtet sich die Zuständigkeit der Staatsanwaltschaft für die Antragstellung nach der gerichtlichen Zuständigkeit (§ 275 a Abs. 1 Satz 1 StPO, § 74 f GVG).

II. Laufende Vollstreckungsverfahren

Kommt eine Anordnung der nachträglichen Sicherungsverwahrung in Betracht, so übersendet die Vollstreckungsbehörde die Akten rechtzeitig an die Staatsanwaltschaft des für die Entscheidung zuständigen Gerichts. Diese prüft sodann, ob eine nachträgliche Anordnung der Sicherungsverwahrung beantragt werden soll (§ 275 a Abs. 1 Satz 2 StPO).

1. Bei der Prüfung der gesetzlichen Voraussetzungen hat die Staatsanwaltschaft insbesondere darauf zu achten, ob nach der Verurteilung Tatsachen erkennbar geworden sind, die auf eine erhebliche Gefährlichkeit des Verurteilten für die Allgemeinheit hinweisen. Hierzu zählen ausweislich der Gesetzesbegründung (BT-Drucks. 15/2887, S. 12) sowohl Tatsachen, die nach der Verurteilung entstanden als auch solche, die nach der Verurteilung bekannt geworden sind.[17] Die Gesetzesbegründung nennt namentlich wiederholte verbal-aggressive Angriffe auf Bedienstete der Justizvollzugsanstalt, die Drohung, nach der Entlassung weitere Straftaten zu begehen, die Begehung einer Straftat während des Vollzugs der Freiheitsstrafe oder intensive Kontakte zu einem gewaltbereiten Milieu aus der Haft heraus, aber auch während des Freiheitsentzugs bekannt gewordene weitere Straftaten aus der Vergangenheit. Zu solchen neuen Tatsachen zählen auch psychische Normabweichungen, die erst während der Haftzeit diagnostiziert werden, möglicherweise aber bereits bei Begehung der abgeurteilten Taten vorhanden waren, aber nicht erkannt wurden. Auch eine Therapieverweigerung oder ein Scheitern einer Therapie kann zu solchen Tatsachen gehören.

2. Liegen Tatsachen im Sinne von Nr. 1 vor, so prüft die Staatsanwaltschaft, ob die Gesamtwürdigung des Verurteilten, seiner Taten und ergänzend seiner Entwicklung während des Strafvollzugs ergibt, dass er mit hoher Wahrscheinlichkeit erhebliche Straftaten begehen wird, durch welche die Opfer seelisch oder körperlich schwer geschädigt werden. Hierzu holt die Staatsanwaltschaft eine Stellungnahme der Justizvollzugsanstalt ein, in der sich der Verurteilte befindet, sofern diese nicht bereits zuvor berichtet hat.

3. Tritt die Staatsanwaltschaft in eine Prüfung nach Nr. 2 ein, so teilt sie dies dem Betroffenen schriftlich mit, § 275 a Abs. 1 Satz 2 StPO.

4. Das Ergebnis der Prüfung teilt die Staatsanwaltschaft der Justizvollzugsanstalt mit.

5. Bejaht die Staatsanwaltschaft die Voraussetzungen für die nachträgliche Anordnung der Sicherungsverwahrung, so soll sie spätestens sechs Monate vor dem Vollzugsende den Antrag auf nachträgliche Anordnung der Sicherungsverwahrung nach § 66 b Abs. 1 oder 2 StGB bzw. nach § 106 Abs. 5 JGG stellen (§ 275 a Abs. 1 Satz 3 StPO). Die Staatsanwaltschaft legt die Akten nebst Vollstreckungsheft mit ihrem Antrag zusammen mit den für die Prüfung der Voraussetzungen im Übrigen erforderlichen Akten unverzüglich dem Vorsitzenden des Gerichts vor (§ 275 a Abs. 1 Satz 4 StPO).
Über die Antragstellung sind die zuständige Strafvollstreckungskammer und die Vollstreckungsbehörde zu informieren.

6. Sind dringende Gründe für die Annahme vorhanden, dass die nachträgliche Sicherungsverwahrung angeordnet wird und ist mit einer baldigen Entlassung des Verurteilten aus dem Justizvollzug zu rechnen, so hat die Staatsanwaltschaft einen Antrag auf Erlass eines Unterbringungsbefehls nach § 275 a Abs. 5 Satz 1 StPO zu stellen.

---

[17] In den Fällen des §§ 66 b Abs. 1 Satz 2 StGB sowie des §§ 7 Abs. 2, 106 Abs. 5 S. 2 JGG kann es sich auch um Tatsachen handeln, die im Zeitpunkt der Verurteilung bereits bekannt oder erkennbar waren.

III. Einzuleitende Vollstreckungsverfahren

Bei Einleitung der Vollstreckung prüft die Vollstreckungsbehörde in geeigneten Fällen, ob die formellen Voraussetzungen für die nachträgliche Anordnung der Sicherungsverwahrung vorliegen. das Ergebnis dieser Prüfung ist im Vollstreckungshaft zu vermerken.

1. Liegen die formellen Voraussetzungen für die nachträgliche Anordnung der Sicherungsverwahrung vor, so teilt die Vollstreckungsbehörde dies sogleich nach Einleitung der Vollstreckung der Justizvollzugsanstalt mit.

2. Eine Mitteilung an den Betroffenen nach § 275 a Abs. 1 Satz 2 StPO erfolgt noch nicht. Mit der Feststellung der formellen Voraussetzungen hat noch keine Prüfung der nachträglichen Anordnung der Sicherungsverwahrung begonnen.

3. Die Vollstreckungsbehörde ersucht die Justizvollzugsanstalt im Zusammenhang mit der Prüfung einer Strafaussetzung zur Bewährung zum Zweidritteltermin, spätestens jedoch ein Jahr vor Ende des Vollzugs der entsprechenden Freiheitsstrafe, um Stellungnahme zu der Gefährlichkeit des Verurteilten.

4. Im Übrigen gelten die Ausführungen unter II. entsprechend.

D. Dokumentation bei den Justizvollzugsanstalten

Für die nach § 66 b Abs. 1 und 2 StGB sowie § 106 Abs. 5 JGG zu treffenden Entscheidungen ist die Entwicklung des Verurteilten während des Vollzugs von besonderer Bedeutung. Die Justizvollzugsanstalt hat alle für die Beurteilung der erheblichen Gefährlichkeit wesentlichen Tatsachen in der Gefangenenpersonalakte zu dokumentieren.

E. Maßregelvollzug

§ 66 b Abs. 3 StGB sowie -eingeschränkt- § 106 Abs. 6 JGG ermöglichen die nachträgliche Anordnung der Unterbringung in der Sicherungsverwahrung, wenn das Gericht die Unterbringung eines wegen einer Straftat nach § 66 Abs. 3 Satz 1 StGB Verurteilten in einem psychiatrischen Krankenhaus nach § 67 d Abs. 6 StGB für erledigt erklärt, weil nach Beginn der Vollstreckung festgestellt wurde, dass der krankheitsbedingte Zustand, auf dem die Unterbringung beruht, nicht oder nicht mehr vorliegt.

Die Staatsanwaltschaft hat im Rahmen ihrer Beteiligung in dem Verfahren nach § 67 d Abs. 6 StGB zu prüfen, ob die Voraussetzungen der nachträglichen Unterbringung in der Sicherungsverwahrung vorliegen, und gegebenenfalls einen entsprechenden Antrag zu stellen.

Vor einer Entscheidung der Staatsanwaltschaft ist die Stellungnahme der Maßregelvollzugseinrichtung einzuholen.

1111k   Kommt die Staatsanwaltschaft zu dem Ergebnis, dass die Voraussetzungen einer nachträglichen Unterbringung in der Sicherungsverwahrung vorliegen, so hat sie einen begründeten Antrag zu stellen, aus dem sich zumindest ergeben muss, auf welcher konkreten Variante der §§ 66 b StGB, 7, 106 JGG der Antrag beruht und welche, gegebenenfalls neuen, Tatsachen aus Sicht der Staatsanwaltschaft eine nachträgliche Unterbringung in der Sicherungsverwahrung rechtfertigen.[18]

Im Hinblick auf die restriktive Rechtsprechung zu den Voraussetzungen des § 66 b StGB ist es unerlässlich, höchst vorsorglich bei der zuständigen Strafvollstreckungskammer entsprechende Anträge für den Fall einer Führungsaufsicht nach Vollverbüßung zu stellen bzw in Fällen einer psychischen Erkrankung des Verurteilten parallel die für eine öffentlich rechtliche Unterbringung auf präventivpolizeilicher Ebene zuständige Verwaltungsbehörde zu informieren.[19]

---

[18] BGHSt 50, 284; NJW 2006, 852; Dass der BGH dies überhaupt feststellen musste kann nur mit „Anlaufschwierigkeiten" nach Einführung des neuen Rechtsinstituts der nachträglichen Sicherungsverwahrung erklärt werden. Eine sehr gute Checkliste für einen Antrag findet sich bei *Folkerts*, NStZ 2006, 426, 433.

[19] Vgl. BGHSt 51, 191, 202; 50, 373, 384 f; Beschl. v. 29. 8. 2006 – 1 StR 306/06.

B. Gerichtliche Zuständigkeit

Für die Entscheidung über die nachträgliche Anordnung der Sicherungsverwahrung   1111l
ist die Strafkammer zuständig, die als Tatgericht entschieden hat, § 74 f Abs 1 GVG.
Hat im ersten Rechtszug ausschließlich das Amtsgericht als Tatgericht entschieden
(denkbar in den Fällen des § 66 b Abs 1 StGB), so entscheidet über die nachträgliche Sicherungsverwahrung eine Strafkammer des ihm übergeordneten Landgerichts,
§ 74 f Abs 2 GVG. Liegen mehrere tatrichterliche Entscheidungen vor, regelt sich die
Zuständigkeit des Landgerichts gem. § 74 f Abs 3 GVG iVm § 462 a Abs 3 S 2 und 3
StPO. Hat im ersten Rechtszug das Oberlandesgericht als Tatgericht entschieden, hat
derselbe Strafsenat auch über eine nachträgliche Anordnung der Sicherungsverwahrung zu entscheiden, § 120 a GVG. In den Fällen der §§ 7 Abs. 2 und 3, 106 Abs 5
und 6 JGG ist die Jugendkammer zuständig, §§ 7 Abs. 4 S 1, 106 Abs 7 iVm § 74 f
Abs. 1 und 2 GVG.[20] Hat das Oberlandesgericht als Tatgericht entschieden und Jugendstrafrecht angewendet, verbleibt es bei seiner Zuständigkeit, §§ 7 Abs 4, 106
Abs 7 JGG iVm § 120 a GVG.

C. Formelle Anordnungsvoraussetzungen

Erforderlich ist in jedem Fall ein mit einer Begründung versehener Antrag der Staats-   1111m
anwaltschaft, § 275 a StPO (vgl. insoweit oben A). Darüber hinaus ist zu differenzieren:

1. Die Anordnung bei Vorliegen mehrerer Verurteilungen, § 66 b Abs 1 StGB

Erforderlich ist eine **Verurteilung** wegen einer Straftat aus dem , im Vergleich zu § 66
StGB eingeschränkten, Katalog des § 66 b Abs 1 S 1 StGB. In Betracht kommen Verurteilungen wegen eines **Verbrechens** gegen das Leben, die körperliche Unversehrtheit, die persönliche Freiheit oder die sexuelle Selbstbestimmung, wobei für die Einordnung der Tat auf die gesetzliche Abschnittseinteilung des StGB-BT abzustellen
ist.[21] Einschlägig ist auch eine Verurteilung wegen schweren Raubes, Raubes mit
Todesfolge, räuberischen Diebstahls oder räuberischer Erpressung, §§ 250, 251, 252,
255 StGB, oder wegen eines der **in § 66 Abs. 3 S 1 StGB genannten Vergehen**
(Sexualdelikte, gefährliche Körperverletzung, Misshandlung von Schutzbefohlenen,
Rauschtaten).
Darüber hinaus müssen hinsichtlich Höhe und Anzahl der Verurteilungen sowie der
Dauer von Verbüßungszeiten die jeweiligen Voraussetzungen des § 66 Abs 1–3 StGB
vorliegen.

2. Die Anordnung bei Vorliegen nur einer Verurteilung, § 66 b Abs 2 StGB, §§ 7 Abs 2, 106 Abs 5 JGG

Wurde der Verurteilte bislang nur einmal verurteilt, so ist der Katalog denkbarer An-
lassverurteilungen weiter eingeschränkt. Es bedarf bei Erwachsenen **in jedem Fall
einer Verurteilung wegen eines oder mehrerer Verbrechen aus den unter C 1 genann-**

---

[20] § 41 Abs 1 Nr. 5 JGG weist der Jugendkammer alle Fälle zu , in denen wegen einer Tat i. S. d.
§ 7 Abs 2 JGG eine höhere Strafe als 5 Jahre Jugendstrafe oder die Unterbringung in der Sicherungsverwahrung zu erwarten ist. Damit soll sichergestellt werden, dass die Jugendkammer in
allen Fällen, die zu einer nachträglichen Anordnung der Sicherungsverwahrung führen könnten,
bereits als Tatgericht urteilt.
[21] BGHSt 51, 25, 26 f.

ten Abschnitten des StGB. Das Urteil muss ferner auf **mindestens 5 Jahre Freiheitsstrafe** lauten. Bei Gesamtstrafen liegt diese Voraussetzung unstreitig vor, wenn die Verurteilung allein aufgrund Katalogtaten erfolgte, oder bei Zusammentreffen von Katalog- mit anderen Taten eine Einzelstrafe für eine Katalogtat mindestens 5 Jahre beträgt oder wenn es ausgeschlossen wäre, dass ohne die Nichtkatalogtaten eine Gesamtstrafe von weniger als 5 Jahren verhängt worden wäre.[22] **Bei Heranwachsenden, auf die das allgemeine Strafrecht zur Anwendung kommt,** genügt auch die Verurteilung wegen eines Vergehens der in § 66 Abs 3 S 1 StGB bezeichneten Art, sofern das Opfer seelisch oder körperlich schwer geschädigt oder einer solchen Gefahr ausgesetzt worden ist, § 106 Abs 5 S 1 , Abs 3 S 2 Nr. 1 JGG iVm § 66 Abs. 3 S 1 StGB. **Bei Jugendlichen oder Heranwachsenden, die nach Jugendstrafrecht verurteilt wurden,** bedarf es einer Verurteilung zu einer **Jugendstrafe von mindestens 7 Jahren** wegen oder auch wegen eines Verbrechens gegen das Leben, die körperliche Unversehrtheit oder die sexuelle Selbstbestimmung oder wegen Raubes, räuberischen Diebstahls oder räuberischer Erpressung jeweils mit Todesfolge, §§ 251, 252, 255 StGB, durch welche das Opfer sofern es nicht bereits getötet wurde, seelisch oder körperlich schwer geschädigt oder einer solchen Gefahr ausgesetzt worden ist. Der Wortlaut „wegen oder auch wegen" berücksichtigt die Besonderheit, dass im Jugendstrafrecht keine Gesamtstrafenbildung erfolgt sondern eine Einheitsstrafe verhängt wird, § 31 JGG, sodass bei mehreren abzuurteilenden Straftaten keine Einzelstrafen ausgeworfen werden, an denen erkennbar wäre, ob schon allein schon aufgrund der begangenen Katalogtaten eine Jugendstrafe von 7 Jahren verhängt worden wäre. Es genügt daher eine Verurteilung zu 7 Jahren Jugendstrafe wegen zumindest auch einer Katalogtat, auch wenn weitere Nichtkatalogtaten mit abgeurteilt wurden.

3. Die Anordnung nach Erledigterklärung einer Unterbringung in einem psychiatrischen Krankenhaus, § 66 b Abs 3 StGB, §§ 7 Abs 3, 106 Abs 6 JGG

Stellt das Gericht nach Beginn der Vollstreckung der Unterbringung in einem psychiatrischen Krankenhaus fest, dass die Voraussetzungen der Maßregel nach § 63 StGB nicht mehr vorliegen, so erklärt es die Maßregel gem. § 67 d Abs 6 StGB für erledigt. Beruht die Erledigungserklärung darauf, dass der die Schuldfähigkeit ausschließende oder vermindernde Zustand nicht (mehr) besteht, so ist, sofern nicht eine Überweisung in eine neben der Maßregel angeordneten Freiheitsstrafe erfolgt, der Verurteilte zu entlassen. Eine nachträgliche Unterbringung in der Sicherungsverwahrung kommt jedoch in Betracht, sofern die Unterbringung nach § 63 StGB wegen mehrerer der in § 66 Abs. 3 S 1 StGB (bei Anwendung von Jugendrecht der in § 7 Abs 2 JGG) genannten Taten angeordnet wurde oder wenn der Betroffene wegen einer oder mehrerer solcher Taten, die er vor der zur Unterbringung nach § 63 StGB führenden Tat begangen hat, schon einmal zu einer Freiheits- oder Jugendstrafe von mindestens 3 Jahren verurteilt oder in einem psychiatrischen Krankenhaus untergebracht worden war. **Neuer Tatsachen bedarf es hier nicht.** § 66 b Abs. 3 StGB ist jedoch nach der Rechtsprechung des 1. Senats des BGH entgegen dem Wortlaut **nur in den Fällen anwendbar, in denen im Anschluss an die für erledigt erklärte Maßregel keine Freiheitsstrafe vollstreckt wird.** Wird hingegen im Anschluss eine Freiheitsstrafe vollstreckt, kann eine Unterbringung in der nachträglichen Sicherungsverwahrung nur unter den Voraussetzungen des § 66 b Abs. 1 oder 2 StGB erfolgen.[23] Entsprechendes müsste dann auch im Anwendungsbereich der §§ 7 Abs 3, 106 Abs 6 JGG gelten. **Anderer Ansicht ist mit überzeugender Begründung der 4. Senat.** Die Ansicht des 1. Senats

---

[22] Im Übrigen vgl. *Fischer*, Rdnr. 13 zu § 66 b.
[23] BGH, Beschl. v. 28. 8. 2007 – 1 StR 268/07 = BGHSt 52, 31 ff = NJW 2008, 240.

würde die Vorschrift im wesentlichen auf den Bereich der als schuldunfähig Untergebrachten reduzieren. Hierfür gibt es keinerlei eindeutige Anhaltspunkte in den Gesetz-
zesmaterialien, die es erlauben würden, den klaren Wortlaut des Gesetzes umzudeu-
ten.[24] Diese Streitfrage wird der Große Strafsenat zu entscheiden haben.

D. Materielle Anordnungsvoraussetzungen

Für die nachträgliche Anordnung der Unterbringung in der Sicherungsverwahrung   **1111n**
nach §§ 66b Abs 1 und 2 StGB, §§ 7 Abs 2, 106 Abs 5 JGG müssen zwei Voraussetzungen vorliegen:
Es müssen vor Ende des Vollzugs Tatsachen vorliegen die auf eine erhebliche Gefährlichkeit des Verurteilten für die Allgemeinheit hinweisen, und eine Gesamtwürdigung
des Verurteilten, seiner Taten und ergänzend seiner Entwicklung während des Strafvollzugs muss ergeben, dass er zukünftig mit hoher Wahrscheinlichkeit erhebliche
Straftaten begehen wird, durch die die Opfer seelisch oder körperlich schwer geschädigt werden.[25]

1. Neue Tatsachen (Nova)

Eine Tatsache ist neu, wenn sie im Hinblick auf die Prognose einer erheblichen Ge-   **1111o**
fährdung der Allgemeinheit relevant ist und der Tatrichter sie weder kannte, noch bei
Ausschöpfung der richterlichen Aufklärungspflicht gem. § 244 Abs 2 StPO zum Urteilszeitpunkt hätte erkennen können.[26] Entscheidend ist stets der Vorrang des Erkenntnisverfahrens.[27] Die nachträgliche Sicherungsverwahrung darf nicht zur Repa-
ratur einer fehlerhaft unterbliebenen Anordnung der originären Sicherungsverwahrung nach § 66 StGB genutzt werden. In Betracht kommen daher:
- frühere prognoserelevante Straftaten, die erst nach der Anlassverurteilung bekannt
  geworden sind,
- neue prognoserelevante Straftaten, die während des Strafvollzugs begangen wurden,[28]
- psychische Störungen, deren diagnoserelevanten Anknüpfungstatsachen zum Urteilszeitpunkt nicht erkennbar waren, sofern sich die Erkrankung während der

---

[24] BGH, Beschl. v. 5. 2. 2008 – 4 StR 314, 391/07 = NStZ 2008, 333 ff mit abl. Anmerkung
v. Uhlenbruch.
[25] Kurioserweise ist das JGG hier auf den ersten Blick schärfer; nach § 106 Abs 5 iVm Abs 3 S 2
Nr. 1 JGG reicht auch, dass eine Tat droht, die das Opfer der Gefahr einer schweren seeelischen
oder körperlichen Schädigung aussetzt. Praktische Bedeutung hat dieser abweichende Wortlaut
aber nicht.
[26] Das Gericht muss die Frage der Erkennbarkeit auf der Basis der gesamten Verfahrensakten
des Ausgangsverfahrens prüfen, BGHSt 51, 185, 188.
[27] Deshalb sind Nova erforderlich im Anwendungsbereich von § 66b Abs. 1 S. 2 StGB. Dies
betrifft die Fälle, in denen zum Urteilszeitpunkt eine Verhängung einer Sicherungsverwahrung
nicht möglich war, weil der räumliche Geltungsbereich des § 66 StGB nicht eröffnet (Taten, die
im Beitrittsgebiet vor dem 1. 8. 1995 begangen wurden) war sowie die Fälle, die vor der Schaffung des § 66 Abs 3 StGB am 1. 4. 1998 abgeurteilt wurden und die Voraussetzungen dieser
Norm erfüllen. Konsequenterweise darf das Gericht in diesen Fällen auch Tatsachen berücksichtigen, die zum Zeitpunkt der Verurteilung bereits erkennbar waren.
[28] In beiden Fällen jedoch nur, sofern diese neuen Straftaten nicht in einem neuen Strafverfahren
zur Anordnung der originären Sicherungsverwahrung führen könnten („Vorrang des Erkenntnisverfahrens"), BGHSt 50, 372, 380 f.

Strafhaft in einer für die Gefährlichkeitsprognose relevanten Weise im Verhalten des Verurteilten ausgedrückt hat[29] oder
– die Verweigerung bzw. der Abbruch einer Therapie.[30]
Keine nova sind Neubewertungen bereits zum Urteilszeitpunkt bekannter Tatsachen, mögen die Bewertungen des Tatgerichts auch noch so falsch gewesen sein (keine Korrektur von Fehlentscheidungen). **Zum Urteilszeitpunkt erkennbare Tatsachen, die jedoch aus Rechtsgründen nicht zu einer Prüfung der Unterbringung in der Sicherungsverwahrung führen konnten[31] und damit juristisch gesehen als neu zu bewerten sind, können nur bei nach Jugendstrafrecht Verurteilten gem. § 7 Abs 2 JGG[32] und in den Fällen der §§ 66 b Abs 1 S. 2 StGB, 106 Abs 5 S. 2 JGG berücksichtigt werden.[33]**
Die höchstrichterliche Rechtsprechung vermischt die Feststellung einer (neuen) Tatsache und deren Bewertung im Rahmen einer Gefährlichkeitsprognose.[34] So sollen von vorneherein nur solche Tatsachen Berücksichtigung finden, die bereits für sich genommen auf eine erhebliche Gefahr für die geschützten Rechtsgüter hindeuten, also selbst erheblich sind. Sie müssen in einem prognoserelevanten symptomatischen Zusammenhang mit der in der Anlassverurteilung zu Tage getretenen Gefährlichkeit stehen.[35]
Aus Sicht der höchstrichterlichen Rechtsprechung sind Disziplinarverstöße sowie sozialwidriges Verhalten des Gefangenen bis hin zu Drohungen und Beleidigungen sowie Sachbeschädigungen „vollzugstypische" Verhaltensweisen und daher keine berücksichtigungsfähigen neuen Tatsachen.[36]
Die Tatsachen müssen vor Ende des Vollzugs der Anlassverurteilung („dieser Freiheitsstrafe") erkennbar sein.[37] Die Anordnung selbst muss jedoch nicht vor Ende des Vollzugs getroffen werden.

---

[29] BGHSt 51, 191 ff; gleiches gilt für Suchterkrankungen.
[30] Nach BVerfG (1. Kammer des Zweiten Senats), Beschl. v. 23. 8. 2006 – 2 BvR 226/06, NJW 2006, 3483; ist der Wegfall der zum Urteilszeitpunkt festgestellten Therapiemotivation aber dann – und in der Praxis damit wohl immer – keine neue Tatsache, wenn die aus der fehlenden Therapie abzuleitende Gefährlichkeit als Folge der zum Urteilszeitpunkt bereits bekannten unbewältigten Suchtproblematik zu werten ist. In diesen Fällen rät das BVerfG, neben der Unterbringung in der Entziehungsanstalt auch die Sicherungsverwahrung anzuordnen.
[31] Sogen. Altfälle aus der Zeit vor Inkrafttreten des § 66 StGB in den neuen Bundesländern bzw. vor Anwendbarkeit des § 66 Abs 3 StGB, vgl. BGH, NStZ 2008, 330 ff und *Fischer*, Rdnr. 23 zu § 66 b.
[32] Dies folgt bereits aus dem Wortlaut des § 7 Abs 2 JGG („sind erkennbar" statt „werden erkennbar") sowie der Gesetzesbegründung, vgl. BT-Drs. 16/6562.
[33] Vgl. Fußnote 12. Damit bleiben die erstverurteilten Täter einer Straftat iSd § 66 b Abs 2 StGB unverständlicherweise außen vor, obwohl auch dort der Tatrichter keine Sicherungsverwahrung verhängen konnte, vgl. § 66, inbes. Abs. 3 S 2 StGB.
[34] Begründet wird dies mit der Rechtsnatur der nachträglichen Sicherungsverwahrung als einer zum Strafrecht gehörenden Maßnahme. Ihre Anordnung muss an eine Straftat anknüpfen und aus dieser ihre sachliche Rechtfertigung beziehen, vgl. BVerGE 109, 190; BGHSt 50, 275, 278 f; 51, 185, 197 f; Dies ließe sich jedoch auch unschwer im Rahmen der Gesamtwürdigung auf der Prognoseebene sicherstellen.
[35] BGH a. a. O.
[36] Vgl BVerfG NStZ 07, 87, 89; BGH NStZ 07, 267 f; BGHSt 50. 284, 297; BGH NJW 06, 1446 f; noch weiter, aber im Hinblick auf den Schutzzweck der Norm abzulehnen, Fischer, Rdnr. 30 zu § 66 b, der auch die Berücksichtigung von Erkenntnissen aus der vollzugsinternen Psychotherapie oder dem Verhalten des Verurteilten während eines Ausgangs oder Urlaubs als „bedenklich" ansieht.
[37] Die in der Praxis denkbare Anschlussvollstreckung von Ersatzfreiheitsstrafen fällt damit nicht mehr in diesen Zeitraum. Einbezogen werden können jedoch neue Tatsachen nach einer Reststrafenaussetzung zur Bewährung, sofern die Strafaussetzung zur Bewährung widerrufen und

2. Gefährlichkeitsprognose

Voraussetzung für eine nachträgliche Anordnung der Unterbringung in der Siche- **1111p**
rungsverwahrung ist, dass von dem Verurteilten mit hoher Wahrscheinlichkeit erhebliche Straftaten iSd §§ 66b StGB, 7, 106 JGG zu erwarten sind. Eine derartige Prognose hat das Gericht nach anerkannten und überprüfbaren Maßstäben[38] auf der
Basis zweier Sachverständigengutachten, § 275a Abs. 4 S 2 StPO, §§ 7 Abs 4, 106
Abs 7 JGG zu stellen. Die Gutachter dürfen im Rahmen des Strafvollzugs oder des
Vollzugs der Unterbringung nicht mit der Behandlung des Verurteilten befasst gewesen sein. Es ist nicht erforderlich, zwei psychiatrische Sachverständige zu beauftragen.
Auch die Beauftragung eines Facharztes für Psychiatrie und Psychotherapie sowie
eines Diplom-Psychologen kann ausreichen.[39] Den Sachverständigen ist zunächst
soweit als möglich vorzugeben, welche neuen Tatsachen sie zu berücksichtigen haben.
Zu beantworten sind dann zumindest folgende Fragen:[40]
Wie groß ist die Wahrscheinlichkeit, das der Verurteilte erneut Straftaten begehen
wird?
Welcher Art werden diese Straftaten sein, welche Häufigkeit und welchen Schwere-
grad werden sie haben?
Im Hinblick auf den ultima ratio Charakter der nachträglichen Sicherungsverwahrung
ist auch zu fragen, ob Maßnahmen (etwa im Rahmen der Führungsaufsicht) ersichtlich
wären, das Risiko zukünftiger Straftaten zu beherrschen oder zu verringern.
Eine nachträgliche Anordnung der Unterbringung in der Sicherungsverwahrung setzt
ferner ebenso wie eine originäre Anordnung die Feststellung eines Hangs iSv § 66
Abs. 1 Nr. 3 StGB voraus.[41]

E. Verfahrensfragen

Die Möglichkeit, den Antrag der Staatsanwaltschaft wegen Fehlens der formellen Vor- **1111q**
aussetzungen einer nachträglichen Anordnung der Unterbringung in der Sicherungsverwahrung ohne Hauptverhandlung im Beschlusswege abzulehnen gibt es nicht. Ein
Zwischenverfahren iSd §§ 199 ff StPO hat der Gesetzgeber nicht vorgesehen.[42] In diesen Fällen sollte das Gericht bei der Staatsanwaltschaft anregen, den Antrag zurückzunehmen. Dies ist bis zum Beginn der Hauptverhandlung ohne, ab diesem Zeitpunkt nur
mit Zustimmung des Verurteilten möglich.[43] Kommt keine Rücknahme zustande, kann
das Gericht den Antrag durch Urteil als unzulässig zurückweisen. In diesem Fall müssen auch keine Sachverständigengutachten eingeholt werden.[44]
Das Opfer einer früheren Tat des Verurteilten kann sich dem Verfahren als Nebenkläger nicht anschließen, da sich in § 66b StGB, § 275a StPO, § 74f GVG kein Verweis auf die Vorschrift des § 395 StPO findet.[45] Besonderheiten für Verfahren nach

---

der Vollzug der Verurteilung damit wieder aufgenommen wird, BGH, Beschluss vom 10. 10.
2006, 1 StR 475/06.
[38] So BVerfG NJW 06, 537 ff.
[39] BGHSt 50, 121, 129.
[40] Zu den Mindestanforderungen für Prognosegutachten: Boetticher u. a., NStZ 06, 537 ff.
[41] BGHSt 50, 121, 132 für § 66b Abs 1; BGHSt 51, 191, 198f für § 66b Abs 2 StGB (vgl. insoweit BVerfG NJW 06, 3483: nur im Einzelfall geboten); nichts anderes kann auch im Anwendungsbereich der §§ 7, 106 JGG gelten.
[42] BGHSt 50, 180.
[43] BGH, NStZ-RR 2006, 145 = NJW 2006, 852.
[44] BGHSt 50, 284; 51, 25, 29; NJW 2006, 852.
[45] BGH, Beschluss v. 24. 3. 2006, 1 StR 27/06.

Jugendstrafrecht gibt es nicht, § 7 Abs 4 S 1, 106 Abs 7 JGG. Im Rahmen des Vollzugs einer einstweiligen Unterbringung nach § 275 a StPO erfolgt keine Haftprüfung nach § 121 Abs 1 StPO.[46]

F. Einzelfälle der nachträglichen Unterbringung
in der Sicherungsverwahrung

1111r Einzelheiten zu **rechtskräftigen Fällen der nachträglichen Anordnung einer Unterbringung in der Sicherungsverwahrung** können folgenden Entscheidungen entnommen werden:

BGH, Beschl. v. 9. 11. 2005 – 4 StR 483/05, NJW 2006, 384 (Vorinstanz LG Münster; § 66 b Abs 2 StGB; 9 Jahre wegen Körperverletzung mit Todesfolge + Unterbringung nach § 64 StGB; zum Urteilszeitpunkt nicht erkennbarer Hirnsubstanzdefekt, Therapieunwilligkeit im Vollzug nach ausdrücklicher Therapiebereitschaft im Ausgangsverfahren).

BGH, Beschl. v. 24. 3. 2006 – 1 StR 27/06, juris (Vorinstanz LG Augsburg KLs 204 Js 118 166/05; § 66 b Abs. 2 StGB; Verurteilung zu 13 Jahren wegen mindestens 1500 sexuellen Übergriffen auf Ehefrau und Tochter; während der Haft aufgetretene Psychose mit paranoidem Wahnsystem; nachträgliche Überweisung gem. § 67 a Abs. 2 StGB).

BGH, Beschl. v. 10. 10. 2006 – 1 StR 475/06, NStZ 2007, 30 (Vorinstanz LG München I, 12 KLs 468 Js 311 951/98, § 66 b Abs 1 StGB, 2 Gesamtstrafen über 2 Jahre 6 Monate und 3 Jahre 9 Monate wegen Körperverletzung und Mißbrauchs von Kindern, nach Reststrafenaussetzung erstmals aktive Suche nach neuen Opfern auch außerhalb des familiären Nahbereiches).

BGH, Urt., v. 21. 12. 2006 – 3 StR 396/06 = BGHSt 51 185 ff (Vorinstanz LG Duisburg; wegen Missbrauchs von Kindern Verurteilter versucht während eines Tags der offenen Tür in der JVA ein Kind in seinen Haftraum zu locken; genuine Pädophilie zum Urteilszeitpunkt nicht erkennbar, da der Verurteilte während des Ausgangsverfahrens nicht bereit war, über das Zugestehen der Missbrauchstaten hinaus von seiner Sexualität zu berichten).

BGH, Beschl. v. 12. 9. 2007 – 1 StR 391/07, juris (Vorinstanz LG München II, § 66 b Abs 1 StGB, 5 Jahre wegen sexuellen Missbrauchs von Kindern, Erweiterung des sexuellen Suchtverhaltens auf Opfer außerhalb der Familie und zunehmende Dominanz der Missbrauchsphantasien gegenüber Kindern im Vollzug).

BGH, Beschl. v. 20. 12. 2007 – 1 StR 532/07 (ohne Gründe, § 349 Abs 2 StPO; Vorinstanz LG Passau NS V 208 Js 4811/97, S 66 b Abs 2 StGB, 7 Jahre wegen versuchten Mordes u. a., paraniode Psychose aus dem schizophrenen Formenkreis während des Strafvollzugs)

BGH, Beschl. v. 15. 4. 2008 – 5 StR 431/07 NStZ 2008, 330 ff (Vorinstanz LG Frankfurt/Oder, § 66 b Abs 1 S. 2 StGB; 15 Jahre wegen Mordes und Totschlags; Persönlichkeitsstörung und sexueller Sadismus zwar bei Verurteilung bereits erkennbar, aber zum Urteilszeitpunkt nicht zur Prüfung der Unterbringung in der Sicherungsverwahrung verwertbar, da § 66 zum Urteilszeitpunkt im Beitrittsgebiet noch nicht galt).

---

[46] OLG-Mü, Beschluss v. 9. 10. 2008 – 2 Ws 861/08, NStZ-RR 2009, 20 f.

Sechster Teil. Rechtsweg nach § 23 EGGVG bei Justizverwaltungsakten in der Strafvollstreckung

Bei einigen Entscheidungen der Strafvollstreckungs- oder der Strafvollzugsbehörden **1112** ist eine Möglichkeit, gerichtliche Entscheidung zu beantragen, und die Zuweisung der Entscheidung an die Strafvollstreckungskammer oder an das erstinstanzliche Gericht im Gesetz nicht geregelt. Soweit es sich um Justizverwaltungsakte handelt, ist dann im Hinblick auf das Gebot effektiven Rechtsschutzes, Art. 19 Abs 4 GG, der Rechtsweg zu den ordentlichen Gerichten nach Maßgabe der §§ 23 ff EGGVG eröffnet.

Nach § 23 Abs 1 Satz 1 EGGVG entscheiden über die Rechtsmäßigkeit der Anord- **1113** nungen, Verfügungen oder sonstigen Maßnahmen, die von den Justizbehörden zur Regelung einzelner Angelegenheiten auf dem Gebiet der Strafrechtspflege getroffen werden, die ordentlichen Gerichte. Das sind nach § 25 Abs 1 Satz 1 EGGVG die Strafsenate der Oberlandesgerichte (in Nordrhein-Westfalen auf Grund der Ermächtigung in § 25 Abs 2 EGGVG das Oberlandesgericht Hamm, Ges v 8. 11. 1960, GVNW 1960, 352). Die örtliche Zuständigkeit richtet sich nach dem Sitz der Justiz- oder Vollzugsbehörde.

Nach § 23 Abs 1 S 2 EGGVG sind die Anordnungen, Verfügungen oder sonstigen **1114** Maßnahmen der Vollzugsbehörden im Vollzug der Untersuchungshaft, sowie derjenigen Freiheitsstrafen und Maßregeln der Besserung und Sicherung, die außerhalb des Jugendvollzugs vollzogen werden, in die Regelung einbezogen. Die Überprüfung von Maßnahmen im Jugendstrafvollzug und im Jugendarrest ist seit 1. Januar 2008 den Jugendkammern zugewiesen, § 92 JGG.

Gerichtliche Entscheidungen nach §§ 23 ff EGGVG sind nur zulässig, soweit nicht **1115** eine sonstige Entscheidungsmöglichkeit durch die ordentlichen Gerichte möglich ist. § 23 EGGVG ist also nur subsidiär anwendbar. Begehrt werden kann auch die Verpflichtung der Behörde zum Erlass eines abgelehnten oder unterlassenen Verwaltungsakts. (§ 23 Abs 2 EGGVG).

In Strafvollstreckungsangelegenheiten kommen vor allem Maßnahmen nach der **1116** Strafvollstreckungsordnung in Betracht, z. B.: Verlegung § 24 StVollstrO, Abweichen vom Vollstreckungsplan § 26, Vorführungs- oder Haftbefehl § 33,[1] Steckbrief § 34, Widerruf eines Gnadenerweises,[2] Ladung zum Strafantritt § 27. Entscheidet die Vollstreckungsbehörde, dass (entgegen der Regel des § 43 Abs 2 StVollstrO) Strafreste nachgängig hinter Freiheitsstrafen zu vollstrecken sind, dann steht gegen diese Entscheidung der Rechtsweg gem. § 23 EGGVG offen.[3] Hat ein Verurteilter mehrere Freiheitsstrafen und einen Strafrest, dessen Aussetzung widerrufen worden ist, zu verbüßen, und will er erreichen, dass auch hinsichtlich dieses Strafrestes die Vollstreckung zum Zwei-Drittel-Zeitpunkt unterbrochen wird, dann steht ihm gegen die ablehnende Entscheidung der Vollstreckungsbehörde der Rechtsweg gem. § 23 EGGVG offen.[4] Lehnt die Vollstreckungsbehörde es ab, dem zu mehreren Freiheitsstrafen Verurteilten hinsichtlich eines Strafrestes, dessen Aussetzung widerrufen worden ist, Vollstreckungsunterbrechung zum „Zwei-Drittel-Zeitpunkt" zu gewähren, so steht auch hiergegen der Rechtsweg nach § 23 EGGVG zur Verfügung.[5] Und schließlich unter-

---

[1] OLG Düsseldorf, MDR 1989, 1016.
[2] BVerfGE 30, 108; OLG Saarbrücken, MDR 1979, 338.
[3] OLG Hamburg, StV 1993, 256.
[4] BGH, NJW 1991, 2030 = MDR 1991, 365.
[5] BGH, NStZ 1991, 205 = StV 1991, 224. Vgl. OLG Celle, MDR 1990, 176.

liegen auch die Anordnungen der Staatsanwaltschaft zur Reihenfolge der Vollstreckung gleichartiger Maßregeln auf Grund verschiedener gerichtlicher Entscheidungen der Prüfung in diesem Rechtsweg (und nicht dem des § 458 Abs 2 StPO).[6]
Ficht ein zum Strafantritt Geladener die Ladung an und beantragt er gleichzeitig die Verpflichtung der Staatsanwaltschaft, ihm einen Strafaufschub zu bewilligen, so ist über die Frage, ob der Rechtsweg nach § 23 EGGVG eröffnet ist, einheitlich zu entscheiden. Die Anfechtung der Ladung teilt dann das rechtliche Schicksal des vorrangigen Verpflichtungsantrags.[7]

1117   Auch die Ablehnung der Zurückstellung der Strafvollstreckung nach § 35 BtMG durch die Vollstreckungsbehörde ist im Verfahren nach den §§ 23 ff EGGVG überprüfbar.[8] Voraussetzung ist, dass zuvor das Vorschaltverfahren gem § 24 Abs 2 EGGVG, § 21 StVollstrO durchlaufen ist. Dies gilt auch in den Fällen, in denen der Jugendrichter als Vollstreckungsleiter und damit als Vollstreckungsbehörde entschieden hat. Die Überprüfung durch das OLG schließt die Verweigerung der gerichtlichen Zustimmung zur Zurückstellung nach § 35 Abs. 2 S. 3 BtMG mit ein. Eine ermessensfehlerhaft versagte Zustimmung des Prozessgerichts kann das OLG selbst erteilen.[9]
Der Rechtsweg nach §§ 23 ff EGGVG ist eröffnet, wenn einem Gefangenen, der seine Strafe in der Vollzugsanstalt eines Bundeslandes verbüßt, der Antrag auf Überführung in ein anderes Bundesland abgelehnt wurde.[10] Eines Vorschaltverfahrens bedarf es nicht, sofern die jeweils zuständige oberste Justizbehörde entschieden hat.[11]

1118   Weisungen und Auflagen, mit denen die Strafvollstreckungsbehörde die Zurückstellung der Strafvollstreckung nach § 35 BtMG verbindet, können im Verfahren nach § 23 EGGVG auf ihre Gesetzmäßigkeit überprüft werden.[12] Durch solche Weisungen und Auflagen soll z. B. der Nachweis der durchgeführten Therapie und ihres Erfolges ermöglicht werden.

1119   Schließlich kann auch der Widerruf einer Gnadenentscheidung im Rechtsweg des § 23 EGGVG überprüft werden.[13] Nach § 28 EGGVG darf das OLG allerdings nur prüfen, ob die Gnadenbehörde die gesetzlichen Grenzen des Ermessens überschritten oder ihr Ermessen in einer dem Zweck der Ermächtigung widersprechenden Weise ausgeübt hat. Dass hier eine Kontrollmöglichkeit überhaupt gegeben sein muss, ergibt sich daraus, dass der durch den Gnadenerweis Begünstigte bereits eine Rechtsstellung erreicht hat, die nicht mehr zur Disposition der Gnadenbehörde steht. Grundsätzlich gilt aber die Rechtsschutzgarantie des Art 19 Abs 4 GG nicht für Gnadenentscheide; ein ablehnender Gnadenentscheid ist der gerichtlichen Nachprüfbarkeit entzogen.[14]
Im Bereich der internationalen Vollstreckungshilfe kann die Ablehnung der Stellung eines Vollstreckungshilfeersuchens durch die oberste Landesjustizbehörde als Justizverwaltungsakt vor dem für den Sitz dieser Behörde örtlich zuständigen Oberlandesgericht ohne Erfordernis einer Vorschaltbeschwerde im Hinblick auf etwaige Ermessensfehler angefochten werden.[15]

---

[6] OLG Hamm, NStZ 1988, 430.
[7] OLG Stuttgart, NStZ 1985, 331.
[8] Vgl. OLG Karlsruhe, NStZ 2008, 576 f.
[9] OLG München, NStZ 1983, 236 und StV 1993, 432.
[10] OLG Stuttgart, StV 1997, 28.
[11] OLG Schleswig, NStZ-RR 2007, 324; a. A. Polhmann/Jabel/Wolf, Rdnr. 12 zu § 21 StVollstrO.
[12] OLG Hamm, NStZ 1986, 187 (zum materiellen Inhalt dieser Entscheidung auch Anm. von *Kreuzer*, NStZ 1986, 333.
[13] KG, NStZ 1993, 55 (mit Anm. *Eisenberg*).
[14] BVerfG, NJW 2001, 3771.
[15] Vgl. BVerfGE 96, 100, 114 ff = NJW 1997, 3013, 3014 f; OLG Frankfurt a. M., B. v. 21. 2. 2008 – 3 VAs 46/07 = NStZ-RR 2008, 174 f.

Das Verfahren der gerichtlichen Entscheidung ist – der Materie der Entscheidungen **1120** entsprechend – zu einem großen Teil an Grundsätzen des Verwaltungsprozesses ange-lehnt. Einzelheiten ergeben sich aus den §§ 23 bis 30 EGGVG. Entsprechend der Rechtsprechung zu § 44 StPO ist aber bei einem Antrag auf gerichtliche Überprüfung einer Zurückstellungsentscheidung nach § 35 BtMG dem Antragsteller dann, wenn die Versäumung der Antragsfrist auf einem Verschulden des Verfahrensbevollmächtig-ten beruht, Wiedereinsetzung in den vorigen Stand zu gewähren;[16] (vgl. zur Antrags-frist § 26 EGGVG).

Nach § 24 Abs 2 EGGVG ist ein Antrag auf gerichtliche Entscheidung erst zulässig, **1121** wenn – soweit es einen förmlichen Rechtsbehelf oder ein Beschwerdeverfahren im Verwaltungswege gibt – ein solches Verfahren durchgeführt worden ist. Das Be-schwerdeverfahren gem. § 21 StVollstrO ist ein solcher förmlicher Rechtsbehelf.[17]

---

[16] OLG Hamm, NStZ 1982, 483.
[17] OLG Hamm, NStZ 1988, 380.

Sachregister

Die Zahlen bezeichnen die Randnummern